BSD

This Sefer belongs to Rabbi Baruch and Sorah.

May you find learning and teaching Rambam with these volumes inspiring and motivating.

Love,

Shmuly (SIL-ly) & your daughter Devorah Leah Davidoff

Sefer Taharah

Original Hand-written Script of Rambam

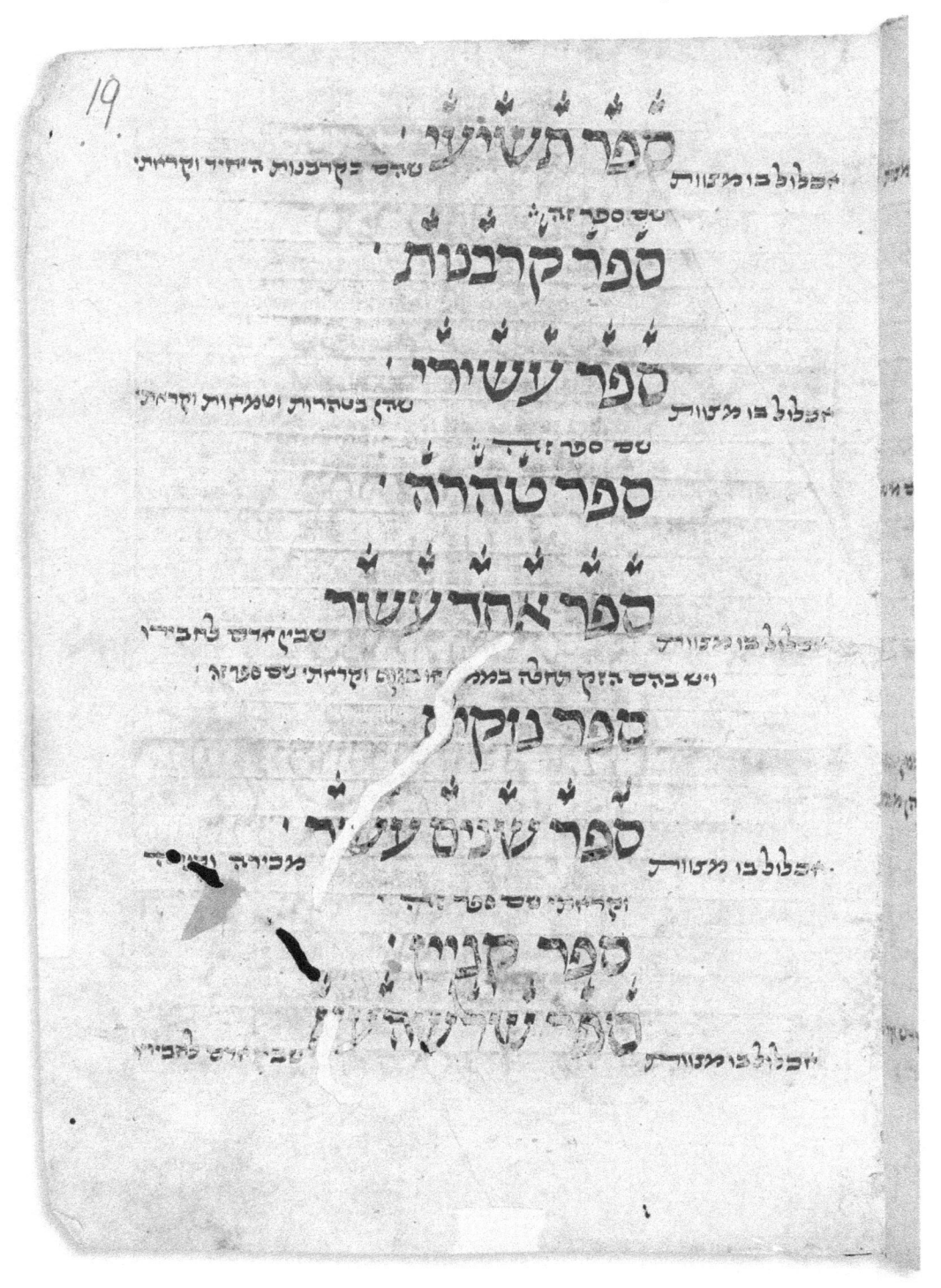

ספר תשיעי
שהוא בקרבנות היחיד וקראתי
שם ספר זה
ספר קרבנות

ספר עשירי
שדן בטהרות וטמאות וקראתי
שם ספר זה
ספר טהרה

ספר אחד עשר
שבין אדם לחבירו
ויש בהם הזק וחלה במ... או בממון וקראתי שם ספרו
ספר נזקין

ספר שנים עשר
מכירה ומתנ...
וקראתי שם ספר זה
ספר קנין

ספר שלשה עשר
שב... אדם לחבירו

Rambam's
Sefer Taharah

WITH AN ENGLISH SUMMARY BY
Baruch Davidoff

Studying Rambam: A Companion Volume to the Mishneh Torah.
Comprehensive Summary. Book 10 Sefer Taharah

© 2019 Dr Baruch Davidoff BDS (Rand) DGDP RCS (Eng.)
baruch@davidoff.org.uk

Rambam Press.
https//rambampress.com

Typesetting by Renana Typesetting
www.renanatype.com
raphael@renanatype.com

Cover design by Mrs Rivkah Wolfson
Graphic Design / Web Design
rivkahwolfson@gmail.com
www.rivkahwolfson.com

Thanks to the Bodleian Library for permission to use images from Rambam's hand-written Mishneh Torah, in cover design. – Shelfmark: MS. Hunt. 80, ff. 34r, 165r.

All rights reserved. No part of this publication may be reproduced, stored in a retrieval system or transmitted in any form or by any means, electronic, mechanical, photocopying or otherwise, without prior permission of the publisher, except in the case of a brief quotation embedded in critical articles or reviews.

ISBN 978-1-912744-14-5

Rambam Press

ספר עשירי – אכלל בו מצות שהם בטהרות וטמאות. וקראתי שם ספר זה 'ספר טהרה'.

❧

THE TENTH BOOK – I will include within it all the *mitzvot* that involve ritual purity and impurity. I have called this book *The Book of Ritual Purity*.

לֵב טָהוֹר בְּרָא־לִי אֱלֹהִים וְרוּחַ נָכוֹן חַדֵּשׁ בְּקִרְבִּי׃
(תהלים נא:יב)

'Create for me a *pure heart*, Hashem, and renew within me an upright spirit'

(Psalms 51:12)

Book Ten
Sefer Taharah

THE BOOK OF RITUAL PURITY

It contains eight *halachot*. הלכותיו ח׳, וזהו סדורן:
They are, in order:

Hilchot Tumat Met 1 הלכות טומאת מת

THE LAWS OF THE RITUAL IMPURITY IMPARTED BY A HUMAN CORPSE

❦

Hilchot Parah Adumah 59 הלכות פרה אדומה

THE LAWS OF THE PURIFICATION PROCESS INVOLVING THE RED HEIFER

❦

Hilchot Tumat Tzaraat 89 הלכות טומאת צרעת

THE LAWS OF THE RITUAL IMPURITY IMPARTED BY TZARAAT

❦

Hilchot Metamei Mishkav Umoshav 127 הלכות מטמאי משכב ומושב

THE LAWS OF THE SOURCES OF RITUAL IMPURITY WHICH IMPART IMPURITY TO THE PLACES WHERE ONE SITS AND THE PLACES WHERE ONE LIES

❦

Hilchot Shear Avot Hatumah 171 הלכות שאר אבות הטומאות

THE LAWS OF THE OTHER CATEGORIES OF SOURCES OF RITUAL IMPURITY

❦

Hilchot Tumat Ochalin 235 הלכות טומאת אוכלין

THE LAWS OF THE RITUAL IMPURITY CONTRACTED BY FOODS

❦

Hilchot Kelim 267 הלכות כלים

THE LAWS OF THE RITUAL IMPURITY CONTRACTED BY FOODS

❦

Hilchot Mikvaot 319 הלכות מקואות

THE LAWS OF MIKVAOT

❦

**Additional, Useful Features of Interest
for Studying Rambam's Mishneh Torah**

Scan QR code onto your mobile device to link to our website.
https://rambampress.com/

הלכות טומאת מת
Hilchot Tumat Met
THE LAWS OF THE RITUAL IMPURITY IMPARTED BY A HUMAN CORPSE

They consist of one positive commandment.

The laws governing the ritual impurity imparted by a human corpse.

מצות עשה אחת.

והוא דין טומאת מת

> **Reminder**
> Pack on Impurity of Human Body

Perek 1
Tumat Met

Introduction

Laws regarding a dead human body conveying uncleanness.[1]

Impurity imparted by a human corpse persists for **7** days as follows:
- *Tumat maga* – touching
- *Tumat ohel* – being under same structure as a corpse
- *Tumat masa* – carrying – is *Mipi Hashmuah* and is treated as a scriptural command.

MAGA
- Touching applies to human corpse and other sources of impurity (where the source of impurity itself was touched).
- Touching source of impurity applies when using any external part of the body, even nails and teeth.
- Applies also to a scab or bruise.
- Does not apply to the fine, undeveloped body hair of a child – because it falls off.
- Mud or filth etc, whether they are regarded as intervening substances or not, do however intervene and prevent contact with the *tumah* (impurity).
- *Kelim* (vessels) also become impure from touching a source of impurity except earthenware. (Earthenware only becomes impure when *tumah* enters its space.)

> **Reminder**
> Pack on Impurity of Vessels

- A person and *kelim* contract *tumah* only from an *av tumah* (primary source).
- Corpse of a Jew and Gentile impart *tumat maga*.
- Gentile does not contract *tumat maga*.

MASA

- *Tumah* brought about by carrying, (human or other impurities) even if person does not touch the corpse or other object of impurity i.e. there is a barrier between source and person.
- Even lifting to the slightest degree is called carrying.
- Even if he didn't lift it, if the item was placed on him, it is considered *masa*.
- *Mesit* (moving an article without carrying) is also called carrying and conveys *tumah*.
- Only a human being contracts *tumah* from carrying. *Kelim* do not.
- Corpse of Jew and Gentile impart *tumat masa*.
- Gentile does not contract *tumat masa*.

OHEL

> **Reminder**
> Pack on Impurity of Tent

- Applies only to a human corpse.
- Humans and *kelim* become impure.
- 3 Possibilities
    - Extended over a corpse
    - Corpse extended over an entity
    - Corpse and entity under one roof.
- Corpse of Gentile does not impart *tumat ohel* – *Divrei Kabalah*.
- Gentile does not contract *tumat ohel*.
- *Tumat ohel* is from a whole corpse. (But a whole organ is considered as a whole corpse)

A gentile does not contract any form of *tumah*.

But *Derabanan* Gentiles are always considered to be in the impure state of *zav*.

> **Reminder**
> Pack on Impurity of *Zav, Zavah* etc

A Jewish adult and minor can contract all forms of *tumah* and transmit *tumah*.

A corpse only imparts impurity when his soul expires.

> **Reminder**
> Pack on Impurity – Essential Overviews

Direct Transmission of impurity from *Av Hatumah* (Father or Primary Source)
i.e. from corpse itself *Sefer Taharah, Tumat Met* (Corpse impurity), Chapter 1

	Direct from Text of Rambam	Understood
TOUCH		
Imparts impurity to people	✓ 7 days	*Av*
Imparts impurity to vessels	✓ 7 days	*Av*
Imparts impurity to clothes one is wearing		✓ *Av*
Imparts impurity to earthenware vessels	✗	
Imparts impurity to foods		✓ Never becomes *av*
Imparts impurity to liquids		✓ Never becomes *av*
CARRIAGE		
Imparts impurity to people	✓ 7 days	
Imparts impurity to vessels	✗	With touch, vessels and people have same law, but not with carriage
Imparts impurity to earthenware vessels	✗	
Imparts impurity to clothes		
Imparts impurity to foods		✗ (same as vessels)
Imparts impurity to liquids		✗ (same as vessels)
MOVEMENT (can be movement without Carriage) (*Mesit*)	✓	Not transmitted to earthenware vessels, food and drinks
Imparts impurity same as carriage		✓
MISHKAV AND MOSHAV		
Couch (or chair) on which lies (or sits) becomes impure		
Saddle on which rides becomes impure		
Madaf impurity		
SPACE CONTAINING AN IMPURITY		
OHEL (unique to a human corpse)		
Imparts impurity to people	✓ 7 days	
Imparts impurity to vessels	✓ 7 days	
Imparts impurity to earthenware vessels	✓ (if unsealed)	

Imparts impurity to foods		×
Imparts impurity to drinks (liquids)		×
Containing structure becomes impure	×	Someone who touches *OHEL* does not become tamei
SEALED VESSELS (similar Laws to *OHEL*)		
Imparts impurity to people		
Imparts impurity to vessels		
Imparts impurity to foods		
Imparts impurity to liquids		
Vessel becomes impure		
METZORA OR *TZARAAT* MATERIAL ENTERING BUILDING		
Imparts impurity to people		
Imparts impurity to vessels		
Imparts impurity to foods		
Imparts impurity to liquids		
Building becomes impure		
SPACE OF EARTHENWARE VESSELS		
Imparts impurity to people		×
Imparts impurity to vessels		×
Imparts impurity to foods		✓
Imparts impurity to liquids		✓
Vessel becomes impure		

פרק א׳

א. הַמֵּת מְטַמֵּא בְּמַגָּע וּבְמַשָּׂא וּבְאֹהֶל טֻמְאַת שִׁבְעָה. וְטֻמְאַת מַגָּע וְאֹהֶל מְפֹרָשִׁין בַּתּוֹרָה שֶׁנֶּאֱמַר (במדבר יט יא) ״הַנֹּגֵעַ בְּמֵת לְכָל נֶפֶשׁ אָדָם וְטָמֵא שִׁבְעַת יָמִים״. וְנֶאֱמַר (במדבר יט יד) ״כָּל הַבָּא אֶל הָאֹהֶל וְכָל אֲשֶׁר בָּאֹהֶל יִטְמָא שִׁבְעַת יָמִים״:

ב. טֻמְאַת מַשָּׂא מִפִּי הַשְּׁמוּעָה. וְקַל וָחֹמֶר הַדְּבָרִים אִם נְבֵלָה שֶׁהִיא טֻמְאַת עֶרֶב וְאֵינָהּ מְטַמְּאָה בְּאֹהֶל מְטַמְּאָה בְּמַשָּׂא שֶׁנֶּאֱמַר (ויקרא יא כח) ״וְהַנֹּשֵׂא אֶת נִבְלָתָם״ הַמֵּת לֹא כָּל שֶׁכֵּן. וּמַה נְּבֵלָה שֶׁמַּגָּעָהּ טֻמְאַת עֶרֶב מַשָּׂאָהּ טֻמְאַת עֶרֶב אַף הַמֵּת שֶׁמַּגָּעוֹ טֻמְאַת שִׁבְעָה מַשָּׂאוֹ טֻמְאַת שִׁבְעָה. אֵין טֻמְאַת מַשָּׂא בְּמֵת מִדִּבְרֵי סוֹפְרִים אֶלָּא דִּין תּוֹרָה. וְיֵרָאֶה לִי שֶׁשָּׁתַק מִמֶּנָּה הַכָּתוּב כְּדֶרֶךְ שֶׁשָּׁתַק מֵאִסּוּר הַבַּת לְפִי שֶׁאָסַר בְּפֵרוּשׁ אֲפִלּוּ בַּת הַבַּת. וְשָׁתַק מֵאִסּוּר אֲכִילַת בָּשָׂר בְּחָלָב לְפִי שֶׁאָסַר בְּפֵרוּשׁ אֲפִלּוּ בִּשּׁוּלוֹ. כָּךְ שָׁתַק מִטֻּמְאַת מַשָּׂא בְּמֵת לְפִי שֶׁטִּמֵּא בְּפֵרוּשׁ אֲפִלּוּ טֻמְאַת אֳהָלוֹ כָּל שֶׁכֵּן מַשָּׂאוֹ:

ג. טֻמְאַת מַגָּע הָאֲמוּרָה בְּכָל מָקוֹם בֵּין בְּמֵת בֵּין בִּשְׁאָר הַמְטַמְּאִים הוּא שֶׁנָּגַע הָאָדָם בִּבְשָׂרוֹ בַּטֻּמְאָה עַצְמָהּ. בֵּין בְּיָדוֹ בֵּין בְּרַגְלוֹ בֵּין בִּשְׁאָר בְּשָׂרוֹ וַאֲפִלּוּ בִּלְשׁוֹנוֹ הֲרֵי זֶה נִטְמָא. וְכֵן נִרְאֶה לִי שֶׁאִם נָגַע בְּצִפָּרְנָיו אוֹ בְּשִׁנָּיו נִטְמָא כֵּיוָן שֶׁהֵם מְחֻבָּרִים לַגּוּף הֲרֵי הֵם כְּגוּף. אֲבָל אִם תָּחַב אָדָם טֻמְאָה בְּכוּשׁ וְהִכְנִיסָהּ לְתוֹךְ גְּרוֹנוֹ שֶׁל אָדָם טָהוֹר וְלֹא נָגְעָה בִּלְשׁוֹנוֹ. אוֹ שֶׁהִכְנִיסָהּ לְתוֹךְ מְעֵי שֶׁל אִשָּׁה מִלְּמַטָּה וְלֹא נָגְעָה בִּבְשָׂרָהּ. לֹא נִטְמָא הַבּוֹלֵעַ מִשּׁוּם מַגָּע זֶה שֶׁהֲרֵי לֹא נָגְעָה בִּבְשָׂרוֹ. שֶׁנְּגִיעַת פְּנִים אֵינָהּ נְגִיעָה:

ד. קְרוּם שֶׁעַל הַמַּכָּה הֲרֵי הוּא כְּעוֹר הַבָּשָׂר לְעִנְיַן מַגַּע טֻמְאוֹת. וּכְשׁוּת שֶׁעַל הַקָּטָן אֵינָהּ כְּעוֹר הַבָּשָׂר. כֵּיצַד. מִי שֶׁנָּגְעָה טֻמְאָה בִּקְרוּם מַכָּתוֹ נִטְמָא כְּאִלּוּ נָגְעָה בְּעוֹרוֹ. נָגְעָה בְּשֵׂעָר הַדַּק שֶׁעַל בְּשַׂר הַקָּטָן לֹא נִטְמָא. וְכֵן אָדָם טָמֵא שֶׁהָיְתָה בּוֹ מַכָּה וְנָגַע הַטָּהוֹר בִּקְרוּם מַכַּת הַטָּמֵא נִטְמָא. אִם הָיָה קָטָן טָמֵא וְנָגַע הַטָּהוֹר בַּכְּשׁוּת שֶׁלּוֹ לֹא נִטְמָא בֵּין בְּטֻמְאַת מֵת בֵּין בִּשְׁאָר טֻמְאוֹת. וְכֵן לִכְלוּכֵי צוֹאָה אוֹ טִיט וְכַיּוֹצֵא בָּהֶם מִדְּבָרִים שֶׁאֵין חוֹצְצִין עַל הַגּוּף וְכֵן גִּלְדֵי צוֹאָה מִן הַדְּבָרִים שֶׁחוֹצְצִין עַל הַגּוּף אֵינָם כְּעוֹר הַבָּשָׂר לֹא לְטַמֵּא וְלֹא לְהִתְטַמֵּא:

ה. כְּשֵׁם שֶׁאָדָם מִתְטַמֵּא בִּנְגִיעָתוֹ בְּטֻמְאָה כָּךְ הַכֵּלִים מִתְטַמְּאִים בִּנְגִיעַת הַטֻּמְאָה בָּהֶן. חוּץ מִכְּלִי חֶרֶס שֶׁאֵינוֹ מִתְטַמֵּא אֶלָּא מֵאֲוִירוֹ כְּמוֹ שֶׁיִּתְבָּאֵר בְּהִלְכוֹת כֵּלִים. [וְזֶהוּ כְּלָל גָּדוֹל בַּטֻּמְאָה. כָּל הַמְטַמֵּא אָדָם בְּמַגָּע מְטַמֵּא כֵּלִים. וְכָל שֶׁאֵינוֹ מְטַמֵּא אָדָם בְּמַגָּע אֵינוֹ מְטַמֵּא כֵּלִים. וְאֵין אָדָם וְכֵלִים מְקַבְּלִין טֻמְאָה אֶלָּא מֵאַב הַטֻּמְאָה]:

ו. טֻמְאַת מַשָּׂא הָאֲמוּרָה בְּכָל מָקוֹם בֵּין בְּמֵת בֵּין בִּשְׁאָר כָּל הַמְטַמְּאִים בְּמַשָּׂא. הוּא שֶׁיִּשָּׂא הָאָדָם הַטֻּמְאָה אַף עַל פִּי שֶׁלֹּא נָגַע בָּהּ. אֲפִלּוּ הָיָה בֵּינוֹ לְבֵינָהּ אֶבֶן הוֹאִיל וְנָשָׂא נִטְמָא. וְאֶחָד הַנּוֹשֵׂא עַל רֹאשׁוֹ אוֹ עַל יָדוֹ אוֹ עַל שְׁאָר גּוּפוֹ. וְאֶחָד הַנּוֹשֵׂא הוּא בְּעַצְמוֹ אוֹ שֶׁנְּשָׂאָהּ אַחֵר וְהִנִּיחָהּ לְמַעְלָה מִזֶּה הוֹאִיל וְנִשֵּׂאת עָלָיו מִכָּל מָקוֹם נִטְמָא וַאֲפִלּוּ הָיְתָה הַטֻּמְאָה תְּלוּיָה בְּחוּט אוֹ בִּשְׂעָרוֹ וְתָלָה הַחוּט בְּיָדוֹ וְהִגְבִּיהַּ הַטֻּמְאָה כָּל שֶׁהוּא הֲרֵי זֶה נוֹשֵׂא וְנִטְמָא:

ז. מֵסִיט בִּכְלַל נוֹשֵׂא הוּא. וְכָל דָּבָר שֶׁמְּטַמֵּא בְּמַשָּׂא מְטַמֵּא בְּהֶסֵּט. כֵּיצַד. קוֹרָה שֶׁהִיא מֻנַּחַת עַל הַכֹּתֶל וְעַל צִדָּהּ מֵת אוֹ נְבֵלָה וְכַיּוֹצֵא בָּהֶן. וּבָא הַטָּהוֹר לִקְצֵה הַקּוֹרָה הַשֵּׁנִי וְהֵנִידוֹ. כֵּיוָן שֶׁהֵנִיד אֶת הַטֻּמְאָה שֶׁבַּקָּצֶה הַשֵּׁנִי טָמֵא מִשּׁוּם נוֹשֵׂא. וְאֵין צָרִיךְ לוֹמַר אִם מָשַׁךְ אֶת הַקָּצֶה הַשֵּׁנִי כְּנֶגֶד הָאָרֶץ עַד שֶׁהִגְבִּיהַּ הַטֻּמְאָה אוֹ שֶׁגָּרַר הַטֻּמְאָה עַל הָאָרֶץ. שֶׁזֶּה נוֹשֵׂא וַדַּאי. וְזֶה וְכָל כַּיּוֹצֵא בָּהּ הִיא טֻמְאַת הֶסֵּט הָאֲמוּרָה בְּכָל מָקוֹם:

ח. הַנּוֹשֵׂא בְּתוֹךְ בֵּית הַסְּתָרִים נִטְמָא שֶׁאַף עַל פִּי שֶׁאֵין הַנְּגִיעָה שָׁם נְגִיעָה הַנּוֹשֵׂא שָׁם נוֹשֵׂא הוּא. אֶלָּא אִם כֵּן נִבְלַע הַטֻּמְאָה בְּתוֹךְ מֵעָיו שֶׁמֵּאַחַר שֶׁהִגִּיעָה לְתוֹךְ בִּטְנוֹ אֵינוֹ לֹא נוֹגֵעַ וְלֹא נוֹשֵׂא. וְאִם טָבַל טָהוֹר וְאַף עַל פִּי שֶׁהַטֻּמְאָה בְּתוֹךְ מֵעָיו:

ט. אֵין מִתְטַמֵּא בְּמַשָּׂא אֶלָּא הָאָדָם בִּלְבַד לֹא הַכֵּלִים. כֵּיצַד. הֲרֵי שֶׁהָיָה מֻנָּח עַל יָדוֹ עֲשָׂרָה כֵּלִים זֶה עַל גַּבֵּי זֶה וְהַנְּבֵלָה וְכַיּוֹצֵא בָּהּ בַּכְּלִי הָעֶלְיוֹן הָאָדָם טָמֵא מִשּׁוּם נוֹשֵׂא נְבֵלָה וְהַכֵּלִים שֶׁעַל יָדוֹ כֻּלָּן טְהוֹרִים חוּץ מִכְּלִי הָעֶלְיוֹן שֶׁנָּגְעָה בּוֹ הַטֻּמְאָה. וְכֵן כַּיּוֹצֵא בָּזֶה:

י. טֻמְאַת אֹהֶל אֵינָהּ בִּשְׁאָר טֻמְאוֹת אֶלָּא בְּמֵת בִּלְבַד. וּבֵין שֶׁהֶאֱהִיל הָאָדָם אוֹ הַכְּלִי אֲפִלּוּ מַחַט שֶׁהֶאֱהִילָה עַל הַמֵּת אוֹ שֶׁהֶאֱהִיל הַמֵּת עַל הָאָדָם אוֹ עַל הַכֵּלִים אוֹ שֶׁהָיָה הַמֵּת עִם הָאָדָם אוֹ עִם הַכֵּלִים תַּחַת אֹהֶל אֶחָד הֲרֵי אֵלּוּ טְמֵאִים:

יא. וְטֻמְאַת אֹהֶל הָאֲמוּרָה בְּכָל מָקוֹם הוּא שֶׁתְּטַמֵּא אוֹתָהּ טֻמְאָה הָאָדָם אוֹ הַכֵּלִים בְּאַחַת מִשָּׁלֹשׁ דְּרָכִים אֵלּוּ. אֶחָד הַבָּא כֻּלּוֹ לְאֹהֶל הַמֵּת אוֹ הַבָּא מִקְצָתוֹ הֲרֵי זֶה נִטְמָא בְּאֹהֶל אֲפִלּוּ הִכְנִיס יָדוֹ אוֹ רָאשֵׁי אֶצְבְּעוֹתָיו אוֹ חָטְמוֹ לְאֹהֶל הַמֵּת הֲרֵי זֶה נִטְמָא כֻּלּוֹ. נָגַע בַּמַּשְׁקוֹף וְצֵרֵף יָדוֹ עִם הַמַּשְׁקוֹף נִטְמָא כְּאִלּוּ בָּא מִקְצָתוֹ. נָגַע בָּאַסְקֻפָּה מִטֶּפַח וּלְמַטָּה קָרוֹב לָאָרֶץ טָהוֹר. וּמִטֶּפַח וּלְמַעְלָה טָמֵא. וְיֵרָאֶה לִי שֶׁדָּבָר זֶה מִדִּבְרֵיהֶם:

יב. אֶחָד הַמֵּת מִיִּשְׂרָאֵל אוֹ מִן הָעַכּוּ"ם מְטַמֵּא בְּמַגָּע וּבְמַשָּׂא:

יג. וְאֵין הָעַכּוּ"ם מְטַמֵּא בְּאֹהֶל וְדָבָר זֶה קַבָּלָה הוּא וַהֲרֵי הוּא אוֹמֵר בְּמִלְחֶמֶת מִדְיָן (במדבר לא יט) "כֹּל נֹגֵעַ בֶּחָלָל" וְלֹא הִזְכִּיר שָׁם אֹהֶל. וְכֵן הָעַכּוּ"ם אֵינוֹ נַעֲשֶׂה טְמֵא מֵת אֶלָּא עַכּוּ"ם שֶׁנָּגַע בְּמֵת אוֹ נְשָׂאוֹ אוֹ הֶאֱהִיל עָלָיו הֲרֵי הוּא כְּמִי שֶׁלֹּא נָגַע. הָא לָמָה זֶה דּוֹמֶה לִבְהֵמָה שֶׁנָּגְעָה בְּמֵת אוֹ הֶאֱהִילָה עַל הַמֵּת. וְלֹא בְּטֻמְאַת הַמֵּת בִּלְבַד אֶלָּא בְּכָל הַטֻּמְאוֹת כֻּלָּן אֵין הָעַכּוּ"ם וְלֹא הַבְּהֵמָה מִתְטַמְּאִין בָּהֶן:

יד. וּמִדִּבְרֵי סוֹפְרִים שֶׁיִּהְיוּ הָעַכּוּ"ם כְּזָבִין לְכָל דִּבְרֵיהֶן. וְאֵין לְךָ בְּכָל מִינֵי נֶפֶשׁ מַה שֶּׁמִּתְטַמֵּא וְהוּא חַי אוֹ מְטַמֵּא וְהוּא חַי חוּץ מִן הָאָדָם בִּלְבַד. וְהוּא שֶׁיִּהְיֶה מִיִּשְׂרָאֵל. אֶחָד גָּדוֹל וְאֶחָד קָטָן מִתְטַמְּאִין בְּכָל הַטֻּמְאוֹת אֲפִלּוּ בְּטֻמְאַת הַמֵּת. שֶׁנֶּאֱמַר בָּהּ (במדבר יט כ) "אִישׁ אֲשֶׁר יִטְמָא" אֶחָד

הָאִישׁ וְאֶחָד הַקָּטָן שֶׁהֲרֵי הוּא אוֹמֵר שָׁם (במדבר יט יח) "וְעַל כָּל הַנְּפָשׁוֹת אֲשֶׁר הָיוּ שָׁם". אֲפִלּוּ קָטָן בֶּן יוֹמוֹ שֶׁנָּגַע אוֹ נָשָׂא אוֹ הֶאֱהִיל עַל הַמֵּת נִטְמָא וַהֲרֵי הוּא טְמֵא מֵת. וְהוּא שֶׁנּוֹלַד לְתִשְׁעָה. אֲבָל בֶּן שְׁמוֹנָה הֲרֵי הוּא כְּאֶבֶן וְאֵינוֹ מְקַבֵּל טֻמְאָה:

טו. הַמֵּת אֵינוֹ מְטַמֵּא עַד שֶׁתֵּצֵא נַפְשׁוֹ אֲפִלּוּ מְגֻיָּד אוֹ גּוֹסֵס. אֲפִלּוּ נִשְׁחֲטוּ בּוֹ שְׁנֵי הַסִּימָנִים אֵינוֹ מְטַמֵּא עַד שֶׁתֵּצֵא נַפְשׁוֹ שֶׁנֶּאֱמַר (במדבר יט יג) "בְּנֶפֶשׁ הָאָדָם אֲשֶׁר יָמוּת". נִשְׁבְּרָה מִפְרַקְתּוֹ וְרֹב בְּשָׂרָהּ עִמָּהּ אוֹ שֶׁנִּקְרַע כְּדָג מִגַּבּוֹ אוֹ שֶׁהֻתַּז רֹאשׁוֹ אוֹ שֶׁנֶּחְלַק לִשְׁנֵי חֲלָקִים בְּבִטְנוֹ הֲרֵי זֶה מְטַמֵּא אַף עַל פִּי שֶׁעֲדַיִן הוּא מְפַרְפֵּר בְּאֶחָד מֵאֵיבָרָיו:

Perek 2

Parts of a Corpse.

Reminder
Pack on Weights and Measures

Impurity from a Human Body

	Tumat Maga	*Tumat Masa*	*Tumat ohel*
Stillborn foetus same as whole corpse	Yes	Yes	Yes
Flesh of corpse **1 *kezayit* or more** whether moist or dry	Yes	Yes	Yes
Netzal (liquid decomposed flesh) **1 *kezayit* or more** that has coagulated	Yes	Yes	Yes
Flesh of living person	No	No	No
Ever (limb) if intact with bone flesh and sinews (there is no minimal measure for a limb) Does not affect *Nazir* or entry into Temple. The body has **248** limbs – man and **251** – woman. 3 extra limbs of woman do not convey tumat ohel.	*Yes*	*Yes*	Yes If a limb cut off from a living person is missing a bit of bone, then it would not impart impurity at all. If it's missing enough meat that would not heal, if still part of living body, then would not impart *ohel* impurity. Only a whole body (or whole limb) can cause *tumat ohel*. However, bone with marrow which has the potential when alive, to grow flesh around it, can also cause *tumat ohel*. Regarding a limb from a dead body, if it has a *kezayit* of flesh, it would impart impurity as that of an entire body. If there is less than a *kezayit* of flesh, and it would not have healed, but the bone is complete, then it would not impart *ohel* impurity. If some of the bone is missing, and there is less than a *kezayit* of flesh, then it would not impart *ohel* impurity even if flesh is complete.

BONES			Bones impart impurity as a whole corpse.
Backbone complete	Yes	Yes	Yes – considered as whole corpse
Backbone missing even 1 vertebra	Yes	Yes	Considered like other bones, and therefore only imparts *ohel* impurity* if the size of ¼ *kav*
Skull – as whole corpse	Yes	Yes	Yes
Skull missing 1 *sela* of bone (same as 'other' bones)	Yes	Yes	Considered like other bones, and therefore only imparts *ohel* impurity* with the size of ¼ *kav*
Majority of bones *(rov binyano)* (entire structure is 2 shins, 2 hips, ribs plus backbone)	Yes	Yes	Yes
Less than majority of structure (same as 'other bones')	Yes	Yes	Considered like other bones, and therefore only imparts *ohel* impurity* with the size of ¼ *kav*
Majority of number of bones *(rov minyano)* i.e. **125 or more** (because there are **248** bones in body)	Yes	Yes	Yes
Less than majority of number (same as other bones)	Yes	Yes	Considered like other bones, and therefore only imparts *ohel* impurity* with the size of ¼ *kav*
Other bones	Yes, even if less than (¼) *kav*	Yes, even if less than (¼) *kav*	Yes* Only if at least (¼) *kav*
▲ One bone (even if as small as a barley kernel and even if ¼ *kav* in size)	Yes	Yes	No
Rekev (Decomposed bone) **2 handfuls**	No Because it does not stay together as an entity and therefore cannot be touched as one.	Yes	Yes

BLOOD			
Blood of corpse Same as whole corpse Measure is **1 *reviit* or more***	Yes	Yes	Yes
Blood – *Dam Tevusah* ½ blood 'alive' and ½ 'dead'. Mixture of blood while person was alive and after he died Measure is **1 *reviit* or more** – blood of person lost while alive is pure	Yes	Yes	Yes
GRAVE	Yes		Yes
Bet Hapras Earth of ploughed field containing a grave	Yes	Yes	No Only applies to a human corpse
Earth of the Diaspora	Yes	Yes	No

* *Nazir* is not affected by this impurity, nor does it make one liable from entering the Temple.

Therefore, these three are probably not of scriptural origin, but rather *Divrei Kabalah* (regarding bones).

Reminder

Impurity of *Nazir*. Ref: *Sefer Haflaah, Hilchot Nazir*, Chapter 7
Impure Priests or Person in *Bet Hamikdash*. Ref: *Sefer Avodah, Hilchot Biat Hamikdash*, Chapter 3, 4

פרק ב׳

א. הַנֵּפֶל אַף עַל פִּי שֶׁעֲדַיִן לֹא נִתְקַשְּׁרוּ אֵיבָרָיו בְּגִידִין מְטַמֵּא בְּמַגָּע וּבְמַשָּׂא וּבְאֹהֶל כְּאָדָם גָּדוֹל שֶׁמֵּת שֶׁנֶּאֱמַר (במדבר יט יא) "הַנֹּגֵעַ בְּמֵת לְכָל נֶפֶשׁ אָדָם". וְכֵן כְּזַיִת מִבְּשַׂר הַמֵּת בֵּין לַח בֵּין יָבֵשׁ כְּחֶרֶשׁ מְטַמֵּא כְּמֵת שָׁלֵם. וְהַנֶּצֶל כִּבְשָׂר מְטַמֵּא בִּכְזַיִת. אֵיזֶהוּ נֶצֶל זֶה הַבָּשָׂר שֶׁנִּמּוֹחַ וְנַעֲשֶׂה לֵחָה סְרוּחָה. וְהוּא שֶׁתִּקְרשׁ אוֹתָהּ הַלֵּחָה הַנִּמְצֵאת מִן הַמֵּת שֶׁאִם קָרְשָׁה בְּיָדוּעַ שֶׁהוּא מִבְּשָׂרוֹ וְאִם לֹא קָרְשָׁה אֵינָהּ מְטַמְּאָה שֶׁמָּא כִּיחוֹ וְנִיעוֹ הוּא:

ב. אַף עַל פִּי שֶׁהַשִּׁעוּרִין כֻּלָּם הֲלָכָה לְמֹשֶׁה מִסִּינַי הֵן אָמְרוּ חֲכָמִים תְּחִלַּת בְּרִיָּתוֹ שֶׁל אָדָם כְּזַיִת וּלְפִיכָךְ שִׁעוּר טֻמְאַת בְּשָׂרוֹ כְּזַיִת:

ג. אֵיבָר שֶׁנֶּחְתַּךְ מִן הָאָדָם הַחַי הֲרֵי הוּא כְּמֵת שָׁלֵם מְטַמֵּא בְּמַגָּע וּבְמַשָּׂא וּבְאֹהֶל אֲפִלּוּ אֵיבָר קָטָן שֶׁל קָטָן בֶּן יוֹמוֹ שֶׁהָאֵיבָרִים אֵין לָהֶם שִׁעוּר שֶׁנֶּאֱמַר (במדבר יט טז) "כֹּל אֲשֶׁר יִגַּע עַל פְּנֵי הַשָּׂדֶה בַּחֲלַל חֶרֶב" וְהַדָּבָר יָדוּעַ שֶׁדִּין חֲלַל חֶרֶב כְּדִין חֲלַל אֶבֶן אוֹ חֲלַל שְׁאָר דְּבָרִים מִפִּי הַשְּׁמוּעָה לָמְדוּ שֶׁלֹּא בָּא זֶה אֶלָּא לְטַמֵּא נוֹגֵעַ בְּאֵיבָר שֶׁפְּלָטַתּוּ הַחֶרֶב. בַּמֶּה דְּבָרִים אֲמוּרִים כְּשֶׁהָיָה הָאֵיבָר שָׁלֵם כִּבְרִיָּתוֹ בָּשָׂר וְגִידִים וַעֲצָמוֹת שֶׁנֶּאֱמַר (במדבר יט טז) "אוֹ בְעֶצֶם אָדָם" עֶצֶם שֶׁהוּא כְּאָדָם מַה אָדָם בָּשָׂר וְגִידִים וַעֲצָמוֹת אַף אֵיבָר מִן הַחַי עַד שֶׁיִּהְיֶה כִּבְרִיָּתוֹ בָּשָׂר וְגִידִים וַעֲצָמוֹת. אֲבָל הַכְּלָיָה וְהַלָּשׁוֹן וְכַיּוֹצֵא בָּהֶן אַף עַל פִּי שֶׁהֵן אֵיבָר בִּפְנֵי עַצְמָן

הוֹאִיל וְאֵין בָּהֶן עֶצֶם הֲרֵי הֵן כִּשְׁאָר הַבָּשָׂר. חָסַר מִן הָעֶצֶם שֶׁל אֵיבָר כָּל שֶׁהוּא הֲרֵי הָאֵיבָר כֻּלּוֹ טָהוֹר. חָסַר מִבְּשָׂרוֹ אִם נִשְׁאַר עָלָיו בָּשָׂר שֶׁרָאוּי לַעֲלוֹת בּוֹ אֲרוּכָה בְּחַי וְיִתְרַפֵּא וְיִשָּׁלֵם. הֲרֵי זֶה מְטַמֵּא בְּמַגָּע וּבְמַשָּׂא וּבְאֹהֶל. וְאִם לָאו מְטַמֵּא בְּמַגָּע וּבְמַשָּׂא וְאֵינוֹ מְטַמֵּא בְּאֹהֶל. וּבָשָׂר הַפּוֹרֵשׁ מִן הַחַי טָהוֹר. וְכֵן עֶצֶם בְּלֹא בָּשָׂר הַפּוֹרֵשׁ מִן הַחַי טָהוֹר:

ד. אֵיבָר הַפּוֹרֵשׁ מִן הַמֵּת מְטַמֵּא בְּמַגָּע וּבְמַשָּׂא וּבְאֹהֶל כְּמֵת וְהוּא שֶׁיִּהְיֶה שָׁלֵם כִּבְרִיָּתוֹ בָּשָׂר וְגִידִים וַעֲצָמוֹת. חָסַר עַצְמוֹ אִם נִשְׁאַר עָלָיו בָּשָׂר כְּזַיִת מְטַמֵּא כְּמֵת שָׁלֵם. חָסַר הַבָּשָׂר וְלֹא חָסַר הָעֶצֶם אִם נִשְׁאַר עָלָיו כְּדֵי לַעֲלוֹת אֲרוּכָה בְּחַי מְטַמֵּא כְּמֵת שָׁלֵם וְאִם לָאו הֲרֵי הוּא כִּשְׁאָר עַצְמוֹת הַמֵּתִים שֶׁאֵין עֲלֵיהֶן הַבָּשָׂר:

ה. מֹחַ שֶׁבְּתוֹךְ הָעֶצֶם הֲרֵי הוּא מַעֲלֶה אֲרוּכָה מִבַּחוּץ. לְפִיכָךְ קוּלִית הַמֵּת וְהוּא עֶצֶם הַסָּתוּם מִשְּׁנֵי קְצוֹתָיו אִם יֵשׁ בְּתוֹכָהּ מֹחַ כְּדֵי לַעֲלוֹת אֲרוּכָה הֲרֵי זֶה כְּמֵת שָׁלֵם. הָיָה בָּהּ מֹחַ הַמִּתְנַדְנֵד אִם יֵשׁ בּוֹ כְּזַיִת הֲרֵי זֶה מְטַמֵּא בְּאֹהֶל אַף עַל פִּי שֶׁהָעֶצֶם סָתוּם מִכָּל צְדָדָיו טֻמְאָה בּוֹקַעַת וְעוֹלָה בּוֹקַעַת וְיוֹרֶדֶת כְּמוֹ שֶׁיִּתְבָּאֵר שֶׁהַמֹּחַ כְּבָשָׂר לְכָל דָּבָר:

ו. הָאֵיבָר וְהַבָּשָׂר הַמְדֻלְדָּלִים בָּאָדָם אַף עַל פִּי שֶׁאֵין יְכוֹלִין לַחְזֹר וְלִחְיוֹת טְהוֹרִים. מֵת הָאָדָם הֲרֵי הַבָּשָׂר טָהוֹר וְהָאֵיבָר מְטַמֵּא מִשּׁוּם אֵיבָר מִן הַחַי וְאֵינוֹ מְטַמֵּא מִשּׁוּם אֵיבָר מִן הַמֵּת. מַה בֵּין אֵיבָר מִן הַחַי לְאֵיבָר מִן הַמֵּת. אֵיבָר מִן הַחַי בָּשָׂר הַפּוֹרֵשׁ מִמֶּנּוּ וְעֶצֶם הַפּוֹרֵשׁ מִמֶּנּוּ טְהוֹרִים וְאֵיבָר מִן הַמֵּת בָּשָׂר הַפּוֹרֵשׁ מִמֶּנּוּ וְעֶצֶם הַפּוֹרֵשׁ מִמֶּנּוּ כִּמְפֹרָשִׁים מִן הַמֵּת הַשָּׁלֵם וּמְטַמְּאִין בְּשִׁעוּרָן:

ז. וּבֵין אֵיבָר מִן הַחַי בֵּין אֵיבָר מִן הַמֵּת אֵין לָהֶן שִׁעוּר. אָמְרוּ חֲכָמִים מָאתַיִם שְׁמוֹנָה וְאַרְבָּעִים אֵיבָרִים יֵשׁ בָּאִישׁ כָּל אֶחָד וְאֶחָד מֵהֶן בָּשָׂר וְגִידִים וְעֶצֶם וְאֵין הַשִּׁנַּיִם מִן הַמִּנְיָן. וּבָאִשָּׁה מָאתַיִם וְאֶחָד וַחֲמִשִּׁים. כָּל אֵיבָר מֵהֶן שֶׁפֵּרַשׁ כִּבְרִיָּתוֹ בֵּין מִן הַחַי בֵּין מִן הַמֵּת מְטַמֵּא בְּמַגָּע וּבְמַשָּׂא וּבְאֹהֶל חוּץ מִשְּׁלֹשָׁה אֵיבָרִים יְתֵרוֹת שֶׁבָּאִשָּׁה שֶׁאֵינָן מְטַמְּאִין בְּאֹהֶל. וְכֵן אֶצְבַּע יְתֵרָה שֶׁיֵּשׁ בָּהּ עֶצֶם וְאֵין בָּהּ צִפֹּרֶן אִם נִסְפֶּרֶת עַל גַּב הַיָּד עוֹלָה לְמִנְיַן רֹב הָאֵיבָרִים וְאִם אֵינָהּ נִסְפֶּרֶת עַל גַּב הַיָּד מְטַמְּאָה בְּמַגָּע וּבְמַשָּׂא וְאֵינָהּ מְטַמְּאָה בְּאֹהֶל וְטֻמְאָתָהּ מִדִּבְרֵי סוֹפְרִים. וְאִם הָיָה בָּהּ צִפֹּרֶן הֲרֵי הִיא כִּשְׁאָר הָאֵיבָרִים. וּמִפְּנֵי מָה גָּזְרוּ טֻמְאָה עַל אֶצְבַּע שֶׁאֵינָהּ נִסְפֶּרֶת גְּזֵרָה מִשּׁוּם הַנִּסְפֶּרֶת. וְלָמָּה לֹא טִמְּאוּהָ בְּאֹהֶל עָשׂוּ לָהּ הֶכֵּר כְּדֵי לְהוֹדִיעַ שֶׁטֻּמְאָתָהּ מִדִּבְרֵיהֶם מִשּׁוּם גְּזֵרָה כְּדֵי שֶׁלֹּא יִשְׂרְפוּ עַל טֻמְאָתָהּ תְּרוּמָה וְקָדָשִׁים:

ח. עַצְמוֹת הַמֵּת שֶׁאֵין עֲלֵיהֶם בָּשָׂר אִם נִכֶּרֶת בָּהֶן צוּרַת עֲצָמוֹת הֲרֵי אֵלּוּ מְטַמְּאִין בְּמַגָּע וּבְמַשָּׂא וּבְאֹהֶל כְּמֵת שָׁלֵם שֶׁאֲנִי קוֹרֵא בָּהֶם (במדבר יט טז) "עֶצֶם אָדָם". וְאֵלּוּ הֵן הָעֲצָמוֹת שֶׁהֵן מְטַמְּאִין כְּמֵת. הַשִּׁדְרָה וְהַגֻּלְגֹּלֶת וְרֹב בִּנְיָנוֹ וְרֹב מִנְיָנוֹ. הַשִּׁדְרָה כֵּיצַד. שִׁדְרָה שֶׁהִיא שְׁלֵמָה הֲרֵי הִיא כְּמֵת שָׁלֵם וְאִם חָסְרָה אֲפִלּוּ חֻלְיָא אַחַת מִשְּׁמוֹנֶה עֶשְׂרֵה חֻלְיוֹת הֲרֵי הִיא כִּשְׁאָר הָעֲצָמוֹת. הַגֻּלְגֹּלֶת כֵּיצַד. גֻּלְגֹּלֶת שֶׁהִיא שְׁלֵמָה הֲרֵי הִיא כְּמֵת וְאִם חָסְרָה כְּסֶלַע הֲרֵי הִיא כִּשְׁאָר הָעֲצָמוֹת. הָיוּ בָּהּ נְקָבִים קְטַנִּים כֻּלָּם מִצְטָרְפִין לִכְסֶלַע. כָּל בִּנְיָנוֹ שֶׁל אָדָם הוּא שְׁתֵּי הַשּׁוֹקַיִם וְהַיְּרֵכַיִם וְהַצְּלָעוֹת וְהַשִּׁדְרָה. וְרֹב בִּנְיָנוֹ שֶׁל מֵת הֲרֵי הוּא כְּמֵת שָׁלֵם. כֵּיצַד. כְּגוֹן שְׁתֵּי שׁוֹקָיו וְיָרֵךְ אַחַת אִם חָסֵר רֹב בִּנְיָנוֹ כָּל שֶׁהוּא הֲרֵי הֵן כִּשְׁאָר הָעֲצָמוֹת. רֹב מִנְיָנוֹ כֵּיצַד. רֹב מִנְיַן עֲצָמוֹת כְּגוֹן שֶׁהָיוּ קכ"ה עֶצֶם הֲרֵי אֵלּוּ כְּמֵת שָׁלֵם. הָיוּ קכ"ד הֲרֵי הֵן כִּשְׁאָר הָעֲצָמוֹת. אַף עַל פִּי שֶׁהָיָה אָדָם זֶה יָתֵר בְּאֵיבָרָיו אוֹ חָסֵר בְּאֵיבָרָיו אֵין מַשְׁגִּיחִין בּוֹ אֶלָּא עַל מִנְיַן רֹב כָּל אָדָם אֶלָּא אִם כֵּן הָיְתָה אֶצְבַּע שֶׁיֵּשׁ בָּהּ צִפֹּרֶן אוֹ שֶׁהָיְתָה נִסְפֶּרֶת עַל גַּב הַיָּד שֶׁהִיא עוֹלָה לְמִנְיָן כְּמוֹ שֶׁבֵּאַרְנוּ:

ט. שְׁאָר עַצְמוֹת הַמֵּת שֶׁאֵין בָּהֶן רֹב מִנְיָן וְלֹא רֹב בִּנְיָן וְלֹא שִׁדְרָה שְׁלֵמָה וְלֹא גֻּלְגֹּלֶת שְׁלֵמָה אִם הָיָה בָּהֶן רֹבַע הַקַּב הֲרֵי אֵלּוּ מְטַמְּאִים כְּמֵת בְּמַגָּע וּבְמַשָּׂא וּבְאֹהֶל. הָיוּ פָּחוֹת מֵרֹבַע אֲפִלּוּ עֶצֶם כִּשְׂעוֹרָה מְטַמֵּא בְּמַגָּע וּבְמַשָּׂא וְאֵינוֹ מְטַמֵּא בְּאֹהֶל:

י. הָיָה עֶצֶם אֶחָד אֲפִלּוּ יֵשׁ בּוֹ רֹבַע הֲרֵי זֶה מְטַמֵּא בְּמַגָּע וּבְמַשָּׂא וְאֵינוֹ מְטַמֵּא בְּאֹהֶל. טֻמְאַת עֶצֶם אֶחָד הֲלָכָה מִפִּי הַשְּׁמוּעָה לְפִי שֶׁנֶּאֱמַר (במדבר יט יח) "כָּל הַנֹּגֵעַ בַּעֶצֶם" לָמְדוּ מִפִּי הַשְּׁמוּעָה אֲפִלּוּ עֶצֶם כִּשְׂעוֹרָה מְטַמֵּא בְּמַגָּע וּבְמַשָּׂא. וּלְפִי שֶׁטֻּמְאָתוֹ הֲלָכָה הֲרֵי הוּא דִּין תּוֹרָה וְלֹא מִדִּבְרֵי סוֹפְרִים:

יא. מֵת שֶׁהִרְקִיבוּ עַצְמוֹתָיו בַּקֶּבֶר וְנַעֲשׂוּ רָקָב. מְלֹא חָפְנַיִם מֵאוֹתוֹ רָקָב מְטַמֵּא בְּמַשָּׂא וּבְאֹהֶל כְּמֵת וְאֵינוֹ מְטַמֵּא בְּמַגָּע לְפִי שֶׁאִי אֶפְשָׁר לִגַּע בְּכֻלּוֹ שֶׁהֲרֵי אֵינוֹ גּוּף אֶחָד. וַאֲפִלּוּ גִּבְּלוֹ בְּמַיִם אֵינוֹ חִבּוּר:

יב. דַּם הַמֵּת מְטַמֵּא כְּמֵת בְּמַגָּע וּבְמַשָּׂא וּבְאֹהֶל. שֶׁנֶּאֱמַר (במדבר יט יג) "בְּנֶפֶשׁ הָאָדָם" וְנֶאֱמַר (דברים יב כג) "כִּי הַדָּם הוּא הַנָּפֶשׁ". וְכַמָּה שִׁעוּרוֹ רְבִיעִית. אֲפִלּוּ תַּמְצִית הַדָּם כָּל זְמַן שֶׁיֵּשׁ בּוֹ אַדְמוּמִית מְטַמֵּא בְּאֹהֶל הַמֵּת:

יג. דַּם הַחַי אֲפִלּוּ דַּם נְחִירָה הֲרֵי זֶה טָהוֹר כָּל זְמַן שֶׁהוּא

חַי. נִתְעָרֵב הַדָּם שֶׁיָּצָא מִמֶּנּוּ בָּאַחֲרוֹנָה סָמוּךְ לַמִּיתָה עִם הַדָּם שֶׁיָּצָא מִמֶּנּוּ אַחַר שֶׁמֵּת וְכָל הַתַּעֲרוֹבוֹת רְבִיעִית וְאֵין יָדוּעַ כַּמָּה יָצָא מֵחַיִּים וְכַמָּה יָצָא אַחַר מִיתָה. אֲפִלּוּ חֲצִי רְבִיעִית מֵחַיִּים וְחֶצְיָהּ אַחַר מִיתָה הֲרֵי זֶה נִקְרָא דַּם תְּבוּסָה וּמְטַמֵּא בְּמַשָּׂא וּבְמַגָּע וּבְאֹהֶל. אֶלָּא שֶׁטֻּמְאָתוֹ מִדִּבְרֵי סוֹפְרִים:

יד. הָרוּג שֶׁהָיָה מֻטָּל עַל הַמִּטָּה וְדָמוֹ מְנַטֵּף כְּשֶׁהוּא חַי וְיוֹרֵד לְגֻמָּא וּמֵת וַהֲרֵי הַדָּם מְנַטֵּף אַחַר מוֹתוֹ וְיוֹרֵד לְאוֹתָהּ גֻּמָּא. הֲרֵי כָּל הַדָּם שֶׁבָּהּ טָהוֹר שֶׁטִּפָּה טִפָּה רִאשׁוֹנָה רִאשׁוֹנָה בָּטְלָה כְּדָם שֶׁיָּצָא מֵחַיִּים. יָצָא מִמֶּנּוּ רְבִיעִית דָּם בִּלְבַד וְסָפֵק כֻּלָּהּ מֵחַיִּים סָפֵק כֻּלָּהּ לְאַחַר מִיתָה הֲרֵי זוֹ סְפֵק טֻמְאָה כִּשְׁאָר הַסְּפֵקוֹת וְהַנּוֹגֵעַ בָּהּ בִּרְשׁוּת הַיָּחִיד טָמֵא בִּרְשׁוּת הָרַבִּים טָהוֹר כְּמוֹ שֶׁיִּתְבָּאֵר בִּמְקוֹמוֹ:

טו. הַקֶּבֶר כָּל זְמַן שֶׁהַטֻּמְאָה בְּתוֹכוֹ מְטַמֵּא בְּמַגָּע וּבְאֹהֶל כְּמֵת דִּין תּוֹרָה. שֶׁנֶּאֱמַר (במדבר יט טז) "אוֹ בְמֵת אוֹ בְעֶצֶם אָדָם אוֹ בְקָבֶר". וְאֶחָד הַנּוֹגֵעַ בְּגַגּוֹ שֶׁל קֶבֶר אוֹ הַנּוֹגֵעַ בְּכָתְלָיו. וְהוּא שֶׁיִּהְיֶה בָּנוּי וְסָתוּם וְאַחַר כָּךְ יִהְיֶה כֻּלּוֹ מְטַמֵּא בְּמַגָּע וּבְאֹהֶל. אֲבָל הַמַּעֲמִיד כֵּלִים אוֹ אֲבָנִים וְכַיּוֹצֵא בָּהֶן בְּצִדֵּי הַמֵּת וְכִסָּה עָלָיו מִלְמַעְלָה בְּכֵלִים אוֹ בַּאֲבָנִים וְכַיּוֹצֵא בָּהֶן זֶה הַכִּסּוּי הַמֻּטָּל מִלְמַעְלָה נִקְרָא גּוֹלֵל וְאֵלּוּ הַצְּדָדִין הַמַּעֲמִידִין אֶת הַגּוֹלֵל שֶׁהוּא נִשְׁעָן עֲלֵיהֶן נִקְרָאִין דּוֹפֵק. וּשְׁנֵיהֶם הַגּוֹלֵל אוֹ הַדּוֹפֵק מְטַמְּאִין בְּמַגָּע וּבְאֹהֶל כְּקֶבֶר וְטֻמְאָתָן מִדִּבְרֵי סוֹפְרִים וְאֵינָן מְטַמְּאִין בְּמַשָּׂא. לְפִיכָךְ אִם גָּרַר הַגּוֹלֵל בַּחֲבָלִים עַד שֶׁכִּסָּה בּוֹ אֶת הַמֵּת. אוֹ גְּרָרוֹ אוֹ שְׁמָטוֹ מֵעַל הַמֵּת. אוֹ שֶׁגָּרַר הַדּוֹפֵק עַד שֶׁהֶעֱמִיד עָלָיו הַגּוֹלֵל אוֹ שְׁמָטוֹ בַּחֲבָלִים מִתַּחַת הַגּוֹלֵל הֲרֵי זֶה טָהוֹר. וּדְבָרִים שֶׁסּוֹמְכִין אֶת הַדּוֹפֵק וְהֵם הַנִּקְרָאִין דּוֹפֵק דּוֹפְקִין הֲרֵי הֵן טְהוֹרִין:

טז. שָׂדֶה שֶׁנֶּחְרַשׁ בָּהּ קֶבֶר וְאָבְדוּ עַצְמוֹת הַמֵּת בַּעֲפָרָהּ הִיא הַנִּקְרֵאת בֵּית הַפְּרָס. וַעֲפָרָהּ מְטַמֵּא בְּמַגָּע וּבְמַשָּׂא שֶׁמָּא יֵשׁ בָּהּ עֶצֶם כִּשְׂעוֹרָה. וְאֵינָהּ מְטַמְּאָה בְּאֹהֶל. וְכֵן כָּל אַרְצוֹת הָעַכּוּ"ם עֲפָרָן מְטַמֵּא בְּמַגָּע וּבְמַשָּׂא מִפְּנֵי הָעֲצָמוֹת שֶׁאֵין נִזְהָרִין בָּהֶן. וְטֻמְאַת בֵּית הַפְּרָס וְאֶרֶץ הָעַכּוּ"ם מִדִּבְרֵי סוֹפְרִים כְּמוֹ שֶׁיִּתְבָּאֵר:

Perek 3

Parts of corpse continued.

Summary of entities which impart impurity by all 3 methods (i.e. *maga, masa ohel*). There are **12**

- Corpse (even a stillborn foetus)
- ***Kezayit*** of corpse flesh
- ***Kezayit*** of *netzal*
- Limb of a living person with required amount of flesh
- Limb of a corpse with required amount of flesh
- Backbone of a corpse
- Skull
- *Rov binyano* – majority bone structure
- *Rov minyano* – majority of bone number
- ¼ ***kav*** of any forms of bones
- ***Reviit*** of blood
- ***Reviit*** of 'mixed blood'

Summary of entities which impart impurity only through *maga* or *masa* (i.e. not through *ohel*). There are **7**.

- Limb or living person lacking correct amount of flesh which would have allowed for regeneration while attached.
- Limb of a corpse less than the size of an olive and lacks the correct amount of flesh which would have allowed for regeneration when alive, or lacks some bone.
- Backbone that is missing a part and is less than ¼ ***kav.***
- Skull that is deficient and is less than ¼ ***kav.***
- A bone, if it is the size of a **barely corn, even if it's ¼ *kav.***
- Earth of the Diaspora
- *Bet Hapras*

Summary of entities which impart impurity by *maga* and *ohel* (i.e. not through *masa).*

- *Golel* and *dofek* of grave coverings (like a grave).

Summary of entities which impart impurity by *masa* and *ohel* (i.e. not through *maga).*

- *Rekev* (decomposed corpse)

Other factors

- *Rekev* discussed in more detail.
- When a burnt corpse is impure or not.
- A person's skin is counted as his flesh.
- Teeth, hair and nails, because they are replaceable, they are not impure. However, if they are still attached to body, they are impure.
- Liquids which flow from a corpse (besides blood) are pure.
- This contrasts with liquids from other impure people (i.e. *zav, zavah* etc)

Reminder
Pack on Impurity of *Zav, Zavah* etc

פרק ג׳

א. אֵלּוּ מְטַמְּאִין בְּמַגָּע וּבְמַשָּׂא וּבְאֹהֶל. הַמֵּת אֲפִלּוּ נֵפֶל שֶׁלֹּא נִתְקַשְּׁרוּ אֵיבָרָיו בְּגִידִין. וּכְזַיִת מִבְּשַׂר הַמֵּת. וּכְזַיִת נֶצֶל. וְאֵיבָר מִן הַחַי. וְאֵיבָר מִן הַמֵּת שֶׁיֵּשׁ עֲלֵיהֶם בָּשָׂר כָּרָאוּי. וְהַשִּׁדְרָה וְהַגֻּלְגֹּלֶת. וְרֹב בִּנְיָנוֹ וְרֹב מִנְיָנוֹ. וְרֹבַע עֲצָמוֹת מִכָּל מָקוֹם אַף עַל פִּי שֶׁאֵין בָּהֶן לֹא רֹב בִּנְיָן וְלֹא רֹב מִנְיָן. וּרְבִיעִית דָּם. וּרְבִיעִית דַּם תְּבוּסָה. הַכֹּל שְׁתֵּים עֶשְׂרֵה:

ב. וְאֵלּוּ מְטַמְּאִין בְּמַגָּע וּבְמַשָּׂא וְאֵין מְטַמְּאִין בְּאֹהֶל. אֵיבָר מִן הַחַי שֶׁחָסַר בְּשָׂרוֹ וְאֵין בּוֹ לְהַעֲלוֹת אֲרוּכָה. וְאֵיבָר מִן הַמֵּת שֶׁחָסַר בְּשָׂרוֹ אוֹ עַצְמוֹ וְלֹא נִשְׁאַר בָּשָׂר כְּדֵי לְהַעֲלוֹת אֲרוּכָה אוֹ שֶׁחָסַר הָעֶצֶם אַף עַל פִּי שֶׁיֵּשׁ עָלָיו בָּשָׂר כְּדֵי לְהַעֲלוֹת אֲרוּכָה. וְהַשִּׁדְרָה שֶׁחָסְרָה וְאֵין בָּהּ רֹבַע עֲצָמוֹת. וְהַגֻּלְגֹּלֶת שֶׁחָסְרָה וְאֵין בָּהּ רֹבַע עֲצָמוֹת. וְעֶצֶם אֲפִלּוּ כִּשְׂעוֹרָה. וְאֶרֶץ הָעַכּוּ"ם. וּבֵית הַפְּרָס. הַכֹּל שֶׁבַע:

ג. הַגּוֹלֵל וְהַדּוֹפֵק מְטַמְּאִין בְּמַגָּע וּבְאֹהֶל כְּקֶבֶר וְאֵינָן מְטַמְּאִין בְּמַשָּׂא. הָרֶקֶב מְטַמֵּא בְּמַשָּׂא וּבְאֹהֶל וְאֵינוֹ מְטַמֵּא בְּמַגָּע. טֻמְאַת רֹבַע עֲצָמוֹת בְּאֹהֶל וְטֻמְאַת רְבִיעִית דָּם וְטֻמְאַת אֵיבָר שֶׁאֵין עָלָיו בָּשָׂר כָּרָאוּי בֵּין מִן הַמֵּת בֵּין מִן הַחַי יֵרָאֶה לִי שֶׁכֻּלָּן טֻמְאָתָן אֵינָן דִּין תּוֹרָה שֶׁהֲרֵי אֵין הַנָּזִיר מְגַלֵּחַ עֲלֵיהֶן כְּמוֹ שֶׁבֵּאַרְנוּ בִּנְזִירוּת וְאֵין חַיָּבִין עֲלֵיהֶן עַל בִּיאַת הַמִּקְדָּשׁ. וְעַל טָמֵא בְּטֻמְאָה שֶׁל תּוֹרָה חַיָּב עַל בִּיאַת הַמִּקְדָּשׁ. לְפִיכָךְ אֲנִי אוֹמֵר שֶׁכָּל טֻמְאָה מִן הַמֵּת שֶׁאֵין הַנָּזִיר מְגַלֵּחַ עָלֶיהָ אֵינָהּ דִּין תּוֹרָה:

ד. אֵין רֶקֶב הַמֵּת מְטַמֵּא עַד שֶׁיִּקָּבֵר עָרֹם בְּאָרוֹן שֶׁל שַׁיִשׁ אוֹ שֶׁל זְכוּכִית וְכַיּוֹצֵא בָּהֶן וְיִהְיֶה כֻּלּוֹ שָׁלֵם. חָסֵר מִמֶּנּוּ אֵיבָר אוֹ שֶׁנִּקְבַּר בִּכְסוּתוֹ אוֹ בְּאָרוֹן שֶׁל עֵץ אוֹ שֶׁל מַתֶּכֶת אֵין רִקְבּוֹ טָמֵא מִפְּנֵי שֶׁרֶקֶב הַכְּסוּת אוֹ רֶקֶב הָעֵץ אוֹ חֲלוּדַת

הַמַּתֶּכֶת תִּתְעָרֵב בִּרְקַב גְּוִיָּתוֹ. וְרָקָב הַמְטַמֵּא שֶׁנִּתְעָרֵב בּוֹ עָפָר כָּל שֶׁהוּא הֲרֵי הוּא בְּטֻמְאָתוֹ. וְלֹא אָמְרוּ רָקָב אֶלָּא לְמֵת בִּלְבַד אֲבָל הָרוּג אֵין לוֹ רָקָב:

ה. קְבָרוּ שְׁנֵי מֵתִים כְּאֶחָד אוֹ שֶׁגְּזָזוּ שְׂעָרוֹ אוֹ צִפָּרְנָיו וּקְבָרוּם עִמּוֹ אוֹ שֶׁקְּבָרוּ אִשָּׁה מְעֻבֶּרֶת וְעֻבָּרָהּ בְּמֵעֶיהָ אֵין לָהֶם רָקָב:

ו. טָחַן הַמֵּת עַד שֶׁנַּעֲשָׂה רָקָב אֵינוֹ מְטַמֵּא עַד שֶׁיַּרְקִיב מֵאֵלָיו:

ז. טְחָנוֹ כֻּלּוֹ וְהִנִּיחוֹ עַד שֶׁיַּרְקִיב אוֹ שֶׁהִרְקִיב מִקְצָתוֹ כְּשֶׁהוּא חַי וּמֵת וְהִרְקִיב כֻּלּוֹ הֲרֵי זֶה סָפֵק. וְאִם נִטְמָא לִמְלֹא חָפְנַיִם מֵרָקָב זֶה הֲרֵי זֶה טָמֵא בְּסָפֵק:

ח. מְלֹא חָפְנַיִם וְעוֹד מֵעָפָר הַנִּמְצָא תַּחַת הַמֵּת אוֹ מֵעָפָר הַנִּמְצָא בְּקֶבֶר וְאֵין יָדוּעַ מַה טִּיבוֹ אִם הוּא רָקָב שֶׁמְּטַמֵּא בְּאֹהֶל אוֹ אֵינוֹ אֶלָּא עָפָר שֶׁנִּתְלַכְלֵךְ בְּנֶצֶל הַמֵּת וְדָמוֹ. הֲרֵי זֶה מְטַמֵּא בְּמַשָּׂא וּבְאֹהֶל שֶׁהֲרֵי יֵשׁ בִּמְלֹא חָפְנַיִם וְעוֹד מְלֹא חָפְנַיִם רָקָב. וְיֵרָאֶה לִי שֶׁאַף זוֹ טֻמְאָה מִדִּבְרֵי סוֹפְרִים:

ט. הַמֵּת שֶׁנִּשְׂרַף וְשִׁלְדּוֹ קַיֶּמֶת וְהוּא הַשִּׁדְרָה וְהַצְּלָעוֹת הֲרֵי זֶה מְטַמֵּא כְּמֵת שָׁלֵם וְאֵין צָרִיךְ לוֹמַר אִם נֶחְרַךְ. אֲבָל אִם נִשְׂרַף עַד שֶׁנִּתְבַּלְבְּלָה צוּרַת תַּבְנִיתוֹ טָהוֹר. וְכֵן שַׁפִּיר מְרֻקָּם שֶׁטְּרָפוֹ בְּמַיִם טָהוֹר שֶׁהֲרֵי נִתְבַּלְבְּלָה צוּרָתוֹ:

י. בְּשַׂר הַמֵּת שֶׁנִּפְרַךְ וְנַעֲשָׂה כְּקֶמַח טָהוֹר וְכֵן אֵפֶר הַשְּׂרוּפִין טָהוֹר וְכֵן הַתּוֹלָעִים הַנֶּהֱוִין מִבְּשַׂר הַמֵּת בֵּין חַיִּים בֵּין מֵתִים טְהוֹרִין. וּכְבָר בֵּאַרְנוּ שֶׁהַמֹּחַ כְּבָשָׂר בְּכָל מָקוֹם בֵּין בְּמֵת בֵּין בִּנְבֵלָה וְשֶׁרֶץ:

יא. עוֹר הָאָדָם כִּבְשָׂרוֹ וְאִם עִבְּדוֹ כָּל צָרְכּוֹ אוֹ הִלֵּךְ בּוֹ כְּדֵי עֲבוֹדָה הֲרֵי זֶה טָהוֹר מִן הַתּוֹרָה. אֲבָל מִדִּבְרֵיהֶם מְטַמֵּא בִּכְזַיִת כִּבְשַׂר הַמֵּת גְּזֵרָה שֶׁלֹּא לְהַרְגִּיל בְּנֵי אָדָם לַעֲבֵּד עוֹרוֹת הָאָדָם וְיִשְׁתַּמְּשׁוּ בָּהֶן:

יב. עוֹר הַבָּא כְּנֶגֶד פָּנָיו שֶׁל אָדָם כְּשֶׁיִּוָּלֵד בֵּין שֶׁהָיָה חַי וְאִמּוֹ חַיָּה בֵּין שֶׁנּוֹלַד מֵת וְאִמּוֹ מֵתָה הֲרֵי זֶה טָהוֹר מִפְּנֵי שֶׁהוּא כְּמוֹ פֶּרֶשׁ אוֹ צוֹאָה וְקִיא וְכַיּוֹצֵא בָּהֶן:

יג. כָּל שֶׁבַּמֵּת טָמֵא חוּץ מִן הַשִּׁנַּיִם וְהַשֵּׂעָר וְהַצִּפֹּרֶן הוֹאִיל וְגִזְעָן מַחֲלִיף. וּבִשְׁעַת חִבּוּרָן הַכֹּל טָמֵא. כֵּיצַד. הַמֵּת בַּחוּץ וּשְׂעָרוֹ בְּתוֹךְ הַבַּיִת נִטְמָא כָּל אֲשֶׁר בַּבַּיִת. וְכֵן הַנּוֹגֵעַ בִּשְׂעָרוֹ אוֹ בְּשִׁנָּיו אוֹ בְּצִפָּרְנָיו כְּשֶׁהֵן מְחֻבָּרִין נִטְמָא. שְׂעָרוֹ הָעוֹמֵד לְהִגָּזֵז וְצִפָּרְנָיו הָעוֹמְדִים לְהִנָּטֵל הוֹאִיל וְהֵן עוֹמְדִין לְהִנָּטֵל יֵשׁ בָּהֶן סָפֵק לְפִיכָךְ הַנּוֹגֵעַ בָּהֶן הֲרֵי הוּא סְפֵק טָמֵא. כָּל מַשְׁקֶה הַיּוֹצֵא מִן הַמֵּתִים טָהוֹר חוּץ מִדָּמוֹ. וְכָל מַרְאֵה דָמִים מִן הַמֵּת טָמֵא כְּמוֹ שֶׁבֵּאַרְנוּ. וּמִפְּנֵי מָה לֹא גָּזְרוּ עַל מַשְׁקֵה הַמֵּת כְּדֶרֶךְ שֶׁגָּזְרוּ עַל מַשְׁקִין הַיּוֹצְאִין מִכָּל הַטְּמֵאִין מִפְּנֵי שֶׁהַמֵּת הַכֹּל בְּדֵלִין מִמֶּנּוּ לֹא גָּזְרוּ עַל מַשְׁקָיו:

יד. כָּבֵד שֶׁנִּמּוֹחָה מְטַמְּאָה בִּרְבִיעִית מִפְּנֵי שֶׁהִיא כְּדָם נִקְפָּה. דַּם קָטָן שֶׁיָּצָא כֻּלּוֹ אִם אֵין בּוֹ רְבִיעִית טָהוֹר אַף עַל פִּי שֶׁהוּא כָּל דָּם שֶׁבּוֹ:

טו. וְאֵלּוּ אִם חָסְרוּ כָּל שֶׁהוּא טְהוֹרִים. רְבִיעִית דָּם. וְעֶצֶם כִּשְׂעוֹרָה. וּכְזַיִת בָּשָׂר. וּכְזַיִת נֶצֶל. וּמְלֹא חָפְנַיִם רָקָב. וְאֵיבָר מִן הַחַי שֶׁחָסַר מֵעַצְמוֹ כָּל שֶׁהוּא:

Perek 4

Corpse parts continued.

Combinations

- Some combinations of corpse parts join with each other to make up the minimum measure and some do not.
- Joining together by man's influence is not significant .
- Joining together by a grave is significant.
- Similarly, a house can join parts together.
- If a *kezayit* of flesh is lost within a house and cannot be found, house is presumed clean. If found later it becomes retroactively impure from the time it was lost.
- Blood absorbed into a garment. If by washing it, a *reviit* of blood will emerge, then garment is impure. If not, then garment's is impurity is limited to that of a garment that has touched a corpse which can only transmit impurity to others via touch.

- A quantity that is touched is not combined with one that is carried, nor with *ohel*. Similarly, with the other combinations of categories.

פרק ד׳

א. רְבִיעִית דָּם הַבָּאָה מִשְּׁנֵי מֵתִים טְהוֹרָה עַד שֶׁתִּהְיֶה כָּל הָרְבִיעִית מִמֵּת אֶחָד. שִׁדְרָה שֶׁנִּגְמְרָה מִשְּׁנֵי מֵתִים כְּגוֹן שֶׁהָיוּ מִקְצָת הַחֻלְיוֹת מֵאֶחָד וְתַשְׁלוּמָן מִמֵּת אַחֵר וְכֵן הַגֻּלְגֹּלֶת שֶׁל שְׁנֵי מֵתִים וְרֹבַע עֲצָמוֹת מִשְּׁנֵי מֵתִים וְאֵיבָר מִן הַמֵּת מִשְּׁנֵי מֵתִים כָּל אֵלּוּ אֵינָן מְטַמְּאִין בְּאֹהֶל אֶלָּא בְּמַגָּע וּבְמַשָּׂא כִּשְׁאָר כָּל עֲצָמוֹת:

ב. אֵיבָר מִן הַחַי מִשְּׁנֵי אֲנָשִׁים טָהוֹר אֲפִלּוּ מֵאִישׁ אֶחָד אִם נֶחְלַק לִשְׁנַיִם טָהוֹר:

ג. כְּזַיִת בָּשָׂר מִשְּׁנֵי מֵתִים וּכְזַיִת נֶצֶל מִשְּׁנֵי מֵתִים וּמְלֹא חָפְנַיִם רֶקֶב מִשְּׁנֵי מֵתִים שֶׁכָּל אֶחָד מֵהֶן יֵשׁ לוֹ רֶקֶב הֲרֵי אֵלּוּ מִצְטָרְפִין זֶה עִם זֶה. וְכֵן כַּחֲצִי זַיִת בָּשָׂר וְכַחֲצִי זַיִת נֶצֶל מִצְטָרְפִין זֶה עִם זֶה. וּשְׁאָר כָּל הַטֻּמְאוֹת שֶׁבַּמֵּת אֵין מִצְטָרְפִין זֶה עִם זֶה מִפְּנֵי שֶׁלֹּא שָׁוּוּ בְּשִׁעוּרֵיהֶן:

ד. עֶצֶם כִּשְׂעוֹרָה שֶׁנֶּחְלַק לִשְׁנַיִם מְטַמֵּא בְּמַשָּׂא. וְכֵן רֹבַע עֲצָמוֹת מֵת אֶחָד שֶׁנִּדַּקְדְּקוּ וְאֵין בְּכָל אֶחָד מֵהֶם עֶצֶם כִּשְׂעוֹרָה מְטַמְּאִין בְּאֹהֶל כְּאִלּוּ לֹא נִדַּקְדְּקוּ:

ה. כְּזַיִת מִן הַמֵּת שֶׁחֲתָכוֹ לַחֲלָקִים וְרִדְּדוֹ וְדִבְּקוֹ מְטַמֵּא בְּאֹהֶל וּבְמַשָּׂא וְאֵינוֹ מְטַמֵּא בְּמַגָּע קְצָתוֹ אַף עַל פִּי שֶׁחִבְּרוֹ שֶׁאֵין חִבּוּרֵי אָדָם חִבּוּר:

ו. כְּזַיִת חֵלֶב שָׁלֵם שֶׁהִתִּיכוֹ טָמֵא. הָיָה מְפֹרָד וְהִתִּיכוֹ טָהוֹר:

ז. שִׁדְרָה שֶׁנִּגְרְרוּ מִמֶּנָּה רֹב חֻלְיוֹת שֶׁלָּהּ אַף עַל פִּי שֶׁשִּׁלְדָּהּ קַיֶּמֶת אֵינָהּ מְטַמְּאָה בְּאֹהֶל. וּבִזְמַן שֶׁהִיא בְּתוֹךְ הַקֶּבֶר אֲפִלּוּ מְשֻׁבֶּרֶת אֲפִלּוּ מְכֻתֶּתֶת מְטַמְּאָה בְּאֹהֶל מִפְּנֵי שֶׁהַקֶּבֶר מְצָרְפָהּ:

ח. כָּל הַמְטַמְּאִין בְּאֹהֶל שֶׁנֶּחְלְקוּ וְהִכְנִיסָן בְּתוֹךְ הַבַּיִת הָאֹהֶל מְצָרְפָן וּמְטַמְּאִין בְּאֹהֶל:

ט. עֶצֶם שֶׁיֵּשׁ עָלָיו כְּזַיִת בָּשָׂר בִּידֵי שָׁמַיִם וְהִכְנִיס מִקְצָתוֹ לִפְנִים מִן הַבַּיִת נִטְמָא הַבַּיִת. שְׁנֵי עֲצָמוֹת וַעֲלֵיהֶם כִּשְׁנֵי חֲצָיֵי זֵיתִים בָּשָׂר וְהִכְנִיס מִקְצָתָן לִפְנִים הַבַּיִת טָמֵא. וְאִם הָיָה הַבָּשָׂר תָּחוּב בָּעֲצָמוֹת בִּידֵי אָדָם הַבַּיִת טָהוֹר שֶׁאֵין חִבּוּרֵי אָדָם חִבּוּר:

י. מְלֹא חָפְנַיִם רֶקֶב שֶׁנִּתְפַּזֵּר בְּתוֹךְ הַבַּיִת הַבַּיִת טָמֵא:

יא. רְבִיעִית דָּם שֶׁנִּבְלְעָה בְּתוֹךְ הַבַּיִת הַבַּיִת טָהוֹר לְהַבָּא וְכָל שֶׁהָיָה בּוֹ בְּעֵת שֶׁנִּבְלְעָה הָרְבִיעִית בָּאָרֶץ טָמֵא:

יב. כְּזַיִת מִן הַמֵּת שֶׁאָבַד בְּתוֹךְ הַבַּיִת וּבִקֵּשׁ וְלֹא נִמְצָא, הַבַּיִת טָהוֹר. וְלִכְשֶׁיִּמָּצֵא הַבַּיִת טָמֵא לְמַפְרֵעַ מֵעֵת שֶׁאָבַד עַד שֶׁנִּמְצָא:

יג. רְבִיעִית דָּם שֶׁנִּשְׁפַּךְ בָּאֲוִיר אִם קָרַשׁ אוֹ שֶׁהָיָה בְּמָקוֹם אַשְׁבֹּרֶן וְהוּא הַמָּקוֹם הַנָּמוּךְ כְּמוֹ גֻּמָּא וְהֶאֱהִיל הַמַּאֲהִיל עַל מִקְצָתוֹ נִטְמָא. נִשְׁפַּךְ עַל הָאַסְקֻפָּה בַּמּוֹרָד בֵּין לִפְנִים בֵּין לַחוּץ הַבַּיִת טָהוֹר. שֶׁהֲרֵי לֹא נָח הַדָּם עַל הָאַסְקֻפָּה. וְאִם הָיְתָה הָאַסְקֻפָּה אַשְׁבֹּרֶן אוֹ שֶׁקָּרַשׁ הַדָּם עָלֶיהָ הַבַּיִת טָמֵא. רְבִיעִית דָּם שֶׁנִּבְלְעָה בִּכְסוּת אִם מִתְכַּבֶּסֶת וְיוֹצְאָה מִמֶּנּוּ רְבִיעִית דָּם הֲרֵי זוֹ הַכְּסוּת מִתְטַמְּאָה בְּמַגָּע וּבְמַשָּׂא וּבְאֹהֶל וְאִם לָאו אֵינָהּ מִתְטַמְּאָה בְּאֹהֶל וַהֲרֵי הִיא כִּכְסוּת שֶׁנָּגְעָה בְּמֵת שֶׁכָּל הַבָּלוּעַ שֶׁאֵינוֹ יָכוֹל לָצֵאת טָהוֹר. כֵּיצַד מְשַׁעֲרִין אוֹתָהּ. מְכַבְּסִין אוֹתָהּ בְּמַיִם וּמֵבִיא מַיִם כְּמִדָּתָן וְנוֹתֵן לְתוֹכָן רְבִיעִית דָּם אִם הָיָה מַרְאֵיהֶן שָׁוֶה אוֹ שֶׁהָיָה מֵי הַכִּבּוּס אָדֹם יוֹתֵר מִמֵּי הַמֶּזֶג בְּיָדוּעַ שֶׁיָּצָא מִמֶּנָּה רְבִיעִית:

יד. הַמַּשָּׂא וְהַמַּגָּע וְהָאֹהֶל שְׁלֹשָׁה שֵׁמוֹת הֵם. וְכָל שֶׁהוּא מִשֵּׁם אֶחָד מִצְטָרֵף וּמְטַמֵּא. וּמִשְּׁנֵי שֵׁמוֹת אֵינוֹ מִצְטָרֵף וְטָהוֹר. כֵּיצַד. הַנּוֹגֵעַ בִּכְשְׁנֵי חֲצָאֵי זֵיתִים אוֹ שֶׁנָּשָׂא שְׁנֵי חֲצָאֵי זֵיתִים בְּבַת אַחַת. אוֹ שֶׁהֶאֱהִיל עַל כִּשְׁנֵי חֲצָאֵי זֵיתִים. אוֹ שֶׁהֶאֱהִיל עַל חֲצִי זַיִת וַחֲצִי זַיִת אַחֵר מַאֲהִיל עָלָיו. אוֹ שֶׁהָיָה הוּא וַחֲצִי זַיִת תַּחַת הָאֹהֶל וְהֶאֱהִיל בְּמִקְצָת גּוּפוֹ עַל חֲצִי זַיִת אַחֵר. אוֹ הֶאֱהִיל חֲצִי זַיִת עַל מִקְצָתוֹ. הַכֹּל טְמֵאִים מִפְּנֵי שֶׁהוּא שֵׁם אֶחָד. אֲבָל הַנּוֹגֵעַ בַּחֲצִי זַיִת אוֹ הַנּוֹשֵׂא חֲצִי זַיִת וְדָבָר אַחֵר מַאֲהִיל עָלָיו וְעַל כַּחֲצִי זַיִת. אוֹ שֶׁהֶאֱהִיל עָלָיו חֲצִי זַיִת אַחֵר. אוֹ שֶׁהֶאֱהִיל הוּא עַל חֲצִי זַיִת אַחֵר. וְכֵן הַנּוֹשֵׂא כַּחֲצִי זַיִת וְנָגַע בַּחֲצִי זַיִת אַחֵר. הַכֹּל טְהוֹרִים. שֶׁאֵין הַמַּגָּע מִצְטָרֵף עִם הַמַּשָּׂא לֹא בְּמֵת וְלֹא בִּשְׁאָר טֻמְאוֹת. וְלֹא הַמַּגָּע מִצְטָרֵף עִם הָאֹהֶל וְלֹא הָאֹהֶל מִצְטָרֵף עִם הַמַּשָּׂא [לְפִי שֶׁאֵינוֹ שֵׁם אֶחָד]:

Perek 5

Transmission of Impurity by Touch (*Maga*)

Classification

Tumat Maga (touch) with Human Corpse

The *tumah* of a *met* transmits differently between humans and objects. (Other *tumot* affect humans and objects similarly)

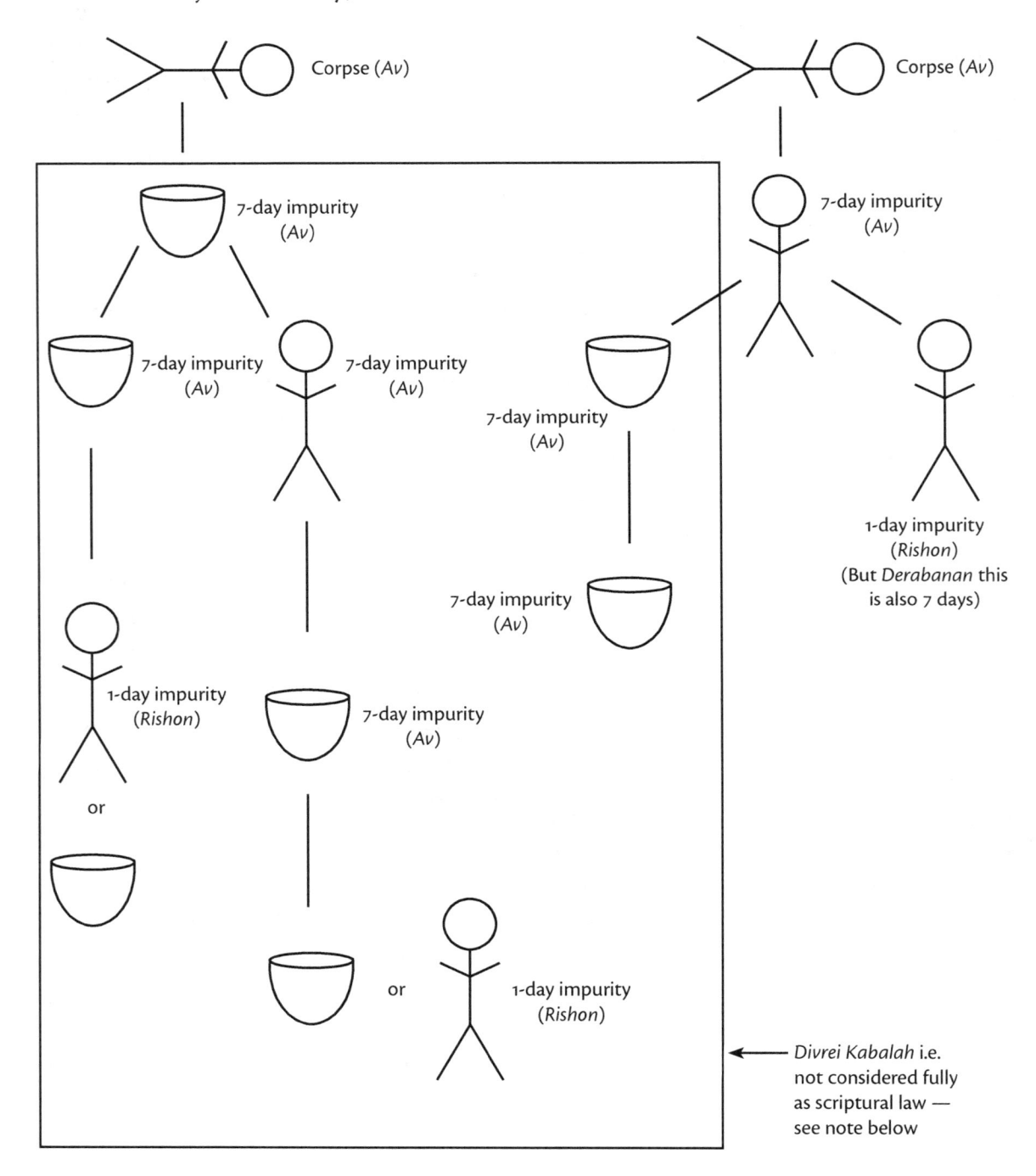

- Corpse (*Av*)
  - 7-day impurity (*Av*)
    - 7-day impurity (*Av*)
      - 1-day impurity (*Rishon*)
      - or
      - 7-day impurity (*Av*)
    - 7-day impurity (*Av*)
      - 7-day impurity (*Av*)
        - 7-day impurity (*Av*)
          - or
          - 1-day impurity (*Rishon*)

- Corpse (*Av*)
  - 7-day impurity (*Av*)
    - 7-day impurity (*Av*)
      - 7-day impurity (*Av*)
    - 1-day impurity (*Rishon*)
    (But *Derabanan* this is also 7 days)

⟵ *Divrei Kabalah* i.e. not considered fully as scriptural law — see note below

Therefore, *tumat met* decreases in degree quicker when passing through people than vessels.

Where punishment of *karet* for impurity applies this is only in the case when a person touches a corpse and the next person to whom he may transmit.

The rest of the above impurities only apply regarding *trumah* and *kadashim* (sacrifices).

(i.e. third and fourth are *Divrei Kabalah*)

An earthenware container is exceptional. If it touches a corpse or is in the same *ohel* as a corpse, it will contract impurity but it cannot transmit impurity.

> **Reminder**
> Pack on Impurity of Vessels

Garments which touch a corpse also impart **7 days** impurity by touch, and do not impart impurity through carriage or through *ohel*.

> **Reminder**
> Pack on Impurity of Clothes

Tumat Maga Transmission from Human Corpse

Avi Avot Hatumah:	The corpse itself
	A sword which killed
Av Hatumah	A person or vessels which touch corpse, contracts impurity which lasts **7** days.
	If a person touches another person who is *av hatumah*, he contracts impurity for **1** day. (*Derabanan* **7** days)
	If a person touches a vessel (excluding earthenware) which is *av hatumah*, he contracts impurity for **7** days.
	A vessel which touches another vessel becomes impure for **7 days**. If it touches another vessel this gets **1-day** impurity. A vessel which touches a person gets **7 days** impurity. If the person touches another vessel this also gets **7** days impurity.
Vlad Hatumah rishon (touched an *av*)	*Tumah* only passed on to food and drinks.
Vlad Hatumah sheni (touched *rishon*)	*Tumah* only passed on to food and drinks.
Vlad Hatumah shlishi (touched *sheni*)	*Tumah* only passed on to food and drink.
Vlad Hatumah revii (touched *shlishi*)	*Tumah* only passed on to food and drink.

The transmission of corpse impurity by touch can be

- Direct touching
- Indirect

Direct Transmission of Corpse impurity by Touch (i.e. from a person or vessel which had direct contact with a corpse and has 7-day impurity)

Sefer Taharah, Tumat Met, Chapter 5

	Direct from Text of *Rambam*	Understood
TOUCH		
Imparts impurity to people	✓ 7 days	*Av*
Imparts impurity to vessels	✓ 7 days	*Av*
Imparts impurity to clothes one is wearing	✓ 7 days	✓ *Av*
Imparts impurity to earthenware vessels	✓ Never becomes *av*	
Imparts impurity to foods		✓ Never becomes *av*
Imparts impurity to liquids		✓ Never becomes *av*
CARRIAGE		
Imparts impurity to people	✓ 7 days	
Imparts impurity to vessels	✗	
Imparts impurity to earthenware vessels		✗
Imparts impurity to clothes		✗
Imparts impurity to foods		✗
Imparts impurity to liquids		✗
MOVEMENT (CAN BE MOVEMENT WITHOUT CARRIAGE)		
Imparts impurity same as carriage		
Mishkav and *Moshav*		
Couch (or chair) on which lies (or sits) becomes impure	✗	Only as a *vlad* and not as a *zav* etc
Saddle on which rides becomes impure		
Madaf impurity		
SPACE CONTAINING AN IMPURITY		
OHEL (unique to a human corpse)		
Imparts impurity to people	✓ 7 days	

Imparts impurity to vessels	✓ 7 days	
Imparts impurity to earthenware vessels		✗
Imparts impurity to foods		✗
Imparts impurity to drinks (liquids)		✗
Containing structure becomes impure		✗
SEALED VESSELS (SIMILAR LAWS TO *OHEL*)		
Imparts impurity to people		
Imparts impurity to vessels		
Imparts impurity to foods		
Imparts impurity to liquids		
Vessel becomes impure		
METZORA OR *TZARAAT* MATERIAL ENTERING BUILDING		
Imparts impurity to people		
Imparts impurity to vessels		
Imparts impurity to foods		
Imparts impurity to liquids		
Building becomes impure		
SPACE OF EARTHENWARE VESSELS		
Imparts impurity to people		
Imparts impurity to vessels		
Imparts impurity to foods		
Imparts impurity to liquids		
Vessel becomes impure		

One who contracts impurity from a corpse imparts impurity through touch alone, and not through carriage, *ohel* or *mishkav / moshav*

PRINCIPLES

- Primary source of corpse impurity called *avi avot*.
- Someone or something which contacts the primary source contracts *av* impurity and may pass on this same level of impurity in certain situations.
- Thereafter someone or something which contacts the *av impurity*, derive secondary impurities and are called *vlad*.
- Within *vlad* there are descending weaker levels of impurity i.e. *rishon* (first), *sheni* (second), *shlishi* (third) *revii* (fourth).

Avi Avot

↓

AV

↓

RISHON

↓

SHEINI *Vlad*

↓

SHLISHI

↓

REVII

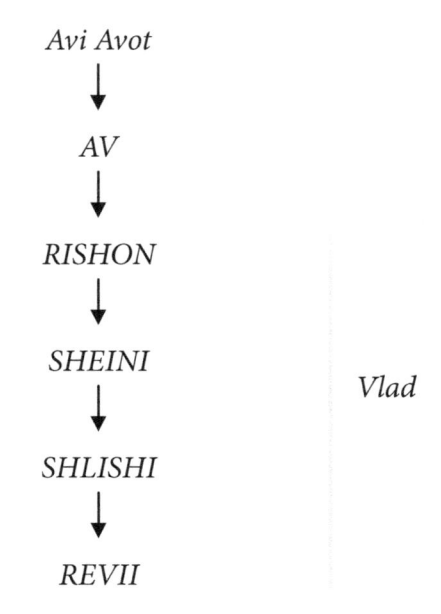

[*Tumat Met* 5:.8]

- All *av* impurity imparts impurity by touch to
  - People
  - Garments
  - Vessels (including earthenware vessels [*Tumat Met* 5.7]
- All *vlad hatumah* imparts impurity only to
  - Foods
  - Liquids [*Tumat Met* 5.7]

(and not to people or vessels)

פרק ה׳

א. כָּל הַמִּתְטַמְּאִין מֵחֲמַת הַמֵּת בֵּין אָדָם בֵּין כֵּלִים טְמֵאִים טֻמְאַת שִׁבְעָה. כֵּיצַד. אָדָם אוֹ כְּלִי שֶׁנָּגַע בִּדְבָרִים שֶׁמְּטַמְּאִין מִן הַמֵּת בְּמַגָּע. אוֹ שֶׁנִּטְמָא בְּאֹהֶל בְּאֶחָד מִדְּבָרִים שֶׁמְּטַמְּאִין בְּאֹהֶל. וְכֵן אָדָם שֶׁנָּשָׂא דְּבָרִים שֶׁמְּטַמְּאִין מִן הַמֵּת בְּמַשָּׂא. הַכֹּל טְמֵאִים טֻמְאַת שִׁבְעָה שֶׁנֶּאֱמַר (במדבר יט יד) ״כָּל הַבָּא אֶל הָאֹהֶל וְכָל אֲשֶׁר בָּאֹהֶל יִטְמָא שִׁבְעַת יָמִים״:

ב. אָדָם שֶׁנִּטְמָא בְּמֵת וְכֵלִים שֶׁיִּגַּע בָּהֶן אָדָם זֶה טְמֵאִין טֻמְאַת שִׁבְעָה שֶׁנֶּאֱמַר (במדבר לא כד) ״וְכִבַּסְתֶּם בִּגְדֵיכֶם בַּיּוֹם הַשְּׁבִיעִי וּטְהַרְתֶּם״. אֲבָל אָדָם שֶׁנָּגַע בְּאָדָם שֶׁנִּטְמָא בְּמֵת. בֵּין שֶׁנָּגַע בּוֹ אַחַר שֶׁפֵּרַשׁ מִמְּטַמְּאָיו בֵּין שֶׁנָּגַע בּוֹ כְּשֶׁהוּא עֲדַיִן נוֹגֵעַ בְּמֵת. הֲרֵי זֶה הַשֵּׁנִי טָמֵא טֻמְאַת עֶרֶב שֶׁנֶּאֱמַר (במדבר יט כב) ״וְהַנֶּפֶשׁ הַנֹּגַעַת תִּטְמָא עַד הָעָרֶב״. זֶהוּ דִּין תּוֹרָה אֲבָל מִדִּבְרֵי סוֹפְרִים הַנּוֹגֵעַ בְּמֵת וְנָגַע בְּאָדָם אַחֵר וַעֲדַיִן הוּא מְחֻבָּר בַּמֵּת שְׁנֵיהֶן טְמֵאִין טֻמְאַת שִׁבְעָה וּכְאִלּוּ נָגַע זֶה הַשֵּׁנִי בַּמֵּת עַצְמוֹ. בַּמֶּה דְּבָרִים אֲמוּרִים לְעִנְיַן תְּרוּמָה וְקָדָשִׁים. אֲבָל לְנָזִיר וּלְעוֹשֶׂה פֶּסַח בֵּין בִּשְׁעַת חִבּוּר בֵּין אַחַר שֶׁפֵּרַשׁ אֵינוֹ טָמֵא אֶלָּא טֻמְאַת עֶרֶב כְּדִין תּוֹרָה:

ג. כֵּלִים שֶׁנִּטְמְאוּ בְּמֵת בֵּין בְּמַגָּע בֵּין בְּאֹהֶל הֲרֵי הֵן לַנּוֹגֵעַ בָּהֶן כְּנוֹגֵעַ בַּמֵּת עַצְמוֹ. מָה הַמֵּת מְטַמֵּא הַנּוֹגֵעַ בּוֹ בֵּין אָדָם בֵּין כֵּלִים טֻמְאַת שִׁבְעָה אַף כֵּלִים שֶׁנִּטְמְאוּ בַּמֵּת הֵם וְהַכֵּלִים אוֹ הָאָדָם שֶׁיִּגַּע בָּהֶן טְמֵאִין טֻמְאַת שִׁבְעָה. שֶׁנֶּאֱמַר (במדבר יט טז) ״בַּחֲלַל חֶרֶב אוֹ בְמֵת״. מִפִּי הַשְּׁמוּעָה לָמְדוּ שֶׁהַחֶרֶב כְּמֵת וְהוּא הַדִּין לִשְׁאָר כֵּלִים. בֵּין כְּלֵי מַתָּכוֹת בֵּין כְּלֵי שֶׁטֶף וּבְגָדִים. הֲרֵי הוּא אוֹמֵר (במדבר לא יט) ״כֹּל הֹרֵג נֶפֶשׁ וְכֹל נֹגֵעַ בֶּחָלָל״ וְכִי תַּעֲלֶה עַל דַּעְתְּךָ שֶׁזֶּה יָרָה

חֵץ וְהָרַג אוֹ זָרַק אֶבֶן וְהָרַג נִטְמָא שִׁבְעַת יָמִים. אֶלָּא הוֹרֵג נֶפֶשׁ בְּחֶרֶב וְכַיּוֹצֵא בָּהּ שֶׁנִּטְמָא בִּנְגִיעָתוֹ בַּכְּלִי שֶׁהָרַג בּוֹ שֶׁהֲרֵי נָגַע הַכְּלִי בְּמֵת. וּמִנַּיִן שֶׁאַף הַכֵּלִים הַנּוֹגְעִין בָּאָדָם שֶׁנָּגַע בְּכֵלִים שֶׁנִּטְמְאוּ בַּמֵּת שֶׁטְּמֵאִים טֻמְאַת שִׁבְעָה שֶׁהֲרֵי הוּא אוֹמֵר (במדבר לא כד) "וְכִבַּסְתֶּם בִּגְדֵיכֶם בַּיּוֹם הַשְּׁבִיעִי וּטְהַרְתֶּם". הָא לָמַדְתָּ שֶׁכָּל אָדָם הַטָּמֵא טֻמְאַת שִׁבְעָה מְטַמֵּא בְּגָדִים טֻמְאַת שִׁבְעָה:

ד. נִמְצֵאתָ אוֹמֵר אָדָם שֶׁנָּגַע בְּמֵת וְאָדָם בְּאָדָם אַחֵר הָרִאשׁוֹן טָמֵא טֻמְאַת שִׁבְעָה וְהַשֵּׁנִי טֻמְאַת עֶרֶב. כֵּלִים הַנּוֹגְעִין בְּמֵת וְכֵלִים בְּכֵלִים שְׁנֵיהֶם טְמֵאִים טֻמְאַת שִׁבְעָה אֲבָל הַשְּׁלִישִׁי בֵּין אָדָם בֵּין כֵּלִים טָמֵא טֻמְאַת עֶרֶב. כֵּלִים הַנּוֹגְעִין בְּמֵת וְאָדָם בְּכֵלִים וְכֵלִים בְּאָדָם שְׁלָשְׁתָּן טְמֵאִין טֻמְאַת שִׁבְעָה וְהָרְבִיעִי בֵּין אָדָם בֵּין כֵּלִים טָמֵא טֻמְאַת עֶרֶב:

ה. בַּמֶּה דְּבָרִים אֲמוּרִים לְעִנְיַן תְּרוּמָה וְקָדָשִׁים. אֲבָל לְחַיֵּב כָּרֵת עַל בִּיאַת מִקְדָּשׁ אוֹ עַל אֲכִילַת קָדָשִׁים אֵינוֹ חַיָּב אֶלָּא הַשְּׁנַיִם בִּלְבַד הָרִאשׁוֹן שֶׁנָּגַע בַּמֵּת וְהַשֵּׁנִי שֶׁנָּגַע בּוֹ כְּדִין תּוֹרָה שֶׁנֶּאֱמַר (במדבר יט כב) "וְכֹל אֲשֶׁר יִגַּע בּוֹ הַטָּמֵא יִטְמָא". אֲבָל הַנּוֹגֵעַ בְּכֵלִים שֶׁנָּגְעוּ בָּאָדָם אוֹ הַנּוֹגֵעַ בְּאָדָם שֶׁנָּגַע בְּכֵלִים שֶׁנָּגְעוּ בַּמֵּת פָּטוּר כְּמוֹ שֶׁבֵּאַרְנוּ בְּהִלְכוֹת בִּיאַת מִקְדָּשׁ. שֶׁהַדְּבָרִים הָאֵלּוּ אַף עַל פִּי שֶׁהֵן דִּבְרֵי קַבָּלָה אֵינָן דִּין תּוֹרָה. שֶׁהֲרֵי לֹא נִתְפָּרְשׁוּ בַּתּוֹרָה. אֶלָּא זֶה שֶׁנִּטְמָא בְּמֵת שֶׁהוּא אָב וְהַשֵּׁנִי הַנּוֹגֵעַ בּוֹ שֶׁהוּא רִאשׁוֹן בֵּין אָדָם בֵּין כֵּלִים:

ו. כְּלִי חֶרֶשׂ שֶׁנָּגַע בְּמֵת אוֹ שֶׁהָיָה עִמּוֹ בָּאֹהֶל טָמֵא. וְאֵינוֹ מְטַמֵּא [לֹא אָדָם] וְלֹא כְּלִי חֶרֶשׂ אַחֵר וְלֹא שְׁאָר כֵּלִים שֶׁאֵין כְּלִי חֶרֶשׂ נַעֲשֶׂה אַב הַטֻּמְאָה לְעוֹלָם לֹא בְּמֵת וְלֹא בִּשְׁאָר טֻמְאוֹת. וְזֶה דִּין תּוֹרָה אַף עַל פִּי שֶׁהוּא קַבָּלָה:

ז. זֶה כְּלָל גָּדוֹל בַּטֻּמְאוֹת כָּל אַב הַטֻּמְאָה מְטַמֵּא אָדָם וּמְטַמֵּא בְּגָדִים וְכֵלִים בֵּין כְּלֵי מַתָּכוֹת בֵּין כְּלֵי שֶׁטֶף בֵּין כְּלֵי חֶרֶשׂ. וְכָל הַמְטַמֵּא אָדָם וְכֵלִים בִּנְגִיעָה הֲרֵי זֶה אַב הַטֻּמְאָה. וְכָל וְלַד הַטֻּמְאוֹת מְטַמֵּא אֳכָלִין וּמַשְׁקִין וְאֵינוֹ מְטַמֵּא לֹא אָדָם וְכֵלִים לֹא כְּלֵי חֶרֶשׂ וְלֹא שְׁאָר כֵּלִים וּבְגָדִים:

ח. כָּל הַנּוֹגֵעַ בְּאָב הוּא הַנִּקְרָא רִאשׁוֹן. וְהַנּוֹגֵעַ בָּרִאשׁוֹן נִקְרָא שֵׁנִי. וְהַנּוֹגֵעַ בַּשֵּׁנִי נִקְרָא שְׁלִישִׁי. וְהַנּוֹגֵעַ בַּשְּׁלִישִׁי נִקְרָא רְבִיעִי. וְהָרִאשׁוֹן וְשֶׁלְּמַטָּה מִמֶּנּוּ כֻּלָּן נִקְרָאִין וְלַד הַטֻּמְאָה:

ט. כָּל הַמִּתְטַמֵּא מֵחֲמַת הַמֵּת טֻמְאַת שִׁבְעָה בֵּין אָדָם בֵּין כֵּלִים הוּא הַנִּקְרָא טְמֵא מֵת. וְהוּא אָב מֵאֲבוֹת הַטֻּמְאוֹת לְעִנְיַן טֻמְאַת תְּרוּמָה וְטֻמְאַת קָדָשִׁים כְּמוֹ שֶׁבֵּאַרְנוּ. לְמְנוֹת מִמֶּנּוּ רִאשׁוֹן וְשֵׁנִי כְּדֵי לְטַמֵּא אָדָם וְכֵלִים בְּמַגָּע כִּשְׁאָר אֲבוֹת הַטֻּמְאוֹת. וְאֵינוֹ מְטַמֵּא בְּמַשָּׂא:

י. כָּל הַמִּתְטַמֵּא מֵחֲמַת הַמֵּת טֻמְאַת עֶרֶב הוּא וְלַד הַטֻּמְאָה וְהוּא הָרִאשׁוֹן לְטֻמְאָה. וְאֶפְשָׁר שֶׁיִּהְיֶה הָרְבִיעִי מִן הַמֵּת רִאשׁוֹן לְטֻמְאָה כְּמוֹ שֶׁבֵּאַרְנוּ לְעִנְיַן תְּרוּמָה וְקָדָשִׁים:

יא. אָדָם אוֹ כֵּלִים שֶׁנִּטְמְאוּ בְּמַגַּע אֶרֶץ הָעַכּוּ"ם וּבֵית הַפְּרָס אוֹ בְּמַשָּׂאָן אוֹ בְּמַגַּע דַּם תְּבוּסָה וְגוֹלֵל וְדוֹפֵק אוֹ בְּאָהֳלָן. וְכֵן אָדָם שֶׁנִּטְמָא בְּמַשָּׂא דַּם תְּבוּסָה הֲרֵי אֵלּוּ כֻּלָּן וְכָל כַּיּוֹצֵא בָּהֶן אֲבוֹת טֻמְאוֹת שֶׁל דִּבְרֵי סוֹפְרִים. וְכֵן בְּגָדִים הַמִּתְטַמְּאִין מֵחֲמַת אֵלּוּ טֻמְאַת שִׁבְעָה כֻּלָּן אֲבוֹת הַטֻּמְאוֹת שֶׁל דִּבְרֵי סוֹפְרִים:

יב. הָאֹהֶל עַצְמוֹ הַמַּאֲהִיל עַל הַטֻּמְאָה אַף עַל פִּי שֶׁלֹּא נָגְעָה בּוֹ טֻמְאָה הֲרֵי הוּא טָמֵא טֻמְאַת שִׁבְעָה מִן הַתּוֹרָה וַהֲרֵי הוּא כִּבְגָדִים שֶׁנָּגְעוּ בְּמֵת שֶׁנֶּאֱמַר (במדבר יט יח) "וְהִזָּה עַל הָאֹהֶל". בַּמֶּה דְּבָרִים אֲמוּרִים כְּשֶׁהָיָה הָאֹהֶל בֶּגֶד אוֹ שַׂק אוֹ כְּלִי עֵץ אוֹ עוֹר אֶחָד עוֹר בְּהֵמָה וְחַיָּה בֵּין הַמֻּתָּרִין לַאֲכִילָה בֵּין הָאֲסוּרִין לַאֲכִילָה שֶׁנֶּאֱמַר (שמות מ יט) "וַיִּפְרֹשׂ אֶת הָאֹהֶל עַל הַמִּשְׁכָּן" אֵין קָרוּי אֹהֶל אֶלָּא אָרוּג וְעוֹר כַּמִּשְׁכָּן. אֲבָל אִם הָיָה הָאֹהֶל נְסָרִין שֶׁל עֵץ כְּגוֹן הַתִּקְרָה וְהַמַּחְצֶלֶת וְכַיּוֹצֵא בָּהֶן. אוֹ שֶׁהָיָה עֶצֶם אוֹ שֶׁל מַתָּכוֹת הֲרֵי זֶה טָהוֹר. וְאֵין צָרִיךְ לוֹמַר שֶׁאִם הָיָה בִּנְיָן שֶׁהוּא טָהוֹר. וְכָל מָקוֹם שֶׁנֶּאֱמַר הַבַּיִת טָמֵא אֵינוֹ אֶלָּא אָדָם וְכֵלִים שֶׁבְּכָל הַבַּיִת. וְאֵין לְךָ יוֹצֵא מִן הָעֵץ שֶׁהוּא מִתְטַמֵּא טֻמְאַת אֹהָלִים אֶלָּא הַפִּשְׁתָּן בִּלְבַד:

יג. בְּגָדִים הַנּוֹגְעִין בְּמֵת אַף עַל פִּי שֶׁהֵן כְּמֵת לְטַמֵּא אֲחֵרִים שֶׁנָּגְעוּ בּוֹ טֻמְאַת שִׁבְעָה אֵינָן כְּמֵת לְטַמֵּא בְּאֹהֶל וּבְמַשָּׂא. שֶׁהַמַּשָּׂא לַמֵּת עַצְמוֹ אֵינוֹ מְפֹרָשׁ כְּמוֹ שֶׁבֵּאַרְנוּ. וּבְטֻמְאַת אֹהֶל הוּא אוֹמֵר (במדבר יט יד) "אָדָם כִּי יָמוּת בְּאֹהֶל". לְפִיכָךְ הַנּוֹשֵׂא בְּגָדִים שֶׁנָּגְעוּ בְּמֵת וְלֹא נָגַע בָּהֶן וְכָל הַמַּאֲהִיל עֲלֵיהֶן אוֹ שֶׁהֶאֱהִילוּ עָלָיו אוֹ שֶׁהָיוּ עִמּוֹ בְּאֹהֶל הֲרֵי זֶה טָהוֹר. וְכֵן הָאָדָם שֶׁנִּטְמָא בְּמֵת וְהֶאֱהִיל עַל הַכֵּלִים הֲרֵי הֵן טְהוֹרִין שֶׁאֵין טְמֵא מֵת טָמֵא אֶלָּא בְּמַגָּע בִּלְבַד:

יד. הַמֵּת אֵינוֹ מְטַמֵּא מִשְׁכָּב וּמוֹשָׁב מִתַּחְתָּיו וְלֹא מַדָּף מֵעַל גַּבָּיו אֶלָּא אֶחָד כְּלִי שֶׁיִּגַּע בַּמֵּת מִצִּדּוֹ אוֹ שֶׁהָיָה תַּחְתָּיו אוֹ עַל גַּבָּיו. כֵּיצַד. עֲשָׂרָה בְּגָדִים זֶה עַל גַּבֵּי זֶה וְהַמֵּת לְמַעְלָה וַעֲשָׂרָה בְּגָדִים אֲחֵרִים עַל גַּבּוֹ מִלְמַעְלָה. בֶּגֶד הַנּוֹגֵעַ בּוֹ וְהַבֶּגֶד הַשֵּׁנִי שֶׁנָּגַע בַּבֶּגֶד שֶׁנָּגַע בּוֹ שְׁנֵיהֶן טְמֵאִים טֻמְאַת שִׁבְעָה וְהַשְּׁלִישִׁי טָמֵא טֻמְאַת עֶרֶב בֵּין שֶׁל מַעְלָה בֵּין שֶׁל

מַטָּה. וְהָרְבִיעִי וּמִן הָרְבִיעִי וּלְמַטָּה וּמִן הָרְבִיעִי וּלְמַעְלָה
כֻּלָּן טְהוֹרִין. מַה שֶּׁאֵין כֵּן בְּטַמְאֵי מִשְׁכָּב וּמוֹשָׁב כְּמוֹ
שֶׁיִּתְבָּאֵר בִּמְקוֹמוֹ. בַּמֶּה דְּבָרִים אֲמוּרִים שֶׁכָּל הַבְּגָדִים אוֹ
הַכֵּלִים שֶׁתַּחְתָּיו וְשֶׁל מַעְלָה מִמֶּנּוּ טְהוֹרִין בְּשֶׁלֹּא הָיְתָה
שָׁם טֻמְאָה רְצוּצָה וְלֹא טֻמְאַת אֹהֶל. אוֹ שֶׁהָיָה מַבְדִּיל
בֵּינוֹ וּבֵין הַכֵּלִים אֶבֶן כְּמוֹ שֶׁיִּתְבָּאֵר בִּמְקוֹמוֹ:

Perek 6

Insusceptibility to *Tumah*

Some materials are insusceptible to impurity.

- all entities from sea e.g.
  - Bone of fish
  - Skin of fish
  - Green moss at water surface
- Stone implements
- Vessels made from animal dung
- Large wooden containers. Eg
  - Cupboard
  - Container with volume of 40 *seah*

I.e. they are semi permanently left in their place.)

- Wooden implements which are flat (i.e. cannot contain anything)
- Earthenware implements which are flat

(Even an earthenware container is not susceptible to impurity by touch. However, it would become impure if an impurity was found in its inner space, or if it was moved by a *zav.*)

Reminder

Zav, Zavah, Nidah, Yoledet. Ref: *Sefer Taharah, Hilchot Metamei Mishkav,* Chapter 1
Pack on Impurity of *Zav, Zavah* etc
Pack on Impurity of Vessels

However, if these insusceptible materials were used to make a *golel* (covering of a grave) they will transmit impurity by touch. As soon as they cease serving as a *golel* they become pure again.

Also, if there is a beam over a grave, the beam is only impure as a *golel* over the grave. The part away from the grave stays pure.

פרק ו׳

א. עַצְמוֹת הַדָּג וְעוֹרוֹ הָעוֹשֶׂה מֵהֶן כֵּלִים אֵינָן מְקַבְּלִין טֻמְאָה כְּלָל לֹא מִדִּבְרֵי תּוֹרָה וְלֹא מִדִּבְרֵי סוֹפְרִים. וְכֵן יְרוֹקָה שֶׁעַל פְּנֵי הַמַּיִם וְכַיּוֹצֵא בָּהּ שֶׁכָּל מַה שֶּׁבַּיָּם טָהוֹר כְּמוֹ שֶׁיִּתְבָּאֵר בְּהִלְכוֹת כֵּלִים. לְפִיכָךְ הָעוֹשֶׂה אֹהֶל מֵעוֹר הַדָּג אוֹ מִצֶּמֶר שֶׁגָּדֵל בַּיָּם. אֵין עַצְמוֹ שֶׁל אֹהֶל זֶה מְקַבֵּל טֻמְאָה אַף עַל פִּי שֶׁמֵּבִיא אֶת הַטֻּמְאָה לְכָל אֲשֶׁר יִהְיֶה תַּחְתָּיו כִּשְׁאָר אֹהָלִים:

ב. כְּלֵי גְּלָלִים וּכְלֵי אֲבָנִים וּכְלֵי אֲדָמָה אֵינָן מְקַבְּלִין טֻמְאָה לֹא מִדִּבְרֵי תּוֹרָה וְלֹא מִדִּבְרֵי סוֹפְרִים בֵּין טֻמְאַת מֵת בֵּין שְׁאָר הַטֻּמְאוֹת. וְכֵן כְּלֵי עֵץ הֶעָשׂוּי לְנַחַת כְּגוֹן הַתֵּבָה וְהַמִּגְדָּל וְהַכַּוֶּרֶת שֶׁהֵן מַחֲזִיקִין אַרְבָּעִים סְאָה בְּלַח וְיִהְיֶה לָהֶם שׁוּלַיִם אֵינָן מְקַבְּלִין טֻמְאָה כְּלָל לֹא מִדִּבְרֵי תּוֹרָה וְלֹא מִדִּבְרֵי סוֹפְרִים. וְאֵלּוּ הֵן הַנִּקְרָאִין כְּלֵי עֵץ הַבָּא בְּמִדָּה:

ג. כְּלֵי עֵץ פְּשׁוּטֵיהֶם טְהוֹרִים מְקַבְּלֵיהֶם טְמֵאִים. כְּלֵי חֶרֶשׂ פְּשׁוּטֵיהֶן טְהוֹרִין וּמְקַבְּלֵיהֶן טְמֵאִין וְאֵינָן טְמֵאִין אֶלָּא מֵאֲוִירָן אוֹ בְּהֶסֵּט הַזָּב. אֲפִלּוּ נָגַע כְּלִי חֶרֶשׂ בְּמֵת מִגַּבּוֹ אֵינוֹ מִתְטַמֵּא. וְאִם נִכְנְסָה טֻמְאָה מִן הַטֻּמְאוֹת בַּאֲוִירוֹ וְאַף עַל פִּי שֶׁלֹּא נָגְעָה בּוֹ נִטְמָא. הָיָה כְּלִי חֶרֶשׂ עִם הַמֵּת בְּאֹהֶל נִטְמָא שֶׁהֲרֵי הַטֻּמְאָה נִכְנְסָה בַּאֲוִירוֹ. וְאִם הָיָה מֻקָּף צָמִיד פָּתִיל הוּא וּמַה שֶּׁבְּתוֹכוֹ טָהוֹר כְּמוֹ שֶׁנִּתְפָּרֵשׁ בַּתּוֹרָה. שֶׁאֵין טֻמְאָה נִכְנֶסֶת לוֹ אֶלָּא מִפִּתְחוֹ וּבְהֶסֵּט הַזָּב. שֶׁהֲרֵי הוּא כְּמִי שֶׁנָּגַע בְּכֻלּוֹ:

ד. הָעוֹשֶׂה גּוֹלֵל מִדָּבָר שֶׁאֵינוֹ מְקַבֵּל טֻמְאָה כְּגוֹן שֶׁהִנִּיחַ עַל גַּבֵּי הַקֶּבֶר אֶבֶן אוֹ כְּלֵי אֲדָמָה אוֹ כְּלֵי עֵץ הַבָּא בְּמִדָּה אוֹ כְּלִי חֶרֶשׂ הַמֻּקָּף צָמִיד פָּתִיל אוֹ עוֹר הַדָּג וְעַצְמוֹ וְכַיּוֹצֵא בְּאֵלּוּ הַנּוֹגֵעַ בָּהֶן טָמֵא טֻמְאַת שִׁבְעָה מִשּׁוּם נוֹגֵעַ בְּגוֹלֵל. וְאִם פֵּרְשׁוּ מִלִּהְיוֹת גּוֹלֵל אוֹ שֶׁהֵסִיר אֶת הַמֵּת מִתַּחְתֵּיהֶן הֲרֵי הֵן טְהוֹרִין. וְכֵן בְּהֵמָה שֶׁכְּפָתָהּ וְעָשָׂה אוֹתָהּ גּוֹלֵל הַנּוֹגֵעַ בָּהּ טָמֵא טֻמְאַת שִׁבְעָה כָּל זְמַן שֶׁהִיא גּוֹלֵל. הִתִּיר הַבְּהֵמָה הֲרֵי הִיא טְהוֹרָה כִּשְׁאָר הַבְּהֵמוֹת. וְכֵן חָבִית שֶׁהִיא מְלֵאָה מַשְׁקִין מֻקֶּפֶת צָמִיד פָּתִיל וְעָשָׂה אוֹתָהּ גּוֹלֵל לְמֵת הַנּוֹגֵעַ בָּהּ טָמֵא טֻמְאַת שִׁבְעָה וְהֶחָבִית וְהַמַּשְׁקִין טְהוֹרִין:

ה. קוֹרָה שֶׁעֲשָׂאָהּ גּוֹלֵל לְקֶבֶר בֵּין עוֹמֶדֶת בֵּין מֻטָּה עַל צִדָּהּ אֵין טָמֵא אֶלָּא כְּנֶגֶד פֶּתַח הַקֶּבֶר בִּלְבַד. וְהַנּוֹגֵעַ בְּקָצֶה הַמֻּנָּח חוּץ לַקֶּבֶר טָהוֹר. עָשָׂה רֹאשָׁהּ גּוֹלֵל לְקֶבֶר וַהֲרֵי הִיא עוֹמֶדֶת עַל הַקֶּבֶר כְּמוֹ אִילָן הַנּוֹגֵעַ מִמֶּנָּה בְּאַרְבָּעָה טְפָחִים סָמוּךְ לַקֶּבֶר טָמֵא מִשּׁוּם גּוֹלֵל וּמֵאַרְבָּעָה וּלְמַעְלָה טָהוֹר. בַּמֶּה דְּבָרִים אֲמוּרִים בִּזְמַן שֶׁהוּא עָתִיד לָקֹץ אוֹתָהּ. אֲבָל אִם אֵינוֹ עָתִיד לָקֹץ אוֹתָהּ כֻּלָּהּ גּוֹלֵל:

ו. שְׁתֵּי אֲבָנִים גְּדוֹלוֹת שֶׁל אַרְבָּעָה אַרְבָּעָה טְפָחִים שֶׁעֲשָׂאָן גּוֹלֵל הַמַּאֲהִיל עַל גַּבֵּי שְׁתֵּיהֶן טָמֵא. נִטְּלָה אַחַת מֵהֶן הַמַּאֲהִיל עַל גַּבֵּי שְׁנִיָּה טָהוֹר מִפְּנֵי שֶׁיֵּשׁ לַטֻּמְאָה דֶּרֶךְ שֶׁתֵּצֵא בּוֹ:

ז. גַּל שֶׁל צְרוֹרוֹת שֶׁעֲשָׂאָהוּ גּוֹלֵל לְקֶבֶר אֵין טָמֵא אֶלָּא סֵדֶר הַפְּנִימִי שֶׁהוּא צָרְכּוֹ שֶׁל קֶבֶר. אֲבָל הַנּוֹגֵעַ בִּשְׁאָר הָאֲבָנִים טָהוֹר:

ח. אָרוֹן שֶׁהוּא חָקוּק בַּסֶּלַע וְהִנִּיחוּ בּוֹ הַמֵּת וְכִסּוּהוּ בְּגוֹלֵל הַנּוֹגֵעַ בַּסֶּלַע בְּכָל מָקוֹם טָהוֹר וְהַנּוֹגֵעַ בַּגּוֹלֵל טָמֵא. לָמָּה זֶה דּוֹמֶה לְבוֹר גָּדוֹל מָלֵא מֵתִים וְאֶבֶן גְּדוֹלָה עַל פִּיהָ שֶׁאֵין טָמֵא אֶלָּא כְּנֶגֶד חֲלָלָהּ. וְאִם בָּנָה נֶפֶשׁ עַל גַּבָּהּ הֲרֵי זוֹ כְּקֶבֶר סָתוּם וּמְטַמֵּא מִכָּל סְבִיבָיו. הָיְתָה הָאָרוֹן הַחֲקוּקָה בַּסֶּלַע רְחָבָה מִלְּמַטָּה וְצָרָה מִלְּמַעְלָה וְהַמֵּת בְּתוֹכָהּ הַנּוֹגֵעַ בָּהּ מִלְּמַטָּן טָהוֹר וּמִלְּמַעְלָן טָמֵא שֶׁהֲרֵי הַצְּדָדִין מִלְּמַעְלָה סָמְכוּ עַל גַּבֵּי הַמֵּת וְנַעֲשׂוּ כְּגוֹלֵל. הָיְתָה הָאָרוֹן רְחָבָה מִלְּמַעְלָה וְצָרָה מִלְּמַטָּה הַנּוֹגֵעַ בָּהּ מִכָּל מָקוֹם טָמֵא. הָיְתָה שָׁוָה הַנּוֹגֵעַ בָּהּ מִטֶּפַח הַסָּמוּךְ לְקַרְקָעִיתָהּ וּלְמַעְלָה טָמֵא מִטֶּפַח וּלְמַטָּה טָהוֹר. נִקֵּב אָרוֹן בַּסֶּלַע וְהִכְנִיס הַמֵּת בְּתוֹכָהּ כְּמוֹ נֶגֶר הַנּוֹגֵעַ בָּהּ מִכָּל מָקוֹם טָהוֹר חוּץ מִמְּקוֹם פִּתְחָהּ:

ט. מְעָרָה שֶׁהַקֶּבֶר בְּתוֹכָהּ וְחָצֵר לִפְנֵי הַמְּעָרָה. בִּזְמַן שֶׁהֶחָצֵר לַאֲוִיר הָעוֹמֵד לְתוֹכָהּ טָהוֹר וּבִלְבַד שֶׁלֹּא יִגַּע בְּמַשְׁקוֹף הַמְּעָרָה. וּבִזְמַן שֶׁהֶחָצֵר מְקֹרָה אִם הָיָה בָּהּ [מְגֻלֶּה בְּצַד הַמְּעָרָה] אַרְבָּעָה טְפָחִים עַל אַרְבָּעָה טְפָחִים אוֹ יֶתֶר הַנִּכְנָס לְשָׁם טָהוֹר. הָיְתָה פְּחוּתָה מֵאַרְבָּעָה עַל אַרְבָּעָה הַנִּכְנָס לְשָׁם טָמֵא וְאַף עַל פִּי שֶׁלֹּא נָגַע בְּפֶתַח הַמְּעָרָה:

Perek 7

Enclosure of a corpse (in a structure) – structure could act like a grave.

A closed grave imparts impurity to all its surroundings (**7-day** impurity) i.e. it imparts impurity if touched.

Similarly, an enclosure if completely sealed, acts as a grave.

If an entrance is present, only area in front of door is impure. Impurity departs from this entrance. If one touches rest of structure one stays pure.

Measure of entrance must be **4 × 4** ***tefach*** if there is an entire corpse, even if it's smaller than a ***kezayit*** (such as a foetus).

If it's not an entire corpse, but there is a ***kezayit*** of a corpse, entrance must be **1 × 1** ***tefach.***

If it's not an entire corpse, but it is bigger than a ***kezayit***, entrance must be **4 × 4** ***tefach.***

If there are many entrances which are closed, they all impart *tumah.*

If one of them was opened, or one even just intended to remove a corpse from one of them, or if he intended to remove the corpse through a window, only this entrance imparts impurity. The others become pure.

If there were many windows which were closed, they all remain pure (because there is no intention to remove corpse through a window). If they are opened they all impart impurity but they do not save the entrances unless if he intends to remove the corpse through the window.

Reminder
Pack on Windows and Ledges

If the corpse in a grave is flush with its covering, the *tumah* pierces upwards to the Heavens and down ward to the depths, but not to the sides of the grave.

If there is a space above the corpse of **1 × 1 × 1** ***tefach***, impurity is then imparted to the entire space around it and to the structure. I.e. it has the law of a closed grave.

פרק ז׳

א. בַּיִת סָתוּם שֶׁהַמֵּת בְּתוֹכוֹ אוֹ שֶׁהָיָה לוֹ פֶּתַח [וּפָרַץ אֶת פְּצִימָיו] וּסְתָמוֹ מְטַמֵּא מִכָּל סְבִיבָיו וְהַנּוֹגֵעַ בּוֹ מֵאֲחוֹרָיו אוֹ מִגַּגּוֹ טָמֵא שִׁבְעָה מִפְּנֵי שֶׁהוּא כְּקֶבֶר סָתוּם. נִפְתַּח בּוֹ פֶּתַח אֲפִלּוּ סְתָמוֹ אִם לֹא פָּרַץ פְּצִימָיו הַנּוֹגֵעַ בּוֹ מֵאֲחוֹרָיו וּמִגַּגּוֹ טָהוֹר וְאֵין טָמֵא אֶלָּא כְּנֶגֶד הַפֶּתַח. וְכַמָּה יִהְיֶה שִׁעוּר הַפֶּתַח. שָׁלֵם הַמֵּת פִּתְחוֹ בְּאַרְבָּעָה טְפָחִים. וּכְזַיִת מִן הַמֵּת פִּתְחוֹ בְּטֶפַח. וְגָדוֹל מִכְּזַיִת הֲרֵי הוּא כְּמֵת וּפִתְחוֹ בְּאַרְבָּעָה:

ב. הַמֵּת בְּתוֹךְ הַבַּיִת וּבוֹ פְּתָחִים הַרְבֵּה בִּזְמַן שֶׁכֻּלָּם נְעוּלִים כֻּלָּם טְמֵאִים וְהַיּוֹשֵׁב בְּצַד כָּל פֶּתַח מֵהֶן תַּחַת הַתִּקְרָה הַיּוֹצֵא עַל הַפֶּתַח נִטְמָא. נִפְתַּח אֶחָד מֵהֶן אוֹ שֶׁחָשַׁב לְהוֹצִיאוֹ בְּאֶחָד מֵהֶן וְאַף עַל פִּי שֶׁחָשַׁב אַחַר שֶׁמֵּת הַמֵּת אֲפִלּוּ חָשַׁב לְהוֹצִיאוֹ בְּחַלּוֹן שֶׁהִיא אַרְבָּעָה עַל אַרְבָּעָה הִצִּיל עַל הַפְּתָחִים כֻּלָּן וְאֵין טָמֵא אֶלָּא כְּנֶגֶד הַפֶּתַח שֶׁנִּפְתַּח אוֹ שֶׁחָשַׁב עָלָיו וְהַשְּׁאָר טְהוֹרִין מִפְּנֵי שֶׁהֵן נְעוּלִין וַהֲרֵי אֵין הַבַּיִת כְּקֶבֶר סָתוּם. וְכֵן אִם הִתְחִיל לַחְתֹּר פֶּתַח לְהוֹצִיאוֹ בּוֹ מִשֶּׁיַּחְתֹּר אַרְבָּעָה עַל אַרְבָּעָה הִצִּיל עַל הַפְּתָחִים כֻּלָּן. הָיָה שָׁם פֶּתַח סָתוּם וְחָשַׁב לְהוֹצִיאוֹ וְהִתְחִיל לְפָתְחוֹ מִשֶּׁיַּתְחִיל לִפְתֹּחַ הִצִּיל עַל הַפְּתָחִים כֻּלָּן. הָיוּ בּוֹ חַלּוֹנוֹת הַרְבֵּה וְכֻלָּן מֻגָּפוֹת כֻּלָּן טְהוֹרוֹת. נִפְתְּחוּ כֻּלָּן טְמֵאוֹת וְלֹא הִצִּילוּ עַל הַפְּתָחִים. פֶּתַח קָטָן בְּתוֹךְ פֶּתַח גָּדוֹל הַמַּאֲהִיל עַל גַּבֵּי שְׁנֵיהֶם טָמֵא. חָשַׁב לְהוֹצִיאוֹ בַּקָּטָן טִהֵר קָטָן אֶת

הַגָּדוֹל. הָיוּ שְׁנֵיהֶן מַתְאִימִין הַמַּאֲהִיל עַל גַּבֵּי שְׁנֵיהֶם טָמֵא. חָשַׁב לְהוֹצִיאוֹ בְּאֶחָד מֵהֶן טִהֵר אֶת חֲבֵרוֹ. הָיָה לַבַּיִת פֶּתַח אֶחָד לְצָפוֹן וּפֶתַח לְדָרוֹם וְחָשַׁב לְהוֹצִיאוֹ בַּצְּפוֹנִי וְאַחַר כָּךְ בָּאוּ אֶחָיו אוֹ קְרוֹבָיו וְאָמְרוּ אֵין מוֹצִיאִין אוֹתוֹ אֶלָּא בַּדְּרוֹמִי טִהֵר דְּרוֹמִי אֶת הַצְּפוֹנִי. וּבִלְבַד שֶׁלֹּא יַעֲרִים. וְאִם הֶעֱרִים שְׁנֵיהֶן טְמֵאִים:

ג. בָּתִּים הַפְּתוּחִין לְאַכְסַדְרָה וְהַמֵּת בְּאֶחָד מֵהֶן אִם הָיָה דַּרְכּוֹ שֶׁל מֵת לָצֵאת בָּאַכְסַדְרָה הֲרֵי הַבַּיִת שַׁעַר וְהַבָּתִּים טְמֵאִים וְאִם לָאו בֵּית שַׁעַר טָמֵא וְהַבַּיִת טָהוֹר. הַחֶדֶר שֶׁלִּפְנִים מִן הַבַּיִת מוּגָף וְנִכְנְסָה טֻמְאָה לְפָנִים דֶּרֶךְ חַלּוֹן הַבַּיִת הַחִיצוֹן טָהוֹר מִפְּנֵי שֶׁהַטֻּמְאָה חוֹזֶרֶת וְיוֹצֵאת דֶּרֶךְ הַחַלּוֹן שֶׁנִּכְנְסָה בּוֹ:

ד. אֵין הַקֶּבֶר מְטַמֵּא מִכָּל סְבִיבָיו עַד שֶׁיִּהְיֶה שָׁם חֲלַל טֶפַח עַל טֶפַח עַל רוּם טֶפַח. אֲפִלּוּ הִגְבִּיהַּ הַבִּנְיָן עַל גַּבֵּי חֲלַל טֶפַח עַד לָרָקִיעַ הַכֹּל טָמֵא לְפִי שֶׁהַכֹּל כְּקֶבֶר. הָיְתָה טֻמְאָה רְצוּצָה וְלֹא הָיָה שָׁם חֲלַל טֶפַח טֻמְאָה בּוֹקַעַת וְעוֹלָה בּוֹקַעַת וְיוֹרֶדֶת וְאֵין טָמֵא אֶלָּא הַנּוֹגֵעַ כְּנֶגֶד הַטֻּמְאָה מִלְמַעְלָה אוֹ הַמַּאֲהִיל עָלֶיהָ מִלְמַעְלָה אוֹ הַנּוֹגֵעַ כְּנֶגְדָּהּ מִלְמַטָּה אוֹ מַה שֶּׁהֶאֱהִיל עָלָיו מִלְמַטָּה אֲבָל הַנּוֹגֵעַ בְּצִדֵּי הַבִּנְיָן טָהוֹר:

ה. זֶה כְּלָל גָּדוֹל בְּטֻמְאַת מֵת שֶׁכָּל דָּבָר הַמְטַמֵּא בְּאֹהֶל מִן הַמֵּת אִם הָיָה רָצוּץ שֶׁאֵין לוֹ חֲלַל טֶפַח הֲרֵי הַטֻּמְאָה בּוֹקַעַת וְעוֹלָה עַד לָרָקִיעַ בּוֹקַעַת וְיוֹרֶדֶת עַד הַתְּהוֹם וְאֵינָהּ מְטַמְּאָה מִן הַצְּדָדִין. כֵּיצַד. כְּרִי שֶׁל תְּבוּאָה אוֹ גַּל שֶׁל אֲבָנִים וּכְזַיִת מִן הַמֵּת בְּתוֹכוֹ וְכֵלִים בְּצַד הַטֻּמְאָה וְאֵינָן נוֹגְעִין בָּהּ כֵּלִים טְהוֹרִין וְכָל כְּלִי שֶׁבְּתוֹךְ הַגַּל מְכֻוָּן כְּנֶגֶד הַטֻּמְאָה מִלְמַעְלָה אוֹ מִלְמַטָּה טָמֵא שֶׁהַטֻּמְאָה בּוֹקַעַת וְעוֹלָה וּבוֹקַעַת וְיוֹרֶדֶת. וְאִם הָיָה מְקוֹם הַטֻּמְאָה חָלוּל טֶפַח עַל טֶפַח עַל רוּם טֶפַח הוּא כְּקֶבֶר סָתוּם וּמְטַמֵּא מִכָּל סְבִיבָיו:

ו. בַּיִת שֶׁמִּלְּאוֹ עָפָר אוֹ צְרוֹרוֹת הֲרֵי זֶה בִּטֵּל הַבַּיִת וַהֲרֵי הוּא כְּגַל שֶׁל עָפָר אוֹ צְרוֹרוֹת וְאִם הָיְתָה טֻמְאָה בְּתוֹךְ הֶעָפָר בּוֹקַעַת וְעוֹלָה בּוֹקַעַת וְיוֹרֶדֶת וְכֵלִים שֶׁבִּצְדֶּיהָ בְּתוֹךְ הֶעָפָר טְהוֹרִים:

ז. טֻמְאָה שֶׁהִיא רְצוּצָה בְּכֹתֶל וְסָמַךְ סֻכָּה לַכֹּתֶל הַסֻּכָּה טְמֵאָה שֶׁהֲרֵי נַעֲשָׂה הַכֹּתֶל צַד מִצִּדֵּי הָאֹהֶל. וְאַף עַל פִּי שֶׁהַצְּדָדִין טְהוֹרִים לַנּוֹגֵעַ אִלּוּ לֹא הָיָה עֲלֵיהֶן אֹהֶל אֲבָל מִשֶּׁנַּעֲשָׂה עֲלֵיהֶן אֹהֶל הָאֹהֶל כֻּלּוֹ טָמֵא שֶׁהֲרֵי הַטֻּמְאָה בְּתוֹכוֹ:

Perek 8

Graves continued

Grave which has become lost in a field.

There are different circumstances.

- A known grave which became lost in a field.

Derabanan the earth imparts impurity to anyone who touches or carries it. If one builds a structure there, everything inside the structure contracts impurity.

It is permitted to plant seeds in this field but not fruit trees (because the trees roots will reach the corpse).

- Low hills near to a town which is near a cemetery, or on a path leading to a cemetery. It is presumed that women bury their foetuses there.
- Dead body found on street or field. It is a *mitzvah* to bury that body where it was found, but one must consider how to do this causing the least possible damage.
- Graves should be designated so as not to create an obstacle for others. These designations are made of lime. Also, the boundaries of a field should be designated.

The soil of the field wherein is a lost grave, conveys uncleanness by contact and carriage, as if it had been a ploughed up grave area.

פרק ח׳

א. שָׂדֶה שֶׁאָבַד קֶבֶר בְּתוֹכָהּ עֲפָרָהּ מְטַמֵּא בְּמַגָּע וּבְמַשָּׂא כְּבֵית הַפְּרָס שֶׁמָּא נִדּוֹשׁ הַקֶּבֶר בָּהּ וְיִהְיוּ עֲצָמוֹת כִּשְׂעוֹרָה בְּתוֹךְ עֲפָרָהּ. וְכָל הַשָּׂדֶה כֻּלָּהּ הַמַּאֲהִיל עָלֶיהָ נִטְמָא. וְאִם הֶעֱמִיד בְּתוֹכָהּ אֹהֶל נִטְמָא כָּל מַה שֶּׁיֵּשׁ בָּאֹהֶל שֶׁמָּא הָאֹהֶל שֶׁהֶעֱמִיד בְּאוֹתָהּ שָׂדֶה עַל הַקֶּבֶר הוּא מַאֲהִיל:

ב. בָּנָה בַּיִת וַעֲלִיָּה עַל גַּבָּיו אִם הָיָה פִּתְחָהּ שֶׁל עֲלִיָּה כְּנֶגֶד פִּתְחָהּ שֶׁל בֵּית הָעֲלִיָּה טְהוֹרָה שֶׁאֲפִלּוּ [הָיָה] הַקֶּבֶר תַּחַת מַשְׁקוֹף הַבַּיִת הָעֲלִיָּה טְהוֹרָה שֶׁהֲרֵי הוּא אֹהֶל עַל גַּבֵּי אֹהֶל כְּמוֹ שֶׁיִּתְבָּאֵר. וְאִם לֹא הָיָה מְכֻוָּן אַף הָעֲלִיָּה טְמֵאָה שֶׁמָּא אַסְקֻפַּת עֲלִיָּה עַל הַקֶּבֶר וַהֲרֵי הָעֲלִיָּה מַאֲהִילָה עַל הַקֶּבֶר:

ג. וְשָׂדֶה זוֹ מֻתָּר לִזְרֹעַ בְּתוֹכָהּ כָּל זֶרַע לְפִי שֶׁאֵין שָׁרְשֵׁי זְרָעִים מַגִּיעִים עַד לַקֶּבֶר. אֲבָל אֵין נוֹטְעִין בְּתוֹכָהּ אִילָנֵי מַאֲכָל מִפְּנֵי שֶׁהַשָּׁרָשִׁים מַגִּיעִין עַד לַמֵּת. הַתְּלוּלִיּוֹת הַקְּרוֹבוֹת לָעִיר הַסְּמוּכָה לְבֵית הַקְּבָרוֹת אוֹ לְדֶרֶךְ בֵּית הַקְּבָרוֹת אֶחָד חֲדָשׁוֹת וְאֶחָד יְשָׁנוֹת הֲרֵי אֵלּוּ בְּחֶזְקַת טֻמְאָה מִפְּנֵי שֶׁהַנָּשִׁים קוֹבְרוֹת שָׁם אֶת הַנְּפָלִים וּמֻכֵּי שְׁחִין קוֹבְרִין שָׁם אֵיבְרֵיהֶן. אֲבָל הָרְחוֹקוֹת הַחֲדָשׁוֹת טְהוֹרוֹת וְהַיְשָׁנוֹת טְמֵאוֹת שֶׁמָּא הָיוּ קְרוֹבוֹת מֵעִיר שֶׁחָרְבָה אוֹ מִדֶּרֶךְ שֶׁאָבְדָה. וְאֵי זֶהוּ תֵּל קָרוֹב כָּל שֶׁאֵין שָׁם תֵּל אַחֵר קָרוֹב יוֹתֵר מִמֶּנּוּ. וְיֵשׁ שֶׁאֵין אָדָם זוֹכְרוֹ:

ד. שְׂדֵה בּוֹכִים וְהוּא הַמָּקוֹם הַקָּרוֹב לְבֵית הַקְּבָרוֹת שֶׁהַנָּשִׁים יוֹשְׁבוֹת שָׁם וּבוֹכוֹת. אַף עַל פִּי שֶׁעֲפָרָהּ טָהוֹר שֶׁהֲרֵי לֹא הֻחְזְקָה שָׁם טֻמְאָה אֵין נוֹטְעִין אוֹתוֹ וְאֵין זוֹרְעִין אוֹתוֹ. שֶׁלֹּא לְהַרְגִּיל רֶגֶל אָדָם לְשָׁם שֶׁמָּא יֵשׁ שָׁם טֻמְאָה מִפְּנֵי שֶׁהוּא קָרוֹב לְבֵית הַקְּבָרוֹת כְּבָר נִתְיָאֲשׁוּ בְּעָלָיו מִמֶּנּוּ לְפִיכָךְ אֶפְשָׁר שֶׁיָּבוֹא אָדָם וְיִקָּבֵר בּוֹ מִפְּנֵי זֶה חָשְׁשׁוּ לוֹ. וְעוֹשִׂין מֵעֲפַר מָקוֹם זֶה תַּנּוּרִים לַקֹּדֶשׁ שֶׁהֲרֵי לֹא הֻחְזְקָה שָׁם טֻמְאָה:

ה. קֶבֶר הַנִּמְצָא מֻתָּר לְפַנּוֹתוֹ וְאִם פִּנָּהוּ מְקוֹמוֹ טָמֵא וְאָסוּר בַּהֲנָיָה עַד שֶׁיִּבָּדֵק כְּמוֹ שֶׁיִּתְבָּאֵר. וְקֶבֶר הַיָּדוּעַ אָסוּר לְפַנּוֹתוֹ וְאִם פִּנָּהוּ מְקוֹמוֹ טָהוֹר וּמֻתָּר בַּהֲנָיָה:

ו. קֶבֶר שֶׁהוּא מַזִּיק אֶת הָרַבִּים מְפַנִּין אוֹתוֹ וּמְקוֹמוֹ טָמֵא וְאָסוּר בַּהֲנָיָה:

ז. הַפּוֹגֵעַ בְּמֵת מִצְוָה אִם מְצָאוֹ בְּתוֹךְ הַתְּחוּם מְבִיאוֹ לְבֵית הַקְּבָרוֹת. מְצָאוֹ חוּץ לַתְּחוּם אֲפִלּוּ בְּתוֹךְ שְׂדֵה כַּרְכּוֹם קָנָה מְקוֹמוֹ וְיִקָּבֵר בַּמָּקוֹם שֶׁנִּמְצָא. מְצָאוֹ עַל הַמֵּצַר מְסַלְּקוֹ לַצְּדָדִין. שְׂדֵה בּוּר מִצַּד זֶה וּשְׂדֵה נִיר מִצַּד זֶה קוֹבְרוֹ בִּשְׂדֵה בּוּר. שְׂדֵה נִיר וּשְׂדֵה זֶרַע קוֹבְרוֹ בִּשְׂדֵה נִיר. שְׂדֵה זֶרַע וּשְׂדֵה כֶּרֶם קוֹבְרוֹ בִּשְׂדֵה זֶרַע. שְׂדֵה אִילָן וּשְׂדֵה כֶּרֶם קוֹבְרוֹ בִּשְׂדֵה כֶּרֶם מִפְּנֵי אֹהֶל הַטֻּמְאָה. הָיוּ שְׁנֵיהֶן שָׁוִין קוֹבְרוֹ לְאֵי זֶה צַד שֶׁיִּרְצֶה:

ח. לְמַפְרֵעַ. וְאִם בָּא אַחֵר וְאָמַר בָּרִי לִי שֶׁלֹּא הָיָה כָּאן קֶבֶר אֲפִלּוּ קֹדֶם לְעֶשְׂרִים שָׁנָה אֵינוֹ מְטַמֵּא אֶלָּא מִשְּׁעַת מְצִיאָה וָאֵילָךְ:

ט. כָּל הַמּוֹצֵא קֶבֶר אוֹ מֵת אוֹ דָּבָר שֶׁמְּטַמֵּא בְּאֹהֶל מִן הַמֵּת. חַיָּב לְצַיֵּן עָלָיו כְּדֵי שֶׁלֹּא יִהְיֶה תַּקָּלָה לַאֲחֵרִים. וּבְחֻלּוֹ שֶׁל מוֹעֵד הָיוּ יוֹצְאִין מִבֵּית דִּין לְצַיֵּן עַל הַקְּבָרוֹת. אֵין מְצַיְּנִין עַל כְּזַיִת מְצֻמְצָם מִן הַמֵּת לְפִי שֶׁסּוֹפוֹ יֶחְסַר בָּאָרֶץ. וּבַמֶּה מְצַיְּנִין, בְּסִיד. מְמַחֶה וְשׁוֹפֵךְ עַל מְקוֹם הַטֻּמְאָה. אֵין מַעֲמִידִין אֶת הַצִּיּוּן עַל גַּבֵּי הַטֻּמְאָה אֶלָּא יְהִי עוֹדֵף מִכָּאן וּמִכָּאן בְּצִדֵּי הַטֻּמְאָה שֶׁלֹּא לְהַפְסִיד אֶת הַטָּהֳרוֹת. וְאֵין מַרְחִיקִין אֶת הַצִּיּוּן מִמְּקוֹם הַטֻּמְאָה שֶׁלֹּא לְהַפְסִיד אֶת אֶרֶץ יִשְׂרָאֵל. וְאֵין מְצַיְּנִין עַל הַוַּדָּאוֹת שֶׁהֲרֵי הֵן יְדוּעִין לַכֹּל אֶלָּא עַל הַסְּפֵקוֹת. כְּגוֹן שָׂדֶה שֶׁאָבַד בָּהּ קֶבֶר וְהַסְּכָכוֹת וְהַפְּרָעוֹת:

י. מָצָא שָׂדֶה מְצֻיֶּנֶת וְאֵין יָדוּעַ מַה טִּיבָהּ. אִם אֵין בָּהּ אִילָנוֹת בְּיָדוּעַ שֶׁאָבַד בָּהּ קֶבֶר. יֵשׁ בָּהּ אִילָנוֹת בְּיָדוּעַ שֶׁנֶּחְרַשׁ בָּהּ קֶבֶר כְּמוֹ שֶׁיִּתְבָּאֵר:

יא. מָצָא אֶבֶן מְצֻיֶּנֶת תַּחְתֶּיהָ טָמֵא. הָיוּ שְׁתַּיִם אִם יֵשׁ סִיד בֵּינֵיהֶם בֵּינֵיהֶם טָמֵא. וְאִם אֵין סִיד בֵּינֵיהֶן אֶלָּא עַל רָאשֵׁיהֶן אִם יֵשׁ חֶרֶשׁ בֵּינֵיהֶן טָהוֹר שֶׁאֵין זֶה אֶלָּא בִּנְיָן. וְאִם אֵין חֶרֶשׁ בֵּינֵיהֶן וְהָיָה הַסִּיד מְרֻדָּד עַל רָאשֵׁיהֶן מִכָּאן וּמִכָּאן הֲרֵי זֶה צִיּוּן וְטָמֵא. מָצָא מֵצַר אֶחָד מְצֻיָּן. הוּא טָמֵא וְכָל הַשָּׂדֶה טְהוֹרָה. וְכֵן שְׁנִיָּה וְכֵן שְׁלִישִׁית. מָצָא אַרְבָּעָה מְצָרֶיהָ מְצֻיָּנִין. הֵן טְהוֹרִין וְכָל הַשָּׂדֶה כֻּלָּהּ טְמֵאָה שֶׁאֵין מַרְחִיקִין הַצִּיּוּן מִמְּקוֹם הַטֻּמְאָה:

Perek 9

Graves continued.

Tevusat hamet (convulsions of slain) refers to slain people who were not given a proper burial.

Reminder
Pack on Weights and Measures

There is a difference between a prepared grave and an unprepared or mass grave.

If grave was properly prepared it is basically forbidden to disinter the corpse from the grave except under special circumstances. However, if it is removed from a field the field becomes pure.

With an unprepared or mass grave (*tevusat hamet*) one can remove the remains. The presumption is that they are the corpses of Gentiles. The bones should be transferred to a cemetery.

However, if one found **3 or more** corpses buried in a proper manner with spaces between each corpse, the law is stricter, as this could be a cemetery. Therefore, further digging must take place to investigate.

PROCEDURE

- Take corpse and all soft earth beneath it.
- Then dig down **3** ***etzba*** and remove this earth.
- If many corpses present just need to collect all bones and body parts.
- If **3** corpses are found buried properly with **4 to 8** ***amot*** between each grave, we should suspect that there may be other graves. We therefore need to search an additional **20** ***amah***. Person digging is considered pure unless he finds a corpse. One must dig until virgin earth (or rocks or water) is reached.
- The impurity of *ohel* and graves does not apply to Gentiles. Only if one actually touches or lifts the corpse.
- Similar precautions need to be taken with a crypt or a landslide.

פרק ט׳

א. מִי שֶׁהָיָה חוֹפֵר בְּשָׂדֶה וּמָצָא מֵתִים רַבִּים בְּגֻמָּא אַחַת זֶה עַל גַּב זֶה אוֹ זֶה בְּצַד זֶה אוֹ שֶׁמָּצָא הֲרוּגִים אוֹ שֶׁמָּצָא מֵת יוֹשֵׁב אוֹ רֹאשׁוֹ בֵּין בִּרְכָּיו אֵינוֹ חוֹשֵׁשׁ שֶׁמָּא מָקוֹם זֶה בֵּית הַקְּבָרוֹת הָיָה אֶלָּא נוֹטֵל הַמֵּת שֶׁמָּצָא וְנוֹטֵל כָּל הֶעָפָר הַתִּחוּחַ שֶׁתַּחְתָּיו וְחוֹפֵר בִּבְתוּלַת קַרְקַע שָׁלֹשׁ אֶצְבָּעוֹת וּמוֹצִיא הַכֹּל וּשְׁאָר הַשָּׂדֶה בְּחֶזְקַת טָהֳרָה כְּשֶׁהָיְתָה קֹדֶם שֶׁיִּמְצָא. וְעָפָר זֶה עִם שָׁלֹשׁ אֶצְבָּעוֹת שֶׁחוֹפֵר הוּא הַנִּקְרָא תְּבוּסַת הַמֵּת:

ב. שָׂדֶה שֶׁנֶּהֶרְגוּ בּוֹ הֲרוּגִים מְלַקֵּט כָּל הָעֲצָמוֹת שֶׁבָּהּ וַהֲרֵי הִיא טְהוֹרָה. וְכֵן הַמְפַנֶּה קִבְרוֹ מִתּוֹךְ שָׂדֵהוּ מְלַקֵּט כָּל הָעֲצָמוֹת עֶצֶם עֶצֶם וַהֲרֵי הִיא טְהוֹרָה. וְכֵן בּוֹר שֶׁמְּטִילִים בְּתוֹכוֹ נְפָלִים אוֹ הֲרוּגִים מְלַקֵּט כָּל הָעֲצָמוֹת שֶׁבּוֹ עֶצֶם עֶצֶם וַהֲרֵי הוּא טָהוֹר:

ג. הָיָה חוֹפֵר וּמָצָא מֵת מֻשְׁכָּב כְּדֶרֶךְ שֶׁקּוֹבְרִין הַמֵּתִים נוֹטְלוֹ וְאֶת תְּבוּסָתוֹ. וְכֵן אִם מָצָא שְׁנַיִם נוֹטֵל כָּל אֶחָד מֵהֶן

26 SEFER TAHARAH

וּתְבוּסָתוֹ עִמּוֹ וְכָל הַשָּׂדֶה טְהוֹרָה. מָצָא שְׁלֹשָׁה מֵתִים כָּל אֶחָד מֵהֶן מֻטָּל כְּדֶרֶךְ הַנִּקְבָּרִין אִם יֵשׁ בֵּין זֶה לָזֶה מֵאַרְבַּע אַמּוֹת וְעַד שְׁמוֹנֶה כִּמְלוֹא מִטָּה וְקוֹבְרֶיהָ הֲרֵי זֶה חוֹשֵׁשׁ שֶׁמָּא בֵּית הַקְּבָרוֹת הוּא זֶה וְצָרִיךְ לִבְדֹּק מִן הָאַחֲרוֹן עֶשְׂרִים אַמָּה שֶׁהֵן כִּשְׁתֵּי מְעָרוֹת וְחָצֵר שֶׁבֵּינֵיהֶן. וְאִם לֹא מָצָא שָׁם מֵת אַחֵר הֲרֵי אוֹתָן הָעֶשְׂרִים שֶׁבָּדַק טְהוֹרוֹת אַף עַל פִּי שֶׁהֵן שְׁכוּנַת קְבָרוֹת. מָצָא מֵת אֶחָד בְּסוֹף עֶשְׂרִים אַמָּה צָרִיךְ לִבְדֹּק מִמֶּנּוּ עֶשְׂרִים אַמָּה אֲחֵרוֹת לְפִי שֶׁרַגְלַיִם לַדָּבָר. וְאִם הָיָה אֶחָד מֵאֵלּוּ שֶׁמָּצָא בַּתְּחִלָּה אוֹ בַּסּוֹף הָרוּג אוֹ יוֹשֵׁב אוֹ מֻשְׁכָּב שֶׁלֹּא כְּדַרְכּוֹ שֶׁיִּהְיֶה רֹאשׁוֹ בֵּין יַרְכוֹתָיו אֵינוֹ בּוֹדֵק עֶשְׂרִים אַמָּה אֶלָּא נוֹטְלָן וְאֶת תְּבוּסָתָן בִּלְבַד שֶׁחֶזְקָתָן עַכּוּ"ם:

ד. הָעַכּוּ"ם אֵין לָהֶם טֻמְאַת קְבָרוֹת הוֹאִיל וְאֵינָן מְטַמְּאִין בְּאֹהֶל הֲרֵי הַנּוֹגֵעַ בְּקִבְרָן טָהוֹר עַד שֶׁיִּגַּע בְּעַצְמָהּ שֶׁל טֻמְאָה אוֹ יִשָּׂאֶנָּה:

ה. מֵת שֶׁחָסֵר אֵיבָר שֶׁאִם יִנָּטֵל מִן הַחַי יָמוּת אֵין לוֹ תְּבוּסָה וְלֹא שְׁכוּנַת קְבָרוֹת. וּמֵתִים הַנִּמְצָאִים גְּלוּיִים עַל פְּנֵי הַשָּׂדֶה אֵין לָהֶם שְׁכוּנַת קְבָרוֹת וְלֹא תְּבוּסָה אֶלָּא מְלַקֵּט עֶצֶם עֶצֶם וְהַכֹּל טָהוֹר. וְהַנִּקְבָּר שֶׁלֹּא בִּרְשׁוּת יֵשׁ לוֹ תְּבוּסָה וְאֵין לוֹ שְׁכוּנַת קְבָרוֹת:

ו. אֶחָד הַמּוֹצֵא שְׁלֹשָׁה מֵתִים כְּדַרְכָּן בַּתְּחִלָּה אוֹ שֶׁמָּצָא שְׁלֹשָׁה כּוּכִין אוֹ כּוּךְ וְנִקְיַע וּמְעָרָה הֲרֵי זוֹ שְׁכוּנַת קְבָרוֹת. מָצָא שְׁנַיִם וְאֶחָד הָיָה יָדוּעַ יֵשׁ לָהֶם תְּבוּסָה וְאֵין לָהֶם שְׁכוּנַת קְבָרוֹת שֶׁהַקֶּבֶר הַיָּדוּעַ אֵינוֹ עוֹשֶׂה שְׁכוּנָה. וְלֹא אָמְרוּ אֶלָּא הַמּוֹצֵא שְׁלֹשָׁה בַּתְּחִלָּה הוּא שֶׁצָּרִיךְ בְּדִיקָה. כֵּיצַד בּוֹדֵק הָעֶשְׂרִים אַמָּה שֶׁאָמַרְנוּ. חוֹפֵר עַד שֶׁהוּא מַגִּיעַ לְסֶלַע אוֹ לִבְתוּלָה. וְהִיא הַקַּרְקַע שֶׁנִּרְאֵית שֶׁאֵינָהּ עֲבוּדָה. הֶעְמִיק אֲפִלּוּ מֵאָה אַמָּה וּמָצָא חֶרֶשׂ הֲרֵי זוֹ כְּבַתְּחִלָּה וְצָרִיךְ לְהַעֲמִיק עַד שֶׁיַּגִּיעַ לִבְתוּלָה. הִגִּיעַ לְמַיִם הֲרֵי זוֹ כִּבְתוּלָה:

ז. אֵינוֹ צָרִיךְ לַחְפֹּר תֶּלֶם אֶחָד מִתְּחִלַּת הָעֶשְׂרִים עַד סוֹפָן אֶלָּא חוֹפֵר אַמָּה עַל אַמָּה וּמַנִּיחַ אַמָּה וְחוֹפֵר אַמָּה עַל אַמָּה וּמַנִּיחַ אַמָּה וְכֵן עַד סוֹפָן שֶׁאֵין בֵּין קֶבֶר לְקֶבֶר פָּחוֹת מֵאַמָּה:

ח. הָיָה בּוֹדֵק וְהִגִּיעַ בְּתוֹךְ הָעֶשְׂרִים לְנָהָר אוֹ לִשְׁלוּלִית אוֹ לְדֶרֶךְ הָרַבִּים יַפְסִיק וְאֵינוֹ צָרִיךְ לִבְדֹּק שֶׁהֲרֵי נִפְסְקָה שְׁכוּנַת הַקְּבָרוֹת:

ט. הַמּוֹצֵא עָפָר זֶה שֶׁל בְּדִיקָה טָהוֹר אֶלָּא אִם כֵּן מָצָא טֻמְאָה בַּמָּקוֹם שֶׁחָפַר. אֲבָל קֹדֶם שֶׁיִּמְצָא אוֹכֵל בִּתְרוּמָה. וְהַמְפַקֵּחַ בְּגַל אֵינוֹ אוֹכֵל בִּתְרוּמָה שֶׁהֲרֵי יוֹדֵעַ וַדַּאי שֶׁהַמֵּתִים שָׁם תַּחַת הַגַּל אֶלָּא שֶׁאֵינוֹ מַכִּיר מְקוֹמָן:

י. גַּל טָמֵא שֶׁנִּתְעָרֵב בִּשְׁנֵי גַּלִּין טְהוֹרִין בָּדַק אֶחָד מֵהֶן וּמְצָאוֹ טָהוֹר הוּא טָהוֹר וְהַשְּׁנַיִם טְמֵאִין. בָּדַק שְׁנַיִם וְנִמְצְאוּ טְהוֹרִים הֵן טְהוֹרִים וְהַשְּׁלִישִׁי בְּחֶזְקַת טָמֵא. בָּדַק שְׁלָשְׁתָּן וּמָצָא טָהוֹר כֻּלָּן בְּחֶזְקַת טֻמְאָה עַד שֶׁיִּבְדֹּק שְׁלָשְׁתָּן עַד שֶׁיַּגִּיעַ לְסֶלַע אוֹ לִבְתוּלָה וְיִהְיוּ שְׁלָשְׁתָּן טְהוֹרִין:

יא. בּוֹר שֶׁמְּטִילִין לְתוֹכוֹ נְפָלִים הַמַּאֲהִיל עָלָיו טָמֵא דִּין תּוֹרָה אַף עַל פִּי שֶׁחֻלְדָּה וּבַרְדְּלָס מְצוּיִין שָׁם אֵין סָפֵק מוֹצִיא מִידֵי וַדַּאי. אֲבָל אִם הִפִּילָה שָׁם אִשָּׁה נֵפֶל וְאֵין יָדוּעַ אִם הִפִּילָה דָּבָר הַמְטַמֵּא אוֹ לֹא הִפִּילָה הוֹאִיל וְחֻלְדָּה וּבַרְדְּלָס מְצוּיִין שָׁם הֲרֵי סְפֵקוֹ טָהוֹר:

יב. דָּבָר יָדוּעַ שֶׁכָּל אֵלּוּ הַטֻּמְאוֹת וְכַיּוֹצֵא בָּהֶן שֶׁהֵן מִשּׁוּם סָפֵק הֲרֵי הֵן שֶׁל דִּבְרֵיהֶן. וְאֵין טָמֵא מִן הַתּוֹרָה אֶלָּא מִי שֶׁנִּטְמָא טֻמְאַת וַדַּאי אֲבָל כָּל הַסְּפֵקוֹת בֵּין בְּטֻמְאוֹת בֵּין בְּמַאֲכָלוֹת אֲסוּרוֹת בֵּין בַּעֲרָיוֹת וְשַׁבָּתוֹת אֵין לָהֶם אֶלָּא מִדִּבְרֵי סוֹפְרִים [וְאַף עַל פִּי כֵן דָּבָר שֶׁחַיָּבִין עַל זְדוֹנוֹ כָּרֵת סְפֵקוֹ אָסוּר מִן הַתּוֹרָה. שֶׁהֲרֵי הָעוֹשֶׂה אוֹתוֹ חַיָּב אָשָׁם תָּלוּי] כְּמוֹ שֶׁבֵּאַרְנוּ בְּהִלְכוֹת אִסּוּרֵי בִּיאָה וּבְכַמָּה מְקוֹמוֹת:

Perek 10

Graves continued.

Bet hapras (ploughed grave area).

This causes the corpses bones to be crushed and scattered – *nitpartzu.*

Derabanan as long as one ploughed field, even if corpse was inaccessible, field becomes impure.

Its earth imparts impurity if it is touched or carried, but not *ohel.*

- Area is **100 × 100** ***amah*** from place of grave. (this is an area in which **4** ***seah*** of grain can be sown).
- If area which is ploughed around the grave is less than 100 × 100 then only that area becomes *tamei.*
- If there was doubt that a grave existed in a field, then it doesn't become impure through ploughing. Only becomes impure if there was a grave whose identity was definitely known.
- If someone ploughed a field which does not belong to him it doesn't become *tamei.*
- Likewise, a Gentile does not create a *bet hapras* by ploughing his field which contains a grave.
- Earth from a *bet hapras,* if it washes onto another field, it does not cause the second field to become *tamei.*
- Trees and crops that are harvested by cutting, can be planted in a *bet hapras.* Trees, because their roots run deep. Crops, because the earth will not be disturbed when harvesting. Vegetables which are uprooted, are not allowed to be planted.
- Area below **3** ***tefach*** in a *bet hapras* is pure.

PURIFICATION OF THE FIELD

Options

- Gather all the earth and sieve out small bones with a sieve.
- Add **3** ***tefach*** pure earth over surface, or
  remove **3** ***tefach*** earth from the whole surface.
- Pave area with heavy stones.

פרק י׳

א. אֵיזֶהוּ בֵּית הַפְּרָס זֶה הַמָּקוֹם שֶׁנֶּחְרַשׁ בּוֹ קֶבֶר. שֶׁהֲרֵי נִתְדַּקְדְּקוּ עַצְמוֹת הַמֵּת בְּתוֹךְ הֶעָפָר וְנִתְפָּרְסוּ בְּכָל הַשָּׂדֶה. וְגָזְרוּ טֻמְאָה עַל כָּל הַשָּׂדֶה שֶׁנֶּחְרַשׁ בָּהּ הַקֶּבֶר אֲפִלּוּ חָרַשׁ עַל גַּבֵּי הָאָרוֹן וַאֲפִלּוּ הָיָה מְשֻׁקָּע בִּרְבָדִין וּבַאֲבָנִים. וַאֲפִלּוּ הָיָה עַל גַּבֵּי הָאָרוֹן רוּם שְׁתֵּי קוֹמוֹת הוֹאִיל וְחָרַשׁ עַל קֶבֶר הֲרֵי זֶה עוֹשֶׂה בֵּית הַפְּרָס. עַד כַּמָּה הִיא נַעֲשֵׂית בֵּית הַפְּרָס. מֵאָה אַמָּה עַל מֵאָה אַמָּה מִמְּקוֹם הַקֶּבֶר:

ב. כָּל הַמְרֻבָּע שֶׁהוּא בֵּית אַרְבַּעַת סְאִין הֲרֵי הוּא בֵּית הַפְּרָס וַעֲפָרוֹ מְטַמֵּא בְּמַגָּע וּבְמַשָּׂא כְּמוֹ שֶׁבֵּאַרְנוּ וְאֵינוֹ מְטַמֵּא בְּאֹהֶל. וְכֵן הַמַּאֲהִיל עַל בֵּית הַפְּרָס הַזֶּה טָהוֹר:

ג. הִתְחִיל לַחְרשׁ אֶת הַקֶּבֶר וְהָיָה חוֹרְשׁוֹ וְהוֹלֵךְ וְקֹדֶם שֶׁיִּגְמֹר מֵאָה אַמָּה נִעֵר אֶת הַמַּחֲרֵשָׁה אוֹ שֶׁהֵטִיחַ בְּסֶלַע אוֹ בְּגָדֵר. עַד שָׁם הוּא עוֹשֶׂה בֵּית הַפְּרָס בִּלְבַד וְהַשְּׁאָר טָהוֹר שֶׁהֲרֵי לֹא הִגִּיעַ אֵלָיו בְּמֶשֶׁךְ הַמַּחֲרֵשָׁה. חָרַשׁ כְּמוֹ חֲמִשִּׁים אַמָּה אוֹ יֶתֶר וְחָזַר וְחָרַשׁ עַד שֶׁהִשְׁלִים הַמֵּאָה הַכֹּל בֵּית הַפְּרָס. הָיָה חוֹרֵשׁ וְהוֹלֵךְ חוּץ לְמֵאָה אַמָּה מִמֵּאָה אַמָּה וְלַחוּץ טָהוֹר שֶׁאֵין עַצְמוֹת קֶבֶר מַגִּיעוֹת לְיֶתֶר מִמֵּאָה:

ד. חֶזְקַת הָעֲצָמוֹת הַמְכֻסּוֹת שֶׁהֵן שֶׁל אָדָם עַד שֶׁיִּוָּדַע שֶׁהֵן שֶׁל בְּהֵמָה וְחֶזְקַת הָעֲצָמוֹת הַמְגֻלּוֹת שֶׁהֵן שֶׁל בְּהֵמָה עַד שֶׁיִּוָּדַע שֶׁהֵן שֶׁל אָדָם. הָיָה שָׁם חָרִיץ מָלֵא עַצְמוֹת אָדָם. אוֹ שֶׁהָיוּ עַצְמוֹת אָדָם צְבוּרוֹת עַל גַּבֵּי קַרְקַע וְחָרַשׁ עֲצָמוֹת אֵלּוּ עִם הַשָּׂדֶה. אוֹ שֶׁחָרַשׁ שָׂדֶה שֶׁאָבַד בָּהּ [אוֹ שֶׁנִּמְצָא בָּהּ] קֶבֶר. הֲרֵי זֶה אֵינוֹ עוֹשֶׂה בֵּית הַפְּרָס שֶׁלֹּא גָּזְרוּ טֻמְאָה אֶלָּא עַל שָׂדֶה שֶׁנֶּחְרַשׁ בָּהּ קֶבֶר וַדַּאי. וְכֵן הַחוֹרֵשׁ אֶת הַמֵּת בְּשָׂדֶה אֵינוֹ עוֹשֶׂה בֵּית הַפְּרָס שֶׁכָּל אֵלּוּ דָּבָר שֶׁאֵינוֹ מָצוּי הוּא וְלֹא גָּזְרוּ אֶלָּא בְּקֶבֶר שֶׁנֶּחְרַשׁ שֶׁהוּא דָּבָר הַמָּצוּי:

ה. הַחוֹרֵשׁ אֶת הַקֶּבֶר בְּשָׂדֶה שֶׁאֵינָהּ שֶׁלּוֹ אֵינוֹ עוֹשֶׂה בֵּית הַפְּרָס שֶׁאֵין אָדָם אוֹסֵר דָּבָר שֶׁאֵינוֹ שֶׁלּוֹ. אֲפִלּוּ שֻׁתָּף אוֹ אָרִיס אוֹ אַפּוֹטְרוֹפּוֹס אֵינוֹ עוֹשֶׂה בֵּית הַפְּרָס. חָרַשׁ קֶבֶר

בְּשָׂדֶה שֶׁלּוֹ וְשֶׁל חֲבֵרוֹ כְּאֶחָד. שֶׁלּוֹ עוֹשֶׂה בֵּית הַפְּרָס וְשֶׁל חֲבֵרוֹ אֵינוֹ עוֹשֶׂה בֵּית הַפְּרָס:

ו. עַכּוּ"ם שֶׁחָרַשׁ קֶבֶר בְּשָׂדֵהוּ אֵינוֹ עוֹשֶׂה בֵּית הַפְּרָס שֶׁאֵין בֵּית פְּרָס לְעַכּוּ"ם:

ז. שָׂדֶה בֵּית פְּרָס לְמַעְלָה וְשָׂדֶה טְהוֹרָה לְמַטָּה וְשָׁטְפוּ גְּשָׁמִים מֵעֲפַר בֵּית הַפְּרָס לַטְּהוֹרָה. אֲפִלּוּ הָיְתָה אֲדֻמָּה וְהִלְבִּינָה אוֹ לְבָנָה וְהֶאֱדִימָה טְהוֹרָה שֶׁאֵין בֵּית פְּרָס עוֹשֶׂה בֵּית פְּרָס. וְלֹא גָּזְרוּ טֻמְאָה אֶלָּא עַל גּוּשׁ כִּבְרִיָּתוֹ:

ח. בֵּית הַפְּרָס הַזֶּה מֻתָּר לִנְטֹעַ בּוֹ כָּל נֶטַע לְפִי שֶׁהַשָּׁרָשִׁים יוֹרְדִים לְמַטָּה מִשְּׁלֹשָׁה. וּלְמַטָּה מִשְּׁלֹשָׁה בְּבֵית הַפְּרָס טָהוֹר שֶׁהֲרֵי הַקֶּבֶר נִפְרָס עַל פְּנֵי הַשָּׂדֶה. אֲבָל אֵין זוֹרְעִין בְּתוֹכָהּ אֶלָּא זֶרַע הַנִּקְצָר. וְאִם זָרַע וְעָקַר צוֹבֵר אֶת גָּרְנוֹ בְּתוֹכוֹ וְכוֹבֵר אֶת הַתְּבוּאָה בִּשְׁתֵּי כְּבָרוֹת. וְאֶת הַקִּטְנִיּוֹת בִּשְׁלֹשָׁה כְּבָרוֹת. שֶׁמָּא יֵשׁ בָּהֶן עֶצֶם כִּשְׂעוֹרָה. וְשׂוֹרֵף אֶת הַקַּשׁ וְאֶת הָעֵצָה שָׁם גְּזֵרָה שֶׁמָּא יִהְיֶה בָּהֶן עֶצֶם כִּשְׂעוֹרָה. וְאִם תַּתִּיר לוֹ בַּהֲנָיָה מוֹצִיאוֹ וּמוֹכְרוֹ וְנִמְצָא מַרְגִּיל אֶת הַטֻּמְאָה:

ט. שָׂדֶה שֶׁהֻחְזְקָה שֶׁהִיא בֵּית הַפְּרָס. אֲפִלּוּ הִיא בֵּית אַרְבָּעָה כּוֹרִין וַאֲפִלּוּ מְשׁוּכָה מִמְּקוֹם הַטִּיט הַדָּרֶךְ שֶׁאֵינוֹ נֶחְרַשׁ וְלֹא נַעֲשָׂה בֵּית הַפְּרָס. וַאֲפִלּוּ שָׂדֶה טְהוֹרָה מַקֶּפֶת אוֹתָהּ מֵאַרְבַּע רוּחוֹתֶיהָ. הֲרֵי הִיא בְּחֶזְקָתָהּ:

י. מָצָא שָׂדֶה מְצֻיֶּנֶת וְאֵין יוֹדֵעַ מַה טִּיבָהּ. אִם יֵשׁ בָּהּ אִילָן בְּיָדוּעַ שֶׁנֶּחְרַשׁ קֶבֶר בְּתוֹכָהּ. אֵין בָּהּ אִילָן בְּיָדוּעַ שֶׁאָבַד קֶבֶר בְּתוֹכָהּ כְּמוֹ שֶׁבֵּאַרְנוּ. וְהוּא שֶׁיִּהְיֶה בְּאוֹתוֹ מָקוֹם זָקֵן אוֹ תַּלְמִיד חָכָם. שֶׁאֵין כָּל אָדָם בְּקִיאִין בְּכָךְ וְיוֹדְעִין שֶׁמֻּתָּר לִנְטֹעַ בְּזוֹ וְאָסוּר לִנְטֹעַ בָּאַחֶרֶת:

יא. הַמְהַלֵּךְ בְּבֵית הַפְּרָס עַל גַּבֵּי אֲבָנִים שֶׁאֵין מִתְנַדְנְדִין תַּחַת רַגְלֵי אָדָם בְּשָׁעָה שֶׁמְּהַלֵּךְ עֲלֵיהֶן. אוֹ שֶׁנִּכְנַס לָהּ וְהוּא רוֹכֵב עַל גַּבֵּי אָדָם וּבְהֵמָה שֶׁכֹּחָן יָפֶה. הֲרֵי זֶה טָהוֹר. אֲבָל אִם הָלַךְ עַל גַּבֵּי אֲבָנִים שֶׁמִּזְדַּעְזְעִין בִּשְׁעַת הִלּוּךְ. אַף עַל פִּי שֶׁנִּשְׁמַר וְלֹא נִתְנַדְנֵד הֲרֵי זֶה טָמֵא כְּמִי שֶׁהָלַךְ עַל הֶעָפָר עַצְמוֹ. וְכֵן אִם הָלַךְ עַל גַּבֵּי אָדָם שֶׁכֹּחוֹ רַע עַד שֶׁתִּהְיֶינָה אַרְכֻּבּוֹתָיו נוֹקְשׁוֹת זוֹ לְזוֹ וְשׁוֹקָיו מַרְעִידוֹת כְּשֶׁהוּא נוֹשְׂאוֹ. אוֹ עַל גַּבֵּי בְּהֵמָה שֶׁכֹּחָהּ רַע עַד שֶׁתָּטִיל גְּלָלִים בִּשְׁעַת רְכִיבָה. הֲרֵי זֶה טָמֵא וּכְאִלּוּ הָלַךְ בְּרַגְלָיו:

יב. הַמְטַהֵר בֵּית הַפְּרָס צָרִיךְ לְטַהֲרוֹ בְּמַעֲמַד שְׁנֵי תַּלְמִידֵי חֲכָמִים. וְכֵיצַד מְטַהֲרִין אוֹתוֹ. כּוֹנֵס אֶת כָּל הֶעָפָר שֶׁהוּא יָכוֹל לַהֲסִיטוֹ מֵעַל כָּל פְּנֵי הַשָּׂדֶה וְנוֹתְנוֹ לְתוֹךְ כְּבָרָה שֶׁנְּקָבֶיהָ דַּקִּין. וּמְמַחֶה וּמוֹצִיא כָּל עֶצֶם כִּשְׂעוֹרָה הַנִּמְצָא שָׁם. וְיִטְהַר. וְכֵן אִם נָתַן עַל גַּבָּיו שְׁלֹשָׁה טְפָחִים עָפָר מִמָּקוֹם אַחֵר אוֹ שֶׁנָּטַל מֵעַל כָּל פָּנָיו שְׁלֹשָׁה טְפָחִים הֲרֵי זֶה טָהוֹר. נָטַל מֶחֶצְיוֹ אֶחָד שְׁלֹשָׁה טְפָחִים וְנָתַן עַל חֶצְיוֹ הָאַחֵר שְׁלֹשָׁה טְפָחִים הֲרֵי זֶה טָהוֹר. נָטַל מֵעַל פָּנָיו טֶפַח וּמֶחֱצָה וְנָתַן עָלֶיהָ טֶפַח וּמֶחֱצָה עָפָר מִמָּקוֹם אַחֵר. לֹא עָשָׂה כְּלוּם. וְכֵן אִם עֲזָקוֹ וּבָדַק בִּשְׁעַת עִזּוּק מִלְּמַטָּה וּמִלְּמַעְלָה לֹא עָשָׂה כְּלוּם. רִצְּפוֹ בַּאֲבָנִים שֶׁאֵינָן מִתְנַדְנְדִין מֵהִלּוּךְ אָדָם הֲרֵי זֶה טָהוֹר:

Perek 11

Graves continued.

EARTH OF DIASPORA

Derabanan. Heathen land is counted as bet hapras. i.e. imparts impurity if touched or carried.

Later decreed that even its space imparts impurity.

Impurity of space not as severe as impurity of earth. If sanctified foods touch earth they need to be burnt. If earth is carried one is impure for 7 days and need *Parah Adumah* ashes for purification. If impure due to space, *Parah Adumah* not needed. Only *mikveh* required (and then wait until sunset).

Measure that imparts impurity – earth amount = size of ***seal* for sacks.**

Earthenware vessels from Diaspora. Until they are hardened in an oven they are like earth, making people and vessels impure. After being hardened in an oven they impart impurity only to food. Earth of Syria have an intermediary status as does Syria. It is impure as the Diaspora but its space is pure.

Reminder

Pack on Impurity of Foods

Pack on Purification

Pack on Eretz Yisrael

Gentile areas of dwelling in *Eretz Yisrael* is considered impure as the Diaspora. This is due to concern of disposal of foetuses.

There are **10** areas where this does not apply.

פרק י"א

א. אֶרֶץ הָעַכּוּ"ם בַּתְּחִלָּה גָּזְרוּ עַל גּוּשָׁהּ בִּלְבַד כְּבֵית הַפְּרָס וְלֹא הָיוּ מְטַמְּאִים אֶלָּא הַמְהַלֵּךְ בָּהּ אוֹ נוֹגֵעַ אוֹ נוֹשֵׂא מֵעֲפָרָהּ. חָזְרוּ וְגָזְרוּ עַל אֲוִירָהּ שֶׁיְּטַמֵּא וְאַף עַל פִּי שֶׁלֹּא נָגַע וְלֹא נָשָׂא אֶלָּא כֵּיוָן שֶׁהִכְנִיס רֹאשׁוֹ וְרֻבּוֹ לַאֲוִיר אֶרֶץ הָעַכּוּ"ם נִטְמָא. וְכֵן כְּלִי חֶרֶשׂ שֶׁהִכְנִיס אֲוִירוֹ לְאֶרֶץ הָעַכּוּ"ם וּשְׁאָר כֵּלִים שֶׁהִכְנִיס רֻבָּם לַאֲוִיר אֶרֶץ הָעַכּוּ"ם נִטְמְאוּ:

ב. טֻמְאַת אֲוִיר אֶרֶץ הָעַכּוּ"ם לֹא עָשׂוּ אוֹתָהּ כְּטֻמְאַת עֲפָרָהּ אֶלָּא קַלָּה הִיא מִמֶּנָּה. שֶׁעַל טֻמְאַת עֲפָרָהּ שׂוֹרְפִין תְּרוּמוֹת וְקָדָשִׁים. וְהַמִּתְטַמֵּא בְּגוּשָׁהּ טָמֵא טֻמְאַת שִׁבְעָה וְצָרִיךְ הַזָּיָה שְׁלִישִׁי וּשְׁבִיעִי. אֲבָל הַנִּטְמָא בַּאֲוִירָהּ אֵין צָרִיךְ הַזָּיָה שְׁלִישִׁי וּשְׁבִיעִי אֶלָּא טְבִילָה וְהַעֲרֵב שֶׁמֶשׁ. וְכֵן תְּרוּמָה וְקָדָשִׁים שֶׁנִּטְמְאוּ מֵחֲמַת אֲוִירָהּ תּוֹלִין לֹא אוֹכְלִין וְלֹא שׂוֹרְפִין:

ג. עֲפַר אֶרֶץ הָעַכּוּ"ם וַעֲפַר בֵּית הַפְּרָס מְטַמְּאִין בְּמַגָּע וּבְמַשָּׂא כְּמוֹ שֶׁבֵּאַרְנוּ. וְכַמָּה שִׁעוּרָן כְּחוֹתַם הַמַּרְצוּפִין וְהוּא כְּפִיקָה גְּדוֹלָה שֶׁל סַקָּאִין. עֲפַר בֵּית הַפְּרָס וַעֲפַר חוּצָה לָאָרֶץ שֶׁבָּא בְּיָרָק. אִם יֵשׁ בְּמָקוֹם אֶחָד כְּחוֹתַם הַמַּרְצוּפִין מְטַמֵּא וְאִם לָאו אֵינוֹ מִצְטָרֵף. שֶׁלֹּא גָּזְרוּ אֶלָּא עַל גּוּשׁ כִּבְרִיָּתוֹ. מַעֲשֶׂה שֶׁהָיוּ אִגְּרוֹת בָּאוֹת מִחוּצָה לָאָרֶץ לִבְנֵי כֹּהֲנִים גְּדוֹלִים וְהָיוּ בָּהֶן כִּסְאָה וְכִסְאתַיִם חוֹתָמוֹת וְלֹא חָשׁוּ לָהֶן מִשּׁוּם טֻמְאָה לְפִי שֶׁלֹּא הָיָה בְּחוֹתָם מֵהֶן כְּחוֹתַם הַמַּרְצוּפִין:

ד. הַמֵּבִיא תַּנּוּרִים וּסְפָלִין וּכְלֵי חֶרֶשׂ מְחוּצָה לָאָרֶץ עַד שֶׁלֹּא הֻסְּקוּ טְמֵאִים מִשּׁוּם אֶרֶץ הָעַכּוּ"ם. מִשֶּׁהֻסְּקוּ טְמֵאִים מִשּׁוּם כְּלֵי חֶרֶס שֶׁנִּטְמָא בְּאֶרֶץ הָעַכּוּ"ם שֶׁאֵינוֹ מְטַמֵּא אָדָם וְכֵלִים כְּמוֹ שֶׁבֵּאַרְנוּ:

ה. הַמְהַלֵּךְ בְּאֶרֶץ הָעַכּוּ"ם בֶּהָרִים וּבַסְּלָעִים טָמֵא טֻמְאַת שִׁבְעָה. בַּיָּם וּבְמָקוֹם שֶׁהַיָּם עוֹלֶה בְּזַעְפּוֹ טָהוֹר מִשּׁוּם נוֹגֵעַ בְּאֶרֶץ הָעַכּוּ"ם וְטָמֵא מִשּׁוּם אֲוִירָה. הַנִּכְנָס לְאֶרֶץ הָעַכּוּ"ם בְּשִׁדָּה תֵּבָה וּמִגְדָּל הַפּוֹרְחִין בָּאֲוִיר טָמֵא. שֶׁאֹהֶל זָרוּק אֵינוֹ קָרוּי אֹהֶל:

ו. סוּרְיָא עֲפָרָהּ טָמֵא כְּחוּצָה לָאָרֶץ וַאֲוִירָהּ טָהוֹר. לֹא גָּזְרוּ עַל אֲוִירָהּ. לְפִיכָךְ אִם הָיְתָה סְמוּכָה לְאֶרֶץ יִשְׂרָאֵל שָׂפָה בְּשָׂפָה וְלֹא הָיָה מַפְסִיק בֵּינֵיהֶן לֹא אֶרֶץ הָעַכּוּ"ם וְלֹא בֵּית הַקְּבָרוֹת וְלֹא בֵּית הַפְּרָס הֲרֵי זֶה יָכוֹל לְהִכָּנֵס לָהּ בְּטָהֳרָה בְּשִׁדָּה תֵּבָה וּמִגְדָּל וְהוּא שֶׁלֹּא יִגַּע בְּגוּשָׁהּ. וְכֵן אֶרֶץ הָעַכּוּ"ם הַסְּמוּכָה לְאֶרֶץ יִשְׂרָאֵל וְאֵין בֵּינֵיהֶן מָקוֹם טָמֵא הֲרֵי זוֹ נִבְדֶּקֶת וּטְהוֹרָה:

ז. מָקוֹם שֶׁשָּׁכְנוּ בּוֹ עַכּוּ"ם בְּאֶרֶץ יִשְׂרָאֵל הֲרֵי זֶה מְטַמֵּא כְּאֶרֶץ הָעַכּוּ"ם עַד שֶׁיִּבָּדֵק שֶׁמָּא קָבְרוּ בּוֹ נְפָלִים:

ח. וּתְרוּמָה וְקָדָשִׁים שֶׁנִּטְמְאוּ מֵחֲמַת מְדוֹר הָעַכּוּ"ם תּוֹלִין לֹא אוֹכְלִין וְלֹא שׂוֹרְפִין. וְכַמָּה יִשְׁהוּ בַּמָּקוֹם וְיִהְיֶה צָרִיךְ בְּדִיקָה. אַרְבָּעִים יוֹם כְּדֵי שֶׁתִּתְעַבֵּר אִשָּׁה וְתַפִּיל נֵפֶל שֶׁמְּטַמֵּא. אֲפִלּוּ אִישׁ שֶׁאֵין עִמּוֹ אִשָּׁה אִם שָׁהָה אַרְבָּעִים יוֹם מְדוֹרוֹ טָמֵא עַד שֶׁיִּבָּדֵק. גְּזֵרָה מִשּׁוּם מָדוֹר שֶׁתִּהְיֶה בּוֹ אִשָּׁה. אֲפִלּוּ עֶבֶד וְסָרִיס אוֹ אִשָּׁה אוֹ קָטָן בֶּן תֵּשַׁע שָׁנִים וְיוֹם אֶחָד עוֹשֶׂה מְדוֹר הָעַכּוּ"ם:

ט. מְדוֹר עַכּוּ"ם שֶׁהָיָה בּוֹ עֶבֶד (מִיִּשְׂרָאֵל) אוֹ אִשָּׁה אוֹ קָטָן בֶּן תֵּשַׁע מְשַׁמְּרִין אוֹתוֹ שֶׁלֹּא יִקְבְּרוּ שָׁם נֵפֶל אֵינוֹ צָרִיךְ בְּדִיקָה. וְאֶת מַה הֵן בּוֹדְקִין אֶת הַבִּיבִין הָעֲמֻקִּים וְאֶת הַמַּיִם הַסְּרוּחִין. וְכָל מָקוֹם שֶׁהַחֲזִיר וְהַחֻלְדָּה יְכוֹלִין לְהוֹלִיךְ מִשָּׁם הַנֵּפֶל אֵינוֹ צָרִיךְ בְּדִיקָה מִפְּנֵי שֶׁהֵן גּוֹרְרִין אוֹתָם מִשָּׁם. מְדוֹר הָעַכּוּ"ם שֶׁחָרַב הֲרֵי הוּא בְּטֻמְאָתוֹ עַד שֶׁיִּבָּדֵק:

י. הָאִיצְטְוָונִיּוֹת אֵין בָּהֶן מִשּׁוּם מְדוֹר עַכּוּ"ם לְפִי שֶׁהִיא גְּלוּיָה וְאֵין בָּהּ מָקוֹם לְהַטְמִין הַנְּפָלִים. וַעֲשָׂרָה מְקוֹמוֹת אֵין בָּהֶם מִשּׁוּם מְדוֹר עַכּוּ"ם לְפִי שֶׁאֵין דִּירָתָן קְבוּעָה לֹא גָּזְרוּ עֲלֵיהֶן טֻמְאָה. וְאֵלּוּ הֵן הָעֲשָׂרָה מְקוֹמוֹת אָהֳלֵי הָעַרְבִיִּים וְהַסֻּכּוֹת וְהַצְּרִיפִין וְהַבֻּרְגָּנִין וְהַתִּקְרָה שֶׁעַל גַּבֵּי הָעַמּוּדִים וְאֵין לָהּ דְּפָנוֹת וְהֵן בָּתֵּי הַקַּיִץ וּבֵית שַׁעַר וַאֲוִירָה שֶׁל חָצֵר וְהַמֶּרְחָץ וּמָקוֹם שֶׁעוֹשִׂין בּוֹ הַחִצִּים וּכְלֵי הַמִּלְחָמָה וּמְקוֹם הַלִּגְיוֹנוֹת:

יא. הַחֲנוּת אֵין בָּהּ מִשּׁוּם מְדוֹר עַכּוּ"ם אֶלָּא אִם כֵּן הָיָה דָּר בְּתוֹכָהּ. חָצֵר שֶׁהִיא טְמֵאָה מִשּׁוּם מְדוֹר הָ הֲרֵי בֵּית שַׁעַר שֶׁלָּהּ וַאֲוִירָהּ טְמֵאִין כָּמוֹהָ. וְאֵין מְדוֹר הָעַכּוּ"ם וְלֹא בֵּית הַפְּרָס בְּחוּצָה לָאָרֶץ:

יב. עֲיָרוֹת הַמֻּבְלָעוֹת בְּאֶרֶץ יִשְׂרָאֵל. כְּגוֹן סִיסִית וַחֲבְרוֹתֶיהָ. [אַשְׁקְלוֹן וַחֲבְרוֹתֶיהָ]. אַף עַל פִּי שֶׁפְּטוּרוֹת מִן הַמַּעַשְׂרוֹת וּמִן הַשְּׁבִיעִית אֵין בָּהֶן מִשּׁוּם אֶרֶץ הָעַכּוּ"ם. וְחֶזְקַת דְּרָכִים שֶׁל עוֹלֵי בָּבֶל טְהוֹרוֹת אַף עַל פִּי שֶׁהֵן מֻבְלָעוֹת בְּאֶרֶץ הָעַכּוּ"ם:

Perek 12

Ohel (Coverings over corpse)

Reminder
Pack on Impurity of Tent

DIMENSIONS OF *OHEL*

Reminder
Pack on Weights and Measures

A covering to a corpse, if it is the correct measurements, brings impurity to the area it contains, and blocks in the impurity to that area. I.e. vessels within the tent would become impure, but if placed above the tent, they would remain pure.

SQUARE TENT

Minimum measure of tent is **1 × 1 × 1** ***tefach*** (Height means 1 tefach above corpse).

If the tent was smaller than this, the vessels next to the corpse remain pure and any vessels placed over the tent would become impure.

Oversized vessels (greater than **40** ***seah*****)** would be considered as *ohel* rather than an implement.

A human being or smaller implement are an *ohel.* They are different in that they convey the impurity but do not screen from it.

Wooden coffins are not considered as a grave.

Derabanan however included it to convey impurity when stood on because some coffins may not have **1** ***tefach*** above the corpse.

ROUND

A round beam, to have the correct measure of an *ohel* must have a circumference of **3** ***tefach*** (because circumference = diameter × π (22⁄7). Therefore diameter would be about **1** ***tefach*****)**.

A barrel, to be an *ohel* would have to have a circumference of about **4½** ***tefach*** (i.e. diameter would be about **1.5** ***tefach*****)**.

A solid round pillar would have to be **24 *tefach*** in circumference. Then diameter would be about **8 *tefach***, which would result in a space underneath the pillar of about **1 × 1 × 1 *tefach*.**

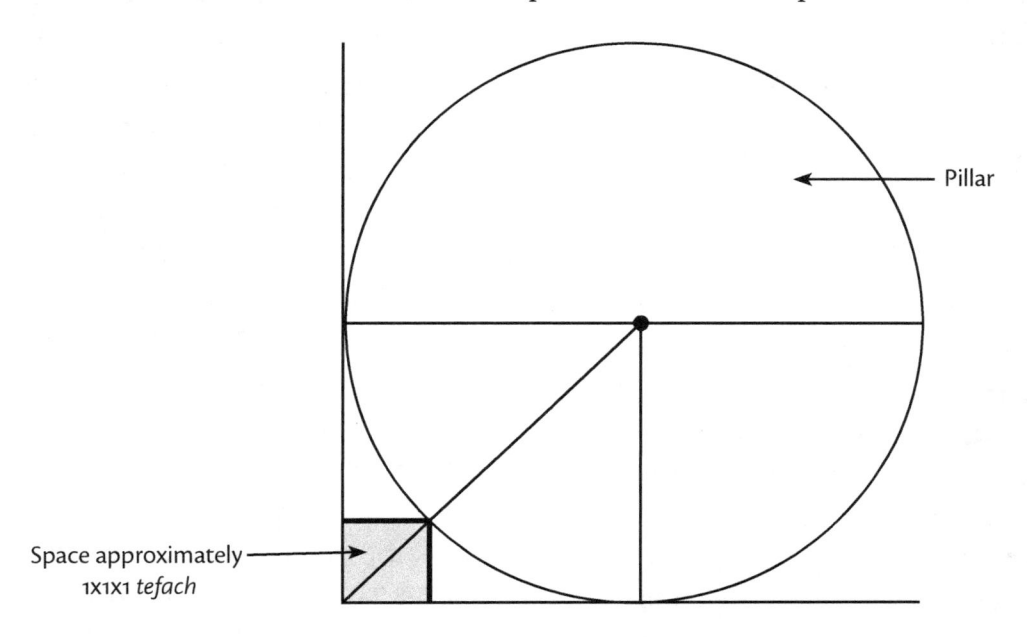

Pillar
Space approximately
1x1x1 *tefach*

פרק י״ב

א. טֶפַח עַל טֶפַח מְרֻבָּע עַל רוּם טֶפַח מֵבִיא אֶת הַטֻּמְאָה וְחוֹצֵץ בִּפְנֵי הַטֻּמְאָה דִּין תּוֹרָה. שֶׁאֵין קָרוּי אֹהֶל אֶלָּא טֶפַח עַל טֶפַח בְּרוּם טֶפַח אוֹ יֶתֶר עַל זֶה. כֵּיצַד. כְּזַיִת מִן הַמֵּת מֻנָּח לַאֲוִיר וּבְצִדּוֹ כֵּלִים כְּגוֹן מְחָטִין וְצִנּוֹרוֹת וְכַיּוֹצֵא בָּהֶן וְאֵינָן נוֹגְעִים בְּטֻמְאָה. אִם הֶאֱהִיל עֲלֵיהֶן אֹהֶל שֶׁיֵּשׁ בּוֹ טֶפַח עַל טֶפַח וְהָיָה גָּבוֹהַּ מֵעַל הָאָרֶץ טֶפַח הֲרֵי זֶה מֵבִיא אֶת הַטֻּמְאָה לַכֵּלִים וּטְמֵאִין. הָיוּ כֵּלִים אֲחֵרִים עַל גַּבֵּי אֹהֶל זֶה שֶׁיֵּשׁ בּוֹ טֶפַח עַל טֶפַח הֲרֵי הֵן טְהוֹרִין. מִפְּנֵי שֶׁהָאֹהֶל חוֹצֵץ בֵּינָם וּבֵין הַטֻּמְאָה. הִנֵּה לָמַדְתָּ שֶׁכְּשֵׁם שֶׁהָאֹהֶל מְטַמֵּא כָּל שֶׁתַּחְתָּיו מַצִּיל כָּל שֶׁחוּצָה לוֹ וְחוֹצֵץ בֵּין הַטֻּמְאָה וּבֵין כֵּלִים שֶׁעַל גַּבָּיו. וְכֵן אִם הָיְתָה הַטֻּמְאָה עַל גַּבָּיו וְכֵלִים תַּחְתָּיו הַכֵּלִים טְהוֹרִין. שֶׁהָאֹהֶל חוֹצֵץ בִּפְנֵי הַטֻּמְאָה. הָיָה הָאֹהֶל פָּחוֹת מֵרוּם טֶפַח אוֹ פָּחוֹת מִטֶּפַח עַל טֶפַח. אַף עַל פִּי שֶׁהוּא גָּבוֹהַּ כַּמָּה טְפָחִים הַכֵּלִים שֶׁבְּצַד הַטֻּמְאָה טְהוֹרִים וְכֵלִים שֶׁלְּמַעְלָה מֵאֹהֶל זֶה כָּל שֶׁכְּנֶגֶד הַטֻּמְאָה טָמֵא מִפְּנֵי שֶׁהֶאֱהִילוּ עַל הַטֻּמְאָה וְאֵין שָׁם אֹהֶל לָחֹץ בִּפְנֵי הַטֻּמְאָה. וְכֵן אִם הָיְתָה טֻמְאָה עַל גַּבֵּי אֹהֶל זֶה וְכֵלִים תַּחְתָּיו כָּל שֶׁכְּנֶגֶד הַטֻּמְאָה טָמֵא שֶׁהֲרֵי הֶאֱהִילָה עֲלֵיהֶן וְאֵין שָׁם אֹהֶל שֶׁיָּחֹץ בִּפְנֵי הַטֻּמְאָה שֶׁכָּל פָּחוֹת מֵרוּם טֶפַח כִּנְגִיעָה הוּא חָשׁוּב. וְטֻמְאָה שֶׁתַּחְתָּיו טֻמְאָה רְצוּצָה הִיא כְּמוֹ שֶׁבֵּאַרְנוּ. בַּמֶּה דְּבָרִים אֲמוּרִים כְּשֶׁלֹּא הָיָה הָאֹהֶל אָדָם אוֹ כֵּלִים. אֲבָל אָדָם אוֹ כֵּלִים שֶׁנַּעֲשׂוּ אֹהֶל עַל הַטֻּמְאָה בֵּין שֶׁהָיוּ הֵן עַצְמָן אֹהֶל בֵּין שֶׁהָיוּ עַמּוּדֵי הָאֹהֶל אֲפִלּוּ הָיוּ כֵּלִים שֶׁאֵין מְקַבְּלִין טֻמְאָה כָּל עִקָּר הֲרֵי אֵלּוּ מְבִיאִין אֶת הַטֻּמְאָה וְאֵינָן חוֹצְצִין בִּפְנֵי הַטֻּמְאָה. כֵּיצַד. לוּחַ שֶׁהָיָה מֻנָּח עַל גַּבֵּי אַרְבָּעָה בְּנֵי אָדָם אוֹ עַל גַּבֵּי אַרְבָּעָה כֵּלִים אֲפִלּוּ כְּלֵי אֲבָנִים וְכַיּוֹצֵא בָּהֶן מִכֵּלִים שֶׁאֵין לְמִינָן טֻמְאָה. וְאֵין צָרִיךְ לוֹמַר אִם הָיָה מֻנָּח עַל אַרְבָּעָה שִׁפּוּדִין אוֹ אַרְבָּעָה קָנִים שֶׁגְּבוֹהִין טֶפַח. וְהָיְתָה טֻמְאָה וְכֵלִים תַּחְתָּיו הַכֵּלִים טְמֵאִים. וְאִם הָיוּ כֵּלִים עַל גַּבָּיו אֲפִלּוּ שֶׁלֹּא כְּנֶגֶד הַטֻּמְאָה טְמֵאִים. וְאִם הָיְתָה טֻמְאָה עַל גַּבֵּי לוּחַ וְכֵלִים תַּחְתָּיו כָּל כֵּלִים שֶׁתַּחַת הַלּוּחַ טְמֵאִין. אֲבָל אִם הַלּוּחַ הָיָה מֻנָּח עַל גַּבֵּי אַרְבַּע אֲבָנִים אוֹ עַל גַּבֵּי בְּהֵמָה וְחַיָּה. וְהָיְתָה טֻמְאָה תַּחְתָּיו הֲרֵי הַכֵּלִים שֶׁעַל גַּבָּיו טְהוֹרִין:

ב. הָיְתָה טֻמְאָה עַל גַּבָּיו הֲרֵי כָּל הַכֵּלִים שֶׁתַּחְתָּיו טְהוֹרִין מִפְּנֵי שֶׁהָאֹהֶל חוֹצֵץ בִּפְנֵי הַטֻּמְאָה. וּכְלֵי גְּלָלִים וּכְלֵי אֲבָנִים וּכְלֵי אֲדָמָה הַבָּאִים בְּמִדָּה הֲרֵי הֵם כְּאֹהָלִים וְאֵינָם כְּכֵלִים וּלְפִיכָךְ חוֹצְצִים בִּפְנֵי הַטֻּמְאָה:

ג. נֶסֶר שֶׁהוּא נָתוּן עַל פִּי תַּנּוּר חָדָשׁ וְעוֹדֵף מִכָּל צְדָדָיו

בְּפוֹתֵחַ טֶפַח. הָיְתָה טֻמְאָה תַּחַת הַנֶּסֶר כֵּלִים שֶׁעַל גַּבָּיו טְהוֹרִין. טֻמְאָה עַל גַּבָּיו כֵּלִים שֶׁתַּחְתָּיו טְהוֹרִים מִפְּנֵי שֶׁתַּנּוּר חָדָשׁ אֵינוֹ כְּכֵלִים לְעִנְיָן זֶה. וְאִם הָיָה יָשָׁן הַכֹּל טָמֵא:

ד. נֶסֶר שֶׁהוּא נָתוּן עַל פִּי שְׁנֵי תַנּוּרִים אֲפִלּוּ יְשָׁנִים וְעוֹדֵף מְחוּצָה לְתַנּוּר זֶה וּמְחוּצָה לְתַנּוּר זֶה וְהָיְתָה טֻמְאָה תַּחְתָּיו בֵּין שְׁנֵי הַתַּנּוּרִים בֵּינֵיהֶן בִּלְבַד טָמֵא. אֲבָל כֵּלִים שֶׁתַּחַת שְׁתֵּי הַקְּצָווֹת שֶׁחוּצָה לַתַּנּוּרִים טְהוֹרִים שֶׁהֲרֵי הֵן כִּשְׁנֵי אֹהָלִים זֶה בְּצַד זֶה. וְכֵן נֶסֶר שֶׁהוּא נָתוּן עַל פִּי תַנּוּר אֲפִלּוּ יָשָׁן וְיוֹצֵא מִזֶּה טֶפַח וּמִזֶּה טֶפַח אֲבָל לֹא מִן הַצְּדָדִין וְטֻמְאָה בְּצַד זֶה כֵּלִים שֶׁבַּצַּד הַשֵּׁנִי טְהוֹרִין:

ה. אָדָם שֶׁנָּשָׂא כְּלִי כְּגוֹן מַרְדַּעַת וְכַיּוֹצֵא בּוֹ וְהֶאֱהִיל צַד הַכְּלִי הָאֶחָד עַל הַטֻּמְאָה אִם הָיָה בְּהֶקֵּפוֹ טֶפַח אַף עַל פִּי שֶׁאֵין בְּרָחְבּוֹ אֶלָּא רֹחַב אֶצְבָּעוֹ שְׁלִישׁ הֲרֵי זֶה מְטַמֵּא אֶת הַנּוֹשֵׂא וּמֵבִיא לוֹ טֻמְאָה מִדִּבְרֵיהֶם שֶׁגָּזְרוּ עַל שֶׁיֵּשׁ בְּהֶקֵּפוֹ טֶפַח מִשּׁוּם שֶׁיֵּשׁ בְּרָחְבּוֹ טֶפַח. אֲבָל אֵינוֹ מֵבִיא אֶת הַטֻּמְאָה לַכֵּלִים שֶׁתַּחְתָּיו וְלִשְׁאָר אָדָם שֶׁיַּאֲהִיל עֲלֵיהֶן וְעַל הַטֻּמְאָה עַד שֶׁיִּהְיֶה בּוֹ רֹחַב טֶפַח:

ו. אֲרוֹנוֹת שֶׁל עֵץ שֶׁמַּנִּיחִין בָּהֶן אֶת הַמֵּת אֵינָן כְּקֶבֶר (אֲבָל) אִם יֵשׁ בֵּין כִּסּוּי הָאָרוֹן וְהַמֵּת גֹּבַהּ טֶפַח חוֹצֵץ וְהָעוֹמֵד עַל גַּבֵּי הָאָרוֹן טָהוֹר מִן הַתּוֹרָה. וְאַף עַל פִּי שֶׁרֹב אֲרוֹנוֹת יֵשׁ בָּהֶן חֲלַל טֶפַח הוֹאִיל וְיֵשׁ שֶׁאֵין שָׁם חֲלַל טֶפַח גָּזְרוּ עַל כָּל הָאֲרוֹנוֹת שֶׁאֵינָן חוֹצְצִין וְשֶׁיִּהְיֶה הַמְהַלֵּךְ עַל גַּבֵּי הָאָרוֹן כְּנוֹגֵעַ בַּמֵּת אוֹ בַּקֶּבֶר:

ז. קוֹרָה שֶׁהִיא נְתוּנָה מִכֹּתֶל לְכֹתֶל וְהַטֻּמְאָה תַּחְתֶּיהָ אִם יֵשׁ בָּהּ פּוֹתֵחַ טֶפַח מְבִיאָה אֶת הַטֻּמְאָה תַּחַת כֻּלָּהּ וְכָל הַכֵּלִים אוֹ אָדָם שֶׁתַּחְתֶּיהָ טְמֵאִים אַף עַל פִּי שֶׁאֵין כֻּלָּהּ שָׁוָה וּקְצָתוֹ פְּחוּתָה מִטֶּפַח מִפְּנֵי שֶׁקְּצָתָהּ מִקְצָת אֹהֶל הוּא. וְאִם אֵין בָּהּ פּוֹתֵחַ טֶפַח טֻמְאָה בּוֹקַעַת וְעוֹלָה בּוֹקַעַת וְיוֹרֶדֶת כְּמוֹ שֶׁבֵּאַרְנוּ. כַּמָּה יִהְיֶה בְּהֶקֵּפָהּ וְיִהְיֶה בָּהּ פּוֹתֵחַ טֶפַח. בִּזְמַן שֶׁהִיא עֲגֻלָּה שְׁלֹשָׁה טְפָחִים וּבִזְמַן שֶׁהִיא מְרֻבַּעַת אַרְבָּעָה טְפָחִים:

ח. סְאָה שֶׁהִיא מֻטָּה עַל צִדָּהּ בָּאֲוִיר אֵינָהּ מְבִיאָה אֶת הַטֻּמְאָה תַּחַת כֻּלָּהּ עַד שֶׁיִּהְיֶה בְּהֶקֵּפָהּ אַרְבָּעָה טְפָחִים וּמֶחֱצָה בְּקֵרוּב. כְּדֵי שֶׁיִּהְיֶה גֹּבַהּ הַצַּד הָעֶלְיוֹן טֶפַח וּמֶחֱצָה וְיִהְיֶה הַטֶּפַח עַל טֶפַח מִמֶּנָּה גָּבְהוֹ מֵעַל הָאָרֶץ טֶפַח. לְפִיכָךְ אִם הָיְתָה גְּבוֹהָה מֵעַל הָאָרֶץ חֲצִי טֶפַח וְהָיָה בְּהֶקֵּפָהּ שְׁלֹשָׁה מְבִיאָה אֶת הַטֻּמְאָה. וְכֵן עַמּוּד עָגֹל שֶׁהוּא מֻטָּל לָאֲוִיר וּמֻנָּח עַל הָאָרֶץ אֵינוֹ מֵבִיא טֻמְאָה תַּחַת דָּפְנוֹ עַד שֶׁיִּהְיֶה בּוֹ הֶקֵּף כ"ד טְפָחִים וְאִם אֵין בְּהֶקֵּפוֹ עֶשְׂרִים וְאַרְבָּעָה טְפָחִים טֻמְאָה בּוֹקַעַת וְעוֹלָה בּוֹקַעַת וְיוֹרֶדֶת. זֶה שֶׁהֻצְרִיכוּ עֶשְׂרִים וְאַרְבָּעָה טְפָחִים עַל הָעִקָּרִין שֶׁסּוֹמְכִים עֲלֵיהֶן חֲכָמִים בְּחֶשְׁבּוֹן כָּל הַמִּשְׁפָּטִים. שֶׁכָּל שֶׁיֵּשׁ בְּהֶקֵּפוֹ שְׁלֹשָׁה יֵשׁ בּוֹ רֹחַב טֶפַח. וְכָל טֶפַח עַל טֶפַח בְּרִבּוּעַ יֵשׁ בַּאֲלַכְסוֹנוֹ טֶפַח וּשְׁנֵי חֳמָשִׁין. לְפִיכָךְ אִם הָיָה בְּהֶקֵּף הָעַמּוּד עֶשְׂרִים וְאַרְבָּעָה טְפָחִים נִמְצָא תַּחַת כָּל דָּפְנוֹ טֶפַח עַל רוּם טֶפַח מְרֻבָּע וְיֶתֶר מְעַט. שֶׁחֶשְׁבּוֹנוֹת אֵלּוּ בְּקֵרוּב הֵן:

Perek 13

Ohel continued.

Structure of tent.

It depends on sturdiness of tent and the type of material.

Tent does not have to be made by a human. It could be natural e.g. cavern or branches of tree hanging over earth.

However it does need to be sturdy.

If it is sturdy it conveys impurity according to Scriptural Law and it also screens from it.

If not, then impurity is *Derabanan* i.e. the *ohel* conveys impurity but does not screen from it.

Also depends on type of material of the *ohel.*

Some items give passage to impurity and act as a screen against it.

Some items give passage to impurity and do not act as a screen against it.

Some items neither give passage nor act as a screen.

Some items act as a screen but do not give passage

> **Reminder**
> A sturdy 'tent' with correct dimensions imparts impurity to its surrounding (gives passage) but also screens i.e. article above tent remains pure.
> If there is not **1** ***tefach*** between corpse and tent, (*retzutzah*) then impurity pierces through tent, and objects above tent become impure (i.e. does not screen)

Examples:

Convey and screen

- Large wooden vessels greater than **40** ***seah***
- Curtains made like tents

Includes branches of tree, balcony extending from wall, stone vessels, leather vessels. Vegetables that grow through summer and winter are considered as trees.

Convey but don't screen.

- Smaller wooden vessels
- Curtains not made like tent (Extend outward but do not have walls or slope.)
- Includes human being, simple earthen vessels, impure foods

Do not convey nor screen

- Mound of hail, snow or salt (they dissolve easily)
- A ship that floats on water (unanchored)
- Includes seeds (can be eaten), vegetables – these coverings do not last.

Do not convey but screen

- Lattice work of cords where there are empty spaces. (But if space greater than **1 × 1** ***tefach***, it would allow the impurity through)

Includes cross chards of a bed, lattice work of windows.

> **Reminder**
> Pack on Impurity of Vessels

פרק י״ג

א. כָּל טֶפַח עַל טֶפַח בְּרוּם טֶפַח קָרוּי אֹהֶל כְּמוֹ שֶׁבֵּאַרְנוּ. וְחוֹצֵץ בִּפְנֵי הַטֻּמְאָה וּמֵבִיא אֶת הַטֻּמְאָה בֵּין שֶׁעֲשָׂאָהוּ לְהַאֲהִיל בֵּין שֶׁנַּעֲשָׂה מֵאֵלָיו אֲפִלּוּ הָיָה שֶׁלֹּא בִּידֵי אָדָם הֲרֵי זֶה מֵבִיא וְחוֹצֵץ. כֵּיצַד. אֶחָד חוֹר שֶׁחֲרָרוּהוּ מַיִם אוֹ שְׁרָצִים אוֹ שֶׁאֲכָלַתּוּ מְלַחַת אוֹ שֶׁצָּבַר אֲבָנִים אוֹ קוֹרוֹת וְנַעֲשָׂה בָּהֶן חֲלַל טֶפַח הֲרֵי זֶה אֹהֶל וּמֵבִיא וְחוֹצֵץ:

ב. בַּמֶּה דְּבָרִים אֲמוּרִים בְּשֶׁהָיָה הָאֹהֶל חָזָק וּבָרִיא. אֲבָל אֹהֶל רָעוּעַ אֵינוֹ מֵבִיא אֶת הַטֻּמְאָה וְאֵינוֹ חוֹצֵץ בִּפְנֵי הַטֻּמְאָה מִן הַתּוֹרָה. אֲבָל מִדִּבְרֵי סוֹפְרִים מֵבִיא אֶת הַטֻּמְאָה וְאֵינוֹ חוֹצֵץ. כֵּיצַד. שָׂרִיגֵי הָאִילָנוֹת הַסּוֹכְכִים עַל הָאָרֶץ וְהֵן הַנִּקְרָאִים סְכָכוֹת. וַאֲבָנִים הַיּוֹצְאוֹת מִן הַגָּדֵר הַסּוֹכְכוֹת עַל הָאָרֶץ וְהֵן הַנִּקְרָאִין פְּרָעוֹת אִם יְכוֹלִין לְקַבֵּל מַעֲזִיבָה בֵּינוֹנִית וְהֵן עוֹמְדִין הֲרֵי אֵלּוּ מְבִיאִין וְחוֹצְצִין מִן הַתּוֹרָה. וְאִם אֵינָן רְאוּיִין לְקַבֵּל מַעֲזִיבָה בֵּינוֹנִית אֶלָּא הֵן נוֹפְלִים הֲרֵי אֵלּוּ מְבִיאִין מִדִּבְרֵיהֶם וְאֵינָן חוֹצְצִין. וְכֵן כָּל כַּיּוֹצֵא בָּהֶן:

34 SEFER TAHARAH

ג. אֵלּוּ מְבִיאִין וְחוֹצְצִין. כְּלִי עֵץ הַבָּא בְּמִדָּה. וְכֵן כְּלֵי אֲבָנִים כְּלֵי גְּלָלִים כְּלֵי אֲדָמָה הַבָּאִין בְּמִדָּה. וּפְשׁוּטֵי כְּלֵי עוֹר וִירִיעָה וְסָדִין וּמַפָּץ וּמַחְצֶלֶת שֶׁהֵן עֲשׂוּיִין אֹהָלִים. וּבְהֵמוֹת אוֹ חַיּוֹת בֵּין טְמֵאוֹת בֵּין טְהוֹרוֹת וְהוּא שֶׁיִּהְיֶה רֹאשׁ זוֹ בֵּין רַגְלֵי זוֹ וְהָיוּ כֻּלָּן דְּבוּקוֹת. וְהָעוֹף שֶׁשָּׁכַן. וְהַחוֹטֵט בַּשִּׁבֳּלִים מָקוֹם לְקָטָן לְהַצִּילוֹ מִן הַשֶּׁמֶשׁ. וָאֳכָלִין שֶׁאֵינָן מְכֻשָּׁרִין כְּדֵי שֶׁלֹּא יִטַּמְּאוּ. יְרָקוֹת הַמִּתְקַיְּמִין בִּימוֹת הַחַמָּה וְהַגְּשָׁמִים הֲרֵי הֵן כְּאִילָנוֹת וּמְבִיאִין וְחוֹצְצִין. וְאֵלּוּ הֵן. הָאִרוּס וְהַקִּיסוֹס וִירָקוֹת חֲמוֹר וּדְלַעַת יְוָנִית. וְכֵן הַסְּכָכוֹת וְהַפְּרָעוֹת וְהַזִּיזִין וְהַגְּזוּזְרוֹת וְהַשּׁוֹבָכוֹת וְהַשְּׁקִיפִין וְהַסְּלָעִים וְהַנְּחִירִים וְהַשְּׁנִינִין. כָּל אֵלּוּ מְבִיאִין וְחוֹצְצִין:

ד. וְאֵלּוּ מְבִיאִין וְלֹא חוֹצְצִין. הָאָדָם. וּכְלֵי עֵץ שֶׁאֵינָן בָּאִין בְּמִדָּה מִפְּנֵי שֶׁהֵן כְּכָל הַכֵּלִים וּמִתְטַמְּאִין. וּפְשׁוּטֵי כְּלֵי עוֹר וִירִיעָה וְסָדִין וּמַפָּץ וּמַחְצֶלֶת שֶׁאֵין עֲשׂוּיִין אֹהָלִים אֶלָּא מְתוּחִין בִּלְבַד וְאֵין לָהֶן שִׁפּוּעַ וְאֵין שָׁם כְּתָלִים. וּבְהֵמָה וְחַיָּה שֶׁמֵּתוּ. וָאֳכָלִין טְמֵאִין אוֹ מְכֻשָּׁרִין. שֶׁדָּבָר טָמֵא אֵינוֹ חוֹצֵץ. וְרֵחַיִם שֶׁל יָד שֶׁהֲרֵי הִיא בִּכְלַל כְּלֵי אֲבָנִים. כָּל אֵלּוּ מְבִיאִין וְאֵינָן חוֹצְצִין:

ה. וְאֵלּוּ לֹא מְבִיאִין וְלֹא חוֹצְצִין. הַזְּרָעִים וְהַיְרָקוֹת הַמְחֻבָּרִין לַקַּרְקַע. חוּץ מִן הָאַרְבַּע יְרָקוֹת שֶׁמָּנִינוּ. וְכִפַּת הַבָּרָד וְהַשֶּׁלֶג וְהַכְּפוֹר וְהַגְּלִיד וְהַמֶּלַח. וְהַדּוֹלֵג מִמָּקוֹם לְמָקוֹם. וְהַקּוֹפֵץ מִמָּקוֹם לְמָקוֹם. וְהָעוֹף הַפּוֹרֵחַ. וְטַלִּית הַמְנַפְנֶפֶת. וּסְפִינָה שֶׁהִיא שָׁטָה עַל פְּנֵי הַמַּיִם. כָּל אֵלּוּ לֹא מְבִיאִין וְלֹא חוֹצְצִין שֶׁאַף עַל פִּי שֶׁהֶאֱהִילוּ אֵינוֹ אֹהֶל הַמִּתְקַיֵּם:

ו. קָשַׁר אֶת הַסְּפִינָה בְּדָבָר שֶׁהוּא יָכוֹל לְהַעֲמִידָהּ. כָּבַשׁ כְּנַף הַטַּלִּית בְּאֶבֶן הֲרֵי זוֹ מְבִיאָה אֶת הַטֻּמְאָה:

ז. נֶסֶר שֶׁהוּא צָף עַל פְּנֵי הַמַּיִם וְטֻמְאָה תַּחַת צִדּוֹ הָאֶחָד. הֲרֵי הַכֵּלִים שֶׁתַּחַת צִדּוֹ הַשֵּׁנִי טְהוֹרִים. שֶׁהֲרֵי כְּבָר בֵּאַרְנוּ שֶׁהַסְּפִינָה הַשָּׁטָה אֵינָהּ מְבִיאָה הַטֻּמְאָה:

ח. אֵלּוּ חוֹצְצִין וְלֹא מְבִיאִין. מַסֶּכֶת פְּרוּסָה. וַחֲבִילֵי מִטָּה. וְהַמִּשְׁפָּלוֹת. וְהַסְּרִיגוֹת שֶׁבַּחַלּוֹנוֹת. כֵּיצַד הֵן חוֹצְצִין. שֶׁאִם הָיָה חַלּוֹן בֵּין שְׁנֵי בָּתִּים וְהַטֻּמְאָה בְּבַיִת אֶחָד וְהָיָה אֶחָד מֵאֵלּוּ מָתוּחַ בְּחַלּוֹן זֶה וּסְתָמוֹ אַף עַל פִּי שֶׁיֵּשׁ בֵּינֵיהֶן אֲוִיר הֲרֵי אֵלּוּ חוֹצְצִין וְלֹא תִּכָּנֵס טֻמְאָה לְבַיִת שֵׁנִי. וְהוּא שֶׁלֹּא יִהְיֶה שָׁם בִּסְרִיגוֹת אֵלּוּ אוֹ בְּעֵינֵי הַמִּשְׁפָּלוֹת אוֹ בֵּין חֶבֶל לְחֶבֶל פּוֹתֵחַ טֶפַח שֶׁאִם הָיָה שָׁם פּוֹתֵחַ טֶפַח תִּכָּנֵס בּוֹ הַטֻּמְאָה כְּמוֹ שֶׁיִּתְבָּאֵר:

Perek 14

Ohel continued.

Windows (openings) in *ohel.*

Reminder

Pack on Windows and Ledges

For impurity to enter or leave *ohel,* it needs a certain minimum size. This size depends on the function of the window.

Chalon tashmish. (Window for functional purpose). Minimum measure is **1 × 1 *tefach.***

Arubah (Window for light). Minimum measure is size of **1 *pundion.*** (An Italian coin the weight of **8 barleycorn.**)

Unintentional creation of window. Minimum measure is **1 *egrof*** (size of head of ordinary man)

פרק י״ד

א. אֵין טֻמְאָה נִכְנֶסֶת לְאֹהֶל וְלֹא יוֹצְאָה מִמֶּנּוּ בְּפָחוֹת מִטֶּפַח עַל טֶפַח. כֵּיצַד. חַלּוֹן שֶׁבֵּין בַּיִת לְבַיִת אוֹ שֶׁבֵּין בַּיִת לַעֲלִיָּה. אִם יֵשׁ בּוֹ טֶפַח עַל טֶפַח מְרֻבָּע וְהָיְתָה טֻמְאָה בְּאֶחָד מֵהֶן הַבַּיִת הַשֵּׁנִי טָמֵא. אֵין בַּחַלּוֹן פּוֹתֵחַ טֶפַח אֵין הַטֻּמְאָה יוֹצְאָה מִמֶּנּוּ וְלֹא נִכְנֶסֶת לָאֹהֶל הַשֵּׁנִי. בַּמֶּה דְּבָרִים אֲמוּרִים בְּחַלּוֹן שֶׁעָשָׂה אוֹתוֹ הָאָדָם לְתַשְׁמִישׁ. אֲבָל חַלּוֹן שֶׁעָשָׂה אוֹתוֹ הָאָדָם לְאוֹרָה כְּדֵי שֶׁיִּכָּנֵס מִמֶּנּוּ הָאוֹר שִׁעוּרוֹ כְּפוּנְדְּיוֹן וְהַטֻּמְאָה יוֹצְאָה מִמֶּנּוּ. כֵּיצַד. הָיְתָה טֻמְאָה בַּבַּיִת וּבָא אָדָם וְנִסְמַךְ לְחַלּוֹן זֶה שֶׁל מָאוֹר אוֹ שֶׁהִנִּיחַ בּוֹ כְּלִי אוֹ שֶׁהֶאֱהִיל עָלָיו אֹהֶל בְּצַד הַכֹּתֶל נִטְמָא כָּל שֶׁבְּאֹהֶל שֶׁהַטֻּמְאָה יוֹצְאָה לוֹ. וְחַלּוֹן הֶעָשׂוּי לְאוֹרָה הוּא שֶׁאֵין עָלָיו תִּקְרָה אֶלָּא גָּלוּי הוּא לַשֶּׁמֶשׁ:

ב. חַלּוֹן הַנַּעֲשֶׂה שֶׁלֹּא בִּידֵי אָדָם כְּגוֹן שֶׁחֲרָרוּהוּ מַיִם אוֹ שְׁרָצִים אוֹ שֶׁאֲכָלַתּוּ מְלַחַת אוֹ שֶׁהָיָה חַלּוֹן פָּקוּק וְנָטַל הַפְּקָק אוֹ שֶׁהָיְתָה בּוֹ זְכוּכִית וְנִשְׁבְּרָה שִׁעוּרוֹ מְלֹא אֶגְרוֹף וְהוּא כְּרֹאשׁ גָּדוֹל שֶׁל אָדָם. וְהוּא שֶׁלֹּא חָשַׁב עָלָיו לְתַשְׁמִישׁ אֲבָל אִם חָשַׁב עָלָיו לְתַשְׁמִישׁ שִׁעוּרוֹ בְּפוֹתֵחַ טֶפַח. חָשַׁב עָלָיו לְמָאוֹר שִׁעוּרוֹ בְּפוּנְדְּיוֹן שֶׁהַמַּחֲשָׁבָה כָּאן כְּמַעֲשֶׂה:

ג. מָאוֹר שֶׁהִתְחִיל לְסָתְמוֹ וְלֹא הִסְפִּיק לְגָמְרוֹ מִפְּנֵי שֶׁלֹּא הָיָה לוֹ טִיט אוֹ שֶׁקְּרָאוֹ חֲבֵרוֹ אוֹ שֶׁחָשְׁכָה לֵילֵי שַׁבָּת וְנִשְׁאַר מִמֶּנּוּ מְעַט. אִם נִשְׁאַר מִמֶּנּוּ רוּם אֶצְבָּעַיִם עַל רֹחַב הַגּוּדָל מֵבִיא אֶת הַטֻּמְאָה. פָּחוֹת מִכָּאן הֲרֵי הוּא כְּסָתוּם:

ד. חַלּוֹן גָּדוֹל הֶעָשׂוּי לְאוֹרָה וְהָיָה בָּהּ שְׂבָכָה וְכַיּוֹצֵא בָּהּ. אִם יֵשׁ שָׁם בְּמָקוֹם אֶחָד מִמֶּנָּה כְּפוּנְדְּיוֹן מֵבִיא אֶת הַטֻּמְאָה וּמוֹצִיא אֶת הַטֻּמְאָה. הָיוּ נִקְבֵי הַשְּׂבָכָה דַּקִּים וְאֵין בְּאַחַת מֵהֶן כְּפוּנְדְּיוֹן הֲרֵי זוֹ כִּסְתוּמָה. וְכֵן חַלּוֹן הָעֲשׂוּיָה לְתַשְׁמִישׁ וּבָהּ סְבָכוֹת וּרְפָפוֹת אִם יֵשׁ בְּמָקוֹם אֶחָד טֶפַח עַל טֶפַח מְרֻבָּע מֵבִיא וּמוֹצִיא וְאִם לָאו הֲרֵי הִיא כִּסְתוּמָה:

ה. חַלּוֹן שֶׁהִיא גְּלוּיָה לָאֲוִיר שִׁעוּרָהּ כְּפוּנְדְּיוֹן מִפְּנֵי שֶׁאֵינָהּ עֲשׂוּיָה אֶלָּא לְאוֹרָה כְּמוֹ שֶׁאָמַרְנוּ. בָּנָה בַּיִת חוּצָה לָהּ וְנַעֲשֵׂית חַלּוֹן זוֹ תַּחַת תִּקְרָה וַהֲרֵי הִיא בֵּין שְׁנֵי בָּתִּים שִׁעוּרָהּ בְּפוֹתֵחַ טֶפַח. נָתַן אֶת הַתִּקְרָה בְּאֶמְצַע הַחַלּוֹן הַתַּחְתּוֹן שֶׁתַּחַת הַתִּקְרָה שִׁעוּרוֹ בְּפוֹתֵחַ טֶפַח. וְהָעֶלְיוֹן שֶׁלְּמַעְלָה מִן הַתִּקְרָה שִׁעוּרוֹ כְּפוּנְדְּיוֹן מִפְּנֵי שֶׁהוּא גָּלוּי לָאֲוִיר:

ו. הַחֹר שֶׁבַּדֶּלֶת אוֹ שֶׁשִּׁיֵּר בָּהּ הֶחָרָשׁ מָקוֹם פָּתוּחַ מִלְּמַעְלָה אוֹ מִלְּמַטָּה אוֹ שֶׁהֵגִיף אֶת הַדֶּלֶת וְלֹא גָּמַר לְהַדְּקָהּ וְנִשְׁאַר אֲוִיר בֵּין שְׁתֵּי הַדְּלָתוֹת. אוֹ שֶׁסָּגַר הַדֶּלֶת וּפְתָחוֹ הָרוּחַ. בְּכָל אֵלּוּ אִם הָיָה הַפּוֹתֵחַ כְּאֶגְרוֹף הַטֻּמְאָה יוֹצְאָה מִמֶּנּוּ וְנִכְנֶסֶת לָהּ בְּמָקוֹם פָּתוּחַ זֶה. וְאִם הָיָה פָּחוֹת מִכְּאֶגְרוֹף הֲרֵי הוּא כְּסָתוּם:

ז. הָעוֹשֶׂה חֹר בַּכֹּתֶל כְּדֵי לְהַנִּיחַ בּוֹ קָנֶה אוֹ מַסְמֵר גָּדוֹל אוֹ לִרְאוֹת מִמֶּנּוּ הָעוֹבְרִים וְהַשָּׁבִים אוֹ לְדַבֵּר עִם חֲבֵרוֹ. הֲרֵי זֶה כְּחַלּוֹן הָעֲשׂוּיָה לְתַשְׁמִישׁ וְשִׁעוּרָהּ בְּפוֹתֵחַ טֶפַח:

Perek 15

Ohel continued

Chalon Tashmish. Functional window.

If a functional window is blocked up fully or partially it may block the impurity.

FACTORS

Blocking material must be one that screens against impurity i.e. not susceptible to impurity.

Owner must have no intention to remove this material.

An impure object does not screen from impurity.

If the strands of a spider web are substantial, it is an effective screen. Pieces of cloth less than 3 × 3 *tefach* do not contract impurity and would therefore effectively block the window.

Reminder

Cloth impurity. Ref: *Sefer Taharah, Hilchot Tumat Kelim,* Chapter 22

פרק ט״ו

א. חַלּוֹן תַּשְׁמִישׁ שֶׁסְּתָמָהּ כֻּלָּהּ אוֹ סְתָמָהּ עַד שֶׁנִּשְׁאַר בָּהּ פָּחוֹת מִטֶּפַח אִם בְּדָבָר הַחוֹצֵץ בִּפְנֵי הַטֻּמְאָה סְתָמָהּ הֲרֵי זֶה חוֹצֵץ וְהוּא שֶׁיִּהְיֶה דָּבָר שֶׁאֵין דַּעְתּוֹ לְפַנּוֹתוֹ. לְפִיכָךְ אִם סָתַם הַחַלּוֹן אוֹ מִעֲטוֹ בָּאֳכָלִין שֶׁאֵינָן מֻכְשָׁרִין אֵינָן חוֹצְצִין שֶׁאַף עַל פִּי שֶׁאֵין מְקַבְּלִין טֻמְאָה וַהֲרֵי הֵן טְהוֹרִין דַּעְתּוֹ לְפַנּוֹתָן. הָיוּ סְרוּחִין הֲרֵי אֵלּוּ חוֹצְצִין. וְכֵן תֶּבֶן סָרוּחַ חוֹצֵץ וְשֶׁאֵינוֹ סָרוּחַ אֵינוֹ חוֹצֵץ מִפְּנֵי שֶׁדַּעְתּוֹ לְפַנּוֹתוֹ. תְּבוּאָה שֶׁגָּדְלָה וְסָתְמָה אֶת הַחַלּוֹן אוֹ מִעֲטַתּוּ אֵינָהּ חוֹצֶצֶת לְפִי שֶׁדַּעְתּוֹ לְפַנּוֹתָהּ שֶׁמָּא תַּפְסִיד הַכֹּתֶל. הָיָה עִקָּרָהּ רָחוֹק מִן הַכֹּתֶל וְנָטָה רֹאשׁוֹ וְסָתַם הֲרֵי זוֹ חוֹצֶצֶת. וְכֵן כָּל כַּיּוֹצֵא בָּזֶה:

ב. חָבִית שֶׁהִיא מְלֵאָה גְּרוֹגָרוֹת סְרוּחִין שֶׁאֵינָן מֻכְשָׁרִין וְלֹא רְאוּיִין לַאֲכִילָה וּמֻנַּחַת בַּחַלּוֹן וּפִי הֶחָבִית כְּלַפֵּי הַטֻּמְאָה שֶׁהֲרֵי הֶחָבִית טְמֵאָה. וְכֵן קֻפָּה שֶׁהִיא מְלֵאָה תֶּבֶן סָרוּחַ שֶׁאֵינוֹ רָאוּי לֹא לְמַאֲכַל בְּהֵמָה וְלֹא לְטִיט וְלֹא לְהַסָּקָה וּמֻנַּחַת בַּחַלּוֹן. אִם יְכוֹלִין הַגְּרוֹגָרוֹת וְהַתֶּבֶן לַעֲמֹד בִּפְנֵי עַצְמָן כְּשֶׁיִּנָּטֵל הַכְּלִי שֶׁהֵן בּוֹ הֲרֵי אֵלּוּ חוֹצְצִין וְאִם לָאו אֵינָן חוֹצְצִין. עֲשָׂבִים הַמָּרִים שֶׁאֵינָן רְאוּיִין לִבְהֵמָה. וּמַטְלָנִיּוֹת שֶׁאֵין בָּהֶן ג׳ עַל ג׳ שֶׁהָיוּ מְטֻנָּפִים וְקָשִׁים כְּדֵי שֶׁלֹּא יִהְיוּ רְאוּיִין אֲפִלּוּ לְקַנֵּחַ הַדָּם מִן הַשְּׂרִיטָה. וְהָאֵבָר וְהַבָּשָׂר הַמְדֻלְדָּלִים בִּבְהֵמָה טְמֵאָה וְהוּא שֶׁתִּהְיֶה כְּחוּשָׁה שֶׁאֵינָהּ רְאוּיָה לְהִמָּכֵר לְעַכּוּ״ם וּקְשׁוּרָה כְּדֵי שֶׁלֹּא תִּבְרַח. וְהָעוֹף טָמֵא שֶׁשָּׁכַן בַּחַלּוֹן וְהוּא שֶׁיִּהְיֶה מְשֻׁרָט שֶׁהֲרֵי אֵינוֹ רָאוּי אֲפִלּוּ לְתִינוֹק לְשַׂחֵק בּוֹ. וְעַכּוּ״ם כָּפוּת שֶׁהוּא מֵאֲסוּרֵי הַמֶּלֶךְ שֶׁאֵין אַחֵר יָכוֹל לְהַתִּירוֹ. וּבֶן שְׁמוֹנָה בְּיוֹם הַשַּׁבָּת שֶׁהֲרֵי אָסוּר לְטַלְטְלוֹ. וְהַמֶּלַח הַמְעֹרָב בְּקוֹצִים שֶׁאֵינוֹ רָאוּי לֹא לַאֲכִילָה וְלֹא לַעֲבֹדָה וְהוּא שֶׁיִּהְיֶה מֻנָּח עַל הַחֶרֶשׂ כְּדֵי שֶׁלֹּא יַזִּיק אֶת הַכֹּתֶל. כָּל אֵלּוּ מְמַעֲטִין בַּחַלּוֹן שֶׁהֲרֵי אֵינָן מְקַבְּלִין טֻמְאָה וְאֵין דַּעְתּוֹ לְפַנּוֹתָן מִפְּנֵי שֶׁאֵינָן רְאוּיִין לִמְלָאכָה. וְכֵן סֵפֶר תּוֹרָה שֶׁבָּלָה וְהָיָה מֻנָּח בַּחַלּוֹן אִם גָּמַר שֶׁתִּהְיֶה שָׁם גְּנִיזָתוֹ הֲרֵי זֶה מְמַעֵט בְּחַלּוֹן. אֲבָל הַשֶּׁלֶג וְהַבָּרָד וְהַכְּפוֹר וְהַגְּלִיד וְהַמַּיִם אֵינָן מְמַעֲטִין בַּחַלּוֹן שֶׁהֲרֵי הֵן רְאוּיִין וּמְקַבְּלִין טֻמְאָה:

ג. מִעֵט אֶת הַטֶּפַח בְּפָחוֹת מִכַּזַּיִת מִבְּשַׂר הַמֵּת. בְּפָחוֹת מִכַּזַּיִת מִבְּשַׂר נְבֵלָה. אוֹ בְּעֶצֶם פָּחוֹת מִכִּשְׂעוֹרָה מִן הַמֵּת. אוֹ בְּפָחוֹת מִכַּעֲדָשָׁה מִן הַשֶּׁרֶץ. הֲרֵי אֵלּוּ חוֹצְצִין שֶׁכָּל אֵלּוּ טְהוֹרִין וְאֵינָן חֲשׁוּבִין אֶצְלוֹ לְפִיכָךְ אֵין דַּעְתּוֹ לְפַנּוֹתָן. וְכֵן פָּחוֹת מִכַּבֵּיצָה אֳכָלִים שֶׁאֵינָן מֻכְשָׁרִין אֵינָן חֲשׁוּבִין אֶצְלוֹ וְאֵין דַּעְתּוֹ לְפַנּוֹתָן וּלְפִיכָךְ מְמַעֲטִין אֶת הַטֶּפַח:

ד. סָתַם הַחַלּוֹן בִּכְלִי חֶרֶשׂ וְהָיָה פִּיו לַחוּץ הֲרֵי זֶה חוֹצֵץ לְפִי שֶׁאֵינוֹ מִטַּמֵּא מִגַּבּוֹ וַהֲרֵי הוּא טָהוֹר. וְצָרִיךְ לִהְיוֹת כְּלִי חֶרֶשׂ זֶה מָאוּס וְנָקוּב עַד שֶׁלֹּא יִהְיֶה רָאוּי אֲפִלּוּ לְהַקִּיז בּוֹ דָּם. כְּדֵי שֶׁלֹּא תִּהְיֶה דַּעְתּוֹ לְפַנּוֹתוֹ:

ה. הָיָה בַּבַּיִת מֵת אוֹ רֹבַע עֲצָמוֹת וְכַיּוֹצֵא בָּהֶן מֵעֲצָמוֹת הַמְטַמְּאוֹת בְּאֹהֶל וּמִעֵט הַחַלּוֹן שֶׁל בַּיִת זֶה בְּעֶצֶם פָּחוֹת מִכִּשְׂעוֹרָה אֵינוֹ מִעוּט שֶׁהָעֶצֶם מִצְטָרֵף לָעֲצָמוֹת. וְכֵן אִם הָיָה שָׁם מֵת אוֹ כְּזַיִת מִבְּשַׂר הַמֵּת וּמִעֵט הַחַלּוֹן בְּפָחוֹת מִכַּזַּיִת מִבְּשַׂר הַמֵּת אֵינוֹ מִעוּט לְפִי שֶׁהַבָּשָׂר מִצְטָרֵף לְבָשָׂר. אֲבָל עֶצֶם פָּחוֹת מִכִּשְׂעוֹרָה מְמַעֵט עַל יְדֵי כְּזַיִת בָּשָׂר. וּפָחוֹת מִכַּזַּיִת בָּשָׂר מְמַעֵט עַל יְדֵי רֹבַע עֲצָמוֹת וְכַיּוֹצֵא בָּהֶן. מִעֵט אֶת הַטֶּפַח בִּשְׁתִי וָעֵרֶב הַמְנֻגָּעִין אוֹ בְּגוּשׁ מִבֵּית הַפְּרָס אֵינוֹ מִעוּט שֶׁדָּבָר טָמֵא אֵינוֹ חוֹצֵץ. עָשָׂה לְבֵנָה מֵעֲפַר בֵּית הַפְּרָס הֲרֵי זוֹ טְהוֹרָה וּמְמַעֶטֶת. שֶׁלֹּא אָמְרוּ אֶלָּא גּוּשׁ כִּבְרִיָּתוֹ. נִסְתַּם הַטֶּפַח אוֹ נִתְמַעֵט בְּקוּרֵי עַכָּבִישׁ אִם הָיָה בָּהּ מַמָּשׁ הֲרֵי זוֹ חוֹצֶצֶת וְאִם אֵין בָּהּ מַמָּשׁ אֵינָהּ חוֹצֶצֶת:

Perek 16

Ohel continued.

Arubah (window for light in roof of building).

In olden days, this was an open space in roof to allow light to enter.

FACTORS

- This channel of space remains pure if there is impurity in the house – regardless of size of opening.
- If impurity is directly placed under this channel, only what is directly above the impurity

is impure and rest of house not – regardless of size of opening.

- If opening was less than **1 × 1** ***tefach*** and someone stood over hole with his shoe, and blocks the channel, whole house becomes impure (if there was an impurity inside) and he remains pure.
- If opening was **1 × 1** ***tefach*** **or more** and he blocks hole by standing on it with his shoe, whole house becomes impure, and he also becomes impure. (Because impurity can escape through a size of **1 × 1** ***tefach*** in a purpose built opening and **1** ***egrof*** size of a casual opening.) (If a hole in a roof opens naturally or beyond one's control, then the measure which conveys impurity is larger i.e. **1** ***egrof*** [as opposed to **1 × 1** ***tefach***].)
- The impurity itself can also affect its spread as follows.

Impurity under, or in, an earthenware pot below aperture in roof, and pot same size as aperture.

  - *Retzutzah* (an earthenware pot lying tight over impurity and below window) causes impurity to pierce through to ascend and descend directly above or below only.
  - Pot **1** ***tefach*** above impurity – whole house becomes impure but the earthenware pot stays pure.
  - Impurity inside earthenware pot – house stays pure and inside of pot becomes impure.
  - Where aperture above pot is larger than pot i.e. larger than **1 × 1** ***tefach,*** then the impurity can escape and house remains pure.
  - Pot and impurity within **1** ***tefach*** of the lintel of doorway is regarded as part of the house.
  - Beams – if they are **1** ***tefach*** **or more** wide, each act as an *ohel.*
  - If less than **1 × 1** ***tefach*** then impurity under such a beam or area is regarded as *retzutzah.* (I.e. impurity pierces and ascends or descends directly above or below.)

פרק ט״ז

א. אֲרֻבָּה שֶׁהִיא בְּאֶמְצַע תִּקְרַת הַבַּיִת בֵּין שֶׁיֵּשׁ בָּהּ פּוֹתֵחַ טֶפַח בֵּין שֶׁאֵין בָּהּ פּוֹתֵחַ טֶפַח וְהָיְתָה טֻמְאָה תַּחַת תִּקְרַת הַבַּיִת כְּנֶגֶד אֲרֻבָּה טָהוֹר שֶׁהֲרֵי הוּא גָּלוּי לָאֲוִיר וּשְׁאָר הַבַּיִת טָמֵא. הָיְתָה טֻמְאָה כְּנֶגֶד אֲרֻבָּה בִּלְבַד כָּל הַבַּיִת טָהוֹר. הָיְתָה מִקְצָת הַטֻּמְאָה תַּחַת הַתִּקְרָה וּמִקְצָתָהּ תַּחַת אֲרֻבָּה אִם הָיָה בָּאֲרֻבָּה פּוֹתֵחַ טֶפַח הַבַּיִת כֻּלּוֹ טָמֵא וּכְנֶגֶד כָּל הָאֲרֻבָּה טָמֵא. אֵין בָּהּ פּוֹתֵחַ טֶפַח אִם יֵשׁ בַּטֻּמְאָה כְּדֵי שֶׁתִּתְחַלֵּק וְיִמָּצֵא כַּשִּׁעוּר תַּחַת הַתִּקְרָה וְכַשִּׁעוּר תַּחַת הָאֲרֻבָּה הַכֹּל טָמֵא. וְאִם לָאו הַבַּיִת טָמֵא וּכְנֶגֶד הָאֲרֻבָּה טָהוֹר. הָיָה בָּאֲרֻבָּה פּוֹתֵחַ טֶפַח וְנָתַן אָדָם רַגְלוֹ מִלְּמַעְלָה עַל הָאֲרֻבָּה נַעֲשָׂה הַכֹּל אֹהֶל אֶחָד. וּבֵין שֶׁהָיְתָה הַטֻּמְאָה תַּחַת הַתִּקְרָה בִּלְבַד אוֹ תַּחַת הָאֲרֻבָּה בִּלְבַד הַכֹּל טָמֵא הַבַּיִת וּמַה שֶּׁכְּנֶגֶד אֲרֻבָּה. וְהָאָדָם שֶׁעֵרֵב אֶת הַטֻּמְאָה טָמֵא מִפְּנֵי שֶׁנַּעֲשָׂה אֹהֶל עַל הַטֻּמְאָה. אֵין בָּאֲרֻבָּה פּוֹתֵחַ טֶפַח וְהָיְתָה הַטֻּמְאָה תַּחַת הַתִּקְרָה זֶה שֶׁנָּתַן רַגְלוֹ מִלְּמַעְלָה טָהוֹר שֶׁאֵין טֻמְאָה יוֹצֵאת לוֹ בְּפָחוֹת מִטֶּפַח. הָיְתָה הַטֻּמְאָה תַּחַת הָאֲרֻבָּה אִם טֻמְאָה קָדְמָה אֶת רַגְלוֹ טָמֵא שֶׁהֲרֵי הֶאֱהִיל עַל הַטֻּמְאָה. אִם רַגְלוֹ קָדְמָה אֶת הַטֻּמְאָה טָהוֹר שֶׁהֲרֵי רַגְלוֹ מִקְצָת הָאֹהֶל וְאֵין טֻמְאָה יוֹצֵאת לוֹ:

ב. הָיָה כְּזַיִת מִן הַמֵּת בְּפִי הָעוֹרֵב וְהֶאֱהִיל עַל גַּבֵּי אֲרֻבָּה עַד שֶׁנִּמְצָא כְּזַיִת בַּאֲוִיר אֲרֻבָּה אַף עַל פִּי שֶׁאֵין בָּהּ פּוֹתֵחַ טֶפַח הַבַּיִת טָמֵא:

ג. בַּיִת וַאֲרֻבָּה בְּאֶמְצַע תִּקְרַת הַבַּיִת וַעֲלִיָּה עַל גַּבָּיו. וַאֲרֻבָּה

אַחֶרֶת יֵשׁ בְּאֶמְצַע תִּקְרַת הָעֲלִיָּה וְהָאֲרֻבּוֹת מְכֻוָּנוֹת זוֹ לְמַעְלָה מִזּוֹ. בֵּין שֶׁיֵּשׁ בָּאֲרֻבּוֹת פּוֹתֵחַ טֶפַח בֵּין שֶׁאֵין בָּהֶן פּוֹתֵחַ טֶפַח. וְטֻמְאָה בַּבַּיִת. כְּנֶגֶד הָאֲרֻבּוֹת טָהוֹר וְהַשְּׁאָר טָמֵא. הָיְתָה טֻמְאָה כְּנֶגֶד אֲרֻבּוֹת הֲרֵי הַבַּיִת כֻּלּוֹ טָהוֹר. הָיוּ בָּאֲרֻבּוֹת פּוֹתֵחַ טֶפַח וְהַטֻּמְאָה בֵּין תַּחַת תִּקְרַת הַבַּיִת בֵּין כְּנֶגֶד אֲרֻבּוֹת וְנָתַן דָּבָר שֶׁהוּא מְקַבֵּל טֻמְאָה בֵּין לְמַעְלָה מֵאֲרֻבַּת הַבַּיִת בֵּין לְמַעְלָה מֵאֲרֻבַּת הָעֲלִיָּה הַכֹּל טָמֵא שֶׁאֵין דָּבָר טָמֵא חוֹצֵץ. נָתַן דָּבָר שֶׁאֵינוֹ מְקַבֵּל טֻמְאָה עַל אֲרֻבַּת הַבַּיִת הַבַּיִת טָמֵא וְהָעֲלִיָּה טְהוֹרָה. נְתָנוֹ עַל אֲרֻבַּת הָעֲלִיָּה הַבַּיִת וְהָעֲלִיָּה טְמֵאִים וּכְנֶגְדּוֹ מִלְּמַעְלָה וְלַשָּׁמַיִם טָהוֹר. אֵין בָּאֲרֻבּוֹת פּוֹתֵחַ טֶפַח וְהַטֻּמְאָה תַּחַת תִּקְרַת הַבַּיִת וְנָתַן בֵּין דָּבָר הַמְקַבֵּל טֻמְאָה וּבֵין דָּבָר שֶׁאֵינוֹ מְקַבֵּל טֻמְאָה בֵּין עַל אֲרֻבַּת הַבַּיִת בֵּין עַל אֲרֻבַּת הָעֲלִיָּה אֵין טָמֵא אֶלָּא הַבַּיִת שֶׁאֵין טֻמְאָה יוֹצֵאת לָעֲלִיָּה בְּפָחוֹת מִטֶּפַח. הָיְתָה הַטֻּמְאָה כְּנֶגֶד אֲרֻבּוֹת וְנָתַן דָּבָר שֶׁהוּא מְקַבֵּל טֻמְאָה בֵּין לְמַעְלָן בֵּין לְמַטָּן הַבַּיִת וְהָעֲלִיָּה טְמֵאִין שֶׁהֲרֵי עֵרֵב אֶת הַטֻּמְאָה. נָתַן דָּבָר שֶׁאֵינוֹ מְקַבֵּל טֻמְאָה בֵּין לְמַעְלָן בֵּין לְמַטָּן אֵינוֹ טָמֵא אֶלָּא הַבַּיִת. וְכָל אֵלּוּ הַדִּינִין בְּעוֹשֶׂה אֲרֻבָּה אֲבָל תִּקְרָה שֶׁנִּפְחֲתָה מֵאֵלֶיהָ שִׁעוּרָהּ מְלֹא אֶגְרוֹף כְּמוֹ שֶׁבֵּאַרְנוּ:

ד. הַפּוֹחֵת אֶת הַמַּעֲזִיבָה עַד שֶׁעָשָׂה אֲרֻבָּה בְּתוֹךְ תִּקְרַת הַבַּיִת כְּדֵי שֶׁתִּכָּנֵס בָּהּ רֶגֶל הָעֶרֶשׂ וְהָיְתָה רֶגֶל הָעֶרֶשׂ סוֹתֶמֶת אֶת הָאֲרֻבָּה. אִם יֵשׁ בָּהּ פּוֹתֵחַ טֶפַח וְטֻמְאָה בַּבַּיִת אַף הָעֲלִיָּה טְמֵאָה. שֶׁאֵין כְּלִי הַמְקַבֵּל טֻמְאָה חוֹצֵץ. וְאִם אֵין בָּהּ פּוֹתֵחַ טֶפַח הָעֲלִיָּה טְהוֹרָה וְהָרֶגֶל שֶׁלְּמַטָּה טְמֵאָה כְּכֵלִים הַמַּאֲהִילִים. נִפְחֲתָה הַמַּעֲזִיבָה מֵאֵלֶיהָ שִׁעוּרָהּ מְלֹא אֶגְרוֹף כְּמוֹ שֶׁבֵּאַרְנוּ:

ה. אֲרֻבָּה שֶׁבְּתוֹךְ תִּקְרַת הַבַּיִת וּקְדֵרָה מֻנַּחַת עַל הָאָרֶץ וּמְכֻוֶּנֶת כְּנֶגֶד אֲרֻבָּה שֶׁאִם תַּעֲלֶה תֵּצֵא בְּצִמְצוּם מִן הָאֲרֻבָּה וְהָיְתָה טֻמְאָה תַּחַת הַקְּדֵרָה רְצוּצָה בֵּינָהּ וּבֵין הָאָרֶץ אוֹ שֶׁהָיְתָה הַטֻּמְאָה בְּתוֹךְ הַקְּדֵרָה אוֹ עַל גַּבָּהּ טֻמְאָה בּוֹקַעַת וְעוֹלָה בּוֹקַעַת וְיוֹרֶדֶת וְאֵין טָמֵא אֶלָּא כְּנֶגְדָּהּ וְהַבַּיִת כֻּלּוֹ טָהוֹר. הָיְתָה הַקְּדֵרָה גְּבוֹהָה מִן הָאָרֶץ טֶפַח וְטֻמְאָה תַּחְתֶּיהָ אוֹ תַּחַת תִּקְרַת הַבַּיִת כֻּלּוֹ טָמֵא וְתַחַת הַקְּדֵרָה טָמֵא שֶׁהֲרֵי הוּא אֹהֶל אֲבָל תּוֹךְ הַקְּדֵרָה וְגַבָּהּ טָהוֹר שֶׁאֵין כְּלִי חֶרֶשׂ מִטַּמֵּא מִגַּבּוֹ וַהֲרֵי אֲוִיר הַקְּדֵרָה גָּלוּי לַאֲוִירוֹ. אִם הָיָה כְּלִי בְּתוֹכָהּ אוֹ לְמַעְלָה עַל גַּבָּהּ טָהוֹר. הָיְתָה טֻמְאָה בְּתוֹכָהּ אוֹ עַל גַּבָּהּ הַבַּיִת כֻּלּוֹ טָהוֹר שֶׁהֲרֵי הַטֻּמְאָה כְּנֶגֶד אֲרֻבָּה בִּלְבַד. הָיְתָה הַקְּדֵרָה תַּחַת הָאֲרֻבָּה וְהָאֲרֻבָּה גְּדוֹלָה מִן הַקְּדֵרָה שֶׁאִם תַּעֲלֶה הַקְּדֵרָה וְתֵצֵא מִן הָאֲרֻבָּה נִמְצָא בֵּינָהּ וּבֵין שִׂפְתֵי הָאֲרֻבָּה פּוֹתֵחַ טֶפַח. אַף עַל פִּי שֶׁהַקְּדֵרָה גְּבוֹהָה מִן הָאָרֶץ טֶפַח וְטֻמְאָה בְּתוֹכָהּ אוֹ עַל גַּבָּהּ אוֹ תַּחְתֶּיהָ הַבַּיִת טָהוֹר. הָיְתָה הַקְּדֵרָה מֻנַּחַת בְּצַד אַסְקֻפַּת הַבַּיִת שֶׁאִם תַּעֲלֶה נִמְצָא מִמֶּנָּה פּוֹתֵחַ טֶפַח לְפָנִים מִן הַמַּשְׁקוֹף. וְהָיְתָה טֻמְאָה רְצוּצָה תַּחְתֶּיהָ אוֹ בְּתוֹכָהּ אוֹ עַל גַּבָּהּ טֻמְאָה בּוֹקַעַת וְעוֹלָה בּוֹקַעַת וְיוֹרֶדֶת. הָיְתָה גְּבוֹהָה מִן הָאָרֶץ טֶפַח וְטֻמְאָה תַּחְתֶּיהָ אוֹ בַּבַּיִת. תַּחְתֶּיהָ וְהַבַּיִת טָמֵא שֶׁהַכֹּל אֹהֶל אֶחָד וְתוֹכָהּ וְגַבָּהּ טָהוֹר. הָיְתָה הַטֻּמְאָה בְּתוֹכָהּ אוֹ עַל גַּבָּהּ הַבַּיִת טָמֵא מִפְּנֵי שֶׁהִיא נוֹגַעַת בַּמַּשְׁקוֹף טֶפַח וְכֵן תַּחְתֶּיהָ טָמֵא מִפְּנֵי שֶׁהַטֻּמְאָה יוֹצְאָה לְתַחְתֶּיהָ מִן הַבַּיִת שֶׁהַכֹּל אֹהֶל אֶחָד. לְפִיכָךְ אִם לֹא הָיְתָה נוֹגַעַת בַּמַּשְׁקוֹף בְּפוֹתֵחַ טֶפַח אוֹ שֶׁהָיְתָה בְּצַד הַמַּשְׁקוֹף וְטֻמְאָה תַּחְתֶּיהָ אֵין טָמֵא אֶלָּא תַּחְתֶּיהָ אֲבָל הַבַּיִת טָהוֹר:

ו. קוֹרוֹת הַבַּיִת וְהָעֲלִיָּה שֶׁאֵין עֲלֵיהֶם מַעֲזִיבָה וְהֵן מְכֻוָּנוֹת קוֹרָה כְּנֶגֶד קוֹרָה וַאֲוִיר כְּנֶגֶד אֲוִיר וּבְכָל קוֹרָה מֵהֶן פּוֹתֵחַ טֶפַח וּבֵינֵיהֶן אֲוִיר פּוֹתֵחַ טֶפַח וְטֻמְאָה תַּחַת אַחַת מֵהֶן. תַּחְתֶּיהָ בִּלְבַד טָמֵא. הָיְתָה הַטֻּמְאָה בֵּין הַתַּחְתּוֹנָה לָעֶלְיוֹנָה בֵּין שְׁתֵּיהֶן בִּלְבַד טָמֵא. הָיְתָה הַטֻּמְאָה עַל גַּבֵּי הָעֶלְיוֹנָה כְּנֶגְדּוֹ עַד לָרָקִיעַ טָמֵא. הָיוּ הַקּוֹרוֹת הָעֶלְיוֹנוֹת מְכֻוָּנוֹת כְּנֶגֶד הָאֲוִיר שֶׁבֵּין הַקּוֹרוֹת הַתַּחְתּוֹנוֹת וְטֻמְאָה תַּחַת אַחַת מֵהֶן תַּחַת כֻּלָּם טְמֵאָה. הָיְתָה הַטֻּמְאָה עַל גַּבֵּי קוֹרָה הָעֶלְיוֹנָה כְּנֶגֶד הַטֻּמְאָה עַד לָרָקִיעַ טָמֵא. אֵין בַּקּוֹרוֹת פּוֹתֵחַ טֶפַח בֵּין שֶׁהָיוּ מְכֻוָּנוֹת זֶה עַל גַּבֵּי זוֹ וּבֵין שֶׁהָיוּ הָעֶלְיוֹנוֹת כְּנֶגֶד אֲוִיר הַתַּחְתּוֹנוֹת וְהָיְתָה הַטֻּמְאָה תַּחְתֵּיהֶן אוֹ בֵּינֵיהֶן אוֹ עַל גַּבֵּיהֶן טֻמְאָה בּוֹקַעַת וְעוֹלָה בּוֹקַעַת וְיוֹרֶדֶת וְאֵינָהּ מְטַמְּאָה אֶלָּא כְּנֶגְדָּהּ בִּלְבַד לְפִי שֶׁכָּל טֻמְאָה שֶׁאֵינָהּ תַּחַת פּוֹתֵחַ טֶפַח בְּרוּם טֶפַח הֲרֵי הִיא כִּרְצוּצָה. בַּיִת שֶׁנִּסְדַּק גַּגּוֹ וּכְתָלָיו וְנַעֲשָׂה שְׁנֵי חֲלָקִים וְהָיְתָה הַטֻּמְאָה בְּחֶצְיוֹ הַחִיצוֹן שֶׁהַפֶּתַח בּוֹ הַכֵּלִים שֶׁבְּחֶצְיוֹ הַפְּנִימִי כֻּלָּם טְהוֹרִין. הָיְתָה טֻמְאָה בְּחֶצְיוֹ הַפְּנִימִי אִם הָיָה רֹחַב הַסֶּדֶק כְּחוּט הַמִּשְׁקֹלֶת כֵּלִים שֶׁבְּחֶצְיוֹ הַחִיצוֹן טְהוֹרִין. וְאִם הָיָה פָּחוֹת מִכָּאן הֲרֵי הֵן טְמֵאִין:

ז. אַכְסַדְרָה שֶׁנִּסְדְּקָה וְטֻמְאָה בְּצַד אֶחָד הַכֵּלִים שֶׁבַּצַּד הַשֵּׁנִי טְהוֹרִין שֶׁהֲרֵי הִיא שְׁנֵי אֹהָלִים זֶה בְּצַד זֶה וַאֲוִיר בֵּינֵיהֶן שֶׁהֲרֵי הַסֶּדֶק בְּכָל הַתִּקְרָה. נָתַן רַגְלוֹ אוֹ קָנֶה מִלְּמַעְלָה עַל הַסֶּדֶק עֵרֵב אֶת הַטֻּמְאָה. נָתַן אֶת הַקָּנֶה בָּאָרֶץ כְּנֶגֶד הַסֶּדֶק וַאֲפִלּוּ כְּלִי גָּדוֹל אֵינוֹ מְעָרֵב אֶת הַטֻּמְאָה עַד שֶׁיִּהְיֶה גָּבוֹהַּ טֶפַח תַּחַת הַסֶּדֶק. הָיָה אָדָם מֻטָּל עַל הָאָרֶץ תַּחַת הַסֶּדֶק מְעָרֵב אֶת הַטֻּמְאָה שֶׁאָדָם חָלוּל הוּא

וְהַצַּד הָעֶלְיוֹן הֲרֵי הוּא כְּאֹהֶל שֶׁיֵּשׁ בּוֹ גֹּבַהּ טֶפַח. וְכֵן אִם הָיוּ תַּחַת הַסֶּדֶק כֵּלִים מְקֻפָּלִין מֻנָּחִין עַל הָאָרֶץ זֶה עַל גַּב זֶה וְהָיָה הָעֶלְיוֹן גָּבוֹהַּ מֵעַל הָאָרֶץ טֶפַח עֵרֵב אֶת הַטֻּמְאָה וְכָל הַכֵּלִים שֶׁלְּמַטָּה מִמֶּנּוּ הֲרֵי הֵן כְּכֵלִים שֶׁתַּחַת הָאֹהֶל:

Perek 17

Ohel continued.

Ziz (a projection from a wall)

Reminder
Pack on Windows and Ledges

A *ziz* is a projection which protrudes.

- *Ziz* at entrance to a home
  - Projects from entrance and its end faces downwards.
  - Projects from entrance and its end faces upward.
- *Ziz* on a window
  - *chalon tashmish* (window for function)
  - *arubah* (window for light)

ZIZ AT ENTRANCE

Derabanan, it conveys impurity if less than **12 *tefach*** from ground and faces downward even less than a ***tefach***.

The protrusion can be any width (even less than a ***tefach***).

(*Deoraita* an *ohel* must be at least **1 *tefach*.**)

If it is higher than **12 *tefach*** or facing upwards, it can only be an *ohel* if its size is greater than **1 × 1 *tefach*.**

ZIZ PROTRUDING ABOVE A *CHALON TASHMISH*

Derabanan, it conveys impurity even if it protrudes an *etzba*, as long as it isn't more than 2 *etzba* above window. If it is more than 2 *etzba* above window it does not convey impurity unless it is **1 *tefach*** wide.

ZIZ AT *ARUBAH*

There are no size or distance restriction on this window (i.e. height above window or size of projection) because minimum size of window is very small **(1 *pundion*).**

Basically, an acceptable size projection over a space where impurity can escape, extends the house i.e. if an impurity was under the projection, it could cause whole house to become impure and vice versa an impurity in house can cause impurity under the projection.

Complications when there are.

- 2 *zizim* one on top of each other
- Tablets of stone or wood acting as an *ohel*
- Earthenware jugs on top of impurity or impurity within jug.

פרק י״ז

א. זִיז שֶׁהוּא יוֹצֵא מִפֶּתַח הַבַּיִת וּפָנָיו לְמַטָּה. וְהָיָה גָּבְהוֹ מֵעַל הָאָרֶץ שְׁנֵים עָשָׂר טֶפַח אוֹ פָּחוֹת מִכָּאן הֲרֵי זֶה מֵבִיא אֶת הַטֻּמְאָה בְּכָל שֶׁהוּא. וְדָבָר בָּרוּר הוּא שֶׁאֵינוֹ מֵבִיא אֶלָּא מִדִּבְרֵיהֶם. וְכֵן כָּל כַּיּוֹצֵא בַּהֲבָאַת הַטֻּמְאָה כָּזוֹ שֶׁאֵינָהּ בְּאֹהֶל טֶפַח הַבָּרִיא אֵינָהּ אֶלָּא מִדִּבְרֵיהֶם. הָיָה גָּבוֹהַּ יֶתֶר מִי״ב טֶפַח אוֹ שֶׁהָיוּ פָּנָיו לְמַעְלָה. וְכֵן הָעֲטָרוֹת וְהַפִּתּוּחִים הַיּוֹצְאוֹת מִן הַבִּנְיָן אֵין מְבִיאִין אֶלָּא בְּפוֹתֵחַ טֶפַח. וְכֵן זִיז שֶׁעַל גַּבֵּי הַפֶּתַח הַיּוֹצֵא מִן הַמַּשְׁקוֹף וַאֲפִלּוּ הָיָה קָנֶה בְּצַד הַמַּשְׁקוֹף בְּרֹחַב הַפֶּתַח אֵינוֹ מֵבִיא אֶלָּא אִם כֵּן הָיָה בּוֹ פּוֹתֵחַ טֶפַח:

ב. זִיז שֶׁהוּא סוֹבֵב אֶת כָּל הַבַּיִת וְאוֹכֵל בַּפֶּתַח טֶפַח מֵבִיא אֶת הַטֻּמְאָה. הָיָה אוֹכֵל בַּפֶּתַח פָּחוֹת מִטֶּפַח וְטֻמְאָה בַּבַּיִת כֵּלִים שֶׁתַּחְתָּיו טְמֵאִין. טֻמְאָה תַּחְתָּיו אֵינוֹ מֵבִיא אֶת הַטֻּמְאָה לַבַּיִת. וְכֵן בְּחָצֵר שֶׁהִיא מֻקֶּפֶת אַכְסַדְרָה:

ג. חַלּוֹן הָעֲשׂוּיָה לְתַשְׁמִישׁ וְזִיז יוֹצֵא עַל גַּבֵּי הַחַלּוֹן אֲפִלּוּ הָיָה כְּרֹחַב אֲגוּדָל מֵבִיא אֶת הַטֻּמְאָה. וְהוּא שֶׁיִּהְיֶה גָּבוֹהַּ מֵעַל הַחַלּוֹן רוּם אֶצְבָּעַיִם אוֹ פָּחוֹת. הָיָה לְמַעְלָה מֵאֶצְבָּעַיִם אֵינוֹ מֵבִיא אֶת הַטֻּמְאָה אֶלָּא אִם כֵּן יֵשׁ בּוֹ רֹחַב טֶפַח. זִיז זֶה שֶׁעַל גַּבֵּי הַחַלּוֹן הָעֲשׂוּיָה לְמָאוֹר מֵבִיא אֶת הַטֻּמְאָה בְּכָל שֶׁהוּא וַאֲפִלּוּ גָּבוֹהַּ כָּל שֶׁהוּא. בִּנְיָן הַיּוֹצֵא לִפְנֵי הַחַלּוֹן שֶׁהַמַּשְׁקִיף נִסְמָךְ עָלָיו בְּשָׁעָה שֶׁמַּשְׁקִיף אֵינוֹ מֵבִיא אֶת הַטֻּמְאָה. הָיָה בּוֹ זִיז רוֹאִין אֶת הַבִּנְיָן כְּאִלּוּ אֵינוֹ וְהַזִּיז הָעֶלְיוֹן מֵבִיא אֶת הַטֻּמְאָה. וְכֵיצַד מְבִיאִין כָּל הַזִּיזִין הָאֵלּוּ טֻמְאָה. שֶׁאִם הָיְתָה טֻמְאָה תַּחַת אֶחָד מֵהֶן אוֹ בַּבַּיִת הַכֹּל טָמֵא בֵּין בַּבַּיִת בֵּין תַּחַת הַזִּיז:

ד. שְׁנֵי זִיזִין זֶה עַל גַּב זֶה וְיֵשׁ בְּכָל אֶחָד מֵהֶן פּוֹתֵחַ טֶפַח וּבֵינֵיהֶם פּוֹתֵחַ טֶפַח וְטֻמְאָה תַּחַת הַתַּחְתּוֹן תַּחְתָּיו בִּלְבַד טָמֵא. הָיְתָה טֻמְאָה בֵּינֵיהֶן בֵּינֵיהֶם בִּלְבַד טָמֵא. הָיְתָה עַל גַּב הָעֶלְיוֹן כְּנֶגְדּוֹ עַד הָרָקִיעַ טָמֵא. הָיָה הָעֶלְיוֹן עוֹדֵף עַל הַתַּחְתּוֹן פּוֹתֵחַ טֶפַח וְטֻמְאָה תַּחַת הַתַּחְתּוֹן אוֹ בֵּינֵיהֶן תַּחְתֵּיהֶן וּבֵינֵיהֶן טָמֵא. הָיְתָה עַל גַּב הָעֶלְיוֹן כְּנֶגְדּוֹ וְעַד הָרָקִיעַ טָמֵא. הָיָה הָעֶלְיוֹן עוֹדֵף עַל הַתַּחְתּוֹן פָּחוֹת מִטֶּפַח וְטֻמְאָה תַּחְתֵּיהֶם וּבֵינֵיהֶן טָמֵא. הָיְתָה הַטֻּמְאָה בֵּינֵיהֶם אוֹ תַּחַת הַמּוֹתָר בֵּינֵיהֶן וְתַחַת הַמּוֹתָר טָמֵא אֲבָל תַּחַת הַתַּחְתּוֹן טָהוֹר. יֵשׁ בְּכָל אֶחָד מֵהֶן פּוֹתֵחַ טֶפַח וְאֵין בֵּינֵיהֶם פּוֹתֵחַ טֶפַח וְטֻמְאָה תַּחַת הַתַּחְתּוֹן תַּחְתָּיו בִּלְבַד טָמֵא. הָיְתָה בֵּינֵיהֶן אוֹ עַל גַּבֵּי הָעֶלְיוֹן כְּנֶגֶד הַטֻּמְאָה עַד לָרָקִיעַ טָמֵא. אֵין בָּהֶן פּוֹתֵחַ טֶפַח בֵּין שֶׁיֵּשׁ בֵּינֵיהֶם פּוֹתֵחַ טֶפַח וּבֵין שֶׁאֵין בֵּינֵיהֶם פּוֹתֵחַ טֶפַח. בֵּין שֶׁהָיְתָה הַטֻּמְאָה תַּחַת הַתַּחְתּוֹן אוֹ בֵּינֵיהֶן אוֹ עַל גַּב הָעֶלְיוֹן. טֻמְאָה בּוֹקַעַת וְעוֹלָה בּוֹקַעַת וְיוֹרֶדֶת שֶׁהֲרֵי הִיא רְצוּצָה. וְכֵן שְׁתֵּי יְרִיעוֹת שֶׁהֵן גְּבוֹהוֹת מִן הָאָרֶץ פּוֹתֵחַ טֶפַח זוֹ עַל גַּבֵּי זוֹ. כֵּלִים אוֹ בְּגָדִים אוֹ לוּחוֹת שֶׁל עֵץ שֶׁהֵן מֻנָּחִין זֶה עַל גַּבֵּי זֶה וְטֻמְאָה רְצוּצָה בֵּינֵיהֶן אִם הָיְתָה הַטֻּמְאָה גְּבוֹהָה מִן הָאָרֶץ טֶפַח הֲרֵי הַכְּלִי שֶׁעָלֶיהָ מִלְּמַעְלָה מַאֲהִיל עַל חֲלַל הַטֶּפַח וּמֵבִיא אֶת הַטֻּמְאָה לְכָל הַכֵּלִים שֶׁתַּחְתָּיו. הָיוּ טַבְלִיּוֹת שֶׁל שַׁיִשׁ אֲפִלּוּ גְּבוֹהוֹת מִן הָאָרֶץ אֶלֶף אַמָּה טֻמְאָה בּוֹקַעַת וְעוֹלָה בּוֹקַעַת וְיוֹרֶדֶת מִפְּנֵי שֶׁהֵן כְּקַרְקַע:

ה. לוּחוֹת שֶׁל עֵץ שֶׁהֵן נוֹגְעוֹת זֶה בָּזֶה בְּקַרְנוֹתֵיהֶן וְהֵן גְּבוֹהוֹת מִן הָאָרֶץ טֶפַח וְטֻמְאָה תַּחַת אַחַת מֵהֶן כֵּלִים שֶׁתַּחַת הַשְּׁנִיָּה טְהוֹרִין לְפִי שֶׁאֵינָהּ נוֹגַעַת בַּחֲבֶרְתָּהּ בְּפוֹתֵחַ טֶפַח וְהַנּוֹגֵעַ בְּלוּחַ זוֹ הַשְּׁנִיָּה כְּנוֹגֵעַ בְּכֵלִים שֶׁנָּגְעוּ בְּאֹהֶל הַמֵּת. אֲבָל כָּל הַכֵּלִים שֶׁאָמַרְנוּ שֶׁמְּבִיאִין אֶת הַטֻּמְאָה וְאֵינָן חוֹצְצִין אִם הֶאֱהִיל הַכְּלִי עַל הַמֵּת כָּל כֵּלִים שֶׁעַל גַּבָּיו טְמֵאִים כְּמוֹ שֶׁבֵּאַרְנוּ. וְטֻמְאָתָן מִשּׁוּם כֵּלִים הַמַּאֲהִילִין עַל הַמֵּת וְאַף הַכֵּלִים שֶׁעַל גַּבָּיו שֶׁאֵינָן כְּנֶגֶד הַטֻּמְאָה טְמֵאִים מִשּׁוּם כֵּלִים שֶׁנָּגְעוּ בְּכֵלִים שֶׁהֶאֱהִילוּ עַל הַמֵּת:

ו. חָבִית שֶׁהִיא יוֹשֶׁבֶת עַל שׁוּלֶיהָ בָּאֲוִיר וּכְזַיִת מִן הַמֵּת נָתוּן בְּתוֹכָהּ אוֹ תַּחְתֶּיהָ כְּנֶגֶד אֲוִירָהּ טֻמְאָה בּוֹקַעַת וְעוֹלָה בּוֹקַעַת וְיוֹרֶדֶת. וְהֶחָבִית טְמֵאָה שֶׁהֲרֵי הַטֻּמְאָה בּוֹקַעַת מִתַּחְתֶּיהָ וְנִטְמֵאת אֲוִירָהּ. הָיְתָה הַטֻּמְאָה תַּחַת עֳבִי דָּפְנָהּ טֻמְאָה בּוֹקַעַת וְעוֹלָה בּוֹקַעַת וְיוֹרֶדֶת וְהֶחָבִית טְהוֹרָה. וְלָמָּה הֶחָבִית טְהוֹרָה שֶׁהֲרֵי אֵין הַטֻּמְאָה בּוֹקַעַת בַּאֲוִירָהּ אֶלָּא בְּדָפְנָהּ וְאֵין כְּלִי חֶרֶשׂ מִטַּמֵּא אֶלָּא מֵאֲוִירוֹ. הָיְתָה מִקְצָת הַטֻּמְאָה תַּחַת עֳבִי דָּפְנָהּ וּמִקְצָתָהּ תַּחַת אֲוִירָהּ טֻמְאָה בּוֹקַעַת וְעוֹלָה בּוֹקַעַת וְיוֹרֶדֶת. הָיָה בַּדְּפָנוֹת פּוֹתֵחַ טֶפַח כֻּלָּהּ טְמֵאָה וּכְנֶגֶד פִּיהָ טָהוֹר שֶׁהֲרֵי הַטֻּמְאָה פָּשְׁטָה בַּדְּפָנוֹת בִּלְבַד. בַּמֶּה דְּבָרִים אֲמוּרִים בְּחָבִית טְהוֹרָה. אֲבָל אִם הָיְתָה טְמֵאָה אוֹ גְּבוֹהָה מִן הָאָרֶץ טֶפַח אוֹ מְכֻסָּה אוֹ כְּפוּיָה עַל פִּיהָ וְהָיְתָה טֻמְאָה תַּחְתֶּיהָ אוֹ בְּתוֹכָהּ אוֹ עַל גַּבָּהּ הַכֹּל טָמֵא וְכָל הַנּוֹגֵעַ בָּהּ כֻּלּוֹ טָמֵא. הָיְתָה מֻקֶּפֶת צָמִיד פָּתִיל וּנְתוּנָה עַל גַּבֵּי הַמֵּת הָאֳכָלִים וְהַמַּשְׁקִין שֶׁבְּתוֹכָהּ טְהוֹרִין וְהַכֵּלִים שֶׁעַל גַּבָּהּ טְמֵאִים. חָבִיּוֹת שֶׁהֵן יוֹשְׁבוֹת עַל שׁוּלֵיהֶן אוֹ מֻטּוֹת עַל צִדֵּיהֶם בָּאֲוִיר וְהֵן נוֹגְעוֹת זוֹ בָּזוֹ בְּפוֹתֵחַ טֶפַח וְטֻמְאָה תַּחַת אַחַת מֵהֶן טֻמְאָה בּוֹקַעַת וְעוֹלָה בּוֹקַעַת וְיוֹרֶדֶת מִפְּנֵי שֶׁהִיא רְצוּצָה. בַּמֶּה דְּבָרִים אֲמוּרִים בִּטְהוֹרוֹת. אֲבָל אִם הָיוּ טְמֵאוֹת אוֹ גְּבוֹהוֹת מִן הָאָרֶץ פּוֹתֵחַ טֶפַח וְטֻמְאָה תַּחַת אַחַת מֵהֶן תַּחַת כֻּלָּן טָמֵא שֶׁהֲרֵי הַכֹּל אֹהֶל אֶחָד:

Perek 18

Ohel continued.

Man acting as tent

Oven

Closet greater than **40** ***seah*** in size

Tent

MAN

- If each hand covers **1** ***tefach*** and man had each hand in a different building, they become joined as an *ohel.*
- Body of person in also considered as an *ohel* i.e. top half hollow and this is **1** ***tefach*** **high.**
- However as compared to other *ohalot*, a person only conveys *tumah*, but does not screen.

OVEN

An oven is attached to ground and is regarded as a separate entity. Therefore, if oven was facing outside at door of house and a corpse passed over, oven would become impure (through oven opening) but house would not.

CLOSET (GREATER THAN **40** ***SEAH***) STANDING AT ENTRANCE OF HOUSE.

Because of its size it cannot contract impurity from outside, but from inside if the impurity is trying to escape from the house, it could become impure.

- Is regarded as an *ohel*
- Examples of closet within a house

If there was impurity in the closet, house would be pure. This is because vessel of this size has the quality of intervening in the flow of impurity.

If impurity was in the house, then closet would become impure, because it is the nature of impurity to escape from the house and it will force past obstacles. (In this case it forces its way into the closet blocking the doorway.)

Reminder
Pack on Impurity of Vessels

TENT

All slanted walls of a tent are considered as the tent itself.

פרק י״ח

א. אָדָם שֶׁהֶאֱהִיל בְּיָדוֹ אַחַת עַל הַמֵּת וְהֶאֱהִיל בַּשְּׁנִיָּה עַל הַכֵּלִים אוֹ שֶׁנָּגַע בְּמֵת וְהֶאֱהִיל עַל הַכֵּלִים אִם יֵשׁ בְּיָדוֹ פּוֹתֵחַ טֶפַח הַכֵּלִים טְמֵאִין וְאִם לָאו טְהוֹרִין. וְכֵן שְׁנֵי בָּתִּים וּבָהֶם שְׁנֵי חֲצָאֵי זֵיתִים וּפָשַׁט יָדוֹ לְבַיִת זֶה וְיָדוֹ הַשְּׁנִיָּה לְבַיִת הַשֵּׁנִי אִם יֵשׁ בְּיָדוֹ פּוֹתֵחַ טֶפַח עֵרֵב אֶת הַטֻּמְאָה וְנַעֲשָׂה הַכֹּל כְּאֹהֶל אֶחָד וְנִטְמָא הוּא וְהַבָּתִּים. וְאִם לָאו אֵינוֹ מֵבִיא אֶת הַטֻּמְאָה:

ב. אָדָם שֶׁהִשְׁקִיף בְּעַד הַחַלּוֹן וְהֶאֱהִיל עַל הַטֻּמְאָה מֵבִיא אֶת הַטֻּמְאָה לַבַּיִת וְנִטְמָא כָּל הַבַּיִת. הָיָה מֻטָּל עַל הָאַסְקֻפָּה וּמִקְצָתוֹ בְּתוֹךְ הַבַּיִת וּמִקְצָתוֹ בַּחוּץ וְהֶאֱהִילָה

טֻמְאָה עַל מִקְצָתוֹ שֶׁבַּחוּץ הַבַּיִת טָמֵא. מִפְּנֵי שֶׁהָאָדָם חָלוּל וְיֵשׁ בּוֹ גֹּבַהּ טֶפַח וְכֵיוָן שֶׁהֶאֱהִילָה טֻמְאָה עָלָיו הֲרֵי זֶה כְּמַאֲהִיל עָלֶיהָ וּמֵבִיא אֶת הַטֻּמְאָה. וְכֵן אִם הָיְתָה טֻמְאָה בַּבַּיִת וְהֶאֱהִילוּ טְהוֹרִין עַל מִקְצָתוֹ שֶׁבַּחוּץ הֲרֵי אֵלּוּ טְמֵאִין מִפְּנֵי שֶׁהוּא כְּמַאֲהִיל עַל הַטֻּמְאָה וְהָאָדָם מֵבִיא וְאֵינוֹ חוֹצֵץ כְּמוֹ שֶׁבֵּאַרְנוּ:

ג. נוֹשְׂאֵי הַמֵּת שֶׁעָבְרוּ בּוֹ תַּחַת הָאַכְסַדְרָה וְהֵגִיף אֶחָד מֵהֶן אֶת הַדֶּלֶת וּסְמָכוֹ בְּמַפְתֵּחַ כְּדֵי שֶׁלֹּא יְטַמֵּא הַבַּיִת. וְכֵן אִם הָיָה אָדָם מִבִּפְנִים אוֹ מִבַּחוּץ סוֹמֵךְ הַדֶּלֶת. אִם יָכוֹל הַדֶּלֶת לַעֲמֹד בִּפְנֵי עַצְמוֹ הַבַּיִת טָהוֹר. וְאִם לָאו הַבַּיִת טָמֵא לְפִי שֶׁנִּמְצָא הָאָדָם הוּא שֶׁחָצַץ בִּפְנֵי הַטֻּמְאָה וְהָאָדָם וְהַכֵּלִים מְבִיאִין וְאֵינָן חוֹצְצִין כְּמוֹ שֶׁבֵּאַרְנוּ:

ד. תַּנּוּר שֶׁהוּא עוֹמֵד בְּתוֹךְ הַבַּיִת וְעֵינוֹ קְמוּרָה לַחוּץ וְהֶאֱהִילוּ נוֹשְׂאֵי הַמֵּת עַל עֵינוֹ הַקְּמוּרָה הַתַּנּוּר טָמֵא וְהַבַּיִת טָהוֹר. שֶׁהֲרֵי אֵין הַתַּנּוּר גָּבוֹהַּ מֵעַל הָאָרֶץ כְּדֵי שֶׁיָּבִיא טֻמְאָה לַבַּיִת. מִגְדָּל הַבָּא בְּמִדָּה שֶׁהוּא עוֹמֵד בְּתוֹךְ הַפֶּתַח וְנִפְתָּח לַחוּץ טֻמְאָה בְּתוֹכוֹ הַבַּיִת טָהוֹר. טֻמְאָה בַּבַּיִת מַה שֶּׁבְּתוֹכוֹ טָמֵא שֶׁהֲרֵי הוּא פָּתוּחַ בְּתוֹךְ הַפֶּתַח וְדֶרֶךְ הַטֻּמְאָה לָצֵאת וְאֵין דַּרְכָּהּ לְהִכָּנֵס. הָיְתָה מוּכְנִי שֶׁלּוֹ מְשׁוּכָה לַאֲחוֹרָיו וְיוֹצֵאת פָּחוֹת מִטֶּפַח וְאֵינָהּ נִשְׁמֶטֶת וְטֻמְאָה שָׁם בְּתוֹכָהּ כְּנֶגֶד הַקּוֹרוֹת הַבַּיִת טָהוֹר שֶׁאַף עַל פִּי שֶׁהִיא יוֹצְאָה אֵינָהּ נִשְׁמֶטֶת וְאֵינָהּ יוֹצֵאת טֶפַח. וְהוּא שֶׁיִּהְיֶה בָּהּ טֶפַח עַל רוּם טֶפַח חָלוּל. אֲבָל אִם אֵין בַּמּוּכְנִי חֲלַל טֶפַח הֲרֵי הַטֻּמְאָה רְצוּצָה בְּתוֹךְ הַבַּיִת וְהַבַּיִת טָמֵא. הָיָה הַמִּגְדָּל עוֹמֵד בְּתוֹךְ הַבַּיִת וְהַטֻּמְאָה בְּתוֹכוֹ אוֹ בְּתוֹךְ הַתֵּבָה שֶׁלּוֹ אַף עַל פִּי שֶׁאֵין בִּיצִיאָתוֹ פּוֹתֵחַ טֶפַח הַבַּיִת טָמֵא. טֻמְאָה בַּבַּיִת מַה שֶּׁבְּתוֹכוֹ טָהוֹר שֶׁדֶּרֶךְ הַטֻּמְאָה לָצֵאת וְאֵין דַּרְכָּהּ לְהִכָּנֵס:

ה. כֵּלִים שֶׁבֵּין הַמִּגְדָּל וּבֵין הָאָרֶץ שֶׁבֵּינוֹ וּבֵין הַכֹּתֶל וְשֶׁבֵּינוֹ וּבֵין הַקּוֹרוֹת אִם יֵשׁ שָׁם פּוֹתֵחַ טֶפַח טְמֵאִים וְאִם לָאו טְהוֹרִים שֶׁהֲרֵי אָנוּ רוֹאִים אֶת הַקּוֹרוֹת כְּאִלּוּ הֵן יוֹרְדוֹת וְסוֹתְמוֹת:

ו. הָיְתָה טֻמְאָה תַּחַת הַמִּגְדָּל בֵּינוֹ וּבֵין הָאָרֶץ אוֹ בֵּינוֹ וּבֵין הַקּוֹרוֹת אוֹ בֵּינוֹ וּבֵין הַכֹּתֶל בֵּין שֶׁיֵּשׁ שָׁם חָלָל טֶפַח בֵּין שֶׁאֵין שָׁם הַבַּיִת טָמֵא. הָיָה עוֹמֵד בָּאֲוִיר וְטֻמְאָה בְּתוֹכוֹ כֵּלִים שֶׁבְּעָבְיוֹ טְהוֹרִים. טֻמְאָה בְּעָבְיוֹ כֵּלִים שֶׁבְּתוֹכוֹ טְהוֹרִים:

ז. כָּל שִׁפּוּעֵי אֳהָלִים כְּאֳהָלִים. כֵּיצַד. אֹהֶל שֶׁהוּא שׁוֹפֵעַ וְיוֹרֵד וְכָלֶה עַד כְּאֶצְבַּע וְטֻמְאָה בָּאֹהֶל כֵּלִים שֶׁתַּחַת הַשִּׁפּוּעַ טְמֵאִים. טֻמְאָה תַּחַת הַשִּׁפּוּעַ כֵּלִים שֶׁבָּאֹהֶל טְמֵאִים. הַטֻּמְאָה מִתּוֹךְ הַשִּׁפּוּעַ הַנּוֹגֵעַ בּוֹ מִתּוֹכוֹ טָמֵא טֻמְאַת שִׁבְעָה וְהַנּוֹגֵעַ בַּשִּׁפּוּעַ מֵאַחֲרָיו טָמֵא טֻמְאַת עֶרֶב, נַעֲשָׂה הַשִּׁפּוּעַ מֵאַחֲרָיו כְּאִלּוּ הוּא כְּלִי שֶׁנָּגַע בָּאֹהֶל. הָיְתָה הַטֻּמְאָה עַל אֲחוֹרֵי הַשִּׁפּוּעַ הַנּוֹגֵעַ בּוֹ מֵאֲחוֹרָיו טָמֵא טֻמְאַת שִׁבְעָה וְהַנּוֹגֵעַ בַּשִּׁפּוּעַ בְּתוֹכוֹ טָמֵא טֻמְאַת עֶרֶב. כַּחֲצִי זַיִת מִתּוֹכוֹ וְכַחֲצִי זַיִת מֵאֲחוֹרָיו הַנּוֹגֵעַ בּוֹ בֵּין מִתּוֹכוֹ בֵּין מֵאֲחוֹרָיו טָמֵא טֻמְאַת עֶרֶב. וְהָאֹהֶל עַצְמוֹ טָמֵא טֻמְאַת שִׁבְעָה:

ח. הָיָה כְּנַף הָאֹהֶל מְרֻדָּד עַל הָאָרֶץ וְטֻמְאָה תַּחַת כְּנַף הָאֹהֶל הַפָּרוּשׂ עַל הָאָרֶץ אוֹ עַל גַּבֵּי הַכָּנָף. טֻמְאָה בּוֹקַעַת וְעוֹלָה בּוֹקַעַת וְיוֹרֶדֶת:

Perek 19

Ohel continued.

KAVERET (BEEHIVE).

Their size is greater than **40** ***seah*** and their laws differ slightly from the *migdal* (closet) of **40** ***seah.***

Depending on whether it is hollow or stuffed it could be regarded as a wooden *ohel* (which becomes impure but screens) or as a large vessel (which, as a human body, becomes impure and does not screen).

A CAMEL

A living creature, other than man, conveys impurity and screens.

Therefore, if animal was standing and there was an impurity below it, the *kelim* on top of the animal are pure.

If animal was lying on the impurity, then the impurity pierces through and ascends and descends.

All the impurity resulting from an *ohel* created by man, animal or vessel are either *Derabanan* or *Divrei Kabalah*. Therefore, if a *Nazir* becomes impure from any of these he does not need to shave and one is not liable for *karet* for entering the Temple or partaking of consecrated food.

This impurity does however relate to *trumah* and sacrificial foods.

OHEL EFFECT OF OVEN, *MIGDAL*, *KAVERET*, MAN AND ANIMAL

> **Reminder**
> Pack on Impurity of Vessels

	Oven	*Migdal* – Large wooden – vessels greater than 40 *seah*	Beehive like (*Kaveret*)	Man (or animal)
Lying on ground at entrance of building opening facing outward with impurity under or on top.			Inner space pure. Vessel directly in line with impurity above or below in impure. Building stays pure.	Building becomes impure when man leans out from window over impurity (or if impurity was above him) A person transmits impurity and does not intervene
Impurity in building and vessel opening at doorway facing out		Impure inside closet because in trying to escape house it enters closet	Only building impure. Vessel stays pure – inside, above it and below it	
Impurity in the vessel which is at doorway and opening facing out	Oven is impure but house is pure (because oven is built into ground and therefore considered separate from house)	House is pure because vessel intervenes	Everything is impure i.e. vessel, above and below vessel, and whole house (walls of container do not prevent spread to building)	
Vessel at doorway with opening facing outwards now raised 1 *tefach* with impurity underneath it or above it			Space of vessel stays pure but a vessel directly in line with the impurity. Building becomes impure and everything below or above the vessel	

Vessel lost status of vessel by becoming damaged or filled in and was raised **1 *tefach*** from ground and there was impurity below (considered an *ohel* of wood which does not contract impurity [as opposed to an *ohel* of fabric] and therefore its inner space does not become impure)	Similar	Building and space under vessel are impure, but inner space of vessel and above it outside of building remain pure.	
As above but impurity inside vessel	Similar	Inner space becomes impure. Rest pure	
As above but impurity above vessel	Similar	Only above vessel to Heavens is impure	
Vessel at entrance but opening faces inside and is intact and hollow and impurity is below or above it		Same as above i.e. it is impure directly above or below impurity. Inner space pure unless there is a vessel directly in line with impurity	
Vessel now raised **1 *tefach***		Building and under vessel become 1 *ohel* i.e. whole building becomes impure and everything under the vessel. Inner space and above is impure because a vessel or human over an impurity becomes impure and does not intervene	Human over an impurity, like a vessel becomes impure and does not intervene
Vessel loses its status as vessel and raised **1 *tefach*** and impurity below	Similar	Everything impure except outside building above the vessel. This is because this vessel intervenes (because of entrance rest connected)	
As above and impurity in building	Similar	Same	
As above and impurity in vessel	Similar	Same	

As above and impurity above vessel		Similar	Above to Heavens impure. Space of vessel, under it and building remain pure. Because it is not a vessel and therefore intervenes.	
'Vessel' on ground at entrance and facing inwards, and impurity below		Similar	Impure below to depths	
Impurity above 'vessel'		Similar	Impure above to Heavens	
Impurity within 'vessel' or in building		Similar	Inner space and building impure because connected by opening	
Vessel inside building and opening is **less than 1 tefach** from ceiling and impurity is in vessel		Building impure. Because nature of impurity is to depart	Building impure because impurity will force way to get out	
As above but impurity in building		Closet stays pure	Inside container stays pure. Because nature of impurity is to depart rather than enter. Specially that there is **less than 1 tefach**	
Vessel at entrance with opening **less than 1 tefach** from lintel and impurity within			Building stays pure because now impurity escapes from building	
If impurity was in the building			Vessel remains pure because impurity escapes from building	
Vessel on side in open with impurity below it or above			Everything directly above or below is impure. Inner space pure except a vessel directly in line	
Raised **1 tefach** with impurity below (similarly if impurity above)			Everything below is impure. Cavity is pure except what is directly in line. Similarly above	
Impurity inside			Everything impure i.e. above, below and inside because *kelim* convey and do not intervene	

If vessel loses its status and impurity below		Same	Below to depths impure	
Impurity above it		Same	Above to Heavens impure	
Impurity inside		Same	Only inside impure	
This 'vessel' raised **1** ***tefach*** with impurity below		Considered as *ohel* and not as *keli* and therefore intervenes	Only space below impure	
Vessel in open and resting on its base with impurity below, above or inside			Pierces to Heavens and below to depths (*retzutzah*)	
Vessel now raised **1** ***tefach***			Everything becomes impure above, below and inside because a *kli* contracts and does not intervene	
Vessel now loses status			It becomes an *ohel* and will now intervene	

פרק י״ט

א. כַּוֶּרֶת שֶׁהִיא מֻטֶּלֶת בָּאָרֶץ וְהִיא בְּתוֹךְ פֶּתַח הַבַּיִת וּפִיהָ לַחוּץ וּכְזַיִת מִן הַמֵּת נָתוּן תַּחְתֶּיהָ אוֹ עַל גַּבָּהּ מִבַּחוּץ. כָּל שֶׁהוּא כְּנֶגֶד הַזַּיִת בְּתַחְתֶּיהָ אוֹ בְּגַבָּהּ טָמֵא וְכָל מַה שֶּׁבַּאֲוִיר תּוֹכָהּ טָהוֹר חוּץ מִכְּלִי שֶׁהוּא כְּנֶגֶד הַטֻּמְאָה וְהַבַּיִת טָהוֹר. הָיְתָה הַטֻּמְאָה בַּבַּיִת אֵין טָמֵא אֶלָּא הַבַּיִת אֲבָל כֵּלִים שֶׁבְּתוֹכָהּ תַּחְתֶּיהָ אוֹ עַל גַּבָּהּ טְהוֹרִים. הָיְתָה הַטֻּמְאָה בְּתוֹכָהּ הַכֹּל טָמֵא כָּל שֶׁבַּבַּיִת וְכָל שֶׁבְּתוֹכָהּ וְכָל שֶׁעַל גַּבָּהּ וְכָל שֶׁתַּחְתֶּיהָ כְּנֶגֶד הַטֻּמְאָה כְּמוֹ שֶׁבֵּאַרְנוּ. הָיְתָה גְּבוֹהָה מִן הָאָרֶץ טֶפַח וְטֻמְאָה תַּחְתֶּיהָ אוֹ בַּבַּיִת אוֹ עַל גַּבָּהּ הַכֹּל טָמֵא כָּל שֶׁבַּבַּיִת וְכָל שֶׁתַּחְתֶּיהָ וְכָל שֶׁעַל גַּבָּהּ אֲבָל כָּל שֶׁבַּאֲוִיר תּוֹכָהּ טָהוֹר חוּץ מִכְּלִי שֶׁהוּא כְּנֶגֶד הַטֻּמְאָה. הָיְתָה הַטֻּמְאָה בְּתוֹכָהּ הַכֹּל טָמֵא כָּל שֶׁבְּתוֹכָהּ וְכָל שֶׁבַּבַּיִת וְכָל שֶׁתַּחְתֶּיהָ וְכָל שֶׁעַל גַּבָּהּ. שֶׁהַכֵּלִים אוֹ הָאָדָם שֶׁנַּעֲשׂוּ אֹהֶל עַל הַטֻּמְאָה אוֹ שֶׁהָיְתָה הַטֻּמְאָה עַל גַּבֵּיהֶן מְבִיאִין וְלֹא חוֹצְצִין כְּמוֹ שֶׁבֵּאַרְנוּ. בַּמֶּה דְּבָרִים אֲמוּרִים בִּזְמַן שֶׁהִיא כְּלִי וּמְחֻלְחֶלֶת. אֲבָל אִם הָיְתָה פְּחוּתָה וְסָתַם הַמָּקוֹם הַנִּפְחָת בְּקַשׁ שֶׁהֲרֵי אֵינָהּ כְּלִי. אוֹ שֶׁהָיְתָה אֲפוּצָה עַד שֶׁלֹּא יִהְיֶה בָּהּ חֲלַל טֶפַח אֶלָּא אֲטוּמָה כְּדֵי שֶׁלֹּא יִמָּצֵא בָּהּ חֲלַל טֶפַח בְּמָקוֹם אֶחָד. הָיְתָה גְּבוֹהָה מִן הָאָרֶץ טֶפַח וְטֻמְאָה תַּחְתֶּיהָ אוֹ בַּבַּיִת. הֲרֵי הַבַּיִת וְכָל שֶׁתַּחְתֶּיהָ טְמֵאִין מִפְּנֵי שֶׁהוּא אֹהֶל אֶחָד וְתוֹכָהּ וְגַבָּהּ טָהוֹר מִפְּנֵי שֶׁהוּא אֹהֶל שֶׁל עֵץ וְאֵינוֹ כְּלִי. הָיְתָה טֻמְאָה בְּתוֹכָהּ אֵין טָמֵא אֶלָּא תּוֹכָהּ. הָיְתָה עַל גַּבָּהּ כְּנֶגְדּוֹ עַד לָרָקִיעַ טָמֵא. הָיְתָה מֻנַּחַת עַל הָאָרֶץ וּפִיהָ לַחוּץ וּכְזַיִת מִן הַמֵּת נָתוּן תַּחְתֶּיהָ כְּנֶגְדּוֹ עַד הַתְּהוֹם טָמֵא. הָיְתָה עַל גַּבָּיו כְּנֶגְדּוֹ עַד הָרָקִיעַ טָמֵא. הָיְתָה טֻמְאָה בַּבַּיִת אֵין טָמֵא אֶלָּא הַבַּיִת בִּלְבַד. הָיְתָה טֻמְאָה בְּתוֹכָהּ אֵין טָמֵא אֶלָּא תּוֹכָהּ:

ב. כַּוֶּרֶת הַמֻּטֶּלֶת בָּאָרֶץ בְּתוֹךְ הַפֶּתַח וּפִיהָ לְפָנִים וְהִיא כְּלִי שָׁלֵם וַחֲלוּלָה וּכְזַיִת מִן הַמֵּת נָתוּן תַּחְתֶּיהָ אוֹ עַל גַּבָּהּ מִבַּחוּץ כָּל שֶׁהוּא כְּנֶגֶד הַזַּיִת בְּתַחְתֶּיהָ אוֹ עַל גַּבָּהּ טָמֵא. וְכָל מַה שֶּׁבַּאֲוִיר תּוֹכָהּ טָהוֹר חוּץ מִכְּנֶגֶד הַטֻּמְאָה. וְהַבַּיִת טָהוֹר. הָיְתָה טֻמְאָה בְּתוֹכָהּ אוֹ בַּבַּיִת הַכֹּל טָמֵא. הָיְתָה גְּבוֹהָה מִן הָאָרֶץ טֶפַח וְטֻמְאָה תַּחְתֶּיהָ אוֹ בְּתוֹכָהּ אוֹ עַל גַּבָּהּ אוֹ בַּבַּיִת הַכֹּל טָמֵא כָּל שֶׁבַּבַּיִת וְכָל שֶׁתַּחְתֶּיהָ מִפְּנֵי שֶׁהִיא וְהַבַּיִת כְּאֹהֶל אֶחָד. וְכָל שֶׁעַל גַּבָּהּ וְכָל שֶׁבְּתוֹכָהּ טָמֵא שֶׁהַכְּלִי מֵבִיא אֶת הַטֻּמְאָה וְאֵינוֹ חוֹצֵץ כְּמוֹ שֶׁנִּתְבָּאֵר.

הָיְתָה פְּחוּתָה וּפְקוּקָה בְּקַשׁ אוֹ אֲפוּצָה וּגְבוֹהָה מִן הָאָרֶץ טֶפַח וְטֻמְאָה תַּחְתֶּיהָ אוֹ בַּבַּיִת אוֹ בְּתוֹכָהּ הַכֹּל טָמֵא חוּץ מֵעַל גַּבָּהּ. הָיְתָה טֻמְאָה עַל גַּבָּהּ כְּנֶגְדּוֹ בִּלְבַד עַד לָרָקִיעַ טָמֵא אֲבָל תּוֹכָהּ טָהוֹר וְתַחְתֶּיהָ וְהַבַּיִת כָּל מַה שֶּׁבָּהֶן טָהוֹר מִפְּנֵי שֶׁאֵינָהּ כְּלִי חוֹצֶצֶת. הָיְתָה מֻנַּחַת עַל הָאָרֶץ וּפִיהָ לְפָנִים וּכְזַיִת מִן הַמֵּת נָתוּן תַּחְתֶּיהָ כְּנֶגְדּוֹ עַד הַתְּהוֹם טָמֵא. הָיְתָה עַל גַּבָּהּ כְּנֶגְדּוֹ עַד לָרָקִיעַ טָמֵא. הָיְתָה הַטֻּמְאָה בְּתוֹכָהּ אוֹ בַּבַּיִת תּוֹכָהּ וְהַבַּיִת טָמֵא:

ג. כַּוֶּרֶת שֶׁהִיא בְּתוֹךְ הַבַּיִת וְהִיא מְמַלְּאָה אֶת כָּל גֹּבַהּ הַבַּיִת וּפִיהָ לְמַעְלָה לְקוֹרוֹת הַבַּיִת וְאֵין בֵּינָהּ לְבֵין הַקּוֹרוֹת פּוֹתֵחַ טֶפַח וְטֻמְאָה בְּתוֹכָהּ הַבַּיִת טָמֵא. טֻמְאָה בַּבַּיִת מַה שֶּׁבְּתוֹכָהּ טָהוֹר. שֶׁדֶּרֶךְ הַטֻּמְאָה לָצֵאת לְתוֹךְ הַבַּיִת בִּפְחוֹת מִטֶּפַח וְאֵין דַּרְכָּהּ לְהִכָּנֵס. בֵּין שֶׁהָיְתָה מֻטָּה עַל צִדָּהּ וּפִיהָ לַכֹּתֶל וּבֵינוֹ וּבֵין הַכֹּתֶל פָּחוֹת מִטֶּפַח בֵּין שֶׁהָיְתָה כַּוֶּרֶת אַחַת בֵּין שֶׁהָיוּ שְׁתַּיִם זוֹ עַל גַּבֵּי זוֹ וְאֵין בֵּין הָעֶלְיוֹנָה לַקּוֹרוֹת אוֹ לַכֹּתֶל פּוֹתֵחַ טֶפַח. הָיְתָה עוֹמֶדֶת בְּתוֹךְ הַפֶּתַח וּפִיהָ לְמַעְלָה וְאֵין בֵּינוֹ לְבֵין הַמַּשְׁקוֹף פּוֹתֵחַ טֶפַח וְטֻמְאָה בְּתוֹכָהּ הַבַּיִת טָהוֹר. טֻמְאָה בַּבַּיִת מַה שֶּׁבְּתוֹכָהּ טָמֵא שֶׁדֶּרֶךְ טֻמְאָה לָצֵאת וְאֵין דַּרְכָּהּ לְהִכָּנֵס:

ד. כַּוֶּרֶת חֲלוּלָה שֶׁהִיא כְּלִי שָׁלֵם וְהָיְתָה מֻנַּחַת עַל צִדֶּיהָ בָּאֲוִיר וּכְזַיִת מִן הַמֵּת נָתוּן תַּחְתֶּיהָ אוֹ עַל גַּבָּהּ כָּל שֶׁהוּא כְּנֶגֶד הַזַּיִת בְּתַחְתֶּיהָ וּבְגַבָּהּ טָמֵא. וְכָל מַה שֶּׁבַּאֲוִיר תּוֹכָהּ טָהוֹר אֶלָּא כְּנֶגֶד הַטֻּמְאָה. וְכָל שֶׁאֵינוֹ כְּנֶגֶד הַטֻּמְאָה בְּתוֹכָהּ טָהוֹר. הָיְתָה טֻמְאָה בְּתוֹכָהּ הַכֹּל טָמֵא כָּל מַה שֶּׁבְּתוֹכָהּ וְכָל שֶׁכְּנֶגֶד הַטֻּמְאָה לְמַעְלָה עַל גַּבָּהּ אוֹ לְמַטָּה תַּחְתֶּיהָ. הָיְתָה גְּבוֹהָה מִן הָאָרֶץ טֶפַח וְטֻמְאָה תַּחְתֶּיהָ אוֹ עַל גַּבָּהּ כָּל שֶׁתַּחְתֶּיהָ טָמֵא וְכָל שֶׁעַל גַּבָּהּ טָמֵא. אֲבָל כָּל שֶׁבְּתוֹכָהּ טָהוֹר חוּץ מִכְּלִי שֶׁהוּא כְּנֶגֶד הַטֻּמְאָה. הָיְתָה טֻמְאָה בְּתוֹכָהּ הַכֹּל טָמֵא כָּל מַה שֶּׁבְּתוֹכָהּ וְכָל שֶׁתַּחְתֶּיהָ וְכָל שֶׁלְּמַעְלָה עַל גַּבָּהּ שֶׁהַכֵּלִים מְבִיאִין וְאֵינָן חוֹצְצִין כְּמוֹ שֶׁבֵּאַרְנוּ. לְפִיכָךְ אִם הָיְתָה כַּוֶּרֶת זוֹ הַמֻּטֶּלֶת עַל הָאָרֶץ פְּחוּתָה וּפְקוּקָה בְּקַשׁ אוֹ שֶׁהָיְתָה בָּאָה בְּמִדָּה וּכְזַיִת מִן הַמֵּת נָתוּן תַּחְתֶּיהָ כְּנֶגְדּוֹ עַד הַתְּהוֹם טָמֵא. עַל גַּבָּהּ כְּנֶגְדּוֹ עַד לָרָקִיעַ טָמֵא. בְּתוֹכָהּ אֵינוֹ טָמֵא אֶלָּא תּוֹכָהּ. הָיְתָה גְּבוֹהָה טֶפַח מֵעַל הָאָרֶץ וְטֻמְאָה תַּחְתֶּיהָ תַּחְתֶּיהָ בִּלְבַד טָמֵא. בְּתוֹכָהּ תּוֹכָהּ בִּלְבַד טָמֵא. עַל גַּבָּהּ כְּנֶגְדּוֹ עַד לָרָקִיעַ טָמֵא. שֶׁכְּבָר בֵּאַרְנוּ שֶׁכְּלֵי עֵץ הַבָּא בְּמִדָּה כְּאֹהֶל הוּא חָשׁוּב לֹא כְּכֵלִים וּלְפִיכָךְ חוֹצֵץ:

ה. כַּוֶּרֶת שֶׁהִיא כְּלִי שָׁלֵם וְהִיא יוֹשֶׁבֶת עַל שׁוּלֶיהָ לָאֲוִיר וְטֻמְאָה תַּחְתֶּיהָ אוֹ בְּתוֹכָהּ אוֹ עַל גַּבָּהּ. טֻמְאָה בּוֹקַעַת וְעוֹלָה בּוֹקַעַת וְיוֹרֶדֶת. אֲבָל אִם הָיְתָה גְּבוֹהָה מִן הָאָרֶץ טֶפַח אוֹ מְכֻסָּה אוֹ כְּפוּיָה עַל פִּיהָ וְטֻמְאָה תַּחְתֶּיהָ אוֹ בְּתוֹכָהּ אוֹ עַל גַּבָּהּ הַכֹּל טָמֵא כָּל שֶׁבְּתוֹכָהּ וְכָל שֶׁתַּחְתֶּיהָ וְכָל שֶׁעַל גַּבָּהּ אִם הָיְתָה הַטֻּמְאָה לְמַטָּה. שֶׁהַכְּלִי הַמַּאֲהִיל מֵבִיא אֶת הַטֻּמְאָה וְאֵינוֹ חוֹצֵץ כְּמוֹ שֶׁבֵּאַרְנוּ. לְפִיכָךְ אִם הָיְתָה פְּחוּתָה וּפְקוּקָה בְּקַשׁ אוֹ בָּאָה בְּמִדָּה טֻמְאָה תַּחְתֶּיהָ אוֹ בְּתוֹכָהּ אוֹ עַל גַּבָּהּ טֻמְאָה בּוֹקַעַת וְעוֹלָה בּוֹקַעַת וְיוֹרֶדֶת. וְאִם הָיְתָה גְּבוֹהָה טֶפַח וְטֻמְאָה תַּחְתֶּיהָ תַּחְתֶּיהָ בִּלְבַד טָמֵא. הָיְתָה טֻמְאָה בְּתוֹכָהּ אוֹ עַל גַּבָּהּ כְּנֶגְדּוֹ עַד לָרָקִיעַ טָמֵא וְכֵלִים שֶׁתַּחְתֶּיהָ טְהוֹרִין מִפְּנֵי שֶׁהִיא אֹהֶל וְחוֹצֶצֶת:

ו. גָּמָל שֶׁהוּא עוֹמֵד בַּאֲוִיר טֻמְאָה תַּחְתָּיו כֵּלִים שֶׁעַל גַּבָּיו טְהוֹרִים. טֻמְאָה עַל גַּבָּיו כֵּלִים שֶׁתַּחְתָּיו טְהוֹרִין. הָיָה רוֹבֵץ וְטֻמְאָה תַּחְתָּיו הֲרֵי זוֹ בּוֹקַעַת וְעוֹלָה בּוֹקַעַת וְיוֹרֶדֶת. וְכֵן אִם הָיְתָה טֻמְאָה רְצוּצָה תַּחַת רַגְלוֹ אוֹ עַל גַּבֵּי רַגְלוֹ הֲרֵי זוֹ בּוֹקַעַת וְעוֹלָה וּבוֹקַעַת וְיוֹרֶדֶת. כְּבָר בֵּאַרְנוּ בִּנְזִירוּת שֶׁאִם הָיָה הַנָּזִיר וּכְזַיִת מִן הַמֵּת תַּחַת הַגָּמָל אוֹ תַּחַת הַמִּטָּה וְכַיּוֹצֵא בָּהּ מִשְּׁאָר הַכֵּלִים אַף עַל פִּי שֶׁנִּטְמָא טֻמְאַת שִׁבְעָה אֵינוֹ מְגַלֵּחַ. וּמִשָּׁם אַתָּה לָמֵד שֶׁכָּל אֵלּוּ הַהֲלָכוֹת הָאֲמוּרוֹת בְּטֻמְאַת אֹהָלִים הַנַּעֲשִׂים מִן הָאָדָם אוֹ מִן הַבְּהֵמָה אוֹ מִן הַכֵּלִים הַכֹּל מִדִּבְרֵי סוֹפְרִים. מֵהֶן דִּבְרֵי קַבָּלָה. וּמֵהֶן גְּזֵרוֹת וְהַרְחָקוֹת. וּלְפִיכָךְ אֵין הַנָּזִיר מְגַלֵּחַ עֲלֵיהֶן וְאֵין חַיָּבִין עֲלֵיהֶן כָּרֵת עַל בִּיאַת מִקְדָּשׁ אוֹ אֲכִילַת קֳדָשָׁיו. וְאֵין הַדְּבָרִים כֻּלָּן אֲמוּרִין אֶלָּא לְעִנְיַן טֻמְאַת תְּרוּמָה וְקָדָשִׁים בִּלְבַד כְּמוֹ שֶׁבֵּאַרְנוּ:

Perek 20

Ohel continued

Protection from impurity in a tent.

Three conditions afford protection in a tent containing a corpse:

- Vessel with tightly fitting cover. – protects what is pure, but an impurity would escape.
- Other tents – protects what is pure, but an impurity would escape
- Swallowing (e.g. if an animal eats uncleanness it gets absorbed)
  – protects what is pure and does not allow impurity to escape. This applies only while the animal is alive

The earth of a house (*ohel*) are considered part of the *ohel* to any depth. Therefore, vessels in earth under a house become impure when house is impure. However, if there is a space **(1 × 1 × 1 *tefach* or more)** above the vessels (which are under the earth), the vessels will remain pure because it is as if they are in an *ohel* within a *ohel*.

It is the nature of impurity to go out and not to enter. Therefore:

- It will move out the front door of a house.
- It will not move in to a sealed vessel or a tent within a tent.
- It will move out of a sealed vessel or tent.
- It is not the nature of impurity to exit the house through secondary exit like a drain.

פרק כ׳

א. שְׁלֹשָׁה דְּבָרִים מַצִּילִין בְּאֹהֶל הַמֵּת. צָמִיד פָּתִיל. וְאֹהָלִין. וּבְלוּעִין. הַבְּלוּעִין מַצִּילִין עַל הַטְּהוֹרִים שֶׁלֹּא יִתְטַמְּאוּ וּמוֹנְעִין הַטֻּמְאָה שֶׁלֹּא תֵּצֵא וּתְטַמֵּא. אֲבָל צָמִיד פָּתִיל וְאֹהָלִין מַצִּילִין עַל הַטְּהוֹרִים שֶׁלֹּא יִתְטַמְּאוּ וְאֵינָן מוֹנְעִין אֶת הַטֻּמְאָה שֶׁלֹּא תֵּצֵא וּתְטַמֵּא אֶת אֲחֵרִים. כֵּיצַד. בַּיִת טָמֵא שֶׁיֵּשׁ בּוֹ כְּלִי מֻקָּף צָמִיד פָּתִיל. כָּל שֶׁבְּתוֹךְ הַכְּלִי טְהוֹרִים. וְכֵן אִם הָיָה שָׁם אֹהֶל בְּתוֹךְ הַבַּיִת כָּל הַכֵּלִים שֶׁבְּתוֹךְ הָאֹהֶל טְהוֹרִין. אֲבָל אִם הָיָה כְּזַיִת מִן הַמֵּת נָתוּן בְּכֵלִים וּמֻקָּף עָלָיו בְּצָמִיד פָּתִיל וְהִכְנִיסוֹ לַבַּיִת הַבַּיִת טָמֵא. וְכֵן אֹהֶל בְּתוֹךְ אֹהֶל וּכְזַיִת מִן הַמֵּת בָּאֹהֶל הַפְּנִימִי כָּל הַכֵּלִים שֶׁבָּאֹהֶל הַחִיצוֹן טְמֵאִים:

ב. אֲבָל הַבְּלוּעִין מַצִּילִין עַל הַטְּהוֹרִים וּמוֹנְעִין אֶת הַטֻּמְאָה. כֵּיצַד. כֶּלֶב שֶׁאָכַל בְּשַׂר הַמֵּת וְנִכְנַס לַבַּיִת הַבַּיִת טָהוֹר. בָּלַע טַבַּעַת אֲפִלּוּ אָדָם שֶׁבָּלַע טַבַּעַת וְנִכְנַס לְאֹהֶל הַמֵּת אַף עַל פִּי שֶׁנִּטְמָא טֻמְאַת שִׁבְעָה הַטַּבַּעַת טְהוֹרָה. וְכֵן כָּל הַבְּלוּעִין בְּחַיָּה וּבְהֵמָה וּבְעוֹפוֹת וּבְדָגִים מַצִּילִין כָּל זְמַן שֶׁהֵן חַיִּין. וְאִם מֵתוּ וּבְשַׂר הַמֵּת בְּתוֹךְ מֵעֵיהֶן אוֹ הַכֵּלִים. הֲרֵי הֵן כְּמוֹ שֶׁאֵינוֹ בָּלוּעַ:

ג. נִשְׁחַט רֹב אֶחָד בָּעוֹף וְרֹב שְׁנַיִם בִּבְהֵמָה אַף עַל פִּי שֶׁעֲדַיִן הֵן מְפַרְכְּסִין הֲרֵי הֵן כְּמֵתִים וְאֵינָן מַצִּילִין עַל הַכֵּלִים הַבְּלוּעִים וְלֹא מוֹנְעִין אֶת הַטֻּמְאָה שֶׁבְּתוֹךְ מֵעֵיהֶן שֶׁלֹּא תְּטַמֵּא:

ד. וְכַמָּה תִּשְׁהֶא הַטֻּמְאָה בְּמֵעֵיהֶן וְתִהְיֶה מְטַמְּאָה כְּשֶׁיָּמוּתוּ. בְּכֶלֶב שְׁלֹשָׁה יָמִים מֵעֵת לְעֵת. וּבִשְׁאָר חַיָּה וּבְהֵמָה וְעוֹפוֹת וְדָגִים יוֹם אֶחָד מֵעֵת לְעֵת. בַּמֶּה דְּבָרִים אֲמוּרִים כְּשֶׁנִּשְׁאַר בְּשַׂר הַמֵּת בְּתוֹךְ מֵעֵיהֶן. אֲבָל זְאֵב שֶׁבָּלַע תִּינוֹק וֶהֱקִיאוֹ דֶּרֶךְ בֵּית הָרְעִי. הַבָּשָׂר טָהוֹר וְהָעֲצָמוֹת בְּטֻמְאָתָן:

ה. אֵין הַבְּלוּעִין נִצָּלִין אֶלָּא בְּבֶטֶן נֶפֶשׁ הַחַיָּה כְּמוֹ שֶׁבֵּאַרְנוּ. אֲבָל הַבְּלוּעִין בְּגוּף הַכֵּלִים וְהָאֲבָנִים אֵינָן נִצָּלִין. כֵּיצַד. כּוּשׁ שֶׁנִּבְלְעָה בּוֹ הַצִּנּוֹר שֶׁל מַתֶּכֶת. וּמַלְמָד שֶׁנִּבְלַע בּוֹ הַדָּרְבָן. וּלְבֵנָה שֶׁהָיְתָה טַבַּעַת מֻבְלַעַת בְּתוֹכָהּ. וְנִכְנְסוּ לְאֹהֶל הַמֵּת. נִטְמְאוּ אַף עַל פִּי שֶׁאֵין נִרְאִין וַהֲרֵי הֵן מְחֻפִּין שֶׁאֵין הַבְּלוּעִין בַּכֵּלִים מַצִּילִין אֶלָּא בְּצָמִיד פָּתִיל. וְכֵן מַחַט אוֹ טַבַּעַת שֶׁהָיוּ מֻבְלָעִין בִּטְפֵלַת הַתַּנּוּר וְנִטְמָא הַתַּנּוּר בְּאֹהֶל הַמֵּת אוֹ שֶׁנָּפַל שֶׁרֶץ לַאֲוִירוֹ נִטְמְאוּ הַכֵּלִים שֶׁבְּתוֹךְ הַטְּפֵלָה. וְאִם הָיָה הַתַּנּוּר מֻקָּף צָמִיד פָּתִיל הוֹאִיל וְהַתַּנּוּר טָהוֹר אַף הַכֵּלִים הַמֻּבְלָעִין בַּטִּיט שֶׁעַל גַּבָּיו טְהוֹרִים. וְכֵן

חָבִית הַמֻּקֶּפֶת צָמִיד פָּתִיל וְהָיְתָה מַחַט אוֹ טַבַּעַת בִּמְגוּפַת הֶחָבִית מִצִּדָּהּ. הֲרֵי אֵלּוּ טְמֵאִין וְאֵין מַצִּילִין בְּאֹהֶל הַמֵּת. הָיוּ בִּמְגוּפַת הֶחָבִית כְּנֶגֶד פִּיהָ אִם הָיוּ נִרְאִין לְתוֹךְ הֶחָבִית וְאֵינָן יוֹצְאִין לַאֲוִירָהּ טְהוֹרִין. וְאִם יָצְאוּ לַאֲוִירָהּ טְמֵאִין. שֶׁאֵין כְּלִי חֶרֶשׂ הַמֻּקָּף צָמִיד פָּתִיל מַצִּיל עַל הַכֵּלִים שֶׁבְּתוֹכוֹ כְּמוֹ שֶׁיִּתְבָּאֵר. וְאִם יֵשׁ תַּחְתֵּיהֶן כִּקְלִפַּת הַשּׁוּם אַף עַל פִּי שֶׁהֵן שׁוֹקְעִין לְתוֹךְ אֲוִירָהּ הֲרֵי אֵלּוּ טְהוֹרִין:

ו. כָּל הַבְּלוּעִין בְּקַרְקָעִיתוֹ שֶׁל בַּיִת הֲרֵי הֵן טְמֵאִין וְאֵין נִצָּלִין. שֶׁקַּרְקַע הָאֹהֶל כָּמוֹהוּ עַד הַתְּהוֹם מַה שֶּׁאֵין כֵּן בִּכְתָלָיו כְּמוֹ שֶׁיִּתְבָּאֵר. כֵּיצַד. הַטֻּמְאָה בַּבַּיִת וְכֵלִים הַטְּמוּנִים בְּקַרְקָעִיתוֹ אֲפִלּוּ תַּחַת מֵאָה אַמָּה טְמֵאִים. אִם יֵשׁ בִּמְקוֹמָן טֶפַח עַל טֶפַח טְהוֹרִין שֶׁהֲרֵי הֵן תַּחַת אֹהֶל אֶחָד. לְמַה זֶּה דּוֹמֶה לַעֲלִיָּה שֶׁעַל גַּבֵּי הַבַּיִת וְטֻמְאָה בַּעֲלִיָּה שֶׁהַבַּיִת טָהוֹר. וְכֵן אִם חָלַק הַבַּיִת בִּמְחִצָּה מִכַּלְפֵּי אַרְצוֹ וְהָיְתָה הַטֻּמְאָה בֵּין הַמְּחִצָּה וְהָאָרֶץ כֵּלִים שֶׁבַּבַּיִת לְמַעְלָה מִן הַמְּחִצָּה טְמֵאִין שֶׁאֵין הָאֳהָלִים מוֹנְעִין הַטֻּמְאָה כְּמוֹ שֶׁבֵּאַרְנוּ. הָיְתָה הַטֻּמְאָה לְמַעְלָה מִן הַמְּחִצָּה כֵּלִים שֶׁבֵּין הַמְּחִצָּה וְהָאָרֶץ טְהוֹרִין שֶׁהָאֹהֶל מַצִּיל. וְאִם אֵין בֵּין הַמְּחִצָּה וְהָאָרֶץ גֹּבַהּ טֶפַח הֲרֵי הֵן כִּטְמוּנִים בְּקַרְקַע הַבַּיִת וּטְמֵאִים:

ז. בִּיב שֶׁהוּא קָמוּר תַּחַת הַבַּיִת וְיֵשׁ בּוֹ פּוֹתֵחַ טֶפַח וְיֵשׁ בְּפִתְחוֹ שֶׁהוּא חוּץ לַבַּיִת פּוֹתֵחַ טֶפַח וְהָיְתָה טֻמְאָה בְּתוֹכוֹ הַבַּיִת טָהוֹר. הָיְתָה טֻמְאָה בַּבַּיִת מַה שֶּׁבְּתוֹכוֹ טָהוֹר. הָיָה בּוֹ פּוֹתֵחַ טֶפַח וְאֵין בִּיצִיאָתוֹ פּוֹתֵחַ טֶפַח וְהָיְתָה טֻמְאָה בְּתוֹכוֹ הַבַּיִת טָמֵא. טֻמְאָה בַּבַּיִת מַה שֶּׁבְּתוֹכוֹ טָהוֹר שֶׁאֵין דַּרְכָּהּ שֶׁל טֻמְאָה לְהִכָּנֵס. אֵין בּוֹ פּוֹתֵחַ טֶפַח וְאֵין בִּיצִיאָתוֹ פּוֹתֵחַ טֶפַח טֻמְאָה בְּתוֹכוֹ הַבַּיִת טָמֵא כְּאִלּוּ הִיא בְּתוֹךְ הַבַּיִת. טֻמְאָה בַּבַּיִת מַה שֶּׁבְּתוֹכוֹ טָמֵא מִפְּנֵי שֶׁהֵן כְּכֵלִים הַטְּמוּנִים בַּקַּרְקַע וְקַרְקַע הַבַּיִת כָּמוֹהוּ עַד הַתְּהוֹם:

ח. שְׁתֵּי חָבִיּוֹת וְכַחֲצִי זַיִת בְּכָל אֶחָד וּמֻקָּפוֹת צָמִיד פָּתִיל וּמֻנָּחוֹת בְּתוֹךְ הַבַּיִת הֵן טְהוֹרוֹת שֶׁאֵין חֲצִי שִׁעוּר מְטַמֵּא. וְהַבַּיִת טָמֵא שֶׁהֲרֵי יֵשׁ בַּבַּיִת כְּזַיִת וְאֵין צָמִיד פָּתִיל לַטֻּמְאָה. וְאֵינָן מִטַּמְּאוֹת מֵחֲמַת הַבַּיִת שֶׁהֲרֵי הֵן מֻקָּפוֹת צָמִיד פָּתִיל. נִפְתְּחָה אַחַת מֵהֶן הִיא וְהַבַּיִת טְמֵאִין וַחֲבֶרְתָּהּ טְהוֹרָה. וְכֵן שְׁנֵי חֲדָרִים שֶׁהֵן פְּתוּחִים זֶה לָזֶה וְלַבַּיִת וְכַחֲצִי זַיִת בַּפְּנִימִי אוֹ בָּאֶמְצָעִי וְכַחֲצִי זַיִת בַּחִיצוֹן הַחִיצוֹן טָמֵא וְהַפְּנִימִי וְהָאֶמְצָעִי טְהוֹרִין. כַּחֲצִי זַיִת בַּפְּנִימִי וְכַחֲצִי זַיִת בָּאֶמְצָעִי הַפְּנִימִי טָהוֹר וְהָאֶמְצָעִי וְהַחִיצוֹן טְמֵאִים שֶׁדֶּרֶךְ הַטֻּמְאָה לָצֵאת וְאֵין דַּרְכָּהּ לְהִכָּנֵס:

Perek 21

Ohel continued

Sealed vessels

Vessel covering.

Reminder

Pack on Impurity of Vessels

A sealed container is only referring to an earthenware vessel – *Mipi Hashmuah*. Because earthenware vessels only become impure through their opening and therefore if this is sealed, its contents will be protected.

It is inferred that other vessels, if they are made of material which is unsusceptible to impurity, are also protected by a sealed covering.

The difference between the covering of a vessel and a 'tent' within a tent, is that the vessel covering must be sealed, and a 'tent' covering does not have to be sealed.

The following vessels protect their contents if they have a sealed cover:

- Earthenware

- Dung
- Stone
- Earth
- Fish skin or bones
- Bird bones
- Large wooden containers (greater than **40** ***seah***)
- Flat piece of wood
- Metal vessels which are not fully fashioned

If one of the above vessels was not sealed, and it was turned upside down, and they had the dimension of a tent (**1 × 1 × 1** ***tefach***), then their contents are protected from impurity, including the depths of the earth below them. An exception is an earthenware vessel, which does not protect from impurity in this way.

A flat piece of wood is not regarded as a vessel, and is therefore insusceptible to impurity, and can therefore be used as a cover over a vessel making it into a 'tent'.

An "old" oven is regarded as a *keli* and conveys impurity and cannot become a 'tent', whereas a "new" oven can be a 'tent'.

Therefore, a new oven will protect its contents as a tent even if cover is not sealed, whereas an old oven can only protect its contents if it has a proper seal.

פרק כ"א

א. מִנַּיִן לְצָמִיד פָּתִיל שֶׁמַּצִּיל בְּאֹהֶל הַמֵּת שֶׁנֶּאֱמַר (במדבר יט טו) "וְכֹל כְּלִי פָתוּחַ אֲשֶׁר אֵין צָמִיד פָּתִיל עָלָיו טָמֵא" הוּא הָא יֵשׁ צָמִיד פָּתִיל עָלָיו טָהוֹר. וּמִפִּי הַשְּׁמוּעָה לָמְדוּ שֶׁאֵין הַכָּתוּב מְדַבֵּר אֶלָּא בִּכְלִי חֶרֶשׂ בִּלְבַד כְּלִי שֶׁאֵינוֹ מְטַמֵּא אֶלָּא דֶּרֶךְ פִּתְחוֹ. לְפִיכָךְ אִם הָיָה פִּתְחוֹ סָתוּם וּמֻקָּף צָמִיד פָּתִיל הִצִּיל עַל כָּל שֶׁבְּתוֹכוֹ. קַל וָחֹמֶר לְכָל הַכֵּלִים שֶׁאֵין מְקַבְּלִין טֻמְאָה שֶׁיַּצִּילוּ בְּצָמִיד פָּתִיל וְהֵם כְּלֵי גְּלָלִים כְּלֵי אֲבָנִים כְּלֵי אֲדָמָה וּכְלֵי עַצְמוֹת הַדָּג וְעוֹרוֹ וְעַצְמוֹת הָעוֹף וּכְלֵי עֵץ הַבָּא בְּמִדָּה וּנְסָרִים שֶׁל עֵץ שֶׁהֵן פְּשׁוּטִין וְאֵינָן כֵּלִים וְגָלְמֵי כְּלֵי מַתֶּכֶת. כָּל אֵלּוּ מַצִּילִין בְּצָמִיד פָּתִיל. אִם הַדְּבָרִים שֶׁבְּתוֹךְ הַכְּלִי הַמֻּקָּף נִצְּלוּ קַל וָחֹמֶר לַבְּלוּעִין וְלַכֵּלִים שֶׁתַּחַת הָאֹהָלִים. מַה בֵּין אֹהָלִים לַכֵּלִים שֶׁמַּצִּילִין בְּצָמִיד פָּתִיל. שֶׁהַכֵּלִים אֵינָן מַצִּילִין אֶלָּא בְּצָמִיד פָּתִיל וְהָאֹהָלִים מַצִּילִין בְּכִסּוּי בִּלְבַד:

ב. מַשְׁפֵּךְ שֶׁכְּפָהוּ מַצִּיל בְּכִסּוּי אַף עַל פִּי שֶׁקְּצָתוֹ נָקוּב נֶקֶב קָטָן הֲרֵי הוּא כְּסָתוּם:

ג. כָּל הַכֵּלִים הַמַּצִּילִין בְּצָמִיד פָּתִיל אִם הָיוּ בָּהֶן טֶפַח עַל טֶפַח עַל רוּם טֶפַח וּכְפָאָן עַל פִּיהֶם עַל הָאָרֶץ אַף עַל פִּי שֶׁלֹּא מֵרֵחַ בְּצָמִיד פָּתִיל מִן הַצְּדָדִין הֲרֵי אֵלּוּ מַצִּילִין כָּל מַה שֶּׁתַּחְתֵּיהֶן עַד הַתְּהוֹם מִפְּנֵי שֶׁהֵן כְּאֹהֶל וְהָאֹהֶל מַצִּיל. אֶלָּא אִם כֵּן הָיָה הַכְּלִי כְּלִי חֶרֶשׂ שֶׁאֵין אָהֳלֵי כְּלִי חֶרֶשׂ מַצִּילִין. כֵּיצַד. חָבִית שֶׁכְּפוּיָה עַל פִּיהָ אַף עַל פִּי שֶׁמֵּרְחָהּ בְּטִיט מִן הַצְּדָדִין כָּל מַה שֶּׁתַּחְתֶּיהָ טָמֵא. שֶׁנֶּאֱמַר (במדבר יט טו) "צָמִיד פָּתִיל עָלָיו" וְלֹא צָמִיד פָּתִיל עַל גַּבּוֹ. הִדְבִּיק פִּיהָ לַכֹּתֶל וּמֵרְחָהּ מִן הַצְּדָדִים מַצֶּלֶת עַל כָּל מַה שֶּׁבְּתוֹכָהּ וְעַל כָּל שֶׁכְּנֶגְדָּהּ בַּכֹּתֶל. וְאִם לֹא מֵרֵחַ מִן הַצְּדָדִין אֵינָהּ מַצֶּלֶת שֶׁאֵין כְּלִי חֶרֶשׂ מַצִּיל מִשּׁוּם אֹהֶל כְּמוֹ שֶׁבֵּאַרְנוּ. אֲבָל שְׁאָר כָּל הַכֵּלִים הַמַּצִּילִין בְּצָמִיד פָּתִיל שֶׁהָיוּ פִּיּוֹתֵיהֶן דְּבוּקוֹת בְּדָפְנֵי הַבַּיִת מַצִּילִין בְּלֹא צָמִיד פָּתִיל מִפְּנֵי שֶׁהֵן מַצִּילִין מִשּׁוּם אֹהֶל. לְפִיכָךְ צָרִיךְ שֶׁיִּהְיֶה בְּדֹפֶן הַכְּלִי טֶפַח שֶׁאֵין הַכֵּלִים מַצִּילִין עִם דָּפְנוֹת אֹהָלִים עַד שֶׁיִּהְיֶה לָהֶן דֹּפֶן [טֶפַח]. הָיָה לַכְּלִי דֹּפֶן חֲצִי טֶפַח וְהָיָה יוֹצֵא מִדֹּפֶן הָאֹהֶל שָׂפָה חֲצִי טֶפַח וְהִדְבִּיק זֶה לָזֶה. אַף עַל פִּי שֶׁיֵּשׁ שָׁם חֲלַל טֶפַח אֵינוֹ מַצִּיל עַד שֶׁיִּהְיֶה טֶפַח מִמָּקוֹם אֶחָד:

ד. כְּשֵׁם שֶׁמַּצִּילִין מִבִּפְנִים עִם דָּפְנוֹת הָאֹהֶל כָּךְ מַצִּילִין חוּץ לָאֹהֶל אִם סְמָכָן לָאֹהֶל שֶׁהֲרֵי הָאֹהֶל נַעֲשָׂה כִּסּוּי מִכָּל

מָקוֹם. כֵּיצַד. כְּלִי מֵחַס שֶׁיֵּשׁ לוֹ דֹּפֶן טֶפַח שֶׁהִנִּיחוֹ עַל גַּבֵּי יְתֵדוֹת חוּץ לָאֹהֶל וְסָמַךְ פִּיו לְדֹפֶן הָאֹהֶל וְהָיְתָה טֻמְאָה תַּחְתָּיו כֵּלִים שֶׁבְּתוֹכוֹ טְהוֹרִין. וְאִם הָיָה סָמוּךְ לְכֹתֶל חָצֵר אוֹ לְכֹתֶל גִּנָּה אֵינוֹ מַצִּיל לְפִי שֶׁאֵינָן כֹּתֶל אֹהֶל. וּלְפִיכָךְ כֵּלִים שֶׁבְּתוֹךְ הַכְּלִי טְמֵאִים שֶׁהֲרֵי הֶאֱהִילוּ עַל הַטֻּמְאָה:

ה. קוֹרָה שֶׁיֵּשׁ בָּהּ פּוֹתֵחַ טֶפַח וְהִיא נְתוּנָה מִכֹּתֶל לְכֹתֶל וְטֻמְאָה תַּחְתֶּיהָ וּקְדֵרָה תְּלוּיָה מִן הַקּוֹרָה וְהָיְתָה הַקּוֹרָה נוֹגַעַת בְּפִי הַקְּדֵרָה כֻּלָּהּ וּמְכַסָּה אוֹתָהּ כֵּלִים שֶׁבַּקְּדֵרָה טְהוֹרִים שֶׁהֲרֵי הֻצְּלוּ בְּכִסּוּי הָאֹהֶל לָהֶם. וְאִם לֹא הָיָה פִּי הַקְּדֵרָה מְכֻסֶּה בַּקּוֹרָה אֶלָּא בֵּינֵיהֶם רֶוַח. כָּל מַה שֶּׁבַּקְּדֵרָה טָמֵא וְהַקְּדֵרָה עַצְמָהּ טְמֵאָה:

ו. בּוֹר שֶׁבְּתוֹךְ הַבַּיִת וְטֻמְאָה בַּבַּיִת וְכֵלִים בַּבּוֹר אִם הָיָה מְכֻסֶּה בְּנֶסֶר חָלָק אוֹ בִּכְלִי הַמַּצִּיל שֶׁיֵּשׁ לוֹ דֹּפֶן טֶפַח הֲרֵי כָּל מַה שֶּׁבַּבּוֹר טָהוֹר. הָיָה לַבּוֹר בִּנְיָן סָבִיב לְפִיו גָּבוֹהַּ טֶפַח עַל הָאָרֶץ. בֵּין שֶׁכִּסָּהוּ בִּכְלִי הַמַּצִּיל שֶׁיֵּשׁ לוֹ דֹּפֶן בֵּין שֶׁלֹּא הָיְתָה לוֹ דֹּפֶן הֲרֵי זֶה מַצִּיל שֶׁהֲרֵי יֵשׁ לוֹ דֹּפֶן טֶפַח מִמָּקוֹם אַחֵר:

ז. חָדוּת הַבָּנוּי בְּתוֹךְ הַבַּיִת וּמְגוּרָה בְּתוֹכוֹ וְהַפֶּרַח שֶׁלָּהּ יוֹצֵא וּמְכַסֶּה פִּי הֶחָדוּת וְנָתַן כְּלִי הַמַּצִּיל בְּאֹהֶל הַמֵּת עַל פִּי הֶחָדוּת וַהֲרֵי הוּא נִשְׁעָן עַל פֶּרַח הַמְּנוֹרָה. רוֹאִין אִם תִּנָּטֵל מְנוֹרָה וְהַכְּלִי הַמַּצִּיל עוֹמֵד הֲרֵי זֶה מַצִּיל עַל כָּל שֶׁבֶּחָדוּת. וְכֵלִים שֶׁבֵּין שְׂפַת הַכְּלִי וּשְׂפַת הֶחָדוּת טְהוֹרִים עַד הַתְּהוֹם. וְאַף הַמְּנוֹרָה טְהוֹרָה. אַף עַל פִּי שֶׁשְּׂפַת הַפֶּרַח נִרְאֶה בֵּין הַכִּסּוּי וְהֶחָדוּת. וְאִם לָאו הַכֹּל טָמֵא:

ח. הֶחָדוּת הַבָּנוּי בְּתוֹךְ הַבַּיִת וּכְלִי הַמַּצִּיל נָתוּן עַל פִּיו וְהָיְתָה טֻמְאָה בֵּין שְׂפַת הַכְּלִי וּשְׂפַת הֶחָדוּת אוֹ בְּתוֹךְ הֶחָדוּת הַבַּיִת טָמֵא. שֶׁאֵין הָאֹהֶל שֶׁבְּתוֹךְ הַבַּיִת מוֹנֵעַ הַטֻּמְאָה כְּמוֹ שֶׁבֵּאַרְנוּ. הָיְתָה טֻמְאָה בַּבַּיִת כֵּלִים שֶׁבְּכָתְלֵי הֶחָדוּת אִם יֵשׁ בִּמְקוֹמָן טֶפַח עַל טֶפַח עַל רוּם טֶפַח טְהוֹרִים. וְאִם לָאו טְמֵאִים. וְאִם הָיוּ כָּתְלֵי הֶחָדוּת רְחָבִים מִשֶּׁל בַּיִת בֵּין כָּךְ וּבֵין כָּךְ טְהוֹרִים. מִפְּנֵי שֶׁאֵינָן מִכָּתְלֵי הַבַּיִת. וּכְשֵׁם שֶׁמַּצִּיל הֶחָדוּת בְּתוֹכוֹ כָּךְ מַצִּיל בִּכְתָלָיו. כְּבָר בֵּאַרְנוּ שֶׁהַתַּנּוּר הַיָּשָׁן הֲרֵי הוּא כְּכָל הַכֵּלִים שֶׁהֵן מְבִיאִים אֶת הַטֻּמְאָה וְאֵינָן נַעֲשִׂין אֹהָלִים וּמִפְּנֵי זֶה אֵינוֹ מַצִּיל עַל מַה שֶּׁבְּתוֹכוֹ אֶלָּא אִם כֵּן הָיָה מֻקָּף צָמִיד פָּתִיל כִּשְׁאָר כֵּלִים הַמַּצִּילִים. וְכֵן בֵּאַרְנוּ שֶׁהַתַּנּוּר הֶחָדָשׁ אֵינוֹ כְּכֵלִים לְעִנְיָן זֶה אֶלָּא נַעֲשֶׂה אֹהֶל. וּלְפִיכָךְ מַצִּיל עַל מַה שֶּׁבְּתוֹכוֹ בְּכִסּוּי בִּלְבַד בְּלֹא צָמִיד פָּתִיל כְּאֹהָלִים. וְכִסּוּי הַתַּנּוּר הוּא נִקְרָא סְרִידָא:

ט. תַּנּוּר יָשָׁן בְּתוֹךְ הֶחָדָשׁ וּסְרִידָא עַל פִּי הֶחָדָשׁ וַהֲרֵי הַכִּסּוּי נִשְׁעָן עַל פִּי הַתַּנּוּר הַיָּשָׁן רוֹאִין אִם כְּשֶׁיִּנָּטֵל הַיָּשָׁן תִּפּוֹל הַסְּרִידָא לֹא הִצִּיל וְכָל שֶׁבְּתוֹכוֹ טָמֵא. וְאִם לָאו הַכֹּל טָהוֹר. הָיָה הֶחָדָשׁ בְּתוֹךְ הַיָּשָׁן וְהַסְּרִידָא מֻנַּחַת עַל פִּי הַיָּשָׁן. אִם יֵשׁ בֵּין הֶחָדָשׁ וְהַכִּסּוּי פָּחוֹת מִטֶּפַח כָּל שֶׁבְּתוֹךְ הֶחָדָשׁ טָהוֹר וּכְאִלּוּ הַסְּרִידָא מֻנַּחַת עַל פִּיו:

י. סְרִידָא שֶׁל חֶרֶס שֶׁיֵּשׁ לָהּ שָׂפָה וְהִיא עוֹדֶפֶת עַל פִּי הַתַּנּוּר וּמֻקֶּפֶת צָמִיד פָּתִיל אֲפִלּוּ הָיְתָה טֻמְאָה תַּחְתֶּיהָ אוֹ עַל גַּבָּהּ הַכֹּל טָמֵא. אֲבָל כְּנֶגֶד אֲוִירוֹ שֶׁל תַּנּוּר טָהוֹר. הָיְתָה טֻמְאָה כְּנֶגֶד אֲוִירוֹ שֶׁל תַּנּוּר מִכְּנֶגְדּוֹ עַד לָרָקִיעַ טָמֵא וְכָל מַה שֶּׁבְּתוֹכוֹ טָהוֹר:

יא. קְדֵרָה שֶׁכְּפָאָהּ עַל פִּי הֶחָבִית וּמֵרֵחַ דָּפְנוֹתֶיהָ עִם הֶחָבִית מַצֶּלֶת עַל כָּל מַה שֶּׁבְּתוֹכָהּ וְעַל מַה שֶּׁבֵּינָהּ וּבֵין שִׂפְתוֹת הֶחָבִית. הוֹשִׁיבָהּ עַל פִּי הֶחָבִית כְּדַרְכָּהּ וּמֵרֵחַ אֵינָהּ מַצֶּלֶת מִפְּנֵי שֶׁהַקְּדֵרָה מִתְטַמְּאָה מֵאֲוִירָהּ וְאֵין כְּלִי טָמֵא מַצִּיל כְּמוֹ שֶׁבֵּאַרְנוּ:

Perek 22

Vessels.

Damaged vessels.

The vessel normally must be tightly sealed to protect its contents. Damage can disqualify the vessel as follows:

- Cracks
- Holes
- Loose fitting seal

CRACKS AND HOLES

A crack or hole, in a vessel made for liquid, big enough to allow liquids to enter, requires a sealant. If the vessel is made for food, it requires a sealant if the hole allows olives to fall out. If the vessel is made for both, we take the stricter approach. If the hole is so big that a pomegranate can fall out, then a sealant only works for a big vessel i.e. so long as the hole is not greater than 50% of the vessel. Otherwise it cannot be considered a vessel and therefore cannot shield from the impurity, even if the hole is sealed.

A crack in an oven must be as wide as the **'opening of the rod of a plough'.**

If the hole was made by human hands, even the slightest size will lose its protection until sealed.

The holes may be sealed with the following substances: – They must seal

- Lime
- Clay
- Gypsum
- Pitch
- Wax
- Mud
- Dung
- Mortar
- Any substances that can be smeared. But it must be pure. An impure substance does not intervene when there is impurity i.e. it could enter the *keli.*

LOOSE COVER

A porous plug must be totally covered over with say clay.

Non-porous covers can be tied and minimally sealed with clay e.g. leather

פרק כ״ב

א. שׁוּלֵי הַמַּחֲצִין וְשׁוּלֵי קַרְקָעוֹת וְהַכֵּלִים וְדָפְנוֹתֵיהֶן מֵאֲחוֹרֵיהֶן אֵין מַצִּילִין בְּצָמִיד פָּתִיל בְּאֹהֶל הַמֵּת. קִרְסְמָן וְשָׁפָן וַעֲשָׂאָן כֵּלִים מַצִּילִין בְּצָמִיד פָּתִיל. שֶׁאֵין מַצִּיל בְּצָמִיד פָּתִיל אֶלָּא כֵּלִים:

ב. כְּלִי חֶרֶשׂ שֶׁנָּתַן בּוֹ טִיט עַד חֶצְיוֹ לֹא בִּטְּלוֹ. וְאִם הִשְׁקִיעַ בּוֹ אֶת הַכֵּלִים מַצִּיל:

ג. כְּלִי חֶרֶשׂ מַצִּיל בְּצָמִיד פָּתִיל עַד שֶׁיִּנָּקֵב בְּמוֹצִיא רִמּוֹן. וּבְגָדוֹל עַד שֶׁפָּחַת רֻבּוֹ. כֵּיצַד. כְּלִי גָּדוֹל שֶׁנִּפְחַת [חֶצְיוֹ] וְהִקִּיפוֹ צָמִיד פָּתִיל וְסָתַם מְקוֹם הַפְּחָת בְּצָמִיד פָּתִיל הֲרֵי זֶה מַצִּיל אַף עַל פִּי שֶׁאֵינוֹ חָשׁוּב כְּלִי לְעִנְיַן טֻמְאָה. אֲבָל כְּלִי הַמֻּקָּף צָמִיד פָּתִיל שֶׁהָיָה נָקוּב אוֹ סָדוּק וְלֹא סָתַם הַנֶּקֶב נִטְמָא וְאֵינוֹ מַצִּיל. וְכַמָּה יִהְיֶה בַּנֶּקֶב. אִם הָיָה כְּלִי הֶעָשׂוּי לָאֳכָלִים שִׁעוּרוֹ בְּמוֹצִיא זֵיתִים. הָיָה עָשׂוּי לְמַשְׁקֶה שִׁעוּרוֹ בְּכוֹנֵס מַשְׁקֶה. הֶעָשׂוּי לְכָךְ וּלְכָךְ מְטִילִין אוֹתוֹ לְחֻמְרָא. וּמִשֶּׁיִּנָּקֵב בְּכוֹנֵס מַשְׁקֶה אֵינוֹ מַצִּיל עַד שֶׁיִּסְתֹּם הַנֶּקֶב אוֹ עַד שֶׁיְּמַעֲטֶנּוּ:

ד. תַּנּוּר שֶׁהָיְתָה סְרִידָא עַל פִּיו וּמֻקָּף צָמִיד פָּתִיל וְנָתוּן בְּאֹהֶל הַמֵּת וְנִסְדַּק הַתַּנּוּר. אִם הָיָה הַסֶּדֶק מְלֹא פִּי מַרְדֵּעַ שֶׁהוּא הֶקֵּף טֶפַח נִטְמָא הַתַּנּוּר וְאַף עַל פִּי שֶׁאֵין הַמַּרְדֵּעַ יָכוֹל לְהִכָּנֵס בַּסֶּדֶק אֶלָּא הֲרֵי הוּא כְּמוֹתוֹ בְּשָׁוֶה. פָּחוֹת מִכָּאן הַתַּנּוּר טָהוֹר. נִסְדְּקָה הַסְּרִידָא שֶׁעַל פִּיו כִּמְלֹא פִּי מַרְדֵּעַ נִכְנַס הֲרֵי זֶה טָמֵא. פָּחוֹת מִכָּאן נִצָּל בְּצָמִיד פָּתִיל. הָיָה הַסֶּדֶק עִגּוּל אֵין רוֹאִין אוֹתוֹ אָרֹךְ אֶלָּא שִׁעוּרוֹ כִּמְלֹא פִּי מַרְדֵּעַ נִכְנָס:

ה. תַּנּוּר הַמֻּקָּף צָמִיד פָּתִיל שֶׁנִּקַּב נֶקֶב בְּעֵינוֹ שֶׁל תַּנּוּר הַטּוּחָה אִם הָיָה הַנֶּקֶב מָלֵא כּוּשׁ נִכְנָס וְיוֹצֵא כְּשֶׁהוּא דּוֹלֵק הֲרֵי זֶה נִטְמָא. וְאִם הָיָה הַנֶּקֶב פָּחוֹת מִזֶּה נִצָּל:

ו. נִקַּב הַתַּנּוּר מִצִּדּוֹ שִׁעוּרוֹ מָלֵא כּוּשׁ נִכְנָס וְיוֹצֵא שֶׁלֹּא דוֹלֵק. וְכֵן מְגוּפַת הֶחָבִית שֶׁנִּקְּבָה שִׁעוּרָהּ כְּדֵי שֶׁתִּכָּנֵס מַצָּה שְׁנִיָּה שֶׁל שִׁיפוֹן בַּנֶּקֶב. וַחֲצָבִים גְּדוֹלִים שֶׁנִּקְּבוּ שִׁעוּרָן כְּדֵי שֶׁתִּכָּנֵס מַצָּה שְׁנִיָּה שֶׁל קָנֶה. פָּחוֹת מִכָּאן טְהוֹרִין. בַּמֶּה דְּבָרִים אֲמוּרִים בִּזְמַן שֶׁנַּעֲשׂוּ לְיַיִן. אֲבָל אִם נַעֲשׂוּ לִשְׁאָר הַמַּשְׁקִין אֲפִלּוּ נִקְּבוּ בְּכָל שֶׁהֵן נִטְמְאוּ. וְאֵין הַצָּמִיד פָּתִיל מוֹעִיל לָהֶם עַד שֶׁיִּסְתֹּם הַנֶּקֶב. וְאַף בִּזְמַן שֶׁנַּעֲשׂוּ לְיַיִן לֹא אָמְרוּ אֶלָּא שֶׁנִּקְּבוּ שֶׁלֹּא בִּידֵי אָדָם. אֲבָל אִם נַעֲשׂוּ בִּידֵי אָדָם אֲפִלּוּ כָּל שֶׁהֵן טְמֵאִים. וְאֵינָן נִצָּלִין עַד שֶׁיִּסְתֹּם הַנֶּקֶב:

ז. חָבִית שֶׁהִיא מְלֵאָה מַשְׁקִין טְהוֹרִין וּמֵנִיקֶת שֶׁל חֶרֶס בְּתוֹכָהּ וְהֶחָבִית מֻקֶּפֶת צָמִיד פָּתִיל וּנְתוּנָה בְּאֹהֶל הַמֵּת. הֶחָבִית וְהַמַּשְׁקִין טְהוֹרִין וְהַמֵּנִיקֶת טְמֵאָה. מִפְּנֵי שֶׁקְּצָתָהּ הָאַחַת בְּתוֹךְ הֶחָבִית הַמֻּקֶּפֶת וְהַקָּצֶה הַשֵּׁנִי פָּתוּחַ לְאֹהֶל הַמֵּת וְאֵינוֹ סָתוּם. אַף עַל פִּי שֶׁהִיא עֲקֻמָּה אֵין הָעֲקָם כְּסָתוּם:

ח. חָבִית הַמֻּקֶּפֶת צָמִיד פָּתִיל שֶׁנִּקְּבָה מִצִּדָּהּ וְסָתְמוּ שְׁמָרִים אֶת הַנֶּקֶב הִצִּיל. אַף חֲצִי הַנֶּקֶב וְסָתַם חֶצְיוֹ הֲרֵי זֶה סָפֵק אִם הִצִּיל אִם לֹא הִצִּיל. סָתַם אֶת הַנֶּקֶב בִּזְמוֹרָה עַד שֶׁיְּמָרַח מִן הַצְּדָדִין. סְתָמוֹ בִּשְׁנֵי קֵסָמִים עַד שֶׁיְּמָרַח מִן הַצְּדָדִין וּבֵין זְמוֹרָה לַחֲבֶרְתָּהּ. וְכֵן נֶסֶר שֶׁנָּתוּן עַל פִּי הַתַּנּוּר וּמֵרֵחַ מִן הַצְּדָדִין [הִצִּיל. הָיוּ שְׁתֵּי נְסָרִים עַד

שֶׁיְּמָרַח מִן הַצְּדָדִין וּבֵין] נֶסֶר לַחֲבֵרוֹ. חִבֵּר אֶת שְׁנֵי הַנְּסָרִים בְּמַסְמְרִים שֶׁל עֵץ וְכַיּוֹצֵא בָּהֶן אוֹ שֶׁלִּפֵּף עֲלֵיהֶן שׁוּגְמִין אֵין צָרִיךְ לְמָרֵחַ מִן הָאֶמְצַע. בַּמֶּה מַקִּיפִין. בְּסִיד. וּבְחַרְסִית. וּבִגְפָסִין. בְּזֶפֶת. וּבְשַׁעֲוָה. בְּטִיט. וּבְצוֹאָה. וּבְחֵמָר. וּבְכָל דָּבָר הַמִּתְמָרֵחַ. וְאֵין מַקִּיפִין לֹא בְּבַעַץ וְלֹא בְּעוֹפֶרֶת מִפְּנֵי שֶׁהוּא פָּתִיל וְאֵינוֹ צָמִיד. וּמַקִּיפִין בִּדְבֵלָה שְׁמֵנָה שֶׁלֹּא הֻכְשְׁרָה וּבְבָצֵק שֶׁנִּלּוֹשָׁה בְּמֵי פֵּרוֹת כְּדֵי שֶׁלֹּא יִטָּמֵא. שֶׁדָּבָר טָמֵא אֵינוֹ חוֹצֵץ:

ט. מְגוּפַת הֶחָבִית שֶׁנִּתְחַלְחֲלָה אַף עַל פִּי שֶׁאֵינָהּ נִשְׁמֶטֶת אֵינָהּ מַצֶּלֶת שֶׁהֲרֵי נִתְרָעַע הַצָּמִיד. הַכַּדּוּר וְהַפְּקַעַת שֶׁל גֶּמִי שֶׁנָּתַן עַל פִּי הֶחָבִית וּמֵרֵחַ מִן הַצְּדָדִין לֹא הִצִּיל עַד שֶׁיְּמָרֵחַ עַל כָּל הַכַּדּוּר וְעַל כָּל הַפְּקַעַת מִמַּטָּה לְמַעְלָה. וְכֵן בְּמַטְלֵית שֶׁל בֶּגֶד שֶׁקְּשָׁרָהּ עַל פִּי הַכְּלִי. הָיְתָה שֶׁל נְיָר אוֹ שֶׁל עוֹר וּקְשָׁרָהּ בִּמְשִׁיחָה. אִם מֵרֵחַ מִן הַצְּדָדִין הִצִּיל:

י. חֵמֶת שֶׁל עוֹר הַדָּג אוֹ הַנְּיָר שֶׁהִלְבִּישׁ בָּהֶן אֶת הֶחָבִית וְצָרְדָהּ מִלְּמַטָּה הֲרֵי זוֹ מַצֶּלֶת. וְאִם לֹא צָרְדָהּ אַף עַל פִּי שֶׁמֵּרֵחַ מִן הַצְּדָדִין לֹא תַּצִּיל:

יא. חָבִית פְּתוּחָה שֶׁנִּתְקַלֵּף הַחֶרֶס מִלְּמַעְלָה וְהַזֶּפֶת שֶׁלָּהּ עוֹמֵד וְנָתַן הַכִּסּוּי עַל הַזֶּפֶת וּדְחָקוֹ עַד שֶׁיִּדָּבֵק בַּזֶּפֶת. וְנִמְצָא הַזֶּפֶת עוֹמֵד בֵּין הַכִּסּוּי וּבֵין קַרְקַע הֶחָבִית הֲרֵי זֶה מַצִּיל. וְכֵן בִּכְלֵי הַמָּרִיס וְכַיּוֹצֵא בָּהֶן מִדְּבָרִים הַמִּתְמָרְחִין שֶׁהָיָה הַמִּתְמָרֵחַ בֵּין הַכִּסּוּי וּבֵין הַכְּלִי כְּמוֹ זֶר הוֹאִיל וְהַכֹּל דְּבוּקִין הֲרֵי זֶה מַצִּיל:

Perek 23

Ohel continued.

Sealed vessels.

Contents of vessels.

Deoraita, any vessels that are sealed closed give protection to

- Foods
- Liquids
- Clothes
- *Kelim* that can be purified in a *mikveh*

Derabanan – earthenware vessels which are sealed, only protect

- Foods
- Liquids
- Other earthenware vessels

This is because common people are not trusted to be careful with impurity, and earthenware vessels contract impurity. And an impure container does not intervene against impurity.

However common people are trusted regarding containers used for ashes of *Parah Adumah* or sacred foods.

Reminder
Pack on Misbehaviour

A person placed in a sealed cask remains pure.

A loft with a hole between house and loft, if this is sealed with a vessel, the loft is regarded as a sealed vessel. Therefore, its contents will have same rules as above i.e. if sealed with an earthenware vessel, then food, drink and other earthenware vessels of loft will be pure or impure as if they were in a sealed earthenware vessel.

פרק כ"ג

א. כָּל הַכֵּלִים הַמַּצִּילִים בְּצָמִיד פָּתִיל מַצִּילִין עַל כָּל מַה שֶּׁבְּתוֹכָן בֵּין אֳכָלִין בֵּין מַשְׁקִין בֵּין בְּגָדִים וּכְלֵי שֶׁטֶף. זֶהוּ דִּין תּוֹרָה. אֲבָל מִדִּבְרֵי סוֹפְרִים שֶׁכְּלִי חֶרֶס הַמֻּקָּף צָמִיד פָּתִיל אֵינוֹ מַצִּיל אֶלָּא עַל הָאֳכָלִין וְעַל הַמַּשְׁקִין וְעַל כְּלֵי חֶרֶס אֲחֵרִים שֶׁיִּהְיוּ בְּתוֹכוֹ. אֲבָל אִם הָיוּ בְּתוֹךְ כְּלִי חֶרֶס הַמֻּקָּף כְּלִי שֶׁטֶף אוֹ בְּגָדִים הֲרֵי אֵלּוּ טְמֵאִים. וּמִפְּנֵי מָה אָמְרוּ שֶׁלֹּא יַצִּיל עַל הַכֹּל כִּשְׁאָר כֵּלִים הַמַּצִּילִין. מִפְּנֵי שֶׁשְּׁאָר הַכֵּלִים הַמַּצִּילִין אֵין מְקַבְּלִין טֻמְאָה וּכְלֵי חֶרֶס מְקַבְּלִין טֻמְאָה וּכְלִי טָמֵא אֵינוֹ חוֹצֵץ. וְכָל כְּלֵי עַם הָאָרֶץ בְּחֶזְקַת טֻמְאָה כְּמוֹ שֶׁיִּתְבָּאֵר. וְלָמָּה לֹא אָמְרוּ כְּלִי חֶרֶס שֶׁל עַם הָאָרֶץ לֹא יַצִּיל עַל הַכֹּל וְשֶׁל חָבֵר יַצִּיל עַל הַכֹּל שֶׁהֲרֵי הוּא טָהוֹר. מִפְּנֵי שֶׁאֵין עַם הָאָרֶץ טָמֵא בְּעֵינֵי עַצְמוֹ, שֶׁאוֹמֵר הוֹאִיל וּכְלִי חֶרֶס מַצִּיל עַל הַכֹּל אֶחָד אֲנִי וְאֶחָד הֶחָבֵר, וּלְפִיכָךְ חָשׁוּ וְגָזְרוּ שֶׁלֹּא יַצִּיל עַל הַכֹּל. וְלָמָּה אָמְרוּ מַצִּיל עַל הָאֳכָלִין וְעַל הַמַּשְׁקִין וְעַל כְּלֵי חֶרֶס. מִפְּנֵי שֶׁאֵלּוּ הַשְּׁלֹשָׁה טְמֵאִים הֵן עַל גַּבֵּי עַם הָאָרֶץ בֵּין קֹדֶם שֶׁיִּהְיוּ בְּאֹהֶל הַמֵּת בֵּין אַחַר שֶׁיִּהְיוּ שָׁם תַּחַת צָמִיד פָּתִיל. וּלְעוֹלָם לֹא יִשְׁאַל הֶחָבֵר מֵעַם הָאָרֶץ לֹא אֳכָלִין וְלֹא מַשְׁקִין וְלֹא כְּלֵי חֶרֶס אֶלָּא עַל דַּעַת שֶׁהֵן טְמֵאִין שֶׁהֲרֵי אֵין לָהֶן טָהֳרָה לְעוֹלָם וְלֹא יָבוֹא בָּהֶן לִידֵי תַּקָּלָה. אֲבָל כְּלֵי שֶׁטֶף שׁוֹאֵל אוֹתָם הֶחָבֵר מֵעַם הָאָרֶץ וּמַטְבִּילָן מִפְּנֵי מַגַּע עַם הָאָרֶץ וּמַעֲרִיב שִׁמְשׁוֹ וּמִשְׁתַּמֵּשׁ בָּהֶן בְּטָהֳרוֹת לְפִיכָךְ חָשׁוּ חֲכָמִים שֶׁמָּא יִשְׁאַל מִמֶּנּוּ כְּלִי שֶׁטֶף שֶׁכְּבָר הָיָה תַּחַת צָמִיד פָּתִיל בִּכְלִי חֶרֶס שֶׁלּוֹ. שֶׁהֲרֵי עַם הָאָרֶץ הַזֶּה מְדַמֶּה שֶׁנִּצַּל וַהֲרֵי הוּא טָמֵא טֻמְאַת שִׁבְעָה וְיַטְבִּיל הֶחָבֵר וְיַעֲרִיב שִׁמְשׁוֹ וְיִשְׁתַּמֵּשׁ בּוֹ בְּטָהֳרוֹת וְיָבוֹא לִידֵי תַּקָּלָה. וּמִפְּנֵי זֶה גָּזְרוּ שֶׁלֹּא יַצִּיל כְּלִי חֶרֶס עַל כְּלִי שֶׁטֶף שֶׁבְּתוֹכוֹ:

ב. אָדָם שֶׁהָיָה נָתוּן בְּתוֹךְ הֶחָבִית וּמֻקֶּפֶת צָמִיד פָּתִיל טָהוֹר. וַאֲפִלּוּ עֲשָׂאָהּ גּוֹלֵל לְקֶבֶר. וְיֵרָאֶה לִי שֶׁזֶּה שֶׁלֹּא גָּזְרוּ עַל כְּלִי חֶרֶס שֶׁלֹּא יַצִּיל עַל הָאָדָם. מִפְּנֵי שֶׁהוּא דָּבָר שֶׁאֵינוֹ מָצוּי וְכָל דָּבָר שֶׁאֵינוֹ מָצוּי לֹא גָּזְרוּ בּוֹ:

ג. כְּלֵי חֶרֶס שֶׁמִּשְׁתַּמְּשִׁין בָּהֶן בְּאֵפֶר הַפָּרָה אוֹ בְּקָדָשִׁים עַמֵּי הָאָרֶץ נֶאֱמָנִים עַל טָהֳרָתָם. מִפְּנֵי שֶׁהֵן נִזְהָרִים בָּהֶן הַרְבֵּה וּלְפִיכָךְ יַצִּילוּ עַל הַכֹּל בְּצָמִיד פָּתִיל אַף עַל פִּי שֶׁהֵן שֶׁל חֶרֶס:

ד. אֲרֻבָּה שֶׁבֵּין בַּיִת לַעֲלִיָּה וְטֻמְאָה בַּבַּיִת וּקְדֵרָה נְתוּנָה עַל פִּי הָאֲרֻבָּה וּנְקוּבָה בְּכוֹנֵס מַשְׁקֶה. הַקְּדֵרָה טְמֵאָה וְהָעֲלִיָּה טְהוֹרָה. הָיְתָה שְׁלֵמָה כָּל שֶׁבָּעֲלִיָּה מֵאֳכָלִין וּמַשְׁקִין וּכְלֵי חֶרֶס טָהוֹר. אֲבָל אָדָם וּכְלֵי שֶׁטֶף שֶׁבָּעֲלִיָּה טְמֵאִים שֶׁאֵין כְּלִי חֶרֶס חוֹצֵץ אֶלָּא עַל הָאֳכָלִים וְעַל הַמַּשְׁקִין וּכְלֵי חֶרֶס. וְכָל שֶׁבָּעֲלִיָּה טָהוֹר כְּאִלּוּ הוּא תַּחַת צָמִיד פָּתִיל בִּכְלִי חֶרֶס. וְטִמְּאוּ הָאָדָם שֶׁבָּעֲלִיָּה זוֹ מִפְּנֵי שֶׁהוּא דָּבָר הַמָּצוּי. לְפִיכָךְ אִם הָיָה בָּעֲלִיָּה זוֹ כְּלִי מַתָּכוֹת וְכַיּוֹצֵא בּוֹ מָלֵא מַשְׁקִין הַכְּלִי טָמֵא טֻמְאַת שִׁבְעָה וְהַמַּשְׁקִין טְהוֹרִין. הָיְתָה בָּהּ אִשָּׁה לָשָׁה בַּעֲרֵבָה שֶׁל עֵץ הָאִשָּׁה וְהָעֲרֵבָה טְמֵאִין טֻמְאַת שִׁבְעָה וְהַבָּצֵק טָהוֹר כָּל זְמַן שֶׁעוֹסֶקֶת בּוֹ. פֵּרְשָׁה וְחָזְרָה וְנָגְעָה בּוֹ טִמְּאַתּוּ. וְכֵן אִם פִּנָּה הַבָּצֵק אוֹ הַמַּשְׁקִין לִכְלִי אַחֵר מִכְּלֵי שֶׁטֶף שֶׁבָּעֲלִיָּה נִטְמְאוּ בְּמַגַּע הַכְּלִי הָאַחֵר. הָיָה עַל פִּי אֲרֻבָּה זוֹ שְׁאָר כֵּלִים הַמַּצִּילִים בְּצָמִיד פָּתִיל שֶׁאֵין מְקַבְּלִין טֻמְאָה כְּמוֹ שֶׁבֵּאַרְנוּ וּלְפִיכָךְ אֵין מַגַּע עַם

הָאָרֶץ מְטַמֵּא אוֹ שֶׁהָיָה כְּלִי חֶרֶס הַטָּהוֹר לְפָרָה אֲדֻמָּה אוֹ לְקֹדֶשׁ שֶׁהַכֹּל נֶאֱמָנִין עַל טָהֳרָתָן. הֲרֵי זֶה מַצִּיל עַל כָּל מַה שֶּׁבַּעֲלִיָּה. הָיָה אֹהֶל נָטוּי בַּעֲלִיָּה וּמִקְצָתוֹ מְרֻדָּד עַל הָאֲרֻבָּה שֶׁבֵּין בַּיִת לַעֲלִיָּה הֲרֵי זֶה מַצִּיל וְאַף עַל פִּי שֶׁאֵין גַּגּוֹ עַל הָאֲרֻבָּה שֶׁהָאֹהֶל מַצִּיל בְּכִסּוּי כְּמוֹ שֶׁבֵּאַרְנוּ:

Perek 24

Ohel continued.

Walls and roofs.

WALLS

- Barriers made of pure earthenware jugs
- Boards or curtains
- Man-made brick walls
- Natural wall which has been hewn or shaped by man

PURE EARTHENWARE JUGS

- Depends which way opening of jugs are facing. Impurity can enter opening and then make the vessel impure. Vessel cannot be made impure from outer side. If vessel contracts impurity it can no longer intervene i.e. block the impurity.

BOARDS OR CURTAINS (PARTITION WITHIN ONE HOUSE)

Impurity will want to escape outwards. A tent within this structure would protect but would not prevent impurity from departing. So in a divided house, it depends if the impurity is on the inner or outer side.

If vessels were found within the partition, if their space was **1 × 1 × 1 *tefach*** they will become impure because impurity can enter. If not, they stay pure.

BRICK WALLS (BETWEEN 2 HOUSES)

Here, if there is impurity in the wall, it depends where it is located i.e. in centre, on side of one house or on side of other house.

- In centre, both houses become impure.
- Near house one, house one is impure and house two pure.
- Vice versa

Similarly with vessels within the wall.

Similarly with a ceiling between a house and a loft.

This is a ceiling without beams which is dependent on the house. It is also referring to a situation where there is not a *tefach* square around the impurity. If there was a space around impurity it would act as a closed grave and everything would be impure.

See below if the ceiling consisted of beams.

NATURAL WALLS HEWN BY MAN

Here even the thickness of a garlic skin will separate between the structure and the wall i.e. if there are 2 vaults in earth and thin wall between, impurity won't spread from one to the other.

ROOF

Beams are considered independent of house. So, if an impurity is between two beams and a thin board is under impurity, whole house is pure.

Only area directly above or below is impure

If there is square *tefach* space around it, everything is impure.

פרק כ״ד

א. בַּיִת שֶׁחִלְּקוֹ בְּקַנְקַנִּים טְהוֹרוֹת מִן הָאָרֶץ וְעַד הַקּוֹרָה וְטֻמְאָה בְּחֶצְיוֹ הָאֶחָד אִם הָיָה פִּי הַקַּנְקַנִּים כְּלַפֵּי הַטְּהוֹרָה הֲרֵי אֵלּוּ מַצִּילוֹת. וְאִם הָיוּ כְּלַפֵּי הַטֻּמְאָה אֵינָם מַצִּילוֹת. טָחָן בְּטִיט בֵּין מִבִּפְנִים בֵּין מִבַּחוּץ רוֹאִין אִם יָכוֹל הַטִּיט לַעֲמֹד בִּפְנֵי עַצְמוֹ מַצִּיל וְאִם לָאו אֵינוֹ מַצִּיל וַהֲרֵי הַכֹּל אֹהֶל אֶחָד:

ב. בַּיִת שֶׁחִלְּקוֹ בִּנְסָרִים אוֹ בִּירִיעוֹת אִם חִלְּקוֹ מִן הַצְּדָדִין אוֹ מִכְּלַפֵּי הַקּוֹרוֹת וְהָיְתָה הַטֻּמְאָה בַּבַּיִת. כֵּלִים שֶׁבֵּין הַמְּחִצָּה וּבֵין הַכֹּתֶל אוֹ שֶׁבֵּין הַמְּחִצָּה וְהַקּוֹרוֹת טְהוֹרִין. הָיְתָה הַטֻּמְאָה בֵּין מְחִצָּה לַכֹּתֶל אוֹ בֵּין מְחִצָּה לַקּוֹרוֹת כֵּלִים שֶׁבַּבַּיִת טְמֵאִין. שֶׁאֵין הַמְּחִצָּה מוֹנַעַת הַטֻּמְאָה שֶׁלֹּא תֵּצֵא וּתְטַמֵּא כְּמוֹ שֶׁבֵּאַרְנוּ בְּאֹהֶל שֶׁבְּתוֹךְ הַבַּיִת. הָיוּ הַכֵּלִים בְּתוֹךְ עֳבִי הַמְּחִצָּה עַצְמָהּ בֵּין שֶׁהָיְתָה הַטֻּמְאָה לִפְנִים מִן הַמְּחִצָּה אוֹ שֶׁהָיְתָה בְּתוֹךְ הַבַּיִת אִם הָיָה מְקוֹם הַכֵּלִים טֶפַח עַל טֶפַח טְמֵאִים וְאִם לָאו טְהוֹרִין. וּכְבָר בֵּאַרְנוּ כֵּיצַד דִּין הַבַּיִת אִם חִלְּקוֹ מִכְּלַפֵּי אַרְצוֹ:

ג. בַּיִת שֶׁהוּא מָלֵא תֶּבֶן וְאֵין בֵּינוֹ לְבֵין הַקּוֹרוֹת פּוֹתֵחַ טֶפַח. טֻמְאָה בִּפְנִים בֵּין בְּתוֹךְ הַתֶּבֶן בֵּין שֶׁהָיְתָה בֵּין תֶּבֶן לְקוֹרוֹת כָּל הַכֵּלִים שֶׁכְּנֶגֶד יְצִיאַת הַטֻּמְאָה בִּמְלוֹאוֹ שֶׁל פֶּתַח טְמֵאִים. הָיְתָה טֻמְאָה חוּץ לַתֶּבֶן בִּמְלוֹאוֹ שֶׁל פֶּתַח כֵּלִים שֶׁבִּפְנִים אִם יֵשׁ בִּמְקוֹמָן טֶפַח עַל טֶפַח עַל רוּם טֶפַח טְהוֹרִין וְאִם לָאו טְמֵאִין. וְאִם יֵשׁ בֵּין תֶּבֶן לַקּוֹרוֹת פּוֹתֵחַ טֶפַח בֵּין כָּךְ וּבֵין כָּךְ טְמֵאִין שֶׁאֵין הַתֶּבֶן חוֹצֵץ מִפְּנֵי שֶׁסְּתָם תֶּבֶן דַּעְתּוֹ לְפַנּוֹתוֹ:

ד. כֹּתֶל שֶׁבֵּין שְׁנֵי בָּתִּים וְטֻמְאָה בְּתוֹךְ הַכֹּתֶל. בַּיִת הַקָּרוֹב לַטֻּמְאָה טָמֵא וְהַקָּרוֹב לַטָּהֳרָה טָהוֹר. הָיְתָה מֶחֱצָה לְמֶחֱצָה שְׁנֵיהֶן טְמֵאִין. הָיְתָה הַטֻּמְאָה בְּאֶחָד מִשְּׁנֵי הַבָּתִּים וְהַכֵּלִים בְּתוֹךְ הַכֹּתֶל מֵחֶצְיוֹ וּכְלַפֵּי טֻמְאָה טְמֵאִים מֵחֶצְיוֹ וּכְלַפֵּי טָהֳרָה טְהוֹרִין מֶחֱצָה לְמֶחֱצָה טְמֵאִין. וְכֵן מַעֲזִיבָה שֶׁבֵּין הַבַּיִת וְהָעֲלִיָּה וְהַטֻּמְאָה בְּתוֹךְ מַעֲזִיבָה. מֵחֶצְיוֹ וּלְמַטָּה הַבַּיִת טָמֵא וְהָעֲלִיָּה טְהוֹרָה מֵחֶצְיָהּ וּלְמַעְלָה הָעֲלִיָּה טְמֵאָה וְהַבַּיִת טָהוֹר מֶחֱצָה לְמֶחֱצָה שְׁנֵיהֶן טְמֵאִין. הָיְתָה טֻמְאָה בְּאֶחָד מֵהֶן וְכֵלִים בְּתוֹךְ הַמַּעֲזִיבָה מֵחֶצְיָהּ וּכְלַפֵּי טֻמְאָה טְמֵאִין מֵחֶצְיָהּ וּכְלַפֵּי טָהֳרָה טְהוֹרִין מֶחֱצָה לְמֶחֱצָה שְׁנֵיהֶן טְמֵאִין. הָיְתָה הַמַּעֲזִיבָה לָאֲוִיר וְטֻמְאָה בְּתוֹכָהּ מֵחֶצְיָהּ וּלְמַטָּה הַבַּיִת טָמֵא וְהָעוֹמֵד מִלְּמַעְלָה אֲפִלּוּ כְּנֶגֶד הַטֻּמְאָה טָהוֹר שֶׁהֲרֵי פָּשְׁטָה הַטֻּמְאָה בְּכָל הַבַּיִת. הָיְתָה הַטֻּמְאָה מֵחֶצְיָהּ וּלְמַעְלָה הַבַּיִת טָהוֹר וְהָעוֹמֵד מִלְּמַעְלָה כְּנֶגֶד הַטֻּמְאָה טָמֵא. מֶחֱצָה לְמֶחֱצָה הַבַּיִת טָמֵא וְהָעוֹמֵד מִלְּמַעְלָה כְּנֶגֶד הַטֻּמְאָה טָמֵא שֶׁהֲרֵי אִי אֶפְשָׁר לְצַמְצֵם:

ה. וְכֵן כֹּתֶל הַמְשַׁמֵּשׁ אֶת הַבַּיִת יָדוּן מֶחֱצָה לְמֶחֱצָה. כֵּיצַד. כֹּתֶל שֶׁהוּא לָאֲוִיר וְגַג הַבַּיִת סָמוּךְ לַכֹּתֶל וְאֵינוֹ מְרֻכָּב עַל הַכֹּתֶל וְטֻמְאָה רְצוּצָה בְּתוֹךְ הַכֹּתֶל הָיְתָה מֵחֶצְיוֹ וּלְפָנִים הַבַּיִת טָמֵא וְהָעוֹמֵד מִלְּמַעְלָה עַל רֹאשׁ הַכֹּתֶל טָהוֹר כְּעוֹמֵד עַל גַּג הַבַּיִת. הָיְתָה מֵחֶצְיוֹ וְלַחוּץ הַבַּיִת טָהוֹר וְהָעוֹמֵד מִלְּמַעְלָה כְּנֶגֶד הַטֻּמְאָה טָמֵא שֶׁהֲרֵי לֹא פָּשְׁטָה הַטֻּמְאָה בְּתוֹךְ הַבַּיִת. הָיְתָה הַטֻּמְאָה מֶחֱצָה לְמֶחֱצָה הַבַּיִת טָמֵא וְהָעוֹמֵד מִלְּמַעְלָה טָהוֹר שֶׁהֲרֵי פָּשְׁטָה הַטֻּמְאָה בַּבַּיִת. נָטַל מֵהַכֹּתֶל מִבִּפְנִים אוֹ שֶׁהוֹסִיף בַּכֹּתֶל מִבַּחוּץ עַד שֶׁנִּמְצֵאת הַטֻּמְאָה מֵחֲצִי כֹּתֶל וּלְפָנִים הַבַּיִת טָמֵא. נָטַל מִבַּחוּץ אוֹ שֶׁהוֹסִיף בָּעֳבִי הַכֹּתֶל מִבִּפְנִים עַד שֶׁנִּמְצֵאת הַטֻּמְאָה מֵחֲצִי כֹּתֶל וְלַחוּץ הַבַּיִת טָהוֹר. הָיְתָה הַטֻּמְאָה נְתוּנָה עַל גַּבֵּי הַכֹּתֶל אֲפִלּוּ מֵחֶצְיוֹ וּלְפָנִים הַבַּיִת טָהוֹר:

ו. בַּיִת הַמְשַׁמֵּשׁ אֶת הַכֹּתֶל יָדוּן כִּקְלִפַּת הַשּׁוּם. כֵּיצַד. הַחוֹפֵר שְׁנֵי כּוּכִים אוֹ שְׁתֵּי מְעָרוֹת זוֹ בְּצַד זוֹ עַד שֶׁנִּמְצְאוּ שְׁנֵי בָּתִּים חֲפוּרִים בַּקַּרְקַע וְנַעֲשָׂה בֵּינֵיהֶן כֹּתֶל הַמַּבְדִּיל בֵּין שְׁנֵיהֶן וְהָיְתָה טֻמְאָה בַּבָּתִּים וְכֵלִים בַּכֹּתֶל אִם יֵשׁ עֲלֵיהֶן כִּקְלִפַּת הַשּׁוּם טְהוֹרִין. הָיְתָה טֻמְאָה בַּכֹּתֶל זֶה וְכֵלִים בַּבָּתִּים אִם יֵשׁ עֲלֵיהֶן כִּקְלִפַּת הַשּׁוּם טְהוֹרִים. הִנֵּה לָמַדְתָּ

שֶׁכֹּתֶל בִּנְיָן נִדּוֹן מֶחֱצָה לְמֶחֱצָה וְכֹתֶל הַסֶּלַע אוֹ שֶׁנַּעֲשָׂה מִגּוּשׁ הָאָרֶץ כְּשֶׁיַּחְפֹּר מִכָּאן וּמִכָּאן נִדּוֹן כִּקְלִפַּת הַשּׁוּם:

ז. כֹּתֶל שֶׁחֲצִי עָבְיוֹ בִּנְיָן וְחֶצְיוֹ סֶלַע נִדּוֹן מֶחֱצָה לְמֶחֱצָה:

ח. טֻמְאָה שֶׁהָיְתָה בֵּין קוֹרוֹת הַבַּיִת אֲפִלּוּ אֵין תַּחְתֶּיהָ אֶלָּא כִּקְלִפַּת הַשּׁוּם הַבַּיִת טָהוֹר וְרוֹאִין אֶת הַטֻּמְאָה כְּאִלּוּ הִיא רְצוּצָה בָּאָרֶץ וּמְטַמְּאָה כְּנֶגְדָּהּ בִּלְבַד. וְאִם יֵשׁ בִּמְקוֹמָהּ טֶפַח עַל טֶפַח הַכֹּל טָמֵא. וְכֵן אִם הָיְתָה נִרְאֵית בְּתוֹךְ הַבַּיִת בֵּין כָּךְ וּבֵין כָּךְ הַבַּיִת טָמֵא. שְׁנֵי פְּתָחִים זֶה עַל גַּבֵּי זֶה וְטֻמְאָה בַּכֹּתֶל שֶׁבֵּינֵיהֶן אִם נִרְאֵית שֶׁהִיא לְתוֹךְ אַחַת מֵהֶן הוּא טָמֵא וַחֲבֵרוֹ טָהוֹר וְאִם לָאו נִדּוֹנִין מֶחֱצָה לְמֶחֱצָה:

Perek 25

Ohel continued.

Amud (pillar)

Pardisek (large hole in thickness of wall)

Askupah (doorstep)

Mashkof (lintel)

Ubarah (foetus) – A dead foetus imparts impurity as soon as the head can be seen, if the head has developed to the size of "*fika shel shesi*". If it is smaller than that, it imparts impurity only when it has left the womb.

Shilya (placenta) – Imparts impurity when leaves womb, because the dead foetus would have accompanied .

Vlad met (stillborn child) – Imparts impurity when leaves womb. – Mother contracts impurity from a corpse **(7 days)** and impurity of birth.

Reminder

Pack on Impurity of Human body

Pack on *Zav, Zavah* etc

The impurity can be classified as a 'closed grave', or *retzutzah* (compressed) or within compressed mass, or *ohel* within *ohel,* depending on its location and situation, and effect surroundings accordingly.

פרק כ"ה

א. עַמּוּד הָעוֹמֵד בְּתוֹךְ הַבַּיִת וְטֻמְאָה רְצוּצָה תַּחְתָּיו. טֻמְאָה בּוֹקַעַת וְעוֹלָה בּוֹקַעַת וְיוֹרֶדֶת. וְאֵינוֹ מְטַמֵּא אֶלָּא כְּנֶגֶד הַטֻּמְאָה בִּלְבַד. וְאִם הָיָה פֶּרַח יוֹצֵא מֵעַמּוּד זֶה וְכֵלִים תַּחַת הַפֶּרַח הַכֵּלִים טְהוֹרִים שֶׁאֵינוֹ מְטַמֵּא אֶלָּא כְּנֶגֶד הַטֻּמְאָה:

ב. [וְאִם יֵשׁ בִּמְקוֹם הַטֻּמְאָה] טֶפַח עַל טֶפַח עַל רוּם טֶפַח הֲרֵי הוּא כְּקֶבֶר סָתוּם וּמְטַמֵּא מִכָּל סְבִיבָיו. וְהַבַּיִת כֻּלּוֹ טָמֵא שֶׁהֲרֵי הֶאֱהִיל עַל הַקֶּבֶר:

ג. טֻמְאָה שֶׁבְּתוֹךְ הַכֹּתֶל וּמְקוֹמָהּ טֶפַח עַל טֶפַח עַל רוּם טֶפַח כָּל הָעֲלִיּוֹת הַבְּנוּיוֹת עַל כֹּתֶל זֶה אֲפִלּוּ עֶשֶׂר טְמֵאוֹת. שֶׁהֲרֵי הַכֹּתֶל כֻּלּוֹ קֶבֶר סָתוּם עַד סוֹפוֹ וְהוּא כֹּתֶל הָעֲלִיּוֹת וְכָל עֲלִיָּה מֵהֶן מַאֲהֶלֶת עַל הַקֶּבֶר. בָּנָה בַּיִת בְּצַד הַכֹּתֶל מִכָּאן וּבַיִת מִכָּאן וּבָנָה עֲלִיָּה עַל גַּבֵּי שְׁנֵי הַבָּתִּים עַד שֶׁנִּמְצָא רֹאשׁ הַכֹּתֶל הַטָּמֵא הוּא בְּאֶמְצַע קַרְקַע הָעֲלִיָּה. הֲרֵי הָעֲלִיָּה טְמֵאָה שֶׁהֲרֵי הֶאֱהִילָה עַל הַקֶּבֶר. וְהָעֲלִיָּה הַשְּׁנִיָּה הַבְּנוּיָה עַל גַּבָּהּ טְהוֹרָה מִפְּנֵי שֶׁהֵן זוֹ עַל גַּבֵּי זוֹ וְאֵין הַכֹּתֶל הַטָּמֵא כָּתְלָהּ:

ד. חוֹר גָּדוֹל שֶׁבָּעֳבִי הַכְּתָלִים שֶׁדֶּרֶךְ בְּנֵי אָדָם לַעֲשׂוֹתוֹ לְתַשְׁמִישׁ. וְהוּא הַנִּקְרָא פַּרְדַּסִּיק. שֶׁהָיְתָה טֻמְאָה מֻנַּחַת בְּתוֹכוֹ וְיֵשׁ עָלָיו דְּלָתוֹת סְגוּרוֹת. הַבַּיִת טָהוֹר. הָיְתָה הַטֻּמְאָה

רְצוּצָה בְּקַרְקָעִיתוֹ אוֹ בִּכְתָלָיו אוֹ בְּגַגּוֹ רוֹאִין אֶת כָּל הֶחָדֵר כֻּלּוֹ כְּאִלּוּ הוּא אָטוּם וְרוֹאִין מְקוֹם הַטֻּמְאָה אִם הוּא בַּחֲצִי עֳבִי הַכֹּתֶל שֶׁלְּפָנִים הַבַּיִת טָמֵא. וְאִם הָיְתָה טֻמְאָה מֵחֲצִי כֹּתֶל וְלַחוּץ הַבַּיִת טָהוֹר. מֶחֱצָה לְמֶחֱצָה הַבַּיִת טָמֵא:

ה. שְׁנֵי פַּרְדַּסְקִין זֶה בְּצַד זֶה אוֹ זֶה עַל גַּב זֶה וְטֻמְאָה מֻנַּחַת בְּאַחַת מֵהֶן וְנִפְתַּח. הוּא וְהַבַּיִת טָמֵא וַחֲבֵרוֹ טָהוֹר. הָיְתָה טֻמְאָה רְצוּצָה בְּתוֹךְ הַבִּנְיָן רוֹאִין אֶת הַפַּרְדַּסְקִין כְּאִלּוּ הֵן אֲטוּמִין וְיִדּוֹן מֶחֱצָה לְמֶחֱצָה:

ו. כְּזַיִת מִן הַמֵּת מְדֻבָּק בְּאַסְקֻפַּת הַבַּיִת מִבַּחוּץ הַבַּיִת טָהוֹר. הָיָה רָצוּץ תַּחַת הָאַסְקֻפָּה יִדּוֹן מֶחֱצָה לְמֶחֱצָה. הָיָה מְדֻבָּק לַמַּשְׁקוֹף הַבַּיִת טָמֵא:

ז. כֶּלֶב שֶׁאָכַל בְּשַׂר הַמֵּת וּמֵת בְּתוֹךְ שְׁלֹשָׁה יָמִים וַהֲרֵי הוּא מֻטָּל עַל הָאַסְקֻפָּה רוֹאִין חֲלַל הַטֻּמְאָה מִגּוּפוֹ אִם הוּא כְּנֶגֶד הַמַּשְׁקוֹף וְלִפְנִים הַבַּיִת טָמֵא וּמִכְּנֶגֶד הַמַּשְׁקוֹף וְלַחוּץ הַבַּיִת טָהוֹר:

ח. הָאִשָּׁה שֶׁמֵּת עֻבָּרָהּ בְּתוֹךְ מֵעֶיהָ אִם נַעֲשֵׂית רֹאשׁ הַנֵּפֶל כְּפִיקָה שֶׁל שְׁתִי כֵּיוָן שֶׁנִּפְתַּח הָרֶחֶם עַד שֶׁנִּרְאֶה הָרֹאשׁ נִטְמָא הַבַּיִת מִפְּנֵי הָעֻבָּר אַף עַל פִּי שֶׁעֲדַיִן לֹא יָצָא:

ט. הָאִשָּׁה שֶׁמְּקַשָּׁה לֵילֵד וְיָצְאָה מִבַּיִת לְבַיִת וְהִפִּילָה נֵפֶל מֵת בְּבַיִת שֵׁנִי הַבַּיִת הָרִאשׁוֹן טָמֵא בְּסָפֵק. שֶׁמָּא כְּשֶׁהָיְתָה בּוֹ יָצָא רֹאשׁוֹ שֶׁל נֵפֶל הַזֶּה. בַּמֶּה דְּבָרִים אֲמוּרִים כְּשֶׁלֹּא הָיָה רֹאשׁ הַנֵּפֶל כְּפִיקָה שֶׁל שְׁתִי. אֲבָל אִם הֶעֱגִיל רֹאשׁ הַנֵּפֶל כְּפִיקָה הַבַּיִת הָרִאשׁוֹן טָהוֹר שֶׁאִלּוּ נִפְתַּח רַחְמָהּ שָׁם לֹא הָיְתָה יְכוֹלָה לְהַלֵּךְ עַל רַגְלֶיהָ. לְפִיכָךְ אִם הָיְתָה נִטֶּלֶת בָּאֲגַפַּיִם וְהוֹצִיאוּהָ מִבַּיִת לְבַיִת הַבַּיִת הָרִאשׁוֹן טָמֵא בְּסָפֵק אַף עַל פִּי שֶׁהֶעֱגִיל רֹאשׁ הַנֵּפֶל כְּפִיקָה שֶׁל שְׁתִי:

י. הָאִשָּׁה שֶׁהִפִּילָה שִׁלְיָא הַבַּיִת טָמֵא וַדַּאי. חֲזָקָה הוּא שֶׁאֵין שִׁלְיָא בְּלֹא וָלָד:

יא. מִי שֶׁיָּלְדָה שְׁנֵי יְלָדִים אֶחָד חַי וְאֶחָד מֵת. אִם הַמֵּת יָצָא רִאשׁוֹן הַחַי טָהוֹר שֶׁהֲרֵי לֹא נָגַע בּוֹ מִשֶּׁיָּצָא לַאֲוִיר הָעוֹלָם. וְאִם הַחַי יָצָא רִאשׁוֹן הֲרֵי הוּא טָמֵא שֶׁהֲרֵי אִי אֶפְשָׁר שֶׁלֹּא יִגַּע בּוֹ הַמֵּת מִשֶּׁיֵּצֵא לַאֲוִיר הָעוֹלָם מִפְּנֵי שֶׁהוּא מִתְגַּלְגֵּל אַחֲרָיו כְּאֶבֶן שֶׁאֵין בּוֹ רוּחַ חַיִּים כְּדֵי לְהַעֲמִיד עַצְמוֹ:

יב. הָאִשָּׁה שֶׁיָּלְדָה וָלָד מֵת אֲפִלּוּ נֵפֶל קָטָן כְּמוֹ שֶׁבֵּאַרְנוּ הֲרֵי הִיא טְמֵאָה טֻמְאַת ז׳. מֵת עֻבָּרָהּ בְּתוֹךְ מֵעֶיהָ וּפָשְׁטָה הַחַיָּה אֶת יָדָהּ וְנָגְעָה בּוֹ הַחַיָּה טְמֵאָה ז׳ וְהָאִשָּׁה טְהוֹרָה עַד שֶׁיֵּצֵא הַוָּלָד. וְטֻמְאַת הַחַיָּה מִדִּבְרֵיהֶם גְּזֵרָה שֶׁמָּא תִּגַּע בּוֹ מִשֶּׁיֵּצֵא לַפְּרוֹזְדוֹר. אֲבָל מִן הַתּוֹרָה אֵין מַגַּע בֵּית הַסְּתָרִים מַגָּע הוֹאִיל וְהוּא בְּתוֹךְ הַמֵּעַיִם הַנּוֹגֵעַ בּוֹ טָהוֹר. וְכֵן הַבּוֹלֵעַ טַבַּעַת טְמֵאָה וְחָזַר וּבָלַע אַחֲרֶיהָ טַבַּעַת טְהוֹרָה אַף עַל פִּי שֶׁנָּגְעוּ זוֹ בָּזוֹ בְּוַדַּאי בְּתוֹךְ מֵעָיו אֵינוֹ מַגָּע וְהַטְּמֵאָה בְּטֻמְאָתָהּ וּטְהוֹרָה בְּטָהֳרָתָהּ: סְלִיקוּ לְהוּ הִלְכוֹת טֻמְאַת מֵת:

הלכות פרה אדומה
Hilchot Parah Adumah
THE LAWS OF THE PURIFICATION PROCESS INVOLVING THE RED HEIFER

They consist of two positive commandments	יש בכללן ב׳ מצות עשה
They are:	וזהו פרטן:
1. The law of the Red Heifer	א. דין פרה אדומה
2. The laws involving the ritual purity and impurity imparted by the water that is sprinkled together with the ashes of the Red Heifer	ב. דין טומאת מי נדה וטהרתן

Perek 1

The law of *Parah Adumah* (Red Heifer)[1].

Requirements

RED HEIFER ITSELF

Should be purchased from funds of Temple Treasury.

> **Reminder**
> Use of Consecrated Funds. Ref: *Sefer Zemanim, Hilchot Shekalim*, Chapter 4

Used in third or fourth year of life. Can be older but wouldn't be left later than this lest the hair blacken.

Must be 'perfectly' red. It is disqualified if there are even **2** black or white hairs.

If horns or hooves are black, the black layer may be cut off.

Colour of eyeballs, teeth or tongue are irrelevant.

Physical blemishes which disqualify a sacrificial animal also disqualify a Red Heifer.

Factors which invalidate a sacrificial animal, invalidate the Red Heifer.

There are **14** animals forbidden.

> **Reminder**
> Animals Forbidden on *Mizbeach*. Ref: *Sefer Avodah, Hilchot Issurei Mizbeach*, Chapter 1, 3
> Blemishes in Consecrated Animals. Ref: *Sefer Avodah, Hilchot Issurei Mizbeach*, Chapters 2 and 3
> Pack on *Korbanot* (Sacrifices)

There is added strictness regarding work.

- Any work done by Red Heifer causes disqualification.
- Even placing a yoke without doing work causes disqualification.
- Some work is allowed if it will only benefit the animal. If it also benefits the owner in any way, it is regarded as work, and is unacceptable.

Pregnant heifer unacceptable.

If disqualified it may be redeemed and used, but not fed to dogs if it dies.

PEOPLE ASSOCIATED WITH RED HEIFER

Can be performed by High Priest or ordinary Priest.

Reminder
Pack on Priests

In either case the **4** garments of ordinary Priest is worn.

All people involved in the *Parah Adumah* procedure were *tevulei yom*. They were initially impure and only just immersed in the *mikveh*. They did not wait for sunset to become extra pure since the level of purity needed here is like that needed for partaking of *maaser sheni* (second tithe). Since the *tzedokim* (who didn't believe in the Oral Tradition) believed that the person may not be a *tevul yom* (rather, he must be extra pure), therefore the people involved in the *Parah Adumah* procedure were specifically *tevulei yom* to negate this erroneous contention.

Similarly, all containers used were *tevulei yom* (initially impure and immersed in the *mikveh* on day they were used).

Reminder
Pack on Purification

פרק א׳

א. מִצְוַת פָּרָה אֲדֻמָּה שֶׁתִּהְיֶה בַּת שָׁלשׁ שָׁנִים אוֹ בַּת אַרְבַּע. וְאִם הָיְתָה זְקֵנָה כְּשֵׁרָה אֶלָּא שֶׁאֵין מַמְתִּינִין לָהּ שֶׁמָּא תַּשְׁחִיר וְתִפָּסֵל. וְאֵין לוֹקְחִין עֶגְלָה וּמְגַדְּלִין אוֹתָהּ שֶׁנֶּאֱמַר (במדבר יט ב) "וְיִקְחוּ אֵלֶיךָ פָרָה" וְלֹא עֶגְלָה. לֹא מָצְאוּ אֶלָּא עֶגְלָה פּוֹסְקִין עָלֶיהָ דָּמִים וְתִהְיֶה אֵצֶל בְּעָלֶיהָ עַד שֶׁתַּגְדִּיל וְתֵעָשֶׂה פָּרָה. וְלוֹקְחִין אוֹתָהּ מִתְּרוּמַת הַלִּשְׁכָּה:

ב. זֶה שֶׁנֶּאֱמַר בַּתּוֹרָה (במדבר יט ב) "תְּמִימָה" תְּמִימַת אַדְמִימוּת לֹא תְּמִימַת קוֹמָה אֶלָּא אִם הָיְתָה נַנָּסָה כְּשֵׁרָה כִּשְׁאָר הַקָּדָשִׁים. הָיוּ בָּהּ שְׁתֵּי שְׂעָרוֹת לְבָנוֹת אוֹ שְׁחוֹרוֹת בְּתוֹךְ גֻּמָּא אַחַת אוֹ בְּתוֹךְ שְׁנֵי כּוֹסוֹת וְהֵן מֻנָּחוֹת זוֹ עַל זוֹ פְּסוּלָה:

ג. הָיוּ בָּהּ שְׁתֵּי שְׂעָרוֹת עִקָּרָן מַאֲדִים וְרֹאשָׁן מַשְׁחִיר עִקָּרָן מַשְׁחִיר וְרֹאשָׁן מַאֲדִים הַכֹּל הוֹלֵךְ אַחַר הָעִקָּר. וְגוֹזֵז בְּמִסְפָּרַיִם אֶת רֹאשָׁן הַמַּשְׁחִיר וְאֵינוֹ חוֹשֵׁשׁ מִשּׁוּם גִּזָּה בְּקָדָשִׁים שֶׁאֵין כַּוָּנָתוֹ לָגֹז:

ד. וְצָרִיךְ שֶׁיִּשָּׁאֵר מִן הַמַּאֲדִים כְּדֵי שֶׁיִּנָּטֵל בְּזוּג שֶׁכָּל שְׂעָרָה שֶׁאֵינָהּ נִטֶּלֶת בְּזוּג הֲרֵי הִיא כְּאִלּוּ אֵינָהּ. לְפִיכָךְ אִם הָיוּ בָּהּ שְׁתֵּי שְׂעָרוֹת לְבָנוֹת אוֹ שְׁחוֹרוֹת שֶׁאֵינָן נִלְקָטִין בְּזוּג הֲרֵי זוֹ כְּשֵׁרָה:

ה. הָיוּ קַרְנֶיהָ אוֹ טְלָפֶיהָ שְׁחוֹרִים יָגוֹד. גַּלְגַּל הָעַיִן וְהַשִּׁנַּיִם וְהַלָּשׁוֹן אֵין מַרְאֵיהֶן פּוֹסְלִים בְּפָרָה:

ו. הָיְתָה בָּהּ יַבֶּלֶת וַחֲתָכָהּ. אַף עַל פִּי שֶׁצָּמַח בִּמְקוֹמָהּ שֵׂעָר אָדֹם פְּסוּלָה:

ז. כָּל הַמּוּמִין הַפּוֹסְלִין בְּקָדָשִׁים פּוֹסְלִין בְּפָרָה שֶׁנֶּאֱמַר (במדבר יט ב) "אֲשֶׁר אֵין בָּהּ מוּם". הָיְתָה יוֹצֵא דֹפֶן אוֹ מְחִיר אוֹ אֶתְנָן אוֹ טְרֵפָה אוֹ שֶׁנִּרְבְּעָה פְּסוּלָה. שֶׁכָּל הַפּוֹסְלִין

אֶת הַקָּדָשִׁים לַמִּזְבֵּחַ פּוֹסְלִין אֶת הַפָּרָה וְאַף עַל פִּי שֶׁהִיא כְּקָדְשֵׁי בֶּדֶק הַבַּיִת הוֹאִיל וּקְרָאָהּ הַכָּתוּב חַטָּאת. וּמֻתָּר לִקַּח אוֹתָהּ מִן הָעַכּוּ"ם וְאֵין חוֹשְׁשִׁין שֶׁמָּא רְבָעָהּ הָעַכּוּ"ם שֶׁאֵינוֹ מַפְסִיד בְּהֶמְתּוֹ. יְתֵרָה פָּרָה עַל הַקָּדָשִׁים שֶׁהָעֲבוֹדָה פּוֹסֶלֶת בָּהּ שֶׁנֶּאֱמַר (במדבר יט ב) "אֲשֶׁר לֹא עָלָה עָלֶיהָ עֹל" וּבְעֶגְלָה עֲרוּפָה אוֹמֵר (דברים כא ג) "אֲשֶׁר לֹא עֻבַּד בָּהּ אֲשֶׁר לֹא מָשְׁכָה בְּעֹל" מָה עֹל הָאָמוּר בְּעֶגְלָה עָשָׂה שְׁאָר עֲבוֹדוֹת כְּעֹל אַף עֹל הָאָמוּר בְּפָרָה יִפְסֹל בָּהּ שְׁאָר עֲבוֹדוֹת כְּעֹל. אֶלָּא שֶׁהָעֹל פּוֹסֵל בֵּין בִּשְׁעַת עֲבוֹדָה בֵּין שֶׁלֹּא בִּשְׁעַת עֲבוֹדָה וּשְׁאָר עֲבוֹדוֹת אֵין פּוֹסְלוֹת אֶלָּא בִּשְׁעַת עֲבוֹדָה. כֵּיצַד. קָשַׁר עָלֶיהָ הָעֹל אַף עַל פִּי שֶׁלֹּא חָרַשׁ בָּהּ פְּסוּלָה. הִכְנִיסָהּ לָדוּשׁ אֵינָהּ נִפְסֶלֶת עַד שֶׁיָּדוּשׁ בָּהּ. וְכֵן כָּל כַּיּוֹצֵא בָּזֶה. רָכַב עָלֶיהָ. נִשְׁעַן עָלֶיהָ. נִתְלָה בִּזְנָבָהּ. וְעָבַר בָּהּ אֶת הַנָּהָר. קִפֵּל עָלֶיהָ אֶת הַמּוֹסֵרָה. נָתַן טַלִּיתוֹ עָלֶיהָ. נָתַן עָלֶיהָ כְּסוּת שֶׁל שַׂקִּים. פְּסוּלָה. קְשָׁרָהּ בְּמוֹסֵרָה אִם הָיְתָה מוֹרֶדֶת וּצְרִיכָה שְׁמִירָה כְּשֵׁרָה וְאִם לָאו פְּסוּלָה שֶׁכָּל שְׁמִירָה שֶׁאֵינָהּ צְרִיכָה מַשּׂוֹי הוּא. עָשָׂה בָּהּ סַנְדָּל שֶׁלֹּא תַּחֲלִיק. פֵּרֵשׂ טַלִּיתוֹ עָלֶיהָ מִפְּנֵי הַזְּבוּבִין. כְּשֵׁרָה. זֶה הַכְּלָל כָּל שֶׁהוּא לְצָרְכָּהּ כְּשֵׁרָה לְצֹרֶךְ אַחֵר פְּסוּלָה. נַעֲשֵׂית בָּהּ מְלָאכָה מֵאֵלֶיהָ אוֹ שֶׁעָלָה עָלֶיהָ עֹל מֵאֵלָיו. אִם לִרְצוֹנוֹ פְּסוּלָה שֶׁנֶּאֱמַר אֲשֶׁר לֹא עֻבַּד בָּהּ שֶׁאִם עֻבַּד בָּהּ לִרְצוֹנוֹ הֲרֵי זֶה כְּמִי שֶׁעָבַד בָּהּ. לְפִיכָךְ אִם שָׁכַן עָלֶיהָ הָעוֹף כְּשֵׁרָה. עָלָה עָלֶיהָ זָכָר פְּסוּלָה. וְאֵין צָרִיךְ לוֹמַר שֶׁהַמְעֻבֶּרֶת פְּסוּלָה. הִכְנִיסָהּ לִרְבָקָה וְדָשָׁה מֵאֵלֶיהָ כְּשֵׁרָה. הִכְנִיסָהּ כְּדֵי שֶׁתִּינַק וְתָדוּשׁ פְּסוּלָה שֶׁהֲרֵי עָשָׂה לִרְצוֹנוֹ. וְכֵן כָּל כַּיּוֹצֵא בָּזֶה:

ח. פָּרָה שֶׁנּוֹלַד בָּהּ פְּסוּל תְּפָדֶה. וְכֵן אִם מֵתָה תְּפָדֶה מִפְּנֵי עוֹרָהּ. אֲבָל לֹא לְהַאֲכִיל בְּשָׂרָהּ לִכְלָבִים:

ט. נִשְׁחֲטָה לְשֵׁם חֻלִּין תִּפָּדֶה וְאֵינָהּ מְכַפֶּרֶת. נִשְׁחֲטָה עַל גַּב מַעֲרַכְתָּהּ אֵין לָהּ פִּדְיוֹן עוֹלָמִית:

י. לָקְחוּ פָּרָה וּמָצְאוּ אַחֶרֶת נָאָה מִמֶּנָּה הֲרֵי זוֹ תִּפָּדֶה שֶׁלֹּא בְּמוּם:

יא. אַף כֹּהֵן הֶדְיוֹט כָּשֵׁר לִשְׂרֵפַת הַפָּרָה שֶׁנֶּאֱמַר (במדבר יט ג) "וּנְתַתֶּם אֹתָהּ אֶל אֶלְעָזָר הַכֹּהֵן" וַעֲדַיִן אַהֲרֹן הָיָה קַיָּם. וּמִפִּי הַשְּׁמוּעָה לָמְדוּ זוֹ נַעֲשֵׂית בְּאֶלְעָזָר וּשְׁאָר כָּל הַפָּרוֹת בֵּין בְּכֹהֵן גָּדוֹל בֵּין בְּכֹהֵן הֶדְיוֹט:

יב. וְהָעוֹשֶׂה אוֹתָהּ לוֹבֵשׁ אַרְבָּעָה כֵּלִים שֶׁל כֹּהֵן הֶדְיוֹט. בֵּין שֶׁעֲשָׂאָהּ כֹּהֵן הֶדְיוֹט בֵּין שֶׁעֲשָׂאָהּ כֹּהֵן גָּדוֹל:

יג. כָּל הָעוֹסְקִין בַּפָּרָה מִתְּחִלָּה וְעַד סוֹף שֶׁהָיוּ טְבוּלֵי יוֹם כְּשֵׁרִים לְמַעֲשֵׂה הַפָּרָה וּלְקַדֵּשׁ וּלְהַזּוֹת מֵאֶפְרָהּ וְאַף עַל פִּי שֶׁעֲדַיִן לֹא הֶעֱרִיב שִׁמְשָׁן. שֶׁזֶּה שֶׁנֶּאֱמַר בְּכָל הַפָּרָשָׁה (במדבר יט ט) "אִישׁ טָהוֹר" הוּא הַטָּהוֹר לְמַעֲשֵׂר שֵׁנִי אַף עַל פִּי שֶׁאֵינוֹ טָהוֹר לִתְרוּמָה עַד שֶׁיַּעֲרִיב שִׁמְשׁוֹ הֲרֵי זֶה טָהוֹר לְפָרָה:

יד. הַצְּדוֹקִין הָיוּ אוֹמְרִים שֶׁאֵין מַעֲשֵׂה הַפָּרָה כָּשֵׁר אֶלָּא בִּמְעֹרְבֵי שֶׁמֶשׁ. לְפִיכָךְ הָיוּ בֵּית דִּין בְּבַיִת שֵׁנִי מְטַמְּאִין אֶת הַכֹּהֵן הַשּׂוֹרֵף אֶת הַפָּרָה בְּשֶׁרֶץ וְכַיּוֹצֵא בּוֹ וְטוֹבֵל וְאַחַר כָּךְ עוֹסֵק בָּהּ כְּדֵי לְבַטֵּל דִּבְרֵי אֵלּוּ הַזֵּדִים שֶׁמּוֹרִים מֵהָעוֹלֶה עַל רוּחָם לֹא מִן הַקַּבָּלָה. וְכֵן כָּל הַכֵּלִים שֶׁמַּכְנִיסִין לְתוֹכָם אֵפֶר הַפָּרָה כֻּלָּם טְבוּלֵי יוֹם:

טו. הַחוֹתֵךְ שְׁפוֹפֶרֶת שֶׁל קָנֶה לְהַנִּיחַ בָּהּ אֵפֶר חַטָּאת יְטַמֵּא אוֹתָהּ וְיַטְבִּלֶנָּה וְאַחַר כָּךְ יַנִּיחַ בָּהּ. וְהַחוֹתְכָהּ וְהַמַּטְבִּילָהּ טָעוּן טְבִילָה מִפְּנֵי שֶׁעֲשָׂאוּהָ כִּטְמֵא מֵת בַּשְּׁבִיעִי שֶׁלּוֹ וּלְפִיכָךְ אֵינָהּ צְרִיכָה הַזָּאָה שְׁלִישִׁי וּשְׁבִיעִי אֶלָּא מְטַמְּאָהּ כְּדֵי לְהֵרָאוֹת לַצְּדוֹקִין וּמַטְבִּילָהּ וְנוֹתֵן בָּהּ:

Perek 2

Requirements continued.

Special Standards of Purity

Since the procedure was kosher with *tevulei yom* (as above), extra precautions were instituted by the *Rabanan* (to prevent impurity from a corpse) to impress on the people to be careful with *Parah Adumah* as follows:

- The Priest or High Priest who was to burn the *Parah Adumah* was isolated for **7** days in a chamber in the Temple called the House of Stone. It was called the "House of Stone" because all the utensils here were made of stone which do not contract impurity. It was positioned near slaughtering area to remind Priest that even though Red Heifer was slaughtered outside the Temple, it is like a Sin Offering (*Chatat*) in that it shares some of its laws.

Reminder
Pack on *Bet Habechirah*

- No one would touch him and he was also isolated from his wife.
- Ashes of other *Parah Adumah* would be sprinkled on him every day, except the fourth (Shabbat), in case he unknowingly became impure. (the ashes purify impurity.)
- His isolation would start on Wednesday so that the fourth day would be *Shabbat* – sprinkling would therefore not be needed on *Shabbat*.
- Sprinkling of the Priest is performed by someone who has never contracted impurity from a corpse. (There were special courtyards in *Yerushalayim* which were insusceptible to impurity and mothers would give birth and raise their children there.) It was these children who sprinkled the Priest. There was a special procedure for the water collection from the *Shiloach* spring and the sprinkling of the Priest. Even with all these precautions the children would still immerse in a *mikveh* for the sake of the sprinkling of the Priest.
- The utensils used to collect the water from the spring or to sprinkle the Priest were made of stone so as to be insusceptible to impurity.

פרק ב׳

א. מַעֲלוֹת יְתֵרוֹת עָשׂוּ בְּטָהֳרַת פָּרָה אֲדֻמָּה וְהַרְחָקוֹת גְּדוֹלוֹת הִרְחִיקוּ מִטֻּמְאַת הַמֵּת בְּכָל מַעֲשֶׂיהָ. מִפְּנֵי שֶׁהִיא כְּשֵׁרָה בִּטְבוּלֵי יוֹם חָשְׁשׁוּ שֶׁמָּא יָבוֹאוּ לְזַלְזֵל בָּהּ. וּמִפְּנֵי זֶה כְּשֶׁמַּפְרִישִׁין הַכֹּהֵן הַשּׂוֹרֵף אוֹתָהּ מַפְרִישִׁין אוֹתוֹ לְלִשְׁכָּה מוּכֶנֶת בָּעֲזָרָה. וּבֵית אֶבֶן הָיְתָה נִקְרֵאת מִפְּנֵי שֶׁכָּל כֵּלֶיהָ כְּלֵי אֲבָנִים שֶׁאֵין מְקַבְּלִין טֻמְאָה. וּבִכְלֵי הָאֶבֶן הָיָה מִשְׁתַּמֵּשׁ כָּל שִׁבְעַת יְמֵי הַהַפְרָשָׁה. וְלֹא הָיוּ נוֹגְעִין בּוֹ אֶחָיו הַכֹּהֲנִים כְּדֵי לְהַרְבּוֹת בְּטָהֳרָתוֹ:

ב. שִׁבְעַת יָמִים קֹדֶם שְׂרֵפַת הַפָּרָה מַפְרִישִׁין כֹּהֵן הַשּׂוֹרֵף אוֹתָהּ מִבֵּיתוֹ. כְּשֵׁם שֶׁמַּפְרִישִׁין כֹּהֵן גָּדוֹל לַעֲבוֹדַת יוֹם הַכִּפּוּרִים. וְדָבָר זֶה קַבָּלָה מִמֹּשֶׁה רַבֵּנוּ. וְכֵן מַפְרִישִׁין אוֹתוֹ מֵאִשְׁתּוֹ שֶׁמָּא תִּמָּצֵא נִדָּה וְיִהְיֶה טָמֵא שִׁבְעַת יָמִים:

ג. הַלִּשְׁכָּה שֶׁהָיָה יוֹשֵׁב בָּהּ כָּל שִׁבְעָה צְפוֹנִית מִזְרָחִית הָיְתָה. כְּדֵי לְהַזְכִּירוֹ שֶׁהִיא כְּחַטָּאת הַנִּשְׁחֶטֶת בַּצָּפוֹן אַף עַל פִּי שֶׁהִיא נִשְׁחֶטֶת בַּחוּץ:

ד. כָּל יוֹם וְיוֹם מִשִּׁבְעַת יְמֵי הַהַפְרָשָׁה מַזִּין עָלָיו מֵי חַטָּאת. שֶׁמָּא נִטְמָא לְמֵת וְהוּא לֹא יָדַע. חוּץ מִיּוֹם רְבִיעִי לְהַפְרָשָׁה שֶׁאֵין צָרִיךְ הַזָּאָה לְפִי שֶׁאִי אֶפְשָׁר שֶׁלֹּא יִהְיֶה לֹא שְׁלִישִׁי לְטֻמְאָתוֹ וְלֹא שְׁבִיעִי. שֶׁאֵין הַזָּאָה בִּשְׁבִיעִי עוֹלָה מִשּׁוּם הַזָּאַת שְׁבִיעִי עַד שֶׁיַּזֶּה בִּשְׁלִישִׁי מִלְּפָנֶיהָ. וּמִן הַדִּין הָיָה שֶׁאֵין צָרִיךְ הַזָּאָה אֶלָּא בִּשְׁלִישִׁי וּשְׁבִיעִי לְהַפְרָשָׁה בִּלְבַד וְזֶה שֶׁמַּזִּין יוֹם אַחַר יוֹם מַעֲלָה יְתֵרָה עָשׂוּ בְּפָרָה:

ה. בִּרְבִיעִי בְּשַׁבָּת הָיוּ מַפְרִישִׁין אוֹתוֹ כְּדֵי שֶׁיָּחוּל רְבִיעִי שֶׁלּוֹ לִהְיוֹת בְּשַׁבָּת. שֶׁהַהַזָּיָה אֵינָהּ דּוֹחָה שַׁבָּת וְהָרְבִיעִי אֵין צָרִיךְ הַזָּיָה:

ו. בְּכָל יוֹם וְיוֹם מִימֵי הַהַפְרָשָׁה שֶׁמַּזִּין עָלָיו בָּהֶם. מַזִּין מֵאֵפֶר פָּרָה מִן הַפָּרוֹת שֶׁנִּשְׂרְפוּ כְּבָר. וְאִם לֹא הָיָה שָׁם אֶלָּא אֵפֶר פָּרָה אַחַת בִּלְבַד מַזִּין מִמֶּנּוּ עָלָיו כָּל הַשִּׁשָּׁה:

ז. כְּשֶׁמַּזִּין עָלָיו בִּימֵי הַהַפְרָשָׁה אֵין מַזֶּה עָלָיו אֶלָּא אָדָם שֶׁלֹּא נִטְמָא בְּמֵת מֵעוֹלָם שֶׁהַמַּזֶּה צָרִיךְ שֶׁיִּהְיֶה טָהוֹר. וְאִם תֹּאמַר יַזֶּה עָלָיו אִישׁ שֶׁנִּטְמָא וְהֻזָּה עָלָיו. שֶׁמָּא זֶה שֶׁהִזָּה עָלָיו לֹא הָיָה טָהוֹר מִטֻּמְאַת מֵת. וְכֵן הַכֵּלִים שֶׁמְּמַלְּאִין בָּהֶן וּמְקַדְּשִׁין לְהַזּוֹת עַל הַכֹּהֵן הַשּׂוֹרֵף כֻּלָּם כְּלֵי אֲבָנִים הָיוּ שֶׁאֵין מְקַבְּלִין טֻמְאָה. וְכָל אֵלּוּ הַדְּבָרִים מַעֲלוֹת יְתֵרוֹת הֵן שֶׁעָשׂוּ בָּהּ. וְכֵיצַד יִמָּצֵא אִישׁ שֶׁלֹּא נִטְמָא בְּמֵת מֵעוֹלָם. חֲצֵרוֹת הָיוּ בִּירוּשָׁלַיִם בְּנוּיוֹת עַל גַּבֵּי הַסֶּלַע וְתַחְתֵּיהֶן חָלוּל מִפְּנֵי קֶבֶר הַתְּהוֹם. וּמְבִיאִין הָיוּ נָשִׁים עֻבָּרוֹת וְיוֹלְדוֹת שָׁם וּמְגַדְּלוֹת שָׁם אֶת בְּנֵיהֶם. וּכְשֶׁיִּרְצוּ לְהַזּוֹת עַל הַכֹּהֵן הַשּׂוֹרֵף מְבִיאִין שְׁוָרִים מִפְּנֵי שֶׁכְּרֵסֵיהֶן נְפוּחוֹת וּמַנִּיחִים עַל גַּבֵּיהֶן דְּלָתוֹת וְיוֹשְׁבִין הַתִּינוֹקוֹת עַל גַּבֵּי הַדְּלָתוֹת כְּדֵי שֶׁיִּהְיֶה הָאֹהֶל מַבְדִּיל בֵּינָם לְבֵין הָאָרֶץ מִפְּנֵי קֶבֶר הַתְּהוֹם. וְכוֹסוֹת שֶׁל אֶבֶן בְּיָדָם וְהוֹלְכִין לַשִּׁילוֹחַ. הִגִּיעוּ לַשִּׁילוֹחַ יוֹרְדִין שָׁם וּמְמַלְּאִין שֶׁאֵין לָחוּשׁ שָׁם מִפְּנֵי קֶבֶר הַתְּהוֹם שֶׁאֵין דֶּרֶךְ בְּנֵי אָדָם לִקְבֹּר בַּנְּהָרוֹת. וְעוֹלִין וְיוֹשְׁבִין עַל גַּבֵּי הַדְּלָתוֹת

וְהוֹלְכִין עַד שֶׁמַּגִּיעִין לְהַר הַבַּיִת. הִגִּיעוּ לְהַר הַבַּיִת יוֹרְדִין וּמְהַלְּכִין עַל רַגְלֵיהֶן מִפְּנֵי שֶׁכָּל הַר הַבַּיִת וְהָעֲזָרוֹת תַּחְתֵּיהֶן הָיָה חָלוּל מִפְּנֵי קֶבֶר הַתְּהוֹם. וּמְהַלְּכִין עַד פֶּתַח הָעֲזָרָה. וּבְפֶתַח הָעֲזָרָה הָיָה קָלָל שֶׁל אֵפֶר נוֹטְלִין הָאֵפֶר וְנוֹתְנִין בַּמַּיִם שֶׁבַּכּוֹסוֹת וּמַזִּין עַל הַכֹּהֵן הַשּׂוֹרֵף. וּמַטְבִּילִין הָיוּ הַתִּינוֹקוֹת שֶׁמְּמַלְּאִין וּמְקַדְּשִׁין וּמַזִּין עַל הַשּׂוֹרֵף אַף עַל פִּי שֶׁהֵן טְהוֹרִין מִטֻּמְאַת הַמֵּת שֶׁמָּא נִטְמְאוּ בְּטֻמְאָה אַחֶרֶת:

ח. תִּינוֹק שֶׁטָּבַל לְמַלְּאוֹת וּלְהַזּוֹת לֹא יְמַלֵּא בְּכֵלָיו תִּינוֹק אַחֵר אַף עַל פִּי שֶׁטָּבַל. וְתִינוֹק שֶׁטָּבַל לְהַזּוֹת עַל כֹּהֵן זֶה אֵינוֹ מַזֶּה עַל כֹּהֵן אַחֵר עַד שֶׁיִּטְבֹּל לְשֵׁם מַעֲשֶׂה זֶה הַכֹּהֵן. וְכֵן כֵּלִים שֶׁטִּהֲרוּם לְחַטָּאת זוֹ וּבְנֵי אָדָם שֶׁטִּהֲרוּם לְחַטָּאת זוֹ לֹא יִתְעַסֵּק בָּהֶם בְּפָרָה אַחֶרֶת עַד שֶׁיִּטְבְּלוּ לִשְׁמָהּ. וְכָל הַדְּבָרִים הָאֵלּוּ מַעֲלוֹת יְתֵרוֹת בְּפָרָה:

Perek 3

Procedure continued.

Procedure of burning the *Parah Adumah* on *Har Hazeitim* (Mount of Olives).

- Ramp built from Temple Mount to Mount of Olives with arches below to protect from impurity.
- Similarly hollows where placed at site of burning and at *mikveh* on *Har Hazeitim.*
- Procession to site of burning
- Priest (or High Priest) was made impure.
- He then immerses in *mikveh* at Mount of Olives.
- Wood arrangement
- *Parah Adumah* placed on top of wood arrangement, lying with its head toward the south, facing west, and slaughtered by the Priest.
- **7** sprinklings of blood towards *Kodesh Hakodashim.* (Slaughtered with right hand, blood was received in his left hand and he would sprinkle with right finger.)
- Finger cleaned on *Parah Adumah* after each sprinkling (and both hands at conclusion).
- Fire lit
- Takes the *tzemer* (wool) dyed with *tolaat* (red), **weight 5 *sela,*** and ties together:
  - *Erez* (cedar wood) **1 *tefach*** – a specific type
  - *Ezov* (hyssop) **1 *tefach*** – the type eaten by home owners
- This is cast into belly of *Parah Adumah* once fire catches.
- Ashes, burnt remnants, and bones crushed and stored in **3** places. (None was brought into the *Azarah* (Temple Courtyard).)
  - *Chayl* (surrounded wall of Temple Courtyard) – Hidden away
  - Mount of Olives – Used by entire Jewish People
  - Divided out to the **24** guard posts – Used by Priests

9 *Parah Adumah* have been burnt to date. The **tenth** and final one will be arranged by *Melech Mashiach.*

פרק ג׳

א. אֵין שׂוֹרְפִין אֶת הַפָּרָה אֶלָּא חוּץ לְהַר הַבַּיִת שֶׁנֶּאֱמַר (במדבר יט ג) "וְהוֹצִיא אֹתָהּ" אֶל מִחוּץ לַמַּחֲנֶה. וּבְהַר הַמִּשְׁחָה הָיוּ שׂוֹרְפִין אוֹתָהּ. וְכֶבֶשׁ הָיוּ עוֹשִׂין מֵהַר הַבַּיִת לְהַר הַמִּשְׁחָה וְתַחְתָּיו בָּנוּי כִּפִּין כִּפִּין וְכִפָּה עַל כָּל שְׁנֵי כִּפִּין כְּדֵי שֶׁיִּהְיוּ שְׁנֵי רַגְלֵי הַכִּפָּה עַל גַּג שְׁנֵי כִּפִּין שֶׁתַּחְתֶּיהָ. כְּדֵי שֶׁתִּהְיֶה תַּחַת הַכֹּל חָלוּל מִפְּנֵי קֶבֶר הַתְּהוֹם. אַף מְקוֹם שְׂרֵפָתָהּ וּמְקוֹם הַטְּבִילָה שֶׁהָיוּ בְּהַר הַמִּשְׁחָה תַּחְתֵּיהֶן חָלוּל מִפְּנֵי קֶבֶר הַתְּהוֹם. וְהַפָּרָה וְהַשּׂוֹרֵף וְכָל הַמְסַעֲדִין בִּשְׂרֵפָתָהּ יוֹצְאִין מֵהַר הַבַּיִת לְהַר הַמִּשְׁחָה עַל גַּבֵּי כֶּבֶשׁ זֶה:

ב. כֵּיצַד שׂוֹרְפִין אוֹתָהּ. זִקְנֵי יִשְׂרָאֵל הָיוּ מַקְדִּימִין בְּרַגְלֵיהֶן לְהַר הַמִּשְׁחָה וּבֵית טְבִילָה הָיָה שָׁם. וְכֹהֵן וְהַמְסַעֲדִין בִּשְׂרֵפָתָהּ וְהַפָּרָה יוֹצְאִין עַל הַכֶּבֶשׁ וּבָאִין לְהַר הַמִּשְׁחָה. וּמְטַמְּאִין אֶת הַכֹּהֵן וְסוֹמְכִין הַזְּקֵנִים אֶת יְדֵיהֶם עַל הַכֹּהֵן וְאוֹמְרִים לוֹ טְבֹל אַחַת. וְאִם הָיָה כֹּהֵן גָּדוֹל אוֹמְרִים לוֹ אִישִׁי כֹּהֵן גָּדוֹל טְבֹל אַחַת. יָרַד וְטָבַל וְעָלָה וְנִסְתַּפֵּג. וְעֵצִים מְסֻדָּרִים הָיוּ שָׁם אֲרָזִים אַלּוֹנִים וּבְרוֹשִׁים וַעֲצֵי תְאֵנָה חֲלָקָה. וְעוֹשִׂין מַעֲרָכָה כְּמִין מִגְדָּל וּמְפַתְּחִין בָּהּ חַלּוֹנוֹת כְּדֵי שֶׁתְּהֶיה הָאוּר מְלַבֶּבֶת בָּהֶן. וּמַרְאֵה הַמַּעֲרָכָה בַּמַּעֲרָב. וְכוֹפְתִין אֶת הַפָּרָה בְּחֶבֶל שֶׁל מֶגֶג וְנוֹתְנִין אוֹתָהּ עַל גַּבֵּי הַמַּעֲרָכָה רֹאשָׁהּ לְדָרוֹם וּפָנֶיהָ לַמַּעֲרָב. הַכֹּהֵן עוֹמֵד בַּמִּזְרָח וּפָנָיו לַמַּעֲרָב. שׁוֹחֵט בִּימִינוֹ וּמְקַבֵּל הַדָּם בִּשְׂמֹאלוֹ. וּמַזֶּה בְּאֶצְבָּעוֹ הַיְמָנִית מִן הַדָּם שֶׁבְּכַפּוֹ הַשְּׂמָאלִית שֶׁבַע פְּעָמִים כְּנֶגֶד בֵּית קָדְשֵׁי הַקֳּדָשִׁים. עַל כָּל הַזָּאָה טְבִילַת אֶצְבַּע בְּדָם. וּשְׁיָרֵי הַדָּם שֶׁבָּאֶצְבַּע פְּסוּלִים לְהַזָּיָה לְפִיכָךְ עַל כָּל הַזָּאָה מְקַנֵּחַ אֶצְבָּעוֹ בְּגוּפָהּ שֶׁל פָּרָה. גָּמַר מִלְּהַזּוֹת מְקַנֵּחַ אֶת יָדָיו בְּגוּפָהּ שֶׁל פָּרָה וְיוֹרֵד מִן הַמַּעֲרָכָה וְהִצִּית אֶת הָאֵשׁ בְּעֵצִים קְטַנִּים וְהִכְנִיסָן תַּחַת עֲצֵי הַמַּעֲרָכָה וְהִתְחִיל הָאֵשׁ בָּהּ וְהַכֹּהֵן עוֹמֵד בְּרָחוֹק וּמְשַׁמֵּר לָהּ עַד שֶׁיַּצִּית אֶת הָאוּר בְּרֻבָּהּ וְתִקָּרַע בִּטְנָהּ. וְאַחַר כָּךְ נוֹטֵל עֵץ אֶרֶז וְאֵזוֹב אֵין פָּחוֹת מִטֶּפַח וְצֶמֶר צָבוּעַ בְּתוֹלַעַת מִשְׁקַל חֲמִשָּׁה סְלָעִים וְאוֹמֵר לָעוֹמְדִים שָׁם. עֵץ אֶרֶז זֶה עֵץ אֶרֶז זֶה עֵץ אֶרֶז זֶה. אֵזוֹב זֶה אֵזוֹב זֶה אֵזוֹב זֶה. שְׁנִי תוֹלַעַת זֶה שְׁנִי תוֹלַעַת זֶה שְׁנִי תוֹלַעַת זֶה. שָׁלֹשׁ פְּעָמִים עַל כָּל אֶחָד וְאֶחָד. וְהֵן אוֹמְרִין לוֹ הֵין הֵין הֵין שָׁלֹשׁ פְּעָמִים עַל כָּל אֶחָד וְאֶחָד. וְכָל כָּךְ לָמָּה לְפִי שֶׁמִּינֵי אֲרָזִים שִׁבְעָה הֵן וּמִינֵי אֵזוֹב אַרְבָּעָה וְהַצָּבוּעַ אָדֹם יֵשׁ שֶׁצּוֹבְעִין אוֹתוֹ בְּפוּאָה וְיֵשׁ שֶׁצּוֹבְעִין אוֹתוֹ בְּלַכָּא וְיֵשׁ שֶׁצּוֹבְעִין אוֹתוֹ בְּתוֹלַעַת וְהַתּוֹלַעַת הִיא הַגַּרְגְּרִים הָאֲדֻמִּים בְּיוֹתֵר הַדּוֹמִים לְגַרְעִינֵי הֶחָרוּבִים וְהֵן כְּמוֹ הָאוֹג וְתוֹלַעַת כְּמוֹ יַתּוּשׁ יֵשׁ בְּכָל גַּרְגִּיר מֵהֶן וּלְפִיכָךְ מוֹדִיעַ לַכֹּל וּמְגַלֶּה לָהֶן שֶׁאֵלּוּ הֵן הַמִּינִים הָאֲמוּרִים בַּתּוֹרָה. וְהָאֵזוֹב הָאָמוּר בַּתּוֹרָה הוּא הָאֵזוֹב שֶׁאוֹכְלִין אוֹתוֹ בַּעֲלֵי בָּתִּים וּמְתַבְּלִין בּוֹ הַקְּדֵרוֹת. הָאֵזוֹב וְהָאֶרֶז וְהַתּוֹלַעַת שְׁלָשְׁתָּן מְעַכְּבִין זֶה אֶת זֶה. וְכוֹרֵךְ הָאֵזוֹב עִם הָאֶרֶז בִּלְשׁוֹן שֶׁל שָׁנִי וּמַשְׁלִיךְ אֶל תּוֹךְ בִּטְנָהּ שֶׁנֶּאֱמַר (במדבר יט ו) "וְהִשְׁלִיךְ אֶל תּוֹךְ שְׂרֵפַת הַפָּרָה". וְאֵינוֹ מַשְׁלִיךְ קֹדֶם שֶׁיַּצִּית הָאוּר בְּרֻבָּהּ וְלֹא אַחַר שֶׁתֵּעָשֶׂה אֵפֶר וְאִם הִשְׁלִיךְ פְּסוּלָה שֶׁנֶּאֱמַר אֶל תּוֹךְ שְׂרֵפַת לֹא קֹדֶם שֶׁיַּצִּת הָאוּר בְּרֻבָּהּ וְלֹא אַחַר שֶׁתֵּעָשֶׂה אֵפֶר. בֵּין שֶׁהִשְׁלִיךְ שְׁלָשְׁתָּן כְּאַחַת בֵּין שֶׁהִשְׁלִיךְ זֶה אַחַר זֶה בֵּין שֶׁהִשְׁלִיךְ לְתוֹךְ גּוּפָהּ אוֹ לְתוֹךְ שְׂרֵפָתָהּ בֵּין שֶׁנִּקְרְעָה מֵאֵלֶיהָ וְאַחַר כָּךְ הִשְׁלִיךְ בֵּין שֶׁקְּרָעָהּ בְּיָדוֹ אוֹ בִּכְלִי כְּשֵׁרָה:

ג. נִגְמְרָה שְׂרֵפָתָהּ חוֹבְטִין אוֹתָהּ בְּמַקְלוֹת הִיא וְכָל עֲצֵי הַמַּעֲרָכָה שֶׁנִּשְׂרְפָה בָּהֶן וְכוֹבְרִין אֶת הַכֹּל בִּכְבָרוֹת וְכָל שָׁחֹר שֶׁאֶפְשָׁר שֶׁיִּכָּתֵשׁ וְיִהְיֶה אֵפֶר בֵּין מִבְּשָׂרָהּ בֵּין מִן הָעֵצִים כּוֹתְשִׁין אוֹתוֹ עַד שֶׁיֵּעָשֶׂה אֵפֶר וְשֶׁאֵין בּוֹ אֵפֶר מַנִּיחִין אוֹתוֹ וְכָל עֶצֶם שֶׁנִּשְׁאַר מֵעֲצָמֶיהָ בְּלֹא שְׂרֵפָה בֵּין כָּךְ וּבֵין כָּךְ הָיָה נִכְתָּשׁ:

ד. אֵין מַכְנִיסִין כְּלוּם מֵאֶפְרָהּ לְהַנִּיחוֹ בָּעֲזָרָה שֶׁנֶּאֱמַר (במדבר יט ט) "וְהִנִּיחַ מִחוּץ לַמַּחֲנֶה". וּשְׁלֹשָׁה חֲלָקִים הָיוּ חוֹלְקִין אֶת כָּל אֶפְרָהּ אֶחָד נִתַּן בַּחֵיל וְאֶחָד בְּהַר הַמִּשְׁחָה וְאֶחָד מִתְחַלֵּק לְכָל הַמִּשְׁמָרוֹת. זֶה שֶׁמִּתְחַלֵּק לְכָל הַמִּשְׁמָרוֹת הָיוּ הַכֹּהֲנִים מְקַדְּשִׁין מִמֶּנּוּ. וְזֶה שֶׁנִּתַּן בְּהַר הַמִּשְׁחָה הָיוּ יִשְׂרָאֵל מַזִּין מִמֶּנּוּ. וְזֶה שֶׁנִּתַּן בַּחֵיל הָיָה מוּכָן וּמֻצְנָע שֶׁנֶּאֱמַר (במדבר יט ט) "וְהָיְתָה לַעֲדַת בְּנֵי יִשְׂרָאֵל לְמִשְׁמֶרֶת" מְלַמֵּד שֶׁמַּצְנִיעִין מִמֶּנּוּ. וְכֵן הָיוּ מַצְנִיעִין מֵאֵפֶר כָּל פָּרָה וּפָרָה שֶׁשּׂוֹרְפִין בַּחֵיל. וְתֵשַׁע פָּרוֹת אֲדֻמּוֹת נַעֲשׂוּ מִשֶּׁנִּצְטַוּוּ בְּמִצְוָה זוֹ עַד שֶׁחָרַב הַבַּיִת בַּשְּׁנִיָּה. רִאשׁוֹנָה עָשָׂה מֹשֶׁה רַבֵּנוּ. שְׁנִיָּה עָשָׂה עֶזְרָא. וְשֶׁבַע מֵעֶזְרָא עַד חֻרְבַּן הַבַּיִת. וְהָעֲשִׂירִית יַעֲשֶׂה הַמֶּלֶךְ הַמָּשִׁיחַ מְהֵרָה יִגָּלֶה אָמֵן כֵּן יְהִי רָצוֹן:

Perek 4

Ashes of *Parah Adumah*.

PARAH ADUMAH

Activity	Acceptable	Unacceptable
2 *Parah Adumah* sacrificed at same time		✓
Parah Adumah encouraged to come by walking it together with a more agreeable black *parah*		✓
Wrong intention while slaughtering		✓
Slaughtered by non-Priest		✓
Priest lacking garments		✓
Blood received in a container		✓
Sprinkling blood with a utensil		✓
Sprinkling blood with left hand		✓
Did not direct sprinkling of blood to *Kodesh Hakodashim*		✓
Did not slaughter opposite *Kodesh Hakodashim*		✓
Did not burn it opposite *Kodesh Hakodashim*		✓
One of the 7 sprinklings of blood are lacking		✓
Removed blood from 'arrangement of wood' and then sprinkled		✓
Sprinkled even one of the 7 sprinklings of blood at night		✓
Slaughtered in different place where burnt		✓
Before burning, *Parah Adumah* was skinned and cut into pieces	✓	
Any slight part of its substance is missing, even its dung		✓
Left overnight without burning and then burnt following day	✓	
Priest burns Par without sanctifying hands and feet. (This can be done in *Azarah* or outside *Azarah*)		✓
Burning done with other woods and even straw	✓	
Procedure performed at night		✓
Procedure performed by non-Priest		✓
Gathering of ashes at night	✓	
Gathering of ashes by woman	✓	
Gathering of ashes by *cheresh* (deaf-mute), *shoteh* (unstable) or *katan* (minor)		✓
⚠ Performance of other work while involved in whole procedure		✓

פרק ד׳

א. אֵין שׁוֹחֲטִין שְׁתֵּי פָּרוֹת אֲדֻמּוֹת כְּאַחַת שֶׁנֶּאֱמַר (במדבר יט ג) "וְשָׁחַט אֹתָהּ":

ב. לֹא רָצְתָה פָּרָה לָצֵאת אֵין מוֹצִיאִין עִמָּהּ שְׁחוֹרָה שֶׁלֹּא יֹאמְרוּ שְׁחוֹרָה שָׁחֲטוּ וְלֹא אֲדֻמָּה שֶׁלֹּא יֹאמְרוּ שְׁתַּיִם שָׁחֲטוּ:

ג. פָּרָה שֶׁנִּשְׁחֲטָה שֶׁלֹּא לִשְׁמָהּ אוֹ שֶׁקִּבֵּל אוֹ שֶׁהִזָּה שֶׁלֹּא לִשְׁמָהּ אוֹ לִשְׁמָהּ וְשֶׁלֹּא לִשְׁמָהּ אוֹ שֶׁלֹּא לִשְׁמָהּ וְלִשְׁמָהּ אוֹ שֶׁנַּעֲשֵׂית שֶׁלֹּא בְּכֹהֵן אוֹ בִּמְחֻסַּר בְּגָדִים אוֹ שֶׁעֲשָׂאָהּ בְּבִגְדֵי זָהָב אוֹ בְּבִגְדֵי חֹל פְּסוּלָה. שְׁחָטָהּ עַל מְנָת לֶאֱכֹל מִבְּשָׂרָהּ אוֹ לִשְׁתּוֹת מִדָּמָהּ כְּשֵׁרָה לְפִי שֶׁלֹּא נֶאֱמַר בָּהּ רֵיחַ נִיחוֹחַ:

ד. קִבֵּל דָּמָהּ בִּכְלִי פְּסוּלָה שֶׁנֶּאֱמַר (במדבר יט ד) "וְלָקַח אֶלְעָזָר הַכֹּהֵן מִדָּמָהּ בְּאֶצְבָּעוֹ" מִצְוָתָהּ מִצְוַת יָד וְלֹא מִצְוַת כְּלִי:

ה. הִזָּה בִּכְלִי אֲפִלּוּ אַחַת מֵהֶן הַזָּאָתוֹ פְּסוּלָה. הִזָּה אַחַת מֵהֶן בִּשְׂמֹאלוֹ פְּסוּלָה. הִזּוּ שִׁבְעָה כֹּהֲנִים הַזָּיָתָן כְּאֶחָד הַזָּיָתָן פְּסוּלָה. זֶה אַחַר זֶה כְּשֵׁרָה. הִזָּה וְלֹא כִּוֵּן כְּנֶגֶד הַהֵיכָל פְּסוּלָה שֶׁנֶּאֱמַר (במדבר יט ד) "אֶל נֹכַח פְּנֵי אֹהֶל מוֹעֵד" עַד שֶׁיְּכַוֵּן כְּנֶגֶד הַהֵיכָל וְיִהְיֶה רוֹאֵהוּ. וְכֵן אִם שְׁחָטָהּ אוֹ שְׂרָפָהּ שֶׁלֹּא כְּנֶגֶד הַהֵיכָל פְּסוּלָה שֶׁנֶּאֱמַר (במדבר יט ג) "וְשָׁחַט אֹתָהּ לְפָנָיו":

ו. בַּמֶּה דְּבָרִים אֲמוּרִים שֶׁהִזָּה אוֹ שָׂרַף אוֹ שָׁחַט כְּנֶגֶד הַדָּרוֹם אוֹ כְּנֶגֶד צָפוֹן אוֹ שֶׁהָיָה אֲחוֹרָיו לַמִּקְדָּשׁ. אֲבָל אִם עָמַד בֵּין מִזְרָח וּמַעֲרָב וּפָנָיו כְּנֶגֶד הַהֵיכָל אַף עַל פִּי שֶׁלֹּא כִּוֵּן כְּנֶגֶד [הַהֵיכָל] בְּדִקְדּוּק כְּשֵׁרָה:

ז. חִסֵּר אַחַת מִן הַמַּתָּנוֹת פְּסוּלָה. טָבַל שְׁתַּיִם וְהִזָּה אַחַת הַזָּאָתוֹ פְּסוּלָה. טָבַל אַחַת וְהִזָּה שְׁתַּיִם אַף עַל פִּי שֶׁלֹּא חָשַׁב הַזָּאָה שְׁנִיָּה אֶלָּא טָבַל וְהִזָּה אַחֶרֶת הַזָּיָתוֹ פְּסוּלָה. כֵּיצַד. טָבַל אֶצְבָּעוֹ טְבִילָה שִׁשִּׁית וְהִזָּה שֵׁשׁ וְשֶׁבַע אַף עַל פִּי שֶׁחָזַר וְטָבַל אֶצְבָּעוֹ וְהִזָּה שֶׁבַע הַזָּיָתוֹ פְּסוּלָה. הִזָּה מִטְּבִילָה שְׁבִיעִית [שְׁבִיעִית] וּשְׁמִינִית אֲפִלּוּ חָזַר וְטָבַל טְבִילָה שְׁמִינִית וְהִזָּה שְׁמִינִית כְּשֵׁרָה שֶׁכָּל שֶׁמּוֹסִיף עַל הַשֶּׁבַע אֵינוֹ כְּלוּם. וְהוּא שֶׁיִּהְיֶה זֶה שֶׁהוֹסִיף כֹּהֵן אַחֵר אֲבָל הַכֹּהֵן הַשּׂוֹרֵף אוֹתָהּ אִם הוֹסִיף פְּסוּלָה מִפְּנֵי שֶׁנִּתְעַסֵּק בְּדָבָר שֶׁאֵינוֹ צָרִיךְ בִּשְׁעַת שְׂרֵפָתָהּ:

ח. הוֹצִיא אֶת הַדָּם חוּץ מִמַּעֲרַכְתָּהּ וְהִזָּה פְּסוּלָה:

ט. הִזָּה מִדָּמָהּ בַּלַּיְלָה אֲפִלּוּ הִזָּה שֵׁשׁ הַזָּיוֹת בַּיּוֹם וְאַחַת בַּלַּיְלָה פְּסוּלָה:

י. שְׁחָטָהּ חוּץ מִמְּקוֹם שְׂרֵפָתָהּ אֲפִלּוּ שְׁחָטָהּ לְפָנִים מִן הַחוֹמָה פְּסוּלָה:

יא. שְׂרָפָהּ חוּץ מִמַּעֲרָכָה שֶׁנִּשְׁחֲטָה עָלֶיהָ. אוֹ שֶׁחִלְּקָהּ לִשְׁנַיִם וּשְׂרָפָהּ בִּשְׁתֵּי מַעֲרָכוֹת. אוֹ שֶׁשָּׂרַף שְׁתַּיִם בְּמַעֲרָכָה אַחַת פְּסוּלָה. וְאִם אַחַר שֶׁנַּעֲשֵׂית אֵפֶר מֵבִיא אַחֶרֶת שׂוֹרֵף עַל גַּבָּהּ וְאֵינוֹ חוֹשֵׁשׁ:

יב. הִפְשִׁיטָהּ וְנִתְּחָהּ וְאַחַר כָּךְ שָׂרַף כֻּלָּהּ כְּשֵׁרָה. וְאִם חִסֵּר מִמֶּנָּה כְּלוּם אֲפִלּוּ מִפִּרְשָׁהּ פְּסוּלָה. פָּקַע מֵעוֹרָהּ אוֹ מִבְּשָׂרָהּ אֲפִלּוּ מִשְּׂעָרָהּ כַּזַּיִת יַחְזִיר וְאִם לֹא הֶחְזִיר פְּסוּלָה. פָּקַע חוּץ לְמַעֲרַכְתָּהּ מַרְבֶּה עָלָיו וְשׂוֹרְפוֹ בִּמְקוֹמוֹ. פָּקַע מִקַּרְנֶיהָ מִטְּלָפֶיהָ אוֹ מִפִּרְשָׁהּ אֵינוֹ צָרִיךְ לְהַחְזִיר:

יג. הַפָּרָה אֵינָהּ נִפְסֶלֶת בְּלִינָה לְפִיכָךְ אִם נִשְׁחֲטָה הַיּוֹם וְהִזָּה דָּמָהּ כְּהִלְכָתוֹ וְנִשְׂרְפָה לְמָחָר כְּשֵׁרָה:

יד. שְׂרָפָהּ אוֹנֵן אוֹ מְחֻסַּר כַּפָּרָה כְּשֵׁרָה:

טו. שְׂרָפָהּ שֶׁלֹּא בְּקִדּוּשׁ יָדַיִם וְרַגְלַיִם פְּסוּלָה מִפְּנֵי שֶׁמַּעֲשֶׂיהָ כְּעֵין עֲבוֹדָה. וְהֵיכָן מְקַדֵּשׁ יָדָיו וְרַגְלָיו בִּכְלִי שָׁרֵת בִּפְנִים וְאִם קִדֵּשׁ בַּחוּץ וּמִכְּלִי חֹל אֲפִלּוּ בִּמְקֵדָה שֶׁל חֶרֶס כָּשֵׁר הוֹאִיל וְכָל מַעֲשֶׂיהָ בַּחוּץ. וְכֵן כְּשֶׁמַּטְבִּילִין אֶת הַכֹּהֵן הַשּׂוֹרֵף אַחַר שֶׁמְּטַמְּאִין אוֹתוֹ כְּמוֹ שֶׁבֵּאַרְנוּ אֵינוֹ צָרִיךְ לַחְזֹר וּלְקַדֵּשׁ הוֹאִיל וְכָל מַעֲשֶׂיהָ בִּטְבוּלֵי יוֹם:

טז. שְׂרָפָהּ שֶׁלֹּא בְּעֵצִים אוֹ בְּכָל עֵצִים אֲפִלּוּ בְּקַשׁ אוֹ בִּגְבָבָא כְּשֵׁרָה. וּמִצְוָתָהּ שֶׁלֹּא יְמַעֵט לָהּ עֵצִים מִן הָרָאוּי לָהּ אֲבָל מַרְבֶּה הוּא לָהּ חֲבִילֵי אֵזוֹב וְאֵזוֹב יָוֵן בִּזְמַן שְׂרֵפָה כְּדֵי לְהַרְבּוֹת אֶת הָאֵפֶר. וְיֵשׁ לוֹ לְהַרְבּוֹת עֵצִים בִּשְׂרֵפָתָהּ עַד שֶׁתֵּעָשֶׂה אֵפֶר אֲבָל מִשֶּׁתֵּעָשֶׂה אֵפֶר אִם הוֹסִיף בָּהּ אֲפִלּוּ עֵץ אֶחָד הֲרֵי זֶה כִּמְעָרֵב אֵפֶר מִקְלֶה בְּאֵפֶר הַפָּרָה:

יז. כָּל מַעֲשֵׂה הַפָּרָה מִתְּחִלָּה וְעַד סוֹף אֵינוֹ אֶלָּא בַּיּוֹם. וּבְזִכְרֵי כְהֻנָּה. וְהַמְּלָאכָה פּוֹסֶלֶת בָּהּ עַד שֶׁתֵּעָשֶׂה אֵפֶר. אֲבָל מִשֶּׁתֵּעָשֶׂה אֵפֶר אִם כָּנַס אֶפְרָהּ בַּלַּיְלָה אוֹ שֶׁכְּנָסַתּוּ אִשָּׁה אוֹ שֶׁעָשָׂה מְלָאכָה אַחֶרֶת בִּשְׁעַת כְּנִיסָתוֹ הֲרֵי זוֹ כְּשֵׁרָה. וּמִנַּיִן שֶׁאֲסִיפַת הָאֵפֶר בְּכָל אָדָם מִיִּשְׂרָאֵל חוּץ מֵחֵרֵשׁ שׁוֹטֶה וְקָטָן שֶׁנֶּאֱמַר (במדבר יט ט) "וְאָסַף אִישׁ טָהוֹר" מִכְּלָל שֶׁאֵינָהּ צְרִיכָה כֹּהֵן וּכְאִלּוּ אָמַר אָדָם טָהוֹר בֵּין אִישׁ בֵּין אִשָּׁה. וּמִנַּיִן שֶׁהַמְּלָאכָה פּוֹסֶלֶת בָּהּ שֶׁנֶּאֱמַר (במדבר יט ג) "וְשָׁחַט אֹתָהּ" מִפִּי הַשְּׁמוּעָה לָמְדוּ שֶׁלֹּא בָּא הַכָּתוּב אֶלָּא לְלַמֵּד שֶׁאִם נִתְעַסֵּק בְּדָבָר אַחֵר בִּשְׁעַת שְׁחִיטָתָהּ פְּסָלָהּ וְנֶאֱמַר (במדבר יט ה) "וְשָׂרַף אֶת הַפָּרָה

לְעֵינָיו" שֶׁיִּהְיוּ עֵינָיו בָּהּ לְלַמֵּד שֶׁהַמְּלָאכָה פּוֹסֶלֶת בָּהּ מִשְּׁעַת שְׁחִיטָה עַד שֶׁתֵּעָשֶׂה אֵפֶר. וְכָל הָעוֹסֵק בִּשְׂרֵפָתָהּ וְעָשָׂה מְלָאכָה אַחֶרֶת פְּסָלָהּ עַד שֶׁתֵּעָשֶׂה אֵפֶר:

יח. שָׁחַט אֶת הַפָּרָה וְנִשְׁחֲטָה בְּהֵמָה אַחֶרֶת עִמָּהּ אוֹ נֶחְתְּכָה דְּלַעַת עִמָּהּ כְּשֵׁרָה שֶׁהֲרֵי לֹא נִתְכַּוֵּן לִמְלָאכָה אַף עַל פִּי שֶׁהַבְּהֵמָה שֶׁנִּשְׁחֲטָה עִמָּהּ כְּשֵׁרָה לַאֲכִילָה שֶׁאֵין שְׁחִיטַת הַחֻלִּין צְרִיכָה כַּוָּנָה. אֲבָל אִם נִתְכַּוֵּן לַחְתֹּךְ הַדְּלַעַת וְנֶחְתְּכָה בִּשְׁעַת שְׁחִיטָה פְּסוּלָה שֶׁהֲרֵי עָשָׂה עִמָּהּ מְלָאכָה:

Perek 5

Impurity from procedure

All who engage with the *Parah Adumah* procedures, from start to finish, become impure and render garments impure. But after they part from the job, they no longer convey impurity to their own garments. Nor to other objects.

They remain impure as a *rishon* (and must immerse in *mikveh* and wait until nightfall to become pure) but they do not impart impurity to other objects or their clothes once their involvement with *Parah Adumah* is complete.

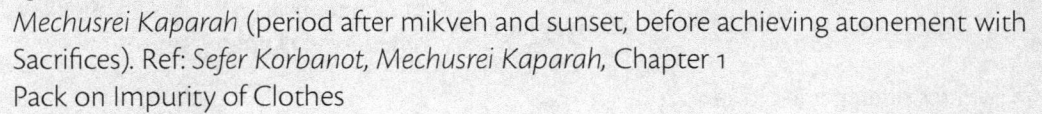

Reminder

Mechusrei Kaparah (period after mikveh and sunset, before achieving atonement with Sacrifices). Ref: *Sefer Korbanot, Mechusrei Kaparah,* Chapter 1

Pack on Impurity of Clothes

It is not the *Parah Adumah* itself which imparts impurity. It is the involvement with the sacrifice which causes the impurity.

- If *Parah Adumah* was disqualified all those involved with it are pure. This is if the disqualification takes place before sprinkling of blood. At or after sprinkling, those who were involved before the sprinkling do become impure.
- Once the ashes have been gathered, any further involvement, including dividing it up and hiding it, does not cause the person to become impure.

Mipi Hashmuah, these principles apply to other instances when animals are burnt i.e. the *Chatat* Offerings of bulls and goats which are burnt on *Yom Kippur.* Here, the period of impurity ends after the Offering has been reduced to ashes.

When carrying these bulls and goats out from outside the *Azarah* to the Ash heap, the bearers become impure and convey impurity until Offerings are reduced to ashes, and they convey impurity to their garments.

All people involved with the burning become impure.

Similarly, the one who takes the Goat of *Azazel,* from after *Yerushalayim* until he pushes it off the cliff, becomes impure and conveys impurity.

Again, these bulls and goats are pure if touched. Only those involved with the procedures become impure.

IMPURITY TRANSMITTED TO CLOTHES (*PARAH ADUMAH*)

Whenever Torah mentions that garments become impure, it includes any garment or implement that the impure person is touching while he is still in contact with the impurity.

When he separates from the impurity, he no longer imparts impurity to his clothes or other objects. This is because he is now regarded as a *rishon* of *tumah*, and a *rishon* does not impart impurity to objects.

Reminder
Pack on Impurity of Human Body

There are cases when this impurity can occur even when one is only involved in a procedure. An example of this is *Parah Adumah*.

Similarly, with the Sin Offerings which are burnt i.e. the bulls and goats of *Yom Kippur*, and the sending of goat of *Azazel* to be pushed off the cliff.

	Period when activity causes impurity to clothes (and other objects) of participants	Animal itself does not convey impurity	After activity	Purification
Parah Adumah	All activities from slaughtering until collection of ashes completed	If heifer touched it does not convey impurity	Those who distribute ashes no longer transmit impurity to clothes	Participant goes to *mikveh* and is pure after sunset
Sin Offerings which are burnt i.e. goats and bulls of Yom Kippur	After slaughter in the Temple the bulls and goats were carried to ash heap outside the Temple to be burnt. Impurity to clothes started while carrying from outside the Courtyard until offering was reduced to ashes	Bulls and goats are pure always and do not impart impurity if touched	After reduced to ashes, no longer transmits impurity to clothes	*Mikveh* plus waiting until sunset
Goat of *Azazel* on Yom Kippur	One who accompanies goat from after Yerushalayim until it is pushed off cliff	Goat itself does not make impure if touched	After pushed off cliff, person who accompanied no longer conveys impurity to clothes	*Mikveh* plus waiting for sunset

Reminder
Pack on Purification
Pack on Impurity of Clothes

פרק ה׳

א. כָּל הָעוֹסְקִין בְּפָרָה מִתְּחִלָּה וְעַד סוֹף מְטַמְּאִין בְּגָדִים
כָּל זְמַן עֲשִׂיָּתָן שֶׁנֶּאֱמַר בְּשׁוֹחֵט וּמַשְׁלִיךְ עֵץ אֶרֶז (ויקרא
טו יג) ״וְכִבֶּס בְּגָדָיו וְרָחַץ בְּשָׂרוֹ״ וְנֶאֱמַר בְּשׂוֹרֵף (במדבר
יט ח) ״וְהַשֹּׂרֵף אֹתָהּ יְכַבֵּס בְּגָדָיו״ וְנֶאֱמַר (במדבר יט י)
״וְכִבֶּס הָאֹסֵף אֶת אֵפֶר הַפָּרָה״ מְלַמֵּד שֶׁכָּל הָעוֹסְקִין בָּהּ
מִתְּחִלָּה וְעַד סוֹף מְטַמְּאִים בְּגָדִים וּטְעוּנִין טְבִילָה וְהַעֲרֵב

שֶׁמֶשׁ דִּין תּוֹרָה. אֲבָל הַמְשַׁמְּרָהּ בִּשְׁעַת עֲשִׂיָּתָהּ מְטַמֵּא בְּגָדִים מִדִּבְרֵיהֶם גְּזֵרָה שֶׁמָּא יָזִיז בָּהּ אֵיבָר:

ב. כָּל מָקוֹם שֶׁנֶּאֱמַר בַּתּוֹרָה בְּטֻמְאוֹת יְכַבֵּס בְּגָדָיו לֹא בָּא לְלַמְּדֵנוּ שֶׁהַבְּגָדִים שֶׁעָלָיו בִּלְבַד הֵם טְמֵאִים. אֶלָּא לְלַמֵּד שֶׁכָּל בֶּגֶד אוֹ כְּלִי שֶׁיִּגַּע בּוֹ הַטָּמֵא הַזֶּה בִּשְׁעַת חִבּוּרוֹ בִּמְטַמְּאָיו הֲרֵי הֵן טְמֵאִים. אֲבָל אַחַר שֶׁיִּפְרשׁ מִמְּטַמְּאָיו אֵינוֹ מְטַמֵּא בְּגָדִים. כֵּיצַד. הַנּוֹשֵׂא אֶת הַנְּבֵלָה אֶחָד בֶּגֶד שֶׁעָלָיו אוֹ כְּלִי שֶׁיִּגַּע בּוֹ כָּל זְמַן שֶׁהוּא נוֹשְׂאָהּ הֲרֵי הֵן טְמֵאִין וַהֲרֵי הֵן רִאשׁוֹן לְטֻמְאָה. וְכֵן זֶה הַנּוֹשֵׂא הֲרֵי הוּא רִאשׁוֹן. פֵּרַשׁ מִמְּטַמְּאָיו וְהִשְׁלִיךְ אֶת הַנְּבֵלָה הֲרֵי הוּא רִאשׁוֹן כְּמוֹת שֶׁהָיָה. וְאִם יִגַּע בִּכְלִי אוֹ בֶּגֶד אֵינוֹ מְטַמֵּא אוֹתוֹ שֶׁאֵין וְלַד טֻמְאָה מְטַמֵּא כֵּלִים כְּמוֹ שֶׁבֵּאַרְנוּ בִּתְחִלַּת סֵפֶר זֶה. וְכֵן כָּל כַּיּוֹצֵא בִּנְבֵלָה. וְכֵן כָּל הָעוֹסְקִין בַּפָּרָה אִם נָגַע בְּבֶגֶד אוֹ בִּכְלִי בִּשְׁעַת שְׁחִיטָה אוֹ בִּשְׁעַת שְׂרֵפָה הֲרֵי הֵן טְמֵאִין. אֲבָל אַחַר שֶׁיִּפְרשׁ מִמַּעֲשֶׂיהָ אַף עַל פִּי שֶׁעֲדַיִן לֹא טָבַל אִם נָגַע בִּכְלִי אֵינוֹ מְטַמְּאוֹ מִפְּנֵי שֶׁהוּא וְלַד הַטֻּמְאָה. וְהַפָּרָה עַצְמָהּ אֵינָהּ מְטַמְּאָה לֹא אָדָם וְלֹא כֵּלִים שֶׁנָּגְעוּ בּוֹ. אֶלָּא הַמִּתְעַסֵּק בָּהּ בִּלְבַד הוּא הַטָּמֵא וְטָעוּן טְבִילָה וּמְטַמֵּא בְּגָדִים כָּל זְמַן שֶׁעוֹסֵק בָּהּ:

ג. בַּמֶּה דְּבָרִים אֲמוּרִים בִּזְמַן שֶׁנִּשְׂרֶפֶת כְּמִצְוָתָהּ. אֲבָל אִם נִפְסְלָה הַמִּתְעַסֵּק בָּהּ טָהוֹר. אֵרַע פְּסוּל בִּשְׁחִיטָתָהּ אֵינָהּ מְטַמְּאָה בְּגָדִים. אֵרַע פְּסוּל בְּהַזָּיָתָהּ כָּל הָעוֹסֵק בָּהּ לִפְנֵי פְּסוּלָהּ מְטַמֵּא בְּגָדִים. לְאַחַר פְּסוּלָהּ אֵינוֹ מְטַמֵּא בְּגָדִים:

ד. הִשְׁלִים לִכְנֹס אֶת אֶפְרָהּ הַמִּתְעַסֵּק בָּהּ אַחַר כֵּן בְּחִלּוּק הֶעָפָר אוֹ בְּהַצְנָעָתוֹ וְכֵן הַנּוֹגֵעַ בּוֹ טָהוֹר. וְלֹא הַפָּרָה בִּלְבַד אֶלָּא כָּל הַחַטָּאוֹת הַנִּשְׂרָפוֹת מִן הַפָּרִים וּמִן הַשְּׂעִירִים הַשּׂוֹרְפָם מְטַמֵּא בְּגָדִים בִּשְׁעַת שְׂרֵפָתוֹ עַד שֶׁיֵּעָשׂוּ אֵפֶר. שֶׁהֲרֵי הוּא אוֹמֵר בְּפַר וְשָׂעִיר שֶׁל יוֹם הַכִּפּוּרִים (ויקרא טז כח) "וְהַשֹּׂרֵף אֹתָם יְכַבֵּס" מִפִּי הַשְּׁמוּעָה לָמְדוּ שֶׁזֶּה בִּנְיַן אָב לְכָל הַנִּשְׂרָפִים שֶׁיְּהוּ מְטַמְּאִין בְּגָדִים עַד שֶׁיֵּעָשׂוּ אֵפֶר. בַּמֶּה דְּבָרִים אֲמוּרִים בְּשֶׁלֹּא אֵרַע לָהֶן פְּסוּל וְנִשְׂרְפוּ כְּמִצְוָתָן בְּבֵית הַדֶּשֶׁן. אֲבָל אִם נִפְסְלוּ בָּעֲזָרָה נִשְׂרָפִין שָׁם כִּפְסוּלֵי הַמֻּקְדָּשִׁין וְשׂוֹרְפָן טָהוֹר. וְכֵן הַמִּתְעַסֵּק בָּהֶן מִשֶּׁיֵּעָשׂוּ אֵפֶר אֵינוֹ מְטַמֵּא בְּגָדִים. וְאֵי זֶהוּ שׂוֹרֵף זֶה הַמְסַיֵּעַ בִּשְׂרֵפָה כְּגוֹן הַמְהַפֵּךְ בַּבָּשָׂר וְהַמַּשְׁלִיךְ עֵצִים וְהַמְהַפֵּךְ בָּאֵשׁ וְהַחוֹתֶה גֶּחָלִים כְּדֵי שֶׁתִּבְעַר הָאֵשׁ וְכַיּוֹצֵא בָּהֶן. אֲבָל הַמַּצִּית הָאוּר וְהַמְסַדֵּר אֶת הַמַּעֲרָכָה טָהוֹר. כָּךְ לָמְדוּ מִפִּי הַשְּׁמוּעָה שֶׁהַנּוֹשֵׂא פָּרִים וּשְׂעִירִים הַנִּשְׂרָפִין לְהוֹצִיאָן לְבֵית הַדֶּשֶׁן לְשָׂרְפָן טָמֵא וּמְטַמֵּא בְּגָדִים דִּין תּוֹרָה כָּל זְמַן שֶׁהוּא עוֹסֵק בַּהוֹלָכָתָן וְטָעוּן טְבִילָה וְהַעֲרֵב שֶׁמֶשׁ. כְּמוֹ הַמְשַׁלֵּחַ אֶת הַשָּׂעִיר לַעֲזָאזֵל שֶׁהוּא מְטַמֵּא כָּל בֶּגֶד וְכָל כְּלִי שֶׁיִּגַּע בּוֹ בְּכֵלִים שֶׁעָלָיו כָּל זְמַן שֶׁמִּתְעַסֵּק בְּשִׁלּוּחוֹ שֶׁנֶּאֱמַר (ויקרא טז כו) "וְהַמְשַׁלֵּחַ אֶת הַשָּׂעִיר לַעֲזָאזֵל יְכַבֵּס בְּגָדָיו":

ה. מֵאֵימָתַי מְטַמְּאִין בְּגָדִים הַנּוֹשְׂאִין פָּרִים וּשְׂעִירִים הַנִּשְׂרָפִים. מִשֶּׁיֵּצְאוּ בָּהֶן חוּץ לְחוֹמַת הָעֲזָרָה. נְשָׂאוּם בְּמוֹטוֹת וְיָצְאוּ מִקְצָת הַנּוֹשְׂאִים חוּץ לְחוֹמַת הָעֲזָרָה וְהָאַחֲרוֹנִים לֹא יָצְאוּ. אֵלּוּ שֶׁיָּצְאוּ מְטַמְּאִין בְּגָדִים וְאֵלּוּ שֶׁעֲדַיִן לֹא יָצְאוּ אֵינָן מְטַמְּאִין בְּגָדִים עַד שֶׁיֵּצְאוּ. יָצְאוּ וְחָזְרוּ לָעֲזָרָה הַנּוֹשֵׂא אוֹתָן בָּעֲזָרָה טָהוֹר עַד שֶׁיֵּצֵא בָּהֶן. הָיָה עוֹמֵד חוּץ לָעֲזָרָה וּמוֹשֵׁךְ אוֹתָם מִשָּׁם מֵאַחַר שֶׁחָזְרוּ הוֹאִיל וּכְבָר יָצְאוּ לַחוּץ וַהֲרֵי זֶה הַמּוֹשְׁכָם בַּחוּץ הֲרֵי הוּא סְפֵק טָמֵא:

ו. וּמֵאֵימָתַי מְטַמֵּא בְּגָדִים הַמְשַׁלֵּחַ אֶת הַשָּׂעִיר. מִשֶּׁיֵּצֵא חוּץ לְחוֹמַת יְרוּשָׁלַיִם עַד שְׁעַת דְּחִיָּתוֹ לַעֲזָאזֵל. אֲבָל אַחַר שֶׁדְּחָהוּ אִם נָגַע בְּכֵלִים וּבִבְגָדִים טְהוֹרִים:

ז. הַנּוֹגֵעַ בְּפָרִים וּבִשְׂעִירִין הַנִּשְׂרָפִין עַצְמָן אֲפִלּוּ אַחַר שֶׁיָּצְאוּ בֵּין אָדָם בֵּין כֵּלִים בֵּין אֳכָלִין בֵּין מַשְׁקִין הַכֹּל טָהוֹר. וְכֵן אִם נָגְעוּ בַּשָּׂעִיר הַמִּשְׁתַּלֵּחַ עַצְמוֹ בִּזְמַן הוֹלָכָתוֹ טְהוֹרִין. שֶׁאֵין אֵלּוּ מְטַמְּאִין אֶלָּא לַמִּתְעַסֵּק בָּהֶן בִּלְבַד שֶׁנֶּאֱמַר (במדבר יט ח) "וְהַשֹּׂרֵף אֹתָהּ יְכַבֵּס בְּגָדָיו" אֲבָל הַנּוֹגֵעַ טָהוֹר:

Perek 6

Water

Sources of water and vessels used.

Special water is mixed with the ashes of the *Parah adumah*. Once they are mixed, the water is called *Mei Chatat* or *Mayim Mekudashin* (sanctified waters) or *Mei Nidah* (sprinkling water).

Mei Chatat / Mayim Mekudashin / Mei Nidah

	Acceptable	Unacceptable
Everyone may draw (except *cheresh, shoteh,* and *katan*)	✓	
Drawn from *maayan* spring or flowing river	✓	
Drawn only with a vessel	✓	
Sprinkle only from a vessel	✓	
Drawing day or night	✓	
Sprinkle only in day	✓	
All vessels made by man	✓	
Pieces of vessels		✓
Splashing water from spring into vessel		✓ (must be drawn directly with a utensil)
The Great Sea (Mediterranean) considered as a *mikveh*		✓
Waters flowing as stream from a spring	✓	
Mayim Hamukin (spoiled springs) i.e. salty or hot springs		✓
Mayim Hamechazvin (lying waters) i.e. springs which sometimes flow and sometimes dry up. i.e. run dry in less than **7 years**		✓
Mei Bizim (swamps)		✓
Mei Hataarovot (mixed waters) Fit water mixed with unfit		✓
Flow of rainwater mixing with spring – wait until spring water becomes clear again	✓	

פרק ו׳

א. הַמַּיִם שֶׁנּוֹתְנִין עָלָיו אֵפֶר הַפָּרָה אֵין מְמַלְּאִין אוֹתָן אֶלָּא בִּכְלִי. וּמִן הַמַּעְיָנוֹת אוֹ מִן הַנְּהָרוֹת הַמּוֹשְׁכִין. שֶׁנֶּאֱמַר (במדבר יט יז) "וְנָתַן עָלָיו מַיִם חַיִּים אֶל כֶּלִי". וּנְתִינַת אֵפֶר הַפָּרָה עַל הַמַּיִם שֶׁנִּתְמַלְּאוּ הוּא הַנִּקְרָא קִדּוּשׁ. וְהַמַּיִם הָאֵלּוּ שֶׁנִּתַּן עֲלֵיהֶן הָאֵפֶר הֵן הַנִּקְרָאִין מֵי חַטָּאת וּמַיִם מְקֻדָּשִׁין וְהֵם שֶׁקְּרָאָן הַכָּתוּב (במדבר יט) "מֵי נִדָּה":

ב. הַכֹּל כְּשֵׁרִים לְמַלְּאוֹת הַמַּיִם חוּץ מֵחֵרֵשׁ שׁוֹטֶה וְקָטָן. וְהַכֹּל כְּשֵׁרִין לְקַדֵּשׁ חוּץ מֵחֵרֵשׁ שׁוֹטֶה וְקָטָן. וְאֵין מְמַלְּאִין וְאֵין מְקַדְּשִׁין אֶלָּא בִּכְלִי וְאֵין מַזִּין אֶלָּא מִכְּלִי. וְהַמִּלּוּי וְהַקִּדּוּשׁ כְּשֵׁרִין בַּלַּיְלָה אֲבָל אֵין מַזִּין וְאֵין טוֹבְלִין אֶלָּא בַּיּוֹם. וְכָל הַיּוֹם כָּשֵׁר לְהַזָּאָה וְלִטְבִילָה:

ג. בְּכָל הַכֵּלִים מְמַלְּאִין וּמַזִּין וּמְקַדְּשִׁין אֲפִלּוּ בִּכְלֵי גְּלָלִים וּכְלֵי אֲבָנִים וּכְלֵי אֲדָמָה וּבִסְפִינָה. וְאֶחָד כְּלֵי חֶרֶס וְאֶחָד כָּל הַכֵּלִים. אֲבָל אֵין מְמַלְּאִין וְאֵין מְקַדְּשִׁין וְלֹא מַזִּין בְּדָפְנוֹת הַכֵּלִים וְלֹא בְּשׁוּלֵי הַמַּחַץ וְלֹא בִּמְגוּפַת הֶחָבִית וְלֹא בְּחָפְנָיו וְלֹא בְּבֵיצַת הַתַּרְנְגֹלֶת וְלֹא בְּשֹׁקֶת שֶׁבַּסֶּלַע. אֲבָל בֵּיצַת הַיּוֹצְרִים כְּשֵׁרָה מִפְּנֵי שֶׁהִיא כְּלִי אֲדָמָה:

ד. שׁוּלֵי כְּלֵי עֵץ וּכְלֵי זְכוּכִית וּכְלֵי עֶצֶם אֵין מְקַדְּשִׁין בָּהֶן עַד שֶׁיָּשׁוּף אוֹתָן וִיתַקְּנֵם וְיֵעָשׂוּ כֵּלִים בִּפְנֵי עַצְמָן. וְכֵן מְגוּפָה שֶׁהִתְקִינָהּ לִהְיוֹת כְּלִי מְקַדְּשִׁין בָּהּ. וּבֵיצַת הַנַּעֲמִית כְּשֵׁרָה לְקַדֵּשׁ בָּהּ וְאֵין צָרִיךְ לוֹמַר שֶׁכְּשֵׁרָה לְמַלְּאוֹת בָּהּ וּלְהַזּוֹת מִמֶּנָּה:

HILCHOT PARAH ADUMAH · PEREK 7 71

ה. כְּלִי שֶׁחִבְּרוֹ בָּאָרֶץ אוֹ בַּסֶּלַע אֲפִלּוּ חִבְּרוֹ בְּסִיד מְקַדְּשִׁין בּוֹ וּמַזִּין מִמֶּנּוּ. עָשָׂה עֲטָרָה שֶׁל טִיט סָבִיב לַכְּלִי וְהַמַּיִם שֶׁבַּכְּלִי צָפִין עַד שֶׁהָלְכוּ לָעֲטָרָה אִם נִטֶּלֶת הָעֲטָרָה עִם הַכְּלִי הֲרֵי הַמַּיִם שֶׁבְּתוֹכָהּ כְּשֵׁרִים שֶׁהֲרֵי הֵן בִּכְלִי אֲדָמָה וְאִם לָאו הֲרֵי הֵן כְּמִי שֶׁהִקִּיף עֲטָרָה שֶׁל טִיט בַּסֶּלַע אוֹ עַל הָאָרֶץ וּמִלֵּא אוֹתָהּ מַיִם שֶׁהֵן פְּסוּלִין מִפְּנֵי שֶׁאֵינָן בִּכְלִי:

ו. כְּלִי חֶרֶס שֶׁנִּקַּב בְּכוֹנֵס מַשְׁקֶה אֵין מְמַלְּאִין וּמְקַדְּשִׁין בּוֹ אֲבָל אִם נִקַּב בְּמוֹצִיא מַשְׁקֶה מְקַדְּשִׁין בּוֹ:

ז. כְּלִי שֶׁנִּקַּב מִלְּמַטָּה וּסְתָמוֹ בִּסְמַרְטוּטִין פָּסוּל שֶׁהַמַּיִם שֶׁבּוֹ אֵינָן עַל עִגּוּל הַכְּלִי אֶלָּא עַל הַפְּקָק. הָיָה נָקוּב מִן הַצַּד וּפְקָקוֹ הֲרֵי זֶה כָּשֵׁר לְמַלְּאוֹת וּלְקַדֵּשׁ וּלְהַזּוֹת מִמֶּנּוּ:

ח. הַזּוֹלֵף מַיִם מִן הַמַּעְיָן בְּיָדָיו וּבְרַגְלָיו וּבַחֲרָסִים וְנָתַן לְתוֹךְ הֶחָבִית פְּסוּלִין מִפְּנֵי שֶׁלֹּא נִתְמַלְּאוּ בִּכְלִי. נָתַן אֶת הֶחָבִית בַּמַּיִם וְדָחַק הַמַּיִם בְּיָדָיו אוֹ בְּרַגְלָיו אוֹ בַּעֲלֵי יְרָקוֹת כְּדֵי שֶׁיַּעַבְרוּ לֶחָבִית הֲרֵי אֵלּוּ פְּסוּלִין. וְכֵן אִם שִׁקְּעוֹ בַּמַּיִם כְּדֵי שֶׁיִּגְבְּרוּ הַמַּיִם וְיַעֲלוּ וְיִשָּׁפְכוּ לֶחָבִית פְּסוּלִין. וְאִם עָשָׂה כֵּן בַּעֲלֵי קָנִים אוֹ בַּעֲלֵי אֱגוֹז הֲרֵי הַמַּיִם כְּשֵׁרִים. זֶה הַכְּלָל דָּבָר שֶׁהוּא מְקַבֵּל טֻמְאָה אִם סִיֵּעַ בּוֹ הַמַּיִם כְּדֵי שֶׁיִּתְמַלְּאוּ הַכְּלִי הַמַּיִם פְּסוּלִין וְאִם סִיֵּעַ בְּדָבָר שֶׁאֵינוֹ מְקַבֵּל טֻמְאָה כְּשֵׁרִים:

ט. הַמְּפַנֶּה הַמַּעְיָן לְתוֹךְ הַגַּת אוֹ לְתוֹךְ הַגֶּבֶא וְחָזַר וּמִלֵּא בִּכְלִי מֵאוֹתוֹ הַגֶּבֶא אוֹ הַגַּת פְּסוּלִים שֶׁהֲרֵי צָרִיךְ שֶׁתִּהְיֶה לְקִיחַת הַמַּיִם מִן הַמַּעְיָן בִּכְלִי בַּתְּחִלָּה:

י. הַיָּם הַגָּדוֹל כְּמִקְוֶה וְאֵינוֹ כְּמַעְיָן לְפִיכָךְ אֵין מְמַלְּאִין מִמֶּנּוּ לְקִדּוּשׁ. וְכָל הַנְּהָרוֹת פְּסוּלִין לְקַדֵּשׁ מֵהֶן מֵי חַטָּאת. וּשְׁאָר הַיַּמִּים כְּמַעְיָן:

יא. וְהַמַּיִם הַנִּגְרָרִין מִשְּׁאָר הַיַּמִּים וְהֵן הַנִּקְרָאִין זוֹחֲלִין פְּסוּלִין. וְהַזּוֹחֲלִין מִן הַמַּעְיָן הֲרֵי הֵם כְּמַעְיָן וּכְשֵׁרִים:

יב. מַיִם הַמְּכִּין וְהַמְכַזְּבִין פְּסוּלִין. וְאֵלּוּ הֵן הַמְּכִּין הַמְּלוּחִים אוֹ הַפּוֹשְׁרִים וְהַמְכַזְּבִים הֵם הַמַּעְיָנוֹת שֶׁפְּעָמִים מְקִירִין וּפְעָמִים חֲרֵבִין וִיבֵשִׁין אֲפִלּוּ הָיוּ חֲרֵבִין פַּעַם אַחַת לְשֶׁבַע שָׁנִים פְּסוּלִין. אֲבָל אִם הָיוּ חֲרֵבִין בִּשְׁנֵי בַּצֹּרֶת אוֹ לְשָׁנִים רַבּוֹת יֶתֶר מִשֶּׁבַע אוֹ שֶׁהָיוּ מֵימֵיהֶן פְּעָמִים מְרֻבִּין וּפְעָמִים מוּעָטִין וְאֵינָן חֲרֵבִין הֲרֵי אֵלּוּ כְּשֵׁרִים. וּמַעְיָן הַיּוֹצֵא בַּתְּחִלָּה כָּשֵׁר וְאֵינוֹ צָרִיךְ לִבְדֹּק שֶׁמָּא יְכַזֵּב:

יג. מֵי בֵּיצִים וּמֵי הַיַּרְדֵּן וּמֵי הַיַּרְמוּךְ פְּסוּלִין מִפְּנֵי שֶׁהֵן מֵי הַתַּעֲרוֹבוֹת. וְאֵלּוּ הֵן מֵי הַתַּעֲרוֹבוֹת. מַיִם כְּשֵׁרִים לְקִדּוּשׁ שֶׁנִּתְעָרְבוּ בְּמַיִם פְּסוּלִין אֵין מְמַלְּאִין מִתַּעֲרֹבֶת שְׁנֵיהֶם. אֲבָל מַיִם כְּשֵׁרִים שֶׁנִּתְעָרְבוּ בְּמַיִם כְּשֵׁרִים כְּגוֹן מֵימֵי שְׁתֵּי הַמַּעְיָנוֹת שֶׁנִּתְעָרְבוּ וְנִמְשְׁכוּ מְמַלְּאִין מֵהֶן:

יד. הַמַּיִם שֶׁנִּשְׁתַּנּוּ שִׁנּוּיָן מֵחֲמַת עַצְמָן כְּשֵׁרִין:

טו. בְּאֵר שֶׁנָּפַל לְתוֹכָהּ חַרְסִית אוֹ אֲדָמָה וְנַעֲשׂוּ מֵימֶיהָ עֲכוּרִין מְמַלֵּא מִמֶּנָּה וְאֵין צָרִיךְ לְהַמְתִּין. נָפַל לְתוֹכָהּ שֶׁטֶף שֶׁל מֵימֵי גְשָׁמִים יַמְתִּין עַד שֶׁתִּיצַל:

טז. אַמַּת הַמַּיִם הַבָּאָה מֵרָחוֹק הוֹאִיל וּתְחִלָּתָהּ מִן הַמַּעְיָן כְּשֵׁרָה לְמַלְּאוֹת מִמֶּנָּה. וּבִלְבַד שֶׁיִּשְׁמְרֶנָּה שֶׁלֹּא יִפְסְקֶנָּה אָדָם וְנִמְצָא מְמַלֵּא מִן הַמַּיִם שֶׁפָּסְקוּ תְּחִלָּתָן מִן הַמַּעְיָן שֶׁהֵן פְּסוּלִין:

Perek 7

Water continued.

Disqualification caused by work while drawing water.

During the process of drawing water, up to the time it is sanctified, if one does some other work, the water becomes disqualified.

After ashes have been mixed in to the water, other work will not disqualify – *Divrei Kabalah.*

Wages

- Allowed for drawing
- No wage may be taken for sanctification (putting ashes into water). If wage was taken, the sanctified water is disqualified.
- No wage may be taken for sprinkling of the sanctified water. If wage was taken, the sanctified water is disqualified.

There is a fine distinction of what would be defined as work and what is not.

An example is someone drawing water with one hand and doing some other work with the other hand, the water would be disqualified.

Let's say a person borrowed a friend's rope to draw the water. If he meets friend while carrying the water and he returns the rope, this is not defined as work and water is not disqualified. However, if he went out of his way to return the rope, this is regarded as work and water would be disqualified.

פרק ז׳

א. הַמְּלָאכָה פּוֹסֶלֶת בַּמַּיִם קֹדֶם שֶׁיִּתְקַדְּשׁוּ וְאֵינָהּ פּוֹסֶלֶת בְּהַזָּאָה. וּדְבָרִים אֵלּוּ הֵן דִּבְרֵי קַבָּלָה. כֵּיצַד. הַמְמַלֵּא מַיִם לְקִדּוּשׁ וְנִתְעַסֵּק בִּמְלָאכָה אַחֶרֶת בִּשְׁעַת הַמִּלּוּי אוֹ בִּשְׁעַת הוֹלָכַת הַמַּיִם שֶׁמְּמַלֵּא אוֹ בְּעֵת שֶׁמְּעָרֶה אוֹתָן מִכְּלִי אֶל כְּלִי פְּסָלָן. לְעוֹלָם הַמְּלָאכָה פּוֹסֶלֶת בַּמַּיִם עַד שֶׁיָּטִיל לָהֶן אֶת הָאֵפֶר. הֵטִיל אֶת הָאֵפֶר וְנִתְקַדְּשׁוּ וְנַעֲשׂוּ מֵי נִדָּה אֵין הַמְּלָאכָה פּוֹסֶלֶת בָּהֶן אֶלָּא הַמּוֹלִיךְ הַמַּיִם הַמְקֻדָּשִׁין אוֹ מְעָרֶה אוֹתָן מִכְּלִי לִכְלִי וְהוּא עוֹסֵק בִּמְלָאכָה אַחֶרֶת אֵין בְּכָךְ כְּלוּם. וְכֵן מַזֶּה מֵהֶן בְּיָדוֹ אַחַת וְהוּא עוֹשֶׂה מְלָאכָה בְּיָדוֹ הָאַחֶרֶת:

ב. הַשָּׂכָר פָּסוּל בְּקִדּוּשׁ וּבַהַזָּיָה וְאֵינוֹ פּוֹסֵל בְּמִלּוּי. כֵּיצַד. הַנּוֹטֵל שְׂכָרוֹ לְקַדֵּשׁ מֵי חַטָּאת אוֹ לְהַזּוֹת מֵהֶן הֲרֵי אוֹתָן הַמַּיִם כְּמֵי הַמְּעָרָה וְהָאֵפֶר כְּאֵפֶר מַקְלֶה שֶׁאֵינוֹ כְּלוּם. אֲבָל נוֹטֵל הוּא שָׂכָר לְמַלְּאוֹת הַמַּיִם אוֹ לְהוֹלִיכָן. וּמְקַדְּשִׁין אוֹתָן בְּחִנָּם וּמַזֶּה מֵהֶן הַמַּזֶּה בְּחִנָּם. הָיָה הַמְקַדֵּשׁ אוֹ הַמַּזֶּה זָקֵן שֶׁאֵינוֹ יָכוֹל לְהַלֵּךְ עַל רַגְלָיו וּבָא הַטָּמֵא וּבִקֵּשׁ מִמֶּנּוּ לַהֲלֹךְ עִמּוֹ בְּמָקוֹם רָחוֹק לְקַדֵּשׁ אוֹ לְהַזּוֹת הֲרֵי זֶה מַרְכִּיבוֹ עַל הַחֲמוֹר וְנוֹתֵן שְׂכָרוֹ כְּפוֹעֵל בָּטֵל שֶׁבָּטֵל מֵאוֹתָהּ מְלָאכָה שֶׁבִּטְּלוֹ מִמֶּנָּה. וְכֵן אִם הָיָה כֹּהֵן וְהָיָה טָמֵא בְּטֻמְאָה הַמּוֹנַעְתּוֹ מִלֶּאֱכֹל תְּרוּמָתוֹ בְּעֵת שֶׁיֵּלֵךְ עִמּוֹ לְהַזּוֹת אוֹ לְקַדֵּשׁ הֲרֵי זֶה מַאֲכִילוֹ וּמַשְׁקֵהוּ וְסָכוֹ. וְאִם בִּטְּלוֹ מִמְּלָאכָה נוֹתֵן לוֹ שְׂכָרוֹ כְּפוֹעֵל בָּטֵל שֶׁל אוֹתָהּ מְלָאכָה. שֶׁכָּל אֵלּוּ הַדְּבָרִים אֵינָן שָׂכָר שֶׁנִּשְׂתַּכֵּר בְּקִדּוּשׁ אוֹ בְּהַזָּאָה שֶׁהֲרֵי לֹא הִרְוִיחַ כְּלוּם וְלֹא נָטַל אֶלָּא כְּנֶגֶד מַה שֶּׁהִפְסִיד:

ג. הַמְמַלֵּא בְּאַחַת יָדוֹ וְעוֹשֶׂה מְלָאכָה בְּיָדוֹ הָאַחֶרֶת אוֹ הַמְמַלֵּא לוֹ וּלְאַחֵר אוֹ שֶׁמִּלֵּא לִשְׁנַיִם כְּאַחַת שְׁנֵיהֶן פְּסוּלִין שֶׁהַמִּלּוּי מְלָאכָה וְנִמְצָא כָּל מִלּוּי מִשְּׁנֵיהֶם כְּאִלּוּ עָשָׂה עִמּוֹ מְלָאכָה אַחֶרֶת. וּכְבָר הוֹדַעְנוּ שֶׁהַמְּלָאכָה פּוֹסֶלֶת בְּמִלּוּי בֵּין שֶׁמִּלֵּא לְעַצְמוֹ בֵּין שֶׁמִּלֵּא לַאֲחֵרִים:

ד. הַמְמַלֵּא לַאֲחֵרִים אֲפִלּוּ מִלֵּא אֶלֶף חָבִיּוֹת זוֹ אַחַר זוֹ לְאֶלֶף בְּנֵי אָדָם כֻּלָּן כְּשֵׁרִים וְכָל אֶחָד מֵהֶן נוֹטֵל הַמַּיִם שֶׁלּוֹ וּמְקַדְּשָׁן. מִלֵּא לְעַצְמוֹ חָבִית אַחַר חָבִית אִם נִתְכַּוֵּן לְקַבֵּץ כָּל הֶחָבִיּוֹת לִכְלִי אֶחָד וּלְהַשְׁלִיךְ עֲלֵיהֶן אֶת הָאֵפֶר וּמְקַדְּשָׁן קִדּוּשׁ אֶחָד כֻּלָּן כְּשֵׁרִים שֶׁהַכֹּל מִלּוּי אֶחָד הוּא. אֲבָל אִם נִתְכַּוֵּן לְקַדֵּשׁ כָּל חָבִית וְחָבִית בִּפְנֵי עַצְמָהּ כֻּלָּן פְּסוּלִין חוּץ מִן הָאַחֲרוֹנָה שֶׁהָרִאשׁוֹנָה נִפְסֶלֶת בַּמְּלָאכָה שֶׁעָשָׂה קֹדֶם שֶׁיְּקַדֵּשׁ וְהוּא מִלּוּי הַשְּׁנִיָּה. וְכֵן הַשְּׁנִיָּה נִפְסֶלֶת בְּמִלּוּי הַשְּׁלִישִׁית וְאֵין כְּשֵׁרָה אֶלָּא אַחֲרוֹנָה:

ה. חֲמִשָּׁה שֶׁמִּלְּאוּ חָמֵשׁ חָבִיּוֹת לְקַדְּשָׁם חֲמִשָּׁה קִדּוּשִׁים כְּגוֹן שֶׁיַּשְׁלִיךְ הָאֵפֶר עַל כָּל אַחַת וְאַחַת בִּפְנֵי עַצְמוֹ וְנִמְלְכוּ לְעָרְבָן וּלְקַדְּשָׁן כֻּלָּן קִדּוּשׁ אֶחָד אוֹ שֶׁמִּלְּאוּם לְקַדְּשָׁן קִדּוּשׁ אֶחָד וְנִמְלְכוּ לְקַדְּשָׁן חֲמִשָּׁה קִדּוּשִׁין כֻּלָּן כְּשֵׁרִין שֶׁהֲרֵי לֹא נִתְעַסֵּק הַמְמַלֵּא בְּמִלּוּי אַחֵר. אֲבָל הַיָּחִיד שֶׁמִּלֵּא חָמֵשׁ חָבִיּוֹת לְקַדְּשָׁם חֲמִשָּׁה קִדּוּשִׁין אַף עַל פִּי שֶׁחָזַר וְנִמְלַךְ לְקַדְּשָׁן קִדּוּשׁ אֶחָד אֵין כָּשֵׁר אֶלָּא אַחֲרוֹן. מִלְּאָן לְקַדְּשָׁן קִדּוּשׁ אֶחָד וְנִמְלַךְ לְקַדְּשָׁן חֲמִשָּׁה קִדּוּשִׁין אֵין כָּשֵׁר אֶלָּא זֶה שֶׁקִּדֵּשׁ בַּתְּחִלָּה. וְכֵן אִם אָמַר לְאַחֵר קַדֵּשׁ לְךָ אֶת אֵלּוּ אֵין כָּשֵׁר אֶלָּא זוֹ שֶׁנִּתְקַדְּשָׁה מֵהֶן בַּתְּחִלָּה. אֲבָל אִם אָמַר לוֹ קַדֵּשׁ לִי אֶת אֵלּוּ הֲרֵי כֻּלָּן כְּשֵׁרִין שֶׁהֲרֵי לְקִדּוּשׁ אֶחָד מִלְּאָן וְאַף עַל פִּי שֶׁנִּמְלַךְ עָלֶיהָ לְקַדְּשָׁהּ חֲמִשָּׁה קִדּוּשִׁין הֲרֵי לֹא קִדֵּשׁ הוּא אֶלָּא אַחֵר קִדֵּשׁ לוֹ:

ו. הָרוֹצֶה לְמַלְּאוֹת מַיִם לְקַדְּשָׁן וּמַיִם אֲחֵרִים לִצְרָכָיו מְמַלֵּא אֶת שֶׁל צְרָכָיו תְּחִלָּה וְקוֹשְׁרָן וְטוֹעֲנָן לַאֲחוֹרָיו וְאַחַר כָּךְ מְמַלֵּא אֶת שֶׁל חַטָּאת כְּדֵי שֶׁלֹּא יִתְעַסֵּק בִּמְלָאכָה אַחַר הַמִּלּוּי וְנוֹתְנָם לְפָנָיו וְהוֹלֵךְ:

ז. שְׁנַיִם שֶׁהָיוּ מְמַלְּאִין כָּל אֶחָד וְאֶחָד לְעַצְמוֹ וְהִגְבִּיהוּ זֶה עַל זֶה וְנָטַל זֶה לָזֶה קוֹץ מִיָּדוֹ אוֹ מִגּוּפוֹ בִּשְׁעַת מִלּוּאוֹ אִם מִלְּאוּ שְׁנֵיהֶם לְקִדּוּשׁ אֶחָד הַמַּיִם כְּשֵׁרִים וְאִם מִלְּאוּ לְקַדֵּשׁ כָּל אֶחָד לְעַצְמוֹ זֶה שֶׁהִגְבִּיהַּ אוֹ הוֹצִיא אֶת הַקּוֹץ פָּסַל מֵימָיו:

ח. הַשּׁוֹאֵל חֶבֶל לְמַלְּאוֹת בּוֹ וּמִלֵּא וְנָטַל הַחֶבֶל בְּיָדָיו

וּמֵימָיו עַל כְּתֵפוֹ וּפָגַע בִּבְעָלִים בְּדַרְכּוֹ וְנָתַן לָהֶן אֶת הַחֶבֶל כְּשֶׁהוּא מְהַלֵּךְ כְּשֵׁרִין. וְאִם יָצָא מִן הַדֶּרֶךְ כְּדֵי לְהוֹלִיךְ הַחֶבֶל לַבְּעָלִים פָּסַל אֶת הַמַּיִם:

ט. מִי שֶׁהָיָה מְמַלֵּא וּמַשְׁלִיךְ הַחֶבֶל שֶׁמִּלֵּא בּוֹ עַל הָאָרֶץ וְאַחַר שֶׁמִּלֵּא חָזַר וְקִבֵּץ עַל יָדוֹ פְּסָלָן. וְאִם הָיָה דּוֹלֶה וּמְקַבֵּץ לְתוֹךְ יָדוֹ הַמַּיִם כְּשֵׁרִים:

י. הַמְמַלֵּא וְנוֹתֵן לֶחָבִית עַד שֶׁיְּמַלְּאֶנָּה מַיִם וְהִצְנִיעַ אֶת הֶחָבִית שֶׁלֹּא תִּשָּׁבֵר בְּשָׁעָה שֶׁהָיָה מְמַלֵּא אוֹ שֶׁכְּפָאָהּ עַל פִּיהָ עַל מְנָת לְנַגְּבָהּ לְמַלְּאוֹת בָּהּ כָּשֵׁר שֶׁזֶּה מִצֹּרֶךְ הַמִּלּוּי הוּא. אֲבָל אִם הִצְנִיעָהּ אוֹ נִגְּבָהּ כְּדֵי לְהוֹלִיךְ בָּהּ אֶת הַקִּדּוּשׁ פָּסַל שֶׁהֲרֵי עָשָׂה מְלָאכָה שֶׁאֵינָהּ לְצֹרֶךְ הַמִּלּוּי. וְכֵן הַמְמַלֵּא וְנוֹתֵן לְשֹׁקֶת וּפִנָּה חַרְסִית מִן הַשֹּׁקֶת בִּשְׁעַת מִלּוּי אִם בִּשְׁבִיל שֶׁתַּחֲזִיק מַיִם רַבִּים כְּשֵׁרִים שֶׁהֲרֵי זוֹ צֹרֶךְ הַמִּלּוּי וְאִם בִּשְׁבִיל שֶׁלֹּא יִהְיוּ הַחֲרָסִין מְעַכְּבִין אוֹתוֹ בְּשָׁעָה שֶׁהוּא זוֹלֵף אֶת הַמַּיִם שֶׁמִּלֵּא בַּשֹּׁקֶת הֲרֵי אֵלּוּ פְּסוּלִין:

יא. הַמְמַלֵּא דְּלִי לִשְׁתּוֹת וְנִמְלַךְ וְחִשֵּׁב עָלָיו לְמֵי חַטָּאת אִם עַד שֶׁלֹּא הִגִּיעַ הַדְּלִי לַמַּיִם חִשֵּׁב מְעָרֶה וְאֵין צָרִיךְ לְנַגֵּב וְאִם מִשֶּׁהִגִּיעַ הַדְּלִי לַמַּיִם חִשֵּׁב מְעָרֶה וְצָרִיךְ לְנַגֵּב וְאַחַר כָּךְ יְמַלֵּא בּוֹ לְחַטָּאת. שִׁלְשֵׁל הַדְּלִי וְנִפְסַק הַחֶבֶל מִיָּדוֹ אִם עַד שֶׁלֹּא הִגִּיעַ הַדְּלִי לַמַּיִם חִשֵּׁב עָלָיו מְעָרֶה וְאֵין צָרִיךְ לְנַגֵּב. נִמְלַךְ וְהוּא עוֹדֵהוּ בְּתוֹךְ הַמַּיִם וְחִשֵּׁב עָלָיו לְמֵי חַטָּאת מְעָרֶה וְאֵינוֹ צָרִיךְ לְנַגֵּב. מַיִם שֶׁמִּלְּאָן לְמֵי חַטָּאת וְאַחַר שֶׁנִּתְמַלֵּא חִשֵּׁב עֲלֵיהֶן לִשְׁתּוֹתָן כְּשֶׁיַּטֶּה אֶת הַכְּלִי לִשְׁתּוֹת פָּסַל הַמַּיִם אַף עַל פִּי שֶׁלֹּא שָׁתָה מֵהֶן כְּלוּם:

Perek 8

Water continued.

CARRYING WATER

Disqualification caused by work while carrying water.

When he carries out an activity considered as work, while carrying the water, whether he stopped or continued walking the water is disqualified.

If he carries out an activity which is not considered as work, while carrying the water (e.g. he ate to have strength to continue), if he stops water is disqualified. But if he had carried on walking while doing this activity, water would remain acceptable.

If two people are watching the water and one performs work, as long as the other continued watching, the water remains acceptable.

SANCTIFYING WATER (MIXING IN THE ASHES)

The performance of work does not disqualify sanctification of a colleague's water. This is because performance of work only disqualifies the water (not the ashes) and a person cannot disqualify someone else's water with work.

In summary

- Whenever work is performed when water is drawn, whether for oneself or a colleague it is disqualified.
- Water drawn and then work done before ashes placed, if water belonged to him it is disqualified. If it belongs to colleague it is acceptable.
- If water is in his hand and he performs work, whether there is watchman or not, the water is disqualified. If water was not in his hand and he performed work, if there was a watchman present, water is not disqualified. (When there are 2 people, if one continues to watch and guard the water, the other could do work, depending on circumstance mentioned.)

פרק ח׳

א. מִי שֶׁהָיוּ מֵימָיו עַל כְּתֵפוֹ וְעָמַד וְהוֹרָה הוֹרָאָה לַאֲחֵרִים אוֹ שֶׁדָּן דִּין אוֹ שֶׁחָלְצָה בְּפָנָיו אוֹ מֵאֲנָה אוֹ שֶׁהֶרְאָה לַאֲחֵרִים אֶת הַדֶּרֶךְ אוֹ שֶׁהָרַג אֶת נָחָשׁ אוֹ עַקְרָב אוֹ נָטַל אֳכָלִין מִן הַשּׁוּק לְהַצְנִיעָם הֲרֵי הַמַּיִם פְּסוּלִין שֶׁהֲרֵי נִתְעַסֵּק בְּדָבָר אַחֵר קֹדֶם שֶׁיִּתֵּן הָאֵפֶר עַל הַמַּיִם. אֲבָל אִם נָטַל הָאֳכָלִין לְאָכְלָן וַאֲכָלָן כְּשֶׁהוּא מְהַלֵּךְ אוֹ שֶׁהָרַג נָחָשׁ אוֹ עַקְרָב הַמְעַכְּבִין אוֹתוֹ הֲרֵי הַמַּיִם כְּשֵׁרִים שֶׁזֶּה מִצֹּרֶךְ הוֹלָכַת הַמַּיִם. זֶה הַכְּלָל כָּל דָּבָר שֶׁהוּא מִשּׁוּם מְלָאכָה שֶׁעֲשָׂהוּ קֹדֶם מַתַּן הָאֵפֶר בֵּין עָמַד בֵּין לֹא עָמַד פָּסַל וְדָבָר שֶׁאֵינוֹ מִשּׁוּם מְלָאכָה אִם לֹא עָמַד כְּשֵׁרִים וְאִם עָמַד פָּסַל. הָיָה מְהַלֵּךְ בְּמַיִם וּפָרַץ בִּשְׁעַת הִלּוּכוֹ מָקוֹם שֶׁיֵּלֵךְ בּוֹ אַף עַל פִּי שֶׁפָּרַץ עַל מְנָת לִגְדֹּר כְּשֵׁרִים. וְאִם גָּדַר קֹדֶם שֶׁיִּתֵּן הָאֵפֶר פְּסוּלִין. וְכֵן אִם קָצָה פֵּרוֹת לֶאֱכֹל אַף עַל פִּי שֶׁכַּוָּנָתוֹ לְהַקְצוֹת אֶת הַשְּׁאָר כְּשֵׁרִין. וְאִם הִקְצָה קֹדֶם מַתַּן הָאֵפֶר פָּסוּל:

ב. הָיָה אוֹכֵל בִּשְׁעַת הוֹלָכַת הַמַּיִם וְהוֹתִיר וְזָרַק מַה שֶּׁהוֹתִיר לְתַחַת הַתְּאֵנָה אוֹ לְתַחַת הַמֻּקְצֶה אִם נִתְכַּוֵּן שֶׁלֹּא יֹאבְדוּ הַפֵּרוֹת הֲרֵי הַמַּיִם פְּסוּלִין שֶׁהֲרֵי עָשָׂה מְלָאכָה. וְאִם זְרָקָן לְפִי שֶׁאֵין לוֹ צֹרֶךְ בָּהֶן הֲרֵי הַמַּיִם כְּשֵׁרִין. הַמְמַלֵּא מַיִם לְקַדְּשָׁן וּמְסָרָן לְאַחֵר לְשָׁמְרָן וְעָשׂוּ הַבְּעָלִים מְלָאכָה לֹא נִפְסְלוּ הַמַּיִם שֶׁהֲרֵי מְסָרָן לְשׁוֹמֵר. וְאִם עָשָׂה הַשּׁוֹמֵר מְלָאכָה פְּסָלָן שֶׁהֲרֵי הֵן בִּרְשׁוּתוֹ וְהוּא נִכְנַס תַּחַת הַבְּעָלִים. הָיוּ שְׁנַיִם שׁוֹמְרִין אֶת הַמַּיִם וְעָשָׂה אֶחָד מֵהֶן מְלָאכָה הַמַּיִם כְּשֵׁרִים שֶׁהֲרֵי הַשֵּׁנִי מְשַׁמֵּר. חָזַר הָרִאשׁוֹן לִשְׁמֹר וְעָמַד הַשֵּׁנִי וְעָשָׂה מְלָאכָה הַמַּיִם כְּשֵׁרִים עַד שֶׁיַּעֲשׂוּ כָּל הַשּׁוֹמְרִין מְלָאכָה כְּאַחַת:

ג. הַמְקַדֵּשׁ בְּאַחַת יָדוֹ וְעָשָׂה מְלָאכָה בַּשְּׁנִיָּה. אִם לְעַצְמוֹ קִדֵּשׁ פָּסַל שֶׁהֲרֵי עָשָׂה מְלָאכָה קֹדֶם מַתַּן אֵפֶר בְּמַיִם. וְאִם לַחֲבֵרוֹ קִדֵּשׁ הַמַּיִם כְּשֵׁרִים שֶׁאֵין זֶה פּוֹסֵל מֵימָיו שֶׁל חֲבֵרוֹ בַּמְּלָאכָה שֶׁעָשָׂה. שֶׁאֵין הַמְּלָאכָה פּוֹסֶלֶת בְּקִדּוּשׁ אֶלָּא בְּמַיִם. וְהוּא שֶׁיִּהְיֶה הָעוֹשֶׂה הַשּׁוֹמֵר אוֹ הַבְּעָלִים:

ד. הַמְקַדֵּשׁ לְעַצְמוֹ וּלְאַחֵר כְּאַחַת. שֶׁלּוֹ פָּסוּל שֶׁהֲרֵי נִפְסְלוּ הַמַּיִם שֶׁל עַצְמוֹ בְּעֵסֶק שֶׁנִּתְעַסֵּק בְּקִדּוּשׁ חֲבֵרוֹ. אֲבָל אִם קִדֵּשׁ לִשְׁנַיִם כְּאַחַת שְׁנֵיהֶם כְּשֵׁרִין שֶׁאֵין מְלַאכְתּוֹ פּוֹסֶלֶת מֵי אֲחֵרִים:

ה. הַמְמַלֵּא לְעַצְמוֹ בִּשְׁתֵּי יָדָיו כְּאַחַת בְּקִדּוּשׁ אֶחָד פָּסוּל. בִּשְׁנֵי קִדּוּשִׁים כָּשֵׁר. קִדֵּשׁ לְעַצְמוֹ בִּשְׁתֵּי יָדָיו כְּאַחַת בְּקִדּוּשׁ אֶחָד כְּשֵׁרִים בִּשְׁנֵי קִדּוּשִׁין פְּסוּלִין. מִלֵּא וְקִדֵּשׁ בִּשְׁתֵּי יָדָיו כְּאַחַת לְעַצְמוֹ שְׁנֵיהֶן פְּסוּלִין. מִלֵּא לְאַחֵר בִּשְׁתֵּי יָדָיו כְּאַחַת בְּקִדּוּשׁ אֶחָד כָּשֵׁר בִּשְׁנֵי קִדּוּשִׁין פְּסוּלִין. קִדֵּשׁ לְאַחֵר בִּשְׁתֵּי יָדָיו כְּאַחַת בֵּין בְּקִדּוּשׁ אֶחָד בֵּין בִּשְׁנֵי קִדּוּשִׁין שְׁנֵיהֶן כְּשֵׁרִים. מִלֵּא וְקִדֵּשׁ בִּשְׁתֵּי יָדָיו כְּאַחַת לְאַחֵר הַמִּלּוּי פָּסוּל וְהַקִּדּוּשׁ כָּשֵׁר. זֶה הַכְּלָל כָּל מִלּוּי שֶׁעָשָׂה עִמּוֹ מְלָאכָה בֵּין שֶׁמִּלֵּא לְעַצְמוֹ בֵּין שֶׁמִּלֵּא לְאַחֵר פָּסוּל. וְכָל מַיִם שֶׁנִּתְמַלְּאוּ כְּהִלְכָתָן וְעָשָׂה מְלָאכָה קֹדֶם שֶׁיִּתֵּן אֶת הָאֵפֶר אִם הָיוּ הַמַּיִם שֶׁלּוֹ הֲרֵי הֵן פְּסוּלִין. וְאִם הָיוּ שֶׁל אַחֵר כְּשֵׁרִין. וְכָל דָּבָר שֶׁבְּיָדוֹ וְעָשָׂה מְלָאכָה בֵּין שֶׁיֵּשׁ שָׁם שׁוֹמֵר שֶׁאֵינוֹ עוֹשֶׂה מְלָאכָה בֵּין שֶׁאֵין [שָׁם] שׁוֹמֵר פָּסוּל. וְדָבָר שֶׁאֵינוֹ בְּיָדוֹ וְעָשָׂה מְלָאכָה אִם יֵשׁ [שָׁם] שׁוֹמֵר לֹא פָּסַל. אִם אֵין שָׁם שׁוֹמֵר פָּסַל:

ו. הָאוֹמֵר לַחֲבֵרוֹ קַדֵּשׁ לִי וַאֲקַדֵּשׁ לְךָ וְקִדְּשׁוּ זֶה לָזֶה הָרִאשׁוֹן כָּשֵׁר וְהַשֵּׁנִי פָּסוּל שֶׁהֲרֵי קִדֵּשׁ בְּשָׂכָר. אָמַר לוֹ מַלֵּא לִי וַאֲמַלֵּא לְךָ וּמִלְּאוּ זֶה לָזֶה הָרִאשׁוֹן פָּסוּל הוֹאִיל וְכַוָּנָתוֹ שֶׁיְּמַלֵּא לוֹ חֲבֵרוֹ. חֵלֶף מִלּוּי זֶה הֲרֵי זֶה כִּמְמַלֵּא לוֹ וּלְאַחֵר שֶׁהֵן פְּסוּלִין. וְהַשֵּׁנִי כָּשֵׁר שֶׁהַמִּלּוּי בְּשָׂכָר מֻתָּר וַהֲרֵי לֹא עָשָׂה מְלָאכָה אַחַר שֶׁמִּלֵּא וְאֵין בְּכַוָּנָתוֹ מִלּוּי אַחֵר:

ז. הָאוֹמֵר לַחֲבֵרוֹ קַדֵּשׁ לִי וַאֲמַלֵּא לְךָ שְׁנֵיהֶן כְּשֵׁרִין שֶׁהַמְּלָאכָה אֵינָהּ פּוֹסֶלֶת הַקִּדּוּשׁ וְהַמִּלּוּי בְּשָׂכָר מֻתָּר. מַלֵּא לִי וַאֲקַדֵּשׁ לְךָ שְׁנֵיהֶן פְּסוּלִין. זֶה שֶׁמִּלֵּא בַּתְּחִלָּה פָּסוּל שֶׁהֲרֵי הוּא כִּמְמַלֵּא וּמְקַדֵּשׁ כְּאַחַת וּפָסַל הַמַּיִם בַּמְּלָאכָה. וְזֶה שֶׁקִּדֵּשׁ בָּאַחֲרוֹנָה פָּסוּל שֶׁהֲרֵי קִדֵּשׁ בְּשָׂכָר וּכְאִלּוּ הֶחֱזִיר חוֹב שֶׁעָלָיו:

ח. הַהוֹלֵךְ לְקַדֵּשׁ הֲרֵי זֶה נוֹטֵל אֶת הַמַּפְתֵּחַ וּפוֹתֵחַ לְהוֹצִיא הָאֵפֶר. וְנוֹטֵל קַרְדֹּם אִם צָרִיךְ לַחְפֹּר בּוֹ אֵפֶר הַפָּרָה. וְנוֹטֵל סֻלָּם וּמוֹלִיךְ מִמָּקוֹם לְמָקוֹם לְהָבִיא הָאֵפֶר וְכָשֵׁר. וְאִם מִשֶּׁנָּטַל הָאֵפֶר לְקַדֵּשׁ בּוֹ כִּסָּה הַכְּלִי שֶׁהָיָה בּוֹ הָאֵפֶר. אוֹ שֶׁהֵגִיף אֶת הַדֶּלֶת אוֹ שֶׁזָּקַף אֶת הַכְּלִי בָּאָרֶץ קֹדֶם שֶׁיַּשְׁלִיךְ הָאֵפֶר לַמַּיִם פָּסַל הַמַּיִם. אֲבָל הָאֵפֶר כָּשֵׁר לְקַדֵּשׁ בּוֹ מַיִם אֲחֵרִים. זָקַף אֶת הַכְּלִי שֶׁיֵּשׁ בּוֹ הָאֵפֶר בְּיָדוֹ כְּדֵי שֶׁלֹּא יִתְפַּזֵּר כְּשֵׁרִים מִפְּנֵי שֶׁאִי אֶפְשָׁר שֶׁהֲרֵי אִם הִנִּיחוֹ בָּאָרֶץ פָּסַל. וְאִם כִּסָּהוּ פָּסַל. נָטַל אֶת הָאֵפֶר וְרָאָה שֶׁהוּא מְרֻבֶּה וְהֶחֱזִיר מִמֶּנּוּ כָּשֵׁר. נָתַן הָאֵפֶר עַל הַמַּיִם וְרָאָה שֶׁהוּא מְרֻבֶּה וְנָטַל מִמֶּנּוּ לְקַדֵּשׁ מַיִם אֲחֵרִים כָּשֵׁר. קִרְסֵם עֲלֵה זַיִת לַחְתּוֹת בּוֹ הָאֵפֶר אִם בִּשְׁבִיל שֶׁלֹּא יַחֲזִיק אֵפֶר הַרְבֵּה פָּסַל וְאִם בִּשְׁבִיל שֶׁיִּכָּנֵס הָאֵפֶר בַּכְּלִי כָּשֵׁר:

Perek 9

Sanctification of water.

Procedure

- Place drawn water in a container.
- Then place ashes on water surface (not allowed to reverse order and place water over ashes).
- Only need to place an amount of ashes that can be seen.
- Person sanctifying must cast the ashes with intent.
- He must cast the ashes with his hand (if the wind blew it out of his hand into the water, it is disqualified).
- The minimum amount of water needed is enough to immerse the tops of the stalk of the hyssop in the water.
- When there are two containers and the waters are even minimally connected, if ashes placed in one of the containers, the second also becomes sanctified.

DISQUALIFYING FACTORS

Even the smallest amount of other waters, which are disqualified.

Shekatzim (crawling insects) When they drink, their liquids mix with water.

Remashim (teeming worms) When they drink, their liquids mix with water.

Animals and birds. When they drink, their liquids mix with the water.

Exceptions are – Doves. It sucks water but saliva does not flow from mouth.
– *Sheratzim* (crawling animals, except for the mole)

People drinking, unless poured directly into throat.

Being looked after by an impure person.

If containing vessel left open, disqualification will depend on certain halachic principles which dictate the level of probability that it became invalid.

Reminder
Pack on Impurity of Foods

פרק ט׳

א. כֵּיצַד מְקַדְּשִׁין אֶת הַמַּיִם בְּאֵפֶר הַפָּרָה. נוֹתֵן אֶת הַמַּיִם שֶׁנִּתְמַלְּאוּ לְשֵׁם מֵי חַטָּאת בִּכְלִי וְנוֹתֵן אֵפֶר עַל פְּנֵי הַמַּיִם כְּדֵי שֶׁיֵּרָאֶה עַל פְּנֵי הַמַּיִם. אַף עַל פִּי שֶׁהִיא חָבִית גְּדוֹלָה מְלֵאָה מַיִם. וּמְעָרֵב הַכֹּל. וְאִם נָתַן הָאֵפֶר תְּחִלָּה וְאַחַר כָּךְ נָתַן עָלָיו הַמַּיִם פָּסַל. וּמַהוּ זֶה שֶׁנֶּאֱמַר בַּתּוֹרָה (במדבר יט יז) "וְנָתַן עָלָיו מַיִם חַיִּים". כְּדֵי לְעָרֵב אֶת הָאֵפֶר בַּמַּיִם:

ב. הַמְקַדֵּשׁ צָרִיךְ שֶׁיִּתְכַּוֵּן וְיִתֵּן הָאֵפֶר בְּיָדוֹ עַל הַמַּיִם שֶׁנֶּאֱמַר (במדבר יט יז) "וְלָקְחוּ לַטָּמֵא" עַד שֶׁיִּהְיֶה מִתְכַּוֵּן לְקִדּוּשׁ וּלְמִלּוּי וּלְהַזָּיָה. אֲבָל אִם נָפַל הָאֵפֶר מִן הַכְּלִי שֶׁיֵּשׁ בּוֹ הָאֵפֶר לְתוֹךְ הַמַּיִם. אוֹ שֶׁנָּטַל הָאֵפֶר בְּיָדוֹ וּדְחָפוֹ חֲבֵרוֹ אוֹ הָרוּחַ וְנָפַל הָאֵפֶר מִיָּדוֹ עַל הַמַּיִם. אוֹ שֶׁנָּפַל הָאֵפֶר מִיָּדוֹ עַל צַד הַכְּלִי אוֹ עַל יָדוֹ וְאַחַר כָּךְ נָפַל לַמַּיִם הֲרֵי זֶה פָּסוּל:

ג. קִדֵּשׁ פָּחוֹת מִכְּדֵי הַזָּאָה בִּכְלִי זֶה וּפָחוֹת מִכְּדֵי הַזָּאָה בִּכְלִי אַחֵר לֹא נִתְקַדְּשׁוּ. הָיָה הָאֵפֶר צָף עַל פְּנֵי הַמַּיִם וְכָנַס מִמֶּנּוּ מִלְמַעְלָה וְקִדֵּשׁ בּוֹ מַיִם אֲחֵרִים הֲרֵי אֵלּוּ מְקֻדָּשִׁין. וְכָל שֶׁנָּגַע בַּמַּיִם אֵין מְקַדְּשִׁין בּוֹ פַּעַם שְׁנִיָּה וְאַף עַל פִּי שֶׁנִּגְּבוֹ. וַאֲפִלּוּ נָשְׁבָה הָרוּחַ וְנָתְנָה אֶת הָאֵפֶר עַל גַּבֵּי הַמַּיִם אֵינוֹ מְנַגְּבוֹ וּמְקַדֵּשׁ בּוֹ:

ד. כְּלִי קָטָן שֶׁהָיָה בְּתוֹךְ כְּלִי גָּדוֹל וְהֵן מְלֵאִין מַיִם וְהַמַּיִם מְעֹרָבִין כֵּיוָן שֶׁנָּתַן הָאֵפֶר בַּמַּיִם שֶׁבַּכְּלִי הַגָּדוֹל נִתְקַדְּשׁוּ כָּל הַמַּיִם שֶׁבְּתוֹךְ הַכְּלִי הַקָּטָן. וְאַף עַל פִּי שֶׁהָיָה פִּיו צַר בְּיוֹתֵר וְלֹא נִכְנַס לוֹ אֵפֶר שֶׁהֲרֵי הַמַּיִם כֻּלָּן מְעֹרָבִין:

ה. הָיָה סְפוֹג בְּתוֹךְ הַמַּיִם בְּעֵת שֶׁנָּתַן הָאֵפֶר הֲרֵי הַמַּיִם שֶׁבַּסְּפוֹג פְּסוּלִין מִפְּנֵי שֶׁאֵינָן בַּכְּלִי. כֵּיצַד יַעֲשֶׂה. זוֹלֵף אֶת כָּל הַמַּיִם עַד שֶׁמַּגִּיעַ לַסְּפוֹג וְלֹא יִגַּע בַּסְּפוֹג. וְאִם נָגַע בַּסְּפוֹג אַף עַל פִּי שֶׁהַמַּיִם צָפִין עַל גַּבָּיו כָּל שֶׁהֵן פְּסוּלִין. מִפְּנֵי שֶׁהַמַּיִם שֶׁבַּסְּפוֹג יוֹצְאִין וּמִתְעָרְבִין בַּמַּיִם הַכְּשֵׁרִין. נָפַל סְפוֹג לְתוֹךְ הַמַּיִם הַמְקֻדָּשִׁין נוֹטְלוֹ וְסוֹחֲטוֹ חוּץ לַכְּלִי וְהַמַּיִם שֶׁבַּכְּלִי כְּשֵׁרִין:

ו. שְׁתֵּי שְׁקָתוֹת שֶׁבְּאֶבֶן אַחַת שֶׁנָּתַן אֶת הָאֵפֶר לְתוֹךְ אַחַת מֵהֶן אֵין הַמַּיִם שֶׁבַּשְּׁנִיָּה מְקֻדָּשִׁין. וְאִם הָיוּ נְקוּבוֹת זוֹ לְזוֹ כִּשְׁפוֹפֶרֶת הַנּוֹד אוֹ שֶׁהָיוּ הַמַּיִם צָפִין עַל גַּבֵּיהֶן אֲפִלּוּ כִּקְלִפַּת הַשּׁוּם וְנָתַן אֵפֶר לְאַחַת מֵהֶן הֲרֵי הַמַּיִם שֶׁבַּשְּׁנִיָּה מְקֻדָּשִׁין:

ז. שְׁתֵּי אֲבָנִים שֶׁהִקִּיפָן זוֹ לְזוֹ וַעֲשָׂאָן שֹׁקֶת וְכֵן שְׁתֵּי עֲרֵבוֹת. וְכֵן שֹׁקֶת שֶׁנֶּחְלְקָה וְנָתַן אֵפֶר בְּחֵלֶק אֶחָד מֵהֶן. הַמַּיִם שֶׁבֵּינֵיהֶן אֵינָן מְקֻדָּשִׁין. וְאִם חִבְּרָן בְּסִיד אוֹ בְּגַפְּסִיס וְהֵם יְכוֹלוֹת לְהִנָּטֵל כְּאַחַת הַמַּיִם שֶׁבֵּינֵיהֶן מְקֻדָּשִׁין:

ח. מַיִם מְקֻדָּשִׁין שֶׁנִּתְעָרְבוּ בָּהֶן מַיִם אֲחֵרִים כָּל שֶׁהוּא אֲפִלּוּ מַיִם שֶׁנִּתְמַלְּאוּ לְקִדּוּשׁ הֲרֵי אֵלּוּ פְּסוּלִין. וְכֵן אִם יָרַד לְתוֹכָן טַל הֲרֵי אֵלּוּ פְּסוּלִין. נָפַל לְתוֹכָן מַשְׁקִין וּמֵי פֵּרוֹת יְעָרֶה הַכֹּל וְצָרִיךְ לְנַגֵּב הַכְּלִי וְאַחַר כֵּן יִתֵּן לְתוֹכוֹ מַיִם מְקֻדָּשִׁין אֲחֵרִים. נָפַל לְתוֹכָן דְּיוֹ קוּמוֹס וְקַנְקַנְתּוֹם וְכָל דָּבָר שֶׁהוּא רוֹשֵׁם יְעָרֶה וְאֵין צָרִיךְ לְנַגֵּב. שֶׁאִם יִשָּׁאֵר שָׁם דָּבָר הָרוֹשֵׁם הֲרֵי הוּא נִרְאֶה:

ט. הַמַּטְבִּיל כְּלִי לְחַטָּאת בְּמַיִם שֶׁאֵינָן רְאוּיִין לְקַדֵּשׁ צָרִיךְ לְנַגֵּב וְאַחַר כָּךְ יְקַדֵּשׁ בּוֹ. הִטְבִּילוֹ בְּמַיִם הָרְאוּיִין לְקַדֵּשׁ אֵינוֹ צָרִיךְ לְנַגֵּב. וְאִם הִטְבִּילוֹ לֶאֱסֹף בּוֹ מַיִם מְקֻדָּשִׁין בֵּין כָּךְ וּבֵין כָּךְ צָרִיךְ לְנַגֵּב:

י. קְרוּיָה שֶׁהִטְבִּילָהּ בְּמַיִם הָרְאוּיִין לְקַדֵּשׁ מְקַדְּשִׁין בָּהּ. אֲבָל אֵין אוֹסְפִין לְתוֹכָהּ מֵי חַטָּאת מִפְּנֵי שֶׁהַמַּיִם שֶׁהֻטְבְּלָה בָהֶן נִבְלָעִים בְּתוֹכָהּ וְיוֹצְאִין וּמִתְעָרְבִין בְּמֵי חַטָּאת וּפוֹסְלִין אוֹתָן. נִטְמֵאת וְהִטְבִּילוּהָ אֵין מְקַדְּשִׁין בָּהּ שֶׁהַמַּשְׁקִין הַטְּמֵאִין הַנִּבְלָעִין בְּגוּפָהּ יֵצְאוּ וְיִתְעָרְבוּ בַּמַּיִם שֶׁמְּקַדְּשִׁין אוֹתָן בְּתוֹכָהּ:

יא. מַיִם מְקֻדָּשִׁין שֶׁנָּפַל לְתוֹכָן שְׁקָצִים וּרְמָשִׂים וְנִתְבַּקְּעוּ אוֹ שֶׁנִּשְׁתַּנּוּ מַרְאֵיהֶן פְּסוּלִין. אֲפִלּוּ הָיוּ יְבֵשִׁים בְּיוֹתֵר כְּגוֹן הַנְּמָלָה וְהַדִּירָה וְהַכִּנָּה שֶׁבַּתְּבוּאָה. נָתַן לְתוֹכָהּ חִפּוּשִׁין אַף עַל פִּי שֶׁלֹּא נִתְבַּקְּעוּ וְלֹא נִשְׁתַּנּוּ מַרְאֵיהֶן הֲרֵי הַמַּיִם פְּסוּלִין מִפְּנֵי שֶׁהִיא כִּשְׁפוֹפֶרֶת וְהַמַּיִם נִכְנָסִין בְּתוֹכָהּ וְיוֹצְאִין מִתּוֹכָהּ עִם הַלֵּחָה שֶׁבָּהּ:

יב. מַיִם מְקֻדָּשִׁין שֶׁשָּׁתָה מֵהֶן בְּהֵמָה אוֹ חַיָּה פְּסוּלִין. וְכֵן כָּל הָעוֹפוֹת פְּסוּלִין חוּץ מִן הַיּוֹנָה מִפְּנֵי שֶׁהִיא מוֹצֶצֶת וְאֵין רִיר יוֹצֵא מִפִּיהָ וּמִתְעָרֵב בַּמַּיִם. וְכֵן כָּל הַשְּׁרָצִים שֶׁשָּׁתוּ אֵינָן פּוֹסְלִין חוּץ מִן הַחֻלְדָּה מִפְּנֵי שֶׁהִיא מְלַקֶּקֶת בִּלְשׁוֹנָהּ וְנִמְצֵאת הַלֵּחָה יוֹצְאָה מִפִּיהָ לַמַּיִם:

יג. מֵי חַטָּאת שֶׁנִּשְׁתַּנּוּ מַרְאֵיהֶן מֵחֲמַת עַצְמָן כְּשֵׁרִים. נִשְׁתַּנּוּ מֵחֲמַת עָשָׁן פְּסוּלִין. הִגְלִידוּ וְחָזְרוּ וְנִמּוֹחוּ כְּשֵׁרִים אֲפִלּוּ נִמּוֹחוּ בַּחַמָּה אֲבָל אִם הִמְחָן בָּאוּר פְּסוּלִין:

יד. אֵפֶר חַטָּאת שֶׁנִּשְׁתַּנּוּ מַרְאָיו מֵחֲמַת עַצְמוֹ אוֹ מֵחֲמַת עָשָׁן כָּשֵׁר. נִשְׁתַּנּוּ מֵחֲמַת אָבָק אוֹ שֶׁנָּפַל לְתוֹכוֹ סִיד אוֹ גַּפְּסִיס אוֹ שֶׁנִּתְעָרֵב בּוֹ אֵפֶר מַקְלֶה כָּל שֶׁהוּא הֲרֵי זֶה פָּסוּל:

טו. הַחוֹשֵׁב עַל מֵי חַטָּאת לִשְׁתּוֹתָן לֹא פְּסָלָן עַד שֶׁיִּשְׁתֶּה מֵהֶן. וְאִם שָׁפַךְ מִן הַכְּלִי לְתוֹךְ גְּרוֹנוֹ וְלֹא נָגְעָה שְׂפָתוֹ בַּמַּיִם שֶׁבַּכְּלִי לֹא פָּסַל:

טז. כְּלִי שֶׁיֵּשׁ בּוֹ מַיִם מְקֻדָּשִׁין שֶׁהִנִּיחוֹ מְגֻלֶּה וּבָא וּמְצָאוֹ מְכֻסֶּה הֲרֵי אֵלּוּ פְּסוּלִין שֶׁמָּא אָדָם שֶׁאֵינוֹ טָהוֹר לְחַטָּאת נָגַע בָּהֶן שֶׁהֲרֵי אָדָם כִּסָּהוּ בְּוַדַּאי. הִנִּיחוֹ מְכֻסֶּה וּבָא וּמְצָאוֹ מְגֻלֶּה אִם יְכוֹלָה הַחֻלְדָּה לִשְׁתּוֹת מִמֶּנּוּ אוֹ שֶׁיָּרַד לוֹ טַל בַּלַּיְלָה פְּסוּלִין וְאִם לָאו כְּשֵׁרִין מִפְּנֵי שֶׁיֵּשׁ כָּאן שְׁתֵּי סְפֵקוֹת סָפֵק אָדָם גִּלָּהוּ אוֹ בְּהֵמָה חַיָּה וָרֶמֶשׂ וְאִם תִּמְצֵי לוֹמַר אָדָם גִּלָּהוּ שֶׁמָּא הָיָה טָהוֹר לְחַטָּאת אוֹ לֹא:

יז. הַמּוֹסֵר מַיִם מְקֻדָּשִׁין אוֹ מַיִם שֶׁנִּתְמַלְּאוּ לְקִדּוּשׁ לְטָמֵא לְשָׁמְרָן הֲרֵי אֵלּוּ פְּסוּלִין:

יח. שְׁנַיִם שֶׁהָיוּ שׁוֹמְרִין אֶת הַמַּיִם וְנִטְמָא אֶחָד מֵהֶן כְּשֵׁרִים מִפְּנֵי שֶׁהֵן בִּרְשׁוּתוֹ שֶׁל שֵׁנִי. טָהַר וְחָזַר לִשְׁמֹר וְנִטְמָא הַשֵּׁנִי כְּשֵׁרִים מִפְּנֵי שֶׁהֵן בִּרְשׁוּתוֹ שֶׁל רִאשׁוֹן. נִטְמְאוּ שְׁנֵיהֶן כְּאַחַת הַמַּיִם פְּסוּלִין:

Perek 10

Sprinkling the water.

Sprinkling of waters on an impure person caused him to become pure.

FACTORS

- Person who sprinkles can be different to the one who sanctifies.
- Drawn water can be kept for indefinite periods before being used.
- Drawn water may be passed from container to container or transported from city to city and then sanctified wherever one desires.
- The sanctified water may also be kept indefinitely and used whenever necessary.

Derabanan, one should not transport on river and nor on a ship. They may be transported on the Mediterranean Sea.

- Sanctified water while being carried, must be hung in front of the person, so that he can watch over it.
- Everyone is acceptable to sprinkle except women, *tumtum*, androgynous, *cheresh, shoteh* and *katan* who lacks *daat* (discretion). A *katan* who has *daat* may sprinkle.
- Person sprinkling must intend to sprinkle on the impure person to purify him. (Impure person does not have to have intention.)
- With one dipping, one can sprinkle many items.
- Even the slightest amount of water will purify the entire person or entity.

פרק י׳

א. הַמְמַלֵּא מַיִם לְקִדּוּשׁ אֵינוֹ צָרִיךְ שֶׁיִּהְיֶה הוּא עַצְמוֹ הַמְקַדֵּשׁ וְהַמַּזֶּה אֶלָּא מְקַדֵּשׁ אֶחָד וּמַזֶּה אֶחָד. וְכֵן מְמַלֵּא אָדָם בִּכְלִי וּמְעָרֶה מִכְּלִי לִכְלִי וּמְקַדֵּשׁ בִּכְלִי אַחֵר וּמְעָרֶה הַמַּיִם הַמְקֻדָּשִׁין מִכְּלִי לִכְלִי וּמַזֶּה מִכְּלִי אַחֵר:

ב. מְמַלֵּא אָדָם מַיִם וּמַנִּיחָן אֶצְלוֹ בְּלֹא קִדּוּשׁ כָּל זְמַן שֶׁיִּרְצֶה וְאֵין בְּכָךְ כְּלוּם. וּמוֹלִיכָן מִמָּקוֹם לְמָקוֹם וּמֵעִיר לְעִיר וְנוֹתֵן עֲלֵיהֶן אֵפֶר וּמְקַדְּשָׁן בְּכָל עֵת שֶׁיִּרְצֶה. וְכֵן הַמַּיִם הַמְקֻדָּשִׁין מַנִּיחָן אָדָם אֶצְלוֹ יָמִים וְשָׁנִים וּמַזֶּה מֵהֶן בְּכָל יוֹם שֶׁהוּא צָרִיךְ עַד שֶׁיִּתַּמּוּ וּמוֹלִיכָן מִמָּקוֹם לְמָקוֹם וּמֵעִיר לְעִיר. וּמְשַׁמֵּר אָדָם אֵפֶר פָּרָה אֶצְלוֹ וּמוֹלִיכָהּ מִמָּקוֹם לְמָקוֹם וּמֵעִיר לְעִיר. פַּעַם אַחַת הוֹלִיכוּ כְּלִי שֶׁהָיָה בּוֹ מֵי חַטָּאת בִּסְפִינָה בַּיַּרְדֵּן וְנִמְצָא כְּזַיִת מִן הַמֵּת בְּקַרְקַע הַסְּפִינָה וְנִטְמְאוּ הַמַּיִם. בְּאוֹתָהּ שָׁעָה גָּזְרוּ בֵּית דִּין הַגָּדוֹל שֶׁאֵין מַעֲבִירִין מֵי חַטָּאת וְלֹא אֵפֶר חַטָּאת בְּנָהָר וּבִסְפִינָה וְלֹא יְשִׁיטֵם עַל פְּנֵי הַמַּיִם. וְלֹא יַעֲמֹד בְּצַד הַנָּהָר מִכָּאן וְיִזְרְקֵם לַצַּד הַשֵּׁנִי. אֲבָל עוֹבֵר הוּא אָדָם בַּמַּיִם עַד צַוָּארוֹ וּבְיָדוֹ אֵפֶר פָּרָה אוֹ מַיִם מְקֻדָּשִׁין. וְכֵן אָדָם וְכֵלִים הָרֵיקָנִים שֶׁהֵן טְהוֹרִין לְחַטָּאת וּמַיִם שֶׁנִּתְמַלְּאוּ לְחַטָּאת וַעֲדַיִן לֹא נִתְקַדְּשׁוּ מַעֲבִירִין אוֹתָם בְּנָהָר בִּסְפִינָה:

ג. מַעֲבִירִין מַיִם מְקֻדָּשִׁין בִּסְפִינָה בַּיָּם הַגָּדוֹל וְשָׁטִין [בָּהֶם] עַל פְּנֵי הַמַּיִם. שֶׁלֹּא גָּזְרוּ אֶלָּא עַל הַמַּיִם הַמְקֻדָּשִׁין וְעַל הָאֵפֶר בְּנָהָר:

ד. הַמּוֹלִיךְ מַיִם לְקַדְּשָׁן וְאֵין צָרִיךְ לוֹמַר מַיִם שֶׁנִּתְקַדְּשׁוּ לֹא יַפְשִׁיל הַכְּלִי לַאֲחוֹרָיו אֶלָּא לְפָנָיו שֶׁנֶּאֱמַר (במדבר יט ט) "לְמִשְׁמֶרֶת לְמֵי נִדָּה" בִּזְמַן שֶׁהֵן שְׁמוּרִין הֵן מֵי נִדָּה וְאִם לָאו פְּסוּלִין. מִלֵּא שְׁתֵּי חָבִיּוֹת נוֹתֵן אַחַת לְפָנָיו וְאַחַת לַאֲחוֹרָיו מִפְּנֵי שֶׁאִי אֶפְשָׁר:

ה. מֵי חַטָּאת שֶׁשְּׁקָלָן בְּמִשְׁקָל אִם הִסִּיחַ דַּעְתּוֹ פְּסוּלִין וְאִם לָאו כְּשֵׁרִין. אֲבָל אִם שָׁקַל דְּבָרִים אֲחֵרִים בְּמֵי חַטָּאת הוֹאִיל וַעֲשָׂאָן מִשְׁקֹלֶת פְּסָלָן שֶׁאֵין זוֹ מִשְׁמֶרֶת. כָּל אֵלּוּ הַטְּהוֹרִים שֶׁמְּמַלְּאִין אוֹ שֶׁמְּקַדְּשִׁין אוֹ שֶׁמַּזִּין וְכֵן כָּל הַכֵּלִים שֶׁמְּמַלְּאִין וּמְקַדְּשִׁין מֵהֶם וְשֶׁמַּזִּין מֵהֶן אִם הָיוּ טְבוּלֵי יוֹם אַף עַל פִּי שֶׁלֹּא הֶעֱרִיב שִׁמְשָׁן הֲרֵי אֵלּוּ כְּשֵׁרִים. שֶׁכָּל

78 SEFER TAHARAH

מַעֲשֵׂה הַפָּרָה וְהַמִּלּוּי וְהַקִּדּוּשׁ וְהַהַזָּיָה כָּשֵׁר בִּטְבוּל יוֹם כְּמוֹ שֶׁבֵּאַרְנוּ. וּמִפְּנֵי הַצְּדוֹקִין מְטַמְּאִין אֶת כָּל כְּלֵי שֶׁטֶף וּמַטְבִּילִין אוֹתָן וְאַחַר כָּךְ מִשְׁתַּמְּשִׁין בָּהֶן בְּמֵי חַטָּאת:

ו. הַכֹּל כְּשֵׁרִין לְהַזּוֹת חוּץ מֵאִשָּׁה וְטֻמְטוּם וְאַנְדְּרוֹגִינוּס [וְחֵרֵשׁ שׁוֹטֶה] וְקָטָן שֶׁאֵין בּוֹ דַּעַת. אֲבָל קָטָן שֶׁיֵּשׁ בּוֹ דַּעַת כָּשֵׁר לְהַזּוֹת וְהֶעָרֵל כָּשֵׁר לְהַזּוֹת שֶׁאֵין הֶעָרֵל טָמֵא. קָטָן שֶׁיֵּשׁ בּוֹ דַּעַת שֶׁהִזָּה וְהָאִשָּׁה מְסַעַדְתּוֹ כְּגוֹן שֶׁאָחֲזָה לוֹ הַמַּיִם בְּיָדוֹ הַזָּאָתוֹ כְּשֵׁרָה וּבִלְבַד שֶׁלֹּא תֶּאֱחֹז בְּיָדוֹ בִּשְׁעַת הַזָּאָה. וְאִם אָחֲזָה בְּיָדוֹ בִּשְׁעַת הַזָּיָתוֹ פְּסוּלָה:

ז. הַמַּזֶּה צָרִיךְ לְכַוֵּן וּלְהַזּוֹת עַל הַטָּמֵא לְטַהֲרוֹ וְאִם הִזָּה שֶׁלֹּא בְּכַוָּנָה הַזָּאָתוֹ פְּסוּלָה. אֲבָל זֶה שֶׁמַּזִּין עָלָיו אֵינוֹ צָרִיךְ כַּוָּנָה אֶלָּא מַזִּין עַל הָאָדָם לְדַעְתּוֹ וְשֶׁלֹּא לְדַעְתּוֹ. הַמִּתְכַּוֵּן לְהַזּוֹת לְפָנָיו וְהִזָּה לַאֲחוֹרָיו לַאֲחוֹרָיו וְהִזָּה לְפָנָיו הַזָּיָתוֹ פְּסוּלָה. נִתְכַּוֵּן לְהַזּוֹת לְפָנָיו וְהִזָּה לַצְּדָדִין שֶׁל פָּנָיו הַזָּיָתוֹ כְּשֵׁרָה:

ח. הַמַּזֶּה אֵינוֹ צָרִיךְ טְבִילָה לְכָל הַזָּיָה אֶלָּא טוֹבֵל אֶת הָאֵזוֹב וּמַזֶּה הַזָּיָה אַחַר הַזָּיָה עַד שֶׁיִּגְמְרוּ הַמַּיִם. וּמַזֶּה הַזָּיָה אַחַת עַל כַּמָּה בְּנֵי אָדָם אוֹ עַל כַּמָּה כֵּלִים כְּאַחַת אֲפִלּוּ מֵאָה. כָּל שֶׁנָּגַע בּוֹ מִן הַמַּיִם כָּל שֶׁהוּא טָהוֹר וְהוּא שֶׁיִּתְכַּוֵּן הַמַּזֶּה לְהַזּוֹת עָלָיו. טָבַל אֶת הָאֵזוֹב וְנִתְכַּוֵּן לְהַזּוֹת עַל דָּבָר שֶׁמְּקַבֵּל טֻמְאָה אוֹ עַל הָאָדָם וְהִזָּה מֵאוֹתָהּ טְבִילָה עַל דָּבָר שֶׁאֵינוֹ מְקַבֵּל טֻמְאָה אוֹ עַל הַבְּהֵמָה. אִם נִשְׁאֲרוּ מַיִם בָּאֵזוֹב אֵינוֹ צָרִיךְ לַחְזֹר וּלְהַטְבִּיל אֶלָּא מַזֶּה מִן הַשְּׁאָר עַל הָאָדָם אוֹ עַל הַכֵּלִים הַטְּמֵאִים שֶׁהֲרֵי תְּחִלַּת טְבִילָתוֹ כְּשֵׁרָה הָיְתָה. אֲבָל אִם טָבַל אֶת הָאֵזוֹב לְהַזּוֹת עַל דָּבָר שֶׁאֵינוֹ מְקַבֵּל טֻמְאָה אוֹ עַל הַבְּהֵמָה וְהִזָּה עַל הָאָדָם אוֹ עַל הַכְּלִי הַטָּמֵא הַזָּיָתוֹ פְּסוּלָה עַד שֶׁיַּחְזֹר וְיִטְבֹּל פַּעַם שְׁנִיָּה וְיִתְכַּוֵּן לְהַזּוֹת עַל הָאָדָם אוֹ עַל דָּבָר הַמְקַבֵּל טֻמְאָה:

ט. הִטְבִּיל אֶת הָאֵזוֹב וְנִתְכַּוֵּן לְהַזּוֹת עַל דָּבָר שֶׁאֵינוֹ מְקַבֵּל טֻמְאָה הַמַּיִם הַמְנַטְּפִים כְּשֵׁרִין לְפִיכָךְ אִם נָטְפוּ בִּכְלִי וְחָזַר וְהִטְבִּיל בָּהֶן אֶת הָאֵזוֹב בְּכַוָּנָה לְהַזּוֹת עַל דָּבָר הַמְקַבֵּל טֻמְאָה הַזָּיָתוֹ כְּשֵׁרָה:

י. מֵי חַטָּאת שֶׁנִּתְמַעֲטוּ טוֹבֵל בָּהֶן אֲפִלּוּ רָאשֵׁי גִּבְעוֹלִין וּמַזֶּה וּבִלְבַד שֶׁלֹּא יְסַפֵּג. צְלוֹחִית שֶׁפִּיהָ צַר טוֹבֵל וּמַעֲלֶה כְּדַרְכּוֹ וּמַזֶּה וְאֵינוֹ צָרִיךְ לְהִזָּהֵר שֶׁמָּא יִגַּע בְּצִדֵּי הַכְּלִי בְּפַעַם שְׁנִיָּה:

Perek 11

Procedure of purifying a person with corpse uncleanness.

Hyssop (*ezov*) is dipped in sanctified waters and sprinkled onto impure person

- Person dipping must be pure.
- **3** stalks of hyssop, each stalk having at least one bud, are tied together.
- Top of buds dipped into the water while it is in a container and then sprinkled with intention on impure person or utensil.
- Sprinkled on **3rd** and **7th** days after contact with corpse. If person is trusted and says this is the 3rd day, we can sprinkle, but if not, he must count 3 days in front of the authorities. Also, the 7th day sprinkling can be delayed and would still be valid.
- After 7th day sprinkling, person immerses in *mikveh* during day and is then pure after nightfall.
- If a person had two different impurities, he can still purify himself of one (i.e. contact with corpse).

Reminder
Pack on Purification

HYSSOP

- Ideally should be **3** stalks with **1** bud each.

- Even if only a small portion of a bud remains it is valid.
- Underdeveloped stalks are invalid *Derabanan.*
- Same stalks used for purifying corpse impurity can be used to purify the *metzora.* (Same stalk can be used for two *mitzvot.*)
- There are many species of hyssop. Only the one which is eaten domestically and called hyssop without additional terminology, is acceptable.
- If the hyssop was reaped for purpose of food, it is invalid for sprinkling, for all liquids and foods are considered as impure for sprinkling (see chapter 13 further)
- If worshiped for *avodah zarah* it is invalid.

פרק י״א

א. כֵּיצַד מְטַהֲרִים טְמֵא מֵת בְּמֵי נִדָּה. לוֹקֵחַ אָדָם טָהוֹר שְׁלֹשָׁה קְלָחִין שֶׁל אֵזוֹב וְאוֹגְדָן אֲגוּדָה אַחַת וּבְכָל בַּד וּבַד גִּבְעוֹל אֶחָד וְטוֹבֵל רָאשֵׁי גִּבְעוֹלִין בְּמֵי נִדָּה שֶׁבַּכְּלִי וּמִתְכַּוֵּן וּמַזֶּה עַל הָאָדָם אוֹ עַל הַכֵּלִים בַּיּוֹם הַשְּׁלִישִׁי וּבַיּוֹם הַשְּׁבִיעִי אַחַר שֶׁתָּנֵץ הַחַמָּה. וְאִם הִזָּה מִשֶּׁעָלָה עַמּוּד הַשַּׁחַר כָּשֵׁר. וְאַחַר שֶׁיַּזֶּה עָלָיו בַּיּוֹם הַשְּׁבִיעִי טוֹבֵל בַּיּוֹם וּמַעֲרִיב שִׁמְשׁוֹ וַהֲרֵי הוּא טָהוֹר לָעֶרֶב. טָבַל אֶת הָאֵזוֹב בַּלַּיְלָה וְהִזָּה בַּיּוֹם אוֹ שֶׁטָּבַל אֶת הָאֵזוֹב בַּיּוֹם וְהִזָּה בַּלַּיְלָה הַזָּאָתוֹ פְּסוּלָה וְהַמַּיִם מְטַמְּאִין מִשּׁוּם מֵי חַטָּאת כְּמוֹ שֶׁיִּתְבָּאֵר. עַד שֶׁתִּהְיֶה טְבִילַת הָאֵזוֹב בַּמַּיִם וְהַזָּאָתוֹ מִמֶּנּוּ בַּיּוֹם הַשְּׁלִישִׁי וּבַיּוֹם הַשְּׁבִיעִי אַחַר שֶׁתָּנֵץ הַחַמָּה וְאִם עָבַר וְעָשָׂה מִשֶּׁעָלָה עַמּוּד הַשַּׁחַר כָּשֵׁר כְּמוֹ שֶׁבֵּאַרְנוּ:

ב. מִי שֶׁנִּטְמָא בְּמֵת וְשָׁהָה כַּמָּה יָמִים בְּלֹא הַזָּאָה כְּשֶׁיָּבוֹא לְהַזּוֹת מוֹנֶה בְּפָנֵינוּ שְׁלֹשָׁה יָמִים וּמַזִּין עָלָיו בַּשְּׁלִישִׁי וּבַשְּׁבִיעִי וְטוֹבֵל בַּשְּׁבִיעִי וּמַעֲרִיב שִׁמְשׁוֹ. בַּמֶּה דְּבָרִים אֲמוּרִים בְּעַם הָאָרֶץ שֶׁבָּא לְהַזּוֹת שֶׁאֲפִלּוּ אָמַר הַיּוֹם שְׁלִישִׁי שֶׁלִּי אֵינוֹ נֶאֱמָן שֶׁמָּא הַיּוֹם נִטְמָא לְפִיכָךְ צָרִיךְ לִמְנוֹת בְּפָנֵינוּ. אֲבָל חָבֵר שֶׁבָּא לְהַזּוֹת מַזִּין עָלָיו אוֹ עַל כֵּלָיו מִיָּד. מִי שֶׁהֻזָּה עָלָיו בַּשְּׁלִישִׁי וְלֹא הֻזָּה עָלָיו בַּשְּׁבִיעִי וְשָׁהָה כַּמָּה יָמִים טוֹבֵל בְּכָל עֵת שֶׁיִּרְצֶה אַחַר הַשְּׁבִיעִי בֵּין בַּיּוֹם בֵּין בַּלַּיְלָה וּמַזִּין עָלָיו בַּיּוֹם בֵּין קֹדֶם טְבִילָה בֵּין אַחַר טְבִילָה אֲפִלּוּ טָבַל בְּלֵיל תְּשִׁיעִי אוֹ בְּלֵיל עֲשִׂירִי מַזִּין עָלָיו לְמָחָר אַחַר הָנֵץ הַחַמָּה:

ג. כָּל הַמְטַמְּאִין מְקַבְּלִין הַזָּאָה. כֵּיצַד. זָבִים וְזָבוֹת נִדּוֹת וְיוֹלְדוֹת שֶׁנִּטְמְאוּ בְּמֵת מַזִּין עֲלֵיהֶן בַּשְּׁלִישִׁי וּשְׁבִיעִי וַהֲרֵי הֵם טְהוֹרִין מִטֻּמְאַת מֵת אַף עַל פִּי שֶׁהֵן טְמֵאִין טֻמְאָה אַחֶרֶת. שֶׁנֶּאֱמַר (במדבר יט יט) "וְהִזָּה הַטָּהֹר עַל הַטָּמֵא בַּיּוֹם הַשְּׁלִישִׁי" הָא לָמַדְתָּ שֶׁהַזָּיָה מוֹעֶלֶת לוֹ אַף עַל פִּי שֶׁהוּא טָמֵא. וְכֵן הֶעָרֵל מְקַבֵּל הַזָּאָה. כֵּיצַד. עָרֵל שֶׁנִּטְמָא בְּמֵת וְהִזָּה עָלָיו שְׁלִישִׁי וּשְׁבִיעִי הֲרֵי זֶה טָהוֹר מִטֻּמְאַת מֵת. וּכְשֶׁיָּמוּל טוֹבֵל וְאוֹכֵל בְּקָדָשִׁים לָעֶרֶב:

ד. מִצְוַת אֵזוֹב שְׁלֹשָׁה קְלָחִין וְכָל קֶלַח וְקֶלַח גִּבְעוֹל אֶחָד. נִמְצְאוּ שְׁלֹשָׁה גִּבְעוֹלִין. וּשְׁיָרָיו שְׁנַיִם. אוֹ אִם לָקַח שְׁנַיִם בַּתְּחִלָּה וַאֲגָדָן כָּשֵׁר. נִתְפָּרְדוּ הַגִּבְעוֹלִין וְנָשְׁרוּ הֶעָלִין אֲפִלּוּ לֹא נִשְׁאַר מִכָּל גִּבְעוֹל מֵהֶם אֶלָּא כָּל שֶׁהוּא כָּשֵׁר שֶׁשְּׁיָרֵי הָאֵזוֹב בְּכָל שֶׁהוּא. קֶלַח שֶׁיֵּשׁ בּוֹ שְׁלֹשָׁה בַּדִּין מְפַסְּקוֹ וְאַחַר כָּךְ אוֹגֵד שְׁלָשְׁתָּן שֶׁמִּצְוָתוֹ לִהְיוֹת אֲגֻדָּה אַף עַל פִּי שֶׁלֹּא נִתְפָּרֵשׁ בַּתּוֹרָה שֶׁיִּהְיֶה אֲגֻדָּה. פְּסָקוֹ וְלֹא אֲגָדוֹ אוֹ שֶׁאֲגָדוֹ וְלֹא פְּסָקוֹ אוֹ שֶׁלֹּא פְּסָקוֹ וְלֹא אֲגָדוֹ וְהִזָּה בּוֹ כָּשֵׁר. הָאֵזוֹב הַקָּצָר אוֹגְדוֹ בְּחוּט עַל הַכּוּשׁ וְכַיּוֹצֵא בּוֹ וְטוֹבֵל בַּמַּיִם וּמַעֲלֶה וְאוֹחֵז בָּאֵזוֹב וּמַזֶּה. נִסְתַּפֵּק לוֹ אִם מִן הַחוּט הִזָּה אוֹ מִן הַכּוּשׁ אוֹ מִן הַגִּבְעוֹל הַזָּאָתוֹ פְּסוּלָה:

ה. אֵין מַזִּין לֹא בְּיוֹנְקוֹת הָאֵזוֹב וְלֹא בַּתְּמָרוֹת אֶלָּא בַּגִּבְעוֹלִין. אֵלּוּ הֵן הַיּוֹנְקוֹת גִּבְעוֹלִין שֶׁלֹּא גָּמְלוּ. וּמִי שֶׁהֻזָּה עָלָיו בְּיוֹנְקוֹת וְנִכְנַס לַמִּקְדָּשׁ פָּטוּר. וּמֵאֵימָתַי מַזִּין בָּאֵזוֹב מִשֶּׁיָּנֵץ. וְאֵזוֹב שֶׁהֻזָּה בּוֹ מֵי נִדָּה כָּשֵׁר לְטַהֵר בּוֹ אֶת הַמְּצֹרָע. כָּל אֵזוֹב שֶׁיֵּשׁ לוֹ שֵׁם לְוַאי פָּסוּל. וְהָאֵזוֹב שֶׁקּוֹרִין אוֹתוֹ אֵזוֹב בְּיִחוּד הוּא הַכָּשֵׁר וְהוּא הָאֵזוֹב שֶׁאוֹכְלִין אוֹתוֹ בַּעֲלֵי בָּתִּים. אֲבָל זֶה שֶׁקּוֹרִין אוֹתוֹ אֵזוֹב יוֹן וְאֵזוֹב כַּחְלִית וְאֵזוֹב מִדְבָּרִי פָּסוּל:

ו. אֵזוֹב שֶׁל אֲשֵׁרָה וְשֶׁל עִיר הַנִּדַּחַת וְשֶׁל עֲבוֹדָה זָרָה וְשֶׁל תְּרוּמָה טְמֵאָה פְּסוּלָה. שֶׁל תְּרוּמָה טְהוֹרָה לֹא יַזֶּה וְאִם הִזָּה כָּשֵׁר:

ז. אֵזוֹב שֶׁלְּקָטוֹ לְעֵצִים וְנָפְלוּ עָלָיו מַשְׁקִין מְנַגְּבוֹ וְהוּא כָּשֵׁר לְהַזָּיָה. לְקָטוֹ לָאֳכָלִין וְנָפְלוּ עָלָיו מַשְׁקִין אַף עַל פִּי שֶׁנִּגְּבוֹ פָּסוּל שֶׁהֲרֵי נִטְמָא לְהַזָּיָה שֶׁכָּל הַמַּשְׁקִין וְכָל הָאֳכָלִין וְכָל הַכֵּלִים הֲרֵי הֵן כִּטְמֵאִים לְעִנְיַן חַטָּאת כְּמוֹ שֶׁבֵּאַרְנוּ. לְקָטוֹ לְחַטָּאת הֲרֵי זֶה כְּנִלְקָט לְעֵצִים וְאִם נָפְלוּ עָלָיו מַשְׁקִין מְנַגְּבוֹ וּמַזֶּה בּוֹ:

Perek 12

Purifying multipiece utensils.

- With a whole vessel, even the slightest amount of sanctified water will purify it, as with man.

The tongue has a unique character regarding sprinkling though. If it sprinkled on tongue it has no effect. (I.e. it is regarded as an internal organ with regards to sprinkling. Conversely, it is considered an external organ with regards to contracting impurity.)

- With two vessels (or two people) if the water ran from the first vessel onto the second, the second remains impure.
- With vessels which are made up of separate parts e.g. a plane it depends if it is being used or stored.
  - While being used it is considered as one vessel (*Deoraita* – Scriptural Law) for both *tumah* and sprinkling.
  - At rest, each part is considered a separate piece (*Deoraita*) for both *tumah* and sprinkling.

However, the *Rabanim* went strict in both of the above:

- At rest – Should be regarded as joined to receive impurity to all its parts.
- At work – Should be regarded as separate parts for purifying i.e. each part needs to be purified separately.

I.e. article is considered as joined regarding impurity and separate about sprinkling.

In this context, every vessel must be defined whether it is regarded as an integral single piece, or multipiece vessel. A multipiece vessel is one which could be easily taken apart and each part must be considered separately regarding receiving impurity and being cleansed.

פרק י"ב

א. אָדָם שֶׁנִּטְמָא בְּמֵת וְהִזָּה עָלָיו כֵּיוָן שֶׁנָּגַע כָּל שֶׁהוּא מִמֵּי הַנִּדָּה בְּכָל מָקוֹם מֵעוֹר בְּשָׂרוֹ שֶׁל טָמֵא עָלְתָה לוֹ הַזָּיָה. אֲפִלּוּ נָפְלָה הַהַזָּאָה עַל רֹאשׁ אֶצְבָּעוֹ אוֹ עַל רֹאשׁ שְׂפָתוֹ. אֲבָל אִם נָגְעָה בִּלְשׁוֹנוֹ אֵינָהּ כְּלוּם. אַף עַל פִּי שֶׁהַלָּשׁוֹן כְּאֵיבָרִים שֶׁבְּגָלוּי לְעִנְיַן טֻמְאָה כְּמוֹ שֶׁבֵּאַרְנוּ. אֵינָן כְּאֵיבָרִים שֶׁבְּגָלוּי לְעִנְיַן הַזָּאָה וּטְבִילָה. וְכֵן כְּלִי שֶׁנִּטְמָא בְּמֵת וְהִזָּה עָלָיו כֵּיוָן שֶׁהִגִּיעַ לְגוּפוֹ שֶׁל כְּלִי כָּל שֶׁהוּא מִמֵּי הַנִּדָּה עָלְתָה לוֹ הַזָּאָה:

ב. שְׁנֵי כֵלִים אוֹ שְׁנֵי בְּנֵי אָדָם שֶׁנִּתְכַּוֵּן לְהַזּוֹת עַל שְׁנֵיהֶן כְּאַחַת וְהִזָּה עַל אֶחָד מֵהֶן. וְנָטְפוּ הַמַּיִם מֵעַל הָרִאשׁוֹן עַל הַשֵּׁנִי הֲרֵי הַשֵּׁנִי בְּטֻמְאָתוֹ עַד שֶׁיִּפְּלוּ עָלָיו הַמַּיִם מֵהַזָּיַת הַמַּזֶּה לֹא מִן הַתַּמְצִית. הִזָּה עַל שְׁנֵי כֵלִים וְנִסְתַּפֵּק לוֹ אִם הִזָּה עַל שְׁנֵיהֶן כְּאַחַד אוֹ מֵחֲבֵרוֹ נִמְצָה עָלָיו הַזָּיָתוֹ פְּסוּלָה:

ג. מַחַט שֶׁנְּתוּנָה עַל הַחֶרֶשׂ וְהִזָּה עָלֶיהָ סָפֵק עַל הַמַּחַט הִזָּה סָפֵק מִן הַחֶרֶשׂ נִמְצָה עָלֶיהָ הַזָּיָתוֹ פְּסוּלָה:

ד. כֵּלִים הַמְפֻצָּלִין שֶׁמְּחֻבָּרִין זֶה לָזֶה בְּמַסְמְרִים. כְּגוֹן מִסְפֶּרֶת שֶׁל פְּרָקִים וְאִזְמֵל שֶׁל רְהִיטְנִי וְכַיּוֹצֵא בָּהֶן. בִּשְׁעַת מְלָאכָה חִבּוּר לְטֻמְאָה וּלְהַזָּיָה. שֶׁלֹּא בִּשְׁעַת מְלָאכָה אֵינוֹ חִבּוּר לֹא לָזֶה וְלֹא לָזֶה. כֵּיצַד הֵן חִבּוּר לְטֻמְאָה וּלְהַזָּיָה. שֶׁאִם נִטְמָא אֶחָד מֵהֶן בִּשְׁעַת מְלָאכָה נִטְמָא הַשֵּׁנִי. וְאִם הִזָּה עַל אֶחָד מֵהֶן בִּשְׁעַת מְלָאכָה עָלְתָה הַזָּיָה לִשְׁנֵיהֶן וּכְאִלּוּ הֵן גּוּף אֶחָד. וְכֵיצַד אֵינוֹ חִבּוּר לֹא לְטֻמְאָה וְלֹא לְהַזָּיָה. שֶׁאִם נִטְמָא אֶחָד מֵהֶן שֶׁלֹּא בִּשְׁעַת מְלָאכָה לֹא נִטְמָא חֲבֵרוֹ. וְאִם נִטְמְאוּ שְׁנֵיהֶן וְהִזָּה עַל אֶחָד מֵהֶן שֶׁלֹּא בִּשְׁעַת מְלָאכָה לֹא טִהֵר חֲבֵרוֹ אַף עַל פִּי שֶׁהֵן מְחֻבָּרִין. וְזֶהוּ דִּין תּוֹרָה. אֲבָל מִדִּבְרֵי סוֹפְרִים גָּזְרוּ שֶׁיִּהְיוּ חִבּוּר לְטֻמְאָה אֲפִלּוּ שֶׁלֹּא בִּשְׁעַת מְלָאכָה גְּזֵרָה מִשּׁוּם שְׁעַת מְלָאכָה.

וּלְעוֹלָם אִם נָגְעָה בְּאֶחָד מֵהֶן טְמֵאָה נִטְמָא חֲבֵרוֹ. וְכֵן גָּזְרוּ עֲלֵיהֶן שֶׁלֹּא יִהְיוּ חִבּוּר לְהַזָּיָה אֲפִלּוּ בִּשְׁעַת מְלָאכָה גְּזֵרָה מִשּׁוּם שֶׁלֹּא בִּשְׁעַת מְלָאכָה. וּלְעוֹלָם אִם הִזָּה עַל אֶחָד מֵהֶן לֹא טָהֵר חֲבֵרוֹ עַד שֶׁיַּזֶּה גַּם עָלָיו. הִנֵּה לָמַדְתָּ שֶׁכָּל מָקוֹם שֶׁאַתָּה שׁוֹמֵעַ חִבּוּר לְטֻמְאָה וְאֵינוֹ חִבּוּר לְהַזָּיָה אֵין זֶה אֶלָּא גְּזֵרָה מִדִּבְרֵיהֶם עַל הַדֶּרֶךְ שֶׁבֵּאַרְנוּ:

ה. שְׁנֵי כֵּלִים שֶׁחִבְּרָן עַד שֶׁנַּעֲשׂוּ כְּגוּף אֶחָד. כְּגוֹן שֶׁתָּפַר שְׁנֵי בְּגָדִים אוֹ שְׁתֵּי יְרִיעוֹת הֲרֵי אֵלּוּ חִבּוּר לְטֻמְאָה וּלְהַזָּאָה מִפְּנֵי שֶׁהֵן כִּכְלִי אֶחָד:

ו. שְׁלַל הַכּוֹבְסִין וְהַבֶּגֶד שֶׁהוּא תָּפוּר בְּכִלְאַיִם וְהֵן עוֹמְדִין לְהַתִּירָן אֵינוֹ חִבּוּר לְהַזָּיָה וַהֲרֵי הֵן חִבּוּר לְטֻמְאָה. וְכֵן הַסְּלָעִים שֶׁבְּקַנְתָּל. וְהַמִּטָּה שֶׁל טַרְבָּל. וְקֶרֶן שֶׁל כְּלִיבָה. וְקַרְנַיִם שֶׁל יוֹצְאֵי דְרָכִים. וְשַׁלְשֶׁלֶת הַמַּפְתְּחוֹת. חִבּוּר לְטֻמְאָה וְלֹא לְהַזָּאָה. אֶלָּא צָרִיךְ שֶׁיִּגְּעוּ הַמַּיִם מִן הַמַּזֶּה בְּכָל סַל וְסַל. וּבְכָל מַפְתֵּחַ וּמַפְתֵּחַ. וּבְכָל קֶרֶן וְקֶרֶן. וּבְכָל קוֹרָה וְקוֹרָה מִמִּטָּה זוֹ הַמְפֻצֶּלֶת:

ז. הַמְחַבֵּר שָׁלֹשׁ כְּסָתוֹת שֶׁל צֶמֶר וְשֵׁשׁ שֶׁל פִּשְׁתָּן. אוֹ שְׁלֹשָׁה סְדִינִים אוֹ שְׁתֵּים עֶשְׂרֵה מִטְפָּחוֹת. הֲרֵי אֵלּוּ חִבּוּר לְטֻמְאָה וּלְהַזָּאָה. יֶתֶר מִכָּאן חִבּוּר לְטֻמְאָה וְלֹא לְהַזָּאָה. חָלוּק אֶחָד וְטַלִּית אַחַת וּקְלוֹבְקָרִין אֶחָד הֲרֵי הֵן חִבּוּר לְטֻמְאָה וּלְהַזָּיָה אֲפִלּוּ הָיוּ אֲרֻכִּין בְּיוֹתֵר אוֹ רְחָבִין בְּיוֹתֵר כָּל שֶׁהֵן. וְאֵי זֶהוּ קְלוֹבְקָרִין זֶה שְׁנֵי בְּגָדִים שֶׁמַּנִּיחִין צֶמֶר גֶּפֶן בֵּינֵיהֶן וְתוֹפְרִין אוֹתָן כְּאַחַת וְעוֹשִׂין מֵהֶן חָלוּק לִימוֹת הַגְּשָׁמִים:

ח. כִּסּוּי הַמֵּחַם שֶׁמְּחֻבָּר בְּשַׁלְשֶׁלֶת. הִזָּה עַל הַמֵּחַם טִהֵר הַכֹּל. הִזָּה עַל הַכִּסּוּי לֹא טִהֵר הַמֵּחַם עַד שֶׁיַּזֶּה עָלָיו:

ט. הַזּוֹג וְהָעִנְבָּל חִבּוּר לְטֻמְאָה וּלְהַזָּאָה וְאִם הִזָּה עַל אֶחָד מֵהֶן טִהֲרוּ שְׁנֵיהֶן:

י. הַטֶּוִי שֶׁטּוֹוִים בּוֹ הַפִּשְׁתִּים אוֹ שׁוֹזְרִין בּוֹ הַחֲבָלִים שְׁלֹשָׁה גּוּפִין יֵשׁ בּוֹ. הָעֵץ שֶׁמְּלַפְּפִין עָלָיו הַטֶּוִי וְהוּא הַנִּקְרָא כּוּשׁ. וְהַנְּחֹשֶׁת אוֹ הַבַּרְזֶל שֶׁבְּרֹאשׁ הָעֵץ וְהוּא הַנִּקְרָא צִנּוֹרָא שֶׁבָּהּ פּוֹתְלִין וְטוֹוִין. וְהָרֵחַיִם שֶׁבְּאֶמְצַע הַכּוּשׁ וְהִיא הַנִּקְרֵאת פִּיקָא. הַכּוּשׁ שֶׁפּוֹתְלִין בּוֹ הַחֲבָלִים שֶׁנִּטְמָא לֹא יַזֶּה עַל הַפִּיקָא שֶׁלּוֹ וְלֹא עַל הַכּוּשׁ אֶלָּא עַל הַצִּנּוֹרָא. וְאִם הִזָּה עַל אֶחָד מִשְּׁלָשְׁתָּן טִהֵר הַכֹּל. וְשֶׁל פִּשְׁתָּן מַזֶּה עַל אֶחָד מִשְּׁלָשְׁתָּן לְכַתְּחִלָּה שֶׁשְּׁלָשְׁתָּן חִבּוּר:

יא. עוֹר שֶׁל עֲרִיסָה שֶׁהוּא מְחֻבָּר לְפִיקוֹת. חִבּוּר לְטֻמְאָה וּלְהַזָּאָה. הַמַּלְבֵּן שֶׁל מִטּוֹת אֵינוֹ חִבּוּר לֹא לְטֻמְאָה וְלֹא לְהַזָּאָה:

יב. כָּל יְדוֹת הַכֵּלִים הַקְּדוּחוֹת כְּגוֹן נִצַּב הַסַּכִּין וְכַיּוֹצֵא בּוֹ שֶׁהַנִּצָּב נָקוּב וְהַבַּרְזֶל נִכְנָס בּוֹ חִבּוּר לְטֻמְאָה וּלְהַזָּאָה. אֲבָל הַיָּדוֹת הַחֲרוּקוֹת כְּגוֹן עֵץ הַחֲנִית שֶׁהָעֵץ נִכְנָס בַּבַּרְזֶל אֵינוֹ חִבּוּר לְהַזָּאָה:

Perek 13

Extra stringencies for purification.

This involves people and vessels.

- Going to *mikveh* must be done for intention of Red Heifer i.e. even if he was pure for sacrificial purposes, he must go again to *mikveh* for *Parah Adumah.*
- All foods and liquids are regarded as impure, even though they are known to be pure.
- An entity that is fit to lie or sit on, even though it's pure, it is considered as if it has *zav* impurity.
- *Vlad hatumah,* (i.e. a derivative of main *tumah*) which does not normally impart impurity to people or vessels, does transmit to people and vessels involved with *Parah Adumah.*
- Similarly with primary, secondary and tertiary levels of impurity.
- When hands are impure, normally they can be purified just by washing. With *Parah Adumah* his whole body is considered unclean and he needs to go to *mikveh.*

Derabanan, a pure person who immerses himself in drawn water, contracts impurity.

Reminder

Pack on Impurity of Food
Pack on Impurity of *Zav, Zavah* etc
Pack on Impurity of Human Body
Pack on Purification

Other stringencies

Reminder

Overview (Personal) of *Tuma* (Impurity). Ref: *Sefer Taharah, Hilchot Shear Avot Hatuma,* Chapter 1
Tumah Summary. Ref: *Sefer Taharah, Hilchot Shear Avot Hatumah,* Chapter 10

Because the laws of *Parah Adumah* and impurity are very stringent, we accept every one's word, even common people. Because no Jewish person will treat this purification process lightly.

פרק י״ג

א. מַעֲלוֹת יְתֵרוֹת עָשׂוּ בְּטָהֳרַת הַחַטָּאת. שֶׁהָאָדָם הַטָּהוֹר אֲפִלּוּ טָבַל לְקֹדֶשׁ וְעוֹמֵד וּמְשַׁמֵּשׁ עַל גַּבֵּי הַמִּזְבֵּחַ אֵינוֹ טָהוֹר לְחַטָּאת וְלֹא לִשְׂרֵפַת הַפָּרָה וְלֹא לְמִלּוּי הַמַּיִם וְלֹא לְקַדֵּשׁ וְלֹא לְהַזּוֹת עַד שֶׁיִּטְבֹּל לְשֵׁם חַטָּאת וְאַחַר כָּךְ יִהְיֶה טָהוֹר לְחַטָּאת. וְכֵן הַכֵּלִים אֲפִלּוּ מִזְרָק שֶׁבָּעֲזָרָה אֵינוֹ טָהוֹר לְחַטָּאת עַד שֶׁיַּטְבִּילוּהוּ לְשֵׁם חַטָּאת. וְכֵן כָּל הָאֳכָלִין וְכָל הַמַּשְׁקִין אַף עַל פִּי שֶׁהֵן טְהוֹרִין הֲרֵי הֵן לְעִנְיַן חַטָּאת כָּאֳכָלִין וּמַשְׁקִין הַמְטַמְּאִין:

ב. כָּל כְּלִי הָרָאוּי לְמִשְׁכָּב אוֹ לְמוֹשָׁב אַף עַל פִּי שֶׁהוּא טָהוֹר לְגַבֵּי הַקֹּדֶשׁ הֲרֵי הוּא לְגַבֵּי חַטָּאת כְּמִדְרַס הַזָּב עַד שֶׁיַּטְבִּילוּהוּ לְשֵׁם חַטָּאת. יוֹחָנָן בֶּן גֻּדְגְּדָא הָיָה אוֹכֵל בְּטָהֳרַת הַקֹּדֶשׁ כָּל יָמָיו וְהָיְתָה מִטְפַּחְתּוֹ כְּמִדְרַס הַזָּב לְעִנְיַן הַחַטָּאת:

ג. כָּל וְלַד הַטֻּמְאוֹת אַף עַל פִּי שֶׁאֵינוֹ מְטַמֵּא אָדָם וְלֹא כֵּלִים אֲפִלּוּ לְקֹדֶשׁ כְּמוֹ שֶׁבֵּאַרְנוּ. הֲרֵי הוּא מְטַמֵּא אָדָם וְכֵלִים לְחַטָּאת. לְפִיכָךְ אָמְרוּ הַמְקַדֵּשׁ אֶת מֵי חַטָּאת לֹא יִנְעֹל אֶת הַסַּנְדָּל. שֶׁמָּא יִפְּלוּ מַשְׁקִין עַל הַסַּנְדָּל וְנִמְצָא הַסַּנְדָּל טָמֵא שֶׁכָּל הַמַּשְׁקִין טְמֵאִין הֵן לְגַבֵּי החטאת וְיִתְטַמֵּא זֶה הַמְקַדֵּשׁ בִּנְגִיעָתוֹ בְּסַנְדָּל וְנִמְצְאוּ מֵי חַטָּאת טְמֵאִים:

ד. מִי שֶׁנִּטְמְאוּ יָדָיו בִּלְבַד בִּדְבָרִים הַמְטַמְּאִין אֶת הַיָּדַיִם כְּגוֹן שֶׁנָּגַע בָּאֳכָלִין אוֹ בְּמַשְׁקִין וְכַיּוֹצֵא בָּהֶן אַף עַל פִּי שֶׁהוּא טָהוֹר לַקֹּדֶשׁ וְאֵינוֹ צָרִיךְ אֶלָּא טְבִילַת יָדָיו בִּלְבַד כְּמוֹ שֶׁיִּתְבָּאֵר. הֲרֵי נִטְמָא כָּל גּוּפוֹ לְעִנְיַן הַחַטָּאת וְצָרִיךְ טְבִילָה. אֲפִלּוּ לֹא נִטְמֵאת אֶלָּא יָדוֹ אַחַת נִטְמָא כֻּלּוֹ וַהֲרֵי הוּא רִאשׁוֹן לְטֻמְאָה:

ה. כָּל הַטָּעוּן טְבִילָה בֵּין מִן הַתּוֹרָה בֵּין מִדִּבְרֵיהֶם מְטַמֵּא אֶת מֵי חַטָּאת וְאֶת אֵפֶר הַחַטָּאת וְאֶת הַמַּזֶּה מֵי חַטָּאת בְּמַגָּע וּבְמַשָּׂא. וְכֵן מְטַמֵּא אֶת הָאֵזוֹב הַמֻּכְשָׁר וְאֶת הַמַּיִם שֶׁנִּתְמַלְּאוּ וַעֲדַיִן לֹא נִתְקַדְּשׁוּ. וְאֶת הַכְּלִי הָרֵיקָן הַטָּהוֹר לְחַטָּאת. מְטַמֵּא כָּל אֶחָד מֵאֵלּוּ בְּמַגָּע אֲבָל לֹא בְּמַשָּׂא. וְטָמֵא שֶׁנָּגַע בְּמִקְצָת אֵפֶר חַטָּאת פָּסַל אֶת כֻּלּוֹ:

ו. אֵין מוֹנִין לְחַטָּאת רִאשׁוֹן וְשֵׁנִי וּשְׁלִישִׁי כְּדֶרֶךְ שֶׁמּוֹנִין לִתְרוּמָה וּלְקֹדֶשׁ. כֵּיצַד. עֲשָׂרָה שֶׁטָּבְלוּ לְשֵׁם חַטָּאת וְנִטְמָא אֶחָד מֵהֶן אֲפִלּוּ לֹא נִטְמָא אֶלָּא לְגַבֵּי חַטָּאת בִּלְבַד כְּגוֹן שֶׁנִּטְמֵאת יָדוֹ בִּלְבַד וְנָגַע בַּחֲבֵרוֹ וַחֲבֵרוֹ בַּחֲבֵרוֹ אֲפִלּוּ הֵן מֵאָה כֻּלָּן טְמֵאִין לְחַטָּאת. וְכֵן כֵּלִים הַטְּהוֹרִים לְחַטָּאת שֶׁנִּטְמָא כְּלִי מֵהֶן אֲפִלּוּ לֹא נִטְמְאוּ אֶלָּא אֲחוֹרָיו בִּלְבַד לְגַבֵּי חַטָּאת כְּגוֹן שֶׁנָּגְעוּ מַשְׁקִין בַּאֲחוֹרָיו וְנָגַע כְּלִי זֶה בִּכְלִי שֵׁנִי וְשֵׁנִי בִּשְׁלִישִׁי נִטְמְאוּ הַכֵּלִים כֻּלָּן לְגַבֵּי הַחַטָּאת וַאֲפִלּוּ הֵן מֵאָה:

ז. כָּל הָרָאוּי לְהִתְטַמֵּא בְּמִדְרַס הַזָּב אַף עַל פִּי שֶׁהוּא טָהוֹר לְקֹדֶשׁ אִם הֵנִידוֹ הַטָּהוֹר לְחַטָּאת נִטְמָא אַף עַל פִּי שֶׁלֹּא נָגַע בּוֹ. וְכֵן הַטָּהוֹר לְחַטָּאת שֶׁהֵנִיד אֶת הָאָדָם שֶׁאֵינוֹ טָהוֹר לְחַטָּאת. אוֹ שֶׁהֵנִיד אֶת רֻקּוֹ אוֹ אֶת מֵימֵי

רַגְלָיו שֶׁל אָדָם זֶה. נִטְמָא אַף עַל פִּי שֶׁלֹּא נָגַע בּוֹ. אֲבָל כְּלִי שֶׁאֵינוֹ רָאוּי לְמִדְרָס אֵינוֹ מְטַמֵּא אֶת הַטָּהוֹר לְחַטָּאת אֶלָּא אִם כֵּן נָגַע בּוֹ:

ח. כְּלִי הַטָּמֵא בְּטָמֵא מֵת אִם הֱנִידוֹ הַטָּהוֹר לְחַטָּאת נִטְמָא וְאַף עַל פִּי שֶׁלֹּא נָגַע בּוֹ וְאַף עַל פִּי שֶׁאֵין טְמֵא מֵת מְטַמֵּא בְּמַשָּׂא כְּמוֹ שֶׁבֵּאַרְנוּ. כֵּיצַד. מַפְתֵּחַ שֶׁהוּא טְמֵא מֵת שֶׁהָיָה תָּלוּי בַּדֶּלֶת וְסָגַר הַטָּהוֹר לְחַטָּאת אֶת הַדֶּלֶת הוֹאִיל וְהֵנִיד אֶת הַמַּפְתֵּחַ הַטָּמֵא נִטְמָא. וְכֵן אִם הֵסִיט אֶת הַשֶּׁרֶץ וְאֶת שִׁכְבַת זֶרַע הֲרֵי זֶה טָמֵא לְחַטָּאת אַף עַל פִּי שֶׁאֵין אֵלּוּ מְטַמְּאִין בְּמַשָּׂא כְּמוֹ שֶׁיִּתְבָּאֵר:

ט. הַטָּהוֹר לְחַטָּאת שֶׁנָּגַע בְּכֵלִים שֶׁהָיוּ לְמַעְלָה מִן הַזָּב וְכִיּוֹצֵא בּוֹ וְהֵן הַנִּקְרָאִין מַדָּף אַף עַל פִּי שֶׁהוּא טָהוֹר לְקֹדֶשׁ נִטְמָא לְחַטָּאת. וְכֵן כְּלִי הַטָּהוֹר לְחַטָּאת שֶׁנָּגַע בְּמַדָּף נִטְמָא לְחַטָּאת:

י. הַטָּהוֹר לְחַטָּאת שֶׁנָּגַע בָּאֳכָלִין וּמַשְׁקִין בֵּין טְהוֹרִין בֵּין טְמֵאִים שֶׁכָּל אֳכָלִין וּמַשְׁקִין לְגַבֵּי חַטָּאת אֵינָן טְהוֹרִין אִם נָגַע בָּהֶן בְּיָדוֹ נִטְמָא כָּל גּוּפוֹ כְּמוֹ שֶׁבֵּאַרְנוּ. נָגַע בָּהֶן בְּרַגְלוֹ

אוֹ בִּשְׁאָר גּוּפוֹ אוֹ שֶׁהֱסִיטָן בְּיָדוֹ וְלֹא נָגַע בָּהֶן טָהוֹר. וְכֵן אִם נָגַע בַּתַּנּוּר וְכַיּוֹצֵא בּוֹ מִשְּׁאָר כֵּלִים שֶׁאֵינָם טְהוֹרִין לְחַטָּאת נִטְמָא כֻּלּוֹ. אֲבָל אִם נָגַע בְּרַגְלוֹ בָּהֶן הֲרֵי הוּא טָהוֹר לְחַטָּאת כְּמוֹ שֶׁהָיָה:

יא. הַטָּהוֹר לְחַטָּאת שֶׁהִכְנִיס רֹאשׁוֹ וְרֻבּוֹ לְתוֹךְ מַיִם שֶׁנִּתְמַלְּאוּ לְחַטָּאת נִטְמָא מִפְּנֵי שֶׁהֵן שְׁאוּבִין. וּמִדִּבְרֵי סוֹפְרִים שֶׁהַבָּא רֹאשׁוֹ וְרֻבּוֹ בְּמַיִם שְׁאוּבִין נִטְמָא כְּמוֹ שֶׁיִּתְבָּאֵר:

יב. הַכֹּל נֶאֱמָנִין עַל טָהֳרַת הַחַטָּאת וַאֲפִלּוּ עַמֵּי הָאָרֶץ מִפְּנֵי חֲמוּרָתָהּ. וּמַעֲלוֹת אֵלּוּ שֶׁעָשׂוּ בָּהּ הַכֹּל נִזְהָרִין בָּהּ. וַהֲרֵי נֶאֱמַר בַּתּוֹרָה (במדבר יט ט) "וְהָיְתָה לַעֲדַת בְּנֵי יִשְׂרָאֵל לְמִשְׁמֶרֶת" כָּל יִשְׂרָאֵל רְאוּיִין לִשְׁמִירָתָהּ. לְפִיכָךְ עַם הָאָרֶץ שֶׁהֵבִיא כְּלִי מִבֵּיתוֹ אֲפִלּוּ כְּלִי חֶרֶס וְאָמַר כְּלִי זֶה טָהוֹר לְחַטָּאת הֲרֵי זֶה טָהוֹר וּמְקַדְּשִׁין בּוֹ וּמַזִּין מִמֶּנּוּ. וְאַף עַל פִּי שֶׁאוּתוֹ כְּלִי טָמֵא לְקֹדֶשׁ וְלִתְרוּמָה. וְכֵן עַם הָאָרֶץ שֶׁאָמַר טָהוֹר אֲנִי לְחַטָּאת אוֹ שֶׁהָיוּ מֵי חַטָּאת אֶצְלוֹ וְאָמַר טְהוֹרִין הֵן נֶאֱמָן. שֶׁאֵין אָדָם מִיִּשְׂרָאֵל מְזֻלְזָל בָּהּ:

Perek 14

Extra stringencies for purification continued.

Concept of 'Pure Place'.

Ashes not allowed to be placed in an impure place (includes ashes & water).

If ashes placed in an impure place, extra stringencies apply.

- Earthenware vessel.
  - Touched by a *sheretz* corpse
    - Normally contents remain pure.
    - Even if contents were ashes, remains pure.
  - Placed on top of *sheretz* corpse
    - Ashes will contract impurity due to 'impure place'.
  - Hanging within a skylight above an impure house
    - Ashes will contract impurity even if the aperture is less than 1 × 1 *tefach*.
  - Blocking an aperture (1 × 1 *tefach*). This allows impurity to pass through
    - Ashes will contract impurity.
- Food with very low levels of impurity would still be regarded as an impure place if ashes placed over them.
- Sealed containers
  - Normally they protect contents from impurity.

– Ashes in sealed container found in 'Impure Place' are not protected.

If ashes pass over an impure place, this does not cause disqualification.

In all cases where there is a doubt regarding impurity, and the ruling is that he is pure regarding eating *trumah*, then he is also pure regarding the waters plus ashes.

Reminder

Overview (Personal) of *Tuma* (Impurity). Ref: *Sefer Taharah, Hilchot Shear Avot Hatuma,* Chapter 1

Food does not impart impurity unless it is the size of an egg (*betzah*)

פרק י״ד

א. כְּלִי חֶרֶס שֶׁהָיָה בּוֹ אֵפֶר חַטָּאת וְנָגַע בּוֹ שֶׁרֶץ מִצִּדּוֹ טָהוֹר שֶׁאֵין כְּלִי חֶרֶס מְטַמֵּא מִגַּבּוֹ אֲפִלּוּ לְגַבֵּי חַטָּאת. הִנִּיחַ הַכְּלִי עַל גַּבֵּי הַשֶּׁרֶץ אַף עַל פִּי שֶׁלֹּא נִטְמָא הַכְּלִי הֲרֵי הָאֵפֶר טָמֵא שֶׁנֶּאֱמַר (במדבר יט ט) "וְהִנִּיחַ מִחוּץ לַמַּחֲנֶה בְּמָקוֹם טָהוֹר" וְאֵין זֶה מָקוֹם טָהוֹר. וְלֹא עַל גַּבֵּי הַשֶּׁרֶץ בִּלְבַד אֶלָּא אֲפִלּוּ הִנִּיחוֹ עַל גַּבֵּי אֹכֶל שֵׁנִי וְכַיּוֹצֵא בּוֹ מִדְּבָרִים שֶׁטֻּמְאָתָן טֻמְאָה קַלָּה וְהֵם מִדִּבְרֵי סוֹפְרִים הֲרֵי נִטְמָא הָאֵפֶר שֶׁנֶּאֱמַר בְּמָקוֹם טָהוֹר שֶׁלֹּא יִהְיֶה עַל [גַּבֵּי] שׁוּם טֻמְאָה בָּעוֹלָם. וְכֵן כְּלִי חֶרֶס שֶׁהָיָה בּוֹ אֵפֶר חַטָּאת וְנָתוּן עַל אֲרֻבָּה שֶׁבַּבַּיִת טָמֵא. אִם הָיָה הַכְּלִי מְשֻׁלְשָׁל לַבַּיִת נִטְמָא הָאֵפֶר וְאַף עַל פִּי שֶׁאֵין בָּאֲרֻבָּה פּוֹתֵחַ טֶפַח. וְאִם לֹא הָיָה מְשֻׁלְשָׁל אִם הָיָה בָּאֲרֻבָּה פּוֹתֵחַ טֶפַח טָמֵא:

ב. הָיָה הַכְּלִי שֶׁל אֶבֶן. בֵּין שֶׁיֵּשׁ בָּהּ פּוֹתֵחַ טֶפַח בֵּין שֶׁאֵין בָּהּ הָאֵפֶר טָהוֹר:

ג. וְכֵן כְּלִי שֶׁיֵּשׁ בּוֹ אֵפֶר אוֹ מַיִם מְקֻדָּשִׁים וּמֻקָּף צָמִיד פָּתִיל וְנָתוּן בְּאֹהֶל הַמֵּת. הֲרֵי הָאֵפֶר וְהַמַּיִם טְמֵאִים שֶׁאֵין אֵפֶר הַחַטָּאת נִצֶּלֶת בְּצָמִיד פָּתִיל שֶׁנֶּאֱמַר (במדבר יט ט) "בְּמָקוֹם טָהוֹר" וְאֵין זֶה מָקוֹם טָהוֹר:

ד. וְכֵן אֳכָלִין וּמַשְׁקִין שֶׁל קֹדֶשׁ אֵינָן נִצָּלִין בְּצָמִיד פָּתִיל. אֲבָל מַיִם שֶׁאֵינָן מְקֻדָּשִׁין וּכְלִי רֵיקָן הַטָּהוֹר לְחַטָּאת נִצָּל בְּצָמִיד פָּתִיל. בַּמֶּה דְּבָרִים אֲמוּרִים כְּשֶׁהָיוּ הַבְּעָלִים טְהוֹרִים. אֲבָל אִם נִטְמְאוּ הַבְּעָלִים נִפְסְלוּ הַמַּיִם בְּכָל מָקוֹם שֶׁהֵן. כֵּיצַד. הָיוּ מֵימָיו מֻקָּפִין צָמִיד פָּתִיל וְהוּא וְהֵם בְּאֹהֶל הַמֵּת שְׁנֵיהֶן טְמֵאִים. הָיָה הוּא מִבַּחוּץ וְהַמַּיִם שֶׁאֵינָן מְקֻדָּשִׁין מִבִּפְנִים שְׁנֵיהֶן טְהוֹרִין. הוּא בִּפְנִים וְהַמַּיִם בַּחוּץ כְּשֵׁם שֶׁהוּא טָמֵא כָּךְ מֵימָיו פְּסוּלִין:

ה. הַטָּהוֹר לְחַטָּאת שֶׁהָיָה עוֹמֵד עַל גַּבֵּי הַתַּנּוּר וְכַיּוֹצֵא בּוֹ מִכֵּלִים שֶׁאֵינָם טְהוֹרִים לְחַטָּאת וּפָשַׁט יָדוֹ חוּץ לַתַּנּוּר וּכְלִי שֶׁיֵּשׁ בּוֹ מֵי חַטָּאת בְּיָדוֹ. וְכֵן קָנֶה הַמֻּטָּל עַל גַּבֵּי הַתַּנּוּר וּשְׁנֵי כֵּלִים שֶׁיֵּשׁ בָּהֶן מֵי חַטָּאת תְּלוּיִין בּוֹ אֶחָד מִכָּאן וְאַחַד מִכָּאן הֲרֵי אֵלּוּ טְמֵאִין לְפִי שֶׁאֵינָן בִּמְקוֹם הַטָּהוֹר לְחַטָּאת. וְהוֹאִיל וְהֵם נִשְׁעָנִין עַל הַתַּנּוּר הֲרֵי הֵן כְּאִלּוּ מֻנָּחִין עַל גַּבָּיו. אֲבָל אִם הָיָה עוֹמֵד עַל הַתַּנּוּר וּבְיָדוֹ כְּלִי רֵיקָן הַטָּהוֹר לְחַטָּאת אוֹ מַיִם שֶׁאֵינָן מְקֻדָּשִׁין הֲרֵי אֵלּוּ טְהוֹרִין כְּמוֹת שֶׁהָיוּ. הָיָה עוֹמֵד חוּץ לַתַּנּוּר וּפָשַׁט יָדוֹ לַחַלּוֹן וְנָטַל כְּלִי שֶׁיֵּשׁ בּוֹ חַטָּאת וְהֶעֱבִירוֹ עַל גַּבֵּי הַתַּנּוּר הֲרֵי זֶה טָהוֹר. וְכֵן הַזָּיָה שֶׁעָבְרָה עַל גַּבֵּי טֻמְאָה כְּגוֹן מִשְׁכָּב וּמוֹשָׁב וְכַיּוֹצֵא בָּהֶן הֲרֵי זוֹ טְהוֹרָה:

ו. כְּלִי שֶׁיֵּשׁ בּוֹ מֵי חַטָּאת וּכְלִי שֶׁיֵּשׁ בּוֹ קֹדֶשׁ שֶׁנָּגְעוּ זֶה בָּזֶה הֲרֵי נִטְמָא כְּלִי שֶׁל חַטָּאת וְכָל שֶׁיֵּשׁ בּוֹ אֲבָל כְּלִי הַקֹּדֶשׁ טָהוֹר כְּשֶׁהָיָה. וְכֵן אִם נָגַע הַטָּהוֹר לַחַטָּאת בִּשְׁנֵיהֶן בִּשְׁתֵּי יָדָיו כְּשֶׁהֵן מֻנָּחִין עַל הָאָרֶץ הֲרֵי נִטְמָא שֶׁל חַטָּאת שֶׁהֲרֵי הַטָּהוֹר לְחַטָּאת נִטְמָא בִּנְגִיעַת הַכְּלִי שֶׁאֵינוֹ טָהוֹר לְחַטָּאת כְּמוֹ שֶׁבֵּאַרְנוּ וְחָזַר וְטִמֵּא אֶת מֵי חַטָּאת:

ז. הִגְבִּיהַּ שְׁנֵי הַכֵּלִים בִּשְׁתֵּי יָדָיו שְׁנֵיהֶן טְמֵאִין זֶה שֶׁל חַטָּאת נִטְמָא מִפְּנֵי שֶׁנָּגַע בּוֹ אָדָם שֶׁנָּגַע בִּכְלִי שֶׁאֵינוֹ טָהוֹר לְחַטָּאת וְשֶׁל קֹדֶשׁ נִטְמָא מִפְּנֵי זֶה שֶׁהִגְבִּיהוֹ וְהוּא טָמֵא בִּנְשִׂיאַת מֵי נִדָּה שֶׁהֵן מְטַמְּאִין בְּמַשָּׂא מִפְּנֵי שֶׁנִּטְמְאוּ מֵחֲמַת הַכְּלִי שֶׁל קֹדֶשׁ. לְפִיכָךְ אִם הָיָה הַכְּלִי שֶׁל קֹדֶשׁ כָּרוּךְ בִּנְיָר וְהִגְבִּיהַּ בַּנְּיָר וְלֹא נָגַע בּוֹ וְהִגְבִּיהַּ הַחַטָּאת בְּיָדוֹ שְׁנִיָּה שְׁנֵיהֶן טְהוֹרִין שֶׁהֲרֵי לֹא נָגַע בַּכְּלִי וְלֹא נִטְמָא לְחַטָּאת. אֲבָל אִם הָיָה נוֹגֵעַ בִּכְלִי הַקֹּדֶשׁ בְּיָדוֹ אֲפִלּוּ הָיָה שֶׁל חַטָּאת בִּנְיָר שְׁנֵיהֶם טְמֵאִין:

ח. הֵסִיט אֶת שְׁנֵי הַכֵּלִים בְּיָדוֹ וְלֹא נָגַע בָּהֶן שְׁנֵיהֶן טְהוֹרִין שֶׁאֵין הַכְּלִי שֶׁאֵינוֹ טָהוֹר לְחַטָּאת מְטַמֵּא אֶת הַטָּהוֹר לְחַטָּאת עַד שֶׁיִּגַּע בּוֹ בְּיָדוֹ אֶלָּא אִם כֵּן הָיָה רָאוּי לְמִדְרָס כְּמוֹ שֶׁבֵּאַרְנוּ:

ט. כָּל סְפֵק הַטֻּמְאוֹת שֶׁהוּא טָהוֹר לְגַבֵּי תְּרוּמָה כְּמוֹ שֶׁיִּתְבָּאֵר הֲרֵי הוּא טָהוֹר לְחַטָּאת. וְכָל הַסְּפֵקוֹת שֶׁתּוֹלִין בָּהֶן אֶת הַתְּרוּמָה אִם נוֹלְדוּ בְּחַטָּאת הֲרֵי אֵלּוּ נִשְׁפָּכִין. וְאִם נַעֲשׂוּ טָהֳרוֹת עַל גַּבֵּי אוֹתָן כֵּלִים וְאָדָם שֶׁנּוֹלְדוּ לָהֶן סְפֵקוֹת אֵלּוּ שֶׁהַחַטָּאוֹת נִשְׁפָּכִין עֲלֵיהֶן הֲרֵי אוֹתָן הַטָּהֳרוֹת תְּלוּיוֹת. וְהָרְפָפוֹת אֵינָן כְּכֵלִים וַהֲרֵי הֵן טְהוֹרוֹת לִתְרוּמָה וּלְקֹדֶשׁ וּלְחַטָּאת:

י. דְּבֵלָה שֶׁל תְּרוּמָה שֶׁנָּפְלָה לְתוֹךְ מֵי חַטָּאת וּנְטָלָהּ וַאֲכָלָהּ אִם יֵשׁ בָּהּ כְּבֵיצָה הַמַּיִם טְמֵאִין. בֵּין שֶׁהָיְתָה הַדְּבֵלָה טְמֵאָה בֵּין שֶׁהָיְתָה טְהוֹרָה. שֶׁכָּל הָאֳכָלִין אֲפִלּוּ אֹכֶל קֹדֶשׁ אֵינוֹ טָהוֹר לְחַטָּאת. וְהָאוֹכְלָהּ חַיָּב מִיתָה מִפְּנֵי שֶׁאָכַל תְּרוּמָה טְמֵאָה. וְאִם אֵין בָּהּ כְּבֵיצָה הַמַּיִם בְּטָהֳרָתָן. שֶׁאֵין הָאֹכֶל מְטַמֵּא אֲחֵרִים עַד שֶׁיִּהְיֶה בּוֹ כְּבֵיצָה בֵּין לִתְרוּמָה בֵּין לְקֹדֶשׁ בֵּין לְחַטָּאת:

Perek 15

Extra stringencies continued.

PARADOX OF THE WATERS.

- Any person who touches the sanctified waters for a purpose other than sprinkling contracts impurity. Impurity is imparted when touched or carried.
- The person who sprinkles the water on an impure person remains pure.
- After water has been used for its *mitzvah*, it no longer can impart any impurity. (i.e. the excess water which drips off)
- An extra stringency is that if a person who is pure for trumah touched impure sanctified water with either his hands or his body, his whole body becomes impure (not only his hands). If however, a person who is pure for *chatat* (sprinkling water) touched impure sanctified water, he becomes impure only if he touched it with his hands.
- Sanctified water which becomes disqualified retains its impurity even when mixed with mud.
- However, if a cow drinks from it, the impurity becomes nullified.
- Effect of mixtures.

MEI NIDAH (WATERS OF *PARAH ADUMAH*) *AV HATUMAH*

Only imparts impurity if touched or carried for purposes other than purification. Once it has been used for purifying, it no longer imparts impurity.

	Direct from Text of *Rambam*	Understood
TOUCH		
Imparts impurity to people	✓ until evening	
Imparts impurity to vessels	✓	
Imparts impurity to clothes one is wearing	✓	✓
Imparts impurity to earthenware vessels		✓

Imparts impurity to foods		✓
Imparts impurity to liquids		✓
CARRIAGE		
Imparts impurity to people	✓	
Imparts impurity to vessels	✓	
Imparts impurity to earthenware vessels	✗	
Imparts impurity to clothes		✓
Imparts impurity to foods		
Imparts impurity to liquids		
MOVEMENT (CAN BE MOVEMENT WITHOUT CARRIAGE)		
Imparts impurity same as carriage		✓
MISHKAV AND MOSHAV		
Couch (or chair) on which lies (or sits) becomes impure		
Saddle on which rides becomes impure		
Madaf impurity		
SPACE CONTAINING AN IMPURITY		
OHEL (UNIQUE TO A HUMAN CORPSE)		
Imparts impurity to people		
Imparts impurity to vessels		
Imparts impurity to earthenware vessels		
Imparts impurity to foods		
Imparts impurity to drinks (liquids)		
Containing structure becomes impure		
SEALED VESSELS (SIMILAR LAWS TO OHEL)		
Imparts impurity to people		
Imparts impurity to vessels		
Imparts impurity to foods		
Imparts impurity to liquids		
Vessel becomes impure		
METZORA OR TZARAAT MATERIAL ENTERING BUILDING		

Imparts impurity to people		
Imparts impurity to vessels		
Imparts impurity to foods		
Imparts impurity to liquids		
Building becomes impure		
SPACE OF EARTHENWARE VESSELS		
Imparts impurity to people		
Imparts impurity to vessels		
Imparts impurity to foods		
Imparts impurity to liquids		
Vessel becomes impure		

פרק ט״ו

א. הַנּוֹגֵעַ בְּמֵי חַטָּאת שֶׁלֹּא לְצֹרֶךְ הַזָּאָה בֵּין אָדָם בֵּין כֵּלִים טָמֵא וְאֵינוֹ מְטַמֵּא בְּגָדִים בִּשְׁעַת מַגָּעוֹ. שֶׁנֶּאֱמַר (במדבר יט כא) "וְהַנֹּגֵעַ בְּמֵי הַנִּדָּה יִטְמָא עַד הָעָרֶב". הִנֵּה לָמַדְתָּ שֶׁמֵּי הַנִּדָּה אָב מֵאֲבוֹת הַטֻּמְאוֹת שֶׁל תּוֹרָה. וְטֻמְאַת מַגָּעָן בְּכָל שֶׁהוּא. וְאִם הָיָה בָּהֶן כְּדֵי הַזָּאָה מְטַמְּאִין בְּמַגָּע וּבְמַשָּׂא. וְהַנּוֹגֵעַ בָּהֶן אוֹ שֶׁנְּשָׂאָן שֶׁלֹּא לְצֹרֶךְ מְטַמֵּא בְּגָדִים בִּשְׁעַת מַגָּעוֹ אוֹ בִּשְׁעַת מַשָּׂאוֹ עַד שֶׁיִּפְרשׁ מִמְּטַמְּאָיו שֶׁנֶּאֱמַר (במדבר יט כא) "וּמַזֵּה מֵי הַנִּדָּה יְכַבֵּס בְּגָדָיו". אֵינוֹ מְדַבֵּר בְּמַזֶּה עַל הַטָּמֵא אִם טִהֵר אֶת הַטָּמֵא קַל וָחֹמֶר שֶׁיִּהְיֶה הוּא טָהוֹר. מִפִּי הַשְּׁמוּעָה לָמְדוּ שֶׁזֶּה שֶׁנֶּאֱמַר בַּתּוֹרָה וּמַזֵּה מֵי הַנִּדָּה לֹא נֶאֱמַר אֶלָּא לְשִׁעוּר שֶׁהַנּוֹגֵעַ אוֹ הַנּוֹשֵׂא מֵי נִדָּה שֶׁיֵּשׁ בָּהֶן כְּדֵי הַזָּיָה שֶׁלֹּא לְצֹרֶךְ הַזָּאָה טָמֵא וּמְטַמֵּא בְּגָדִים דִּין תּוֹרָה. וְכַמָּה הוּא שִׁעוּר הַזָּאָה כְּדֵי שֶׁיִּטְבֹּל רָאשֵׁי גִּבְעוֹלִין שֶׁל אֵזוֹב בַּמַּיִם. בַּמֶּה דְּבָרִים אֲמוּרִים שֶׁמֵּי חַטָּאת מְטַמְּאִין בִּזְמַן שֶׁנָּגַע בָּהֶן אוֹ נְשָׂאָן שֶׁלֹּא לְצֹרֶךְ קֹדֶם שֶׁיֵּעָשׂוּ מִצְוָתָן. אֲבָל אַחַר שֶׁעָשׂוּ מִצְוָתָן אֵינָן מְטַמְּאִין כְּלָל. כֵּיצַד. הֲרֵי שֶׁטָּבַל אֶת הָאֵזוֹב וְהִזָּה עַל הָאָדָם הַטָּמֵא אוֹ עַל הַכֵּלִים וְהָיוּ הַמַּיִם שׁוֹתְתִין וְיוֹרְדִין מֵעַל הַטָּמֵא לָאָרֶץ. וְכֵן הַמַּיִם הַנִּתָּזִין בִּשְׁעַת הַזָּאָה עַל הָאָרֶץ אוֹ עַל הַטָּהוֹר הֲרֵי אוֹתָן הַמַּיִם טְהוֹרִים וְהַנּוֹגֵעַ בָּהֶן וְהַנּוֹשְׂאָן טָהוֹר. הִטְבִּיל אֶת הָאֵזוֹב לְהַזּוֹת עַל דָּבָר שֶׁאֵינוֹ מְקַבֵּל טֻמְאָה הֲרֵי הַמַּיִם הַמְנַטְּפִין כְּשֵׁרִין לְהַזּוֹת מֵהֶן כְּמוֹ שֶׁבֵּאַרְנוּ. לְפִיכָךְ מְטַמְּאִין טֻמְאַת מֵי חַטָּאת לְפִי שֶׁלֹּא עָשׂוּ מִצְוָתָן שֶׁהֲרֵי הַטְּבִילָה הָיְתָה לְשֵׁם דָּבָר שֶׁאֵינוֹ מְקַבֵּל טֻמְאָה:

ב. אֵין מֵי חַטָּאת מְטַמְּאִין אֶת הַכֹּל קֹדֶם שֶׁיֵּעָשׂוּ מִצְוָתָן עַד שֶׁיִּהְיוּ טְהוֹרִין וּכְשֵׁרִין לְהַזָּאָה. אֲבָל מֵי חַטָּאת שֶׁנִּפְסְלוּ כְּגוֹן שֶׁנִּתְעָרֵב בָּהֶן מַיִם אוֹ שֶׁשָּׁתְתָה מֵהֶן בְּהֵמָה וְכַיּוֹצֵא בָּהֶן מֵאֵלּוּ הַדְּבָרִים הַפּוֹסְלִין אוֹתָן אִם נָגַע בָּהֶן הַטָּהוֹר לִתְרוּמָה נִטְמָא בֵּין שֶׁנָּגַע בְּיָדָיו בֵּין שֶׁנָּגַע בִּשְׁאָר גּוּפוֹ. נָגַע בָּהֶן אָדָם הַטָּהוֹר לְחַטָּאת וַאֲפִלּוּ בְּיָדָיו הֲרֵי הוּא טָהוֹר כְּמוֹת שֶׁהָיָה:

ג. מֵי חַטָּאת שֶׁנִּטְמְאוּ וְנָגַע בָּהֶן אַחַר שֶׁנִּטְמְאוּ אָדָם הַטָּהוֹר לִתְרוּמָה בֵּין בְּיָדָיו בֵּין בְּגוּפוֹ נִטְמָא. וְאִם נָגַע בָּהֶן הַטָּהוֹר לְחַטָּאת בְּיָדָיו נִטְמָא. נָגַע בִּשְׁאָר גּוּפוֹ הֲרֵי הוּא טָהוֹר כְּמוֹת שֶׁהָיָה:

ד. מֵי חַטָּאת שֶׁנָּפְלוּ לְתוֹכָן מֵי מַעְיָן אוֹ מֵי מִקְוֶה אוֹ מֵי פֵּרוֹת. אִם רֹב מֵי חַטָּאת מְטַמְּאִין בְּמַשָּׂא. וְאִם רֹב מֵי פֵּרוֹת אֵין מְטַמְּאִין. מֶחֱצָה לְמֶחֱצָה מְטַמְּאִין. אֵפֶר פָּרָה שֶׁנִּתְעָרֵב בְּאֵפֶר מַקְלֶה וְקִדֵּשׁ בְּכֻלָּן אִם הָיָה הָרֹב אֵפֶר פָּרָה מְטַמְּאִין בְּמֵי נִדָּה. וְאִם הָיָה הָרֹב אֵפֶר מַקְלֶה אֵין מְטַמְּאִין בְּמַגָּע אֲבָל מְטַמְּאִין בְּמַשָּׂא:

ה. אֵפֶר כָּשֵׁר שֶׁנְּתָנוֹ עַל גַּבֵּי הַמַּיִם שֶׁאֵינָן רְאוּיִין לְקַדְּשָׁן וְנָגַע בָּהֶן הַטָּהוֹר לִתְרוּמָה בֵּין בְּיָדָיו בֵּין בְּגוּפוֹ נִטְמָא. נָגַע בָּהֶן הַטָּהוֹר לְחַטָּאת אֲפִלּוּ בְּיָדָיו הֲרֵי זֶה טָהוֹר כְּמוֹת שֶׁהָיָה:

ו. מֵי חַטָּאת שֶׁנִּפְסְלוּ לֹא יְגַבְּלֵם בְּטִיט שֶׁלֹּא יַעֲשֵׂם תַּקָּלָה לַאֲחֵרִים שֶׁמָּא יִגַּע בַּטִּיט וְיִטַּמֵּא. שֶׁמֵּי חַטָּאת אֵינָם בְּטֵלִין בְּטִיט שֶׁנֶּאֱמַר (במדבר יט ט) "חַטָּאת הִיא":

ז. פָּרָה שֶׁשָּׁתָת מֵי חַטָּאת אַף עַל פִּי שֶׁנִּשְׁחֲטָה בְּתוֹךְ כ"ד שָׁעוֹת בְּשָׂרָהּ טָהוֹר שֶׁנֶּאֱמַר (במדבר יט ט) "לְמִשְׁמֶרֶת לְמֵי נִדָּה". בִּזְמַן שֶׁהֵן שְׁמוּרִין אֵינָן בְּטֵלִין. אֲבָל בִּזְמַן שֶׁשְּׁתָאָתָן פָּרָה בָּטְלוּ שֶׁהֲרֵי אֵינָם שְׁמוּרִין:

ח. הַמַּזֶּה מֵחַלּוֹן שֶׁמַּזִּין מִמֶּנּוּ עַל הָרַבִּים. וְהֻזָּה עָלָיו וְנִכְנַס לַמִּקְדָּשׁ וְאַחַר כָּךְ נִמְצְאוּ הַמַּיִם פְּסוּלִין הֲרֵי זֶה פָּטוּר. שֶׁחֶזְקַת הַמַּיִם שֶׁמַּזִּין מֵהֶן עַל הָרַבִּים שֶׁהֵן כְּשֵׁרִין וַהֲרֵי זֶה כְּאָנוּס. אֲבָל אִם הֻזָּה עָלָיו מֵחַלּוֹן שֶׁל יָחִיד וְנִכְנַס לַמִּקְדָּשׁ וְנִמְצְאוּ הַמַּיִם פְּסוּלִין חַיָּב בְּקָרְבָּן עוֹלֶה וְיוֹרֵד מִפְּנֵי שֶׁהָיָה לוֹ לִבְדֹּק עַל הַמַּיִם וְאַחַר כָּךְ יִכָּנֵס לַמִּקְדָּשׁ. מַחֲלִיקִים הָיוּ הָעָם בַּמַּיִם שֶׁשּׁוֹתְתִים בָּאָרֶץ מֵחַלּוֹן שֶׁל רַבִּים וְדוֹרְסִים אוֹתָן וְנִכְנָסִים לַמִּקְדָּשׁ וְלֹא הָיוּ חוֹשְׁשִׁין לָהֶן שֶׁמָּא פְּסוּלִין הֵן:

ט. הַמַּזֶּה בְּאֵזוֹב הַטָּמֵא לְחַטָּאת. אִם יֵשׁ בּוֹ כְּבֵיצָה הַמַּיִם פְּסוּלִין וְהַזָּיָתוֹ [פְּסוּלָה]. אֵין בּוֹ כְּבֵיצָה הַמַּיִם כְּשֵׁרִים וְהַזָּאָתוֹ פְּסוּלָה. וְאֵזוֹב זֶה מְטַמֵּא חֲבֵרוֹ וַחֲבֵרוֹ לַחֲבֵרוֹ אֲפִלּוּ הֵן מֵאָה שֶׁאֵין מוֹנִין לְחַטָּאת:

י. הַמַּגְבִּיהַּ כְּלִי שֶׁהֻזָּה עָלָיו וַהֲרֵי עָלָיו הַמַּיִם כְּדֵי הַזָּאָה טָהוֹר שֶׁהַמַּיִם שֶׁעָשׂוּ מִצְוָתָן אֵינָן מְטַמְּאִין כְּמוֹ שֶׁבֵּאַרְנוּ:
בְּרִיךְ רַחֲמָנָא דְּסַיְּעָן:

הלכות טומאת צרעת
Hilchot Tumat Tzaraat
THE LAWS OF THE RITUAL IMPURITY IMPARTED BY LEPROSY

> **Reminder**
> Pack on Impurity of *Tzaraat*
> Pack on Weights and Measures

They consist of eight *mitzvot*: יש בכללן ח׳ מצות

Six positive commandments and two negative commandments. ו׳ מצות עשה וב׳ מצות לא תעשה

They are: וזהו פרטן:

1. To render judgments concerning *tzaraat* in humans as prescribed by the Torah — א. להורות בצרעת אדם כדין הכתוב בתורה
2. Not to cut off the signs of *tzaraat* — ב. שלא יקוץ סימני טומאה
3. Not to shave (the hair of) a blemish — ג. לא יגלח הנתק
4. That a *metzora* should make known his state of impurity by wearing torn clothing, letting his hair grow long, and covering his head and over his lips — ד. שיהא המצורע מפורסם בקריעת בגדיו ופריעת ראשו ועטיה על שפם
5. The purification process of a *metzora* — ה. טהרת צרעת
6. That a *metzora* should shave off all his hair as part of his purification process — ו. שיגלח המצורע את כל שערו כשיטהר
7. The laws of *tzaraat* in clothing — ז. דין צרעת בגד
8. The laws of *tzaraat* in houses — ח. דין צרעת הבית

Tzaraat is loosely translated as leprosy only because the lesions have a resemblance to those of leprosy. *Tzaraat* however is a spiritual disease in its own right, and is not leprosy.

Perek 1

Tzaraat in man

Signs

To render judgement on tzaraat in man according to the regulations written in the Torah.[1]

With *tzaraat*, the skin turns white as the membrane of an egg, or whiter. If it is less white than the membrane of an egg, then this is not *tzaraat* but is known as a *bohak*.

There are **4** shades of white linked to *tzaraat*.

	Shades of white in skin	Shades of red mixed into white (*petuch*)
Baheret – bright spot	looks like snow (white ****)	16 drops of blood in a *reviit* of milk
Sapachat – subspecies of *baheret*	looks like plaster of Temple (white **)	4 drops of blood in a *reviit* of milk
Seeit – a rising	looks like wool of a day old white lamb (white ***)	8 drops of blood in a *reviit* of milk
Sapachat – subspecies of *Seeit*	looks like skin of egg (white *)	2 drops of blood in a *reviit* of milk

The leprosy must appear deeper than the skin. If it appears at same level as skin or raised above skin, it is not *tzaraat.*

Minimum measure is the size of a *gris hakilki* (Sicilian Bean) which is a square measuring 6 × 6 hairs – *Mosheh Misinai.*

All the shades, whether white or white plus red, are all called *tzaraat* and can be joined with each other and considered a single blemish.

3 signs that indicate impurity in man

- *sear lavan* (white hair)
- *michyah* (healthy flesh)
- pishyon (spreading)

within the skin lesion

I.e. if the Priest sees these signs, he will pronounce person as definitely impure. If signs not present, Priest will isolate him for 7 days and re-examine thereafter to see if any of these signs have developed. Maximally will be isolated for a further week and then final decision about status is made.

פרק א׳

א. צָרַעַת עוֹר הַבָּשָׂר הוּא שֶׁיַּלְבִּין מָקוֹם מִן הָעוֹר וְתִהְיֶה הַלַּבְנוּנִית כִּקְרוּם בֵּיצָה וּמִקְּרוּם בֵּיצָה וּלְמַעְלָה. אֲבָל לַבְנוּנִית שֶׁהִיא דֵּהָה מִקְּרוּם הַבֵּיצָה וּלְמַטָּה אֵינָהּ צָרַעַת אֶלָּא בֹּהַק הוּא:

ב. וְאַרְבָּעָה מַרְאוֹת יֵשׁ בְּצָרַעַת עוֹר הַבָּשָׂר. וְאֵלּוּ הֵן. לֹבֶן עַז בְּיוֹתֵר שֶׁאֵין לְמַעְלָה מִמֶּנּוּ שֶׁהוּא נִרְאֶה בְּעוֹר הַבָּשָׂר כְּשֶׁלֶג הוּא הַנִּקְרָא בַּהֶרֶת. וְלֹבֶן שֶׁהוּא דֵּהֶה מִזֶּה מְעַט שֶׁנִּרְאֶה כְּצֶמֶר נָקִי שֶׁל כֶּבֶשׂ בֶּן יוֹמוֹ הוּא הַנִּקְרָא שְׂאֵת. וְלָבָן שֶׁדֵּהָה מִן הַשְּׂאֵת מְעַט שֶׁנִּרְאֶה כְּסִיד הַהֵיכָל הוּא תּוֹלֶדֶת הַבַּהֶרֶת וְנִקְרֵאת סַפַּחַת. וְלֹבֶן שֶׁדֵּהָה מִסִּיד הַהֵיכָל מְעַט וַהֲרֵי הוּא כִּקְרוּם בֵּיצָה הִיא תּוֹלֶדֶת הַשְּׂאֵת וְגַם זֶה נִקְרָא סַפַּחַת. הִנֵּה לָמַדְתָּ שֶׁהַמַּרְאֶה שֶׁהוּא כְּסִיד הַהֵיכָל הוּא סַפַּחַת הַבַּהֶרֶת. וְהַמַּרְאֶה שֶׁהוּא כִּקְרוּם בֵּיצָה הִיא סַפַּחַת הַשְּׂאֵת. שֶׁאֵין לְשׁוֹן סַפַּחַת אֶלָּא טְפֵלָה. מִכָּאן אָמְרוּ מַרְאוֹת נְגָעִים שְׁתַּיִם שֶׁהֵן אַרְבַּע בַּהֶרֶת וְסַפַּחְתָּהּ שְׂאֵת וְסַפַּחְתָּהּ:

ג. אַרְבַּע מַרְאוֹת נְגָעִים אֵלּוּ כֻּלָּן מִצְטָרְפִין זֶה עִם זֶה בֵּין לְהָקֵל בֵּין לְהַחְמִיר. בֵּין בִּתְחִלַּת רְאִיַּת הַנֶּגַע בֵּין בְּסוֹף הַשִּׁבְעָה. בֵּין לְאַחַר שֶׁנִּפְטַר הַמְּצֹרָע אוֹ נֶחְלַט. כֵּיצַד. אֶחָד נֶגַע שֶׁהָיָה כֻּלּוֹ לָבָן כַּשֶּׁלֶג אוֹ כְּסִיד הַהֵיכָל אוֹ כְּצֶמֶר נָקִי אוֹ כִּקְרוּם בֵּיצָה. וְאֶחָד נֶגַע שֶׁהָיָה מִקְצָת הַלֹּבֶן כְּמַרְאֵה הַבַּהֶרֶת וּמִקְצָתוֹ כְּמַרְאֵה הַשְּׂאֵת וּמִקְצָתוֹ כְּמַרְאֵה הַסַּפַּחַת. הַכֹּל כְּמַרְאֶה אֶחָד הוּא חָשׁוּב. אִם כֵּן לָמָּה מְנָאוּם חֲכָמִים וְאָמְרוּ מַרְאוֹת נְגָעִים שְׁתַּיִם שֶׁהֵן אַרְבַּע כְּדֵי לְהָבִין בְּמַרְאוֹת. שֶׁכָּל כֹּהֵן שֶׁאֵינוֹ מַכִּיר הַמַּרְאוֹת וּשְׁמוֹתֵיהֶן כְּשֶׁמְּלַמְּדִין אוֹתוֹ וּמוֹדִיעִין אוֹתוֹ לֹא יִרְאֶה הַנֶּגַע

עַד שֶׁיָּבִין וְיַכִּיר וְיֹאמַר זוֹ הִיא הַבַּהֶרֶת וְזוֹ הִיא סַפַּחְתָּהּ זוֹ הִיא הַשְּׂאֵת וְזוֹ הִיא סַפַּחְתָּהּ:

ד. הָיָה בְּמַרְאֵה הַלֹּבֶן מֵאַרְבַּע מַרְאוֹת אֵלּוּ מִקְצָת אַדְמוּמִיּוֹת מְעֹרָבוֹת בּוֹ. גַּם זֶה נֶגַע צָרַעַת הוּא שֶׁנֶּאֱמַר (ויקרא יג יט) "אוֹ בַהֶרֶת לְבָנָה אֲדַמְדָּמֶת". וְהוּא הַדִּין לִשְׂאֵת וּלְסַפַּחַת שֶׁל שְׂאֵת וּלְסַפַּחַת הַבַּהֶרֶת. וְהַמַּרְאֶה הַזֶּה שֶׁהוּא מְעֹרָב מִלַּבְנוּנִית וּמְעַט אֹדֶם הוּא הַנִּקְרָא פָּתוּךְ. וְכֵיצַד מַרְאֵה הַפָּתוּךְ בְּאַרְבַּע מַרְאוֹת אֵלּוּ. כְּאִלּוּ הֵן אַרְבַּע כּוֹסוֹת מְלֵאוֹת חָלָב וְנִתְעָרֵב בַּכּוֹס הָרִאשׁוֹנָה שְׁנֵי טִפֵּי דָם וּבַשְּׁנִיָּה אַרְבָּעָה טִפִּין וּבַשְּׁלִישִׁית שְׁמוֹנֶה טִפִּין וּבָרְבִיעִית שִׁשָּׁה עָשָׂר טִפִּין. הַפָּתוּךְ שֶׁבַּבַּהֶרֶת הוּא הַמַּרְאֶה הָרְבִיעִי וְהַפָּתוּךְ שֶׁבַּשְּׂאֵת כְּמַרְאֵה כּוֹס שְׁלִישִׁית וְהַפָּתוּךְ שֶׁבְּסַפַּחַת הַבַּהֶרֶת כְּמַרְאֵה הַכּוֹס הַשְּׁנִיָּה וְהַפָּתוּךְ שֶׁבְּסַפַּחַת הַשְּׂאֵת כְּמַרְאֵה הַכּוֹס הָרִאשׁוֹנָה:

ה. כָּל הַמַּרְאוֹת הָאֵלּוּ בֵּין הַלָּבָן בֵּין הַפָּתוּךְ מִצְטָרְפִין זֶה עִם זֶה וּכְמַרְאֶה אֶחָד הֵן חֲשׁוּבִין. וּבֵין שֶׁהָיָה הַנֶּגַע כֻּלּוֹ לָבָן אוֹ מִקְצָתוֹ לָבָן וּמִקְצָתוֹ אֲדַמְדַּם הַכֹּל כְּמַרְאֶה אֶחָד הוּא בֵּין לְהָקֵל בֵּין לְהַחְמִיר:

ו. כָּל מַרְאֵה צָרַעַת עוֹר הַבָּשָׂר אֵינָהּ קְרוּיָה נֶגַע וְלֹא מְטַמְּאָה עַד שֶׁיִּהְיֶה מַרְאֵה הַנֶּגַע עָמֹק מֵעוֹר הַבָּשָׂר. לֹא עָמֹק בְּמַשְׁמוּשׁוֹ אֶלָּא בְּמַרְאִית הָעַיִן כְּמַרְאֵה הַחַמָּה הַנִּרְאֵית לָעַיִן עֲמֻקָּה מִן הַצֵּל. אֲבָל אִם הָיָה מַרְאֵה הַלֹּבֶן אוֹ הַפָּתוּךְ בְּשָׁוֶה עִם שְׁאָר הָעוֹר אוֹ גָּבוֹהַּ מִן הָעוֹר אֵינוֹ נֶגַע אֶלָּא כְּמוֹ צֶמַח מִן הַצְּמָחִים הָעוֹלִים בַּגּוּף:

ז. שִׁעוּר כָּל נִגְעֵי צָרַעַת בֵּין צָרַעַת אָדָם בֵּין צָרַעַת בְּגָדִים כִּגְרִיס הַקִּלְקִי שֶׁהוּא מְרֻבָּע. וְהוּא מָקוֹם מְרֻבָּע מֵעוֹר הַבָּשָׂר כְּדֵי צְמִיחַת שְׁלֹשִׁים וְשֵׁשׁ שְׂעָרוֹת שֵׁשׁ שְׂעָרוֹת אֹרֶךְ וְשֵׁשׁ שְׂעָרוֹת רֹחַב. וְכָל הַפָּחוּת מִזֶּה אֵינוֹ נֶגַע צָרַעַת:

ח. נֶגַע שֶׁהָיָה רָחְבּוֹ כְּדֵי צְמִיחַת חָמֵשׁ שְׂעָרוֹת אֲפִלּוּ הָיָה אָרְכּוֹ אַמָּה הֲרֵי זֶה טָהוֹר וְאֵינוֹ נֶגַע צָרַעַת עַד שֶׁיִּהְיֶה בּוֹ רִבּוּעַ כִּגְרִיס. וְכָל הַשִּׁעוּרִין הֲלָכָה לְמשֶׁה מִסִּינַי:

ט. כָּל מָקוֹם שֶׁנֶּאֱמַר (ויקרא יג יט) "בַּהֶרֶת" הוּא הַדִּין לִשְׁאָר אַרְבָּעָה מַרְאוֹת שֶׁל לֹבֶן אוֹ שֶׁל פָּתוּךְ וְהוּא שֶׁיִּהְיֶה הַנֶּגַע כִּגְרִיס אוֹ יֶתֶר וְיִהְיֶה עָמֹק מֵעוֹר הַבָּשָׂר וְזֶה הוּא שֶׁאָנוּ קוֹרִין אוֹתוֹ בַּהֶרֶת סְתָם. בַּהֶרֶת שֶׁהִיא עַזָּה כַּשֶּׁלֶג נִרְאֵית בְּאָדָם שֶׁהוּא לָבָן כֵּהֶה. וּבַהֶרֶת שֶׁהִיא כֵּהָה נִרְאֵית בְּכוּשִׁי עַזָּה. לְפִיכָךְ אֵין מְשַׁעֲרִין הַכֹּל אֶלָּא בְּבֵינוֹנִי שֶׁאֵינוֹ לֹא לָבָן וְלֹא שָׁחוֹר:

י. שְׁלֹשָׁה סִימָנֵי טֻמְאָה הֵן בְּצָרַעַת עוֹר הַבָּשָׂר. שֵׂעָר לָבָן וְהַמִּחְיָה וְהַפִּשְׂיוֹן. וּשְׁלָשְׁתָּן מְפֹרָשִׁין בַּתּוֹרָה. כֵּיצַד. מִי שֶׁנּוֹלְדָה בּוֹ בַּהֶרֶת וּבָהּ שֵׂעָר לָבָן אוֹ מִחְיַת בָּשָׂר חַי כְּשֶׁיִּרְאֵהוּ הַכֹּהֵן יַחְלִיטוֹ וְיֹאמַר טָמֵא. לֹא הָיָה בָּהּ שֵׂעָר לָבָן וְלֹא מִחְיָה יַסְגִּיר שִׁבְעַת יָמִים וּבַשְּׁבִיעִי רוֹאֵהוּ אִם נוֹלַד בַּבַּהֶרֶת שֵׂעָר לָבָן אוֹ מִחְיָה אוֹ שֶׁפָּשְׂתָה וְהוֹסִיפָה הֲרֵי זֶה מֻחְלָט. לֹא נוֹלַד בָּהּ לֹא מִחְיָה וְלֹא שֵׂעָר לָבָן וְלֹא פָּשְׂתָה בָּעוֹר יַסְגִּיר שָׁבוּעַ שֵׁנִי. אִם נוֹלַד בָּהּ אֶחָד מִשְּׁלָשְׁתָּן מַחְלִיטוֹ וְאִם לָאו הֲרֵי זֶה טָהוֹר וְיִפְטְרֶנּוּ שֶׁאֵין בְּנִגְעֵי עוֹר הַבָּשָׂר הֶסְגֵּר יֶתֶר עַל שְׁנֵי שָׁבוּעוֹת. וְאִם לְאַחַר שֶׁפְּטָרוֹ וְטִהֵר פָּשָׂה הַנֶּגַע אוֹ נוֹלַד בּוֹ שֵׂעָר לָבָן אוֹ מִחְיָה הֲרֵי זֶה מֻחְלָט טֻמְאָה:

יא. בַּהֶרֶת שֶׁהָיְתָה עַזָּה כַּשֶּׁלֶג וּלְאַחַר הַהֶסְגֵּר נַעֲשֵׂית כִּקְרוּם בֵּיצָה אוֹ שֶׁהָיְתָה בַּתְּחִלָּה כִּקְרוּם בֵּיצָה וְנַעֲשֵׂית כַּשֶּׁלֶג הֲרֵי הִיא כְּמוֹת שֶׁהָיְתָה שֶׁאֵין עַזּוּת הַמַּרְאֶה סִימַן טֻמְאָה וְלֹא כֵּהָיָתוֹ סִימַן טָהֳרָה אֶלָּא אִם נִתְמַעֵט מֵאַרְבַּע מַרְאוֹת וְנַעֲשֵׂית כֵּהָה מִקְּרוּם בֵּיצָה שֶׁהֲרֵי נַעֲשֵׂית בֹּהַק וּלְפִיכָךְ טָהוֹר. אִם כֵּן מַהוּ זֶה שֶׁנֶּאֱמַר בַּתּוֹרָה (ויקרא יג ו) "וְהִנֵּה כֵּהָה הַנֶּגַע וְלֹא פָשָׂה הַנֶּגַע בָּעוֹר וְטִהֲרוֹ הַכֹּהֵן". שֶׁאִם כֵּהָה מֵאַרְבַּע מַרְאוֹת טָהוֹר. וְכֵן אִם לֹא כֵּהָה וְלֹא פָּשָׂה וְלֹא נוֹלְדָה בּוֹ לֹא שֵׂעָר לָבָן וְלֹא מִחְיָה הֲרֵי זֶה טָהוֹר:

Perek 2

Tzaraat in man.

Sear Lavan (white hairs)

- Not less than **2** hairs.
- Length. Long enough to be pulled out by tweezers.
- Must be white especially at the base.
- White hair must be within the *baheret.*

- White hair only significant if *baheret* precedes the white hair. If there is a doubt on whether white hair or *baheret* arose first, person is categorised as impure.

פרק ב׳

א. שֵׂעָר לָבָן שֶׁהוּא סִימַן טֻמְאָה בְּצָרַעַת אֵין פָּחוֹת מִשְּׁתֵּי שְׂעָרוֹת. וְכַמָּה יִהְיֶה אָרְכָּן כְּדֵי שֶׁיִּהְיוּ נִטָּלוֹת בְּזוּג. הָיְתָה אַחַת אֲרֻכָּה וְאַחַת קְצָרָה מִשִּׁעוּר זֶה. אוֹ אַחַת שְׁחוֹרָה וְאַחַת לְבָנָה. אוֹ אַחַת מִלְּמַטָּה וְנֶחְלְקָה מִלְּמַעְלָה וְנִרְאֵית כִּשְׁתַּיִם. אוֹ שֶׁהָיָה עִקָּרָן מַשְׁחִיר וְרֹאשָׁן מַלְבִּין. הֲרֵי זֶה טָהוֹר. הָיָה עִקָּרָן מַלְבִּין וְרֹאשָׁן מַשְׁחִיר אַף עַל פִּי שֶׁהַלָּבָן כָּל שֶׁהוּא טָמֵא:

ב. שְׁתֵּי שְׂעָרוֹת לְבָנוֹת שֶׁהֵן בְּתוֹךְ הַנֶּגַע אַף עַל פִּי שֶׁיֵּשׁ שֵׂעָר שָׁחוֹר בֵּינֵיהֶן וְהֵן מְפֻזָּרוֹת אַחַת כָּאן וְאַחַת כָּאן הֲרֵי אֵלּוּ סִימַן טֻמְאָה. אֲפִלּוּ הָיָה הַנֶּגַע כִּגְרִיס מְצֻמְצָם אֵין מְקוֹם שֵׂעָר הַשָּׁחוֹר מְמַעֲטוֹ. וּבֵין שֶׁהָיוּ שְׁתֵּי הַשְּׂעָרוֹת בְּתוֹךְ הַבַּהֶרֶת וְהִיא מַקַּפְתָּן וּבֵין שֶׁהָיוּ בְּסוֹפָהּ הֲרֵי זֶה טָמֵא. אֲבָל אִם הָיוּ בְּצִדָּהּ מִבַּחוּץ הֲרֵי זֶה טָהוֹר עַד שֶׁיִּהְיֶה הָעוֹר שֶׁצּוֹמְחוֹת שְׁתֵּי הַשְּׂעָרוֹת הַלְּבָנוֹת לָבָן. הָיוּ שְׁתֵּי שְׂעָרוֹת בְּתוֹךְ הַנֶּגַע וְשׁוֹכְבוֹת חוּצָה לוֹ טָמֵא. הָיוּ חוּצָה לוֹ וְשׁוֹכְבוֹת בְּתוֹכוֹ אֵינָן סִימַן טֻמְאָה:

ג. לֹבֶן הַשְּׂעָרוֹת מְטַמֵּא בְּכָל מַרְאֶה בֵּין שֶׁהָיוּ לְבָנוֹת כַּשֶּׁלֶג בֵּין שֶׁהָיוּ לְבָנוֹת לֹבֶן דֵּהֶה בְּיוֹתֵר הוֹאִיל וּמַרְאֵיהֶן לָבָן טָמֵא:

ד. אֵין שֵׂעָר לָבָן סִימַן טֻמְאָה עַד שֶׁיִּהְיֶה בְּגוּף הַבַּהֶרֶת. כֵּיצַד. בַּהֶרֶת וּבְתוֹכָהּ שְׁחִין אוֹ מִכְוָה אוֹ בֹּהַק אוֹ מִחְיַת הַשְּׁחִין אוֹ מִחְיַת הַמִּכְוָה וּשְׁתֵּי שְׂעָרוֹת לְבָנוֹת בְּתוֹךְ הַשְּׁחִין אוֹ הַמִּכְוָה אוֹ הַבֹּהַק שֶׁבְּתוֹךְ הַנֶּגַע אֵינָן סִימַן טֻמְאָה וַהֲרֵי זוֹ כְּבַהֶרֶת שֶׁאֵין בָּהּ שֵׂעָר לָבָן וְיַסְגִּיר אַף עַל פִּי שֶׁהַבַּהֶרֶת מַקֶּפֶת אֶת הַשְּׁחִין אוֹ אֶת הַמִּכְוָה אוֹ אֶת מִחְיָתָן אוֹ אֶת הַבֹּהַק שֶׁיֵּשׁ בָּהֶן שְׁתֵּי הַשְּׂעָרוֹת. וְכֵן אִם הָיָה שְׁחִין אוֹ מִכְוָה אוֹ מִחְיָתָן אוֹ בֹּהַק מַקִּיף אֶת שְׁתֵּי הַשְּׂעָרוֹת הֲרֵי אֵלּוּ אֵינָן סִימַן טֻמְאָה וַהֲרֵי הַבַּהֶרֶת כְּבַהֶרֶת שֶׁאֵין בָּהּ שֵׂעָר לָבָן וְיַסְגִּיר:

ה. הָלְכוּ לָהֶן הַשְּׁחִין וְהַבֹּהַק וְהַמִּכְוָה שֶׁהִקִּיפוּ אֶת הַשְּׂעָרוֹת הַלְּבָנוֹת אוֹ נִסְמָכִין לָהֶן אוֹ חוֹלְקִין אוֹתָן. וְנִמְצְאוּ שְׁתֵּי הַשְּׂעָרוֹת בְּתוֹךְ הַבַּהֶרֶת בְּגוּפָהּ בְּסוֹף הַשָּׁבוּעַ הָרִאשׁוֹן אוֹ בְּסוֹף הַשָּׁבוּעַ הַשֵּׁנִי הֲרֵי זֶה מֻחְלָט. וְאִם לֹא הָלְכוּ לָהֶן יִפְטְרֶנּוּ:

ו. אֵין שֵׂעָר לָבָן סִימַן טֻמְאָה עַד שֶׁתַּקְדִּים הַבַּהֶרֶת אֶת הַשֵּׂעָר הַלָּבָן שֶׁנֶּאֱמַר (ויקרא יג י) "וְהִיא הָפְכָה שֵׂעָר לָבָן" שֶׁתַּהֲפֹךְ אוֹתוֹ הַבַּהֶרֶת. אֲבָל אִם קָדַם שֵׂעָר לָבָן אֶת הַבַּהֶרֶת הֲרֵי הִיא כְּבַהֶרֶת שֶׁאֵין בָּהּ סִימַן טֻמְאָה וְיַסְגִּיר:

ז. הָיְתָה בּוֹ בַּהֶרֶת וּבָהּ שֵׂעָר לָבָן וְהֻחְלַט בּוֹ וְאַחַר כָּךְ הָלְכָה הַבַּהֶרֶת וְהִנִּיחָה שֵׂעָר לָבָן בִּמְקוֹמוֹ וְטִהֵר וְאַחַר כָּךְ חָזְרָה בַּהֶרֶת אַחֶרֶת בִּמְקוֹם הַבַּהֶרֶת הָרִאשׁוֹנָה וַהֲרֵי הַשֵּׂעָר לָבָן בְּתוֹכָהּ זֶהוּ הַנִּקְרָא שְׂעַר פְּקֻדָּה. אֵינוֹ סִימַן טֻמְאָה שֶׁנֶּאֱמַר (ויקרא יג י) "וְהִיא הָפְכָה שֵׂעָר לָבָן" שֶׁהֲפָכַתּוּ הִיא לֹא שֶׁהֲפָכַתּוּ חֲבֵרְתָהּ:

ח. הָיָה בּוֹ בַּהֶרֶת כִּגְרִיס וּבָהּ שְׁתֵּי שְׂעָרוֹת וְהֻחְלַט וְהָלַךְ מִמֶּנָּה כַּחֲצִי גְּרִיס וְטִהֵר וְנִשְׁאֲרוּ שְׁתֵּי הַשְּׂעָרוֹת בַּחֲצִי גְּרִיס הַנִּשְׁאָר וְחָזַר כַּחֲצִי גְּרִיס בְּמָקוֹם זֶה שֶׁהָלַךְ וַהֲרֵי שְׁתֵּי שְׂעָרוֹת לְבָנוֹת בְּבַהֶרֶת כִּגְרִיס אֵינָן סִימַן טֻמְאָה עַד שֶׁיֵּהָפֵךְ שְׁתֵּי הַשְּׂעָרוֹת בַּהֶרֶת אַחַת:

ט. בַּהֶרֶת כַּחֲצִי גְּרִיס וְאֵין בָּהּ כְּלוּם וְנוֹלְדָה בְּצִדָּהּ בַּהֶרֶת כַּחֲצִי גְּרִיס וּבָהּ שֵׂעָר אַחַת הֲרֵי זוֹ לְהַסְגִּיר. בַּהֶרֶת כַּחֲצִי גְּרִיס וּבָהּ שֵׂעָר אַחַת וְנוֹלְדָה לָהּ בַּהֶרֶת כַּחֲצִי גְּרִיס וּבָהּ שֵׂעָר אַחַת הֲרֵי זוֹ לְהַסְגִּיר. בַּהֶרֶת כַּחֲצִי גְּרִיס וּבָהּ שְׁתֵּי שְׂעָרוֹת וְנוֹלְדָה לָהּ בַּהֶרֶת כַּחֲצִי גְּרִיס וּבָהּ שַׂעֲרָה אַחַת הֲרֵי זוֹ לְהַסְגִּיר. בַּהֶרֶת כַּחֲצִי גְּרִיס וְאֵין בָּהּ כְּלוּם וְנוֹלְדָה לָהּ בַּהֶרֶת כַּחֲצִי גְּרִיס וּבָהּ שְׁתֵּי שְׂעָרוֹת הֲרֵי זוֹ לְהַחְלִיט שֶׁהֲרֵי קָדְמָה בַּהֶרֶת לִשְׁתֵּי הַשְּׂעָרוֹת הַלְּבָנוֹת. סָפֵק שֵׂעָר לָבָן קָדַם סָפֵק הַבַּהֶרֶת קָדְמָה הֲרֵי זוֹ טָמֵא. וְיֵרָאֶה לִי שֶׁטֻּמְאָתוֹ בְּסָפֵק:

Perek 3

Tzaraat in man.

Michyah (healthy flesh)

To be a sign of impurity, there must be the following factors:

- Must be in middle of skin lesion. (I.e. there must be a minimum space of **2** hairs of *baheret* all around *michyah.*)
- Size must be **1 lentil (*adashah*) or more.** (= square of **2 × 2** hairs)
- If healthy flesh scattered within lesion, they cannot be added up to make the measure.
- Can be any colour except one of the 4 white shades.
- It does not matter if *hamichyah* or *baheret* came first. Either way it causes impurity.
- The whole lesion must be seen fully i.e. *baheret* plus *michyah*. Therefore, at the tips of limbs, where part of lesion folds over side and the other part folds over another, this does not impart impurity. There are **24** tips of limbs which do not impart impurity.
  - i.e. **10** fingers
  - **10** toes
  - **1** ear
  - **1** nose
  - **1** tip of male organ
  - **1** tip of breasts

פרק ג׳

א. אֵין הַמִּחְיָה סִימַן טֻמְאָה עַד שֶׁתִּהְיֶה כַּעֲדָשָׁה מְרֻבַּעַת אוֹ יֶתֶר עַל זֶה. וְכַמָּה שִׁעוּרָהּ כְּדֵי צְמִיחַת אַרְבַּע שְׂעָרוֹת שְׁתַּיִם אֹרֶךְ וּשְׁתַּיִם רֹחַב. וְהוּא שֶׁתִּהְיֶה הַמִּחְיָה בְּאֶמְצַע הַבַּהֶרֶת וְהַבַּהֶרֶת מַקֶּפֶת אוֹתָהּ מִכָּל צַד וְהִיא יְתֵרָה עַל הַמִּחְיָה רֹחַב שְׁתֵּי שְׂעָרוֹת אוֹ יֶתֶר. אֲבָל אִם הָיְתָה הַמִּחְיָה בְּצַד הַבַּהֶרֶת אֵינָהּ סִימַן טֻמְאָה. הָיְתָה מְפֻזֶּרֶת כְּגוֹן שֶׁהָיָה בָּשָׂר חַי כְּחַרְדָּל בְּמָקוֹם זֶה וּבָשָׂר חַי כְּחַרְדָּל בְּמָקוֹם אַחֵר אַף עַל פִּי שֶׁהַכֹּל בְּאֶמְצַע הַבַּהֶרֶת אֵינָן מִצְטָרְפִין לְכַעֲדָשָׁה. עַד שֶׁיִּהְיֶה בְּמָקוֹם אֶחָד בְּאֶמְצַע הַבַּהֶרֶת כַּעֲדָשָׁה מְרֻבָּע אוֹ יֶתֶר:

ב. הַמִּחְיָה מְטַמְּאָה בְּכָל מַרְאֶה בֵּין שֶׁהָיָה מַרְאֵה הַמִּחְיָה אָדֹם אוֹ שָׁחֹר אוֹ לָבָן וְהוּא שֶׁלֹּא יִהְיֶה הַלֹּבֶן מֵאַרְבַּע הַמַּרְאוֹת שֶׁבֵּאַרְנוּ:

ג. אֵין הַמִּחְיָה סִימַן טֻמְאָה עַד שֶׁתִּהְיֶה בְּגוּפָהּ שֶׁל בַּהֶרֶת. כֵּיצַד. בַּהֶרֶת שֶׁהָיְתָה בְּאֶמְצַע שְׁחִין אוֹ מִכְוָה אוֹ מִחְיָה אוֹ בֹּהַק. וְהַמִּחְיָה בְּתוֹךְ הַשְּׁחִין אוֹ בְּתוֹךְ הַמִּכְוָה אוֹ בְּתוֹךְ מִחְיָתָן אוֹ בְּתוֹךְ הַבֹּהַק. אַף עַל פִּי שֶׁהַמִּחְיָה בְּאֶמְצַע הַבַּהֶרֶת אֵינָהּ סִימַן טֻמְאָה מִפְּנֵי שֶׁהִיא בְּתוֹךְ הַשְּׁחִין אוֹ הַמִּכְוָה אוֹ בְּתוֹךְ הַבֹּהַק אוֹ מִחְיָתָן. וְכֵן אִם הִקִּיף הַשְּׁחִין אֶת מִחְיָתוֹ וְהַמִּכְוָה אֶת מִחְיָתָהּ וְהַבֹּהַק אֶת הַמִּחְיָה אוֹ שֶׁנִּסְמַךְ אֶחָד מֵהֶן לַמִּחְיָה מִצִּדָּהּ אוֹ שֶׁחָלַק אֶחָד מֵהֶן אֶת הַמִּחְיָה וְנִכְנַס לְתוֹכָהּ אֵינָהּ סִימַן טֻמְאָה וַהֲרֵי זוֹ כְּבַהֶרֶת שֶׁאֵין בָּהּ סִימָן וְיַסְגִּיר. הָלְכוּ לָהֶן הַשְּׁחִין אוֹ הַמִּכְוָה אוֹ הַבֹּהַק שֶׁהָיָה תַּחַת הַמִּחְיָה שֶׁהָיוּ בְּצִדָּהּ אוֹ שֶׁהָיוּ מַקִּיפִין אוֹ שֶׁהָיוּ נִכְנָסִין לְתוֹכָהּ וְנִמְצֵאת הַמִּחְיָה לְבַדָּהּ בְּתוֹךְ הַבַּהֶרֶת בְּסוֹף שָׁבוּעַ רִאשׁוֹן אוֹ בְּסוֹף שָׁבוּעַ שֵׁנִי הֲרֵי זֶה יַחְלִיט. אִם לֹא הָלְכוּ לָהֶן יִפְטֹר:

ד. הַמִּחְיָה סִימַן טֻמְאָה לְעוֹלָם בֵּין שֶׁקָּדְמָה מִחְיָה אֶת הַבַּהֶרֶת בֵּין שֶׁקָּדְמָה בַּהֶרֶת אֶת הַמִּחְיָה לְפִי שֶׁלֹּא נֶאֱמַר בָּהּ וְהִיא הָפְכָה. זֶה שֶׁנֶּאֱמַר בַּתּוֹרָה (ויקרא יג י) "וְהִיא הָפְכָה שֵׂעָר לָבָן וּמִחְיַת בָּשָׂר חַי בַּשְּׂאֵת» אֵינוֹ צָרִיךְ לִשְׁנֵיהֶן לַשֵּׂעָר וְלַמִּחְיָה אֶלָּא כָּל אֶחָד מֵהֶן סִימַן טֻמְאָה. וְלֹא נֶאֱמַר שֵׂעָר לָבָן עִם הַמִּחְיָה אֶלָּא לִתֵּן שִׁעוּר לַמִּחְיָה שֶׁתִּהְיֶה כְּדֵי לְקַבֵּל שֵׂעָר לָבָן שֶׁהוּא שְׁתֵּי שְׂעָרוֹת:

ה. בַּהֶרֶת כִּגְרִיס מְצֻמְצָם וּבְאֶמְצָעָהּ מִחְיָה כַּעֲדָשָׁה מְצֻמְצֶמֶת הֲרֵי זֶה מֻחְלָט. נִתְמַעֲטָה הַבַּהֶרֶת אוֹ שֶׁנִּתְמַעֲטָה הַמִּחְיָה טָהוֹר וְכֵן אִם רָבְתָה הַמִּחְיָה שֶׁבְּתוֹךְ בַּהֶרֶת זוֹ טָהוֹר שֶׁאֵין הַבַּהֶרֶת מְטַמָּא בְּמִחְיָה עַד שֶׁתִּהְיֶה יְתֵרָה עַל הַמִּחְיָה רֹחַב שְׁתֵּי שְׂעָרוֹת מִכָּל צַד. הָיְתָה הַמִּחְיָה פְּחוּתָה מִכַּעֲדָשָׁה וְרָבְתָה הַמִּחְיָה עַד שֶׁנַּעֲשֵׂית כַּעֲדָשָׁה הֲרֵי זֶה מֻחְלָט. נִתְמַעֲטָה הַמִּחְיָה מִמַּה שֶּׁהָיְתָה אוֹ שֶׁהָלְכָה לָהּ הֲרֵי זוֹ כְּמוֹת שֶׁהָיְתָה וְאֵין כָּאן סִימַן טֻמְאָה:

ו. בַּהֶרֶת יְתֵרָה מִכִּגְרִיס וּבָהּ מִחְיָה יְתֵרָה מִכַּעֲדָשָׁה וְרַבּוּ אוֹ שֶׁנִּתְמַעֲטוּ טָמֵא. וּבִלְבַד שֶׁלֹּא יִתְמַעֵט בַּהֶרֶת מִכִּגְרִיס וְלֹא תִּתְמַעֵט הַמִּחְיָה מִכַּעֲדָשָׁה וְלֹא תִּקְרַב הַמִּחְיָה לְסוֹף הַבַּהֶרֶת בִּפְחוּת מִכְּדֵי צְמִיחַת שְׁתֵּי שְׂעָרוֹת כְּמוֹ שֶׁבֵּאַרְנוּ:

ז. בַּהֶרֶת כִּגְרִיס וּבָשָׂר חַי כַּעֲדָשָׁה אוֹ יֶתֶר מַקִּיפָהּ מִבַּחוּץ וּבַהֶרֶת שְׁנִיָּה מַקֶּפֶת אֶת הַבָּשָׂר הַחַי. הֲרֵי הַבַּהֶרֶת הַפְּנִימִית לְהַסְגִּיר שֶׁהֲרֵי אֵין בָּהּ סִימַן טֻמְאָה וּבַהֶרֶת הַחִיצוֹנָה לְהַחְלִיט שֶׁהֲרֵי הַמִּחְיָה בְּאֶמְצָעָהּ. נִתְמַעֵט הַבָּשָׂר הַחַי שֶׁבֵּינֵיהֶן אוֹ שֶׁהָלַךְ כֻּלּוֹ בֵּין שֶׁהָיָה מִתְמַעֵט וְכָלֶה מִבִּפְנִים בֵּין שֶׁהָיָה מִתְמַעֵט מִבַּחוּץ הֲרֵי שְׁתֵּיהֶן כְּבַהֶרֶת אַחַת שֶׁאֵין בָּהּ סִימַן טֻמְאָה:

ח. בַּהֶרֶת שֶׁהָיְתָה בְּרֹאשׁ אֵיבָר מִן הָאֵיבָרִים וְהַמִּחְיָה בְּאֶמְצַע הַבַּהֶרֶת בְּרֹאשׁ הָאֵבָר אֵינָהּ סִימַן טֻמְאָה מִפְּנֵי שֶׁהַמִּחְיָה חוֹלֶקֶת אֶת הַנֶּגַע וְנִמְצָא מִקְצָתוֹ שׁוֹפֵעַ וְיוֹרֵד מִכָּאן וּמִקְצָתוֹ שׁוֹפֵעַ וְיוֹרֵד מִכָּאן וְנֶאֱמַר בִּנְגָעִים וְרָאָהוּ הַכֹּהֵן שֶׁיִּהְיֶה רוֹאֶה הַנֶּגַע כֻּלּוֹ כְּאַחַת. וְאֵלּוּ הֵן רָאשֵׁי אֵיבָרִים שֶׁאֵינָם מְטַמְּאִין בְּמִחְיָה. רָאשֵׁי אֶצְבְּעוֹת יָדַיִם וְרַגְלַיִם וְרָאשֵׁי אָזְנַיִם וְרֹאשׁ הַחֹטֶם וְרֹאשׁ הָעֲטָרָה וְרָאשֵׁי דַּדִּין שֶׁל אִשָּׁה. אֲבָל רָאשֵׁי דַּדִּין שֶׁל אִישׁ וְהַיַּבּוֹלֶת וְהַדִּלְדּוּלִין מְטַמְּאִין בְּמִחְיָה:

ט. וְכָל רָאשֵׁי אֵיבָרִים אֵלּוּ שֶׁהָיָה מְקוֹמָן יוֹשֵׁב כִּגְרִיס מְטַמְּאִין בִּנְגָעִים. אֲבָל אִם הָיוּ עֲגֻלִּין כְּרֹב בְּרִיַּת בְּנֵי אָדָם טְהוֹרִין. כֵּיצַד. בַּהֶרֶת כִּגְרִיס בְּרֹאשׁ חָטְמוֹ אוֹ בְּרֹאשׁ אֶצְבָּעוֹ שׁוֹפַעַת אֵילָךְ וְאֵילָךְ טָהוֹר שֶׁנֶּאֱמַר וְרָאָהוּ הַכֹּהֵן עַד שֶׁיִּרְאֵהוּ כֻּלּוֹ כְּאַחַת:

Perek 4

Tzaraat in man.

Pishyon (spreading)

To be sign of impurity the following factors apply:

- Any increase in size causes impurity.
- Shade must be one of **4** white shades.
- Must spread beyond the original lesion (i.e. not internally to replace *hamichyah*).
- Increase can only be reviewed after isolation.
- Increase must be on skin (i.e. not on boil, burn, head or beard).

Combination of the **3** signs impurity.

פרק ד׳

א. הַפִּשְׂיוֹן מְטַמֵּא בְּכָל שֶׁהוּא וְהוּא שֶׁיִּהְיֶה הַפִּשְׂיוֹן מֵאַחַת מִמַּרְאוֹת הַנְּגָעִים. אֲבָל אִם הָיָה הַפִּשְׂיוֹן מַרְאֵה בֹּהַק אֵינוֹ פִּשְׂיוֹן. וְאֵין הַפִּשְׂיוֹן סִימַן טֻמְאָה עַד שֶׁיִּפְשֶׂה חוּץ לַנֶּגַע אֲבָל אִם פָּשָׂה לְתוֹךְ הַנֶּגַע הֲרֵי הוּא כְּמוֹת שֶׁהָיָה. כֵּיצַד. בַּהֶרֶת וּבְתוֹכָהּ בָּשָׂר חַי פָּחוֹת מִכַּעֲדָשָׁה וְהִסְגִּירָהּ וּבְסוֹף הַשָּׁבוּעַ נִתְמַעֲטָה הַמִּחְיָה מִמַּה שֶּׁהָיְתָה אוֹ שֶׁהָלַךְ הַבָּשָׂר הַחַי כֻּלּוֹ אֵין זֶה פִּשְׂיוֹן. שֶׁאֵין הַבַּהֶרֶת פּוֹשָׂה לְתוֹכָהּ אֶלָּא חוּצָה לָהּ:

ב. אֵין הַפִּשְׂיוֹן סִימַן טֻמְאָה עַד שֶׁיִּהְיֶה אַחַר הֶסְגֵּר. אֲבָל אִם בָּא בַּתְּחִלָּה וְרָאָה הַכֹּהֵן אֶת הַנֶּגַע שֶׁהוּא פּוֹשֶׂה וְהוֹלֵךְ אֵינוֹ מַחְלִיטוֹ אֶלָּא מַסְגִּירוֹ עַד סוֹף הַשָּׁבוּעַ וְיֵרָאֶה:

ג. אֵין הַבַּהֶרֶת פּוֹשָׂה לְתוֹךְ הַשְּׁחִין וְלֹא לְתוֹךְ הַמִּכְוָה. וְלֹא לְתוֹךְ מִחְיַת הַשְּׁחִין וְלֹא לְתוֹךְ מִחְיַת הַמִּכְוָה. וְלֹא לָרֹאשׁ וְלֹא לַזָּקָן אַף עַל פִּי שֶׁנִּקְרְחוּ וְהָלַךְ הַשֵּׂעָר מֵהֶן שֶׁנֶּאֱמַר

(ויקרא יג ז) ״וְאִם פָּשֹׂה תִפְשֶׂה הַמִּסְפַּחַת בָּעוֹר״. אֲבָל בַּהֶרֶת שֶׁפָּשְׂתָה לְתוֹךְ הַבֹּהַק הֲרֵי זֶה פִּשְׂיוֹן:

ד. הַשְּׁחִין וְהַמִּכְוָה וְהַבֹּהַק וּמִחְיַת הַשְּׁחִין וּמִחְיַת הַמִּכְוָה שֶׁהֵן חוֹלְקִין בֵּין הָאוֹם לַפִּשְׂיוֹן אֵינוֹ סִימַן טֻמְאָה. הִסְגִּירוֹ וְהָלְכוּ לָהֶן עַד שֶׁנִּמְצָא הַפִּשְׂיוֹן סָמוּךְ לָאוֹם הֲרֵי זֶה מֻחְלָט:

ה. בַּהֶרֶת כִּגְרִיס וּפָשְׂתָה כַּחֲצִי גְּרִיס וְעוֹד וְהָלַךְ מִן הָאוֹם כַּחֲצִי גְּרִיס. אַף עַל פִּי שֶׁהַנּוֹתָר מִן הָאוֹם עִם הַפִּשְׂיוֹן יֶתֶר מִכִּגְרִיס [הֲרֵי] זֶה טָהוֹר. הָיְתָה כִּגְרִיס וּפָשְׂתָה כִּגְרִיס וָעוֹד וְהָלְכָה לָהּ הָאוֹם תֵּרָאֶה בַּתְּחִלָּה וְיַסְגִּיר שָׁבוּעַ אַחַר שָׁבוּעַ. הָיְתָה בּוֹ בַּהֶרֶת וְהִסְגִּירוֹ וְהָלְכָה הַבַּהֶרֶת בְּסוֹף יְמֵי הֶסְגֵּר וְחָזְרָה בַּהֶרֶת בִּמְקוֹמָהּ כְּמוֹת שֶׁהָיְתָה הֲרֵי הוּא כְּמוֹ שֶׁהָיָה. נִתְמַעֲטָה [בְּתוֹךְ יְמֵי הֶסְגֵּר] וּפָשְׂתָה וְחָזְרָה כְּמוֹת שֶׁהָיְתָה אוֹ שֶׁפָּשְׂתָה וְנִתְמַעֵט הַפִּשְׂיוֹן וְחָזְרָה כְּמוֹת שֶׁהָיְתָה הֲרֵי זֶה יַסְגִּיר אוֹ יִפְטֹר:

ו. בַּהֶרֶת כִּגְרִיס וּפָשְׂתָה כִּגְרִיס וְנוֹלַד בַּפִּשְׂיוֹן מִחְיָה אוֹ שֵׂעָר לָבָן וְהָלְכָה לָהּ הָאוֹם תֵּרָאֶה בַּתְּחִלָּה. הָיְתָה בּוֹ בַּהֶרֶת כִּגְרִיס וְהִסְגִּירוֹ בְּסוֹף הַשָּׁבוּעַ וַהֲרֵי הִיא כְּסֶלַע סָפֵק שֶׁהִיא הִיא סָפֵק שֶׁהִיא אַחֶרֶת בָּאָה תַּחְתֶּיהָ הֲרֵי זֶה טָמֵא:

ז. בַּהֶרֶת כִּגְרִיס וְחוּט יוֹצֵא מִמֶּנּוּ אִם יֵשׁ בּוֹ רֹחַב שְׁתֵּי שְׂעָרוֹת זוֹקְקָהּ לְשֵׂעָר לָבָן וּלְפִשְׂיוֹן אֲבָל לֹא לְמִחְיָה שֶׁאֵין הַמִּחְיָה סִימַן טֻמְאָה עַד שֶׁתַּקִּיף אוֹתָהּ הַבַּהֶרֶת וְיִהְיֶה בֵּין סוֹף הַמִּחְיָה וְסוֹף הַבַּהֶרֶת רֹחַב צְמִיחַת שְׁתֵּי שְׂעָרוֹת. הָיוּ שְׁתֵּי בֶּהָרוֹת וְחוּט יוֹצֵא מִזּוֹ לָזוֹ אִם יֵשׁ בּוֹ רֹחַב שְׁתֵּי שְׂעָרוֹת מְצָרְפָן וְאִם לָאו אֵינוֹ מְצָרְפָן. הִסְגִּירוֹ שָׁבוּעַ אַחַר שָׁבוּעַ וְלֹא נוֹלַד לוֹ סִימַן טֻמְאָה וּפְטָרוֹ וּלְאַחַר הַפִּטּוּר פָּשָׂה הַנֶּגַע כָּל שֶׁהוּ הֲרֵי זֶה מֻחְלָט:

ח. בַּהֶרֶת שֶׁטָּהֲרָה מִתּוֹךְ הֶסְגֵּר אוֹ מִתּוֹךְ הֶחְלֵט שֶׁהָלְכוּ מִמֶּנָּה סִימָנֵי טֻמְאָה אֵין מַסְגִּירִין בָּהּ לְעוֹלָם:

ט. בַּהֶרֶת שֶׁכָּנְסָה אַחַר הַפִּטּוּר וּפָשְׂתָה לִכְמוֹת שֶׁהָיְתָה אוֹ שֶׁפָּשְׂתָה וְחָזְרָה לִכְמוֹת שֶׁהָיְתָה הֲרֵי הוּא בְּטָהֳרָתוֹ:

י. בַּהֶרֶת כִּגְרִיס וּבָהּ מִחְיָה כַּעֲדָשָׁה וְשֵׂעָר לָבָן בְּתוֹךְ הַמִּחְיָה וְהֶחְלִיטוֹ וּלְאַחַר הֶחְלֵט הָלְכָה הַמִּחְיָה טָמֵא מִפְּנֵי שֵׂעָר לָבָן. הָלַךְ הַשֵּׂעָר לָבָן טָמֵא מִפְּנֵי הַמִּחְיָה. הָיָה הַשֵּׂעָר לָבָן בְּתוֹךְ הַבַּהֶרֶת וְהָלַךְ לוֹ טָמֵא מִפְּנֵי הַמִּחְיָה. הָלְכָה הַמִּחְיָה טָמֵא מִפְּנֵי שֵׂעָר לָבָן:

יא. בַּהֶרֶת וּבָהּ מִחְיָה וּפִשְׂיוֹן. הָלְכָה הַמִּחְיָה טָמֵא מִפְּנֵי הַפִּשְׂיוֹן. הָלַךְ הַפִּשְׂיוֹן טָמֵא מִפְּנֵי הַמִּחְיָה. וְכֵן בְּשֵׂעָר לָבָן וּבְפִשְׂיוֹן הֶחְלִיטוֹ בְּשֵׂעָר לָבָן וְהָלַךְ הַשֵּׂעָר וְחָזַר בּוֹ שֵׂעָר לָבָן אַחֵר. אוֹ שֶׁנּוֹלְדָה לוֹ מִחְיָה אוֹ פִּשְׂיוֹן. אוֹ שֶׁהֶחְלִיטוֹ בְּמִחְיָה וְהָלְכָה הַמִּחְיָה וְנוֹלְדָה לוֹ מִחְיָה אַחֶרֶת. אוֹ שֵׂעָר לָבָן אוֹ פִּשְׂיוֹן. אוֹ שֶׁהֶחְלִיטוֹ בְּפִשְׂיוֹן וְהָלַךְ הַפִּשְׂיוֹן וְחָזַר בּוֹ פִּשְׂיוֹן אַחֵר. אוֹ שֶׁנּוֹלְדָה בָּהּ מִחְיָה אוֹ שֵׂעָר לָבָן. הֲרֵי זֶה בְּטֻמְאָתוֹ כְּמוֹת שֶׁהָיָה. אֶחָד הַטָּמֵא שֶׁהֻחְלַט בַּתְּחִלָּה אוֹ שֶׁהֻחְלַט בְּסוֹף שָׁבוּעַ רִאשׁוֹן אוֹ בְּסוֹף שָׁבוּעַ שֵׁנִי אוֹ אַחַר הַפִּטּוּר. הוֹאִיל וְהֻחְלַט מִכָּל מָקוֹם אֵינוֹ טָהוֹר עַד שֶׁלֹּא יִשָּׁאֵר בּוֹ סִימַן טֻמְאָה לֹא סִימַן הֶחְלֵט וְלֹא סִימָן אַחֵר:

Perek 5

Tzaraat in man.

Wounds to skin

- *Michvah* (when wound caused by fire)
- *Shchin* (when wound was caused without fire)
- *Mordin* (Festering): A *michvah* or *shchin* before it began to heal.
- *Tzarevet Hashchin* – When *shchin* has begun to heal and has developed a scab.
- *Michyat Hamichvah* – When *michvah* has begun to heal and has developed a scab.
- *Kereach* (scalp bald – from top of head down until the neck)
- *Gibeach* (scalp bald – from top of head frontwards until his forehead)
- Chin baldness

In themselves these wounds are pure but *tzaraat* can develop inside of them.

Torah mentions these lesions separately to indicate that they cannot combine with each other regarding their size i.e. *michvah* and *shchin* are separate, and the 2 types of baldness remain separate.

In areas on body where hair does not grow, one cannot get the impurity of white hairs.

Adjacent *tzaraat* cannot expand into them. (Therefore they can prevent a person from being called pure due to entire body being covered. – Because when entire body is covered with *tzaraat* the person is actually pure.)

Regarding baldness there are **2** signs of impurity.

- *Michyah*
- *Pishyon*

(There are no hairs in this area and these therefore aren't a sign even if white hair grows there.)

פרק ה׳

א. מִי שֶׁהָיְתָה לוֹ מַכָּה בְּעוֹר בְּשָׂרוֹ וְנִפְשַׁט הָעוֹר מֵחֲמַת הַמַּכָּה. אִם הָיְתָה הַמַּכָּה מֵחֲמַת הָאֵשׁ כְּגוֹן שֶׁנִּכְוָה בְּגַחֶלֶת אוֹ בְּרֶמֶץ אוֹ בְּבַרְזֶל אוֹ בְּאֶבֶן שֶׁלִּבְּנוּ בָּאֵשׁ וְכַיּוֹצֵא בָּהֶן הֲרֵי זוֹ נִקְרֵאת מִכְוָה. וְאִם הָיְתָה הַמִּכְוָה שֶׁלֹּא מֵחֲמַת הָאֵשׁ. בֵּין שֶׁלָּקָה בְּאֶבֶן אוֹ בְּעֵץ וְכַיּוֹצֵא בָּהֶן בֵּין שֶׁהָיְתָה הַמִּכְוָה מֵחֲמַת חֳלִי הַגּוּף כְּגוֹן גָּרָב אוֹ חֲזָזִית שֶׁהִפְסִיד הָעוֹר אוֹ שַׁחֶפֶת אוֹ קַדַּחַת וְדַלֶּקֶת וְכַיּוֹצֵא בָּהֶן שֶׁהִשְׁחִיתוּ הָעוֹר הֲרֵי זֶה נִקְרָא שְׁחִין:

ב. לִבֵּן שִׁפּוּד וְהִכָּה בּוֹ אִם הָיָה רֹאשׁוֹ (מְבוֹרָז) [כַּדּוּר] הֲרֵי זוֹ מִכְוָה. וְאִם הָיָה רֹאשׁוֹ חַד הֲרֵי זוֹ סָפֵק אִם הִיא מִכְוָה אוֹ שְׁחִין. לָקָה בְּמֵי טְבֶרְיָא אוֹ בְּגֶפֶת וְכַיּוֹצֵא בָּהֶן הֲרֵי זֶה שְׁחִין:

ג. הַשְּׁחִין וְהַמִּכְוָה כָּל זְמַן שֶׁהֵן מַכּוֹת טְרִיּוֹת הֵן נִקְרָאִין מוֹרְדִין וְאֵינָן מְטַמְּאִין בִּנְגָעִים כְּלָל. חָיוּ הַשְּׁחִין וְהַמִּכְוָה וְנִתְרַפְּאוּ רִפּוּי גָּמוּר אַף עַל פִּי שֶׁהַמָּקוֹם צַלֶּקֶת וְאֵינָהּ דּוֹמָה לִשְׁאָר הָעוֹר הֲרֵי הֵן כְּעוֹר הַבָּשָׂר לְכָל דָּבָר וּמִתְטַמְּאִין בִּשְׁלֹשָׁה סִימָנִין וְיֵשׁ בָּהֶן הֶסְגֵּר שְׁנֵי שָׁבוּעוֹת כְּמוֹ שֶׁבֵּאַרְנוּ:

ד. הִתְחִילוּ הַשְּׁחִין וְהַמִּכְוָה לִחְיוֹת וּלְהִתְרַפְּאוֹת וְנַעֲשֵׂית עֲלֵיהֶן קְלִפָּה כִּקְלִפַּת הַשּׁוּם. זוֹ הִיא (ויקרא יג כג) "צָרֶבֶת הַשְּׁחִין" הָאֲמוּרָה בַּתּוֹרָה (ויקרא יג כד) "וּמִחְיַת הַמִּכְוָה" הָאֲמוּרָה שָׁם. וּמְטַמְּאוֹת בִּשְׁנֵי סִימָנִין בְּשֵׂעָר לָבָן אוֹ בְּפִשְׂיוֹן וְאֵין בָּהֶן הֶסְגֵּר אֶלָּא שָׁבוּעַ אֶחָד. כֵּיצַד. בַּהֶרֶת שֶׁהָיְתָה בְּצָרֶבֶת הַשְּׁחִין אוֹ בְּמִחְיַת הַמִּכְוָה אִם הָיָה בָּהּ שֵׂעָר לָבָן יַחְלִיט. לֹא הָיָה בָּהּ שֵׂעָר לָבָן יַסְגִּיר שָׁבוּעַ אֶחָד וְיֵרָאֶה בְּסוֹף הַשָּׁבוּעַ אִם נוֹלַד בָּהּ שֵׂעָר אוֹ פָּשְׂתָה יַחְלִיט וְאִם לֹא נוֹלַד בָּהּ כְּלוּם יִפְטֹר. פָּשְׂתָה לְאַחַר הַפִּטּוּר אוֹ נוֹלַד בָּהּ שֵׂעָר לָבָן יַחְלִיט:

ה. הַשְּׁחִין וְהַמִּכְוָה אֵין מִצְטָרְפִין זֶה עִם זֶה לְפִיכָךְ חִלְּקָן הַכָּתוּב לוֹמַר שֶׁאֵין מִצְטָרְפִין זֶה עִם זֶה וְאֵין פּוֹשִׂין זֶה לָזֶה וְאֵין פּוֹשִׂין לְעוֹר הַבָּשָׂר וְלֹא בַּהֶרֶת עוֹר הַבָּשָׂר פּוֹשָׂה לְתוֹכָן. כֵּיצַד. הָיָה שְׁחִין בְּצַד הַמִּכְוָה וּבַהֶרֶת כִּגְרִיס בִּשְׁתֵּיהֶן הֲרֵי זֶה טָהוֹר. הָיְתָה בְּאַחַת מֵהֶן וּפָשְׂתָה לַשְּׁנִיָּה אוֹ שֶׁפָּשְׂתָה לְעוֹר הַבָּשָׂר טָהוֹר. הָיְתָה בַּהֶרֶת בְּעוֹר הַבָּשָׂר וּפָשְׂתָה לְאַחַת מֵהֶן אֵינוֹ פִּשְׂיוֹן. הָיָה בְּתוֹךְ כַּפּוֹ צָרֶבֶת שְׁחִין כִּגְרִיס וּבָהּ בַּהֶרֶת כִּגְרִיס יַסְגִּיר שֶׁאַף עַל פִּי שֶׁאֵינָהּ רְאוּיָה לְשֵׂעָר לָבָן וְלֹא לְפִשְׂיוֹן שֶׁמָּא יִוָּלֵד לוֹ שְׁחִין אַחֵר בְּצִדָּהּ וְתִפְשֶׂה לְתוֹכוֹ:

ו. שְׁחִין שֶׁנַּעֲשָׂה מִכְוָה בְּטֵלָה מִכְוָה אֶת הַשְּׁחִין. וּמִכְוָה שֶׁנַּעֲשֵׂית שְׁחִין בִּטֵּל שְׁחִין הַמִּכְוָה. אִם אֵין יָדוּעַ אִם שְׁחִין הָיָה אִם מִכְוָה אֵין בְּכָךְ כְּלוּם שֶׁשְּׁנֵיהֶם סִימָן אֶחָד וְטֻמְאָה אַחַת וְלֹא חִלְּקָן הַכָּתוּב אֶלָּא לוֹמַר שֶׁאֵין מִצְטָרְפִין:

ז. הִסְגִּירוֹ בְּבַהֶרֶת שֶׁבַּשְּׁחִין וּבְסוֹף הַשָּׁבוּעַ נַעֲשָׂה עוֹר הַבָּשָׂר. אוֹ שֶׁהִסְגִּירוֹ בְּעוֹר הַבָּשָׂר וּבְסוֹף הַשָּׁבוּעַ נַעֲשֵׂית שְׁחִין יֵרָאֶה כַּתְּחִלָּה:

ח. מִי שֶׁנָּשַׁר כָּל שְׂעַר רֹאשׁוֹ בֵּין מֵחֲמַת חֳלִי בֵּין מֵחֲמַת מַכָּה שֶׁאֵינָהּ רְאוּיָה לְגַדֵּל שֵׂעָר בֵּין שֶׁאָכַל דְּבָרִים הַמַּשִּׁירִין אֶת הַשֵּׂעָר אוֹ סָךְ דְּבָרִים שֶׁהִשִּׁירוּ שְׂעָרוֹ אַף עַל פִּי שֶׁרָאוּי לְגַדֵּל לְאַחַר זְמַן הוֹאִיל וְאָבַד כָּל שְׂעַר רֹאשׁוֹ עַתָּה הֲרֵי זֶה נִקְרָא קֵרֵחַ אוֹ גִּבֵּחַ. אִם נָשַׁר שְׂעָרוֹ מִן הַקָּדְקֹד וּלְמַטָּה שׁוֹפֵעַ לְאָחוֹר וְעַד פִּיקָה שֶׁל צַוָּאר נִקְרָא קֵרֵחַ. וְאִם נָשַׁר מִן הַקָּדְקֹד וּלְמַטָּה שׁוֹפֵעַ לְפָנָיו עַד כְּנֶגֶד פַּדַּחְתּוֹ נִקְרָא גִּבֵּחַ:

ט. הַקָּרַחַת וְהַגַּבַּחַת מְטַמְּאוֹת בִּשְׁנֵי סִימָנִין בְּמִחְיָה וּבְפִשְׂיוֹן. וְיֵשׁ בָּהֶן הֶסְגֵּר שְׁנֵי שָׁבוּעוֹת שֶׁנֶּאֱמַר בָּהֶן (ויקרא יג מג) "כְּמַרְאֵה צָרַעַת עוֹר בָּשָׂר". וּלְפִי שֶׁאֵין בָּהֶן שֵׂעָר אֵין הַשֵּׂעָר הַלָּבָן סִימַן טֻמְאָה בָּהֶן. וְכֵיצַד מְטַמְּאִין בִּשְׁנֵי סִימָנִין וּבִשְׁתֵּי שָׁבוּעוֹת. שֶׁאִם הָיְתָה בַּהֶרֶת בְּקָרַחְתּוֹ אוֹ בְגַבַּחְתּוֹ וְהָיְתָה בָּהּ מִחְיָה יַחְלִיט. לֹא הָיְתָה בָּהּ מִחְיָה

יַסְגִּיר וְיֵרָאֶה בְּסוֹף הַשָּׁבוּעַ אִם נוֹלְדָה בָּהּ מִחְיָה אוֹ פִּשְׂיוֹן יַחְלִיט. לֹא נוֹלַד בָּהּ כְּלוּם יַסְגִּיר שָׁבוּעַ שֵׁנִי. פָּשָׂת אוֹ שֶׁנּוֹלַד בָּהּ מִחְיָה יַחְלִיט לֹא נוֹלַד בָּהּ כְּלוּם יִפְטֹר. וְאִם פָּשָׂת אוֹ נוֹלַד בָּהּ מִחְיָה לְאַחַר הַפְּטוּר יַחְלִיט:

י. הַקָּרַחַת וְהַגַּבַּחַת אֵינָן מִצְטָרְפוֹת זוֹ עִם זוֹ שֶׁנֶּאֱמַר (ויקרא יג מב) "בְקָרַחְתּוֹ אוֹ בְגַבַּחְתּוֹ" מְלַמֵּד שֶׁהֵן שְׁתַּיִם וְאֵין פּוֹשׂוֹת מִזּוֹ לְזוֹ וְלֹא לִשְׁאָר עוֹר הַבָּשָׂר וְלֹא בַּהֶרֶת עוֹר הַבָּשָׂר פּוֹשָׂה לְתוֹכָן:

יא. הַקָּרַחַת אוֹ הַגַּבַּחַת אוֹ הַזָּקָן שֶׁנִּקְרַח וְנַעֲשָׂה בָּהֶן שְׁחִין אוֹ מִכְוָה מְטַמְּאִין כִּשְׁחִין וּכְמִכְוָה שֶׁבְּעוֹר הַבָּשָׂר. שֶׁהָרֹאשׁ אוֹ הַזָּקָן שֶׁנִּקְרְחוּ כְּעוֹר הַבָּשָׂר לְכָל דָּבָר אֶלָּא שֶׁאֵין מְטַמְּאִין בְּשֵׂעָר לָבָן. הָרֹאשׁ וְהַזָּקָן קֹדֶם שֶׁיִּצְמַח בָּהֶן הַשֵּׂעָר וַעֲדַיִן לֹא הֶעֱלוּ שֵׂעָר מֵעוֹלָם וְכֵן הַדִּלְדּוּלִין שֶׁבָּרֹאשׁ וְשֶׁבַּזָּקָן הֲרֵי הֵן כְּעוֹר הַבָּשָׂר וּמִתְטַמְּאִין בִּשְׁלֹשָׁה סִימָנִין וּשְׁנֵי שָׁבוּעוֹת. וְכֵן זְקַן הָאִשָּׁה וְהַסָּרִיס עַד שֶׁלֹּא הֶעֱלוּ שֵׂעָר הֲרֵי הֵן כְּעוֹר הַבָּשָׂר. וְאִם הֶעֱלוּ שֵׂעָר הֲרֵי הֵן כִּזְקַן הָאִישׁ שֶׁמִּתְטַמֵּא בִּנְתָקִין כְּמוֹ שֶׁיִּתְבָּאֵר וְאֵינוֹ מִתְטַמֵּא בְּבַהֶרֶת:

Perek 6

Tzaraat in man

Areas on body immune to *tzaraat* lesions:

- Inside of eye
- Inside of ear
- Inside of nose
- Inside of mouth (including red part of lip and tongue)
- Folds of stomach
- Folds of neck
- Under breasts
- Armpits
- Underside of foot
- Nails
- Head and chin where hair grows (except when hair falls off)
- Open *shchin* and *michvah* (except when they have scab i.e. healing)

The following *tzaraat* lesions are pure

- Lesion on a gentile who then converted
- Lesion on a foetus who then got born (i.e. original lesion is hidden)
- Lesion in crease which subsequently got revealed
- Lesion on head or chin and hair then got lost

When there is a *tzaraat* lesion next to the head, eye, ear etc as above, the lesion remains pure (because it cannot expand to these areas).

Until a person has been found to be impure, all questionable situations are regarded as pure.

When a person has been found to be impure, questionable situations are considered impure.

פרק ו׳

א. אֵלּוּ מְקוֹמוֹת בָּאָדָם שֶׁאֵין מִתְטַמְּאִין בְּבַהֶרֶת. תּוֹךְ הָעַיִן וְתוֹךְ הָאֹזֶן וְתוֹךְ הַחֹטֶם וְתוֹךְ הַפֶּה וְהַקְּמָטִים שֶׁבַּבֶּטֶן וְהַקְּמָטִים שֶׁבַּצַּוָּאר וְתַחַת הַדַּד וּבֵית הַשֶּׁחִי וְכַף הָרֶגֶל וְהַצִּפֹּרֶן וְהָרֹאשׁ וְהַזָּקָן שֶׁיֵּשׁ בָּהֶן שֵׂעָר וְהַשְּׁחִין וְהַמִּכְוָה וְהַמּוֹרְדִין. כָּל אֵלּוּ הַמְּקוֹמוֹת אֵין מִתְטַמְּאִין בִּנְגָעִים וְאֵין מִצְטָרְפִין בִּנְגָעִים. וְלֹא הַנֶּגַע פּוֹשֶׂה לְתוֹכָן. וְאֵין מִתְטַמְּאִין מִשּׁוּם מִחְיָה. וְאֵין מְעַכְּבִין אֶת הַהוֹפֵךְ כֻּלּוֹ לָבָן שֶׁנֶּאֱמַר (ויקרא יג ב) ״בְעוֹר בְּשָׂרוֹ״. וְכָל אֵלּוּ אֵינוֹ עוֹר גָּלוּי אֶלָּא מֵהֶן שֶׁאֵינוֹ עוֹר וּמֵהֶן שֶׁהוּא עוֹר וְהוּא מְכֻסֶּה וְאֵינוֹ גָּלוּי. וְאֹדֶם הַשְּׂפָתַיִם נִדּוֹן כְּבֵית הַסְּתָרִים וְאֵינוֹ מִטַּמֵּא בִּנְגָעִים:

ב. הָרֹאשׁ וְהַזָּקָן שֶׁנָּשַׁר כָּל שַׂעֲרָן וְהַשְּׁחִין וְהַמִּכְוָה שֶׁעָלוּ צָרֶבֶת מִטַּמְּאִין בְּבַהֶרֶת כְּמוֹ שֶׁבֵּאַרְנוּ. וְאֵינָן מִצְטָרְפִין זֶה עִם זֶה וְאֵין נֶגַע עוֹר הַבָּשָׂר פּוֹשֶׂה לְתוֹכָם וְאֵינָן מְטַמְּאִים מִשּׁוּם מִחְיָה אֲבָל מְעַכְּבִין אֶת הַהוֹפֵךְ כֻּלּוֹ לָבָן:

ג. בַּהֶרֶת הַסְּמוּכָה לָרֹאשׁ אוֹ לָעַיִן אוֹ לָאֹזֶן וְכַיּוֹצֵא בָּהֶן אוֹ לַשְּׁחִין אוֹ לַמִּכְוָה טְהוֹרָה שֶׁנֶּאֱמַר (ויקרא יג ג) ״וְרָאָה הַכֹּהֵן אֶת הַנֶּגַע בְּעוֹר הַבָּשָׂר״ שֶׁיִּהְיֶה כָּל שֶׁחוּצָה לַנֶּגַע בְּעוֹר הַבָּשָׂר וְרָאוּי לְפִשְׁיוֹן:

ד. אֵלּוּ בֶּהָרוֹת טְהוֹרוֹת. עַכּוּ״ם שֶׁהָיְתָה בּוֹ בַּהֶרֶת וְנִתְגַּיֵּר. הָיְתָה בְּעֻבָּר וְנוֹלַד. בְּקֶמֶט וְנִגְלָה. בָּרֹאשׁ וּבַזָּקָן כְּשֶׁהָיָה בָּהֶן שֵׂעָר וְנִקְרְחוּ וְנָשַׁר כָּל הַשֵּׂעָר וְנִתְגַּלְּתָה הַבַּהֶרֶת. הָיְתָה בַּשְּׁחִין וּבַמִּכְוָה כְּשֶׁהֵן מוֹרְדִין וְהֶעֱלוּ צָרֶבֶת הֲרֵי אֵלּוּ טְהוֹרוֹת. וְכֵן אִם הָיְתָה הַבַּהֶרֶת בָּרֹאשׁ אוֹ בַּזָּקָן קֹדֶם שֶׁיַּעֲלוּ שֵׂעָר מֵעוֹלָם וְהֶעֱלוּ שֵׂעָר וְהָלַךְ הַשֵּׂעָר. אוֹ שֶׁהָיְתָה הַבַּהֶרֶת בָּעוֹר וְנַעֲשָׂה מְקוֹמָהּ שְׁחִין אוֹ מִכְוָה וְחָיוּ וַהֲרֵי הֵן כְּעוֹר הַבָּשָׂר. אַף עַל פִּי שֶׁתְּחִלָּתָהּ וְסוֹפָהּ טְמֵאִין הוֹאִיל וְהָיְתָה טְהוֹרָה בֵּינְתַיִם הֲרֵי זוֹ טְהוֹרָה. נִשְׁתַּנּוּ מַרְאֵיהֶן בֵּין שֶׁהֵעֵזּוּ אוֹ שֶׁכָּהוּ יֵרָאֶה בַּתְּחִלָּה. כֵּיצַד. עַכּוּ״ם שֶׁהָיְתָה בּוֹ בַּהֶרֶת כִּקְרוּם בֵּיצָה וּלְאַחַר שֶׁנִּתְגַּיֵּר נַעֲשֵׂית כַּשֶּׁלֶג. אוֹ שֶׁהָיְתָה כַּשֶּׁלֶג וּלְאַחַר שֶׁנִּתְגַּיֵּר נַעֲשֵׂית כִּקְרוּם בֵּיצָה. תֵּרָאֶה בַּתְּחִלָּה. וְכֵן בְּקָטָן שֶׁנּוֹלַד. וּבַקֶּמֶט שֶׁנִּגְלָה. וּבָרֹאשׁ וּבַזָּקָן שֶׁנִּקְרְחוּ. וּבַשְּׁחִין וּבַמִּכְוָה שֶׁחָיוּ. אִם נִשְׁתַּנָּה מַרְאֵה אוֹתָן הַבֶּהָרוֹת יֵרָאוּ בַּתְּחִלָּה וְאִם לָאו טְהוֹרוֹת:

ה. כָּל סְפֵק נְגָעִים חוּץ מִשְּׁנֵי סְפֵקוֹת שֶׁמָּנִינוּ כְּבָר טָהוֹר עַד שֶׁלֹּא נִזְקַק לְטֻמְאָה. אֲבָל מִשֶּׁנִּזְקַק לְטֻמְאָה סְפֵקוֹ טָמֵא. כֵּיצַד. שְׁנַיִם שֶׁבָּאוּ אֵצֶל כֹּהֵן בָּזֶה בַּהֶרֶת כִּגְרִיס וּבָזֶה כְּסֶלַע וְהִסְגִּירָן וּבְסוֹף הַשָּׁבוּעַ הָיָה בָּזֶה כְּסֶלַע וּבָזֶה כְּסֶלַע וְאֵין יָדוּעַ בְּאֵיזֶה מֵהֶן פָּשְׂתָה. בֵּין בִּשְׁנֵי אֲנָשִׁים בֵּין בְּאִישׁ אֶחָד הֲרֵי זֶה טָהוֹר. שֶׁאַף עַל פִּי שֶׁוַּדַּאי פָּשָׂה הַנֶּגַע בָּזֶה הוֹאִיל וְאֵינוֹ יָדוּעַ אֵי זוֹ הִיא הַבַּהֶרֶת שֶׁפָּשְׂתָה הֲרֵי זֶה טָהוֹר עַד שֶׁיֵּדַע בְּאֵי זֶה נֶגַע טִמְאוֹ:

ו. מִשֶּׁנִּזְקַק לְטֻמְאָה סְפֵקוֹ טָמֵא. כֵּיצַד. שְׁנַיִם שֶׁבָּאוּ אֵצֶל כֹּהֵן בָּזֶה בַּהֶרֶת כִּגְרִיס וּבָזֶה כְּסֶלַע וְהִסְגִּירָם בְּסוֹף הַשָּׁבוּעַ וַהֲרֵי בָּזֶה כְּסֶלַע וְעוֹד וּבָזֶה כְּסֶלַע וְעוֹד שְׁנֵיהֶן טְמֵאִין. חָזְרוּ שְׁנֵיהֶן לִהְיוֹת כְּסֶלַע שֶׁהֲרֵי הָלַךְ הַפִּשְׁיוֹן מֵאֶחָד מֵהֶן הוֹאִיל וְאֵינוֹ יָדוּעַ אֵי זֶהוּ שְׁנֵיהֶן טְמֵאִים עַד שֶׁיַּחְזְרוּ שְׁנֵיהֶן לִהְיוֹת כִּגְרִיס. וְזֶהוּ שֶׁאָמְרוּ מִשֶּׁנִּזְקַק לְטֻמְאָה סְפֵקוֹ טָמֵא. וְכֵן מִי שֶׁהָיְתָה בּוֹ בַּהֶרֶת וּבָהּ שֵׂעָר לָבָן שֶׁקָּדַם אֶת הַבַּהֶרֶת וְשֵׂעָר לָבָן שֶׁהֲפָכַתּוּ הַבַּהֶרֶת. וְאֵינוֹ יָדוּעַ זֶה שֶׁקָּדַם מִזֶּה שֶׁנֶּהְפַּךְ. אִם מִתּוֹךְ הֶסְגֵּר נִסְתַּפֵּק לוֹ הֲרֵי זֶה טָהוֹר. וְאִם אַחַר הֶחְלֵט הֲרֵי זֶה טָמֵא. אַף עַל פִּי שֶׁהָלַךְ שֵׂעָר אֶחָד מֵהֶן וְאֵינוֹ יוֹדֵעַ אֵי זֶה הָלַךְ אִם הַשֵּׂעָר שֶׁהָיָה סִימַן טֻמְאָה אוֹ הַשֵּׂעָר הָאַחֵר:

ז. מִי שֶׁבָּא אֵצֶל כֹּהֵן וְרָאָהוּ שֶׁצָּרִיךְ הֶסְגֵּר אוֹ שֶׁהוּא פָּטוּר וְעַד שֶׁלֹּא הִסְגִּירוֹ אוֹ פְּטָרוֹ נוֹלְדוּ לוֹ סִימָנֵי טֻמְאָה. הֲרֵי זֶה יַחְלִיט. וְכֵן אִם רָאָהוּ שֶׁיֵּשׁ בּוֹ סִימָנֵי טֻמְאָה וְקֹדֶם שֶׁיַּחְלִיטוֹ וְיֹאמַר לוֹ טָמֵא אַתָּה הָלְכוּ לָהֶן סִימָנֵי טֻמְאָה. אִם הָיָה בַּתְּחִלָּה אוֹ בְּסוֹף שָׁבוּעַ רִאשׁוֹן יַסְגִּירוֹ. וְאִם הָיָה בְּסוֹף שָׁבוּעַ שֵׁנִי אוֹ לְאַחַר הַפִּטּוּר יִפְטֹר אוֹתוֹ:

Perek 7

Tzaraat in man.

Full coverage of body by *tzaraat.*

If *tzaraat* covers the whole body after a person was found to be impure, person is deemed pure.

FACTORS

General Principle

- If *tzaraat* spreads over entire body while he is impure then he becomes pure. (A person who is isolated is regarded as impure in this context.)
- If *tzaraat* spreads over entire body while he is pure, he becomes impure.

Coverage must be entire skin.

If fully covered with *tzaraat* and is pure, and then some of the flesh heals, he becomes impure. In this context, even tips of limbs will cause impurity i.e. the full coverage is acting as a localised *baheret.*

Any portion of skin that is not fit to contract impurity, would not prevent full coverage of *tzaraat.* E.g. head, chin, festering *shchin* or *michvah* etc. If e.g. there was no hair on head, then head would also have to be covered with *tzaraat* to get the full coverage purity.

פרק ז׳

א. מִי שֶׁהָיְתָה בּוֹ בַּהֶרֶת וְהֻחְלַט בְּאֶחָד מִסִּימָנֵי טֻמְאָה בֵּין בַּתְּחִלָּה בֵּין אַחַר הֶסְגֵּר. אוֹ שֶׁהֻסְגַּר וְאַחַר כָּךְ פָּרְחָה הַצָּרַעַת בְּכֻלּוֹ וְנֶהְפַּךְ לָבָן. בֵּין שֶׁנֶּהְפַּךְ מִתּוֹךְ הֶסְגֵּר בֵּין מִתּוֹךְ הֶחְלֵט הֲרֵי זֶה טָהוֹר. אֲבָל אִם הֻסְגַּר וְלֹא נוֹלַד לוֹ סִימַן טֻמְאָה וְנִפְטַר וּלְאַחַר הַפִּטּוּר פָּרְחָה הַצָּרַעַת בְּכֻלּוֹ הֲרֵי זֶה טָמֵא מֻחְלָט:

ב. הַבָּא בַּתְּחִלָּה וְהוּא כֻּלּוֹ הָפַךְ לָבָן. אִם הָיְתָה בּוֹ מִחְיָה אוֹ שְׁתֵּי שְׂעָרוֹת לְבָנוֹת מַחְלִיטִין אוֹתוֹ. אִם אֵין שָׁם סִימַן טֻמְאָה מַסְגִּירִין אוֹתוֹ שָׁבוּעַ רִאשׁוֹן. נוֹלַד לוֹ שֵׂעָר לָבָן אוֹ מִחְיָה מַחְלִיטוֹ. לֹא נוֹלַד בּוֹ כְּלוּם מַסְגִּירוֹ שָׁבוּעַ שֵׁנִי. לֹא נוֹלַד לוֹ סִימַן טֻמְאָה הֲרֵי זֶה טָהוֹר. שֶׁדִּין בַּהֶרֶת זוֹ הַגְּדוֹלָה כְּדִין הַקְּטַנָּה. הֶחְלִיטוֹ בְּשֵׂעָר לָבָן שֶׁנּוֹלַד בּוֹ וְהִשְׁחִירוּ שְׁתֵּיהֶן אוֹ אַחַת מֵהֶן. הִקְצִירוּ שְׁתֵּיהֶן אוֹ אַחַת מֵהֶן. נִסְמַךְ הַשְּׁחִין לִשְׁתֵּיהֶן אוֹ לְאַחַת מֵהֶן. הִקִּיף הַשְּׁחִין אֶת שְׁתֵּיהֶן אוֹ אַחַת מֵהֶן. אוֹ שֶׁחִלְּקָן הַשְּׁחִין וּמִחְיַת הַשְּׁחִין וְהַמִּכְוָה וּמִחְיַת הַמִּכְוָה וְהַבֹּהַק. הֲרֵי זֶה טָהוֹר. נוֹלַד לוֹ שֵׂעָר לָבָן אַחֵר אוֹ מִחְיָה הֲרֵי זֶה טָמֵא מִפְּנֵי שֶׁבָּא כֻּלּוֹ לָבָן בַּתְּחִלָּה. אַחַר שֶׁפָּרְחָה הַצָּרַעַת בְּכֻלּוֹ כְּאַחַת וְאַחַר שֶׁפָּשְׂתָה וּפָרְחָה מְעַט מְעַט עַד שֶׁהִלְבִּין כֻּלּוֹ. אִם מִתּוֹךְ הֶסְגֵּר אוֹ מִתּוֹךְ הֶחְלֵט טָהוֹר. וְאִם אַחַר הַפִּטּוּר טָמֵא. וְאִם בַּתְּחִלָּה יַסְגִּיר. אֶחָד שֶׁהָיָה כֻּלּוֹ מַרְאֶה אֶחָד אוֹ שֶׁהָיָה כֻּלּוֹ לָבָן בְּאַרְבַּע הַמַּרְאוֹת שֶׁבַּלֹּבֶן וּבְאַרְבַּע שֶׁל פָּתוּךְ הַכֹּל מִצְטָרְפִין בֵּין לְטַהֲרוֹ בֵּין לְטַמְּאוֹ כְּמוֹ שֶׁבֵּאַרְנוּ:

ג. הָיְתָה בּוֹ בַּהֶרֶת כִּגְרִיס וּבָהּ מִחְיָה כַּעֲדָשָׁה וְהֻחְלַט בְּמִחְיָה וּפָרְחָה הַצָּרַעַת בְּכֻלּוֹ וְאַחַר כָּךְ הָלְכָה הַמִּחְיָה. אוֹ שֶׁהָלְכָה הַמִּחְיָה תְּחִלָּה וְאַחַר כָּךְ פָּרְחָה בְּכֻלּוֹ. הֲרֵי זֶה טָהוֹר וַאֲפִלּוּ נוֹלַד לוֹ שֵׂעָר לָבָן. נוֹלְדָה בּוֹ מִחְיָה טָמֵא שֶׁנֶּאֱמַר (ויקרא יג יד) "וּבְיוֹם הֵרָאוֹת בּוֹ בָּשָׂר חַי יִטְמָא". וְהוּא שֶׁתִּהְיֶה כַּעֲדָשָׁה מְרֻבַּעַת אוֹ יֶתֶר. הָיְתָה בּוֹ בַּהֶרֶת וּבָהּ שֵׂעָר לָבָן וְהֻחְלַט בְּשֵׂעָר לָבָן וְאַחַר כָּךְ פָּרְחָה בְּכֻלּוֹ אַף עַל פִּי שֶׁשֵּׂעָר לָבָן בִּמְקוֹמוֹ עוֹמֵד טָהוֹר. שֶׁנֶּאֱמַר וּבְיוֹם הֵרָאוֹת בּוֹ בָּשָׂר חַי יִטְמָא בְּמִחְיָה מִתְטַמֵּא זֶה שֶׁנֶּהְפַּךְ כֻּלּוֹ לָבָן אַחַר הֶחְלֵט אוֹ אַחַר הֶסְגֵּר. וְאֵינוֹ מִטַּמֵּא בְּשֵׂעָר לָבָן. הֶחְלִיטוֹ בְּפִשְׂיוֹן וְאַחַר כָּךְ פָּשְׂתָה וּפָרְחָה בְּכֻלּוֹ טָהוֹר. וְאִם נִרְאֵית בּוֹ מִחְיָה טָמֵא:

ד. אַף רָאשֵׁי אֵיבָרִים שֶׁאֵינָן מְטַמְּאִין מִשּׁוּם מִחְיָה שֶׁבְּתוֹךְ הַבַּהֶרֶת מְטַמְּאִין וּמְעַכְּבִין אֶת הַנֶּהְפָּךְ כֻּלּוֹ לָבָן. כֵּיצַד. מֻחְלָט אוֹ מֻסְגָּר שֶׁהִלְבִּין כֻּלּוֹ בְּצָרַעַת חוּץ מִכַּעֲדָשָׁה בָּשָׂר

חַי אֲפִלּוּ בְּרֹאשׁ אֶצְבָּעוֹ אוֹ בְּרֹאשׁ חָטְמוֹ וְכַיּוֹצֵא בָּהֶן הֲרֵי הוּא בְּטֻמְאָתוֹ. וְכֵן זֶה שֶׁנֶּהְפַּךְ כֻּלּוֹ לָבָן וְטָהַר אִם חָזַר בּוֹ כַּעֲדָשָׁה בָּשָׂר חַי אֲפִלּוּ בְּרֹאשׁ אֶחָד מִן הָאֵיבָרִים הֲרֵי זֶה מֻחְלָט. נֶהְפַּךְ כֻּלּוֹ לְמַרְאֵה צָרַעַת חוּץ מִכַּעֲדָשָׁה אֲפִלּוּ בְּרֹאשׁ אֶחָד מִן הָאֵיבָרִים שֶׁנֶּהְפַּךְ לְבֹהַק הֲרֵי זֶה טָמֵא מֻחְלָט שֶׁנֶּאֱמַר (ויקרא יג יג) "וְהִנֵּה כִסְּתָה הַצָּרַעַת", לֹא הַבֹּהַק. אֲפִלּוּ הָיְתָה מִקְצָת הָעֲדָשָׁה בָּשָׂר חַי וּמִקְצָתָהּ בֹּהַק הֲרֵי זוֹ סִימַן טֻמְאָה. נֶהְפַּךְ כֻּלּוֹ לְמַרְאֵה צָרַעַת וְטִהַר וְאַחַר כָּךְ חָזַר בּוֹ בָּשָׂר כְּמַרְאֵה הַבֹּהַק הֲרֵי זֶה טָהוֹר עַד שֶׁיֵּרָאֶה בּוֹ כַּעֲדָשָׁה בָּשָׂר חַי שֶׁנֶּאֱמַר (ויקרא יג יד) "וּבְיוֹם הֵרָאוֹת בּוֹ בָּשָׂר חַי", לֹא בֹּהַק. חָזַר בּוֹ כַּעֲדָשָׁה מִקְצָתָהּ בָּשָׂר חַי וּמִקְצָתָהּ בֹּהַק אֵינוֹ סִימַן טֻמְאָה וַהֲרֵי הוּא בְּטָהֳרָתוֹ:

ה. כָּל טָמֵא שֶׁפָּרְחָה הַצָּרַעַת בְּכֻלּוֹ טָהוֹר. נִתְגַּלָּה מִמֶּנּוּ כַּעֲדָשָׁה בָּשָׂר חַי נִטְמָא. חָזַר וְנִתְכַּסָּה בְּצָרַעַת טָהוֹר. חָזַר וְנִתְגַּלָּה נִטְמָא אֲפִלּוּ מֵאָה פְּעָמִים. הִתְחִיל הַבָּשָׂר הַחַי לְהִתְגַּלּוֹת וַהֲרֵי הוּא מוֹסִיף וְהוֹלֵךְ וְהַצָּרַעַת מִתְמַעֶטֶת הֲרֵי זֶה בְּטֻמְאָתוֹ עַד שֶׁתִּתְמַעֵט הַבַּהֶרֶת מִכִּגְרִיס:

ו. כָּל הָרָאוּי לְטַמֵּא בְּנֶגַע הַבַּהֶרֶת מְעַכֵּב הַהוֹפֵךְ כֻּלּוֹ לָבָן וְכָל שֶׁאֵינוֹ רָאוּי לְטַמֵּא בְּנֶגַע הַבַּהֶרֶת אֵינוֹ מְעַכֵּב. כֵּיצַד. פָּרְחָה בְּכֻלּוֹ אֲבָל לֹא בָּרֹאשׁ וּבַזָּקָן בַּשְּׁחִין וּבַמִּכְוָה הַמּוֹרְדִין. אוֹ שֶׁנִּשְׁאַר פָּחוֹת מִכַּעֲדָשָׁה בָּשָׂר חַי סָמוּךְ לַשְּׁחִין וְלַמִּכְוָה הַמּוֹרְדִין וְלָרֹאשׁ וְלַזָּקָן הֲרֵי זֶה טָהוֹר. חָזַר הָרֹאשׁ וְהַזָּקָן וְנִקְרְחוּ וְכֵן אִם חָיוּ הַשְּׁחִין וְהַמִּכְוָה וְהֶעֱלוּ צָרֶבֶת הֲרֵי זֶה טָמֵא עַד שֶׁתִּפְרַח הַצָּרַעַת בָּהֶן שֶׁהֲרֵי הֵן רְאוּיִין לְבַהֶרֶת. הָיוּ בָּהּ שְׁתֵּי בֶּהָרוֹת אַחַת יֵשׁ בָּהּ סִימַן טֻמְאָה וְאַחַת טְהוֹרָה וּפָרְחָה הַטְּהוֹרָה לַטְּמֵאָה וְאַחַר כָּךְ פָּרְחָה בְּכֻלּוֹ הֲרֵי זֶה טָהוֹר מִפְּנֵי שֶׁהָיָה מֻחְלָט בְּטֻמְאָה אַף עַל פִּי שֶׁהַטְּהוֹרָה הִיא שֶׁפָּרְחָה. וְלֹא עוֹד אֶלָּא אֲפִלּוּ הָיוּ אַחַת בִּשְׂפָתוֹ הָעֶלְיוֹנָה וְאַחַת בִּשְׂפָתוֹ הַתַּחְתּוֹנָה אוֹ בִּשְׁתֵּי אֶצְבְּעוֹתָיו אוֹ בִּשְׁנֵי רִיסֵי עֵינָיו וּכְשֶׁהֵן נִדְבָּקִין זֶה לָזֶה נִרְאִין שְׁתֵּי הַבֶּהָרוֹת כְּבַהֶרֶת אַחַת הוֹאִיל וּפָרְחָה בְּכֻלּוֹ טָהוֹר:

ז. יֵשׁ מַרְאֶה נִגְעוֹ לְכֹהֵן וְנִשְׂכַּר מִפְּנֵי שֶׁהִקְדִּים לְהַרְאוֹתוֹ וְלֹא נִתְאַחֵר. וְיֵשׁ מַרְאֶה וּמַפְסִיד. כֵּיצַד. מִי שֶׁהָיָה מֻחְלָט וְהָלְכוּ לָהֶן סִימָנֵי טֻמְאָה וְלֹא הִסְפִּיק לְהַרְאוֹתוֹ לַכֹּהֵן עַד שֶׁפָּרְחָה בְּכֻלּוֹ טָהוֹר. וְאִלּוּ קָדַם וְהֶרְאָה לַכֹּהֵן וּפְטָרוֹ קֹדֶם שֶׁיֵּהָפֵךְ וְנֶהְפַּךְ אַחַר הַפִּטּוּר הָיָה מֻחְלָט כְּמוֹ שֶׁבֵּאַרְנוּ. הָיְתָה בּוֹ בַּהֶרֶת וְאֵין בָּהּ כְּלוּם וְלֹא הִסְפִּיק לְהַרְאוֹתוֹ לַכֹּהֵן עַד שֶׁפָּרְחָה בְּכֻלּוֹ הֲרֵי זֶה טָמֵא וְצָרִיךְ הֶסְגֵּר. וְאִלּוּ קָדַם וְהֶרְאָה לַכֹּהֵן וְהִסְגִּירוֹ קֹדֶם שֶׁיֵּהָפֵךְ וְנֶהְפַּךְ מִתּוֹךְ הֶסְגֵּר הָיָה טָהוֹר כְּמוֹ שֶׁבֵּאַרְנוּ:

Perek 8

Tzaraat in man.

Hair falls out in the middle of the head or chin (*netek*).

Reminder

Tzaraat Comparison in Humans, Garments & House.
Ref: *Sefer Taharah, Hilchot Tzaraat,* Chapter 1–16

If hair falls out in the middle of the head or chin, this is called a *netek*.

FACTORS

- Size not less than **1** ***gris***
- Applies if appears deep or not
- Impurity indicated by one of **2** signs
  - Short golden hair
  - *Pishyon* (spreading)

- Maximum isolation is **2 weeks**
- When Priest investigates after the first week, he shaves around the lesion. **2** hairs width are left surrounding the lesion at its periphery. In this way, any spread would be noticeable. The shaving may be performed with any instrument.
- If hair was long, even if it was golden colour, it is not a sign of impurity.
- It does not matter if the short golden hair came before or after the *netek* (area of baldness).
- The hair must be long enough to be able to be removed with tweezers (as with white hairs).
- For black hairs to negate the presence of a baldness from being deemed impure, there must be at least **2** hairs. If these are present, *netek* is pure.
- If a person was impure because of golden hairs or spreading and thereafter 2 black hairs grew in that area, the *netek* becomes pure.
- When a *netek* the size of a ***gris***, expands to cover the whole head, he becomes pure.

Similarly with the beard – *Kabalah*

- Baldness of head and beard are totally separate from each other.
- Area called head is above an imaginary line between ears.
- Area called beard is from joints of jawbone down to Adam's Apple.

פרק ח׳

א. נִגְעֵי הָרֹאשׁ וְהַזָּקָן הוּא שֶׁיִּפֹּל הַשֵּׂעָר שֶׁבָּהֶן מֵעִקָּרוֹ וְיִשָּׁאֵר מְקוֹם הַשֵּׂעָר פָּנוּי וְזֶה הוּא הַנִּקְרָא נֶתֶק. וְאֵין נֶתֶק פָּחוֹת מִכִּגְרִיס הַמְרֻבָּע בֵּין שֶׁהָיָה מַרְאֵהוּ עָמֹק בֵּין שֶׁלֹּא הָיָה עָמֹק. וְלֹא נֶאֱמַר עָמֹק בִּנְתָקִין אֶלָּא לוֹמַר לְךָ מַה מַּרְאֶה עָמֹק בִּידֵי שָׁמַיִם אַף נֶתֶק הַמְטַמֵּא בִּידֵי שָׁמַיִם לְהוֹצִיא שֶׁנִּתְּקוֹ אָדָם שֶׁהוּא טָהוֹר. וְהָאִשָּׁה וְהַסָּרִיס שֶׁהֶעֱלָה זְקָנָם שֵׂעָר הֲרֵי זֶה מְטַמֵּא בִּנְתָקִים:

ב. הַנְּתָקִין מְטַמְּאִין בִּשְׁנֵי סִימָנִים בְּשֵׂעָר צָהֹב דַּק וּבְפִשְׂיוֹן וְיֵשׁ בָּהֶן הֶסְגֵּר שְׁנֵי שָׁבוּעוֹת וְכָל זֶה מְפֹרָשׁ בַּתּוֹרָה. כֵּיצַד. מִי שֶׁנּוֹלַד לוֹ נֶתֶק בְּרֹאשׁוֹ אוֹ בִּזְקָנוֹ אִם הָיוּ בּוֹ שְׁתֵּי שְׂעָרוֹת צְהֻבּוֹת דַּקּוֹת וְלֹא יוֹתֵר וְאֵין שָׁם בַּנֶּתֶק שֵׂעָר שָׁחֹר כְּלָל יַחְלִיט. לֹא הָיָה בּוֹ שֵׂעָר לֹא שָׁחֹר וְלֹא צָהֹב יַסְגִּיר שָׁבוּעַ אֶחָד וּבַשְּׁבִיעִי רוֹאֵהוּ אִם נוֹלַד בּוֹ שֵׂעָר צָהֹב דַּק אוֹ שֶׁפָּשָׂה הַנֶּתֶק יַחְלִיט נוֹלְדוּ בּוֹ שְׁתֵּי שְׂעָרוֹת שְׁחוֹרוֹת יִפְטֹר אוֹתוֹ. לֹא פָּשָׂה וְלֹא נוֹלַד בּוֹ שֵׂעָר צָהֹב וְלֹא שֵׂעָר שָׁחֹר יְגַלֵּחַ סְבִיבוֹת הַנֶּתֶק וְלֹא יְגַלַּח הַנֶּתֶק וְיַסְגִּיר שָׁבוּעַ שֵׁנִי וְחוֹזֵר וְרוֹאֵהוּ בְּסוֹף שָׁבוּעַ שֵׁנִי. אִם פָּשָׂה הַנֶּתֶק אוֹ נוֹלַד בּוֹ שֵׂעָר צָהֹב דַּק יַחְלִיט. לֹא נוֹלַד בּוֹ כְּלוּם יִפְטֹר שֶׁאֵין הֶסְגֵּר בִּנְתָקִין יֶתֶר עַל שְׁנֵי שָׁבוּעוֹת. וְאִם אַחַר שֶׁפְּטָרוֹ נוֹלַד בּוֹ שֵׂעָר צָהֹב אוֹ פָּשָׂה יַחְלִיט:

ג. כֵּיצַד מְגַלְּחִין אֶת הַנֶּתֶק. מְגַלֵּחַ חוּצָה לוֹ וּמַנִּיחַ שְׁתֵּי שְׂעָרוֹת סָמוּךְ לוֹ כְּדֵי שֶׁיִּהְיֶה נִכָּר הַפִּשְׂיוֹן. וְתִגְלַחְתּוֹ כְּשֵׁרָה בְּכָל אָדָם שֶׁנֶּאֱמַר (ויקרא יג לג) "וְהִתְגַּלָּח" וְכֵן כְּשֵׁרָה בְּכָל דָּבָר וַאֲפִלּוּ הָיָה נָזִיר הֲרֵי זֶה מְגַלֵּחַ. הִסְגִּירוֹ וְלֹא גִּלְּחוֹ הֲרֵי זֶה מֻסְגָּר:

ד. (ויקרא יג ל) "שֵׂעָר צָהֹב" הָאָמוּר בַּתּוֹרָה הוּא שֶׁיִּהְיֶה כְּתַבְנִית הַזָּהָב. וְזֶה שֶׁנֶּאֱמַר (ויקרא יג ל) "דַּק" הוּא שֶׁיִּהְיֶה קָצָר אֲבָל אִם הָיָה אָרֹךְ אַף עַל פִּי שֶׁהוּא צָהֹב כְּתַבְנִית הַזָּהָב אֵינוֹ סִימַן טֻמְאָה:

ה. שְׁתֵּי שְׂעָרוֹת הַצְּהֻבּוֹת הַדַּקּוֹת סִימַן טֻמְאָה. בֵּין שֶׁהָיוּ זוֹ בְּצַד זוֹ בֵּין שֶׁהָיוּ מְרֻחָקוֹת זוֹ מִזּוֹ. בֵּין שֶׁהָיוּ בְּאֶמְצַע הַנֶּתֶק בֵּין שֶׁהָיוּ בְּסוֹף הַנֶּתֶק. בֵּין שֶׁקָּדַם הַנֶּתֶק אֶת הַשֵּׂעָר הַצָּהֹב בֵּין שֶׁקָּדַם הַשֵּׂעָר הַצָּהֹב אֶת הַנֶּתֶק. הֲרֵי הוּא סִימַן טֻמְאָה. וְהוּא שֶׁיִּהְיוּ נִטָּלוֹת בְּזוּג כְּמוֹ שֶׁבֵּאַרְנוּ בַּשֵּׂעָר הַלָּבָן:

ו. הַשֵּׂעָר הַשָּׁחֹר הַמַּצִּיל בִּנְתָקִין אֵין פָּחוֹת מִשְּׁתֵּי שְׂעָרוֹת. וְאֵינָן מַצִּילוֹת עַד שֶׁיִּהְיוּ אָרְכָּן כְּדֵי לָכֹף רֹאשָׁן לְעִקָּרָן. בֵּין

שֶׁהָיוּ זוֹ בְּצַד זוֹ בֵּין שֶׁהָיוּ מְפֻזָּרוֹת וְהוּא שֶׁיִּהְיוּ בְּאֶמְצַע הַנֶּתֶק וְיִשָּׁאֵר מִן הַנֶּתֶק פָּנוּי בֵּין הַשֵּׂעָר הַשָּׁחֹר שֶׁבְּתוֹכוֹ וּבֵין הַשֵּׂעָר שֶׁחוּצָה לוֹ כְּדֵי צְמִיחַת שְׁתֵּי שְׂעָרוֹת. אֲבָל אִם נִשְׁאֲרוּ הַשְּׁתֵּי שְׂעָרוֹת הַשְּׁחֹרוֹת בְּצַד הַנֶּתֶק בְּסוֹפוֹ אֵינָן מַצִּילוֹת. כֵּיצַד מַצִּילוֹת. שֶׁאִם נִשְׁאַר בְּתוֹךְ הַנֶּתֶק שְׁתֵּי שְׂעָרוֹת שְׁחוֹרוֹת אַף עַל פִּי שֶׁנּוֹלְדָה בַּנֶּתֶק שֵׂעָר צָהֹב דַּק אוֹ שֶׁפָּשָׂה הֲרֵי זֶה טָהוֹר. הֶחְלִיטוֹ בְּשֵׂעָר צָהֹב אוֹ בְּפִשְׂיוֹן וְצָמַח בַּנֶּתֶק שְׁתֵּי שְׂעָרוֹת שְׁחֹרוֹת טִהֵר הַנֶּתֶק וּמַצִּילוֹת מִיַּד הַפִּשְׂיוֹן וּמִיַּד הַשֵּׂעָר הַצָּהֹב. בֵּין שֶׁצָּמְחוּ בְּאֶמְצַע הַנֶּתֶק בֵּין שֶׁצָּמְחוּ בְּסוֹפוֹ. שֶׁהַצּוֹמֵחַ מַצִּיל בְּכָל מָקוֹם וְהַנִּשְׁאָר אֵינוֹ מַצִּיל עַד שֶׁיִּהְיֶה רָחוֹק מִן הַקָּמָה שְׁתֵּי שְׂעָרוֹת:

ז. שְׁתֵּי שְׂעָרוֹת שֶׁצָּמְחוּ אַחַת שְׁחוֹרָה וְאַחַת לְבָנָה אוֹ צְהֻבָּה אַחַת אֲרֻכָּה וְאַחַת קְצָרָה אֵינָן מַצִּילוֹת:

ח. נֶתֶק שֶׁהֻחְלַט בְּשֵׂעָר צָהֹב אוֹ בְּפִשְׂיוֹן וְנוֹלַד בּוֹ שֵׂעָר שָׁחוֹר וְטִהֵר. אַף עַל פִּי שֶׁהָלַךְ הַשֵּׂעָר הַשָּׁחוֹר הֲרֵי זֶה טָהוֹר עַד שֶׁיִּוָּלֵד בּוֹ שֵׂעָר צָהֹב אַחֵר אוֹ יִפְשֶׂה פִּשְׂיוֹן אַחֵר מֵאַחַר שֶׁהָלַךְ הַשֵּׂעָר הַשָּׁחֹר. שֶׁנֶּאֱמַר (ויקרא יג לז) "נִרְפָּא הַנֶּתֶק טָהוֹר הוּא" כֵּיוָן שֶׁנִּתְרַפֵּא טָהוֹר הוּא אַף עַל פִּי שֶׁסִּימָנֵי טֻמְאָה בִּמְקוֹמָן:

ט. הֶחְלִיטוֹ בְּשֵׂעָר צָהֹב בֵּין שֶׁהֶחְלִיטוֹ בַּתְּחִלָּה בֵּין שֶׁהֶחְלִיטוֹ בְּסוֹף שָׁבוּעַ רִאשׁוֹן אוֹ בְּסוֹף שָׁבוּעַ שֵׁנִי אוֹ שֶׁהֶחְלִיטוֹ אַחַר הַפְּטוּר וְהָלַךְ הַשֵּׂעָר הַצָּהֹב וְנוֹלַד בּוֹ שֵׂעָר צָהֹב אַחֵר אוֹ שֶׁנּוֹלַד לוֹ פִּשְׂיוֹן הֲרֵי זֶה מֻחְלָט כְּשֶׁהָיָה. וְכֵן אִם הֶחְלִיטוֹ בְּפִשְׂיוֹן בֵּין בְּסוֹף שָׁבוּעַ רִאשׁוֹן אוֹ בְּסוֹף שָׁבוּעַ שֵׁנִי אוֹ אַחַר הַפְּטוּר וְהָלַךְ הַפִּשְׂיוֹן וְחָזַר פִּשְׂיוֹן אַחֵר אוֹ שֶׁנּוֹלַד לוֹ שֵׂעָר צָהֹב הֲרֵי זֶה מֻחְלָט כְּשֶׁהָיָה עַד שֶׁלֹּא יִשָּׁאֵר סִימַן טֻמְאָה אוֹ עַד שֶׁיִּצְמִיחַ בּוֹ שְׁתֵּי שְׂעָרוֹת שְׁחוֹרוֹת:

י. שְׁנֵי נְתָקִים זֶה בְּצַד זֶה וְשִׁיטָה שֶׁל שֵׂעָר שָׁחוֹר מַפְסֶקֶת בֵּינֵיהֶן וְנִפְרַץ הַשֵּׂעָר הַשָּׁחוֹר (וְנִתַּק) מִמָּקוֹם אֶחָד הֲרֵי הוּא כְּמוֹת שֶׁהָיָה שֶׁהַשֵּׂעָר הַשָּׁחוֹר הַנִּשְׁאָר בֵּינֵיהֶן הֲרֵי הוּא בְּצַד הַנֶּתֶק. נִפְרְצָה הַשִּׁטָּה מִשְּׁנֵי מְקוֹמוֹת טָהוֹר שֶׁהֲרֵי הַנִּשְׁאָר מִן הַשִּׁטָּה בְּאֶמְצַע הַנֶּתֶק. וְכַמָּה יִהְיֶה בְּכָל פִּרְצָה מֵהֶן. אֵין פָּחוֹת מִמְּקוֹם צְמִיחַת שְׁתֵּי שְׂעָרוֹת. וְאִם הָיְתָה פִּרְצָה מִמָּקוֹם אֶחָד כִּגְרִיס הֲרֵי זֶה טָמֵא שֶׁהַפִּרְצָה עַצְמָהּ נֶתֶק אַחֵר. וַהֲרֵי שֵׂעָר שָׁחוֹר בְּצִדּוֹ וְאֵינוֹ כָּנוּס לְתוֹכוֹ. נֶתֶק שֶׁהַשֵּׂעָר הַשָּׁחוֹר מַקִּיפוֹ וְנֶתֶק אַחֵר מַקִּיף אֶת הַשֵּׂעָר הַשָּׁחוֹר. נִפְרַץ הַשֵּׂעָר שֶׁבֵּינֵיהֶן מִמָּקוֹם אֶחָד טָמֵא שֶׁהַנֶּתֶק הַפְּנִימִי לֹא נִצַּל שֶׁהֲרֵי הַשֵּׂעָר הַשָּׁחֹר בְּצִדּוֹ לֹא בְּתוֹכוֹ. נִפְרַץ הַשֵּׂעָר מִשְּׁנֵי מְקוֹמוֹת טָהוֹר וַאֲפִלּוּ הָיְתָה פִּרְצָה כִּגְרִיס. שֶׁהֲרֵי הַנֶּתֶק הַפְּנִימִי וְהַחִיצוֹן נַעֲשׂוּ נֶתֶק אֶחָד וְשֵׂעָר שָׁחוֹר בָּאֶמְצַע. וְהוּא שֶׁתִּהְיֶה הַפִּרְצָה כְּדֵי צְמִיחַת שְׁתֵּי שְׂעָרוֹת אוֹ יֶתֶר:

יא. נֶתֶק שֶׁהָיָה חוּט יוֹצֵא מִמֶּנּוּ וְכֵן שְׁנֵי נְתָקִין שֶׁחוּט יוֹצֵא מִזֶּה לָזֶה. אִם יֵשׁ בְּרֹחַב הַחוּט הַנָּתוּק כְּדֵי צְמִיחַת שְׁתֵּי שְׂעָרוֹת זוֹקְקִין לְטַמֵּא בְּשֵׂעָר צָהֹב דַּק וּפִשְׂיוֹן וּמַצִּילִין בְּצוֹמֵחַ בּוֹ. אֲבָל שֵׂעָר שָׁחוֹר הַנִּשְׁאָר בְּאוֹתוֹ הַחוּט אֵינוֹ מַצִּיל עַד שֶׁיִּהְיֶה רֹחַב הַחוּט כִּגְרִיס:

יב. מִי שֶׁהָיָה בְּרֹאשׁוֹ נֶתֶק כִּגְרִיס וּפָשָׂה הַנֶּתֶק [עַל] כָּל רֹאשׁוֹ וְלֹא נִשְׁאַר שָׁם שֵׂעָר כְּלָל אֶלָּא פָּחוֹת מִשְּׁתֵּי שְׂעָרוֹת הֲרֵי זֶה טָהוֹר. בֵּין שֶׁנִּתַּק כֻּלּוֹ מִתּוֹךְ הֶסְגֵּר אוֹ מִתּוֹךְ הֶחְלֵט אוֹ אַחַר הַפְּטוּר שֶׁנֶּאֱמַר (ויקרא יג מ) "קֵרֵחַ הוּא טָהוֹר הוּא". וְכֵן אִם הָיָה הַנֶּתֶק בִּזְקָנוֹ וְנִתַּק כָּל זְקָנוֹ הֲרֵי זֶה טָהוֹר. וְאַף עַל פִּי שֶׁאֵין זֶה מְפֹרָשׁ בַּתּוֹרָה שֶׁבִּכְתָב קַבָּלָה הִיא שֶׁאִם הָלַךְ כָּל שֵׂעָר הַזָּקָן טָהוֹר הוּא. וְיִתְטַמֵּא עוֹר הַזָּקָן שֶׁקָּרַח בְּנִגְעֵי עוֹר הַבָּשָׂר כְּמוֹ שֶׁבֵּאַרְנוּ:

יג. הַבָּא בַּתְּחִלָּה וְכָל רֹאשׁוֹ נָתוּק אוֹ כָּל זְקָנוֹ נָתוּק יַסְגִּיר שָׁבוּעַ אֶחָד. אִם לֹא נוֹלַד לוֹ שֵׂעָר צָהֹב יַסְגִּיר שָׁבוּעַ שֵׁנִי. אִם נוֹלַד לוֹ שֵׂעָר צָהֹב דַּק טָמֵא. לֹא נוֹלַד לוֹ יִפָּטֵר. נוֹלַד לוֹ אַחַר הַפְּטוּר שֵׂעָר צָהֹב הֲרֵי זֶה מֻחְלָט. נוֹלַד לוֹ שֵׂעָר שָׁחוֹר הֲרֵי זֶה טָהוֹר. הַבָּא כֻּלּוֹ נָתוּק רֹאשׁ אוֹ זָקָן וְנוֹלַד לוֹ שֵׂעָר שָׁחוֹר טָהוֹר כְּמוֹ שֶׁבֵּאַרְנוּ. הָלַךְ הַשֵּׂעָר הַשָּׁחוֹר טָמֵא מִשּׁוּם פִּשְׂיוֹן:

יד. הָרֹאשׁ וְהַזָּקָן אֵינָן מְעַכְּבִין זֶה אֶת זֶה וְאֵינָן מִצְטָרְפִין זֶה עִם זֶה וְאֵין פּוֹשִׂין מִזֶּה לָזֶה שֶׁנֶּאֱמַר (ויקרא יג ל) "צָרַעַת הָרֹאשׁ אוֹ הַזָּקָן" מְלַמֵּד שֶׁהֵן חֲשׁוּבִין שְׁנַיִם. וְאֵי זֶהוּ זָקָן. מֵהַפֶּרֶק שֶׁל לֶחִי הָעֶלְיוֹן עַד פִּיקָה שֶׁל גַּרְגֶּרֶת. מוֹתֵחַ אֶת הַחוּט מֵאֹזֶן לְאֹזֶן. כָּל שֶׁמִּן הַחוּט וּלְמַעְלָה הֲרֵי הוּא מִכְּלַל הָרֹאשׁ. וּמִן הַחוּט וּלְמַטָּה מִכְּלַל הַזָּקָן:

Perek 9

Tzaraat in man.

Inspection

- Everyone can become impure with *tzaraat,* except Gentiles and Resident aliens.

Reminder
Pack on Lineage

- Everyone is acceptable to assess the blemishes except one's own (but their verdict doesn't take effect until Priest announces the verdict).
- A Priest must announce whether it's pure or impure.
- Priest must focus his sight on lesion plus healthy flesh before pronouncing.
- Blemishes must be inspected by day and at specific hours i.e. **4th, 5th, 8th and 9th hours.** Should be outside and weather should not be cloudy.
- Any day for inspection except *Shabbat* and *Yom Tov.*
- A bridegroom is exempt from inspection on the 7 days of his celebration.
- Counting of days takes place only after inspection. Seen again on **7th** and **13th** day.
- When a blemished person comes to the Priest he should be seen immediately (not to be sent away).
- Men and women must adopt specific postures for inspection.
- The Priest does not have to search further than these visible areas (i.e. creases, underarms etc).

פרק ט׳

א. הַכֹּל מִתְטַמְּאִין בִּנְגָעִים אֲפִלּוּ קָטָן בֶּן יוֹמוֹ וְהָעֲבָדִים אֲבָל לֹא עַכּוּ״ם וְלֹא גֵּר תּוֹשָׁב. וְהַכֹּל כְּשֵׁרִין לִרְאוֹת אֶת הַנְּגָעִים. וְכָל הַנְּגָעִים אָדָם רוֹאֶה אוֹתָן חוּץ מִנִּגְעֵי עַצְמוֹ:

ב. אַף עַל פִּי שֶׁהַכֹּל כְּשֵׁרִין לִרְאוֹת נִגְעֵי הַטֻּמְאָה וְהַטָּהֳרָה תְּלוּיָה בְּכֹהֵן. כֵּיצַד. כֹּהֵן שֶׁאֵינוֹ יוֹדֵעַ לִרְאוֹת הֶחָכָם רוֹאֵהוּ וְאוֹמֵר לוֹ אֱמֹר טָמֵא וְהַכֹּהֵן אוֹמֵר טָמֵא. אֱמֹר טָהוֹר וְהַכֹּהֵן אוֹמֵר טָהוֹר. הַסְגִּירוֹ וְהוּא מַסְגִּירוֹ. שֶׁנֶּאֱמַר (דברים כא ה) ״וְעַל פִּיהֶם יִהְיֶה כָּל רִיב וְכָל נָגַע״. וַאֲפִלּוּ הָיָה הַכֹּהֵן קָטָן אוֹ שׁוֹטֶה הֶחָכָם אוֹמֵר לוֹ וְהוּא מַחְלִיט אוֹ פּוֹטֵר אוֹ סוֹגֵר. בַּמֶּה דְּבָרִים אֲמוּרִים כְּשֶׁהָיָה הַכֹּהֵן סוֹמֵךְ עַל דִּבְרֵי הֶחָכָם. אֲבָל אִם הָיָה הַכֹּהֵן רוֹאֶה וְסוֹמֵךְ עַל עַצְמוֹ אָסוּר לוֹ לִרְאוֹת נֶגַע מִכָּל נְגָעִים עַד שֶׁיּוֹרֶנּוּ רַבּוֹ וְיִהְיֶה בָּקִי בְּכָל הַנְּגָעִים וּבִשְׁמוֹתֵיהֶן בְּנִגְעֵי אָדָם כֻּלָּם וּבְנִגְעֵי בְּגָדִים וּבְנִגְעֵי בָּתִּים:

ג. כֹּהֵן שֶׁטִּמֵּא אֶת הַטָּהוֹר אוֹ טִהֵר אֶת הַטָּמֵא לֹא עָשָׂה כְּלוּם שֶׁנֶּאֱמַר (ויקרא יג מד) ״טָמֵא הוּא״ (ויקרא יג מד) ״וְטִמְּאוֹ הַכֹּהֵן״ (ויקרא יג לז) ״טָהוֹר הוּא״ (ויקרא יג לז) ״וְטִהֲרוֹ הַכֹּהֵן״. וּמְצֹרָע שֶׁנִּרְפָּא בֵּין מִתּוֹךְ הֶסְגֵּר בֵּין מִתּוֹךְ הֶחְלֵט אֲפִלּוּ אַחַר כַּמָּה שָׁנִים הֲרֵי זֶה בְּטֻמְאָתוֹ עַד שֶׁיֹּאמַר לוֹ כֹּהֵן טָהוֹר אַתָּה:

ד. אֵין הַכֹּהֵן רַשַּׁאי לְטַמֵּא אֶת הַטָּמֵא עַד שֶׁיִּהְיוּ עֵינָיו בִּמְקוֹם הַנֶּגַע בְּעוֹר הַבָּשָׂר שֶׁחוּצָה לוֹ. וְכֹהֵן שֶׁרָאָה הַנֶּגַע בַּתְּחִלָּה הוּא שֶׁרוֹאֵהוּ בְּסוֹף שָׁבוּעַ רִאשׁוֹן וּבְסוֹף שָׁבוּעַ שֵׁנִי וְהוּא שֶׁמַּסְגִּירוֹ אוֹ מַחְלִיטוֹ אוֹ פּוֹטְרוֹ. מֵת הַכֹּהֵן שֶׁרָאָהוּ תְּחִלָּה אוֹ שֶׁחָלָה רוֹאֵהוּ כֹּהֵן אַחֵר וְאֵין הַשֵּׁנִי יָכוֹל לְטַמְּאוֹ בְּפִשְׁיוֹן שֶׁאֵין יוֹדֵעַ אִם פָּשָׂה אִם לֹא פָּשָׂה אֶלָּא רִאשׁוֹן. וְנֶאֱמָן כֹּהֵן לוֹמַר נֶגַע זֶה פָּשָׂה וְנֶגַע זֶה לֹא פָּשָׂה. וְשֵׂעָר לָבָן זֶה קָדַם אֶת הַבַּהֶרֶת אוֹ בַּהֶרֶת זוֹ קָדְמָה אֶת שֵׂעָר לָבָן:

ה. חָלָל פָּסוּל לִרְאִיַּת נְגָעִים שֶׁנֶּאֱמַר (ויקרא יג ב) ״אֶחָד מִבָּנָיו הַכֹּהֲנִים״ בִּכְהֻנָּתָם. אֲבָל בַּעֲלֵי מוּמִין כְּשֵׁרִים לִרְאִיַּת נְגָעִים וּבִלְבַד שֶׁלֹּא יִהְיֶה סוּמָא וַאֲפִלּוּ בְּאַחַת מֵעֵינָיו. וַאֲפִלּוּ

כֹּהֵן שֶׁכָּהָה מְאוֹר עֵינָיו לֹא יִרְאֶה אֶת הַנְּגָעִים שֶׁנֶּאֱמַר (ויקרא יג יב) "לְכָל מַרְאֵה עֵינֵי הַכֹּהֵן":

ו. אֵין רוֹאִין אֶת הַנְּגָעִים אֶלָּא בַּיּוֹם בֵּין לְהַסְגִּיר בֵּין לְהַחְלִיט בֵּין לִפְטֹר. שֶׁהֲרֵי בְּכָל הָעִנְיָן הוּא אוֹמֵר בַּיּוֹם וּבַיּוֹם. וְאֵין רוֹאִין לֹא בְּשַׁחֲרִית וְלֹא בֵּין הָעַרְבַּיִם וְלֹא בְּתוֹךְ הַבַּיִת וְלֹא בַּיּוֹם הַמְעֻנָּן לְפִי שֶׁכֵּהָה נִרְאֵית עַזָּה. וְלֹא בַּצָּהֳרַיִם לְפִי שֶׁעַזָּה נִרְאֵית כֵּהָה. אֵימָתַי רוֹאִין אוֹתָן בְּשָׁעָה רְבִיעִית וּבַחֲמִישִׁית וּבַשְּׁמִינִית וּבַתְּשִׁיעִית. בֵּין נִגְעֵי אָדָם בֵּין נִגְעֵי בְּגָדִים וּבָתִּים:

ז. בְּכָל יוֹם רוֹאִין אֶת הַנְּגָעִים חוּץ מִשַּׁבָּת וְיוֹם טוֹב. חָל יוֹם שְׁבִיעִי שֶׁלּוֹ לִהְיוֹת בְּשַׁבָּת אוֹ בְּיוֹם טוֹב מַעֲבִירִין לַאֲחוֹרָיו. וְיֵשׁ בַּדָּבָר לְהָקֵל וּלְהַחְמִיר. שֶׁאֶפְשָׁר שֶׁיִּהְיֶה בְּיוֹם שַׁבָּת זֶה שֶׁהוּא יוֹם הָרָאוּי לִרְאוֹת טָמֵא וּלְמָחָר יֵלְכוּ לָהֶן סִימָנֵי טֻמְאָה. וְאֶפְשָׁר שֶׁיִּהְיֶה טָהוֹר וּלְמָחָר יִוָּלְדוּ לוֹ סִימָנֵי טֻמְאָה. וְאֵין דָּנִין אוֹתוֹ אֶלָּא בִּשְׁעַת רְאִיָּתוֹ לְאַחַר הַשַּׁבָּת:

ח. חָתָן שֶׁנִּרְאָה בּוֹ נֶגַע נוֹתְנִין לוֹ כָּל שִׁבְעַת יְמֵי הַמִּשְׁתֶּה. וְכֵן אִם נִרְאָה בִּבְגָדָיו אוֹ בְּבֵיתוֹ אֵין רוֹאִין אוֹתָן עַד לְאַחַר הַמִּשְׁתֶּה. וְכֵן בָּרֶגֶל נוֹתְנִין לוֹ כָּל יְמוֹת הָרֶגֶל שֶׁנֶּאֱמַר (ויקרא יד לו) "וְצִוָּה הַכֹּהֵן וּפִנּוּ אֶת הַבַּיִת" וְגוֹ' אִם הִמְתִּינָה תּוֹרָה לִדְבַר הָרְשׁוּת שֶׁלֹּא יִטַּמְּאוּ כֵּלָיו קַל וָחֹמֶר לִדְבַר מִצְוָה:

ט. אֵין מַסְגִּירִין וְלֹא מַחְלִיטִין וְלֹא פּוֹטְרִין אֶלָּא בַּיּוֹם שֶׁיֵּרָאֶה בּוֹ בַּתְּחִלָּה אוֹ בַּשְּׁבִיעִי אוֹ בְּיוֹם שְׁלֹשָׁה עָשָׂר בִּנְגָעִים שֶׁמַּסְגִּירִין בָּהֶן שְׁנֵי שָׁבוּעוֹת. מִפְּנֵי שֶׁיּוֹם שְׁבִיעִי עוֹלֶה לְמִנְיַן שָׁבוּעַ רִאשׁוֹן וּלְמִנְיַן שָׁבוּעַ שֵׁנִי בְּכָל הַנְּגָעִים בֵּין בְּנִגְעֵי אָדָם בֵּין בְּנִגְעֵי בָּתִּים וּבְגָדִים:

י. אֵין מַסְגִּירִין בְּתוֹךְ יְמֵי הֶסְגֵּר וְלֹא מַחְלִיטִין בְּתוֹךְ יְמֵי הֶסְגֵּר אִם נוֹלַד לוֹ סִימַן הֶחְלֵט. וְלֹא מַחְלִיטִין הַמֻּחְלָט אִם נוֹלַד לוֹ נֶגַע אַחֵר. וְלֹא מַסְגִּירִין אוֹתוֹ בְּתוֹךְ יְמֵי חִלּוּטוֹ אִם נוֹלַד לוֹ נֶגַע אַחֵר שֶׁרָאוּי לְהֶסְגֵּר. אֲבָל אִם הָיוּ בּוֹ שְׁנֵי נְגָעִים וְרָאָה זֶה וְחָזַר וְרָאָה זֶה הֲרֵי זֶה מֻתָּר לוֹמַר לוֹ הֲרֵי אַתָּה מֻסְגָּר בָּזֶה וּמֻחְלָט בָּזֶה אוֹ מֻחְלָט בָּזֶה וּמֻסְגָּר בָּזֶה בֵּין בַּתְּחִלָּה בֵּין בַּסּוֹף בֵּין בְּסוֹף שָׁבוּעַ רִאשׁוֹן בֵּין בְּסוֹף שָׁבוּעַ שֵׁנִי. וְאֵין רוֹאִין שְׁנֵי נְגָעִים כְּאַחַת בֵּין בִּשְׁנֵי אֲנָשִׁים בֵּין בְּאִישׁ אֶחָד שֶׁנֶּאֱמַר (ויקרא יג ג) "וְרָאָה הַכֹּהֵן אֶת הַנֶּגַע":

יא. נָגוּעַ שֶׁבָּא לַכֹּהֵן לִרְאוֹתוֹ לֹא יֹאמַר לוֹ לֵךְ וְשׁוּב אֶלָּא נִזְקָק לוֹ מִיָּד. בָּאוּ לְפָנָיו שְׁנַיִם רוֹאֶה אֶת הָרִאשׁוֹן מַסְגִּירוֹ אוֹ פּוֹטְרוֹ אוֹ מַחְלִיטוֹ וְחוֹזֵר וְרוֹאֶה אֶת הַשֵּׁנִי:

יב. אֵין הַכֹּהֵן זָקוּק לְבַקֵּשׁ תַּחַת אַצִּילֵי יָדָיו שֶׁל נָגוּעַ אוֹ בֵּין פַּחֲדָיו אוֹ בְּתוֹךְ הַקְּמָטִים שֶׁמָּא שָׁם נֶגַע שֶׁנֶּאֱמַר (ויקרא יג יב) "לְכָל מַרְאֵה עֵינֵי הַכֹּהֵן". וְכֵן בְּהוֹפֵךְ כֻּלּוֹ לָבָן. וְכֵיצַד יַעֲמֹד לִפְנֵי הַכֹּהֵן. אִם אִישׁ הוּא נִרְאֶה עָרֹם וְעוֹמֵד כְּעוֹדֵר וּכְמוֹסֵק זֵיתִים. וְאִם אִשָּׁה הִיא נִרְאֵית עֲרֻמָּה וְיוֹשֶׁבֶת כְּעוֹרֶכֶת וּכְמֵינִיקָה אֶת בְּנָהּ וּכְאוֹרֶגֶת בְּעוֹמְדִים שֶׁמַּגְבַּהַת יָדָהּ הַיְמָנִית עַד שֶׁיִּגָּלֶה בֵּית הַשֶּׁחִי. אִם הָיָה הַנֶּגַע נִרְאֶה בָּהֶן בִּזְמַן שֶׁהֵן עוֹמְדִין הֲרֵי זֶה טָמֵא וְאִם אֵינוֹ נִרְאֶה בָּהֶן כְּשֶׁהֵן עוֹמְדִין כָּךְ אֵין נִזְקָקִין לוֹ. וּכְשֵׁם שֶׁהָאָדָם נִרְאֶה לְנִגְעוֹ כָּךְ הוּא נִרְאֶה לְתִגְלַחְתּוֹ שֶׁאִם לֹא יֵרָאֶה שֵׂעָר בְּכָל בְּשָׂרוֹ כְּשֶׁיַּעֲמֹד עָרֹם כְּעוֹדֵר וּכְמוֹסֵק אוֹ כְּשֶׁתֵּשֵׁב הָאִשָּׁה כְּמוֹ שֶׁבֵּאַרְנוּ הֲרֵי זוֹ תִּגְלַחַת כְּשֵׁרָה וְאֵין כֹּהֵן זָקוּק לְחַפֵּשׂ בִּשְׁאָר מְקוֹמוֹת שֶׁמָּא נִשְׁאַר בָּהֶן שֵׂעָר אַף עַל פִּי שֶׁהוּא צָרִיךְ לְגַלֵּחַ הַכֹּל כְּמוֹ שֶׁיִּתְבָּאֵר:

Perek 10

Tzaraat in man.

Conduct of the *metzora*

Handling of lesion

Not to cut away the signs of *tzaraat*[2], Not to shave a *netek* (bald spot).[3]

A person is not allowed to remove the sign of impurity whether from flesh, garment or building.

The punishment is *malkot*.

Reminder

Pack on Punishment for Sefer Taharah

However, if his interference is ineffective (i.e. he only removed a portion of the sign and the amount which remains is big enough to cause impurity), he is not be liable for *malkot* but will receive *makat mardut* (stripes for rebellious conduct).

A person who removes the signs of impurity before being inspected by a Priest, is regarded as pure.

Removal of signs for a *mitzvah* are allowed. (E.g. if a *brit* is needed and the lesion is on the foreskin.)

That the *metzora* make himself known by tearing his garments, dishevelling his hair and covering his head and upper lip.[4]

DRESS (ONCE DIAGNOSED AS A METZORA)

Man must be cloaked over his head and up to his lips, and his clothes should be torn.

He should inform all those that pass him that he is impure.

Forbidden to greet others (like a mourner).

He is permitted to learn Torah.

Forbidden to cut hair or launder his clothes. (He can wash himself.)

He should dwell alone outside the town. (Applies only in walled cities in *Eretz Yisrael*.)

A woman does not tear her clothes nor cover her head or face.

LEVEL OF IMPURITY

A person with *tzaraat* is an *av* (primary source) of impurity.

They impart impurity by

- Touch (*maga*)
- Entering space of earthenware vessels

> **Reminder**
> Pack on Impurity of Vessels

- *Masa* (carrying)
- *Mishkav Umoshav* (lying or sitting on objects) as with *zav* and *zavah*

> **Reminder**
> Pack on *Zav, Zavah* etc

- Entering a building – Everything in the building becomes impure.

Tumat Tzaraat (Person)

Direct Transmission of impurity from Av Hatumah (Father or Primary Source)

	Direct from Text of *Rambam*	Understood
TOUCH		

Imparts impurity to people	✓ they become *rishon*	
Imparts impurity to vessels	✓ they become *rishon*	
Imparts impurity to clothes one is wearing	✓	
Imparts impurity to earthenware vessels	✓	If portion of body enters space
Imparts impurity to foods		✓
Imparts impurity to liquids		✓
CARRIAGE		
Imparts impurity to people	✓	
Imparts impurity to vessels		
Imparts impurity to earthenware vessels		
Imparts impurity to clothes	✓	
Imparts impurity to foods		
Imparts impurity to liquids		
MOVEMENT (CAN BE MOVEMENT WITHOUT CARRIAGE)		✓
Imparts impurity same as carriage		
MISHKAV AND MOSHAV		
Couch (or chair) on which lies (or sits) becomes impure	✓	
Saddle on which rides becomes impure	✓	
Madaf impurity		
SPACE CONTAINING AN IMPURITY		
OHEL (UNIQUE TO A HUMAN CORPSE)		
Imparts impurity to people		
Imparts impurity to vessels		
Imparts impurity to earthenware vessels		
Imparts impurity to foods		
Imparts impurity to drinks (liquids)		
Containing structure becomes impure		

SEALED VESSELS (SIMILAR LAWS TO *OHEL*)		
Imparts impurity to people		
Imparts impurity to vessels		
Imparts impurity to foods		
Imparts impurity to liquids		
Vessel becomes impure		
METZORA OR *TZARAAT* MATERIAL ENTERING BUILDING		
Imparts impurity to people	✓ they become *rishon*	
Imparts impurity to vessels	✓ they become *rishon*	
Imparts impurity to foods		✓
Imparts impurity to liquids		✓
Building becomes impure	✓	
SPACE OF EARTHENWARE VESSELS		
Imparts impurity to people		✓
Imparts impurity to vessels		✓
Imparts impurity to foods		✓
Imparts impurity to liquids		✓
Vessel becomes impure	✓	

פרק י׳

א. הַתּוֹלֵשׁ סִימָנֵי טֻמְאָה בֵּין כֻּלָּן בֵּין מִקְצָתָן. אוֹ הִכְוָה אֶת הַמִּחְיָה כֻּלָּהּ אוֹ מִקְצָתָהּ. אוֹ הַקּוֹצֵץ הַנֶּגַע כֻּלּוֹ מִבְּשָׂרוֹ אוֹ מִן הַבֶּגֶד אוֹ מִן הַבַּיִת. בֵּין קֹדֶם שֶׁיָּבוֹא לַכֹּהֵן בֵּין בְּתוֹךְ הֶסְגֵּר אוֹ בְּתוֹךְ הֶחְלֵט אוֹ אַחַר הַפְּטוּר הֲרֵי זֶה עוֹבֵר בְּלֹא תַעֲשֶׂה שֶׁנֶּאֱמַר (דברים כד ח) "הִשָּׁמֶר בְּנֶגַע הַצָּרַעַת לִשְׁמֹר מְאֹד וְלַעֲשׂוֹת כְּכֹל אֲשֶׁר יוֹרוּ אֶתְכֶם הַכֹּהֲנִים הַלְוִיִּם כַּאֲשֶׁר צִוִּיתִם", תִּשְׁמְרוּ שֶׁלֹּא יִתְלֹשׁ אוֹ שֶׁיָּקֹץ. אֲבָל אֵינוֹ לוֹקֶה עַד שֶׁיּוֹעִילוּ מַעֲשָׂיו וְאִם לֹא הוֹעִילוּ אֵינוֹ לוֹקֶה. כֵּיצַד. הָיְתָה בּוֹ בַּהֶרֶת וּבָהּ שָׁלֹשׁ שְׂעָרוֹת לְבָנוֹת וְתָלַשׁ אַחַת. כָּוָה מִקְצָת הַמִּחְיָה וְנִשְׁאַר מִמֶּנָּה כַּעֲדָשָׁה. אֵינוֹ לוֹקֶה שֶׁהֲרֵי הוּא טָמֵא כְּשֶׁהָיָה. וְכֵן כָּל כַּיּוֹצֵא בָּזֶה. וּמַכִּין אוֹתוֹ מַכַּת מַרְדּוּת. וְכֵן הַמְגַלֵּחַ אֶת הַנֶּתֶק לוֹקֶה שֶׁנֶּאֱמַר (ויקרא יג לג) "וְאֶת הַנֶּתֶק לֹא יְגַלֵּחַ". וְאֵינוֹ חַיָּב עַד שֶׁיְּגַלֵּחַ כָּל הַנֶּתֶק בְּתַעַר. וּמֻתָּר לִמְצֹרָע לָשֵׂאת בְּמוֹט עַל כְּתֵפוֹ שֶׁיֵּשׁ בָּהּ הַצָּרַעַת וְלִקְשֹׁר הַסִּיב עַל רַגְלוֹ וְאִם הָלְכוּ סִימָנֵי טֻמְאָה יֵלְכוּ וְהוּא שֶׁלֹּא נִתְכַּוֵּן לְכָךְ:

ב. הַתּוֹלֵשׁ סִימָנֵי טֻמְאָה אוֹ שֶׁכָּוָה אֶת הַמִּחְיָה עַד שֶׁלֹּא בָּא אֵצֶל כֹּהֵן הֲרֵי זֶה טָהוֹר. וְכֵן אִם עָשָׂה כֵּן בִּימֵי הֶסְגֵּר הֲרֵי זֶה טָהוֹר לְאַחַר יְמֵי הֶסְגֵּר. וְאִם תְּלָשָׁן אַחַר שֶׁהֻחְלַט בָּהֶן הֲרֵי זֶה מֻחְלָט כְּשֶׁהָיָה וְאֵין לוֹ טָהֳרָה עַד שֶׁתִּפְרַח הַצָּרַעַת בְּכֻלּוֹ אוֹ עַד שֶׁתִּתְמַעֵט בַּהַרְתּוֹ מִכִּגְרִיס:

ג. מִי שֶׁנִּקְצְצָה בַּהַרְתּוֹ כֻּלָּהּ שֶׁלֹּא בְּכַוָּנָה טָהוֹר. קְצָצָהּ בְּכַוָּנָה אִם קָצַץ כָּל הַבָּשָׂר הַחַי הַמַּקִּיפָהּ אֲפִלּוּ כְּחוּט הַשַּׂעֲרָה אֵין לוֹ טָהֳרָה עוֹלָמִית. קְצָצָהּ בְּצִמְצוּם אֵין לוֹ טָהֳרָה עַד שֶׁתִּפְרַח בְּכֻלּוֹ:

ד. הַתּוֹלֵשׁ שְׂעָרָה לְבָנָה אַחַת וְנִשְׁרָה הַשְּׁנִיָּה הֲרֵי זֶה טָהוֹר. הָיוּ שָׁלֹשׁ תָּלַשׁ שְׁתַּיִם וְנִשְׁרָה אַחַת הֲרֵי זֶה בְּטֻמְאָתוֹ. הָיְתָה בּוֹ מִחְיָה כַּעֲדָשָׁה כָּוָה חֶצְיָהּ וְהָלַךְ חֶצְיָהּ הֲרֵי זֶה טָהוֹר. הָיְתָה יְתֵרָה מִכַּעֲדָשָׁה כָּוָה הַמּוֹתָר וְהָלַךְ כַּעֲדָשָׁה הֲרֵי זֶה טָהוֹר. כָּוָה כַּעֲדָשָׁה וְהָלַךְ הַמּוֹתָר הֲרֵי זֶה טָמֵא:

ה. מִי שֶׁהָיְתָה בַּהֶרֶת בְּעָרְלָתוֹ יָמוּל וְאַף עַל פִּי שֶׁהִיא מִילָה שֶׁלֹּא בִּזְמַנָּהּ שֶׁמִּצְוַת עֲשֵׂה דּוֹחָה אֶת לֹא תַּעֲשֶׂה בְּכָל מָקוֹם. וְאִם מָל וְהָלַךְ בְּעוֹר הָעָרְלָה סִימָן שֶׁהָיָה מֻחְלָט בּוֹ הֲרֵי זֶה חַיָּב בְּקָרְבַּן מְצֹרָע:

ו. מִצְוַת עֲשֵׂה שֶׁיִּהְיֶה הַמְּצֹרָע הַמֻּחְלָט מְכֻסֶּה רֹאשׁ כָּל יְמֵי חִלּוּטוֹ וְעוֹטֶה עַל שָׂפָם כְּאָבֵל וּפוֹרֵם בְּגָדָיו וּמוֹדִיעַ הָעוֹבְרִים עָלָיו שֶׁהוּא טָמֵא שֶׁנֶּאֱמַר (ויקרא יג מה) "וְהַצָּרוּעַ אֲשֶׁר בּוֹ הַנֶּגַע" וְגוֹ'. אֲפִלּוּ כֹּהֵן גָּדוֹל שֶׁנִּצְטָרֵעַ פּוֹרֵעַ וּפוֹרֵם שֶׁעֲשֵׂה דּוֹחֶה אֶת לֹא תַּעֲשֶׂה. וְאָסוּר בִּשְׁאִילַת שָׁלוֹם כָּל יְמֵי חִלּוּטוֹ כְּאָבֵל שֶׁנֶּאֱמַר (ויקרא יג מה) "וְעַל שָׂפָם יַעְטֶה" שֶׁיִּהְיוּ שְׂפָתָיו דְּבוּקוֹת. אֲבָל קוֹרֵא וְשׁוֹנֶה וְדוֹרֵשׁ. וְאָסוּר לְסַפֵּר וּלְכַבֵּס כָּל יְמֵי חִלּוּטוֹ. וְנוֹהֵג בְּכָל הַדְּבָרִים הָאֵלּוּ אֲפִלּוּ בְּשַׁבָּתוֹת וְיָמִים טוֹבִים. וַהֲרֵי הוּא מֻתָּר בִּרְחִיצָה וּבְסִיכָה וּבִנְעִילַת הַסַּנְדָּל וּבְתַשְׁמִישׁ הַמִּטָּה וְזוֹקֵף אֶת מִטָּתוֹ כִּשְׁאָר הָעָם:

ז. דִּין הַמְּצֹרָע שֶׁיִּהְיֶה לוֹ מוֹשָׁב לְבַדּוֹ חוּץ לָעִיר שֶׁנֶּאֱמַר (ויקרא יג מו) "מִחוּץ לַמַּחֲנֶה מוֹשָׁבוֹ". וְדָבָר זֶה בַּעֲיָרוֹת הַמֻּקָּפוֹת חוֹמָה בְּאֶרֶץ יִשְׂרָאֵל בִּלְבַד:

ח. הַמְּצֹרַעַת אֵינָהּ פּוֹרַעַת וְאֵינָהּ פּוֹרֶמֶת וְלֹא עוֹטָה עַל שָׂפָם אֲבָל יוֹשֶׁבֶת הִיא מִחוּץ לָעִיר וּמוֹדִיעָה לַאֲחֵרִים שֶׁהִיא טְמֵאָה. וְלֹא הַמְּצֹרָעִים בִּלְבַד אֶלָּא כָּל הַמְטַמְּאִים אֶת הָאָדָם חַיָּבִין לְהוֹדִיעַ לַכֹּל שֶׁהֵן טְמֵאִין כְּדֵי שֶׁיִּפָּרְשׁוּ מֵהֶן שֶׁנֶּאֱמַר (ויקרא יג מה) "וְטָמֵא טָמֵא יִקְרָא", הַטָּמֵא מוֹדִיעַ שֶׁהוּא טָמֵא:

ט. וְטֻמְטוּם וְאַנְדְּרוֹגִינוּס פּוֹרֵעַ וּפוֹרֵם וְעוֹטֶה עַל שָׂפָם מִפְּנֵי שֶׁהוּא סָפֵק:

י. אֶחָד מְצֹרָע מֻסְגָּר וְאֶחָד מְצֹרָע מֻחְלָט לְעִנְיַן טֻמְאָה. וְאֵין בֵּין מְצֹרָע מֻסְגָּר לִמְצֹרָע מֻחְלָט לְעִנְיַן טֻמְאָה אֶלָּא פְּרִיעָה וּפְרִימָה וְתִגְלַחַת וְצִפֳּרִים שֶׁהַטָּהוֹר מִתּוֹךְ הֶסְגֵּר פָּטוּר מִן הַתִּגְלַחַת וּמִן הַצִּפֳּרִים וְהַטָּהוֹר מִתּוֹךְ הֶחְלֵט חַיָּב בָּהֶן. אֲבָל טֻמְאַת שְׁנֵיהֶן שָׁוָה בְּכָל דָּבָר:

יא. הַמְּצֹרָע אָב מֵאֲבוֹת הַטֻּמְאוֹת מְטַמֵּא אָדָם וְכֵלִים בְּמַגָּעוֹ וּכְלֵי חֶרֶס בַּאֲוִירוֹ וּמְטַמֵּא אָדָם בְּמַשָּׂא וּמְטַמֵּא מִשְׁכָּב וּמוֹשָׁב אֲפִלּוּ תַּחַת אֶבֶן כְּזָב וְכְזָבָה שֶׁנֶּאֱמַר (ויקרא יג ו) "וְכִבֶּס בְּגָדָיו וְטָהֵר" מִפִּי הַשְּׁמוּעָה לָמְדוּ שֶׁטָּהֵר מִלְּטַמֵּא מִשְׁכָּב וּמוֹשָׁב. וְאֶחָד הַמֻּסְגָּר וְאֶחָד הַמֻּחְלָט בְּכָל אֵלּוּ:

יב. חֻמְרָא יְתֵרָה יֵשׁ בִּמְצֹרָע שֶׁמְּטַמֵּא בְּבִיאָתוֹ לַבַּיִת בֵּין בִּימֵי הֶחְלֵט בֵּין בִּימֵי הֶסְגֵּר. כֵּיצַד. נִכְנַס לַבַּיִת נִטְמָא כָּל אֲשֶׁר בַּבַּיִת בֵּין אָדָם בֵּין כֵּלִים אַף עַל פִּי שֶׁלֹּא נָגַע בָּהֶן נַעֲשׂוּ רִאשׁוֹן לְטֻמְאָה שֶׁנֶּאֱמַר (ויקרא יג מו) "מִחוּץ לַמַּחֲנֶה מוֹשָׁבוֹ" מַה הוּא טָמֵא אַף מוֹשָׁבוֹ טָמֵא. הָיָה עוֹמֵד תַּחַת הָאִילָן וְעָבַר אָדָם טָהוֹר תַּחַת הָאִילָן נִטְמָא. הָיָה הַטָּהוֹר עוֹמֵד תַּחַת הָאִילָן וְעָבַר הַמְּצֹרָע תַּחְתָּיו לֹא טִמְּאָהוּ וְאִם עָמַד נִטְמָא שֶׁהֲרֵי נַעֲשָׂה לוֹ מוֹשָׁב. סָפֵק עָמַד סָפֵק לֹא עָמַד טָהוֹר. הִכְנִיס הַמְּצֹרָע רֹאשׁוֹ וְרֻבּוֹ לַבַּיִת נִטְמָא כָּל שֶׁיֵּשׁ בְּתוֹכוֹ. נִכְנַס לְבֵית הַכְּנֶסֶת עוֹשִׂין לוֹ מְחִצָּה גְּבוֹהָה עֲשָׂרָה טְפָחִים וּרְחָבָה אַרְבַּע אַמּוֹת עַל אַרְבַּע אַמּוֹת וְנִכְנַס רִאשׁוֹן וְיוֹצֵא אַחֲרוֹן. כְּדֵי שֶׁיִּהְיֶה מוֹשָׁבוֹ לְבַדּוֹ וְלֹא יַעֲמֹד עִם הָעָם בְּעִרְבּוּב וִיטַמֵּא אוֹתָם:

Perek 11

Tzaraat in man.

Purifying process

Purifying a *metzora*[5], Metzora should shave off hair as part of purification process.[6]

Reminder

Pack on Weights and Measures

Pack on Purification

Procedure

- New earthenware container – *Mipi Kabalah*
- *Mayim chayim* ('living waters') as *Parah Adumah* ¼ *log*
  - **2** sparrows that are kosher.
    - **1** slaughtered over the water in earthenware vessel.
    - **1** set free.
  - *Etz Erez* (cedar branch) **1** *amah* long – *Mosheh Misinai*
  - *Ezov* (hyssop – regular) not less than **1** *tefach* long – *Mosheh Misinai*
  - *Shani Tolaat* (crimson strand) weighing – **1** *shekel* – *Mosheh Misinai*
    - One bird slaughtered and blood poured onto living waters in earthenware container.

> 4 fundamental items dependant on each other

- This bird is now buried in the presence of afflicted person – *Kabalah Misinai*.
- Tie cedar and hyssop together with the crimson strand and place tips of wings and tail of living bird next to them.
- Dip all **4** in water and blood.
- Sprinkle **7** times on back of hand of afflicted person.
- Send away living bird.
- Priest shaves all the hair of the afflicted person, using only a razor, until entire flesh is smooth.
- *Metzora* garments are laundered.

> **Reminder**
> Pack on Impurity of Clothes

- *Metzora* goes to *mikveh*. (Now some of his restrictions are lifted.)
- Counts **7** days. (At this stage is allowed back into town.)
- On **7th** day Priest shaves him a second time. He then launders his garments and goes to *mikveh* again. (Further restrictions removed.)
- Waits till evening (further restrictions removed).
- Next day brings his Offering and is then pure.

> **Reminder**
> *Mechusrei Kaparah* (period after mikveh and sunset, before achieving atonement with Sacrifices). Ref: *Sefer Korbanot, Hilchot Mechusrei Kaparah*, Chapter 1

The purification of a *metzora* takes place in *Eretz Yisrael* and Diaspora, whether *Bet Hamikdash* standing or not. (This is because the purification is independent of the Offerings).

פרק י״א

א. טָהֳרַת מְצֹרָע מִצְוַת עֲשֵׂה. וְתִגְלַחְתּוֹ כְּשֶׁיִּטְהַר מִצְוַת עֲשֵׂה. כֵּיצַד מְטַהֲרִין אֶת הַמְצֹרָע. מֵבִיא מִזְרָק שֶׁל חֶרֶשׂ חָדָשׁ וְקַבָּלָה הִיא שֶׁיִּהְיֶה [חָדָשׁ] וְנוֹתֵן לְתוֹכוֹ רְבִיעִית מַיִם חַיִּים הָרְאוּיִין לְקַדֵּשׁ אוֹתָן מֵי חַטָּאת. וְשִׁעוּר זֶה מִדִּבְרֵי סוֹפְרִים. וּמֵבִיא שְׁתֵּי צִפֳּרִים דְּרוֹר טְהוֹרוֹת לְשֵׁם טָהֳרַת צָרַעַת שֶׁנֶּאֱמַר (ויקרא יד ד) ״וְלָקַח לַמִּטַּהֵר״. וְשׁוֹחֵט אֶת הַבְּרוּרָה שֶׁבִּשְׁתֵּיהֶן עַל הַמַּיִם שֶׁבִּכְלִי חֶרֶס וּמְמַצֶּה עַד שֶׁיִּהְיֶה הַדָּם נִכָּר בַּמַּיִם. וְחוֹפֵר וְקוֹבֵר הַצִּפּוֹר הַשְּׁחוּטָה בְּפָנָיו. וְדָבָר זֶה קַבָּלָה מִפִּי הַשְּׁמוּעָה. וְנוֹטֵל עֵץ אֶרֶז וּמִצְוָתוֹ שֶׁיִּהְיֶה אָרְכּוֹ אַמָּה וְעָבְיוֹ כִּרְבִיעַ כֶּרַע מִכַּרְעֵי הַמִּטָּה. וְאֵזוֹב שֶׁאֵין לוֹ שֵׁם לְוַי כְּמוֹ שֶׁבֵּאַרְנוּ. אֵין פָּחוּת מִטֶּפַח. וּשְׁנִי תוֹלַעַת מִשְׁקָלוֹ שֶׁקֶל. וְאִם טַעֲמוֹ פְּסָלוֹ כִּצְבִיעַת הַתְּכֵלֶת. וְכָל הַשִּׁעוּרִים הֲלָכָה. וְלוֹקֵחַ עִם שְׁלָשְׁתָּן הַצִּפּוֹר הַחַיָּה. וְאַרְבָּעָה מִינִין אֵלּוּ מְעַכְּבִין זֶה אֶת זֶה. וְעֵץ אֶרֶז וְאֵזוֹב שֶׁנִּתְקַלְּפוּ פְּסוּלִין. וְכוֹרֵךְ הָאֵזוֹב עִם הָאֶרֶז בִּלְשׁוֹן שֶׁל זְהוֹרִית וּמַקִּיף לָהֶן רָאשֵׁי אֲגַפַּיִם וְרֹאשׁ הַזָּנָב שֶׁל צִפּוֹר הַחַיָּה. וְטוֹבֵל אַרְבַּעְתָּן בַּמַּיִם שֶׁבַּכְּלִי וּבַדָּם שֶׁעֲלֵיהֶן. וּמַזֶּה שֶׁבַע פְּעָמִים עַל אַחַר יָדוֹ שֶׁל מְצֹרָע וּמְשַׁלֵּחַ אֶת הַצִּפּוֹר. וְכֵיצַד מְשַׁלְּחָהּ. עוֹמֵד בָּעִיר וְזוֹרְקָהּ חוּץ לַחוֹמָה. וְאֵינוֹ הוֹפֵךְ פָּנָיו לֹא לַיָּם וְלֹא לָעִיר וְלֹא לַמִּדְבָּר. שֶׁנֶּאֱמַר (ויקרא יד נג) ״מִחוּץ לָעִיר אֶל פְּנֵי הַשָּׂדֶה״. שִׁלְּחָהּ וְחָזְרָה חוֹזֵר וּמְשַׁלְּחָהּ אֲפִלּוּ מֵאָה פְּעָמִים. וְאַחַר כָּךְ מְגַלֵּחַ הַכֹּהֵן אֶת הַמְצֹרָע. כֵּיצַד מְגַלְּחוֹ. מַעֲבִיר תַּעַר עַל כָּל בְּשָׂרוֹ הַנִּרְאֶה אֲפִלּוּ בֵּית הַשֶּׁחִי וּבֵית הָעֶרְוָה שֵׂעָר שֶׁעַל כָּל הַגּוּף עַד שֶׁיֵּעָשֶׂה כִּדְלַעַת שֶׁנֶּאֱמַר (ויקרא יד ח) ״אֶת כָּל שְׂעָרוֹ״. אִם כֵּן לָמָּה נֶאֱמַר (ויקרא יד ט) ״רֹאשׁוֹ״ (ויקרא יד ט) ״וּזְקָנוֹ״ (ויקרא יד ט) ״וְגַבֹּת עֵינָיו״ לְרַבּוֹת כָּל כַּיּוֹצֵא בָּהֶן וּלְמַעֵט שֵׂעָר שֶׁבְּתוֹךְ הַחֹטֶם לְפִי שֶׁאֵינוֹ נִרְאֶה. וְאַחַר כָּךְ מְכַבֵּס בְּגָדָיו וְטוֹבֵל וְיִטְהַר מִלְּטַמֵּא בְּבִיאָה וּמִלְּטַמֵּא מִשְׁכָּב וּמוֹשָׁב. וְיִכָּנֵס לְפָנִים מִן הַחוֹמָה וּמוֹנֶה שִׁבְעַת יָמִים וְאָסוּר בָּהֶן בְּתַשְׁמִישׁ הַמִּטָּה שֶׁנֶּאֱמַר (ויקרא יד ח) ״מִחוּץ לְאָהֳלוֹ״ מְלַמֵּד שֶׁאָסוּר בְּתַשְׁמִישׁ הַמִּטָּה. וְהַמְצֹרַעַת מֻתֶּרֶת בְּתַשְׁמִישׁ הַמִּטָּה:

ב. כָּל שִׁבְעַת הַיָּמִים הָאֵלּוּ עֲדַיִן הוּא אַב הַטֻּמְאָה מְטַמֵּא אָדָם וְכֵלִים בְּמַגָּע לֹא בְּמַשָּׂא שֶׁהֲרֵי הוּא אוֹמֵר (ויקרא יד ט) ״וְהָיָה בַיּוֹם הַשְּׁבִיעִי״ (ויקרא יד ט) ״וְכִבֶּס אֶת בְּגָדָיו״ וְגוֹ׳ מְלַמֵּד שֶׁהָיָה מְטַמֵּא בְּגָדִים וּכְשֵׁם שֶׁהָיָה מְטַמֵּא בְּגָדִים בְּמַגָּע כָּךְ מְטַמֵּא אָדָם בְּמַגָּע שֶׁכָּל הַמְטַמֵּא בְּגָדִים מְטַמֵּא אָדָם. וּבַיּוֹם הַשְּׁבִיעִי מְגַלְּחוֹ הַכֹּהֵן תִּגְלַחַת שְׁנִיָּה כָּרִאשׁוֹנָה וּמְכַבֵּס בְּגָדָיו וְטוֹבֵל וְיִטְהַר מִלְּטַמֵּא אֲחֵרִים. וַהֲרֵי הוּא כְּכָל טְבוּלֵי יוֹם וְאוֹכֵל בְּמַעֲשֵׂר. הֶעֱרִיב שִׁמְשׁוֹ אוֹכֵל בִּתְרוּמָה. הֵבִיא כַּפָּרָתוֹ אוֹכֵל בְּקָדָשִׁים כְּמוֹ שֶׁבֵּאַרְנוּ:

ג. כְּשֶׁהוּא מְגַלֵּחַ בִּשְׁתֵּי הַתִּגְלָחוֹת אֵינוֹ מְגַלֵּחַ אֶלָּא בְּתַעַר. וְאִם גִּלֵּחַ שֶׁלֹּא בְּתַעַר אוֹ שֶׁהִנִּיחַ שְׁתֵּי שְׂעָרוֹת לֹא עָשָׂה כְּלוּם. וְאֵינוֹ מְגַלְּחוֹ אֶלָּא כֹּהֵן. וְאִם שִׁיֵּר שְׁתֵּי שְׂעָרוֹת בְּתִגְלַחַת רִאשׁוֹנָה וְגִלְּחָן בַּשְּׁנִיָּה לֹא עָלְתָה לוֹ אֶלָּא תִּגְלַחַת אַחַת בִּלְבַד וַהֲרֵי הִיא רִאשׁוֹנָה. וְכָל הַיּוֹם כָּשֵׁר לְטָהֳרַת הַמְצֹרָע:

ד. תִּגְלַחַת הַמְצֹרָע וּטְבִילָתוֹ וְהַזָּאָתוֹ אֵינָן מְעַכְּבוֹת זוֹ אֶת זוֹ. וּשְׁאָר כָּל מַעֲשָׂיו מְעַכְּבִים:

ה. שְׁחִיטַת הַצִּפּוֹר וְהַתִּגְלַחַת וְהַהַזָּיָה בַּיּוֹם וּשְׁאָר כָּל מַעֲשָׂיו בֵּין בַּיּוֹם בֵּין בַּלַּיְלָה. אֵלּוּ בַּאֲנָשִׁים וּשְׁאָר כָּל מַעֲשָׂיו בֵּין בַּאֲנָשִׁים בֵּין בְּנָשִׁים. אֵלּוּ בְּכֹהֲנִים וּשְׁאָר כָּל מַעֲשָׂיו בֵּין בְּכֹהֲנִים בֵּין בְּיִשְׂרָאֵל:

ו. טָהֳרַת מְצֹרָע זוֹ נוֹהֶגֶת בָּאָרֶץ וּבְחוּצָה לָאָרֶץ. בִּפְנֵי הַבַּיִת וְשֶׁלֹּא בִּפְנֵי הַבַּיִת. וְכֹהֵן שֶׁטִּמְּאוֹ מִצְוָה לְטַהֲרוֹ שֶׁנֶּאֱמַר (ויקרא יג נט) ״לְטַהֲרוֹ אוֹ לְטַמְּאוֹ״. וְהַכֹּל כְּשֵׁרִין לְטַהֵר אֶת הַמְצֹרָע אֲפִלּוּ זָב וַאֲפִלּוּ טְמֵא מֵת. וְאֵין מְצֹרָע מְטַהֵר מְצֹרָע. וְאֵין מְטַהֲרִין שְׁנֵי מְצֹרָעִין כְּאַחַת שֶׁאֵין עוֹשִׂין מִצְוֹת חֲבִילוֹת:

ז. עֵץ אֶרֶז וְאֵזוֹב וּשְׁנִי תוֹלַעַת שֶׁטָּהַר בָּהֶן מְצֹרָע זֶה מְטַהֵר בָּהֶן מְצֹרָעִים אֲחֵרִים. וְכֵן צִפּוֹר הַמִּשְׁתַּלַּחַת מֻתָּר לְטַהֵר בָּהּ מְצֹרָעִים אֲחֵרִים מֵאַחַר שֶׁנִּשְׁתַּלְּחָה וּמֻתֶּרֶת בַּאֲכִילָה. אֲבָל הַצִּפּוֹר הַשְּׁחוּטָה אֲסוּרָה בַּהֲנָאָה. וּמֵאֵימָתַי תֵּאָסֵר, מִשְּׁעַת שְׁחִיטָתָהּ. שְׁחָטָהּ וְאֵין שָׁם אֵזוֹב וְלֹא עֵץ אֶרֶז וְלֹא שְׁנִי תוֹלַעַת הֲרֵי זוֹ אֲסוּרָה בַּהֲנָאָה שֶׁשְּׁחִיטָה שֶׁאֵינָהּ רְאוּיָה שְׁמָהּ שְׁחִיטָה. וְהָאוֹכֵל כְּזַיִת מִצִּפּוֹר הַשְּׁחוּטָה עָבַר עַל עֲשֵׂה וְעַל לֹא תַעֲשֶׂה שֶׁנֶּאֱמַר (דברים יד יב) ״וְזֶה אֲשֶׁר לֹא תֹאכְלוּ מֵהֶם״ מִפִּי הַשְּׁמוּעָה לָמְדוּ שֶׁזֶּה לְרַבּוֹת הַצִּפּוֹר הַשְּׁחוּטָה. וְנֶאֱמַר (דברים יד יא) ״טְהֹרָה תֹּאכֵלוּ״ הָא אַחֶרֶת לֹא תֹאכְלוּ וְלָאו הַבָּא מִכְּלַל עֲשֵׂה עֲשֵׂה:

ח. אֵין לוֹקְחִין שְׁתֵּי הַצִּפֳּרִים מִצִּפֳּרֵי עִיר הַנִּדַּחַת וְלֹא מִצִּפֳּרִים שֶׁהֶחְלִיפָן בַּעֲבוֹדָה זָרָה וְלֹא מִצִּפֳּרִים שֶׁהָרְגוּ אֶת הַנֶּפֶשׁ. וּמִצְוָתָן שֶׁיִּהְיוּ שְׁתֵּיהֶן שָׁווֹת בְּמַרְאֶה בְּקוֹמָה וּבְדָמִים וּלְקִיחָתָן כְּאַחַת. אַף עַל פִּי שֶׁאֵינָן שָׁווֹת אוֹ שֶׁלָּקַח אַחַת הַיּוֹם וְאַחַת לְמָחָר כְּשֵׁרוֹת. לָקַח שְׁתֵּי הַצִּפֳּרִים לְשֵׁם אִישׁ כְּשֵׁרוֹת לְטַהֵר בָּהֶן אִשָּׁה. לְשֵׁם אִשָּׁה כְּשֵׁרוֹת

לְטַהֵר בָּהֶן אִישׁ. לְטַהֵר בָּהֶן בֵּית מְנֻגָּע כְּשֵׁרוֹת לְטַהֵר אָדָם. לִקְחָן לְאָדָם כְּשֵׁרוֹת לְבֵית מְנֻגָּע שֶׁנֶּאֱמַר (ויקרא יד ד) "וְלָקַח לַמִּטַּהֵר":

ט. שָׁחַט אַחַת מֵהֶן וְנִמְצֵאת שֶׁלֹּא הָיְתָה דְּרוֹר יִקַּח זוּג לַשְּׁנִיָּה וְהָרִאשׁוֹנָה מֻתֶּרֶת בַּאֲכִילָה. שָׁחַט הָאַחַת וְנִמְצֵאת טְרֵפָה יִקַּח זוּג לַשְּׁנִיָּה וְהָרִאשׁוֹנָה מֻתֶּרֶת בַּהֲנָאָה:

י. נִשְׁפַּךְ הַדָּם מַנִּיחִין אֶת הַמִּשְׁתַּלַּחַת עַד שֶׁתָּמוּת. מֵתָה הַמִּשְׁתַּלַּחַת יִשָּׁפֵךְ הַדָּם וְיִקַּח שְׁתַּיִם אֲחֵרוֹת:

Perek 12

Tzaraat in garments.

Signs

The laws of *Tzaraat* in garments.[7]

- Minimum measure is **1** ***gris*** (same as humans)
- **3** signs of impurity
  - *Yerakrak* (intense green colour)
  - *Adamdam* (intense red colour)
  - *Pishyon* (spreading)
- **2-week** investigation period i.e. rechecked on the **7th day** and on the **13th** day (as for humans)
- The red and green can be added up together.
- When garment is washed and reinvestigated after 1 week, one must wash it with the **7** detergents as in *nidah* blood stains. (I.e. if changes were minimal or there were combined variable changes leaving doubt as to its status).

Reminder
Pack on Impurity of *Zav, Zavah etc*

- If garment retained original appearance (after the first week) it is left for another week.
- If after the second week it retained the original appearance, it is impure and must be burned.
- If it turned a third colour, garment is washed and is pure.
- If green turned to red or red turned to green, the affected area should be cut out, but rest of garment is pure (after immersion in *mikveh*).
- The increase in size must be outward to signify impurity.
- As with humans, if a lesion appeared on the garment, and after isolation the whole garment became green or red, then the garment is judged as pure.
- Coloured garments cannot contract impurity – only white ones.
- A cloth less than **3 × 3** ***etzba*** does not contract impurity since it is useless.

פרק י"ב

א. צָרַעַת בְּגָדִים כִּגְרִיס, כְּצָרַעַת אָדָם. אֲבָל פָּחוֹת מִכִּגְרִיס טָהוֹר. וּשְׁלֹשָׁה סִימָנֵי טֻמְאָה יֵשׁ בָּהֶן. יְרַקְרַק אֲדַמְדַּם וְהַפִּשְׂיוֹן. וּשְׁלָשְׁתָּן מְפֹרָשִׁין בַּתּוֹרָה. יְרַקְרַק הוּא הַיָּרֹק שֶׁבַּיְרֻקִּין שֶׁהוּא יָרֹק הַרְבֵּה כִּכְנַף הַטַּוָּס וּכְהוּצֵי הַדֶּקֶל. וַאֲדַמְדַּם הוּא אָדֹם שֶׁבָּאֲדֻמִּים שֶׁהוּא אָדֹם הַרְבֵּה כִּזְהוֹרִית יָפָה. וּשְׁנֵי מַרְאוֹת אֵלּוּ מִצְטָרְפִין זֶה עִם זֶה בְּמַרְאֶה יְרַקְרַק אוֹ אֲדַמְדַּם מַסְגִּירִין אֶת הַבֶּגֶד. וְאִם עָמַד בְּמַרְאֶה זֶה שְׁנֵי שָׁבוּעוֹת מַחְלִיטִין וְשׂוֹרְפִין וְכֵן אִם פָּשָׂה מַחְלִיטִין וְשׂוֹרְפִין. כֵּיצַד. בֶּגֶד שֶׁנִּרְאֶה בּוֹ נֶגַע יְרַקְרַק אוֹ אֲדַמְדַּם מַסְגִּירוֹ שִׁבְעַת יָמִים וּבַשְּׁבִיעִי רוֹאֶה אִם פָּשָׂה מַחְלִיטוֹ וְשׂוֹרֵף אֶת כָּל הַבֶּגֶד. וְאִם עָמַד בְּמַרְאֵהוּ וְלֹא פָּשָׂה אוֹ שֶׁפָּשָׂה וְכֵהָה מִשְּׁנֵי הַמַּרְאוֹת שֶׁהֻסְגַּר בָּהֶן אוֹ שֶׁהוֹסִיף הַמַּרְאֶה לְהַאֲדִים וּלְהוֹרִיק וְלֹא פָּשָׂה יְכַבֵּס מְקוֹם הַנֶּגַע וְיַסְגִּיר שִׁבְעַת יָמִים שֵׁנִית וּבְסוֹף שָׁבוּעַ שֵׁנִי שֶׁהוּא יוֹם שְׁלֹשָׁה עָשָׂר רוֹאֶה. אִם כֵּהָה לְמַרְאֶה שְׁלִישִׁית הֲרֵי זֶה טָעוּן כִּבּוּס וְטָהוֹר. וְאִם נִשְׁתַּנָּה הַנֶּגַע מִמַּה שֶּׁהָיָה כְּגוֹן שֶׁהָיָה יְרַקְרַק וְנַעֲשָׂה אֲדַמְדַּם אוֹ אֲדַמְדַּם וְנַעֲשָׂה יְרַקְרַק קוֹרֵעַ מְקוֹם הַנֶּגַע וְשׂוֹרֵף מַה שֶּׁקָּרַע וְתוֹפֵר מַטְלִית בַּמָּקוֹם שֶׁקָּרַע וּפוֹטֵר שְׁאָר הַבֶּגֶד וּמְכַבְּסוֹ כֻּלּוֹ כִּבּוּס שֵׁנִי וּמַטְבִּילוֹ, וְטָהֵר. וְאִם עָמַד בַּמַּרְאֶה שֶׁהֻסְגַּר בּוֹ בַּתְּחִלָּה יַחְלִיטוֹ וְיִשְׂרֹף אֶת כֻּלּוֹ:

ב. נֶגַע שֶׁהָיָה יְרַקְרַק וּפָשָׂה אֲדַמְדַּם אוֹ שֶׁהָיָה אֲדַמְדַּם וּפָשָׂה יְרַקְרַק הֲרֵי זֶה פִּשְׂיוֹן:

ג. נֶגַע שֶׁהָיָה בְּאֶמְצָעוֹ מָקוֹם נָקִי בְּלֹא נֶגַע וּפָשָׂה לוֹ הַנֶּגַע אֵינוֹ פִּשְׂיוֹן עַד שֶׁיִּפְשֶׂה לַחוּץ. שֶׁאֵין פִּשְׂיוֹן הַנֶּגַע לְתוֹכוֹ פִּשְׂיוֹן בֵּין בְּאָדָם בֵּין בִּבְגָדִים וּבָתִּים:

ד. הַפִּשְׂיוֹן הַסָּמוּךְ בַּבְּגָדִים כָּל שֶׁהוּא וְהָרָחוֹק אוֹ הַחוֹזֵר כִּגְרִיס. כֵּיצַד. בֶּגֶד שֶׁהֻסְגַּר וְנוֹלַד בּוֹ נֶגַע אַחֵר כִּגְרִיס רָחוֹק מִן הַנֶּגַע שֶׁהֻסְגַּר בּוֹ הֲרֵי זֶה פִּשְׂיוֹן וְיִשָּׂרֵף. וְאִם הָיָה פָּחוֹת מִכִּגְרִיס אֵין מַשְׁגִּיחִין בּוֹ. וְכֵן בֶּגֶד שֶׁקָּרַע מִמֶּנּוּ הַנֶּגַע בְּסוֹף שָׁבוּעַ שֵׁנִי כְּמוֹ שֶׁבֵּאַרְנוּ וְחָזַר בּוֹ נֶגַע כִּגְרִיס יִשָּׂרֵף. וְכֵן בֶּגֶד שֶׁפָּשָׂה בּוֹ הַנֶּגַע אַחַר שֶׁנִּפְטַר יִשָּׂרֵף:

ה. מִי שֶׁמְּכַבֵּס אֶת הַנֶּגַע בְּשָׁבוּעַ רִאשׁוֹן כְּמוֹ שֶׁבֵּאַרְנוּ צָרִיךְ לְכַבֵּס מְעַט מִן הַבֶּגֶד שֶׁחוּצָה לוֹ שֶׁנֶּאֱמַר (ויקרא יג נד) "אֵת אֲשֶׁר בּוֹ הַנָּגַע". וְכָל נִגְעֵי בְּגָדִים שֶׁמְּכַבְּסִין אוֹתָן מַעֲבִירִין עֲלֵיהֶן שִׁבְעָה סַמְמָנִין שֶׁמַּעֲבִירִין עַל הַכֶּתֶם כְּדֶרֶךְ שֶׁמַּעֲבִירִין עַל הַכְּתָמִים כְּמוֹ שֶׁבֵּאַרְנוּ בְּעִנְיַן נִדָּה:

ו. בֶּגֶד שֶׁקָּרַע מִמֶּנּוּ מְקוֹם הַנֶּגַע וְתָפַר מַטְלִית כְּמוֹ שֶׁבֵּאַרְנוּ וְחָזַר נֶגַע כִּגְרִיס עַל הַבֶּגֶד. מַתִּיר אֶת הַמַּטְלִית וּמַצִּילָהּ וְשׂוֹרֵף שְׁאָר הַבֶּגֶד. חָזַר הַנֶּגַע עַל הַמַּטְלִית שׂוֹרֵף אֶת הַכֹּל:

ז. הַטּוֹלֶה מִן הַמֻּסְגָּר בְּטָהוֹר וְחָזַר נֶגַע עַל הַבֶּגֶד שׂוֹרֵף אֶת הַמַּטְלִית. חָזַר עַל הַמַּטְלִית הַבֶּגֶד הָרִאשׁוֹן הַמֻּסְגָּר יִשָּׂרֵף וְהַמַּטְלִית תְּשַׁמֵּשׁ אֶת הַבֶּגֶד שֶׁהִיא תְּפוּרָה בּוֹ בְּסִימָנִין. אִם עָמַד בְּעֵינָיו שְׁנֵי שָׁבוּעוֹת אוֹ פָּשָׂה שׂוֹרְפִין הַכֹּל:

ח. בֶּגֶד שֶׁבָּא כֻּלּוֹ בַּתְּחִלָּה יְרַקְרַק אוֹ אֲדַמְדַּם מַסְגִּירוֹ שָׁבוּעַ אַחַר שָׁבוּעַ. אִם עָמַד בּוֹ שְׁנֵי שָׁבוּעוֹת יִשָּׂרֵף. אֲבָל בֶּגֶד שֶׁהִסְגִּירוֹ וּפָשָׂה הַנֶּגַע בְּכֻלּוֹ וְנַעֲשָׂה יְרַקְרַק אוֹ אֲדַמְדַּם אוֹ שֶׁפְּטָרוֹ וְאַחַר שֶׁפְּטָרוֹ בָּא כֻּלּוֹ יְרַקְרַק אוֹ אֲדַמְדַּם הֲרֵי זֶה טָהוֹר. כִּבֵּס וּפָשָׂה יִשָּׂרֵף:

ט. בֶּגֶד שֶׁמּוֹכִין יוֹצְאִין עַל פָּנָיו מִן הָאָרִיג כְּגוֹן סָגוֹס שֶׁל צֶמֶר וְנִרְאָה בּוֹ נֶגַע אֵינוֹ מִתְטַמֵּא עַד שֶׁיֵּרָאֶה הַנֶּגַע בַּמּוֹכִין וּבָאָרִיג עַצְמוֹ. וְזֶה שֶׁנֶּאֱמַר בַּבְּגָדִים (ויקרא יג נה) "בְּקָרַחְתּוֹ אוֹ בְגַבַּחְתּוֹ" קָרַחְתּוֹ אֵלּוּ הַשְּׁחָקִים גַּבַּחְתּוֹ אֵלּוּ הַחֲדָשִׁים:

י. הַבְּגָדִים הַצְּבוּעִים אֵינָן מִטַּמְּאִין בִּנְגָעִים בֵּין שֶׁצְּבוּעִין בִּידֵי אָדָם בֵּין שֶׁצְּבוּעִין בִּידֵי שָׁמַיִם עַד שֶׁיִּהְיוּ לְבָנִים. בֶּגֶד שֶׁשְּׁתִיו צָבוּעַ וְעֶרְבּוֹ לָבָן עֶרְבּוֹ צָבוּעַ וּשְׁתִיו לָבָן הַכֹּל הוֹלֵךְ אַחַר הַנִּרְאֶה. פָּחוֹת מִשָּׁלֹשׁ אֶצְבָּעוֹת עַל שָׁלֹשׁ אֶצְבָּעוֹת מִן הָאָרִיג אֵינוֹ מִטַּמֵּא בִּנְגָעִים:

יא. בֶּגֶד שֶׁאָרַג בּוֹ פָּחוֹת מִשָּׁלֹשׁ עַל שָׁלֹשׁ וְנִרְאָה בּוֹ נֶגַע וְאַחַר כָּךְ הִשְׁלִימוֹ לְשָׁלֹשׁ עַל שָׁלֹשׁ טָהוֹר:

יב. הַתּוֹפֵר מַטְלִיּוֹת שֶׁאֵין בְּכָל אַחַת מֵהֶן שָׁלֹשׁ עַל שָׁלֹשׁ וְעָשָׂה מֵהֶן בֶּגֶד הֲרֵי זֶה מִטַּמֵּא בִּנְגָעִים שֶׁהַתָּפוּר כְּאָרוּג וְכֻלּוֹ בֶּגֶד אֶחָד הוּא:

יג. בֶּגֶד שֶׁהוּא מַטְלִיּוֹת מַטְלִיּוֹת מֵהֶן צְבוּעִין וּמֵהֶן לְבָנִים וְנִרְאָה נֶגַע בַּלָּבָן שֶׁבּוֹ מַסְגִּירִין אוֹתוֹ אִם עָמַד שְׁנֵי שָׁבוּעוֹת נִטְמָא כֻּלּוֹ וְיִשָּׂרֵף. וְכֵן אִם פָּשָׂה הַנֶּגַע בְּמַטְלִית לְבָנָה אַחֶרֶת הֲרֵי זֶה פִּשְׂיוֹן אַף עַל פִּי שֶׁיֵּשׁ בֵּינֵיהֶם צָבוּעַ. הָיָה כֻּלּוֹ צָבוּעַ וּבוֹ פַּס אֶחָד לָבָן אֲפִלּוּ כִּגְרִיס וְנִרְאָה בּוֹ נֶגַע יַסְגִּיר שֶׁאִם עָמַד בְּעֵינָיו וְלֹא הוֹסִיף וְלֹא כֵּהָה שְׁנֵי שָׁבוּעוֹת יִשָּׂרֵף:

Perek 13

Tzaraat in garments.

Materials

The only garments which can contract *tzaraat* are

- *Tzemer* – wool from sheep (and not from goats)
- *Pishtim* – linen
- Cloths where *shesi* (warp) or *erev* (woof) is made of wool or linen
- *Klei or* – leather vessels (even when they are coloured naturally) – But unprocessed leather does not contract *tzaraat* impurity.

Garments belonging to Gentiles cannot contract impurity.

Mixtures of sheep wool and camel wool or flax and hemp, the susceptibility depends on that which is in greater percentage.

Hides of sea animals do not contract *tzaraat* impurity.

All utensils that are fit to contract other types of impurity, are also susceptible to *tzaraat* impurity.

> **Reminder**
> Pack on Impurity of Vessels

The threads of woof and warp whether of wool or linen are susceptible to *tzaraat* impurity after it has been spun as long as there is enough thread to weave a cloth which is 3 × 3 *etzba*.

If a garment was isolated and then dyed or sold to a Gentile, it becomes pure. (Even although these occurred after the lesion appeared.)

Garments, leather utensils or threads are *av hatumah*, and they impart impurity exactly as a human, with touch, carriage and entering a building. The articles in the building become *rishon letumah*.

Blemished garments have an extra stringency over humans in that they are sent outside of a city even if it is unwalled.

Tzaraat of Garments (Same as Person)

Direct Transmission of impurity from *Av Hatumah* (Father or Primary Source)

	Direct from Text of Rambam	Understood
TOUCH		
Imparts impurity to people	✓ They become *rishon*	
Imparts impurity to vessels	✓ They become *rishon*	
Imparts impurity to clothes one is wearing		✓

Imparts impurity to earthenware vessels	✓	*It enters its space*
Imparts impurity to foods		✓
Imparts impurity to liquids		✓
CARRIAGE		
Imparts impurity to people	✓	
Imparts impurity to vessels		
Imparts impurity to earthenware vessels		
Imparts impurity to clothes		
Imparts impurity to foods		
Imparts impurity to liquids		
MOVEMENT (CAN BE MOVEMENT WITHOUT CARRIAGE)		✓
Imparts impurity same as carriage		
MISHKAV AND MOSHAV		
Couch (or chair) on which lies (or sits) becomes impure	✓	
Saddle on which rides becomes impure	✓	
Madaf impurity		
SPACE CONTAINING AN IMPURITY		
OHEL (UNIQUE TO A HUMAN CORPSE)		
Imparts impurity to people		
Imparts impurity to vessels		
Imparts impurity to earthenware vessels		
Imparts impurity to foods		
Imparts impurity to drinks (liquids)		
Containing structure becomes impure		
SEALED VESSELS (SIMILAR LAWS TO OHEL)		
Imparts impurity to people		
Imparts impurity to vessels		
Imparts impurity to foods		
Imparts impurity to liquids		

Vessel becomes impure		
METZORA OR *TZARAAT* MATERIAL ENTERING BUILDING		
Imparts impurity to people	✓ They become *rishon*	
Imparts impurity to vessels	✓ They become *rishon*	
Imparts impurity to foods		✓
Imparts impurity to liquids		✓
Building becomes impure	✓	
SPACE OF EARTHENWARE VESSELS		
Imparts impurity to people		✓
Imparts impurity to vessels		✓
Imparts impurity to foods		✓
Imparts impurity to liquids		✓
Vessel becomes impure	✓	

פרק י״ג

א. אֵין מִטַּמֵּא בִּנְגָעִים אֶלָּא בִּגְדֵי צֶמֶר וּפִשְׁתִּים בִּלְבַד. אוֹ הַשְּׁתִי אוֹ הָעֵרֶב שֶׁל צֶמֶר וּפִשְׁתִּים. וְכָל כְּלֵי הָעוֹר בֵּין קָשֶׁה בֵּין רַךְ. אַף הָעוֹר הַצָּבוּעַ בִּידֵי שָׁמַיִם מִטַּמֵּא בִּנְגָעִים. וְהַלְּבָדִים כִּבְגָדִים וּמִטַּמְּאִין בִּנְגָעִים. וְהָאֹהָלִים מִטַּמְּאִין בִּנְגָעִים בֵּין שֶׁהָיוּ שֶׁל צֶמֶר וּפִשְׁתִּים בֵּין שֶׁהָיוּ שֶׁל עוֹר:

ב. כָּל הַבְּגָדִים שֶׁל צֶמֶר וּפִשְׁתִּים מִטַּמְּאִין בִּנְגָעִים חוּץ מִבִּגְדֵי עַכּוּ״ם. הַלּוֹקֵחַ בְּגָדִים מִן הָעַכּוּ״ם יֵרָאוּ בַּתְּחִלָּה. בֶּגֶד שֶׁהוּא כִּלְאַיִם מִן הַצֶּמֶר וּמִן הַפִּשְׁתִּים מִטַּמֵּא בִּנְגָעִים:

ג. צֶמֶר גְּמַלִּים וְצֶמֶר רְחֵלִים שֶׁטְּוָאָן זֶה עִם זֶה אִם רֹב מִן הַגְּמַלִּים אֵינוֹ מִטַּמֵּא בִּנְגָעִים וְאִם רֹב מִן הָרְחֵלִים מִטַּמֵּא בִּנְגָעִים. מֶחֱצָה לְמֶחֱצָה מִטַּמֵּא בִּנְגָעִים. וְהוּא הַדִּין בְּפִשְׁתָּן וְקַנְבּוֹס שֶׁטְּרָפָן זֶה בָּזֶה. וְרָחֵל בַּת עֵז אֵין הַצֶּמֶר שֶׁלָּהּ מִטַּמֵּא בִּנְגָעִים. בֶּגֶד שֶׁהָיָה שִׁתְיוֹ פִּשְׁתָּן וְעֶרְבּוֹ קַנְבּוֹס אוֹ שִׁתְיוֹ קַנְבּוֹס וְעֶרְבּוֹ פִּשְׁתָּן אֵינוֹ מִטַּמֵּא בִּנְגָעִים. וְכֵן אִם הָיָה שִׁתְיוֹ אוֹ עֶרְבּוֹ פִּשְׁתָּן אוֹ צֶמֶר וְהַשְּׁאָר נוֹצָה שֶׁל עִזִּים וְכַיּוֹצֵא בָּהּ אֵינוֹ מִטַּמֵּא בִּנְגָעִים:

ד. הָעוֹר שֶׁאֵינוֹ מְעֻבָּד אֵינוֹ מִטַּמֵּא בִּנְגָעִים. וְכֵן הָעוֹר שֶׁהוּא גֹּלֶם קֹדֶם שֶׁעָשָׂה מִמֶּנּוּ כֵּלִים אֵינוֹ מִטַּמֵּא בִּנְגָעִים שֶׁנֶּאֱמַר כְּלִי הָעוֹר. וְכָל (ויקרא יג נב) ״כְּלִי הָעוֹר״ בֵּין פְּשׁוּטֵיהֶן בֵּין מְקַבְּלֵיהֶן כָּל שֶׁהֵן מִטַּמְּאִין בִּנְגָעִים:

ה. עוֹרוֹת חַיָּה שֶׁבַּיָּם אֵין מִטַּמְּאִין בִּנְגָעִים. חִבֵּר לָהֶן מִן הַגָּדֵל בָּאָרֶץ אֲפִלּוּ חוּט אוֹ מְשִׁיחָה שֶׁל צֶמֶר אוֹ פִּשְׁתִּים אוֹ עוֹר בְּהֵמָה וְחַיָּה הַמְעֻבָּדִין כָּל שֶׁהוּא וְעָשָׂה מֵהֶן כֵּלִים מִטַּמְּאִין בִּנְגָעִים וְהוּא שֶׁיְּחַבְּרֶנּוּ לוֹ כְּדֶרֶךְ חִבּוּרֵי בְּגָדִים לְטֻמְאָה:

ו. כָּל כְּלִי הָרָאוּי לְהִתְטַמֵּא בִּשְׁאָר הַטֻּמְאוֹת אַף עַל פִּי שֶׁאֵינוֹ מִתְטַמֵּא בְּמִדְרַס הַזָּב מִפְּנֵי שֶׁלֹּא נַעֲשָׂה לְמִשְׁכָּב אוֹ לְמוֹשָׁב הֲרֵי זֶה מִטַּמֵּא בִּנְגָעִים כְּגוֹן קֶלַע שֶׁל סְפִינָה וְהַפָּרֹכֶת וְשָׁבִיס שֶׁל שְׂבָכָה וּמִטְפְּחוֹת סְפָרִים וְהָאַבְנֵט וּרְצוּעוֹת מִנְעָל וְסַנְדָּל שֶׁיֵּשׁ בָּהֶן רֹחַב כִּגְרִים. הֲרֵי אֵלּוּ וְכָל כַּיּוֹצֵא בָּהֶן מִטַּמֵּא בִּנְגָעִים וְאֵין צָרִיךְ לוֹמַר שְׁאָר הַכֵּלִים כְּגוֹן כָּרִים וּכְסָתוֹת. הַחֵמֶת וְהַתּוּרְמָל נִרְאִין כְּדַרְכָּן וּפוֹשֶׂה הַנֶּגַע מִתּוֹכָן לַאֲחוֹרֵיהֶן וּמֵאֲחוֹרֵיהֶן לְתוֹכָן. וְכֵן כָּל כַּיּוֹצֵא בָּהֶן מִכְּלֵי הָעוֹר הַכְּפוּלִין:

ז. סָדִין הַמְקֻמָּט מַפְשִׁיטִין אֶת קְמָטָיו וְרוֹאִין אֶת נִגְעוֹ:

ח. הַשְּׁתִי וְהָעֵרֶב בֵּין שֶׁל צֶמֶר בֵּין שֶׁל פִּשְׁתָּן מִטַּמְּאִין בִּנְגָעִין מִיַּד מִשֶּׁיִּטָּווּ אַף עַל פִּי שֶׁלֹּא לִבֵּן הַפִּשְׁתָּן וְלֹא שָׁלַק הַצֶּמֶר. וְכַמָּה יִהְיֶה בִּפְקַעַת שֶׁל טָווּי וְתִטַּמֵּא בִּנְגָעִים, כְּדֵי לֶאֱרֹג מִמֶּנּוּ שָׁלֹשׁ עַל שָׁלֹשׁ שְׁתִי וָעֵרֶב, בֵּין שֶׁהָיְתָה כֻּלָּהּ שְׁתִי בֵּין שֶׁהָיְתָה כֻּלָּהּ עֵרֶב. הָיְתָה הַפְּקַעַת מְקֻבֶּצֶת מֵחוּטִים פְּסוּקִין אֵינָהּ מִטַּמְּאָה בִּנְגָעִים:

ט. שְׁתֵּי פְקָעִיּוֹת הַמְעֹרוֹת זוֹ לָזוֹ בְּחוּט. וְכֵן הַשְּׁתִי שֶׁמִּקְצָתוֹ לָפוּף עַל הַכֹּבֶד הָעֶלְיוֹנָה וּמִקְצָתוֹ לָפוּף עַל הַכֹּבֶד הַתַּחְתּוֹנָה. וְכֵן שְׁנֵי דַפֵּי חָלוּק שֶׁמְּעֹרוֹת בְּחוּט אֶחָד וְנִרְאָה הַנֶּגַע בְּאֶחָד מֵהֶן. הַשֵּׁנִי טָהוֹר אַף עַל פִּי שֶׁחוּט אֶחָד מְחַבֵּר בֵּינֵיהֶן. נִרְאָה הַנֶּגַע בְּנֶפֶשׁ הַמַּסֶּכֶת וּבַשְּׁתִי הָעוֹמֵד אַף עַל פִּי שֶׁמִּקְצָת הַנֶּגַע בַּבֶּגֶד וּמִקְצָתוֹ בַּשְּׁתִי הֲרֵי זֶה טָמֵא. נִרְאָה הַנֶּגַע בַּשְּׁתִי הָעוֹמֵד לְבַדּוֹ הָאָרוּג טָהוֹר. נִרְאָה בָּאָרוּג לְבַדּוֹ הַשְּׁתִי הָעוֹמֵד טָהוֹר. נִרְאָה בְּסָדִין שׁוֹרֵף אֶת הַנִּימִין. נִרְאָה בַּנִּימִין הַסָּדִין טָהוֹר. פָּשָׂה מִן הַנִּימִין לַסָּדִין הַסָּדִין טָמֵא:

י. חָלוּק שֶׁנִּרְאָה בּוֹ נֶגַע מַצִּיל אֶת הָאִמְרִיּוֹת שֶׁבּוֹ אֲפִלּוּ הָיְתָה הָאִימֶרֶת צֶמֶר אוֹ פִּשְׁתִּים מַצִּילָהּ וְאֵינָהּ נִשְׂרֶפֶת:

יא. בֶּגֶד מֻסְגָּר שֶׁצְּבָעוֹ אוֹ מְכָרוֹ לְעַכּוּ"ם טָהוֹר. וְכֵן אִם נִתְעָרֵב בַּאֲחֵרִים כֻּלָּן טְהוֹרִים. קְצָצוֹ וַעֲשָׂהוּ מוֹכִין פָּחוֹת מִשָּׁלֹשׁ עַל שָׁלֹשׁ טָהוֹר וּמֻתָּר בַּהֲנָיָתוֹ. הָיְתָה בָּהֶן אַחַת שָׁלֹשׁ עַל שָׁלֹשׁ וְנִרְאָה בָּהּ נֶגַע הִיא לְבַדָּהּ טְמֵאָה:

יב. בֶּגֶד מֻחְלָט שֶׁנִּתְעָרֵב בַּאֲחֵרִים כֻּלָּן טְמֵאִין וְיִשָּׂרְפוּ אֲפִלּוּ אֶחָד בְּכַמָּה אֲלָפִים. וְכֵן אִם קְצָצָן וַעֲשָׂאָהוּ מוֹכִין הֲרֵי הֵן טְמֵאִין וְאָסוּר בַּהֲנָיָתָן:

יג. אֶחָד בֶּגֶד אוֹ כְּלִי עוֹר אוֹ שְׁתִי אוֹ עֵרֶב הַמֻּסְגָּר אוֹ הַמֻּחְלָט לְעִנְיַן טֻמְאָה הֲרֵי הוּא אַב מֵאֲבוֹת הַטֻּמְאוֹת כְּאָדָם מְצֹרָע לְכָל דָּבָר מְטַמֵּא בְּמַגָּע וּבְמַשָּׂא וּבְבִיאָה וְעוֹשֶׂה מִשְׁכָּב וּמוֹשָׁב אֲפִלּוּ מִתַּחַת הָאֶבֶן. כֵּיצַד. בֶּגֶד מְנֻגָּע אוֹ שְׁתִי אוֹ עֵרֶב אוֹ כְּלֵי עוֹר הַמְנֻגָּעִין שֶׁהִכְנִיס מֵהֶן אֲפִלּוּ כְּזַיִת לְבַיִת טָהוֹר נִטְמָא כָּל אֲשֶׁר בַּבַּיִת בֵּין אָדָם בֵּין כֵּלִים וְנַעֲשׂוּ כֻּלָּן רִאשׁוֹן לְטֻמְאָה. וְכֵן מִשְׁכָּב וּמוֹשָׁב הַמֻּנָּח תַּחַת הָאֶבֶן וְהִנִּיחַ כְּזַיִת מֵהֶן לְמַעְלָה מִן הָאֶבֶן נִטְמָא הַמִּשְׁכָּב אוֹ הַמּוֹשָׁב:

יד. מַטְלִית שֶׁיֵּשׁ בָּהּ שָׁלֹשׁ עַל שָׁלֹשׁ אַף עַל פִּי שֶׁאֵין בָּהּ כְּזַיִת כֵּיוָן שֶׁנִּכְנַס רֻבָּהּ לְבַיִת טָהוֹר טִמְּאַתּוּ. הָיוּ בָּהּ כַּמָּה זֵיתִים כֵּיוָן שֶׁנִּכְנַס מִמֶּנָּה כְּזַיִת לְבַיִת טָהוֹר נִטְמָא. אַף עַל פִּי שֶׁכָּל הַשִּׁעוּרִין הֲלָכָה לְמשֶׁה מִסִּינַי הֲרֵי הוּא אוֹמֵר (ויקרא יד נה) "לְכָל נֶגַע הַצָּרַעַת וְלַנָּתֶק" (ויקרא יד נד) "וּלְצָרַעַת הַבֶּגֶד וְלַבָּיִת" הִקִּישׁ נִגְעֵי אָדָם לְנִגְעֵי בְּגָדִים וּבָתִּים וְהִשְׁוָה הַמְצֹרָע לְמֵת שֶׁנֶּאֱמַר (במדבר יב יב) "אַל נָא תְהִי כַּמֵּת" מָה הַמֵּת בִּכְזַיִת אַף אֵלּוּ בִּכְזַיִת:

טו. בְּגָדִים הַמְנֻגָּעִים מְשַׁלְּחִין אוֹתָן חוּץ לָעִיר בֵּין שֶׁהָיְתָה מֻקֶּפֶת חוֹמָה בֵּין שֶׁאֵינָהּ מֻקֶּפֶת. וְזֶה חֹמֶר בִּבְגָדִים מִבְּאָדָם:

Perek 14

Tzaraat in a House.

Signs

The laws of *tzaraat* in a house.[8]

Measure of blemish to make impure is **2 *gris*** i.e. **6 × 12 hairs area** – *Mosheh Misinai.*

- **3** distinguishing marks
  - *Yerakrak* (intense green)
  - *Adamdam* (intense red)
  - *Pishyon* (spreading)
- Appearance must be below the surface (as with humans) – *shikaarurot.*
- If impure bricks were replaced and the *nega* spread, house must be demolished.
- Priest examines house
- Priest must issue an order to clear out the house if *tzaraat* suspected.

- House should be examined in its natural state (i.e. windows not opened to let in light, nor are candles used).
- *Kohen* then stands at the entrance of the house and announces his decision.
- Measurements of house (must have a minimal size to become impure).
  - 4 × 4 *amah*
  - 4 walls
  - Built of stones earth and wood, and be attached to the earth.
  - House must have not less than 8 stones (2 for each wall) – stones must be on each wall.
  - The blemish must be on at least 2 stones.
  - Walls do not have to be white.
  - Houses in Jerusalem and Diaspora are not susceptible.
  - Houses of Gentiles not susceptible.

פרק י״ד

א. צָרַעַת בָּתִּים כִּשְׁנֵי גְּרִיסִין זֶה בְּצַד זֶה. נִמְצָא רֹחַב הַנֶּגַע כְּמוֹ מְקוֹם צְמִיחַת שֵׁשׁ שְׂעָרוֹת בַּגּוּף וְאָרְכּוֹ כִּשְׁתֵּים עֶשְׂרֵה שְׂעָרוֹת בְּרִבּוּעַ. וְהַפָּחוֹת מִשִּׁעוּר זֶה בְּבָתִּים טָהוֹר. וְכָל הַשִּׁעוּרִין הֲלָכָה לְמשֶׁה מִסִּינַי:

ב. שְׁלֹשָׁה סִימָנֵי טֻמְאָה יֵשׁ בְּבָתִּים. מַרְאֶה יְרַקְרַק וַאֲדַמְדַּם וְהַפִּשְׂיוֹן. וְכֻלָּן מְפֹרָשִׁין בַּתּוֹרָה. וּשְׁנֵי הַמַּרְאוֹת מִצְטָרְפִין זֶה עִם זֶה. וּפִשְׂיוֹן הַסָּמוּךְ כָּל שֶׁהוּא וְהָרָחוֹק כִּגְרִיס. אֲבָל הַחוֹזֵר אַחַר הַטּוּחַ כִּשְׁנֵי גְּרִיסִין:

ג. אֵין נִגְעֵי בָּתִּים מְטַמְּאִין עַד שֶׁיִּהְיֶה מַרְאֵה הַנֶּגַע שָׁפָל מִן הַקִּיר שֶׁנֶּאֱמַר (ויקרא יד לז) "שְׁקַעֲרוּרֹת" שֶׁיִּהְיוּ שׁוֹקְעִין בַּקִּירוֹת. וּבִשְׁנֵי הַמַּרְאוֹת מַסְגִּירִין אוֹ מַחְלִיטִין וּבְפִשְׂיוֹן נוֹתְצִין. וְאִם פָּשָׂה אַחֲרֵי הַטּוּחַ נוֹתֵץ אֶת כָּל הַבַּיִת כְּמוֹ שֶׁיִּתְבָּאֵר:

ד. כְּשֶׁיֵּרָאֶה נֶגַע בְּבַיִת אֲפִלּוּ חָכָם שֶׁיּוֹדֵעַ וַדַּאי שֶׁזֶּה נֶגַע לֹא יִגְזֹר וְיֹאמַר נֶגַע נִרְאֶה לִי בַּבַּיִת אֶלָּא אוֹמֵר לַכֹּהֵן (ויקרא יד לה) "כְּנֶגַע נִרְאָה לִי בַּבָּיִת". (ויקרא יד לו) "וְצִוָּה הַכֹּהֵן וּפִנּוּ אֶת הַבַּיִת" אֲפִלּוּ חֲבִילֵי עֵצִים וַחֲבִילֵי קָנִים וְאַחַר כָּךְ יָבוֹא הַכֹּהֵן וְיִכָּנֵס וְיִרְאֶה הַנֶּגַע:

ה. בַּיִת אָפֵל אֵין פּוֹתְחִין בּוֹ חַלּוֹנוֹת לִרְאוֹת אֶת נִגְעוֹ אֶלָּא אִם אֵין הַנֶּגַע נִרְאֶה בּוֹ טָהוֹר. וְאַחַר שֶׁיִּרְאֶה הַכֹּהֵן אֶת הַנֶּגַע יֵצֵא וְיַעֲמֹד עַל פֶּתַח הַבַּיִת בְּצַד הַמַּשְׁקוֹף וְיַסְגִּיר אוֹ יַחְלִיט אוֹ יִפְטֹר שֶׁנֶּאֱמַר (ויקרא יד לח) "וְיָצָא הַכֹּהֵן מִן הַבַּיִת" (ויקרא יד לח) "וְהִסְגִּיר אֶת הַבָּיִת". לֹא שֶׁיַּסְגִּיר וְהוּא בְּתוֹךְ בֵּיתוֹ אוֹ בְּתוֹךְ בַּיִת הַמְנֻגָּע אוֹ תַּחַת הַמַּשְׁקוֹף אֶלָּא בְּצַד פִּתְחוֹ. וְאִם עָמַד תַּחַת הַמַּשְׁקוֹף אוֹ שֶׁהָלַךְ לְבֵיתוֹ וְהִסְגִּיר הֲרֵי זֶה מֻסְגָּר:

ו. אֵין הַבַּיִת מְטַמֵּא בִּנְגָעִים עַד שֶׁיִּהְיֶה בּוֹ אַרְבַּע אַמּוֹת עַל אַרְבַּע אַמּוֹת אוֹ יֶתֶר וִיהֵא לוֹ אַרְבָּעָה כְּתָלִים וְהוּא בָּנוּי בָּאָרֶץ בַּאֲבָנִים וְעָפָר וְעֵצִים שֶׁנֶּאֱמַר (ויקרא יד מה) "אֶת אֲבָנָיו וְאֶת עֵצָיו וְאֵת עֲפָרוֹ". אֲבָל אִם הָיָה בּוֹ פָּחוֹת מֵאַרְבַּע אַמּוֹת עַל אַרְבַּע אַמּוֹת אוֹ שֶׁהָיָה עָגֹל אוֹ שֶׁהָיָה בַּעַל שְׁלֹשָׁה כְּתָלִים אוֹ בַּעַל חֲמִשָּׁה אוֹ שֶׁהָיָה בָּנוּי בִּסְפִינָה אוֹ תָּלוּי עַל אַרְבַּע קוֹרוֹת אֵינוֹ מְטַמֵּא בִּנְגָעִים. הָיָה בָּנוּי עַל אַרְבָּעָה עַמּוּדִים מְטַמֵּא בִּנְגָעִים:

ז. כַּמָּה אֲבָנִים יִהְיוּ בּוֹ אֵין פָּחוֹת מִשְּׁמוֹנֶה שְׁתֵּי אֲבָנִים בְּכָל כֹּתֶל כְּדֵי שֶׁיִּהְיֶה כָּל כֹּתֶל רָאוּי לְנֶגַע שֶׁאֵין הַבַּיִת מְטַמֵּא בִּנְגָעִים עַד שֶׁיֵּרָאֶה בּוֹ כִּשְׁנֵי גְּרִיסִין עַל שְׁתֵּי אֲבָנִים שֶׁנֶּאֱמַר (ויקרא יד מ) "אֶת הָאֲבָנִים אֲשֶׁר בָּהֵן הַנָּגַע". וְכַמָּה עֵצִים יִהְיוּ בּוֹ כְּדֵי לִתֵּן תַּחַת הַמַּשְׁקוֹף. וְעָפָר כְּדֵי לָתֵת בֵּין פַּצִּים לַחֲבֵרוֹ. אֲבָל אִם הָיָה בּוֹ פָּחוֹת מִשִּׁעוּרִים אֵלּוּ אֵינוֹ מְטַמֵּא בִּנְגָעִים:

ח. הַלְּבֵנִים וְהַשַּׁיִשׁ אֵינָן חֲשׁוּבִין כַּאֲבָנִים. בַּיִת שֶׁאֶחָד מִצְּדָדָיו מְחֻפֶּה בְּשַׁיִשׁ וְאֶחָד בְּסֶלַע וְאֶחָד בִּלְבֵנִים וְאֶחָד בְּעָפָר אֵינוֹ מְטַמֵּא בִּנְגָעִים:

ט. בַּיִת שֶׁלֹּא הָיוּ בּוֹ אֲבָנִים וְעֵצִים כַּשִּׁעוּר וְנִרְאָה בּוֹ נֶגַע וְאַחַר כָּךְ הֵבִיא לוֹ אֲבָנִים וְעֵצִים וְעָפָר טָהוֹר:

י. בַּיִת שֶׁסִּכְּכוֹ בִּזְרָעִים בְּטֵלָן הוֹאִיל וּמְשַׁמְּשִׁין תַּשְׁמִישׁ

118 SEFER TAHARAH

עֵץ הֲרֵי הֵן כְּעֵץ. וְאִם נִטְמָא הַבַּיִת נִטְמְאוּ עִמּוֹ טֻמְאָה חֲמוּרָה כְּמוֹ שֶׁיִּתְבָּאֵר:

יא. יְרוּשָׁלַיִם וְחוּצָה לָאָרֶץ אֵין מִטַּמְּאִין בִּנְגָעִים שֶׁנֶּאֱמַר (ויקרא יד לד) "בְּבֵית אֶרֶץ אֲחֻזַּתְכֶם" וִירוּשָׁלַיִם לֹא נִתְחַלְּקָה לִשְׁבָטִים. וּבָתֵּי הָעַכּוּ"ם שֶׁבְּאֶרֶץ יִשְׂרָאֵל אֵין מִטַּמְּאִין בִּנְגָעִים:

יב. הַלּוֹקֵחַ בָּתִּים מִן הָעַכּוּ"ם יֵרָאֶה בַּתְּחִלָּה:

יג. בַּיִת שֶׁצִּדּוֹ אֶחָד עַכּוּ"ם וְצִדּוֹ אֶחָד יִשְׂרָאֵל צִדּוֹ אֶחָד בָּאָרֶץ וְצִדּוֹ אֶחָד בְּחוּצָה לָאָרֶץ אֵינוֹ מִטַּמֵּא בִּנְגָעִים. וּשְׁאָר כָּל הַבָּתִּים שֶׁבְּאֶרֶץ יִשְׂרָאֵל מִטַּמְּאִין בִּנְגָעִים בֵּין צְבוּעִים בִּידֵי אָדָם בֵּין צְבוּעִים בִּידֵי שָׁמַיִם:

יד. בֵּית הָאִשָּׁה בֵּית הַשֻּׁתָּפִין בֵּית הַכְּנֶסֶת אוֹ בֵּית הַמִּדְרָשׁ שֶׁיֵּשׁ בָּהֶן דִּירָה לְחַזָּנִין אוֹ לְתַלְמִידִים מִטַּמְּאִין בִּנְגָעִים:

טו. קִירוֹת הָאֵבוּס וְקִירוֹת הַמְּחִצָּה שֶׁבַּבַּיִת אֵין מִטַּמְּאִין בִּנְגָעִים:

Perek 15

Tzaraat in a House.

Inspection

With houses, the inspection period is **3** weeks i.e. **19** days (i.e. at **7**, **13** and **19** days)

On **7th day** if blemish faded or disappeared, area is scraped away and house is declared pure.

If colour remained intense and did not spread, house isolated for another week.

At **13** days, if blemish disappeared or faded, he should purify the house as with man (and scrape away the blemish).

If blemish has not disappeared, he should remove minimum two stones where lesion was, together with plaster, and deposit this outside the city. He then plasters entire house and isolates for another week.

On day **19**, at re-inspection, if blemish of **2** ***gris*** has reappeared, entire house should be destroyed.

This is called spreading after plastering.

If no new blemish, house should be purified.

House should not be plastered with *sid* (lime) but with *afar* (mortar).

The purification is done with "living waters" in earthenware container, two fowl, a cedar branch, hyssop and crimson strand (as with man). The only difference is that instead of sprinkling 7 times on hand, one sprinkles 7 times on the lintel of doorway from outside.

פרק ט"ו

א. נִגְעֵי בָּתִּים יֵשׁ בָּהֶן הֶסְגֵּר שְׁלֹשָׁה שָׁבוּעוֹת שֶׁהֵן תִּשְׁעָה עָשָׂר יוֹם שֶׁיּוֹם שְׁבִיעִי עוֹלֶה לְכָאן וּלְכָאן וְיוֹם שְׁלֹשָׁה עָשָׂר עוֹלֶה לְכָאן וּלְכָאן נִמְצֵאתָ אַתָּה לָמֵד שֶׁאִם צָרִיךְ לִשְׁלֹשָׁה שָׁבוּעוֹת רוֹאֵהוּ בַּשְּׁבִיעִי וּבְיוֹם שְׁלֹשָׁה עָשָׂר וּבְיוֹם תִּשְׁעָה עָשָׂר. וְהֶסְגֵּר בָּתִּים שְׁלֹשָׁה שָׁבוּעוֹת אֵינוֹ מְפֹרָשׁ בַּתּוֹרָה וְכֵן רֹב דִּינֵי נִגְעֵי בָּתִּים דִּבְרֵי קַבָּלָה הֵן:

ב. וְכָל הַדִּינִין הַמְפֹרָשִׁין בָּהֶן בַּתּוֹרָה וּבְדִבְרֵי קַבָּלָה כָּךְ הֵם. כְּשֶׁיָּבוֹא הַכֹּהֵן וְיִרְאֶה הַנֶּגַע שׁוֹקֵעַ יְרַקְרַק אוֹ אֲדַמְדַּם כְּמוֹ שֶׁבֵּאַרְנוּ יַסְגִּיר שִׁבְעַת יָמִים וַאֲפִלּוּ מְצָאוֹ כֻּלּוֹ בַּתְּחִלָּה יְרַקְרַק אוֹ אֲדַמְדַּם יַסְגִּיר. וּבַשְּׁבִיעִי רוֹאֵהוּ אִם כֵּהָה הַנֶּגַע וְאֵין צָרִיךְ לוֹמַר אִם הָלַךְ קוֹלֵף מְקוֹם הַנֶּגַע בִּלְבַד וְהַבַּיִת טָהוֹר. מְצָאוֹ שֶׁעָמַד בְּעֵינָיו וְלֹא פָּשָׂה מַסְגִּיר שָׁבוּעַ שֵׁנִי

וְרוֹאֵהוּ בְּיוֹם שְׁלֹשָׁה עָשָׂר אִם כֵּהָה הַנֶּגַע אוֹ הָלַךְ לוֹ קוֹלֵף מְקוֹם הַנֶּגַע וּמְטַהֵר אֶת הַבַּיִת בְּצִפֳּרִים. וְאִם מָצָא הַנֶּגַע שֶׁפָּשָׂה בְּסוֹף שָׁבוּעַ שֵׁנִי אוֹ שֶׁעָמַד בְּעֵינוֹ חוֹלֵץ אֶת הָאֲבָנִים שֶׁבָּהֶן הַנֶּגַע וּמְקַצֶּה הֶעָפָר אֶל מִחוּץ לָעִיר וְטָח אֶת כָּל הַבַּיִת וּמַסְגִּירוֹ שָׁבוּעַ שְׁלִישִׁי. וּבְיוֹם תִּשְׁעָה עָשָׂר רוֹאֵהוּ אִם חָזַר בּוֹ נֶגַע כִּשְׁנֵי גְּרִיסִין הֲרֵי זֶה פִּשְׂיוֹן אַחֲרֵי הַטּוֹחַ וְנוֹתֵץ אֶת כָּל הַבַּיִת וְאִם לֹא חָזַר בּוֹ נֶגַע מְטַהֲרוֹ בְּצִפֳּרִים. וְכָל זְמַן שֶׁיַּחְזֹר בּוֹ הַנֶּגַע קֹדֶם שֶׁיְּטַהֲרוֹ בְּצִפֳּרִים הֲרֵי זֶה יִנָּתֵץ. וְאִם נִרְאָה בּוֹ נֶגַע אַחֵר שֶׁטִּהֲרוֹ בְּצִפֳּרִים יֵרָאֶה בַּתְּחִלָּה. וְכֵן אִם פָּשָׂה הַנֶּגַע בְּסוֹף שָׁבוּעַ רִאשׁוֹן חוֹלֵץ אֶת הָאֲבָנִים שֶׁבָּהֶן הַנֶּגַע וְקוֹצֶה הֶעָפָר חוּץ לָעִיר וְטָח אֶת כָּל הַבַּיִת וּמַסְגִּירוֹ שָׁבוּעַ שֵׁנִי וְרוֹאֶה אִם מָצָא בּוֹ נֶגַע כִּשְׁנֵי גְּרִיסִין הֲרֵי זֶה פִּשְׂיוֹן אַחֲרֵי הַטּוֹחַ וְנוֹתֵץ אֶת כָּל הַבַּיִת וְאִם לֹא חָזַר בּוֹ נֶגַע מְטַהֲרוֹ בְּצִפֳּרִים. וְכָל זְמַן שֶׁיֵּרָאֶה בּוֹ נֶגַע קֹדֶם טָהֳרָה בְּצִפֳּרִים יִנָּתֵץ. וְאִם נִרְאָה בּוֹ אַחַר שֶׁטִּהֲרוֹ בְּצִפֳּרִים יֵרָאֶה בַּתְּחִלָּה:

ג. כְּשֶׁהוּא חוֹלֵץ אֶת הָאֲבָנִים שֶׁבָּהֶן הַנֶּגַע אֵינוֹ חוֹלֵץ פָּחוֹת מִשְּׁתֵּי אֲבָנִים וְאֵינוֹ נוֹטֵל אֲבָנִים מִצַּד זֶה וּמְבִיאָן לְצַד זֶה שֶׁנֶּאֱמַר (ויקרא יד מב) "וְלָקְחוּ אֲבָנִים אֲחֵרוֹת". וְלֹא עָפָר מִצַּד זֶה וּמֵבִיא לְצַד זֶה שֶׁנֶּאֱמַר (ויקרא יד מב) "וְעָפָר אַחֵר יִקַּח וְטָח אֶת הַבָּיִת". וְאֵינוֹ טָח בְּסִיד אֶלָּא בְּעָפָר שֶׁנֶּאֱמַר וְעָפָר אַחֵר יִקַּח וְגוֹ'. אֵינוֹ מֵבִיא אֶבֶן אַחַת תַּחַת שְׁתַּיִם שֶׁחָלַץ וְלֹא שְׁתֵּי אֲבָנִים תַּחַת אֶבֶן אַחַת חֲלוּצָה אֶלָּא מֵבִיא שְׁתַּיִם תַּחַת שְׁתַּיִם. וְיֵשׁ לוֹ לְהָבִיא שְׁתַּיִם תַּחַת שָׁלֹשׁ:

ד. הָיָה הַכֹּתֶל בֵּינוֹ לְבֵין חֲבֵרוֹ שְׁנֵיהֶן חוֹלְצִין וּשְׁנֵיהֶן קוֹצִים אֶת הֶעָפָר וּשְׁנֵיהֶם מְבִיאִין אֲבָנִים אֲחֵרוֹת. אֲבָל בַּעַל הַבַּיִת מֵבִיא לְבַדּוֹ אֶת הֶעָפָר שֶׁנֶּאֱמַר (ויקרא יד מב) "וְעָפָר אַחֵר יִקַּח וְטָח" אֵין חֲבֵרוֹ מְטַפֵּל עִמּוֹ בִּטִיחָה:

ה. אֶבֶן שֶׁבַּזָּוִית בִּזְמַן שֶׁהוּא חוֹלֵץ חוֹלֵץ אֶת כֻּלָּהּ וּבִזְמַן שֶׁהוּא נוֹתֵץ נוֹתֵץ אֶת שֶׁלּוֹ וּמַנִּיחַ אֶת שֶׁל חֲבֵרוֹ. וְיֵשׁ בַּדָּבָר סָפֵק אִם תִּהְיֶה זוֹ שֶׁל חֲבֵרוֹ כְּמוֹ יָד לָאֶבֶן שֶׁלּוֹ:

ו. בַּיִת שֶׁנִּרְאָה בּוֹ נֶגַע וְהָיְתָה עֲלִיָּה עַל גַּבָּיו נוֹתֵן אֶת הַקּוֹרוֹת לַעֲלִיָּה. נִרְאָה בַּעֲלִיָּה נוֹתֵן אֶת הַקּוֹרוֹת לַבַּיִת. לֹא הָיְתָה עֲלִיָּה עַל גַּבָּיו אֲבָנָיו וְעֵצָיו וַעֲפָרוֹ כֻּלָּן נִתָּצִין עִמּוֹ. וּמַצִּיל אֶת הַמַּלְבְּנִין וְאֶת סְרִיגֵי הַחַלּוֹנוֹת:

ז. הַלּוֹקֵחַ אֲבָנִים מִבַּיִת מֻסְגָּר וּבְנָאָן בְּבַיִת טָהוֹר חָזַר הַנֶּגַע לַמֻּסְגָּר חוֹלֵץ אֶת הָאֲבָנִים שֶׁבַּטָּהוֹר. נִרְאָה נֶגַע עַל הָאֲבָנִים שֶׁבָּנָה הַמֻּסְגָּר יִנָּתֵץ וְהַבַּיִת הַשֵּׁנִי מַסְגִּירִין אוֹתוֹ בְּנֶגַע זֶה כְּדִין כָּל בַּיִת שֶׁנִּרְאָה בּוֹ נֶגַע בַּתְּחִלָּה:

ח. כֵּיצַד מְטַהֲרִין אֶת הַבַּיִת הַמְנֻגָּע. אַחַר הַחֲלִיצָה וְהַטִּיחָה מֵבִיא מַיִם חַיִּים בִּכְלִי חֶרֶס וּשְׁתֵּי צִפֳּרִים וְעֵץ אֶרֶז וְאֵזוֹב וּשְׁנִי תּוֹלַעַת כְּטָהֳרַת אָדָם שֶׁבֵּאַרְנוּ לְכָל דָּבָר. אֶלָּא שֶׁבְּאָדָם מַזֶּה שֶׁבַע פְּעָמִים לְאַחַר יָדוֹ שֶׁל מְצֹרָע וּבְבַיִת מַזֶּה שֶׁבַע פְּעָמִים עַל הַמַּשְׁקוֹף שֶׁל בַּיִת מִבַּחוּץ. וּשְׁאָר כָּל מַעֲשֵׂיהֶן שָׁוִין:

Perek 16

Tzaraat in a House.

Level of impurity

A blemished house is an *av* of *tumah*. Similarly, the stones the wood and mortar when separated are an *av* of *tumah*.

- A house that is isolated imparts impurity only from inside, so that if someone were to enter the house, he would become impure.
- A house which has been judged to be impure, imparts impurity from the outside as well, so that if someone were to touch the outside of the house, he would become impure.
- The *ohel* aspect of *metzora* impurity is not as strict as with a corpse i.e. if a person had his hand over the *even menugaat* (impure stone), he is pure unless he touches the stone.
- A ***kezayit*** size portion of house imparts impurity.

GARMENTS

- A cloth **3 × 3** ***etzba*** will become impure if brought into an impure house.

- If garments are being worn.
  - Person becomes impure straight away.
  - Worn garments become impure only after a while i.e. time taken to eat **3 *betzah*** of wheat bread (*kedei achilat pras*), which is about **4–9** minutes.
- If a gentile enters an impure house, he stays pure and garments become impure immediately.

***Tzaraat* of House.**

Direct Transmission of impurity from *Av Hatumah* (Father of Primary Source)

	Direct from Text of *Rambam*	Understood
TOUCH FROM OUTSIDE		
Imparts impurity to people	✓	
Imparts impurity to vessels	✓	
Imparts impurity to clothes one is wearing	✓ but for entering, needs extra time. If clothes being carried, they become impure immediately	
Imparts impurity to earthenware vessels	✓	
Imparts impurity to foods		✓
Imparts impurity to liquids		✓
CARRIAGE (IMPURE PARTS OF THE HOUSE WERE CARRIED)		
Imparts impurity to people	✓	
Imparts impurity to vessels	✓	
Imparts impurity to earthenware vessels		
Imparts impurity to clothes	✓	
Imparts impurity to foods		
Imparts impurity to liquids		
MOVEMENT (CAN BE MOVEMENT WITHOUT CARRIAGE)		✓
Imparts impurity same as carriage		
MISHKAV AND *MOSHAV*		

Couch (or chair) on which lies (or sits) becomes impure		
Saddle on which rides becomes impure		
Madaf impurity		
SPACE CONTAINING AN IMPURITY		
OHEL (UNIQUE TO A HUMAN CORPSE)		
Imparts impurity to people		
Imparts impurity to vessels		
Imparts impurity to earthenware vessels		
Imparts impurity to foods		
Imparts impurity to drinks (liquids)		
Containing structure becomes impure		
SEALED VESSELS (SIMILAR LAWS TO OHEL)		
Imparts impurity to people		
Imparts impurity to vessels		
Imparts impurity to foods		
Imparts impurity to liquids		
Vessel becomes impure		
***TZARAAT* MATERIAL ENTERING BUILDING**		Refers to *tzaraat* stones, wood etc being brought into another building
Imparts impurity to people	✓	
Imparts impurity to vessels	✓	
Imparts impurity to foods		✓
Imparts impurity to liquids		✓
Building becomes impure		✓
SPACE OF EARTHENWARE VESSELS		
Imparts impurity to people		
Imparts impurity to vessels		
Imparts impurity to foods		

Imparts impurity to liquids		
Vessel becomes impure	✓	On inside – not as strict as with corpse impurity

Tzaraat is not a natural occurrence. It is a sign and wonder from Hashem to warn against *lashon hara* (undesirable speech).

When a person speaks *lashon hara*:

- The walls of his house change colour.

If he repents the house becomes purified. If not

- House becomes destroyed.
- Then leather implements like beds and chairs change colour.

If he repents they will be purified. If not

- Implements are burnt.
- His clothes changes colour.

If he repents they will be purified. If not

- Clothes are burnt.
- His skin changes colour.

This causes him to be isolated, so that he will not be involved in the talk of the wicked.

A person who wishes to structure his life, should distance himself from the gatherings of fools, so as not to get caught up in the web of wickedness.

Miriam received *tzaraat* for a very minor excess of words about her brother *Mosheh*.

How much more so the foolish people who use a major excess of words.

- They gather together and first speak about empty matters.
- Then they speak negatively about good people.
- Then they speak against the Prophets.
- This then leads to denial of G-d.

What set the foolish off on this path? Their tongues which were given free rein when loitering on street corners, drunk parties etc.

In contrast, the speech of proper Jewish people only concern words of Torah and wisdom. Therefore, Hashem assists them and grants merit because of it.

Tzaraat Comparison in Humans, Garments, and House

Signs	Skin	Head & Chin (*netek*)	Garments	House	Explanation
4 shades of white	✓				
4 shades of red	✓				

Sear lavan (white hair) in lesion	✓				
Michyah (healthy flesh within lesion)	✓				
Pishyon (spreading)	✓	✓	✓	✓	
Short golden hair in lesion		✓			
Yerakrak (intense green)			✓	✓	
Adamdam (intense red)			✓	✓	
Where found	Skin. Must appear deep within skin	Head and chin whether it appears deep or not	Garments	Walls of house below surface	
Minimum size	**1 *gris* 6 × 6 hairs** (lesion) White hairs in lesion – **2** *Michyah* in lesion – **1** lentil = **2 × 2 hairs** Spreading - any increase	**1 *gris*** Hairs (golden) in lesion – **2** (must be short)	**1 *gris***. Only on sheep wool, linen, leather vessels Garment must be white	**2 *gris*** i.e. **6 × 12 hairs**. Must appear below surface. Must have **4** walls, **4 × 4** *amah* made of stones, earth and wood	
Immune areas	**24** tips of limbs. Various wounds on skin. Inside of eye, ear, nose, mouth, inside of folds, head and chin etc.		E.g. Hides of sea animals, goat's wool etc	Houses in Jerusalem and Diaspora Houses of Gentiles	
Full coverage	If *tzaraat* spreads over whole body after a person was found to be impure, then person regarded as pure	When *netek* expands over whole head he becomes pure	If lesion impure than spread over whole garment it becomes pure		
Interference with lesion	Not allowed to cut away	Not allowed to cut away or shave			Punishment is *malkot*
Level of impurity	*Av* impurity	*Av* impurity	*Av* impurity should be burnt if impure	*Av* impurity. If house impure, must be destroyed	

Isolation time	**2 weeks.** Re-inspected at **7 and 13 days**	**2 weeks** – re-inspected at **7 and 13 days**	**2 weeks** – re-inspected at **7 and 13 days**	**3 weeks** – re-inspected at **7, 13 and 19 days**	
Inspection	Daytime at **4**th, **5**th, **8**th or **9**th hours. Done by Priest Specific posture must be adopted	Same as skin	Same as humans. If garment must be sent out of city this is done even if it is unwalled (stricter)	If lesion not improving, should remove to outside city and re-plaster. If reappearance after plastering, house should be destroyed	
Labelling of *metzora*	Must be cloaked overhead and up to lips, clothes should be torn. Inform everyone that he is impure (*tamei*) – forbidden to greet others, cut hair or launder clothes. Can wash and learn Torah. Dwells outside of the town.				
Purifying process	Water as *Parah Adumah* in earthenware vessel, **2** sparrows, cedarwood, hyssop, crimson strand. Sprinkle water mixed with blood onto affected person or article. Person must be shaved and go to mikveh and garments are laundered. Offerings etc. Takes place in *Eretz Yisrael* and Diaspora whether Temple standing or not.				

פרק ט"ז

א. בַּיִת הַמְנֻגָּע אָב מֵאֲבוֹת הַטֻּמְאוֹת כָּל הַנּוֹגֵעַ בּוֹ נִטְמָא. וְכֵן אֲבָנִים שֶׁחוֹלְצִין מִמֶּנּוּ אַחַר הֶסְגֵּר אוֹ אֲבָנִים וְעֵצִים וְעָפָר שֶׁל בַּיִת כְּשֶׁנּוֹתְצִין אוֹתוֹ כֻּלָּן אֲבוֹת טֻמְאוֹת. וְכָל כְּזַיִת מֵהֶם מְטַמֵּא אָדָם וְכֵלִים בְּמַגָּע וּבְמַשָּׂא וּבְבִיאָה. כֵּיצַד. אִם נִכְנַס כְּזַיִת מֵהֶן לְבַיִת טָהוֹר נִטְמָא כָּל אֲשֶׁר בַּבַּיִת מֵאָדָם וְכֵלִים שֶׁכֻּלָּן מְטַמְּאִין בְּבִיאָה כְּאָדָם מְצֹרָע וְכֻלָּן אֲסוּרִין בַּהֲנָאָה. וְאִם שְׂרָפָן וְעָשָׂה מֵהֶן סִיד הֲרֵי זֶה אָסוּר בַּהֲנָאָה שֶׁנֶּאֱמַר (ויקרא יד מד) "צָרַעַת מַמְאֶרֶת" תֵּן בּוֹ מְאֵרָה וְאַל תֵּהָנֶה בּוֹ. וְכֻלָּן מְשַׁלְּחִין אוֹתָן חוּץ לָעִיר אַף עַל פִּי שֶׁאֵינָהּ מֻקֶּפֶת חוֹמָה:

ב. בַּיִת מֻסְגָּר אֵינוֹ מְטַמֵּא אֶלָּא מִתּוֹכוֹ שֶׁנֶּאֱמַר (ויקרא יד מו) "וְהַבָּא אֶל הַבַּיִת כָּל יְמֵי הִסְגִּיר אֹתוֹ יִטְמָא עַד הָעָרֶב". אֲבָל הַמֻּחְלָט מְטַמֵּא מִתּוֹכוֹ וּמֵאֲחוֹרָיו שֶׁהַנּוֹגֵעַ בּוֹ מֵאֲחוֹרָיו טָמֵא שֶׁנֶּאֱמַר (ויקרא יד מד) "צָרַעַת מַמְאֶרֶת" (ויקרא יד מד) "בַּבַּיִת טָמֵא הוּא" וְכִי טָהוֹר הָיָה אֶלָּא לְהוֹסִיף לוֹ טֻמְאָה עַל טֻמְאָתוֹ שֶׁיִּהְיֶה כֻּלּוֹ טָמֵא וִיטַמֵּא מֵאֲחוֹרָיו. וְכֵן אֲבָנִים שֶׁיֵּשׁ בָּהֶן הַנֶּגַע בְּמֻסְגָּר מְטַמְּאִין מֵאֲחוֹרֵיהֶן:

ג. אֶחָד הַמֻּסְגָּר וְהַמֻּחְלָט מְטַמֵּא בְּבִיאָה. כֵּיצַד. בַּיִת שֶׁהָיָה מֵסֵךְ עַל גַּבֵּי בַּיִת מְנֻגָּע בֵּין מֻחְלָט בֵּין מֻסְגָּר אוֹ אִילָן שֶׁהוּא מֵסֵךְ עָלָיו הָעוֹמֵד תַּחַת הָאִילָן אוֹ הַנִּכְנָס לַבַּיִת הַחִיצוֹן טָמֵא. שֶׁהֲרֵי הוּא וְהַבַּיִת הַטָּמֵא תַּחַת אֹהֶל אֶחָד. וְכֵן אֶבֶן מְנֻגַּעַת הַנִּכְנֶסֶת לְאֹהֶל וְהִנְחָה שָׁם נִטְמָא כָּל אֲשֶׁר בָּאֹהֶל. הָיְתָה מֻנַּחַת תַּחַת הָאִילָן וְהַטָּהוֹר עוֹבֵר נִטְמָא. הָיָה הַטָּהוֹר עוֹמֵד תַּחַת הָאִילָן וְעָבַר אָדָם בְּאֶבֶן מְנֻגַּעַת לֹא טִמְּאָהוּ. וְאִם הִנִּיחָהּ שָׁם טִמְּאָהוּ שֶׁמּוֹשַׁב הַמְנֻגָּע כְּמוֹהוּ בֵּין אָדָם בֵּין כֵּלִים בֵּין אֲבָנִים וְעֵצָיו וַעֲפָרוֹ:

ד. הַמַּאֲהִיל בְּיָדוֹ עַל אֶבֶן מְנֻגַּעַת אוֹ שֶׁהֶאֱהִילָה עָלָיו טָהוֹר עַד שֶׁיִּגַּע:

ה. טָהוֹר שֶׁנִּכְנַס לְבַיִת מְנֻגָּע דֶּרֶךְ אֲחוֹרָיו אֲפִלּוּ נִכְנַס כֻּלּוֹ חוּץ מֵחָטְמוֹ טָהוֹר שֶׁנֶּאֱמַר (ויקרא יד מו) "וְהַבָּא אֶל הַבַּיִת" דֶּרֶךְ בִּיאָה טִמְאָה תּוֹרָה:

ו. טָהוֹר שֶׁהִכְנִיס רֹאשׁוֹ וְרֻבּוֹ לְבַיִת טָמֵא נִטְמָא. וְכֵן טַלִּית טְהוֹרָה שֶׁהִכְנִיס מִמֶּנָּה שָׁלֹשׁ עַל שָׁלֹשׁ לְבַיִת טָמֵא נִטְמֵאת. וְכֵן כְּלִי חֶרֶס שֶׁהִכְנִיס אֲוִירוֹ לְבַיִת טָמֵא נִטְמָא. אֲבָל שְׁאָר כֵּלִים עַד שֶׁיַּכְנִיס רֹב הַכֵּלִים, מִשֶּׁיַּכְנִיס רֻבּוֹ נִטְמָא מִיָּד. בַּמֶּה דְּבָרִים אֲמוּרִים בְּכֵלִים שֶׁנִּכְנְסוּ חֲלוּצִין. אֲבָל אָדָם מִיִּשְׂרָאֵל שֶׁנִּכְנַס לְבַיִת מְנֻגָּע וְהוּא לָבוּשׁ בִּבְגָדָיו וְסַנְדָּלָיו בְּרַגְלָיו וְטַבְּעוֹתָיו בְּיָדָיו הֲרֵי הָאָדָם טָמֵא מִיָּד. וּבְגָדָיו טְהוֹרִים עַד שֶׁיִּשְׁהֶה שָׁם כְּדֵי שֶׁיָּסֵב אָדָם וְיֹאכַל כִּשְׁלֹשׁ בֵּיצִים פַּת חִטִּים בְּלִפְתָּן שֶׁנֶּאֱמַר (ויקרא יד מז) "וְהַשֹּׁכֵב בַּבַּיִת יְכַבֵּס אֶת בְּגָדָיו וְהָאֹכֵל בַּבַּיִת יְכַבֵּס אֶת בְּגָדָיו". וְכִי תַּעֲלֶה עַל דַּעְתְּךָ שֶׁאֵין בְּגָדָיו מִתְטַמְּאִין עַד שֶׁיֹּאכַל שָׁם. אֶלָּא לִתֵּן שִׁעוּר לַשּׁוֹכֵב כָּאוֹכֵל. וְאֶחָד הַשּׁוֹכֵב אוֹ הַיּוֹשֵׁב אוֹ הָעוֹמֵד אִם שָׁהָה כְּדֵי לֶאֱכֹל שִׁעוּר אֲכִילָה הָאֲמוּרָה נִטְמְאוּ בְּגָדָיו:

ז. מִי שֶׁנִּכְנַס לְבַיִת מְנֻגָּע וְכֵלָיו עַל כְּתֵפָיו וְסַנְדָּלוֹ וְטַבַּעְתּוֹ בְּכַפָּיו הוּא וְהֵן טְמֵאִין מִיָּד שֶׁאֵינוֹ מַצִּיל מִלְּטַמֵּא מִיָּד אֶלָּא כֵּלִים שֶׁהוּא לָבוּשׁ בָּהֶן. וְכֵן הָעַכּוּ"ם וְהַבְּהֵמָה שֶׁהָיוּ לְבוּשִׁין בְּכֵלִים וְנִכְנְסוּ לַבַּיִת הַמְנֻגָּע נִטְמְאוּ הַכֵּלִים מִיָּד. אֲבָל הָעַכּוּ"ם אֵינוֹ מְקַבֵּל טֻמְאָה כִּבְהֵמָה:

ח. מִי שֶׁהָיָה עוֹמֵד בְּבַיִת מְנֻגָּע וּפָשַׁט יָדָיו חוּץ לַבַּיִת וְטַבְּעוֹתָיו בְּיָדָיו אִם שָׁהָה כְּדֵי אֲכִילַת הַשִּׁעוּר נִטְמְאוּ הַטַּבָּעוֹת אַף עַל פִּי שֶׁהֵם בַּחוּץ. וְכֵן הָעוֹמֵד בַּחוּץ וּפָשַׁט יָדוֹ לְבַיִת מְנֻגָּע נִטְמְאוּ יָדָיו בִּלְבַד מִיָּד. וְאִם נִשְׁתַּהוּ שָׁם כְּדֵי אֲכִילַת הַשִּׁעוּר נִטְמְאוּ טַבְּעוֹתָיו וְאִם לָאו טְהוֹרוֹת:

ט. כָּל הַמַּצִּיל בְּצָמִיד פָּתִיל בְּאֹהֶל הַמֵּת מַצִּיל מְכֻסֶּה בְּבַיִת מְנֻגָּע. וְכָל הַמַּצִּיל מְכֻסֶּה בְּאֹהֶל הַמֵּת אֲפִלּוּ הָיָה מְגֻלֶּה בְּבַיִת הַמְנֻגָּע הֲרֵי זֶה טָהוֹר. כֵּיצַד. כְּלֵי חֶרֶס אוֹ כְּלֵי אֲבָנִים וּכְלֵי אֲדָמָה וְכַיּוֹצֵא בָּהֶן שֶׁהָיוּ אֳכָלִין וּמַשְׁקִין וְכֵלִים בְּתוֹכָן וְהָיוּ מְכֻסִּין בְּבַיִת הַמְנֻגָּע אַף עַל פִּי שֶׁאֵינָן מֻקָּפִין צָמִיד פָּתִיל הֵן וְכָל מַה שֶּׁבְּתוֹכָן טָהוֹר. הַבּוֹר וְהַדּוּת שֶׁבְּבַיִת הַמְנֻגָּע אַף עַל פִּי שֶׁהֵן מְגֻלִּין כֵּלִים שֶׁבְּתוֹכָן טְהוֹרִין:

י. הַצָּרַעַת הוּא שֵׁם הָאָמוּר בְּשֻׁתָּפוּת כּוֹלֵל עִנְיָנִים הַרְבֵּה שֶׁאֵין דּוֹמִין זֶה לָזֶה. שֶׁהֲרֵי לֹבֶן עוֹר הָאָדָם קָרוּי צָרַעַת. וּנְפִילַת קְצָת שְׂעַר הָרֹאשׁ אוֹ הַזָּקָן קָרוּי צָרַעַת. וְשִׁנּוּי עֵין הַבְּגָדִים אוֹ הַבָּתִּים קָרוּי צָרַעַת. וְזֶה הַשִּׁנּוּי הָאָמוּר בַּבְּגָדִים וּבַבָּתִּים שֶׁקְּרָאַתּוּ תּוֹרָה צָרַעַת בְּשֻׁתָּפוּת הַשֵּׁם אֵינוֹ מִמִּנְהָגוֹ שֶׁל עוֹלָם אֶלָּא אוֹת וּפֶלֶא הָיָה בְּיִשְׂרָאֵל כְּדֵי לְהַזְהִירָן מִלָּשׁוֹן הָרַע. שֶׁהַמְסַפֵּר בְּלָשׁוֹן הָרַע מִשְׁתַּנּוֹת קִירוֹת בֵּיתוֹ. אִם חָזַר בּוֹ יִטְהַר הַבַּיִת. אִם עָמַד בְּרִשְׁעוֹ עַד שֶׁהֻתַּץ הַבַּיִת מִשְׁתַּנִּין כְּלֵי הָעוֹר שֶׁבְּבֵיתוֹ שֶׁהוּא יוֹשֵׁב וְשׁוֹכֵב עֲלֵיהֶן. אִם חָזַר בּוֹ יִטְהֲרוּ. וְאִם עָמַד בְּרִשְׁעוֹ עַד שֶׁיִּשָּׂרְפוּ מִשְׁתַּנִּין הַבְּגָדִים שֶׁעָלָיו. אִם חָזַר בּוֹ יִטְהֲרוּ וְאִם עָמַד בְּרִשְׁעוֹ עַד שֶׁיִּשָּׂרְפוּ מִשְׁתַּנֶּה עוֹרוֹ וְיִצְטָרַע וְיִהְיֶה מֻבְדָּל וּמְפֻרְסָם לְבַדּוֹ עַד שֶׁלֹּא יִתְעַסֵּק בְּשִׂיחַת הָרְשָׁעִים שֶׁהוּא הַלֵּיצָנוּת וְלָשׁוֹן הָרַע. וְעַל עִנְיָן זֶה מַזְהִיר בַּתּוֹרָה וְאוֹמֵר (דברים כד ח) "הִשָּׁמֶר בְּנֶגַע הַצָּרַעַת" (דברים כד ט) "זָכוֹר אֵת אֲשֶׁר עָשָׂה ה׳ אֱלֹהֶיךָ לְמִרְיָם בַּדָּרֶךְ". הֲרֵי הוּא אוֹמֵר הִתְבּוֹנְנוּ מָה אֵרַע לְמִרְיָם הַנְּבִיאָה שֶׁדִּבְּרָה בְּאָחִיהָ שֶׁהָיְתָה גְּדוֹלָה מִמֶּנּוּ בְּשָׁנִים וְגִדְּלַתּוּ עַל בִּרְכֶּיהָ וְסִכְּנָה בְּעַצְמָהּ לְהַצִּילוֹ מִן הַיָּם וְהִיא לֹא דִּבְּרָה בִּגְנוּתוֹ אֶלָּא טָעֲתָה שֶׁהִשְׁוַתּוּ לִשְׁאָר נְבִיאִים וְהוּא לֹא הִקְפִּיד עַל כָּל הַדְּבָרִים הָאֵלּוּ שֶׁנֶּאֱמַר (במדבר יב ג) "וְהָאִישׁ מֹשֶׁה עָנָו מְאֹד" וְאַף עַל פִּי כֵן מִיָּד נֶעֶנְשָׁה בְּצָרַעַת. קַל וָחֹמֶר לִבְנֵי אָדָם הָרְשָׁעִים הַטִּפְּשִׁים שֶׁמַּרְבִּים לְדַבֵּר גְּדוֹלוֹת וְנִפְלָאוֹת. לְפִיכָךְ רָאוּי לְמִי שֶׁרוֹצֶה לְכַוֵּן אָרְחוֹתָיו לְהִתְרַחֵק מִישִׁיבָתָן וּמִלְּדַבֵּר עִמָּהֶן כְּדֵי שֶׁלֹּא יִתָּפֵס אָדָם בְּרֶשֶׁת רְשָׁעִים וְסִכְלוּתָם. וְזֶה דֶּרֶךְ יְשִׁיבַת הַלֵּצִים הָרְשָׁעִים בַּתְּחִלָּה מַרְבִּין בְּדִבְרֵי הֲבַאי כְּעִנְיָן שֶׁנֶּאֱמַר (קהלת ה ב) "וְקוֹל כְּסִיל בְּרֹב דְּבָרִים". וּמִתּוֹךְ כָּךְ בָּאִין לְסַפֵּר בִּגְנוּת הַצַּדִּיקִים כְּעִנְיָן שֶׁנֶּאֱמַר (תהלים לא יט) "תֵּאָלַמְנָה שִׂפְתֵי שָׁקֶר הַדֹּבְרוֹת עַל צַדִּיק עָתָק". וּמִתּוֹךְ כָּךְ יִהְיֶה לָהֶן הֶרְגֵּל לְדַבֵּר בַּנְּבִיאִים וְלָתֵת דֹּפִי בְּדִבְרֵיהֶם כְּעִנְיָן שֶׁנֶּאֱמַר (דברי הימים ב לו טז) "וַיִּהְיוּ מַלְעִבִים בְּמַלְאֲכֵי הָאֱלֹהִים וּבוֹזִים דְּבָרָיו וּמִתַּעְתְּעִים בִּנְבִאָיו". וּמִתּוֹךְ כָּךְ בָּאִין לְדַבֵּר בֵּאלֹהִים וְכוֹפְרִין בָּעִקָּר כְּעִנְיָן שֶׁנֶּאֱמַר (מלכים ב יז ט) "וַיְחַפְּאוּ בְנֵי יִשְׂרָאֵל דְּבָרִים אֲשֶׁר לֹא כֵן עַל ה׳ אֱלֹהֵיהֶם". וַהֲרֵי הוּא אוֹמֵר (תהלים עג ט) "שַׁתּוּ בַשָּׁמַיִם פִּיהֶם וּלְשׁוֹנָם תִּהֲלַךְ בָּאָרֶץ" מִי גָּרַם לָהֶם לָשִׁית בַּשָּׁמַיִם פִּיהֶם לְשׁוֹנָם שֶׁהָלְכָה תְּחִלָּה בָּאָרֶץ. זוֹ הִיא שִׂיחַת הָרְשָׁעִים שֶׁגּוֹרֶמֶת לָהֶן יְשִׁיבַת קְרָנוֹת וִישִׁיבַת כְּנֵסִיּוֹת שֶׁל עַמֵּי הָאָרֶץ וִישִׁיבַת בָּתֵּי מִשְׁתָּאוֹת עִם שׁוֹתֵי שֵׁכָר. אֲבָל שִׂיחַת כְּשֵׁרֵי יִשְׂרָאֵל אֵינָהּ אֶלָּא בְּדִבְרֵי תּוֹרָה וְחָכְמָה. לְפִיכָךְ הַקָּדוֹשׁ בָּרוּךְ הוּא עוֹזֵר עַל יָדָן וּמְזַכֶּה אוֹתָן בָּהּ. שֶׁנֶּאֱמַר (מלאכי ג טז) "אָז נִדְבְּרוּ יִרְאֵי ה׳ אִישׁ אֶל רֵעֵהוּ וַיַּקְשֵׁב ה׳ וַיִּשְׁמָע וַיִּכָּתֵב סֵפֶר זִכָּרוֹן לְפָנָיו לְיִרְאֵי ה׳ וּלְחֹשְׁבֵי שְׁמוֹ": סְלִיקוּ לְהוּ הִלְכוֹת טֻמְאַת צָרַעַת:

Additional, Useful Features of Interest
for Studying Rambam's Mishneh Torah

Scan QR code onto your mobile device to link to our website.
https://rambampress.com/

הלכות מטמאי משכב ומושב

Hilchot Metamei Mishkav Umoshav

THE LAWS OF THE SOURCES OF RITUAL IMPURITY WHICH IMPART IMPURITY TO THE PLACES WHERE ONE SITS AND THE PLACES WHERE ONE LIES

They consist of four positive commandments.	יש בכללן ד׳ מצות עשה
They are:	וזהו פרטן:
1. The laws of the impurity of the *nidah* state	א. דין טומאת נדה
2. The laws of the impurity of a woman after child birth	ב. דין טומאת יולדת
3. The laws of the impurity of a *zavah*	ג. דין טומאת זבה
4. The laws of the impurity of a *zav*	ה. דין טומאת זב

Perek 1

Zav etc and their discharges.

The laws of impurity of *nidah* (menstruant)[1]. The laws of impurity of *yoledet* (woman after childbirth)[2]. The laws of impurity of a *zavah* (woman with flux)[3]. The laws of impurity of a *zav* (man with flux)[4].

Reminder

Pack on Impurity of *Zav*, Zavah etc

Zav – Hilchot Mechusrei Kaparah, Chapters 1, 2, 3.

Zavah and *Nidah – Hilchot Issurei Biah*, Chapters 4–11

Yoledet – Hilchot Issurei Biah, Chapters 7–10

ZAV

Disease in a male which causes an involuntary discharge of semen

If a person experiences **1** *zav* discharge his status is of one who had a seminal emission.

If he experiences **2** discharges this is called *zav.* He must count 7 clean days and then immerse. He is not obligated to bring a sacrifice.

If he experiences **3** discharges he is a complete *zav* and is obligated to bring a sacrifice – *Mosheh Misinai.*

ZAVAH (MAJOR)

A woman who experiences uterine bleeding for **3** consecutive days at a time other than the days when she usually menstruates.

ZAVAH (MINOR)

A woman who experiences uterine bleeding (outside of menstruation time) for **1** or **2** consecutive days

NIDAH

- Expected menstruation
- **7** *yemei nidah* (days of nidah)
- **11** days of *zivah* – *Mosheh Misinai* – There are no more than **11** days between one expected menstrual bleeding and next.
- Thus the cycle continues every **18** days, **7** days of *nidah* and **11** days of *zivah*.

YOLEDET (CHILDBIRTH)

A woman who gives birth to a male is impure for **7** days.

A woman who gives birth to a female is impure for **14** days.

Miscarriage also included in this category.

An infant girl 1 day old can contract *nidah* impurity.

At 10 days old, she can contract *zivah* impurity. (Menstruates on day born and then experiences uterine bleeding on eight, ninth and tenth days. This would make her a major *zavah*.)

A female of **3** years old can impart impurity through sexual relations.

Blood of a *nidah*, *zivah* or *yoledet* impart impurity when touched or carried, as she does – *Mipi Hashmuah*.

There are **9** types of fluid produced by a *zav/zavah* (including *nidah* and *yoledet*).

- *Av tumah*
  - Saliva
  - Semen
  - Urine
- *Vlad hatumah*
  - Tears
  - Blood from a wound
  - Woman's milk
- Pure
  - Sweat
  - Pus
  - Faeces

Impurity of *Zav, Zavah, Nidah* and *Yoledet*

	Av Tumah	*Vlad Hatumah*				*Madaf Tumah* to objects above
		Impart impurity to implements with touch	Impart impurity to people by touch or carrying		Impart to objects on which they lie sit or ride	
			Moving	Touch	Carrying		
Zav (person)	✓	✓ becomes *av*	✓ becomes *av*	✓ becomes *av*	✓ becomes *av*	✓ becomes *av*	✓ becomes *av*
Zavah (person)	✓	✓ becomes *av*	✓ becomes *av*	✓ becomes *av*	✓ becomes *av*	✓ becomes *av*	✓ becomes *av*
Nidah (person)	✓	✓ becomes *av*	✓ becomes *av*	✓ becomes *av*	✓ becomes *av*	✓ becomes *av*	✓ becomes *av*
Yoledet (person)	✓	✓ becomes *av*	✓ becomes *av*	✓ becomes *av*	✓ becomes *av*	✓ becomes *av*	✓ becomes *av*
Blood of *nidah* (plus saliva, plus urine)	✓			✓	✓		
Blood of *zivah* (plus saliva, plus urine	✓			✓	✓		
Blood of *yoledet* (plus saliva, plus urine)	✓			✓	✓		

	Av Tumah	*Vlad Hatumah*				*Madaf Tumah* to objects above
		Impart impurity to implements with touch	Impart impurity to people by touch or carrying		Impart to objects on which they lie sit or ride	
			Moving	Touch	Carrying		
Discharge of major *zav* (plus saliva, plus urine)	✓	✓		✓	✓		

Discharge of minor *zav* – **1** discharge (only considered *zav* after **two** emissions)	✓			✗	✗	
First discharge of *zav* who has *tzaraat*	✓	✓		✓	✓	
Tears of a *zav*		✓		✗		
Blood from wound of *zav*		✓		✗		
Woman's milk of *zavah*		✓		✗		
Sweat of *zav*		✗		✗		
Pus of *zav*		✗		✗		
Faeces of *zav*		✗		✗		

Zav, Zavah, Nidah, Yoledet Direct Transmission of impurity from *Av Hatumah* (Father or Primary Source)

	Direct from Text of *Rambam*	Understood
TOUCH		
Imparts impurity to people	✓	
Imparts impurity to vessels	✓	
Imparts impurity to clothes one is wearing		
Imparts impurity to earthenware vessels		
Imparts impurity to foods		
Imparts impurity to liquids		
CARRIAGE		
Imparts impurity to people	✓	
Imparts impurity to vessels		✓
Imparts impurity to earthenware vessels		✓ only through movement
Imparts impurity to clothes		

Imparts impurity to foods		✓
Imparts impurity to liquids		✓
MOVEMENT (CAN BE MOVEMENT WITHOUT CARRIAGE)		✓
Imparts impurity same as carriage		✓
MISHKAV AND MOSHAV		
Couch (or chair) on which lies (or sits) becomes impure	✓	
Saddle on which rides becomes impure	✓	
Madaf impurity	✓	
SPACE CONTAINING AN IMPURITY		
OHEL (UNIQUE TO A HUMAN CORPSE)		
Imparts impurity to people		
Imparts impurity to vessels		
Imparts impurity to earthenware vessels		
Imparts impurity to foods		
Imparts impurity to drinks (liquids)		
Containing structure becomes impure		
SEALED VESSELS (SIMILAR LAWS TO OHEL)		
Imparts impurity to people		
Imparts impurity to vessels		
Imparts impurity to foods		
Imparts impurity to liquids		
Vessel becomes impure		
METZORA OR TZARAAT MATERIAL ENTERING BUILDING		
Imparts impurity to people		
Imparts impurity to vessels		
Imparts impurity to foods		
Imparts impurity to liquids		
Building becomes impure		

SPACE OF EARTHENWARE VESSELS		
Imparts impurity to people		
Imparts impurity to vessels		
Imparts impurity to foods		
Imparts impurity to liquids		
Vessel becomes impure		

Direct Transmission of impurity from *Av Hatumah* (Father or Primary Source)

Zav, Zavah, Nidah, Yoledet Fluids (saliva, semen, urine)

	Direct from Text of *Rambam*	Understood
TOUCH		
Imparts impurity to people	✓	
Imparts impurity to vessels	✓	
Imparts impurity to clothes one is wearing		
Imparts impurity to earthenware vessels		
Imparts impurity to foods		
Imparts impurity to liquids		
CARRIAGE		
Imparts impurity to people	✓	
Imparts impurity to vessels	✓	
Imparts impurity to earthenware vessels		✓ only through movement
Imparts impurity to clothes		
Imparts impurity to foods		✓
Imparts impurity to liquids		✓
MOVEMENT (CAN BE MOVEMENT WITHOUT CARRIAGE)		✓
Imparts impurity same as carriage		
MISHKAV AND *MOSHAV*		
Couch (or chair) on which lies (or sits) becomes impure		✓

Saddle on which rides becomes impure		✓
Madaf impurity		✓
SPACE CONTAINING AN IMPURITY		
OHEL (UNIQUE TO A HUMAN CORPSE)		
Imparts impurity to people		
Imparts impurity to vessels		
Imparts impurity to earthenware vessels		
Imparts impurity to foods		
Imparts impurity to drinks (liquids)		
Containing structure becomes impure		
SEALED VESSELS (SIMILAR LAWS TO OHEL)		
Imparts impurity to people		
Imparts impurity to vessels		
Imparts impurity to foods		
Imparts impurity to liquids		
Vessel becomes impure		
METZORA OR TZARAAT MATERIAL ENTERING BUILDING		
Imparts impurity to people		
Imparts impurity to vessels		
Imparts impurity to foods		
Imparts impurity to liquids		
Building becomes impure		
Space of earthenware vessels		
Imparts impurity to people		
Imparts impurity to vessels		
Imparts impurity to foods		
Imparts impurity to liquids		
Vessel becomes impure		

פרק א׳

א. הזב והזבה והנדה והיולדת כל אחד מארבעתן אב מאבות הטמאות. מטמאין כלים במגע. ומטמא אדם במגע ובמשא. ומטמא משכב ומושב ומרכב מתחתיו ועושה אותן אב טמאה. ומטמא מדף על גבו:

ב. אחד זבה קטנה ואחד זבה גדולה. ואחד זבה מחמת עצמה או מחמת אנס. ואחד זב בעל שתי ראיות או בעל שלש. טמאת כלן שוה לטמא אחרים:

ג. קטנה בת יום אחד מטמא בנדה. בת עשרה ימים בזיבה. בת שלש שנים ויום אחד מטמאה את בועלה כמו שיתבאר:

ד. קטן בן יום אחד מטמא בזיבה. ואחד גרים ועבדים ואחד ישראל מטמאין בנדה ובזיבה:

ה. סריס אדם סריס חמה מטמאין בזיבה כשאר הבריאין:

ו. אין האשה מטמאה בלבן ולא האיש באדם אלא האשה באדם והאיש בלבן:

ז. טמטום ואנדרוגינוס נותנין עליהם חמרי האיש וחמרי האשה. מטמאין בלבן כאיש ובאדם כאשה. וטמאתן בספק לפיכך אין שורפין עליהן תרומה וקדשים ואין חיבין עליהן על טמאת מקדש וקדשיו. ראה לבן ואדם כאחד שורפין עליהן את התרומה ואת הקדשים אבל אין חיבין עליהן על ביאת מקדש וקדשיו שנאמר (במדבר ה ג) "מזכר עד נקבה תשלחו" עד שיהיה הטמאה טמאת זכר ודאי או טמאת נקבה ודאית. וכן הנוגע בלבן ואדם שלו כאחת אינו חיב על טמאת מקדש וקדשיו. נגע הוא בעצמו בלבן ואדם שראה הרי זה חיב על ביאת המקדש:

ח. דם הנדה או דם הזבה או דם היולדת מטמא בכל שהוא במגע ובמשא שנאמר (ויקרא טו לג) "והדוה בנדתה והזב" מפי השמועה למדו שמדוה כמוה. וכבר בארנו בענין אסור נדה שחמשה דמים טמאים באשה אבל אם ראתה דם ירק הרי הוא טהור ואינו כמו רקה ושאר משקין היוצאין ממנה שהרק מתעגל ויוצא וזה שותת ויורד:

ט. אשה שיצא הולד מדפנה ויוצא עמו דם מן הדפן הרי אותו דם אב מאבות הטמאות כדם הנדה והלדה והזיבה שהמקור מקומו טמא. והאשה טהורה עד שיצא ממנה דם דרך הרחם:

י. מקור האשה שנעקר ונפל לארץ האשה טמאה טמאת ערב וכן מקור שהזיע כשני טפי מרגליות האשה טמאה טמאת ערב. אבל אינה נדה עד שתראה אחד מחמשה דמים המטמאין אותה:

יא. הזיעה טפה אחת הרי האשה טהורה שאינה אלא מחוץ למקור:

יב. זובו של זב אב מאבות הטמאות כזב שנאמר (ויקרא טו ב) "זובו טמא הוא" ומטמא במגע ובמשא בכל שהוא. ראיה ראשונה של זב אינה מטמאה במשא והרי היא כשכבת זרע בין מאיש גדול בין מאיש קטן וכן המשכבות והמושבות שישב עליהם משראה ראיה ראשונה עד שראה השניה טהורים שאינו קרוי זב אלא אחר ראיה שניה כמו שבארנו בהלכות מחסרי כפרה. ראה אחת מרבה כשתים אין טמא אלא המסיט טפה אחרונה:

יג. ראיה ראשונה של מצרע מטמא במשא שנאמר (במדבר ה ב) "כל צרוע וכל זב וכל טמא לנפש" הרי הצרוע כזב גמור מה זב גמור זובו מטמא במשא אף מצרע ראיתו הראשונה מטמא במשא:

יד. רק הזב ושכבת זרעו ומימי רגליו כל אחד משלשתן אב טמאה דין תורה. ומטמא בכל שהוא במגע ובמשא הרי הוא אומר ברק (ויקרא טו ח) "וכי ירק הזב בטהור". ומימי רגליו ושכבת זרעו אי אפשר שלא יהיה בהם צחצוחי זיבה כל שהוא:

טו. אחד זב ואחד נדה ויולדת וזבה כל אחד מהן רקו ומימי רגליו אב טמאה כזב. וכן כל מקום שנאמר בהלכות אלו הזב אחד הזב ואחד שאר הארבעה:

טז. תשעה משקין בזב שלשה מהן אב טמאה והן רקו ושכבת זרעו ומימי רגליו. כל אחד מאלו מטמא אדם וכלים בכל שהוא כמו שבארנו. שלשה מהן כולד הטמאה ואלו הן דמעת עינו ודם מגפתו וחלב האשה. כל אחד מאלו כמשקין טמאין שאין מטמאין אדם אבל מטמאין כלים מדברי סופרים כמו שבארנו. ושלשה מהן טהורין ואלו הן זעתו ולחה סרוחה היוצאים ממנו והרעי. הרי אלו שלשה מן הזב וחבריו כמותן משאר האדם. כיחו וניעו ורירו ומי האף שלו הרי הן כרקו לכל דבר ובכלל הרק הן חשובין. דם היוצא מפי אמה ודם השותת מפיו הרי הן בכלל דם מגפתו. היה מוצץ ורוקק דם הרי זה מטמא כרק. שהדם שמוצץ אי אפשר לו בלא צחצוחי רק:

Perek 2

Discharges continued (of *zav* etc).

Difference between moist and dry discharge.

Blood of *nidah zavah* or childbirth imparts impurity if moist or dry.

The discharges of a *zav*, including his saliva, only impart impurity when moist.

The method of assessment of moistness have been handed down *Mipi Kabalah.*

Saliva mixed with different foods.

If saliva mixes with a liquid food, the food becomes impure. If the food is dry, it remains pure.

Mixtures of impure liquids e.g. saliva plus water.

Gentiles do not contract *zivah, nidah,* childbirth impurity according to Scriptural Law.

Derabanan decreed that Gentiles do impart impurity like *zav* both males and females.

The *Rabanim* however did not decree against the semen of a Gentile.

The rationale for this is as follows. Everyone knows that if their status as a *zav* was Scriptural, then their semen would be impure. The fact that their semen is regarded as pure lets everyone know that their *zav* status is *Derabanan.* Therefore, they would not burn sacrificial food or *trumah* which a Gentile *zav* had touched. i.e. it was to protect these foods.

In all other respects, the Gentiles are regarded as an *av hatumah* for *zav, zavah, nidah* etc and transmit this impurity as a Jew.

פרק ב׳

א. דַּם נִדָּה וְזָבָה וְיוֹלֶדֶת מְטַמֵּא לַח וְיָבֵשׁ אֲבָל זוֹבוֹ שֶׁל זָב וְרֻקּוֹ וְשִׁכְבַת זַרְעוֹ אֵינוֹ מְטַמֵּא אֶלָּא כָּל זְמַן שֶׁהוּא לַח אֲבָל יָבֵשׁ יוֹתֵר מִדַּאי אֵינוֹ מְטַמֵּא. וְעַד כַּמָּה. אִם שׁוֹרִין אוֹתוֹ בְּפוֹשְׁרִין מֵעֵת לְעֵת וְחוֹזֵר לִכְמוֹת שֶׁהָיָה הֲרֵי זֶה מְטַמֵּא בְּלַח אִם הָיוּ הַמַּיִם פּוֹשְׁרִין בִּתְחִלָּתָן אַף עַל פִּי שֶׁאֵינָן פּוֹשְׁרִין בְּסוֹפָן. וְכָל הַדְּבָרִים הָאֵלּוּ דִּבְרֵי קַבָּלָה הֵן:

ב. פִּשְׁתָּן שֶׁטְּוָאַתּוּ נִדָּה הַמְּסִיטוֹ טָהוֹר. וְאִם הָיָה לַח מְטַמֵּא מִפְּנֵי רֹק פִּיהָ:

ג. זָב שֶׁהִנִּיחַ פִּיו עַל פִּי הַכּוֹס וְנִמְלַךְ שֶׁלֹּא לִשְׁתּוֹתוֹ הַמֵּסִיט אֶת הַכּוֹס טָהוֹר. שָׁתָה מִמֶּנּוּ הַזָּב כָּל שֶׁהוּא הַמְּסִיטוֹ טָמֵא מִפְּנֵי מַשְׁקֵה פִּי הַזָּב:

ד. זָב שֶׁנָּשַׁךְ אֶת הַפַּת וְאֶת הַבָּצָל הַמְּסִיטָן טָהוֹר. נָשַׁךְ אֶת הַקִּשּׁוּת וְהַמְּלָפְפוֹן הַמְּסִיטָן טָמֵא מִפְּנֵי מַשְׁקֵה פִּי הַזָּב הַמִּתְעָרֵב בָּהֶן:

ה. קְלִפֵּי פּוֹלִין וּקְלִפֵּי תּוּרְמוּסִין שֶׁקְּצָצָן הָעַכּוּ״ם הַמְּסִיטָן טָמֵא שֶׁכָּל עַכּוּ״ם כְּזָבִים לְכָל דִּבְרֵיהֶן כְּמוֹ שֶׁיִּתְבָּאֵר. הַקְּלִפִּין שֶׁבַּשְּׁוָקִין הוֹלְכִין בָּהֶן אַחַר הָרֹב:

ו. דָּם טָמֵא שֶׁנִּתְעָרֵב בְּמַיִם אִם בָּטְלוּ מַרְאָיו הַכֹּל טָהוֹר. נִתְעָרֵב בְּדָם טָהוֹר וּבְיַיִן רוֹאִין אוֹתוֹ כְּאִלּוּ הוּא מַיִם. וְכֵן רֹק טָמֵא שֶׁנִּתְעָרֵב בְּמַיִם אִם הָיָה קָרוּשׁ כִּבְרִיָּתוֹ הֲרֵי זֶה טָמֵא וְאִם נִמְחָה בְּמַיִם אִם בָּטְלוּ מַרְאָיו הַכֹּל טָהוֹר. נִתְעָרֵב בְּרֹק אַחֵר רוֹאִין אוֹתוֹ כְּאִלּוּ הוּא מַיִם. וְכֵן מֵי רַגְלָיו שֶׁל טָמֵא שֶׁנִּתְעָרְבוּ בְּמַיִם אִם בָּטְלוּ מַרְאֵיהֶן הַכֹּל טָהוֹר וְאִם לָאו טָמֵא. נִתְעָרֵב בְּיַיִן אוֹ בְּמֵי רַגְלַיִם טְהוֹרִין רוֹאִין אוֹתוֹ כְּאִלּוּ הוּא מַיִם. נִתְעָרְבוּ בְּמֵי רַגְלַיִם שֶׁל עַכּוּ״ם הוֹלְכִין אַחַר הָרֹב. כֵּיצַד. כֵּלִי שֶׁהָיוּ יִשְׂרָאֵל וְעַכּוּ״ם מְטִילִין שָׁם מֵי רַגְלֵיהֶן אִם רֹב עַכּוּ״ם הַכֹּל טָמֵא וְאִם רֹב יִשְׂרָאֵל הַכֹּל טָהוֹר מֶחֱצָה לְמֶחֱצָה הַכֹּל טָמֵא. וְכֵן אִם נִתְעָרֵב מֵי רַגְלֵי עַכּוּ״ם זֶה בְּמֵי רַגְלֵי יִשְׂרָאֵל זֶה הוֹלְכִין אַחַר הָרֹב:

ז. שׁוֹאֲלִין [כְּלֵי] מֵי רַגְלַיִם מִכָּל מָקוֹם וְאֵין חוֹשְׁשִׁין שֶׁמָּא שֶׁל נִדּוֹת הֵן שֶׁלֹּא נֶחְשְׁדוּ בְּנוֹת יִשְׂרָאֵל לְכַנֵּס אֶת מֵי רַגְלֵיהֶן כְּשֶׁהֵן נִדּוֹת:

ח. חֶרֶס שֶׁהָיָה הַזָּב אוֹ הַזָּבָה מְטִילִין בּוֹ מֵי רַגְלֵיהֶן וְכִבְּסוּ פַּעַם רִאשׁוֹנָה וּשְׁנִיָּה הֲרֵי הַמַּשְׁקִין שֶׁכִּבְּסוּ בָּהֶן טְמֵאִין וּפַעַם שְׁלִישִׁית טְהוֹרִין בֵּין שֶׁכִּבְּסוּ בְּמַיִם בֵּין שֶׁכִּבְּסוּ בְּמֵי רַגְלַיִם שֶׁהֲרֵי לֹא נִשְׁאַר בָּהּ לַחְלוּחִית מֵימֵי רַגְלַיִם:

ט. זָבָה שֶׁנֶּעֶקְרוּ מֵימֵי רַגְלֶיהָ בְּסוֹף שִׁבְעַת יְמֵי הַסְּפִירָה וְיָרְדָה וְטָבְלָה וְהֵטִילָה מַיִם אַחַר הַטְּבִילָה הֲרֵי הֵן סָפֵק אִם אַחַר עֲקִירָה הוֹלְכִין וְזָבָה הָיְתָה אוֹ אַחַר הַיְצִיאָה שֶׁהִיא טְהוֹרָה. וְכֵן עַכּוּ"ם שֶׁנֶּעֶקְרוּ מֵימֵי רַגְלֶיהָ וְנִתְגַּיְּרָה וְטָבְלָה וְהֵטִילָה מַיִם אַחַר שֶׁטָּבְלָה הֲרֵי זֶה סָפֵק אִם אַחַר עֲקִירָה הוֹלְכִין וַהֲרֵי הֵן כְּמֵי רַגְלֵי הָעַכּוּ"ם הַטְּמֵאִים אוֹ אַחַר יְצִיאָה וַהֲרֵי הֵם כְּמֵימֵי רַגְלֵי יִשְׂרָאֵל הַטְּהוֹרִים:

י. הָעֲבָדִים מְטַמְּאִין בְּזִיבָה וּבְנִדָּה וּבְלֵדָה כְּיִשְׂרָאֵל אֲבָל הָעַכּוּ"ם אֵין מְטַמְּאִין לֹא בְּזִיבָה וְלֹא בְּנִדּוּת וְלֹא בְּלֵדוֹת דִּין תּוֹרָה שֶׁנֶּאֱמַר (ויקרא טו ב) "דַּבְּרוּ אֶל בְּנֵי יִשְׂרָאֵל וַאֲמַרְתֶּם אֲלֵהֶם אִישׁ אִישׁ כִּי יִהְיֶה זָב" בְּנֵי יִשְׂרָאֵל מְטַמְּאִין בְּזִיבָה וְלֹא הָעַכּוּ"ם. וַחֲכָמִים גָּזְרוּ עַל כָּל הָעַכּוּ"ם שֶׁיִּטַּמְּאוּ כְּזָבִים לְכָל דִּבְרֵיהֶן זְכָרִים וּנְקֵבוֹת וְהוּא שֶׁיִּהְיֶה הַזָּכָר בֶּן תֵּשַׁע שָׁנִים וְיוֹם אֶחָד וּלְמַעְלָה וְהַנְּקֵבָה בַּת שָׁלֹשׁ שָׁנִים וְיוֹם אֶחָד וָמַעְלָה. אֲבָל הַקְּטַנִּים לְמַטָּה מִזְּמַן זֶה לֹא גָּזְרוּ עֲלֵיהֶן טֻמְאָה שֶׁעִקַּר הַגְּזֵרָה הִיא כְּדֵי שֶׁלֹּא יְהֵא תִּינוֹק יִשְׂרָאֵל רָגִיל אֵצֶל הָעַכּוּ"ם בְּמִשְׁכַּב זָכוּר וּפָחוֹת מִזְּמַן זֶה אֵין בִּיאָתָן בִּיאָה. בְּעֵת שֶׁגָּזְרוּ עֲלֵיהֶן לֹא גָּזְרוּ עַל שִׁכְבַת זֶרַע שֶׁלָּהֶן אֶלָּא שִׁכְבַת זַרְעוֹ שֶׁל עַכּוּ"ם טְהוֹרָה כְּדִין תּוֹרָה. וּמִפְּנֵי מָה לֹא גָּזְרוּ עָלֶיהָ טֻמְאָה כְּדֵי לְהוֹדִיעַ שֶׁטֻּמְאָתָן מִדִּבְרֵי סוֹפְרִים שֶׁהֲרֵי הַכֹּל יוֹדְעִין שֶׁאִלּוּ הָיוּ זָבִין דִּין תּוֹרָה הָיְתָה שִׁכְבַת זַרְעָם אַב הַטֻּמְאָה כְּשִׁכְבַת זֶרַע הַזָּב וּמֵאַחַר שֶׁיּוֹדְעִין בְּטֻמְאָתָן שֶׁהָיְתָה מִדִּבְרֵי סוֹפְרִים לֹא יָבוֹאוּ לִשְׂרֹף עָלֶיהָ תְּרוּמָה וְקָדָשִׁים. נִמְצֵאתָ לָמֵד שֶׁזּוֹבוֹ שֶׁל עַכּוּ"ם. וְדַם נִדָּה אוֹ דַּם זִיבָה וְלֵדָה שֶׁל בַּת עַכּוּ"ם. וּבַת עַכּוּ"ם וְעַכּוּ"ם עַצְמָן אַף עַל פִּי שֶׁהֵם נְקִיִּים מִן הַתּוֹרָה מִדַּם הַזָּב. וְרֹק הָעַכּוּ"ם וּמֵימֵי רַגְלֵיהֶן וּמִשְׁכָּבָן וּמֶרְכָּבָן. וּבוֹעֵל עַכּוּ"ם. כָּל אֶחָד מֵאֵלּוּ אַב טֻמְאָה מִדִּבְרֵי סוֹפְרִים. לְפִיכָךְ אֵין חַיָּבִין עֲלֵיהֶן עַל בִּיאַת מִקְדָּשׁ וְקָדָשָׁיו וְאֵין שׂוֹרְפִין עֲלֵיהֶן אֶת הַתְּרוּמָה. וְכֻלָּן מְטַמְּאִין אָדָם וְכֵלִים בְּמַגָּע וּמְטַמְּאִין אָדָם בְּמַשָּׂא כְּזָב לְכָל דָּבָר. אֶלָּא שֶׁהַטֻּמְאָה מִדִּבְרֵיהֶן כְּמוֹ שֶׁבֵּאַרְנוּ. וְדַם הַנָּכְרִית כְּרֻקָּהּ וּכְמֵימֵי רַגְלֶיהָ מְטַמֵּא לַח וְאֵינוֹ מְטַמֵּא יָבֵשׁ:

Perek 3

Nidah

Reminder

Nidah and *Zivah*. Ref: *Sefer Kedushah, Hilchot Issurei Biah*, Chapter 4–11.
Birth. Ref: *Sefer Kedushah, Hilchot Issurei Biah*, Chapters 7 and 10

Level of impurity (including doubtful situations).

Nidah impurity is *av.*

A man who has relations with a *nidah* also contracts *av* impurity, except the surface on which he lies is the level of *vlad hatumah.* (Whereas she would make this an *av hatumah.*)

I.e. the surface on which he lies does not impart impurity to people and vessels, but only to foods and liquids whereas the woman would also impart impurity to people and vessels.

DOUBTFUL SITUATIONS

- *Meet leet shebanidah* (**24**-hour retroactive impurity in woman who has no fixed period (*veset*).

A woman who has a fixed time of menstruation and she finds blood on that day, is only impure from then on and not retroactively.

- *Nidah misheat veset* (retroactive impurity from time of *veset*)

This means she had a fixed time but only examined herself a few days later and found bleeding. She becomes impure retroactively to her fixed time.

- 📖 • *Ketamim* (blood stains)

  Ketamim are more strict than uterine bleeding, because usually a woman knows she has had uterine bleeding and therefore a limit of 24 hours retroactive impurity is adequate. Whereas with a stain, a longer retroactive impurity is placed.

- 📖 • Foetus pushing hand out of womb

  It was instituted that she be regarded as impure from giving birth. (Normally birth is when head has emerged.)

- 📖 These are all *av tumah Derabanan* and impart impurity in same way as Scriptural *av hatumah*. But *trumah* and sacrificial foods are not burnt because of them.

Direct Transmission of impurity from *Av Hatumah* (Father or Primary Source)

Nidah i.e. relations with *Nidah* or *Zavah* (she is *av* and he becomes *av*)

	Direct from Text of Rambam	Understood
TOUCH		
Imparts impurity to people	✓	
Imparts impurity to vessels	✓	
Imparts impurity to clothes one is wearing		
Imparts impurity to earthenware vessels		
Imparts impurity to foods		✓
Imparts impurity to liquids		✓
CARRIAGE		
Imparts impurity to people	✓	
Imparts impurity to vessels		
Imparts impurity to earthenware vessels		
Imparts impurity to clothes		
Imparts impurity to foods		✓
Imparts impurity to liquids		✓
MOVEMENT (CAN BE MOVEMENT WITHOUT CARRIAGE)		
Imparts impurity same as carriage	✓	
MISHKAV AND MOSHAV	✓ He makes it *vlad*. She makes it *av*	

Couch (or chair) on which lies (or sits) becomes impure	✓ He makes it *vlad*. She makes it *av*	
Saddle on which rides becomes impure	✓	
Madaf impurity		✓
SPACE CONTAINING AN IMPURITY		
OHEL (UNIQUE TO A HUMAN CORPSE)		
Imparts impurity to people		
Imparts impurity to vessels		
Imparts impurity to earthenware vessels		
Imparts impurity to foods		
Imparts impurity to drinks (liquids)		
Containing structure becomes impure		
SEALED VESSELS (SIMILAR LAWS TO OHEL)		
Imparts impurity to people		
Imparts impurity to vessels		
Imparts impurity to foods		
Imparts impurity to liquids		
Vessel becomes impure		
METZORA OR TZARAAT MATERIAL ENTERING BUILDING		
Imparts impurity to people		
Imparts impurity to vessels		
Imparts impurity to foods		
Imparts impurity to liquids		
Building becomes impure		
SPACE OF EARTHENWARE VESSELS		
Imparts impurity to people		
Imparts impurity to vessels		
Imparts impurity to foods		
Imparts impurity to liquids		
Vessel becomes impure		

פרק ג׳

א. בּוֹעֵל נִדָּה כְּנִדָּה שֶׁהוּא אָב מֵאֲבוֹת הַטֻּמְאָה שֶׁל תּוֹרָה מְטַמֵּא כֵּלִים בְּמַגָּע וּמְטַמֵּא אָדָם בְּמַשָּׂא וּבְמַגָּע וּמְטַמֵּא בְּהֶסֵּט וּמְטַמֵּא מִשְׁכָּב וּמֶרְכָּב כְּנִדָּה:

ב. אֵין מִשְׁכַּב בּוֹעֵל נִדָּה וּמֶרְכָּבוֹ כְּמִשְׁכַּב נִדָּה וּמֶרְכָּבָהּ שֶׁהַמִּשְׁכָּב אוֹ הַמֶּרְכָּב שֶׁדְּרָסָה עָלָיו נִדָּה אָב מֵאֲבוֹת הַטֻּמְאָה וּמִשְׁכַּב בּוֹעֵל נִדָּה וּמֶרְכָּבוֹ וְלַד טֻמְאָה כְּכֵלִים שֶׁנּוֹגֵעַ בָּהֶן שֶׁאֵינָן מְטַמְּאִין אָדָם וְלֹא כֵּלִים אֶלָּא אֳכָלִין וּמַשְׁקִין בִּלְבַד. וְלָמָּה נִגְרְעָה טֻמְאַת מִשְׁכָּבוֹ מִטֻּמְאַת מִשְׁכָּבָהּ מִפְּנֵי שֶׁנֶּאֱמַר בְּבוֹעֵל נִדָּה (ויקרא טו כד) ״וּתְהִי נִדָּתָהּ עָלָיו וְטָמֵא שִׁבְעַת יָמִים״ וְנֶאֱמַר בּוֹ (ויקרא טו כד) ״כָּל הַמִּשְׁכָּב אֲשֶׁר יִשְׁכַּב עָלָיו יִטְמָא״ מֵאַחַר שֶׁנֶּאֱמַר וּתְהִי נִדָּתָהּ עָלָיו אֵינִי יוֹדֵעַ שֶׁהוּא מְטַמֵּא מִשְׁכָּב וְלָמָּה נֶאֱמַר. מִפִּי הַשְּׁמוּעָה לָמְדוּ שֶׁהַכָּתוּב נִתְּקוֹ מִטֻּמְאָה חֲמוּרָה מִלְּטַמֵּא אָדָם וְכֵלִים וּתְלָאוֹ בְּטֻמְאָה קַלָּה שֶׁיִּהְיֶה מִשְׁכָּבוֹ וָלָד וְלֹא יְטַמֵּא אָדָם וְכֵלִים אֶלָּא אֳכָלִין וּמַשְׁקִין בִּלְבַד כִּשְׁאָר וַלְדוֹת הַטֻּמְאוֹת:

ג. אֶחָד הַבָּא עַל הַנִּדָּה אוֹ עַל שׁוֹמֶרֶת יוֹם כְּנֶגֶד יוֹם אוֹ עַל הַיּוֹלֶדֶת [בֵּין כְּדַרְכָּהּ בֵּין שֶׁלֹּא כְּדַרְכָּהּ] אֶחָד הַמְעָרֶה וְאֶחָד הַגּוֹמֵר בֵּין גָּדוֹל שֶׁבָּא עַל הַקְּטַנָּה בֵּין קָטָן שֶׁבָּא עַל הַגְּדוֹלָה מִתְטַמֵּא מִשּׁוּם בּוֹעֵל נִדָּה. בַּמֶּה דְּבָרִים אֲמוּרִים כְּשֶׁהָיָה הַבּוֹעֵל בֶּן תֵּשַׁע שָׁנִים וְיוֹם אֶחָד וְהַנִּבְעֶלֶת הָיְתָה בַּת שָׁלֹשׁ שָׁנִים וְיוֹם אֶחָד. אֲבָל פָּחוֹת מִכָּאן אֵינוֹ מִתְטַמֵּא מִשּׁוּם בּוֹעֵל נִדָּה אֶלָּא מִשּׁוּם נוֹגֵעַ בְּנִדָּה בִּלְבַד שֶׁהוּא וָלָד וְאֵינוֹ אָב. וְכֵן בּוֹעֵל הַזָּבָה הֲרֵי הוּא כְּנוֹגֵעַ בּוֹ וְאֶחָד הַנּוֹגֵעַ בְּזָב אוֹ הַנִּבְעֶלֶת מִן הַזָּב:

ד. הַנִּדָּה וְהַזָּבָה וְשׁוֹמֶרֶת יוֹם כְּנֶגֶד יוֹם וְהַיּוֹלֶדֶת אַף עַל פִּי שֶׁלֹּא רָאֲתָה דָּם כֻּלָּם מְטַמְּאוֹת לְמַפְרֵעַ מֵעֵת לְעֵת אוֹ מִפְּקִידָה לִפְקִידָה וְזֶהוּ הַנִּקְרָא מֵעֵת לְעֵת שֶׁבְּנִדָּה. כֵּיצַד. אִשָּׁה שֶׁהָיְתָה טְהוֹרָה וְאֵין לָהּ וֶסֶת וּבָדְקָה עַצְמָהּ בְּשַׁחֲרִית וּמָצְאָה טְהוֹרָה וּבַחֲצִי הַיּוֹם בָּדְקָה עַצְמָהּ וּמָצְאָה דָּם הֲרֵי כָּל הַטָּהֳרוֹת שֶׁעָשְׂתָה מִשְּׁעַת פְּקִידָה רִאשׁוֹנָה עַד שְׁעַת פְּקִידָה שְׁנִיָּה טְמֵאוֹת לְמַפְרֵעַ. וְכֵן אִם בָּדְקָה הַיּוֹם וּמָצְאָה טְהוֹרָה וּלְאַחַר שְׁנַיִם אוֹ שְׁלֹשָׁה יָמִים בָּדְקָה וּמָצְאָה דָּם כָּל הַטָּהֳרוֹת שֶׁעָשְׂתָה מֵעֵת שֶׁבָּדְקָה וּמָצְאָה דָּם עַד כ״ד שָׁעוֹת טְמֵאוֹת לְמַפְרֵעַ. וְעַד שֶׁלְּאַחַר הַתַּשְׁמִישׁ הֲרֵי הוּא כִּפְקִידָה וְשֶׁלִּפְנֵי הַתַּשְׁמִישׁ אֵינוֹ כִּפְקִידָה מִפְּנֵי שֶׁאֵינָהּ בּוֹדֶקֶת בּוֹ יָפֶה:

ה. אִשָּׁה שֶׁיֵּשׁ לָהּ וֶסֶת וְרָאֲתָה דָּם בִּשְׁעַת וִסְתָּהּ דַּיָּהּ שְׁעָתָהּ וְאֵינָהּ טְמֵאָה לְמַפְרֵעַ. הִגִּיעַ שְׁעַת וִסְתָּהּ וְלֹא בָּדְקָה עַצְמָהּ וּלְאַחַר יָמִים בָּדְקָה עַצְמָהּ וּמָצְאָה דָּם הֲרֵי זוֹ טְמֵאָה לְמַפְרֵעַ וַהֲרֵי הִיא בְּחֶזְקַת נִדָּה מִשְּׁעַת וִסְתָּהּ. וְזוֹ הִיא טֻמְאַת וְסָתוֹת הָאֲמוּרָה בְּכָל מָקוֹם. וְאִם מָצְאָה עַצְמָהּ טְהוֹרָה כְּשֶׁבָּדְקָה אַחַר הַוֶּסֶת הֲרֵי זוֹ טְהוֹרָה:

ו. כָּל אִשָּׁה שֶׁיֵּשׁ לָהּ וֶסֶת תַּרְגִּישׁ בְּעַצְמָהּ. מְפַהֶקֶת. אוֹ מִתְעַטֶּשֶׁת. אוֹ חוֹשֶׁשֶׁת פִּי כְּרֵסָהּ וְשִׁפּוּלֵי מֵעֶיהָ. אוֹ אֲחָזָהּ צְמַרְמוֹרִית. אוֹ רֹאשָׁהּ כָּבֵד עָלֶיהָ אוֹ אֵיבָרֶיהָ כְּבֵדִין וְכַיּוֹצֵא בְּאֵלּוּ. וְיֵשׁ אִשָּׁה שֶׁדַּרְכָּהּ לִרְאוֹת בְּעֵת שֶׁיַּתְחִיל בָּהּ מִקְרֶה אֶחָד מֵאֵלּוּ מִיָּד בִּתְחִלָּתוֹ וְיֵשׁ אִשָּׁה שֶׁתַּמְתִּין בְּמִקְרֶה זֶה שָׁעָה אוֹ שְׁתַּיִם וְאַחַר כָּךְ תִּרְאֶה הַדָּם בְּסוֹף הַוֶּסֶת. הָיְתָה לְמוּדָה לִהְיוֹת רוֹאָה בִּתְחִלַּת הַוֶּסֶת כָּל הַטָּהֳרוֹת שֶׁעָשְׂתָה בְּתוֹךְ הַוֶּסֶת טְמֵאוֹת. הָיְתָה לְמוּדָה לִהְיוֹת רוֹאָה בְּסוֹף הַוֶּסֶת כָּל הַטָּהֳרוֹת שֶׁעָשְׂתָה בְּתוֹךְ הַוֶּסֶת טְהוֹרוֹת. וְאֵינָהּ חוֹשֶׁשֶׁת אֶלָּא מִשָּׁעָה שֶׁדַּרְכָּהּ לִרְאוֹת עַד עֵת שֶׁמָּצְאָה דָּם:

ז. הָרוֹאָה כֶּתֶם טְמֵאָה לְמַפְרֵעַ עַד עֵת הַפְּקִידָה. וְכֵן הַבֶּגֶד שֶׁנִּמְצָא עָלָיו הַכֶּתֶם טָמֵא לְמַפְרֵעַ. וְעַד כַּמָּה. עַד שֶׁתֹּאמַר בָּדַקְתִּי הֶחָלוּק הַזֶּה וְלֹא הָיָה עָלָיו כֶּתֶם. אֲפִלּוּ כִּבְּסַתּוּ וְלֹא בְּדָקַתּוּ טָמֵא מִקֹּדֶם הַכִּבּוּס לְמַפְרֵעַ עַד שְׁעַת בְּדִיקָה. וַאֲפִלּוּ נִמְצָא הַכֶּתֶם לַח הֲרֵי זֶה מְטַמֵּא לְמַפְרֵעַ עַד שְׁעַת הַבְּדִיקָה שֶׁאֲנִי אוֹמֵר מִיָּמִים הָיָה שָׁם וְעַתָּה נָפְלוּ עָלָיו מַיִם וְנַעֲשָׂה לַח:

ח. וְכָל הַנָּשִׁים שֶׁדַּיָּן שְׁעָתָן כְּתָמָן כִּרְאִיָּתָן וְאֵינוֹ מְטַמֵּא אוֹתָן לְמַפְרֵעַ. כָּל אֵלּוּ הַנָּשִׁים הַטְּמֵאוֹת לְמַפְרֵעַ בֵּין רָאֲתָה דָּם בֵּין מָצְאָה כֶּתֶם מְטַמְּאוֹת מִשְׁכָּב וּמֶרְכָּב לְמַפְרֵעַ לְטַמֵּא אָדָם וּבְגָדִים. וְכֵן רֻקָּן וּמֵימֵי רַגְלֵיהֶן טְמֵאִין לְמַפְרֵעַ. וַאֲפִלּוּ כְּלִי חֶרֶשׂ הַמֻּקָּף צָמִיד פָּתִיל מְטַמְּאוֹת אוֹתָן לְמַפְרֵעַ. אֲבָל אֵינָן מְטַמְּאוֹת אֶת הַבּוֹעֵל לְמַפְרֵעַ מִשּׁוּם בּוֹעֵל נִדָּה אֶלָּא מִשּׁוּם נוֹגֵעַ בִּלְבַד. אֲבָל הָרוֹאָה כֶּתֶם הַבּוֹעֵל אוֹתָהּ מֵאַחַר שֶׁנִּמְצֵאת הַכֶּתֶם טָמֵא מִשּׁוּם בּוֹעֵל נִדָּה:

ט. מְעֻבֶּרֶת שֶׁהוֹצִיא הָעֻבָּר אֶת יָדוֹ וְהֶחֱזִירָהּ אִמּוֹ טְמֵאָה לֵדָה. וְטֻמְאַת יוֹלֶדֶת (י״ד) וְטֻמְאַת מֵעֵת לְעֵת אוֹ מִפְּקִידָה לִפְקִידָה לְמַפְרֵעַ כְּמוֹ שֶׁבֵּאַרְנוּ וְטֻמְאַת וְסָתוֹת וְטֻמְאַת כְּתָמִים הַכֹּל מִדִּבְרֵי סוֹפְרִים וְטֻמְאָתָן מִסָּפֵק לְפִיכָךְ אֵין שׂוֹרְפִין עֲלֵיהֶן תְּרוּמָה וְקָדָשִׁים אֶלָּא תּוֹלִין. וְכֵן חֻלִּין שֶׁנַּעֲשׂוּ עַל טָהֳרַת הַקֹּדֶשׁ שֶׁנִּטְמְאוּ בְּאֵלּוּ תּוֹלִין. אֲבָל הַנַּעֲשִׂים עַל

טָהֳרַת הַתְּרוּמָה וְחֻלִּין הַטְּבוּלִין לְחַלָּה אֵין מִתְטַמְּאִין בְּכָל אֵלּוּ הַטֻּמְאוֹת שֶׁהֵן מִדִּבְרֵיהֶן. נִמְצֵאתָ אוֹמֵר שֶׁכָּל אַחַת מֵאֵלּוּ הַנָּשִׁים וּמִשְׁכָּבָן וּמֶרְכָּבָן וְרֻקָּן וּמֵימֵי רַגְלֵיהֶן וּבוֹעֵל רוֹאָה כֶּתֶם מֵאַחַר שֶׁנִּמְצָא הַכֶּתֶם וּבוֹעֵל יוֹלֶדֶת מֵאַחַר שֶׁיָּצָא הָאֵיבָר וְחָזַר כֻּלָּן אֲבוֹת טֻמְאוֹת מִדִּבְרֵי סוֹפְרִים:

Perek 4

Nidah

Retroactive impurity continued.

When women discover uterine bleeding, they become impure either:

- *Lemafrea* (retroactively)
- *Dayah sheata* (from the time of discovery)

There are **4** women who are impure from time of discovery (i.e. because they are not expected to menstruate. Then if bleeding discovered, we do not need to assume that this started at an earlier date).

- *Meuberet* (pregnant woman) **3 months or more**
- *Menikah* (nursing women) within **24 months** of birth
- *Betulah* (maiden regarding menstruation) – Has not yet menstruated
- *Zekenah* (old woman) – Did not menstruate for **3 months** or more, and people call her an old woman in her presence.

A young girl who experiences bleeding on **2** occasions is in the category of *dayah sheata*. On **3rd** occasion she is impure *lemafrea*. (Because she has now established a pattern to bleed.)

A girl who is at an age when she expects uterine bleeding to start, on the **1st** occasion of bleeding she is *dayah sheata*. On the **2nd** occasion she is *impure lemafrea*.

Similarly with a pregnant, nursing or old woman.

Dam tohar (bleeding of purity) is the bleeding which takes place after birth within following periods.

- For birth of boy this is a period of **33 days** after the first **7 days**. She must go to *mikveh* after 7 days to become pure. Until she goes to *mikveh*, the blood is impure and imparts impurity even if dry.
- For birth of girl this is a period of **66 days after the first 14 days.** She must go to *mikveh* after 14 days to become pure. Until she goes to *mikveh*, the blood is impure and imparts impurity even if dry.

Inspection for bleeding

- In present era, purity only relates to intimacy with husband. If she has fixed times of menstruation, she does not need to inspect herself each time.
- In times of *Bet Hamikdash*, the purity inspection would be daily, because this related also to touching of food and articles.

HILCHOT METAMEI MISHKAV UMOSHAV · PEREK 4 141

- Bloodstained garments need analysing. (Jewish garments are considered impure and Gentile one's pure.)
- Cleaning of bloodstained garments must be done with all **7** detergents, and then immersed in a *mikveh*.

פרק ד׳

א. אַרְבַּע נָשִׁים דַּיָּן שְׁעָתָן וְאֵינָן מְטַמְּאוֹת לְמַפְרֵעַ. וְאֵלּוּ הֵן מְעֻבֶּרֶת וּמֵינִיקָה וּבְתוּלָה וּזְקֵנָה. אֵי זוֹ הִיא מְעֻבֶּרֶת מִשֶּׁיֻּכַּר עֻבָּרָהּ. הָיְתָה בְּחֶזְקַת מְעֻבֶּרֶת וְרָאֲתָה דָּם וְאַחַר כָּךְ הִפִּילָה רוּחַ אוֹ דָּבָר שֶׁאֵינוֹ וָלָד הֲרֵי זוֹ בְּחֶזְקָתָהּ וְדַיָּהּ שְׁעָתָהּ. רָאֲתָה דָּם וְאַחַר כָּךְ הֻכַּר עֻבָּרָהּ הֲרֵי זוֹ מְטַמְּאָה לְמַפְרֵעַ כְּכָל הַנָּשִׁים. אֵי זוֹ הִיא מֵינִיקָה כָּל אַרְבָּעָה וְעֶשְׂרִים חֹדֶשׁ מִיּוֹם הַלֵּדָה אֲפִלּוּ מֵת בְּנָהּ בְּתוֹךְ זְמַן זֶה אוֹ שֶׁגְּמָלַתְהוּ אוֹ נְתָנַתְהוּ לְמֵינִיקָה דַּיָּהּ שְׁעָתָהּ. אֲבָל אַחַר אַרְבָּעָה וְעֶשְׂרִים חֹדֶשׁ אַף עַל פִּי שֶׁהִיא מֵינִיקָה וְהוֹלֶכֶת הֲרֵי זוֹ טְמֵאָה לְמַפְרֵעַ כְּכָל הַנָּשִׁים. אֵי זוֹ הִיא בְּתוּלָה כָּל שֶׁלֹּא רָאֲתָה דָּם מִיָּמֶיהָ. בְּתוּלַת דָּמִים אָמְרוּ לֹא בְּתוּלַת בְּתוּלִים. כֵּיצַד. אֲפִלּוּ נְשֵׂאת וְרָאֲתָה דָּם מֵחֲמַת נִשּׂוּאִין אוֹ יָלְדָה וְרָאֲתָה דָּם מֵחֲמַת לֵדָה עֲדַיִן הִיא בְּתוּלָה לְעִנְיַן טֻמְאָה וְדַיָּהּ שְׁעָתָהּ. אֵי זוֹ הִיא זְקֵנָה כָּל שֶׁעָבְרוּ עָלֶיהָ שְׁלֹשָׁה חֳדָשִׁים סָמוּךְ לְזִקְנוּתָהּ וְלֹא רָאֲתָה דָּם. וְאֵי זוֹ הִיא סָמוּךְ לְזִקְנוּתָהּ כָּל שֶׁחַבְרוֹתֶיהָ קוֹרְאוֹת לָהּ זְקֵנָה בְּפָנֶיהָ וְאֵינָהּ מַקְפֶּדֶת. עָבְרוּ עָלֶיהָ שָׁלֹשׁ עוֹנוֹת וְרָאֲתָה וְחָזְרוּ וְעָבְרוּ עָלֶיהָ שָׁלֹשׁ עוֹנוֹת אֲחֵרוֹת אוֹ פָּחוֹת אוֹ יֶתֶר וְרָאֲתָה הֲרֵי הִיא כְּכָל הַנָּשִׁים וּמְטַמְּאָה לְמַפְרֵעַ:

ב. בְּתוּלָה שֶׁרָאֲתָה דָּם אֲפִלּוּ שׁוֹפַעַת כָּל שִׁבְעָה אוֹ דּוֹלֶפֶת הֲרֵי זֶה פַּעַם אַחַת. רָאֲתָה דָּם וּפָסְקָה וְחָזְרָה וְרָאֲתָה הֲרֵי זֶה שְׁתֵּי פְּעָמִים:

ג. תִּינֹקֶת שֶׁלֹּא הִגִּיעַ זְמַנָּהּ לִרְאוֹת וְרָאֲתָה דָּם פַּעַם רִאשׁוֹנָה וּשְׁנִיָּה דַּיָּהּ שְׁעָתָהּ. רָאֲתָה פַּעַם שְׁלִישִׁית מְטַמְּאָה לְמַפְרֵעַ. [עָבְרוּ עָלֶיהָ שְׁלֹשָׁה חֳדָשִׁים וְאַחַר כָּךְ רָאֲתָה דַּיָּהּ שְׁעָתָהּ]. עָבְרוּ עָלֶיהָ שְׁלֹשָׁה חֳדָשִׁים אֲחֵרִים וְאַחַר כָּךְ רָאֲתָה דַּיָּהּ שְׁעָתָהּ. עָבְרוּ עָלֶיהָ שְׁלֹשָׁה חֳדָשִׁים אֲחֵרִים וְרָאֲתָה מְטַמְּאָה לְמַפְרֵעַ:

ד. תִּינֹקֶת שֶׁהִגִּיעַ זְמַנָּהּ לִרְאוֹת וְרָאֲתָה פַּעַם רִאשׁוֹנָה דַּיָּהּ שְׁעָתָהּ שְׁנִיָּה מְטַמְּאָה לְמַפְרֵעַ. עָבְרוּ עָלֶיהָ שְׁלֹשָׁה חֳדָשִׁים וְאַחַר כָּךְ רָאֲתָה דַּיָּהּ שְׁעָתָהּ. עָבְרוּ עָלֶיהָ שְׁלֹשָׁה חֳדָשִׁים אֲחֵרִים וְאַחַר כָּךְ רָאֲתָה מְטַמְּאָה לְמַפְרֵעַ:

ה. מְעֻבֶּרֶת וּמֵינִיקָה וּזְקֵנָה וּבְתוּלָה שֶׁהִגִּיעַ זְמַנָּם לִרְאוֹת שֶׁרָאוּ רְאִיָּה רִאשׁוֹנָה דַּיָּן שְׁעָתָן. רָאוּ פַּעַם שְׁנִיָּה מְטַמְּאוֹת לְמַפְרֵעַ כְּכָל הַנָּשִׁים כְּמוֹ שֶׁבֵּאַרְנוּ. וְאִם רָאוּ הָרִאשׁוֹנָה בְּאֹנֶס אַף בַּשְּׁנִיָּה דַּיָּן שְׁעָתָן:

ו. מְעֻבֶּרֶת אוֹ מֵינִיקָה שֶׁרָאֲתָה הַדָּם וְעָבְרוּ עָלֶיהָ שְׁלֹשָׁה חֳדָשִׁים וְאַחַר כָּךְ רָאֲתָה דַּיָּהּ שְׁעָתָהּ. עָבְרוּ עָלֶיהָ שְׁלֹשָׁה חֳדָשִׁים אֲחֵרִים וְרָאֲתָה פַּעַם שְׁנִיָּה שֶׁהִיא שְׁלִישִׁית לִרְאִיָּה רִאשׁוֹנָה מְטַמְּאוֹת לְמַפְרֵעַ. הָרוֹאָה דָּם אַחַר דַּם טֹהַר בְּתוֹךְ כ״ד שָׁעוֹת דַּיָּהּ שְׁעָתָהּ. וְכָל שֶׁדַּיָּהּ שְׁעָתָהּ אַף עַל פִּי שֶׁאֵינָהּ מְטַמְּאָה לְמַפְרֵעַ צְרִיכָה שֶׁתִּבְדֹּק עַצְמָהּ תָּמִיד. וְכָל אִשָּׁה הַמַּרְבָּה לִבְדֹּק מְשֻׁבַּחַת חוּץ מִן הַנִּדָּה וְיוֹשֶׁבֶת עַל דַּם טֹהַר שֶׁאֵין הַבְּדִיקָה מוֹעֶלֶת לָהֶן כְּלוּם:

ז. חֲכָמִים תִּקְּנוּ לָהֶן לִבְנוֹת יִשְׂרָאֵל לִהְיוֹת בּוֹדְקוֹת עַצְמָן בְּכָל יוֹם בְּשַׁחֲרִית מִפְּנֵי טָהֳרוֹת שֶׁל עַרְבִית וּבְעַרְבִית מִפְּנֵי טָהֳרוֹת שֶׁל שַׁחֲרִית. וְכָל אוֹכֶלֶת תְּרוּמָה בּוֹדֶקֶת בְּשָׁעָה שֶׁאוֹכֶלֶת בִּתְרוּמָה. וְכָל אִשָּׁה בּוֹדֶקֶת בְּשָׁעָה שֶׁעוֹבֶרֶת לְשַׁמֵּשׁ מִטָּתָהּ מִפְּנֵי הַטָּהֳרוֹת. אֲבָל אִם לֹא הָיְתָה עוֹסֶקֶת בְּטָהֳרוֹת אֵינָהּ צְרִיכָה בְּדִיקָה לְבַעְלָהּ שֶׁכָּל הַנָּשִׁים שֶׁיֵּשׁ לָהֶן וֶסֶת בְּחֶזְקַת טְהוֹרָה לְבַעְלֵיהֶן כְּמוֹ שֶׁבֵּאַרְנוּ בְּעִנְיַן נִדָּה:

ח. חֶזְקַת בְּנוֹת יִשְׂרָאֵל שֶׁלֹּא הִגִּיעוּ לְפִרְקָן בְּחֶזְקַת טְהוֹרָה וְאֵין הַנָּשִׁים בּוֹדְקוֹת אוֹתָן. אֲבָל מִשֶּׁהִגִּיעוּ לְפִרְקָן צְרִיכוֹת בְּדִיקָה וְנָשִׁים בּוֹדְקוֹת אוֹתָן:

ט. הַחֵרֶשֶׁת וְהַשּׁוֹטָה וּמִי שֶׁנִּטְרְפָה דַּעְתָּהּ בְּחֹלִי אִם יֵשׁ לָהֶן פִּקְחוֹת מְתַקְּנוֹת אוֹתָן הֲרֵי אֵלּוּ אוֹכְלוֹת בִּתְרוּמָה:

י. כָּל הַכְּתָמִים הַבָּאִים מִבֵּין יִשְׂרָאֵל בְּחֶזְקַת טֻמְאָה וְהַבָּאִים מִבֵּין הָעַכּוּ״ם בְּחֶזְקַת טְהוֹרִין. וְהַנִּמְצָאִים בְּעָרֵי יִשְׂרָאֵל טְהוֹרִים שֶׁלֹּא נֶחְשְׁדוּ יִשְׂרָאֵל לְהַשְׁלִיךְ כִּתְמֵיהֶן אֶלָּא מַצְנִיעִין אוֹתָם. לְפִיכָךְ כָּל הַכְּתָמִין הַנִּמְצָאִים בְּכָל מָקוֹם טְהוֹרִין חוּץ מִן הַנִּמְצָאִים בַּחוֹרִים וּסְבִיבוֹת בֵּית הַטֻּמְאָה. וְכֻלָּן טֻמְאָתָן בְּסָפֵק כְּמוֹ שֶׁבֵּאַרְנוּ:

יא. כָּל הַכְּתָמִים הַטְּמֵאִין מַעֲבִירִין עֲלֵיהֶן שִׁבְעָה סַמְמָנִין וְאַחַר כָּךְ בֵּין עָבַר הַכֶּתֶם בֵּין לֹא עָבַר מַטְבִּילוֹ וְטָהוֹר. שֶׁאִם לֹא עָבַר כְּלָל הֲרֵי הוּא צֶבַע. וְאִם עָבַר אוֹ כֵּהָה הֲרֵי זֶה כֶּתֶם וּמֵאַחַר שֶׁעָבְרוּ עָלָיו הַסַּמְמָנִין כְּבָר בָּטֵל אַף עַל פִּי שֶׁרִשּׁוּמוֹ נִכָּר. וַאֲפִלּוּ כֶּתֶם שֶׁל דַּם נִדּוּת וַדַּאי

כֵּיוָן שֶׁהֶעֱבִיר עָלָיו שִׁבְעָה סַמְמָנִים בָּטֵל וּמַטְבִּילוֹ וְעוֹשֶׂה טָהֳרוֹת עַל גַּבָּיו:

יב. בֶּגֶד שֶׁאָבַד בּוֹ כֶּתֶם מַעֲבִירִין עַל כָּל הַבֶּגֶד שִׁבְעָה סַמְמָנִים וּמַטְבִּילוֹ. אָבְדָה בּוֹ שִׁכְבַת זֶרַע אִם הָיָה חָדָשׁ בּוֹדְקוֹ בְּמַחַט וְאִם הָיָה שָׁחוּק בּוֹדְקוֹ בַּחַמָּה:

יג. בֶּגֶד שֶׁהָיָה עָלָיו כֶּתֶם וְהִטְבִּילוֹ וְעָשָׂה עַל גַּבָּיו טָהֳרוֹת וְאַחַר כָּךְ הֶעֱבִיר עַל הַכֶּתֶם שִׁבְעָה הַסַּמְמָנִים וְלֹא עָבַר הֲרֵי זֶה צֶבַע וְהַטָּהֳרוֹת שֶׁעָשָׂה טְהוֹרוֹת וְאֵין צָרִיךְ לְהַטְבִּילוֹ פַּעַם אַחֶרֶת. וְאִם עָבַר הַכֶּתֶם אוֹ כֵּהָה עֵינוֹ הֲרֵי זֶה כֶּתֶם וְהַטָּהֳרוֹת טְמֵאוֹת. שֶׁהֲרֵי הִקְפִּיד עַל הַכֶּתֶם לַהֲסִירוֹ. וְצָרִיךְ לְהַטְבִּילוֹ פַּעַם שְׁנִיָּה לְטַהֲרוֹ:

יד. כֶּתֶם שֶׁהֶעֱבִיר עָלָיו שִׁשָּׁה סַמְמָנִים וְלֹא עָבַר וְאַחַר כָּךְ הֶעֱבִיר עָלָיו צִפּוֹן וְעָבַר הֲרֵי הַטָּהֳרוֹת שֶׁנַּעֲשׂוּ עַל גַּבָּיו טְמֵאוֹת. אַף עַל פִּי שֶׁהַצִּפּוֹן מַעֲבִיר הַצֶּבַע הוֹאִיל וְלֹא הֶעֱבִיר עָלָיו שִׁבְעָה הַסַּמְמָנִין הֲרֵי זֶה בְּחֶזְקַת כֶּתֶם. וְשֶׁמָּא אִלּוּ הֶעֱבִיר הַשְּׁבִיעִי הָיָה עוֹבֵר. הֶעֱבִיר עָלָיו שִׁבְעַת הַסַּמְמָנִים וְלֹא עָבַר וְחָזַר וְהֶעֱבִירָן עָלָיו פַּעַם שְׁנִיָּה וְעָבַר כָּל הַטָּהֳרוֹת שֶׁנַּעֲשׂוּ עַל גַּבָּיו בֵּין תִּכְבֹּסֶת רִאשׁוֹנָה לִשְׁנִיָּה טְהוֹרוֹת. וְכָל הַטָּהֳרוֹת שֶׁנַּעֲשׂוּ עַל גַּבָּיו אַחַר תִּכְבֹּסֶת שְׁנִיָּה טְמֵאוֹת. הוֹאִיל וְגִלָּה דַּעְתּוֹ שֶׁהוּא מַקְפִּיד עָלָיו וְרוֹצֶה לְהוֹצִיא רִשּׁוּמוֹ הֲרֵי זֶה טָמֵא עַד שֶׁיְּבַטְּלוֹ וְיַטְבִּילוֹ. כְּבָר בֵּאַרְנוּ בְּהִלְכוֹת אִסּוּרֵי בִּיאָה שִׁבְעָה הַסַּמְמָנִין שֶׁמַּעֲבִירִין עַל הַכֶּתֶם מַה הֵן וְהֵיאַךְ מַעֲבִירִין אוֹתָן:

טו. הָאִשָּׁה שֶׁמֵּתָה וְיָצְאָה מִמֶּנָּה דָּם מְטַמֵּא מִשּׁוּם כֶּתֶם שֶׁהַמָּקוֹר מְקוֹמוֹ טָמֵא. אַף עַל פִּי שֶׁיָּצָא הַדָּם אַחַר שֶׁמֵּתָה וְאֵין כָּאן נִדָּה הוֹאִיל וּמִמָּקוֹם טָמֵא יָצָא מְטַמֵּא טֻמְאַת כְּתָמִים. וְאִם הָיָה בּוֹ רְבִיעִית מְטַמֵּא בְּאֹהֶל וּמְטַמֵּא מִשּׁוּם כֶּתֶם:

Perek 5

Mikveh

Reminder

Pack on Purification

A *zav, zavah, nidah* and *yoledet* remain impure, and impart impurity to

- Humans
- Articles
- Articles on which one sits or lies

until they immerse in *mikveh*.

CHILDBIRTH

After first immersion (which takes place after **7** or **14** days, or if she gave birth while being a *zavah*, after 7 clean days), her status is that of a *tevul yom* in terms of *trumah* and *maaser sheni*. Therefore, after the first immersion she can partake of *maaser sheni*, but disqualifies *trumah* if she touches it. Regarding sacrificial food however, she is like a *rishon letumah* – touching it would make it a *sheni*.

CHILDBIRTH PLUS *TZARAAT*

Here even after initial immersion, the 'pure blood' is impure as a (*rishon letumah*) as are all liquids (i.e. blood, saliva and urine).

MINOR *ZAVAH*

Has **1** or **2** days of bleeding. She now must experience **1** clean day, and then immerse.

If she bled after the immersion, she becomes impure retroactively, as if she didn't immerse.

MAJOR *ZAVAH*

With pattern of **7** *nidah* days and **11** *zivah* days. Any bleeding on **12**th day is considered *nidah* bleeding, and therefore bleeding on the **10**th, **11**th and **12**th day would not make her a major *zavah.* (Because this needs 3 consecutive days of bleeding during the **11** *zivah* days.)

(The purifying process for a minor and major *zavah* is different. A minor *zavah*, counts only 1 clean day before immersing and no sacrifices are needed, whereas a major *zavah* needs to count 7 clean days and must bring a sacrifice.)

ZAV & MAJOR *ZAVAH*

Immerse on **7**th spotless day and wait until evening.

פרק ה׳

א. הַזָּב וְהַזָּבָה וְהַנִּדָּה וְהַיּוֹלֶדֶת לְעוֹלָם הֵם בְּטֻמְאָתָן וּמְטַמְּאִין אָדָם וְכֵלִים וּמִשְׁכָּב וּמֶרְכָּב עַד שֶׁיִּטְבְּלוּ. אֲפִלּוּ נִתְאַחֲרוּ כַּמָּה שָׁנִים בְּלֹא רְאִיַּת טֻמְאָה וְלֹא טָבְלוּ הֲרֵי הֵן בְּטֻמְאָתָן:

ב. יוֹלֶדֶת שֶׁלֹּא טָבְלָה אַחַר שִׁבְעָה לְזָכָר וְאַרְבָּעָה עָשָׂר לִנְקֵבָה כָּל דָּם שֶׁתִּרְאֶה אַף עַל פִּי שֶׁהוּא בְּתוֹךְ יְמֵי טֹהַר הֲרֵי הוּא כְּדַם הַנִּדּוֹת וּמְטַמֵּא לַח וְיָבֵשׁ. לֹא תָּלָה הַכָּתוּב בְּיָמִים בִּלְבַד אֶלָּא בְּיָמִים וּטְבִילָה:

ג. יוֹלֶדֶת שֶׁיָּרְדָה לִטְבֹּל מִטֻּמְאָה לְטָהֳרָה וְנֶעֱקַר מִמֶּנָּה דָּם בִּירִידָתָהּ וְיָצָא חוּץ לְבֵין הַשִּׁנַּיִם הֲרֵי זוֹ טְמֵאָה וְאֵין הַטְּבִילָה מוֹעֶלֶת לְדָם זֶה וְאַף עַל פִּי שֶׁעֲדַיִן הִיא בִּבְשָׂרָהּ. וְאִם נֶעֱקַר מִמֶּנָּה בַּעֲלִיָּתָהּ מִן הַמִּקְוֶה הֲרֵי זוֹ טְהוֹרָה מִפְּנֵי שֶׁהוּא דַּם טֹהַר. וְהַטְּבִילָה מוֹעֶלֶת לְכָל הַדָּם הַמְבֻלָּע בָּאֵבָרִים וּמְשִׂימָה אוֹתוֹ דַּם טֹהַר:

ד. יוֹלֶדֶת שֶׁטָּבְלָה אַחַר שִׁבְעָה שֶׁל זָכָר וְאַרְבָּעָה עָשָׂר שֶׁל נְקֵבָה אוֹ אַחַר סְפִירַת שִׁבְעָה יָמִים נְקִיִּים אִם הָיְתָה יוֹלֶדֶת בְּזוֹב הֲרֵי הִיא בְּכָל יְמֵי טֹהַר שֶׁלָּהּ כְּטָמֵא שֶׁטָּבַל וַעֲדַיִן לֹא הֶעֱרִיב שִׁמְשׁוֹ וַהֲרֵי הִיא טְבוּלַת יוֹם בְּכָל אוֹתָן הַיָּמִים. וְאֵינָהּ צְרִיכָה טְבִילָה אַחֶרֶת בְּסוֹף יְמֵי טֹהַר אֶלָּא בִּמְשְׁלַם הַיָּמִים הֲרֵי הִיא כִּטְבוּל יוֹם שֶׁהֶעֱרִיב שִׁמְשׁוֹ. בַּמֶּה דְּבָרִים אֲמוּרִים שֶׁהִיא כִּטְבוּל יוֹם לְעִנְיַן תְּרוּמָה וּמַעֲשֵׂר. אֲבָל לְקָדָשִׁים הֲרֵי הִיא כְּרִאשׁוֹן לְטֻמְאָה שֶׁעֲדַיִן לֹא טָבַל אֶלָּא כְּמִי שֶׁנָּגַע בְּנִדָּה אוֹ בִּטְמֵא מֵת שֶׁעֲדַיִן לֹא טָבַל וְכַיּוֹצֵא בָּהֶן. נִמְצֵאתָ אַתָּה לָמֵד שֶׁהַיּוֹלֶדֶת בְּתוֹךְ יְמֵי טֹהַר אוֹכֶלֶת בְּמַעֲשֵׂר וּפוֹסֶלֶת אֶת הַתְּרוּמָה כִּטְבוּל יוֹם כְּמוֹ שֶׁיִּתְבָּאֵר. וְאִם נָפַל מֶרְקָהּ וּמִדַּם טָהֳרָתָהּ עַל כִּכָּר שֶׁל תְּרוּמָה הֲרֵי הוּא בְּטָהֳרָתוֹ שֶׁמַּשְׁקֵה טְבוּל יוֹם טָהוֹר כְּמוֹ שֶׁיִּתְבָּאֵר. וּמְטַמְּאָה אֶת הַקֳּדָשִׁים כִּוְלַד הַטֻּמְאוֹת עַד שֶׁתַּשְׁלִים יְמֵי טֹהַר וְתִהְיֶה טְהוֹרָה לַכֹּל. וְיֵרָאֶה לִי שֶׁמֵּאַחַר שֶׁהִיא מְטַמְּאָה אֶת הַקֹּדֶשׁ שֶׁהִיא צְרִיכָה טְבִילָה אַחֶרֶת בַּסּוֹף וְאַחַר כָּךְ תִּגַּע בַּקֹּדֶשׁ אַף עַל פִּי שֶׁאֵינָהּ צְרִיכָה טְבִילָה אַחֶרֶת לַאֲכִילַת הַתְּרוּמָה:

ה. יוֹלֶדֶת שֶׁהִיא מְצֹרַעַת וְטָבְלָה אַחַר שִׁבְעָה שֶׁל זָכָר אוֹ אַרְבָּעָה עָשָׂר שֶׁל נְקֵבָה הֲרֵי דַּם טֹהַר שֶׁלָּהּ טָמֵא כְּרֻקָּהּ וּכְמֵימֵי רַגְלֶיהָ. וְכֻלָּן כְּמַשְׁקִין טְמֵאִין שֶׁכָּל הַמַּשְׁקִין הַטְּמֵאִין הַיּוֹצְאִין מֵהֶן כְּמַשְׁקִין שֶׁהֵן נוֹגְעִין בָּהֶן. חוּץ מִזָּב וְכַיּוֹצֵא בּוֹ. שֶׁהֲרֵי שְׁלֹשָׁה מַשְׁקִין הַיּוֹצְאִין מִמֶּנּוּ אֲבוֹת טֻמְאוֹת כְּמוֹ שֶׁבֵּאַרְנוּ:

ו. זָבָה קְטַנָּה שֶׁטָּבְלָה בַּיּוֹם הַשִּׁמּוּר שֶׁלָּהּ אַחַר הָנֵץ כְּמוֹ שֶׁבֵּאַרְנוּ בְּעִנְיַן אִסּוּר נִדָּה הֲרֵי מַגָּעָהּ וּבְעִילָתָהּ תְּלוּיִים. אִם נִגְמַר הַיּוֹם וְלֹא רָאֲתָה כָּל שֶׁנָּגְעָה בּוֹ טָהוֹר וּבוֹעֲלָהּ טָהוֹר וּפָטוּר. וְאִם רָאֲתָה דָּם אַחַר שֶׁטָּבְלָה כָּל טָהֳרוֹת שֶׁעָשְׂתָה טְמֵאוֹת וְעוֹשָׂת מִשְׁכָּב וּמֶרְכָּב וּבוֹעֲלָהּ חַיָּב חַטָּאת. טָבְלָה בְּלֵיל הַשִּׁמּוּר קֹדֶם שֶׁיַּעֲלֶה עַמּוּד הַשַּׁחַר הֲרֵי זוֹ כְּמִי שֶׁלֹּא טָבְלָה וַעֲדַיִן עוֹשָׂת מֶרְכָּב וּמוֹשָׁב:

ז. הָרוֹאָה דָּם בְּיוֹם אַחַד עָשָׂר וְטָבְלָה לָעֶרֶב לֵיל שְׁנֵים עָשָׂר הֲרֵי זוֹ מְטַמְּאָה מִשְׁכָּב וּמוֹשָׁב. אַף עַל פִּי שֶׁאֵינָהּ רְאוּיָה לִהְיוֹת זָבָה גְּדוֹלָה כְּמוֹ שֶׁבֵּאַרְנוּ בְּעִנְיַן אִסּוּר נִדָּה:

ח. טָבְלָה בְּיוֹם שְׁנֵים עָשָׂר אַחַר הָנֵץ הַחַמָּה אַף עַל פִּי שֶׁאֲסוּרָה לְשַׁמֵּשׁ [עַד] לָעֶרֶב אִם שִׁמְּשָׁה בּוֹעֲלָהּ טָהוֹר וּמִשְׁכָּבָהּ וּמֶרְכָּבָהּ טְהוֹרִין אַף עַל פִּי שֶׁרָאֲתָה דָּם בְּיוֹם שְׁנֵים עָשָׂר אַחַר הַטְּבִילָה. מִפְּנֵי שֶׁהוּא תְּחִלַּת נִדָּה כְּמוֹ שֶׁבֵּאַרְנוּ שָׁם בְּאִסּוּר נִדָּה וְאֵינוֹ מִצְטָרֵף לְיוֹם אַחַד עָשָׂר לְפִיכָךְ אֵינָהּ צְרִיכָה לִשְׁמֹר יוֹם שְׁנֵים עָשָׂר אֶלָּא טוֹבֶלֶת וְעוֹסֶקֶת בְּטָהֳרוֹת. אֲבָל הָרוֹאָה דָּם בָּעֲשִׂירִי טוֹבֶלֶת בְּיוֹם אַחַד עָשָׂר וּמְשַׁמֶּרֶת אוֹתוֹ שֶׁאִם תִּרְאֶה בּוֹ דָּם אַחַר טְבִילָה נִטְמְאוּ כָּל טָהֳרוֹת שֶׁעָשְׂתָה וְנִטְמָא בּוֹעֲלָהּ אַף עַל פִּי שֶׁאֵינָהּ רְאוּיָה לִהְיוֹת זָבָה גְּדוֹלָה כְּמוֹ שֶׁבֵּאַרְנוּ בְּעִנְיַן נִדָּה:

ט. זָב וְזָבָה גְּדוֹלָה שֶׁטָּבְלוּ בְּיוֹם שְׁבִיעִי שֶׁלָּהֶן כְּמוֹ שֶׁבֵּאַרְנוּ לֹא יִתְעַסְּקוּ בְּטָהֳרוֹת עַד לָעֶרֶב שֶׁמָּא יִרְאוּ טֻמְאָה וְיִסְתְּרוּ שִׁבְעַת יְמֵי הַסְּפִירָה וְנִמְצָא אוֹתָן הַטָּהֳרוֹת טְמֵאוֹת לְמַפְרֵעַ. אַף עַל פִּי שֶׁהֵן עוֹשִׂין מִשְׁכָּב וּמוֹשָׁב לְמַפְרֵעַ אֵין מְטַמְּאִין כְּלִי חֶרֶס בְּהֶסֵּט מֵאַחַר שֶׁטָּבְלוּ אַף עַל פִּי שֶׁחָזְרוּ וְרָאוּ טֻמְאָה וְסָתְרוּ הַכֹּל. וְכָל כְּלִי חֶרֶס שֶׁהֱסִיטוּ עַד שֶׁלֹּא רָאוּ טָהוֹר:

Perek 6

Mishkav, Moshav and *Merkav* (Articles upon which a *zav* etc sits, lies or rides).

Reminder

Pack on Impurity of *Zav, Zavah* etc

It seems to me that to understand these impurities more clearly, one must split them up into different categories.

1) *Zav, zavah* etc themselves – *av hatumah*

2) Article which has been touched or carried

- *Mishkav / Moshav* (i.e. sat or lay upon) – *av hatumah*
- *Merkav* (rode upon e.g. a saddle) – *av hatumah*

3) A pure person who now touches either a *zav*, or the impure article. He imparts impurity to vessels or clothing as follows.

- Touches or carries *zav* – becomes *av hatumah*
- Touches *zav* impurity article
  - *Mishkav*. Only imparts impurity to vessels or clothing while he is holding the impurity for both touching and carriage.
  - *Merkav*. Only transmits impurity through carriage and not through touching even while he is holding the impurity. I.e. with touching he is regarded as a *rishon letumah* and not an *av. I.e.* merkav is a lower level of impurity than *mishkav.*

PRINCIPLE (RE *ZAV* IMPURITY REGARDING CLOTHES)

A *zav, zavah, nidah, yoledet, mishkav* articles, *moshav* articles, their discharge (i.e. semen, blood, saliva, urine) – are all *av hatumah.*

If a pure person touches or carries any of these he then imparts impurity to his clothes and other *kelim* while he is touching them.

He does not impart impurity to other people or earthenware vessels.

Any entity which imparts impurity to people, also imparts impurity to earthenware vessels. And any entity which does not impart impurity to people does not impart impurity to earthenware vessels.

> **Reminder**
> Impurity Transmitted to Clothes (*Parah Adumah*). Ref: *Sefer Taharah, Hilchot Parah Adumah*, Chapter 5

I have set out the tables to try and reflect each of these 6 categories separately ie 3 × 2. (The *zav* etc has already been discussed previously, so what follows now is just the last two categories i.e. impure article, and transmission of a pure person who had come into contact with a *zav* etc i.e. 2 × 2 = 4 categories.)

Mishkav Umoshav – Person transmitting impurity i.e. person who has become impure from a *zav*

Direct Transmission of impurity from *Av Hatumah* (Father or Primary Source)

	Direct from Text of *Rambam*	Understood
TOUCH		
Imparts impurity to people	✗ even while holding impurity	
Imparts impurity to vessels	✓ becomes *rishon* only while holding impurity	
Imparts impurity to clothes one is wearing	✓ becomes *rishon* only while holding impurity	
Imparts impurity to earthenware vessels	✗ even while holding impurity	
Imparts impurity to foods		
Imparts impurity to liquids		
CARRIAGE		
Imparts impurity to people	✗	
Imparts impurity to vessels	✓ only while holding impurity	
Imparts impurity to earthenware vessels	✗	
Imparts impurity to clothes	✓ only while holding impurity	
Imparts impurity to foods		
Imparts impurity to liquids		

MOVEMENT (CAN BE MOVEMENT WITHOUT CARRIAGE)	✓ see perek 8 This is unique to *zav* etc. Even a sealed earthenware vessel will become impure by moving, even indirect movement.	
Imparts impurity same as carriage		
MISHKAV AND *MOSHAV*		
Couch (or chair) on which lies (or sits) becomes impure		
Saddle on which rides becomes impure		
Madaf impurity	✓ Person (*Zav* etc) transmits impurity to vessels that rest above the *zav*. These vessels can only impart impurity to foods or liquid.	
SPACE CONTAINING AN IMPURITY		
OHEL (UNIQUE TO A HUMAN CORPSE)		
Imparts impurity to people		
Imparts impurity to vessels		
Imparts impurity to earthenware vessels		
Imparts impurity to foods		
Imparts impurity to drinks (liquids)		
Containing structure becomes impure		
SEALED VESSELS (SIMILAR LAWS TO *OHEL*)		
Imparts impurity to people		
Imparts impurity to vessels		
Imparts impurity to foods		
Imparts impurity to liquids		
Vessel becomes impure		
METZORA OR *TZARAAT* MATERIAL ENTERING BUILDING		

Imparts impurity to people		
Imparts impurity to vessels		
Imparts impurity to foods		
Imparts impurity to liquids		
Building becomes impure		
SPACE OF EARTHENWARE VESSELS		
Imparts impurity to people		
Imparts impurity to vessels		
Imparts impurity to foods		
Imparts impurity to liquids		
Vessel becomes impure		

Mishkav Umoshav Bed/Seat Transmitting impurity

Direct Transmission of impurity from *Av Hatumah* (Father or Primary Source)

	Direct from Text of *Rambam*	Understood from *Rambam*
TOUCH		
Imparts impurity to people	✓	
Imparts impurity to vessels	✓ becomes *rishon* while touching	
Imparts impurity to clothes one is wearing	✓ becomes *rishon* while touching	
Imparts impurity to earthenware vessels		
Imparts impurity to foods		
Imparts impurity to liquids		
CARRIAGE		
Imparts impurity to people	✓	
Imparts impurity to vessels	✓ while touching them	
Imparts impurity to earthenware vessels		
Imparts impurity to clothes	✓ while touching them	

Imparts impurity to foods		
Imparts impurity to liquids		
MOVEMENT (CAN BE MOVEMENT WITHOUT CARRIAGE)		✓
Imparts impurity same as carriage		
MISHKAV AND MOSHAV		
Couch (or chair) on which lies (or sits) becomes impure	✓	
Saddle on which rides becomes impure		
Madaf impurity		
SPACE CONTAINING AN IMPURITY		
OHEL (UNIQUE TO A HUMAN CORPSE)		
Imparts impurity to people		
Imparts impurity to vessels		
Imparts impurity to earthenware vessels		
Imparts impurity to foods		
Imparts impurity to drinks (liquids)		
Containing structure becomes impure		
SEALED VESSELS (SIMILAR LAWS TO OHEL)		
Imparts impurity to people		
Imparts impurity to vessels		
Imparts impurity to foods		
Imparts impurity to liquids		
Vessel becomes impure		
METZORA OR TZARAAT MATERIAL ENTERING BUILDING		
Imparts impurity to people		
Imparts impurity to vessels		
Imparts impurity to foods		
Imparts impurity to liquids		
Building becomes impure		

SPACE OF EARTHENWARE VESSELS		
Imparts impurity to people		
Imparts impurity to vessels		
Imparts impurity to foods		
Imparts impurity to liquids		
Vessel becomes impure		

Merkav* – Person transmitting impurity i.e. one who has become impure from a *zav* (Lesser *tumah* than *Mishkav umoshav

Direct Transmission of impurity from *Av Hatumah* (Father or Primary Source)

Touch	Direct from Text of *Rambam*	Understood
TOUCH		
Imparts impurity to people	×	Because he is merely a *rishon*
Imparts impurity to vessels	× even while holding impurity	
Imparts impurity to clothes one is wearing	× Even while holding impurity	x
Imparts impurity to earthenware vessels	× even while holding	
Imparts impurity to foods		
Imparts impurity to liquids		
CARRIAGE		
Imparts impurity to people		×
Imparts impurity to vessels	✓ only while holding impurity	
Imparts impurity to earthenware vessels		×
Imparts impurity to clothes	✓ only while holding impurity	
Imparts impurity to foods		
Imparts impurity to liquids		
MOVEMENT (CAN BE MOVEMENT WITHOUT CARRIAGE)		
Imparts impurity same as carriage		
MISHKAV AND *MOSHAV*		

Couch (or chair) on which lies (or sits) becomes impure		
Saddle on which rides becomes impure		
Madaf impurity		
SPACE CONTAINING AN IMPURITY		
OHEL (UNIQUE TO A HUMAN CORPSE)		
Imparts impurity to people		
Imparts impurity to vessels		
Imparts impurity to earthenware vessels		
Imparts impurity to foods		
Imparts impurity to drinks (liquids)		
Containing structure becomes impure		
SEALED VESSELS (SIMILAR LAWS TO OHEL)		
Imparts impurity to people		
Imparts impurity to vessels		
Imparts impurity to foods		
Imparts impurity to liquids		
Vessel becomes impure		
METZORA OR TZARAAT MATERIAL ENTERING BUILDING		
Imparts impurity to people		
Imparts impurity to vessels		
Imparts impurity to foods		
Imparts impurity to liquids		
Building becomes impure		
SPACE OF EARTHENWARE VESSELS		
Imparts impurity to people		
Imparts impurity to vessels		
Imparts impurity to foods		
Imparts impurity to liquids		
Vessel becomes impure		

Merkav Saddle transmitting impurity (saddle is a lesser impurity than Bed/seat – *mishkav/moshav*)

Direct Transmission of impurity from *Av Hatumah* (Father or Primary Source)

Touch	Direct from Text of *Rambam*	Understood
TOUCH		
Imparts impurity to people	✓	
Imparts impurity to vessels	✓ while touching	
Imparts impurity to clothes one is wearing	✗ Even while holding impure saddle	
Imparts impurity to earthenware vessels		
Imparts impurity to foods		
Imparts impurity to liquids		
CARRIAGE		
Imparts impurity to people	✓	
Imparts impurity to vessels	✓	
Imparts impurity to earthenware vessels		
Imparts impurity to clothes		
Imparts impurity to foods		
Imparts impurity to liquids		
MOVEMENT (CAN BE MOVEMENT WITHOUT CARRIAGE)		
Imparts impurity same as carriage		
MISHKAV AND MOSHAV		
Couch (or chair) on which lies (or sits) becomes impure		
Saddle on which rides becomes impure		
Madaf impurity		
SPACE CONTAINING AN IMPURITY		
OHEL (UNIQUE TO A HUMAN CORPSE)		
Imparts impurity to people		
Imparts impurity to vessels		
Imparts impurity to earthenware vessels		

Imparts impurity to foods		
Imparts impurity to drinks (liquids)		
Containing structure becomes impure		
SEALED VESSELS (SIMILAR LAWS TO OHEL)		
Imparts impurity to people		
Imparts impurity to vessels		
Imparts impurity to foods		
Imparts impurity to liquids		
Vessel becomes impure		
METZORA OR TZARAAT MATERIAL ENTERING BUILDING		
Imparts impurity to people		
Imparts impurity to vessels		
Imparts impurity to foods		
Imparts impurity to liquids		
Building becomes impure		
SPACE OF EARTHENWARE VESSELS		
Imparts impurity to people		
Imparts impurity to vessels		
Imparts impurity to foods		
Imparts impurity to liquids		
Vessel becomes impure		

MADAF IMPURITY

📖 *Derabanan* even though there are many articles on top of a *zav* etc (e.g. 10 blankets), even though only one is touched by *zav*, all 10 become impure as *vlad hatumah* (Do not impart impurity to other people or earthenware container, but do impart impurity to food or liquids).

Madaf impurity Person (zav) transmitting to more than 1 item made to be sat, lied or ridden upon below him. E.g. 100 sheets even if a stone intervenes

Direct Transmission of impurity from *Av Hatumah* (Father or Primary Source)

	Direct from Text of *Rambam*	Understood
TOUCH		
Imparts impurity to people		
Imparts impurity to vessels	✓ all of them (they all become *av*)	
Imparts impurity to clothes one is wearing		
Imparts impurity to earthenware vessels		
Imparts impurity to foods		
Imparts impurity to liquids		
CARRIAGE		
Imparts impurity to people		
Imparts impurity to vessels		
Imparts impurity to earthenware vessels		
Imparts impurity to clothes		
Imparts impurity to foods		
Imparts impurity to liquids		
MOVEMENT (CAN BE MOVEMENT WITHOUT CARRIAGE)		
Imparts impurity same as carriage		
MISHKAV AND MOSHAV		
Couch (or chair) on which lies (or sits) becomes impure	✓ becomes *av*	
Saddle on which rides becomes impure	✓ becomes *av*	
Madaf impurity		
SPACE CONTAINING AN IMPURITY		
OHEL (UNIQUE TO A HUMAN CORPSE)		
Imparts impurity to people		
Imparts impurity to vessels		
Imparts impurity to earthenware vessels		
Imparts impurity to foods		

Imparts impurity to drinks (liquids)		
Containing structure becomes impure		
SEALED VESSELS (SIMILAR LAWS TO *OHEL*)		
Imparts impurity to people		
Imparts impurity to vessels		
Imparts impurity to foods		
Imparts impurity to liquids		
Vessel becomes impure		
METZORA OR *TZARAAT* MATERIAL ENTERING BUILDING		
Imparts impurity to people		
Imparts impurity to vessels		
Imparts impurity to foods		
Imparts impurity to liquids		
Building becomes impure		
SPACE OF EARTHENWARE VESSELS		
Imparts impurity to people		
Imparts impurity to vessels		
Imparts impurity to foods		
Imparts impurity to liquids		
Vessel becomes impure		

Madaf. Person (*zav*) transmitting to items below him which are not made to lie, sit or ride on i.e. foods, liquids, vessels, people BUT NOT TOUCHING.

Direct Transmission of impurity from *Av Hatumah* (Father or Primary Source)

	Direct from Text of Rambam	Understood
TOUCH		
Imparts impurity to people		
Imparts impurity to vessels	×	
Imparts impurity to clothes one is wearing		

Imparts impurity to earthenware vessels		
Imparts impurity to foods	✗	
Imparts impurity to liquids	✗	
CARRIAGE		
Imparts impurity to people	✓	i.e. person was above *zav* but not touching him
Imparts impurity to vessels		
Imparts impurity to earthenware vessels		
Imparts impurity to clothes		
Imparts impurity to foods		
Imparts impurity to liquids		
MOVEMENT (CAN BE MOVEMENT WITHOUT CARRIAGE)		
Imparts impurity same as carriage		
MISHKAV AND MOSHAV		
Couch (or chair) on which lies (or sits) becomes impure		
Saddle on which rides becomes impure		
Madaf impurity		
SPACE CONTAINING AN IMPURITY		
OHEL (UNIQUE TO A HUMAN CORPSE)		
Imparts impurity to people		
Imparts impurity to vessels		
Imparts impurity to earthenware vessels		
Imparts impurity to foods		
Imparts impurity to drinks (liquids)		
Containing structure becomes impure		
SEALED VESSELS (SIMILAR LAWS TO OHEL)		
Imparts impurity to people		
Imparts impurity to vessels		

Imparts impurity to foods		
Imparts impurity to liquids		
Vessel becomes impure		
METZORA OR TZARAAT MATERIAL ENTERING BUILDING		
Imparts impurity to people		
Imparts impurity to vessels		
Imparts impurity to foods		
Imparts impurity to liquids		
Building becomes impure		
SPACE OF EARTHENWARE VESSELS		
Imparts impurity to people		
Imparts impurity to vessels		
Imparts impurity to foods		
Imparts impurity to liquids		
Vessel becomes impure		

Madaf. Person transmitting *zav* impurity to items above him i.e. items not made to be sat, laid or rode upon even if stone intervening e.g. food, liquids, vessels, people.

Direct Transmission of impurity from *Av Hatumah* (Father or Primary Source)

	Direct from Text of *Rambam*	Understood
TOUCH		
Imparts impurity to people	✓ becomes *vlad* only when not in direct contact with *zav*	
Imparts impurity to vessels	✓ becomes *vlad*	
Imparts impurity to clothes one is wearing		
Imparts impurity to earthenware vessels	✓ becomes *vlad*	
Imparts impurity to foods		
Imparts impurity to liquids		

CARRIAGE		
Imparts impurity to people		
Imparts impurity to vessels		
Imparts impurity to earthenware vessels		
Imparts impurity to clothes		
Imparts impurity to foods		
Imparts impurity to liquids		
MOVEMENT (CAN BE MOVEMENT WITHOUT CARRIAGE)		
Imparts impurity same as carriage		
MISHKAV AND MOSHAV		
Couch (or chair) on which lies (or sits) becomes impure		
Saddle on which rides becomes impure		
Madaf impurity		
SPACE CONTAINING AN IMPURITY		
OHEL (UNIQUE TO A HUMAN CORPSE)		
Imparts impurity to people		
Imparts impurity to vessels		
Imparts impurity to earthenware vessels		
Imparts impurity to foods		
Imparts impurity to drinks (liquids)		
Containing structure becomes impure		
SEALED VESSELS (SIMILAR LAWS TO OHEL)		
Imparts impurity to people		
Imparts impurity to vessels		
Imparts impurity to foods		
Imparts impurity to liquids		
Vessel becomes impure		
METZORA OR TZARAAT MATERIAL ENTERING BUILDING		

Imparts impurity to people		
Imparts impurity to vessels		
Imparts impurity to foods		
Imparts impurity to liquids		
Building becomes impure		
SPACE OF EARTHENWARE VESSELS		
Imparts impurity to people		
Imparts impurity to vessels		
Imparts impurity to foods		
Imparts impurity to liquids		
Vessel becomes impure		

CONCLUSION

Everything above a *zav* etc is impure (i.e. people, articles (made to sit, lie or ride on) *kelim* and garments, food, liquids). All are *rishon letumah.*

Everything below a *zav* etc and does not touch him, is pure except

- Person (*rishon letumah)*
- Articles made to lie sit or ride upon (*av hatumah)*

פרק ו'

א. כְּבָר בֵּאַרְנוּ שֶׁהַזָּב וַחֲבֵרָיו מְטַמְּאִין מִשְׁכָּב וּמוֹשָׁב וּמֶרְכָּב. וְהַמִּשְׁכָּב וְהַמּוֹשָׁב אֶחָד הוּא וְלָמָּה נֶאֱמַר בַּתּוֹרָה (ויקרא טו ד) "מִשְׁכָּב וּמוֹשָׁב" שֶׁהַמִּשְׁכָּב הָרָאוּי לִשְׁכִיבָה וְהַמּוֹשָׁב הָרָאוּי לִישִׁיבָה. וּבֵין שֶׁיָּשַׁב עַל הַמִּשְׁכָּב אוֹ שֶׁשָּׁכַב עַל הַמּוֹשָׁב טִמְּאָהוּ לְפִיכָךְ אֲנִי אוֹמֵר בְּכָל מָקוֹם מִשְׁכָּב לְבַד וְהוּא הַדִּין לְמוֹשָׁב. וְאֵי זֶהוּ מֶרְכָּב זֶה הָרָאוּי לִרְכִיבָה כְּגוֹן מִרְדַּעַת הַחֲמוֹר וְטַפִּיטָן הַסּוּס:

ב. הַמִּשְׁכָּב וְהַמֶּרְכָּב כָּל אֶחָד מֵהֶן אָב מֵאֲבוֹת הַטֻּמְאוֹת שֶׁל תּוֹרָה מְטַמְּאִין אָדָם וְכֵלִים בְּמַגָּע וּמְטַמְּאִין אֶת הָאָדָם בְּמַשָּׂא. וּמַה בֵּין מִשְׁכָּב לְמֶרְכָּב שֶׁהַנּוֹגֵעַ בְּמִשְׁכָּב אִם הָיָה אָדָם וְנָגַע בִּבְגָדִים וּבִשְׁאָר כֵּלִים עַד שֶׁלֹּא פֵּרַשׁ מִמְּטַמְּאָיו הֲרֵי זֶה טִמְּאָם וַעֲשָׂאָן רִאשׁוֹן לְטֻמְאָה וְהַנּוֹגֵעַ בְּמֶרְכָּב אֵינוֹ מְטַמֵּא בְּגָדִים וְלֹא כֵּלִים אֲפִלּוּ בִּשְׁעַת מַגָּעוֹ אֲבָל הַנּוֹשֵׂא אֶת הַמִּשְׁכָּב אוֹ אֶת הַמֶּרְכָּב הֲרֵי זֶה מְטַמֵּא בְּגָדִים וּשְׁאָר כֵּלִים בִּשְׁעַת נְשִׂיאָתוֹ עַד שֶׁלֹּא פֵּרַשׁ מִמְּטַמְּאָיו. וּמִנַּיִן שֶׁבְּטֻמְאַת מֶרְכָּב חָלַק מַגָּעוֹ מִמַּשָּׂאוֹ וּבְמִשְׁכָּב לֹא חָלַק. שֶׁהֲרֵי הוּא אוֹמֵר בְּמִשְׁכָּב (ויקרא טו ה) "וְאִישׁ אֲשֶׁר יִגַּע בְּמִשְׁכָּבוֹ יְכַבֵּס בְּגָדָיו" וּבְמֶרְכָּב הוּא אוֹמֵר (ויקרא טו ט) "וְכָל הַמֶּרְכָּב אֲשֶׁר יִרְכַּב עָלָיו" (ויקרא טו י) "וְכָל הַנֹּגֵעַ בְּכֹל אֲשֶׁר יִהְיֶה תַחְתָּיו יִטְמָא עַד הָעָרֶב". וְלֹא נֶאֱמַר בּוֹ יְכַבֵּס בְּגָדָיו מְלַמֵּד שֶׁאֵינוֹ מְטַמֵּא בְּגָדִים בִּשְׁעַת מַגָּעוֹ וְנֶאֱמַר (ויקרא טו י) "וְהַנּוֹשֵׂא אוֹתָם יְכַבֵּס בְּגָדָיו" אֶחָד הַנּוֹשֵׂא אֶת הַמֶּרְכָּב אוֹ הַנּוֹשֵׂא מִשְׁכָּב מְטַמֵּא בְּגָדִים בִּשְׁעַת נְשִׂיאָתוֹ. נִמְצֵאתָ לָמֵד שֶׁהַזָּב וְהַזָּבָה וְהַנִּדָּה וְהַיּוֹלֶדֶת וּמִשְׁכָּבָן וְרֻקָּן

וּמֵימֵי רַגְלֵיהֶן וְדַם נִדָּה וְזָבָה וְיוֹלֶדֶת וְזוֹבוֹ שֶׁל זָב כָּל אֶחָד מֵאֵלּוּ אָב. וְאָדָם שֶׁנָּגַע בְּאֶחָד מִכָּל אֵלּוּ אוֹ נְשָׂאָן מְטַמֵּא בְּגָדִים וּשְׁאָר כֵּלִים בִּשְׁעַת נְגִיעָתוֹ אוֹ בִּשְׁעַת נְשִׂיאָתוֹ. וְאֵינוֹ מְטַמֵּא לֹא אָדָם וְלֹא כְּלֵי חֶרֶשׂ. שֶׁכָּל הַמְטַמֵּא אָדָם מְטַמֵּא כְּלֵי חֶרֶשׂ וְכָל שֶׁאֵינוֹ מְטַמֵּא אָדָם אֵינוֹ מְטַמֵּא כְּלֵי חֶרֶשׂ. הִנֵּה לָמַדְתָּ שֶׁכָּל טָמֵא שֶׁנֶּאֱמַר בּוֹ יְכַבֵּס בְּגָדָיו הֲרֵי זֶה מְטַמֵּא בְּגָדִים שֶׁיִּגַּע בָּהֶם כָּל זְמַן שֶׁלֹּא פֵּרַשׁ מִמְּטַמְּאָיו וְעוֹשֶׂה אוֹתָן רִאשׁוֹן לְטֻמְאָה כָּמוֹהוּ. וּמְטַמֵּא שְׁאָר כֵּלִים כִּבְגָדִים. חוּץ מִכְּלֵי חֶרֶשׂ שֶׁאֵינוֹ מְטַמֵּא לֹא אָדָם וְלֹא כְּלֵי חֶרֶשׂ אַף עַל פִּי שֶׁעֲדַיִן לֹא פֵּרַשׁ. וְכָל טָמֵא שֶׁלֹּא נֶאֱמַר בּוֹ יְכַבֵּס בְּגָדָיו הֲרֵי הוּא עַד שֶׁלֹּא פֵּרַשׁ כְּאַחַר שֶׁפֵּרַשׁ שֶׁאֵינוֹ מְטַמֵּא בְּגָדִים מִפְּנֵי שֶׁהוּא וָלָד וְאֵין צָרִיךְ לוֹמַר שֶׁאֵינוֹ מְטַמֵּא אָדָם וְלֹא כְּלֵי חֶרֶשׂ. וּלְפִיכָךְ הַנּוֹגֵעַ בְּמֶרְכָּב אֵינוֹ מְטַמֵּא בְּגָדִים בִּשְׁעַת מַגָּעוֹ וְהַנּוֹשֵׂא אֶת הַמֶּרְכָּב מְטַמֵּא בְּגָדִים בִּשְׁעַת נְשִׂיאָתוֹ כְּמוֹ שֶׁבֵּאַרְנוּ:

ג. כָּל הַכֵּלִים שֶׁיִּנָּשְׂאוּ לְמַעְלָה מִן הַזָּב הֵם הַנִּקְרָאִין מַדָּף וְהֵם כֻּלָּם כְּכֵלִים שֶׁהוּא נוֹגֵעַ בָּהֶם שֶׁהֵם רִאשׁוֹן לְטֻמְאָה וְאֵינָן מְטַמְּאִין לֹא אָדָם וְלֹא כֵּלִים אֲבָל מְטַמְּאִין אֳכָלִין וּמַשְׁקִין כִּשְׁאָר וַלְדוֹת הַטֻּמְאָה. וְטֻמְאַת מַדָּף מִדִּבְרֵיהֶם:

ד. הַזָּב וְהַזָּבָה וְהַנִּדָּה וְהַיּוֹלֶדֶת וְהַמְצֹרָע שֶׁמֵּתוּ הֲרֵי הֵן מְטַמְּאִין מִשְׁכָּב וּמֶרְכָּב אַחַר מִיתָתָן כְּשֶׁהָיוּ כְּשֶׁהֵן חַיִּין עַד שֶׁיִּמּוֹק הַבָּשָׂר. וְטֻמְאָה זוֹ מִדִּבְרֵיהֶם גְּזֵרָה שֶׁמָּא יִתְעַלֵּף אֶחָד מֵאֵלּוּ וִידַמּוּ שֶׁמֵּת וְהוּא עֲדַיִן לֹא מֵת. נִמְצָא מִשְׁכָּבוֹ וּמֶרְכָּבוֹ שֶׁל אַחַר מִיתָה אַב טֻמְאָה שֶׁל דִּבְרֵי סוֹפְרִים. אֲבָל נָכְרִי שֶׁמֵּת אֵינוֹ עוֹשֶׂה מִשְׁכָּב שֶׁהֲרֵי כְּשֶׁהוּא חַי אֵינוֹ מְטַמֵּא אֶלָּא מִדִּבְרֵיהֶם כְּמוֹ שֶׁבֵּאַרְנוּ:

ה. כָּל מָקוֹם שֶׁאַתָּה שׁוֹמֵעַ טֻמְאַת מִשְׁכָּב וּמֶרְכָּב אֵינוֹ שֶׁיִּגַּע הַטָּמֵא בַּמִּשְׁכָּב אוֹ בַּמֶּרְכָּב כְּשֶׁיִּנָּשֵׂא עֲלֵיהֶן אֶלָּא אֲפִלּוּ הָיוּ אֲבָנִים גְּדוֹלוֹת לְמַעְלָה מִן הַכְּלִי הֶעָשׂוּי לְמִשְׁכָּב אוֹ לְמֶרְכָּב וְנִשָּׂא הַזָּב עַל הָאֲבָנִים מִלְמַעְלָה נִטְמָא הַמִּשְׁכָּב אוֹ הַמֶּרְכָּב וְנַעֲשָׂה אַב טֻמְאָה אֲפִלּוּ אֶלֶף מִשְׁכָּב אוֹ מֶרְכָּב זֶה לְמַעְלָה מִזֶּה וְאֶבֶן עַל הָעֶלְיוֹן וְיָשַׁב אֶחָד מִמְּטַמְּאֵי מִשְׁכָּב וּמוֹשָׁב לְמַעְלָה מִן הָאֶבֶן נִטְמְאוּ הַכֹּל. וְאֶחָד הַמִּשְׁכָּב הַנּוֹגֵעַ בָּאָרֶץ אוֹ הַמִּשְׁכָּב שֶׁל מַעְלָה אִם נָגַע בּוֹ בִּשְׁעַת שְׁכִיבָתוֹ כָּל אֶחָד מֵהֶן אַב הַטֻּמְאָה. וְכֵן אִם הָיָה אֶחָד מִמְּטַמְּאֵי מִשְׁכָּב וּמוֹשָׁב לְמַטָּה וְאֶבֶן עַל גַּבָּיו וָאֳכָלִין וּמַשְׁקִין וְכֵלִים וְאָדָם עַל גַּבֵּי הָאֶבֶן זֶה לְמַעְלָה מִזֶּה כֻּלָּן טְמֵאִין וְרִאשׁוֹן לְטֻמְאָה. וְאֶחָד כְּלִי אוֹ אֹכֶל וּמַשְׁקֶה אוֹ אָדָם הַנּוֹגֵעַ בְּזָב. אוֹ כְּלִי אוֹ אֹכֶל וּמַשְׁקֶה אוֹ אָדָם שֶׁהוּא לְמַעְלָה עַל הָאֶבֶן שֶׁעַל גַּבָּיו. הַכֹּל וְלַד טֻמְאָה. וְאֵינוֹ מְטַמֵּא לֹא אָדָם וְלֹא כֵּלִים חוּץ מִן הָאָדָם שֶׁעַל גַּבֵּי הַזָּב שֶׁעַד שֶׁלֹּא פֵּרַשׁ מִמְּטַמְּאָיו מְטַמֵּא שְׁאָר כֵּלִים כְּמוֹ שֶׁבֵּאַרְנוּ:

ו. הָאֳכָלִים וְהַמַּשְׁקִין וְהַכֵּלִים שֶׁאֵינָן עֲשׂוּיִם לֹא לְמִשְׁכָּב וְלֹא לְמוֹשָׁב וְלֹא לְמֶרְכָּב שֶׁהָיוּ לְמַטָּה וְיָשַׁב הַזָּב וְכַיּוֹצֵא בּוֹ עֲלֵיהֶם לְמַעְלָה וְלֹא נָגְעוּ בָּהֶן כֻּלָּן טְהוֹרִין. אֲבָל אִם הָיָה הָאָדָם לְמַטָּה וְהַזָּב לְמַעְלָה אַף עַל פִּי שֶׁאֵינוֹ נוֹגֵעַ בּוֹ הֲרֵי זֶה טָמֵא מִשּׁוּם נוֹשֵׂא זָב. כְּכָל נוֹשֵׂא דָּבָר שֶׁמְּטַמֵּא בְּמַשָּׂא שֶׁהַנּוֹשֵׂא רִאשׁוֹן לְטֻמְאָה. הָא לָמַדְתָּ שֶׁכָּל שֶׁיִּהְיֶה לְמַעְלָה מִן הַזָּב טָמֵא בֵּין אָדָם וּבֵין כֵּלִים הָעֲשׂוּיִין לְמִשְׁכָּב וּלְמוֹשָׁב וּלְמֶרְכָּב בֵּין שְׁאָר כָּל הַכֵּלִים בֵּין אֳכָלִים בֵּין מַשְׁקִין הַכֹּל רִאשׁוֹן לְטֻמְאָה. וְכָל שֶׁיִּהְיֶה לְמַטָּה מִן הַזָּב וְלֹא יִגַּע בּוֹ טָהוֹר. חוּץ מִן הָאָדָם אוֹ כְּלִי הֶעָשׂוּי לְמִשְׁכָּב אוֹ לְמוֹשָׁב אוֹ לְמֶרְכָּב. אֶלָּא שֶׁהָאָדָם רִאשׁוֹן וְהַכֵּלִים הָעֲשׂוּיִים לְמוֹשָׁב אוֹ לְמִשְׁכָּב אוֹ לְמֶרְכָּב אַב הַטֻּמְאָה כְּמוֹ שֶׁבֵּאַרְנוּ:

Perek 7

Mishkav, moshav and *merkav.*

Midras impurity (was trodden upon)

A *zav* conveys uncleanness to couch – *mishkav*, seat – *moshav*, and saddle – *merkav* in **five** ways:

- Standing
- Sitting
- Lying
- Hanging
- Leaning

Any of these **5** acts is called *midras*.

If one of these acts was performed on an article made for lying, sitting or riding, they become *av tumah* impurity, even if a stone intervenes between *zav* and article (the *midras*).

Similarly, a couch or saddle conveys uncleanness to humans in **seven** ways:

- Standing
- Sitting
- Lying
- Hanging
- Leaning
- Touching
- Carriage

I.e. if a pure person came into contact with an impure couch or saddle as above, (i.e. the *midras*) he would become impure, even if a stone separated between him and the *midras*.

A *zav* does not impart impurity to an object on which he lies until the majority of his body is supported by the couch (for example).

Similarly, vice versa, the majority of a pure person must be in touch to become impure from say a couch.

The implement, must have been made for sitting, lying or riding. If not, it does not become impure.

Some implements have a dual purpose, and these therefore can contract *midras* impurity.

> **Reminder**
> Pack on Impurity of vessels

פרק ז׳

א. הַזָּב מְטַמֵּא אֶת הַמִּשְׁכָּב וְהַמּוֹשָׁב וְהַמֶּרְכָּב בַּחֲמִשָּׁה דְרָכִים. עוֹמֵד. יוֹשֵׁב. שׁוֹכֵב. נִתְלָה. וְנִשְׁעָן. כֵּיצַד. כְּלִי הֶעָשׂוּי לְמִשְׁכָּב אוֹ לְמוֹשָׁב אוֹ לְמֶרְכָּב אֲפִלּוּ הָיָה תַּחַת הָאֶבֶן אִם עָמַד אֶחָד מִמְּטַמְּאֵי מִשְׁכָּב עַל הָאֶבֶן אוֹ יָשַׁב עָלֶיהָ אוֹ שָׁכַב אוֹ נִשְׁעַן עָלֶיהָ אוֹ נִתְלָה בָּהּ הוֹאִיל וְנִתְנַשֵּׂא עַל הַכְּלִי הַזֶּה מִכָּל מָקוֹם נִטְמָא וְנַעֲשָׂה אַב טֻמְאָה. וְכָל אֶחָד מֵחֲמִשָּׁה דְרָכִים אֵלּוּ הוּא הַנִּקְרָא מִדְרָס בְּכָל מָקוֹם:

ב. וְכֵן הַמִּשְׁכָּב וְהַמֶּרְכָּב מְטַמְּאִין אֶת הָאָדָם בְּשִׁבְעָה דְרָכִים. בַּחֲמִשָּׁה דְרָכִים אֵלּוּ שֶׁמָּנִינוּ. וּבְמַגָּע וּבְמַשָּׂא. כֵּיצַד. מִשְׁכָּב אוֹ מֶרְכָּב שֶׁדָּרַס עָלָיו הַזָּב וְנִטְמָא בְּמִדְרָסוֹ. הַנּוֹגֵעַ בּוֹ אוֹ הַנּוֹשְׂאוֹ טָמֵא. וְכֵן הַיּוֹשֵׁב עָלָיו אוֹ הָעוֹמֵד אוֹ הַשּׁוֹכֵב אוֹ הַנִּתְלֶה אוֹ הַנִּשְׁעָן אַף עַל פִּי שֶׁהָיְתָה אֶבֶן מַבְדֶּלֶת בֵּין הַטָּהוֹר וּבֵין הַמִּדְרָס הֲרֵי זֶה נִטְמָא שֶׁנֶּאֱמַר

(ויקרא טו ו) "וְהַיּשֵׁב עַל הַכְּלִי אֲשֶׁר יֵשֵׁב עָלָיו הַזָּב" מִפִּי הַשְּׁמוּעָה לָמְדוּ שֶׁמְּקוֹם שֶׁהַזָּב יוֹשֵׁב וּמְטַמֵּא אִם יָשַׁב שָׁם הַטָּהוֹר נִטְמָא. מַה הַזָּב מְטַמֵּא מֶרְכָּב וּמוֹשָׁב שֶׁתַּחַת הָאֶבֶן אַף הַטָּהוֹר מִתְטַמֵּא מִן הַמִּשְׁכָּב אוֹ הַמֶּרְכָּב שֶׁהוּא מִתַּחַת הָאֶבֶן אַף עַל פִּי שֶׁאֵין הַזָּב שָׁם עַל הַמִּשְׁכָּב וְאָדָם זֶה שֶׁהוּא לְמַעְלָה מִן הַמִּדְרָס מְטַמֵּא בְּגָדִים כָּל זְמַן שֶׁלֹּא פֵּרַשׁ מִמְּטַמְּאָיו כְּמוֹ שֶׁבֵּאַרְנוּ:

ג. אֵין הַזָּב מְטַמֵּא אֶת הַמִּשְׁכָּב עַד שֶׁיִּנָּשֵׂא רֻבּוֹ עַל הַמִּשְׁכָּב אוֹ הַמּוֹשָׁב אוֹ עַל הַמֶּרְכָּב. וְכֵן הַטָּהוֹר שֶׁדָּרַס עַל מִדְרַס הַזָּב אֵינוֹ מִתְטַמֵּא מֵחֲמַת הַמִּדְרָס עַד שֶׁיִּנָּשֵׂא רֻבּוֹ עָלָיו. אֲבָל אִם נָשָׂא מִעוּטוֹ הוֹאִיל וְלֹא נָגַע הֲרֵי זֶה טָהוֹר. כֵּיצַד. מִקְצָת טָמֵא עַל הַמִּשְׁכָּב וּמִקְצָת הַטָּהוֹר עַל אוֹתוֹ מִשְׁכָּב טָהוֹר וְהַטָּהוֹר שֶׁנָּשָׂא מִקְצָתוֹ

עָלָיו טְהוֹרִין. הַטָּמֵא שֶׁנִּשָּׂא רֻבּוֹ עַל מִקְצָת הַמִּשְׁכָּב אוֹ הַמֶּרְכָּב נִטְמָא הַמִּשְׁכָּב כֻּלּוֹ אוֹ הַמֶּרְכָּב כֻּלּוֹ. וְכֵן הַטָּהוֹר שֶׁנִּשָּׂא רֻבּוֹ עַל מִקְצָת הַמִּדְרָס נִטְמָא וְאַף עַל פִּי שֶׁלֹּא נָשָׂא אֶלָּא עַל מִקְצָת הַמּוֹשָׁב:

ד. זָב שֶׁהָיָה מֻטָּל עַל חֲמִשָּׁה סַפְסָלִין שֶׁהֵן מֻנָּחִין לְאָרְכָּן טְמֵאִים שֶׁהֲרֵי נִשָּׂא רֻבּוֹ עַל כָּל אֶחָד מֵהֶן. הָיוּ מֻנָּחִין לְרָחְבָּן טְהוֹרִין שֶׁהֲרֵי לֹא נִשָּׂא רֻבּוֹ עַל כָּל אֶחָד מֵהֶן. וְאִם יָשֵׁן עֲלֵיהֶם בֵּין כָּךְ וּבֵין כָּךְ טְמֵאִים שֶׁמָּא נִתְהַפֵּךְ עֲלֵיהֶם וְנִמְצָא רֻבּוֹ עַל כָּל אֶחָד. הָיָה מֻטָּל עַל שִׁשָּׁה כֵּלִים הָעֲשׂוּיִים לְמִשְׁכָּב. שְׁתֵּי יָדָיו עַל שְׁנַיִם. וּשְׁנֵי רַגְלָיו עַל שְׁנַיִם. וְרֹאשׁוֹ עַל אֶחָד. וְגוּפוֹ עַל אֶחָד. אֵין טָמֵא מִשּׁוּם מִשְׁכָּב אֶלָּא זֶה שֶׁתַּחַת גּוּפוֹ שֶׁהֲרֵי נִשָּׂא רֻבּוֹ עָלָיו. עָמַד עַל שְׁנֵי מִשְׁכָּבוֹת רַגְלוֹ אַחַת עַל אֶחָד וְרַגְלוֹ שְׁנִיָּה עַל הַשֵּׁנִי שְׁנֵיהֶן טְמֵאִין:

ה. הָיָה יוֹשֵׁב עַל גַּבֵּי הַמִּטָּה וְאַרְבָּעָה מִשְׁכָּבוֹת תַּחַת אַרְבַּע רַגְלֵי הַמִּטָּה כֻּלָּן טְמֵאוֹת מִפְּנֵי שֶׁאֵינָהּ יְכוֹלָה לַעֲמֹד עַל שָׁלֹשׁ:

ו. הָיָה רוֹכֵב עַל גַּבֵּי בְּהֵמָה וְאַרְבָּעָה מִשְׁכָּבוֹת תַּחַת אַרְבַּע רַגְלֶיהָ כֻּלָּן טְהוֹרוֹת. מִפְּנֵי שֶׁהַבְּהֵמָה יְכוֹלָה לַעֲמֹד עַל שָׁלֹשׁ וְנִמְצֵאת הָרְבִיעִית מְסַיַּעַת וּמְסַיֵּעַ אֵין בּוֹ מַמָּשׁ. וְהוֹאִיל וְכָל אַחַת רְאוּיָה לִהְיוֹת מְסַיַּעַת וְאֵין אָנוּ יוֹדְעִים אֵי זוֹ יָד וְאֵי זוֹ רֶגֶל הִיא שֶׁלֹּא הָיְתָה נִשְׁעֶנֶת עָלֶיהָ הֲרֵי לֹא הֻחְזְקָה טֻמְאָה בְּאַחַת מֵהֶן וּלְפִיכָךְ כֻּלָּן טְהוֹרוֹת. לְפִיכָךְ אִם הָיָה מִשְׁכָּב אֶחָד תַּחַת שְׁתֵּי יְדֵי הַבְּהֵמָה אוֹ תַּחַת שְׁתֵּי רַגְלֶיהָ אוֹ תַּחַת יָדָהּ וְרַגְלָהּ הֲרֵי זֶה טָמֵא שֶׁהֲרֵי וַדַּאי נִשָּׂא הַזָּב עַל מִשְׁכָּב זֶה. שֶׁאֵין הַבְּהֵמָה יְכוֹלָה לַעֲמֹד עַל שְׁתַּיִם:

ז. יָשַׁב הַטָּמֵא עַל קוֹרַת בֵּית הַבַּד כָּל הַכֵּלִים שֶׁבָּעֶקֶל טְמֵאִים. שֶׁהֲרֵי הֵם רְצוּצִים תַּחַת הַקּוֹרָה. אֲבָל אִם יָשַׁב עַל מַכְבֵּשׁ שֶׁל כּוֹבֵס הֲרֵי הַכֵּלִים שֶׁתַּחַת לוּחַ הַמַּכְבֵּשׁ טְהוֹרִים. מִפְּנֵי שֶׁהוּא רָפוּי וְנִמְצֵאת מִשְׁעֶנֶת הַמַּכְבֵּשׁ עַל רַגְלָיו לֹא עַל הַכֵּלִים שֶׁתַּחְתָּיו. שֶׁאִם יִרְצֶה אָדָם לְהַכְנִיס סַכִּין וְכַיּוֹצֵא בָּהּ בֵּין הַכֵּלִים שֶׁתַּחַת הַמַּכְבֵּשׁ וּבֵין הַמַּכְבֵּשׁ מַכְנִיס אַף עַל פִּי שֶׁהוּא קָשׁוּר:

ח. זָב שֶׁדָּרַס עַל כְּלִי שֶׁלֹּא נַעֲשָׂה לְמִשְׁכָּב אוֹ לְמוֹשָׁב אוֹ לְמֶרְכָּב אַף עַל פִּי שֶׁהוּא רָאוּי לְמִשְׁכָּב הוֹאִיל וְלֹא נָגַע בּוֹ הֲרֵי זֶה טָהוֹר. שֶׁהֲרֵי אוֹמְרִים לוֹ עֲמֹד וְנַעֲשֶׂה מְלַאכְתֵּנוּ בִּכְלִי זֶה. כֵּיצַד. כָּפָה סְאָה וְיָשַׁב עָלֶיהָ כָּפָה עֲרֵבָה וְיָשַׁב עָלֶיהָ אוֹ שֶׁיָּשַׁב עַל פָּרֹכֶת אוֹ עַל קֶלַע שֶׁל סְפִינָה וְכַיּוֹצֵא בָּהֶן. הֲרֵי אֵלּוּ טְהוֹרִים. שֶׁנֶּאֱמַר (ויקרא טו ד) "אֲשֶׁר יֵשֵׁב עָלָיו" הַמְיֻחָד לִישִׁיבָה לֹא שֶׁאוֹמְרִים לוֹ עֲמֹד וְנַעֲשֶׂה מְלַאכְתֵּנוּ. מִפְּנֵי שֶׁכְּלִי זֶה לֹא נַעֲשָׂה לִישִׁיבָה. הָיָה הַכְּלִי מְשַׁמֵּשׁ לִישִׁיבָה עִם מְלַאכְתּוֹ שֶׁעוֹשָׂה לָהּ הֲרֵי זֶה מִתְטַמֵּא בְּמִדְרָס. כְּגוֹן הָרְדִיד. וְהֶחָלוּק. וְהַטַּלִּית. וְהַתּוּרְמָל. וְהַחֵמֶת. אַף עַל פִּי שֶׁכָּל אֶחָד מֵהֶן לֹא נַעֲשָׂה מִתְּחִלָּה לְמִשְׁכָּב הֲרֵי הוּא מְשַׁמֵּשׁ אֶת הַמִּשְׁכָּב עִם מְלַאכְתּוֹ. וְכֵן כָּל כַּיּוֹצֵא בָּאֵלּוּ. וּבְהִלְכוֹת כֵּלִים אֲבָאֵר כָּל הַכֵּלִים הַמִּטַּמְּאִין בְּמִדְרָס וְכֵלִים שֶׁאֵין מִטַּמְּאִין בְּמִדְרָס. וְאֵי זֶה כְּלִי רָאוּי לִישִׁיבָה. וְאֵי זֶה רָאוּי לִשְׁכִיבָה. וְאֵי זֶה רָאוּי לִרְכִיבָה:

Perek 8

Carrying and movement (regarding a *zav* etc)

Zav etc impurity is unique in that if a *zav* (source of impurity) moves something that is pure, that entity becomes impure. With other impurities if a person moves an impurity (even without touching it) he becomes impure. But nowhere in Torah, except with *zav*, does it exist that the impurity i.e. the *zav* can move a pure person and make him impure.

There is a further stringency imparted by a *zav* and that is, if he moves a sealed earthenware container it becomes impure. (If he just touches it, it remains pure.)

Any kind of movement even indirect, will allow the transmission of impurity.

To become a zav or a zav to affect an article (an *av tumah)*, the majority of a person's body had to be supported. However, to transmit impurity to a pure person, even a minor part of his body can be involved e.g. a finger of a *zav* over a pure person, makes him impure.

פרק ח׳

א. כְּבָר בֵּאַרְנוּ בִּתְחִלַּת סֵפֶר זֶה שֶׁאִם הֵסִיט הָאָדָם אֶת הַטֻּמְאָה שֶׁהִיא מְטַמְּאָה בְּמַשָּׂא נִטְמָא מִשּׁוּם נוֹשֵׂא אֲבָל אִם הֵסִיטָה הַטֻּמְאָה אֶת הָאָדָם לֹא נִטְמָא:

ב. אֵין בְּכָל אֲבוֹת הַטֻּמְאוֹת כֻּלָּן טֻמְאָה שֶׁאִם תָּסִיט אֶת הָאָדָם הַטָּהוֹר אוֹ אֶת הַכְּלִי הַטָּהוֹר תְּטַמֵּא אוֹתָן אֶלָּא הַזָּב אוֹ חֲבֵרָיו בִּלְבַד. וְזוֹ הִיא הַטֻּמְאָה הַיְתֵרָה בְּזָב שֶׁלֹּא מָצִינוּ כְּמוֹתָהּ בְּכָל הַתּוֹרָה שֶׁאִם הֵסִיט אֶת הַטְּהוֹרִין טְמֵאִין. כֵּיצַד. הָיְתָה קוֹרָה מֻטֶּלֶת עַל רֹאשׁ הַגָּדֵר וְאָדָם טָהוֹר אוֹ כֵּלִים אֲפִלּוּ כְּלִי חֶרֶס עַל קְצָתָהּ וְהֵנִיד הַזָּב אֶת הַקָּצֶה הַשֵּׁנִי הוֹאִיל וְנִתְנַדְנְדוּ מֵחֲמַת הַזָּב הֲרֵי זֶה כְּמִי שֶׁנָּגַע בָּהֶן וּטְמֵאִין וְנַעֲשׂוּ רִאשׁוֹן לְטֻמְאָה דִּין תּוֹרָה. וְאֵין צָרִיךְ לוֹמַר שֶׁאִם נָשָׂא הַזָּב אֶת הָאָדָם אוֹ אֶת הַכֵּלִים שֶׁטִּמְּאָן. וְאֶחָד זָב וְזָבָה נִדָּה וְיוֹלֶדֶת בְּכָל הַדְּבָרִים הָאֵלּוּ. הִנֵּה לָמַדְתָּ שֶׁהָאָדָם הַטָּהוֹר שֶׁהֵסִיט אֶת הַזָּב נִטְמָא מִשּׁוּם נוֹשֵׂא זָב. וְהַזָּב שֶׁהֵסִיט אֶת הַטָּהוֹר בֵּין אָדָם בֵּין כֵּלִים אֲפִלּוּ כְּלֵי חֶרֶס טְמֵאִין. מִפְּנֵי שֶׁהֲנָדַת הַזָּב לַאֲחֵרִים כְּאִלּוּ נָגַע בָּהֶן:

ג. חֹמֶר בְּהֶסֵּט הַזָּב מִמַּגָּעוֹ שֶׁאִם נָגַע בִּכְלִי חֶרֶס הַמֻּקָּף צָמִיד פָּתִיל טָהוֹר וְאִם הֱסִיטוֹ טִמְּאָהוּ. וְכֵן כְּלִי חֶרֶס שֶׁהוּא נָבוּב כְּכַדּוּר וַעֲדַיִן לֹא נַעֲשָׂה לוֹ פֶּה כְּמוֹ אִלְפָּסִין אִירְנִיּוֹת אִם הֱסִיטָן הַזָּב טְמֵאִים וְאַף עַל פִּי שֶׁהֵן טְהוֹרִין בְּאֹהֶל הַמֵּת שֶׁהֲרֵי הֵן כִּכְלִי חֶרֶס הַמֻּקָּף צָמִיד פָּתִיל שֶׁפִּתְחוֹ סָתוּם. וְכֵן מַחַט שֶׁהָיְתָה בְּלוּעָה בְּתוֹךְ הָעֵץ וְטַבַּעַת הַבְּלוּעָה בְּתוֹךְ הַלְּבֵנָה וְהֵסִיט הַזָּב אֶת הָעֵץ אוֹ הַלְּבֵנָה נִטְמְאוּ הַכֵּלִים הַבְּלוּעִים שֶׁבְּתוֹכָן. וְכֵן כָּל כַּיּוֹצֵא בָּזֶה:

ד. זָב שֶׁהִכְנִיס יָדוֹ אוֹ רַגְלוֹ לַאֲוִיר כְּלִי חֶרֶס הוֹאִיל וְלֹא נָגַע בּוֹ מִתּוֹכוֹ וְלֹא הֱנִידוֹ הֲרֵי זֶה טָהוֹר שֶׁאֵין הַנִּדָּה וְכַיּוֹצֵא בָּהּ מְטַמְּאִין לְאֵיבָרִים:

ה. זָב שֶׁהָיָה קָנֶה אָחוּז בְּתוֹךְ קָמְטוֹ וְהֵסִיט וְהוֹצִיא בִּקְצֵה הַקָּנֶה אָדָם אוֹ כְּלִי הֲרֵי הֵן טְהוֹרִין שֶׁנֶּאֱמַר (ויקרא טו יא) "וְכֹל אֲשֶׁר יִגַּע בּוֹ הַזָּב וְיָדָיו לֹא שָׁטַף בַּמָּיִם" מִפִּי הַשְּׁמוּעָה לָמְדוּ שֶׁהַכָּתוּב הַזֶּה מְדַבֵּר בְּהֶסֵּט הַזָּב וְהוֹצִיאוֹ בִּלְשׁוֹן נְגִיעָה לוֹמַר מָה נְגִיעָה בְּיָדָיו וְהַדּוֹמֶה לְיָדָיו מִשְּׁאָר גּוּפוֹ הַגָּלוּי אֵצֶל הַנְּגִיעָה אַף הֶסֵּטוֹ עַד שֶׁיָּסִיט בְּגָלוּי שֶׁבְּגוּפוֹ לֹא שֶׁיָּסִיט בְּבֵית הַסְּתָרִים. הָיָה הַקָּנֶה בְּקָמְטוֹ שֶׁל טָהוֹר וְהֵסִיט בּוֹ אֶת הַזָּב טָמֵא שֶׁהַמֵּסִיט אֶת הַטֻּמְאָה כְּנוֹשֵׂא אוֹתָהּ וּכְשֵׁם שֶׁהַנּוֹשֵׂא בְּבֵית הַסְּתָרִים טָמֵא כְּמוֹ שֶׁבֵּאַרְנוּ בִּתְחִלַּת סֵפֶר זֶה כָּךְ הַמֵּסִיט בְּבֵית הַסְּתָרִים טָמֵא:

ו. הַזָּב בְּכַף מֹאזְנַיִם וּכְלִי הֶעָשׂוּי לְמִשְׁכָּב אוֹ לְמֶרְכָּב בְּכַף שְׁנִיָּה כְּנֶגְדּוֹ. כָּרַע הַזָּב הֲרֵי הֵן כְּכֵלִים שֶׁנָּגַע בָּהֶן שֶׁהֲרֵי הֱסִיטָן. כָּרְעוּ הֵן טְמֵאִין מִשּׁוּם מִשְׁכָּב וְנַעֲשׂוּ אָב שֶׁהֲרֵי נְשָׂאוּ הַזָּב וּכְאִלּוּ עָמַד עֲלֵיהֶן. הָיָה בְּכַף שְׁנִיָּה שְׁאָר הַכֵּלִים אוֹ אֳכָלִין וּמַשְׁקִין אוֹ אָדָם בֵּין שֶׁכָּרְעוּ הֵן בֵּין שֶׁכָּרַע הַזָּב כֻּלָּן רִאשׁוֹן לְטֻמְאָה:

ז. הַזָּב וְהַטָּהוֹר שֶׁיָּשְׁבוּ עַל הַסַּפְסָל אוֹ עַל הַנֶּסֶר בִּזְמַן שֶׁהֵן מַחְגִּירִין. אוֹ שֶׁעָלוּ בְּאִילָן שֶׁכֹּחוֹ רַע וְהוּא הָאִילָן שֶׁאֵין בָּעֳבִי עִקָּרוֹ כְּדֵי לָחֹק רֹבַע הַקַּב. אוֹ שֶׁעָלוּ בְּסֻכָּה שֶׁכֹּחָהּ רַע וְהוּא שֶׁנֶּחְבָּא בָּהּ וְדוֹחֵק אוֹתָהּ תָּזוּז בּוֹ. אוֹ שֶׁעָלוּ בְּסֻלָּם מִצְרִי שֶׁאֵינוֹ קָבוּעַ בְּמַסְמֵר. אוֹ שֶׁעָלוּ עַל הַכֶּבֶשׁ וְעַל הַקּוֹרָה וְעַל הַדֶּלֶת בִּזְמַן שֶׁאֵינָן מְחֻבָּרִין בְּטִיט. הֲרֵי זֶה טָמֵא מִפְּנֵי שֶׁהֵן מִתְנַדְנְדִין בָּהֶן וּכְאִלּוּ הֵסִיט הַזָּב אֶת הַטָּהוֹר שֶׁעִמּוֹ. אֲבָל אִם יָשְׁבוּ בִּסְפִינָה גְּדוֹלָה שֶׁאֵינָהּ יְכוֹלָה לְהָסִיט בָּאָדָם. אוֹ עַל הַנֶּסֶר אוֹ עַל הַסַּפְסָל בִּזְמַן שֶׁאֵינָם מַחְגִּירִין. אוֹ שֶׁעָלוּ בְּאִילָן וּבְסֻכָּה שֶׁכֹּחָן יָפֶה. אוֹ בְּסֻלָּם מִצְרִי הַקָּבוּעַ בְּמַסְמֵר. אוֹ בְּכֶבֶשׁ וּבְקוֹרָה וּבְדֶלֶת שֶׁמְּחֻבָּרִים בְּטִיט. אֲפִלּוּ עָלוּ מִצַּד אֶחָד הֲרֵי זֶה טָהוֹר:

ח. זָב וְטָהוֹר שֶׁהָיוּ שְׁנֵיהֶם כְּאֶחָד מְגִיפִין אֶת הַדֶּלֶת אוֹ פּוֹתְחִין הֲרֵי זֶה טָהוֹר. הָיָה אֶחָד מֵגִיף וְאֶחָד פּוֹתֵחַ נִטְמָא. הֶעֱלוּ זֶה אֶת זֶה מִן הַבּוֹר אִם הַטָּמֵא הֶעֱלָה אֶת הַטָּהוֹר טִמְּאָהוּ מִפְּנֵי שֶׁהֱסִיטוֹ. וְאִם הַטָּהוֹר הֶעֱלָה אֶת הַטָּמֵא נִטְמָא בְּמַשָּׂאוֹ כְּמוֹ שֶׁבֵּאַרְנוּ:

ט. זָב וְטָהוֹר שֶׁהָיוּ מַפְשִׁילִין בַּחֲבָלִים אִם הָיָה זֶה מוֹשֵׁךְ אֵילָךְ וְזֶה מוֹשֵׁךְ אֵילָךְ נִטְמָא. הָיוּ אוֹרְגִין בֵּין בְּעוֹמְדִין בֵּין בְּיוֹשְׁבִין אוֹ טוֹחֲנִין אוֹ פּוֹרְקִין מִן הַחֲמוֹר אוֹ טוֹעֲנִין. בִּזְמַן שֶׁמַּשָּׂאָן כָּבֵד הֲרֵי זֶה טָמֵא וְאִם הָיָה מַשּׂוֹי קַל טָהוֹר:

י. טָהוֹר שֶׁהָיָה מַכֶּה אֶת הַזָּב הֲרֵי זֶה טָהוֹר. וְזָב שֶׁהִכָּה אֶת הַטָּהוֹר טִמְּאָהוּ. שֶׁאִם יִמָּשֵׁךְ הַטָּהוֹר וַהֲרֵי הַטָּמֵא נוֹפֵל וְנִמְצָא כְּאִלּוּ נִשְׁעָן עָלָיו. וּלְפִיכָךְ אַף בִּגְדֵי הַטָּהוֹר טְמֵאִין:

יא. זָב שֶׁנִּשָּׂא מִקְצָתוֹ עַל הַטָּהוֹר אוֹ טָהוֹר שֶׁנִּשָּׂא מִקְצָתוֹ עַל הַזָּב נִטְמָא. כֵּיצַד. אֶצְבָּעוֹ שֶׁל זָב שֶׁהִנִּיחָהּ לְמַעְלָה מִן הַטָּהוֹר אוֹ הַטָּהוֹר שֶׁהִנִּיחַ אֶצְבָּעוֹ לְמַעְלָה מִן הַזָּב אַף עַל פִּי שֶׁיֵּשׁ בֵּינֵיהֶן אֶבֶן אוֹ קוֹרָה וְכַיּוֹצֵא בָּהֶם הֲרֵי זֶה טָמֵא. וְכֵן חִבּוּרֵי הַזָּב שֶׁנִּשְּׂאוּ עַל הַטָּהוֹר אוֹ חִבּוּרֵי טָהוֹר שֶׁנִּשְּׂאוּ עַל הַזָּב הֲרֵי זֶה טָמֵא. וּכְאִלּוּ נָשָׂא כָּל אֶחָד מֵהֶם עַצְמוֹ שֶׁל חֲבֵרוֹ. וְאֵלּוּ הֵם הַחִבּוּרִים. הַשִּׁנַּיִם הַצִּפָּרְנַיִם וְהַשֵּׂעָר שֶׁלָּהֶן. וְיֵרָאֶה לִי שֶׁטֻּמְאָה זוֹ מִדִּבְרֵיהֶם:

Perek 9

Carrying continued.

Indirect movement.

If a support is firmly attached and sound and strong, and a *zav* etc banged on it, even though slight indirect movement was transmitted to a secondary item, i.e. *kelim,* food or liquids, that item will remain pure – Because movement is from vibration of support.

If support was not sound or strong, then the secondary item moved by a blow would become impure. Here vibration is from the power of the person.

פרק ט׳

א. דָּבָר שֶׁהָיָה מְחֻבָּר בָּאָרֶץ אוֹ מְסֻמָּר בְּמַסְמְרִים. אִם הָיָה כֹּחוֹ יָפֶה וְחָזָק וְהִקִּישׁ עָלָיו הַזָּב וּבְעֵת שֶׁהִקִּישׁ הֵנִיד כְּלִי אוֹ אֳכָלִין וּמַשְׁקִין מִכֹּחַ הַכָּאָתוֹ אוֹ שֶׁהִפִּילָן הֲרֵי אֵלּוּ טְהוֹרִים. וְאִם לֹא הָיָה כֹּחוֹ יָפֶה וְחָזָק אֶלָּא מִתְנַדְנֵד וְהִקִּישׁ עָלָיו הַזָּב וְהִפִּיל אוֹ הֵנִיד בְּכֹחַ הַכָּאָתוֹ כֵּלִים אוֹ אֳכָלִים וּמַשְׁקִין הֲרֵי אֵלּוּ טְמֵאִין. וּכְאִלּוּ הֱסִיטָן שֶׁהֲרֵי מִכֹּחוֹ נָפְלוּ. זֶה הַכְּלָל כָּל שֶׁנָּפַל מִכֹּחַ הֶסֵּטוֹ טָמֵא. מִכֹּחַ הָרְעָדָה טָהוֹר. כֵּיצַד. הִקִּישׁ עַל אִילָן אוֹ סֻכָּה שֶׁכֹּחָן רַע. אוֹ עַל סֻלָּם מִצְרִי שֶׁאֵינוֹ קָבוּעַ בְּמַסְמֵר. אוֹ עַל קוֹרָה וְדֶלֶת וְכֶבֶשׁ שֶׁאֵינָם מְחֻבָּרִים בְּטִיט. אוֹ שֶׁהִקִּישׁ עַל הַנֶּגֶר עַל הַמַּנְעוּל וְהַמָּשׁוֹט. וּבְשָׁעָה שֶׁהִקִּישׁ הִפִּיל אֳכָלִין וּמַשְׁקִין אוֹ כֵּלִים אֲפִלּוּ הֱנִידָן וְלֹא נָפְלוּ הֲרֵי אֵלּוּ טְמֵאִים. אֲבָל אִם הִקִּישׁ עַל אִילָן אוֹ עַל סֻכָּה שֶׁכֹּחָן יָפֶה. אוֹ עַל סֻלָּם מְסֻמָּר. אוֹ עַל כֶּבֶשׁ אוֹ עַל דֶּלֶת אוֹ קוֹרָה הַמְחֻבָּרִין בְּטִיט. אוֹ עַל הַמָּרִישׁ. אוֹ עַל הַתַּנּוּר. וּבְשָׁעָה שֶׁהִקִּישׁ הֵנִיד כֵּלִים אוֹ אֳכָלִין וּמַשְׁקִין אֲפִלּוּ הִפִּילָן הֲרֵי אֵלּוּ טְהוֹרִין. וְכֵן כָּל כַּיּוֹצֵא בָּאֵלּוּ:

ב. תַּנּוּר שֶׁהָיְתָה הַפַּת דְּבוּקָה בּוֹ וְהִקִּישׁ עַל הַתַּנּוּר וְנָפַל כִּכָּר אֲפִלּוּ הָיָה תְּרוּמָה הֲרֵי זֶה טָהוֹר. וְאִם הָיָה חֶרֶס מִן הַתַּנּוּר מְדֻבָּק בַּכִּכָּר שֶׁנָּפַל אֲפִלּוּ הָיָה חֻלִּין הֲרֵי זֶה טָמֵא:

ג. אֵין הַמִּשְׁכָּב אוֹ הַמֶּרְכָּב מְטַמֵּא כֵּלִים אוֹ אֳכָלִין וּמַשְׁקִין אֶלָּא בְּמַגָּע בִּלְבַד. אֲבָל אִם הָיוּ כֵּלִים אוֹ אֳכָלִים וּמַשְׁקִין לְמַעְלָה מִן הַמִּדְרָס אוֹ שֶׁהָיָה הַמִּדְרָס לְמַעְלָה מֵהֶן אֲפִלּוּ לֹא הִפְסִיק בֵּינֵיהֶם אֶלָּא נְיָר הוֹאִיל וְלֹא נָגַע בָּהֶן הֲרֵי אֵלּוּ טְהוֹרִין. וְכֵן אִם הֵסִיט הַמִּשְׁכָּב אֶת הַכֵּלִים אוֹ אֶת הָאֳכָלִים וְהַמַּשְׁקִין הֲרֵי אֵלּוּ טְהוֹרִין:

ד. הַזָּב וְהַטָּהוֹר שֶׁיָּשְׁבוּ בִּסְפִינָה קְטַנָּה הַיְכוֹלָה לְהָמִיט בְּאָדָם אֶחָד אוֹ בְּאַסְדָּא אוֹ שֶׁרָכְבוּ עַל גַּבֵּי בְּהֵמָה אַף עַל פִּי שֶׁאֵין בִּגְדֵיהֶן נוֹגְעִין זֶה בָּזֶה הֲרֵי בִּגְדֵי הַטָּהוֹר טְמֵאִים מִדְרָס וְטֻמְאָתָן בְּסָפֵק שֶׁמָּא דָּרַס הַזָּב עֲלֵיהֶן. וְכֵן נִדָּה שֶׁיָּשְׁבָה עִם הַטְּהוֹרָה בַּמִּטָּה בְּגָדֶיהָ טְמֵאִין מִדְרָס חוּץ מִכִּפָּה שֶׁבְּרֹאשָׁהּ. וְכֵן הַבְּגָדִים שֶׁבְּרֹאשׁ הַנֵּס שֶׁבַּסְּפִינָה טְהוֹרִין:

ה. הַנִּדְחָק בְּרֵחַיִם שֶׁהָעַכּוּ״ם בְּתוֹכָם אוֹ זָב וְכַיּוֹצֵא בּוֹ הֲרֵי בְּגָדָיו טְמֵאִין מִדְרָס. בְּאֵי זֶה רֵחַיִם אָמְרוּ בְּרֵחַיִם שֶׁמְּנַדְנְדִין אֶת הַקַּרְקַע עַד שֶׁעוֹקְרִין אֶת הָעוֹמֵד כָּאן וְדוֹחֲפִין אוֹתוֹ מִמְּקוֹמוֹ. וְדָבָר בָּרוּר הוּא שֶׁטֻּמְאָה זוֹ בְּסָפֵק שֶׁמָּא נֶעֱקַר הַטָּמֵא וְדָרַס עַל בִּגְדֵי הַטָּהוֹר:

Perek 10

Chaver (Torah scholars)

The term *chaver* refers to Torah scholars who understand the intricacies of purity and impurity.

- Careful about sources of impurity
- Careful not to contract this impurity
- Careful not to impart impurity to pure articles

164 SEFER TAHARAH

- Careful with washing of hands
- Careful with maintaining their purity
- Doesn't take moist foods from an unlearned person
- Doesn't accept their hospitality
- Does not give hospitality to *am haaretz* while he is wearing his own garments .

An unlearned person however is considered to be impure and his clothes are considered a *midras* (i.e. as an article upon which a *zav* etc had sat).

An unlearned person can take upon himself the above restrictions of a *chaver.* He is trained and observed for 30 days. Thereafter he is considered pure. His status must be formalized by 3 *chaverim.*

The wife of a *chaver* and the member of his household are also trusted regarding purity.

If a *chaver* becomes suspected of being negligent with Scriptural Law (large matters), he also becomes suspect of negligence in smaller matters.

פרק י׳

א. עַם הָאָרֶץ אַף עַל פִּי שֶׁהוּא יִשְׂרָאֵל וְיֶשְׁנוֹ בְּתוֹרָה וּבְמִצְוֹת הֲרֵי הוּא בְּחֶזְקַת טָמֵא וּבְגָדָיו מִדְרָס לְטָהֳרוֹת. וְאִם נָגְעוּ בְּגָדָיו בָּאֳכָלִין וּמַשְׁקִין הֲרֵי הֵן טְמֵאִין. וְאִם נָגַע בִּכְלִי חֶרֶס מֵאֲוִירוֹ טִמְּאָהוּ. וְשׂוֹרְפִין אֶת הַתְּרוּמָה עַל מַגָּעָן אַף עַל פִּי שֶׁטֻּמְאָתָן בְּסָפֵק. וְאֵינָן נֶאֱמָנִין עַל הַטָּהֳרוֹת לְפִי שֶׁאֵינָן בְּקִיאִין בְּדִקְדּוּקֵי טָהֳרוֹת וְטֻמְאוֹת. וּלְעוֹלָם הוּא בְּחֶזְקָה זוֹ וְאֵינוֹ נֶאֱמָן עַל הַטָּהֳרוֹת עַד שֶׁיְּקַבֵּל עָלָיו דִּבְרֵי חֲבֵרוּת. וּמַה הֵן דִּבְרֵי חֲבֵרוּת שֶׁיְּקַבֵּל עָלָיו שֶׁיְּהֵא נִזְהָר בְּטֻמְאוֹת שֶׁלֹּא יִטָּמֵא בָּהֶן. וּבְטָהֳרוֹת שֶׁלֹּא יְטַמֵּא אוֹתָם. וְיִזָּהֵר בִּנְטִילַת יָדַיִם וּבְטָהֳרָתָן שֶׁלֹּא יִקַּח מֵעַם הָאָרֶץ דָּבָר לַח וְלֹא יִתְאָרֵחַ אֶצְלוֹ וְלֹא יְאָרְחוֹ אֶצְלוֹ בִּכְסוּתוֹ:

ב. הַבָּא לְקַבֵּל דִּבְרֵי חֲבֵרוּת חוּץ מִדָּבָר אֶחָד מֵהֶן אֵין מְקַבְּלִין אוֹתוֹ. רְאִינוּהוּ שֶׁנּוֹהֵג בִּצְנִעָה בְּתוֹךְ בֵּיתוֹ מְקַבְּלִין אוֹתוֹ וְאַחַר כָּךְ מְלַמְּדִין אוֹתוֹ עִסְקֵי טֻמְאָה וְטָהֳרָה. וְאִם לֹא רְאִינוּהוּ שֶׁנּוֹהֵג בִּצְנִעָה בְּבֵיתוֹ מְלַמְּדִין אוֹתוֹ וְאַחַר כָּךְ מְקַבְּלִין אוֹתוֹ. וּמְקַבְּלִין אוֹתוֹ תְּחִלָּה לְטָהֳרַת הַיָּדַיִם וְאַחַר כָּךְ מְקַבְּלִין אוֹתוֹ לְטָהֳרוֹת. וְאִם אָמַר אֵינִי מְקַבֵּל אֶלָּא לְטָהֳרַת הַיָּדַיִם מְקַבְּלִין אוֹתוֹ. קִבֵּל לְטָהֳרוֹת וְלֹא לַיָּדַיִם אַף לְטָהֳרוֹת אֵין מְקַבְּלִין אוֹתוֹ. כְּשֶׁמְּקַבְּלִין אוֹתוֹ חוֹשְׁשִׁין לוֹ כָּל שְׁלֹשִׁים יוֹם עַד שֶׁיִּלְמַד וְיִהְיֶה רָגִיל בְּטָהֳרוֹת. וְאַחַר שְׁלֹשִׁים יוֹם מִשֶּׁיְּקַבֵּל דִּבְרֵי חֲבֵרוּת הֲרֵי בְּגָדָיו טְהוֹרִין וְכָל אֳכָלָיו וּמַשְׁקָיו טְהוֹרִין וְנֶאֱמָן עַל כָּל הַטָּהֳרוֹת כִּשְׁאָר כָּל הַחֲבֵרִים וְאַף עַל פִּי שֶׁאֵינוֹ תַּלְמִיד חָכָם:

ג. תַּלְמִידֵי חֲכָמִים הֲרֵי הֵן בְּחֶזְקַת טָהֳרָה. נֶאֱמָנִין וְאֵינָן צְרִיכִין לְקַבֵּל דִּבְרֵי חֲבֵרוּת אֲבָל מִשֶּׁחָרַב בֵּית הַמִּקְדָּשׁ נָהֲגוּ כֹּהֲנִים סִלְסוּל בְּעַצְמָן שֶׁלֹּא יְהוּ מוֹסְרִין טָהֳרוֹת אֲפִלּוּ לְתַלְמִידֵי חֲכָמִים עַד שֶׁיְּקַבֵּל עָלָיו דִּבְרֵי חֲבֵרוּת:

ד. זָקֵן וְיוֹשֵׁב בִּישִׁיבָה אֵינוֹ צָרִיךְ לְקַבֵּל שֶׁכְּבָר קִבֵּל בְּשָׁעָה שֶׁיָּשַׁב:

ה. הַמְקַבֵּל דִּבְרֵי חֲבֵרוּת צָרִיךְ לְקַבֵּל בִּפְנֵי שְׁלֹשָׁה חֲבֵרִים. וּבָנָיו וּבְנֵי בֵּיתוֹ אֵינָן צְרִיכִין לְקַבֵּל בִּפְנֵי שְׁלֹשָׁה מִפְּנֵי שֶׁהוּא מְלַמְּדָן וּמַרְגִּילָן בְּדֶרֶךְ טָהֳרָה. וְאֵשֶׁת חָבֵר וּבָנָיו וּבְנֵי בֵּיתוֹ וַעֲבָדָיו הֲרֵי הֵן כְּחָבֵר. וְחָבֵר שֶׁמֵּת אִשְׁתּוֹ וּבָנָיו וּבְנֵי בֵּיתוֹ בְּחֶזְקַת חֲבֵרִים עַד שֶׁיֵּחָשְׁדוּ:

ו. אֵשֶׁת עַם הָאָרֶץ אוֹ בִּתּוֹ שֶׁנִּשֵּׂאת לְחָבֵר וְכֵן עַבְדּוֹ שֶׁנִּמְכַּר לְחָבֵר הֲרֵי אֵלּוּ צְרִיכִין לְקַבֵּל עֲלֵיהֶן דִּבְרֵי חֲבֵרוּת כְּבַתְּחִלָּה. אֲבָל אֵשֶׁת חָבֵר אוֹ בִּתּוֹ שֶׁנִּשֵּׂאת לְעַם הָאָרֶץ וְכֵן עַבְדּוֹ שֶׁנִּמְכַּר לְעַם הָאָרֶץ אֵין צְרִיכִין לְקַבֵּל דִּבְרֵי חֲבֵרוּת כְּבַתְּחִלָּה:

ז. עַם הָאָרֶץ שֶׁקִּבֵּל עָלָיו דִּבְרֵי חֲבֵרוּת וְהָיוּ לוֹ טָהֳרוֹת כְּשֶׁהָיָה עַם הָאָרֶץ וְאָמַר אֲנִי יוֹדֵעַ וַדַּאי שֶׁלֹּא נִטְמְאוּ בִּזְמַן שֶׁנִּתְעַסְּקוּ בָּהֶן אֲחֵרִים הֲרֵי הֵן אֲסוּרוֹת כְּמִקֹּדֶם וְאִם הוּא בְּעַצְמוֹ נִתְעַסֵּק בָּהֶן הֲרֵי הֵן מֻתָּרוֹת לוֹ וַאֲסוּרוֹת לְכָל אָדָם. וְנִשְׁאַל הֶחָבֵר עַל טָהֳרוֹתָיו וּמוֹרֶה בָּהֶן טָהֳרָה לְעַצְמוֹ וְאֵין חוֹשְׁדִין אוֹתוֹ בְּכָךְ:

ח. חָבֵר שֶׁנַּעֲשָׂה גַּבַּאי לַמֶּלֶךְ אוֹ מוֹכְסָן וְכַיּוֹצֵא בָּהֶן דּוֹחִין אוֹתוֹ מֵחֲבֵרוּתוֹ. פֵּרַשׁ מִמַּעֲשָׂיו הָרָעִים הֲרֵי הוּא כְּכָל אָדָם וְצָרִיךְ לְקַבֵּל דִּבְרֵי חֲבֵרוּת כְּבַתְּחִלָּה:

ט. עַם הָאָרֶץ שֶׁקִּבֵּל עָלָיו דִּבְרֵי חֲבֵרוּת וְנֶחְשַׁד לְדָבָר אֶחָד אֵינוֹ חָשׁוּד אֶלָּא לְאוֹתוֹ דָּבָר. וְכָל הֶחָשׁוּד לְחָמוּר נֶחְשָׁד עַל הַקַּל. לְקַל לֹא נֶחְשָׁד לְחָמוּר:

י. חָבֵר שֶׁנֶּחְשַׁד עַל הַטָּהֳרוֹת כְּגוֹן שֶׁמָּכַר אֳכָלִין טְמֵאִין בְּחֶזְקַת שֶׁהֵן טְהוֹרִין הֲרֵי זֶה אֵינוֹ נֶאֱמָן לְעוֹלָם עַד שֶׁיִּוָּדַע שֶׁחָזַר בִּתְשׁוּבָה גְּמוּרָה:

יא. הֶחָשׁוּד עַל הַשְּׁבִיעִית אוֹ עַל הַתְּרוּמָה שֶׁמְּכָרָן לְשֵׁם חֻלִּין הֲרֵי זֶה חָשׁוּד עַל הַטָּהֳרוֹת שֶׁהֶחָשׁוּד עַל דָּבָר שֶׁל תּוֹרָה הֲרֵי הוּא חָשׁוּד עַל דִּבְרֵי סוֹפְרִים. וְהָאֳכָלִין הַטְּמֵאִין אֵין מְטַמְּאִין אֲחֵרִים אֶלָּא מִדִּבְרֵיהֶן כְּמוֹ שֶׁיִּתְבָּאֵר. וְכָל הֶחָשׁוּד עַל דָּבָר נֶאֱמָן לְהָעִיד בּוֹ לַאֲחֵרִים וְלָדוּן בּוֹ לַאֲחֵרִים. חֲזָקָה הִיא שֶׁאֵין אָדָם חוֹטֵא כְּדֵי שֶׁיֵּהָנוּ בּוֹ אֲחֵרִים:

Perek 11

Am Haaretz (unlearned Jews)

Circumstances when common people are trusted regarding their purity: (i.e. they state their status of purity).

- *Parah Adumah* (Red Heifer)
- *Nesachim* (wine and oil libations) i.e. consecrated wine and oil
- *Trumah* (Heave Offering) of winepresses and oil vats only while in season

Their word is not accepted regarding empty vessels. However interestingly, their word is accepted within *Yerushalayim* up to *Modiin.* (15km outside *Yerushalayim*)

New earthenware containers straight from a kiln are considered pure no matter where they are located.

During the *Shalosh Regalim* (Pilgrimage Festivals), *amei haaretz* are given the status of pure temporarily. This relates to all their vessels, food and drinks. However, the Priests would immerse all the *kelim* (vessels) of the *Bet Hamikdash*, in the *mikveh* after the festivals.

All their food etc which had been considered as pure on *Yom Tov,* is considered as impure as soon as *Yom Tov* ends.

פרק י״א

א. כְּבָר בֵּאַרְנוּ שֶׁעַמֵּי הָאָרֶץ נֶאֱמָנִים הֵן עַל טָהֳרַת פָּרַת הַחַטָּאת מִפְּנֵי חֻמְרָתָהּ אֵין מְזַלְזְלִין בָּהּ. וְכֵן נֶאֱמָנִים הֵן עַל טָהֳרַת יַיִן וְשֶׁמֶן שֶׁל נְסָכִים אִם אָמַר טָהוֹר הוּא הֲרֵי זֶה בְּחֶזְקַת טָהֳרָה מִפְּנֵי חֻמְרָתוֹ נִזְהָרִין בּוֹ. וְכֵן נֶאֱמָנִים הֵן עַל הַתְּרוּמָה בִּשְׁעַת הַגִּתּוֹת וְהַבַּדִּים מִפְּנֵי שֶׁכָּל הָעָם מְטַהֲרִין עַצְמָן וּכְלֵיהֶן כְּדֵי לַעֲשׂוֹת יֵינָם וְשַׁמְנָם בְּטָהֳרָה. עָבְרוּ הַגִּתּוֹת וְהַבַּדִּים אֵינָן נֶאֱמָנִים:

ב. כֹּהֵן שֶׁהֵבִיא לוֹ עַם הָאָרֶץ חָבִית יַיִן אוֹ שֶׁמֶן שֶׁל תְּרוּמָה לֹא יְקַבְּלֶנָּה מִמֶּנּוּ מִפְּנֵי שֶׁהִיא בְּחֶזְקַת טֻמְאָה. הִנִּיחָהּ עַם הָאָרֶץ אֶצְלוֹ עַד גַּת הַבָּאָה וֶהֱבִיאָהּ לוֹ יְקַבְּלֶנָּה מִמֶּנּוּ אַף עַל פִּי שֶׁהוּא יוֹדֵעַ שֶׁהִיא שֶׁל אֶשְׁתָּקַד שֶׁלֹּא גָּזְרוּ עֲלֵיהֶם טֻמְאָה בִּשְׁעַת הַגִּתּוֹת וְהַבַּדִּים:

ג. עַם הָאָרֶץ שֶׁנָּעַל בֵּית בַּדּוֹ אוֹ גִּתּוֹ בְּשָׁעָה שֶׁגָּמְרוּ הָעָם לִדְרֹךְ וְהוֹלִיךְ אֶת הַמַּפְתֵּחַ מִיָּד לְכֹהֵן אַף עַל פִּי שֶׁשָּׁהָה כַּמָּה יָמִים אַחַר שֶׁעָבְרוּ הַגִּתּוֹת הֲרֵי הַכֹּהֵן בָּא וּפוֹתֵחַ בְּפָנָיו וּמַטְבִּילוֹ וְדוֹרֵךְ וְנוֹטֵל תְּרוּמָה בְּטָהֳרָה. וְאִם לֹא עָשָׂה כֵּן לֹא יִטֹּל תְּרוּמָה מֵעַם הָאָרֶץ אֶלָּא זֵיתִים וַעֲנָבִים שֶׁאֵינָן מֻכְשָׁרִין שֶׁאֵינָן מְקַבְּלִין טֻמְאָה:

ד. הֵבִיא לוֹ עַם הָאָרֶץ חָבִית שֶׁל תְּרוּמָה בִּשְׁאָר יְמוֹת הַשָּׁנָה וְאָמַר הִפְרַשְׁתִּי בְּתוֹכָהּ קֹדֶשׁ אֲפִלּוּ רְבִיעִית מִתּוֹךְ שֶׁנֶּאֱמָן עַל טָהֳרַת הַקֹּדֶשׁ נֶאֱמָן עַל הַכֹּל אֲפִלּוּ בִּשְׁעַת

הַגִּתּוֹת וְהַבַּדִּים שֶׁעַמֵּי הָאָרֶץ נֶאֱמָנִין עַל הַתְּרוּמָה אֵינָן נֶאֱמָנִין עַל הַכְּלִי הָרֵיקָם לוֹמַר שֶׁהוּא טָהוֹר לִתְרוּמָה. וְכֵן אֵין נֶאֱמָנִין לְעוֹלָם עַל כְּלִי רֵיקָם לוֹמַר שֶׁהוּא טָהוֹר לְקֹדֶשׁ:

ה. כְּלִי שֶׁהָיָה בְּתוֹכוֹ יַיִן אוֹ שֶׁמֶן וְרָאִינוּ עַם הָאָרֶץ יוֹשֵׁב וּמְשַׁמְּרוֹ כְּדֵי לְהוֹצִיא מִמֶּנּוּ נְסָכִים הֲרֵי הוּא נֶאֱמָן עַל טָהֳרַת הַכְּלִי וַאֲפִלּוּ קֹדֶם לַגִּתּוֹת וְלַבַּדִּים בְּשִׁבְעִים יוֹם. אֲבָל קֹדֶם לְשִׁבְעִים אֵינָן נֶאֱמָנִים. בַּמֶּה דְּבָרִים אֲמוּרִים בִּשְׁאָר אֶרֶץ יִשְׂרָאֵל. אֲבָל בִּירוּשָׁלַיִם נֶאֱמָנִים עַל כְּלִי חֶרֶס הָרֵיקָם לוֹמַר שֶׁהוּא טָהוֹר לְקֹדֶשׁ לְעוֹלָם בֵּין כֵּלִים דַּקִּים בֵּין כֵּלִים גַּסִּים בֵּין מְלֵאִין בֵּין רֵיקָנִים הֲרֵי הוּא נֶאֱמָן עַל הַכְּלִי אַף עַל פִּי שֶׁהַמַּשְׁקִין שֶׁבְּתוֹכוֹ טְמֵאִין. אֲפִלּוּ הָיָה בִּגְדוֹ שֶׁהוּא מִדְרָס בְּתוֹךְ הַכְּלִי הֲרֵי הַכְּלִי בְּחֶזְקַת טָהֳרָה לְקֹדֶשׁ. וּמִפְּנֵי מָה הֵקֵלּוּ בָּהֶם מִפְּנֵי שֶׁאֵין עוֹשִׂין כִּבְשׁוֹנוֹת בִּירוּשָׁלַיִם:

ו. מִן הַמּוֹדִיעִית וְלִפְנִים נֶאֱמָנִים עַל כְּלִי חֶרֶס מִן הַמּוֹדִיעִית וְלַחוּץ אֵינָן נֶאֱמָנִין וְהַמּוֹדִיעִית עַצְמָהּ פְּעָמִים כְּלַחוּץ וּפְעָמִים כְּלִפְנִים. כֵּיצַד. הָיָה חָבֵר נִכְנָס וְעַם הָאָרֶץ יוֹצֵא וּכְלִי חֶרֶס בְּיָדוֹ הֲרֵי זֶה נֶאֱמָן בַּמּוֹדִיעִית לוֹמַר שֶׁהוּא טָהוֹר לְקֹדֶשׁ. הָיוּ שְׁנֵיהֶן נִכְנָסִין אוֹ שְׁנֵיהֶן יוֹצְאִין אֵינוֹ נֶאֱמָן עַד שֶׁיְּהֵא לִפְנִים מִן הַמּוֹדִיעִית:

ז. קַדָּר שֶׁהֵבִיא קְדֵרוֹת וְהִנִּיחָן לִפְנִים מִן הַמּוֹדִיעִית וּבָאוּ הַלּוֹקְחִין וְהוּא אוֹמֵר לָהֶן שֶׁטְּהוֹרוֹת הֵן. לָקַח קְדֵרָה וְנִכְנַס בָּהּ הֲרֵי הִיא טְהוֹרָה לְקֹדֶשׁ אֲבָל לֹא לִתְרוּמָה כְּמוֹ שֶׁבֵּאַרְנוּ. לָקַח קְדֵרָה וְיָצָא בָּהּ חוּץ לַמּוֹדִיעִית הֲרֵי זוֹ טְמֵאָה בֵּין לְקֹדֶשׁ בֵּין לִתְרוּמָה אַף עַל פִּי שֶׁהֵן הֵן הַקְּדֵרוֹת. וְהוּא הַקַּדָּר עַצְמוֹ אֵינוֹ נֶאֱמָן אֶלָּא לִפְנִים מִן הַמּוֹדִיעִית:

ח. הַלּוֹקֵחַ כְּלִי חֶרֶס מִן הַכִּבְשָׁן בְּכָל מָקוֹם הֲרֵי אֵלּוּ טְהוֹרִין בֵּין לְקֹדֶשׁ בֵּין לִתְרוּמָה וְאֵין אוֹמְרִים שֶׁמָּא נָגַע בָּהֶן עַם הָאָרֶץ. וַאֲפִלּוּ לָקַח מִן הַסֵּדֶר הָרִאשׁוֹן. וְאַף עַל פִּי שֶׁהַכִּבְשָׁן פָּתוּחַ וּכְבָר נִלְקַח חֶצְיוֹ שֶׁלֹּא גָּזְרוּ טֻמְאָה עַל כֵּלִים שֶׁבַּכִּבְשָׁן:

ט. טֻמְאַת עַם הָאָרֶץ בָּרֶגֶל כִּטְהוֹרָה הִיא חֲשׁוּבָה שֶׁכָּל יִשְׂרָאֵל חֲבֵרִים הֵן בָּרְגָלִים וּכְלֵיהֶם כֻּלָּם וְאָכְלֵיהֶם וּמַשְׁקֵיהֶן טְהוֹרִים בָּרֶגֶל מִפְּנֵי שֶׁהַכֹּל מְטַהֲרִין עַצְמָן וְעוֹלִים לָרֶגֶל. לְפִיכָךְ הֵן נֶאֱמָנִים כָּל יְמוֹת הָרֶגֶל בֵּין עַל הַקֹּדֶשׁ בֵּין עַל הַתְּרוּמָה. מִשֶּׁעָבַר הָרֶגֶל חוֹזְרִין לְטֻמְאָתָן:

י. הַפּוֹתֵחַ חָבִיתוֹ בָּרֶגֶל וְהַמַּתְחִיל בְּעִסָּתוֹ וְעָבַר הָרֶגֶל הֲרֵי שְׁאָר הֶחָבִית וּשְׁאָר הָעִסָּה בְּחֶזְקַת טֻמְאָה שֶׁהֲרֵי נָגְעוּ בּוֹ עַמֵּי הָאָרֶץ. וְאַף עַל פִּי שֶׁלֹּא נָגַע בָּהּ אֶלָּא בִּזְמַן שֶׁהוּא כְּחָבֵר אֵינָהּ טְהוֹרָה אֶלָּא בִּימֵי הָרֶגֶל בִּלְבַד:

יא. אַחַר הָרֶגֶל בְּמוֹצָאֵי יוֹם טוֹב הָיוּ מַטְבִּילִין כָּל הַכֵּלִים שֶׁהָיוּ בַּמִּקְדָּשׁ מִפְּנֵי שֶׁנָּגְעוּ בָּהֶן עַמֵּי הָאָרֶץ בָּרֶגֶל בִּשְׁעַת הֶחָג. וּלְפִיכָךְ הָיוּ אוֹמְרִים לָהֶן אַל תִּגְּעוּ בַּשֻּׁלְחָן בְּשָׁעָה שֶׁמַּרְאִין אוֹתוֹ לְעוֹלֵי רְגָלִים כְּדֵי שֶׁלֹּא יִהְיֶה טָמֵא בְּמַגָּעוֹ אַחַר הָרֶגֶל וְנִמְצָא צָרִיךְ טְבִילָה וְהַעֲרֵב שֶׁמֶשׁ וְנֶאֱמַר בְּלֶחֶם הַפָּנִים (שמות כה ל) "לְפָנַי תָּמִיד". וְכָל הַכֵּלִים הָיוּ טְעוּנִים טְבִילָה וְהַעֲרֵב שֶׁמֶשׁ חוּץ מִמִּזְבַּח הַזָּהָב וּמִזְבַּח הַנְּחֹשֶׁת מִפְּנֵי שֶׁצִּפּוּיֵיהֶן כִּבְטֵלִין לְגַבֵּיהֶן:

יב. עַם הָאָרֶץ שֶׁאָמַר טָהוֹר אֲנִי מִטֻּמְאַת מֵת אוֹ שֶׁאָמַר כְּלִי זֶה טָהוֹר מִטֻּמְאַת מֵת נֶאֱמָן וּמַטְבִּילִין אוֹתוֹ מִשּׁוּם טֻמְאַת עַם הָאָרֶץ בִּלְבַד וְצָרִיךְ הַעֲרֵב שֶׁמֶשׁ וְאֵינוֹ צָרִיךְ הַזָּאָה. בַּמֶּה דְּבָרִים אֲמוּרִים בְּשֶׁשְּׁאָלוּ וְאָמַר טָהוֹר הוּא. אֲבָל הַלּוֹקֵחַ כְּלִי סְתָם מֵרְשׁוּת עַם הָאָרֶץ חוֹשְׁשִׁין לוֹ שֶׁמָּא טְמֵא מֵת הוּא וּמַזִּין עָלָיו שְׁלִישִׁי וּשְׁבִיעִי כְּכָל הַכֵּלִים הַנִּמְצָאִים בְּכָל מָקוֹם חוּץ לִירוּשָׁלַיִם שֶׁלֹּא גָּזְרוּ טֻמְאָה עַל הַכֵּלִים הַנִּמְצָאִים בִּירוּשָׁלַיִם כְּמוֹ שֶׁיִּתְבָּאֵר בְּטֻמְאַת הַסְּפֵקוֹת:

Perek 12

Am Haaretz continued.

Generally, if one entrusts *kelim* to an unlearned person they would be considered as impure (because of possible *midras* and corpse impurity)

However, in cases of doubt presumptions could be made as follows:

- If *kelim* left in synagogue they are considered pure.
- If a key for a house was entrusted to an *am haaretz*, house contents considered pure, because only the key was entrusted.

If *am haaretz* inside the house watching over it, it depends whether the owner can see activities or not. Even if he can see, the *Rabanim* enforced certain decrees i.e. all foods, liquids and unsealed earthenware containers are impure. If owner was away from home, everything in the house becomes impure.

- If tax collector enters the house, everything is impure.
- If thieves enter house, and if there is a gentile or woman among them, everything becomes impure.
- If the wife of an *am haaretz* entered the house of a *chaver* without permission to take out say the child of the *chaver,* everything remains pure, because she would be afraid to touch anything in the house etc.

Reminder
Pack on Impurity of Foods

פרק י"ב

א. הַמַּפְקִיד כֵּלִים אֵצֶל עַם הָאָרֶץ אוֹ שֶׁנָּתַן כְּלִי לְאֻמָּן עַם הָאָרֶץ הֲרֵי אֵלּוּ טְמֵאִים טְמֵא מֵת וּטְמֵאִין מִדְרָס. וְאִם מַכִּירוֹ שֶׁהוּא אוֹכֵל בִּתְרוּמָה טְהוֹרִים מִטְּמֵא מֵת אֲבָל טְמֵאִים מִדְרָס מִפְּנֵי שֶׁאִשְׁתּוֹ נִדָּה יוֹשֶׁבֶת עֲלֵיהֶם שֶׁלֹּא מִדַּעְתּוֹ שֶׁהֲרֵי אֵין נִזְהָרִין מִן הַטֻּמְאוֹת בְּבָתֵּי עַמֵּי הָאָרֶץ:

ב. הַמַּנִּיחַ כֵּלָיו בִּפְנֵי עַם הָאָרֶץ וְאָמַר לוֹ שְׁמֹר לִי אֶת אֵלּוּ הֲרֵי אֵלּוּ טְמֵאִין מִדְרָס וּטְהוֹרִין מִטְּמֵא מֵת. הִנִּיחָן עַל כְּתֵפוֹ טְמֵאִין מִדְרָס וּטְמֵא מֵת. שָׁכַח כֵּלָיו בְּבֵית הַכְּנֶסֶת הֲרֵי הֵן טְהוֹרִין שֶׁאֵינוֹ רְשׁוּת עַם הָאָרֶץ גְּמוּרָה. הִנִּיחַ כֵּלָיו בַּמֶּרְחָץ וּבָא וּמְצָאָן כְּמוֹת שֶׁהֵן טְהוֹרִין. וּמְלַמְּדִין אוֹתוֹ שֶׁלֹּא יַעֲשֶׂה כֵּן. הִנִּיחַ גִּתּוֹ וּבוֹרוֹ אַף עַל פִּי שֶׁנִּכְנַס לָעִיר וּבָא וּמָצָא עַם הָאָרֶץ בְּצִדּוֹ טְהוֹרִין מִפְּנֵי שֶׁאֵין לוֹ רְשׁוּת שֶׁיִּכָּנֵס:

ג. הַמּוֹסֵר מַפְתֵּחַ בֵּיתוֹ לְעַם הָאָרֶץ כָּל שֶׁבַּבַּיִת טָהוֹר שֶׁלֹּא מָסַר לוֹ אֶלָּא שְׁמִירַת הַמַּפְתֵּחַ:

ד. הַמַּנִּיחַ כֵּלָיו בְּחַלּוֹנוֹת שֶׁל מֶרְחָץ וְנָעַל עֲלֵיהֶם אַף עַל פִּי שֶׁנָּתַן הַמַּפְתֵּחַ לְעַם הָאָרֶץ כֵּלָיו טְהוֹרִין. וְכֵן אִם חָתַם עַל הַחַלּוֹן אוֹ עָשָׂה לוֹ סִימָן אֲפִלּוּ מָצָא הַחוֹתָם מְקֻלְקָל הֲרֵי כָּל אֵלּוּ טְהוֹרִין:

ה. הַמַּנִּיחַ עַם הָאָרֶץ בְּתוֹךְ בֵּיתוֹ לְשָׁמְרוֹ וְיָשַׁב הוּא מֵרָחוֹק בִּזְמַן שֶׁהוּא רוֹאֶה אֶת הַנִּכְנָסִין וְאֶת הַיּוֹצְאִין הֲרֵי כָּל שֶׁבַּבַּיִת מִן הָאֳכָלִין וְהַמַּשְׁקִין וּכְלֵי חֶרֶס שֶׁאֵינוֹ מֻקָּף צָמִיד פָּתִיל טְמֵאִין אֲבָל הַמִּשְׁכָּבוֹת וְהַמֶּרְכָּבוֹת וּכְלֵי חֶרֶס הַמֻּקָּף צָמִיד פָּתִיל טְהוֹרִין. וְאִם אֵינוֹ רוֹאֶה לֹא אֶת הַנִּכְנָסִין וְלֹא אֶת הַיּוֹצְאִין כָּל שֶׁבַּבַּיִת טָמֵא אֲפִלּוּ הָיָה כָּפוּת אוֹ כְּרוּת יָדַיִם וְרַגְלַיִם הַכֹּל טָמֵא מִפְּנֵי שֶׁהֵן בִּרְשׁוּת עַם הָאָרֶץ:

ו. חָבֵר שֶׁהָיָה יָשֵׁן בְּבֵיתוֹ שֶׁל עַם הָאָרֶץ וְהָיוּ כֵּלִים מְקֻפָּלִים וּמֻנָּחִין תַּחַת רֹאשׁוֹ וְסַנְדָּלוֹ וְחָבִיתוֹ לְפָנָיו הֲרֵי אֵלּוּ טְהוֹרִין מִפְּנֵי שֶׁהֵן בְּחֶזְקַת שְׁמִירַת בַּעֲלֵיהֶן וְלֹא יִגַּע בָּהֶן עַם הָאָרֶץ שֶׁהֲרֵי הוּא אוֹמֵר עַתָּה יֵעוֹר וְיַבִּיט בִּי:

ז. עַם הָאָרֶץ שֶׁשָּׁאַל מֵחָבֵר מִטָּה שֶׁיִּישַׁן עָלֶיהָ וְיָשַׁן עָלֶיהָ בְּתוֹךְ בֵּיתוֹ שֶׁל חָבֵר אֵין טָמֵא אֶלָּא אוֹתָהּ הַמִּטָּה וְעַד מָקוֹם שֶׁהוּא יָכוֹל לִפְשֹׁט אֶת יָדוֹ מֵאוֹתָהּ הַמִּטָּה וְלִגַּע:

ח. חָבֵר שֶׁאָמַר לְעַם הָאָרֶץ שְׁמֹר לִי פָּרָה זוֹ שֶׁלֹּא תִּכָּנֵס לַבַּיִת אוֹ שֶׁלֹּא תְּשַׁבֵּר אֶת הַכֵּלִים הֲרֵי הַבַּיִת וְהַכֵּלִים טְהוֹרִים. שֶׁלֹּא מָסַר לוֹ אֶלָּא שְׁמִירַת הַפָּרָה. אֲבָל אִם אָמַר לוֹ שְׁמֹר לִי בַּיִת זֶה שֶׁלֹּא תִּכָּנֵס בּוֹ הַפָּרָה וְכֵלִים אֵלּוּ שֶׁלֹּא תְּשַׁבְּרֵם הֲרֵי הֵן טְמֵאִין:

ט. הַמַּנִּיחַ עַם הָאָרֶץ בְּתוֹךְ בֵּיתוֹ וְיָצָא הִנִּיחוֹ עֵר וּמְצָאוֹ עֵר יָשֵׁן וּמְצָאוֹ יָשֵׁן אוֹ שֶׁהִנִּיחוֹ עֵר וּמְצָאוֹ יָשֵׁן כָּל שֶׁבַּבַּיִת טָהוֹר. הִנִּיחוֹ יָשֵׁן וּמְצָאוֹ עֵר כָּל מָקוֹם הַקָּרוֹב מִמֶּנּוּ שֶׁהוּא יָכוֹל לִפְשֹׁט אֶת יָדוֹ וְלִגַּע בּוֹ טָמֵא. וְכֵן הַמַּנִּיחַ אֻמָּנִין בְּתוֹךְ בֵּיתוֹ אֵין טָמֵא אֶלָּא עַד מָקוֹם שֶׁיְּכוֹלִין לִפְשֹׁט אֶת יְדֵיהֶן וְלִגַּע. וְאֵין אוֹמְרִים שֶׁמָּא עָלוּ עַל גַּבֵּי כִּסֵּא אוֹ עַל סֻלָּם וְנָגְעוּ בִּכְלִי אוֹ בָּאֳכָלִין הַתְּלוּיִין לְמַעְלָה בַּכֹּתֶל:

י. אֵשֶׁת חָבֵר שֶׁהִנִּיחָה אֵשֶׁת עַם הָאָרֶץ טוֹחֶנֶת בְּתוֹךְ בֵּיתָהּ. אֲפִלּוּ פָּסְקָה הָרֵחַיִם וַאֲפִלּוּ הָיוּ שְׁתַּיִם אֵין טָמֵא אֶלָּא מָקוֹם שֶׁיְּכוֹלִין לִפְשֹׁט אֶת יָדָן וְלִגַּע. וְאֵין אוֹמְרִין שֶׁמָּא הָאַחַת טוֹחֶנֶת וְהַשְּׁנִיָּה בָּלְשָׁה כָּל שֶׁבַּבַּיִת וְשֶׁמָּא נִיתְלֵית וְעָלְתָה בַּמְּקוֹמוֹת הַגְּבוֹהוֹת:

יא. הָאִשָּׁה שֶׁנִּכְנְסָה לְהוֹצִיא פַּת לֶעָנִי יָצְאת וּמְצָאַתּוּ עוֹמֵד בְּצַד כִּכָּרוֹת אֲפִלּוּ תְּרוּמָה הֲרֵי הֵן טְהוֹרוֹת שֶׁאֵין חֶזְקָתוֹ

לִגַּע שֶׁלֹּא בִּרְשׁוּת. וְכֵן הָאִשָּׁה שֶׁיָּצְאָה וּמָצְאָה אֵשֶׁת עַם הָאָרֶץ חוֹתָה גֶּחָלִים מִתַּחַת הַקְּדֵרָה הֲרֵי הַקְּדֵרָה טְהוֹרָה:

יב. גַּבָּאֵי מַלְכוּת שֶׁנִּכְנְסוּ לְתוֹךְ הַבַּיִת לְמַשְׁכֵּן כָּל שֶׁבַּבַּיִת טָמֵא. אִם יֵשׁ עִמָּהֶם עַכּוּ"ם נֶאֱמָנִים לוֹמַר לֹא נָגַעְנוּ מִפְּנֵי שֶׁאֵימַת הָעַכּוּ"ם עֲלֵיהֶן. בַּמֶּה דְּבָרִים אֲמוּרִים בִּזְמַן שֶׁיֵּשׁ שָׁם עֵדִים שֶׁנִּכְנְסוּ אוֹ שֶׁהָיָה הַמַּשְׁכּוֹן בְּיָדָם. אֲבָל אִם אָמְרוּ הֵן מֵעַצְמָן נִכְנַסְנוּ אֲבָל לֹא נָגַעְנוּ נֶאֱמָנִין שֶׁהַפֶּה שֶׁאָסַר הוּא הַפֶּה שֶׁהִתִּיר:

יג. הַגַּנָּבִים שֶׁנִּכְנְסוּ לְתוֹךְ הַבַּיִת אֵין טָמֵא אֶלָּא מְקוֹם רַגְלֵי הַגַּנָּבִים. מִפְּנֵי שֶׁהֵן מְפַחֲדִין מִלְּבַלֵּשׁ אֶלָּא (דָּבָר) שֶׁנּוֹטְלִין בִּמְזֻמָּן. וּמַה הֵן מְטַמְּאִין בִּמְקוֹם הֲלִיכָתָן הָאֳכָלִין וְהַמַּשְׁקִין וּכְלֵי חֶרֶס הַפְּתוּחִים אֲבָל הַמִּשְׁכָּבוֹת וְהַמֶּרְכָּבוֹת וּכְלֵי חֶרֶס הַמֻּקָּפִין צָמִיד פָּתִיל טְהוֹרִין. וְאִם יֵשׁ עִמָּהֶן עַכּוּ"ם אוֹ אִשָּׁה הַכֹּל טָמֵא:

יד. הַגַּבָּאִים וְהַגַּנָּבִים שֶׁעָשׂוּ תְּשׁוּבָה וְהֶחֱזִירוּ מֵעַצְמָן לֹא מֵחֲמַת יִרְאָה וְאָמְרוּ לֹא נָגַעְנוּ בְּכָל מַה שֶּׁהָיָה בַּבַּיִת כְּשֶׁנִּכְנַסְנוּ הֲרֵי אֵלּוּ נֶאֱמָנִים וַאֲפִלּוּ עַל מְקוֹם רַגְלֵיהֶן:

טו. הַמַּנִּיחַ אֶת בֵּיתוֹ פָּתוּחַ וּמְצָאוֹ פָּתוּחַ אוֹ שֶׁמְּצָאוֹ נָעוּל. אֲפִלּוּ הִנִּיחוֹ נָעוּל וּמְצָאוֹ פָּתוּחַ וְלֹא נִגְנַב מִמֶּנּוּ כְּלוּם כָּל שֶׁבַּבַּיִת טָהוֹר. שֶׁאֲנִי אוֹמֵר הַגַּנָּבִים פְּתָחוּהוּ וְנִמְלְכוּ וְהָלְכוּ לָהֶם וְלֹא נִכְנְסוּ:

טז. קוֹרְדוֹם שֶׁאָבַד בַּבַּיִת אוֹ שֶׁהִנִּיחוֹ בְּזָוִית זוֹ וּבָא וּמְצָאוֹ בְּזָוִית אַחֶרֶת הַבַּיִת טָמֵא שֶׁאֲנִי אוֹמֵר אָדָם טָמֵא נִכְנַס לְשָׁם וּנְטָלוֹ:

יז. הַדָּר עִם עַם הָאָרֶץ בֶּחָצֵר וְשָׁכַח כֵּלִים בֶּחָצֵר אֲפִלּוּ חָבִיּוֹת מֻקָּפוֹת צָמִיד פָּתִיל אוֹ תַּנּוּר מֻקָּף צָמִיד פָּתִיל הֲרֵי אֵלּוּ טְמֵאִין עַד שֶׁיַּעֲשֶׂה לַתַּנּוּר מְחִצָּה גְּבוֹהָה עֲשָׂרָה טְפָחִים כְּדֵי שֶׁלֹּא יְהֵא בִּרְשׁוּת עַם הָאָרֶץ:

יח. חָבֵר שֶׁהָיְתָה לוֹ מְחִצָּה אוֹ סֻכָּה לִפְנֵי פִּתְחוֹ שֶׁל עַם הָאָרֶץ. אוֹ שֶׁהָיְתָה מְחִצָּה אוֹ סֻכָּה שֶׁל עַם הָאָרֶץ לִפְנֵי פִּתְחוֹ שֶׁל חָבֵר. כֵּלִים שֶׁבְּתוֹכָהּ אוֹ כֵּלִים שֶׁבַּמְּחִצָּה טְמֵאִים. מִפְּנֵי שֶׁיֵּשׁ לְעַם הָאָרֶץ בְּסֻכָּה זוֹ אוֹ בִּמְחִצָּה זוֹ רְשׁוּת:

יט. חָבֵר שֶׁהָיָה גַּגּוֹ לְמַעְלָה מִגַּגּוֹ שֶׁל עַם הָאָרֶץ הֲרֵי זֶה שׁוֹטֵחַ שָׁם כֵּלִים וּמַנִּיחַ טְהָרוֹת וְהֵן בְּחֶזְקָתָן. אַף עַל פִּי שֶׁעַם הָאָרֶץ יָכוֹל לִפְשֹׁט יָדוֹ וְלִגַּע. וְכֵן בְּעַכּוּ"ם אֵינוֹ חוֹשֵׁשׁ לֹא מִשּׁוּם טֻמְאָה וְלֹא מִשּׁוּם יֵין נֶסֶךְ. הָיוּ הַגַּגּוֹת זֶה בְּצַד זֶה אוֹ שֶׁהָיָה גַּגּוֹ שֶׁל עַם הָאָרֶץ לְמַעְלָה וְשָׁטַח הֶחָבֵר כֵּלִים אוֹ הִנִּיחַ טְהָרוֹת בְּגַגּוֹ. הֲרֵי כָּל מָקוֹם שֶׁיָּכוֹל עַם הָאָרֶץ לִפְשֹׁט אֶת יָדוֹ וְלִגַּע בְּחֶזְקַת טֻמְאָה:

כ. שְׁתֵּי חֲצֵרוֹת זוֹ לִפְנִים מִזּוֹ הַפְּנִימִית שֶׁל חָבֵר וְהַחִיצוֹנָה שֶׁל עַם הָאָרֶץ. חָבֵר מַנִּיחַ שָׁם כֵּלִים וְשׁוֹטֵחַ שָׁם פֵּרוֹת אַף עַל פִּי שֶׁיַּד עַם הָאָרֶץ מַגַּעַת לְשָׁם. מִפְּנֵי שֶׁנִּתְפַּשׂ עָלָיו כְּגַנָּב:

כא. חָצֵר הַחֲלוּקָה בְּמְסִיפַס וְחָבֵר בְּצַד זֶה וְעַם הָאָרֶץ בְּצַד זֶה טְהָרוֹתָיו טְהוֹרוֹת אַף עַל פִּי שֶׁיַּד עַם הָאָרֶץ מַגַּעַת. מִפְּנֵי שֶׁהֵם בִּרְשׁוּת הֶחָבֵר:

כב. חָבֵר שֶׁנָּפַל דְּלְיוֹ לְתוֹךְ בּוֹרוֹ שֶׁל עַם הָאָרֶץ וְהָלַךְ לְהָבִיא בַּמֶּה יַעֲלֶנּוּ הֲרֵי זֶה טָמֵא. מִפְּנֵי שֶׁהֻנַּח בִּרְשׁוּת עַם הָאָרֶץ שָׁעָה אַחַת:

כג. אֵשֶׁת עַם הָאָרֶץ שֶׁנִּכְנְסָה לְתוֹךְ בֵּיתוֹ שֶׁל חָבֵר לְהוֹצִיא בְּנוֹ אוֹ בִּתּוֹ אוֹ בְּהֶמְתּוֹ שֶׁל חָבֵר כָּל שֶׁבַּבַּיִת טָהוֹר. מִפְּנֵי שֶׁנִּכְנְסָה שֶׁלֹּא בִּרְשׁוּת. קַדָּר חָבֵר שֶׁהִכְנִיס קְדֵרוֹתָיו לִמְכֹּר וְיָרַד לִשְׁתּוֹת הֲרֵי הַפְּנִימִיּוֹת טְהוֹרוֹת וְהַחִיצוֹנוֹת טְמֵאוֹת. בַּמֶּה דְּבָרִים אֲמוּרִים בְּשֶׁהִנִּיחָן סָמוּךְ לִרְשׁוּת הָרַבִּים מִפְּנֵי שֶׁהָעוֹבְרִים וְהַשָּׁבִין נוֹגְעִים בַּחִיצוֹנוֹת בִּשְׁעַת הֲלִיכָה. אֲבָל הָיוּ רְחוֹקוֹת מֵרְשׁוּת הָרַבִּים אִם הָיוּ כְּלֵי אֻמָּנוּתוֹ בְּיָדָיו הַכֹּל טְמֵאוֹת מִפְּנֵי שֶׁכֵּלָיו מוֹכִיחִין שֶׁהֻנְּחוּ לִמְכֹּר וְיַד הַכֹּל מְמַשְׁמְשׁוֹת בָּהֶן. אֵין כְּלֵי אֻמָּנוּתוֹ בְּיָדוֹ הַכֹּל טְהוֹרוֹת חֶזְקָתָן שֶׁלֹּא נָגַע בָּהֶן אָדָם. חָבֵר שֶׁהִנִּיחַ אֳכָלִין וּמַשְׁקִין עַל פֶּתַח חֲנוּתוֹ וְנִכְנַס הֲרֵי אֵלּוּ טְמֵאִים מִפְּנֵי שֶׁהָעוֹבְרִים וְהַשָּׁבִים מְמַשְׁמְשִׁין בָּהֶן:

Perek 13

Am haaretz / Chaver continued.

- *Am haaretz* workers who harvest grapes and olives must immerse in a *mikveh* before working. *Chaver* must monitor their immersion to make sure it is being done properly.
- When a *chaver*'s donkey drivers and porters are loaded with pure foods and were proceeding in front of him, as long as the *chaver* is keeping an eye, the food remains pure. If not, the foods are impure.

- *Trumah* must be guarded from impurity more than *chulin*. Therefore, if a *chaver* was using a barrel of *trumah* under the impression that it was ordinary food, the contents may not be eaten, unless he says that he intended to guard it "just like" *trumah*.
- Weekday garments are not guarded as much as *Shabbat* ones. Therefore, if a *chaver* wore *Shabbat* clothes by mistake during the week they become impure.
- Also, if one person's clothes became exchanged with another person's clothes, they become impure because a person does not look after another's belongings as he looks after his own etc.

Reminder
Pack on Impurity of Clothes

פרק י״ג

א. כֹּהֵן שֶׁטִּהֵר כֵּלָיו לְגַת זוֹ וְהִנִּיחָן לַגַּת הַבָּאָה הֲרֵי אֵלּוּ בְּחֶזְקָתָן. שֶׁאֵין עַמֵּי הָאָרֶץ נוֹגְעִין בְּכֵלִים שֶׁל כֹּהֵן זֶה שֶׁהֵן בְּתוֹךְ גִּתּוֹ מִפְּנֵי שֶׁהוּא אוֹכֵל טָהֳרוֹת. אֲבָל שֶׁל יִשְׂרָאֵל טְמֵאוֹת עַד שֶׁיֹּאמַר בְּלִבִּי הָיָה לִשְׁמֹר עַם הָאָרֶץ שֶׁיִּכָּנֵס לַגַּת שֶׁלֹּא יִגַּע בְּכֵלִים:

ב. הָרוֹצֶה לַעֲשׂוֹת יֵינוֹ בְּטָהֳרָה בְּאֻמָּנִין עַמֵּי הָאָרֶץ הֲרֵי זֶה מַטְבִּיל אֶת הַבּוֹצְרִים. וְכֵן אִם הָיָה עוֹשֶׂה שֶׁמֶן מַטְבִּיל אֶת הַבַּדָּדִין. וְצָרִיךְ לַעֲמֹד עַל הָאֻמָּנִים עַד שֶׁיִּטְבְּלוּ בְּפָנָיו שֶׁהֲרֵי אֵינָן יוֹדְעִים הִלְכוֹת טְבִילָה וַחֲצִיצָה. יָצְאוּ חוּץ לְפֶתַח בֵּית הַבַּד וְנִפְנוּ אֲחוֹרֵי הַגָּדֵר וְחָזְרוּ הֲרֵי אֵלּוּ בְּטָהֳרָתָן. עַד כַּמָּה יַרְחִיקוּ וְהֵם טְהוֹרִין עַד כְּדֵי שֶׁלֹּא יִסָּתְרוּ מֵעֵינָיו. אֲבָל אִם נִסְתְּרוּ מֵעֵינָיו חָזְרוּ לְטֻמְאָתָם עַד שֶׁיַּטְבִּילֵם פַּעַם אַחֶרֶת וְיַעֲרִיב שִׁמְשָׁן:

ג. הַבַּדָּדִין וְהַבּוֹצְרִים שֶׁנִּמְצֵאת טֻמְאָה לִפְנֵיהֶן נֶאֱמָנִין לוֹמַר לֹא נָגַעְנוּ. וְכֵן בְּתִינוֹקוֹת שֶׁלָּהֶם:

ד. הַמְטַהֵר אֶת הַבַּדָּדִין וְהִכְנִיסָן לְבֵית הַבַּד וְנָעַל עֲלֵיהֶן. אִם הָיוּ שָׁם כֵּלִים שֶׁנִּטְמְאוּ בְּמִדְרָס הֲרֵי בֵּית הַבַּד כֻּלּוֹ טָמֵא שֶׁמָּא נָגְעוּ בְּאוֹתָן הַכֵּלִים. וַאֲפִלּוּ רָאָה אוֹתָם מִקֹּדֶם נִזְהָרִין מֵאוֹתָם הַכֵּלִים מִפְּנֵי טֻמְאָתָן הֲרֵי בֵּית הַבַּד טָמֵא שֶׁמָּא הֵסִיטוּ וְהֵן מְדַמִּין שֶׁאֵין הַמֵּסִיט טָמֵא שֶׁאֵין עַמֵּי הָאָרֶץ בְּקִיאִין בְּטֻמְאַת הֶסֵּט:

ה. הָיוּ חַמָּרָיו וּפוֹעֲלָיו טוֹעֲנִין טָהֳרוֹת וְעוֹבְרִין לְפָנָיו אַף עַל פִּי שֶׁהִפְלִיגוּ יוֹתֵר מִמִּיל הֲרֵי אֵלּוּ טְהוֹרוֹת מִפְּנֵי שֶׁהֵן בְּחֶזְקַת שֶׁהוּא שׁוֹמְרָן וְהֵן מְפַחֲדִין לִגַּע וְאוֹמְרִים עַכְשָׁו יָבוֹא שֶׁהֲרֵי הוּא יָבוֹא אַחֲרֵינוּ. אֲבָל אִם אָמַר לָהֶם צְאוּ וַאֲנִי אָבוֹא אַחֲרֵיכֶם כֵּיוָן שֶׁנִּתְכַּסּוּ מֵעֵינָיו הֲרֵי הֵן טְמֵאוֹת:

ו. חָבֵר שֶׁהָיָה לָבוּשׁ בְּחָלוּק וְעָטוּף בְּטַלִּית וּמְהַלֵּךְ וְאָמַר בְּלִבִּי הָיָה לִשְׁמֹר אֶת הֶחָלוּק וְהָיִיתִי נִזְהָר בּוֹ וְהִסַּחְתִּי דַּעְתִּי מִן הַטַּלִּית. הֲרֵי הֶחָלוּק בְּטָהֳרָתוֹ וְהַטַּלִּית טְמֵאָה שֶׁמָּא נָגַע בָּהּ עַם הָאָרֶץ. הָיָה סַל עַל כְּתֵפוֹ וּמַגְרֵפָה בְּתוֹךְ הַסַּל וְאָמַר בְּלִבִּי הָיָה לִשְׁמֹר אֶת הַסַּל וְלִשְׁמֹר אֶת הַמַּגְרֵפָה מִדָּבָר הַמְטַמְּאָהּ אֲבָל לֹא מִדָּבָר הַפּוֹסְלָהּ הַסַּל טָהוֹר וְהַמַּגְרֵפָה טְמֵאָה. וְכָל תְּרוּמָה שֶׁבַּסַּל פְּסוּלָה מִפְּנֵי הַמַּגְרֵפָה טְמֵאָה שֶׁפּוֹסֶלֶת הָאֳכָלִין שֶׁבַּסַּל. הָיָה מִשְׁתַּמֵּשׁ מִן הֶחָבִית בְּטָהֳרָה בְּחֶזְקַת שֶׁהִיא חֻלִּין וְאַחַר כָּךְ נִמְצֵאת תְּרוּמָה אַף עַל פִּי שֶׁהִיא טְהוֹרָה הֲרֵי הִיא אֲסוּרָה בַּאֲכִילָה שֶׁמָּא נָגַע בָּהּ טְבוּל יוֹם שֶׁהוּא פּוֹסֵל בִּתְרוּמָה וְטָהוֹר בְּחֻלִּין כְּמוֹ שֶׁיִּתְבָּאֵר. וְאֵינוֹ דּוֹמֶה מְשַׁמֵּר תְּרוּמָה לִמְשַׁמֵּר חֻלִּין. וְאִם אָמַר בְּלִבִּי הָיָה לְשָׁמְרוֹ אֲפִלּוּ מִדָּבָר הַפּוֹסְלָהּ הֲרֵי זוֹ מֻתֶּרֶת בַּאֲכִילָה. נִתְחַלְּפוּ לוֹ כֵּלִים שֶׁל שַׁבָּת בְּכֵלִים שֶׁל חֹל וּלְבָשָׁן נִטְמְאוּ. שֶׁאֵינוֹ מְשַׁמֵּר כֵּלִים שֶׁל חֹל כְּכֵלִים שֶׁל שַׁבָּת. מַעֲשֶׂה בִּשְׁתֵּי נָשִׁים חֲבֵרוֹת שֶׁנִּתְחַלְּפוּ לָהֶן כְּלֵיהֶן בְּבֵית הַמֶּרְחָץ וּבָא מַעֲשֶׂה לִפְנֵי חֲכָמִים וְטִמְּאוּ הַכֹּל. אֲפִלּוּ נָפְלָה מַעֲפַרְתָּהּ מִמֶּנָּה וְאָמְרָה לַחֲבֵרְתָּהּ תְּנָה לִי וּנְתָנָה לָהּ נִטְמֵאת גְּזֵרָה שֶׁמָּא יִתְנֶנָּה לָהּ עַם הָאָרֶץ אוֹ שֶׁלֹּא יִהְיֶה הֶחָבֵר מְשַׁמְּרָהּ שֶׁאֵין אָדָם מְשַׁמֵּר כֵּלִים שֶׁאֵינָן שֶׁלּוֹ כְּכֵלָיו אֶלָּא אִם כֵּן הוֹדִיעַ שֶׁסָּמַךְ עָלָיו:

ז. חָבֵר שֶׁמֵּת וְהִנִּיחַ טָהֳרוֹת הֲרֵי אֵלּוּ טְהוֹרוֹת. הִנִּיחַ כֵּלִים הֲרֵי הֵן טְמֵאִים שֶׁאֲנִי אוֹמֵר שֶׁמָּא נִטְמְאוּ וְהִזָּה עֲלֵיהֶם בַּשְּׁלִישִׁי וְלֹא הִזָּה עֲלֵיהֶן בַּשְּׁבִיעִי. אוֹ שֶׁמָּא הִזָּה עֲלֵיהֶם בַּשְּׁבִיעִי וַעֲדַיִן לֹא הִטְבִּיל. אוֹ שֶׁמָּא לֹא הִזָּה עֲלֵיהֶן בַּשְּׁבִיעִי כָּל עִקָּר:

ח. מִי שֶׁאָמַר לוֹ עֵד אֶחָד נִטְמְאוּ טָהֳרוֹתֶיךָ וְהַלָּה שׁוֹתֵק הֲרֵי זֶה נֶאֱמָן וַהֲרֵי הֵן טְמֵאוֹת. וְאִם הִכְחִישׁוֹ וְאָמַר לֹא נִטְמְאוּ הֲרֵי הֵן בְּחֶזְקָתָן עַד שֶׁיָּעִידוּ שְׁנַיִם. הָיָה עוֹשֶׂה עִמּוֹ

בְּטָהֳרוֹת אוֹ בִּזְבָחִים וּלְאַחַר זְמַן מְצָאוֹ וְאָמַר לוֹ בְּשָׁעָה שֶׁפָּגַע בּוֹ טָהֳרוֹת שֶׁעָשִׂיתִי עִמְּךָ נִטְמְאוּ וּזְבָחִים שֶׁעָשִׂיתִי עִמְּךָ נִתְפַּגְּלוּ הֲרֵי זֶה נֶאֱמָן. אֲבָל אִם פָּגַע בּוֹ וְלֹא אָמַר לוֹ כְּלוּם וְאַחַר כָּךְ פָּגַע בּוֹ פַּעַם שְׁנִיָּה וְאָמַר לוֹ אֵינוֹ נֶאֱמָן אֶלָּא הֲרֵי זְבָחָיו בְּחֶזְקַת כַּשְׁרוּת וְטָהֳרוֹתָיו בְּחֶזְקַת טָהֳרָה:

בְּרִיךְ רַחֲמָנָא דְּסַיְּעָן:

הלכות שאר אבות הטומאה
Hilchot Shear Avot Hatumah
THE LAWS OF THE OTHER CATEGORIES OF SOURCES OF RITUAL IMPURITY

These consist of three positive commandments.
They are:

1. The laws of the impurity imparted by an animal carcass
2. The laws of the impurity imparted by a dead *sheretz*
3. The laws of the impurity imparted by (human) semen.

📖 These *halachot* also deal with the ritual impurity imparted by false gods and their accessories. This ritual impurity is equivalent to that imparted by dead *sheratzim* and is a Rabbinic injunction.

יש בכללן ג׳ מצות עשה.
וזהו פרטן:
א. דין טומאת נבלה
ב. דין טומאת שרץ
ג. דין טומאת שכבת זרע.
📖 ועבודת כוכבים ומזלות מטמאה כשרץ. וטומאתם מדברי סופרים:

Perek 1

Nevelah (carcass of an animal).

OVERVIEW OF *TUMAH* (IMPURITY)

(This is a personal summary and not from the text of the *Rambam*.)

A source of impurity is called *av hatumah* (father of impurity).

It will transmit impurity to
- Other people
- Vessels
- Clothes (are considered as vessels)

> 🔖 **Reminder**
> Table Impurity Transmitted to clothes *Sefer Taharah, Hilchot Parah Adumah*, Chapter 5
> Pack on Impurity of Clothes

The person who touches an *av hatumah* now becomes a *vlad hatumah* (child of *tumah*) which again will reduce in level i.e. *rishon* (first), *sheni* (second) etc. i.e. A *rishon letumah* cannot transmit impurity to other people or vessels but they could transmit impurity to foods.

However, the highest level of impurity is a human corpse and this is called *avi avot hatumah* (father of the father). This impurity makes the person and vessels in touch with it, an *av* (whereas *avot hatumah* only make them a *rishon*).

The following are *avot hatumah*:
- *Avi avot hatumah*   Human corpse

- *Mei Nidah* — Waters of *Parah Adumah*
- *Tumat Tzaraat* — 'Leper'
  - Person
  - Garments
  - House
- *Zav* — Includes male *zav*, female *zavah*, *nidah* (menstruant), *yoledet* (woman who has given birth)
  - Person
  - Their fluids
  - Chair and bed on which lain (mishkav moshav)
  - Saddle on which sat (merkav)
  - Madaf other articles above and below zav
- *Nevelah* — Animal carcass
- *Dead sheretz* — Crawling animals e.g. mice
- *Shichvat zera* — Semen
- *Avot Derabanan*

Besides there being various levels of impurity, there are also various levels of food.

- Ordinary food
- *Maaser sheni*
- *Trumah*
- *Kadashim* (sacrificial food)

And various levels of person purity:

- Impure
- *Tevul Yom* – Immersed in *mikveh* but not yet sunset (i.e. person must wait until sunset).
- *Mechusar kaparah* – Immersed in *mikveh*, sunset has arrived but not yet brought offering.
- Pure – After offering sacrifice.

Examples of how some levels of impurity transmit

	Av Tumah	Rishon (Primary derivative)	Sheni (Secondary derivative)	Tevul Yom (Immersed in mikveh but not yet sunset)	Mechusar Kaparah (Immersed in mikveh, sunset has arrived, but not yet brought offering)
Transmit impurity to people and objects	✓				
Transmits impurity to ordinary food including *Maaser sheni*	✓	✓			✗

Transmits impurity to *trumah*	✓	✓	✓	✓	
Transmits impurity to *kadashim*	✓	✓	✓	✓	✓

There is a great General Principle – any entity that is susceptible to impurity from midras i.e. a zav etc, would also be susceptible to other types of impurity.

(This would not necessarily work the other way around and only applies to items which a *zav* uses as a support e.g. a mat.)

> **Reminder**
> Pack on Impurity – Essential Overviews

THE LAWS OF *TUMAT NEVELAH* (IMPURITY IMPARTED BY A DEAD ANIMAL)

Nevelah applies to the bodies of all dead animals except kosher animals which have had a proper *shechitah*.

Nevelah is an *av* impurity, and imparts impurity with **1 *kezayit*** of flesh.

> **Reminder**
> Pack on Impurity of *Nevelah*

NEVELAH
Applies to all dead animals except kosher animal which have had proper *shechitah*.
Direct Transmission of impurity from *Av Hatumah* (Father or Primary Source)

	Direct from Text of *Rambam*	Understood
TOUCH		
Imparts impurity to people	✓	
Imparts impurity to vessels	✓	
Imparts impurity to clothes one is wearing		
Imparts impurity to earthenware vessels	✓	
Imparts impurity to foods		
Imparts impurity to liquids		
CARRIAGE		
Imparts impurity to people	✓	

Imparts impurity to vessels		
Imparts impurity to earthenware vessels		✗
Imparts impurity to one's clothes	✓	At time of carrying
Imparts impurity to foods		
Imparts impurity to liquids		
MOVEMENT (CAN BE MOVEMENT WITHOUT CARRIAGE)		
Imparts impurity same as carriage		
MISHKAV AND MOSHAV		
Couch (or chair) on which lies (or sits) becomes impure		
Saddle on which rides becomes impure		
Madaf impurity		
SPACE CONTAINING AN IMPURITY		
OHEL (UNIQUE TO A HUMAN CORPSE)		
Imparts impurity to people		
Imparts impurity to vessels		
Imparts impurity to earthenware vessels		
Imparts impurity to foods		
Imparts impurity to drinks (liquids)		
Containing structure becomes impure		
SEALED VESSELS (SIMILAR LAWS TO OHEL)		
Imparts impurity to people		
Imparts impurity to vessels		
Imparts impurity to foods		
Imparts impurity to liquids		
Vessel becomes impure		
METZORA OR TZARAAT MATERIAL ENTERING BUILDING		
Imparts impurity to people		
Imparts impurity to vessels		

Imparts impurity to foods		
Imparts impurity to liquids		
Building becomes impure		
SPACE OF EARTHENWARE VESSELS		
Imparts impurity to people		
Imparts impurity to vessels		
Imparts impurity to foods		
Imparts impurity to liquids		
Vessel becomes impure		

PERSON WHO TOUCHED *NEVELAH* (*RISHON LETUMAH*)
Direct Transmission of impurity

	Direct from Text of *Rambam*	Understood
TOUCH		
Imparts impurity to people	✗	
Imparts impurity to vessels	✗	
Imparts impurity to clothes one is wearing		✗
Imparts impurity to earthenware vessels	✗	
Imparts impurity to foods		
Imparts impurity to liquids		
CARRIAGE		
Imparts impurity to people	✗	
Imparts impurity to vessels	✗	
Imparts impurity to earthenware vessels	✗	✗
Imparts impurity to one's clothes	✓	At time of carrying
Imparts impurity to foods		
Imparts impurity to liquids		
MOVEMENT (CAN BE MOVEMENT WITHOUT CARRIAGE)		
Imparts impurity same as carriage		

MISHKAV AND *MOSHAV*		
Couch (or chair) on which lies (or sits) becomes impure		
Saddle on which rides becomes impure		
Madaf impurity		
SPACE CONTAINING AN IMPURITY		
OHEL (UNIQUE TO A HUMAN CORPSE)		
Imparts impurity to people		
Imparts impurity to vessels		
Imparts impurity to earthenware vessels		
Imparts impurity to foods		
Imparts impurity to drinks (liquids)		
Containing structure becomes impure		
SEALED VESSELS (SIMILAR LAWS TO *OHEL*)		
Imparts impurity to people		
Imparts impurity to vessels		
Imparts impurity to foods		
Imparts impurity to liquids		
Vessel becomes impure		
METZORA OR *TZARAAT* MATERIAL ENTERING BUILDING		
Imparts impurity to people		
Imparts impurity to vessels		
Imparts impurity to foods		
Imparts impurity to liquids		
Building becomes impure		
SPACE OF EARTHENWARE VESSELS		
Imparts impurity to people		
Imparts impurity to vessels		
Imparts impurity to foods		
Imparts impurity to liquids		

| Vessel becomes impure | | |

FACTORS
- Applies to all dead animals (except those who have had ritual slaughter – *shechitah*. However, *shechitah* does not purify non-kosher animals.)
- Parts of animal which are impure are as follows.

IMPURE PARTS OF *NEVELAH*

	Imparts impurity	Does not impart Impurity
Flesh	✓	
Marrow of bone	✓	
Blood		✓ *Min HaTorah* it does not impart to vessels but does impart to food and drink. *Derabanan* it imparts impurity to vessels as well
Fat of kosher animal that died		✓
Fat around kidney if separated (otherwise considered part of flesh)		✓
Fat of non-kosher domesticated, and a wild animal	**Reminder** Difference Between kosher *Behemah* (Domesticated) and Chayah (Non-domesticated) Animal. Ref: *Sefer Kedushah, Hilchot Maachalot Assurot*, Chapter 1	
Bones if separated (otherwise considered part of flesh)		✓
Horns if separated		✓
Hooves if separated		✓
Small pieces of meat stuck to the hide after it was separated		✓
Sinews if separated		✓
Decomposed meat (that even a dog would not eat)		✓
Placenta (considered as waste matter)		✓

178 SEFER TAHARAH

HIDES AND SKINNING.

Some part of an animal covered in skin are considered as their meat, and would therefore impart impurity e.g. soft skin of camel hump.

When one skins an animal, there will be a period when one is touching the animal (and therefore be impure) and thereafter only the hide (where there may not be associated impurity).

There are **3** ways of skinning a hide

- To use as mat. (slit from neck to tail)
- To use as flask or sack (cut from leg to leg)
- To use as flask. (One hole made around feet and then entire flesh removed through that hole.)

Each one of these techniques had different measures as to when the hide was defined as still part of animal, and when it was separate (and no longer imparting impurity).

פרק א׳

א. הַנְּבֵלָה אָב מֵאֲבוֹת הַטֻּמְאוֹת. כְּזַיִת מִבְּשָׂרָהּ מְטַמֵּא אָדָם וְכֵלִים בְּמַגָּע וּכְלִי חֶרֶס בַּאֲוִיר. וּמְטַמֵּא אֶת הָאָדָם בְּמַשָּׂא לְטַמֵּא בְּגָדִים כִּמְרְכַּב הַזָּב. כֵּיצַד. אָדָם שֶׁנָּגַע בִּנְבֵלָה נִטְמָא וַהֲרֵי הוּא רִאשׁוֹן לְטֻמְאָה. וְאִם נָגַע בְּכֵלִים אֲפִלּוּ בִּשְׁעַת מַגָּעוֹ בִּנְבֵלָה הֲרֵי הֵן טְהוֹרִין. וְכֵן כֵּלִים שֶׁעָלָיו טְהוֹרִין לְפִי [שֶׁהוּא] וָלָד וְאֵין וָלָד מְטַמֵּא כֵּלִים. אֲבָל הַנּוֹשֵׂא אֶת הַנְּבֵלָה מְטַמֵּא כֵּלִים בִּשְׁעַת נְשִׂיאָתוֹ שֶׁנֶּאֱמַר (ויקרא יא כח) ״וְהַנֹּשֵׂא אֶת נִבְלָתָם יְכַבֵּס בְּגָדָיו״. וְאוֹתָן הַבְּגָדִים רִאשׁוֹן לְטֻמְאָה. וְאֵינוֹ מְטַמֵּא לֹא אָדָם וְלֹא כְּלִי חֶרֶס וַאֲפִלּוּ בִּשְׁעַת נְשִׂיאָתוֹ כְּמוֹ שֶׁבֵּאַרְנוּ בִּמְטַמְּאֵי מִשְׁכָּב וּמוֹשָׁב:

ב. אֶחָד בְּהֵמָה וְחַיָּה בֵּין הַמֻּתָּרִין בַּאֲכִילָה בֵּין הָאֲסוּרִין אִם מֵתוּ כֻּלָּן בְּשָׂרָן מְטַמֵּא בִּכְזַיִת. וּשְׁחִיטַת בְּהֵמָה טְהוֹרָה וְחַיָּה טְהוֹרָה מְטַהַרְתּוֹ בְּכָל מָקוֹם. וַאֲפִלּוּ שָׁחַט חֻלִּין בַּעֲזָרָה וְקָדָשִׁים בַּחוּץ הֲרֵי אֵלּוּ טְהוֹרִין. וְאִם אֵרַע פְּסוּל בִּשְׁחִיטָה הֲרֵי זוֹ נְבֵלָה וּמְטַמְּאָה בְּמַשָּׂא כְּמוֹ שֶׁבֵּאַרְנוּ בְּהִלְכוֹת שְׁחִיטָה:

ג. בְּהֵמָה טְמֵאָה וְחַיָּה טְמֵאָה אֵין הַשְּׁחִיטָה מוֹעֶלֶת בָּהּ וְאֶחָד הַשּׁוֹחֲטָהּ אוֹ הַנּוֹחֲרָהּ אוֹ הַחוֹנְקָהּ אוֹ שֶׁמֵּתָה כְּדַרְכָּהּ הֲרֵי זוֹ נְבֵלָה. וְכָל הַנְּבֵלוֹת מִצְטָרְפוֹת לְעִנְיַן טֻמְאָה לִכְזַיִת אֶחָד טְמֵאוֹת וְאֶחָד טְהוֹרוֹת:

ד. מֹחַ הֲרֵי הוּא כְּבָשָׂר. וְדַם הַנְּבֵלָה אֵינוֹ מְטַמֵּא כִּנְבֵלָה אֶלָּא הֲרֵי הוּא כְּמַשְׁקִין טְמֵאִים שֶׁאֵינוֹ מְטַמֵּא לֹא אָדָם וְלֹא כֵּלִים מִן הַתּוֹרָה:

ה. חֵלֶב בְּהֵמָה טְהוֹרָה שֶׁמֵּתָה טָהוֹר. שֶׁנֶּאֱמַר (ויקרא ז כד) ״וְחֵלֶב נְבֵלָה וְחֵלֶב טְרֵפָה יֵעָשֶׂה לְכָל מְלָאכָה וְאָכֹל לֹא תֹאכְלֻהוּ״ מִי שֶׁאִסּוּרוֹ מִשּׁוּם נְבֵלָה וּטְרֵפָה. וְאִם הֻכְשַׁר בְּמַשְׁקִין הַמַּכְשִׁירִין הֲרֵי הוּא כָּאֳכָלִין טְמֵאִין וְאֵינוֹ כִּבְשַׂר נְבֵלָה. וְהַנּוֹגֵעַ בְּחֵלֶב הַחוֹפֶה אֶת הַכִּלְיָא קֹדֶם הַפְּרָשָׁה הֲרֵי זֶה טָמֵא כְּנוֹגֵעַ בַּכִּלְיָא עַצְמָהּ שֶׁהֲרֵי כַּמָּה חוּטִין נִמְשָׁכִין מִמֶּנָּה בַּחֵלֶב. אֲבָל בְּהֵמָה טְמֵאָה וְהַחַיָּה בֵּין טְהוֹרָה בֵּין טְמֵאָה אֶחָד בְּשָׂרָהּ וְאֶחָד חֶלְבָּהּ לְטֻמְאָה. וּמְטַמֵּא אָדָם וְכֵלִים בִּכְזַיִת כִּבְשַׂר הַנְּבֵלָה:

ו. הַכְּוִי חֶלְבּוֹ מְטַמֵּא כִּבְשָׂרוֹ וְטֻמְאָתוֹ בְּסָפֵק. לְפִיכָךְ אֵין שׂוֹרְפִין עָלָיו תְּרוּמָה וְקָדָשִׁים וְאֵין חַיָּבִין כָּרֵת עַל טֻמְאָתוֹ וְעַל בִּיאַת הַמִּקְדָּשׁ אוֹ עַל אֲכִילַת קָדָשָׁיו:

ז. וְאֵלּוּ דְּבָרִים שֶׁאֵין מְטַמְּאִין מִן הַנְּבֵלוֹת. הָעֲצָמוֹת וְהַקַּרְנַיִם וְהַטְּלָפַיִם אֲפִלּוּ עִקָּרָן הָרַךְ שֶׁאִם יַחְתֹּךְ מִן הַחַי יוֹצֵא דָּם. וְהָעוֹר אַף עַל פִּי שֶׁאֵינוֹ מְעֻבָּד. וְהָאָלָל וְהַגִּידִים וְהַמָּרָק וְהַתַּבְלִין שֶׁמִּתְבַּשְּׁלִין עִמָּהּ. בַּמֶּה דְּבָרִים אֲמוּרִים בִּזְמַן שֶׁפֵּרְשׁוּ מִן הַנְּבֵלָה. אֲבָל הַנּוֹגֵעַ בְּאֶחָד מִכָּל אֵלּוּ כְּשֶׁהֵן מְחֻבָּרִין בַּבָּשָׂר הֲרֵי זֶה טָמֵא. וְהוּא שֶׁיִּהְיֶה בַּבָּשָׂר כְּזַיִת. שֶׁאֵין אֶחָד מִכָּל אֵלּוּ מִצְטָרֵף לִכְזַיִת:

ח. הָאָלָל בֵּין שֶׁפְּלָטַתּוּ חַיָּה בֵּין שֶׁפְּלָטַתּוּ סַכִּין אֵינוֹ מִצְטָרֵף לִכְזַיִת. וְאִם כְּנָסוֹ וְהָיָה בּוֹ כְּזַיִת מְטַמֵּא:

ט. וְאֵלּוּ בְּהֵמוֹת שֶׁעוֹרוֹתֵיהֶם כִּבְשָׂרָם. עוֹר חֲזִיר שֶׁל יִשּׁוּב וְעוֹר חֲטוֹטֶרֶת הַגָּמָל הָרַכָּה וְעוֹר בֵּית הַבֹּשֶׁת וְעוֹר הַשְּׁלִיל וְעוֹר שֶׁתַּחַת הָאַלְיָה. הֲרֵי אֵלּוּ מְטַמְּאִין מִן הַנְּבֵלָה. וְאִם עִבְּדָן אוֹ הִלֵּךְ בָּהֶן כְּדֵי עֲבוֹדָה הֲרֵי אֵלּוּ טְהוֹרִים. וְאִם עָשָׂה בָּהֶן מַעֲשֶׂה שֶׁבִּטְּלָן טְהוֹרִין אַף עַל פִּי שֶׁלֹּא הִלֵּךְ בָּהֶן

כְּדֵי עֲבוֹדָה. כֵּיצַד. אֹזֶן חֲמוֹר שֶׁטְּלָאָהּ לִכְפִיפָתוֹ טְהוֹרָה. כַּמָּה הוּא כְּדֵי עֲבוֹדָה אַרְבָּעָה מִילִין. וְאִי זוֹ הִיא חֲטוֹטֶרֶת רַכָּה כָּל זְמַן שֶׁלֹּא טָעֲנָה. הִגִּיעַ זְמַנָּהּ לִטְעֹן וְלֹא טָעֲנָה אוֹ שֶׁטָּעֲנָה קֹדֶם שֶׁיַּגִּיעַ זְמַנָּהּ הֲרֵי זֶה סָפֵק:

י. הַמַּפְשִׁיט נִבְלַת בְּהֵמָה אוֹ חַיָּה בֵּין טְמֵאָה בֵּין טְהוֹרָה בֵּין דַּקָּה בֵּין גַּסָּה. אִם לִשְׁטִיחָה הִפְשִׁיט כֵּיוָן שֶׁהִפְשִׁיט מִן הָעוֹר כְּדֵי אֲחִיזָה וְהוּא שְׁנֵי טְפָחִים הַנּוֹגֵעַ בְּעוֹר זֶה שֶׁהֻפְשַׁט טָהוֹר. וְעַד שֶׁלֹּא הִפְשִׁיט שְׁנֵי טְפָחִים הַנּוֹגֵעַ בָּעוֹר כְּנוֹגֵעַ בַּבָּשָׂר. הִפְשִׁיטָהּ כְּדֵי לַעֲשׂוֹת מִן הָעוֹר חֵמֶת הֲרֵי הָעוֹר חִבּוּר עַד שֶׁיַּפְשִׁיט אֶת כָּל הֶחָזֶה. וְאִם הִפְשִׁיטָהּ מֵרַגְלֶיהָ בִּלְבַד הֲרֵי הָעוֹר כֻּלּוֹ חִבּוּר וְהַנּוֹגֵעַ בָּעוֹר כְּנוֹגֵעַ בַּבָּשָׂר עַד שֶׁיַּפְרִישׁ הָעוֹר כֻּלּוֹ מֵעַל הַבָּשָׂר. וְכֵן הַמַּפְשִׁיט בִּשְׁרָצִים חִבּוּר עַד שֶׁיַּפְשִׁיט כֻּלּוֹ. עוֹר שֶׁעַל הַצַּוָּאר חִבּוּר עַד שֶׁיַּפְשִׁיט כֻּלּוֹ. וְכָל עוֹר שֶׁהוּא חִבּוּר לְטַמֵּא כָּךְ הוּא חִבּוּר לְהִתְטַמֵּא. שֶׁאִם הָיְתָה שְׁחוּטָה וְנָגְעָה טֻמְאָה בְּעוֹר זֶה שֶׁהוּא חִבּוּר נִטְמָא הַבָּשָׂר:

יא. עוֹר שֶׁיֵּשׁ עָלָיו כְּזַיִת נְבֵלָה הַנּוֹגֵעַ בַּצִּיב הַיּוֹצֵא מִמֶּנּוּ וּבִשְׂעָרוֹ שֶׁכְּנֶגְדּוֹ מֵאֲחוֹרֵי הָעוֹר נִטְמָא מִפְּנֵי שֶׁהָעוֹר בִּשְׂעָרוֹ שׁוֹמֵר לַבָּשָׂר. בַּמֶּה דְּבָרִים אֲמוּרִים שֶׁפְּלַטְתּוֹ חַיָּה. אֲבָל פְּלַטַתּוּ סַכִּין אִם הָיָה מְרֻדָּד בָּטֵל אַגַּב הָעוֹר:

יב. עוֹר שֶׁיֵּשׁ עָלָיו כִּשְׁנֵי חֲצָאֵי זֵיתִים בְּשַׂר נְבֵלָה הָעוֹר מְבַטְּלָן וְאֵינָן מְטַמְּאִין לֹא בְּמַגָּע וְלֹא בְּמַשָּׂא. שֶׁכָּל שֶׁאֵינוֹ מְטַמֵּא מִן הַנְּבֵלָה בְּמַגָּע אֵינוֹ מְטַמֵּא בְּמַשָּׂא. אֲבָל שְׁנֵי חֲצָאֵי זֵיתִים שֶׁתְּחָבָן בְּקֵיסָם הַנּוֹשְׂאָן טָמֵא שֶׁהֲרֵי נָשָׂא כְּזַיִת וְהַנּוֹגֵעַ טָהוֹר שֶׁאֵין חִבּוּרֵי אָדָם חִבּוּר וְהוּא שֶׁיִּהְיוּ שְׁנֵיהֶן מְרֻדָּדִין וּדְבוּקִין זֶה בָּזֶה עַד שֶׁיִּנָּטְלוּ כְּאֶחָד. אֲבָל אִם הָיָה חֲצִי זַיִת זֶה בִּפְנֵי עַצְמוֹ וְזֶה בִּפְנֵי עַצְמוֹ בְּקֵיסָם אֶחָד אֲפִלּוּ הוֹלִיךְ וְהֵבִיא כָּל הַיּוֹם כֻּלּוֹ טָהוֹר:

יג. בְּשַׂר נְבֵלָה שֶׁנִּפְסַד וְהִבְאִישׁ וְנִפְסַל מִלֶּאֱכֹל הַכֶּלֶב טָהוֹר. לְפִיכָךְ נֶצֶל הַנְּבֵלָה סָפֵק אִם מְטַמֵּא בִּכְזַיִת אִם לֹא. בְּשַׂר נְבֵלָה שֶׁיָּבַשׁ אִם יָכוֹל לִשְׁרוֹת בְּפוֹשְׁרִין מֵעֵת לְעֵת וְלַחֲזֹר לַח וְרָאוּי לַכֶּלֶב מְטַמֵּא וְאִם לָאו טָהוֹר וַאֲפִלּוּ בָּאֳכָלִין טְמֵאִין אֵינוֹ מְטַמֵּא:

יד. בְּשַׂר נְבֵלָה שֶׁהָיָה סָרוּחַ מֵעִקָּרוֹ וְאֵינוֹ רָאוּי לְמַאֲכַל אָדָם הֲרֵי זֶה טָהוֹר שֶׁנֶּאֱמַר (דברים יד כא) "לַגֵּר אֲשֶׁר בִּשְׁעָרֶיךָ תִּתְּנֶנָּה וַאֲכָלָהּ" עַד שֶׁתִּהְיֶה תְּחִלָּתָהּ רְאוּיָה לְגֵר:

טו. שִׁלְיָא שֶׁל נְבֵלָה הֲרֵי הִיא כְּפֶרֶשׁ וּכְרֶעִי וְאֵינָהּ מְטַמְּאָה כִּנְבֵלָה. וְאִם חָשַׁב עָלֶיהָ לַאֲכִילָה מִתְטַמֵּא טֻמְאַת אֳכָלִין. הַקֵּבָה וְהַחֵלֶב שֶׁל נְבֵלָה טְהוֹרִין מִכְּלוּם:

טז. בְּהֵמָה שֶׁשָּׁפְעָה חֲרָרַת דָּם אַף עַל פִּי שֶׁנִּפְטְרָה מִן הַבְּכוֹרָה אֵינָהּ מְטַמְּאָה לֹא בְּמַגָּע וְלֹא בְּמַשָּׂא עַד שֶׁיִּהְיֶה בָּהּ צוּרַת נֵפֶל לְפִי שֶׁהִיא בְּטֵלָה בָּרֹב הַיּוֹצֵא עִמָּהּ. לְפִיכָךְ הִיא טְהוֹרָה אַף עַל פִּי שֶׁהָיְתָה רְאוּיָה לַגֵּר אַגַּב אִמָּהּ:

יז. נְבֵלָה שֶׁנִּתְעָרְבָה בִּשְׁחוּטָה אִם רֹב מִן הַשְּׁחוּטָה בְּטֵלָה הַנְּבֵלָה בַּשְּׁחוּטָה וְאֵין הַכֹּל מְטַמֵּא בְּמַגָּע. אֲבָל אִם נָשָׂא הַכֹּל נִטְמָא שֶׁאִי אֶפְשָׁר לִשְׁחוּטָה שֶׁתַּחְזֹר נְבֵלָה אֲבָל הַנְּבֵלָה אֶפְשָׁר שֶׁתִּטְהַר כְּשֶׁתִּסְרַח לְפִיכָךְ תִּבָּטֵל:

Perek 2

Nevelah

Shechitah (slaughter) and cases where foetus is found.

The carcass of a kosher animal slaughtered ritually, is pure.

When a *trefah* animal was slaughtered and therefore forbidden to be eaten, even though meat is pure, if it touches sacrificial foods, they become impure. This is a stringency *Derabanan*.

When a Gentile slaughters an animal, even if he follows all the laws of *shechitah,* animal is *nevelah* and imparts impurity.

If a non-kosher animal or wild animal was slaughtered, and it was still in its death throes, it is not yet a *nevelah.*

When a foetus dies within the womb, and shepherd inserts his hand and touches it, it is still pure until it emerges. (It is considered as a limb of the mother.)

While foetus is in mother it is considered as part of the mother. Therefore, if one ritually slaughtered an animal and then found a dead foetus, the foetus is pure as with its mother.

Meat separated from a live animal is not considered *nevelah.* If however, an entire limb is separated it does impart impurity of a *nevelah.* (Definition of limb is that it must be intact with flesh, bones and sinews.)

פרק ב׳

א. בְּהֵמָה אוֹ חַיָּה טְמֵאָה שֶׁנִּשְׁחֲטָה אֵינָהּ מְטַמְּאָה מִשּׁוּם נְבֵלָה כָּל זְמַן שֶׁהִיא מְפַרְכֶּסֶת עַד שֶׁיַּתִּיז אֶת רֹאשָׁהּ וַהֲרֵי הִיא כָּאֳכָלִין טְמֵאִין. נְחָרָהּ וַהֲרֵי הִיא מְפַרְכֶּסֶת אֵין בָּהּ אֲפִלּוּ טֻמְאַת אֳכָלִין כָּל זְמַן שֶׁהִיא מְפַרְכֶּסֶת. וְאֵיבָר הַפּוֹרֵשׁ מִן הַמְפַרְכֶּסֶת אָסוּר לִבְנֵי נֹחַ כְּפוֹרֵשׁ מִן הַחַי וּבָשָׂר הַפּוֹרֵשׁ מִמֶּנָּה כְּפוֹרֵשׁ מִן הַחַי. וְכֵן טְהוֹרָה שֶׁנִּפְסְלָה בִּשְׁחִיטָתָהּ וַעֲדַיִן הִיא מְפַרְכֶּסֶת אוֹ שָׁחַט בָּהּ אֶחָד אוֹ רֹב אֶחָד אֵין לָהּ טֻמְאָה כְּלָל עַד שֶׁתָּמוּת. חִלֵּק בְּהֵמָה לִשְׁנַיִם אוֹ שֶׁנִּטְּלָה יְרֵכָהּ וְחָלָל שֶׁלָּהּ הֲרֵי זוֹ נְבֵלָה וּמְטַמְּאָה בְּמַשָּׂא וּבְמַגָּע אַף עַל פִּי שֶׁהִיא עֲדַיִן בַּחַיִּים. וְכֵן אִם קְרָעָהּ מִגַּבָּהּ אוֹ שֶׁנִּשְׁבְּרָה מִפְרַקְתָּהּ וְרֹב בָּשָׂר עִמָּהּ הֲרֵי זוֹ כִּנְבֵלָה לְכָל דָּבָר:

ב. בְּהֵמָה שֶׁמֵּת עֻבָּרָהּ בְּתוֹךְ מֵעֶיהָ וְהוֹשִׁיט הָרוֹעֶה אֶת יָדוֹ וְנָגַע בּוֹ בֵּין בִּבְהֵמָה טְמֵאָה בֵּין בִּטְהוֹרָה הֲרֵי זֶה הַנּוֹגֵעַ טָהוֹר עַד שֶׁיֵּצֵא הַנֵּפֶל לַאֲוִיר הָעוֹלָם:

ג. בָּשָׂר הַפּוֹרֵשׁ מִבְּהֵמָה וְחַיָּה כְּשֶׁהֵן חַיִּין בֵּין טְהוֹרִין בֵּין טְמֵאִין טָהוֹר וְאֵינוֹ מְטַמֵּא כִּנְבֵלָה. אֲבָל אֵיבָר מִן הַחַי הַפּוֹרֵשׁ מֵהֶן מְטַמֵּא כִּנְבֵלָה. אֶחָד אֵיבָר מִן הַחַי הַפּוֹרֵשׁ מִן הַבְּהֵמָה עַצְמָהּ אוֹ אֵיבָר הַפּוֹרֵשׁ מִן הַשָּׁלִיל שֶׁבְּבִטְנָהּ. וְהָאֵיבָרִים אֵין לָהֶן שִׁעוּר אֲפִלּוּ הָיָה כִּשְׂעוֹרָה אוֹ פָּחוֹת מְטַמֵּא וְהוּא שֶׁיִּהְיֶה הָאֵיבָר כִּבְרִיָּתוֹ בָּשָׂר וְגִידִין וַעֲצָמוֹת וְיִהְיֶה עָלָיו בָּשָׂר כְּדֵי לְהַעֲלוֹת אֲרוּכָה. הָיָה הַבָּשָׂר פָּחוֹת מִלְּהַעֲלוֹת אֲרוּכָה בְּחַי אוֹ חָסַר עַצְמוֹ טָהוֹר:

ד. הַכְּלָיָא וְהַלָּשׁוֹן וְהַשָּׂפָה וְכַיּוֹצֵא בָּהֶן אַף עַל פִּי שֶׁהֵן אֵיבָרִים וְאֵין עוֹשִׂין חֲלִיפִין הוֹאִיל וְאֵין בָּהֶם עֶצֶם הֲרֵי הֵן כְּבָשָׂר:

ה. הַבָּשָׂר אוֹ הָאֵיבָר הַמְדֻלְדָּלִין בִּבְהֵמָה אוֹ חַיָּה שֶׁאֵינָן יְכוֹלִין לִחְיוֹת וּלְהַדְבִּיק בִּשְׁאָר הַגּוּף אֵינָן מְטַמְּאִין כִּנְבֵלָה כָּל זְמַן שֶׁהַבְּהֵמָה בַּחַיִּים וַהֲרֵי הֵן כִּשְׁאָר אֳכָלִין אִם הֻכְשְׁרוּ מְקַבְּלִין טֻמְאָה בִּמְקוֹמָהּ. נִשְׁחֲטָה הַבְּהֵמָה הֻכְשְׁרוּ בִּשְׁחִיטָה וְאֵינָן מְטַמְּאִין כִּנְבֵלָה שֶׁאֵין הַשְּׁחִיטָה עוֹשָׂה אוֹתָן כְּמוֹ שֶׁפֵּרְשׁוּ מֵחַיִּים. אֲבָל אִם מֵתָה הַבְּהֵמָה הַבָּשָׂר שֶׁהָיָה מְדֻלְדָּל בָּהּ צָרִיךְ הֶכְשֵׁר. וְהָאֵיבָר מְטַמֵּא מִשּׁוּם אֵיבָר מִן הַחַי וְאֵינוֹ מְטַמֵּא מִשּׁוּם אֵיבָר מִן הַנְּבֵלָה. וּמַה בֵּין אֵיבָר מִן הַחַי לְאֵיבָר מִן הַנְּבֵלָה. שֶׁהַבָּשָׂר הַפּוֹרֵשׁ מֵאֵיבָר מִן הַחַי טָהוֹר. וְהַבָּשָׂר הַפּוֹרֵשׁ מֵאֵיבָר מִן הַנְּבֵלָה מְטַמֵּא בִּכְזַיִת בְּמַגָּע וּבְמַשָּׂא. וְזֶה וְזֶה שָׁוִין לְשִׁעוּר:

ו. טְרֵפָה שֶׁנִּשְׁחֲטָה שְׁחִיטָה כְּשֵׁרָה אַף עַל פִּי שֶׁהִיא אֲסוּרָה בַּאֲכִילָה הֲרֵי הִיא טְהוֹרָה. וְכֵן הַשּׁוֹחֵט אֶת הַבְּהֵמָה וּמָצָא בָּהּ עֵבָר מֵת שְׁחִיטַת אִמּוֹ מְטַהַרְתּוֹ מִידֵי נְבֵלָה. מָצָא בָּהּ בֶּן שְׁמוֹנָה חַי נִטְרַף. אַף עַל פִּי שֶׁנִּשְׁחַט אַחַר שֶׁנִּטְרַף אֵין שְׁחִיטָתוֹ מְטַהַרְתּוֹ מִיְּדֵי נְבֵלָה לְפִי שֶׁאֵין לְמִינוֹ שְׁחִיטָה. לְפִיכָךְ וְלַד בְּהֵמָה שֶׁלֹּא שָׁהָה שִׁבְעָה יָמִים גְּמוּרִין אִם שְׁחָטוֹ בְּתוֹךְ שִׁבְעָה אֵין שְׁחִיטָתוֹ מְטַהַרְתּוֹ מִידֵי נְבֵלָה מִפְּנֵי שֶׁהוּא כְּנֵפֶל:

ז. הַשּׁוֹחֵט אֶת הַבְּהֵמָה וּמָצָא בָּהּ בֶּן תִּשְׁעָה חַי קֹדֶם שֶׁיְּהַלֵּךְ עַל הַקַּרְקַע אַף עַל פִּי שֶׁאֵין צָרִיךְ שְׁחִיטָה כְּמוֹ שֶׁבֵּאַרְנוּ שֶׁהֲרֵי שְׁחִיטַת אִמּוֹ מְטַהַרְתּוֹ אִם נִטְמֵאת אִמּוֹ לֹא נִטְמָא הוּא. וְאִם נִתְנַבְּלָה אִמּוֹ הֲרֵי הוּא טָהוֹר שֶׁאֵין הַחַי מִתְטַמֵּא לֹא טֻמְאַת אֳכָלִין וְלֹא טֻמְאַת נְבֵלוֹת וְאַף עַל פִּי שֶׁהוּא כְּאֵיבָר מֵאֵיבָרֶיהָ. וְאִם מֵת קֹדֶם שֶׁיַּפְרִיס עַל גַּבֵּי קַרְקַע הֲרֵי הוּא טָהוֹר שֶׁשְּׁחִיטַת אִמּוֹ טִהֲרַתּוּ:

ח. טְרֵפָה שֶׁנִּשְׁחֲטָה אַף עַל פִּי שֶׁהִיא טְהוֹרָה מִן הַתּוֹרָה אִם נָגַע בָּהּ הֶקְדֵּשׁ נִטְמָא מִדִּבְרֵי סוֹפְרִים וְזוֹ מַעֲלָה יְתֵרָה שֶׁעָשׂוּ בְּקֹדֶשׁ:

ט. בְּהֵמָה הַמַּקְשָׁה לֵילֵד וְהוֹצִיא הָעֻבָּר אֶת יָדוֹ וַחֲתָכָהּ וְאַחַר כָּךְ שָׁחַט אֶת אִמּוֹ הָאֵיבָר שֶׁנֶּחְתַּךְ נְבֵלָה וּשְׁאָר בְּשַׂר הָעֵבָר טָהוֹר. שָׁחַט אֶת אִמּוֹ וְאַחַר כָּךְ חֲתָכָהּ הָאֵיבָר כִּטְרֵפָה שֶׁנִּשְׁחֲטָה וּשְׁאָר בְּשַׂר הָעֵבָר מַגַּע טְרֵפָה שְׁחוּטָה שֶׁהִיא מְטַמְּאָה אֶת הַקֹּדֶשׁ אֲבָל לֹא אֶת הַתְּרוּמָה. הוֹצִיא הָעֻבָּר אֶת יָדוֹ בֵּין שְׁחִיטַת סִימָן לִשְׁחִיטַת סִימָן וַחֲתָכוֹ מִצְטָרֵף שְׁחִיטַת סִימָן לְסִימָן לְטַהֵר הָאֵיבָר מִידֵי נְבֵלָה:

י. שְׁחִיטַת עַכּוּ״ם נְבֵלָה וּמְטַמְּאָה בְּמַשָּׂא וַאֲפִלּוּ יִשְׂרָאֵל עוֹמֵד עַל גַּבָּיו. וְאִם שָׁחַט בְּסַכִּין יָפָה שְׁחִיטָה כָּרָאוּי אֶחָד הָעַכּוּ״ם וְאֶחָד הַכּוּתִי אוֹ גֵּר תּוֹשָׁב שְׁחִיטָתָן נְבֵלָה. וְקָרוֹב בְּעֵינַי שֶׁאַף זֶה מִדִּבְרֵי סוֹפְרִים שֶׁהֲרֵי טֻמְאַת עֲבוֹדָה זָרָה וְטֻמְאַת תִּקְרֻבְתָּהּ מִדִּבְרֵיהֶם כְּמוֹ שֶׁיִּתְבָּאֵר. וּבִגְלַל עֲבוֹדָה זָרָה נִתְרַחֲקוּ הַכּוּתִים וְנֶאֶסְרָה שְׁחִיטָתָן. וְאִם תֹּאמַר וַהֲלֹא

הִיא אֲסוּרָה בַּאֲכִילָה דִּין תּוֹרָה. לֹא כָּל הָאָסוּר בַּאֲכִילָה מְטַמֵּא שֶׁהֲרֵי הַטְּרֵפָה אֲסוּרָה וּטְהוֹרָה. וְאִי אֶפְשָׁר לְחַיֵּב כָּרֵת עַל טֻמְאָה זוֹ עַל בִּיאַת מִקְדָּשׁ וַאֲכִילַת קֳדָשָׁיו אֶלָּא בִּרְאִיָּה בְּרוּרָה:

יא. קוּלְיַית הַנְּבֵלָה הַנּוֹגֵעַ בָּהּ אוֹ נוֹשְׂאָהּ טָהוֹר שֶׁכָּל דָּבָר מִן הַנְּבֵלָה שֶׁאֵינוֹ מְטַמֵּא בְּמַגָּע אֵינוֹ מְטַמֵּא בְּמַשָּׂא. נִקְּבָה כָּל שֶׁהוּא הַנּוֹגֵעַ בָּהּ אוֹ נוֹשְׂאָהּ טָמֵא. בַּמֶּה דְּבָרִים אֲמוּרִים כְּשֶׁהָיָה הַמֹּחַ שֶׁבָּהּ מִתְקַשְׁקֵשׁ שֶׁהֲרֵי אֵינָהּ מַעֲלָה אֲרוּכָה. אֲבָל אִם הָיָה עוֹמֵד בִּמְקוֹמוֹ אִם יֵשׁ בּוֹ כְּדֵי לְהַעֲלוֹת אֲרוּכָה לָעֶצֶם מִבַּחוּץ הֲרֵי זוֹ מְטַמְּאָה בְּמַגָּע וּבְמַשָּׂא כְּכָל הָאֵיבָרִים. וּכְבָר פֵּרַשְׁנוּ שֶׁהַקּוּלִית הִיא הָעֶצֶם הַסָּתוּם מִכָּל צְדָדָיו:

יב. קוּלִית שֶׁחָשַׁב עָלֶיהָ לְנַקְּבָהּ וַעֲדַיִן לֹא נִקְּבָהּ הֲרֵי הַנּוֹגֵעַ בָּהּ סָפֵק טָמֵא. שֶׁהֲרֵי יֵשׁ בַּדָּבָר סָפֵק אִי מְחֻסַּר נְקִיבָה כִּמְחֻסַּר מַעֲשֶׂה אוֹ לֹא:

Perek 3

Nevelah relating to birds.

Mipi Hashmuah – One becomes impure from the carcass of a kosher bird that is forbidden and that died without proper *shechitah*.

Minimum measure is **1 *kezayit*.**

LEVEL OF IMPURITY

- Birds have a special feature that they only impart impurity when they are in one's gullet.
- They are considered as *rishon letumah*.
- After meat has been ingested, it no longer imparts impurity.
- Normally impure foods can impart impurity to other foods. It depends whether it is considered as food or not. If one thought to partake of it, it is considered as food. However with fowl, it will cause impurity even without such an intent.
- If the carcass meat of fowl was covered while passing through throat, it does not impart impurity because it didn't touch the throat. If however, the intervening substance is often eaten together with meat, such as romaine lettuce, then it does not act as a *chatzitzah* and the person is impure.
- Being expelled from throat undigested does not impart impurity.
- With a bird, an entire limb is not significant. It must be **1 *kezayit* minimum.**
- Decomposed carcass which a dog would not eat, does not impart impurity.
- A *trefah* bird which was *shechted* properly is not impure.
- *Melikah* keeps bird pure. Similarly *egel arufah* (calf whose neck was broken according to *halachah*), is pure.
- The carcass of a non-kosher fowl is pure.

NEVELAH OF BIRDS – RISHON LETUMAH
Direct Transmission of impurity

	Direct from Text of Rambam of *Rambam*	Understood
TOUCH		
Imparts impurity to people	✗ special feature that only imparts impurity when in gullet of person	
Imparts impurity to vessels	✗	
Imparts impurity to clothes one is wearing		✗
Imparts impurity to earthenware vessels		✗
Imparts impurity to foods	✓	
Imparts impurity to liquids	✓ only if it is considered as food itself	
CARRIAGE		
Imparts impurity to people	✗	
Imparts impurity to vessels	✗	
Imparts impurity to earthenware vessels	✗	
Imparts impurity to clothes	✗ only imparts impurity to clothing when in gullet of person	
Imparts impurity to foods		
Imparts impurity to liquids		
MOVEMENT (CAN BE MOVEMENT WITHOUT CARRIAGE)		
Imparts impurity same as carriage		
MISHKAV AND MOSHAV		
Couch (or chair) on which lies (or sits) becomes impure		
Saddle on which rides becomes impure		
Madaf impurity		
SPACE CONTAINING AN IMPURITY		
OHEL (UNIQUE TO A HUMAN CORPSE)		
Imparts impurity to people		
Imparts impurity to vessels		

Imparts impurity to earthenware vessels		
Imparts impurity to foods		
Imparts impurity to drinks (liquids)		
Containing structure becomes impure		
SEALED VESSELS (SIMILAR LAWS TO *OHEL*)		
Imparts impurity to people		
Imparts impurity to vessels		
Imparts impurity to foods		
Imparts impurity to liquids		
Vessel becomes impure		
METZORA OR *TZARAAT* MATERIAL ENTERING BUILDING		
Imparts impurity to people		
Imparts impurity to vessels		
Imparts impurity to foods		
Imparts impurity to liquids		
Building becomes impure		
SPACE OF EARTHENWARE VESSELS		
Imparts impurity to people		
Imparts impurity to vessels		
Imparts impurity to foods		
Imparts impurity to liquids		
Vessel becomes impure		

PERSON WHO WAS IMPURE FROM A *NEVELAH* OF BIRDS
Direct Transmission of impurity from *Av Hatumah* (Father or Primary Source)

	Direct from Text of Rambam of *Rambam*	Understood
TOUCH		
Imparts impurity to people	✗	
Imparts impurity to vessels	✓ only while in gullet	
Imparts impurity to clothes one is wearing	✓ only while in gullet	

Imparts impurity to earthenware vessels	✗	
Imparts impurity to foods		✓
Imparts impurity to liquids		✓
CARRIAGE		
Imparts impurity to people	✗	
Imparts impurity to vessels	✗	
Imparts impurity to earthenware vessels	✗	
Imparts impurity to clothes	✓ only while in gullet	
Imparts impurity to foods		
Imparts impurity to liquids		
MOVEMENT (CAN BE MOVEMENT WITHOUT CARRIAGE)		
Imparts impurity same as carriage		
MISHKAV AND MOSHAV		
Couch (or chair) on which lies (or sits) becomes impure		
Saddle on which rides becomes impure		
Madaf impurity		
SPACE CONTAINING AN IMPURITY		
OHEL (UNIQUE TO A HUMAN CORPSE)		
Imparts impurity to people		
Imparts impurity to vessels		
Imparts impurity to earthenware vessels		
Imparts impurity to foods		
Imparts impurity to drinks (liquids)		
Containing structure becomes impure		
SEALED VESSELS (SIMILAR LAWS TO OHEL)		
Imparts impurity to people		
Imparts impurity to vessels		
Imparts impurity to foods		
Imparts impurity to liquids		
Vessel becomes impure		

METZORA OR *TZARAAT* MATERIAL ENTERING BUILDING		
Imparts impurity to people		
Imparts impurity to vessels		
Imparts impurity to foods		
Imparts impurity to liquids		
Building becomes impure		
SPACE OF EARTHENWARE VESSELS		
Imparts impurity to people		
Imparts impurity to vessels		
Imparts impurity to foods		
Imparts impurity to liquids		
Vessel becomes impure		

פרק ג׳

א. נִבְלַת הָעוֹף הַטָּהוֹר מְטַמָּא מִן הַתּוֹרָה. מִפִּי הַשְּׁמוּעָה לָמְדוּ שֶׁזֶּה שֶׁנֶּאֱמַר (ויקרא יז טו) "וְכָל נֶפֶשׁ אֲשֶׁר תֹּאכַל נְבֵלָה וּטְרֵפָה בָּאֶזְרָח וּבַגֵּר וְכִבֶּס בְּגָדָיו וְרָחַץ בַּמַּיִם" אֵינוֹ מְדַבֵּר אֶלָּא בְּאוֹכֵל נִבְלַת הָעוֹף הַטָּהוֹר בִּלְבַד שֶׁהוּא אָסוּר מִשּׁוּם נְבֵלָה וּטְרֵפָה. וְכֵיצַד הִיא טֻמְאָתָהּ. אֵינָהּ מְטַמְּאָה לֹא בְּמַגָּע וְלֹא בְּמַשָּׂא וְלֹא כְּשֶׁהִיא בְּתוֹךְ הַפֶּה אֶלָּא בְּתוֹךְ בֵּית הַבְּלִיעָה. שֶׁנֶּאֱמַר וְכָל נֶפֶשׁ אֲשֶׁר תֹּאכַל אֵינָהּ מְטַמְּאָה אֶלָּא כְּשֶׁהִיא בְּבֵית הַנֶּפֶשׁ. וְזֶה שֶׁנֶּאֱמַר תֹּאכַל לָתֵת שִׁעוּר לְטֻמְאָתָהּ כְּשִׁעוּר אֲכִילָה שֶׁהוּא כְּזַיִת. וַהֲרֵי נֶאֱמַר בָּהּ וְכִבֶּס בְּגָדָיו מְלַמֵּד שֶׁהַמִּתְטַמֵּא בָּהּ מְטַמֵּא בְּגָדָיו עַד שֶׁיִּפְרשׁ מִמְּטַמְּאָיו כְּמוֹ שֶׁבֵּאַרְנוּ. כֵּיצַד. הַבּוֹלֵעַ כְּזַיִת מִנִּבְלַת הָעוֹף הַטָּהוֹר וְנָגַע בְּכֵלִים בִּשְׁעַת בְּלִיעָתוֹ טְמֵאִים וְנַעֲשׂוּ רִאשׁוֹן לְטֻמְאָה. הָיָה נוֹגֵעַ בְּאָדָם וּבִכְלֵי חֶרֶס בִּשְׁעַת בְּלִיעָתוֹ לֹא טִמְּאָן כְּמוֹ שֶׁבֵּאַרְנוּ בִּשְׁאָר אֲבוֹת הַטֻּמְאוֹת. וְאַחַר שֶׁבָּלַע אֵינוֹ מְטַמֵּא שְׁאָר כֵּלִים שֶׁהֲרֵי הוּא כִּכְלִי רִאשׁוֹן לְטֻמְאָה אַחַר שֶׁפֵּרֵשׁ מִמְּטַמְּאָיו שֶׁאַף עַל פִּי שֶׁהוּא טָעוּן טְבִילָה וְהַעֲרֵב שֶׁמֶשׁ אֵינוֹ מְטַמֵּא כֵּלִים:

ב. אֵין נִבְלַת הָעוֹף הַטָּהוֹר צְרִיכָה מַחֲשָׁבָה לְטַמֵּא טֻמְאָה זוֹ הַחֲמוּרָה אֶלָּא כֵּיוָן שֶׁבָּלַע מִמֶּנָּה כְּזַיִת מִכָּל מָקוֹם הֲרֵי זוֹ מְטַמְּאָה בְּבֵית הַבְּלִיעָה. חָשַׁב עָלֶיהָ לַאֲכִילָה הֲרֵי זוֹ מְטַמְּאָה טֻמְאַת אֳכָלִין וַהֲרֵי הִיא כְּאֹכֶל רִאשׁוֹן לְטֻמְאָה אַף עַל פִּי שֶׁלֹּא נָגַע בָּהּ טֻמְאָה אַחֶרֶת וְאֵינָהּ צְרִיכָה הֶכְשֵׁר:

ג. פָּרָה אֲדֻמָּה וּשְׂעִירִין הַנִּשְׂרָפִים אֵינָן כֵּן. אַף עַל פִּי שֶׁהֵן מְטַמְּאִין הַמִּתְעַסֵּק בָּהֶן אִם חָשַׁב עֲלֵיהֶן לַאֲכִילָה צְרִיכִין שֶׁתִּגַּע בָּהֶן טֻמְאָה וְאַחַר כָּךְ יִטַּמְּאוּ טֻמְאַת אֳכָלִין:

ד. כְּזַיִת מִנִּבְלַת הַבְּהֵמָה שֶׁתְּחָבוֹ בְּכוּשׁ וְהִכְנִיס לְתוֹךְ מְעֵי הָאִשָּׁה מִלְּמַטָּה. אוֹ שֶׁהִכְנִיסוֹ לְתוֹךְ בְּלִיעָתוֹ שֶׁל חֲבֵרוֹ בְּמָקוֹם שֶׁנִּבְלַת הָעוֹף הַטָּהוֹר מְטַמְּאָה. הֲרֵי זֶה טִמְּאוֹ מִשּׁוּם נוֹשֵׂא לֹא מִשּׁוּם נוֹגֵעַ כְּמוֹ שֶׁבֵּאַרְנוּ בִּתְחִלַּת הַסֵּפֶר:

ה. הַכּוֹרֵךְ כְּזַיִת מִבְּשַׂר נִבְלַת הָעוֹף הַטָּהוֹר בַּחֲזֶרֶת וְכַיּוֹצֵא בָּהּ וּבְלָעוֹ אַף עַל פִּי שֶׁלֹּא נָגַע בִּגְרוֹנוֹ הֲרֵי זֶה טָמֵא. כְּרָכוֹ בְּסִיב וּבְלָעוֹ הֲרֵי זֶה טָהוֹר:

ו. הַבּוֹלֵעַ נִבְלַת הָעוֹף הַטָּהוֹר וְאַחַר שֶׁבְּלָעָהּ הֱקִיאָהּ קֹדֶם שֶׁתִּתְעַכֵּל הֲרֵי זֶה אֵינוֹ מְטַמֵּא בְּגָדִים כְּשֶׁתֵּצֵא לִגְרוֹנוֹ בְּשָׁעָה שֶׁמְּקִיאָהּ. שֶׁאֵינָהּ מְטַמְּאָה בְּבֵית הַנֶּפֶשׁ אֶלָּא בִּשְׁעַת בְּלִיעָה לֹא בְּשָׁעָה שֶׁמְּקִיאָהּ:

ז. מְעִי שֶׁל נִבְלַת הָעוֹף הַטָּהוֹר שֶׁבְּלָעוֹ מִקְצָתוֹ בְּבֵית הַבְּלִיעָה וּמִקְצָתוֹ בַּחוּץ לְתוֹךְ פִּיו אִם יֵשׁ בְּבֵית הַבְּלִיעָה כְּזַיִת הֲרֵי זֶה טָמֵא וְאִם לָאו טָהוֹר:

ח. בָּלַע מִמֶּנָּה אֵיבָר שָׁלֵם שֶׁאֵין בּוֹ כְּזַיִת אֵינוֹ מִתְטַמֵּא. אֲפִלּוּ נָטַל צִפּוֹר וַאֲכָלָהּ אִם יֵשׁ בָּהּ כְּזַיִת נִטְמָא וְאִם לָאו טָהוֹר:

ט. הַכְּנָפַיִם וְהַנּוֹצָה אַף עַל פִּי שֶׁהֵן כָּאֳכָלִים וּמִתְטַמְּאִין

186 SEFER TAHARAH

וּמְטַמְּאִין טֻמְאַת אֳכָלִין אֵינָן מִצְטָרְפִין בְּנִבְלַת הָעוֹף הַטָּהוֹר לִכְזַיִת. אֲבָל הַמְּקוֹמוֹת הָרַכִּים הַקְּרוֹבִים לַבָּשָׂר מִן הַחַרְטוֹם וְהַצִּפָּרְנַיִם הֲרֵי הֵן כְּבָשָׂר וּמִצְטָרְפִין לִכְזַיִת. רָאשֵׁי אֲגַפַּיִם וְרֹאשׁ הַזָּנָב וְהָעֲצָמוֹת אֲפִלּוּ הָרַכּוֹת אֵינָן מִצְטָרְפִין:

י. הָאוֹכֵל מִנִּבְלַת הָעוֹף הַטָּהוֹר מִן הָעֲצָמוֹת הָרַכִּין אוֹ מִן הַגִּידִין וּמִן הַשִּׁלַּל שֶׁל בֵּיצִים וּמִן הַדָּם וּמִבָּשָׂר מִן הַחַי מִמֶּנּוּ טָהוֹר. אֲבָל הָאוֹכֵל מִן הָאֶשְׁכּוֹל שֶׁל בֵּיצִים וּמִן הַקֻּרְקְבָן וּמִן בְּנֵי הַמֵּעַיִם אוֹ שֶׁהִמְחָה אֶת הַחֵלֶב בָּאוּר וּגְמָעוֹ הֲרֵי זֶה טָמֵא כְּאוֹכֵל מִבְּשָׂרָם שֶׁהֲשׁוּתָה בִּכְלַל אוֹכֵל. הִמְחָהוּ בַּחַמָּה וּגְמָעוֹ טָהוֹר שֶׁהֲרֵי הִסְרִיחוֹ:

יא. נִבְלַת הָעוֹף הַטָּהוֹר שֶׁנִּפְסְדָה מִלֶּאֱכֹל הַכֶּלֶב טְהוֹרָה. וְכֵן אִם יָבְשָׁה כְּחֶרֶס וְאֵינָהּ יְכוֹלָה לְהִשָּׁרוֹת בְּפוֹשְׁרִין מֵעֵת לְעֵת לַחֲזֹר לִכְמוֹת שֶׁהָיְתָה הֲרֵי זוֹ טְהוֹרָה. וְהָאוֹכֵל נֶצֶל שֶׁל נִבְלַת הָעוֹף הַטָּהוֹר הֲרֵי זֶה טָהוֹר:

יב. עוֹף טָהוֹר שֶׁנִּטְרַף וְנִשְׁחַט שְׁחִיטָה כְּשֵׁרָה שְׁחִיטָתוֹ מְטַהַרְתּוֹ וַאֲפִלּוּ נִשְׁחַט בָּעֲזָרָה. וְאִם נִמְלַק וְנִמְצָא טְרֵפָה אֵין מְלִיקָתוֹ מְטַהַרְתּוֹ. נִמְצֵאתָ אוֹמֵר שֶׁהַשּׁוֹחֵט עוֹף טָהוֹר בֵּין בַּחוּץ בֵּין בִּפְנִים בֵּין קָדָשִׁים בֵּין חֻלִּין הֲרֵי זֶה טָהוֹר. וְהַמּוֹלֵק חֻלִּין בִּפְנִים אוֹ שֶׁמָּלַק קָדָשִׁים בַּחוּץ הֲרֵי אֵלּוּ מְטַמְּאִין בְּגָדִים בְּבֵית הַבְּלִיעָה:

יג. הַמּוֹלֵק קָדָשִׁים בִּפְנִים אִם הָיוּ רְאוּיִין לְקָרְבָּן וְלֹא נִמְצְאוּ בָּהֶן מוּמִין שֶׁבֵּאַרְנוּ בִּמְקוֹמוֹ הֲרֵי אֵלּוּ טְהוֹרִין. כַּיּוֹצֵא בּוֹ עֶגְלָה עֲרוּפָה שֶׁנֶּעֶרְפֶת כְּהִלְכָתָהּ טְהוֹרָה כַּפָּרָה כְּתִיב בָּהּ כְּקָדָשִׁים. וְכֵן אִם נִשְׁחֲטָה אַחַר יְרִידָתָהּ לַנַּחַל אַף עַל פִּי שֶׁאֲסוּרָה בַּהֲנָאָה הִצִּילָה אוֹתָהּ שְׁחִיטָתָהּ מִידֵי נְבֵלָה:

יד. נִבְלַת הָעוֹף הַטָּמֵא טְהוֹרָה וְאֵינָהּ מְטַמְּאָה בְּבֵית הַבְּלִיעָה. וְאִם חָשַׁב עָלֶיהָ לַאֲכִילָה וְהֻכְשְׁרָה הֲרֵי הִיא כָּאֳכָלִין טְמֵאִין שֶׁהֵן רִאשׁוֹן לְטֻמְאָה. וּכְנָפַיִם וְהַנּוֹצָה וְהַמְּקוֹמוֹת הָרַכִּים מִן הַחַרְטוֹם וּמִן הַצִּפָּרְנַיִם שֶׁלָּהּ הֲרֵי הֵן כִּבְשָׂרָהּ:

טו. אֶחָד הָעוֹף הַטָּהוֹר וְאֶחָד הָעוֹף הַטָּמֵא אֵבָר מִן הַחַי הַפּוֹרֵשׁ מֵהֶם טָהוֹר וְאֵין בּוֹ טֻמְאָה כְּלָל. שֶׁנֶּאֱמַר (ויקרא יא כד) "וּלְאֵלֶּה תִּטַּמָּאוּ" (ויקרא יא כו) "לְכָל הַבְּהֵמָה" לְהוֹצִיא אֶת הָעוֹף שֶׁאֵין לוֹ פַּרְסָה. וּמִפִּי הַשְּׁמוּעָה לָמְדוּ שֶׁלֹּא בָּא הַכָּתוּב אֶלָּא לְטַמֵּא אֵבָר מִן הַחַי שֶׁל בְּהֵמָה אוֹ חַיָּה:

טז. אֵבָר מִן הַמֵּת מִן הָעוֹף הֲרֵי הוּא כְּנִבְלַת הָעוֹף שֶׁפֵּרַשׁ מִמֶּנּוּ. אִם הָיְתָה נִבְלַת עוֹף טָהוֹר מְטַמְּאָה טֻמְאָה חֲמוּרָה בְּבֵית הַבְּלִיעָה בִּכְזַיִת. וְאִם חָשַׁב עָלָיו לַאֲכִילָה מְטַמֵּא טֻמְאַת אֳכָלִין. וְאִם הָיְתָה נִבְלַת עוֹף טָמֵא מְטַמֵּא טֻמְאַת אֳכָלִין אִם חָשַׁב עָלָיו וְהֻכְשַׁר. וְאֵינוֹ מְטַמֵּא אֳכָלִין אֲחֵרִים עַד שֶׁיִּהְיֶה בּוֹ כְּבֵיצָה כְּשִׁעוּר כָּל הָאֳכָלִין לְטַמֵּא כְּמוֹ שֶׁיִּתְבָּאֵר:

Perek 4

Nevelah of sheratzim

Laws about impurity of dead *sheratzim* (creeping animals).[2]

There are **8** *sheratzim* mentioned in Torah which impart impurity when dead:

- *Choled* – weasel
- *Achbar* – mouse
- *Tzav* – ferret
- *Anakah* – hedgehog
- *Letaah* – chameleon
- *Koach* – lizard
- *Tinshemet* – snail
- *Chomet* – mole

Other *sheratzim* (creeping animals) and *remashim* (crawling insects) e.g. frogs, snakes, scorpions etc do not impart impurity at all.

Level of impurity of *sheratzim*.

> **🔔 Reminder**
> Pack on Impurity of *Sheratzim*

SHERATZIM
Direct Transmission of impurity from *Av Hatumah* (Father or Primary Source)

	Direct from Text of *Rambam*	Understood
TOUCH		
Imparts impurity to people	✓	
Imparts impurity to vessels	✓	
Imparts impurity to clothes one is wearing	✗	i.e. from himself
Imparts impurity to earthenware vessels	✓ when entering its space	
Imparts impurity to foods		✓
Imparts impurity to liquids		✓
CARRIAGE		
Imparts impurity to people	✗	
Imparts impurity to vessels	✗	
Imparts impurity to earthenware vessels		✗
Imparts impurity to clothes	✗	
Imparts impurity to foods		
Imparts impurity to liquids		
MOVEMENT (CAN BE MOVEMENT WITHOUT CARRIAGE)		
Imparts impurity same as carriage		
MISHKAV AND MOSHAV		
Couch (or chair) on which lies (or sits) becomes impure		
Saddle on which rides becomes impure		
Madaf impurity		
SPACE CONTAINING AN IMPURITY		
OHEL (UNIQUE TO A HUMAN CORPSE)		
Imparts impurity to people		

Imparts impurity to vessels		
Imparts impurity to earthenware vessels		
Imparts impurity to foods		
Imparts impurity to drinks (liquids)		
Containing structure becomes impure		
SEALED VESSELS (SIMILAR LAWS TO *OHEL*)		
Imparts impurity to people		
Imparts impurity to vessels		
Imparts impurity to foods		
Imparts impurity to liquids		
Vessel becomes impure		
METZORA OR *TZARAAT* MATERIAL ENTERING BUILDING		
Imparts impurity to people		
Imparts impurity to vessels		
Imparts impurity to foods		
Imparts impurity to liquids		
Building becomes impure		
SPACE OF EARTHENWARE VESSELS		
Imparts impurity to people		
Imparts impurity to vessels		
Imparts impurity to foods		
Imparts impurity to liquids		
Vessel becomes impure		

- Minimum measure is **1** *adashah* **(lentil size)** but a whole limb can also impart impurity.
- No minimum measure for limb to impart impurity
- Parts of animal

HILCHOT SHEAR AVOT HATUMAH · PEREK 4 189

	Imparts impurity	Does not impart impurity
Flesh whole animal (*sheretz*) Whole limb of a *sheretz*	✓	✓ When *sheretz* still alive and flesh separated from body
Blood	✓ If fact, it's even considered part of flesh while attached to combine with it to reach the size of an *adashah*.	
Bones		✓
Sinews		✓
Nails		✓
Hides, (weasel, mouse, ferret and snail)		✓
Hides (hedgehog, chameleon, lizard and mole)	✓ considered part of flesh	
Bone marrow	✓	
Egg		✓
Embryo	✓	
Carcass that is ½ flesh and ½ earth	✓	

פרק ד׳

א. שְׁמוֹנָה שְׁרָצִים הָאֲמוּרִין בַּתּוֹרָה. וְהֵן הַחֹלֶד וְהָעַכְבָּר וְהַצָּב וְהָאֲנָקָה וְהַלְּטָאָה וְהַכֹּחַ וְהַתִּנְשֶׁמֶת וְהַחֹמֶט. טֻמְאַת כֻּלָּן שָׁוָה וְהֵן הַנִּקְרָאִין שֶׁרֶץ לְעִנְיַן טֻמְאָה:

ב. הַשֶּׁרֶץ אָב מֵאֲבוֹת הַטֻּמְאוֹת מְטַמֵּא אָדָם וְכֵלִים בְּמַגָּע וּכְלֵי חֶרֶס בָּאֲוִיר וְאֵינוֹ מְטַמֵּא בְּמַשָּׂא. וְהַנּוֹגֵעַ בּוֹ אֵינוֹ מְטַמֵּא בְּגָדִים בִּשְׁעַת מַגָּעוֹ. וְשִׁעוּר טֻמְאָתוֹ בְּכַעֲדָשָׁה וְכָל הַשְּׁרָצִים מִצְטָרְפִין לְכַעֲדָשָׁה:

ג. הָאֵיבָרִים אֵין לָהֶן שִׁעוּר אֵיבָר מִן הַשֶּׁרֶץ כִּבְרִיָּתוֹ:

ד. בָּשָׂר וְגִידִים וַעֲצָמוֹת שֶׁהוּא פָּחוֹת מִכַּעֲדָשָׁה בֵּין שֶׁפֵּרַשׁ מִן הַחַי בֵּין שֶׁפֵּרַשׁ מִן הַמֵּת מְטַמֵּא טֻמְאָתוֹ. וְהוּא שֶׁיִּהְיֶה בַּבָּשָׂר שֶׁעָלָיו אוֹ בַּמֹּחַ שֶׁבָּעֶצֶם כְּדֵי לְהַעֲלוֹת אֲרוּכָה:

ה. בָּשָׂר מִן הַחַי הַפּוֹרֵשׁ מִן הַשֶּׁרֶץ טָהוֹר שֶׁאֵין מְטַמֵּא אֶלָּא אֵיבָר הַדּוֹמֶה לַשֶּׁרֶץ כֻּלּוֹ. מַה שֶּׁרֶץ בָּשָׂר וְגִידִים וַעֲצָמוֹת אַף אֵיבָר הַפּוֹרֵשׁ בָּשָׂר וְגִידִים וַעֲצָמוֹת:

ו. הַכֻּלְיָא וְהַכָּבֵד וְהַלָּשׁוֹן וְכַיּוֹצֵא בָּהֶן אַף עַל פִּי שֶׁהֵן אֵיבָר וְאֵין עוֹשִׂין חֲלִיפִין הֲרֵי הֵן כְּבָשָׂר. וְאִם פֵּרְשׁוּ מִן הַחַי טְהוֹרִין:

ז. דַּם הַשֶּׁרֶץ כִּבְשָׂרוֹ וּמִצְטָרֵף לְכַעֲדָשָׁה כָּל זְמַן שֶׁהוּא מְחֻבָּר בַּבָּשָׂר:

ח. עַצְמוֹת הַשֶּׁרֶץ וְגִידָיו וְצִפָּרְנָיו טְהוֹרִין. וְעוֹר הַחֹלֶד וְהָעַכְבָּר וְהַצָּב וְהַתִּנְשֶׁמֶת טָהוֹר אַף עַל פִּי שֶׁהוּא לַח וַעֲדַיִן לֹא עִבְּדוֹ וְלֹא הָלַךְ בּוֹ. אֲבָל עוֹר הָאֲנָקָה וְהַכֹּחַ וְהַלְּטָאָה וְהַחֹמֶט כִּבְשָׂרָן וּמְטַמֵּא בְּכַעֲדָשָׁה. וְאִם עִבְּדָן אוֹ שֶׁהִלֵּךְ בָּהֶן כְּדֵי עֲבוֹדָה טְהוֹרִין. וְכַמָּה הִיא כְּדֵי עֲבוֹדָה כְּדֵי הִלּוּךְ אַרְבָּעָה מִילִין:

ט. קוּלְיַית הַשֶּׁרֶץ הַנּוֹגֵעַ בָּהּ טָהוֹר אַף עַל פִּי שֶׁהִיא מְלֵאָה מֹחַ וְהוּא שֶׁיִּהְיֶה הַמֹּחַ מִתְקַשְׁקֵשׁ שֶׁאֵינוֹ מַעֲלֶה אֲרוּכָה. אֲבָל אִם הָיָה עוֹמֵד בִּמְקוֹמוֹ וְיֵשׁ בּוֹ כְּדֵי לְהַעֲלוֹת אֲרוּכָה בָּהּ מִבַּחוּץ הֲרֵי הַנּוֹגֵעַ בָּהּ טָמֵא כְּכָל הָאֵיבָרִים שֶׁיֵּשׁ בָּהֶן

כְּדֵי לְהַעֲלוֹת אֲרוּכָה כְּמוֹ שֶׁבֵּאַרְנוּ. נְקֵבָה הַקּוּלִית בְּכָל שֶׁהוּא הַנּוֹגֵעַ בָּהּ מִכָּל מָקוֹם טָמֵא:

י. בֵּיצַת הַשֶּׁרֶץ הַמְרֻקֶּמֶת אַף עַל פִּי שֶׁהַשֶּׁרֶץ נִרְאֵית מִתּוֹכָהּ טְהוֹרָה. נְקֵבָה כָּל שֶׁהוּא הַנּוֹגֵעַ בָּהּ טָמֵא:

יא. שֶׁרֶץ שֶׁחֶצְיוֹ בָּשָׂר וְחֶצְיוֹ אֲדָמָה הַנּוֹגֵעַ בַּבָּשָׂר טָמֵא וּבָאֲדָמָה טָהוֹר. וְאִם הִשְׁרִיץ עַל פְּנֵי כֻּלּוֹ אַף הַנּוֹגֵעַ בָּאֲדָמָה שֶׁעֲדַיִן לֹא נִגְמְרָה צוּרָתוֹ טָמֵא:

יב. בְּשַׂר הַשֶּׁרֶץ שֶׁנִּפְסַד וְהִבְאִישׁ וְנִפְסַל מִלֶּאֱכֹל הַכֶּלֶב טָהוֹר. יָבַשׁ עַד שֶׁנַּעֲשָׂה כַּחֶרֶשׂ אִם יָכוֹל לְהִשָּׁרוֹת בְּפוֹשְׁרִין מֵעֵת לְעֵת וְלַחֲזֹר לַח כְּשֶׁהָיָה מְטַמֵּא וְאִם לָאו טָהוֹר וַאֲפִלּוּ כָּאֳכָלִין טְמֵאִים אֵינוֹ מְטַמֵּא. בַּמֶּה דְּבָרִים אֲמוּרִים בְּמִקְצָת הַשֶּׁרֶץ. אֲבָל שֶׁרֶץ שֶׁיָּבַשׁ וְשִׁלְדּוֹ קַיָּם אוֹ שֶׁנִּשְׂרַף וְשִׁלְדּוֹ קַיָּם הוֹאִיל וְתַבְנִית כֻּלּוֹ עוֹמֶדֶת הֲרֵי זֶה מְטַמֵּא. וְקָרוֹב בְּעֵינַי שֶׁטֻּמְאָה זוֹ מִדִּבְרֵיהֶם:

יג. כְּזַיִת מִן הַנְּבֵלָה אוֹ כַּעֲדָשָׁה מִן הַשֶּׁרֶץ שֶׁצָּמְקוּ וְחָסְרוּ טְהוֹרִין. פָּחוֹת מִכַּעֲדָשָׁה מִן הַשֶּׁרֶץ וּפָחוֹת מִכְּזַיִת מִן הַנְּבֵלָה שֶׁתָּפְחוּ וְעָמְדוּ עַל כַּשִּׁעוּר מְטַמְּאִין מִדִּבְרֵי סוֹפְרִים. הָיוּ בַּתְּחִלָּה כַּשִּׁעוּר וְצָמְקוּ וְחָזְרוּ וְתָפְחוּ עַד שֶׁהִגִּיעוּ לְשִׁעוּרָן הֲרֵי אֵלּוּ מְטַמְּאִין כְּשֶׁהָיוּ דִּין תּוֹרָה. וְכֵן אַתָּה אוֹמֵר בִּכְזַיִת מִן הַמֵּת:

יד. הַשֶּׁרֶץ אֵינוֹ מְטַמֵּא עַד שֶׁיָּמוּת. הֻתְּזוּ רָאשֵׁיהֶן אַף עַל פִּי שֶׁעֲדַיִן הָרֹאשׁ מְעֹרֶה בְּעוֹר הַגּוּף אַף עַל פִּי שֶׁהֵן מְפַרְכְּסִין כִּזְנַב הַלְּטָאָה מְטַמְּאִין. שְׁאָר שְׁקָצִים וּרְמָשִׂים כֻּלָּן כְּגוֹן הַצְּפַרְדֵּעַ וְהַנָּחָשׁ וְהָעַקְרָב וְכַיּוֹצֵא בָּהֶן אַף עַל פִּי שֶׁהֵן אֲסוּרִין בַּאֲכִילָה הֲרֵי הֵן טְהוֹרִין מִכְּלוּם וַאֲפִלּוּ כָּאֳכָלִין טְמֵאִין אֵינָן. וְאֵין לְךָ בְּכָל הַשְּׁרָצִים מַה שֶּׁמְּטַמֵּא בְּמוֹתוֹ חוּץ מִשְּׁמוֹנַת הַמִּינִין הַמְפֹרָשִׁין בַּתּוֹרָה:

Perek 5

Impurity of semen

Laws about impurity of *shichvat zera* (semen)[3].

LEVEL OF IMPURITY

Reminder
Pack on Impurity – Essential Overviews
Pack on Misbehaviour

***SHICHVAT ZERA* (SEMEN)**

Direct Transmission of impurity from *Av Hatumah* (Father or Primary Source)

	Direct from Text of *Rambam*	Understood
TOUCH		
Imparts impurity to people	✓ becomes *rishon*	
Imparts impurity to vessels	✓ becomes *rishon*	
Imparts impurity to clothes one is wearing	×	
Imparts impurity to earthenware vessels	✓ when entering space	
Imparts impurity to foods		
Imparts impurity to liquids		

CARRIAGE		
Imparts impurity to people	×	
Imparts impurity to vessels	×	
Imparts impurity to earthenware vessels		×
Imparts impurity to clothes	×	
Imparts impurity to foods		
Imparts impurity to liquids		
MOVEMENT (CAN BE MOVEMENT WITHOUT CARRIAGE)		
Imparts impurity same as carriage		
MISHKAV AND *MOSHAV*		
Couch (or chair) on which lies (or sits) becomes impure		
Saddle on which rides becomes impure		
Madaf impurity		
SPACE CONTAINING AN IMPURITY		
OHEL (UNIQUE TO A HUMAN CORPSE)		
Imparts impurity to people		
Imparts impurity to vessels		
Imparts impurity to earthenware vessels		
Imparts impurity to foods		
Imparts impurity to drinks (liquids)		
Containing structure becomes impure		
SEALED VESSELS (SIMILAR LAWS TO *OHEL*)		
Imparts impurity to people		
Imparts impurity to vessels		
Imparts impurity to foods		
Imparts impurity to liquids		
Vessel becomes impure		
METZORA OR *TZARAAT* MATERIAL ENTERING BUILDING		

Imparts impurity to people		
Imparts impurity to vessels		
Imparts impurity to foods		
Imparts impurity to liquids		
Building becomes impure		
SPACE OF EARTHENWARE VESSELS		
Imparts impurity to people		
Imparts impurity to vessels		
Imparts impurity to foods		
Imparts impurity to liquids		
Vessel becomes impure		

- Measure which imparts impurity for touching = **1 *adashah.***
- Measure which imparts impurity to person with discharge (only impure when it leaves the body) = **any amount.**
- Person or implement to whom impurity imparts, becomes a *rishon letumah.* This happens by
  - Touching
  - Discharging (by male)
  - Woman having sexual relation with man (both become impure).
  - Woman who discharges semen within **3** *onah* (i.e. **3** sets of 12 hours periods not including the period when relations took place). After this period the semen is pure (because it has lost its form).
  - One who has sexual thoughts in his dreams – impure *Derabanan* (even if no semen was found).
  - One who has questionable substances in his urine – impure *Derabanan.*
- Semen of minor only impart impurity after **9 years**, and a girl must be more than **3** years old to become impure through relations with a male.
- Semen of a gentile does not transmit impurity.
- Dry semen does not transmit impurity (nor red semen).

פרק ה׳

א. שִׁכְבַת זֶרַע מֵאֲבוֹת הַטֻּמְאָה מְטַמְּאָה אָדָם וְכֵלִים בְּמַגָּע וּכְלֵי חֶרֶס בָּאֲוִיר וְאֵינָהּ מְטַמְּאָה בְּמַשָּׂא וְאֵין הַמִּתְטַמֵּא בָּהּ מְטַמֵּא בְּגָדִים בִּשְׁעַת מַגָּעוֹ. וְאֶחָד הַנּוֹגֵעַ בָּהּ וְאֶחָד הָרוֹאֶה אוֹתָהּ בִּבְשָׂרוֹ שְׁנֵיהֶן רִאשׁוֹן לְטֻמְאָה דִּין תּוֹרָה. וְכַמָּה שִׁעוּרָהּ לְנוֹגֵעַ בְּכַעֲדָשָׁה וְלָרוֹאֶה בְּכָל שֶׁהוּא. וְאֵין הָרוֹאֶה טָמֵא עַד שֶׁתֵּצֵא מִמֶּנּוּ וְיַחְתֹּם מִמֶּנּוּ פִּי אַמָּה שֶׁנֶּאֱמַר (ויקרא טו לב) (ויקרא כב ד) ״אֲשֶׁר תֵּצֵא מִמֶּנּוּ שִׁכְבַת זָרַע״. לְפִיכָךְ אֲפִלּוּ רָאָה בְּקֵיסָם הוֹאִיל וְהִגִּיעָה לְפִי אַמָּה נִטְמָא. וְאֶחָד הָרוֹאֶה מֵחֲמַת בְּשָׂרוֹ אוֹ הָרוֹאֶה בְּאֹנֶס טָמֵא:

ב. אֵין שִׁכְבַת זֶרַע שֶׁל קָטָן מְטַמְּאָה עַד שֶׁיִּהְיֶה בֶּן תֵּשַׁע שָׁנִים וְיוֹם אֶחָד:

ג. שִׁכְבַת זֶרַע אֲדֻמָּה טְהוֹרָה עַד שֶׁתִּהְיֶה לְבָנָה וְנִמְשֶׁכֶת:

ד. וְכָל שִׁכְבַת זֶרַע שֶׁאֵין גּוּפוֹ שֶׁל אָדָם מַרְגִּישׁ בָּהּ אֵינָהּ מְטַמְּאָה. לְפִיכָךְ אִם רָאָה בְּלֹא קִשּׁוּי וּבְלֹא תַּאֲוָה אֵינָהּ מְטַמְּאָה מִשּׁוּם שִׁכְבַת זֶרַע. נֶעֶקְרָה בְּהַרְגָּשָׁה אַף עַל פִּי שֶׁיָּצְתָה שֶׁלֹּא בְּהַרְגָּשָׁה טָמֵא:

ה. הַמְהַרְהֵר בַּלַּיְלָה וְרָאָה שֶׁשִּׁמֵּשׁ מִטָּה בַּחֲלוֹם וְעָמַד וּמָצָא בְּשָׂרוֹ חַם אַף עַל פִּי שֶׁלֹּא מָצָא שִׁכְבַת זֶרַע הֲרֵי זֶה טָמֵא כֵּיוָן שֶׁהִרְגִּישׁ שֶׁשִּׁמֵּשׁ בַּחֲלוֹם כְּבָר רָאָה בְּהַרְגָּשָׁה וּלְפִיכָךְ מָצָא בְּשָׂרוֹ חַם וְהָיְתָה מְעַט וְנִתְקַנְּחָה בִּבְשָׂרוֹ אוֹ בְּכֵלָיו וּלְפִיכָךְ לֹא מָצָא לַחְלוּחִית. הִרְהֵר וְלֹא מָצָא בְּשָׂרוֹ חַם אוֹ שֶׁמָּצָא בְּשָׂרוֹ חַם וְלֹא הִרְהֵר טָהוֹר:

ו. הַמֵּטִיל מַיִם וְרָאָה מַיִם חֲלוּקִין אוֹ עֲכוּרִים בַּתְּחִלָּה טָהוֹר. רָאָה אוֹתָם בָּאֶמְצַע אוֹ בַּסּוֹף הֲרֵי זֶה טָמֵא. הָיוּ הַמַּיִם שֶׁהֵטִיל כֻּלָּם מִתְּחִלָּה וְעַד סוֹף חֲלוּקִין אוֹ עֲכוּרִים הֲרֵי זֶה טָהוֹר. הָיוּ לְבָנִים וְנִמְשָׁכִין טָמֵא. וְהַמֵּטִיל טִפִּים עָבוֹת מִתּוֹךְ הָאַמָּה טָהוֹר:

ז. בַּעַל קֶרִי שֶׁטָּבַל וְלֹא הֵטִיל מַיִם קֹדֶם שֶׁיִּטְבֹּל כְּשֶׁיָּטִיל מַיִם טָמֵא מִפְּנֵי צַחְצוּחֵי שִׁכְבַת זֶרַע שֶׁאֵינָן יוֹצְאִין אֶלָּא כְּשֶׁיָּטִיל מַיִם. בַּמֶּה דְּבָרִים אֲמוּרִים בְּחוֹלֶה אוֹ בְּזָקֵן. אֲבָל יֶלֶד בָּרִיא טָהוֹר מִפְּנֵי שֶׁהוּא יוֹרֶה שִׁכְבַת זֶרַע בְּחָזְקָה כְּחֵץ וְהִיא כֻּלָּהּ נִתֶּקֶת מִן הָאַמָּה. עַד כַּמָּה הוּא יֶלֶד כָּל זְמַן שֶׁהוּא עוֹמֵד עַל רַגְלוֹ אַחַת וְנוֹעֵל אוֹ חוֹלֵץ מִנְעָלוֹ וְאִם אֵינוֹ יָכוֹל לַעֲשׂוֹת כֵּן מִפְּנֵי חָלְיוֹ הֲרֵי זֶה חוֹלֶה לְעִנְיָן זֶה:

ח. וְכָל אִשָּׁה שֶׁשִּׁמְּשָׁה מִטָּתָהּ וְיָרְדָה וְטָבְלָה קֹדֶם שֶׁתְּקַנֵּחַ עַצְמָהּ יָפֶה יָפֶה הֲרֵי הִיא בְּטֻמְאָתָהּ:

ט. אֶחָד הָאִישׁ וְאֶחָד הָאִשָּׁה שֶׁשִּׁמְּשׁוּ מִטָּתָן שְׁנֵיהֶן טְמֵאִים. וּשְׁנֵיהֶן רִאשׁוֹן לְטֻמְאָה דִּין תּוֹרָה. וְאֵין הָאִשָּׁה טְמֵאָה מִשּׁוּם נוֹגַעַת בְּשִׁכְבַת זֶרַע שֶׁנְּגִיעַת בֵּית הַסְּתָרִים אֵינָהּ נְגִיעָה. אֶלָּא הַמְשַׁמֶּשֶׁת הֲרֵי הִיא כְּרוֹאָה קֶרִי. וְהוּא שֶׁתִּהְיֶה בַּת שָׁלֹשׁ שָׁנִים וְיוֹם אֶחָד שֶׁנֶּאֱמַר [(ויקרא טו יח) "וְאִשָּׁה אֲשֶׁר יִשְׁכַּב אִישׁ אֹתָהּ"]. הָיְתָה קְטַנָּה מִבַּת שָׁלֹשׁ שָׁנִים אֵינָהּ מִתְטַמְּאָה בִּשְׁכִיבָה. אֲבָל מִתְטַמְּאָה בִּנְגִיעַת שִׁכְבַת זֶרַע אִם נָגַע בִּבְשָׂרָהּ מִבַּחוּץ. [לְפִיכָךְ הַבּוֹעֵל גְּדוֹלָה שֶׁלֹּא כְּדַרְכָּהּ טְהוֹרָה]. שֶׁלֹּא טִמֵּא אוֹתָהּ הַכָּתוּב בְּטֻמְאַת בֵּית הַסְּתָרִים אֶלָּא כְּדַרְכָּהּ:

י. הַבּוֹעֵל אֶת הָאִשָּׁה וְלֹא הוֹצִיא שִׁכְבַת זֶרַע טָהוֹר אַף עַל פִּי שֶׁהֶעֱרָה. וְכֵן הָאִשָּׁה טְהוֹרָה עַד שֶׁיּוֹצִיא הָאִישׁ:

יא. הָאִשָּׁה שֶׁפָּלְטָה שִׁכְבַת זֶרַע אִם פָּלְטָה אוֹתָהּ בְּתוֹךְ שָׁלֹשׁ עוֹנוֹת הֲרֵי הִיא טְמֵאָה כְּרוֹאָה קֶרִי. לְפִיכָךְ סוֹתֶרֶת יוֹם אֶחָד אִם הָיְתָה זָבָה כְּאִישׁ שֶׁרָאָה קֶרִי. וּמְטַמְּאָה בְּכָל שֶׁהוּא אַף עַל פִּי שֶׁלֹּא יָצָאת לַחוּץ אֶלָּא נֶעֶקְרָה וְהִגִּיעָה לְבֵין הַשִּׁנַּיִם נִטְמְאָה שֶׁהֲרֵי שִׁכְבַת זֶרַע כְּדָמָהּ מַה דָּמָהּ מְטַמֵּא בִּפְנִים אַף שִׁכְבַת זֶרַע שֶׁתִּפְלֹט תְּטַמֵּא אוֹתָהּ בִּפְנִים:

יב. שִׁכְבַת זֶרַע עַצְמָהּ שֶׁנִּפְלְטָה בְּתוֹךְ הַשָּׁלֹשׁ עוֹנוֹת מְטַמְּאָה אֲחֵרִים שֶׁנָּגְעוּ בָּהּ כְּדֶרֶךְ שֶׁטִּמְּאָה הָאִשָּׁה שֶׁפָּלְטָה אוֹתָהּ. וְאִם פָּלְטָה אַחַר שָׁלֹשׁ עוֹנוֹת הֲרֵי הָאִשָּׁה טְהוֹרָה וְכֵן שִׁכְבַת זֶרַע שֶׁנִּפְלְטָה טְהוֹרָה שֶׁכְּבָר נִפְסְדָה צוּרָתָהּ:

יג. וְכַמָּה הִיא עוֹנָה. יוֹם אוֹ לַיְלָה. וְאֵין הָעוֹנָה שֶׁנִּבְעֲלָה בָּהּ מִן הַמִּנְיָן. כֵּיצַד. נִבְעֲלָה בְּלֵיל הַשַּׁבָּת שָׁלֹשׁ עוֹנוֹת שֶׁלָּהּ יוֹם הַשַּׁבָּת וְלֵיל אֶחָד בְּשַׁבָּת וְאֶחָד בְּשַׁבָּת אִם פָּלְטָה בְּתוֹךְ זְמַן זֶה טְמֵאָה. פָּלְטָה מִלֵּיל שֵׁנִי וְהָלְאָה טְהוֹרָה. וְהָאִישׁ שֶׁפֵּרְשָׁה מִמֶּנּוּ שִׁכְבַת זֶרַע אֲפִלּוּ לְאַחַר כַּמָּה עוֹנוֹת הֲרֵי זוֹ טְמֵאָה כָּל זְמַן שֶׁהִיא לֵחָה וְהַפּוֹרֵשׁ מִמֶּנּוּ טָמֵא:

יד. שִׁכְבַת זֶרַע אֵינָהּ מְטַמְּאָה אֶלָּא כְּשֶׁהִיא לֵחָה. יְבֵשָׁה כְּחֶרֶס טְהוֹרָה. וְאִם יְכוֹלָה לִשְׁרוֹת מֵעֵת לְעֵת בְּפוֹשְׁרִין וְלַחֲזֹר לִכְמוֹת שֶׁהָיְתָה הֲרֵי זוֹ טְמֵאָה:

טו. כְּבָר בֵּאַרְנוּ בְּפֶרֶק זֶה שֶׁהָרוֹאֶה קֶרִי וְהָאִשָּׁה שֶׁשָּׁכַב אִישׁ אוֹתָהּ שִׁכְבַת זֶרַע וְהַנּוֹגֵעַ בְּשִׁכְבַת זֶרַע טְמֵאִים מִן הַתּוֹרָה. וְכֵן הָאִשָּׁה שֶׁפָּלְטָה בְּתוֹךְ שָׁלֹשׁ עוֹנוֹת הֲרֵי הִיא טְמֵאָה מִן הַתּוֹרָה כְּרוֹאָה קֶרִי. אֲבָל שְׁאָר הָאֲמוּרִין בְּפֶרֶק זֶה שֶׁהֵן טְמֵאִים כְּגוֹן מְהַרְהֵר וּמֵטִיל מַיִם אֵינָן טְמֵאִין אֶלָּא מִדִּבְרֵיהֶם וְלֹא גָּזְרוּ עֲלֵיהֶם טֻמְאָה אֶלָּא לִתְרוּמָה אֲבָל לְחֻלִּין טְהוֹרִין:

טז. נָכְרִית שֶׁפָּלְטָה שִׁכְבַת זֶרַע שֶׁל יִשְׂרָאֵל בְּתוֹךְ הַשָּׁלֹשׁ עוֹנוֹת. וְכֵן הַבְּהֵמָה שֶׁפָּלְטָה שִׁכְבַת זֶרַע שֶׁל יִשְׂרָאֵל בְּתוֹךְ זְמַן זֶה הֲרֵי אוֹתָהּ הַנִּפְלֶטֶת טְמֵאָה. פְּלָטַתּוּ לְאַחַר זְמַן זֶה הֲרֵי הִיא סָפֵק נִסְרְחָה אוֹ עֲדַיִן לֹא נִסְרְחָה:

יז. כְּבָר בֵּאַרְנוּ בְּהִלְכוֹת מְטַמְּאֵי מִשְׁכָּב וּמוֹשָׁב שֶׁשִּׁכְבַת זַרְעוֹ שֶׁל עַכּוּ"ם טָהוֹר מִכְּלוּם לְפִיכָךְ בַּת יִשְׂרָאֵל שֶׁפָּלְטָה שִׁכְבַת זֶרַע שֶׁל עַכּוּ"ם אֲפִלּוּ בְּתוֹךְ שָׁלֹשׁ עוֹנוֹת טְהוֹרָה:

יח. עַכּוּ"ם שֶׁהִרְגִּישׁ וְנִתְגַּיֵּר וְיָרַד וְטָבַל וְיָצָא מִמֶּנּוּ שִׁכְבַת זֶרַע שֶׁהִרְגִּישׁ בָּהּ אַחַר שֶׁטָּבַל הֲרֵי זֶה סְפֵק טָמֵא:

יט. גְּדוֹלָה שֶׁשָּׁכַב אוֹתָהּ קָטָן פָּחוֹת מִבֶּן תֵּשַׁע [אוֹ עַכּוּ"ם אוֹ בְּהֵמָה] הֲרֵי זוֹ טְהוֹרָה שֶׁנֶּאֱמַר [(ויקרא טו יח) "וְאִשָּׁה אֲשֶׁר יִשְׁכַּב אִישׁ אֹתָהּ"] עַד שֶׁיִּהְיֶה הַשּׁוֹכֵב אִישׁ וּמִיִּשְׂרָאֵל כְּמוֹ שֶׁבֵּאַרְנוּ:

Perek 6

Impurity of *Avodah Zarah* (false gods)

Impurity of *avodah zarah* is the level of *av tumah,* and is *Derabanan.*

There are **4** categories
- Avodah *zarah* itself
- *Meshamshehah* (its accessories)
- *Tikrovet shelah* (what was offered to it)
- *Yayin nesech* (wine libation)

> **Reminder**
> Pack on Impurity – Essential Overviews

AVODAH ZARAH ITSELF (SIMILAR TO SHERETZ)
Direct Transmission of impurity from *Av Hatumah* (Father or Primary Source)

	Direct from Text of *Rambam*	Understood
TOUCH		
Imparts impurity to people	✓	
Imparts impurity to vessels	✓	
Imparts impurity to clothes one is wearing	✗	
Imparts impurity to earthenware vessels	✓ when entering its space	
Imparts impurity to foods		
Imparts impurity to liquids		
CARRIAGE		
Imparts impurity to people	✗	
Imparts impurity to vessels	✗	
Imparts impurity to earthenware vessels		✗
Imparts impurity to clothes		✗
Imparts impurity to foods		
Imparts impurity to liquids		
MOVEMENT (CAN BE MOVEMENT WITHOUT CARRIAGE)		
Imparts impurity same as carriage		

MISHKAV AND *MOSHAV*		
Couch (or chair) on which lies (or sits) becomes impure		
Saddle on which rides becomes impure		
Madaf impurity		
SPACE CONTAINING AN IMPURITY		
OHEL (UNIQUE TO A HUMAN CORPSE)		
Imparts impurity to people		
Imparts impurity to vessels		
Imparts impurity to earthenware vessels		
Imparts impurity to foods		
Imparts impurity to drinks (liquids)		
Containing structure becomes impure		
SEALED VESSELS (SIMILAR LAWS TO *OHEL*)		
Imparts impurity to people		
Imparts impurity to vessels		
Imparts impurity to foods		
Imparts impurity to liquids		
Vessel becomes impure		
METZORA OR *TZARAAT* MATERIAL ENTERING BUILDING		
Imparts impurity to people		
Imparts impurity to vessels		
Imparts impurity to foods		
Imparts impurity to liquids		
Building becomes impure		
SPACE OF EARTHENWARE VESSELS		
Imparts impurity to people		
Imparts impurity to vessels		
Imparts impurity to foods		

Imparts impurity to liquids		
Vessel becomes impure		

If one breaks off a limb from *avodah zarah*, it becomes pure because it is damaged. Minimal measure is **1** *kezayit* size.

ACCESSORIES OF *AVODAH ZARAH* (SIMILAR TO *SHERETZ*)
📖 **Direct Transmission of impurity from *Av Hatumah* (Father or Primary Source)**

	Direct from Text of Rambam	Understood
TOUCH		
📖 Imparts impurity to people	✓	
📖 Imparts impurity to vessels	✓	
📖 Imparts impurity to clothes one is wearing	✗	
📖 Imparts impurity to earthenware vessels	✓ when entering its space	
📖 Imparts impurity to foods		
📖 Imparts impurity to liquids		
📖 CARRIAGE		
📖 Imparts impurity to people	✗	
📖 Imparts impurity to vessels	✗	
📖 Imparts impurity to earthenware vessels		✗
📖 Imparts impurity to clothes		✗
Imparts impurity to foods		
Imparts impurity to liquids		
MOVEMENT (CAN BE MOVEMENT WITHOUT CARRIAGE)		
Imparts impurity same as carriage		
MISHKAV AND *MOSHAV*		
Couch (or chair) on which lies (or sits) becomes impure		

Saddle on which rides becomes impure		
Madaf impurity		
SPACE CONTAINING AN IMPURITY		
OHEL (UNIQUE TO A HUMAN CORPSE)		
Imparts impurity to people		
Imparts impurity to vessels		
Imparts impurity to earthenware vessels		
Imparts impurity to foods		
Imparts impurity to drinks (liquids)		
Containing structure becomes impure		
SEALED VESSELS (SIMILAR LAWS TO OHEL)		
Imparts impurity to people		
Imparts impurity to vessels		
Imparts impurity to foods		
Imparts impurity to liquids		
Vessel becomes impure		
METZORA OR *TZARAAT* MATERIAL ENTERING BUILDING		
Imparts impurity to people		
Imparts impurity to vessels		
Imparts impurity to foods		
Imparts impurity to liquids		
Building becomes impure		
SPACE OF EARTHENWARE VESSELS		
Imparts impurity to people		
Imparts impurity to vessels		
Imparts impurity to foods		
Imparts impurity to liquids		
Vessel becomes impure		

Minimum measure is **1** *kezayit*.

If one cuts away a portion of accessory, it remains impure. (Therefore stricter than *avodah zarah* itself!)

Shrine imparts impurity as the accessories themselves.

OFFERING BROUGHT TO *AVODAH ZARAH*

Direct Transmission of impurity from *Av Hatumah* (Father or Primary Source)

	Direct from Text of Rambam	Understood
📖 TOUCH		
📖 Imparts impurity to people	✓	
📖 Imparts impurity to vessels	✓	
📖 Imparts impurity to clothes one is wearing		✓
📖 Imparts impurity to earthenware vessels	✓ when enters space	
📖 Imparts impurity to foods		
📖 Imparts impurity to liquids		
CARRIAGE		
📖 Imparts impurity to people	✓	
📖 Imparts impurity to vessels	✓	
📖 Imparts impurity to earthenware vessels		✗
📖 Imparts impurity to clothes		✓
Imparts impurity to foods		
Imparts impurity to liquids		
MOVEMENT (CAN BE MOVEMENT WITHOUT CARRIAGE)		
Imparts impurity same as carriage		
MISHKAV AND MOSHAV		
Couch (or chair) on which lies (or sits) becomes impure		
Saddle on which rides becomes impure		
Madaf impurity		

SPACE CONTAINING AN IMPURITY		
OHEL (UNIQUE TO A HUMAN CORPSE)		
Imparts impurity to people		
Imparts impurity to vessels		
Imparts impurity to earthenware vessels		
Imparts impurity to foods		
Imparts impurity to drinks (liquids)		
Containing structure becomes impure		
SEALED VESSELS (SIMILAR LAWS TO OHEL)		
Imparts impurity to people		
Imparts impurity to vessels		
Imparts impurity to foods		
Imparts impurity to liquids		
Vessel becomes impure		
METZORA OR TZARAAT MATERIAL ENTERING BUILDING		
Imparts impurity to people		
Imparts impurity to vessels		
Imparts impurity to foods		
Imparts impurity to liquids		
Building becomes impure		
SPACE OF EARTHENWARE VESSELS		
Imparts impurity to people		
Imparts impurity to vessels		
Imparts impurity to foods		
Imparts impurity to liquids		
Vessel becomes impure		

Korbanot brought to *avodah zarah* including any product brought (Similar to *nevelah*)

If one cuts away a limb from *korban*, it remains impure. Therefore, laws stricter than *avodah zarah* itself!

Minimum measure is **1 *kezayit*.**

WINE LIBATION OF *AVODAH ZARAH*

WINE LIBATION OF *AVODAH ZARAH* (SIMILAR TO *NEVELAH*)

Direct Transmission of impurity from *Av Hatumah* (Father or Primary Source)

It refers only to the wine poured out by hand before an idol (and not wine just belonging to a Gentile).

	Direct from Text of Rambam	Understood
📖 TOUCH		
📖 Imparts impurity to people	✓	
📖 Imparts impurity to vessels	✓	
📖 Imparts impurity to clothes one is wearing		✓
📖 Imparts impurity to earthenware vessels	✓ when enters space	
📖 Imparts impurity to foods		
📖 Imparts impurity to liquids		
📖 *CARRIAGE*		
📖 Imparts impurity to people	✓	
📖 Imparts impurity to vessels		✓
📖 Imparts impurity to earthenware vessels		✗
📖 Imparts impurity to clothes		✓
Imparts impurity to foods		
Imparts impurity to liquids		
MOVEMENT (CAN BE MOVEMENT WITHOUT CARRIAGE)		
Imparts impurity same as carriage		
MISHKAV AND MOSHAV		
Couch (or chair) on which lies (or sits) becomes impure		
Saddle on which rides becomes impure		
Madaf impurity		

SPACE CONTAINING AN IMPURITY		
OHEL (UNIQUE TO A HUMAN CORPSE)		
Imparts impurity to people		
Imparts impurity to vessels		
Imparts impurity to earthenware vessels		
Imparts impurity to foods		
Imparts impurity to drinks (liquids)		
Containing structure becomes impure		
SEALED VESSELS (SIMILAR LAWS TO OHEL)		
Imparts impurity to people		
Imparts impurity to vessels		
Imparts impurity to foods		
Imparts impurity to liquids		
Vessel becomes impure		
METZORA OR TZARAAT MATERIAL ENTERING BUILDING		
Imparts impurity to people		
Imparts impurity to vessels		
Imparts impurity to foods		
Imparts impurity to liquids		
Building becomes impure		
SPACE OF EARTHENWARE VESSELS		
Imparts impurity to people		
Imparts impurity to vessels		
Imparts impurity to foods		
Imparts impurity to liquids		
Vessel becomes impure		

Summary and comparisons of all *Av Hatumah*.

	📕 *Av Hatumah Deoraita* That which contracts becomes *vlad hatumah (rishon)*	📖 *Av tumah Derabanan* That which contracts becomes *vlad tumah (rishon)*
IF IMPARTS IMPURITY THOUGH TOUCH ALONE		
Imparts impurity to his clothes (even while touching source)	✗	📖 ✗
Imparts impurity to people (even while touching source)	✗	📖 ✗
Imparts impurity to earthenware vessel (even while touching source)	✗	📖 ✗
Imparts impurity to foods. Foods become *sheni letumah*	✓	📖 ✓
IF IMPARTS IMPURITY THROUGH TOUCH AND CARRIAGE		
Imparts impurity to clothes (at time of touching or carrying) Garments become *rishon*	✓	📖 ✓
Imparts impurity to foods (at time of touching or carrying) Foods become *rishon*	✓	📖 ✓
Imparts impurity to clothes (when ceases touching or carrying	✗	📖 ✗
Imparts impurity to foods (when ceases touching or carrying) Foods become *sheni*	✓	📖 ✓

Exceptions *Nevelah* (animal corpse) and *Merkav* (surface on which *zav* lies)

IF IMPARTS IMPURITY THROUGH TOUCH AND CARRIAGE (*NEVELAH* AND *MERKAV*)		
Imparts impurity to clothes (at time of touching) Garments become *rishon*	✗	📖 ✗ *Nevelah* or *Merkav* do not impart impurity to their clothes when touching source
Imparts impurity to foods (at time of touching or carrying) Foods become *rishon*	✓	📖 ✓
Imparts impurity to clothes (at time of carrying	✓	📖 ✓ *Nevelah* or *Merkav* do impart to clothes when carrying the source
Imparts impurity to foods (when ceases touching or carrying) Foods become *sheni*	✓	✓

With some of the other *avot hatumah*, if it is impossible to touch item without moving it, even though they fall in same category of *nevelah* exception, here the exception would not apply. E.g. *mei nidah* (water of *Parah Adumah*) – water cannot be touched without moving it.

Carcass of fowl while being swallowed imparts impurity to clothes. Similarly, it imparts impurity to food at that time and they become *rishon.*

After swallowing he becomes *rishon*, clothes he wears no longer become impure, and food he touches becomes *sheni.*

The following also impart impurity to clothes while performing their task:

- All those burning Red Heifer
- Those burning goats
- One who sends away the goat of *Azazel*

However, foods they touch while performing their tasks are only *sheni letumah* (second).

Reminder
Pack on Impurity of Clothes

פרק ו׳

א. טֻמְאַת עֲבוֹדָה זָרָה מִדִּבְרֵי סוֹפְרִים וְיֵשׁ לָהּ רֶמֶז בַּתּוֹרָה (בראשית לה ב) "הָסִרוּ אֶת אֱלֹהֵי הַנֵּכָר אֲשֶׁר בְּתֹכְכֶם וְהִטַּהֲרוּ וְהַחֲלִיפוּ שִׂמְלֹתֵיכֶם". וְאַרְבָּעָה אֲבוֹת הַטֻּמְאוֹת יֵשׁ בָּהּ. עֲבוֹדָה זָרָה עַצְמָהּ. וּמְשַׁמְּשֶׁיהָ. וְתִקְרֹבֶת שֶׁלָּהּ. וְיַיִן שֶׁנִּתְנַסֵּךְ לָהּ. וְטֻמְאַת כֻּלָּן מִדִּבְרֵיהֶן:

ב. עֲבוֹדָה זָרָה עַצְמָהּ מְטַמְּאָה אָדָם וְכֵלִים בְּמַגָּע וּכְלֵי חֶרֶס בַּאֲוִיר וְאֵינָהּ מְטַמְּאָה בְּמַשָּׂא כְּשֶׁרֶץ שֶׁנֶּאֱמַר (דברים ז כו) "שַׁקֵּץ תְּשַׁקְּצֶנּוּ". וְשִׁעוּרָהּ כְּזַיִת לֹא תִּהְיֶה זוֹ חֲמוּרָה מִן הַמֵּת. אֲבָל אִם הָיְתָה הַצּוּרָה פְּחוּתָה מִכְּזַיִת טְהוֹרָה:

ג. קָצַץ אֵיבָר מִמֶּנָּה אֲפִלּוּ הָיָה כְּמַרְדֵּעַ הֲרֵי זֶה טָהוֹר שֶׁעֲבוֹדָה זָרָה אֵינָהּ מְטַמְּאָה לְאֵיבָרִים אֶלָּא הַצּוּרָה כֻּלָּהּ כְּשֶׁהִיא שְׁלֵמָה שֶׁנֶּאֱמַר (ישעיה ל כב) "תִּזְרֵם כְּמוֹ דָוָה" מָה דָּוָה אֵינָהּ מְטַמְּאָה לְאֵיבָרִים אַף עֲבוֹדָה זָרָה אֵינָהּ מְטַמְּאָה לְאֵיבָרִים. כְּקָלֵּי אֲבוֹת הַטֻּמְאוֹת דָּנוּ בָּהּ מִפְּנֵי שֶׁטֻּמְאָתָהּ מִדִּבְרֵיהֶם עֲשָׂאוּהָ כְּשֶׁרֶץ שֶׁאֵינוֹ מְטַמֵּא בְּמַשָּׂא וּכְמֵת שֶׁאֵינוֹ מְטַמֵּא אֶלָּא בִּכְזַיִת וּכְנִדָּה שֶׁאֵינָהּ מְטַמְּאָה לְאֵיבָרִים:

ד. נִתְפָּרְקָה עֲבוֹדָה זָרָה אַף עַל פִּי שֶׁהַהֶדְיוֹט יָכוֹל לְהַחֲזִירָהּ וַהֲרֵי כָּל אֵיבָרֶיהָ קַיָּמִים אֵינָהּ מְטַמְּאָה:

ה. כָּל מְשַׁמְּשֵׁי עֲבוֹדָה זָרָה כְּשֶׁרֶץ מְטַמְּאִין אָדָם וְכֵלִים בְּמַגָּע וּכְלֵי חֶרֶס בַּאֲוִיר וְאֵינָן מְטַמְּאִין בְּמַשָּׂא. וְשִׁעוּר טֻמְאָתָן בִּכְזַיִת וַאֲפִלּוּ קָצַץ מִמְּשַׁמְּשֶׁיהָ כְּזַיִת מִן הַכְּלִי מְטַמֵּא כְּשֶׁרֶץ. זוֹ חֹמֶר בִּמְשַׁמְּשֶׁיהָ יוֹתֵר מֵעֲבוֹדָה זָרָה עַצְמָהּ. וּבֵית עֲבוֹדָה זָרָה עַצְמוֹ אֲבָנָיו וְעֵצָיו וַעֲפָרוֹ מְטַמְּאִין בִּכְזַיִת בְּמַגָּע כְּכָל הַמְשַׁמְּשִׁין:

ו. הַמַּכְנִיס רֹאשׁוֹ וְרֻבּוֹ לְבֵית עֲבוֹדָה זָרָה נִטְמָא כְּנוֹגֵעַ. וְכֵן כְּלִי חֶרֶס שֶׁהִכְנִיס אֲוִירוֹ לְבֵית עֲבוֹדָה זָרָה נִטְמָא. סַפְסָלִים וְקָתֶדְרָאוֹת שֶׁהִכְנִיס רֻבָּן לְבֵית עֲבוֹדָה זָרָה טְמֵאִים וְכֻלָּן רִאשׁוֹן לְטֻמְאָה:

ז. תִּקְרֹבֶת עֲבוֹדָה זָרָה מְטַמְּאָה בְּמַגָּע וּבְמַשָּׂא כִּנְבֵלָה וְשִׁעוּרָהּ בִּכְזַיִת. כָּל דָּבָר שֶׁמַּקְרִיבִין לָהּ בֵּין בָּשָׂר בֵּין שְׁאָר אֳכָלִים וּמַשְׁקִין הַכֹּל כִּנְבֵלָה שֶׁהַכָּתוּב קְרָאָן (תהלים קו כח) "זִבְחֵי מֵתִים". וְאַף עַל פִּי שֶׁאֵין תִּקְרֹבֶת עֲבוֹדָה זָרָה שֶׁל אֳכָלִין בְּטֵלִין לְעוֹלָם לְהַתִּירָהּ בַּהֲנָאָה אִם בִּטְּלָהּ הֲרֵי זוֹ סָפֵק לְטֻמְאָה. אֲבָל כְּלִי שֶׁהוּא תִּקְרֹבֶת עֲבוֹדָה זָרָה שֶׁבִּטְּלוֹ טָהוֹר וְכֵן עֲבוֹדָה זָרָה וּמְשַׁמְּשֶׁיהָ שֶׁבִּטְּלָן טְהוֹרִין:

ח. יַיִן שֶׁנִּתְנַסֵּךְ לַעֲבוֹדָה זָרָה מְטַמֵּא אָדָם וְכֵלִים בְּמַגָּע וּכְלֵי חֶרֶס בַּאֲוִיר. וּמְטַמֵּא אָדָם בְּמַשָּׂא כִּנְבֵלָה וְטֻמְאָתוֹ בִּכְזַיִת שֶׁנֶּאֱמַר (דברים לב לח) "אֲשֶׁר חֵלֶב זְבָחֵימוֹ יֹאכֵלוּ יִשְׁתּוּ יֵין

נְסִיכָם" הֲרֵי יֵין נְסִיכָם כְּחֵלֶב זִבְחֵימוֹ. וְאֵין מְטַמֵּא טֻמְאָה זוֹ אֶלָּא יַיִן שֶׁנִּתְנַסֵּךְ בַּיָּד לִפְנֵי עֲבוֹדָה זָרָה אֲבָל סְתָם יֵינָן שֶׁל עַכּוּ"ם מְטַמֵּא טֻמְאָה קַלָּה כִּשְׁאָר כָּל מַשְׁקִין טְמֵאִין:

ט. מִכָּל הַדְּבָרִים שֶׁבֵּאַרְנוּ מִתְּחִלַּת הַסֵּפֶר עַד כָּאן אַתָּה לָמֵד שֶׁאֲבוֹת הַטֻּמְאוֹת מֵהֶן אָבוֹת שֶׁל תּוֹרָה וּמֵהֶן אָבוֹת שֶׁל דִּבְרֵי סוֹפְרִים:

י. כָּל הַמִּתְטַמֵּא מֵחֲמַת אָב שֶׁל תּוֹרָה הֲרֵי הוּא וְלַד טֻמְאָה שֶׁל תּוֹרָה וְכָל הַמִּתְטַמֵּא מֵחֲמַת אָב שֶׁל דִּבְרֵיהֶם הֲרֵי זֶה וָלָד שֶׁל דִּבְרֵיהֶם:

יא. כָּל אַב טֻמְאָה שֶׁמְּטַמֵּא בְּמַגָּע וְאֵינוֹ מְטַמֵּא בְּמַשָּׂא בֵּין אָב שֶׁל תּוֹרָה בֵּין אָב שֶׁל דִּבְרֵיהֶם אָדָם הַנּוֹגֵעַ בּוֹ אֵינוֹ מְטַמֵּא בְּגָדִים בִּשְׁעַת מַגָּעוֹ. וְלֹא אָדָם וְלֹא כְּלִי חֶרֶס אַף עַל פִּי שֶׁעֲדַיִן לֹא פֵּרַשׁ מִמְּטַמְּאָיו. וְהִנּוֹ אַחַר שֶׁפֵּרַשׁ מִמְּטַמְּאָיו אוֹ קֹדֶם שֶׁיִּפְרֹשׁ וָלָד שֶׁהוּא מְטַמֵּא אֳכָלִין וְעוֹשֶׂה אוֹתָן שֵׁנִי לְטֻמְאָה מִפְּנֵי שֶׁהוּא רִאשׁוֹן:

יב. וְכָל אַב טֻמְאָה שֶׁמְּטַמֵּא בְּמַגָּע וּבְמַשָּׂא בֵּין אָב שֶׁל תּוֹרָה בֵּין אָב שֶׁל דִּבְרֵיהֶם אָדָם הַנּוֹגֵעַ בּוֹ אוֹ הַנּוֹשְׂאוֹ מְטַמֵּא בְּגָדִים בִּשְׁעַת מַגָּעוֹ וּבִשְׁעַת נְשִׂיאָתוֹ וְעוֹשֶׂה אוֹתָן רִאשׁוֹן לְטֻמְאָה. וְכֵן אִם נָגַע בָּאֳכָלִין עֲשָׂאָן רִאשׁוֹן כָּל זְמַן שֶׁלֹּא פֵּרַשׁ מִמְּטַמְּאָיו. פֵּרַשׁ מִמְּטַמְּאָיו הֲרֵי הוּא רִאשׁוֹן לְטֻמְאָה לְכָל דָּבָר וְאֵינוֹ מְטַמֵּא בְּגָדִים וְאִם נָגַע בָּאֳכָלִין הֲרֵי הֵן שֵׁנִי. בַּמֶּה דְּבָרִים אֲמוּרִים בִּשְׁאָר כָּל הָאָבוֹת חוּץ מִן הַנְּבֵלוֹת וְהַמֶּרְכָּב. אֲבָל הַנְּבֵלָה וְהַמֶּרְכָּב אַף עַל פִּי שֶׁמְּטַמְּאִין בְּמַגָּע וּבְמַשָּׂא הַנּוֹגֵעַ בָּהֶן אֵינוֹ מְטַמֵּא בְּגָדִים בִּשְׁעַת מַגָּעוֹ וְאִם נָגַע בָּאֳכָלִין הֲרֵי הֵן שֵׁנִי לְטֻמְאָה. וְהַנּוֹשֵׂא מְטַמֵּא בְּגָדִים בִּשְׁעַת נְשִׂיאָתוֹ וְאִם נָגַע בָּאֳכָלִין עַד שֶׁלֹּא פֵּרַשׁ הִנָּם רִאשׁוֹן לְטֻמְאָה כְּמוֹ שֶׁבֵּאַרְנוּ:

יג. מֵי חַטָּאת שֶׁיֵּשׁ בָּהֶן כְּדֵי הַזָּאָה אַף עַל פִּי שֶׁהֵן כִּנְבֵלָה וּכְמֶרְכָּב שֶׁאֵין מְטַמְּאִין בְּגָדִים אֶלָּא הַנּוֹשְׂאָן הֲרֵי הַנּוֹגֵעַ בָּהֶן מְטַמֵּא בְּגָדִים בִּשְׁעַת מַגָּעוֹ מִשּׁוּם נוֹשֵׂא שֶׁאִי אֶפְשָׁר שֶׁיִּגַּע בַּמַּיִם שֶׁלֹּא יָסִיט אוֹתָן. וּכְבָר בֵּאַרְנוּ שֶׁאֶחָד הַנּוֹשֵׂא וְאֶחָד הַמֵּסִיט. וְכֵן הַנּוֹגֵעַ בְּצֶמֶר הַנְּבֵלָה אוֹ שֶׁנָּגַע בְּנִימֵי הַמֶּרְכָּב מְטַמֵּא בְּגָדִים בִּשְׁעַת מַגָּעוֹ מִשּׁוּם נוֹשֵׂא. שֶׁאִי אֶפְשָׁר לִנְגֹּעַ בִּדְבָרִים אֵלּוּ שֶׁלֹּא יָסִיט אוֹתָן. וּלְפִיכָךְ מְטַמֵּא בְּגָדִים עַד שֶׁלֹּא פֵּרַשׁ כְּדִין הַנּוֹשֵׂא:

יד. הַבּוֹלֵעַ נִבְלַת עוֹף הַטָּהוֹר בִּשְׁעַת בְּלִיעָתוֹ מְטַמֵּא בְּגָדִים כְּמוֹ שֶׁבֵּאַרְנוּ וְהֵן רִאשׁוֹן לְטֻמְאָה. וְכֵן אִם נָגַע בָּאֳכָלִין הֲרֵי הֵן רִאשׁוֹן לְטֻמְאָה. וְאַחַר שֶׁבָּלַע הֲרֵי זֶה פֵּרַשׁ מִמְּטַמְּאָיו:

טו. הַשּׂוֹרֵף פָּרָה אֲדֻמָּה וּשְׂעִירִים הַנִּשְׂרָפִים וְהַמְשַׁלֵּחַ אֶת הַשָּׂעִיר אַף עַל פִּי שֶׁבִּשְׁעַת מַעֲשֵׂיהֶן מְטַמֵּא בְּגָדִים כְּמוֹ שֶׁבֵּאַרְנוּ. אִם נָגְעוּ בָּאֳכָלִין אֲפִלּוּ בִּשְׁעַת מַעֲשֵׂיהֶן הֲרֵי הֵן שֵׁנִי לְטֻמְאָה:

טז. הַנּוֹגֵעַ בְּאָב מֵאֲבוֹת הַטֻּמְאוֹת הַמֻּשְׁלָךְ בְּתוֹךְ הַמִּקְוֶה. כְּגוֹן נְבֵלָה אוֹ שֶׁרֶץ אוֹ מִשְׁכָּב שֶׁהוּא בְּמִקְוֶה וְנָגַע בּוֹ הֲרֵי זֶה טָמֵא. שֶׁנֶּאֱמַר (ויקרא יא לו) "אַךְ מַעְיָן וּבוֹר מִקְוֵה מַיִם יִהְיֶה טָהוֹר וְנֹגֵעַ בְּנִבְלָתָם יִטְמָא" אֲפִלּוּ כְּשֶׁהֵן בְּתוֹךְ הַמִּקְוֶה מְטַמְּאִין. וּכְשֶׁיַּעֲלֶה מִן הַמִּקְוֶה זֶה הַנּוֹגֵעַ יִטְהַר. [וְהַנּוֹשְׂאָן מְטַמֵּא בְּגָדִים בִּשְׁעַת נְשִׂיאָתָן. וְאִם נָגַע בָּאֳכָלִים עַד שֶׁלֹּא פֵּרַשׁ הֲרֵי הֵן רִאשׁוֹן לְטֻמְאָה כְּמוֹ שֶׁבֵּאַרְנוּ]. וְכֵן זָב שֶׁדָּרַס עַל הַמִּשְׁכָּב שֶׁהוּא מֻנָּח בַּמִּקְוֶה הֲרֵי הַמִּשְׁכָּב טָמֵא. וּכְשֶׁיַּעֲלֶה הַמִּשְׁכָּב מִן הַמִּקְוֶה יִטְהַר שֶׁהֲרֵי עָלְתָה לוֹ טְבִילָה וְזֶה הַנּוֹגֵעַ בַּמִּשְׁכָּב כְּשֶׁהוּא בַּמִּקְוֶה אִם פָּשַׁט יָדוֹ וְנוֹגֵעַ חוּץ לַמִּקְוֶה הֲרֵי זֶה מְטַמֵּא בְּגָדִים וְאֵין צָרִיךְ לוֹמַר שֶׁהוּא מְטַמֵּא אֳכָלִין וּמַשְׁקִין:

Perek 7

Impurity of Foods

Reminder

Pack on Impurity of Foods

According to Scriptural Law food and liquids do not impart impurity.

The *Rabanim* made special laws regarding impurity of foods.

	Imparts impurity to other foods	Imparts impurity to other liquids	Imparts impurity to containers
Impure foods	✓	✓	✗
Impure liquids	✓	✓	✓ (This only applies when original impurity was an *av hatumah*)

	Becomes *rishon*	Becomes *sheni*	Becomes *shlishi*	Becomes *revii*
FOOD				
Touches *av hatumah*	📖 ✓			
Touches *rishon* (whether food or vessel)		📖 ✓		
Touches food which is a *sheni*			📖 ✓	
Touches food which is a *shlishi*				📖 ✓
LIQUIDS				
Touches *av hatumah*	📖 ✓			
Touches *rishon*	📖 ✓			
Touches *sheni*	📖 ✓			
Touches *shlishi*	📖 ✓			
Touches *revii*	📖 ✓			

- Liquids are the only *vlad hatumah* which imparts impurity to vessels. The *Rabanim* instituted this because liquids may resemble the liquids emanating from a *zav*, which are *av hatumah*.
- Liquids touching the inner side of a vessel, makes the whole vessel impure (including its outer surface) – *sheni letumah*.
- Liquids touching the outer surface of a vessel, only make the outer surface impure (a *sheni letumah*) for trumah. For *kodesh* however, the entire vessel is impure and imparts impurity to sacrificial food.

> **Reminder**
> Pack on Impurity of Vessels

פרק ז׳

א. דָּבָר מְפֹרָשׁ בַּתּוֹרָה שֶׁהָאֳכָלִין וְהַמַּשְׁקִין מִתְטַמְּאִין שֶׁנֶּאֱמַר (ויקרא יא לד) "מִכָּל הָאֹכֶל אֲשֶׁר יֵאָכֵל אֲשֶׁר יָבוֹא עָלָיו מַיִם יִטְמָא וְכָל מַשְׁקֶה אֲשֶׁר יִשָּׁתֶה בְּכָל כְּלִי יִטְמָא". וְאֵין הָאֹכֶל שֶׁנִּטְמָא מְטַמֵּא אֹכֶל אַחֵר מִן הַתּוֹרָה. וְלֹא הַמַּשְׁקִין שֶׁנִּטְמְאוּ מְטַמְּאִין דָּבָר אַחֵר מִן הַתּוֹרָה. אֲבָל מִדִּבְרֵי סוֹפְרִים גָּזְרוּ עַל הָאֹכֶל הַטָּמֵא שֶׁאִם נָגַע בְּאֹכֶל אַחֵר טִמְּאָהוּ. וְכֵן אִם נָגַע אֹכֶל הַטָּמֵא בְּמַשְׁקִין טְמֵאִין. וְאֵין אֹכֶל מְטַמֵּא כְּלִי שֶׁנָּגַע בּוֹ לְעוֹלָם וַאֲפִלּוּ מִדִּבְרֵיהֶם. וְכֵן גָּזְרוּ עַל הַמַּשְׁקִין הַטְּמֵאִים שֶׁיְּטַמְּאוּ אֳכָלִין אוֹ מַשְׁקִין אוֹ כֵּלִים שֶׁנָּגְעוּ בָּהֶן:

ב. אֵין לְךָ וְלַד טֻמְאָה שֶׁמְּטַמֵּא כֵּלִים אֶלָּא מַשְׁקִין טְמֵאִים בִּלְבַד. וְטֻמְאָה זוֹ מִדִּבְרֵיהֶם וְהוּא שֶׁיִּהְיוּ אוֹתָן הַמַּשְׁקִין טְמֵאִין מֵחֲמַת אָב מֵאֲבוֹת הַטֻּמְאוֹת בֵּין שֶׁל תּוֹרָה בֵּין שֶׁל דִּבְרֵיהֶם. וּמִפְּנֵי מָה גָּזְרוּ עַל הַמַּשְׁקִין טְמֵאִין שֶׁיְּטַמְּאוּ כֵּלִים גְּזֵרָה מִשּׁוּם מַשְׁקֵה הַזָּב שֶׁהוּא אָב וּמְטַמֵּא כֵּלִים דִּין תּוֹרָה. שֶׁנֶּאֱמַר (ויקרא טו ח) "וְכִי יָרֹק הַזָּב בַּטָּהוֹר" כְּמוֹ שֶׁבֵּאַרְנוּ:

ג. כְּשֶׁגָּזְרוּ עַל הַמַּשְׁקִין שֶׁיְּטַמְּאוּ אֶת הַכֵּלִים גָּזְרוּ שֶׁיִּהְיוּ מְטַמְּאִין אֶת הַכֵּלִים מִתּוֹכָן. כֵּיצַד. אִם נָפְלוּ לַאֲוִיר כְּלִי חֶרֶס נִטְמָא כֻּלּוֹ וַהֲרֵי הוּא שֵׁנִי וְאִם נָגְעוּ בִּשְׁאָר כֵּלִים מִתּוֹכָן מְטַמֵּא כֻּלָּן וְנַעֲשׂוּ שְׁנִיִּים. אֲבָל אִם נָגְעוּ מַשְׁקִין טְמֵאִים בַּאֲחוֹרֵי הַכְּלִי שֶׁיֵּשׁ לוֹ תּוֹךְ בֵּין בִּכְלִי חֶרֶס בֵּין בִּכְלִי שֶׁטֶף וּכְלִי מַתָּכוֹת נִטְמְאוּ אֲחוֹרָיו בִּלְבַד וַהֲרֵי אֲחוֹרָיו שֵׁנִי וְלֹא נִטְמָא תּוֹכוֹ. בַּמֶּה דְּבָרִים אֲמוּרִים לִתְרוּמָה. אֲבָל לְקֹדֶשׁ כְּלִי שֶׁנִּטְמְאוּ אֲחוֹרָיו נִטְמָא כֻּלּוֹ וַהֲרֵי כֻּלּוֹ שֵׁנִי לְטֻמְאָה:

ד. כְּבָר בֵּאַרְנוּ שֶׁהָאֳכָלִין אֵין מְטַמְּאִין כֵּלִים וְהַמַּשְׁקִין מְטַמְּאִין. וְלָמָּה עָשׂוּ בְּטֻמְאַת מַשְׁקִין הֶכֵּר זֶה וְאָמְרוּ שֶׁהַכְּלִי שֶׁנָּגְעוּ מַשְׁקִין טְמֵאִין בַּאֲחוֹרָיו לֹא נִטְמָא תּוֹכוֹ לִתְרוּמָה. לְהוֹדִיעַ שֶׁטֻּמְאַת כֵּלִים אֵלּוּ מִדִּבְרֵיהֶם שֶׁלֹּא יִשְׂרְפוּ עָלֶיהָ תְּרוּמָה וְקָדָשִׁים:

ה. כְּבָר בֵּאַרְנוּ שֶׁהָאֳכָלִין וְהַמַּשְׁקִין שֶׁנָּגְעוּ בְּאָב מֵאֲבוֹת הַטֻּמְאוֹת הֲרֵי הֵן רִאשׁוֹן לְטֻמְאָה. וְכֵן אִם נָגַע אֹכֶל בְּאָדָם אוֹ בִּכְלִי שֶׁנִּטְמָא בְּאָב הֲרֵי אוֹתוֹ הָאֹכֶל שֵׁנִי לְטֻמְאָה. וְאֹכֶל שֶׁנָּגַע בְּזֶה הַשֵּׁנִי נִקְרָא שְׁלִישִׁי לְטֻמְאָה. וְאִם נָגַע הַשְּׁלִישִׁי בְּאֹכֶל (רְבִיעִי) הֲרֵי זֶה נִקְרָא רְבִיעִי לְטֻמְאָה. בַּמֶּה דְּבָרִים אֲמוּרִים בָּאֳכָלִין. אֲבָל הַמַּשְׁקִין אֶחָד מַשְׁקֶה שֶׁנָּגַע בְּאַב הַטֻּמְאָה אוֹ שֶׁנָּגַע בְּרִאשׁוֹן אוֹ שֶׁנָּגַע בְּשֵׁנִי הֲרֵי אוֹתוֹ הַמַּשְׁקֶה תְּחִלָּה לְטֻמְאָה וּמְטַמֵּא אֶת חֲבֵרוֹ וַחֲבֵרוֹ אֶת חֲבֵרוֹ אֲפִלּוּ הֵן מֵאָה שֶׁאֵין מוֹנִין בְּמַשְׁקִין. כֵּיצַד. יַיִן שֶׁנָּגַע בְּאַב הַטֻּמְאָה אוֹ בְּרִאשׁוֹן אוֹ בְּשֵׁנִי הֲרֵי יַיִן זֶה כְּרִאשׁוֹן לְטֻמְאָה. וְכֵן אִם נָגַע יַיִן זֶה בְּשֶׁמֶן וְשֶׁמֶן בְּחָלָב וְחָלָב בִּדְבַשׁ וּדְבַשׁ בְּמַיִם וּמַיִם בְּיַיִן אַחֵר וְכֵן עַד לְעוֹלָם כֻּלָּן רִאשׁוֹן לְטֻמְאָה וּכְאִלּוּ כָּל אֶחָד מֵהֶן נִטְמָא בְּאָב תְּחִלָּה וְכֻלָּן מְטַמְּאִין אֶת הַכֵּלִים. וְכֵן כְּלִי שֶׁנִּטְמְאוּ אֲחוֹרָיו בְּמַשְׁקִין וְנָגְעוּ מַשְׁקִין אֲחֵרִים בַּאֲחוֹרֵי הַכֵּלִים הַטְּמֵאִין אֲפִלּוּ הָיוּ מַשְׁקִין חֻלִּין נַעֲשׂוּ הַמַּשְׁקִין הָאֲחֵרִים תְּחִלָּה לְטֻמְאָה וּמְטַמְּאִין כֵּלִים אֲחֵרִים וְעוֹשִׂין אוֹתָן שְׁנִיִּים וְאֵין צָרִיךְ לוֹמַר שֶׁהֵן מְטַמְּאִין אֳכָלִין וּמַשְׁקִין אֲחֵרִים:

ו. אֲחוֹרֵי הַכְּלִי שֶׁנִּטְמְאוּ בְּמַשְׁקִין וְנָגְעוּ אֳכָלִין בַּאֲחוֹרֵי הַכְּלִי הַטָּמֵא אֲפִלּוּ אָכְלֵי תְּרוּמָה הֲרֵי הֵן טְהוֹרִין שֶׁהַכְּלִי שֶׁנִּטְמְאוּ אֲחוֹרָיו בִּלְבַד אֵינוֹ מְטַמֵּא אֶת הָאֳכָלִין אֶלָּא לְקֹדֶשׁ בִּלְבַד שֶׁהַכְּלִי שֶׁנִּטְמְאוּ אֲחוֹרָיו הֲרֵי זֶה טָמֵא כֻּלּוֹ לְקֹדֶשׁ כְּמוֹ שֶׁבֵּאַרְנוּ וּלְפִיכָךְ מְטַמֵּא אֹכֶל הַקֹּדֶשׁ:

Perek 8

Impurity of Hands

Reminder

Pack on Weights and Measures

Rishon letumah does not normally impart impurity to humans. However, *Derabanan* the hands become impure to the wrist (*sheni letumah*).

Any form of *rishon* will cause impurity to hands i.e. touching a person, vessel, food, liquid or placing hands in *tumah* earthenware vessel.

Impurity of hands does not apply in Temple.

If one eats impure food, he become a *sheni* until he immerses in a *mikveh.*

To become impure through eating one needs **1.5** ***betzah.***

1.5 ***betzah = chatzi pras*** **(½** ***pras*****) = ¼ loaf of bread.**

Impurity from drinking needs measure of **1** ***reviit.***

Shlomo Hamelech decreed that hands are always *sheni letumah* i.e. even if they did not touch something impure (regarding sacrificial food). Later the Sages extended this also to *trumah.* (It is even burned because of this impurity.)

Impure liquids from hands can impart impurity to other foods or liquids but not to vessels (because the impurity is *Derabanan*).

A woman who is a *rishon* does not transmit impurity to her child while nursing.

Reminder
Pack on Purification

פרק ח׳

א. כָּל הַנּוֹגֵעַ בְּיָדָיו בְּרִאשׁוֹן לְטֻמְאָה בֵּין שֶׁהָיָה אוֹתוֹ רִאשׁוֹן אָדָם אוֹ כְּלִי אוֹ אֹכֶל אוֹ מַשְׁקִין טְמֵאִין נִטְמְאוּ יָדָיו בִּלְבַד עַד הַפֶּרֶק. וְכֵן הַמַּכְנִיס יָדָיו לַאֲוִיר כְּלִי חֶרֶס שֶׁנִּטְמָא בְּאַב הַטֻּמְאָה אוֹ שֶׁהִכְנִיס יָדָיו לְבַיִת מְנֻגָּע נִטְמְאוּ יָדָיו. וְטֻמְאַת הַיָּדַיִם מִדִּבְרֵי סוֹפְרִים:

ב. הַיָּדַיִם שְׁנִיּוֹת מִדִּבְרֵי סוֹפְרִים לְעוֹלָם שֶׁאֵין טֻמְאָתָן אֶלָּא מִדִּבְרֵיהֶם וּכְשֶׁגָּזְרוּ טֻמְאָה עֲלֵיהֶן גָּזְרוּ שֶׁיִּהְיוּ כִּשְׁנִי לְטֻמְאָה. אֲפִלּוּ הִכְנִיס יָדָיו לְבַיִת הַמְנֻגָּע אוֹ שֶׁנָּגַע בְּיָדָיו בְּאָדָם שֶׁמְּטַמֵּא בְּגָדִים עַד שֶׁלֹּא פֵּרַשׁ מִמְּטַמְּאָיו הֲרֵי יָדָיו שְׁנִיּוֹת:

ג. הַפִּגּוּל וְהַנּוֹתָר וְצָרִיד שֶׁל מְנָחוֹת הֲרֵי הֵן כְּרִאשׁוֹן לְטֻמְאָה וּמוֹנִין בָּהֶן רִאשׁוֹן וְשֵׁנִי לְפִיכָךְ מְטַמְּאִין אֶת הַיָּדַיִם בִּכְבֵיצָה. וְאֵין הַפִּגּוּל וְהַנּוֹתָר מִצְטָרְפִין אַף עַל פִּי שֶׁשִּׁעוּרָן שָׁוֶה בִּכְבֵיצָה הוֹאִיל וְטֻמְאַת הַיָּדַיִם מִדִּבְרֵיהֶן. אֲבָל שְׁאָר הָאֳכָלִין מִצְטָרְפִין שֶׁאֵין אֳכָלִים טְמֵאִין מְטַמְּאִין אֶת הַיָּדַיִם עַד שֶׁיִּהְיוּ כְּבֵיצָה:

ד. קוּלִית הַפִּגּוּל אוֹ הַנּוֹתָר אַף עַל פִּי שֶׁהִיא סְתוּמָה הַנּוֹגֵעַ בָּהּ בְּיָדָיו נִטְמְאוּ יָדָיו שֶׁהָעֲצָמוֹת שֶׁל קָדָשִׁים שֶׁשִּׁמְּשׁוּ נוֹתָר אוֹ פִּגּוּל מְטַמְּאִין אֶת הַיָּדַיִם הוֹאִיל וְנַעֲשׂוּ בָּסִיס לְדָבָר הָאָסוּר:

ה. בְּשַׂר קֹדֶשׁ שֶׁיָּצָא חוּץ לִמְחִצָּתוֹ הֲרֵי הוּא סָפֵק אִם מְטַמֵּא אֶת הַיָּדַיִם אוֹ לֹא. לְפִיכָךְ אֵינוֹ מְטַמֵּא שֶׁסְּפֵק טֻמְאַת הַיָּדַיִם טָהוֹר כְּמוֹ שֶׁיִּתְבָּאֵר. וְאִם בְּשַׂר פֶּסַח שֶׁיָּצָא חוּץ לַבַּיִת הוּא הֲרֵי הוּא טָהוֹר, בְּנֵי חֲבוּרָה זְרִיזִין הֵן:

ו. אֵין טֻמְאַת יָדַיִם בַּמִּקְדָּשׁ. שֶׁבְּשָׁעָה שֶׁגָּזְרוּ טֻמְאָה עַל הַיָּדַיִם לֹא גָּזְרוּ בַּמִּקְדָּשׁ אֶלָּא הַנּוֹגֵעַ בָּאֳכָלִין טְמֵאִים וְכַיּוֹצֵא בָּהֶן בֵּין שֶׁנָּגַע בַּמִּקְדָּשׁ בֵּין שֶׁנָּגַע חוּץ לַמִּקְדָּשׁ וְנָגַע בְּקָדָשִׁים בַּמִּקְדָּשׁ לֹא טִמְּאָן. וְאִם נָגַע חוּץ לַמִּקְדָּשׁ הֲרֵי זֶה מְטַמֵּא אֶת הַקֹּדֶשׁ וּפוֹסֵל אֶת הַתְּרוּמָה כְּמוֹ שֶׁיִּתְבָּאֵר:

ז. מִי שֶׁנִּטְמֵאת יָדוֹ אַחַת וְנָגְעָה בָּאַחֶרֶת הָאַחֶרֶת טְהוֹרָה וְנוֹטֵל אֶת הַטְּמֵאָה וְדַיּוֹ. בַּמֶּה דְּבָרִים אֲמוּרִים לִתְרוּמָה. אֲבָל לְקֹדֶשׁ אִם נִטְמֵאת יָדוֹ אַחַת וְנָגַע בַּשְּׁנִיָּה טִמְּאָהּ. וּשְׁתֵּיהֶן צְרִיכוֹת טְבִילָה לְקֹדֶשׁ אֲבָל לִתְרוּמָה בִּנְטִילַת יָדַיִם בִּלְבַד יִטָּהֲרוּ יָדָיו:

ח. שְׁלֹמֹה הַמֶּלֶךְ וּבֵית דִּינוֹ גָּזְרוּ עַל כָּל הַיָּדַיִם שֶׁיִּהְיוּ שְׁנִיּוֹת וְאַף עַל פִּי שֶׁלֹּא יָדַע בְּוַדַּאי שֶׁנִּטְמְאוּ מִפְּנֵי שֶׁהַיָּדַיִם עַסְקָנִיּוֹת. וְלֹא גָּזַר שְׁלֹמֹה עַל הַיָּדַיִם טֻמְאָה אֶלָּא לְקֹדֶשׁ. וְאַחַר כָּךְ גָּזְרוּ חֲכָמִים שֶׁאַחֲרָיו אַף לִתְרוּמָה. וּלְפִיכָךְ צָרִיךְ נְטִילַת יָדַיִם לִתְרוּמָה וְאִם נָגַע בִּתְרוּמָה קֹדֶם שֶׁיִּטֹּל יָדָיו פְּסוּלָה וְנִשְׂרֶפֶת עַל טֻמְאָה זוֹ:

ט. לָט אָדָם יָדָיו בְּמַפָּה וְאוֹכֵל תְּרוּמָה בְּלֹא נְטִילַת יָדַיִם וְאֵין חוֹשְׁשִׁין שֶׁמָּא יִגַּע אֲבָל לֹא יַעֲשֶׂה כֵּן בְּחֻלִּין שֶׁנַּעֲשׂוּ עַל טָהֳרַת הַקֹּדֶשׁ אוֹ עַל טָהֳרַת תְּרוּמָה גְּזֵרָה שֶׁמָּא יִגַּע לְפִי שֶׁאֵינוֹ מַקְפִּיד עֲלֵיהֶן:

י. הוֹאִיל וְהַיָּדַיִם שְׁנִיּוֹת אִם נָגְעוּ בְּמַשְׁקֶה עֲשָׂאוּם תְּחִלָּה.

וְאִם נָגְעוּ מַשְׁקִין אֵלּוּ בָּאֲכָלִין עוֹשִׂין אוֹתָן שֵׁנִי. וְאִם נָגְעוּ בְּמַשְׁקִין אֲחֵרִים עוֹשִׂין אוֹתָן תְּחִלָּה שֶׁהַמַּשְׁקִין תְּחִלָּה לְעוֹלָם כְּמוֹ שֶׁבֵּאַרְנוּ. אֲבָל אֵין מַשְׁקִין אֵלּוּ שֶׁנִּטְמְאוּ מֵחֲמַת הַיָּדַיִם מְטַמְּאִין כֵּלִים שֶׁעִקַּר טֻמְאַת הַיָּדַיִם מִדִּבְרֵיהֶם. וְכֵן גָּזְרוּ חֲכָמִים עַל כָּל אָדָם שֶׁיֹּאכַל אֳכָלִין טְמֵאִין בֵּין שֶׁאָכַל אוֹכֶל רִאשׁוֹן אוֹ אוֹכֶל שֵׁנִי וְעַל כָּל הַשּׁוֹתֶה מַשְׁקִין טְמֵאִים שֶׁיִּהְיֶה שֵׁנִי לְטֻמְאָה עַד שֶׁיִּטָּבֵל. וְאִם נָגַע בָּאֲכָלִין עֲשָׂאָן שְׁלִישִׁי. וְאִם נָגַע בְּמַשְׁקִין אֲפִלּוּ מַשְׁקֵה חֻלִּין עֲשָׂאָן תְּחִלָּה לְטַמֵּא אֳכָלִין וּמַשְׁקִין אֲחֵרִים. אֲבָל לֹא לְטַמֵּא כֵלִים הוֹאִיל וְעִקַּר טֻמְאַת אָדָם זֶה מִדִּבְרֵיהֶם. וּמִפְּנֵי מָה גָּזְרוּ טֻמְאָה עַל הָאוֹכֵל אֳכָלִין טְמֵאִים. שֶׁמָּא יֹאכַל אוֹכֶל רִאשׁוֹן אוֹ שֵׁנִי וְיִשְׁתֶּה עָלָיו מַשְׁקֵה תְרוּמָה וְנִמְצָא הַמַּשְׁקֶה תְרוּמָה טָמֵא בָּאֹכֶל שֶׁבְּפִיו. וְכֵן הַשּׁוֹתֶה מַשְׁקִין טְמֵאִים שֶׁמָּא יֹאכַל עִמָּהֶן אֹכֶל תְּרוּמָה וְנִמְצָא תְרוּמָה טָמֵא בְּמַשְׁקִין שֶׁבְּפִיו. וּכְבָר בֵּאַרְנוּ בִּתְרוּמוֹת שֶׁאָסוּר לֶאֱכֹל תְּרוּמָה טְמֵאָה:

יא. אֵינוֹ מִתְטַמֵּא עַד שֶׁיֹּאכַל מַאֲכָלִים טְמֵאִים כַּחֲצִי פְּרָס שֶׁהוּא כַבֵּיצָה וּמֶחֱצָה שׁוֹחֶקֶת. וְכֵן הַשּׁוֹתֶה אֵינוֹ מִתְטַמֵּא

עַד שֶׁיִּשְׁתֶּה מִמַּשְׁקִין טְמֵאִין רְבִיעִית. וְכָל הָאֳכָלִין מִצְטָרְפִין לַחֲצִי פְּרָס לִפְסל אֶת הַגּוּיָה. וְכָל הַמַּשְׁקִין מִצְטָרְפִין לִרְבִיעִית. וְאִם אָכַל אוֹ שָׁתָה פָּחוֹת מִשִּׁעוּר זֶה טָהוֹר. אָכַל מְעַט וְשָׁהָה וְאָכַל מְעַט אִם יֵשׁ מִתְּחִלָּה וְעַד סוֹף כְּדֵי אֲכִילַת פְּרָס מִצְטָרְפִין וְאִם לָאו אֵין מִצְטָרְפִין. וְכֵן אִם שָׁתָה מְעַט וְשָׁהָה וְשָׁתָה מְעַט אִם יֵשׁ מִתְּחִלָּה וְעַד סוֹף כְּדֵי אֲכִילַת פְּרָס מִצְטָרְפִין וְאִם לָאו אֵין מִצְטָרְפִין. אֲבָל אָכַל פָּחוֹת מִכַּשִּׁעוּר וְטָבַל וְעָלָה וְאָכַל מְעַט מִיָּד אִם לֹא שָׁהָה בֵּינֵיהֶן וַהֲרֵי בֵּין אֲכִילָה שֶׁלִּפְנֵי טְבִילָה וְשֶׁלְּאַחַר טְבִילָה כְּדֵי אֲכִילַת פְּרָס הֲרֵי אֵלּוּ מִצְטָרְפִין:

יב. אִשָּׁה שֶׁהִיא רִאשׁוֹן לְטֻמְאָה וּמֵינִיקָה אֶת בְּנָהּ הֲרֵי הַבֵּן טָהוֹר וְלֹא גָזְרוּ עָלָיו טֻמְאָה שֶׁאֵפִלּוּ תֹּאמַר שֶׁיָּנַק רְבִיעִית אֶפְשָׁר שֶׁיֵּשׁ מִתְּחִלָּה וְעַד סוֹף יֶתֶר מִכְּדֵי אֲכִילַת פְּרָס שֶׁהֲרֵי אֵינוֹ יוֹנֵק בְּבַת אַחַת:

יג. הַמְעֻבֶּרֶת הִתִּירוּ לָהּ לֶאֱכֹל אֳכָלִין טְמֵאִין פָּחוֹת מִכַּשִּׁעוּר. וְאַף עַל פִּי שֶׁהִיא אוֹכֶלֶת הַרְבֵּה מִפְּנֵי הַסַּכָּנָה. וְאֵינָהּ צְרִיכָה טְבִילָה אֶלָּא הֲרֵי הִיא טְהוֹרָה:

Perek 9

Impurity of *Mayim Sheuvim* (Drawn water) and Impurity of Sacred Scrolls.

> **Reminder**
> Pack on Impurity – Essential Overviews

DRAWN WATER

Drawn water (as compared to natural water in the ground,) is that which humans have retrieved using a container to store or use.

The Sages decreed that these waters make a person impure and he becomes a *sheni letumah*. If he touches food this becomes *shlishi*. If he touches liquids they become *rishon*.

The reason the Sages made this decree is because the natural places of immersion were foul, and people would wash after immersing. People began to think that the washing caused the purity, so they immersed carelessly. To prevent people from mistaking the washing from the immersing (i.e. a *mikveh*), they decreed the washing to be a transmitter of impurity!

Measure to cause impurity:

- 3 *log* water falling on head and majority of body (like a shower)
- Immersing head and majority of body

Either immersing or pouring the water on him would convey the impurity. This must be done in the ordinary manner. Otherwise he remains pure.

The water which makes the person impure, becomes impure itself from the person. It becomes *rishon* like all liquids.

To purify oneself from this Rabbinic decree, and all the other Rabbinic decrees of impurity, one must immerse in a *mikveh*. One does not have to wait for nightfall. One becomes pure immediately.

Reminder
Pack on Purification

SACRED SCROLLS

Sages decreed that any *trumah* which touches Sacred Scrolls, becomes impure. Scrolls regarded as *sheni,* and *trumah* becomes *shlishi.*

Moreover, anyone who touched Scrolls with the hands, his hands become *sheni letumah.* Normally hands only become impure from *rishon,* but the sages were strict in this case.

The reason for above was that people used to put Holy Scrolls next to *trumah* to demarcate the *trumah* (loaves of bread) as Holy. Mice would come along to eat the bread and would also eat the scrolls. The sages wanted to protect the scrolls.

Similarly with

- Holy writings
- Straps of *tefillin* attached to *tefillin*
- Case of Scroll or other items connected to the Scroll. (i.e. sewed to the scroll)

פרק ט׳

א. הַבָּא רֹאשׁוֹ וְרֻבּוֹ בְּמַיִם שְׁאוּבִין אוֹ שֶׁנָּפְלוּ עַל רֹאשׁוֹ וְעַל רֻבּוֹ שְׁלֹשָׁה לוּגִּין מַיִם שְׁאוּבִין הֲרֵי הוּא כְּשֵׁנִי לְטֻמְאָה עַד שֶׁיִּטְבֹּל. וְאִם נָגַע בָּאֳכָלִין עֲשָׂאָן שְׁלִישִׁי. וְאִם נָגַע בְּמַשְׁקִין טְמֵאִים עֲשָׂאָן תְּחִלָּה לְטַמֵּא אֳכָלִים וּמַשְׁקִין אֲחֵרִים אֲבָל לֹא לְטַמֵּא כֵּלִים. וּמִפְּנֵי מָה גָּזְרוּ טֻמְאָה עַל אָדָם זֶה. מִפְּנֵי שֶׁהָיוּ טְבוּלֵי יוֹם טוֹבְלִין בִּמְעָרוֹת שֶׁמֵּימֵיהֶן רָעִים וְאַחַר כָּךְ הָיוּ רוֹחֲצִין בְּמַיִם שְׁאוּבִים יָפִים דֶּרֶךְ נְקִיּוּת וּפָשַׁט הַמִּנְהָג כָּךְ עַד שֶׁהָיוּ רֹב הָעָם מְדַמִּים שֶׁמַּיִם שְׁאוּבִים שֶׁרוֹחֲצִין בָּהֶן בָּאַחֲרוֹנָה הֵן שֶׁמְּטַהֲרִין לֹא הַטְּבִילָה שֶׁבְּמֵי מִקְוֶה וְהָיוּ טוֹבְלִין בְּזִלְזוּל בְּלֹא כַּוָּנָה. וּלְפִיכָךְ גָּזְרוּ שֶׁכָּל שֶׁבָּא רֹאשׁוֹ וְרֻבּוֹ בְּמַיִם שְׁאוּבִים אוֹ שֶׁנָּפְלוּ עַל רֹאשׁוֹ וְרֻבּוֹ נִטְמָא וְנַעֲשָׂה כְּשֵׁנִי לְטֻמְאָה. אֲפִלּוּ טָהוֹר שֶׁאֵינוֹ טְבוּל יוֹם אִם נָפְלוּ עַל רֹאשׁוֹ וְרֻבּוֹ שְׁלֹשָׁה לוּגִּין מַיִם שְׁאוּבִין אוֹ שֶׁבָּא רֹאשׁוֹ וְרֻבּוֹ בְּמַיִם שְׁאוּבִין הֲרֵי זֶה כְּשֵׁנִי לְטֻמְאָה עַד שֶׁיִּטְבֹּל. טָבַל אֵינוֹ צָרִיךְ הַעֲרֵב שֶׁמֶשׁ מִפְּנֵי שֶׁעִקַּר טֻמְאָה זוֹ מִדִּבְרֵיהֶן. וְכֵן הָאוֹכֵל אֳכָלִין טְמֵאִים וְהַשּׁוֹתֶה מַשְׁקִין טְמֵאִין וְטָבַל אֵינוֹ צָרִיךְ הַעֲרֵב שֶׁמֶשׁ. וְכֵן כֵּלִים שֶׁנִּטְמְאוּ בְּמַשְׁקִין כֵּיוָן שֶׁמַּטְבִּילָן טָהֲרוּ וְאֵין צְרִיכִין הַעֲרֵב שֶׁמֶשׁ מִפְּנֵי שֶׁטֻּמְאוֹת אֵלּוּ עִקָּרָן מִדִּבְרֵיהֶן:

ב. מִי שֶׁנָּפְלוּ עָלָיו שְׁלֹשָׁה לוּגִּין מַיִם שְׁאוּבִין מִשְּׁנֵי כֵּלִים אוֹ מִשְּׁלֹשָׁה אִם הִתְחִיל הַשֵּׁנִי עַד שֶׁלֹּא פָּסַק הָרִאשׁוֹן מִצְטָרְפִין וְאִם לָאו אֵין מִצְטָרְפִין. נָפְלוּ מֵאַרְבָּעָה כֵּלִים אֵין מִצְטָרְפִים וְאַף עַל פִּי שֶׁהִתְחִיל זֶה עַד שֶׁלֹּא פָּסַק זֶה הֲרֵי זֶה טָהוֹר. נָפְלוּ עַל רֹאשׁוֹ אֲבָל לֹא עַל רֻבּוֹ אוֹ שֶׁנָּפְלוּ עַל רֻבּוֹ וְלֹא עַל רֹאשׁוֹ אוֹ שֶׁנָּפְלוּ עַל רֹאשׁוֹ בִּלְבַד מִלְמַעְלָה וְעַל רֻבּוֹ נָפְלוּ מִן הַצַּד אוֹ מִלְּמַטָּה הֲרֵי זֶה טָהוֹר עַד שֶׁיִּפְּלוּ עַל רֹאשׁוֹ וְעַל רֻבּוֹ הַסָּמוּךְ לְרֹאשׁוֹ כְּדַרְכּוֹ. וְכֵן אִם בָּא רֹאשׁוֹ בְּמַיִם שְׁאוּבִין וְלֹא בָּא רֻבּוֹ אוֹ בָּא רֻבּוֹ וְלֹא בָּא רֹאשׁוֹ אוֹ שֶׁבָּא רֹאשׁוֹ בִּלְבַד וּבָא מִשְּׁאָר גּוּפוֹ וְרֻבּוֹ בְּמַיִם שְׁאוּבִין מִלְּמַטָּה אוֹ מִן הַצַּד הֲרֵי זֶה טָהוֹר עַד שֶׁיָּבוֹא רֹאשׁוֹ וְרֻבּוֹ הַסָּמוּךְ לְרֹאשׁוֹ כְּדַרְכּוֹ:

ג. הַבָּא מֵרֹאשׁוֹ וְרֻבּוֹ הַחֵצִי בְּמַיִם שְׁאוּבִין וְנָפְלוּ עַל הַחֵצִי הָאַחֵר מַיִם שְׁאוּבִין הוֹאִיל וְחֶצְיוֹ בִּנְפִילָה וְחֶצְיוֹ בְּבִיאָה טָהוֹר:

ד. הָיוּ שְׁלֹשֶׁת הַלּוּגִּין שֶׁנָּפְלוּ עָלָיו אוֹ שֶׁבָּא בָּהֶן מִקְצָתָן שְׁאוּבִין וּמִקְצָתָן אֵינָן שְׁאוּבִין אוֹ שֶׁנִּתְעָרֵב בָּהֶן יַיִן דְּבַשׁ וְחָלָב הֲרֵי זֶה טָהוֹר עַד שֶׁיִּהְיוּ הַשְּׁלֹשָׁה כֻּלָּן מַיִם שְׁאוּבִין. שְׁלֹשֶׁת לוּגִּין אֵלּוּ שֶׁנָּפְלוּ עַל הַטָּהוֹר אוֹ שֶׁבָּא בָּהֶן וְטִמְּאוּהוּ

כֵּיוָן שֶׁנַּעֲשָׂה כְּשֵׁנִי לְטֻמְאָה הֲרֵי הַמַּיִם הָאֵלּוּ טְמֵאִין שֶׁהֲרֵי נָגְעוּ בְּשֵׁנִי וַהֲרֵי אֵלּוּ הַמַּיִם אוֹמְרִין לָזֶה הַטָּהוֹר טִמֵּאתָנוּ אוֹתוֹ וְטִמְּאָנוּ:

ה. בָּרִאשׁוֹנָה הָיוּ מַנִּיחִין כִּכָּרוֹת שֶׁל תְּרוּמָה בְּצַד הַסְּפָרִים וְאוֹמְרִים זֶה קֹדֶשׁ וְזֶה קֹדֶשׁ וּבָאִין הָעַכְבָּרִים וְקוֹרְעִין אֶת הַסְּפָרִים לְפִיכָךְ גָּזְרוּ שֶׁכָּל תְּרוּמָה שֶׁתִּגַּע בְּאֶחָד מִכִּתְבֵי הַקֹּדֶשׁ נִטְמֵאת וַהֲרֵי הִיא כִּשְׁלִישִׁי לְטֻמְאָה כְּאִלּוּ נָגְעוּ בְּשֵׁנִי וְנִמְצְאוּ כָּל כִּתְבֵי הַקֹּדֶשׁ פּוֹסְלִין אֶת הַתְּרוּמָה כְּשֵׁנִי. וְלֹא עוֹד אֶלָּא מִי שֶׁהָיוּ יָדָיו טְהוֹרוֹת וְנָגַע בְּאֶחָד מִכִּתְבֵי הַקֹּדֶשׁ נַעֲשׂוּ יָדָיו שְׁנִיּוֹת וּמְטַמְּאִין אֶת הַתְּרוּמָה וְאֶת הַמַּשְׁקִין וְאַף עַל פִּי שֶׁאֵין הַיָּדַיִם מִתְטַמְּאוֹת אֶלָּא מֵרִאשׁוֹן לְטֻמְאָה כְּמוֹ שֶׁבֵּאַרְנוּ הֵן מִתְטַמְּאוֹת מִן הַסֵּפֶר:

ו. רְצוּעוֹת תְּפִלִּין עִם הַתְּפִלִּין וְגִלָּיוֹן שֶׁבַּסֵּפֶר שֶׁלְּמַעְלָה וְשֶׁלְּמַטָּה שֶׁבַּתְּחִלָּה וְשֶׁבַּסּוֹף כְּשֶׁהֵן מְחֻבָּרִין לְסֵפֶר. וְסֵפֶר שֶׁנִּמְחַק וְנִשְׁתַּיֵּר בּוֹ שְׁמוֹנִים וְחָמֵשׁ אוֹתִיּוֹת. וּמְגִלָּה שֶׁכָּתוּב בָּהּ מִן הַתּוֹרָה שְׁמוֹנִים וְחָמֵשׁ אוֹתִיּוֹת כְּפָרָשַׁת (במדבר י לה) "וַיְהִי בִּנְסֹעַ הָאָרֹן". הֲרֵי אֵלּוּ מְטַמְּאִין אֶת הַיָּדַיִם. וְלֹא דִּבְרֵי תּוֹרָה בִּלְבַד אֶלָּא כָּל כִּתְבֵי הַקֹּדֶשׁ אֲפִלּוּ שִׁיר הַשִּׁירִים וְקֹהֶלֶת שֶׁהֵן דִּבְרֵי חָכְמָה מְטַמְּאִין אֶת הַיָּדַיִם:

ז. תַּרְגּוּם שֶׁבְּעֶזְרָא וְשֶׁבְּדָנִיֵּאל הֲרֵי הוּא מִכְּלַל כִּתְבֵי הַקֹּדֶשׁ. אֲבָל תַּרְגּוּם שֶׁכְּתָבוֹ עִבְרִית וְעִבְרִית שֶׁכְּתָבוֹ תַּרְגּוּם אוֹ שֶׁכָּתַב כִּתְבֵי הַקֹּדֶשׁ בִּכְתָב עִבְרִי אֵינָן מְטַמְּאִין אֶת הַיָּדַיִם עַד שֶׁיִּהְיוּ כְּתוּבִים אַשּׁוּרִית עַל הָעוֹר וּבִדְיוֹ:

ח. הַכּוֹתֵב הַלֵּל וּשְׁמַע לְתִינוֹק לְהִתְלַמֵּד בּוֹ אַף עַל פִּי שֶׁאֵינוֹ רַשַּׁאי הֲרֵי אֵלּוּ מְטַמְּאִין אֶת הַיָּדַיִם:

ט. הַמְּשִׁיחוֹת וְהָרְצוּעוֹת שֶׁתְּפָרָן לְסֵפֶר אַף עַל פִּי שֶׁאֵינוֹ רַשַּׁאי לְקַיְּמָן כָּל זְמַן שֶׁהֵן מְחֻבָּרִין לַסֵּפֶר מְטַמְּאִין אֶת הַיָּדַיִם:

י. תִּיק שֶׁל סֵפֶר וּמִטְפָּחוֹת סְפָרִים בִּזְמַן שֶׁהֵן תְּפוּרוֹת מְטַמְּאִין אֶת הַיָּדַיִם. אֲבָל הַבְּרָכוֹת אַף עַל פִּי שֶׁיֵּשׁ בָּהֶן מֵאוֹתִיּוֹת שֶׁל שֵׁם וּמֵעִנְיָנִים הַרְבֵּה שֶׁל תּוֹרָה אֵינָן מְטַמְּאִין אֶת הַיָּדַיִם:

יא. סִפְרֵי הַמִּינִים אֵינָן מְטַמְּאִין אֶת הַיָּדַיִם. פָּרָשַׁת סוֹטָה הוֹאִיל וְלִמְחִיקָה עוֹמֶדֶת אֵינָהּ מְטַמְּאָה אֶת הַיָּדַיִם:

Perek 10

Review of Impurity

	Becomes *Av*	Becomes *Vlad*				Becomes pure	*Chullin* (ordinary foods) become *pasul* (invalid)	*Truma* foods become invalid	*Kodesh* (sacrificial food) become invalid	*Chullin* liquids become invalid	*Truma* liquids become invalid	*Kodesh* liquids become intvalid
		Rishon	*Sheni*	*Shlishi*	*Revii*							
Person touches *Av*		✓										
Vessel touches *Av*		✓										
Rishon person immerses in *mikve* (*Tvul Yom*) and becomes			✓									
Rishon vessel immersed in *mikve* (*tvul yom*) becomes			✓									

Tvul Yom person after sunset					✓						
Tvul Yom vessel after sunset					✓						
Zav Tvul Yom person or vessel after *mikve* becomes		✓									
Tumat Met Tvul Yom (dead body) – person or vessel after *mikve* becomes		✓									
Tzaraat Tvul Yom – person or vessel after *mikve* becomes		✓									
Tumat Sheretz (carcass of crawling animal) – person or vessel after *mikve* becomes		✓									
Tvul Yom (*sheni*) touches food			✓			Remain pure	✓	✓			
📖 Exceptional – *Rabanim* considered impurity to be weak				✓				✓			
Tvul Yom (*sheni*) touches liquids			✓			Remain pure				✓	✓
📖 Exceptional – *Rabanim* considered impurity to be weak				✓							✓

Principle: Therefore one can see that liquids are never considered as *sheni*. They are always considered as *rishon* except with *Tvul Yom* when they are considered as *shilishi* for *Truma* and *revii* for *Kodesh*.

Liquids produced by *zav*, *zavah, nida, yoledet* are *Av*	✓										
Liquids produced by all other impure people are *Rishon*		✓								✓	
Liquids produced by *Tvul Yom* same as touch of *Tvul Yom*.				✓		× Stay pure				✓	✓
Same as *tvul yom* touching liquids				✓							

Truma that is *shlishi* and *Kodesh* that is *Revii*, do not impart their impurity to other liquids or foods, nor vessels

Impure hands (*sheni*) touching liquids (more strict than *Tvul Yom*)		✓			✓				✓	✓	
Zav, zavah, nida, Yoledet, tzaraat, tumat met, by Scripture are *Av*	✓										
Someone who touched *zav, zavah, nida, yoledet, tzaraat, tumat met*, carcass of dead animal, carcass of crawling animal, by Scripture are *Rishon*		✓									

HILCHOT SHEAR AVOT HATUMAH · PEREK 10

Person by Rabbinic law can only be *sheni* e.g. partakes impure foods or drinks, inserts majority of his body in drawn water			📖 ✓		
Earthenware vessel can never become *Av*	✗				
Earthenware vessel may become *Rishon*		✓			
Earthenware vessel may become *sheni Derabanan* if contract impurity from liquids like other vessels		✓			
Other vessels may beceom *Av*	✓				
People never			✗		
Vessels never			✗		
Food never	✗				
Food may, from *rishon* become		✓	✓		
Food may, *derabanan* become					
Liquids may become	✓				
Liquids may become, e.g. if touched *Av*		✓	📖 ✓ Relating to *Truma* and *Kodesh*		
If liquids touch *Vlad* of *Tuma* i.e. *rishon* or *sheni*		✓			

Liquids never become	✗	
Liquids may *derabanan* become	📖 ✓ Relating to *Truma* and *Kodesh*	

פרק י'

א. כָּל הַמִּתְטַמֵּא בְּאַב מֵאֲבוֹת הַטֻּמְאוֹת בֵּין אָדָם בֵּין כֵּלִים הֲרֵי הוּא רִאשׁוֹן לְטֻמְאָה כְּמוֹ שֶׁבֵּאַרְנוּ עַד שֶׁיִּטְבֹּל. טָבַל הֲרֵי הוּא כְּשֵׁנִי לְטֻמְאָה עַד שֶׁיַּעֲרִיב שִׁמְשׁוֹ שֶׁנֶּאֱמַר (ויקרא יא לב) "בַּמַּיִם יוּבָא וְטָמֵא עַד הָעֶרֶב וְטָהֵר" הַכָּתוּב קְרָאוֹ לִטְבוּל יוֹם טָמֵא:

ב. אֶחָד טְבוּל יוֹם מִטֻּמְאָה חֲמוּרָה כְּגוֹן שֶׁטָּבַל מִזִּיבוּת מִטֻּמְאַת מֵת וְצָרַעַת וְאֶחָד טְבוּל יוֹם מִטֻּמְאַת שֶׁרֶץ וְכַיּוֹצֵא בּוֹ כָּל הַטָּעוּן הַעֲרֵב שֶׁמֶשׁ בֵּין כֵּלִים בֵּין אָדָם בֵּין מִדִּבְרֵי תּוֹרָה בֵּין מִדִּבְרֵי סוֹפְרִים הֲרֵי הוּא כְּשֵׁנִי לְטֻמְאָה עַד שֶׁיַּעֲרִיב שִׁמְשׁוֹ:

ג. טְבוּל יוֹם פּוֹסֵל אָכְלֵי תְּרוּמָה וּמַשְׁקֵה תְּרוּמָה וְאָכְלֵי הַקֹּדֶשׁ וּמַשְׁקֵה הַקֹּדֶשׁ פּוֹסֵל הַכֹּל. כֵּיצַד. טְבוּל יוֹם שֶׁנָּגַע בְּאָכְלִין שֶׁל תְּרוּמָה עֲשָׂאָן שְׁלִישִׁי לְטֻמְאָה מִפְּנֵי שֶׁהוּא שֵׁנִי וְכֵן אִם נָגַע בְּמַשְׁקִין שֶׁל תְּרוּמָה טִמְּאָן וַהֲרֵי הֵן שְׁלִישִׁי לְטֻמְאָה. נָגַע טְבוּל יוֹם בְּמַשְׁקִין שֶׁל קֹדֶשׁ טִמְּאָן וַהֲרֵי הֵן רְבִיעִי לְטֻמְאָה וְכֵן אִם נָגַע בְּאָכְלֵי הַקֹּדֶשׁ עֲשָׂאָן רְבִיעִי. אֲבָל אִם נָגַע בְּאָכְלִין חֻלִּין וּמַשְׁקֵה חֻלִּין הֲרֵי הֵן טְהוֹרִין. וְדִין מְחֻסַּר כִּפּוּרִים וּטְבוּל יוֹם בִּנְגִיעַת הַקֹּדֶשׁ אֶחָד הוּא. הֲרֵי נִתְבָּאֵר לְךָ מִכָּל אֵלּוּ הַדְּבָרִים שֶׁאֵין שָׁם מַשְׁקִין שְׁנִיּוֹת לְעוֹלָם אֶלָּא הַמַּשְׁקִין תְּחִלָּה לְעוֹלָם חוּץ מִמַּשְׁקִין שֶׁנָּגַע בָּהֶן טְבוּל יוֹם שֶׁהֵן שְׁלִישִׁי אִם הָיוּ תְּרוּמָה אוֹ רְבִיעִי אִם הָיוּ קֹדֶשׁ:

ד. כָּל הַמִּתְטַמְּאִין בֵּין חֲמוּרִין בֵּין קַלִּין מַשְׁקִין הַיּוֹצְאִין מֵהֶן כְּגוֹן רֻקָּן וּמֵימֵי רַגְלֵיהֶן הֲרֵי הֵן כְּמַשְׁקִין שֶׁנָּגְעוּ בָּהֶן אֵלּוּ וְאֵלּוּ רִאשׁוֹן לְטֻמְאָה כְּמוֹ שֶׁבֵּאַרְנוּ חוּץ מִזָּב וַחֲבֵרָיו שֶׁמַּשְׁקִין הַיּוֹצְאִין מֵהֶן אַב טֻמְאָה וּמַשְׁקִין שֶׁהַזָּב וַחֲבֵרָיו נוֹגְעִין בָּהֶן תְּחִלָּה. אֲפִלּוּ אוֹכֵל אָכְלִין טְמֵאִין אוֹ שׁוֹתֶה מַשְׁקִין טְמֵאִים הַמַּשְׁקִין הַיּוֹצְאִין מִמֶּנּוּ קֹדֶם שֶׁיִּטְבֹּל כְּמוֹ הַמַּשְׁקִין שֶׁנָּגַע בָּהֶן שֶׁהֵן תְּחִלָּה. וְכֵן טְבוּל יוֹם מַשְׁקִין הַיּוֹצְאִין מִמֶּנּוּ כְּמַשְׁקִין שֶׁהוּא נוֹגֵעַ בָּהֶן שֶׁאֵין מְטַמְּאִין אֲחֵרִים כְּלָל אֶלָּא אִם נָגַע בְּמַשְׁקֶה חֻלִּין הֲרֵי הֵן טְהוֹרִין

וְאִם נָגַע בְּמַשְׁקֵה תְּרוּמָה הֲרֵי הֵן שְׁלִישִׁי וְאִם נָגַע בְּמַשְׁקֵה קֹדֶשׁ הֲרֵי הֵן רְבִיעִי:

ה. וְעַתָּה יִתְבָּאֵר לְךָ שֶׁאֵין שְׁלִישִׁי שֶׁבִּתְרוּמָה וְלֹא רְבִיעִי שֶׁבְּקֹדֶשׁ מְטַמֵּא מַשְׁקֶה אַחֵר אוֹ אֹכֶל אַחֵר. וְאֵין צָרִיךְ לוֹמַר שֶׁאֵין מְטַמְּאִין כֵּלִים. לְפִיכָךְ קְדֵרָה שֶׁמְּלֵאָה מַשְׁקִין וְנָגַע בָּהּ טְבוּל יוֹם אִם הָיָה מַשְׁקֶה חֻלִּין הַכֹּל טָהוֹר. וְאִם הָיָה מַשְׁקֵה תְּרוּמָה הַמַּשְׁקִין פְּסוּלִין וְהַקְּדֵרָה טְהוֹרָה. וְאִם הָיוּ יְדֵי טֻמְאוֹת הַמַּשְׁקֶה טָמֵא בֵּין מַשְׁקֵה תְּרוּמָה בֵּין מַשְׁקֵה חֻלִּין. וְזֶה חֹמֶר בַּיָּדַיִם מִבִּטְבוּל יוֹם. וְחֹמֶר בִּטְבוּל יוֹם מִבַּיָּדַיִם טֻמְאוֹת שֶׁסָּפֵק טְבוּל יוֹם פּוֹסֵל וּסְפֵק הַיָּדַיִם טָהוֹר כְּמוֹ שֶׁיִּתְבָּאֵר:

ו. אֶחָד טָהוֹר שֶׁהָיוּ יָדָיו טְמֵאוֹת אוֹ טְבוּל יוֹם שֶׁיָּדָיו טְמֵאוֹת הֲרֵי זֶה מְטַמֵּא מַשְׁקֵה חֻלִּין וְעוֹשֶׂה אוֹתָן תְּחִלָּה לְטַמֵּא אָכְלִין וּמַשְׁקִין כְּמוֹ שֶׁבֵּאַרְנוּ. וּמֵאַחַר שֶׁיָּצָא מִטְּבוּל יוֹם כְּמַשְׁקִין שֶׁנָּגַע בָּהֶן טְבוּל יוֹם שֶׁנָּפַל מָרְקוֹ אוֹ מֵימֵי רַגְלָיו עַל כִּכָּר שֶׁל תְּרוּמָה הֲרֵי זֶה טָהוֹר מִפְּנֵי שֶׁהֵן כְּמַשְׁקִין שֶׁנָּגַע בָּהֶן:

ז. מִכָּל אֵלּוּ הַדְּבָרִים שֶׁהִקְדַּמְנוּ לְבָאֲרָם אַתָּה לָמֵד שֶׁהָאָדָם יִהְיֶה אַב לְטֻמְאָה וְיִהְיֶה רִאשׁוֹן לְטֻמְאָה מִדִּבְרֵי תּוֹרָה. וּלְעוֹלָם לֹא יִהְיֶה שֵׁנִי הָאָדָם אֶלָּא מִדִּבְרֵי סוֹפְרִים וְהוּא הָאוֹכֵל אָכְלִין טְמֵאִים אוֹ הַשּׁוֹתֶה מַשְׁקִין טְמֵאִין אוֹ הַבָּא רֹאשׁוֹ וְרֻבּוֹ בְּמַיִם שְׁאוּבִין שֶׁכָּל אֵלּוּ כְּשֵׁנִי לְטֻמְאָה מִדִּבְרֵיהֶם. וְכֵן שְׁאָר כָּל הַכֵּלִים חוּץ מִכְּלֵי חֶרֶס יִהְיוּ אַב טֻמְאָה וְיִהְיוּ רִאשׁוֹן לְטֻמְאָה מִדִּבְרֵי תּוֹרָה. וְלֹא יִהְיֶה הַכְּלִי לְעוֹלָם שֵׁנִי לְטֻמְאָה אֶלָּא מִדִּבְרֵי סוֹפְרִים שֶׁאִם יִטָּמֵא בְּמַשְׁקִין טְמֵאִים יִהְיֶה שֵׁנִי מִדִּבְרֵיהֶן כְּמוֹ שֶׁבֵּאַרְנוּ:

ח. כְּבָר בֵּאַרְנוּ שֶׁכְּלִי חֶרֶס לֹא יִהְיֶה אַב טֻמְאָה לְעוֹלָם לֹא מִדִּבְרֵי תּוֹרָה וְלֹא מִדִּבְרֵי סוֹפְרִים. וְיִהְיֶה רִאשׁוֹן לְטֻמְאָה מִדִּבְרֵי תּוֹרָה וְשֵׁנִי מִדִּבְרֵיהֶן אִם נִטְמָא בְּמַשְׁקִין כִּשְׁאָר הַכֵּלִים. וְלֹא יִהְיֶה הָאָדָם וְלֹא הַכֵּלִים וְלֹא שְׁלִישִׁי וְלֹא רְבִיעִי לְעוֹלָם לֹא מִדִּבְרֵי תּוֹרָה וְלֹא מִדִּבְרֵי סוֹפְרִים:

ט. הָאֳכָלִים לֹא יִהְיוּ אַב טֻמְאָה לְעוֹלָם לֹא מִדִּבְרֵי תּוֹרָה וְלֹא מִדִּבְרֵיהֶם. וְיִהְיוּ רִאשׁוֹן וְשֵׁנִי מִדִּבְרֵי תּוֹרָה שֶׁהָאָדָם אוֹ הַכְּלִי שֶׁהוּא רִאשׁוֹן לְטֻמְאָה אִם נָגַע בְּאֹכֶל עֲשָׂאוּהוּ שֵׁנִי וְהָאֳכָלִין יִהְיוּ שְׁלִישִׁי וּרְבִיעִי לְטֻמְאָה מִדִּבְרֵיהֶן בִּלְבַד:

י. הַמַּשְׁקִין יִהְיוּ אַב טֻמְאָה מִדִּבְרֵי תּוֹרָה. כְּגוֹן מֵי חַטָּאת וְרֹק הַזָּב וּמֵימֵי רַגְלָיו. וְיִהְיוּ רִאשׁוֹן לְטֻמְאָה מִדִּבְרֵי תּוֹרָה כְּגוֹן שֶׁנָּגְעוּ בְּאָב מֵאֲבוֹת הַטֻּמְאוֹת. וְכֵן אִם נָגְעוּ הַמַּשְׁקִין בִּוְלַד הַטֻּמְאָה בֵּין אָדָם בֵּין כֵּלִים נִטְמְאוּ מִדִּבְרֵי תּוֹרָה וַהֲרֵי הֵן כָּרִאשׁוֹן לְטֻמְאָה לְטַמֵּא אֲחֵרִים מִדִּבְרֵיהֶן. וְכֵן אִם נָגְעוּ בְּשֵׁנִי בֵּין אָדָם בֵּין כֵּלִים בֵּין בָּאֳכָלִין נַעֲשׂוּ רִאשׁוֹן לְטַמֵּא אֲחֵרִים מִדִּבְרֵיהֶם כְּמוֹ שֶׁבֵּאַרְנוּ. וְיִהְיוּ הַמַּשְׁקִין שְׁלִישִׁי וּרְבִיעִי מִדִּבְרֵיהֶם. כֵּיצַד. אִם נָגַע טְבוּל יוֹם בְּמַשְׁקֵה תְּרוּמָה עֲשָׂאָהוּ שְׁלִישִׁי וְאִם נָגַע בְּמַשְׁקֵה קֹדֶשׁ עֲשָׂאָהוּ רְבִיעִי. וְאֵין אַתָּה מוֹצֵא מַשְׁקִין שְׁנִיּוֹת לְעוֹלָם וְלֹא מַשְׁקֶה שֶׁאֵינוֹ תְּחִלָּה חוּץ מִמַּשְׁקֵה טְבוּל יוֹם אוֹ מְחֻסַּר כִּפּוּרִים בְּקֹדֶשׁ כְּמוֹ שֶׁבֵּאַרְנוּ שֶׁהוּא פּוֹסֵל מִדִּבְרֵיהֶם וְאֵינוֹ מְטַמֵּא:

Perek 11

Pasul Food (Invalid)

Pasul means that food is impure but does not impart impurity to other foods.

E.g. a *sheretz* (*av hatumah*) falls into an earthenware container. Container now becomes *rishon letumah* and any food inside becomes *sheni letumah*. If it is ordinary food it can no longer transmit impurity, but if it is *trumah* or *kodesh*, it can.

	Rishon (1st) Contracts and imparts impurity to other foods	*Sheni* (2nd) Contracts and imparts to other foods	*Shlishi* (3rd) Contracts and Imparts to other foods	*Revii* (4th) Contracts and Imparts impurity to other foods
Chulin (common food)	✓	*pasul*		
Trumah	✓	✓	*Pasul*	
Kodesh	✓	✓	✓	*pasul*

Reminder

Pack on Impurity of Foods

The *Rabanan* made that ordinary meat which is pure, be regarded as *shlishi letumah*, if it touches sacrificial meat.

There are slightly different rules when impure food touches liquids.

Ordinary foods prepared with the stringencies of *trumah,* also have slightly different rules.

Consecrated food refers to the following:

- Meat from *Kodshei kodashim* sacrifices
- Meat from *Kodshei kalim*
- Bread from *Todah* (where sacrifices were slaughtered)

- Bread of *Nazir* (where sacrifices were slaughtered)
- Meal Offerings (which were sacrificed in consecrated vessels)
- 2 loaves of *Shavuot*
- The Show Bread

Reminder
Pack on Korbanot Basics
Summary of *Korbanot, Sefer Avodah, Hilchot Maaseh Hakorbanot,* Chapter 11
Pack on Consecration

Trumah refers to the following

- *Trumah*
- *Challah*
- *Bikurim*
- Bread of *Todah* where sacrifices not yet slaughtered
- Bread of *Nazir* where sacrifices not yet slaughtered
- Meal Offerings not yet sanctified in consecrated vessels

Their law for impurity is same as *trumah.*

Reminder
Summary of Separations 1. Ref *Sefer Zeraim.*
Pack on *Tzedakah*

פרק י״א

א. כָּל מָקוֹם שֶׁנֶּאֱמַר בָּאֳכָלִין פָּסוּל הוּא שֶׁיִּהְיֶה הָאֹכֶל עַצְמוֹ טָמֵא וְלֹא יְטַמֵּא אֹכֶל אַחֵר. אֶלָּא אִם נָגַע בְּאֹכֶל אַחֵר הֲרֵי הוּא טָהוֹר:

ב. הָרִאשׁוֹן שֶׁבְּחֻלִּין טָמֵא וּמְטַמֵּא. הַשֵּׁנִי פָּסוּל וְלֹא מְטַמֵּא וְאֵין שֵׁנִי עוֹשֶׂה שְׁלִישִׁי בְּחֻלִּין. וּמִנַּיִן לְאֹכֶל שֵׁנִי שֶׁהוּא פָּסוּל בְּחֻלִּין שֶׁנֶּאֱמַר (ויקרא יא לג) "וּכְלִי חֶרֶשׂ אֲשֶׁר יִפֹּל מֵהֶן אֶל תּוֹכוֹ כֹּל אֲשֶׁר בְּתוֹכוֹ יִטְמָא". נִמְצָא הַשֶּׁרֶץ אָב וּכְלִי חֶרֶס שֶׁנָּפַל הַשֶּׁרֶץ לַאֲוִירוֹ רִאשׁוֹן וְהָאֹכֶל שֶׁבִּכְלִי שֵׁנִי וַהֲרֵי הוּא אוֹמֵר יִטְמָא. וְכֵן שֶׁרֶץ שֶׁנָּפַל לַאֲוִיר הַתַּנּוּר הַפַּת שְׁנִיָּה שֶׁהַתַּנּוּר רִאשׁוֹן:

ג. הָרִאשׁוֹן וְהַשֵּׁנִי שֶׁבַּתְּרוּמָה טְמֵאִים וּמְטַמְּאִים. הַשְּׁלִישִׁי פָּסוּל וְלֹא מְטַמֵּא וְאֵין שְׁלִישִׁי עוֹשֶׂה רְבִיעִי בִּתְרוּמָה. מִנַּיִן לְאוֹכֵל שְׁלִישִׁי שֶׁהוּא פּוֹסֵל בִּתְרוּמָה שֶׁנֶּאֱמַר (ויקרא כב ז) "וּבָא הַשֶּׁמֶשׁ וְטָהֵר וְאַחַר יֹאכַל מִן הַקֳּדָשִׁים" נִמְצָא טְבוּל יוֹם אָסוּר בִּתְרוּמָה עַד שֶׁיַּעֲרִיב שִׁמְשׁוֹ וְאִם נָגַע בָּהּ פְּסָלָהּ וּטְבוּל יוֹם כְּשֵׁנִי לְטֻמְאָה הוּא. הָא לָמַדְתָּ שֶׁהַשֵּׁנִי עוֹשֶׂה שְׁלִישִׁי בִּתְרוּמָה:

ד. הָרִאשׁוֹן וְהַשֵּׁנִי וְהַשְּׁלִישִׁי בַּקֹּדֶשׁ טְמֵאִין וּמְטַמְּאִין. הָרְבִיעִי פָּסוּל וְאֵינוֹ מְטַמֵּא וְאֵין רְבִיעִי עוֹשֶׂה חֲמִישִׁי לְעוֹלָם. וּמִנַּיִן לַשְּׁלִישִׁי בַּקֹּדֶשׁ שֶׁהוּא טָמֵא שֶׁנֶּאֱמַר (ויקרא ז יט) "וְהַבָּשָׂר אֲשֶׁר יִגַּע בְּכָל טָמֵא לֹא יֵאָכֵל" וּכְבָר קָרָא הַכָּתוּב לַשֵּׁנִי טָמֵא שֶׁנֶּאֱמַר (ויקרא יא לג) "כֹּל אֲשֶׁר בְּתוֹכוֹ יִטְמָא" הָא לָמַדְתָּ שֶׁבְּשַׂר הַקֹּדֶשׁ שֶׁנָּגַע בְּשֵׁנִי נִטְמָא וְיִשָּׂרֵף. וּמִנַּיִן לָרְבִיעִי בַּקֹּדֶשׁ שֶׁהוּא פָּסוּל מִקַּל וָחֹמֶר. וּמַה מְּחֻסַּר כִּפּוּרִים שֶׁהוּא מֻתָּר בִּתְרוּמָה אָסוּר בְּקֹדֶשׁ עַד שֶׁיָּבִיא כַּפָּרָתוֹ. הַשְּׁלִישִׁי שֶׁהוּא פָּסוּל בִּתְרוּמָה אֵינוֹ דִּין שֶׁיַּעֲשֶׂה רְבִיעִי בְּקֹדֶשׁ. אֲבָל הַחֲמִישִׁי טָהוֹר:

ה. בְּשַׂר תַּאֲוָה אַף עַל פִּי שֶׁהוּא טָהוֹר גָּזְרוּ עָלָיו שֶׁיִּהְיֶה

כִּשְׁלִישִׁי לְטֻמְאָה מְטַמֵּא אֶת הַקֹּדֶשׁ וְאֵינוֹ פּוֹסֵל אֶת הַתְּרוּמָה. וְיֵרָאֶה לִי שֶׁלֹּא גָּזְרוּ עָלָיו אֶלָּא כְּדֵי שֶׁלֹּא יְעָרְבוּהוּ עִם בְּשַׂר הַקֹּדֶשׁ וְיָבוֹאוּ לִטְעוּת וְלִשְׁגֹּג בּוֹ וִידַמּוּ שֶׁהַבָּשָׂר זֶה הוּא חֹל וְהוּא קֹדֶשׁ וְיֹאכְלֶנּוּ בְּטֻמְאָה:

ו. חִבּוּרֵי אֳכָלִין עַל יְדֵי מַשְׁקִין הֲרֵי הֵן חִבּוּר לְטַמֵּא טֻמְאַת אֳכָלִין וְהַדָּבָר סָפֵק אִם חֲשׁוּבִים כְּגוּף אֶחָד לִמְנוֹת בָּהֶן רִאשׁוֹן וְשֵׁנִי וּשְׁלִישִׁי. אוֹ חוֹשְׁבִים זֶה הָאֹכֶל שֶׁנָּגְעָה בּוֹ הַטֻּמְאָה רִאשׁוֹן וְהָאֹכֶל הַמְחֻבָּר לוֹ שֵׁנִי:

ז. הַשֵּׁנִי שֶׁבְּחֻלִּין פּוֹסֵל אָכְלֵי תְּרוּמָה וְעוֹשֶׂה אוֹתָן שְׁלִישִׁי. וְאִם נָגַע בְּמַשְׁקֵה חֻלִּין טִמְּאָן וְאֵין צָרִיךְ לוֹמַר אִם נָגַע בְּמַשְׁקֵה תְּרוּמָה אוֹ בְּמַשְׁקֵה קֹדֶשׁ שֶׁהוּא מְטַמֵּא אֶת הַכֹּל:

ח. הַשְּׁלִישִׁי שֶׁבַּתְּרוּמָה שֶׁנָּגַע בְּאָכְלֵי קֹדֶשׁ פְּסָלָן וְנַעֲשׂוּ רְבִיעִי. וְאִם נָגַע בְּמַשְׁקֵה הַקֹּדֶשׁ טִמְּאָן וְנַעֲשׂוּ תְּחִלָּה. אֲבָל אִם נָגַע שְׁלִישִׁי שֶׁבִּתְרוּמָה בְּמַשְׁקֵה תְּרוּמָה הֲרֵי הוּא טָהוֹר. וְכֵן רְבִיעִי שֶׁבַּקֹּדֶשׁ אִם נָגַע בְּמַשְׁקֵה קֹדֶשׁ הֲרֵי זֶה טָהוֹר:

ט. חֻלִּין שֶׁנַּעֲשׂוּ עַל טָהֳרַת תְּרוּמָה הַשְּׁלִישִׁי שֶׁבָּהֶן פָּסוּל כִּתְרוּמָה. וְאִם נָגַע בַּקֹּדֶשׁ אֵינוֹ עוֹשֵׂהוּ רְבִיעִי וַאֲפִלּוּ מַשְׁקֵה קֹדֶשׁ אֵינוֹ פּוֹסֵל. וְחֻלִּין שֶׁנַּעֲשׂוּ עַל טָהֳרַת הַקֹּדֶשׁ הַשְּׁלִישִׁי שֶׁבָּהֶן טָהוֹר כְּחֻלִּין:

י. הָאוֹכֵל רְבִיעִי שֶׁבַּקֹּדֶשׁ אָסוּר לוֹ לֶאֱכֹל אֶת הַקֹּדֶשׁ וּמֻתָּר לִגַּע בַּקֹּדֶשׁ וְאֵינוֹ פּוֹסְלוֹ. אֲפִלּוּ תַּבְשִׁיל שֶׁנִּתְעָרֵב בּוֹ הַקֹּדֶשׁ וְאֵין בּוֹ כְּזַיִת בִּכְדֵי אֲכִילַת פְּרָס הֲרֵי זֶה לֹא יֹאכַל בִּרְבִיעִי שֶׁל קֹדֶשׁ אֶלָּא בַּחֲמִישִׁי שֶׁהוּא טָהוֹר כְּמוֹ שֶׁבֵּאַרְנוּ:

יא. הָאוֹכֵל שְׁלִישִׁי שֶׁבַּתְּרוּמָה עַצְמָהּ אוֹ שֶׁל חֻלִּין שֶׁנַּעֲשׂוּ עַל טָהֳרַת תְּרוּמָה הֲרֵי זֶה אָסוּר לֶאֱכֹל אֶת הַתְּרוּמָה עַד שֶׁיִּטְבֹּל. וּמֻתָּר לִגַּע בִּתְרוּמָה וַהֲרֵי הִיא טְהוֹרָה. בַּאֲכִילָה עָשׂוּ מַעֲלָה בִּנְגִיעָה לֹא עָשׂוּ מַעֲלָה. בַּמֶּה דְּבָרִים אֲמוּרִים בִּתְרוּמָה עַצְמָהּ. אֲבָל תַּבְשִׁיל שֶׁנִּתְעָרְבָה בּוֹ תְּרוּמָה אִם אֵין שָׁם כְּזַיִת בִּכְדֵי אֲכִילַת פְּרָס הֲרֵי זֶה מֻתָּר לֶאֱכֹל מֵאוֹתוֹ תַּבְשִׁיל כְּדֶרֶךְ שֶׁמֻּתָּר לִגַּע בִּתְרוּמָה:

יב. הָאוֹכֵל שְׁלִישִׁי שֶׁבִּתְרוּמָה אוֹ שֶׁל חֻלִּין שֶׁנַּעֲשׂוּ עַל טָהֳרַת הַתְּרוּמָה אַף עַל פִּי שֶׁהוּא טָהוֹר לִנְגִיעַת תְּרוּמָה הֲרֵי הוּא כְּשֵׁנִי לְעִנְיַן קֹדֶשׁ שֶׁטָּהֳרַת תְּרוּמָה טֻמְאָה הִיא אֵצֶל הַקֹּדֶשׁ. אֲבָל הָאוֹכֵל שְׁלִישִׁי שֶׁבְּחֻלִּין שֶׁנַּעֲשׂוּ עַל טָהֳרַת הַקֹּדֶשׁ הֲרֵי הוּא טָהוֹר שֶׁאֵין לְךָ דָּבָר שֶׁעוֹשֶׂה רְבִיעִי בַּקֹּדֶשׁ אֶלָּא קֹדֶשׁ מִקֹּדֶשׁ בִּלְבַד:

יג. כָּל קֹדֶשׁ הָאָמוּר בְּעִנְיַן טֻמְאַת אֳכָלִין וּמַשְׁקִין הוּא קָדְשֵׁי מִקְדָּשׁ הַמְקֻדָּשִׁין כְּגוֹן בְּשַׂר קָדְשֵׁי קָדָשִׁים. וּבְשַׂר קָדָשִׁים קַלִּים. וְחַלּוֹת תּוֹדָה וּרְקִיקֵי נָזִיר שֶׁנִּשְׁחַט עֲלֵיהֶן הַזֶּבַח. וְהַמְּנָחוֹת שֶׁקָּדְשׁוּ בִּכְלִי. וּשְׁתֵּי הַלֶּחֶם וְלֶחֶם הַפָּנִים מִשֶּׁקָּרְמוּ בַּתַּנּוּר. אֲבָל חַלּוֹת תּוֹדָה וּרְקִיקֵי נָזִיר שֶׁלֹּא נִשְׁחַט עֲלֵיהֶן הַזֶּבַח. וְהַמְּנָחוֹת שֶׁלֹּא קָדְשׁוּ בִּכְלִי. אֵינָן לֹא כְּקֹדֶשׁ וְלֹא כְּחֻלִּין אֶלָּא כִּתְרוּמָה:

יד. הַחַלָּה וְהַבִּכּוּרִים וְתַשְׁלוּמֵי תְּרוּמָה [וְחֻמְשָׁהּ] הֲרֵי הֵן כִּתְרוּמָה:

טו. הַטֶּבֶל. וְהַמְדֻמָּע. וְגִדּוּלֵי תְּרוּמָה. וּמַעֲשֵׂר שֵׁנִי וְרִאשׁוֹן. וְעִסָּה הַטְּבוּלָה לְחַלָּה. הֲרֵי הֵן כְּחֻלִּין וְהָרִאשׁוֹן טָמֵא בָּהֶן וְהַשֵּׁנִי פָּסוּל וְאֵין בָּהֶן שְׁלִישִׁי:

טז. כָּל דָּבָר שֶׁוַּדָּאוֹ מְטַמֵּא אֶת הַחֻלִּין מִן הַתּוֹרָה גָּזְרוּ עַל סְפֵקוֹ בְּחֻלִּין הַטְּבוּלִין לְחַלָּה שֶׁתֵּעָשֶׂה אוֹתָהּ הָעִסָּה בְּטָהֳרָה. וּמַפְרִישִׁים מִמֶּנָּה חַלָּה וְחַלָּתָהּ תְּלוּיָה לֹא נֶאֱכֶלֶת וְלֹא נִשְׂרֶפֶת:

Perek 12

Kodesh and *Trumah* Food

11 stringencies of *kodesh* over *trumah* – *Derabanan*

Impure *keli* inside pure *keli* immersed in *mikveh* – can be used for *trumah* but not for *kodesh.*

If impure liquid touches a vessel, for *trumah,* only outside of vessel becomes impure, but for *kodesh* the whole vessel becomes impure.

Midras hazav may be carried together with *trumah* (as long as they do not touch each other) but not with *kodesh* (in case they touch each other). If they were nevertheless carried together, they remain pure (if they did not touch each other).

Clothes of people who partake of *trumah* do not transmit impurity to *trumah*, but for *kodesh* they are considered as article of *zav* and transmit impurity to people and vessels.

Vessel made of many parts. For *trumah* use, the entire vessel can be immersed as one. For *kodesh* each individual part must be immersed.

New manufactured vessels can be used immediately for *trumah*, but need immersion for *kodesh.*

Multiple items in a container. For *kodesh* they are considered joined i.e. if one becomes impure all regarded as impure. But for *trumah* they are regarded as individual.

Kodesh of fourth degree impurity is disqualified. While *trumah* of this level would be regarded as pure.

One impure hand touches the other. For *kodesh*, second hand is impure and must be immersed in *mikveh*. For *trumah*, the second hand only becomes impure if hand was wet, and even then, he need only wash hands.

"Dry" foods (that is foods which were not *huchshar* [wetting of foods to make them susceptible to impurity] to receive *tumah*), if touched by impure hands can be eaten if *trumah,* but not if *kodesh.*

Onen and *mechusrei kaparah* need to immerse before partaking of *kodesh* but not for *trumah.*

פרק י"ב

א. אַחַת עֶשְׂרֵה מַעֲלוֹת עָשׂוּ חֲכָמִים לַקֹּדֶשׁ עַל הַתְּרוּמָה וְאֵלּוּ הֵן. יֵשׁ לְאָדָם לְהַטְבִּיל כֵּלִים בְּתוֹךְ כֵּלִים לִתְרוּמָה אֲבָל לֹא לְקֹדֶשׁ. גְּזֵרָה שֶׁמָּא יִהְיֶה פִּי הַכְּלִי צַר וְלֹא יִהְיֶה בּוֹ כִּשְׁפוֹפֶרֶת הַנּוֹד וְנִמְצְאוּ הַכֵּלִים שֶׁבְּתוֹכוֹ כְּאִלּוּ טָבְלוּ בְּמַיִם שֶׁבַּכְּלִי לֹא בַּמִּקְוֶה. בַּמֶּה דְּבָרִים אֲמוּרִים כְּשֶׁהָיָה הַכְּלִי הַגָּדוֹל שֶׁיֵּשׁ בְּתוֹכוֹ הַכֵּלִים הַטְּמֵאִין טָהוֹר. אֲבָל אִם הָיָה טָמֵא מִתּוֹךְ שֶׁעָלְתָה לוֹ טְבִילָה עָלְתָה טְבִילָה לַכֵּלִים שֶׁבְּתוֹכוֹ אֲפִלּוּ לְהִשְׁתַּמֵּשׁ בָּהֶן בַּקֹּדֶשׁ:

ב. כְּלִי שֶׁנִּטְמְאוּ אֲחוֹרָיו בְּמַשְׁקִין לֹא נִטְמָא תּוֹכוֹ וְלֹא בֵּית אֶצְבַּע שֶׁבְּעָבְיֵי שְׂפָתוֹ. וְהַמַּשְׁקִין שֶׁבְּתוֹכוֹ אוֹ שֶׁבְּבֵית צְבִיעָתוֹ טְהוֹרִין. וְשׁוֹתֶה בּוֹ וְאֵינוֹ חוֹשֵׁשׁ שֶׁמָּא יִגְּעוּ מַשְׁקִין שֶׁבְּפִיו בַּאֲחוֹרֵי הַכְּלִי וְיַחְזְרוּ וִיטַמְּאוּ תּוֹכוֹ. בַּמֶּה דְּבָרִים אֲמוּרִים לִתְרוּמָה. אֲבָל לְקֹדֶשׁ נִטְמְאוּ אֲחוֹרָיו נִטְמָא כֻּלּוֹ:

ג. הַנּוֹשֵׂא אֶת הַמִּדְרָס מֻתָּר לוֹ לִשָּׂא עִמּוֹ תְּרוּמָה כְּאֶחָד וְהוֹאִיל וְאֵין הַנּוֹשֵׂא נוֹגֵעַ בַּתְּרוּמָה וְלֹא תְּרוּמָה נוֹגַעַת בְּמִדְרָס הֲרֵי הִיא טְהוֹרָה אֲבָל לֹא הַקֹּדֶשׁ אַף עַל פִּי שֶׁלֹּא נָגַע בּוֹ. מַעֲשֶׂה הָיָה בְּאֶחָד שֶׁנָּשָׂא חָבִית שֶׁל קֹדֶשׁ טְמֵאָה בְּמִדְרָס שֶׁנָּשָׂא עִמָּהּ בְּאוֹתָהּ שָׁעָה גָּזְרוּ שֶׁהַנּוֹשֵׂא אֶת הַמִּדְרָס לֹא יִשָּׂא אֶת הַקֹּדֶשׁ. וְלֹא גָּזְרוּ אֶלָּא בְּמִדְרָס עִם הַקֹּדֶשׁ כְּמַעֲשֶׂה שֶׁהָיָה. וְאִם עָבַר וְנָשָׂא הוֹאִיל וְלֹא נָגַע בְּקֹדֶשׁ הֲרֵי הַקֹּדֶשׁ טָהוֹר:

ד. בִּגְדֵי אוֹכְלֵי תְּרוּמָה אַף עַל פִּי שֶׁהֵן טְהוֹרִין וְנִזְהָרִין מִן הַטֻּמְאוֹת הֲרֵי בִּגְדֵיהֶן מִדְרָס לְקֹדֶשׁ:

ה. כְּלִי שֶׁהוּא מְפֻצָּל וְלוּחוֹתָיו וְקוֹרוֹתָיו מְקֻשָּׁרוֹת כְּגוֹן מִטָּה וְכַיּוֹצֵא בָּהּ. אִם נִטְמָא וְצָרִיךְ לְהַטְבִּילוֹ לִתְרוּמָה יֵשׁ לוֹ לְהַטְבִּילוֹ כֻּלּוֹ כְּאֶחָד כְּשֶׁהוּא מְקֻשָּׁר. אֲבָל לְקֹדֶשׁ מַתִּיר וּמְנַגֵּב שֶׁמָּא יֵשׁ שָׁם דָּבָר הַחוֹצֵץ וּמַטְבִּיל וְאַחַר כָּךְ קוֹשֵׁר:

ו. כֵּלִים הַנִּגְמָרִין בְּטָהֳרָה אֲפִלּוּ הָיָה הָעוֹשֶׂה אוֹתָן תַּלְמִיד חָכָם וְנִזְהָר בָּהֶן הֲרֵי אֵלּוּ צְרִיכִין טְבִילָה לְקֹדֶשׁ וְאֵינָן צְרִיכִין הַעֲרֵב שֶׁמֶשׁ. אֲבָל לִתְרוּמָה מִשְׁתַּמֵּשׁ בָּהֶן בְּלֹא טְבִילָה שֶׁהֲרֵי נַעֲשׂוּ בְּטָהֳרָה. וּמִפְּנֵי מָה הִצְרִיכוּם טְבִילָה לְקֹדֶשׁ גְּזֵרָה מִשּׁוּם רֹק עַם הָאָרֶץ שֶׁיִּגַּע בָּהֶן בִּשְׁעַת מְלָאכָה וַעֲדַיִן הוּא לַח:

ז. אַחַר שֶׁנִּגְמַר הַכְּלִי מְצָרֵף מַה שֶּׁבְּתוֹכוֹ לְקֹדֶשׁ אֲבָל לֹא לִתְרוּמָה. כֵּיצַד. כְּלִי שֶׁהוּא מָלֵא פֵּרוֹת פְּרוּדִין זֶה מִזֶּה כְּגוֹן צִמּוּקִין וּגְרוֹגָרוֹת וְנָגְעָה טֻמְאָה בְּאֶחָד מֵהֶן. נִטְמָא

HILCHOT SHEAR AVOT HATUMAH · PEREK 13 219

כָּל מַה שֶּׁבַּכְּלִי לְקֹדֶשׁ אֲבָל לֹא לִתְרוּמָה. וְכָל הַמַּעֲלוֹת שֶׁל דִּבְרֵיהֶם הֵם. וְרֶמֶז יֵשׁ לְמַעֲלָה זוֹ בַּתּוֹרָה (במדבר ז יד) "כַּף אַחַת עֲשָׂרָה זָהָב מְלֵאָה קְטֹרֶת" אָמְרוּ חֲכָמִים כָּל מַה שֶּׁבַּכַּף הֲרֵי הוּא כְּגוּף אֶחָד. אֲפִלּוּ שֶׁאֵין לוֹ תּוֹךְ מְצָרֵף מַה שֶּׁעָלָיו לְקֹדֶשׁ. כְּגוֹן שֶׁהָיוּ צְבוּרִין עַל גַּבֵּי הַלּוּחַ אוֹ עַל גַּבֵּי הָעוֹר אַף עַל פִּי שֶׁאֵין הַפֵּרוֹת נוֹגְעִין זֶה בָּזֶה:

ח. הָיוּ שְׁנֵי הַצִּבּוּרִין בְּתוֹךְ הַכְּלִי וְדָבָר אַחֵר בֵּינֵיהֶן וְנִטְמָא אֶחָד מִשְּׁנֵיהֶן. אִם הָיָה הַדָּבָר שֶׁבֵּינֵיהֶן צָרִיךְ לַכְּלִי הַכְּלִי מְצָרְפָן וְנִטְמָא הַכֹּל. וְאִם אֵינוֹ צָרִיךְ לַכְּלִי לֹא נִטְמָא אֶלָּא זֶה שֶׁנָּגְעָה בּוֹ הַטֻּמְאָה בִּלְבַד:

ט. הָיוּ שְׁנֵי צִבּוּרִין בִּכְלִי וְהַצִּבּוּר הָאֶחָד מְחֻבָּר לַמַּיִם שֶׁאֲחוֹרֵי הַכְּלִי וְנָגַע טָמֵא בַּצִּבּוּר הַשֵּׁנִי נִטְמְאוּ שְׁנֵיהֶן בְּצֵרוּף הַכְּלִי וְנִטְמְאוּ הַמַּיִם שֶׁאֲחוֹרֵי הַכְּלִי מֵחֲמַת זֶה הָאֹכֶל הַמְחֻבָּר לָהֶן אַף עַל פִּי שֶׁהֵן אֲחוֹרֵי הַכְּלִי. נָגַע הַטָּמֵא בְּמַיִם שֶׁאֲחוֹרֵי הַכְּלִי נִטְמָא הָאֹכֶל הַמְחֻבָּר לָהֶן. וְהַדָּבָר סָפֵק אִם נִטְמָא הָאֹכֶל הַשֵּׁנִי בְּצֵרוּף הַכְּלִי אוֹ לֹא נִטְמָא מֵחֲמַת הַצֵּרוּף:

י. אֹכֶל קֹדֶשׁ שֶׁנִּטְמָא וְהִנִּיחוֹ בִּכְלִי וּבְתוֹךְ הַכְּלִי אֹכֶל קֹדֶשׁ אַחֵר טָהוֹר וְאֵין נוֹגְעִין זֶה בָּזֶה. הַטָּהוֹר בְּטָהֳרָתוֹ וְהַטָּמֵא בְּטֻמְאָתוֹ. בָּא טְבוּל יוֹם וְנָגַע בָּאֹכֶל הַטָּמֵא יֵשׁ בְּדָבָר זֶה סָפֵק אִם נִפְסַל הַטָּהוֹר מֵחֲמַת מַגַּע טְבוּל יוֹם מִפְּנֵי צֵרוּף הַכְּלִי אוֹ לֹא נִפְסַל. שֶׁלֹּא נָגַע טְבוּל יוֹם אֶלָּא בָּאֹכֶל שֶׁשָּׂבַע מִן הַטֻּמְאָה וְלֹא הוֹסִיף לוֹ כְּלוּם:

יא. הָרְבִיעִי בְּקֹדֶשׁ פָּסוּל אֲבָל בִּתְרוּמָה טָהוֹר. וְכֵן שְׁלִישִׁי בִּתְרוּמָה אִם נָגַע בְּמַשְׁקֵה קֹדֶשׁ הֲרֵי זֶה נִטְמָא כְּמוֹ שֶׁבֵּאַרְנוּ. וְהַשְּׁלִישִׁי שֶׁבִּתְרוּמָה אוֹ שֶׁבְּקֹדֶשׁ אִם נָגַע בְּמַשְׁקֵה תְּרוּמָה לֹא פְּסָלוֹ:

יב. מִי שֶׁנִּטְמֵאת יָדוֹ אַחַת וְנָגַע בָּהּ בְּיָדוֹ שְׁנִיָּה אוֹ בְּיַד חֲבֵרוֹ פָּסַל אֶת הַשְּׁנִיָּה וַהֲרֵי הִיא כִּשְׁלִישִׁי. וְאִם הָיְתָה יָדוֹ בְּלוּלָה בְּמַשְׁקֶה אַף עַל פִּי שֶׁלֹּא נָגַע נִטְמֵאת חֲבֶרְתָּהּ וְצָרִיךְ לְהַטְבִּיל אֶת שְׁתֵּיהֶן וְאַחַר כָּךְ יִגַּע בְּקֹדֶשׁ. אֲבָל בִּתְרוּמָה אִם נִטְמֵאת יָדוֹ הָאַחַת לֹא נִטְמֵאת חֲבֶרְתָּהּ. וַאֲפִלּוּ נָגַע בָּהּ כְּשֶׁהִיא נְגוּבָה. וְאֵין צָרִיךְ לְהַטְבִּיל יָדוֹ שֶׁנִּטְמֵאת אֶלָּא נוֹטְלָהּ וְנוֹגֵעַ בִּתְרוּמָה:

יג. אֳכָלִין נְגוּבִין שֶׁלֹּא הֻכְשְׁרוּ אוֹכְלִין אוֹתָם בְּיָדַיִם מְסֹאָבוֹת. בַּמֶּה דְּבָרִים אֲמוּרִים בִּתְרוּמָה. אֲבָל בְּקֹדֶשׁ חִבַּת הַקֹּדֶשׁ מַכְשַׁרְתָּן וְאָסוּר לְמִי שֶׁיָּדָיו טְמֵאוֹת לֶאֱכֹל קֹדֶשׁ שֶׁלֹּא הֻכְשַׁר. וַאֲפִלּוּ לֹא נָגַע בּוֹ אֶלָּא בְּכוּשׁ אוֹ שֶׁתָּחַב לוֹ חֲבֵרוֹ לְתוֹךְ פִּיו הֲרֵי זֶה אָסוּר. וְאֵין צָרִיךְ לוֹמַר שֶׁאִם נָגְעָה טֻמְאָה בָּאֳכָלִין שֶׁל קֹדֶשׁ שֶׁלֹּא הֻכְשְׁרוּ שֶׁנִּטְמְאוּ מִפְּנֵי שֶׁחִבַּת הַקֹּדֶשׁ מַכְשַׁרְתָּן:

יד. בַּמֶּה דְּבָרִים אֲמוּרִים לִפְסוֹל הָאוֹכֵל עַצְמוֹ וּלְאָסְרוֹ בַּאֲכִילָה. אֲבָל לִמְנוֹת בּוֹ רִאשׁוֹן וְשֵׁנִי הֲרֵי זֶה סָפֵק. כֵּיצַד. נָגַע אֹכֶל שֶׁנִּטְמָא בְּלֹא הֶכְשֵׁר בְּאֹכֶל שֵׁנִי שֶׁהֻכְשַׁר הֲרֵי זֶה הַשֵּׁנִי סָפֵק מִפְּנֵי שֶׁהָרִאשׁוֹן לֹא הֻכְשַׁר:

טו. הָאוֹנֵן אַחַר שֶׁתַּם זְמַן אֲנִינוּתוֹ וּמְחֻסַּר כִּפּוּרִים אַחַר שֶׁהֵבִיא כַּפָּרָתוֹ צְרִיכִין טְבִילָה לַאֲכִילַת הַקֹּדֶשׁ אֲבָל לֹא לִתְרוּמָה שֶׁהָאוֹנֵן וּמְחֻסַּר כִּפּוּרִים מֻתָּרִין לֶאֱכֹל אֶת הַתְּרוּמָה. וּמִפְּנֵי מָה הִצְרִיכוּם טְבִילָה לַקֹּדֶשׁ שֶׁהֲרֵי עַד עַתָּה הָיוּ אֲסוּרִין לֶאֱכֹל אֶת הַקֹּדֶשׁ וְהִסִּיחוּ דַּעְתָּן וְשֶׁמָּא נִטְמְאוּ וְהֵם לֹא יָדְעוּ. וְלֹא עָשׂוּ מַעֲלָה זוֹ אֶלָּא לַאֲכִילָה אֲבָל לִנְגִיעָה נוֹגְעִים בְּקָדָשִׁים קֹדֶם טְבִילָה:

טז. שֵׁשׁ מַעֲלוֹת הָרִאשׁוֹנוֹת עֲשָׂאוּם בֵּין לְקֹדֶשׁ בֵּין לְחֻלִּין שֶׁנַּעֲשׂוּ עַל טָהֳרַת הַקֹּדֶשׁ. וַחֲמֵשׁ אַחֲרוֹנוֹת שֶׁהֵן מִן הַכְּלִי מְצָרֵף מַה שֶּׁבְּתוֹכוֹ וְהָלְאָה עֲשָׂאוּם בְּקֹדֶשׁ בִּלְבַד אֲבָל לֹא בְּחֻלִּין שֶׁנַּעֲשׂוּ עַל טָהֳרַת הַקֹּדֶשׁ. אֶלָּא הֲרֵי הֵן בְּחָמֵשׁ אֵלּוּ כְּחֻלִּין לְפִיכָךְ חֻלִּין שֶׁנַּעֲשׂוּ עַל טָהֳרַת הַקֹּדֶשׁ הָרִאשׁוֹן טָמֵא בָּהֶן וְהַשֵּׁנִי פָּסוּל. וְהַשְּׁלִישִׁי טָהוֹר בְּחֻלִּין כְּמוֹ שֶׁבֵּאַרְנוּ:

Perek 13

Impurity decrees established by *Rabanim*

Clothes, Immersion, Vessels, Saliva, Doubtful *trumah*

Reminder

Pack on Impurity of Vessels

Pack on Purification

Pack on Misbehaviour

Grades of Impurity

Clothes – **5** Categories established by *Rabanan*

- I.e. Clothes of unlearned person
- Clothes of people who partake of ordinary food in purity – *perushim*
- Clothes of people who eat *maaser sheni* in *Yerushalayim*
- Clothes of people who eat *trumah*
- Clothes of people who eat *kodesh*
- Clothes of people who offered *Parah Adumah*

Mikveh – Similar categories established *Derabanan*

I.e. must have the correct *kavanah* for purification at each level.

Vessels – Similar decrees on vessels

Kelim in market places etc are impure.

Kelim in Yerushalayim are pure except for knives used to slaughter sacrifices, unless found on *Yom Tov* or on the 14th of Nissan.

Saliva – Decrees *Derabanan*

Trumah – **6** doubtful situations *Rabanim* decreed that *trumah* should be burnt:

- *Bet hapras*
- Earth from Diaspora
- Clothes of unlearned people
- Vessels found in market place, streets etc
- Saliva of unknown origin
- Urine of impure person mixed with animal urine, each 50%, and it is unknown if the human urine is still noticeable.

Reminder
Pack on Impurity of *Zav, Zavah etc*

	Presumed status	Presumed Impure for people who eat *chulin* in state of purity	Presumed impure for people who partake of *Maaser sheni*	Presumed impure for people who partake of *trumah*	Presumed impure for people who partake of *kodesh*	Presumed impure for Red Heifer
CLOTHES						
Clothes of unlearned person	*Midras Hazav* i.e. *av*	✓				
Those who partake of *chulin* in state of purity	*Perushim* (considered pure)		✓			

Those who partake of *Maaser sheni*				✓		
Those who partake of *trumah*	Pure				✓	
Clothes of those who partake of *Kodesh*	Pure					✓
MIKVEH						
Immersed without intent	Pure for *chulin*	✓	✓	✓	✓	✓
Immersed for *Maaser sheni*	Pure for *maaser sheni*	×	×	✓ Presumed impure for *trumah*	✓ Presumed impure for *kodesh*	✓
Immersed for *Kodesh*		×	×	×	×	✓
Immersed for *Parah Adumah*	Pure for everything	×	×	×	×	×
Attention diverted after *mikveh*	Must immerse again for *trumah*, *kodesh* and Red Heifer					
VESSELS						
Found anywhere outside *Yerushalayim*	Impure					
Found in *Yerushalayim*	Pure					
Knives used to slaughter sacrifices found in *Yerushalayim*	Impure (exception)					
SALIVA						
Found anywhere	Impure					
Found in middle of road in Yerushalayim	Impure during the year and pure during the Festival					
Found on side of road in Yerushalayim	Pure during the year and impure during the Festival					

TRUMAH

Burning *trumah* (and *kodesh*) is not allowed *Deoraita*. If there is a doubt that a source of impurity touched *trumah* and the source is *av Derabanan*, then we burn the *trumah* or kodesh. If there is a double doubt, it is not burnt and not eaten.

Touched by doubtful *Deoraita* Impurity	Burnt					
Doubtful touch of *bet hapras*	Burnt					

Doubtful touch of earth from Diaspora	Burnt					
Doubtful touch of clothes of unlearned	Burnt					
Doubtful vessels outside of Jerusalem	Burnt					
Doubtful saliva	Burnt					
Urine of impure person mixed with animal urine, each 50%, and it is unknown if the human urine is recognizable.	Burnt					

פרק י״ג

א. חָמֵשׁ מַעֲלוֹת עָשׂוּ חֲכָמִים בִּבְגָדִים וְאֵלּוּ הֵן. בִּגְדֵי עַם הָאָרֶץ מִדְרָס לְאוֹכְלֵי חֻלֵּיהֶן בְּטָהֳרָה וְכֵן עַמֵּי הָאָרֶץ עַצְמָן כְּזָבִין לְטָהֳרוֹת כְּמוֹ שֶׁבֵּאַרְנוּ. וּבִגְדֵי אוֹכְלֵי חֻלֵּיהֶן בְּטָהֳרָה מִדְרָס לְאוֹכְלֵי מַעֲשֵׂר שֵׁנִי אֲבָל אוֹכְלֵי חֻלֵּיהֶן בְּטָהֳרָה וְהֵן הַנִּקְרָאִים פְּרוּשִׁים אֵינָם כְּזָבִים אֲפִלּוּ לִתְרוּמָה הֲרֵי זֶה הַפָּרוּשׁ טָהוֹר אֲפִלּוּ אִם נָגַע בָּהּ בְּגוּפוֹ. וּבִגְדֵי אוֹכְלֵי מַעֲשֵׂר שֵׁנִי מִדְרָס לְאוֹכְלֵי תְּרוּמָה. וּבִגְדֵי אוֹכְלֵי תְּרוּמָה מִדְרָס לְקֹדֶשׁ אֲבָל אוֹכְלֵי תְּרוּמָה עַצְמָן אֵינָן כְּזָבִין בְּקֹדֶשׁ. וּבִגְדֵי אוֹכְלֵי קֹדֶשׁ מִדְרָס לְחַטָּאת כְּמוֹ שֶׁבֵּאַרְנוּ בְּהִלְכוֹת פָּרָה אֲדֻמָּה אֲבָל הַטָּהוֹר לְקֹדֶשׁ אֵינוֹ כְּזָב לְחַטָּאת:

ב. וְכֵן עָשׂוּ חֲכָמִים מַעֲלוֹת בִּטְבִילָה. כֵּיצַד. מִי שֶׁטָּבַל בְּלֹא כַּוָּנָה הֲרֵי זֶה טָהוֹר לְחֻלִּין וְאָסוּר בְּמַעֲשֵׂר שֵׁנִי עַד שֶׁיִּתְכַּוֵּן לִטְבֹּל לְמַעֲשֵׂר. טָבַל לְמַעֲשֵׂר הֲרֵי זֶה בְּחֶזְקַת טְהֳרָה לְמַעֲשֵׂר וְאָסוּר בִּתְרוּמָה. טָבַל לִתְרוּמָה הֻחְזַק לִתְרוּמָה וְאָסוּר בְּקֹדֶשׁ. טָבַל לְקֹדֶשׁ הֻחְזַק לְקֹדֶשׁ וְאָסוּר לְחַטָּאת. טָבַל לְחַטָּאת הֻחְזַק לַכֹּל שֶׁהַטּוֹבֵל לְחָמוּר הֻחְזַק לְקַל. טָבַל סְתָם וְלֹא נִתְכַּוֵּן לְאֶחָד מִכָּל אֵלּוּ הֲרֵי זֶה טָהוֹר לְחֻלִּין בִּלְבַד וְטָמֵא כְּשֶׁהָיָה אֲפִלּוּ לְמַעֲשֵׂר. וְכֵן הַנּוֹטֵל יָדָיו אוֹ הִטְבִּילָן צָרִיךְ כַּוָּנָה אֲפִלּוּ לְמַעֲשֵׂר. וּמִן הַמַּעֲשֵׂר וָמַעְלָה צָרִיךְ כַּוָּנָה אֲבָל לְחֻלִּין אֵינוֹ צָרִיךְ כַּוָּנָה. וְכָל הַמַּעֲלוֹת הָאֵלּוּ מִדִּבְרֵי סוֹפְרִים אֲבָל דִּין תּוֹרָה הוֹאִיל וְטָבַל מִכָּל מָקוֹם הֲרֵי הוּא טָהוֹר לַכֹּל:

ג. מִי שֶׁהָיָה טָהוֹר לִתְרוּמָה וְהִסִּיחַ אֶת לִבּוֹ מִלֶּאֱכֹל נִטְמָא בְּהֶסֵּחַ הַדַּעַת וְאָסוּר לֶאֱכֹל תְּרוּמָה עַד שֶׁיִּטְבֹּל פַּעַם שְׁנִיָּה וְאֵינוֹ צָרִיךְ הַעֲרֵב שֶׁמֶשׁ. הָיוּ יָדָיו טְהוֹרוֹת לִתְרוּמָה וְהִסִּיחַ לִבּוֹ מִלֶּאֱכֹל אַף עַל פִּי שֶׁאוֹמֵר יוֹדֵעַ אֲנִי שֶׁלֹּא נִטְמְאוּ יָדַי הֲרֵי יָדָיו טְמֵאוֹת בְּהֶסֵּחַ הַדַּעַת שֶׁהַיָּדַיִם עַסְקָנִיּוֹת. אִם לִתְרוּמָה כֵּן קַל וָחֹמֶר לְקֹדֶשׁ שֶׁכָּל הַמַּסִּיחַ דַּעְתּוֹ צָרִיךְ טְבִילָה. וְאִם לֹא שָׁמַר עַצְמוֹ מִטֻּמְאַת מֵת וְלֹא יָדַע בְּוַדַּאי שֶׁלֹּא נִטְמָא הֲרֵי זֶה צָרִיךְ הַזָּאָה שְׁלִישִׁי וּשְׁבִיעִי מִפְּנֵי הֶסֵּחַ הַדַּעַת. וְאִם יָדַע שֶׁלֹּא נִטְמָא בְּמֵת וְהִסִּיחַ דַּעְתּוֹ מִשְּׁאָר טֻמְאוֹת הֲרֵי זֶה צָרִיךְ טְבִילָה וְהַעֲרֵב שֶׁמֶשׁ אַף לִתְרוּמָה. וְדָבָר בָּרוּר הוּא שֶׁכָּל אֵלּוּ הַטְּבִילוֹת מִדִּבְרֵיהֶן:

ד. וְכֵן גָּזְרוּ חֲכָמִים עַל הַכֵּלִים הַנִּמְצָאִים בַּשְּׁוָקִים וּבָרְחוֹבוֹת אֲפִלּוּ בַּמִּדְבָּרוֹת שֶׁיִּהְיוּ בְּחֶזְקַת טֻמְאָה. שֶׁמָּא בְּזָב אוֹ בְּמֵת נִטְמְאוּ. וְכֵן הָרֻקִּין הַנִּמְצָאִין שָׁם בְּחֶזְקַת טֻמְאָה שֶׁמָּא רֹק זָב וְכַיּוֹצֵא בּוֹ הוּא הָרֹק הַזֶּה:

ה. כָּל הַכֵּלִים הַנִּמְצָאִין בִּירוּשָׁלַיִם טְהוֹרִין אֲפִלּוּ נִמְצְאוּ דֶּרֶךְ יְרִידָה לְבֵית הַטְּבִילָה. שֶׁלֹּא גָּזְרוּ טֻמְאָה עַל הַכֵּלִים הַנִּמְצָאִים בִּירוּשָׁלַיִם חוּץ מִן הַסַּכִּינִים לִשְׁחִיטַת הַקֳּדָשִׁים מִפְּנֵי חֻמְרַת הַקֳּדָשִׁים. בַּמֶּה דְּבָרִים אֲמוּרִים בְּסַכִּין הַנִּמְצֵאת בִּירוּשָׁלַיִם בִּשְׁאָר יְמוֹת הַשָּׁנָה. אֲבָל אִם מָצָא סַכִּין בִּירוּשָׁלַיִם בְּאַרְבָּעָה עָשָׂר בְּנִיסָן שׁוֹחֵט בָּהּ הַקֳּדָשִׁים מִיָּד וַאֲפִלּוּ חָל אַרְבָּעָה עָשָׂר לִהְיוֹת בְּשַׁבָּת שֶׁלֹּא גָּזְרוּ עַל

הַסַּכִּינִין הַנִּמְצָאִים בַּיּוֹם הַזֶּה. וְכֵן אִם מְצָאָהּ בְּיוֹם טוֹב שׁוֹחֵט בָּהּ מִיָּד שֶׁחֶזְקַת כָּל הַכֵּלִים בְּיוֹם טוֹב טְהוֹרִין:

ו. מָצָא הַסַּכִּין בִּשְׁלֹשָׁה עָשָׂר מַזֶּה עָלֶיהָ וּמַטְבִּילָהּ וְשׁוֹחֵט בָּהּ לְמָחָר מִפְּנֵי שֶׁעֲשָׂאוּהוּ בְּיוֹם זֶה כְּאִלּוּ יוֹם שְׁלֹשָׁה עָשָׂר שְׁבִיעִי שֶׁלָּהּ:

ז. מָצָא סַכִּין קְשׁוּרָה לַסַּכִּין הַיְדוּעָה אֶצְלוֹ בֵּין בְּיוֹם טוֹב בֵּין בִּשְׁאָר הַיָּמִים הֲרֵי הִיא כָּמוֹהָ אִם טְהוֹרָה טְהוֹרָה וְאִם טְמֵאָה טְמֵאָה:

ח. כָּל הָרְקִין הַנִּמְצָאִים בִּירוּשָׁלַיִם בְּאֶמְצַע הַדֶּרֶךְ גָּזְרוּ עֲלֵיהֶן טֻמְאָה כִּשְׁאָר הָרְקִין הַנִּמְצָאִים בְּכָל מָקוֹם. וְכָל הָרְקִין הַנִּמְצָאִים בַּצְּדָדִין בִּירוּשָׁלַיִם טְהוֹרִים. שֶׁהַפְּרוּשִׁים הֵן שֶׁמְּהַלְּכִין בַּצְּדָדִין כְּדֵי שֶׁלֹּא יִתְטַמְּאוּ בְּמַגַּע עַמֵּי הָאָרֶץ. וּבִשְׁעַת הָרֶגֶל שֶׁבְּאֶמְצַע הַדֶּרֶךְ טְהוֹרִים שֶׁכָּל יִשְׂרָאֵל טְהוֹרִים בָּרֶגֶל. וְשֶׁבַּצְּדָדִין טְמֵאִים שֶׁהַטְּמֵאִים בָּרֶגֶל מְעַטִּים וְהֵן פּוֹרְשִׁים לְצִדֵּי הַדְּרָכִים:

ט. כְּשֵׁם שֶׁהָרִאשׁוֹן עוֹשֶׂה שֵׁנִי וְהַשֵּׁנִי עוֹשֶׂה שְׁלִישִׁי כֵּן סְפֵק רִאשׁוֹן עוֹשֶׂה סְפֵק שֵׁנִי וּסְפֵק שֵׁנִי עוֹשֶׂה סְפֵק שְׁלִישִׁי:

י. תְּרוּמָה וְקָדָשִׁים שֶׁנִּטְמְאוּ בִּסְפֵק אָב מֵאֲבוֹת הַטֻּמְאוֹת שֶׁל תּוֹרָה הֲרֵי אֵלּוּ נִשְׂרָפִין בְּטֻמְאָה זוֹ כְּגוֹן שֶׁנִּסְתַּפֵּק לוֹ אִם נָגַע בְּאָב זֶה אוֹ לֹא נָגַע:

יא. וְיֵשׁ שָׁם סְפֵקוֹת שֶׁאֵין שׂוֹרְפִין עֲלֵיהֶן וְאֵין אוֹכְלִין אוֹתָן אֳכָלִין שֶׁנִּסְתַּפֵּק לוֹ בָּהֶן אֶלָּא תּוֹלִין לֹא אוֹכְלִין וְלֹא שׂוֹרְפִין. וְיֵשׁ שָׁם סְפֵקוֹת שֶׁשּׂוֹרְפִין עֲלֵיהֶן אֶת הַתְּרוּמָה וְאֵין צָרִיךְ לוֹמַר קָדָשִׁים:

יב. אֲבָל עַל סְפֵק סְפֵק הַטֻּמְאָה אֵין שׂוֹרְפִין עָלָיו תְּרוּמָה לְעוֹלָם וְאֵין צָרִיךְ לוֹמַר קָדָשִׁים. אֶלָּא תּוֹלִין לֹא אוֹכְלִין וְלֹא שׂוֹרְפִין:

יג. עַל שִׁשָּׁה סְפֵקוֹת שׂוֹרְפִין אֶת הַתְּרוּמָה וְכֻלָּם גְּזֵרָה מִדִּבְרֵיהֶם וְאֵלּוּ הֵן. עַל בֵּית הַפְּרָס. וְעַל עָפָר הַבָּא מֵאֶרֶץ הָעַמִּים. וְעַל בִּגְדֵי עַם הָאָרֶץ. וְעַל הַכֵּלִים הַנִּמְצָאִים. וְעַל הָרְקִים הַנִּמְצָאִים. וְעַל מֵי רַגְלֵי אָדָם טָמֵא שֶׁנִּתְעָרֵב בְּמֵי רַגְלֵי בְּהֵמָה מֶחֱצָה לְמֶחֱצָה וְאֵין יָדוּעַ אִם בָּטְלוּ מַרְאִיתָן אִם לֹא. כֵּיצַד. אִם נִטְמֵאת תְּרוּמָה מֵחֲמַת אֶחָד מִשִּׁשָּׁה אֵלּוּ אַף עַל פִּי שֶׁעִקַּר טֻמְאָתָן בְּסָפֵק הֲרֵי זוֹ תִּשָּׂרֵף. הוֹאִיל וְוַדַּאי סְפֵקוֹת אֵלּוּ טֻמְאָתָן מִן הַתּוֹרָה שֶׁהַמֵּת וְהַזָּב טְמֵאִין מִן הַתּוֹרָה. וְאַחַת תְּרוּמָה שֶׁנָּגְעָה בְּאַחַת מִשֵּׁשׁ טֻמְאוֹת הָאֵלּוּ. אוֹ שֶׁנִּטְמֵאת מֵחֲמַת אַחַת מֵהֶן וַהֲרֵי הִיא שְׁלִישִׁי לְאַחַת מֵהֶן הֲרֵי זוֹ תִּשָּׂרֵף. אֲבָל אִם נִסְתַּפֵּק לוֹ בְּכָל מָקוֹם אִם נָגַע בְּבֵית הַפְּרָס וּבְאֶרֶץ הָעַמִּים אוֹ לֹא נָגַע. אִם נָגַע בִּבְגָדִים וְרֻקִּין וְכֵלִים וּמֵי רְגָלִים אוֹ לֹא נָגַע. הֲרֵי אֵלּוּ תּוֹלִין מִפְּנֵי שֶׁעִקַּר טֻמְאָתָן מִפְּנֵי הַסָּפֵק שֶׁמָּא טְמֵאִין הֵן אוֹ טְהוֹרִים וְאִם תֹּאמַר טְמֵאִין שֶׁמָּא נָגַע שֶׁמָּא לֹא נָגַע וְנִמְצְאוּ שְׁנֵי סְפֵקוֹת וְאֵין שׂוֹרְפִין עַל שְׁנֵי סְפֵקוֹת אֶלָּא תּוֹלִין כְּמוֹ שֶׁבֵּאַרְנוּ:

Perek 14

Doubtful impurity

12 cases of doubt which the *Rabanim* have pronounced as pure.

1. *Safek mayim sheuvim* (doubt of drawn water)

If **3** ***log*** of drawn water fall into a *mikveh*, the *mikveh* is disqualified. If there was doubt about this, *mikveh* remains pure.

Reminder

Pack on Purification

2. Doubt of impurity *tzafa* (floating) on water

Leniency results say with a *sheretz* (crawling animal). Since it crawls on the earth, the fact that it is floating, the *Rabanim* were lenient with its impurity. This applies only to a *sheretz*. However, if it was floating on wine the leniency was not extended and it makes *trumah* impure but not people who eat *chulin in state* of purity.

3. *Safek mashkin letamei acherim* (doubt about liquids)

If doubt is whether impure liquid touched an entity, then entity is pure.

If doubt is whether impure person touched a liquid, liquid is considered impure.

4. *Safek yadayim* (doubt concerning impurity of hands)

Here both ways were decreed to be pure i.e. If purity of hands were in doubt, pure entities touched are pure. If hands pure, and entity was in doubt, hands remain pure.

Also, if he purified his hands and was in doubt whether purification was effective, then hands regarded as pure.

פרק י״ד

א. שְׁנֵים עָשָׂר סְפֵקוֹת טִהֲרוּ חֲכָמִים וְאֵלּוּ הֵן. סְפֵק מַיִם שְׁאוּבִים לְמִקְוֶה. סְפֵק טֻמְאָה צָפָה עַל פְּנֵי הַמַּיִם. סְפֵק מַשְׁקִין לְטַמֵּא אֲחֵרִים. אֲבָל לְטֻמְאַת עַצְמָן טְמֵאִים מִסָּפֵק. סְפֵק הַיָּדַיִם בֵּין לְטֻמְאַת עַצְמָן בֵּין לְטַמֵּא אֲחֵרִים בֵּין לְטָהֳרַת יָדַיִם מִטֻּמְאָתָן. סְפֵק דִּבְרֵי סוֹפְרִים. סְפֵק הַחֻלִּין. סְפֵק קָרְבָּנוֹת. סְפֵק נְגָעִים. סָפֵק עוֹבֵר וְעוֹמֵד. סְפֵק שְׁרָצִים. סְפֵק רְשׁוּת הָרַבִּים. סְפֵק שְׁתֵּי רְשׁוּיוֹת:

ב. סְפֵק מַיִם שְׁאוּבִין לְמִקְוֶה כֵּיצַד. שְׁלֹשָׁה לוֻגִּין מַיִם שְׁאוּבִין שֶׁנָּפְלוּ לַמִּקְוֶה פְּסָלוּהוּ. סָפֵק נָפְלוּ סָפֵק לֹא נָפְלוּ וַאֲפִלּוּ נָפְלוּ סָפֵק יֵשׁ בָּהֶן שִׁעוּר אוֹ אֵין בָּהֶן סְפֵקוֹ טָהוֹר וַהֲרֵי הַמִּקְוֶה בְּכַשְׁרוּתוֹ. וְאֵין מוֹרִין לוֹ לִטְבֹּל בְּמִקְוֶה זֶה וְלַעֲשׂוֹת טָהֳרוֹת לְכַתְּחִלָּה. וְאִם טָבַל וְעָשָׂה טָהֳרוֹתָיו טְהוֹרוֹת:

ג. סְפֵק טֻמְאָה צָפָה עַל פְּנֵי הַמַּיִם כֵּיצַד. שֶׁרֶץ שֶׁהָיָה צָף עַל פְּנֵי הַמַּיִם. בֵּין שֶׁהָיוּ הַמַּיִם בְּכֵלִים אוֹ בְּקַרְקָעוֹת וְיָרַד לַמַּיִם אֲפִלּוּ אֵין שָׁם אֶלָּא מְלֹא אָדָם וְטֻמְאָה הֲרֵי זֶה טָהוֹר עַד שֶׁיֵּדַע וַדַּאי שֶׁנָּגַע. וְלֹא אָמְרוּ סְפֵק טֻמְאָה צָפָה טָהוֹר אֶלָּא לְשֶׁרֶץ בִּלְבַד. וְכָל הַנִּתְלִים וְהַנִּגְרָרִין הֲרֵי הֵן כִּמְנֻחִין:

ד. שֶׁרֶץ שֶׁהָיָה מֻנָּח בִּכְלִי וּכְלִי צָף עַל פְּנֵי הַמַּיִם אוֹ שֶׁהָיָה מֻנָּח עַל הַמֵּת אוֹ עַל הַנְּבֵלָה וַאֲפִלּוּ נִמּוֹחַ הַנְּבֵלָה אוֹ בְּשָׂר מֵת שֶׁתַּחְתָּיו אוֹ שֶׁהָיָה מֻנָּח עַל שִׁכְבַת זֶרַע הַצָּפָה עַל פְּנֵי הַמַּיִם הֲרֵי זֶה כְּמֻנָּח עַל הָאָרֶץ שֶׁסְּפֵקוֹ בִּרְשׁוּת הַיָּחִיד טָמֵא כְּמוֹ שֶׁיִּתְבָּאֵר. הָיָה שֶׁרֶץ עַל גַּבֵּי שֶׁרֶץ צָף עַל פְּנֵי הַמַּיִם הֲרֵי זֶה כְּטֻמְאָה עָבָה שֶׁצָּפָה עַל פְּנֵי הַמַּיִם וּסְפֵקוֹ טָהוֹר. הָיָה מֻנָּח עַל גַּבֵּי מֵי חַטָּאת וּמֵי חַטָּאת צָפִין עַל פְּנֵי הַמַּיִם הֲרֵי זֶה סָפֵק אִם הוּא כְּמֻנָּח אוֹ אֵינוֹ כְּמֻנָּח. לְפִיכָךְ יֵרָאֶה לִי שֶׁסְּפֵקוֹ טָהוֹר:

ה. כְּדֶרֶךְ שֶׁטִּהֲרוּ סְפֵק טֻמְאָה צָפָה עַל פְּנֵי הַמַּיִם בֵּין בְּכֵלִים בֵּין בְּקַרְקָעוֹת כָּךְ טִהֲרוּ סְפֵק טָהֳרָה הַצָּפָה עַל פְּנֵי הַמַּיִם בֵּין בְּכֵלִים בֵּין בְּקַרְקָעוֹת. כֵּיצַד. עֲרֵבָה שֶׁהִיא טְמֵא מֵת וְכִכַּר תְּרוּמָה כָּרוּךְ בְּסִיב אוֹ בִּנְיָר וְנָתוּן בְּתוֹכָהּ וְיָרְדוּ לְתוֹכָהּ מֵי גְשָׁמִים וְנִתְמַלֵּאת וְנִפְשַׁט הַנְּיָר וַהֲרֵי הַכִּכָּר צָף עַל פְּנֵי הַמַּיִם וְהַנְּיָר מַבְדִּיל בֵּינוֹ לְבֵין הַמַּיִם וְסָפֵק נָגַע צִדּוֹ בַּעֲרֵבָה סָפֵק לֹא נָגַע. הֲרֵי הוּא בְּטָהֳרָתוֹ מִפְּנֵי שֶׁהוּא צָף:

ו. שֶׁרֶץ שֶׁנִּמְצָא צָף עַל גַּבֵּי בּוֹר בְּתוֹךְ הַגַּת לִתְרוּמָה סְפֵקוֹ טָמֵא. וְלַפּוֹעֲלִין סְפֵקָן טָהוֹר. מִפְּנֵי שֶׁהִיא טֻמְאָה צָפָה:

ז. סָפֵק מַשְׁקִין לְטַמֵּא אֲחֵרִים טָהוֹר. לְטֻמְאַת עַצְמָן טָמֵא. כֵּיצַד. הָיָה מַקֵּל בְּיָדוֹ וּבְרֹאשׁוֹ מַשְׁקִין טְמֵאִים וּזְרָקָן לְתוֹךְ כִּכָּרוֹת טְהוֹרוֹת. סָפֵק נָגְעוּ הַמַּשְׁקִין בַּכִּכָּרוֹת סָפֵק לֹא נָגְעוּ טְהוֹרוֹת. וְכֵן אִם נִסְתַּפֵּק לוֹ אִם נָגְעוּ מַשְׁקִין טְמֵאִין בִּכְלִי זֶה אוֹ לֹא נָגְעוּ הֲרֵי הַכְּלִי טָהוֹר. וְכֵן אִם נִסְתַּפֵּק לוֹ אִם נָגְעוּ מַשְׁקִין אֵלּוּ הַטְּמֵאִין בְּמַשְׁקִין אֲחֵרִים אוֹ לֹא נָגְעוּ הֲרֵי הַמַּשְׁקִין הָאֲחֵרִים טְהוֹרִין. אֲבָל טָמֵא שֶׁפָּשַׁט יָדוֹ אוֹ רַגְלוֹ לְבֵין מַשְׁקִין טְהוֹרִין. אוֹ שֶׁזָּרַק כִּכָּר טָמֵא לְבֵין מַשְׁקִין טְהוֹרִין סָפֵק נָגַע בַּמַּשְׁקִין סָפֵק לֹא נָגַע הֲרֵי אֵלּוּ טְמֵאִין בְּסָפֵק. וְכֵן כָּל כַּיּוֹצֵא בָּזֶה:

ח. חָבִית שֶׁהִיא מְלֵאָה מַשְׁקִין וּפָשַׁט הַטָּמֵא אֶת יָדוֹ לַאֲוִירָהּ סָפֵק נָגַע בַּמַּשְׁקִין סָפֵק לֹא נָגַע בָּהֶן הַמַּשְׁקִין טְמֵאִין וְהֶחָבִית טְהוֹרָה שֶׁאֵין סְפֵק הַמַּשְׁקִין מְטַמֵּא. וְכֵן אִם נִכְנְסוּ מַשְׁקִין שֶׁהֵן טְמֵאִין מִסָּפֵק לַאֲוִיר הֶחָבִית הֲרֵי הֶחָבִית טְהוֹרָה וְהַמַּשְׁקִין שֶׁבְּתוֹכָהּ טְהוֹרִין שֶׁאֵינָן מִתְטַמְּאִין אֶלָּא מִן הֶחָבִית. וְאִם נִתְעָרְבוּ מַשְׁקִין אֵלּוּ הַסָּפֵק בְּמַשְׁקִין שֶׁבֶּחָבִית הֲרֵי כָּל הַמַּשְׁקִין טְמֵאִין בְּסָפֵק וְהֶחָבִית טְהוֹרָה. וְכֵן אִם נָפְלוּ מַשְׁקִין אֵלּוּ לְתוֹךְ הַתַּנּוּר הֲרֵי הַפַּת וְהַתַּנּוּר טְהוֹרִין:

ט. הַמְרַבֵּץ בֵּיתוֹ בְּמַיִם טְמֵאִים אוֹ שֶׁזִּלְפָּן וְהָיוּ שָׁם טָהֳרוֹת סָפֵק נִתְּזוּ עֲלֵיהֶן סָפֵק לֹא נִתְּזוּ סְפֵקוֹ טָהוֹר:

י. זִלֵּף מַשְׁקִין טְהוֹרִין וּטְמֵאִים בְּתוֹךְ הַבַּיִת וְנִמְצְאוּ אַחַר כָּךְ מַשְׁקִין עַל כִּכָּר שֶׁל תְּרוּמָה. נְטָלָהּ וְנִשְׁאַל עָלֶיהָ הֲרֵי זוֹ טְהוֹרָה שֶׁסְּפֵק הַמַּשְׁקִין לְטַמֵּא טָהוֹר. הִנִּיחַ הַכִּכָּר עַד שֶׁיִּנָּגְבוּ הַמַּיִם שֶׁעָלֶיהָ הֲרֵי זוֹ טְמֵאָה בְּסָפֵק שֶׁסְּפֵק טֻמְאָה בִּרְשׁוּת הַיָּחִיד טָמֵא כְּמוֹ שֶׁיִּתְבָּאֵר. וַהֲרֵי אֵין כָּאן מַשְׁקִין אֶלָּא כִּכָּר שֶׁהִיא סְפֵק טְמֵאָה סָפֵק טְהוֹרָה:

יא. סְפֵק יָדַיִם בֵּין לְהִתְטַמֵּא בֵּין לְטַמֵּא אֲחֵרִים בֵּין לְטָהֳרָתָן טָהוֹר כֵּיצַד. הָיוּ יָדָיו טְהוֹרוֹת וּלְפָנָיו שְׁנֵי כִכָּרִים טְמֵאִין סָפֵק נָגַע סָפֵק לֹא נָגַע. אוֹ שֶׁהָיוּ יָדָיו טְמֵאוֹת וּלְפָנָיו שְׁנֵי כִכָּרִים טְהוֹרִים סָפֵק נָגַע סָפֵק לֹא נָגַע. אוֹ שֶׁהָיוּ יָדָיו אַחַת טְהוֹרָה וְאַחַת טְמֵאָה וּלְפָנָיו שְׁנֵי כִכָּרִים טְהוֹרִים וְנָגַע בְּאֶחָד מֵהֶן וְסָפֵק בַּטְּמֵאָה נָגַע סָפֵק בַּטְּהוֹרָה. אוֹ שֶׁהָיוּ יָדָיו טְהוֹרוֹת וּלְפָנָיו שְׁנֵי כִכָּרִים אֶחָד טָהוֹר וְאֶחָד טָמֵא וְנָגַע בְּאֶחָד מֵהֶם סָפֵק בַּטָּמֵא נָגַע סָפֵק בַּטָּהוֹר נָגַע. אוֹ שֶׁהָיוּ יָדָיו אַחַת טְהוֹרָה וְאַחַת טְמֵאָה וּלְפָנָיו כִּכָּר טָמֵא וְכִכָּר טָהוֹר וְנָגַע בִּשְׁנֵיהֶן סָפֵק טְמֵאָה בַּטָּמֵא וְהַטְּהוֹרָה בַּטָּהוֹר אוֹ טְמֵאָה בַּטָּהוֹר וְהַטְּהוֹרָה בַּטָּמֵא. הַיָּדַיִם כְּמוֹ שֶׁהָיוּ וְהַכִּכָּרִים כְּמוֹת שֶׁהָיוּ. וְכֵן אִם הָיוּ יָדָיו טְמֵאוֹת וְהִטְבִּילָן אוֹ נְטָלָן סָפֵק שֶׁהַמַּיִם שֶׁטִּהֲרוּ בָּהֶן כְּשֵׁרִים לְיָדַיִם סָפֵק שֶׁהֵן פְּסוּלִין. סָפֵק יֵשׁ בָּהֶן כְּשִׁעוּר סָפֵק אֵין בָּהֶן. סָפֵק שֶׁהָיָה דָּבָר חוֹצֵץ עַל יָדוֹ סָפֵק שֶׁלֹּא הָיָה. הֲרֵי יָדָיו טְהוֹרוֹת:

יב. הָיְתָה יָדוֹ אַחַת טְמֵאָה וְאֵינוֹ יוֹדֵעַ אֵי זוֹ הִיא אוֹמְרִין לוֹ שֶׁלֹּא יַעֲשֶׂה טָהֳרוֹת עַד שֶׁיִּטֹּל שְׁתֵּי יָדָיו. וְאִם נָגַע בְּאַחַת מֵהֶן בְּטָהֳרוֹת קֹדֶם שֶׁיִּטּוֹל יָדָיו טָהֳרוֹתָיו טְהוֹרוֹת:

Perek 15

Doubt (continued).

12 Cases of doubt continued

5. *Safek Divrei Sofrim* (doubt concerning *Derabanan*)

Doubts of *vlad Derabanan* would be deemed pure i.e. person or object.

Doubts of *av Derabanan* would be deemed impure (unless this source itself was a doubt e.g. *bet hapras*).

Examples of *vlad*

- Did person eat or drink impure foods.
- Did person put majority of body in drawn water.

Did **3** ***log*** drawn water fall upon him.

6. *Safek chulin* (doubt about ordinary food)

This refers to ordinary food prepared by people who are extremely careful about their purity (*perushim*).

If doubts occur, the food is deemed pure.

7. *Safek Korbanot* (doubt about sacrifices)

If a *mechusar kaparah* was in doubt about how many sacrifices to bring, one would suffice. They would then be free to partake of *kodesh*.

Reminder

Mechusrei Kaparah (period after *mikveh* and sunset, before achieving atonement with Sacrifices)

Sefer Korbanot, Hilchot Mechusrei Kaparah, Chapter 1

8. *Safek negaim* (doubt about *tzaraat* blemishes)

Until a *metzora* is finally categorized as impure, he remains pure even although lesions are present.

9. *Safek omed veover* (doubt when a *metzora* stood still or passed)

Works both ways i.e. *metzora* was sitting under a tree. A pure person passed by and it was not certain if he went under the tree. Pure person stays pure. Similarly, a pure person was sitting under the tree. A *metzora* walked past and it was unsure whether he stood still. Pure person remains pure.

10. *Safek sheratzim* (doubt about crawling animals)

Ruling decided on where *sheretz* was found at time of question. i.e. A *sheretz* was thrown next to pure food and there is a doubt whether that *sheretz* touched it. If *sheretz* is found only near the food, the food is pure.

11. *Safek reshut harabim* (doubt about public domain)

A doubtful impure situation in public domain is considered pure. If this occurred in a private domain it would be considered impure.

12. *Safek shtei reshuyot* (doubt involving 2 domains)

In this case both would be pure. I.e. doubt on which domain pure or impure object was, or which object pure or impure was where.

פרק ט״ו

א. סְפֵק דִּבְרֵי סוֹפְרִים כֵּיצַד. סָפֵק אָכַל אֳכָלִין טְמֵאִין וְשָׁתָה מַשְׁקִין טְמֵאִין סָפֵק שֶׁלֹּא אָכַל וְשֶׁלֹּא שָׁתָה. סָפֵק שֶׁבָּא רֹאשׁוֹ וְרֻבּוֹ בְּמַיִם שְׁאוּבִין אוֹ שֶׁנָּפְלוּ עָלָיו שְׁלֹשָׁה לוֹגִין מַיִם שְׁאוּבִין סָפֵק שֶׁלֹּא בָּא וְשֶׁלֹּא נָפְלוּ הֲרֵי זֶה טָהוֹר. וְכֵן אִם אָכַל אֳכָלִין טְמֵאִין אוֹ שָׁתָה מַשְׁקִין טְמֵאִין אוֹ בָּא בְּמַיִם שְׁאוּבִין אוֹ נָפְלוּ עָלָיו שְׁלֹשָׁה לוֹגִין מַיִם שְׁאוּבִין וְסָפֵק נָגַע בְּטָהֳרוֹת אֵלּוּ סָפֵק לֹא נָגַע הֲרֵי טָהֳרוֹת אֵלּוּ טְהוֹרוֹת. וְכֵן הָאוֹכֵל סְפֵק אֳכָלִין טְמֵאִים וְהַשּׁוֹתֶה מַשְׁקִין שֶׁהֵן טְמֵאִים בְּסָפֵק הֲרֵי זֶה טָהוֹר. וְכֵן הָאוֹכֵל תְּרוּמָה תְּלוּיָה טָהוֹר. וְכֵן כָּל כַּיּוֹצֵא בְּאֵלּוּ מוּלְדֵי טֻמְאוֹת שֶׁהֵן מִדִּבְרֵי סוֹפְרִים סְפֵקָן טָהוֹר. אֲבָל אַב [הַטֻּמְאָה] שֶׁהוּא מִדִּבְרֵי סוֹפְרִים סְפֵקוֹ טָמֵא אֶלָּא אִם כֵּן הָיָה הָאָב עַצְמוֹ טָמֵא בְּסָפֵק כְּגוֹן בֵּית הַפְּרָס וְאֶרֶץ הָעַמִּים שֶׁאֵין שׂוֹרְפִין עַל סְפֵק מַגָּעָן כְּמוֹ שֶׁבֵּאַרְנוּ:

ב. סְפֵק הַחֻלִּין הִיא טָהֳרַת אוֹכְלֵי חֻלֵּיהֶן בְּטָהֳרָה וְהֵן הַנִּקְרָאִים פְּרוּשִׁים. כֵּיצַד. אוֹכְלֵי חֻלֵּיהֶן בְּטָהֳרָה שֶׁנּוֹלַד לָהֶן סְפֵק טֻמְאָה בְּטָהֳרוֹתֵיהֶן הֲרֵי אֵלּוּ טְהוֹרִים כְּכָל הַסְּפֵקוֹת כֻּלָּן. וְאֵין לָהֶן טֻמְאָה אֶלָּא טֻמְאָה וַדָּאִית:

ג. סְפֵק הַקָּרְבָּנוֹת כֵּיצַד. מְחֻסַּר כִּפּוּרִים שֶׁיֵּשׁ עָלָיו סְפֵק חֲמִשָּׁה קָרְבָּנוֹת. כְּגוֹן הָאִשָּׁה שֶׁיֵּשׁ עָלֶיהָ סְפֵק חָמֵשׁ זִיבוֹת אוֹ סְפֵק חָמֵשׁ לֵידוֹת. מְבִיאִין קָרְבָּן אֶחָד וְטָהוֹר לֶאֱכֹל בְּקָדָשִׁים וְאֵין הַשְּׁאָר עָלָיו חוֹבָה כְּמוֹ שֶׁבֵּאַרְנוּ בְּהִלְכוֹת מְחֻסְּרֵי כַּפָּרָה:

ד. סְפֵק נְגָעִים כֵּיצַד. עַד שֶׁלֹּא נִזְקַק לְטֻמְאָה סְפֵקוֹ טָהוֹר כְּמוֹ שֶׁבֵּאַרְנוּ בְּפֶרֶק שִׁשִּׁי מֵהִלְכוֹת נְגָעִים:

ה. סָפֵק עוֹמֵד וְעוֹבֵר כֵּיצַד. מְצֹרָע שֶׁיּוֹשֵׁב תַּחַת הָאִילָן וְהַטָּהוֹר עוֹבֵר סָפֵק הֶאֱהִיל עָלָיו הָאִילָן וְטָמֵא סָפֵק לֹא הֶאֱהִיל עָלָיו וְכֵן אִם הָיָה הַטָּהוֹר יוֹשֵׁב תַּחַת הָאִילָן וְהַמְצֹרָע עוֹבֵר תַּחְתָּיו סָפֵק עָמַד הַמְצֹרָע וְנִטְמָא הַטָּהוֹר סָפֵק לֹא עָמַד סְפֵקוֹ טָהוֹר:

ו. סְפֵק שְׁרָצִים זֶה סְפֵק הַנִּזְרָקִין. כֵּיצַד. זָרַק שֶׁרֶץ אוֹ דָּבָר טָמֵא לְבֵין הַכִּכָּרוֹת אוֹ שֶׁזָּרַק כִּכָּר לְבֵין הַטְּמֵאוֹת וְסָפֵק נָגַע סָפֵק לֹא נָגַע הֲרֵי זֶה טָהוֹר הוֹאִיל וּמָצָא הַכִּכָּר הַטָּהוֹר שֶׁאֵינוֹ נוֹגֵעַ בַּטֻּמְאָה שֶׁכָּל הַטֻּמְאוֹת כִּשְׁעַת מְצִיאָתָן. וְאֵין אוֹמְרִין שֶׁמָּא נָגַע בּוֹ וְאַחַר כָּךְ נָפַל בְּצִדּוֹ אֶלָּא הֲרֵי הֵן כִּשְׁעַת מְצִיאָתָן:

ז. הַשֶּׁרֶץ בְּפִי הַחֻלְדָּה וּמְהַלֶּכֶת עַל גַּבֵּי כִּכָּרוֹת שֶׁל תְּרוּמָה סָפֵק נָגַע סָפֵק לֹא נָגַע סְפֵקוֹ טָהוֹר מִפְּנֵי שֶׁלֹּא נָחָה הַטֻּמְאָה. הָיְתָה מְהַלֶּכֶת בּוֹ וְנוֹגַעַת בְּכִכָּרוֹת סָפֵק חַי סָפֵק מֵת הֲרֵי הֵן טְהוֹרוֹת. בַּמֶּה דְּבָרִים אֲמוּרִים בִּזְמַן

שֶׁנְּטָלַתּוּ וְהָלְכָה לָהּ. אֲבָל אִם נִמְצָא מֵת בְּפִיהָ הֲרֵי אֵלּוּ טְמֵאוֹת. רָאוּהוּ חַי בְּפִיהָ אַף עַל פִּי שֶׁמְּצָאוּהוּ מֵת בְּפִיהָ הֲרֵי אֵלּוּ טְהוֹרוֹת. וְכֵן הַשֶּׁרֶץ בְּפִי הַחֻלְדָּה וְהַנְּבֵלָה בְּפִי הַכֶּלֶב וְעָבְרוּ בֵּין הַטְּהוֹרִים אוֹ שֶׁעָבְרוּ טְהוֹרִים בֵּינֵיהֶן סְפֵקוֹ טָהוֹר. מִפְּנֵי שֶׁאֵין לַטֻּמְאָה מָקוֹם קָבוּעַ. הָיוּ מְנַקְּרִין בָּהֶן עַל הָאָרֶץ הֲרֵי הֵן כְּמֻנָּחִין וּמְטַמְּאִין לְמַפְרֵעַ מִסָּפֵק אִם הָיוּ בִּרְשׁוּת הַיָּחִיד כְּמוֹ שֶׁיִּתְבָּאֵר:

ח. סְפֵק רְשׁוּת הָרַבִּים כֵּיצַד. טֻמְאָה שֶׁמֻּנַּחַת בִּרְשׁוּת הָרַבִּים סָפֵק נָגַע בָּהּ סָפֵק לֹא נָגַע סְפֵקוֹ טָהוֹר. הָיְתָה בִּרְשׁוּת הַיָּחִיד וְסָפֵק נָגַע בָּהּ סָפֵק לֹא נָגַע סְפֵקוֹ טָמֵא. וְכָל אֵלּוּ הַסְּפֵקוֹת שֶׁטִּהֲרוּ חֲכָמִים אֲפִלּוּ בִּרְשׁוּת הַיָּחִיד מִפְּנֵי שֶׁאֵין בָּהֶן דַּעַת לְהִשָּׁאֵל כְּמוֹ שֶׁיִּתְבָּאֵר:

ט. סְפֵק שְׁתֵּי רְשׁוּיוֹת כֵּיצַד. הָיָה דָּבָר טָמֵא בִּרְשׁוּת הַיָּחִיד וְדָבָר טָהוֹר בִּרְשׁוּת הָרַבִּים אוֹ שֶׁהָיָה הַדָּבָר לְהֶפֶךְ וְנָגַע בְּאֶחָד מֵהֶם וְאֵין יָדוּעַ בְּאֵי זֶה מֵהֶן נָגַע. אוֹ שֶׁהֵסִיט אֶת אֶחָד מֵהֶן וְאֵין יָדוּעַ אֵי זֶה הֵסִיט. אִם הָיָה הַדָּבָר הַטָּמֵא מְטַמֵּא בְּמַשָּׂא אוֹ שֶׁהָיָה אֶחָד מֵהֶן מְטַמֵּא בְּאֹהֶל וְהֶאֱהִיל עַל אֶחָד מֵהֶן וְאֵין יָדוּעַ אֵי זֶה מֵהֶן הֶאֱהִיל הֲרֵי זֶה טָהוֹר אַף עַל פִּי שֶׁסְּפֵק רְשׁוּת הָרַבִּים טָהוֹר. כְּשֶׁיָּבוֹא לִשָּׁאֵל אוֹמְרִין לוֹ אִם טָבַלְתָּ אֵין בְּכָךְ הֶפְסֵד. אִם טָבַל הֲרֵי זֶה מְשֻׁבָּח. וְאִם לֹא טָבַל וְעָשָׂה טָהֳרוֹת הֲרֵי הֵן טְהוֹרוֹת שֶׁסְּפֵק רְשׁוּת הָרַבִּים טָהוֹר:

י. שֶׁרֶץ שֶׁנִּמְצָא שָׂרוּף וּמֻנָּח עַל גַּבֵּי אֳכָלִין וְכֵן טַלִּית שֶׁנִּמְצֵאת בְּלוּיָה וּמַחַט שֶׁנִּמְצֵאת שְׁבוּרָה אוֹ חֲלוּדָה בֵּין הַכֵּלִים הֲרֵי אֵלּוּ טְהוֹרִין בֵּין בִּרְשׁוּת הָרַבִּים בֵּין בִּרְשׁוּת הַיָּחִיד. וְאֵין אוֹמְרִין שֶׁמָּא אַחַר שֶׁנָּגַע בָּאֳכָלִין נִשְׂרַף וְאַחַר שֶׁנִּטְמְאוּ הַכֵּלִים בְּמַגַּע הַטַּלִּית וְהַמַּחַט נִשְׁבְּרָה אוֹ הֶחְלִידָה וּבָלְתָה הַטַּלִּית עַד שֶׁטְּהֵרָה שֶׁכָּל הַטֻּמְאוֹת כִּשְׁעַת מְצִיאָתָן:

יא. שְׁנֵי עֵדִים אוֹמְרִין לוֹ נִטְמָא וְהוּא אוֹמֵר טָהוֹר אֲנִי הוּא נֶאֱמָן עַל יְדֵי עַצְמוֹ. וְאַף עַל פִּי כֵן אֵין אוֹמְרִין לוֹ עֲסֹק בְּטָהֳרוֹת אֶלָּא אִם עָשָׂה טָהֳרוֹת הֲרֵי הֵן טְהוֹרוֹת וְיָחוּשׁ לְעַצְמוֹ. עֵד אוֹמֵר נִטְמָא וּשְׁנַיִם אוֹמְרִים לֹא נִטְמָא בֵּין בִּרְשׁוּת הָרַבִּים בֵּין בִּרְשׁוּת הַיָּחִיד טָהוֹר. שְׁנַיִם אוֹמְרִים נִטְמָא וְעֵד אֶחָד אוֹמֵר לֹא נִטְמָא בֵּין בִּרְשׁוּת הַיָּחִיד בֵּין בִּרְשׁוּת הָרַבִּים הֲרֵי זֶה נִטְמָא. עֵד אוֹמֵר נִטְמָא וְעֵד אוֹמֵר לֹא נִטְמָא אִשָּׁה אוֹמֶרֶת נִטְמָא וְאִשָּׁה אוֹמֶרֶת לֹא נִטְמָא בִּרְשׁוּת הַיָּחִיד טָמֵא בִּרְשׁוּת הָרַבִּים טָהוֹר:

Perek 16

Doubt relating to Public and Private Domain.

Reminder
Pack on Land

Basically, the *Rabanim* ruled that if there is doubt about impurity in a public domain it is pure, (based on *Korban Pesach*) and in a private domain it is impure. (Based on *sotah* where there are **2** people involved in *reshut hayachid*)

But circumstances play a part.

- **3** people in a private domain is regarded a public domain.
- Can the person respond to questions about the impurity? If not then pure e.g. deaf mute, child, animal or object.
- Normal person but was sleeping. In this case they ruled impure, because he has the knowledge to respond (*daat lehishael*).
- If balance of doubt leans away from the middle towards the obvious conclusions of impurity, it is considered impure even if there is no *daat lehishael.*
- There are **4** levels the *Rabanim* recognised with children.

– Cannot walk.
– Can move from one domain to another. Clothes regarded as pure.
– Has knowledge to answer questions. Therefore, considered impure in private domain.
– Has knowledge to guard his body from impurity.

פרק ט״ז

א. מִפְּנֵי מָה טִהֲרוּ חֲכָמִים סְפֵק טֻמְאָה בִּרְשׁוּת הָרַבִּים. שֶׁהֲרֵי הַצִּבּוּר עוֹשִׂין פֶּסַח בְּטֻמְאָה בִּזְמַן שֶׁהַטְּמֵאִים מְרֻבִּין. אִם טֻמְאָה וַדָּאִית נִדְחֵית מִפְּנֵיהֶן קַל וָחֹמֶר לִסְפֵק טֻמְאָה שֶׁאִסּוּר כָּל הַסְּפֵקוֹת מִדִּבְרֵיהֶן כְּמוֹ שֶׁבֵּאַרְנוּ בְּהִלְכוֹת בִּיאוֹת אֲסוּרוֹת. וּמִפְּנֵי מָה הֶחְמִירוּ בִּסְפֵק רְשׁוּת הַיָּחִיד. שֶׁהֲרֵי סוֹטָה שֶׁנִּסְתְּרָה אַף עַל פִּי שֶׁהַדָּבָר סָפֵק הֲרֵי הִיא טְמֵאָה לְבַעְלָהּ עַד שֶׁתִּשְׁתֶּה:

ב. וּכְשֵׁם שֶׁהַסּוֹטָה וּבוֹעֲלָהּ שְׁנַיִם כָּךְ סְפֵק טֻמְאָה בִּשְׁנַיִם. אֲבָל אִם הָיוּ שְׁלֹשָׁה בִּרְשׁוּת הַיָּחִיד הֲרֵי סְפֵק טֻמְאָתָן שָׁם טָהוֹר כִּרְשׁוּת הָרַבִּים. בַּמֶּה דְּבָרִים אֲמוּרִים כְּשֶׁהָיָה זֶה שֶׁנִּטְמָא בְּסָפֵק יֵשׁ בּוֹ דַּעַת לְהִשָּׁאֵל וְלִדְרֹשׁ מִמֶּנּוּ מָה אֵרַע לוֹ כְּסוֹטָה. אֲבָל אִם הָיָה חֵרֵשׁ אוֹ שׁוֹטֶה אוֹ קָטָן שֶׁאֵינוֹ יוֹדֵעַ לְהָשִׁיב עַל הָעִנְיָן כְּשֶׁשּׁוֹאֲלִין אוֹתוֹ הֲרֵי סְפֵקוֹ טָהוֹר. כֵּיצַד. חֵרֵשׁ אוֹ שׁוֹטֶה אוֹ קָטָן שֶׁאֵין בּוֹ דַּעַת לְהִשָּׁאֵל שֶׁנִּמְצְאוּ בֶּחָצֵר אוֹ בְּמָבוֹי שֶׁיֵּשׁ שָׁם טֻמְאָה וְסָפֵק נָגְעוּ וְסָפֵק לֹא נָגְעוּ הֲרֵי אֵלּוּ טְהוֹרִין. וְכֵן כָּל שֶׁאֵין בּוֹ דַּעַת לְהִשָּׁאֵל אַף עַל פִּי שֶׁנּוֹלַד לוֹ הַסָּפֵק בִּרְשׁוּת הַיָּחִיד סְפֵקוֹ טָהוֹר:

ג. הַסּוּמָא וְהַיָּשֵׁן וְהַמְהַלֵּךְ בַּלַּיְלָה סְפֵקָן בִּרְשׁוּת הַיָּחִיד טָמֵא מִפְּנֵי שֶׁיֵּשׁ בּוֹ דַּעַת לְהִשָּׁאֵל. בַּמֶּה דְּבָרִים אֲמוּרִים שֶׁכָּל שֶׁאֵין בּוֹ דַּעַת לִשָּׁאֵל סְפֵקוֹ טָהוֹר בְּשֶׁהָיָה הַדָּבָר שָׁקוּל וְאֵין שָׁם חֲזָקָה. אֲבָל אִם הָיָה הַדָּבָר יָדוּעַ שֶׁחֶזְקָתוֹ שֶׁנִּטְמָא הֲרֵי זֶה טָמֵא. כֵּיצַד. תִּינוֹק טָמֵא שֶׁנִּמְצָא בְּצַד הָעִסָּה וְהַבָּצֵק בְּיָדוֹ הֲרֵי הָעִסָּה טְמֵאָה שֶׁדֶּרֶךְ הַתִּינוֹק לְטַפֵּחַ וּבְכָךְ הִיא חֶזְקָתוֹ. וְאֵין שׂוֹרְפִין עַל חֲזָקָה זוֹ:

ד. הָיוּ מַשְׁקִין טְמֵאִין וּבָצֵק טָהוֹר וּבְהֵמָה אוֹ חַיָּה אוֹ עוֹפוֹת בַּבַּיִת וְנִמְצָא בַּבָּצֵק מְקוֹם נְשִׁיכָתָן. חֲזָקָה שֶׁשָּׁתוּ מַשְׁקִין וְנָשְׁכוּ בַּבָּצֵק וְטִמְּאוּהוּ. הָיְתָה שָׁם פָּרָה וּבֵין הַמַּשְׁקִין וְהַבָּצֵק כְּדֵי שֶׁתְּלַחֵךְ אֶת לְשׁוֹנָהּ הֲרֵי הַבָּצֵק טָהוֹר. וּבִשְׁאָר כָּל הַבְּהֵמָה כְּדֵי שֶׁתְּנַגֵּב אֶת פִּיהָ. פָּחוֹת מִזֶּה הַבָּצֵק טָמֵא. וְאִם הָיָה כֶּלֶב אֲפִלּוּ הָיוּ מַשְׁקִין בְּצַד הַבָּצֵק הֲרֵי זֶה טָהוֹר. שֶׁאֵין דַּרְכּוֹ שֶׁל כֶּלֶב לְהַנִּיחַ הַמָּזוֹן וְלֵילֵךְ לוֹ אֶל הַמַּיִם. נִמְצָא בַּבָּצֵק נְקִירַת הַתַּרְנְגוֹלִין אִם יֵשׁ בֵּין הַמַּשְׁקִין וְהַבָּצֵק כְּדֵי שֶׁיְּנַגְּבוּ אֶת פִּיהֶן בָּאָרֶץ הַבָּצֵק טָהוֹר. וְאִם לָאו טָמֵא שֶׁחֶזְקָתָן שֶׁשָּׁתוּ וְנִקְּרוּ בַּבָּצֵק בַּמַּשְׁקִין שֶׁבְּפִיהֶם. בַּמֶּה דְּבָרִים אֲמוּרִים בְּשֶׁהָיוּ הַמַּשְׁקִין צְלוּלִין שֶׁבְּבוּאָה שֶׁל תִּינוֹק נִכֶּרֶת בָּהֶן. אֲבָל עֲכוּרִים הַבָּצֵק טָהוֹר. שֶׁאִלּוּ נִקְּרוּ בַּמַּשְׁקִין הָיָה מְקוֹם הַמַּשְׁקִין נִכָּר בַּבָּצֵק. אִם הָיוּ צְלוּלִין אַף עַל פִּי שֶׁהַבָּצֵק בְּחֶזְקַת טֻמְאָה אֵין שׂוֹרְפִין עַל חֲזָקָה זוֹ אֶלָּא תּוֹלִין:

ה. אֵיזוֹ הִיא חֲזָקָה שֶׁשּׂוֹרְפִין עָלֶיהָ בִּרְשׁוּת הַיָּחִיד. עִסָּה בַּבַּיִת וּשְׁרָצִים וּצְפַרְדְּעִים מְטַפְּלִין שָׁם וְנִמְצְאוּ חֲתִיכוֹת מִבְּשָׂרָן בָּעִסָּה אִם רֹב הַמְטַפְּלִים שְׁרָצִים הָעִסָּה טְמֵאָה וְתִשָּׂרֵף. וְאִם הָרֹב צְפַרְדְּעִים טְהוֹרָה:

ו. הָיוּ טֻמְאוֹת וְטָהֳרוֹת בְּצִדּוֹ אוֹ לְמַעְלָה מִמֶּנּוּ וְנִתְעַטֵּף בְּטַלִּיתוֹ וְסָפֵק נָגְעוּ סָפֵק לֹא נָגְעוּ בְּעֵת שֶׁנִּתְעַטֵּף אִם הָיוּ בִּרְשׁוּת הַיָּחִיד סְפֵקוֹ טָמֵא. שֶׁסְּפֵק טֻמְאָה הַבָּאָה בִּידֵי אָדָם נִשְׁאָלִין עָלֶיהָ אֲפִלּוּ בִּכְלִי הַמֻּנָּח עַל גַּבֵּי קַרְקַע הֲרֵי הוּא כְּמִי שֶׁיֵּשׁ בּוֹ דַּעַת לִשָּׁאֵל. וְאִם הָיוּ בִּרְשׁוּת הָרַבִּים סְפֵקוֹ טָהוֹר וְאִם אִי אֶפְשָׁר שֶׁלֹּא יִגַּע סְפֵקוֹ טָמֵא:

ז. כִּכָּר שֶׁל תְּרוּמָה שֶׁנָּתוּן עַל גַּבֵּי הַדַּף וּמִדְרָס נָתוּן תַּחְתָּיו וְאִי אֶפְשָׁר לוֹ כְּשֶׁיִּפֹּל שֶׁלֹּא יִגַּע בַּמִּדְרָס. אַף עַל פִּי שֶׁהוּא בְּמָקוֹם מִדְרוֹן וּבָא וּמָצָא הַכִּכָּר בְּמָקוֹם אַחֵר הֲרֵי הוּא בְּטָהֳרָתוֹ שֶׁאֲנִי אוֹמֵר אָדָם בָּא וּנְטָלוֹ וּנְתָנוֹ בְּמָקוֹם זֶה. וְאִם אָמַר בָּרִי לִי שֶׁלֹּא בָּא אָדָם לְכָאן טָמֵא שֶׁוַּדַּאי נָפַל וְנָגַע בַּמִּדְרָס כְּשֶׁנָּפַל:

ח. תִּינוֹק שֶׁנִּמְצָא בְּצַד בֵּית הַקְּבָרוֹת וְהַשּׁוֹשַׁנִּים בְּיָדוֹ אַף עַל פִּי שֶׁאֵין שָׁם שׁוֹשַׁנִּים אֶלָּא בִּמְקוֹם הַטֻּמְאָה סְפֵקוֹ טָהוֹר שֶׁמָּא אַחֵר לִקְטָן וּנְתָנָם לוֹ. וְכֵן חֲמוֹר הָעוֹמֵד בְּבֵית הַקְּבָרוֹת כֵּלָיו טְהוֹרִין וְאֵין אוֹמְרִין שֶׁמָּא נִתְמַעֵךְ בָּהֶן וְנָגְעוּ בַּקֶּבֶר מִפְּנֵי שֶׁאֵין בּוֹ דַּעַת לִשָּׁאֵל וּכְשֶׁנִּמְצְאוּ לֹא נִמְצְאוּ נוֹגְעִין וְכָל הַטֻּמְאוֹת כִּשְׁעַת מְצִיאָתָן:

ט. תִּינוֹק שֶׁהָיָה תּוֹפֵשׂ בְּיָדוֹ שֶׁל אָבִיו אוֹ שֶׁהָיָה רוֹכֵב עַל גַּבֵּי כְּתֵפוֹ שֶׁל אָבִיו סְפֵקוֹ בִּרְשׁוּת הַיָּחִיד טָמֵא מִפְּנֵי שֶׁאָבִיו נִשְׁאָל עָלָיו:

י. וְאַרְבָּעָה סְפֵקוֹת אָמְרוּ חֲכָמִים בְּתִינוֹק. תִּינוֹק שֶׁאֵינוֹ יָכוֹל

לְהַלֵּךְ שֶׁהִנִּיחַתּוּ אִמּוֹ וּבָאָה וּמְצָאַתּוּ כְּמוֹ שֶׁהוּא בִּמְקוֹמוֹ טָהוֹר וְאֵין אוֹמְרִין שֶׁמָּא טְמֵאָה בָּאָה וּנְשָׁקַתּוּ וְגִפְּפַתּוּ. הִתְחִיל הַתִּינוֹק לָצֵאת וּלְהַכְנִיס בְּגָדָיו טְהוֹרִין וְאֵינָן מִדְרָס כִּשְׁאָר בִּגְדֵי עַם הָאָרֶץ. וְאַף עַל פִּי שֶׁהֵן טְהוֹרִין אֵין עוֹשִׂין עַל גַּבֵּיהֶן טָהֳרוֹת. הִגְדִּיל עַד שֶׁיִּהְיֶה בּוֹ דַּעַת לִשָּׁאֵל סְפֵקוֹ טָמֵא בִּרְשׁוּת הַיָּחִיד. הִגְדִּיל עַד שֶׁיִּהְיֶה בּוֹ דַּעַת לִשְׁמֹר אֶת גּוּפוֹ אוֹכְלִין עַל גּוּפוֹ טָהֳרוֹת. יוֹדֵעַ לִשְׁמֹר אֶת יָדָיו אוֹכְלִין עַל גַּבָּן טָהֳרוֹת. כֵּיצַד בּוֹדְקִין אוֹתוֹ. מַטְבִּילִין אוֹתוֹ וְנוֹתְנִין לוֹ חֻלִּין לְשֵׁם תְּרוּמָה אִם יוֹדֵעַ לִשְׁמֹר אֶת גּוּפוֹ אוֹכְלִין אַגַּב גּוּפוֹ טָהֳרוֹת וְאִם יוֹדֵעַ לִשְׁמֹר אֶת יָדָיו אוֹכְלִים אַגַּב יָדוֹ טָהֳרוֹת:

Perek 17

Doubt continued.

Further cases of doubt

Further definition of *daat lehishael*

Also, when a questionable entity is found, the determination of its status is made according to the majority (for e.g. most of, or many of the types of animals in that town were frogs and they were not sure whether the dead animal was a frog or mouse, it is presumed to be a frog and therefore pure).

פרק י״ז

א. כְּזַיִת מִן הַמֵּת בְּפִי הָעוֹרֵב סָפֵק הֶאֱהִיל עַל הָאָדָם וְעַל הַכֵּלִים בִּרְשׁוּת הַיָּחִיד סָפֵק שֶׁלֹּא הֶאֱהִיל הֲרֵי הָאָדָם טָמֵא מִסָּפֵק וְהוּא שֶׁיִּהְיֶה בּוֹ דַּעַת לִשָּׁאֵל וְהַכֵּלִים טְהוֹרִים מִפְּנֵי שֶׁאֵין לָהֶן דַּעַת לִשָּׁאֵל. וְכֵן הַמְמַלֵּא בִּכְלִי וְנָתַן בַּעֲשָׂרָה כֵּלִים וְנִמְצָא הַשֶּׁרֶץ בְּאֶחָד מֵהֶן הוּא טָמֵא וְהַכֵּלִים טְהוֹרִין אַף עַל פִּי שֶׁכֻּלָּן סָפֵק שֶׁמָּא הַשֶּׁרֶץ בִּכְלִי שֶׁמִּלֵּא בּוֹ הָיָה תְּחִלָּה מִפְּנֵי שֶׁהֵן כֵּלִים וְאֵין בָּהֶן דַּעַת לִשָּׁאֵל. וְאִם הָיָה לַכְּלִי שֶׁמִּלֵּא בּוֹ אָזְנַיִם הוֹאִיל וְאֶפְשָׁר שֶׁיֵּצְאוּ הַמַּיִם וְיִתְאַחֵר בּוֹ הַשֶּׁרֶץ כֻּלָּן טְמֵאִים. וְכֵן הַמְמַלֵּא בַּעֲשָׂרָה דְּלָיִים זֶה אַחַר זֶה וְנָתַן בַּעֲשָׂרָה כֵּלִים מִדְּלִי אֶחָד לִכְלִי אַחֵר וְאֵין יָדוּעַ הָרִאשׁוֹן מִן הָאַחֲרוֹן וְנִמְצָא הַשֶּׁרֶץ בִּכְלִי אֶחָד מֵהֶן הֲרֵי הַתִּשְׁעָה כֵּלִים עִם עֲשֶׂרֶת הַדְּלָיִים טְהוֹרִין שֶׁאֲנִי אוֹמֵר שֶׁמָּא בִּכְלִי זֶה הָיָה הַשֶּׁרֶץ מִתְּחִלָּתוֹ. וְאִם יֵשׁ לַדְּלָיִים אָזְנַיִם הֲרֵי כָּל הַדְּלָיִים עִם כָּל הַכֵּלִים טְמֵאִין. הַמְעָרֶה מִכְּלִי לִכְלִי וְנִמְצָא הַשֶּׁרֶץ בַּתַּחְתּוֹן הָעֶלְיוֹן טָהוֹר. וְאֵין אוֹמְרִין מֵהָעֶלְיוֹן נָפַל אֶלָּא שֶׁמָּא בַּתַּחְתּוֹן הָיָה מִפְּנֵי שֶׁהֵן כֵּלִים וְאֵין לָהֶן דַּעַת לִשָּׁאֵל. וְכֵן כָּל כַּיּוֹצֵא בָּזֶה:

ב. קֻפָּה שֶׁנִּשְׁתַּמֵּשׁ בָּהּ בְּטָהֳרוֹת וְנִמְצָא בָּהּ שֶׁרֶץ אִם יֵשׁ לָהּ שׁוּלַיִם אוֹ אָזְנַיִם אַף עַל פִּי שֶׁאֵין לָהּ שׁוּלַיִם הֲרֵי כָּל הַטָּהֳרוֹת שֶׁנִּשְׁתַּמְּשׁוּ בָּהּ טְמֵאוֹת. אֲפִלּוּ הָיְתָה בְּדוּקָה וּמְכֻסָּה שֶׁמָּא עִם הַגְבָּהַת יָדוֹ מִן הַבְּדִיקָה נָפַל הַשֶּׁרֶץ. וַאֲפִלּוּ נִשְׁתַּמֵּשׁ בָּהּ בְּטָהֳרוֹת בְּזָוִית זוֹ וְטִלְטְלָהּ לְזָוִית אַחֶרֶת וְנִמְצָא בָּהּ הַשֶּׁרֶץ כֻּלָּן טְמֵאוֹת לְפִי שֶׁמַּחֲזִיקִין טֻמְאָה מִמָּקוֹם לְמָקוֹם לִתְלוֹת אֲבָל לֹא לִשְׂרֹף:

ג. הַזּוֹלֵף אֶת הַבּוֹר וּמְמַלֵּא מִמֶּנּוּ חָבִיּוֹת אִם הָיָה מַשְׁקִיעַ כָּל חָבִית וְחָבִית בַּבּוֹר וּמְמַלֵּא אוֹתָן וְנִמְצָא הַשֶּׁרֶץ בָּרִאשׁוֹנָה כֻּלָּן טְמֵאוֹת. נִמְצָא בָּאַחֲרוֹנָה הִיא טְמֵאָה וְכֻלָּן טְהוֹרוֹת שֶׁאֲנִי אוֹמֵר אַחַר שֶׁמִּלֵּא אֶת הָרִאשׁוֹנוֹת נָפַל שֶׁרֶץ לַבּוֹר. הָיָה זוֹלֵף בִּכְלִי וְנוֹתֵן לְתוֹךְ הֶחָבִיּוֹת עַד שֶׁמִּלְּאָן וְנִמְצָא הַשֶּׁרֶץ בְּאַחַת מֵהֶן הִיא בִּלְבַד טְמֵאָה וְכֻלָּן טְהוֹרוֹת שֶׁאֲנִי אוֹמֵר בְּזוֹ בִּלְבַד נָפַל הַשֶּׁרֶץ אוֹ הָיָה בָּהּ עַד שֶׁלֹּא זִלֵּף לְתוֹכָהּ. לְפִיכָךְ אִם הָיָה בּוֹדֵק כָּל חָבִית מֵהֶן וְאַחַר כָּךְ נוֹתֵן בָּהּ הַיַּיִן וּמְכַסֶּה אוֹתָהּ אַחַר שֶׁזּוֹלֵף לְתוֹכָהּ וְנִמְצָא הַשֶּׁרֶץ בְּאַחַת מֵהֶן כֻּלָּן טְמֵאוֹת. וְכֵן אִם נִמְצָא הַשֶּׁרֶץ בַּבּוֹר אוֹ בַּכְּלִי שֶׁזּוֹלֵף בּוֹ הַכֹּל טָמֵא:

ד. הָיָה קוֹצֶה זֵיתִים מִן הַמַּעֲטָן וּמַעֲלֶה אוֹתָן לַגַּג וְנִמְצָא הַשֶּׁרֶץ בַּגַּג זֵיתִים שֶׁבַּמַּעֲטָן טְהוֹרִים. נִמְצָא בַּמַּעֲטָן הַמַּעֲטָן טָמֵא. נִמְצָא בֵּין כֹּתֶל לַזֵּיתִים הַזֵּיתִים טְהוֹרִים. נִמְצָא הַשֶּׁרֶץ בְּתוֹךְ גּוּשׁ שֶׁל זֵיתִים וְהַגּוּשׁ בַּגַּג אִם בְּתוֹךְ שְׁלֹשֶׁת יָמִים אַף הַמַּעֲטָן טָמֵא. שֶׁאֲנִי אוֹמֵר גּוּשׁ זֶה מִן הַמַּעֲטָן עָלָה

וְהַשֶּׁרֶץ בְּתוֹכוֹ. וְאִם נִמְצָא אַחַר שְׁלֹשָׁה יָמִים מִשֶּׁהֶעֱלָה זֵיתִים לַגַּג הֲרֵי הַמַּעֲטָן טָהוֹר שֶׁמָּא בַּגַּג נִתְקַבְּצוּ וְנַעֲשׂוּ גּוּשׁ בְּתוֹךְ הַשְּׁלֹשָׁה יָמִים:

ה. הַקּוֹרֵץ מִקְרֶצֶת מִן הָעִסָּה וְנִמְצָא שֶׁרֶץ בַּמִּקְרֶצֶת הַמִּקְרֶצֶת לְבַדָּהּ טְמֵאָה. נִמְצָא בָּעִסָּה הָעִסָּה לְבַדָּהּ טְמֵאָה. נִמְצָא בְּתוֹךְ הַמִּקְרֶצֶת אַף הָעִסָּה טְמֵאָה:

ו. אֹכֶל טָמֵא שֶׁנִּמְצָא גַּרְעִינָה שֶׁלּוֹ בְּתוֹךְ הַכִּכָּר אוֹ עַל גַּבֵּי תַּבְשִׁיל רוֹתֵחַ אַף עַל פִּי שֶׁאֵין עָלֶיהָ מַשְׁקֶה טוֹפֵחַ הֲרֵי הֵן טְמֵאִים. שֶׁאֲנִי אוֹמֵר הָאוֹכֵל כֻּלּוֹ נָפַל שָׁם וְנִמּוֹחַ בְּתוֹךְ הַכִּכָּר אוֹ מֵחֲמַת הָרְתִיחָה וְנִשְׁאֲרָה גַּרְעִינָתוֹ. נִמְצֵאת הַגַּרְעִינָה עַל גַּבֵּי הַכִּכָּר אוֹ בְּתוֹךְ תַּבְשִׁיל צוֹנֵן הֲרֵי אֵלּוּ טְהוֹרִין אַף עַל פִּי שֶׁיֵּשׁ עָלֶיהָ מַשְׁקֶה שֶׁאֲנִי אוֹמֵר גַּרְעִינָה זוֹ לְבַדָּהּ נָפְלָה אַחַר שֶׁאָבַד הָאוֹכֵל מֵעָלֶיהָ שֶׁהֲרֵי אֵינָהּ מְטַמְּאָה:

ז. הָיוּ בַּבַּיִת אֳכָלִין טְמֵאִין וַאֲכָלִין טְהוֹרִים וְנִמְצֵאת גַּרְעִינָה בַּבַּיִת הוֹלְכִין אַחַר הָרֹב. וְכֵן אִם הָיוּ דָּמִים טְהוֹרִים וְדָמִים טְמֵאִים בְּתוֹךְ הַבַּיִת וְנִמְצָא דָּם עַל הָאֹכֶל הוֹלְכִים אַחַר הָרֹב. מַעֲשֶׂה הָיָה בְּכִכָּר שֶׁל תְּרוּמָה שֶׁנִּמְצָא עָלָיו דָּם וּבָא מַעֲשֶׂה לִפְנֵי חֲכָמִים וְטִהֲרוּהוּ. שֶׁאֲפִלּוּ נֹאמַר דַּם שֶׁרֶץ הוּא הֲרֵינִי אוֹמֵר דַּם שֶׁרֶץ חַי הוּא שֶׁהוּא טָהוֹר:

ח. עִיר שֶׁיֵּשׁ בָּהּ נְבֵלוֹת וּשְׁחוּטוֹת. בָּשָׂר הַנִּמְצָא בָּהּ הוֹלְכִים אַחַר הָרֹב. וְכֵן אִם הָיָה הַנִּמְצָא בָּהּ סְפֵק שֶׁרֶץ סְפֵק צְפַרְדֵּעַ הוֹלְכִין אַחַר הָרֹב שֶׁיֵּשׁ בְּאוֹתָהּ הָעִיר בְּאוֹתוֹ הַזְּמַן. זֶה הַכְּלָל בְּנִמְצָא הַלֵּךְ אַחַר הָרֹב:

ט. הָאִשָּׁה שֶׁמְּגַבֶּבֶת גְּבָבָה בֶּחָצֵר וְנִמְצָא שֶׁרֶץ בְּתוֹךְ גְּבָבָה הֲרֵי זוֹ טְהוֹרָה שֶׁאֵין הַשֶּׁרֶץ מְטַמֵּא בְּמַשָּׂא. נִמְצָא עַל גַּבֵּי גְּבָבָה הֲרֵי זוֹ טְמֵאָה שֶׁמָּא נָגְעָה בּוֹ. הָיְתָה כּוֹבֶרֶת בִּכְבָרָה וְנִמְצָא שֶׁרֶץ בְּתוֹךְ הַפֵּרוֹת שֶׁבַּכְּבָרָה הֲרֵי זוֹ טְהוֹרָה. נִמְצָא עַל גַּבֵּי הַכְּבָרָה הֲרֵי זוֹ סָפֵק טְמֵאָה שֶׁמָּא נָגְעָה בּוֹ וְכָל סָפֵק בִּרְשׁוּת הַיָּחִיד טָמֵא כְּמוֹ שֶׁבֵּאַרְנוּ:

Perek 18

Doubt continued.

More complex cases of doubt where one doubt compounds and overlaps others. Even in these cases, if it is found in public domain it is pure and in private domain it is impure. Difference between lost articles and those which were deposited or forgotten. Sages were more stringent with those lost.

Cases involving doubtful saliva and *midras* impurity.

Whenever night or part of night intervened when an article was lost, the article is impure (whether in private or public domain) – because it is hard to see at night.

פרק י״ח

א. כָּל שֶׁאַתָּה יָכוֹל לְרַבּוֹת סְפֵקוֹת וּסְפֵקֵי סְפֵקוֹת בִּרְשׁוּת הָרַבִּים טָהוֹר, בִּרְשׁוּת הַיָּחִיד טָמֵא. כֵּיצַד. נִכְנַס לְמָבוֹי וְהַטֻּמְאָה בֶּחָצֵר סָפֵק נִכְנַס לֶחָצֵר סָפֵק לֹא נִכְנַס. טֻמְאָה בַּבַּיִת סָפֵק נִכְנַס לַבַּיִת סָפֵק לֹא נִכְנַס. וַאֲפִלּוּ נִכְנַס סָפֵק שֶׁלֹּא הָיְתָה שָׁם סָפֵק הָיְתָה שָׁם. וְאִם תֹּאמַר הָיְתָה שָׁם בְּעֵת שֶׁנִּכְנַס סָפֵק יֵשׁ בָּהּ כְּשִׁעוּר סָפֵק אֵין בָּהּ. וְאִם תֹּאמַר יֵשׁ בָּהּ סָפֵק שֶׁהִיא טֻמְאָה סָפֵק אֵינָהּ טֻמְאָה. וַאֲפִלּוּ הִיא טֻמְאָה סָפֵק נָגַע סָפֵק לֹא נָגַע. סְפֵקוֹ טָמֵא שֶׁהַמָּבוֹי רְשׁוּת הַיָּחִיד:

ב. תִּשְׁעָה צְפַרְדְּעִים וְשֶׁרֶץ אֶחָד בֵּינֵיהֶן בִּרְשׁוּת הַיָּחִיד וְנָגַע בְּאֶחָד מֵהֶן וְאֵינוֹ יוֹדֵעַ אֵי זֶהוּ סְפֵקוֹ טָמֵא. תִּשְׁעָה שְׁרָצִים וּצְפַרְדֵּעַ בֵּינֵיהֶן בִּרְשׁוּת הָרַבִּים וְנָגַע בְּאֶחָד מֵהֶן סְפֵקוֹ טָהוֹר. זֶה הַכְּלָל כָּל סָפֵק בִּרְשׁוּת הָרַבִּים טָהוֹר עַד שֶׁיֹּאמַר נִטְמֵאתִי בְּוַדַּאי. וְכָל סָפֵק בִּרְשׁוּת הַיָּחִיד טָמֵא עַד שֶׁיֹּאמַר וַדַּאי שֶׁלֹּא נִטְמֵאתִי. לְפִיכָךְ עַצְמוֹת הַמֵּת וְעֶצֶם נְבֵלָה בִּרְשׁוּת הָרַבִּים. אוֹ גּוּשׁ מֵאֶרֶץ טְהוֹרָה וְגוּשִׁים מִבֵּית הַפְּרָס אוֹ מֵאֶרֶץ הָעַמִּים וְנָגַע בְּאֶחָד מֵהֶן אוֹ הֱסִיטוֹ וְאֵין יָדוּעַ בְּמָה נָגַע מֵהֶן וּבְמָה הֵסִיט. כְּזַיִת מִן הַמֵּת וּכְזַיִת מִן הַנְּבֵלָה וְהֶאֱהִיל עַל אֶחָד מֵהֶן וְאֵין יָדוּעַ עַל אֵי זֶה מֵהֶן הֶאֱהִיל. שְׁנֵי שְׁבִילִין אֶחָד טָהוֹר וְאֶחָד טָמֵא הָלַךְ בְּאֶחָד

מֵהֶן וְאֵין יָדוּעַ בְּאֵי זֶה הָלַךְ. אוֹ שֶׁנָּגַע בְּאָדָם זֶה בְּדֶרֶךְ וְאֵין יָדוּעַ אִם הוּא טָמֵא אוֹ טָהוֹר. אוֹ שֶׁהָיוּ שְׁנֵי אֲנָשִׁים אֶחָד טָמֵא וְאֶחָד טָהוֹר וְנָגַע בְּאֶחָד מֵהֶן וְאֵין יָדוּעַ בְּאֵי זֶה מֵהֶן נָגַע. בְּכָל אֵלּוּ הַסְּפֵקוֹת טָהוֹר:

ג. הַמּוֹצֵא מֵת מֻשְׁכָּב לְרָחְבּוֹ שֶׁל דֶּרֶךְ אִם הָיָה שָׁלֵם וְהוּא מִן הַקָּצֶה אֶל הַקָּצֶה הֲרֵי זֶה טָמֵא לִתְרוּמָה שֶׁחֶזְקָתוֹ שֶׁנָּגַע. הָיָה לוֹ מָקוֹם לַעֲבֹר אוֹ שֶׁהָיָה מְשֻׁבָּר וּמְפֹרָק שֶׁאֶפְשָׁר שֶׁעָבַר בֵּין שׁוֹקָיו וּפְרָקָיו הֲרֵי זֶה טָהוֹר. וְאִם הָיָה קֶבֶר לְכָל רֹחַב הַדֶּרֶךְ הַקֶּבֶר מְצָרְפוֹ וְהָעוֹבֵר שָׁם טָמֵא. שֶׁאֵין זֶה כִּשְׁאָר סְפֵקוֹת אֶלָּא חֶזְקָתוֹ שֶׁנָּגַע:

ד. שֶׁרֶץ שֶׁנִּמְצָא בְּמָבוֹי מְטַמֵּא לְמַפְרֵעַ עַד הָעֵת שֶׁיֹּאמַר בָּדַקְתִּי אֶת הַמָּבוֹי הַזֶּה בְּיוֹם פְּלוֹנִי וְלֹא הָיָה בּוֹ שֶׁרֶץ אֲפִלּוּ כִּבְדּוֹ וְלֹא בְּדָקוֹ הֲרֵי זֶה מְטַמֵּא לְמַפְרֵעַ מִקֹּדֶם הַכִּבּוּד. בַּמֶּה דְּבָרִים אֲמוּרִים שֶׁמְּצָאוֹ יָבֵשׁ. אֲבָל אִם מְצָאוֹ לַח אֵינוֹ מְטַמֵּא לְמַפְרֵעַ אֶלָּא עַד שָׁעָה שֶׁאֶפְשָׁר שֶׁיָּמוּת בָּהּ וְיִהְיֶה עֲדַיִן לַח בְּעֵת שֶׁנִּמְצָא:

ה. שְׁנֵי רֻקִּין בִּרְשׁוּת הַיָּחִיד אֶחָד טָהוֹר וְאֶחָד מִן הָרֻקִּין הַנִּמְצָאִים שֶׁגָּזְרוּ עֲלֵיהֶן טֻמְאָה כְּמוֹ שֶׁבֵּאַרְנוּ וְנָגַע בְּאֶחָד מֵהֶן אוֹ הֱסִיטוֹ וְאֵין יָדוּעַ אֵי זֶהוּ תּוֹלִין עָלָיו אֶת הַתְּרוּמָה. מִפְּנֵי שֶׁהֵן שְׁנֵי סְפֵקוֹת סָפֵק בַּטָּהוֹר נָגַע סָפֵק בַּנִּמְצָא וְאִם תֹּאמַר בַּנִּמְצָא סָפֵק שֶׁהוּא טָמֵא סָפֵק שֶׁהוּא טָהוֹר. הָיוּ שְׁנֵי הָרֻקִּין בִּרְשׁוּת הָרַבִּים אִם הָיוּ נְגוּבִין וּמֻנָּחִין שָׁם וְנָגַע בְּאֶחָד מֵהֶן סְפֵקוֹ טָהוֹר. נָשָׂא אֶחָד מֵהֶן תּוֹלִין עָלָיו שֶׁהֲרֵי מִשֶּׁנְּשָׂאוֹ אֵינוֹ מֻנָּח בִּרְשׁוּת הָרַבִּים. וְכֵן אִם הָיָה אֶחָד מֵהֶן לַח וְנִתְלָה בּוֹ הָרֹק הַלַּח תּוֹלִין עָלָיו שֶׁהֲרֵי אֵינוֹ מֻנָּח בִּרְשׁוּת הָרַבִּים כְּדֵי שֶׁיִּהְיֶה סְפֵקוֹ טָהוֹר אֶלָּא הֲרֵי הוּא עַל בִּגְדוֹ. כְּבָר בֵּאַרְנוּ שֶׁאִם נָגַע בָּרֹק הַנִּמְצָא אוֹ נְשָׂאוֹ אוֹ הֱסִיטוֹ בְּכָל מָקוֹם שׂוֹרְפִין עָלָיו אֶת הַתְּרוּמָה כְּבֵית הַפְּרָס וְכַיּוֹצֵא בָּהּ שֶׁשּׂוֹרְפִין עַל וַדַּאי מַגָּעָן בְּכָל מָקוֹם:

ו. מִי שֶׁיָּשַׁב בִּרְשׁוּת הָרַבִּים וּבָא אֶחָד וְדָרַס עַל בְּגָדָיו אוֹ שֶׁרָקַק וְנָגַע בּוֹ הָרֹק. עַל רֻקּוֹ שׂוֹרְפִין אֶת הַתְּרוּמָה. וְעַל בְּגָדָיו הוֹלְכִין אַחַר הָרֹב. אִם רֹב הָעִיר טְמֵאִין בְּגָדָיו מִדְרָס. וְאִם רֹב הָעִיר טְהוֹרִים הֲרֵי הוּא טָהוֹר:

ז. מִי שֶׁאָבַד לוֹ כְּלִי וּמְצָאוֹ בִּרְשׁוּת הַיָּחִיד הֲרֵי זֶה טָמֵא מִדְרָס וְטָמֵא טְמֵא מֵת. אָבַד לוֹ בִּרְשׁוּת הָרַבִּים וּמְצָאוֹ בִּרְשׁוּת הָרַבִּים. אִם אִבְּדוֹ בַּיּוֹם וּמְצָאוֹ בּוֹ בַּיּוֹם טָהוֹר. אָבַד בַּיּוֹם וּמְצָאוֹ בַּלַּיְלָה בַּלַּיְלָה וּמְצָאוֹ בַּיּוֹם אוֹ שֶׁאָבַד בַּיּוֹם וּמְצָאוֹ בַּיּוֹם שֶׁל אַחֲרָיו הֲרֵי זֶה בְּחֶזְקַת טָמֵא. זֶה הַכְּלָל כָּל שֶׁעָבַר עָלָיו הַלַּיְלָה אוֹ מִקְצָתוֹ טָמֵא:

ח. הִנִּיחַ כְּלִי אוֹ שְׁכָחוֹ בִּרְשׁוּת הָרַבִּים אַף עַל פִּי שֶׁעָבַר עָלָיו הַלַּיְלָה טָהוֹר. הִנִּיחוֹ אוֹ שְׁכָחוֹ בִּרְשׁוּת הַיָּחִיד הֲרֵי זֶה טְמֵא מִדְרָס וְטָהוֹר מִטְּמֵא מֵת. וּמִפְּנֵי מָה לֹא הֶחְמִירוּ בְּשׁוֹכֵחַ וּמַנִּיחַ כִּמְאַבֵּד מִפְּנֵי שֶׁאֵינוֹ דָּבָר מָצוּי תָּמִיד לֹא גָּזְרוּ עָלָיו:

ט. הַמְאַבֵּד וּמָצָא בְּתוֹךְ הַבַּיִת הֲרֵי זֶה טָהוֹר מִפְּנֵי שֶׁהוּא בְּחֶזְקַת שָׁמוּר:

י. הַשּׁוֹטֵחַ כֵּלִים בִּרְשׁוּת הָרַבִּים הֲרֵי אֵלּוּ טְהוֹרִין. וּבִרְשׁוּת הַיָּחִיד טְמֵאִים שֶׁמָּא נָגְעוּ בָּהֶן טְמֵאִים. וְאִם הָיָה מְשַׁמְּרָן טְהוֹרִים. נָפְלוּ וְהָלַךְ לַהֲבִיאָם טְמֵאִים מִפְּנֵי שֶׁנֶּעֶלְמוּ מֵעֵינָיו. וְכֵן מִי שֶׁאָבְדוּ כֵּלָיו בִּרְשׁוּת הַיָּחִיד וּמְצָאָן אֲפִלּוּ בּוֹ בַּיּוֹם הֲרֵי הֵן מִדְרָס וּטְמֵא מֵת כְּמוֹ שֶׁבֵּאַרְנוּ:

יא. שׁוֹטָה אַחַת בָּעִיר אוֹ נָכְרִית כָּל הָרֻקִּין שֶׁבָּעִיר בְּחֶזְקַת טֻמְאָה לְעוֹלָם בְּכָל מָקוֹם:

יב. מִי שֶׁדְּרָסָה אִשָּׁה עַל בְּגָדָיו אוֹ שֶׁיָּשְׁבָה עִמּוֹ בִּסְפִינָה. אִם מַכִּירַתּוּ שֶׁהוּא אוֹכֵל בִּתְרוּמָה כֵּלָיו טְהוֹרִין וְאִם לָאו יִשְׁאָלֶנָּה:

יג. מִי שֶׁיָּשַׁן בִּרְשׁוּת הָרַבִּים וְעָמַד כֵּלָיו טְהוֹרִים:

יד. נָגַע בִּרְשׁוּת הָרַבִּים בְּאֶחָד בַּלַּיְלָה וְאֵין יָדוּעַ אִם חַי אִם מֵת וּבַשַּׁחַר עָמַד וּמְצָאוֹ מֵת הֲרֵי זֶה טָמֵא שֶׁכָּל הַטֻּמְאוֹת כִּשְׁעַת מְצִיאָתָן. וְאִם רָאוּהוּ חַי בָּעֶרֶב וּבַשַּׁחַר מְצָאוּ מֵת הֲרֵי זֶה סָפֵק בִּרְשׁוּת הָרַבִּים וְטָהוֹר:

טו. הַמְסֻכָּן בִּרְשׁוּת הַיָּחִיד וְנִתְעַלֵּף וְאֵין יָדוּעַ אִם מֵת אוֹ עֲדַיִן הוּא חַי וְהוֹצִיאוּהוּ לִרְשׁוּת הָרַבִּים וְחָזְרוּ וְהִכְנִיסוּהוּ לִרְשׁוּת הַיָּחִיד. כְּשֶׁהוּא בִּרְשׁוּת הַיָּחִיד סְפֵקוֹ טָמֵא וּכְשֶׁהוּא בִּרְשׁוּת הָרַבִּים סְפֵקוֹ טָהוֹר. מַעֲשֶׂה בְּאֶחָד שֶׁהָיָה מְסֻכָּן וְהוֹלִיכוּהוּ מֵעִיר לְעִיר בְּמִטָּה וְהָיוּ כִּתּוֹת מִתְחַלְּפוֹת תַּחְתָּיו וּבָאַחֲרוֹנָה נִמְצָא מֵת וְלֹא טִמְּאוּ חֲכָמִים אֶלָּא כַּת אַחֲרוֹנָה בִּלְבַד:

טז. טָמֵא שֶׁהָיָה עוֹמֵד וּמְדַבֵּר עַל הַבּוֹר וְנִתְּזָה צִינוֹרָא מִפִּיו סָפֵק הִגִּיעַ לַבּוֹר סָפֵק לֹא הִגִּיעַ. אִם הָיָה בּוֹר שֶׁל שֶׁמֶן סְפֵקוֹ טָמֵא בִּרְשׁוּת הַיָּחִיד. וְאִם הָיָה בּוֹר שֶׁל יַיִן סְפֵקוֹ טָהוֹר בְּכָל מָקוֹם מִפְּנֵי שֶׁשְּׂפַת הַבּוֹר קוֹלֶטֶת:

Perek 19

Doubt continued.

More cases

There is a difference when two people ask about the same situation separately or if they come together to ask. The *Rabanan* were stricter if they came together because one for sure is pure and one impure (e.g. impurity on one of two paths in *reshut harabim.*)

If they come separate to inquire, it is ruled that both are pure. (Doubt in *reshut harabim* etc)

If they came together, *Rabanan* cannot rule that both are pure, because one for sure is impure. They therefore ruled here that they are impure.

פרק י״ט

א. שְׁנֵי שְׁבִילִין אֶחָד טָמֵא וְאֶחָד טָהוֹר הָלַךְ בְּאֶחָד מֵהֶן וְאֵין יָדוּעַ בְּאֵי זֶה מֵהֶן הָלַךְ וְעָשָׂה טָהֳרוֹת וְנֶאֶכְלוּ וְהִזָּה שְׁלִישִׁי וּשְׁבִיעִי וְטָבַל וְטָהַר וְהָלַךְ בַּשֵּׁנִי וְעָשָׂה טָהֳרוֹת הֲרֵי אֵלּוּ טְהוֹרוֹת. אִם קַיָּמוֹת הָרִאשׁוֹנוֹת אֵלּוּ וְאֵלּוּ תְּלוּיוֹת שֶׁבְּוַדַּאי שֶׁאֶחָד מִן הַטָּהֳרוֹת טָמֵא. וְאִם לֹא טָהַר בֵּינְתַיִם הָרִאשׁוֹנוֹת תְּלוּיוֹת וְהַשְּׁנִיּוֹת יִשָּׂרְפוּ שֶׁהֲרֵי הֵן טְמֵאוֹת בְּוַדַּאי שֶׁזֶּה טָמֵא הוּא מִפְּנֵי שֶׁהָלַךְ בִּשְׁנֵי הַשְּׁבִילִין. וְכֵן הַשֶּׁרֶץ וְהַצְּפַרְדֵּעַ בִּרְשׁוּת הָרַבִּים וְאֵין צוּרָתָן נִכֶּרֶת וְאֵין יָדוּעַ אֵי זֶהוּ הַשֶּׁרֶץ וְנָגַע בְּאֶחָד מֵהֶן וְעָשָׂה טָהֳרוֹת וְנֶאֶכְלוּ וְטָבַל וְנָגַע בַּשֵּׁנִי וְעָשָׂה טָהֳרוֹת הֲרֵי אֵלּוּ טְהוֹרוֹת. וְאִם קַיָּמוֹת הָרִאשׁוֹנוֹת אֵלּוּ וְאֵלּוּ תְּלוּיוֹת. וְאִם לֹא טָבַל בֵּינְתַיִם הָרִאשׁוֹנוֹת תְּלוּיוֹת וְהַשְּׁנִיּוֹת יִשָּׂרְפוּ:

ב. שְׁנֵי שְׁבִילִין אֶחָד טָמֵא וְאֶחָד טָהוֹר הָלַךְ בְּאֶחָד מֵהֶן וְעָשָׂה טָהֳרוֹת וּבָא חֲבֵרוֹ וְהָלַךְ בַּשֵּׁנִי וְעָשָׂה טָהֳרוֹת אִם בָּאוּ וְנִשְׁאֲלוּ זֶה אַחַר זֶה מוֹרִין לְכָל אֶחָד מֵהֶן בִּפְנֵי עַצְמוֹ שֶׁהוּא טָהוֹר. בָּאוּ שְׁנֵיהֶן כְּאֶחָד אוֹ שֶׁבָּא הָאֶחָד וְשָׁאַל עָלָיו וְעַל חֲבֵרוֹ וְאָמַר שְׁנַיִם הָיִינוּ וּבִשְׁנֵי הַשְּׁבִילִים הָלַכְנוּ וּשְׁתֵּי טָהֳרוֹת עָשִׂינוּ הֲרֵי שְׁנֵיהֶם טְמֵאִין וְטָהֳרוֹת שֶׁעָשׂוּ נִשְׂרָפוֹת. וְכֵן אִם נִטְמְאוּ בְּטֻמְאָה קַלָּה. כֵּיצַד. שְׁנֵי כִּכָּרִים אֶחָד טָמֵא וְאֶחָד טָהוֹר אָכַל אֶת אֶחָד מֵהֶם וְעָשָׂה טָהֳרוֹת וּבָא חֲבֵרוֹ וְאָכַל אֶת הַשֵּׁנִי וְעָשָׂה טָהֳרוֹת אִם נִשְׁאֲלוּ זֶה אַחַר זֶה שְׁנֵיהֶן טְהוֹרִין מִפְּנֵי שֶׁהֵן סָפֵק דִּבְרֵי סוֹפְרִים שֶׁהוּא מִכְּלַל הַסְּפֵקוֹת שֶׁטִּהֲרוּ חֲכָמִים כְּמוֹ שֶׁבֵּאַרְנוּ. נִשְׁאֲלוּ שְׁנֵיהֶן כְּאַחַת אוֹ שֶׁנִּשְׁאַל עָלָיו וְעַל חֲבֵרוֹ שְׁנֵיהֶן טְמֵאִין מִסָּפֵק וְטָהֳרוֹתָם נִשְׂרָפוֹת שֶׁהֲרֵי וַדַּאי אַחַת מֵהֶן טְמֵאָה. וַאֲפִלּוּ כִּכָּר אֶחָד טָמֵא שֶׁנִּתְעָרֵב בְּמֵאָה כִּכָּרוֹת טְהוֹרִין כֻּלָּן טְמֵאִין וְיִשָּׂרְפוּ:

ג. כִּכָּר טָמֵא שֶׁנִּתְעָרֵב בְּתִשְׁעָה כִּכָּרוֹת טְהוֹרִין וּבָאוּ חֲמִשָּׁה בְּנֵי אָדָם וְאָכְלוּ חֲמִשָּׁה כִּכָּרוֹת מֵהֶן וּבָאוּ חֲמִשָּׁה בְּנֵי אָדָם אֲחֵרִים וְאָכְלוּ הַחֲמִשָּׁה הַנִּשְׁאָרִים הָרִאשׁוֹנִים טְמֵאִים מִפְּנֵי שֶׁאֵין לָהֶן אֲנָשִׁים אֲחֵרִים שֶׁיִּתָּלוּ בָּהֶן וְהַחֲמִשָּׁה הָאֲנָשִׁים הָאַחֲרוֹנִים טְהוֹרִין מִפְּנֵי שֶׁהֵן תּוֹלִין בָּרִאשׁוֹנִים:

ד. שְׁנֵי שְׁבִילִין אֶחָד טָמֵא וְאֶחָד טָהוֹר וְהָלְכוּ בָּהֶן שְׁנֵי אֲנָשִׁים אִישׁ אֶחָד טָהוֹר וְאִישׁ אֶחָד טָמֵא אֲפִלּוּ הָיָה הָאֶחָד תָּלוּי הֲרֵי זֶה הַטָּהוֹר תּוֹלֶה בַּתָּלוּי וְאוֹמְרִין זֶה הַטָּהוֹר הָלַךְ בִּשְׁבִיל הַטָּהוֹר וַהֲרֵי הוּא בְּטָהֳרָתוֹ וְזֶה הַתָּלוּי הָלַךְ בִּשְׁבִיל הַטָּמֵא. וְאַף עַל פִּי שֶׁנִּשְׁאֲלוּ שְׁנֵיהֶן כְּאֶחָד:

Perek 20

Domains in relations to Impurity.

Definitions of *Reshut Hayachid, Reshut Harabim* and *Karmelit* in relation to impurity.

Comparison to *Reshut Harabim, Reshut Hayachid* and *Karmelit* of *Shabbat.*

Reminder

Carrying of *Shabbat* Definition of 4 Domains. Ref: *Sefer Zemanim, Hilchot Shabbat,* Chapter 14.
Carrying of *Shabbat* – Fencing of Domains. Ref: *Sefer Zemanim, Hilchot Shabbat,* Chapter 16.
Pack on Land

- *Reshut harabim* of *Shabbat* is regarded as *reshut harabim* for impurity.
- The **4 *amot*** adjacent to *reshut harabim* are considered as *reshut harabim* in relation to impurity.
- There are places which although they are considered as *reshut hayachid* in relation to *Shabbat*, are considered as *reshut harabim* regarding impurity. E.g.
  - Paths leading to wells
  - Basilica of Kings (large building with many openings to public domain)
  - Fenced in lanes leading to river or sea
  - Bath houses
  - *Azarah* (Temple Courtyard) etc
- Other *reshut hayachid* of *Shabbat* regarded as *reshut hayachid* of impurity
- Places that are not *reshut hayachid* for *Shabbat,* yet are regarded as *reshut hayachid* for Impurity. E.g.
  - Trees
  - Holes in the walls of *reshut harabim* even if they are not 4 × 4 *tefach*
- Some entities can be both *reshut hayachid* or *reshut harabim* depending on the circumstances. E.g.
  - A person carrying something (considered as *reshut hayachid)* in a *reshut harabim.*

פרק כ׳

א. כָּל מָקוֹם שֶׁהוּא רְשׁוּת הָרַבִּים לְעִנְיַן שַׁבָּת כָּךְ הוּא רְשׁוּת הָרַבִּים לְעִנְיַן טֻמְאָה:

ב. אַרְבַּע אַמּוֹת הַסְּמוּכוֹת לִרְשׁוּת הָרַבִּים הֲרֵי הֵן כִּרְשׁוּת הָרַבִּים לְטֻמְאָה. וְכֵן הַכַּרְמְלִית כְּגוֹן הַיָּם וְהָאִצְטְוָנִית הֲרֵי הֵן כִּרְשׁוּת הָרַבִּים לְטֻמְאָה:

ג. יֵשׁ שָׁם מְקוֹמוֹת שֶׁאַף עַל פִּי שֶׁהֵן רְשׁוּת הַיָּחִיד לְשַׁבָּת הֲרֵי הֵן כִּרְשׁוּת הָרַבִּים לְעִנְיַן טֻמְאָה וְאֵלּוּ הֵן. הַשְּׁבִילִין הַמְפֻלָּשִׁין לְשִׁיחִין וְלִבוֹרוֹת וּלְגִתּוֹת וְהַבִּקְעָה הַמֻּקֶּפֶת גָּדֵר בִּימוֹת הַחַמָּה וּבַסִּילְקִי מְלָכִים שֶׁהוּא בִּנְיָן רָחָב הַרְבֵּה לַעֲמֹד בּוֹ אַנְשֵׁי הַמֶּרְכָּבָה וְיֵשׁ לוֹ פְּתָחִים הַרְבֵּה פְּתוּחִים לִרְשׁוּת הָרַבִּים וְהַפּוֹרָן וְהוּא הַבִּנְיָן הַגָּדוֹל שֶׁיֵּשׁ לוֹ שְׁנֵי פְּתָחִים זֶה כְּנֶגֶד זֶה וְחָצֵר שֶׁהָרַבִּים נִכְנָסִין בְּפֶתַח זֶה וְיוֹצְאִין בְּפֶתַח אַחֵר. וְכֵן מְבוֹאוֹת הַיּוֹרְדִים לַיָּם אוֹ לַנָּהָר אַף עַל פִּי שֶׁהֵן גְּדוּרִין מִכָּאן וּמִכָּאן וְרַבִּים מְטַפְּסִין וְעוֹלִין בָּהֶן וְהַבִּימוּסוֹת וְהַמֶּרְחֲצָאוֹת הֲרֵי הֵן כִּרְשׁוּת הָרַבִּים לְטֻמְאָה. וְכֵן כָּל הָעֲזָרָה כִּרְשׁוּת הָרַבִּים לְטֻמְאָה:

ד. גַּנּוֹת הָעִיר שֶׁדֶּרֶךְ הָעִיר עוֹבֶרֶת עֲלֵיהֶן רְשׁוּת הָרַבִּים לְטֻמְאָה:

ה. הַגִּנָּה בִּזְמַן שֶׁהִיא מִשְׁתַּמֶּרֶת רְשׁוּת הַיָּחִיד וּבִזְמַן שֶׁאֵינָהּ מִשְׁתַּמֶּרֶת רְשׁוּת הָרַבִּים לְטֻמְאָה. וְכֵן בַּסִּילְקִי גְּדוֹלָה בִּזְמַן שֶׁפּוֹתְחִין אוֹתָהּ רְשׁוּת הָרַבִּים לְטֻמְאָה וּבִזְמַן שֶׁנּוֹעֲלִין אוֹתָהּ רְשׁוּת הַיָּחִיד לַכֹּל:

ו. הַבִּקְעָה הַמֻּקֶּפֶת גָּדֵר בִּימוֹת הַגְּשָׁמִים רְשׁוּת הַיָּחִיד לְשַׁבָּת וּלְטֻמְאָה וְאִם לֹא הָיְתָה מֻקֶּפֶת הֲרֵי הִיא רְשׁוּת

הַיָּחִיד לְטֻמְאָה בִּלְבַד. וּבִקְעָה שֶׁעָבְרוּ עָלֶיהָ בִּימוֹת הַגְּשָׁמִים הֲרֵי הִיא רְשׁוּת הַיָּחִיד לְטֻמְאָה אֲפִלּוּ בִּימוֹת הַחַמָּה. וְאֵלּוּ הֵן יְמוֹת הַחַמָּה מִשֶּׁתֵּעָקֵר הַתְּבוּאָה מִתּוֹכָהּ. וְאֵלּוּ הֵן יְמוֹת הַגְּשָׁמִים מִשֶּׁתֵּרֵד רְבִיעָה שְׁנִיָּה. בֵּין הָעִגּוּלִים שֶׁל עֲנָבִים לַזּוּגִין רְשׁוּת הָרַבִּים לְטֻמְאָה:

ז. כֶּרֶם שֶׁלִּפְנֵי הַבּוֹצְרִים רְשׁוּת הַיָּחִיד וּלְאַחַר הַבּוֹצְרִים רְשׁוּת הָרַבִּים לְטֻמְאָה. אֵימָתַי בִּזְמַן שֶׁהָרַבִּים נִכְנָסִים בְּרוּחַ זוֹ וְיוֹצְאִים בָּרוּחַ שֶׁכְּנֶגְדָּהּ. שְׁאָר כָּל הַמְּקוֹמוֹת חוּץ מֵאֵלּוּ שֶׁבֵּאַרְנוּ דִּינָם כְּשֵׁם שֶׁהֵן רְשׁוּת הַיָּחִיד לְשַׁבָּת כָּךְ הֵם רְשׁוּת הַיָּחִיד לְטֻמְאָה:

ח. וְיֵשׁ מְקוֹמוֹת שֶׁאֵינָן רְשׁוּת הַיָּחִיד לְשַׁבָּת וְאַף עַל פִּי כֵן הֵן רְשׁוּת הַיָּחִיד לְטֻמְאָה מִפְּנֵי שֶׁאֵין הָעָם מִשְׁתַּמְּשִׁין בָּהֶן וְאֵלּוּ הֵן. הָאִילָנוֹת וְחוֹרֵי רְשׁוּת הָרַבִּים אַף עַל פִּי שֶׁאֵין בָּהֶן אַרְבָּעָה עַל אַרְבָּעָה. כֵּיצַד. אִילָן שֶׁהוּא עוֹמֵד בִּרְשׁוּת הָרַבִּים וְטֻמְאָה בְּתוֹכוֹ עָלָה לְרֹאשׁוֹ סָפֵק נָגַע סָפֵק לֹא נָגַע סְפֵקוֹ טָמֵא. הִכְנִיס יָדוֹ לְחוֹר שֶׁיֵּשׁ בּוֹ טֻמְאָה סָפֵק נָגַע סָפֵק לֹא נָגַע סְפֵקוֹ טָמֵא:

ט. חֲנוּת שֶׁהִיא טְמֵאָה וּפְתוּחָה לִרְשׁוּת הָרַבִּים סָפֵק נִכְנַס סָפֵק לֹא נִכְנַס סְפֵקוֹ טָהוֹר שֶׁכָּל הַחֲנוּת כְּמוֹ שֶׁרֶץ הַמֻּנָּח בִּרְשׁוּת הָרַבִּים שֶׁסְּפֵק מַגָּעוֹ טָהוֹר. הָיוּ שְׁתֵּי חֲנֻיּוֹת אַחַת טְהוֹרָה וְאַחַת טְמֵאָה וְנִכְנַס לְאַחַת מֵהֶן סָפֵק לְטָמֵא נִכְנַס סָפֵק לְטָהוֹר סְפֵקוֹ טָמֵא שֶׁזֶּה סָפֵק רְשׁוּת הַיָּחִיד שֶׁהַחֲנוּת רְשׁוּת הַיָּחִיד. וְכֵן בִּקְעָה בִּימוֹת הַגְּשָׁמִים שֶׁיֵּשׁ בָּהּ שָׂדוֹת הַרְבֵּה וּבָהּ שָׂדֶה אַחַת טְמֵאָה וְאַחַת טְהוֹרָה וְאָמַר נִכְנַסְתִּי לְבִקְעָה זוֹ וְאֵינִי יוֹדֵעַ אִם נִכְנַסְתִּי לְאוֹתָהּ שָׂדֶה אוֹ לֹא נִכְנַסְתִּי סְפֵקוֹ טָמֵא שֶׁסְּפֵק טֻמְאָה בִּרְשׁוּת הַיָּחִיד אֲפִלּוּ סְפֵק בִּיאָה טָמֵא:

י. מָקוֹם שֶׁהָיָה רְשׁוּת הַיָּחִיד וְנַעֲשָׂה רְשׁוּת הָרַבִּים וְחָזַר וְנַעֲשָׂה רְשׁוּת הַיָּחִיד כְּשֶׁהוּא רְשׁוּת הַיָּחִיד סְפֵקוֹ טָמֵא וּכְשֶׁהוּא רְשׁוּת הָרַבִּים סְפֵקוֹ טָהוֹר:

יא. דְּבָרִים שֶׁהֵן בִּרְשׁוּת הָרַבִּים הֲרֵי הֵן כִּרְשׁוּת הָרַבִּים. כֵּיצַד. קֻפָּה בִּרְשׁוּת הָרַבִּים גָּבוֹהַּ עֲשָׂרָה טְפָחִים וְהַטֻּמְאָה בְּתוֹכָהּ סָפֵק נָגַע סָפֵק לֹא נָגַע סְפֵקוֹ טָהוֹר. הִכְנִיס יָדוֹ לְתוֹכָהּ סָפֵק נָגַע סָפֵק לֹא נָגַע סְפֵקוֹ טָמֵא. הָיְתָה כְּפִישָׁה נְתוּנָה עַל כְּתֵפוֹ וְכִכַּר תְּרוּמָה כָּרוּךְ בְּסִיב אוֹ בִּנְיָר וְנָתוּן לְתוֹכָהּ סָפֵק נָגַע בָּהּ אַחֵר סָפֵק לֹא נָגַע סְפֵקוֹ טָמֵא:

יב. חֲמוֹר בִּרְשׁוּת הָרַבִּים גָּבוֹהַּ עֲשָׂרָה טְפָחִים וְטֻמְאָה נְתוּנָה עָלָיו סָפֵק נָגַע סָפֵק לֹא נָגַע סְפֵקוֹ טָהוֹר. פָּשַׁט יָדוֹ עַל גַּבָּיו סָפֵק נָגַע סָפֵק לֹא נָגַע סְפֵקוֹ טָמֵא. וְכֵן סֶלַע הַמֻּנָּח בִּרְשׁוּת הָרַבִּים גָּבוֹהַּ עֲשָׂרָה טְפָחִים וְטֻמְאָה נְתוּנָה עָלָיו סָפֵק נָגַע סָפֵק לֹא נָגַע סְפֵקוֹ טָהוֹר. עָלָה בְּרֹאשׁ הַסֶּלַע סָפֵק נָגַע סָפֵק לֹא נָגַע סְפֵקוֹ טָמֵא:

יג. הָיָה זָב רוֹכֵב עַל חֲמוֹרוֹ וְזֶה רוֹכֵב עַל חֲמוֹרוֹ וּמְהַלְּכִין בַּדֶּרֶךְ סָפֵק נָגַע בַּזָּב סָפֵק לֹא נָגַע. תִּינוֹק טָמֵא מֻרְכָּב עַל כְּתֵפוֹ שֶׁל אָבִיו וְתִינוֹק טָהוֹר מֻרְכָּב עַל כְּתֵפוֹ שֶׁל אָבִיו וְהָלְכוּ זֶה בְּצַד זֶה סָפֵק נָגַע סָפֵק לֹא נָגַע. חֲבִילָה עַל כְּתֵפוֹ וְהָרֹק מֻדְבָּק בַּכֹּתֶל סָפֵק נָגַע סָפֵק לֹא נָגַע. כֵּלִים שְׁטוּחִין בִּרְשׁוּת הָרַבִּים לְמַעְלָה מֵעֲשָׂרָה וְהַטָּמֵא עוֹבֵר סָפֵק הֵסִיט סָפֵק לֹא הֵסִיט הַכֹּל טָהוֹר: בְּרִיךְ רַחֲמָנָא דְּסַיְּעָן:

הלכות טומאת אוכלין
Hilchot Tumat Ochalin
THE LAWS OF THE RITUAL IMPURITY CONTRACTED BY FOODS

They consist of one positive commandment, the laws of the impurity contracted by liquids and foods and how they are made susceptible to impurity.

מצות עשה אחת. והיא דין טומאת משקין ואוכלין והכשרן.

> **Reminder**
> Pack on Impurity of Foods

Perek 1
Introduction.

Hechsher (wetting of foods by liquids, to make them susceptible to impurity)

Laws about impurity of liquids and foodstuffs and the way they are made susceptible to impurity.[1]

All the Laws of making foods susceptible to impurity originate by *Divrei Kabalah*.

Only foods which are designated for human consumption are susceptible to impurity.

To be susceptible, the foods must first be dampened (*yibalel*) with one of the **7** liquids.

The process of dampening is called *hechsher*.

The **7** liquids are
- *Mayim* (water)
- *Tal* (dew)
- *Shemen* (olive oil)
- *Yayin* (wine)
- *Chalav* (milk)
- *Dam* (blood – that flows at time of slaughter)
- *Devash* (honey – bees honey)

For liquids to be a conduit for impurity, they must have been placed there with intent by the owner. If they just fell there by accident, they are not yet susceptible to impurity. Also, if liquid is 'rotten' or foul, they are not yet susceptible to impurity.

FACTORS
- Other fruit juices do not make food susceptible, and they themselves also do not contract impurity.
- Grapes and olives must have reached ⅓ of their maturity for their liquid to transmit impurity

- Generally, spices do not contract impurity. They are not eaten for themselves, but to add flavour, aroma or appearance to food.
- Definition of what is food and what is liquid. These can change with circumstance e.g. honey in a hive is regarded as food, but honey dripping from the hive is regarded as liquid, unless he thought to use it as food. But if one crushes a comb and it is dripping, it is always regarded as liquid.
- Leaves from a tree are not susceptible unless they are sweetened to be eaten.
- Spoiled food does not contract impurity.

פרק א׳

א. כָּל אֹכֶל הַמְיֻחָד לְמַאֲכַל אָדָם כְּגוֹן לֶחֶם וּבָשָׂר וַעֲנָבִים וְזֵיתִים וְכַיּוֹצֵא בָּהֶן מְקַבֵּל טֻמְאָה וְכָל שֶׁאֵינוֹ מְיֻחָד לְמַאֲכַל אָדָם הֲרֵי זֶה טָהוֹר וְאֵינוֹ מְקַבֵּל טֻמְאָה אֶלָּא אִם כֵּן חִשֵּׁב עָלָיו וְיִחֲדוֹ לְמַאֲכַל אָדָם. וְזֶה וְזֶה אֵינוֹ מְקַבֵּל טֻמְאָה עַד שֶׁיְּבֻלַּל תְּחִלָּה בְּאֶחָד מִשִּׁבְעָה מַשְׁקִין וְזֶהוּ הַנִּקְרָא הֶכְשֵׁר שֶׁנֶּאֱמַר (ויקרא יא לח) ״וְכִי יֻתַּן מַיִם עַל זֶרַע״:

ב. וְאֵלּוּ הֵן הַשִּׁבְעָה מַשְׁקִין שֶׁמַּכְשִׁירִין אֶת הָאֳכָלִין לְטֻמְאָה. הַמַּיִם וְהַטַּל וְהַשֶּׁמֶן וְהַיַּיִן וְהֶחָלָב וְהַדָּם וְהַדְּבַשׁ. וְאֵינָן מַכְשִׁירִין עַד שֶׁיִּפְּלוּ עַל הָאֳכָלִין בִּרְצוֹן הַבְּעָלִים. וְלֹא יִהְיוּ סְרוּחִין שֶׁהַמַּשְׁקֶה הַסָּרוּחַ אֵינוֹ מַכְשִׁיר. וְכֵיוָן שֶׁהֻכְשַׁר הָאֹכֶל אַף עַל פִּי שֶׁיָּבַשׁ וַהֲרֵי הוּא נָגוּב הֲרֵי זֶה מְקַבֵּל טֻמְאָה:

ג. אֹכֶל שֶׁהָיָה בָּלוּל בְּמֵי פֵּרוֹת כְּגוֹן מֵי תוּתִים וְרִמּוֹנִים אַף עַל פִּי שֶׁהוּא בָּלוּל וְנָגַע בּוֹ הַזָּב אוֹ בְּשַׂר הַמֵּת הֲרֵי הוּא טָהוֹר מִפְּנֵי שֶׁלֹּא הֻכְשַׁר בְּאֶחָד מִשִּׁבְעָה הַמַּשְׁקִין:

ד. אֵין שָׁם מַשְׁקֶה שֶׁמְּקַבֵּל טֻמְאָה אֶלָּא שִׁבְעַת הַמַּשְׁקִין שֶׁמָּנִינוּ בִּלְבַד אֲבָל שְׁאָר מֵי פֵּרוֹת כְּדֶרֶךְ שֶׁאֵין מַכְשִׁירִין כָּךְ אֵין מְקַבְּלִין טֻמְאָה כְּלָל:

ה. זֵיתִים וַעֲנָבִים שֶׁלֹּא הֵבִיאוּ שְׁלִישׁ מַשְׁקִין הַיּוֹצְאִין מֵהֶן אֵינָן מַכְשִׁירִין וְלֹא מְקַבְּלִין טֻמְאָה אֶלָּא הֲרֵי הֵן כִּשְׁאָר מֵי פֵּרוֹת שֶׁהֵן טְהוֹרִין לְעוֹלָם:

ו. אֵלּוּ דְּבָרִים שֶׁאֵינָן מְקַבְּלִין טֻמְאָה אַף עַל פִּי שֶׁבְּנֵי אָדָם אוֹכְלִין אוֹתָן לְפִי שֶׁאֵינָן נֶאֱכָלִין לַהֲנָאַת גּוּפָן אֶלָּא מִפְּנֵי שֶׁנּוֹתְנִין טַעַם בְּמַאֲכָלוֹת אוֹ מִפְּנֵי הָרֵיחַ אוֹ הַמַּרְאֶה. וְאֵלּוּ הֵן. הַקֹּשְׁט וְהַחֲמָם וְרָאשֵׁי בְּשָׂמִים וְהַתִּיאָה וְהַחִלְתִּית וְהַפִּלְפְּלִין וְחַלּוֹת חָרִיעַ. וְכֵן כָּל כַּיּוֹצֵא בָּהֶן:

ז. הַשֶּׁבֶת סְתָמוֹ לַאֲכִילַת גּוּפוֹ כִּשְׁאָר יַרְקוֹת שָׂדֶה וְאִם חָשַׁב עָלָיו לִקְדֵרָה אֵינוֹ מִתְטַמֵּא טֻמְאַת אֳכָלִין. וְהַשֶּׁבֶת מִשֶּׁנָּתְנָה טַעַם לִקְדֵרָה הֲרֵי זוֹ כְּזֶבֶל וְאֵינָהּ מִתְטַמְּאָה טֻמְאַת אֳכָלִין:

ח. הַתְּמָרִים וְהַגְּרוֹגָרוֹת שֶׁנָּתַן לִקְדֵרָה כְּתַבְלִין עֲדַיִן הֵן מִתְטַמְּאִין טֻמְאַת אֳכָלִין עַד שֶׁיִּפָּסְדוּ מִלֶּאֱכֹל אָדָם:

ט. הַכַּרְשִׁינִים אִם יִחֲדָן לְמַאֲכַל אָדָם מִתְטַמְּאִין טֻמְאַת אֳכָלִין:

י. הַקּוֹר הֲרֵי הוּא כְּעֵץ לְכָל דָּבָר וְאִם שְׁלָקוֹ וְטִגְּנוֹ מִתְטַמֵּא טֻמְאַת אֳכָלִין:

יא. הַחַרְצַנִּין וְהַזַּגִּין אַף עַל פִּי שֶׁכְּנָסָן לַאֳכָלִין אֵינָן מִתְטַמְּאִין טֻמְאַת אֳכָלִין:

יב. זֵיתִים וַעֲנָבִים הַקָּשִׁים שֶׁנִּפְרָצִין וְיוֹצְאִין מִתַּחַת הַקּוֹרָה בִּשְׁעַת הַדְּרִיכָה אֵינָן מְקַבְּלִין טֻמְאָה. וְעַד כַּמָּה עַד אַרְבָּעָה קַבִּין לְכָל כּוֹר. הָיָה הַנִּפְרָץ יֶתֶר מִזֶּה מְקַבְּלִין טֻמְאָה. וְאִם כְּנָסָן לַאֳכָלִין אַף עַל פִּי שֶׁהֵן פָּחוֹת מֵאַרְבָּעָה קַבִּין מְקַבְּלִין טֻמְאָה:

יג. הַכַּפְנִיּוֹת וְהַפַּגִּין וְהַבֹּסֶר וְהַקֶּצַח הֲרֵי הֵן כָּאֳכָלִין וּמְקַבְּלִין טֻמְאָה:

יד. לוּלְבֵי זְרָדִים וְחָרוּבִין וְשֶׁל עֲדָל וַעֲלֵי הַלּוּף הַשּׁוֹטֶה אֵינָן מְקַבְּלוֹת טֻמְאָה עַד שֶׁיִּתְמַתְּקוּ:

טו. הַחַרְדָּל וְהַתֻּרְמְסִין וּשְׁאָר כָּל הַנִּכְבָּשִׁין מְטַמְּאִין טֻמְאַת אֳכָלִין בֵּין מִשֶּׁהִמְתִּיקוּ בֵּין עַד שֶׁלֹּא הִמְתִּיקוּ:

טז. זֵיתִים שֶׁכְּבָשָׁן בְּעָלִין שֶׁלָּהֶן אֵין הֶעָלִין מְקַבְּלִין טֻמְאָה. שֶׁלֹּא כְּבָשָׁן לַאֳכָלִין אֶלָּא לְמַרְאֶה:

יז. כְּשׁוּת שֶׁל קִשּׁוּת וְהַנֵּץ שֶׁלָּהּ אֵין מְקַבְּלִין טֻמְאָה מִפְּנֵי שֶׁאֵינוֹ אֹכֶל:

יח. דְּבַשׁ בְּכַוַּרְתּוֹ מְטַמֵּא טֻמְאַת אֳכָלִין שֶׁלֹּא בְּמַחְשָׁבָה.

רָדָה הַדְּבַשׁ מִשֶּׁיְּרַסֵּק הַחַלּוֹת מִתְטַמֵּא מִשּׁוּם מַשְׁקֶה. דְּבַשׁ הַזָּב מִכַּוַּרְתּוֹ מִתְטַמֵּא טֻמְאַת מַשְׁקִין. חָשַׁב עָלָיו לַאֲכָלִין מִתְטַמֵּא טֻמְאַת אֳכָלִין:

יט. הַשֶּׁמֶן הַקָּרוּשׁ אֵינוֹ אֹכֶל וְלֹא מַשְׁקֶה. חָשַׁב עָלָיו כְּשֶׁהוּא קָרוּשׁ בֵּין לַאֲכָלִין בֵּין לְמַשְׁקִין בָּטְלָה דַּעְתּוֹ. וְכֵן הַדָּם שֶׁקָּרַשׁ אֵינוֹ אֹכֶל וְלֹא מַשְׁקֶה. חָשַׁב עָלָיו לַאֲכָלִין מִתְטַמֵּא טֻמְאַת אֳכָלִין. חָשַׁב עָלָיו לְמַשְׁקִין בָּטְלָה דַּעְתּוֹ:

כ. חָלָב שֶׁקָּרַשׁ לֹא אֹכֶל וְלֹא מַשְׁקֶה. חָשַׁב עָלָיו לַאֲכָלִין מִתְטַמֵּא טֻמְאַת אֳכָלִין. לְמַשְׁקִין בָּטְלָה דַּעְתּוֹ:

כא. דְּבַשׁ תְּמָרִים לֹא אֹכֶל וְלֹא מַשְׁקֶה. חָשַׁב עָלָיו לַאֲכָלִין מִתְטַמֵּא טֻמְאַת אֳכָלִין. לְמַשְׁקִין בָּטְלָה דַּעְתּוֹ. וּשְׁאָר כָּל מֵי פֵּרוֹת כֻּלָּן לֹא אֹכֶל וְלֹא מַשְׁקֶה. חָשַׁב עָלָיו בֵּין לַאֲכָלִין בֵּין לְמַשְׁקִין בָּטְלָה דַּעְתּוֹ:

כב. הַשֶּׁלֶג אֵינוֹ אֹכֶל וְלֹא מַשְׁקֶה. חָשַׁב עָלָיו לַאֲכָלִין בָּטְלָה דַּעְתּוֹ. לְמַשְׁקִין מִתְטַמֵּא טֻמְאַת מַשְׁקִין. נִטְמָא מִקְצָתוֹ לֹא נִטְמָא כֻּלּוֹ. הֶעֱבִירוֹ עַל גַּבֵּי כְּלִי חֶרֶס הַטָּמֵא נִטְמָא כֻּלּוֹ:

כג. הֶחָלָב שֶׁבַּכְּחָל שֶׁחָשַׁב עָלָיו בָּטְלָה דַּעְתּוֹ וַהֲרֵי הוּא טָהוֹר. חָשַׁב עַל הַחֵלֶב שֶׁבַּקֵּיבָה הֲרֵי זֶה מִתְטַמֵּא טֻמְאַת אֳכָלִין:

כד. עֲנָבִים שֶׁדְּרָכָן מִשֶּׁיְּהַלֵּךְ בָּהֶן הַדּוֹרֵךְ שְׁתִי וָעֵרֶב מִתְטַמְּאִין מַשְׁקִין. נִשְׁתַּיֵּר בָּהֶן גַּרְגְּרִין שְׁלֵמִים אוֹתָן גַּרְגְּרִין מִתְטַמְּאִין טֻמְאַת אֳכָלִין. וְכֵן הַזֵּיתִים מִשֶּׁיִּטְעֲנוּ מִתְטַמְּאִין טֻמְאַת מַשְׁקִין. נִשְׁתַּיְּרוּ בָּהֶן גְּרוֹגָרוֹת שְׁלֵמִין מִתְטַמְּאִין טֻמְאַת אֳכָלִין:

כה. הָעָרְלָה. וְכִלְאֵי הַכֶּרֶם. וְשׁוֹר הַנִּסְקָל שֶׁנִּשְׁחַט. וְעֶגְלָה עֲרוּפָה בֵּין שֶׁנִּשְׁחֲטָה בֵּין שֶׁנֶּעֶרְפָה. וְצִפֳּרֵי מְצֹרָע. וּפֶטֶר חֲמוֹר. וּבָשָׂר בְּחָלָב. וּבְשַׂר פָּרָה אֲדֻמָּה. וְהַפִּגּוּל. וְהַנּוֹתָר. אַף עַל פִּי שֶׁכָּל אֵלּוּ אֲסוּרִין בַּהֲנָאָה כֻּלָּן מִתְטַמְּאִין טֻמְאַת אֳכָלִין:

Perek 2

Definition.

When foods and liquids can contract uncleanness?

- Foods still attached to earth are insusceptible to impurity. When the branch of fruit tree breaks off, it is considered as being harvested, and attached fruit is susceptible to impurity.
- Foods from living animals

  Only becomes susceptible to impurity when the animal dies.

  Even when animal is in death throes it is susceptible to impurity. When an animal is slaughtered, the blood makes animal susceptible to impurity immediately.
- Fish

  Contract impurity when they die.
- Water attached to the ground cannot make foods susceptible to impurity.
- Plants in a flower pot without holes, are considered as detached from earth, unless roots could break through.
- Foul food and foul liquids are not susceptible to impurity.
- Impure food which rots, if a dog could still eat it, it remains impure. If not, it loses its impurity.
- Liquids which are impure and then become foul, remain impure forever. The only exception is water. Impure water can be immersed in a *mikveh* and regain its purity.
- Impure food cannot regain purity by being immersed in *mikveh.*
- Food baked onto a utensil is considered as part of the utensil.
- Drainage water is presumed impure. Rain water is pure.

Reminder
Pack on Purification

פרק ב'

א. כָּל הָאֳכָלִין הַגְּדֵלִין מִן הַקַּרְקַע אֵינָן מְקַבְּלִין טֻמְאָה עַד שֶׁיֵּעָקְרוּ. אֲבָל כָּל זְמַן שֶׁהֵן מְחֻבָּרִין אֲפִלּוּ כְּשֹׁרֶשׁ קָטָן שֶׁיְּכוֹלִין לִחְיוֹת מִמֶּנּוּ אֵינָן מְקַבְּלִין טֻמְאָה:

ב. יִחוּר שֶׁל תְּאֵנָה שֶׁנִּפְשַׁח וּמְעֹרֶה בִּקְלִפָּה שֶׁאֵינוֹ יָכוֹל לִחְיוֹת מִמֶּנָּה כָּל הָאֳכָלִין שֶׁבּוֹ מִתְטַמְּאִין. וְיֵשׁ בַּדָּבָר סָפֵק אִם הָיָה שְׁאָר הָאִילָן כְּמוֹ יָד לְזֶה הַיִּחוּר שֶׁנִּשְׁבַּר אוֹ לָאו:

ג. יְרָקוֹת שֶׁיָּבְשׁוּ בְּאִבֵּיהֶן כְּגוֹן כְּרוּב וּדְלַעַת שֶׁיָּבְשׁוּ בְּאִבֵּיהֶן אֵינָן מִתְטַמְּאִין טֻמְאַת אֳכָלִין. לִקְטָן לְיַבְּשָׁן הֲרֵי הֵן אֳכָלִין כְּשֶׁהָיוּ עַד שֶׁיִּיבְשׁוּ וְיֵעָשׂוּ כְּעֵץ:

ד. אִילָן שֶׁנִּפְשַׁח וּבוֹ פֵּרוֹת הֲרֵי הֵן כִּתְלוּשִׁין. וְכֵן אִם יָבֵשׁ הָאִילָן וּבוֹ פֵּרוֹת הֲרֵי הֵן כִּתְלוּשִׁין:

ה. תְּאֵנִים שֶׁיָּבְשׁוּ בְּאִבֵּיהֶן מְטַמְּאוֹת טֻמְאַת אֳכָלִין בִּמְקוֹמָן:

ו. כָּל הָאֳכָלִין שֶׁהֵן מִבַּעֲלֵי חַיִּים אֵינָן מְקַבְּלִין טֻמְאָה עַד שֶׁיָּמוּתוּ. שָׁחַט בְּהֵמָה חַיָּה וְעוֹף אַף עַל פִּי שֶׁעֲדַיִן הֵן מְפַרְפְּסִין מְקַבְּלִין טֻמְאָה. וְדָגִים מֵאֵימָתַי מְקַבְּלִין טֻמְאָה מִשֶּׁיָּמוּתוּ. נוֹלַד בָּהֶן טְרֵפָה וְנִתְטַמְּאוּ כְּשֶׁהֵן מִתְנַדְנְדִין הֲרֵי יֵשׁ בַּדָּבָר סָפֵק אִם הֵן חֲשׁוּבִין כְּמֵתִים הוֹאִיל וְנִטְרְפוּ אוֹ אֵינָן מְקַבְּלִין טֻמְאָה עַד שֶׁיִּדְּמוּ כְּאֶבֶן וְלֹא יִתְנַדְנְדוּ. הָאֵיבָר אוֹ הַבָּשָׂר הַמְדֻלְדָּלִין בִּבְהֵמָה אוֹ חַיָּה שֶׁאֵינָן יְכוֹלִין לִחְיוֹת אִם הֻכְשְׁרוּ מְקַבְּלִין טֻמְאָה בִּמְקוֹמָן מִפְּנֵי שֶׁהֵן חֲשׁוּבִין כְּאֹכֶל שֶׁפֵּרַשׁ. נִשְׁחֲטָה הַבְּהֵמָה הֻכְשְׁרוּ בִּשְׁחִיטָה. שֶׁהַבְּהֵמָה כֻּלָּהּ כְּמוֹ יָד לָאֵיבָר זֶה וְיָד שֶׁהֻכְשַׁר הֻכְשַׁר הָאֵיבָר כֻּלּוֹ כְּמוֹ שֶׁיִּתְבָּאֵר. וְיֵשׁ בַּדָּבָר סָפֵק אִם תִּהְיֶה הַבְּהֵמָה בְּחַיֶּיהָ כְּמוֹ יָד לָאֵיבָר אוֹ בָּשָׂר הַמְדֻלְדָּלִין בָּהּ:

ז. הַשּׁוֹחֵט בְּהֵמָה חַיָּה וְעוֹף הֻכְשַׁר כָּל הַבָּשָׂר בַּדָּם שֶׁיָּצָא בִּשְׁחִיטָה. לְפִיכָךְ אִם לֹא יָצָא מֵהֶן דָּם בִּשְׁחִיטָה הֲרֵי כָּל בְּשָׂרָן צָרִיךְ הֶכְשֵׁר כְּכָל הָאֳכָלִין שֶׁלֹּא הֻכְשְׁרוּ:

ח. אֳכָלִין שֶׁהֻכְשְׁרוּ כְּשֶׁהֵן מְחֻבָּרִין לַקַּרְקַע אוֹ שֶׁהֻכְשְׁרוּ בְּמַיִם הַמְחֻבָּרִים שֶׁבַּקַּרְקַע אֵינוֹ הֶכְשֵׁר עַד שֶׁיֻּכְשְׁרוּ אַחַר שֶׁנֶּעֶקְרוּ בְּמַיִם הַתְּלוּשִׁין מִן הַקַּרְקַע אוֹ בִּשְׁאָר מַשְׁקִין שֶׁנֶּאֱמַר (ויקרא יא לד) "בְּכָל כְּלִי" אֵינוֹ מַכְשִׁיר עַד שֶׁיִּתָּלֵשׁ מִן הַקַּרְקַע כְּעֵין הַמַּיִם שֶׁבְּכֵלִים. שָׁאַב הַמַּיִם בִּכְלִי וּנְתָנָן בַּקַּרְקַע אֵינָן מַכְשִׁירִין:

ט. קִשּׁוּת שֶׁנְּטָעָהּ בְּעָצִיץ וְהִגְדִּילָה אַף עַל פִּי שֶׁיָּצָאת חוּץ לָעָצִיץ אֵינָהּ מְקַבֶּלֶת טֻמְאָה. וְעָצִיץ שֶׁהוּא נָקוּב כְּדֵי שֶׁיֵּצֵא בּוֹ שֹׁרֶשׁ קָטָן הֲרֵי הוּא כְּאֶרֶץ וְהַנָּטוּעַ בּוֹ אֵינוֹ מְקַבֵּל טֻמְאָה. וְכֵן אִם הָיוּ בּוֹ מַיִם אֵינָן מַכְשִׁירִין:

י. עָצִיץ שֶׁאֵינוֹ נָקוּב הֲרֵי הַנָּטוּעַ בּוֹ מְקַבֵּל טֻמְאָה. וְאִם הָיוּ מַיִם בְּתוֹכוֹ מַכְשִׁירִין:

יא. כְּלֵי גְּלָלִים וּכְלֵי אֲדָמָה שֶׁהַשָּׁרָשִׁים יְכוֹלִין לְבַקֵּעַ בָּהֶן וְלָצֵאת אֵינָן מַכְשִׁירִין אֶת הַזְּרָעִים. וְאַף עַל פִּי שֶׁאֵינָן נְקוּבִין הֲרֵי הֵן כִּנְקוּבִין:

יב. עָצִיץ שֶׁמִּלְאָהוּ עָפָר עַד שְׂפָתוֹ אֵינוֹ חָשׁוּב כְּלִי אֶלָּא הֲרֵי הוּא כְּטַבְלָא שֶׁאֵין לָהּ שָׂפָה שֶׁאֵינוֹ כְּלִי קִבּוּל:

יג. מַשְׁקִין טְמֵאִין שֶׁנָּפְלוּ עַל הָאֳכָלִין נִטְמְאוּ אַף עַל פִּי שֶׁנָּפְלוּ שֶׁלֹּא בִּרְצוֹן הַבְּעָלִים. שֶׁהֲרֵי הַטֻּמְאָה וְהַהֶכְשֵׁר בָּאִין כְּאַחַת. וְהוּא שֶׁלֹּא יִהְיוּ בַּקַּרְקַע:

יד. כָּל אֹכֶל שֶׁנִּפְסַד וְנִסְרַח עַד שֶׁאֵינוֹ רָאוּי לְמַאֲכַל אָדָם אֵינוֹ מְקַבֵּל טֻמְאָה. וְכֵן מַשְׁקֶה שֶׁנִּסְרַח וְנִפְסַד וְאֵינוֹ רָאוּי לִשְׁתִיַּת אָדָם אֵינוֹ מְקַבֵּל טֻמְאָה כְּדֶרֶךְ שֶׁאֵינוֹ מַכְשִׁיר שֶׁנֶּאֱמַר (ויקרא יא לד) "אֲשֶׁר יִשָּׁתֶה":

טו. הָעוֹר שֶׁשְּׁלָקוֹ וְהַשִּׁלְיָא שֶׁחָשַׁב עָלֶיהָ לַאֲכִילָה מִתְטַמְּאִין טֻמְאַת אֳכָלִים בִּפְנֵי עַצְמָן:

טז. עוֹר הַחֲמוֹר שֶׁשְּׁלָקוֹ הֲרֵי זֶה סָפֵק אִם מִתְטַמֵּא טֻמְאַת אֳכָלִים בִּפְנֵי עַצְמוֹ מִפְּנֵי שֶׁשְּׁלָקוֹ אוֹ אֵינוֹ מִתְטַמֵּא מִפְּנֵי שֶׁהוּא מָאוּס הַרְבֵּה:

יז. חִטִּים שֶׁבְּגִלְלֵי בָקָר וּשְׂעוֹרִים שֶׁבְּגִלְלֵי הַבְּהֵמָה שֶׁלִּקְּטָן אֵין מְקַבְּלִין טֻמְאָה. וְאִם חָשַׁב עֲלֵיהֶן לַאֲכִילָה מִתְטַמְּאוֹת טֻמְאַת אֳכָלִין:

יח. כָּל אֹכֶל שֶׁנִּטְמָא וְאַחַר שֶׁנִּטְמָא נִפְסַל וְנִסְרַח. אִם נִפְסַל מִלֶּאֱכֹל הַכֶּלֶב אוֹ שֶׁיָּבֵשׁ כְּחֶרֶשׂ הֲרֵי זֶה טָהוֹר. וְאִם נִפְסַל מִלֶּאֱכֹל אָדָם וַעֲדַיִן הוּא רָאוּי לַכֶּלֶב הֲרֵי זֶה טָמֵא כְּשֶׁהָיָה. וְכָל הָאֳכָלִין שֶׁנִּטְמְאוּ אֵין לָהֶן טָהֳרָה בְּמִקְוֶה:

יט. זְרָעִים טְמֵאִים שֶׁזְּרָעָם הֲרֵי הַצּוֹמֵחַ מֵהֶן טָהוֹר. וַאֲפִלּוּ בְּדָבָר שֶׁאֵין זַרְעוֹ כָּלֶה. וְהוּא שֶׁהִשְׁרִישׁוּ. אֲבָל קֹדֶם הַשְׁרָשָׁה הֲרֵי הֵן בְּטֻמְאָתָן אֲפִלּוּ בְּדָבָר שֶׁזַּרְעוֹ כָּלֶה:

כ. אֳכָלִין שֶׁמְּחֻבָּרִין לְכֵלִים בָּטְלוּ מִתּוֹרַת אֹכֶל. וְאִם נִטְמָא

הַכְּלִי הֲרֵי הֵן מִתְטַמְּאִין בְּטֻמְאַת הַכְּלִי הוֹאִיל וְהֵן מְשַׁמְּשִׁין תַּשְׁמִישׁ עֵץ הֲרֵי הֵן כְּעֵץ:

כא. כָּל מַשְׁקֶה שֶׁנִּטְמָא וְאַחַר שֶׁנִּטְמָא נִפְסַד וְנִסְרַח הֲרֵי זֶה בְּטֻמְאָתוֹ לְעוֹלָם שֶׁאֵין הַמַּשְׁקֶה יוֹצֵא עַל יְדֵי הַכֶּלֶב לְעוֹלָם. וְאֵין לְמַשְׁקֶה שֶׁנִּטְמָא טָהֳרָה חוּץ מִן הַמַּיִם בִּלְבַד שֶׁאִם הִטְבִּיל מַיִם טְמֵאִים בְּמִקְוֶה כֵּיוָן שֶׁצָּפוּ מֵי מִקְוֶה עֲלֵיהֶן טָהֲרוּ. וּמַטְבִּילִין חַמִּין בְּצוֹנֵן וְצוֹנֵן בְּחַמִּין וְרָעִים בְּיָפִים וְיָפִים בְּרָעִים:

כב. מֵקֵל שֶׁהִיא מְלֵאָה מַשְׁקִין טְמֵאִים וְהִטְבִּיל מִקְצָתָהּ בְּמִקְוֶה לֹא טָהֲרוּ הַמַּיִם שֶׁעַל מִקְצָתָהּ עַד שֶׁיִּטְבֹּל אֶת כֻּלָּהּ:

כג. שֶׁלֶג שֶׁנִּטְמָא וְהִשִּׁיק מִקְצָתוֹ לְמֵי מִקְוֶה הוֹאִיל וְטָהַר מִקְצָתוֹ טָהַר כֻּלּוֹ:

כד. הַתֶּמֶד הַטָּמֵא בֵּין שֶׁנִּטְמָא אַחַר שֶׁתִּמְּדוֹ בֵּין שֶׁתִּמְּדוֹ בְּמַיִם טְמֵאִים עַד שֶׁלֹּא הֶחְמִיץ מַשִּׁיקוֹ בְּמִקְוֶה וְיִטְהַר שֶׁהֲרֵי הוּא כְּמַיִם. מִשֶּׁהֶחְמִיץ הֲרֵי הוּא כְּיַיִן וְאֵין לוֹ טָהֳרָה בְּמִקְוֶה:

כה. קְדֵרָה שֶׁמְּלֵאָה מַשְׁקִין כְּגוֹן דְּבַשׁ וְיַיִן וְכַיּוֹצֵא בָּהֶן וּנְתוּנָה בְּתוֹךְ הַמִּקְוֶה וּפָשַׁט הָרִאשׁוֹן לְטֻמְאָה אֶת יָדוֹ וְנָגַע בָּהּ הֲרֵי זֶה מְטַמֵּא אֶת הַמַּשְׁקִין אַף עַל פִּי שֶׁהִיא בְּתוֹךְ הַמִּקְוֶה וְנִטְמֵאת הַקְּדֵרָה מֵחֲמַת הַמַּשְׁקִין שֶׁבְּתוֹכָהּ אַף עַל פִּי שֶׁהִיא בְּתוֹךְ הַמִּקְוֶה. הָיְתָה מְלֵאָה מַיִם הַקְּדֵרָה טְהוֹרָה שֶׁאֵין הָרִאשׁוֹן מְטַמֵּא כְּלִי חֶרֶס לְעוֹלָם וְאֵין הַמַּיִם שֶׁבְּתוֹכָהּ טְמֵאִים מִפְּנֵי שֶׁהֵן מְעֹרָבִים בְּמֵי הַמִּקְוֶה. פָּשַׁט אַב הַטֻּמְאָה אֶת יָדוֹ וְנָגַע בָּהּ נִטְמֵאת הַקְּדֵרָה שֶׁאֵין הַמִּקְוֶה מְטַהֵר כְּלֵי חֶרֶס:

כו. מֵי שְׁפִיכוֹת הֲרֵי הֵן בְּחֶזְקַת טֻמְאָה. יָרְדוּ עֲלֵיהֶן מֵי גְּשָׁמִים אִם רַבּוּ עֲלֵיהֶן הֲרֵי הֵן טְהוֹרִים. מֶחֱצָה לְמֶחֱצָה הַכֹּל טָמֵא בֵּין בְּכֵלִים בֵּין בְּקַרְקָעוֹת. אֵימָתַי בִּזְמַן שֶׁקָּדְמוּ מֵי שְׁפִיכָה אֲבָל קָדְמוּ מֵי גְּשָׁמִים וְיָרְדוּ עֲלֵיהֶן כָּל שֶׁהוּא מִמֵּי שְׁפִיכוֹת הַכֹּל טָמֵא שֶׁמַּשְׁקִין טְמֵאִין שֶׁיָּרְדוּ לִטְהוֹרִים מְטַמְּאִין בְּכָל שֶׁהוּא:

כז. הַטּוֹרֵף אֶת גַּגּוֹ וְהַמְכַבֵּס אֶת כְּסוּתוֹ וַהֲרֵי הֵן מְנַטְּפִים יָרְדוּ עֲלֵיהֶן גְּשָׁמִים וְרַבּוּ הַנְּטִיפוֹת הֲרֵי רַבּוּ מֵי גְּשָׁמִים עֲלֵיהֶן וְהַנּוֹטְפִים מֵהֶן טְהוֹרִין:

כח. הַסָּךְ שֶׁמֶן טָהוֹר וְנִטְמָא זֶה הָאָדָם וְטָבַל וַהֲרֵי הַשֶּׁמֶן עַל בְּשָׂרוֹ אִם הָיָה כְּדֵי סִיכַת אֵיבָר קָטָן הֲרֵי הוּא טָהוֹר כְּשֶׁהָיָה מִקֹּדֶם. סָךְ שֶׁמֶן טָמֵא וְטָבַל לֹא טָהַר הַשֶּׁמֶן שֶׁעָלָיו אֶלָּא אִם נִשְׁאַר מִמֶּנּוּ מַשְׁקֶה טוֹפֵחַ הֲרֵי הַשֶּׁמֶן בְּטֻמְאָתוֹ וְאִם לֹא נִשְׁאַר מִמֶּנּוּ כְּדֵי לְהַטְפִּיחַ מִמֶּנּוּ בָּטֵל בְּמִעוּטוֹ:

Perek 3

Intention (intention eating)

Susceptibility of foods to impurity comes about when they have been dampened with liquids.

Food must be designated to be eaten by humans to be made susceptible (if not, it remains pure).

Machshavah (intention) has the power to define food as designated to be eaten (and therefore causes food to be susceptible to impurity). Food can also be impure in its own right (e.g. animal corpse – *nevelah*).

Where one locality regards items as food, another locality may not. In the first locality, special intention is not needed to cause susceptibility to impurity, but in the second, special intention would be needed to make that food susceptible to impurity. Therefore, food susceptibility can vary as follows:

- Need exposure to liquids without any intent.
- Need intent and no exposure to liquids e.g. *nevelah* (carcass) of non-kosher animal.
- Need intent and exposure to liquids (e.g. owner grew a vegetable for animal consumption and then changed his mind to use for humans).
- No intent and no exposure to liquids e.g. *nevelah* (carcass) of a kosher animal.

Whenever a substance imparts severe impurity, it does not need exposure to liquids even if it is covered by say dough.

If lesser impurity was covered by dough, and dough prevented impurity of touching, it would not be able to prevent the impurity of carrying. Therefore, this impurity also does not need *hechsher* (wetting).

A person who is not capable of rational thought, would not be able to affect the status of food through his intent. However, their deeds would affect status.

פרק ג׳

א. כְּבָר בֵּאַרְנוּ שֶׁאֵין הָאֳכָלִין מִתְטַמְּאִין עַד שֶׁיֻּכְשְׁרוּ. וְשֶׁכָּל אֹכֶל שֶׁאֵינוֹ מְיֻחָד לְמַאֲכַל אָדָם אֵינוֹ מְקַבֵּל טֻמְאָה עַד שֶׁיְּיַחֲדוֹ לְאָדָם:

ב. אֹכֶל שֶׁהוּא מְיֻחָד לְאָדָם בַּמָּקוֹם הַזֶּה וְאֵינוֹ מְיֻחָד לְאָדָם בְּמָקוֹם אַחֵר בְּמָקוֹם שֶׁהוּא מְיֻחָד בּוֹ אֵינוֹ צָרִיךְ מַחֲשָׁבָה לְיַחֲדוֹ לְאָדָם וּבְמָקוֹם שֶׁאֵינוֹ מְיֻחָד בּוֹ צָרִיךְ מַחֲשָׁבָה לְיַחֲדוֹ לְאָדָם וְאַחַר כָּךְ יְקַבֵּל טֻמְאָה. וְכָל אֹכֶל שֶׁסּוֹפוֹ לְטַמֵּא אָדָם וְכֵלִים אֵינוֹ צָרִיךְ הֶכְשֵׁר:

ג. יֵשׁ אֳכָלִין שֶׁצְּרִיכִין הֶכְשֵׁר וְאֵינָן צְרִיכִין מַחֲשָׁבָה וְיֵשׁ שֶׁצְּרִיכִין מַחֲשָׁבָה וְאֵינָן צְרִיכִין הֶכְשֵׁר וְיֵשׁ שֶׁצְּרִיכִין מַחֲשָׁבָה וְהֶכְשֵׁר וְיֵשׁ שֶׁאֵין צְרִיכִין לֹא מַחֲשָׁבָה וְלֹא הֶכְשֵׁר. כֵּיצַד. כָּל הָאֳכָלִין הַמְיֻחָדִין לְאָדָם בְּכָל מָקוֹם צְרִיכִין הֶכְשֵׁר וְאֵין צְרִיכִין מַחֲשָׁבָה. דָּגִים טְהוֹרִים וַחֲגָבִים טְהוֹרִים בְּכָל מָקוֹם וַחֲגָבִים טְמֵאִים וְדָגִים טְמֵאִים בַּכְּפָרִים הֲרֵי הֵן מְיֻחָדִין לְאָדָם וּצְרִיכִין הֶכְשֵׁר וְלֹא מַחֲשָׁבָה. וְכֵן חֵלֶב בְּהֵמָה טְהוֹרָה שֶׁמֵּתָה צָרִיךְ הֶכְשֵׁר וְלֹא מַחֲשָׁבָה בְּכָל מָקוֹם. וְאֵלּוּ צְרִיכִין מַחֲשָׁבָה וְהֶכְשֵׁר. בָּשָׂר הַפּוֹרֵשׁ מִן הַחַי בֵּין מִן הָאָדָם בֵּין מִן הַבְּהֵמָה בֵּין מִן הָעוֹף וְנִבְלַת הָעוֹף הַטָּמֵא וְחֵלֶב בְּהֵמָה טְהוֹרָה שְׁחוּטָה בַּכְּפָרִים אַף עַל פִּי שֶׁהֻכְשַׁר בִּשְׁחִיטָה צָרִיךְ הֶכְשֵׁר שֵׁנִי אַחַר הַמַּחֲשָׁבָה. וּשְׁאָר כָּל יַרְקוֹת הַשָּׂדֶה כְּגוֹן הַבְּצָלִים הַקָּשִׁים בְּיוֹתֵר וְהַפִּטְרִיּוֹת וְכֵן חֲגָבִים וְדָגִים קְטַנִּים צְרִיכִין מַחֲשָׁבָה בַּכְּפָרִים. עֳלָשִׁין שֶׁזְּרָעָן לִבְהֵמָה וְנִמְלַךְ עֲלֵיהֶן לְאָדָם אֵינָן מְקַבְּלִין טֻמְאָה עַד שֶׁיַּחְשֹׁב עֲלֵיהֶן אַחַר שֶׁיִּתָּלְשׁוּ שֶׁמַּחְשֶׁבֶת חִבּוּר אֵינָהּ מַחֲשָׁבָה. עֳלָשִׁין שֶׁלִּקְּטָן לִבְהֶמְתּוֹ וֶהֱדִיחָן וְנִמְלַךְ עֲלֵיהֶן לְאָדָם צְרִיכִין הֶכְשֵׁר שֵׁנִי אַחַר הַמַּחֲשָׁבָה. וְכֵן כָּל כַּיּוֹצֵא בָּזֶה. הָאַלָּל אִם חָשַׁב עָלָיו לַאֲכִילָה מְקַבֵּל טֻמְאַת אֳכָלִין. וְאִם לָאו הֲרֵי הוּא כְּעֵץ וְאֵינוֹ מְקַבֵּל טֻמְאָה. וְכֵן הָעֲצָמוֹת הַמְחֻבָּרִין בַּבָּשָׂר וְהַגִּידִים וְהַמְּקוֹמוֹת הָרַכִּים מִן הַקַּרְנַיִם וּמִן הַטְּלָפַיִם וְהַכְּנָפַיִם וְהַנּוֹצָה וְהַמְּקוֹמוֹת הָרַכִּים מִן הַצִּפָּרְנַיִם וּמִן הַחַרְטֹם הַמְבֻלָּעִין בַּבָּשָׂר צְרִיכִין הֶכְשֵׁר וּמַחֲשָׁבָה. וְאֵלּוּ שֶׁאֵין צְרִיכִין לֹא מַחֲשָׁבָה וְלֹא הֶכְשֵׁר. נִבְלַת בְּהֵמָה טְהוֹרָה בְּכָל מָקוֹם וְנִבְלַת הָעוֹף הַטָּהוֹר וְחֵלֶב בְּהֵמָה טְהוֹרָה בַּכְּרַכִּים לְפִי שֶׁהֵן מְיֻחָדִין לְמַאֲכַל אָדָם אֵין אֶחָד מֵאֵלּוּ צָרִיךְ מַחֲשָׁבָה וְאֵינָן צְרִיכִין הֶכְשֵׁר מִפְּנֵי שֶׁסּוֹפָן לְטַמֵּא אָדָם וְכֵלִים בִּכְזַיִת וְכָל הַמְטַמֵּא טֻמְאָה חֲמוּרָה אֵינוֹ צָרִיךְ הֶכְשֵׁר. וְאֵלּוּ צְרִיכִים מַחֲשָׁבָה וְאֵינָן צְרִיכִין הֶכְשֵׁר. נִבְלַת הָעוֹף הַטָּהוֹר בַּכְּפָרִים וְנִבְלַת בְּהֵמָה טְמֵאָה בְּכָל מָקוֹם וְהוּא שֶׁחָשַׁב עַל פָּחוֹת מִכְּזַיִת אֲבָל כְּזַיִת אַב טֻמְאָה הוּא:

ד. יִשְׂרָאֵל שֶׁשָּׁחַט בְּהֵמָה טְמֵאָה לְנָכְרִי וְשָׁחַט בָּהּ שְׁנַיִם [אוֹ רֹב שְׁנַיִם] הֲרֵי זוֹ מִתְטַמְּאָה טֻמְאַת אֳכָלִין כָּל זְמַן שֶׁהִיא מְפַרְכֶּסֶת וְאֵין צְרִיכָה מַחֲשָׁבָה שֶׁהֲרֵי יִשְׂרָאֵל שְׁחָטָהּ לַאֲכִילַת הָעַכּוּ"ם וְאֵין לְךָ מַחֲשָׁבָה גְּדוֹלָה מִזּוֹ וְאֵינָהּ צְרִיכָה הֶכְשֵׁר לְפִי שֶׁסּוֹפָהּ לְטַמֵּא טֻמְאָה חֲמוּרָה. שָׁחַט בָּהּ אֶחָד אוֹ שֶׁנְּחָרָהּ אֵינָהּ מְטַמְּאָה טֻמְאַת אֳכָלִין. וְכֵן עַכּוּ"ם שֶׁשָּׁחַט בְּהֵמָה טְהוֹרָה לְיִשְׂרָאֵל וְשָׁחַט בָּהּ שְׁנַיִם אוֹ רֹב שְׁנַיִם מִתְטַמֵּא טֻמְאַת אֳכָלִין כָּל זְמַן שֶׁהִיא מְפַרְכֶּסֶת וְאֵינָהּ צְרִיכָה הֶכְשֵׁר. שָׁחַט בָּהּ אֶחָד אוֹ נְחָרָהּ אֵינָהּ מְטַמְּאָה טֻמְאַת אֳכָלִין וַהֲרֵי הִיא כִּשְׁאָר הַנְּבֵלוֹת:

ה. הַחוֹתֵךְ בָּשָׂר מֵאֵבָר מִן הַחַי שֶׁל בְּהֵמָה וְאַחַר כָּךְ חִשֵּׁב עָלָיו צָרִיךְ הֶכְשֵׁר. חִשֵּׁב עָלָיו וְאַחַר כָּךְ חֲתָכוֹ אֵינוֹ צָרִיךְ הֶכְשֵׁר מִפְּנֵי שֶׁמְּטַמֵּא טֻמְאָה חֲמוּרָה כִּנְבֵלָה וְכָל הַמְטַמֵּא טֻמְאָה חֲמוּרָה אֵינוֹ צָרִיךְ הֶכְשֵׁר:

ו. פָּחוֹת מִכְּזַיִת מִנִּבְלַת בְּהֵמָה טְמֵאָה שֶׁחִשֵּׁב עָלָיו וְהִשְׁלִים עָלָיו כְּבֵיצָה מֵאֳכָלִים אֲחֵרִים אֵין הַכֹּל צָרִיךְ הֶכְשֵׁר הוֹאִיל וּפָחוֹת מִכְּזַיִת שֶׁבְּכָל הַבֵּיצָה אִם הִשְׁלִימוֹ לִכְזַיִת מְטַמֵּא טֻמְאָה חֲמוּרָה. וְכֵן כְּזַיִת מִנִּבְלַת בְּהֵמָה טְמֵאָה שֶׁחִשֵּׁב עָלָיו וְהִנִּיחָהּ בַּבָּצֵק עַד שֶׁהִשְׁלִים לִכְבֵיצָה הוֹאִיל וְאֵינוֹ מְטַמֵּא בְּמַגָּע מִפְּנֵי הַבָּצֵק הֲרֵי זֶה צָרִיךְ מַחֲשָׁבָה וְאֵין הַבָּצֵק הַזֶּה צָרִיךְ הֶכְשֵׁר הוֹאִיל וְכָל הַשִּׁעוּר הַזֶּה מְטַמֵּא בְּמַשָּׂא מִפְּנֵי כְּזַיִת נְבֵלָה שֶׁבְּתוֹכוֹ אַף עַל פִּי שֶׁאֵינוֹ מְטַמֵּא בְּמַגָּע הֲרֵי סוֹפוֹ לְטַמֵּא טֻמְאָה חֲמוּרָה לְפִיכָךְ אֵין צָרִיךְ הֶכְשֵׁר:

ז. פָּחוֹת מִכְּזַיִת מִבְּשַׂר הַמֵּת שֶׁהִשְׁלִים עָלָיו כְּבֵיצָה מִשְּׁאָר אֳכָלִין הַכֹּל צָרִיךְ מַחֲשָׁבָה שֶׁהֲרֵי בָּטֵל הַכֹּל אֵצֶל כָּל אָדָם. וְאֵין הַכֹּל צָרִיךְ הֶכְשֵׁר מִפְּנֵי בְּשַׂר הַמֵּת שֶׁבִּכְלָלוֹ:

ח. כְּזַיִת מִן הַמֵּת שֶׁחִפָּהוּ בְּבָצֵק הַכֹּל מִתְטַמֵּא טֻמְאָה חֲמוּרָה:

ט. הַחוֹתֵךְ בָּשָׂר מֵאָדָם חַי לְהַאֲכִילוֹ לְכֶלֶב. אִם חִשֵּׁב עָלָיו לְמַאֲכַל אָדָם הֲרֵי זֶה צָרִיךְ מַחֲשָׁבָה וְאֵינוֹ צָרִיךְ הֶכְשֵׁר:

י. גּוֹזָל שֶׁנָּפַל לַגַּת וּמֵת אַף עַל פִּי שֶׁהַגַּת בַּמְּדִינָה הֲרֵי נִמְאַס בַּגַּת וּלְפִיכָךְ צָרִיךְ מַחֲשָׁבָה. חִשֵּׁב עָלָיו כְּשֶׁהֶעֱלָהוּ לְהַאֲכִילוֹ לְנָכְרִי הֲרֵי זֶה מְטַמֵּא שֶׁהֲרֵי חִשֵּׁב עָלָיו לְמַאֲכַל אָדָם. חִשֵּׁב עָלָיו לְהַאֲכִילוֹ לְכֶלֶב אֵינוֹ מִתְטַמֵּא טֻמְאַת אֳכָלִים. הָיָה זֶה שֶׁחִשֵּׁב עָלָיו לְהַאֲכִילוֹ לְאָדָם חֵרֵשׁ שׁוֹטֶה וְקָטָן הֲרֵי זֶה טָהוֹר. הֶעֱלוּהוּ כְּדֵי לְהַאֲכִילוֹ לְאָדָם הֲרֵי זֶה טָמֵא שֶׁיֵּשׁ לָהֶן מַעֲשֶׂה וְאֵין לָהֶן מַחֲשָׁבָה:

Perek 4

Measures (to cause impurity).

Reminder

Pack on Weights and Measures

Measures of Prohibition in Foods. Ref: *Sefer Kedushah, Hilchot Maachalot Assurot*, Chapter 14, 15, 16

FOODS

Measure to contract impurity – **any size**

To impart impurity to other foods, drinks or hands needs – ***betzah* (egg bulk)**

Eating of *tamei* food needs – **1½ *betzah* = ½ *pras* (*pras* = ½ loaf)** to make person *pasul* and disqualify him from eating *trumah* and *kadashim*

LIQUIDS

To contract impurity – **any amount**

To impart impurity to other foods etc – **any amount**

However, to disqualify a person from *trumah* and *kadashim* needs to drink **1 *reviit*.**

Unless eaten, foods (**1 *betzah***) impart impurity only through touch and do not impart impurity to humans or *kelim*. Can only impart impurity to hands, other food, other liquids.

Liquids (**even 1 drop**) imparts impurity through touch to foods, other liquids, *kelim*.

COMBINATIONS

All liquids can combine to make up minimum measure of *reviit* to disqualify a person from *trumah* and *kadashim*.

All foods can combine to make up the minimum measure of *betzah* or ½ *pras* to disqualify a person from *trumah* and *kadashim*.

However, one may have to consider each substance. E.g.

- Flesh of corpse minimum measure is **1 *kezayit***. Impurity lasts **7** days.
- *Rekev* of corpse minimum measure is **1 handful.**
- Flesh of *nevelah* minimum measure is **1 *kezayit***. Impurity lasts **1** day (also imparts impurity when carried).

- Flesh of *sheretz* minimum measure is **1 *adashah* (lentil)**. Does not impart impurity when carried.
- Foods could be different levels of impurity e.g. *rishon, sheni, shlishi or revii* etc, but essentially are the same in nature. The difference between them is incidental. Therefore, they can be combined.
- The combination of 2 foods smaller than a *betzah* takes on the lower level of impurity. So, if a *rishon* is combined with a *sheni*, the mixture is a *sheni*.
- If both measures were at least the size of a *betzah*, then this maintains the higher level of impurity. So, if a *rishon* is combined with a *sheni*, the mixture is a *rishon*.

פרק ד׳

א. כַּמָּה שִׁעוּר אֳכָלִין לְטֻמְאָה. לְטֻמְאַת עַצְמָן כָּל שֶׁהֵן אֲפִלּוּ שֻׁמְשְׁם אוֹ חַרְדָּל מִתְטַמֵּא שֶׁנֶּאֱמַר מִ(ויקרא יא לד) "כָּל הָאֹכֶל אֲשֶׁר יֵאָכֵל", כָּל שֶׁהוּא. וְאֵין אֹכֶל טָמֵא מְטַמֵּא אֹכֶל אַחֵר אוֹ מַשְׁקִין אוֹ יָדַיִם עַד שֶׁיִּהְיֶה בּוֹ כְּבֵיצָה בְּלֹא קְלִפָּתָהּ. וְכֵן הָאוֹכֵל אֳכָלִין טְמֵאִים אֵינוֹ נִפְסָל עַד שֶׁיֹּאכַל כְּבֵיצָה וּמֶחֱצָה וְזֶהוּ חֲצִי פְּרָס:

ב. הַמַּשְׁקִין מִתְטַמְּאִין כָּל שֶׁהֵן וּמְטַמְּאִין בְּכָל שֶׁהֵן. אֲפִלּוּ טִפַּת מַשְׁקִין טְמֵאִים כְּחַרְדָּל שֶׁנָּגְעָה בָּאֳכָלִין אוֹ בְּכֵלִים אוֹ בְּמַשְׁקִין אֲחֵרִים נִטְמְאוּ. וְאַף עַל פִּי כֵן אֵין הַשּׁוֹתֶה מַשְׁקִין טְמֵאִין נִפְסָל עַד שֶׁיִּשְׁתֶּה רְבִיעִית כְּמוֹ שֶׁבֵּאַרְנוּ:

ג. כָּל הַמַּשְׁקִין מִצְטָרְפִין לִפְסֹל אֶת הַגְּוִיָּה לִרְבִיעִית. וְכָל הָאֳכָלִין מִצְטָרְפִין לִכְבֵיצָה לְטַמֵּא טֻמְאַת אֳכָלִים. וְלַחֲצִי פְּרָס לִפְסֹל אֶת הַגְּוִיָּה. אֲפִלּוּ חִטָּה עִם קֶמַח עִם בָּצֵק עִם תְּאֵנָה וּבָשָׂר וְכַיּוֹצֵא בְּאֵלּוּ הַכֹּל מִצְטָרֵף:

ד. הָעוֹר הַמְחֻבָּר בַּבָּשָׂר וְהַמָּרָק וְהַתַּבְלִין וְהָאָלָל אַף עַל פִּי שֶׁמִּקְצָתוֹ חָשַׁב עָלָיו וּמִקְצָתוֹ לֹא חָשַׁב עָלָיו. מִקְצָתוֹ פְּלַטְתּוֹ חַיָּה וּמִקְצָתוֹ פְּלַטַתּוֹ סַכִּין. וְהָעֲצָמוֹת הַמְחֻבָּרוֹת בַּבָּשָׂר. וְהַגִּידִים וְהַמְּקוֹמוֹת הָרַכִּים מִן הַקַּרְנַיִם וּמִן הַטְּלָפַיִם וְהַכְּנָפַיִם וְהַנּוֹצָה. וְהַמְּקוֹמוֹת הָרַכִּים מִן הַצִּפָּרְנַיִם וּמִן הַחַרְטֹם הַמְבֻלָּעִין בַּבָּשָׂר. כָּל אֶחָד מֵאֵלּוּ מִתְטַמְּאִין וּמְטַמְּאִין וּמִצְטָרְפִין לִכְבֵיצָה אוֹ לְכַחֲצִי פְּרָס:

ה. כְּבֵיצָה אֳכָלִין טְמֵאִים שֶׁהִנִּיחָן בַּחַמָּה וְנִתְמַעֲטוּ אֵינָן מְטַמְּאִים. וְכֵן כְּזַיִת מִן הַמֵּת אוֹ מִן הַנְּבֵלָה וְכַעֲדָשָׁה מִן הַשֶּׁרֶץ שֶׁהִנִּיחָן בַּחַמָּה וְנִתְמַעֲטוּ טְהוֹרִין:

ו. כְּזַיִת חֵלֶב וָדָם וְנוֹתָר וּפִגּוּל שֶׁהִנִּיחָן בַּחַמָּה וְנִתְמַעֲטוּ אֵין חַיָּבִין עֲלֵיהֶן כָּרֵת. הִנִּיחָן בַּגְּשָׁמִים וְנִתְפְּחוּ חָזְרוּ לִכְמוֹת שֶׁהָיוּ. בֵּין לְטֻמְאָה חֲמוּרָה בֵּין לְטֻמְאָה קַלָּה בֵּין לְאִסּוּר:

ז. עֲלֵי בְּצָלִים וּבְנֵי בְּצָלִים שֶׁהֵן חֲלוּלִין אִם יֵשׁ בָּהֶם רִיר מִשְׁתַּעֲרִין כְּמוֹת שֶׁהֵן. וְאִם הָיוּ חֲלוּלִין וְרֵיקָנִים מְמַעֵךְ אֶת חֲלָלָן:

ח. פַּת סְפָגָנִין מִשְׁתַּעֶרֶת כְּמוֹת שֶׁהִיא וְאִם יֵשׁ בָּהּ חָלָל מְמַעֵךְ אֶת חֲלָלָהּ:

ט. בְּשַׂר הָעֵגֶל שֶׁנִּתְפַּח וּבְשַׂר זְקֵנָה שֶׁנִּתְמַעֲטָה מִשְׁתַּעֲרִין כְּמוֹת שֶׁהֵן:

י. הָאֱגוֹז וְהַתְּמָרִים וְהַשָּׁקֵד הַמִּתְקַרְקְשִׁים מִשְׁתַּעֲרִין כְּמוֹת שֶׁהֵן:

יא. כָּל שֶׁטֻּמְאָתוֹ וְשִׁעוּרוֹ שָׁוִין מִצְטָרְפִין זֶה עִם זֶה. הָיוּ טֻמְאָתָן שָׁוִין אֲבָל לֹא שִׁעוּרָן. שִׁעוּרָן אֲבָל לֹא טֻמְאָתָן אֵין מִצְטָרְפִין וַאֲפִלּוּ לְטַמֵּא כַּקַּל שֶׁבִּשְׁנֵיהֶן. כֵּיצַד טֻמְאָתוֹ וְלֹא שִׁעוּרוֹ. כְּגוֹן בְּשַׂר הַמֵּת וְרֶקֶב שֶׁלּוֹ. שִׁעוּרוֹ וְלֹא טֻמְאָתוֹ כְּגוֹן בְּשַׂר הַמֵּת וּבְשַׂר הַנְּבֵלָה. וְאֵין צָרִיךְ לוֹמַר שֶׁאִם לֹא הָיוּ שָׁוִים לֹא בְּשִׁעוּר וְלֹא בְּטֻמְאָה כְּגוֹן בְּשַׂר נְבֵלָה וּבְשַׂר הַשֶּׁרֶץ שֶׁאֵין מִצְטָרְפִין:

יב. אֳכָלִין טְמֵאִים שִׁעוּרָם שָׁוֶה שֶׁכָּל אֹכֶל טָמֵא אֵינוֹ מְטַמֵּא אֶלָּא כְּבֵיצָה. וְטֻמְאָתָם שָׁוָה שֶׁכָּל אֹכֶל טָמֵא אֵינוֹ מְטַמֵּא אֶלָּא בְּמַגָּע וְאֵינוֹ מְטַמֵּא לֹא אָדָם וְלֹא כֵּלִים. לְפִיכָךְ מִצְטָרְפִין לְטַמֵּא כַּקַּל שֶׁבִּשְׁנֵיהֶן. כֵּיצַד. כַּחֲצִי בֵּיצָה אֹכֶל רִאשׁוֹן וְכַחֲצִי בֵּיצָה אֹכֶל שֵׁנִי שֶׁבְּלָלָן זֶה בָּזֶה הֲרֵי זֶה שֵׁנִי וְאִם נָגַע בִּתְרוּמָה פְּסָלָהּ. כַּחֲצִי בֵּיצָה אֹכֶל שֵׁנִי וְכַחֲצִי בֵּיצָה אֹכֶל שְׁלִישִׁי שֶׁבְּלָלָן הֲרֵי זֶה שְׁלִישִׁי. וְכֵן כָּל כַּיּוֹצֵא בָּזֶה אֲפִלּוּ חֲצִי בֵּיצָה אֹכֶל רִאשׁוֹן וַחֲצִי בֵּיצָה אֹכֶל רְבִיעִי שֶׁל קֹדֶשׁ שֶׁבְּלָלָן זֶה בָּזֶה הֲרֵי הַכֹּל רְבִיעִי:

יג. כְּבֵיצָה אֹכֶל רִאשׁוֹן וּכְבֵיצָה אֹכֶל שֵׁנִי שֶׁבְּלָלָן זֶה בָּזֶה הַכֹּל רִאשׁוֹן. חִלְּקָן כָּל אֶחָד מֵהֶן שֵׁנִי. נָפַל זֶה לְעַצְמוֹ וְזֶה לְעַצְמוֹ עַל כִּכָּר שֶׁל תְּרוּמָה פְּסָלוּהוּ. נָפְלוּ שְׁנֵיהֶן כְּאֶחָד עֲשָׂאוּהוּ שֵׁנִי:

יד. כְּבֵיצָה אֹכֶל שֵׁנִי וּכְבֵיצָה אֹכֶל שְׁלִישִׁי שֶׁבְּלָלָן זֶה בָּזֶה הֲרֵי הַכֹּל שֵׁנִי. חִלְּקָן כָּל אֶחָד מֵהֶן שְׁלִישִׁי. נָפַל זֶה לְעַצְמוֹ [וְזֶה לְעַצְמוֹ] עַל כִּכָּר שֶׁל תְּרוּמָה לֹא פְּסָלוּהוּ. נָפְלוּ שְׁנֵיהֶן כְּאֶחָד פְּסָלוּהוּ מִפְּנֵי שֶׁעֲשָׂאוּהוּ שְׁלִישִׁי:

טו. כְּבֵיצָה אֹכֶל רִאשׁוֹן וּכְבֵיצָה אֹכֶל שְׁלִישִׁי שֶׁבְּלָלָן זֶה בָּזֶה רִאשׁוֹן. חִלְּקָן זֶה שֵׁנִי וְזֶה שֵׁנִי. שֶׁהַשְּׁלִישִׁי שֶׁנָּגַע בָּרִאשׁוֹן נַעֲשָׂה שֵׁנִי:

טז. כִּשְׁתֵּי בֵיצִים אֹכֶל רִאשׁוֹן וְכִשְׁתֵּי בֵיצִים אֹכֶל שֵׁנִי שֶׁבְּלָלָן הַכֹּל רִאשׁוֹן. חִלְּקָן לִשְׁנַיִם כָּל אֶחָד מֵהֶן רִאשׁוֹן. חִלְּקָן לִשְׁלֹשָׁה חֲלָקִים אוֹ לְאַרְבָּעָה כָּל אֶחָד מֵהֶן שֵׁנִי. וְכֵן כִּשְׁתֵּי בֵיצִים אֹכֶל שֵׁנִי וְכִשְׁתֵּי בֵיצִים אֹכֶל שְׁלִישִׁי שֶׁבְּלָלָן הַכֹּל שֵׁנִי. חִלְּקָן לִשְׁנַיִם כָּל אֶחָד מֵהֶן שֵׁנִי. לִשְׁלֹשָׁה וּלְאַרְבָּעָה הֲרֵי כָּל אֶחָד מֵהֶן שְׁלִישִׁי:

Perek 5

Impurity of connectors to the Foods.

Yad (handles)

Yad regarding fruit refers to

- Stems which attach the fruit
- Seeds
- *Shomrim* – shells
- Other entities required by the fruit (e.g. roots of edible vegetables)

Shomer regarding fruit refers to the shells which protect it.

	Susceptible to Impurity	Imparts Impurity	Combines with food to make up its measure
Substance that is only a *yad*	✓	✓	x
Substance that is only a *shomer*	✓	✓	✓
Neither *yad* nor *shomer*	×	×	×
Seeds	✓	✓	×

If impurity touched the *yad,* the fruit attached becomes impure. If impurity touched the fruit, the *yad* becomes impure.

If a *shomer* is not functional, it can no longer be combined with the fruit measure.

Similarly, if there is no need for the *yad* it no longer connects with the fruit. E.g. For wine making, the stalks damage the wine and the owner does not want them.

Also, if *yad* no longer functional they are separate and pure, because no longer connected to fruit.

There is no concept of a second (or third) *shomer*. Only the cover closest to the food is considered as part of the fruit.

If food is separate from shell, shell no longer susceptible, unless shell is edible (i.e. pods of beans).

Seeds are susceptible to impurity, impart impurity, but do not combine with food for measure.

The concept of *yad* and *shomer* can be extended to meat covering bone. Examples.

פרק ה׳

א. יְדוֹת הָאֳכָלִים הֵן הָעֵצִים הָרַכִּין הַסְּמוּכִין לָאֹכֶל שֶׁהָאֹכֶל נִתְלֶה בָּהֶן מִן הָאִילָן. כְּמוֹ עֻקְצֵי הַתְּאֵנִים וְהָאֲגַסִּים וּקְצָת הָאֶשְׁכּוֹל. וְכֵן הַגַּרְעִינִים וְכַיּוֹצֵא בָּהֶן מִדְּבָרִים שֶׁהָאֹכֶל צָרִיךְ לָהֶן. וְשׁוֹמְרֵי הָאֳכָלִין הֵן הַקְּלִפָּה שֶׁעַל הָאֹכֶל שֶׁהִיא שׁוֹמַרְתּוֹ. וְכֵן כָּל כַּיּוֹצֵא בָּזֶה:

ב. כָּל שֶׁהוּא יָד וְאֵינוֹ שׁוֹמֵר מִתְטַמֵּא וּמְטַמֵּא וְלֹא מִצְטָרֵף. וְכָל שֶׁהוּא שׁוֹמֵר אַף עַל פִּי שֶׁאֵינוֹ יָד מְטַמֵּא וּמִתְטַמֵּא וּמִצְטָרֵף. וְכָל שֶׁאֵינוֹ לֹא שׁוֹמֵר וְלֹא יָד אֵינוֹ מִתְטַמֵּא וְלֹא מְטַמֵּא וְאֵין צָרִיךְ לוֹמַר שֶׁאֵינוֹ מִצְטָרֵף. כֵּיצַד מִתְטַמֵּא וּמְטַמֵּא וְאֵינוֹ מִצְטָרֵף. שֶׁאִם נָגְעָה טֻמְאָה בַּיָּד נִטְמָא הָאֹכֶל הַתָּלוּי בּוֹ. וְאִם נָגְעָה טֻמְאָה בָּאֹכֶל נִטְמָא הַיָּד. וְאֵין הַיָּד מִצְטָרֶפֶת עִם הָאֹכֶל לְהַשְׁלִימוֹ לִכְבֵיצָה אוֹ לְכַחֲצִי פְּרָס. אֲבָל אִם הָיָה שׁוֹמֵר הֲרֵי זֶה מִצְטָרֵף לִכְבֵיצָה וְלְכַחֲצִי פְּרָס:

ג. כְּשֵׁם שֶׁיָּד לְטֻמְאָה כָּךְ יֵשׁ יָד לְהֶכְשֵׁר. שֶׁאִם הֻכְשַׁר הַיָּד הֻכְשַׁר כָּל הָאֹכֶל הַתָּלוּי בּוֹ. וְיֵשׁ יָד לְפָחוֹת מִכְּזַיִת. וְיֵשׁ שׁוֹמֵר לְפָחוֹת מִכְּפוֹל. וְשׁוֹמֵר שֶׁחֶלְקוֹ אֵינוֹ מִצְטָרֵף עִם הָאֹכֶל:

ד. וּמִנַּיִן לְשׁוֹמְרֵי אֳכָלִין שֶׁהֵן מִתְטַמְּאִין עִם הָאֹכֶל כְּשֶׁהֵן מְחֻבָּרִין בָּהֶן שֶׁנֶּאֱמַר (ויקרא יא לז) ״עַל כָּל זֶרַע זֵרוּעַ אֲשֶׁר יִזָּרֵעַ״ כְּדֶרֶךְ שֶׁבְּנֵי אָדָם מוֹצִיאִין לִזְרִיעָה. חִטִּים בְּשֵׂעוֹרֵיהֶן וּשְׂעוֹרִים בִּקְלִפֵּיהֶן וַעֲדָשִׁים בִּקְלִפֵּיהֶן. וְהוּא הַדִּין לִשְׁאָר הַשּׁוֹמְרִין:

ה. וּמִנַּיִן לִידוֹת הָאֳכָלִין שֶׁהֵן מִתְטַמְּאוֹת וּמְטַמְּאוֹת כְּשֶׁהֵן מְחֻבָּרִין עִם הָאֳכָלִין שֶׁנֶּאֱמַר (ויקרא יא לח) ״טָמֵא הוּא לָכֶם״ לְכָל שֶׁבְּצָרְכֵיכֶם:

ו. הַבּוֹצֵר לַגַּת אֵין לוֹ יָדוֹת שֶׁהֲרֵי אֵין לוֹ צֹרֶךְ בְּיָד מִפְּנֵי שֶׁמּוֹצֵץ אֶת הַמַּשְׁקֶה:

ז. הַקּוֹצֵר לְסִכּוּךְ אֵין לוֹ יָדוֹת שֶׁהֲרֵי אֵינוֹ צָרִיךְ לַיָּד:

ח. כָּל יְדוֹת הָאֳכָלִין שֶׁבִּסְּסָן בַּגֹּרֶן טְהוֹרִין:

ט. פְּסִיגָה שֶׁל אֶשְׁכּוֹל שֶׁרִקְּנָהּ טְהוֹרָה. וְאִם נִשְׁתַּיֵּר בָּהּ גַּרְגֵּר אֶחָד הֲרֵי זֶה יָד לְאוֹתוֹ גַּרְגֵּר וּמְקַבֶּלֶת טֻמְאָה. וְכֵן שַׁרְבִיט תְּמָרָה שֶׁרִקְּנוֹ טָהוֹר. שִׁיֵּר בּוֹ תְּמָרָה אַחַת טָמֵא. וְכֵן שַׁרְבִיט קִטְנִיּוֹת שֶׁרִקְּנוֹ טָהוֹר. שִׁיֵּר בּוֹ גַּרְגֵּר אֶחָד מְקַבֵּל טֻמְאָה:

י. לְעוֹלָם אֵין שׁוֹמֵר עַל גַּבֵּי שׁוֹמֵר אֶלָּא שׁוֹמֵר אֶחָד בִּלְבַד הַסָּמוּךְ לָאֹכֶל הוּא הַנֶּחְשָׁב עִמּוֹ:

יא. שָׁלֹשׁ קְלִפּוֹת בַּבָּצָל. פְּנִימִית בֵּין שְׁלֵמָה בֵּין קְדוּרָה מִצְטָרֶפֶת. אֶמְצָעִית שְׁלֵמָה מִצְטָרֶפֶת קְדוּרָה אֵינָהּ מִצְטָרֶפֶת. הַחִיצוֹנָה בֵּין כָּךְ וּבֵין כָּךְ טְהוֹרָה:

יב. כָּל הַקְּלִפִּין מִתְטַמְּאוֹת וּמְטַמְּאוֹת וּמִצְטָרְפוֹת מִפְּנֵי שֶׁהֵן שׁוֹמֵר. קְלִפֵּי פּוֹלִין וְתוּרְמוּסִין זְרָקָן אֵינָן מִתְטַמְּאוֹת כְּנָסָן לָאֳכָלִין מִתְטַמְּאִין. וְאִם נִשְׁאַר בָּהֶן אֹכֶל בֵּין כָּךְ וּבֵין כָּךְ מִתְטַמְּאִין. קְלִפַּת מְלָפְפוֹן אַף עַל פִּי שֶׁאֵין בָּהֶן מִתּוֹךְ הַמְּלָפְפוֹן מִתְטַמְּאוֹת טֻמְאַת אֳכָלִין. הַשְּׂעוֹרִים בִּזְמַן שֶׁהֵן יְבֵשִׁין קְלִפָּתָן מִצְטָרֶפֶת עִמָּהֶן וּבִזְמַן שֶׁהֵן לַחִין אֵין מִצְטָרְפִין. אֲבָל הַחִטָּה בֵּין לַחָה בֵּין יְבֵשָׁה קְלִפָּתָהּ מִצְטָרֶפֶת:

יג. כָּל הַגַּרְעִינִין מִתְטַמְּאוֹת וּמְטַמְּאוֹת וְלֹא מִצְטָרְפוֹת חוּץ מִגַּרְעִינוֹת הָרֹטֶב. אֲבָל שֶׁל תְּמָרָה יְבֵשָׁה אֵינָהּ מִצְטָרֶפֶת:

יד. הַחֹתֶל שֶׁעַל הַגַּרְעִינָה שֶׁל רֹטֶב אֵינָהּ מִצְטָרֶפֶת וְשֶׁעַל גַּרְעִינַת הַיְּבֵשָׁה מִצְטָרֶפֶת מִפְּנֵי שֶׁהוּא דָּבוּק בָּאֹכֶל נֶחְשָׁב כְּאֹכֶל:

טו. גַּרְעִינָה שֶׁל רֹטֶב שֶׁיָּצָאת מִקְצָתָהּ כָּל שֶׁכְּנֶגֶד הָאֹכֶל מִצְטָרֵף וְהַיּוֹצֵא אֵינוֹ מִצְטָרֵף. וְכֵן עֶצֶם שֶׁיֵּשׁ עָלָיו בָּשָׂר כָּל שֶׁכְּנֶגֶד הַבָּשָׂר מִצְטָרֵף. הָיָה עָלָיו הַבָּשָׂר מִצַּד אֶחָד אֵינוֹ מִצְטָרֵף מִמֶּנּוּ אֶלָּא הָעֶצֶם שֶׁתַּחַת הַבָּשָׂר עַד חֲלַל הָעֶצֶם. וְאִם לֹא הָיָה לָעֶצֶם חָלָל רוֹאִין אוֹתוֹ כְּאִלּוּ הוּא כְּעֳבִי הָאֵזוֹב וּשְׁאָר הָעֶצֶם אֵין מִצְטָרֵף שֶׁהָעֲצָמוֹת לַבָּשָׂר כְּשׁוֹמֵר הֵן חֲשׁוּבִין:

טז. קוּלִית שֶׁהָיָה עָלֶיהָ בָּשָׂר אֲפִלּוּ כִּפּוֹל גּוֹרֵר אֶת כֻּלָּהּ לְטֻמְאָה:

יז. גַּרְעִינֵי זֵיתִים וּתְמָרָה אַף עַל פִּי שֶׁשְּׁלָקָן לָאֳכָלִין אֵין מִתְטַמְּאִין:

יח. גַּרְעִינֵי חָרוּבִין אַף עַל פִּי שֶׁכְּנָסָן לָאֳכָלִין אֵין מִתְטַמְּאִין. שְׁלָקָן לָאֳכָלִין מִתְטַמְּאִין:

יט. וְאֵלּוּ מִתְטַמְּאִין וּמְטַמְּאִין וּמִצְטָרְפִין. שָׁרְשֵׁי הַשּׁוּם וְהַבְּצָלִים וְהַקַּפְלוֹטוֹת בִּזְמַן שֶׁהֵן לַחִין. וְהַפִּטְמָה שֶׁלָּהֶן בֵּין לַחָה בֵּין יְבֵשָׁה. וְהָעַמּוּד שֶׁהוּא מְכֻוָּן כְּנֶגֶד הָאֹכֶל. וְשָׁרְשֵׁי הַחֲזָרִין וְהַנָּפוּס. וְשֹׁרֶשׁ צְנוֹן גָּדוֹל מִצְטָרֵף. וְהַסִּיב שֶׁלּוֹ אֵינוֹ מִצְטָרֵף. וְשָׁרְשֵׁי הַמִּנְתָּא וְהַפֵּיגָם. וְשָׁרְשֵׁי יַרְקוֹת

שָׂדֶה וְיַרְקוֹת גִּנָּה שֶׁעִקְּרָן לְשַׁתְלִים. וְהַשּׁוּרָה שֶׁל שִׁבֹּלֶת וְהַלְּבוּשׁ שֶׁלָּהּ. וְעֻקְצֵי תְּאֵנִים וּגְרוֹגָרוֹת. וְהַכְּלָסִים וְהֶחָרוּבִין:

כ. וְאֵלּוּ מִתְטַמְּאִים וּמְטַמְּאִין וְלֹא מִצְטָרְפִין. שָׁרְשֵׁי הַשּׁוּם וְהַבְּצָלִים וְהַקַּפְלוֹטוֹת בִּזְמַן שֶׁהֵן יְבֵשִׁין. וְהָעַמּוּד שֶׁאֵינוֹ מְכֻוָּן כְּנֶגֶד הָאֹכֶל. וּמַלָּעִין שֶׁל שִׁבֳּלִים וְהֵן הַשְּׂעָרוֹת הַשְּׁחוֹרוֹת שֶׁבְּרֹאשׁ הַשִּׁבֹּלֶת שֶׁדּוֹמִין כְּמוֹ מַסָּר. וְעֻקְצֵי הָאֲגַסִּים וְהַקְּרוּסְטְמָלִין וְהַפְּרִישִׁין וְהָעוּזְרָדִין. וְעֹקֶץ דְּלַעַת טֶפַח הַסָּמוּךְ לָאֹכֶל. וְעֹקֶץ קֻנְדָּס טֶפַח. וְכֵן יַד הַפַּרְכִּיל טֶפַח מִכָּאן וְטֶפַח מִכָּאן. וְהַפַּרְכִּיל הוּא הַשָּׂרִיג שֶׁהָאֶשְׁכְּלוֹת תְּלוּיִין בּוֹ. וְיַד הָאֶשְׁכּוֹל כָּל שֶׁהוּא. וּזְנַב הָאֶשְׁכּוֹל שֶׁרִקְּנוֹ. וְיַד הַמִּכְבָּד שֶׁל תְּמָרָה אַרְבָּעָה טְפָחִים. וְהַמִּכְבָּד הוּא הָעֵץ הָאָדֹם שֶׁהַשַּׁרְבִיטִין תְּלוּיִין בּוֹ וְהַתְּמָרִין דְּבוּקוֹת בַּשַּׁרְבִיטִין. וּקְנֵה הַשִּׁבֹּלֶת שְׁלֹשָׁה טְפָחִים. וְיַד כָּל הַנִּקְצָרִין שְׁלֹשָׁה טְפָחִים. וְשֶׁאֵין דַּרְכּוֹ לְהִקָּצֵר יְדֵיהֶם וְשָׁרְשֵׁיהֶן כָּל שֶׁהֵן. כָּל אֵלּוּ מִתְטַמְּאִין וּמְטַמְּאִין וְלֹא מִצְטָרְפִין מִפְּנֵי שֶׁהֵן יְדוֹת אֳכָלִין:

כא. וְאֵלּוּ לֹא מִתְטַמְּאִין וְלֹא מְטַמְּאִין וְלֹא מִצְטָרְפִין. שְׁאָר כָּל הָעֳקָצִים. וְשָׁרְשֵׁי קִלְחֵי הַכְּרוּב. וְחַלְפֵי תְּרָדִים וְחַלְפֵי הַלֶּפֶת וְהֵן הָעִקָּרִין שֶׁנִּשְׁאֲרוּ בַּקַּרְקַע כְּשֶׁלָּקְטוּ הַכְּרוּב וְהַלֶּפֶת וְחָזְרוּ וְהֶחְלִיפוּ. וְכָל הַשָּׁרָשִׁין שֶׁדַּרְכָּן לְהִגָּזֵז שֶׁנֶּעֶקְרוּ עִם הָאֹכֶל. הַפִּטְמָה שֶׁל רִמּוֹן מִצְטָרֶפֶת וְהַנֵּץ שֶׁלּוֹ אֵינוֹ מִצְטָרֵף:

כב. הָרִמּוֹן וְהָאֲבַטִּיחַ שֶׁנִּמּוֹק מִקְצָתוֹ אֵין הַנִּשְׁאָר חִבּוּר לְאוֹתוֹ שֶׁנִּמּוֹק. וְאֵין הַנִּשְׁאָר מִן הַקְּלִפָּה מִצְטָרֵף שֶׁהֲרֵי אֵין שְׁמִירָתוֹ מוֹעֶלֶת כְּלוּם. וְכֵן אִם הָיָה שָׁלֵם מִכָּאן וּמִכָּאן וְנִמּוֹק בָּאֶמְצַע אֵין הַצְּדָדִין חִבּוּר זֶה לָזֶה וְאֵין קְלִפָּתוֹ מִצְטָרֶפֶת. עֲלֵי יְרָקוֹת יְרֻקִּין מִצְטָרְפִין וּלְבָנִים אֵינָם מִצְטָרְפִין שֶׁהֲרֵי אֵינָן כְּלוּם:

Perek 6

Connectors to Food continued. *Chibur* (connectives)

These are more remote items which are classified as *shomer* as follows:

- Bone over marrow (until it is shattered)
- Hair on animals (even when charred, until removed)
- Wings of locusts (even when cut, until removed)
- Scales of fish (even when cut, until removed)
- Fruit and vegetable cut into sections (depends how strongly connected the pieces are)
- Leaves and stems
- Strings of say garlic heads, braided together (Articles joined together by humans are not considered joined.)
- Blocks of
  - dough
  - fruits e.g. figs
  - separate foodstuffs (Again, say a block of figs is not considered as joined regarding impurity. – However if they are cooked, they become considered as joined.)

However, if olives were piled together with the purpose of the weight to cause the oil to start releasing, then this is counted as one mass regarding impurity. – So, the intent also plays a part.

פרק ו׳

א. הָאֱגוֹזִין וְהַשְּׁקֵדִים שֶׁנִּסְדְּקָה קְלִפָּתָן עֲדַיִן הוּא חִבּוּר לָאֹכֶל עַד שֶׁיְּרַצֵּץ אֶת הַקְּלִפָּה:

ב. בֵּיצָה מְגֻלְגֶּלֶת מִשֶּׁיִּקֹּב בָּהּ מָקוֹם לְגָמְעָהּ מִמֶּנּוּ אֵין שְׁאָר קְלִפָּתָהּ חִבּוּר. וּשְׁלוּקָה קְלִפָּתָהּ חִבּוּר עַד שֶׁיְּרַצֵּץ אֶת הַקְּלִפָּה. וְאִם נִתְבַּלָּה בִּקְלִפָּתָהּ אַף עַל פִּי שֶׁרִצְּצָהּ כֻּלָּהּ חִבּוּר:

ג. עֶצֶם שֶׁיֵּשׁ בּוֹ מוֹחַ חִבּוּר עַד שֶׁיְּרַצֵּץ. צֶמֶר שֶׁבְּרָאשֵׁי הַכְּבָשִׂים וְשֵׂעָר שֶׁבִּזְקַן הַתְּיָשִׁים אַף עַל פִּי שֶׁחֲרָכָן בָּאוּר הֲרֵי הֵן חִבּוּר עַד שֶׁיַּתְחִיל לִתְלֹשׁ:

ד. כַּנְפֵי חֲגָבִים וְקַשְׂקַשֵּׂי דָּגִים אַף עַל פִּי שֶׁהֶעֱבִיר סַכִּין עֲלֵיהֶן חִבּוּר עַד שֶׁיַּתְחִיל לְקַלֵּף. הָרִמּוֹן שֶׁפֵּרְדוֹ חִבּוּר עַד שֶׁיַּקִּישׁ עָלָיו בְּקָנֶה:

ה. הַשַּׁרְבִיטִים שֶׁל תְּמָרִים אֵינָן חִבּוּר זֶה לָזֶה:

ו. מְלָפְפוֹן שֶׁחֲתָכוֹ וּנְתָנוֹ עַל הַשֻּׁלְחָן חִבּוּר עַד שֶׁיַּתְחִיל לְפָרֵק. הִתְחִיל לְפָרֵק חֲתִיכָה וְכָל הָעוֹלֶה עִמָּהּ חִבּוּר וְהַשְּׁאָר אֵינָהּ חִבּוּר. פִּיקָה הַתַּחְתּוֹנָה חִבּוּר לְעַצְמָהּ וְאֵינָהּ חִבּוּר לַחֲתִיכוֹת. הָיוּ שְׁנַיִם אוֹ שְׁלֹשָׁה מְלָפְפוֹנוֹת וְחָתַךְ כָּל אֶחָד מֵהֶן וְהִנִּיחָן עַל הַשֻּׁלְחָן וְהִתְחִיל בְּאֶחָד מֵהֶן זֶה שֶׁהִתְחִיל בּוֹ חִבּוּר וְהַשְּׁאָר אֵינוֹ חִבּוּר. אֲפִלּוּ אָמַר חֶצְיוֹ אֲנִי אוֹכֵל שַׁחֲרִית וְחֶצְיוֹ עַרְבִית זֶה הַחֵצִי שֶׁהִתְחִיל בּוֹ חִבּוּר וְהַשְּׁאָר אֵינוֹ חִבּוּר:

ז. הַמְחַתֵּךְ יְרָקוֹת וְכַיּוֹצֵא בָּהֶן לְבַשֵּׁל אַף עַל פִּי שֶׁלֹּא מֵרֵק וְהִבְדִּיל אֵינוֹ חִבּוּר. אֶלָּא אִם נִטְמָא זֶה לֹא נִטְמָא זֶה אַף עַל פִּי שֶׁהוּא מְעֹרֶה בּוֹ. חָתַךְ לִכְבּשׁ אוֹ לִשְׁלֹק אוֹ לְהָנִיחַ עַל הַשֻּׁלְחָן הֲרֵי זֶה חִבּוּר וַאֲפִלּוּ הִתְחִיל לְפָרֵק מַה שֶּׁחָתַךְ:

ח. כָּל אֹכֶל שֶׁעֲדַיִן לֹא פֵּרְקוֹ חִבּוּר וְאִם נִטְמָא מִקְצָתוֹ נִטְמָא כֻּלּוֹ:

ט. אֹכֶל שֶׁנִּפְרַס וּמְעֹרֶה בְּמִקְצָת וְנָגַע טָמֵא בְּאֶחָד מֵהֶן אִם אָחַז בְּזֶה שֶׁנָּגַע בּוֹ וְהַשֵּׁנִי עוֹלֶה עִמּוֹ הֲרֵי זֶה חִבּוּר. וְאִם כְּשֶׁאוֹחֵז בְּזֶה הַטָּמֵא וּמַגְבִּיהוֹ יִשָּׁמֵט הָאַחֵר וְיִפֹּל אֵינוֹ חִבּוּר אֶלָּא הֲרֵי זֶה הָאַחֵר כְּנוֹגֵעַ בָּרִאשׁוֹן שֶׁנִּטְמָא:

י. כָּל הָאֳכָלִין שֶׁהָיוּ עָלִין אוֹ קְלָחִין מְחֻבָּרִין בָּהֶן אֶת שֶׁדַּרְכּוֹ לְהֵאָחֵז בֶּעָלֶה אוֹחֲזִין אוֹתוֹ בֶּעָלֶה. בַּקֶּלַח אוֹחֲזִין אוֹתוֹ בַּקֶּלַח. אִם נִתְלָה עִמּוֹ הֲרֵי זֶה חִבּוּר בִּטְבוּל יוֹם וְאֵין צָרִיךְ לוֹמַר בִּשְׁאָר טֻמְאוֹת. וְכֵן אִם הָיָה לוֹ יָד אוֹחֲזִין אוֹתוֹ בַּיָּד שֶׁלּוֹ. הָיְתָה לוֹ יָד וְעָלֶה אוֹחֲזִין אוֹתוֹ בְּאֵי זֶה מֵהֶן שֶׁיִּרְצֶה. לֹא הָיְתָה לוֹ יָד וְלֹא עָלֶה, בָּזֶה אָמְרוּ אִם אוֹחֵז בַּטָּמֵא וְהַשֵּׁנִי עוֹלֶה עִמּוֹ חִבּוּר וְאִם לָאו אֵינוֹ חִבּוּר:

יא. הָאֱגוֹזִין שֶׁקְּצָצָן בְּעֻקְצֵיהֶן כְּשֶׁהֵן רַכִּין וַאֲמָנָן כֻּלָּן כְּמוֹ חֶבֶל וְכֵן הַבְּצָלִים שֶׁחִבְּרָן בַּדֶּרֶךְ הַזֹּאת הֲרֵי אֵלּוּ חִבּוּר. הִתְחִיל לְפָרֵק בָּאֱגוֹזִים וּלְפַקֵּל בַּבְּצָלִים אֵין הַשְּׁאָר חִבּוּר. אֲפִלּוּ הָיוּ לְפָנָיו מֵאָה כּוֹר אֵין כֻּלָּן חִבּוּר שֶׁהֲרֵי הוֹכִיחַ שֶׁדַּעְתּוֹ לְפָרֵק הַכֹּל:

יב. קְלִיעָה שֶׁל שׁוּם שֶׁנָּפְלוּ מַשְׁקִין עַל אֶחָד מֵהֶן הוּא טָמֵא וְחִבּוּרוֹ טָהוֹר שֶׁאֵין חִבּוּרֵי אָדָם חִבּוּר לְכָל דָּבָר. וְכֵן אֶתְרוֹג שֶׁנִּפְרַשׁ וּתְחָבוֹ בְּכוּשׁ אוֹ בְּקֵיסָם אֵינוֹ חִבּוּר:

יג. עִסָּה שֶׁלָּשָׁהּ בְּמֵי פֵּרוֹת אֵינָהּ חִבּוּר. שֶׁאֵין לְךָ דָּבָר שֶׁמְּחַבֵּר אֶת הָאֳכָלִין אֶלָּא שִׁבְעָה מַשְׁקִין בִּלְבַד:

יד. הַמְמַעֵךְ אֳכָלִין זֶה בָּזֶה וְקִבְּצָן כְּגוֹן הַדְּבֵלָה וְהַתְּמָרִים וְהַצִּמּוּקִין שֶׁקִּבְּצָן וַעֲשָׂאָן גּוּף אֶחָד אֵינָן חִבּוּר. לְפִיכָךְ עִגּוּל שֶׁל דְּבֵלָה שֶׁנָּפְלוּ מַשְׁקִין טְמֵאִין עַל מִקְצָתוֹ הֲרֵי זֶה נוֹטֵל מִמֶּנּוּ מְקוֹם הַמַּשְׁקִין בִּלְבַד וְהַשְּׁאָר טָהוֹר:

טו. הַתְּמָרִים וְהַגְּרוֹגָרוֹת שֶׁשְּׁלָקָן וְנַעֲשׂוּ אוּם הֲרֵי זֶה חִבּוּר:

טז. הַזֵּיתִים שֶׁעֲטָנָן וְנַעֲשׂוּ גּוּשׁ אֶחָד הֲרֵי זֶה חִבּוּר. מִפְּנֵי שֶׁמִּתְּחִלָּה לֹא נְתָנָן לַמַּעֲטָן אֶלָּא עַל מְנָת שֶׁיִּינְקוּ זֶה מִזֶּה. לְפִיכָךְ שֶׁרֶץ שֶׁנִּמְצָא עַל אוּם שֶׁל זֵיתִים וְהֵן הַזֵּיתִים שֶׁנַּעֲשׂוּ כֻּלָּן גּוּף אֶחָד אֲפִלּוּ נָגַע בִּכְשְׂעוֹרָה הַכֹּל טָמֵא שֶׁהַכֹּל גּוּף אֶחָד. הָיְתָה לוֹ אוּם שֶׁל זֵיתִים וְעָתִיד לְהָפְכָהּ כֵּיוָן שֶׁתָּקַע בָּהּ אֶת הַיָּתֵד אַף עַל פִּי שֶׁיֵּשׁ בָּהּ גּוּשִׁים הַרְבֵּה אֵינָן חִבּוּר. וְאִם מִשֶּׁהֲפָכָהּ נַעֲשׂוּ אוּם אֵינָן חִבּוּר:

יז. אֹכֶל פָּרוּד שֶׁהוּא כֻּלּוֹ מְכֻנָּס וְדָבֵק זֶה בָּזֶה אַף עַל פִּי שֶׁאֵינוֹ חִבּוּר לְהִתְטַמֵּא וְאֵינוֹ כְּגוּף אֶחָד כְּמוֹ שֶׁבֵּאַרְנוּ הֲרֵי הוּא מִצְטָרֵף לִכְבֵיצָה לְטַמֵּא טֻמְאַת אֳכָלִים אֲחֵרִים. וְאִם לֹא כְּנָסוֹ אֶלָּא הֲרֵי הוּא מְפֹרָד כְּמַעֲשֵׂה קְדֵרָה וְהַקִּטְנִית אֵינוֹ מִצְטָרֵף עַד שֶׁיְּקַבְּצֵם וְיַעֲשֵׂם גּוּשׁ אֶחָד. הָיוּ גּוּשִׁים הַרְבֵּה זֶה בְּצַד זֶה וְנָגַע אַב הַטֻּמְאָה בְּאֶחָד מֵהֶן הֲרֵי הוּא רִאשׁוֹן וְהַגּוּשׁ שֶׁבְּצִדּוֹ שֵׁנִי וְשֶׁבְּצַד הַשֵּׁנִי שְׁלִישִׁי וְשֶׁבְּצַד הַשְּׁלִישִׁי רְבִיעִי:

יח. כִּכָּר שֶׁל תְּרוּמָה שֶׁהָיְתָה רִאשׁוֹן לְטֻמְאָה וְהִשִּׁיךְ לָהּ אֲחֵרוֹת כֻּלָּם רִאשׁוֹן. פֵּרְשָׁה הִיא רִאשׁוֹן וְכֻלָּן שְׁנִיּוֹת. הָיְתָה שְׁנִיָּה וְהִשִּׁיךְ לָהּ אֲחֵרוֹת כֻּלָּן שְׁנִיּוֹת. פֵּרְשָׁה הִיא שְׁנִיָּה וְכֻלָּן שְׁלִישִׁיּוֹת. הָיְתָה שְׁלִישִׁית וְהִשִּׁיךְ לָהּ אֲחֵרוֹת הִיא שְׁלִישִׁית וְכֻלָּן טְהוֹרוֹת בֵּין שֶׁפֵּרְשׁוּ בֵּין שֶׁלֹּא פֵּרְשׁוּ:

יט. כִּכָּרוֹת שֶׁל תְּרוּמָה נוֹשְׁכוֹת זוֹ בְּזוֹ נִטְמֵאת אַחַת מֵהֶן בְּשֶׁרֶץ כֻּלָּן רִאשׁוֹן וְאַף עַל פִּי שֶׁפֵּרְשׁוּ אַחַר מִכָּאן. [נִטְמֵאת אַחַת בְּמַשְׁקִין טְמֵאִין כֻּלָּן שְׁנִיּוֹת אַף עַל פִּי שֶׁפֵּרְשׁוּ אַחַר מִכָּאן]. נִטְמֵאת אַחַת מֵהֶן בְּיָדַיִם כֻּלָּן שְׁלִישִׁיּוֹת וְאַף עַל פִּי שֶׁפֵּרְשׁוּ מִפְּנֵי שֶׁהָיוּ גּוּף אֶחָד בִּשְׁעַת טֻמְאָתָן:

Perek 7

Chibur continued.

Columns of liquid

Each portion of a column of liquid is considered as separate from the next. Therefore, if one was pouring pure liquids from a pure container onto say a dead *sheretz* or an impure container, the impurity does not pass up the column.

However, if one was pouring pure cold liquid into hot steaming impure liquid, the steam unites the column into one, and impurity would then pass up the column.

Honey is also an exception because it is sticky and unites the column into one.

Liquids on an incline are also regarded as not connected (as with a column).

However, liquids on the ground collected in a pool are regarded as connected.

A *tevul yom* is someone who was impure and has been to *mikveh* on that day, but only becomes pure at sunset.

If he touches ordinary foods, they remain pure.

If he touches *trumah* they become *shlishi letumah* (3rd degree). If he touches *kadashim* they become *revii letumah* (4th degree). Now there are some items which are considered as joined for impurity, but for a *tevul yom* they are considered as separate. (This is a leniency because person has already immersed in a *mikveh*.)

Yad (handles) of food are a connective for a *tevul yom*.

Reminder

Pasul Food. Ref: *Sefer Taharah, Hilchot Shear Avot Hatumah*, Chapter 11.

Mechusrei Kaparah (period after mikveh and sunset, before achieving atonement with Sacrifices). Ref: *Sefer Korbanot, Hilchot Mechusrei Kaparah*, Chapter 1.

Tumah Summary. Ref: *Sefer Taharah, Hilchot Shear Avot Hatumah*, Chapter 10

פרק ז׳

א. הַנִּצּוֹק אֵינוֹ חִבּוּר לֹא לְטֻמְאָה וְלֹא לְטָהֳרָה. כֵּיצַד. הָיָה מְעָרֶה מַשְׁקִין טְהוֹרִין לְתוֹךְ כְּלִי טָמֵא וַאֲפִלּוּ עַל גַּבֵּי הַשֶּׁרֶץ הֲרֵי הָעַמּוּד הַנִּצּוֹק טָהוֹר. וְאִם קָלַט מִן הַמַּשְׁקִין הַנִּגָּרִין מִן הָאֲוִיר הֲרֵי זֶה שֶׁקָּלַט טָהוֹר. וְאֵין צָרִיךְ לוֹמַר שֶׁהַמַּשְׁקִין שֶׁמְּעָרֶה מֵהֶן טְהוֹרִין:

ב. בַּמֶּה דְּבָרִים אֲמוּרִים בְּשֶׁעֵרָה מִצּוֹנֵן לְצוֹנֵן אוֹ מֵחַם לְחַם אוֹ מֵחַם לְצוֹנֵן. אֲבָל הַמְעָרֶה מַשְׁקִין טְהוֹרִין צוֹנֵן לְתוֹךְ מַשְׁקִין טְמֵאִין חַמִּין הֲרֵי הַנִּצּוֹק חִבּוּר וְנִטְמְאוּ הַמַּשְׁקִין הַצּוֹנֵן כֻּלָּן שֶׁהוּא מְעָרֶה מֵהֶן וְנִטְמָא הַכְּלִי שֶׁמְּעָרֶה מִמֶּנּוּ מֵחֲמַת הַמַּשְׁקִין שֶׁבְּתוֹכוֹ שֶׁהֲרֵי נִטְמְאוּ. וּמִפְּנֵי מָה אָמְרוּ הַמְעָרֶה מַשְׁקִין צוֹנֵן לְחַמִּין חִבּוּר מִפְּנֵי שֶׁעֶשֶׁן הַחַמִּין עוֹלֶה כְּתִמְרוֹת עָשָׁן וּמִתְעָרֵב בַּנִּצּוֹק וּבַמַּיִם שֶׁבַּכְּלִי הָעֶלְיוֹן וּמְטַמֵּא הַכְּלִי שֶׁהֶעָשָׁן הָעוֹלֶה מִן הַחַמִּין מַשְׁקִין הוּא חָשׁוּב:

ג. לְפִיכָךְ הָאִשָּׁה שֶׁהָיוּ יָדֶיהָ טְהוֹרוֹת וֶהֱגִיסָה בִּקְדֵרָה

טְמֵאָה וְהִזִּיעוּ יָדֶיהָ מֵהֶבֶל הַקְּדֵרָה נִטְמְאוּ יָדֶיהָ כְּאִלּוּ נָגְעָה בַּמַּשְׁקֶה שֶׁבַּקְּדֵרָה. וְכֵן אִם הָיוּ יָדֶיהָ טְמֵאוֹת וְהֵגִיסָה בַּקְּדֵרָה וְהִזִּיעוּ יָדֶיהָ נִטְמָא כָּל מַה שֶּׁבַּקְּדֵרָה כְּאִלּוּ נָגְעָה בַּמַּשְׁקִין שֶׁבַּקְּדֵרָה:

ד. נְחִיל דְּבַשׁ הַזִּיפִים וּדְבַשׁ הַצַּפַּחַת הַנִּצּוֹק שֶׁלָּהֶן חִבּוּר וַאֲפִלּוּ הָיָה מְעָרֶה מִצּוֹנֵן לְצוֹנֵן מִפְּנֵי שֶׁיֵּשׁ לָהֶן רִיר וַהֲרֵי הֵן נִמְשָׁכִין כְּדֶבֶק. לְפִיכָךְ כָּל הָאֳכָלִין אֵין הַנִּצּוֹק שֶׁלָּהֶן חִבּוּר וַאֲפִלּוּ הָיוּ עָבִים הַרְבֵּה כְּגוֹן הַגְּרִיסִין וְהֶחָלָב הַמְּתֻךְ וְכַיּוֹצֵא בָּהֶן. לְפִי שֶׁאֵין לָהֶן רִיר. וְכֵן שְׁאָר כָּל הַמַּשְׁקִין אֵין הַנִּצּוֹק שֶׁלָּהֶן חִבּוּר אֶלָּא אִם כֵּן עֵרָה מִצּוֹנֵן לְחַם כְּמוֹ שֶׁבֵּאַרְנוּ:

ה. הַנִּצּוֹק אֵינוֹ חִבּוּר לְטָהֳרָה. כֵּיצַד. שֶׁאִם עֵרָה מַיִם טְמֵאִים מִכְּלִי אֶבֶן וְכַיּוֹצֵא בָּהֶן לְתוֹךְ הַמִּקְוֶה אֵין אוֹמְרִים מִשֶּׁהִגִּיעַ קְצָת הַנִּצּוֹק לַמִּקְוֶה טָהֲרוּ הַמַּיִם אֶלָּא הֲרֵי הֵן בְּטֻמְאָתָן עַד שֶׁיַּשִּׁיק הַמִּקְוֶה לְכֻלָּן מִצַּד אֶחָד כְּמוֹ שֶׁבֵּאַרְנוּ. וְכֵן הַקְּטַפְרֵס שֶׁיֵּשׁ עָלָיו מַשְׁקֶה טוֹפֵחַ אֵינוֹ מְחַבְּרָן לִשְׁאָר הַמַּשְׁקִין שֶׁבַּמְּדְרוֹן לֹא לְטֻמְאָה וְלֹא לְטָהֳרָה. אֲבָל הַמַּשְׁקִין שֶׁבָּאֲשְׁבּוֹרֶן כֻּלָּן חִבּוּר לְטֻמְאָה וּלְטָהֳרָה:

ו. עֲרֵבָה שֶׁהִיא קְטַפְרֵס וְעָלֶיהָ מַשְׁקֶה טוֹפֵחַ וְשָׁלֹשׁ חֲתִיכוֹת אֳכָלִין טְמֵאִים כְּבֵיצָה מֻנָּחִין עָלֶיהָ זוֹ לְמַטָּה מִזּוֹ אֵינָן מִצְטָרְפוֹת. הָיוּ שְׁתַּיִם הֲרֵי אֵלּוּ מִצְטָרְפוֹת. וְאִם הָיָה תַּחְתֵּיהֶם מַשְׁקֶה עוֹמֵד אֲפִלּוּ כְּעֵין הַחַרְדָּל הֲרֵי זֶה מְצָרֵף אֶת כֻּלָּן:

ז. כְּבָר בֵּאַרְנוּ שֶׁטְּבוּל יוֹם אֵינוֹ מְטַמֵּא חֻלִּין כְּלָל אֶלָּא פּוֹסֵל אָכְלֵי תְּרוּמָה וּמַשְׁקֵה תְּרוּמָה וְעוֹשֶׂה הַכֹּל שְׁלִישִׁי. וְכֵן אִם נָגַע בְּאָכְלֵי קֹדֶשׁ אוֹ מַשְׁקֵה קֹדֶשׁ פְּסָלָן וַעֲשָׂאָן רְבִיעִי:

ח. יֵשׁ דְּבָרִים שֶׁאֵינָם חִבּוּר בִּטְבוּל יוֹם וְאַף עַל פִּי שֶׁהֵן חִבּוּר בְּכָל הַטֻּמְאוֹת. אֶלָּא אִם נָגַע בָּהֶן טְבוּל יוֹם לֹא פָּסַל אֶלָּא זֶה שֶׁנָּגַע בּוֹ. וְאִלּוּ הָיָה הַנּוֹגֵעַ בִּמְקוֹם טְבוּל יוֹם אָדָם אַחֵר הָיָה פּוֹסֵל הַכֹּל. אֲפִלּוּ הָיָה הַנּוֹגֵעַ אָדָם שֶׁאָכַל אֳכָלִין טְמֵאִין אוֹ שָׁתָה מַשְׁקִין טְמֵאִין שֶׁהִיא טֻמְאָה קַלָּה הֲרֵי זֶה פָּסַל הַכֹּל שֶׁלֹּא פְּסָלוֹ טְבוּל יוֹם. וְאֵין צָרִיךְ לוֹמַר שֶׁאִם הָיָה הַנּוֹגֵעַ אַב טֻמְאָה אוֹ רִאשׁוֹן שֶׁהוּא מְטַמֵּא הַכֹּל. וּמִפְּנֵי מָה הֵקֵלּוּ בִּטְבוּל יוֹם מִפְּנֵי שֶׁכְּבָר טָהַר וְאֵינוֹ מְחֻסָּר אֶלָּא הַעֲרֵב שֶׁמֶשׁ. וְעוֹד הֵקֵלּוּ בִּטְבוּל יוֹם שֶׁיֵּשׁ אֳכָלִין שֶׁהֵן מְיֻחָדִין לְאָדָם וּמִתְטַמְּאִין בְּכָל הַטֻּמְאוֹת וְהֵן טְהוֹרוֹת בִּטְבוּל יוֹם. וְאֵלּוּ הֵן. הַשְּׂעוֹרָה וְהַכֻּסֶּמֶת בִּזְמַן שֶׁאֵינָן קְלוּפִין. אֲבָל בִּזְמַן שֶׁהֵן קְלוּפִין וְהַחִטָּה אַף עַל פִּי שֶׁאֵינָהּ קְלוּפָה. וְהַקֶּצַח וְהַשּׁוּמְשׁוּם. נִפְסָלִין בִּטְבוּל יוֹם וְאֵין צָרִיךְ לוֹמַר שֶׁהֵן מִתְטַמְּאִין בְּכָל הַטֻּמְאוֹת:

ט. כָּל יַד הָאֳכָלִין שֶׁהֵן חִבּוּר בְּאַב הַטֻּמְאָה הֲרֵי הֵן חִבּוּר בִּטְבוּל יוֹם. וְכֵן כָּל הָאֹכֶל שֶׁנִּפְרַס וּמְעֹרֶה בְּמִקְצָת שֶׁהוּא חִבּוּר בְּאַב הַטֻּמְאָה כָּךְ הוּא חִבּוּר בִּטְבוּל יוֹם. וְכָל שֶׁאֵינוֹ חִבּוּר בִּטְבוּל יוֹם הֲרֵי הוּא חִבּוּר בְּיָדַיִם וְגַם זֶה חֹמֶר בְּטֻמְאַת יָדַיִם מִטְּבוּל יוֹם:

Perek 8

Chibur continued.

Food mixtures relating to *tevul yom*.

Tevul yom is a low level of impurity. It is the period after having gone to *mikveh* in the day, until sunset. After sunset person becomes completely pure. Both a *tevul yom* and someone with impure hands are considered as a *sheni letumah* and have no effect on ordinary foods (*chulin*). They do however affect *trumah* and *kadashim*.

If mixture of food touched is considered joined, then the whole becomes impure. If not then only that portion becomes impure.

Chibur **– Transfer of Impurity in Mixtures of Food.**

Mixture	Part Impure	Wholly impure	Pure
Light bubbles on top of *trumah* food	✓		
Bubbles with some food inside them		✓	

Charchur (small protuberance from bread) became burnt		✓	
If *charchur* larger than **1 *etzba*,** considered separate	✓		
Congealed gel around *trumah* meat	✓		
Oil floating on *trumah* wine	✓		
Strand of food extending over the rim of frying pan with *trumah* food	✓		
Touched strand within the rim		✓	
Finger blocking hole of barrel of wine		✓	
A column of *trumah* liquid being poured is touched. If amount less than ¹⁄₁₀₁ (*trumah* less than ¹⁄₁₀₁ becomes nullified)	✓ **Reminder** *Measure of Prohibition in Foods.* Ref: *Sefer Kedushah, Hilchot Maachalot Assurot,* Chapter 14, 15, 16		
Kodesh items in grain form i.e. meal offering, frankincense coals of *Yom Kippur* (cherished nature causes entire amount to be considered single entity)		✓	
Trumah oil resting in *chulin*	✓		
Chulin cooked in *trumah* oil	✓		
Designated *challah* still joined to loaf. (*challah* is for Priest)		✓	
Ordinary food			✓
Maaser rishon			Change of state of food between liquid and solid.

פרק ח׳

א. חַלּוֹת אוֹ כִּכָּרִים שֶׁכְּנָסָן וְהָיוּ נוֹשְׁכוֹת זוֹ בְּזוֹ וְדַעְתּוֹ לְהַפְרִישָׁן אוֹ שֶׁאָפָה חַלָּה עַל גַּבֵּי חַלָּה בַּתַּנּוּר וַעֲדַיִן לֹא קָרְמוּ פָּנֶיהָ וְנָגַע טְבוּל יוֹם בְּאַחַת מֵהֶן לֹא פָּסַל אֶלָּא הַחַלָּה שֶׁנָּגַע בָּהּ. וְכֵן הַמַּיִם שֶׁהִרְתִּיחוּ וְנַעֲשׂוּ כְּקוּבָּה. וְהַגְּרִיסִין שֶׁהִרְתִּיחוּ רְתִיחָה רִאשׁוֹנָה. וְיַיִן חָדָשׁ וְאֹרֶז שֶׁהִרְתִּיחוּ. וְנָגַע טְבוּל יוֹם בָּרְתִיחָה אֵינוֹ חִבּוּר וְלֹא פָּסַל אֶלָּא הָרְתִיחָה בִּלְבַד. וּבִשְׁאָר כָּל הַטֻּמְאוֹת בֵּין קַלּוֹת בֵּין חֲמוּרוֹת הַכֹּל חִבּוּר. אֲבָל חַלּוֹת שֶׁהָיוּ נוֹשְׁכוֹת זוֹ בְּזוֹ וְאֵין דַּעְתּוֹ לְהַפְרִישׁ. אוֹ שֶׁאָפָה חַלָּה עַל גַּבֵּי חַלָּה וְנָשְׁכוּ וְקָרְמוּ בַּתַּנּוּר. וּרְתִיחַת הַמַּיִם שֶׁאֵינָהּ מְחַלְחֶלֶת כְּקוּבָּה. וּרְתִיחַת הַגְּרִיסִין שְׁנִיָּה. וּרְתִיחַת יַיִן יָשָׁן. וּרְתִיחַת הַשֶּׁמֶן בֵּין יָשָׁן בֵּין חָדָשׁ. וּרְתִיחַת עֲדָשִׁים. הֲרֵי אֵלּוּ חִבּוּר בִּטְבוּל יוֹם וְאֵין צָרִיךְ לוֹמַר בְּכָל הַטֻּמְאוֹת:

ב. בָּצֵק שֶׁיָּצָא בִּשְׁעַת אֲפִיָּה וְנִמְצָא בְּאֶמְצַע הַכִּכָּר כְּמוֹ מַסְמֵר יוֹצֵא. וְכֵן קְצָת הַבָּצֵק שֶׁנִּמְשַׁךְ וְנֶחְרַךְ בְּעֵת אֲפִיָּה וְהוּא הַנִּקְרָא חַרְחוּר. אִם הָיוּ פְּחוּתִים מִכְּאֶצְבַּע וְנָגַע טְבוּל יוֹם בָּהֶן פָּסַל כָּל הַכִּכָּר. וְכֵן אִם נָגַע בְּגַרְגֵּר מֶלַח קָטָן שֶׁבַּכִּכָּר נִפְסַל כָּל הַכִּכָּר. וְאֵין צָרִיךְ לוֹמַר בְּכָל הַטֻּמְאוֹת. אֲבָל צְרוֹר שֶׁבַּכִּכָּר אוֹ תּוּרְמוּס וְגַרְגֵּר מֶלַח גָּדוֹל וְחַרְחוּר יֶתֶר מִכְּאֶצְבַּע שֶׁנָּגַע בָּהֶן אֲפִלּוּ אַב הַטֻּמְאָה הַכִּכָּר טָהוֹר וְאֵין צָרִיךְ לוֹמַר בִּטְבוּל יוֹם:

ג. רָקִיק שֶׁנֶּחְרַךְ חֶצְיָהּ וְחֶצְיָהּ קַיָּם הֲרֵי זוֹ אֵינוֹ חִבּוּר. נֶחְרַךְ הָאֶמְצַע וְהַצְּדָדִין קַיָּמִין אֵינָן חִבּוּר זֶה לָזֶה אֲפִלּוּ בְּאַב הַטֻּמְאָה וְאֵין צָרִיךְ לוֹמַר בִּטְבוּל יוֹם. בְּשַׂר קֹדֶשׁ שֶׁקָּרַם עָלָיו הַמָּרָק וְנָגַע טְבוּל יוֹם בַּקִּיפָה הַחֲתִיכוֹת מֻתָּרוֹת. נָגַע בַּחֲתִיכָה הַחֲתִיכָה וְכָל הָעוֹלִין עִמָּהּ חִבּוּר. וְכֵן בְּתַבְשִׁיל קִטְנִיּוֹת שֶׁקָּרַם עַל גַּבֵּי פְּרוּסוֹת. שֶׁמֶן שֶׁצָּף עַל גַּבֵּי יַיִן וְנָגַע טְבוּל יוֹם בַּשֶּׁמֶן לֹא פָּסַל אֶלָּא הַשֶּׁמֶן:

ד. יָרָק תְּרוּמָה וּבֵיצָה טְרוּפָה נְתוּנָה עַל גַּבָּיו וְנָגַע טְבוּל יוֹם בַּבֵּיצָה לֹא פָּסַל אֶלָּא קֶלַח שֶׁכְּנֶגְדּוֹ. וְאִם הָיְתָה כְּמִין כּוֹבַע אֵינוֹ חִבּוּר:

ה. חוּט שֶׁל בֵּיצָה שֶׁקָּרַם עַל דָּפְנָהּ שֶׁל אִלְפָּס וְנָגַע בּוֹ טְבוּל יוֹם. מִן הַשָּׂפָה וּלְפָנִים חִבּוּר מִן הַשָּׂפָה וְלַחוּץ אֵינוֹ חִבּוּר. וְכֵן בְּקִטְנִיּוֹת שֶׁקָּרְמוּ עַל שְׂפַת הַקְּדֵרָה:

ו. חָבִית שֶׁנִּקְּבָה בֵּין מִשּׁוּלֶיהָ בֵּין מִצְּדֶיהָ וּסְתָמָהּ טְבוּל יוֹם הַנֶּקֶב בְּיָדָיו נִפְסְלָה כֻּלָּהּ:

ז. הַמְעָרֶה מִכְּלִי לִכְלִי וְנָגַע טְבוּל יוֹם בַּקִּלּוּחַ מְשַׁעֲרִין זֶה שֶׁנָּגַע בּוֹ בְּאֶחָד וּמֵאָה. שֶׁתְּרוּמָה טְמֵאָה שֶׁנִּתְעָרְבָה בְּאֶחָד וּמֵאָה בְּטֵלָה בְּמִעוּטָהּ כְּמוֹ שֶׁבֵּאַרְנוּ בְּהִלְכוֹת תְּרוּמוֹת:

ח. טְבוּל יוֹם שֶׁהָיָה תּוֹרֵם אֶת הַבּוֹר וְנָפְלָה מִמֶּנּוּ חָבִית שֶׁל תְּרוּמָה וְשָׁקְעָה בְּבוֹר שֶׁל יַיִן וְנָגַע בַּיַּיִן שֶׁבַּבּוֹר. מִן הַשָּׂפָה וְלַחוּץ אֵינוֹ חִבּוּר מִן הַשָּׂפָה וּלְפָנִים חִבּוּר. וְאִם הָיָה הַבּוֹר פִּיטַס אֲפִלּוּ הָיָה כְּלִי גָּדוֹל שֶׁמַּחֲזִיק מֵאָה כּוֹר כֻּלּוֹ חִבּוּר וְאִם נָגַע בְּמִקְצַת הַיַּיִן פָּסַל הַתְּרוּמָה שֶׁבֶּחָבִית שֶׁבְּקַרְקַע הַכְּלִי:

ט. הַסֹּלֶת שֶׁל מְנָחוֹת וְהַלְּבוֹנָה וְהַקְּטֹרֶת וְהַגֶּחָלִים שֶׁנָּגַע טְבוּל יוֹם בְּמִקְצָתָן פָּסַל אֶת כֻּלָּן. בַּמֶּה דְּבָרִים אֲמוּרִים בְּגֶחָלִים שֶׁחוֹתֶה בְּמַחְתָּה בְּיוֹם הַכִּפּוּרִים. שֶׁהַמַּחְתָּה שֶׁחוֹתֶה בָּהּ נִכְנָס לַהֵיכָל. אֲבָל גֶּחָלִים שֶׁחוֹתֶה בְּכָל יוֹם כְּשֶׁהוּא מְעָרֶה בְּמַחְתָּה שֶׁל כֶּסֶף לְשֶׁל זָהָב אִם נִתְפַּזְּרוּ מִן הַגֶּחָלִים אֵין בָּהֶן קְדֻשָּׁה אֶלָּא מְכַבְּדָן לָאַמָּה:

י. מִקְפָּה שֶׁל חֻלִּין אוֹ רָקִיק שֶׁל חֻלִּין וְשֶׁמֶן שֶׁל תְּרוּמָה צָף עַל גַּבֵּיהֶן וְנָגַע טְבוּל יוֹם בַּשֶּׁמֶן לֹא פָּסַל אֶלָּא הַשֶּׁמֶן בִּלְבַד. וְאִם חִבֵּץ כָּל מָקוֹם שֶׁהָלַךְ בּוֹ הַשֶּׁמֶן פָּסַל:

יא. יָרָק שֶׁל חֻלִּין שֶׁבִּשְּׁלוֹ בְּשֶׁמֶן שֶׁל תְּרוּמָה וְנָגַע בּוֹ טְבוּל יוֹם לֹא פָּסַל אֶלָּא מְקוֹם מַגָּעוֹ:

יב. הַמִּקְפָּה שֶׁל תְּרוּמָה וְהַשּׁוּם וְהַשֶּׁמֶן שֶׁל חֻלִּין שֶׁנָּגַע טְבוּל יוֹם בְּמִקְצָתָן פָּסַל אֶת כֻּלָּן:

יג. הַמִּקְפָּה שֶׁל חֻלִּין וְהַשֶּׁמֶן שֶׁל תְּרוּמָה שֶׁנָּגַע טְבוּל יוֹם בְּמִקְצָתָן לֹא פָּסַל אֶלָּא מְקוֹם מַגָּעוֹ. אִם הָיָה הַשּׁוּם מְרֻבֶּה הוֹלְכִין אַחַר הָרֹב. אֵימָתַי בִּזְמַן שֶׁהוּא גּוּשׁ בִּקְעָרָה אֲבָל אִם הָיָה מְפֻזָּר בִּמְדוֹכָה וְנָגַע בְּמִקְצָתוֹ לֹא פָּסַל אֶלָּא מְקוֹם מַגָּעוֹ מִפְּנֵי שֶׁהוּא רוֹצֶה בְּפִזּוּרוֹ. וּשְׁאָר כָּל הַנִּדּוֹכִין שֶׁדַּרְכָּן לְדוּכָן בְּמַשְׁקִין כְּגוֹן הַשּׁוּם בְּשֶׁמֶן אִם דָּכָן שֶׁלֹּא בְּמַשְׁקִין וְקִבְּצָן אַף עַל פִּי שֶׁהֵן גּוּשׁ בִּקְעָרָה וְנָגַע בָּהֶן לֹא פָּסַל אֶלָּא מְקוֹם מַגָּעוֹ. שֶׁהֲרֵי הֵם כְּעִגּוּל שֶׁל דְּבֵלָה שֶׁאִם נִטְמָא מִקְצָתוֹ לֹא נִטְמָא כֻּלּוֹ:

יד. עִסָּה שֶׁקָּרָא שֵׁם חַלָּתָהּ בִּצְפוֹנָהּ אוֹ בִּדְרוֹמָהּ. וְכֵן הַקִּשּׁוּת שֶׁקָּרָא שֵׁם תְּרוּמָה בִּצְפוֹנָהּ אוֹ בִּדְרוֹמָהּ הֲרֵי זֶה חִבּוּר. וְאִם נָגַע טְבוּל יוֹם בְּמִקְצָת הָעִסָּה נִפְסְלָה הַחַלָּה. נִטְּלָה חַלָּתָהּ מִתּוֹכָהּ וְחָזְרָה לְתוֹכָהּ אֵינוֹ חִבּוּר:

טו. עִסָּה שֶׁנִּדְמְעָה אוֹ שֶׁנִּתְחַמְּצָה בִּשְׂאוֹר שֶׁל תְּרוּמָה אֵינָהּ נִפְסֶלֶת בִּטְבוּל יוֹם:

טז. עִסָּה שֶׁהֻכְשְׁרָה בְּמַשְׁקִין וְנִלּוֹשָׁה בְּמֵי פֵּרוֹת וְנָגַע בָּהּ טְבוּל יוֹם לֹא פָּסַל אֶלָּא מְקוֹם מַגָּעוֹ בִּלְבַד:

יז. מַעֲשֵׂר רִאשׁוֹן שֶׁהֻכְשַׁר וְנָגַע בּוֹ טְבוּל יוֹם אוֹ יָדַיִם מְסֹאָבוֹת מַפְרִישִׁין מִמֶּנּוּ תְּרוּמַת מַעֲשֵׂר בְּטָהֳרָה. מִפְּנֵי שֶׁמַּעֲשֵׂר רִאשׁוֹן כְּחֻלִּין וּטְבוּל יוֹם וְיָדַיִם מְסֹאָבוֹת אֵינָם פּוֹסְלִין אֶת הַחֻלִּין שֶׁהַשְּׁלִישִׁי בְּחֻלִּין טָהוֹר כְּמוֹ שֶׁבֵּאַרְנוּ. וְכֵן הָאִשָּׁה שֶׁהִיא

טְבוּלַת יוֹם לָשָׁה אֶת הָעִסָּה וְקוֹצָה לָהּ חַלָּה וּמַפְרִישָׁתָהּ וּמַנִּיחָתָהּ בְּכֵלִים וְנוֹתְנָתוֹ עִם שְׁאָר הָעִסָּה כְּאַחַת. וּמַקֶּפֶת עַל הַכֹּל כְּדֵי לִתְרֹם מִן הַמֻּקָּף וְאַחַר כָּךְ קוֹרְאָה לָהּ שֵׁם וְאוֹמֶרֶת הֲרֵי זוֹ חַלָּה. וּמִשֶּׁתִּקָּרֵא לָהּ שֵׁם לֹא תִּגַּע בָּהּ שֶׁלֹּא תִּפְסְלֶנָּה. וְכָךְ הִיא עוֹשָׂה אִם לָשָׁה בַּעֲרֵבָה שֶׁהִיא טְבוּלַת יוֹם:

יח. לָגִין שֶׁהוּא טְבוּל יוֹם שֶׁמִּלְּאָהוּ מֵחָבִית מַעֲשֵׂר שֶׁלֹּא נִטְּלָה תְּרוּמָתוֹ וְאָמַר הֲרֵי זוֹ תְּרוּמַת מַעֲשֵׂר עַל מַה שֶּׁבֶּחָבִית אַחַר שֶׁתֶּחְשַׁךְ הֲרֵי זוֹ תְּרוּמָה טְהוֹרָה. לְפִי שֶׁאֵינָהּ נַעֲשֵׂית תְּרוּמַת מַעֲשֵׂר עַד שֶׁתֶּחְשַׁךְ כְּפִי תְּנָאוֹ וְאַחַר שֶׁתֶּחְשַׁךְ יַעֲרִיב שִׁמְשׁוֹ שֶׁל לָגִין וְיִטְהַר. נִשְׁבְּרָה הֶחָבִית קֹדֶם שֶׁתֶּחְשַׁךְ הַלָּגִין בְּטִבְלוֹ. נִשְׁבַּר הַלָּגִין הֶחָבִית בְּטִבְלָהּ:

יט. טְבוּל יוֹם מִטֻּמְאַת מֵת וּמִבְּעִילַת נִדָּה עוֹשֶׂה בְּבֵית הַבַּד. וְכֵן שְׁאָר הַטְּמֵאִים שֶׁטָּבְלוּ עוֹשִׂין בְּטָהֳרוֹת. חוּץ מִזָּב וְזָבָה בַּשְּׁבִיעִי שֶׁלָּהֶן שֶׁאַף עַל פִּי שֶׁטָּבְלוּ לֹא יַעֲשׂוּ בְּבֵית הַבַּד וְלֹא יִתְעַסְּקוּ בְּטָהֳרוֹת שֶׁמָּא יִרְאוּ וְנִמְצְאוּ טְמֵאִים לְמַפְרֵעַ שֶׁהֲרֵי סוֹתְרִין הַכֹּל כְּמוֹ שֶׁבֵּאַרְנוּ:

Perek 9

Chibur continued.

Change of state of food between liquid and solid.

Items which are not fully solid when they are hard, like honey, are always *rishon letumah,* whether they are in the liquid or 'solid' state.

Items which solidify when they become cold, if a *rishon* touches the solid it becomes *sheni.* If they were considered as liquids then they become *rishon.* If it was liquid (and *rishon*) and then solidified it becomes *sheni.*

This same concept can be applied to the liquid and food of say a grape. If fruit was size of 1 ***betzah*** **(or less)** and impure person squeezed it, the liquids stay pure. (If a *zav* squeezed say a grape, the liquid would be *tamei* because a *zav* makes the liquid *tamei* through carriage.)

Reminder
Pack on *Zav, Zavah* etc

If it was greater than 1 *betzah*, the liquids that emerge are impure, because once the first drop emerges it contracts impurity from the food which is of a size to transmit the *tumah.*

פרק ט׳

א. הַשֶּׁמֶן אוֹ הַדְּבַשׁ שֶׁנִּטְמְאוּ וְאַחַר כָּךְ קָרְשׁוּ וְאַחַר כָּךְ נִמּוֹחוּ הֲרֵי הֵן רִאשׁוֹן לְטֻמְאָה לְעוֹלָם מִפְּנֵי שֶׁהֵן כְּמַשְׁקִין וְאַף עַל פִּי שֶׁקָּפְאוּ אַחַר שֶׁנִּטְמְאוּ:

ב. הָרֹטֶב וְהַגְּרִיסִין וְהֶחָלָב שֶׁקָּרְשׁוּ הֲרֵי הֵן כָּאֳכָלִין וּצְרִיכִין מַחֲשָׁבָה. וְאִם נָגַע בָּהֶן אֹכֶל רִאשׁוֹן אוֹ מַשְׁקֶה נַעֲשׂוּ שְׁנִיִּים. הָיָה בָּהֶן מַשְׁקֶה טוֹפֵחַ הֲרֵי הֵן כְּמַשְׁקִין וְהֵן תְּחִלָּה לְטֻמְאָה. נִטְמְאוּ כְּשֶׁהֵן מַשְׁקִין וְקָפְאוּ אַחַר כֵּן וְקָרְשׁוּ הֲרֵי הֵן שְׁנִיִּים כְּמוֹ אֹכֶל שֶׁנִּטְמָא מִמַּשְׁקִין טְמֵאִין. נִטְמְאוּ כְּשֶׁהֵן קְפוּיִים וְנִמּוֹחוּ וְנַעֲשׂוּ מַשְׁקִין אִם הָיוּ כְּבֵיצָה מְכֻוָּן הֲרֵי הַמַּשְׁקִין טְהוֹרִין. הָיוּ יוֹתֵר מִכְּבֵיצָה הַמַּשְׁקִין טְמֵאִין שֶׁכְּשֶׁנִּמּוֹחָה טִפָּה רִאשׁוֹנָה נִטְמֵאת בִּכְבֵיצָה אֹכֶל טָמֵא שֶׁנִּמּוֹחָה מִמֶּנּוּ וְאוֹתָהּ הַטִּפָּה תְּטַמֵּא כָּל הַמַּשְׁקִין שֶׁנִּמּוֹחוּ אַחֲרֶיהָ. וְכֵן טְמֵא מֵת שֶׁסָּחַט זֵיתִים וַעֲנָבִים שֶׁהֻכְשְׁרוּ אִם הָיוּ כְּבֵיצָה הֲרֵי הַמַּשְׁקִין הַיּוֹצְאִין מֵהֶן טְהוֹרִין. וּבִלְבַד שֶׁלֹּא יִגַּע בִּמְקוֹם הַמַּשְׁקֶה שֶׁהַמַּשְׁקֶה כְּמֻפְקָד בָּאֹכֶל וּכְאִלּוּ הִיא גּוּף אַחֵר. הָיוּ אוֹתָן זֵיתִים וַעֲנָבִים יֶתֶר מִכְּבֵיצָה הֲרֵי הַמַּשְׁקִין הַיּוֹצְאִין מֵהֶן טְמֵאִין שֶׁכֵּיוָן שֶׁיָּצָאת טִפָּה רִאשׁוֹנָה נִטְמֵאת בִּכְבֵיצָה וְטִמְּאָה כָּל הַמַּשְׁקִין. וְאִם הָיָה הַסּוֹחֵט זָב וְזָבָה וְכַיּוֹצֵא בָּהֶן אֲפִלּוּ סָחַט גַּרְגֵּר אֶחָד יְחִידִי שֶׁלֹּא הֻכְשַׁר וְלֹא נָגַע בַּמַּשְׁקֶה הַמַּשְׁקֶה טָמֵא שֶׁכֵּיוָן שֶׁיָּצָאת טִפָּה רִאשׁוֹנָה

נִטְמֵאת בְּמַשָּׂא הַזָּב שֶׁהַזָּב שֶׁנָּשָׂא אֳכָלִין אוֹ מַשְׁקִין טְמֵאִין כְּמוֹ שֶׁבֵּאַרְנוּ. וְכֵן זָב שֶׁחָלַב אֶת הָעֵז הֶחָלָב טָמֵא שֶׁכֵּיוָן שֶׁיָּצְאת טִפָּה הָרִאשׁוֹנָה נִטְמֵאת בְּמַשָּׂא הַזָּב:

ג. קְדֵרָה שֶׁמְּלֵאָה כְּבָשִׁין שֶׁל חֻלִּין וְיָצְאוּ עֲלֵיהֶם חוּץ לַקְּדֵרָה וְנָגַע אַב הַטֻּמְאָה אוֹ רִאשׁוֹן בֶּעָלֶה שֶׁחוּץ לַקְּדֵרָה בִּמְקוֹם הַנָּגוּב אַף עַל פִּי שֶׁיֵּשׁ בֶּעָלֶה כְּבֵיצָה הוּא טָמֵא וְהַכֹּל טָהוֹר. חָזַר לַקְּדֵרָה טִמֵּא אֶת הַמַּשְׁקִין שֶׁבָּהּ וְנִטְמֵאת הַקְּדֵרָה וְכָל הַכְּבָשִׁין. נָגַע בֶּעָלֶה שֶׁחוּץ לַקְּדֵרָה וְהָיָה בּוֹ מַשְׁקֶה אִם יֵשׁ בֶּעָלֶה כְּבֵיצָה הַכֹּל טָמֵא שֶׁהֶעָלֶה מְטַמֵּא מַשְׁקֶה שֶׁעָלָיו וְהַמַּשְׁקֶה מְטַמֵּא כָּל הַמַּשְׁקִין שֶׁבַּקְּדֵרָה וּמְטַמֵּא אֶת הַקְּדֵרָה. הָיְתָה הַקְּדֵרָה מְלֵאָה כְּבָשִׁים שֶׁל תְּרוּמָה וְנִעֵר אוֹתָהּ טְבוּל יוֹם וְרָאָה מַשְׁקִין עַל יָדוֹ סָפֵק מִן הַקְּדֵרָה נִתְּזוּ סָפֵק שֶׁהַקֶּלַח נָגַע בְּיָדוֹ הַיָּרָק פָּסוּל וְהַקְּדֵרָה טְהוֹרָה:

ד. טָמֵא שֶׁהָיָה אוֹכֵל עֲנָבִים מֻכְשָׁרִים וְנָפַל מִמֶּנּוּ גַּרְגֵּר יְחִידִי לַגַּת אִם הָיָה שָׁלֵם וְלֹא נִשְׁמַט מִמֶּנּוּ עֻקְצוֹ הַגַּת טָהוֹר. וְאִם נִטַּל עֻקְצוֹ וְהָיוּ עֲנָבִים מוּכָנִים בַּעֲבִיט וְכַיּוֹצֵא בּוֹ לְדָרְכָן שֶׁהֲרֵי רוֹצֶה בְּמַשְׁקֶה הַיּוֹצֵא מֵהֶן נִטְמָא הַגַּת בְּטִפַּת מַשְׁקֶה שֶׁבְּרֹאשׁ הַגַּרְגֵּר בִּמְקוֹם הָעֹקֶץ. נָפְלוּ מִמֶּנּוּ עֲנָבִים וּדְרָכָן בְּמָקוֹם מוּפְנֶה אִם הָיוּ כְּבֵיצָה מְכֻוָּן הֲרֵי הַמַּשְׁקִין הַיּוֹצְאִין מֵהֶן טְהוֹרִין כְּמוֹ שֶׁבֵּאַרְנוּ. הָיוּ יֶתֶר מִכְּבֵיצָה הַיּוֹצֵא מֵהֶן טָמֵא שֶׁכֵּיוָן שֶׁיָּצְאת טִפָּה רִאשׁוֹנָה נִטְמֵאת בִּכְבֵיצָה וּמְטַמֵּאת אֶת כָּל הַמַּשְׁקֶה הַיּוֹצֵא אַחֲרֶיהָ:

ה. גּוּשׁ שֶׁל זֵיתִים טְמֵאִין שֶׁהָיָה מְקֻבָּץ וּמְחֻבָּר וְהִשְׁלִיכוֹ לְתוֹךְ תַּנּוּר וְהֻסַּק אִם הָיָה כְּבֵיצָה מְכֻוָּן הַתַּנּוּר טָהוֹר שֶׁאֵין הָאֳכָלִין מְטַמְּאִין כֵּלִים וְהַמַּשְׁקֶה הַיּוֹצֵא מֵהֶן טָהוֹר כְּמוֹ שֶׁבֵּאַרְנוּ. הָיָה הַגּוּשׁ יֶתֶר מִכְּבֵיצָה נִטְמָא הַתַּנּוּר שֶׁכְּשֶׁיָּצְאָה טִפָּה אַחַת נִטְמֵאת בִּכְבֵיצָה וְטִמְּאָה אֶת הַתַּנּוּר. לְפִיכָךְ אִם הַזֵּיתִים הַטְּמֵאִין פֵּרוּדִין וְאֵינָן גּוּשׁ אֲפִלּוּ הֵן מֵאָה הַתַּנּוּר טָהוֹר:

ו. עֵצִים שֶׁנִּבְלְעוּ בָּהֶם מַשְׁקִין טְמֵאִין וְהִסִּיקָן הַתַּנּוּר טָהוֹר שֶׁהֲרֵי בָּטְלוּ בָּעֵצִים. וַאֲפִלּוּ הוֹצִיא הָעֵצִים שֶׁנָּפְלוּ עֲלֵיהֶן גְּשָׁמִים וְנָפְלוּ לִרְצוֹנוֹ וְהִסִּיקָן הַתַּנּוּר טָהוֹר וְאֵין הַמַּיִם שֶׁעֲלֵיהֶן מִתְטַמְּאִין מִן הַמַּשְׁקִין הַבְּלוּעִין בָּהֶם. וְלֹא יַסִּיקֵם אֶלָּא בְּיָדַיִם טְהוֹרוֹת גְּזֵרָה שֶׁלֹּא יַסִּיקֵם הַטָּמֵא וְנִמְצְאוּ הַמַּשְׁקִין שֶׁעֲלֵיהֶם מְטַמְּאִין אֶת הַתַּנּוּר:

ז. שֶׁרֶץ שֶׁנִּמְצָא בְּרֵחַיִם שֶׁל זֵיתִים אֵין טָמֵא אֶלָּא מְקוֹם מַגָּעוֹ. אִם הָיָה מַשְׁקֶה מְהַלֵּךְ הַכֹּל טָמֵא. שֶׁכֵּיוָן שֶׁנִּטְמָא מִקְצָת הַמַּשְׁקֶה נִטְמָא כֻּלּוֹ וְהַשֶּׁמֶן מְטַמֵּא אֶת כָּל הַזֵּיתִים. נִמְצָא עַל גַּבֵּי הָעֶלְיוֹן לְמַעְלָה מִן הַזֵּיתִים יִשְׁאֲלוּ מִן הַבַּדָּדִין אִם אָמְרוּ לֹא נָגַעְנוּ נֶאֱמָנִין. נִמְצָא עַל אוֹם שֶׁל זֵיתִים נִטְמָא כָּל הַגּוּשׁ כְּמוֹ שֶׁבֵּאַרְנוּ. נִמְצָא עַל גַּבֵּי זֵיתִים פֵּרוּדִין וְהוּא נוֹגֵעַ בִּכְבֵיצָה הַכֹּל טָמֵא שֶׁהָאוֹכֵל שֶׁהוּא כְּבֵיצָה מְטַמֵּא הַמַּשְׁקֶה הַמְעֹרָב בָּהֶן וְהַמַּשְׁקֶה מְטַמֵּא שְׁאָר הַזֵּיתִים. הָיוּ פֵּרוּדִין עַל גַּבֵּי פֵּרוּדִין וְהַמַּשְׁקֶה מִלְמַטָּה אַף עַל פִּי שֶׁנָּגַע בִּכְבֵיצָה אֵין טָמֵא אֶלָּא מְקוֹם מַגָּעוֹ:

ח. עַם הָאָרֶץ שֶׁהוֹשִׁיט יָדָיו לַגַּת וְנָגַע בְּאֶשְׁכּוֹלוֹת אֶשְׁכּוֹל וְכָל סְבִיבוֹתָיו טְמֵאִין וְהַגַּת כֻּלָּהּ טְהוֹרָה מִפְּנֵי שֶׁמַּפְסִיקִין הָאֶשְׁכּוֹלוֹת שֶׁסְּבִיבוֹת זֶה הָאֶשְׁכּוֹל בֵּינוֹ וּבֵין שְׁאָר הַגַּת:

ט. הַגֶּפֶת וְהַזַּגִּים שֶׁנַּעֲשׂוּ בְּטָהֳרָה וְהָלְכוּ עֲלֵיהֶן טְמֵאִין וְאַחַר כָּךְ יָצְאוּ מֵהֶן מַשְׁקִין הֲרֵי אֵלּוּ טְהוֹרִין שֶׁמִּתְּחִלָּה נַעֲשׂוּ בְּטָהֳרָה. וְאִם נַעֲשׂוּ מִתְּחִלָּה בְּטֻמְאָה וְיָצְאוּ מֵהֶן מַשְׁקִין טְמֵאִין:

י. הַבַּדָּדִין שֶׁנִּכְנָסִין וְיוֹצְאִין וּמַשְׁקִין טְמֵאִין בְּתוֹךְ בֵּית הַבַּד אִם יֵשׁ בֵּין מַשְׁקִין לַזֵּיתִים כְּדֵי שֶׁיִּנַּגְּבוּ אֶת רַגְלֵיהֶן בָּאָרֶץ הֲרֵי הַזֵּיתִים טְהוֹרִין שֶׁהַנּוֹגֵעַ בְּמַשְׁקִין טְמֵאִים שֶׁלֹּא בְּיָדָיו טָהוֹר וַאֲפִלּוּ לְקֹדֶשׁ. כִּכְּרוֹת הַקֹּדֶשׁ שֶׁהָיוּ בָּהֶן גּוּמוֹת וּבְתוֹךְ הַגּוּמוֹת הָיוּ מַשְׁקִין שֶׁל קֹדֶשׁ וְנָגַע הַשֶּׁרֶץ בְּאַחַת מֵהֶן וְנָגְעָה רִאשׁוֹנָה בַּשְּׁנִיָּה וּשְׁנִיָּה בַּשְּׁלִישִׁית אֲפִלּוּ מֵאָה כֻּלָּן רִאשׁוֹן לְטֻמְאָה. מִפְּנֵי הַמַּשְׁקֶה שֶׁבַּגֻּמּוֹת וְחִבַּת הַקֹּדֶשׁ הֲרֵי הֵן כֻּלָּן כְּמַשְׁקִין שֶׁאֵין מוֹנִין בָּהֶן. אֲבָל אִם הָיוּ כִּכְּרוֹת תְּרוּמָה הֲרֵי הַכִּכָּר הַשְּׁלִישִׁית בִּלְבַד פְּסוּלָה וּמִשְּׁלִישִׁית וָהָלְאָה טָהוֹר. וְאִם הָיָה מַשְׁקֶה טוֹפֵחַ עַל כָּל הַכִּכָּרוֹת אַף בִּתְרוּמָה הַכֹּל טְמֵאוֹת וְכֻלָּן שְׁנִיּוֹת חוּץ מִן הָרִאשׁוֹנָה שֶׁנָּגַע בָּהּ הַשֶּׁרֶץ שֶׁהִיא רִאשׁוֹן:

יא. אֲבַעְבּוּעַ הַנַּעֲשֶׂה בְּעָבְיֵי הֶחָבִית וַהֲרֵי הוּא כְּמוֹ כְּלִי אַחֵר בְּצִדָּהּ אִם נִקַּב הָאֲבַעְבּוּעַ לַאֲוִיר הֶחָבִית וְנִקַּב נֶקֶב אַחֵר לַחוּץ זֶה כְּנֶגֶד זֶה. אוֹ שֶׁהָיָה הַנֶּקֶב הַפְּנִימִי מִלְמַטָּה וְהַחִיצוֹן מִלְמַעְלָה וְהָיָה הָאֲבַעְבּוּעַ וְהֶחָבִית מְלֵאִים מַשְׁקִין. אִם נָגַע אַב הַטֻּמְאָה בְּמַשְׁקֶה שֶׁבָּאֲבַעְבּוּעוֹת נִטְמְאוּ כָּל הַמַּשְׁקִין שֶׁבֶּחָבִית. הָיְתָה הֶחָבִית מֻקֶּפֶת צָמִיד פָּתִיל וּנְתוּנָה בְּאֹהֶל הַמֵּת נִטְמֵאת מִפְּנֵי הַנֶּקֶב שֶׁבָּאֲבַעְבּוּעַ זֶה שֶׁהֲרֵי הוּא מְפֻלָּשׁ לַאֲוִירָהּ. וְכֵן אִם הָיָה הַנֶּקֶב שֶׁבָּאֲבַעְבּוּעַ שֶׁבִּפְנִים מִלְמַעְלָה וְהַחִיצוֹן מִלְמַטָּה הֲרֵי זוֹ אֵינָהּ נִצֶּלֶת בְּצָמִיד פָּתִיל. אֲבָל אִם נָגַע אַב הַטֻּמְאָה בָּאֲבַעְבּוּעַ לֹא נִטְמְאוּ מַשְׁקִין שֶׁבֶּחָבִית וְהִנָּם כִּמְבֻדָּלִין מֵהֶן:

Perek 10

Toldot (derivatives) of the **7** liquids

		Contract Impurity	Transmit Impurity	Stay Pure
Water	*Toldot*	✓	✓	
	Eye fluids	✓	✓	
	Ear fluids	✓	✓	
	Nose fluids	✓	✓	
	Mouth fluids	✓	✓	
	Urine	✓	✓	
	Animal urine	×	×	
	Zav, zavah, nidah, yoledet (their secretions are av hatumah)		✓ Even though the foods have not been made susceptible	
	Sweat	×	×	
	Pus	×	×	
	Vomit	×	×	
	Faeces	×	×	
	Moisture on walls of homes, caves etc unless it is obviously pure water e.g. bathhouse			✓
Blood	Blood from kosher animals (domesticated or undomesticated) or bird at start of slaughter		x Because animal is still alive	
	Blood at end of slaughter of kosher animal or fowl	✓	✓	
	Blood let for medical treatment, blood of non-kosher animals or wounds etc			✓
	Blood of *sheretz*		Imparts impurity but does not make foods susceptible to impurity – is considered like its flesh	
	Zav, zavah etc (includes blood, semen, urine, milk, tears etc		*Av hatumah*	

	Blood mixtures (blood plus water) in the Temple slaughtering area – *Mipi Hakabalah*	×	×	✓
Milk	Whey	✓	✓	
	Human milk which is not needed	×	×	
Pure olive oil	Black liquid which flows without being pressed	✓	✓	
	Oil that drips from baskets while being harvested i.e. not collected	×	×	
Wine	Juice that is attempted to be collected	✓	✓	
	Juice that just drips away	×	×	

פרק י׳

א. כְּבָר בֵּאַרְנוּ שֶׁהַשִּׁבְעָה מַשְׁקִין בִּלְבַד הֵן שֶׁמִּתְטַמְּאִין אוֹ מַכְשִׁירִין וְהַשְּׁאָר קְרוּיִין מֵי פֵּרוֹת וְאֵינָם מִתְטַמְּאִין וְלֹא מַכְשִׁירִין. וְשִׁבְעָה מַשְׁקִין שֶׁמָּנִינוּ תּוֹלְדוֹתֵיהֶם כַּיּוֹצֵא בָּהֶם:

ב. תּוֹלְדוֹת הַמַּיִם הֵם הַיּוֹצֵא מִן הָעַיִן וּמִן הָאֹזֶן וּמִן הַחֹטֶם וּמִן הַפֶּה וּמֵי רַגְלֵי בְּנֵי אָדָם בֵּין גְּדוֹלִים בֵּין קְטַנִּים כָּל אֵלּוּ הַיּוֹצְאִין מִן הָאָדָם מַשְׁקִין הֵן בֵּין שֶׁיָּצְאוּ לְדַעְתּוֹ שֶׁל אָדָם בֵּין שֶׁיָּצְאוּ שֶׁלֹּא לְדַעְתּוֹ. אֲבָל מֵי רַגְלֵי בְּהֵמָה וְהַמֶּלַח שֶׁנִּמְחֲתָה הֲרֵי הֵן כְּמֵי פֵּרוֹת לֹא מִתְטַמְּאִין וְלֹא מַכְשִׁירִין:

ג. הַדָּם הַמָּנוּי מִן הַמַּשְׁקִין הוּא הַדָּם הַשּׁוֹתֵת בִּשְׁעַת שְׁחִיטָה מִן הַבְּהֵמָה וְהַחַיָּה וְהָעוֹפוֹת הַטְּהוֹרִין. אֲבָל דַּם הַקִּלּוּחַ אֵינוֹ מַכְשִׁיר שֶׁעֲדַיִן חַיִּים הֵן וַהֲרֵי הוּא דּוֹמֶה לְדַם מַכָּה אוֹ לְדַם הַקָּזָה. הַשּׁוֹחֵט וְנִתַּז דָּם עַל הָאֳכָלִין וְנִתְקַנֵּחַ הַדָּם בֵּין סִימָן לְסִימָן הֲרֵי זֶה סָפֵק. לְפִיכָךְ תּוֹלִין עָלָיו לֹא אוֹכְלִין וְלֹא שׂוֹרְפִין. תּוֹלְדוֹת הַדָּם דַּם הַקָּזָה שֶׁל אָדָם שֶׁהוֹצִיאוֹ לִשְׁתִיָּה אֲבָל אִם הוֹצִיאוֹ לִרְפוּאָה טָהוֹר וְאֵינוֹ מַכְשִׁיר. וְכֵן דַּם שְׁחִיטָה בִּבְהֵמָה וּבְחַיָּה וּבְעוֹפוֹת הַטְּמֵאִין וְהַדָּם הַיּוֹצֵא עִם הַלֵּחָה וְעִם הָרְעִי וְדַם הַשְּׁחִין וְהָאֲבַעְבּוּעוֹת וְתַמְצִית הַבָּשָׂר כָּל אֵלּוּ אֵינָן מִתְטַמְּאִין וְלֹא מַכְשִׁירִין אֶלָּא הֲרֵי הֵן כִּשְׁאָר מֵי פֵּרוֹת. וְדַם הַשֶּׁרֶץ כִּבְשָׂרוֹ מְטַמֵּא וְאֵינוֹ מַכְשִׁיר. וְאֵין לָנוּ כַּיּוֹצֵא בּוֹ:

ד. מֵי הֶחָלָב הֲרֵי הֵן כְּחָלָב. וַחֲלֵב הָאָדָם שֶׁאֵינוֹ צָרִיךְ לוֹ אֵינוֹ מַשְׁקֶה לֹא מַכְשִׁיר וְלֹא מִתְטַמֵּא. לְפִיכָךְ חֲלֵב הַזָּכָר אֵינוֹ מַשְׁקֶה. וְכֵן חֲלֵב בְּהֵמָה וְחַיָּה שֶׁיָּצָא שֶׁלֹּא לְרָצוֹן כְּגוֹן שֶׁזָּב מֵהַדָּד מֵאֵלָיו אוֹ שֶׁחֲלָבוֹ כְּמִתְעַסֵּק. אֲבָל חֲלֵב הָאִשָּׁה בֵּין שֶׁיָּצָא לְרָצוֹן בֵּין שֶׁיָּצָא שֶׁלֹּא לְרָצוֹן סְתָמוֹ מַשְׁקֶה וּמִתְטַמֵּא אוֹ מַכְשִׁיר מִפְּנֵי שֶׁהוּא רָאוּי לְתִינוֹק:

ה. הַמַּשְׁקִין שֶׁיּוֹצְאִין מֵאוֹתָן הַטְּמֵאִין שֶׁאוֹתָן הַמַּשְׁקִין אֲבוֹת טֻמְאָה מְטַמְּאִים בְּלֹא הֶכְשֵׁר שֶׁהַטֻּמְאָה וְהַהֶכְשֵׁר בָּאִין כְּאַחַת וְאֵלּוּ הֵן. זוֹב הַזָּב וְשִׁכְבַת זַרְעוֹ וּמֵימֵי רַגְלָיו. וּרְבִיעִית דָּם מִן הַמֵּת. וְדַם הַנִּדָּה. וְכֵן דַּם מַגֵּפָתוֹ שֶׁל זָב וַחֲבֵרָיו וְחָלָב שֶׁל אִשָּׁה וְדִמְעַת עֵינַיִם עִם שְׁאָר תּוֹלְדוֹת הַמַּיִם הַיּוֹצְאִין מֵהֶן מְטַמְּאִין כְּמַשְׁקִין טְמֵאִין שֶׁמְּטַמְּאִין בְּלֹא כַּוָּנָה שֶׁמַּשְׁקִין טְמֵאִין מְטַמְּאִין לְרָצוֹן וְשֶׁלֹּא לְרָצוֹן. לְפִיכָךְ נִדָּה אוֹ זָבָה שֶׁנָּטַף חָלָב מִדָּדֶיהָ לַאֲוִיר הַתַּנּוּר נִטְמָא הַתַּנּוּר וְכָל מַה שֶּׁבְּתוֹכוֹ:

ו. כְּבָר בֵּאַרְנוּ שֶׁהַמַּשְׁקִין הַיּוֹצְאִין מִטְּבוּל יוֹם אֵינָם טְמֵאִים. לְפִיכָךְ אִם נָפְלוּ אֲפִלּוּ עַל כִּכָּר שֶׁל תְּרוּמָה אֵינוֹ מֻכְשָׁר עַד שֶׁיִּפְּלוּ לְרָצוֹן כִּשְׁאָר הַמַּשְׁקִין הַטְּהוֹרִין שֶׁאֵינָן מַכְשִׁירִין אֶלָּא לְרָצוֹן:

ז. הַזֵּעָה וְהַלֵּחָה הַסְּרוּחָה וְהָרְעִי וְהַמַּשְׁקִין הַיּוֹצְאִין מִבֶּן שְׁמוֹנָה חֳדָשִׁים וְהַשּׁוֹתֶה מֵי טְבֶרְיָה וְכַיּוֹצֵא בָּהֶן אַף עַל פִּי שֶׁיּוֹצְאִין נְקִיִּים כָּל אֵלּוּ אֵינָן חֲשׁוּבִין מַשְׁקֶה וְלֹא מִתְטַמְּאִין וְלֹא מַכְשִׁירִין:

ח. הַשּׁוֹתֶה שְׁאָר מַשְׁקִין וְיָצְאוּ הֲרֵי הֵן מַשְׁקִין כְּשֶׁהָיוּ

שֶׁאֵין שְׁאָר הַמַּשְׁקִין טְהוֹרִין בַּגּוּף. כֵּיצַד. שָׁתָה מַיִם טְמֵאִין וֶהֱקִיאָן הֲרֵי אֵלּוּ טְמֵאִין מִפְּנֵי שֶׁלֹּא טָהֲרוּ בִּיצִיאָתָן. שָׁתָה מַיִם טְמֵאִים וְטָבַל וְאַחַר כָּךְ הֱקִיאָן [אוֹ שֶׁנִּסְרְחוּ וְאַחַר כָּךְ הֱקִיאָן] אוֹ שֶׁיָּצְאוּ מִלְּמַטָּה אַף עַל פִּי שֶׁלֹּא טָבַל הֲרֵי הֵן טְהוֹרִין. שָׁתָה שְׁאָר מַשְׁקִין טְמֵאִין אוֹ שְׁאָר אֳכָלִין טְמֵאִין אַף עַל פִּי שֶׁטָּבַל וְאַחַר כָּךְ הֱקִיאָן טְמֵאִין לְפִי שֶׁאֵינָן טְהוֹרִין בַּגּוּף. נִסְרְחוּ אוֹ שֶׁיָּצְאוּ מִלְּמַטָּה הֲרֵי הֵן טְהוֹרִין:

ט. כְּבָר בֵּאַרְנוּ שֶׁהַזֵּעָה אֵינָהּ מַשְׁקֶה אֲפִלּוּ שָׁתָה מַשְׁקִין טְמֵאִין וְהִזִּיעַ זֵעָתוֹ טְהוֹרָה. אֲבָל הַבָּא בְּמַיִם שְׁאוּבִין וְהִזִּיעַ זֵעָתוֹ טְמֵאָה. וְאִם נִסְתַּפֵּג מִן הַמַּיִם הַשְּׁאוּבִין וְאַחַר כָּךְ הִזִּיעַ זֵעָתוֹ טְהוֹרָה:

י. זֵעַת בָּתִּים שִׁיחִין וּמְעָרוֹת וּבוֹרוֹת אֵינָן מַשְׁקֶה וַאֲפִלּוּ הֵן טְמֵאִין זֵעָתָן טְהוֹרָה. אֲבָל זֵעַת הַמֶּרְחָץ בְּמַיִם אִם הָיְתָה הַמֶּרְחָץ טְמֵאָה זֵעָתָהּ טְמֵאָה. וְאִם הָיְתָה טְהוֹרָה וְהִכְנִיס בָּהּ פֵּרוֹת הֻכְשְׁרוּ. הִכְנִיסוּ לָהּ כֵּלִים הֲרֵי הַמַּיִם שֶׁעֲלֵיהֶן כִּתְלוּשִׁין בְּרָצוֹן וּמַכְשִׁירִין:

יא. הַבְּרֵכָה שֶׁבַּבַּיִת וְהַבַּיִת מַזִּיעַ מֵחֲמָתָהּ אִם הָיְתָה הַבְּרֵכָה טְמֵאָה זֵעַת כָּל הַבַּיִת שֶׁמֵּחֲמָתָהּ טְמֵאָה:

יב. שְׁתֵּי בְּרֵכוֹת בַּבַּיִת אַחַת טְמֵאָה וְאַחַת טְהוֹרָה. הַמַּזִּיעַ קָרוֹב לַטְּמֵאָה טָמֵא קָרוֹב לַטְּהוֹרָה טָהוֹר. מֶחֱצָה לְמֶחֱצָה טָמֵא:

יג. הַמֹּהַל כַּשֶּׁמֶן. מַשְׁקִין הַמְנַטְּפִין מִסַּלֵּי זֵיתִים וַעֲנָבִים אֵינוֹ מַשְׁקֶה וְלֹא מִתְטַמְּאִין וְלֹא מַכְשִׁירִין עַד שֶׁיַּכְנִיסֵם בִּכְלִי:

יד. הַשּׁוֹקֵל עֲנָבִים בְּכַף מֹאזְנַיִם הַיַּיִן שֶׁבַּכַּף אֵינוֹ מַשְׁקֶה עַד שֶׁיְּעָרֶנּוּ לְתוֹךְ הַכְּלִי וַהֲרֵי זֶה דּוֹמֶה לְסַלֵּי זֵיתִים וַעֲנָבִים שֶׁמְּנַטְּפִין:

טו. הַדּוֹרֵס עֲנָבִים שֶׁל תְּרוּמָה בְּחָבִית אַף עַל פִּי שֶׁהַיַּיִן צָף עַל גַּבֵּי יָדָיו הֲרֵי הַכֹּל טָהוֹר:

טז. מַשְׁקֵה בֵּית מִטְבְּחַיִם שֶׁבָּעֲזָרָה וְהוּא דַּם הַקֳּדָשִׁים וְהַמַּיִם שֶׁמִּשְׁתַּמְּשִׁין בָּהֶן שָׁם טְהוֹרִין לְעוֹלָם וְאֵינָן מִתְטַמְּאִין וְלֹא מַכְשִׁירִין. וְדָבָר זֶה הֲלָכָה מִפִּי הַקַּבָּלָה. לְפִיכָךְ כָּל דְּמֵי הַזְּבָחִים אֵינוֹ מְקַבֵּל טֻמְאָה וְאֵינוֹ מַכְשִׁיר. וְהוֹאִיל וְדַם הַקֳּדָשִׁים אֵינוֹ מַכְשִׁיר קָדָשִׁים שֶׁנִּשְׁחֲטוּ בָּעֲזָרָה לֹא הֻכְשְׁרוּ בְּדַם שְׁחִיטָה וְאֵין לִבְשַׂר הַקֳּדָשִׁים הֶכְשֵׁר אֶלָּא בְּמַשְׁקִין שֶׁיִּפְּלוּ עַל הַבָּשָׂר חוּץ מִמַּשְׁקֵה בֵּית הַמִּטְבְּחַיִם:

יז. פָּרַת קָדָשִׁים שֶׁהֶעֱבִירָהּ בַּנָּהָר וּשְׁחָטָהּ וַעֲדַיִן מַשְׁקֶה טוֹפֵחַ עָלֶיהָ הֲרֵי זוֹ מֻכְשֶׁרֶת. לְפִיכָךְ אִם נִמְצֵאת מַחַט טְמֵאָה בִּבְשָׂרָהּ הֲרֵי הַבָּשָׂר טָמֵא. וְכֵן אִם הָיְתָה הַפָּרָה חֲסוּמָה מִחוּץ לִירוּשָׁלַיִם אַף עַל פִּי שֶׁאֵין הַמַּחַט יְדוּעָה הֲרֵי הַבָּשָׂר טָמֵא מִפְּנֵי שֶׁנָּגַע בְּכֵלִים הַנִּמְצָאִין מִחוּץ לִירוּשָׁלַיִם. נִמְצֵאת הַמַּחַט בַּפֶּרֶשׁ הַבָּשָׂר טָהוֹר. וּבֵין כָּךְ וּבֵין כָּךְ הַיָּדַיִם טְהוֹרוֹת שֶׁאֵין טֻמְאַת יָדַיִם בַּמִּקְדָּשׁ כְּמוֹ שֶׁבֵּאַרְנוּ. בַּמֶּה דְּבָרִים אֲמוּרִים לִהְיוֹת הַבָּשָׂר טָמֵא בְּדִין תּוֹרָה. אֲבָל לְהִתְטַמֵּא מִדִּבְרֵיהֶן אֵין הַקֹּדֶשׁ צָרִיךְ הֶכְשֵׁר אֶלָּא חִבַּת הַקֹּדֶשׁ מַכְשֶׁרֶת הַבָּשָׂר. וְאִם נָגַע בָּהּ טֻמְאָה בֵּין קַלָּה בֵּין חֲמוּרָה נִפְסְלָה אַף עַל פִּי שֶׁלֹּא הֻכְשַׁר בְּמַשְׁקֶה כְּמוֹ שֶׁבֵּאַרְנוּ:

Perek 11

Intention in relation to *hechsher* i.e. foods for eating or drinking.

Grapes and Olives.

The intention of the owner decides whether grapes or olives are going to be used for eating or liquids. If they are designated for eating, they do not become susceptible to impurity until they are wetted.

If they are designated for squeezing (or crushing), they become susceptible to impurity even though they had no contact with liquids at all. – *Derabanan.*

With olives, this susceptibility to impurity, only takes place when the work required to prepare them is complete. This takes place when the entire harvest has been deposited in one place, ready to be pressed.

Breaking open olives with intent to squeeze them, is also regarded as completing the work. If he just broke them open to check if they are ready, they do not become susceptible. If owner leaves olives on roof with intention to dry out, then even the liquid which is there is not susceptible to impurity.

פרק י״א

א. הַבּוֹצֵר עֲנָבִים לִמְכֹּר בַּשּׁוּק אוֹ לְיַבְּשָׁן לֹא הֻכְשְׁרוּ לְטֻמְאָה עַד שֶׁיִּפְּלוּ עֲלֵיהֶן מַשְׁקִין לִרְצוֹנוֹ כִּשְׁאָר הָאֳכָלִין. אֲבָל הַבּוֹצֵר לִדְרֹךְ הֻכְשַׁר לְטֻמְאָה וְאַף עַל פִּי שֶׁלֹּא נָפְלוּ מַשְׁקִין עַל הַבָּצִיר כְּלָל וְאִם נָגְעָה בּוֹ טֻמְאָה נִטְמָא. וְדָבָר זֶה גְּזֵרָה מִדִּבְרֵי סוֹפְרִים. וּמִפְּנֵי מָה גָּזְרוּ עַל הַבּוֹצֵר לַגַּת שֶׁהוּא מֻכְשָׁר שֶׁפְּעָמִים שֶׁאָדָם נִכְנָס לְכַרְמוֹ לֵידַע אִם הִגִּיעַ לְהִבָּצֵר וְסוֹחֵט אֶשְׁכּוֹל שֶׁל עֲנָבִים לִבְדֹּק בּוֹ וּמְזַלְּפוֹ עַל גַּבֵּי הָעֲנָבִים הַבְּצוּרוֹת שֶׁהֲרֵי הַכֹּל לִדְרִיכָה עוֹמֵד. וְעוֹד מִפְּנֵי שֶׁאֵינוֹ מַקְפִּיד עָלָיו הֲרֵי הוּא מִתְמַעֵךְ וְיֵצְאוּ מֵימָיו וַהֲרֵי הוּא מַקְפִּיד עֲלֵיהֶן שֶׁלֹּא יָזוּבוּ בַּקַּרְקַע וְנִמְצָא מֻכְשָׁר בָּהֶן. לְפִיכָךְ גָּזְרוּ שֶׁהַבּוֹצֵר לַגַּת הֻכְשַׁר:

ב. הַבּוֹצֵר עֲנָבִים שֶׁאִם לֹא מָצָא לָהֶם שׁוּק מַחֲזִירָן לַגַּת לֹא הֻכְשְׁרוּ עַד שֶׁיָּבוֹאוּ לִרְשׁוּת הַגַּת. וְכֵן הַזֵּיתִים שֶׁבָּאוּ לִרְשׁוּת הַבַּד הֻכְשְׁרוּ כְּמוֹ שֶׁיִּתְבָּאֵר:

ג. הַבּוֹצֵר עֲנָבִים וּנְתָנָם בְּעָבִיט אוֹ שֶׁשְּׁטָחָן עַל גַּבֵּי הֶעָלִין הֻכְשְׁרוּ בְּמַשְׁקִין הַיּוֹצְאִין מֵהֶן שֶׁהֲרֵי דַּעְתּוֹ עַל הַמַּשְׁקִין וּלְפִיכָךְ שָׁטַח עַל הֶעָלִין אוֹ נָתַן לְתוֹךְ הֶעָבִיט שֶׁהוּא כְּמוֹ בּוֹר לְפִיכָךְ אִם נָטַל מֵהֶן טָמֵא אוֹ מִי שֶׁיָּדָיו טְמֵאוֹת טִמְּאָן. בָּצַר וְנָתַן לַסַּלִּים אוֹ בְּמַשְׁטִיחַ שֶׁל אֲדָמָה לֹא הֻכְשְׁרוּ שֶׁהֲרֵי אֵינוֹ מַקְפִּיד עַל הַמַּשְׁקֶה הַיּוֹצֵא מֵהֶן לְפִיכָךְ נוֹטֵל הַטָּמֵא מֵהֶן וְאוֹכֵל וְאַף עַל פִּי שֶׁהֵן מְבֻקָּעוֹת וּמְנַטְּפוֹת לַגַּת הֲרֵי הַגַּת טְהוֹרָה שֶׁהֲרֵי לֹא הֻכְשְׁרוּ וַהֲרֵי נִבְצְרוּ לַאֲכִילָה. וְכֵן הַנּוֹטֵל מִן הַסַּלִּים וּמִן הַמַּשְׁטִיחַ שֶׁל אֲדָמָה וְאָכַל וְהוֹתִיר כִּסְאָה וּכְסָאתַיִם וּזְרָקָן לַגַּת. וְאַף עַל פִּי שֶׁהַיַּיִן מְנַתֵּז עַל הָעֲנָבִים לֹא הֻכְשְׁרוּ:

ד. עֲנָבִים שֶׁהָיוּ בַּסַּלִּים אוֹ בְּמַשְׁטִיחַ שֶׁל אֲדָמָה וְלָקַח מֵהֶן לְדָרְכָן הֻכְשְׁרוּ לְפִיכָךְ צָרִיךְ לִקַּח מֵהֶן בְּיָדַיִם טְהוֹרוֹת כְּדֵי שֶׁלֹּא יִקַּח מֵהֶן הַטָּמֵא וִיטַמְּאֵן:

ה. כֶּרֶם שֶׁהוּא עוֹמֵד בְּבֵית הַפְּרָס הַבּוֹצֵר אוֹתוֹ לַגַּת אֵינוֹ מֻכְשָׁר כָּל זְמַן שֶׁהוּא בְּבֵית הַפְּרָס הוֹאִיל וְטֻמְאַת בֵּית הַפְּרָס מִדִּבְרֵיהֶם וְהַבּוֹצֵר לַגַּת הֻכְשַׁר מִדִּבְרֵיהֶם הֵקֵלּוּ בִּגְזֵרָה זוֹ וְלֹא גָּזְרוּ עָלָיו שֶׁיִּהְיֶה מֻכְשָׁר עַד שֶׁיֵּצֵא מִבֵּית הַפְּרָס. לְפִיכָךְ הָרוֹצֶה לִבְצֹר בְּבֵית הַפְּרָס לַגַּת בְּטָהֳרָה מְטַהֵר אֶת הַבּוֹצְרִים וְאֶת הַכֵּלִים וּמַזֶּה עֲלֵיהֶם שְׁלִישִׁי וּשְׁבִיעִי וּמַעֲרִיב שִׁמְשָׁן כְּדֵי לְהַכִּיר שֶׁאֵין מְקִלִּין בְּטֻמְאַת בֵּית הַפְּרָס אֶלָּא מִפְּנֵי שֶׁהוּא סָפֵק וְאַחַר כָּךְ נִכְנָסִין וּבוֹצְרִין וּמוֹצִיאִין חוּץ לְבֵית הַפְּרָס וַאֲחֵרִים טְהוֹרִים מְקַבְּלִין מֵהֶן וּמוֹלִיכִין לַגַּת וְאִם נָגְעוּ אֵלּוּ בְּאֵלּוּ טְמֵאִין מְטַמְּאִין אֶת הָעֲנָבִים שֶׁהָאֲנָשִׁים שֶׁבְּבֵית הַפְּרָס טְמֵאִין וּמְטַמְּאִין לְאוֹתָן שֶׁבַּחוּץ וְעוֹשִׂין אוֹתוֹ רִאשׁוֹן וְהֵן מְטַמְּאִין אֶת הָעֲנָבִים שֶׁהֲרֵי הֻכְשְׁרוּ מִשֶּׁיָּצְאוּ חוּץ לְבֵית הַפְּרָס:

ו. הַמּוֹסֵק אֶת זֵיתָיו לְכָבְשָׁן אוֹ לְמָכְרָן בַּשּׁוּק לֹא הֻכְשְׁרוּ עַד שֶׁיִּפְּלוּ עֲלֵיהֶן מַשְׁקִין בְּרָצוֹן כִּשְׁאָר הָאֳכָלִין. וְכֵן הַמּוֹסֵק זֵיתָיו לִדְרֹךְ בְּבֵית הַבַּד לֹא הֻכְשְׁרוּ עַד שֶׁתִּגָּמֵר מְלַאכְתָּן. וּמִפְּנֵי מָה יֻכְשְׁרוּ הַזֵּיתִים שֶׁנִּגְמְרָה מְלַאכְתָּן שֶׁחֶזְקָתָן שֶׁהֻכְשְׁרוּ בְּמֹהַל שֶׁלָּהֶן שֶׁהֲרֵי רוֹצֶה בְּקִיּוּמוֹ כְּדֵי שֶׁיִּהְיוּ נוֹחִין לִדְרֹךְ. אֲבָל קֹדֶם שֶׁתִּגָּמֵר מְלַאכְתָּן אֵין הַמֹּהַל הַיּוֹצֵא מֵהֶן מַכְשִׁיר מִפְּנֵי שֶׁאֵינוֹ רוֹצֶה בְּקִיּוּמוֹ. לְפִיכָךְ זֵיתִים שֶׁלֹּא נִגְמְרָה מְלַאכְתָּן שֶׁנָּפְלוּ עֲלֵיהֶן מַשְׁקִין טְמֵאִין אֵין טָמֵא אֶלָּא מְקוֹם מַגָּעָם כְּכָל הָאֳכָלִים שֶׁלֹּא הֻכְשְׁרוּ. נָפְלוּ עֲלֵיהֶן מַשְׁקִין טְמֵאִין אַחַר שֶׁנִּגְמְרָה מְלַאכְתָּן נִטְמְאוּ כֻּלָּן שֶׁהַמַּשְׁקִין הַטְּמֵאִין מְטַמְּאִים אֶת הַמֹּהַל שֶׁבָּהֶן וְהַמֹּהַל מְטַמֵּא אֶת כֻּלָּן. שֶׁהַמֹּהַל שֶׁיָּצָא מֵהֶן אַחַר גְּמַר מְלַאכְתָּן חָשׁוּב מַשְׁקֶה וּמִתְטַמֵּא וּמַכְשִׁיר:

ז. חָבִית שֶׁל זֵיתִים מְגֻלְגָּלִים צָרִיךְ לִנְקֹב הֶחָבִית כְּדֵי שֶׁיֵּצֵא הַמֹּהַל. וְאִם לֹא נִקֵּב הֲרֵי אֵלּוּ מֻכְשָׁרִין. נְקָבָהּ וּסְתָמוּהָ שְׁמָרִים וְהִנָּם בְּלוּלִים בַּמֹּהַל אֵינָם מַכְשִׁירִין מִפְּנֵי שֶׁאֵינָן בִּרְצוֹנוֹ שֶׁהֲרֵי נְקָבָהּ:

ח. זֵיתִים שֶׁמְּסָקָן לִדְרִיכָה מֵאֵימָתַי גְּמַר מְלַאכְתָּן מִשֶּׁתִּגָּמֵר מְסִיקָתָן וְיִהְיוּ מֻנָּחִים וּמוּכָנִים לִדְרִיכָה. אַף עַל פִּי שֶׁלֹּא נָפְלוּ עֲלֵיהֶן מַשְׁקִין וְלֹא יָצְאוּ מֵהֶן מַשְׁקִין הוֹאִיל וְנִגְמְרָה מְלַאכְתָּן הֻכְשְׁרוּ. אֲבָל קֹדֶם שֶׁנִּגְמְרָה מְלַאכְתָּן אַף עַל פִּי שֶׁנִּתְמַעֲכוּ וְהִזִּיעוּ וְנִתְחַבְּרוּ בְּמַשְׁקֵיהֶן אֵינָן מֻכְשָׁרִין. גָּמַר מִלִּמְסֹק זֵיתָיו אֲבָל עָתִיד לִקַּח זֵיתִים אֲחֵרִים לְהוֹסִיף עֲלֵיהֶם אֲפִלּוּ אֵינוֹ עָתִיד לְהוֹסִיף אֶלָּא אוֹ קַב אוֹ קַבַּיִם לֹא הֻכְשְׁרוּ. וְאִם הֶעֱרִים הֲרֵי אֵלּוּ מֻכְשָׁרִין. גָּמַר מִלִּקַּח אֲבָל עָתִיד לִלְווֹת וּלְהוֹסִיף וְאֵרְעוֹ אֹנֶס אוֹ נִתְעַסֵּק בְּמִשְׁתֶּה וְלֹא הוֹסִיף עֲדַיִן לֹא נִגְמְרָה מְלַאכְתָּן וְאֵינָן מְקַבְּלִין טֻמְאָה. וַאֲפִלּוּ זָבִים וְזָבוֹת מְהַלְּכִין עֲלֵיהֶם טְהוֹרִים:

ט. הָעוֹטֵן זֵיתָיו בִּשְׁנֵי בַּדִּים כֵּיוָן שֶׁגָּמַר אַחַת מֵהֶן הֻכְשְׁרוּ לְקַבֵּל טֻמְאָה:

י. הַמַּסִּיק זֵיתָיו בַּגָּלִיל הָעֶלְיוֹן וְעָתִיד לְהוֹרִידָם לַגָּלִיל הַתַּחְתּוֹן אֵין מְקַבְּלִין טֻמְאָה עַד שֶׁיּוֹרִידֵם לְשָׁם. וְהוּא שֶׁחִשֵּׁב עֲלֵיהֶן קֹדֶם שֶׁיִּמְסֹק אֲבָל אַחַר שֶׁיִּמְסֹק אֵין הַמַּחְשָׁבָה מוֹעֶלֶת אֶלָּא הֻכְשְׁרוּ. גָּמַר אֶת זֵיתָיו וְעָתִיד

לְמָכְרָן לֹא הֻכְשְׁרוּ. עָתִיד לְחַפּוֹתָן בֶּעָלִין הֻכְשְׁרוּ וּמְקַבְּלִין טֻמְאָה:

יא. הַלּוֹקֵחַ מַעֲטָן זֵיתִים מִן הָעַכּוּ"ם אִם יֵשׁ מַסִּיק עַל פְּנֵי הָאֲדָמָה יֵעָשׂוּ בְּטֻמְאָה שֶׁזֶּה בְּחֶזְקַת שֶׁגָּמַר. וְנֶאֱמָן עַם הָאָרֶץ לוֹמַר מַעֲטָן זֶה לֹא גְּמַרְתִּיו:

יב. הָרוֹצֶה לִטֹּל מִזֵּיתִים שֶׁלֹּא נִגְמְרָה מְלַאכְתָּן וְלִדְרֹךְ הֲרֵי זֶה נוֹטֵל מֵהֶן בְּטֻמְאָה וּמוֹלִיךְ לְבֵית הַבַּד בְּטֻמְאָה וּמְכַסֶּה הַשְּׁאָר בְּטֻמְאָה וְאֵינוֹ חוֹשֵׁשׁ שֶׁהֲרֵי לֹא הֻכְשְׁרוּ כְּדֵי שֶׁיְּקַבְּלוּ טֻמְאָה:

יג. הַמַּנִּיחַ אֶת זֵיתָיו בְּכוֹתֵשׁ כְּדֵי שֶׁיַּמְתִּינוּ וְיִהְיוּ נוֹחִים לְהִכָּתֵשׁ הֲרֵי אֵלּוּ מֻכְשָׁרִין. הִנִּיחָן שֶׁיַּמְתִּינוּ וְשֶׁיִּמָּלְחֵם אַחַר שֶׁיַּמְתִּינוּ אֵינָן מֻכְשָׁרִין שֶׁהֲרֵי דַּעְתּוֹ עֲלֵיהֶן לְכָבְשָׁן:

יד. הַפּוֹצֵעַ זֵיתִים שֶׁל תְּרוּמָה בְּיָדַיִם טְמֵאוֹת פְּסָלָן שֶׁפְּצִיעָתָן הִיא גְּמַר מְלַאכְתָּן. פְּצָעָן לְסָפְגָן בְּמֶלַח לֹא הֻכְשְׁרוּ. וְכֵן אִם פְּצָעָן לֵידַע אִם יֵשׁ בָּהֶן שֶׁמֶן וְהִגִּיעוּ לְהַמָּסֵק לֹא הֻכְשְׁרוּ:

טו. הַמַּנִּיחַ זֵיתִים בַּגַּת לְגַרְגְּרָן וּלְיַבְּשָׁן אֲפִלּוּ הֵם רוּם אַמָּה אֵינָן מֻכְשָׁרִין. נְתָנָן בַּבַּיִת שֶׁיִּלְקוּ אַף עַל פִּי שֶׁעָתִיד לְהַעֲלוֹתָן לַגַּג אוֹ שֶׁנְּתָנָן בַּגַּג שֶׁיִּלְקוּ אַף עַל פִּי שֶׁעָתִיד לְפָתְחָם וְיַפְרִיס אוֹתָן הֲרֵי אֵלּוּ מֻכְשָׁרִים. נְתָנָן בַּבַּיִת עַד שֶׁיִּשְׁמֹר אֶת גַּגּוֹ אוֹ עַד שֶׁיּוֹלִיכֵם לְמָקוֹם אַחֵר אֵינָן מֻכְשָׁרִים שֶׁעֲדַיִן לֹא נִגְמְרָה מְלַאכְתָּן:

טז. הָעוֹטֵן זֵיתָיו בִּרְשׁוּת עַם הָאָרֶץ וְנָעַל וְחָתַם אֵינוֹ חוֹשֵׁשׁ שֶׁמָּא יֵשׁ לוֹ מַפְתֵּחַ אַחֵר וְחוֹתָם אַחֵר. אַף עַל פִּי שֶׁמָּצָא חוֹתָם מְקֻלְקָל וּמַפְתֵּחַ פָּתוּחַ הֲרֵי אֵלּוּ טְהוֹרִין. וְחוֹתָם שֶׁאָמְרוּ אֲפִלּוּ צְרוֹר אוֹ קֵיסָם. הָיוּ שָׁם חוֹרִין וּסְדָקִין אֵינוֹ חוֹשֵׁשׁ שֶׁמָּא מַכְנִיס קָנֶה וּמְסִיטָן. הָיוּ שָׁם חַלּוֹנוֹת שֶׁל אַרְבָּעָה טְפָחִים נִדּוֹנוֹת כִּפְתָחִין:

יז. הַדּוֹרֵךְ בְּטֻמְאָה וְרָצָה לְטַהֵר כְּלֵי בֵּית הַבַּד וְהָעֲקָל מִן הַמַּשְׁקִין הַטְּמֵאִין שֶׁנִּבְלְעוּ בָּהֶן כֵּיצַד יַעֲשֶׂה. כְּלִי שֶׁל עֵץ וְשֶׁל אֲבָנִים מֵדִיחַ. וְשֶׁל נְסָרִים וְכַיּוֹצֵא בָּהֶן מְנַגְּבָן. וְשֶׁל גֶּמִי מְיַשְּׁנָן כָּל שְׁנֵים עָשָׂר חֹדֶשׁ אוֹ חוֹלְטָן בְּחַמִּין אוֹ בְּמֵי זֵיתִים אוֹ מַנִּיחָן תַּחַת צִנּוֹר שֶׁמֵּימָיו מְקַלְּחִין אוֹ לְתוֹךְ מַעְיָן שֶׁמֵּימָיו רוֹדְפִין שְׁתֵּים עֶשְׂרֵה שָׁעוֹת. וְאַחַר כָּךְ מַטְבִּיל אֶת הַכֵּלִים שֶׁצְּרִיכִין טְבִילָה וּמִשְׁתַּמֵּשׁ בָּהֶן בְּטָהֳרָה:

Perek 12

Intention continued.

Exposure of crops (or food) to liquid

To make crops (or food) susceptible the following factors must be present:

- Crops (or food) must be uprooted from the earth.
- Crops must have been exposed to liquids.
- The exposure to liquids must be wilful (or desired) by owner.
- The liquid also must have been moved (uprooted). (I.e. liquids flowing on the ground, do not make foods susceptible.) E.g. liquids on a wall are considered uprooted from ground (because originally it was separate), whereas water on walls of cave are considered as part of earth and not uprooted.

Basically, if liquid (of the 7 types) fell on food and the owner was pleased by this, the food becomes susceptible. If he was forced to put food in water, because of say danger or necessity, they do not become susceptible.

Examples

- Rain water
- Drain water
- Well
- Drinking

In each case there can be a fine difference in circumstance depending on person's intention, which would decide whether the water would become a transmitter of impurity e.g. rain falls on person. Even if he was an *av tumah* the water on his body is pure. However, if he did not shake it off immediately, it indicates that he was pleased with the water, and therefore the water does become impure.

פרק י״ב

א. כָּל דִּבְרֵי הֶכְשֵׁר אֳכָלִין דִּבְרֵי קַבָּלָה הֵן מִפִּי הַשְּׁמוּעָה לָמְדוּ שֶׁזֶּה שֶׁנֶּאֱמַר (ויקרא יא לח) "וְכִי יֻתַּן מַיִם עַל זֶרַע" אֶחָד הַמַּיִם וְאֶחָד שְׁאָר שִׁבְעָה מַשְׁקִין. וְהוּא שֶׁיִּנָּתֵן עֲלֵיהֶם בִּרְצוֹן בְּעָלִים וְאַחַר שֶׁנֶּעֶקְרוּ מִן הַקַּרְקַע. שֶׁדָּבָר יָדוּעַ הוּא שֶׁאֵין לְךָ זֶרַע שֶׁלֹּא בָּא עָלָיו מַיִם כְּשֶׁהוּא מְחֻבָּר. לֹא נֶאֱמַר וְכִי יֻתַּן מַיִם אֶלָּא לְאַחַר שֶׁנֶּעֶקְרוּ הָאֳכָלִין וְנִתְלְשׁוּ הַמַּשְׁקִין:

ב. כָּל מַשְׁקֶה שֶׁנָּפַל עַל הָאֹכֶל בַּתְּחִלָּה בִּרְצוֹן בְּעָלִים אַף עַל פִּי שֶׁאֵין סוֹפוֹ בְּרָצוֹן אוֹ שֶׁהָיָה סוֹפוֹ בְּרָצוֹן וְאֵין תְּחִלָּתוֹ בְּרָצוֹן הִכְשִׁיר. נָפַל שֶׁלֹּא בִּרְצוֹנוֹ אֵינוֹ מַכְשִׁיר אֲפִלּוּ בָּלַל הוּא פֵּרוֹתָיו מִפְּנֵי הַסַּכָּנָה אוֹ מִפְּנֵי הַצֹּרֶךְ וְהוּא אֵין רְצוֹנוֹ שֶׁיִּהְיוּ בְּלוּלִין הֲרֵי אֵלּוּ לֹא הֻכְשְׁרוּ. כֵּיצַד. הַטּוֹמֵן פֵּרוֹתָיו בַּמַּיִם מִפְּנֵי הַגַּנָּבִים אוֹ הַנּוֹתֵן פֵּרוֹתָיו לְשִׁבֹּלֶת הַנָּהָר לַהֲבִיאָן עִמּוֹ אֵינָן מֻכְשָׁרִים:

ג. מַשְׁקִין שֶׁנִּתְלְשׁוּ מִן הַקַּרְקַע שֶׁלֹּא בְּרָצוֹן אֵינָן מַכְשִׁירִין. לְפִיכָךְ אָדָם אוֹ כֵּלִים אוֹ פֵּרוֹת שֶׁנִּבְלְלוּ בְּמַשְׁקִין וְנִתְלְשׁוּ שֶׁלֹּא בְּרָצוֹן אַף עַל פִּי שֶׁנָּגְעוּ אֳכָלִין בְּאוֹתָן מַשְׁקִין בְּרָצוֹן לֹא הֻכְשְׁרוּ שֶׁהֲרֵי אוֹתָן הַמַּיִם שֶׁלֹּא לְרָצוֹן נִתְלְשׁוּ וּכְאִלּוּ הֵן עֲדַיִן בַּקַּרְקַע שֶׁאֵינָן מַכְשִׁירִין. הָיוּ הַמַּיִם שֶׁעַל הָאָדָם וְעַל הַכֵּלִים וְעַל הַפֵּרוֹת תְּלוּשִׁין בְּרָצוֹן וְנָגְעוּ בָּהֶן אֳכָלִין בְּרָצוֹן הֻכְשְׁרוּ. כֵּיצַד. הַכּוֹפֶה קְעָרָה עַל הַכֹּתֶל בִּשְׁבִיל שֶׁתּוּדַח הַמַּיִם שֶׁבָּהּ מַכְשִׁירִין. וְאִם הִנִּיחַ בָּהֶן פֵּרוֹת הֻכְשְׁרוּ מִפְּנֵי שֶׁהֵן תְּלוּשִׁין בִּכְלִי לָדַעַת. כְּפָאָהּ בִּשְׁבִיל שֶׁלֹּא יִלְקֶה הַכֹּתֶל הַמַּיִם שֶׁבָּהּ אֵינָן כִּתְלוּשִׁין וּלְפִיכָךְ אִם נָתַן בָּהּ אֳכָלִין לֹא הֻכְשְׁרוּ. נִתְכַּוֵּן שֶׁיּוּדַח הַכֹּתֶל אִם הָיָה כֹּתֶל בַּיִת הֲרֵי אֵלּוּ מַכְשִׁירִין שֶׁהַתָּלוּשׁ שֶׁחִבְּרוֹ לְעִנְיַן הֶכְשֵׁר הֲרֵי הוּא כְּתָלוּשׁ וְנִמְצְאוּ מַיִם שֶׁעַל כֹּתֶל בַּיִת זֶה כַּמַּיִם שֶׁבַּכֵּלִים. וְאִם הָיָה כֹּתֶל מְעָרָה שֶׁאֵינוֹ בִּנְיָן אֶלָּא עַצְמָהּ שֶׁל קַרְקַע הַמַּיִם שֶׁעָלֶיהָ אֵינָן כִּתְלוּשִׁין מִן הַקַּרְקַע:

ד. הַשּׁוֹחֶה לִשְׁתּוֹת הֲרֵי הַמַּיִם הָעוֹלִים בִּשְׂפָמוֹ וּבְפִיו תְּלוּשִׁין בִּרְצוֹנוֹ. שֶׁדָּבָר יָדוּעַ הוּא שֶׁהַשּׁוֹתֶה יַעֲלֶה הַמַּיִם בְּפִיו וּבִשְׂפָתָיו וְהוֹאִיל וְשָׁתָה בִּרְצוֹנוֹ הֲרֵי אֵלּוּ נִתְלְשׁוּ בְּרָצוֹן. אֲבָל הַמַּיִם הָעוֹלִים בְּחָטְמוֹ וּבִזְקָנוֹ וּבְרֹאשׁוֹ אֵינָן תְּלוּשִׁין בְּרָצוֹן:

ה. הַמְמַלֵּא אֶת הֶחָבִית הַמַּיִם הָעוֹלִים אַחֲרֶיהָ וּבַחֶבֶל שֶׁהוּא מְכוּנָּן עַל צַוָּארָהּ וּבַחֶבֶל שֶׁהוּא לְצָרְכָּהּ הֲרֵי הֵן תְּלוּשִׁין בְּרָצוֹן. וְהַמַּיִם שֶׁבַּחֶבֶל הַיָּתֵר עַל צָרְכָּהּ אֵינָן תְּלוּשִׁין בְּרָצוֹן. נְתָנָהּ תַּחַת הַצִּנּוֹר כָּל הַמַּיִם שֶׁעַל גַּבָּהּ וּבַחֶבֶל אֵינָן תְּלוּשִׁין בְּרָצוֹן לְפִיכָךְ אֵין מַכְשִׁירִין:

ו. מִי שֶׁיָּרְדוּ עָלָיו גְּשָׁמִים אֲפִלּוּ הָיָה אַב הַטֻּמְאָה. הַמַּיִם שֶׁעָלָיו אַף עַל פִּי שֶׁיָּרְדוּ מִצַּד הָעֶלְיוֹן לַתַּחְתּוֹן טְהוֹרִין וְהוּא שֶׁיִּנַּתֵּק מֵעָלָיו בְּכָל כֹּחוֹ. אֲבָל אִם הָיוּ שׁוֹתְתִין וְיוֹרְדִים בִּשְׁעַת פְּרִישָׁתָם מִתְטַמְּאִין. וּבִזְמַן שֶׁהֵן טְהוֹרִין אֵינָן מַכְשִׁירִין שֶׁהֲרֵי אֵינָן תְּלוּשִׁין עָלָיו לִרְצוֹנוֹ. וְאִם נִעֵר הֲרֵי אֵלּוּ לְרָצוֹן. עָמַד תַּחַת הַצִּנּוֹר לְהָקֵר אוֹ לִידוֹחַ הֲרֵי זֶה לְרָצוֹן. וְאִם הָיָה טָמֵא הַמַּיִם שֶׁעָלָיו טְמֵאִין:

ז. חָבִית שֶׁהָיְתָה מְלֵאָה פֵּרוֹת וְיָרַד הַדֶּלֶף לְתוֹכָהּ הֲרֵי זֶה יְעָרֶה הַמַּיִם מֵעֲלֵיהֶן וְאֵינָן מַכְשִׁירִין וְאַף עַל פִּי שֶׁרְצוֹנוֹ שֶׁיִּהְיוּ בְּתוֹכָהּ עַד שֶׁיְּעָרֶה הַמַּיִם מֵעֲלֵיהֶן:

ח. עֲרֵבָה שֶׁיָּרַד הַדֶּלֶף לְתוֹכָהּ הַמַּיִם הַנִּתָּזִין וְהַצָּפִין מֵעָלֶיהָ אֵינָן תְּלוּשִׁין בְּרָצוֹן. נְטָלָהּ לְשָׁפְכָהּ הַמַּיִם שֶׁבְּתוֹכָהּ אֵינָן בְּרָצוֹן. הִנִּיחָהּ שֶׁיֵּרֵד הַדֶּלֶף לְתוֹכָהּ הַנִּתָּזִין וְהַצָּפִין שֶׁבְּתוֹכָהּ אֵינָן תְּלוּשִׁין בְּרָצוֹן. וְאִם נְטָלָהּ לְשָׁפְכָהּ הֲרֵי אֵלּוּ מַכְשִׁירִין שֶׁכֵּיוָן שֶׁלֹּא שְׁפָכָהּ בִּמְקוֹמָהּ הֲרֵי תְּלָשָׁן בִּרְצוֹנוֹ:

ט. הַמַּטְבִּיל אֶת כֵּלָיו וְהַמְכַבֵּס אֶת כְּסוּתוֹ בִּמְעָרָה הַמַּיִם הָעוֹלִין בְּיָדָיו בְּרָצוֹן וּבְרַגְלָיו אֵינָן כִּתְלוּשִׁין בְּרָצוֹן:

י. פֵּרוֹת שֶׁנָּפְלוּ לְתוֹךְ הַמַּיִם וּפָשַׁט יָדָיו וּנְטָלָן לֹא הֻכְשְׁרוּ. וְאִם חִשֵּׁב שֶׁיּוּדְחוּ יָדָיו הֻכְשְׁרוּ בַּמַּיִם שֶׁבְּיָדָיו שֶׁהַמַּיִם שֶׁבְּיָדָיו וְשֶׁעַל הַפֵּרוֹת הֲרֵי הֵן כִּתְלוּשִׁין בְּרָצוֹן:

יא. הַנּוֹתֵן פֵּרוֹתָיו לְתוֹךְ הַמַּיִם בִּרְצוֹנוֹ אִם הָיוּ מַיִם שֶׁבַּקַּרְקָעוֹת אֵינָן מֻכְשָׁרִין כָּל זְמַן שֶׁהֵן בַּמַּיִם. הוֹצִיאָן הֻכְשְׁרוּ בַּמַּיִם שֶׁעֲלֵיהֶן אוֹ שֶׁעַל יָדָיו שֶׁהֲרֵי נִתְלְשׁוּ בְּרָצוֹן. כֵּיצַד. צְנוֹן אוֹ לֶפֶת שֶׁהוּא בְּתוֹךְ הַמְּעָרָה נִדָּה מְדִיחַתּוּ שָׁם וְהוּא טָהוֹר. הֶעֱלַתְהוּ כָּל שֶׁהוּא מִן הַמַּיִם נִטְמָא בְּמַגָּעָהּ:

יב. קֻפָּה שֶׁהִיא מְלֵאָה תּוּרְמוּסִין וּנְתוּנָה לְתוֹךְ הַמִּקְוֶה מוֹשִׁיט יָדוֹ הַטָּמֵא וְנוֹטֵל תּוּרְמוּסִין מִתּוֹכָהּ וְהֵן טְהוֹרִין

מִפְּנֵי שֶׁלֹּא הֻכְשְׁרוּ שֶׁהֲרֵי מִתּוֹכָהּ נָטַל וְאֵין רְצוֹנוֹ בַּמַּיִם שֶׁעֲלֵיהֶן. הֶעָלִים מִן הַמַּיִם הַנּוֹגְעִין בַּקֻּפָּה טְמֵאִין שֶׁהֲרֵי הֻכְשְׁרוּ בַּמַּיִם שֶׁבַּקֻּפָּה שֶׁנִּתְלְשׁוּ בִּרְצוֹנוֹ. וּשְׁאָר כָּל הַתּוּרְמוּסִין שֶׁבְּתוֹךְ הַקֻּפָּה טְהוֹרִין:

Perek 13

Intention continued.

Uprooting of water continued

Additional points

- Water which has been lifted with intention in a container loses this status after **3 days**.
- If there is a mixture of 2 liquids, one of wilful gathering, and one without intention, then the status becomes the one which has the higher proportion.
- The intentions of people with limited faculties is not significant. However, their actions are significant. E.g. a child brought an animal water to drink. Even if he intended to wash its feet, and the water fell on its feet, this water would remain pure because the intent of a child is not significant.
- There are levels of mixtures and levels of impurity capability.
  - E.g. Dregs from *maaser rishon* plus water – only first batch may not be drunk outside Yerushalayim.
  - Dregs of *trumah* & water – first plus second batches produced may not be drunk by non-*Kohanim.*
  - Consecrated to Temple dregs & water – first, second, plus third batches forbidden.
  - Dregs consecrated to Altar & water – all mixtures are forbidden.

פרק י״ג

א. הַמְמַלֵּא בַּקִּילוֹן הַמַּיִם הַנִּשְׁאָרִים בַּקִּילוֹן הֲרֵי הֵן תְּלוּשִׁין בְּרָצוֹן עַד שְׁלֹשָׁה יָמִים אֲבָל אַחַר שְׁלֹשָׁה יָמִים אֵינָן תְּלוּשִׁין בְּרָצוֹן אֶלָּא אִם נִשְׁאַר שָׁם מַשְׁקֶה אֵינוֹ מַכְשִׁיר:

ב. עֵצִים שֶׁנָּפְלוּ עֲלֵיהֶן מַשְׁקִין בְּרָצוֹן וְיָרְדוּ עֲלֵיהֶן גְּשָׁמִים שֶׁלֹּא לְרָצוֹן אִם רַבּוּ הֲרֵי כֻּלָּן שֶׁלֹּא לְרָצוֹן. הוֹצִיאָן שֶׁיֵּרְדוּ עֲלֵיהֶן גְּשָׁמִים אַף עַל פִּי שֶׁרַבּוּ הֲרֵי כֻּלָּן לְרָצוֹן. הָיוּ רַגְלָיו אוֹ רַגְלֵי בְהֶמְתּוֹ מְלֵאוֹת טִיט וְעָבַר בַּנָּהָר וְרָחֲצוּ אִם שָׂמַח הֲרֵי הַמַּיִם הָעוֹלִין עֲלֵיהֶן תְּלוּשִׁין בְּרָצוֹן וְאִם לָאו אֵינָן בְּרָצוֹן:

ג. הַמּוֹרִיד אֶת הַגַּלְגַּלִּים וְאֶת כְּלֵי הַבָּקָר בִּשְׁעַת הַקָּדִים לַמַּיִם כְּדֵי שֶׁיִּסָּתְמוּ הַסְּדָקִין שֶׁבָּעֵץ הֲרֵי הַמַּיִם הָעוֹלִין בָּהֶן תְּלוּשִׁין בְּרָצוֹן:

ד. הַמּוֹרִיד אֶת הַבְּהֵמָה לִשְׁתּוֹת הַמַּיִם הָעוֹלִין בְּפִיהָ תְּלוּשִׁין בְּרָצוֹן וּבְרַגְלֶיהָ אֵינָן כִּתְלוּשִׁין בְּרָצוֹן אֶלָּא אִם חִשֵּׁב שֶׁיּוּדְחוּ רַגְלֶיהָ. וּבִשְׁעַת הַחֹרֶף וְהַדַּיִשׁ אַף שֶׁבְּרַגְלֶיהָ תְּלוּשִׁין בְּרָצוֹן. הוֹרִידָהּ חֵרֵשׁ שׁוֹטֶה וְקָטָן אַף עַל פִּי שֶׁחָשַׁב שֶׁיּוּדְחוּ רַגְלֶיהָ הַמַּיִם הָעוֹלִין בְּרַגְלֶיהָ אֵינָן תְּלוּשִׁין בְּרָצוֹן שֶׁיֵּשׁ לָהֶן מַעֲשֶׂה וְאֵין לָהֶן מַחֲשָׁבָה:

ה. הַטּוֹבֵל בְּמַיִם הֲרֵי כָּל הַמַּיִם שֶׁעַל בְּשָׂרוֹ תְּלוּשִׁין בְּרָצוֹן. אֲבָל הָעוֹבֵר בְּמַיִם כָּל הַמַּיִם שֶׁעַל בְּשָׂרוֹ אֵינָן תְּלוּשִׁין בְּרָצוֹן:

ו. מִי שֶׁטָּבַל בַּנָּהָר וְהָיָה לְפָנָיו נָהָר אַחֵר וְעָבַר בּוֹ בִּטְּלוּ הַשְּׁנִיִּים אֶת הָרִאשׁוֹנִים וַהֲרֵי הַמַּיִם שֶׁעָלָיו אֵינָן תְּלוּשִׁין בְּרָצוֹן. וְכֵן אִם דְּחָהוּ חֲבֵרוֹ לְשָׁכְרוֹ אוֹ לְשַׂכֵּר בְּהֶמְתּוֹ בָּטְלוּ הַמַּיִם הָרִאשׁוֹנִים. אֲבָל אִם דְּחָהוּ דֶּרֶךְ שְׂחוֹק לֹא בָּטְלוּ אֶלָּא הֲרֵי הַמַּיִם שֶׁעָלָיו תְּלוּשִׁין לְרָצוֹן. טָבַל בַּנָּהָר וְעָלָה וְיָרְדוּ עָלָיו גְּשָׁמִים אִם רַבּוּ עָלָיו גְּשָׁמִים הֲרֵי בָּטְלוּ מַיִם הָרִאשׁוֹנִים וַהֲרֵי כָּל הַמַּיִם שֶׁעָלָיו אֵינָן תְּלוּשִׁין בְּרָצוֹן:

ז. הַשָּׁט עַל פְּנֵי הַמַּיִם הַנִּתָּזִין אֵינָן תְּלוּשִׁין בְּרָצוֹן. וְהַמַּיִם הָעוֹלִין עָלָיו תְּלוּשִׁין בְּרָצוֹן. אִם נִתְכַּוֵּן לְהַתִּיז עַל חֲבֵרוֹ אַף הַנִּתָּזִין תְּלוּשִׁין בְּרָצוֹן:

ח. הָעוֹשֶׂה צִפּוֹר בַּמַּיִם הַנִּתָּזִין וְאֶת שֶׁבָּהּ אֵינָם תְּלוּשִׁין בְּרָצוֹן:

ט. הַמּוֹדֵד אֶת הַבּוֹר לֵידַע עָמְקוֹ מַיִם הָעוֹלִין בְּיָדוֹ וּבַדָּבָר שֶׁמָּדַד בּוֹ תְּלוּשִׁין בְּרָצוֹן. וְאִם מָדַד רָחְבּוֹ מַיִם הָעוֹלִין בְּיָדָיו אוֹ בְּדָבָר שֶׁמָּדַד בּוֹ אֵינָן תְּלוּשִׁין בְּרָצוֹן. פָּשַׁט יָדוֹ אוֹ רַגְלוֹ לַבּוֹר לֵידַע אִם יֵשׁ בּוֹ מַיִם הֲרֵי הַמַּיִם הָעוֹלִין בְּיָדוֹ אוֹ בְּרַגְלוֹ אֵינָן תְּלוּשִׁין בְּרָצוֹן. פְּשָׁטָן לֵידַע כַּמָּה מַיִם שָׁם הָעוֹלִין בָּהֶן תְּלוּשִׁין בְּרָצוֹן. זָרַק אֶבֶן לַבּוֹר לֵידַע אִם יֵשׁ בּוֹ מַיִם מַיִם הַנִּתָּזִין אֵינָן בְּרָצוֹן וְשֶׁעַל הָאֶבֶן אֵינָן כִּתְלוּשִׁין:

י. הַחוֹבֵט עַל הַשֶּׁלַח חוּץ לַמַּיִם הַנִּתָּזִין מִמֶּנּוּ תְּלוּשִׁין בְּרָצוֹן שֶׁהֲרֵי רְצוֹנוֹ שֶׁיֵּצְאוּ. חָבַט עָלָיו וְהוּא בְּתוֹךְ הַמַּיִם אֵינָן תְּלוּשִׁין בְּרָצוֹן:

יא. הַמַּיִם הָעוֹלִין בַּסְּפִינָה וּבָעִיקָל וּבַמְּשׁוֹטוֹת אֵינָן תְּלוּשִׁין בְּרָצוֹן. וּבַמְּצוּדוֹת וּבָרְשָׁתוֹת וּבַמִּכְמוֹרוֹת אֵינָם תְּלוּשִׁין בְּרָצוֹן. וְאִם נִעֵר תְּלוּשִׁין בְּרָצוֹן. וְכֵן הַמַּיִם שֶׁעַל הַקַּסְיָה [שֶׁל] שְׁלָחוֹת וְעַל הַשָּׂפָה שֶׁל לְבֵנִים אֵינָן בְּרָצוֹן. וְאִם נִעֵר הֲרֵי אֵלּוּ בְּרָצוֹן:

יב. הַמּוֹלִיךְ אֶת הַסְּפִינָה לַיָּם הַגָּדוֹל לְצָרְפָהּ. הַמּוֹצִיא מַסְמֵר לַגְּשָׁמִים לְצָרְפוֹ. הַמַּנִּיחַ אֶת הָאוּד בַּגְּשָׁמִים לַעֲשׂוֹתוֹ [פֶּחָם]. הֲרֵי הַמַּיִם שֶׁעֲלֵיהֶן תְּלוּשִׁין בְּרָצוֹן. אֲבָל הַמּוֹצִיא אֶת הַמַּסְמֵר וְאֶת הָאוּד לַגְּשָׁמִים לְכַבּוֹתָן אֵין הַמַּיִם שֶׁעֲלֵיהֶן תְּלוּשִׁין בְּרָצוֹן:

יג. שִׁלְשֵׁל אֶת הַמְּשׁוֹלֶת לַבּוֹר לְהַעֲלוֹת בָּהּ כְּלִי אוֹ קִיתוֹן. שִׁלְשֵׁל אֶת הַכַּלְכָּלָה לַבּוֹר כְּדֵי שֶׁתֵּשֵׁב עָלֶיהָ (אֶת) הַתַּרְנְגֹלֶת. אֵין הַמַּיִם שֶׁעָלֶיהָ תְּלוּשִׁין בְּרָצוֹן:

יד. הַמְמַחֵק אֶת הַכְּרֵישָׁה לְהָסִיר הַמַּיִם שֶׁעָלֶיהָ וְהַסּוֹחֵט שְׂעָרוֹ בִּכְסוּתוֹ הַמַּיִם הַיּוֹצְאִין תְּלוּשִׁין בְּרָצוֹן. וְהַנִּשְׁאָרִין אֵינָן תְּלוּשִׁין בְּרָצוֹן מִפְּנֵי שֶׁרְצוֹנוֹ שֶׁיֵּצְאוּ מִכֻּלָּן. וּכְרֵישָׁה עַצְמָהּ הֻכְשְׁרָה שֶׁבִּשְׁעַת פְּרִישָׁתָהּ מַכְשִׁירִין. וְאִם נִתֵּק הַמַּיִם מֵעָלֶיהָ בְּכָל כֹּחוֹ לֹא הֻכְשְׁרָה:

טו. הַמַּרְעִיד אֶת הָאִילָן לְהַשִּׁיר מִמֶּנּוּ אֳכָלִין אוֹ לְהַשִּׁיר טֻמְאָה הַמַּיִם הַנִּתָּזִין מִמֶּנָּה אֵינָן תְּלוּשִׁין בְּרָצוֹן. הִרְעִידוֹ לְהַשִּׁיר מִמֶּנּוּ מַשְׁקִין הַיּוֹצְאִין הֲרֵי הֵן תְּלוּשִׁין. וְהַנִּשְׁאָרִין בּוֹ אַף עַל פִּי שֶׁנָּשְׁרוּ מִמָּקוֹם לְמָקוֹם אֵינָן תְּלוּשִׁין בְּרָצוֹן. מִפְּנֵי שֶׁהוּא מִתְכַּוֵּן שֶׁיֵּצְאוּ מִכֻּלּוֹ. וְכֵן אִם נִתְּזוּ עַל הַמְחֻבָּרִין אֵינָן תְּלוּשִׁין בְּרָצוֹן:

טז. הַמַּרְעִיד אֶת הָאִילָן וְנָפַל עַל חֲבֵרוֹ אוֹ סֻכָּה וְנָפְלָה עַל חֲבֶרְתָּהּ וְתַחְתֵּיהֶן זְרָעִים וִירָקוֹת מְחֻבָּרִים לַקַּרְקַע וְנָפְלוּ הַמַּיִם עַל הַפֵּרוֹת הַמְחֻבָּרִין שֶׁתַּחְתֵּיהֶן אוֹתָן הַמַּיִם שֶׁבַּזְּרָעִים וְשֶׁבַּיְּרָקוֹת אֵינָן תְּלוּשִׁין בְּרָצוֹן:

יז. שְׁמָרִים שֶׁל תְּרוּמָה שֶׁנָּתַן עֲלֵיהֶן מַיִם כְּבָר בֵּאַרְנוּ בִּתְרוּמוֹת שֶׁהָרִאשׁוֹן וְהַשֵּׁנִי אָסוּר לְזָרִים וְשֶׁל הֶקְדֵּשׁ בֶּדֶק הַבַּיִת אַף הַשְּׁלִישִׁי אָסוּר. וְשֶׁל קָדְשֵׁי מִזְבֵּחַ לְעוֹלָם אָסוּר. וְשֶׁל מַעֲשֵׂר שֵׁנִי הַוַּדַּאי רִאשׁוֹן בִּלְבַד אָסוּר. כְּשֵׁם שֶׁאָמְרוּ לְעִנְיַן אִסּוּרָן כָּךְ אָמְרוּ לְעִנְיַן הֶכְשֵׁרָן. כְּגוֹן שֶׁנִּתְמַדּוּ מֵאֲלֵיהֶן וְהָיְתָה בְּהֵמָה שׁוֹתָה רִאשׁוֹן רִאשׁוֹן. שֶׁאִם הָיָה הָאָדָם הוּא שֶׁמֵּסִיר הַמַּיִם הָרִאשׁוֹנִים אַף עַל פִּי שֶׁמֵּאֲלֵיהֶן נָפְלוּ כֵּיוָן שֶׁחֲשָׁבָן וְהִקְפִּיד עֲלֵיהֶן מַכְשִׁירִין:

Perek 14

Intention.

Uprooting of water from ground continued. Further examples.

Additional points

- There is a difference between wheat and barley.

Barley is more absorbent than wheat. Therefore, there are some cases where barley becomes susceptible to impurity, whereas wheat does not.

פרק י״ד

א. פֵּרוֹת שֶׁיָּרַד הַדֶּלֶף לְתוֹכָן וְעֵרְבָן כְּדֵי שֶׁיִּתְנַגְּבוּ לֹא הֻכְשְׁרוּ:

ב. הַמַּעֲלֶה פֵּרוֹתָיו לַגַּג מִפְּנֵי הַכְּנִימָה וְיָרַד עֲלֵיהֶן הַטַּל לֹא הֻכְשַׁר. וְאִם נִתְכַּוֵּן שֶׁיֵּרֵד עֲלֵיהֶן הַטַּל הֻכְשְׁרוּ. לְפִיכָךְ אִם הֶעֱלוּם חֵרֵשׁ שׁוֹטֶה וְקָטָן אַף עַל פִּי שֶׁחִשְּׁבוּ שֶׁיֵּרֵד הַטַּל עֲלֵיהֶן לֹא הֻכְשְׁרוּ שֶׁיֵּשׁ לָהֶן מַעֲשֶׂה דִּין תּוֹרָה וְאֵין לָהֶן מַחֲשָׁבָה אֲפִלּוּ מִדִּבְרֵי סוֹפְרִים. הָפְכוּ בָּהֶן קְטַנִּים עַל הַגַּג הֲרֵי אֵלּוּ מֻכְשָׁרִין שֶׁאִם הָיְתָה מַחֲשָׁבָה שֶׁל קָטָן נִכֶּרֶת מִתּוֹךְ מַעֲשָׂיו מַחְשַׁבְתּוֹ מוֹעֶלֶת מִדִּבְרֵיהֶן:

ג. הַמַּעֲלֶה אֶת הָאֲגֻדּוֹת וְאֶת הַקְּצִיעוֹת וְאֶת הַשּׁוּם לַגַּג בִּשְׁבִיל שֶׁיִּמְתְּנוּ וְיָרַד עֲלֵיהֶן הַטַּל לֹא הֻכְשְׁרוּ. וְאֵין אוֹמְרִין הוֹאִיל וְהַכֹּל יוֹדְעִין שֶׁהַטַּל יוֹרֵד הֲרֵי זֶה בִּרְצוֹנוֹ שֶׁהֲרֵי לֹא הֶעֱלָם אֶלָּא כְּדֵי שֶׁיִּמְתְּנוּ:

ד. הַמּוֹלִיךְ חִטִּין לִטְחֹן וְיָרְדוּ עֲלֵיהֶן גְּשָׁמִים אִם שָׂמַח הֻכְשְׁרוּ. הָיוּ זֵיתָיו נְתוּנִין בַּגַּג וְיָרְדוּ עֲלֵיהֶן גְּשָׁמִים אִם שָׂמַח הֻכְשְׁרוּ. הַחַמָּרִים שֶׁהָיוּ עוֹבְרִים בַּנָּהָר וְנָפְלוּ שַׂקֵּיהֶן בַּמַּיִם וְהֶעֱלוּם אִם שָׂמְחוּ הֻכְשְׁרוּ הַפֵּרוֹת וְהַמַּיִם שֶׁעַל הַשַּׂקִּין הִנָּם תְּלוּשִׁין בְּרָצוֹן שֶׁהֲרֵי שָׂמְחוּ:

ה. שַׂק שֶׁהוּא מָלֵא זֵרְעוֹנִים וְנָתוּן עַל גַּבֵּי הַנָּהָר אוֹ עַל פִּי הַבּוֹר אוֹ עַל מַעֲלוֹת הַמְּעָרָה וְשָׁאֲבוּ הֻכְשְׁרוּ:

ו. חָבִית שֶׁהִיא מְלֵאָה פֵּרוֹת שֶׁנְּתָנָהּ בְּתוֹךְ הַמַּשְׁקִין אוֹ מְלֵאָה מַשְׁקִין שֶׁנְּתָנָהּ בְּתוֹךְ הַפֵּרוֹת וְשָׁאֲבוּ הֻכְשְׁרוּ. בְּאֵלּוּ מַשְׁקִין אָמְרוּ בְּמַיִם וּבְיַיִן וּבְחֹמֶץ אֲבָל שְׁאָר הַמַּשְׁקִין אֵין מְשָׁאֲבִין מִן הַחֶרֶס כְּדֵי שֶׁיַּכְשִׁירוּ הַפֵּרוֹת שֶׁבְּצִדָּן:

ז. הָרוֹדֶה פַּת חַמָּה וּנְתָנָהּ עַל פִּי חָבִית שֶׁל יַיִן אִם הָיְתָה פַּת חִטִּין לֹא הֻכְשְׁרָה. וְאִם הָיְתָה שֶׁל שְׂעוֹרִים הֻכְשְׁרָה מִפְּנֵי שֶׁהַשְּׂעוֹרִים שׁוֹאֲבוֹת. וְכֵן אִם הָיָה הַיַּיִן טָמֵא וְהָיְתָה פַּת חִטִּים טְהוֹרָה וְאִם הָיְתָה שְׂעוֹרִים נִטְמְאָה מִפְּנֵי שֶׁשָּׁאֲבָה מַשְׁקִין טְמֵאִין:

ח. הַמְרַבֵּץ אֶת בֵּיתוֹ וְנָתַן בּוֹ חִטִּים וְטָנְנוּ. אִם מֵחֲמַת הַמַּיִם הֻכְשְׁרוּ. וְאִם מֵחֲמַת הַסֶּלַע לֹא הֻכְשְׁרוּ. הַמְכַבֵּס אֶת כְּסוּתוֹ בַּעֲרֵבָה וְנָתַן בָּהּ חִטִּים וְטָנְנוּ אִם מֵחֲמַת הַמַּיִם הֻכְשְׁרוּ וְאִם מֵחֲמַת הָעֲרֵבָה לֹא הֻכְשְׁרוּ:

ט. הַטּוֹמֵן פֵּרוֹת בַּחוֹל כְּדֵי שֶׁיַּרְטִיבוּ הֻכְשְׁרוּ. הַטּוֹמֵן בַּטִּיט הַנָּגוּב אִם יֵשׁ בּוֹ מַשְׁקֶה טוֹפֵחַ הֻכְשְׁרוּ וְאִם לָאו לֹא הֻכְשְׁרוּ:

י. הַמְרַבֵּץ אֶת גָּרְנוֹ אֵינוֹ חוֹשֵׁשׁ שֶׁמָּא יֻכְשְׁרוּ חִטָּיו אִם טָנְנוּ בּוֹ וְאַף עַל פִּי שֶׁהוּא שָׂמֵחַ:

יא. הַמְלַקֵּט עֲשָׂבִים כְּשֶׁהַטַּל יוֹרֵד עֲלֵיהֶן לְחַפּוֹת בָּהֶן הַחִטִּין לֹא הֻכְשְׁרוּ וְאִם נִתְכַּוֵּן לְכָךְ הֻכְשְׁרוּ:

יב. הַמְרַבֵּץ אֶת בֵּיתוֹ בְּמַיִם טְמֵאִים וְנָתַן בּוֹ שִׁבֳּלִים וְטָנְנוּ אִם יֵשׁ עֲלֵיהֶן מַשְׁקֶה טוֹפֵחַ הֲרֵי אֵלּוּ טְמֵאִין וְאִם לָאו טְהוֹרִין:

יג. הַנּוֹעֵר אֲגֻדָּה שֶׁל יָרָק שֶׁהָיוּ עָלֶיהָ מַשְׁקִין וְיָרְדוּ מִצַּד הָעֶלְיוֹן לַצַּד הַתַּחְתּוֹן לֹא הֻכְשַׁר:

יד. הַמַּעֲלֶה שַׂקִּין מְלֵאִין פֵּרוֹת מִן הַנָּהָר וּנְתָנָן זֶה עַל גַּבֵּי זֶה הֻכְשַׁר הַתַּחְתּוֹן בַּמַּיִם שֶׁיָּרְדוּ לוֹ מִן הָעֶלְיוֹן שֶׁהֲרֵי בִּרְצוֹנוֹ הִנִּיחַ זֶה עַל גַּבֵּי זֶה:

טו. הַנּוֹפֵחַ בַּעֲדָשִׁים לְבָדְקָן אִם הֵן יָפוֹת וְהִזִּיעוּ הֻכְשְׁרוּ בְּהֶבֶל פִּיו מִפְּנֵי שֶׁהוּא מִתּוֹלְדוֹת הַמַּיִם. וְכֵן הָאוֹכֵל שֶׁמְּשַׁמְּשִׁין בְּאֶצְבַּע הֻכְשְׁרוּ בְּמַשְׁקֵה פִּיו וְשֶׁעַל אֶצְבָּעוֹ:

טז. נָשַׁךְ בָּאֹכֶל וְנָפַל הָאֹכֶל הֲרֵי הַמַּשְׁקֶה שֶׁעַל הָאֹכֶל שֶׁלֹּא לְרָצוֹן. הָיָה אוֹכֵל זֵיתִים פְּצוּעִים וּתְמָרִים רְטֻבּוֹת וְכָל שֶׁהוּא רוֹצֶה לָמֹץ אֶת גַּרְעִינָתוֹ וְנָפַל מִפִּיו הֲרֵי הַמַּשְׁקֶה שֶׁעָלָיו בְּרָצוֹן. הָיָה אוֹכֵל זֵיתִים נְגוּבִין וּתְמָרִים יְבֵשׁוֹת וְכָל שֶׁאֵינוֹ רוֹצֶה לָמֹץ אֶת גַּרְעִינָתוֹ וְנָפַל מִפִּיו הֲרֵי הַמַּשְׁקֶה שֶׁעָלָיו שֶׁלֹּא בְּרָצוֹן:

יז. עֳלָשִׁין שֶׁלְּקָטָן לִבְהֵמָה וְהֶדִיחָן וְחִשֵּׁב עֲלֵיהֶן לְאָדָם אַחַר כָּךְ כְּבָר בֵּאַרְנוּ שֶׁהֵן צְרִיכִים הֶכְשֵׁר שֵׁנִי. וְאִם הָיָה עֲלֵיהֶן מַשְׁקֶה טוֹפֵחַ כְּשֶׁחִשֵּׁב עֲלֵיהֶן לְאָדָם הֲרֵי אֵלּוּ מֻכְשָׁרִין:

Perek 15

Water in containers (vessels, pits, cistern etc).

CONTAINER

Water in a container, contracts and imparts impurity regardless of intentions and desires.

WATER ON GROUND

- Collections of water less than **40 *seah***, their status depends on whether actions are wilful. E.g. even if a human corpse fell in this water unwilfully it is pure. If, however an impure person wilfully drank from such water, or used an impure vessel to draw water, it becomes impure. (Because he wanted, and benefited from these actions.) If the impure person walked through such water and didn't want to get wet, the water stays pure. If he wanted to wet himself, the water becomes impure.
- Water naturally collected in one place and is greater than **40 *seah***. It is therefore a *mikveh* and purifies one from impurity.

Reminder

Pack on Purification

Mikvaot Categories. Ref: *Sefer Taharah, Hilchot Mikvaot*, Chapter 9

- Streams of rainwater less than **40 *seah*** which are flowing and are on the earth, do not contract ritual impurity even if an impure person drank from them.
- Oil and the other liquids which convey impurity (except water) have the same law whether they are in a container or on the earth.

פרק ט״ו

א. מַיִם שֶׁבַּכֵּלִים מִתְטַמְּאִין בֵּין לְרָצוֹן בֵּין שֶׁלֹּא לְרָצוֹן וּמְטַמְּאִין אֳכָלִים וְכֵלִים בֵּין שֶׁנָּפַל עֲלֵיהֶן בְּרָצוֹן בֵּין שֶׁלֹּא נָפַל עֲלֵיהֶן בְּרָצוֹן. אֲבָל מַיִם שֶׁבַּקַּרְקָעוֹת כְּגוֹן מֵי בּוֹרוֹת שִׁיחִין וּמְעָרוֹת וּמֵי גְּבָאִים שֶׁאֵין בָּהֶם אַרְבָּעִים סְאָה אֵין מִתְטַמְּאִין אֶלָּא לְרָצוֹן וְאֵין מְטַמְּאִין אֶלָּא בְּרָצוֹן. כֵּיצַד. מַיִם שֶׁבַּקַּרְקַע שֶׁאֵין בָּהֶן אַרְבָּעִים סְאָה בֵּין שֶׁהָיוּ שְׁאוּבִין בֵּין שֶׁאֵינָן שְׁאוּבִין שֶׁנָּפַל לְתוֹכָן הַמֵּת אוֹ שֶׁהָלַךְ בָּהֶן הַטָּמֵא הֲרֵי אֵלּוּ טְהוֹרִין. אֲבָל אִם שָׁתָה מֵהֶן אָדָם טָמֵא אוֹ שֶׁמִּלֵּא בָּהֶן בִּכְלִי טָמֵא אוֹ שֶׁנָּפְלוּ לְתוֹכָן מַשְׁקִין טְמֵאִין בְּרָצוֹן הֲרֵי אֵלּוּ טְמֵאִין וְאַף עַל פִּי שֶׁהֵן בַּקַּרְקַע. שָׁתָה מֵהֶן הַטָּהוֹר אַחַר שֶׁנִּטְמְאוּ בַּקַּרְקַע אוֹ שֶׁמִּלֵּא בָּהֶן בִּכְלִי טָהוֹר נִטְמָא הַשּׁוֹתֶה וְנִטְמָא הַכְּלִי שֶׁהֲרֵי בְּרָצוֹן שָׁתָה אוֹ מִלֵּא. נָפַל לְתוֹכָן כִּכָּר שֶׁל תְּרוּמָה הֲרֵי הוּא טָהוֹר כְּשֶׁהָיָה שֶׁאֵין מִתְטַמְּאִין אֶלָּא לְרָצוֹן. לְפִיכָךְ אִם הֵדִיחַ יָדוֹ וְהוֹצִיא הַכִּכָּר נִטְמָא הַכִּכָּר בַּמַּיִם שֶׁבְּיָדָיו שֶׁהֲרֵי הֵן בְּרָצוֹן:

ב. מֵי גְּבָאִים וְכַיּוֹצֵא בָּהֶן מִמַּיִם שֶׁבַּקַּרְקָעוֹת כְּגוֹן מֵי בּוֹרוֹת שִׁיחִין וּמְעָרוֹת וּמֵי תַּמְצִית שֶׁפָּסְקוּ וּמִקְוָאוֹת שֶׁאֵין בָּהֶן אַרְבָּעִים סְאָה שֶׁנִּטְמְאוּ וְיָרְדוּ לָהֶם גְּשָׁמִים וְרַבּוּ מֵי גְּשָׁמִים עֲלֵיהֶם אַף עַל פִּי שֶׁלֹּא שָׁטְפוּ הֲרֵי הֵן טְהוֹרִין לְפִיכָךְ כָּל הַמַּיִם שֶׁבַּקַּרְקָעוֹת כְּגוֹן מֵי גְּבָאִים וְכַיּוֹצֵא בָּהֶן בִּשְׁעַת הַגְּשָׁמִים הַכֹּל בְּחֶזְקַת טָהֳרָה:

ג. פָּסְקוּ הַגְּשָׁמִים הַקְּרוֹבִים לָעִיר אוֹ לַדֶּרֶךְ טְמֵאִין שֶׁהֵן בְּחֶזְקַת שֶׁשָּׁתָה מֵהֶן הַטָּמֵא וְשֶׁמִּלְּאוּ מֵהֶן בְּכֵלִים טְמֵאִין. וְהָרְחוֹקִים טְהוֹרִים עַד שֶׁיְּהַלְּכוּ רֹב הָאָדָם. הָלְכוּ הַכֹּל בְּחֶזְקַת טֻמְאָה שֶׁהַהוֹלְכִים בַּשַּׁיָּרוֹת מְמַלְּאִין וְשׁוֹתִין מֵהֶן. בַּמֶּה דְּבָרִים אֲמוּרִים בְּגֶבֶא שֶׁאֶפְשָׁר לִשְׁתּוֹת מִמֶּנָּה. אֲבָל בְּגֶבֶא שֶׁאִי אֶפְשָׁר לִשְׁתּוֹת מִמֶּנָּה אֶלָּא בְּדֹחַק גָּדוֹל הֲרֵי זוֹ בְּחֶזְקַת טָהֳרָה (שֶׁהֵן בְּחֶזְקַת טְהוֹרִין) עַד שֶׁיִּמְצָא מְקוֹם פַּרְסוֹת רַגְלֵי אָדָם אוֹ פַּרְסוֹת רַגְלֵי בְּהֵמָה גַּסָּה נִכֶּרֶת בּוֹ אֲבָל מָצָא פַּרְסוֹת רַגְלֵי בְּהֵמָה דַּקָּה הֲרֵי זֶה טָהוֹר שֶׁאֶפְשָׁר שֶׁיָּרְדָה וְשָׁתַת:

ד. חֶזְקַת טִיט וּגְמוּמִיּוֹת שֶׁבְּפִתְחֵי חֲנֻיוֹת בִּרְשׁוּת הָרַבִּים

בִּשְׁעַת הַגְּשָׁמִים שֶׁהֵן טְהוֹרִין. פָּסְקוּ הַגְּשָׁמִים הֲרֵי הֵן כְּמֵי שְׁפִיכוּת. וְשֶׁבַּשְּׁוָקִין הוֹלְכִין בָּהֶן אַחַר הָרֹב. גֶּבֶא שֶׁנָּפַל לְתוֹכוֹ יַיִן אוֹ חָלָב אוֹ דְּבַשׁ הוֹלְכִין בּוֹ אַחַר הָרֹב. נָפַל לְתוֹכוֹ שֶׁמֶן אַף עַל פִּי שֶׁהִקְפִּיאָהוּ הֲרֵי זֶה מִתְטַמֵּא וּמְטַמֵּא שֶׁלֹּא בְּרָצוֹן לְפִי שֶׁאִי אֶפְשָׁר לוֹ לָצֵאת יְדֵי צַחְצָחִית:

ה. שֶׁמֶן וּשְׁאָר הַמַּשְׁקִין חוּץ מִן הַמַּיִם הֲרֵי הֵן בְּקַרְקַע כְּמוֹת שֶׁהֵן בְּכֵלִים דִּין אֶחָד הוּא:

ו. מֵי תַּמְצִית שֶׁלֹּא פָּסְקוּ אַף עַל פִּי שֶׁאֵין בָּהֶן אַרְבָּעִים סְאָה הוֹאִיל וְהֵן בְּקַרְקַע וַהֲרֵי הַמַּיִם נִמְשָׁכִין וּבָאִין לָהֶן אֵינָן מְקַבְּלִין טֻמְאָה. וְאַף עַל פִּי שֶׁשָּׁתָה מֵהֶן הַטָּמֵא וּמִלֵּא מֵהֶן בִּכְלִי טָמֵא אוֹ נָתַן לְתוֹכָן מַיִם טְמֵאִים הֲרֵי הֵן טְהוֹרִין לְכָל דָּבָר:

ז. מִי שֶׁהָיָה אוֹכֵל תְּרוּמָה בְּיָדַיִם טְמֵאוֹת כְּגוֹן דְּבֵלָה שֶׁלֹּא הֻכְשְׁרָה וְהִכְנִיס יָדוֹ לְתוֹךְ פִּיו לִטֹּל צְרוֹר אִם הָפַךְ נִטְמֵאת הַדְּבֵלָה בְּרִירוֹ שֶׁהֲרֵי נִטְמָא בַּיָּד מִפְּנֵי שֶׁעֲקָרוֹ. וְאִם לֹא הָפַךְ טְהוֹרָה שֶׁהַמַּשְׁקֶה שֶׁבְּפִיו קֹדֶם שֶׁיְּהַפְּכֶנּוּ אוֹ יְמוֹצְצֶנּוּ לְהוֹצִיאוֹ דּוֹמֶה לְמַיִם שֶׁלֹּא נִתְלְשׁוּ אֶלָּא הֵן עֲדַיִן בְּקַרְקַע שֶׁאֵין מִתְטַמְּאִין וְאֵין מְטַמְּאִין אֶלָּא בְּרָצוֹן כְּמוֹ שֶׁבֵּאַרְנוּ. וְזֶה אֵין רְצוֹנוֹ אֶלָּא לִטֹּל הַצְּרוֹר. הָיָה פּוּנְדְּיוֹן לְתוֹךְ פִּיו וּפָשַׁט יָדוֹ לִטְּלוֹ וְהַדְּבֵלָה בְּתוֹךְ פִּיו אִם הֵנִיחוֹ לְצָמְאוֹ הֲרֵי זֶה הָרֹק כְּעָקוּר וְנִטְמֵאת הַדְּבֵלָה מֵחֲמַת מַשְׁקֵה פִּיו שֶׁנִּטְמָא מֵחֲמַת יָדָיו:

ח. הָאִשָּׁה שֶׁהָיְתָה אוֹכֶלֶת אֳכָלִין שֶׁל תְּרוּמָה שֶׁאֵינָן מֻכְשָׁרִין וְהָיְתָה גּוֹרֶפֶת אֶת הַתַּנּוּר הַטָּמֵא וְהִכָּה הַקּוֹץ וְיָצָא מִמֶּנָּה דָּם וּמָצְצָה אֶצְבָּעָהּ מִפְּנֵי הַדָּם אוֹ שֶׁנִּכְוֵית וְנָתְנָה אֶצְבָּעָהּ בְּפִיהָ נִטְמֵאת הַתְּרוּמָה שֶׁבְּפִיהָ. שֶׁהֲרֵי רְצוֹנָהּ לְהוֹצִיא הַמַּשְׁקֶה מִפִּיהָ וּלְעָקְרוֹ בִּמְצִיצַת אֶצְבַּע:

Perek 16

Food in the Market place.

	Assumed Susceptible and assumed to have contracted impurity	Considered Pure
Bundles of vegetables	✓	
Flour	✓	
Crushed wheat	✓	
Fish	✓	
Fish brine	✓	
Vegetables hung at the entrance of stores e.g. squash	✓	
Fruit and other produce except for above		✓

In summary

According to Scripture impurity in relation to foods only applies to partaking of

- Sacrifices
- *Trumah*
- *Maaser sheni*

There is no restriction regarding partaking of ordinary foods.

The reason different levels of impurity have been subscribed to ordinary foods and drink is to establish their effect on Sacrifices, *trumah*, etc.

All Israelites are warned to be pure at least on every Pilgrimage Festival regarding entry to the Temple and consecrated food. This does not apply to the rest of the year.

However, even though it is permitted to eat and drink impure foods, pious people (*perushim*) would take upon themselves extra measures and separate themselves from the people at large. This is a method of making oneself Holy.

פרק ט"ז

א. כָּל הָאֲגֻדּוֹת שֶׁבַּשְּׁוָקִים וְכָל הַקְּמָחִים וְכָל הַסְּלָתוֹת שֶׁבַּשְּׁוָקִים בְּחֶזְקַת מֻכְשָׁרִין. הָאֲגֻדּוֹת מִפְּנֵי שֶׁדַּרְכָּן לְזַלֵּף הַמַּיִם עֲלֵיהֶן תָּמִיד וְהַקֶּמַח וְהַסֹּלֶת לוֹתְתִין אוֹתוֹ וְאַחַר כָּךְ טוֹחֲנִין אוֹתוֹ. וְכֵן חִטִּין שֶׁחוֹלְקִין אוֹתָן בְּרֵחַיִם אַחַת לִשְׁתַּיִם וְאַחַת לְשָׁלֹשׁ כְּדֵי לַעֲשׂוֹת מֵהֶן מַעֲשֵׂה קְדֵרָה כְּגוֹן הָרִיפוֹת וְכַיּוֹצֵא בָּהֶן הֲרֵי הֵן בְּחֶזְקַת מֻכְשָׁרִין בְּכָל מָקוֹם בֵּין שֶׁל שְׁוָקִין בֵּין שֶׁל בָּתִּים. מִפְּנֵי שֶׁלּוֹתְתִין אוֹתָן לְהָסִיר קְלִפָּתָן:

ב. כָּל אֵלּוּ שֶׁהֵן בְּחֶזְקַת מֻכְשָׁרִין הֲרֵי הֵן בְּחֶזְקַת טֻמְאָה מִפְּנֵי שֶׁהַכֹּל מְמַשְׁמְשִׁין בָּהֶן וְהֵן מֻכְשָׁרִין. וְעַל כֻּלָּן נֶאֱמָן עַם הָאָרֶץ לוֹמַר לֹא הֻכְשְׁרוּ וְאֵין צָרִיךְ לוֹמַר שְׁאָר אֳכָלִין שֶׁאֵין לָהֶן חֲזָקָה שֶׁעַם הָאָרֶץ נֶאֱמָן לוֹמַר לֹא הֻכְשְׁרוּ:

ג. כָּל הַדָּגִים בְּחֶזְקַת מֻכְשָׁרִין וְאֵין עַם הָאָרֶץ נֶאֱמָן עֲלֵיהֶן לוֹמַר לֹא הֻכְשְׁרוּ לְפִיכָךְ לְעוֹלָם הַדָּגִים בְּחֶזְקַת טֻמְאָה. הַדָּגִים בֵּין שֶׁצָּדָן בְּחֵרֶם בֵּין בִּכְפִיף בֵּין בִּמְצוּדָה אִם לֹא נִעֵר אֶת הַמְּצוּדָה עֲלֵיהֶן לֹא הֻכְשְׁרוּ. וְאִם נִעֵר הֻכְשְׁרוּ. וְאֵין עַם הָאָרֶץ נֶאֱמָן לוֹמַר לֹא נִעַרְתִּי אֶת הַמְּצוּדָה עֲלֵיהֶן וַהֲרֵי הֵן בְּחֶזְקַת טֻמְאָה עַד שֶׁיִּתְכַּוֵּן לְצוּדָן בְּטָהֳרָה:

ד. כָּל הַצִּיר בְּחֶזְקַת מֻכְשָׁר וְצִיר טָהוֹר שֶׁנָּפַל לְתוֹכוֹ מַיִם כָּל שֶׁהֵם הֲרֵי הַכֹּל מַשְׁקֶה וּמַכְשִׁיר וּמִתְטַמֵּא טֻמְאַת מַשְׁקִין לְפִיכָךְ חֶזְקָתוֹ טָמֵא. נָפַל לְתוֹכוֹ יַיִן דְּבַשׁ וְחָלָב הוֹלְכִין אַחַר הָרֹב. וְכֵן מֵי פֵּרוֹת שֶׁנִּתְעָרְבוּ בִּשְׁאָר הַמַּשְׁקִין הוֹלְכִין אַחַר הָרֹב. נִתְעָרְבוּ בְּמַיִם כָּל שֶׁהֵן הֲרֵי הַכֹּל מַשְׁקֶה וּמִתְטַמֵּא טֻמְאַת מַשְׁקִין וּמַכְשִׁיר. וְצִיר חֲגָבִים טְמֵאִים אֵינוֹ מַכְשִׁיר אֲבָל מִתְטַמֵּא טֻמְאַת מַשְׁקִין:

ה. הַלּוֹקֵחַ צִיר מֵעַם הָאָרֶץ מַשִּׁיקוֹ בְּמַיִם וְטָהוֹר שֶׁאִם הָיָה רֹב הַצִּיר מַיִם הֲרֵי הַמַּיִם מְטַהֲרִין בְּמִקְוֶה. וְאִם הָיָה רֻבּוֹ מֶלַח שֶׁל דָּגִים אֵינָהּ מְקַבֶּלֶת טֻמְאָה וְהַמַּיִם שֶׁבָּהּ בָּטְלוּ בְּמִעוּטָן. בַּמֶּה דְּבָרִים אֲמוּרִים לִטְבֹּל בָּהֶן פַּת. אֲבָל לִקְדֵרָה מָצָא מִין אֶת מִינוֹ וְנֵעוֹר וְנִמְצְאוּ רֹב הַמַּיִם טְמֵאִים. שֶׁהַמִּעוּט שֶׁהָיָה בַּצִּיר לֹא טָהוֹר בְּמִקְוֶה:

ו. הַפֵּרוֹת בְּכָל מָקוֹם בְּחֶזְקַת טָהֳרָה אֲפִלּוּ הָיָה הַמּוֹכֵר עַכּוּ"ם עַד שֶׁיֵּדַע שֶׁהֻכְשְׁרוּ אוֹ שֶׁיִּהְיוּ מִדְּבָרִים שֶׁחֶזְקָתָן מֻכְשָׁרִין:

ז. הָאוֹג בְּכָל מָקוֹם בְּחֶזְקַת טֻמְאָה. וְכֵן כָּל הַקִּשּׁוּאִין וְהַדִּלּוּעִין וְהַתְּלוּיוֹת בִּגְמִי עַל פִּתְחֵי חֲנֻיּוֹת בְּחֶזְקַת מֻכְשָׁרִין וּטְמֵאִין:

ח. כָּל הַכָּתוּב בַּתּוֹרָה וּבְדִבְרֵי קַבָּלָה מֵהִלְכוֹת הַטֻּמְאוֹת וְהַטָּהֳרוֹת אֵינוֹ אֶלָּא לְעִנְיַן מִקְדָּשׁ וְקָדָשָׁיו וּתְרוּמוֹת וּמַעֲשֵׂר שֵׁנִי בִּלְבַד. שֶׁהֲרֵי הִזְהִיר אֶת הַטְּמֵאִין מִלִּכָּנֵס לַמִּקְדָּשׁ אוֹ לֶאֱכֹל קֹדֶשׁ אוֹ תְּרוּמָה וּמַעֲשֵׂר בְּטֻמְאָה. אֲבָל הַחֻלִּין אֵין בָּהֶן אִסּוּר כְּלָל אֶלָּא מֻתָּר לֶאֱכֹל חֻלִּין טְמֵאִין וְלִשְׁתּוֹת מַשְׁקִין טְמֵאִים. הֲרֵי נֶאֱמַר בַּתּוֹרָה (ויקרא ז יט) "וְהַבָּשָׂר אֲשֶׁר יִגַּע בְּכָל טָמֵא לֹא יֵאָכֵל". מִכְּלָל שֶׁהַחֻלִּין מֻתָּרִין שֶׁאֵינוֹ מְדַבֵּר אֶלָּא בִּבְשַׂר קָדָשִׁים. אִם כֵּן מִפְּנֵי מָה נֶאֱמַר הָרִאשׁוֹן שֶׁבְּחֻלִּין טָמֵא וְהַשֵּׁנִי פָּסוּל לֹא שֶׁיִּהְיֶה אָסוּר בַּאֲכִילָה אֶלָּא לִמְנוֹת מִמֶּנּוּ לִתְרוּמָה וּלְקֹדֶשׁ שֶׁאִם נָגַע שֵׁנִי שֶׁל חֻלִּין בִּתְרוּמָה פְּסָלָהּ וַעֲשָׂאָהּ שְׁלִישִׁי. וְכֵן אִם נָגַע בָּאֳכָלִין שֶׁל קֹדֶשׁ טִמְּאָן וַעֲשָׂאָן שְׁלִישִׁי כְּמוֹ שֶׁבֵּאַרְנוּ. וְכֵן הָאוֹכֵל אֹכֶל שֵׁנִי שֶׁל חֻלִּין אִם נָגַע בִּתְרוּמָה פְּסָלָהּ:

ט. כְּשֵׁם שֶׁמֻּתָּר לֶאֱכֹל חֻלִּין טְמֵאִים וְלִשְׁתּוֹתָן כָּךְ מֻתָּר לִגְרֹם טֻמְאָה לְחֻלִּין שֶׁבְּאֶרֶץ יִשְׂרָאֵל. וְיֵשׁ לוֹ לְטַמֵּא אֶת הַחֻלִּין הַמְתֻקָּנִין לְכַתְּחִלָּה. וְכֵן מֻתָּר לָאָדָם לִגַּע בְּכָל הַטֻּמְאוֹת וּלְהִתְטַמֵּא בָּהֶן. שֶׁהֲרֵי הִזְהִיר הַכָּתוּב אֶת בְּנֵי אַהֲרֹן וְאֶת הַנָּזִיר מֵהִתְטַמֵּא בְּמֵת מִכְּלָל שֶׁכָּל הָעָם מֻתָּרִין. וְשֶׁאַף כֹּהֲנִים וּנְזִירִים מֻתָּרִין לְהִתְטַמֵּא בִּשְׁאָר טֻמְאוֹת חוּץ מִטְּמֵא מֵת:

י. כָּל יִשְׂרָאֵל מֻזְהָרִין לִהְיוֹת טְהוֹרִים בְּכָל רֶגֶל מִפְּנֵי שֶׁהֵם נְכוֹנִים לִכָּנֵס בַּמִּקְדָּשׁ וְלֶאֱכֹל קָדָשִׁים. וְזֶה שֶׁנֶּאֱמַר בַּתּוֹרָה (ויקרא יא ח) "וּבְנִבְלָתָם לֹא תִגָּעוּ" בָּרֶגֶל בִּלְבַד וְאִם נִטְמָא אֵינוֹ לוֹקֶה אֲבָל בִּשְׁאָר יְמוֹת הַשָּׁנָה אֵינוֹ מֻזְהָר:

יא. (דברים יב כב) "הַטָּמֵא וְהַטָּהוֹר יַחְדָּו" מִפִּי הַשְּׁמוּעָה לָמְדוּ שֶׁהַטָּמֵא וְהַטָּהוֹר אוֹכְלִין בִּקְעָרָה אַחַת אֲבָל לֹא יֹאכַל הַבַּעַל עִם אִשְׁתּוֹ בִּקְעָרָה כְּשֶׁתִּהְיֶה נִדָּה וְלֹא יִשְׁתֶּה

עִמָּהּ וְלֹא תִּמְזֹג לוֹ אֶת הַכּוֹס כְּמוֹ שֶׁבֵּאַרְנוּ. וְלֹא יֹאכַל הַזָּב עִם הַזָּבָה מִפְּנֵי הֶרְגֵּל עֲבֵרָה שֶׁמָּא יִבְעֹל:

יב. אַף עַל פִּי שֶׁמֻּתָּר לֶאֱכֹל אֳכָלִין טְמֵאִין וְלִשְׁתּוֹת מַשְׁקִין טְמֵאִים חֲסִידִים הָרִאשׁוֹנִים הָיוּ אוֹכְלִין חֻלִּין בְּטָהֳרָה וְנִזְהָרִין מִן הַטֻּמְאוֹת כֻּלָּן כָּל יְמֵיהֶם וְהֵן הַנִּקְרָאִים פְּרוּשִׁים וְדָבָר זֶה קְדֻשָּׁה יְתֵרָה הִיא וְדֶרֶךְ חֲסִידוּת שֶׁיִּהְיֶה נִבְדָּל אָדָם וּפוֹרֵשׁ מִשְּׁאָר הָעָם וְלֹא יִגַּע בָּהֶם וְלֹא יֹאכַל וְיִשְׁתֶּה עִמָּהֶם. שֶׁהַפְּרִישׁוּת מְבִיאָה לִידֵי טָהֳרַת הַגּוּף מִמַּעֲשִׂים הָרָעִים. וְטָהֳרַת הַגּוּף מְבִיאָה לִידֵי קְדֻשַּׁת הַנֶּפֶשׁ מִן הַדֵּעוֹת הָרָעוֹת. וּקְדֻשַּׁת הַנֶּפֶשׁ גּוֹרֶמֶת לְהִדָּמוֹת בַּשְּׁכִינָה. שֶׁנֶּאֱמַר (ויקרא יא מד) "וְהִתְקַדִּשְׁתֶּם וִהְיִיתֶם קְדֹשִׁים כִּי קָדוֹשׁ אָנִי" ה' מְקַדִּשְׁכֶם: בְּרִיךְ רַחֲמָנָא דְּסַיְּעָן:

Additional, Useful Features of Interest
for Studying Rambam's Mishneh Torah

Scan QR code onto your mobile device to link to our website.
https://rambampress.com/

הלכות כלים
Hilchot Kelim
THE LAWS OF THE RITUAL IMPURITY CONTRACTED BY VESSELS

The intent of these laws is to know which vessels can contract the above-mentioned impurities and which do not, and how the vessels contract and impart ritual impurity.

ענין אלו ההלכות לידע כלים שמקבלין טומאה מכל אלו הטומאות וכלים שאינם מתטמאין וכיצד מתטמאין הכלים ומטמאין

Perek 1
Introduction.

Definition

7 kinds of utensils contract *tumah*. (*Deoraita* – according to Scriptural Law)

- Clothes (any article that is woven from wool, linen, hemp, silk or other fabrics that grow on the land (i.e. not the sea)). Felt (a textile that is produced by matting, condensing and pressing fibers together) is also regarded as clothes.
- Sacking (threads of hair from goats, horses etc that are braided like a chain e.g. sacks, band that holds saddle bags of donkey. Rope is not included)
- Leather vessels (*Derabanan*: Even if they are flat like a mat). *Zav* impurity on a flat vessel is *Deoraita*.
- Bone vessels. (*Derabanan*: even if they are flat, they are susceptible). *Zav* impurity on a flat vessel is *Deoraita*.
- Metal vessels (whether receptacles e.g. pots or flat e.g. knives. Even a large container larger than **40** *seah*.
- Wood vessels (Flat wooden vessels are also susceptible *Derabanan* e.g. chair.). *Zav* impurity on a flat vessel is *Deoraita*. A container larger than **40** *seah* is not susceptible.

All vessels like baskets made from branches, leaves and barks etc are considered wood.

- Earthenware (Flat earthenware utensils not susceptible)

> **Reminder**
> Pack on Impurity of Vessels
> Pack on Impurity of *Zav, Zavah* etc

Everything from the sea is pure and is not susceptible to any form of impurity – *Mipi Hashmuah*.

Bird skin and bones are not susceptible to impurity.

Glass vessels not susceptible to impurity but *Rabanan* decreed them susceptible to impurity.

They are like earthenware but they do not only become impure through their inner space. They only become impure through touching, whether on the inside or the outside of the vessel.

Utensils made from

- Stone – always pure
- Earth – always pure
- Manure – always pure

Not even a *zav* can make them impure. In general, besides these, a *zav* will make impure any vessel made to lie or ride upon. – *Deoraita.* Glass would be impure *Derabanan.*

Ovens are all regarded as earthenware vessels and are susceptible to impurity.

- *Tanur* (oven)
- *Kiraim* (range - openings for two pots)
- *Kupach* (stove – opening for 1 pot)

פרק א׳

א. שִׁבְעָה מִינֵי כֵּלִים הֵן שֶׁמְּקַבְּלִין טֻמְאָה מִן הַתּוֹרָה וְאֵלּוּ הֵן. הַבְּגָדִים. וְהַשַּׂקִּין. וּכְלֵי עוֹר. וּכְלֵי עֶצֶם. וּכְלֵי מַתָּכוֹת. וּכְלֵי עֵץ. וּכְלֵי חֶרֶשׂ. הֲרֵי הוּא אוֹמֵר (ויקרא יא לב) "מִכָּל כְּלִי עֵץ אוֹ בֶגֶד אוֹ עוֹר אוֹ שָׂק". וּבִכְלֵי מַתָּכוֹת נֶאֱמַר (במדבר לא כב) "אַךְ אֶת הַזָּהָב וְאֶת הַכָּסֶף". וּבִכְלֵי חֶרֶשׂ נֶאֱמַר "וּכְלִי חֶרֶשׂ אֲשֶׁר יִפֹּל מֵהֶם אֶל תּוֹכוֹ כֹּל אֲשֶׁר בְּתוֹכוֹ יִטְמָא וְאֹתוֹ תִשְׁבֹּרוּ" "וּכְלִי חֶרֶשׂ אֲשֶׁר יִפֹּל מֵהֶם אֶל תּוֹכוֹ כֹּל אֲשֶׁר בְּתוֹכוֹ יִטְמָא וְאֹתוֹ תִשְׁבֹּרוּ":

ב. מִפִּי הַשְּׁמוּעָה לָמְדוּ שֶׁזֶּה שֶׁנֶּאֱמַר בַּתּוֹרָה (במדבר לא כ) "וְכָל מַעֲשֵׂה עִזִּים" לְרַבּוֹת כֵּלִים הָעֲשׂוּיִין מִן הַקְּרָנַיִם וּמִן הַטְּלָפַיִם וּמִן הָעֲצָמוֹת שֶׁל עִזִּים וְהוּא הַדִּין לִשְׁאָר מִינֵי בְּהֵמָה וְחַיָּה. אֲבָל כֵּלִים הָעֲשׂוּיִין מֵעַצְמוֹת הָעוֹף אֵינָן מְקַבְּלִין טֻמְאָה חוּץ מִכֵּלִים הָעֲשׂוּיִין מִכְּנַף הָעָזְנִיָּה בִּלְבַד וּבֵיצַת הַנַּעֲמִית הַמְצֻפָּה הוֹאִיל וְהֵן דּוֹמִין לְעֶצֶם מְקַבְּלִין טֻמְאָה כִּכְלֵי עֶצֶם. וְקָרוֹב בְּעֵינַי שֶׁטֻּמְאָתָן מִדִּבְרֵי סוֹפְרִים:

ג. כֵּלִים הָעֲשׂוּיִין מֵעַצְמוֹת חַיָּה שֶׁבַּיָּם וּמֵעוֹרָהּ טְהוֹרִים. כָּל שֶׁבַּיָּם טָהוֹר וְאֵינוֹ מְקַבֵּל טֻמְאָה מִן הַטֻּמְאוֹת וְלֹא טֻמְאַת מִדְרָס. אַף הָאוֹרֵג בֶּגֶד מִצֶּמֶר הַגָּדֵל בַּיָּם אֵינוֹ מְקַבֵּל טֻמְאָה שֶׁנֶּאֱמַר (ויקרא יא לב) "אוֹ בֶגֶד אוֹ עוֹר" מִפִּי הַשְּׁמוּעָה לָמְדוּ מַה בֶּגֶד מִן הַגָּדֵל בָּאָרֶץ אַף עוֹר מִן הַגָּדֵל בָּאָרֶץ. חִבֵּר מִן הַגָּדֵל בַּיָּם עִם הַגָּדֵל בָּאָרֶץ אֲפִלּוּ חוּט אוֹ מְשִׁיחָה אִם חִבְּרוֹ חִבּוּר עַד שֶׁמְּשַׁמְּשִׁים אֶת שְׁנֵיהֶן כְּאִלּוּ הֵן אֶחָד לְטֻמְאָה שֶׁאִם נִטְמָא זֶה יִטְמָא זֶה הַכֹּל מְקַבֵּל טֻמְאָה:

ד. יֵרָאֶה לִי שֶׁהַכֵּלִים הָעֲשׂוּיִים מֵעוֹר הָעוֹף אֵין מְקַבְּלִין טֻמְאָה כְּמוֹ עַצְמוֹתָיו. וְאִם תֹּאמַר וַהֲרֵי הוּא כָּשֵׁר לִכְתֹּב עָלָיו תְּפִלִּין כְּעוֹר בְּהֵמָה וְחַיָּה. הִנֵּה עוֹר הַדָּג אֵינוֹ מְקַבֵּל טֻמְאָה וְלוּלֵא זֻהֲמָתוֹ שֶׁאֵינָהּ פּוֹסֶקֶת הָיָה כָּשֵׁר לַתְּפִלִּין הִנֵּה לָמַדְתָּ שֶׁאַף דָּבָר שֶׁאֵינוֹ מְקַבֵּל טֻמְאָה כָּשֵׁר לִתְפִלִּין אִם אֵין לוֹ זֻהֲמָא:

ה. כְּלֵי זְכוּכִית אֵינָן מְקַבְּלִין טֻמְאָה מִדִּבְרֵי תּוֹרָה וַחֲכָמִים גָּזְרוּ עֲלֵיהֶן שֶׁיְּקַבְּלוּ טֻמְאָה הוֹאִיל וּתְחִלַּת בְּרִיָּתָן מִן הַחוֹל כִּכְלֵי חֶרֶס הֲרֵי הֵן כִּכְלֵי חֶרֶס. וּמִפְּנֵי שֶׁתּוֹכָן נִרְאֶה כְּבָרָן לֹא גָּזְרוּ עֲלֵיהֶן שֶׁיִּטַּמְּאוּ מֵאֲוִירָן אֶלָּא עַד שֶׁתִּגַּע הַטֻּמְאָה בָּהֶן בֵּין מִתּוֹכָן בֵּין מִגַּבָּן כִּכְלֵי מַתָּכוֹת. וְלֹא גָּזְרוּ טֻמְאָה עַל פְּשׁוּטֵיהֶן אֶלָּא עַל מְקַבְּלֵיהֶן. וְאֵין לָהֶם טָהֳרָה בְּמִקְוֶה. וְאֵין שׂוֹרְפִין עֲלֵיהֶן תְּרוּמָה וְקָדָשִׁים שֶׁלֹּא גָּזְרוּ עֲלֵיהֶן אֶלָּא לִתְלוֹת:

ו. כְּלֵי גְּלָלִים וּכְלֵי אֲבָנִים וּכְלֵי אֲדָמָה לְעוֹלָם טְהוֹרִין. וְאֵין מְקַבְּלִין טֻמְאָה מִן הַטֻּמְאוֹת וְלֹא טֻמְאַת מִדְרָס לֹא מִן הַתּוֹרָה וְלֹא מִדִּבְרֵי סוֹפְרִים בֵּין פְּשׁוּטֵיהֶן בֵּין מְקַבְּלֵיהֶן:

ז. פִּיל שֶׁבָּלַע הוּצִין וֶהֱקִיאָן דֶּרֶךְ הָרְעִי הָעוֹשֶׂה מֵהֶן כֵּלִים הֲרֵי הֵן סָפֵק אִם הֵם כִּכְלֵי גְּלָלִים אוֹ כְּלֵי עֵץ כְּשֶׁהָיוּ. אֲבָל כְּפִיפָה שֶׁנִּטְמֵאת וּבְלָעָהּ פִּיל וֶהֱקִיאָהּ דֶּרֶךְ בֵּית הָרְעִי הֲרֵי הִיא בְּטֻמְאָתָהּ:

ח. פְּשׁוּטֵי כְּלֵי חֶרֶס כְּגוֹן מְנוֹרָה וְכִסֵּא וְשֻׁלְחָן שֶׁל חֶרֶס וְכַיּוֹצֵא בָּהֶן אֵין מְקַבְּלִין טֻמְאָה מִן הַטֻּמְאוֹת וְלֹא טֻמְאַת מִדְרָס לֹא מִן הַתּוֹרָה וְלֹא מִדִּבְרֵי סוֹפְרִים שֶׁנֶּאֱמַר (ויקרא יא לג) "אֲשֶׁר יִפֹּל מֵהֶם אֶל תּוֹכוֹ" (ויקרא יא לג) "יִטְמָא" כָּל שֶׁיֵּשׁ לוֹ תּוֹךְ בִּכְלֵי חֶרֶס מְקַבֵּל טֻמְאָה וְשֶׁאֵין לוֹ תּוֹךְ טָהוֹר:

ט. כְּלֵי מַתָּכוֹת אֶחָד פְּשׁוּטֵיהֶן כְּגוֹן הַסַּכִּינִים וְהַמִּסְפָּרַיִם אוֹ מְקַבְּלֵיהֶן כְּגוֹן הַיּוֹרוֹת וְהַקּוּמְקוּמוּסִין הַכֹּל מְקַבְּלִין טֻמְאָה שֶׁנֶּאֱמַר (במדבר לא כג) ״כָּל דָּבָר אֲשֶׁר יָבֹא בָאֵשׁ״ בֵּין מְקַבֵּל בֵּין פָּשׁוּט. אֲפִלּוּ תֵּבָה אוֹ מִגְדָּל וְכַיּוֹצֵא בָּהֶן שֶׁל מַתֶּכֶת שֶׁהֵן מְקַבְּלִין אַרְבָּעִים סְאָה בְּלַח אוֹ יֶתֶר מְקַבְּלִין טֻמְאָה שֶׁנֶּאֱמַר כָּל דָּבָר אֲשֶׁר יָבֹא בָאֵשׁ:

י. כְּלֵי עֵץ וּכְלֵי עוֹר וּכְלֵי עֶצֶם מְקַבְּלֵיהֶן כְּגוֹן הָעֲרֵבָה וְהַחֵמֶת וְכַיּוֹצֵא בָּהֶן מְקַבְּלִין טֻמְאָה מִדִּבְרֵי תּוֹרָה. אֲבָל פְּשׁוּטֵיהֶן כְּגוֹן הַלּוּחוֹת וְהַכִּסֵּא וְהָעוֹר שֶׁאוֹכְלִין עָלָיו וְכַיּוֹצֵא בָּהֶן אֵינָן מְקַבְּלִין טֻמְאָה אֶלָּא מִדִּבְרֵי סוֹפְרִים שֶׁנֶּאֱמַר (ויקרא יא לב) ״מִכָּל כְּלִי עֵץ״ מִפִּי הַשְּׁמוּעָה לָמְדוּ מָה שַּׂק שֶׁיֵּשׁ לוֹ בֵּית קִבּוּל אַף כָּל שֶׁיֵּשׁ לוֹ בֵּית קִבּוּל. וּכְלֵי עֶצֶם כִּכְלֵי עֵץ לְכָל דָּבָר. בַּמֶּה דְּבָרִים אֲמוּרִים שֶׁטֻּמְאַת פְּשׁוּטֵיהֶן מִדִּבְרֵי סוֹפְרִים בִּשְׁאָר טֻמְאוֹת חוּץ מִטֻּמְאַת מִדְרָס. אֲבָל בְּמִדְרַס הַזָּב וַחֲבֵרָיו מִתְטַמְּאִין מִן הַתּוֹרָה שֶׁנֶּאֱמַר (ויקרא טו ד) ״כָּל הַמִּשְׁכָּב אֲשֶׁר יִשְׁכַּב״ כָּל הֶעָשׂוּי לְמִשְׁכָּב אוֹ לְמֶרְכָּב כְּמוֹ שֶׁבֵּאַרְנוּ. וְכֵן כְּלֵי זְכוּכִית הֶעָשׂוּי לְמִשְׁכָּב מִתְטַמֵּא בְּמִדְרָס מִדִּבְרֵיהֶן:

יא. כָּל שֶׁהוּא אָרוּג בֵּין מִצֶּמֶר וּפִשְׁתִּים בֵּין מִקַּנְבּוֹס אוֹ מִמֶּשִׁי אוֹ מִשְּׁאָר דְּבָרִים הַגְּדֵלִים בַּיַּבָּשָׁה הוּא הַנִּקְרָא בֶּגֶד לְעִנְיַן טֻמְאָה. וְהַלְּבָדִים כִּבְגָדִים לְכָל דָּבָר:

יב. הַשַּׂק הוּא חוּטֵי שֵׂעָר הַגְּדֵלִין כְּשַׁלְשֶׁלֶת אוֹ הָאֲרוּגִין כִּבְגָדִים אֶחָד הֶעָשׂוּי מִן הָעִזִּים אוֹ מִצֶּמֶר גְּמַלִּים אוֹ מִזְּנַב הַסּוּס וְהַפָּרָה וְכַיּוֹצֵא בָּהֶן וְאֶחָד הָאָרִיג מֵהֶן כְּמוֹ הַמַּרְצוּפִין אוֹ הַגְּדַל כְּמוֹ חֶבֶק שֶׁל חֲמוֹר וְכַיּוֹצֵא בּוֹ. אֲבָל הַטְּבָלִים וְהַמְּשִׁיחוֹת הַשְּׁזוּרִין בֵּין מִן הַשֵּׂעָר בֵּין מִצֶּמֶר וּפִשְׁתִּים אֵינָן מְקַבְּלִין טֻמְאָה בִּפְנֵי עַצְמָן:

יג. כָּל הַכֵּלִים הָעֲשׂוּיִין מִן הַגֹּמֶא וּמִן הָעֲרָבָה וּמִן הַקָּנִים וּמִכַּפּוֹת תְּמָרִים וּמִן הֶעָלִים וְהַשָּׂרִיגִין וּקְלִפֵּי אִילָנוֹת וּמִן הַחֶלֶף כְּגוֹן הַכְּפִיפוֹת וְהַטְּרַסְקָלִין וְהַמַּחֲלָצוֹת וְהַמַּפָּצוֹת הַכֹּל בִּכְלַל כְּלֵי הָעֵץ שֶׁהַכֹּל גָּדֵל מִן הָאָרֶץ כְּעֵץ. אֶחָד כְּלִי חֶרֶס וְאֶחָד כְּלִי נֶתֶר לְכָל דָּבָר. כָּל כְּלִי הֶעָשׂוּי מֵהֶעָפָר מִן הָעֲפָרוֹת וְאַחַר כָּךְ שׂוֹרְפִין אוֹתָן בְּכִבְשָׁן הֲרֵי זֶה כְּלִי חֶרֶס. וְהַתַּנּוּר וְהַכִּירַיִם וְהַכֻּפָּח וְכַיּוֹצֵא בָּהֶן מִשְּׁאָר הַבִּנְיָנוֹת שֶׁאוֹפִין בָּהֶן אוֹ מְבַשְּׁלִין בָּהֶן הַכֹּל מְקַבְּלִין טֻמְאָה דִּין תּוֹרָה וְטֻמְאָתָן וְטֻמְאַת כְּלִי חֶרֶס שָׁוָה:

Perek 2

Measures

A utensil can be any size but it must be made to endure.

A receptacle should be present.

There is no minimum measure. Even a hollow straw is susceptible to impurity, even if it can only take 1 drop of water.

If the receptacle is non-functional, then it would not be susceptible to impurity.

A flat vessel may be susceptible *Derabanan*

פרק ב׳

א. הָעוֹשֶׂה כְּלִי קִבּוּל מִכָּל מָקוֹם הֲרֵי זֶה מְקַבֵּל טֻמְאָה בְּכָל שֶׁהוּא מִן הַתּוֹרָה. וְאֵין לִכְלִי קִבּוּל שִׁעוּר. וְהוּא שֶׁיַּעֲשֶׂה דָּבָר שֶׁל קַיָּמָא שֶׁאֶפְשָׁר שֶׁיַּעֲמֹד. כֵּיצַד. הָעוֹשֶׂה כְּלִי מִן הָעוֹר הַמַּצָּה שֶׁלֹּא נִתְעַבֵּד כְּלָל. אוֹ מִן הַנְּיָר אַף עַל פִּי שֶׁאֵין הַנְּיָר מְקַבֵּל טֻמְאָה. אוֹ מִקְּלִפַּת הָרִמּוֹן וְהָאֱגוֹז וְהָאַלּוֹן אֲפִלּוּ חֲקָקוּם הַתִּינוֹקוֹת לָמֹד בָּהֶן אֶת הֶעָפָר. אוֹ שֶׁהִתְקִינוּם לְכַף מֹאזְנַיִם. הֲרֵי אֵלּוּ מְקַבְּלִין טֻמְאָה. שֶׁתִּינוֹק חֵרֵשׁ שׁוֹטֶה וְקָטָן יֵשׁ לָהֶן מַעֲשֶׂה אַף עַל פִּי שֶׁאֵין לָהֶן מַחֲשָׁבָה. אֲבָל הָעוֹשֶׂה כֵּלִים מִן הַלֶּפֶת וְהָאֶתְרוֹג וְהַדְּלַעַת הַיְבֵשִׁים שֶׁחֲקָקָן לָמֹד בָּהֶן וְכָל כַּיּוֹצֵא בָּהֶן. הֲרֵי הֵן טְהוֹרִין לְפִי שֶׁאִי אֶפְשָׁר שֶׁיַּעַמְדוּ אֶלָּא זְמַן מוּעָט:

ב. קְנֵה מֹאזְנַיִם וְהַמַּחַק שֶׁיֵּשׁ בָּהֶן בֵּית קִבּוּל מַתֶּכֶת. וְהָאֵסֶל שֶׁיֵּשׁ בּוֹ בֵּית קִבּוּל מָעוֹת. וְקָנֶה שֶׁל עֵץ שֶׁיֵּשׁ בּוֹ בֵּית קִבּוּל מַיִם. וּמַקֵּל שֶׁיֵּשׁ בּוֹ בֵּית קִבּוּל מְזוּזָה אוֹ מְקוֹם מַרְגָּלִית. וּמַשְׁחֶזֶת שֶׁל עֵץ שֶׁיֵּשׁ בּוֹ בֵּית קִבּוּל שֶׁמֶן. וְלוּחַ פִּנְקָס שֶׁיֵּשׁ בּוֹ בֵּית קִבּוּל שַׁעֲוָה. כָּל אֵלּוּ וְכַיּוֹצֵא בָּהֶן אַף עַל פִּי שֶׁהֵן פְּשׁוּטֵי כְּלֵי עֵץ הוֹאִיל וְיֵשׁ בָּהֶן בֵּית קִבּוּל כָּל שֶׁהוּא מְקַבְּלִין טֻמְאָה דִּין תּוֹרָה. וְאֵין טָמֵא מִן הַתּוֹרָה

אֶלָּא בֵּית קִבּוּל לְבַדּוֹ שֶׁיֵּשׁ בָּהֶן וְהַמְשַׁמֵּשׁ אֶת בֵּית הַקִּבּוּל מִשְּׁאָר הַכְּלִי שֶׁבֵּית הַקִּבּוּל צָרִיךְ לוֹ. אֲבָל הַיָּתֵר עַל הַצֹּרֶךְ מִשְּׁאָר הַכְּלִי הַפָּשׁוּט טָהוֹר מִן הַתּוֹרָה וְטָמֵא מִדִּבְרֵיהֶן כְּמוֹ שֶׁבֵּאַרְנוּ:

ג. בֵּית קִבּוּל הֶעָשׂוּי לְמַלְאוֹתוֹ אֵינוֹ בֵּית קִבּוּל. כֵּיצַד. בְּקַעַת שֶׁל עֵץ שֶׁחוֹקְקִין בָּהּ בֵּית קִבּוּל וְתוֹקְעִין בּוֹ הַסַּדָּן שֶׁל בַּרְזֶל. אִם שֶׁל נַפָּחִים הִיא אֵינָהּ מְקַבֶּלֶת טֻמְאָה שֶׁאַף עַל פִּי שֶׁיֵּשׁ בָּהּ בֵּית קִבּוּל לֹא נַעֲשָׂה אֶלָּא לְמַלְאוֹתוֹ. וְכֵן כָּל כַּיּוֹצֵא בָּזֶה. וְאִם הָיְתָה שֶׁל צוֹרְפִין הֲרֵי זוֹ מְקַבֶּלֶת טֻמְאָה מִפְּנֵי שֶׁהֵן מַגְבִּיהִין אֶת הַבַּרְזֶל בְּכָל עֵת שֶׁיִּרְצֶה וּמְקַבְּצִין אֶת שְׁפוֹת הַזָּהָב וְהַכֶּסֶף הַמִּתְקַבֶּצֶת שָׁם תַּחַת הַסַּדָּן וַהֲרֵי נַעֲשָׂה לְקַבָּלָה. וְכֵן כָּל כַּיּוֹצֵא בּוֹ:

ד. הַכַּף הֶחָקוּק שֶׁתַּחַת רַגְלֵי הַמִּטּוֹת וְהַמִּגְדָּלוֹת וְכַיּוֹצֵא בָּהֶן אַף עַל פִּי שֶׁהוּא מְקַבֵּל טָהוֹר וְאֵין בּוֹ מִשּׁוּם כְּלִי קִבּוּל לְפִי שֶׁאֵינוֹ עָשׂוּי לְקִבּוּל אֶלָּא לִסְמֹךְ בּוֹ בִּלְבַד. שְׁפוֹפֶרֶת הַקַּשׁ מְקַבֶּלֶת טֻמְאָה כְּכָל כְּלֵי הָעֵץ שֶׁמְּקַבְּלִין טֻמְאָה אֲפִלּוּ אֵינָהּ יְכוֹלָה לְקַבֵּל אֶלָּא טִפָּה אַחַת. וּשְׁפוֹפֶרֶת הַקָּנֶה שֶׁחֲתָכָהּ לְקַבָּלָה אֵינָהּ מְקַבֶּלֶת טֻמְאָה עַד שֶׁיּוֹצִיא אֶת כָּל הַלֶּבֶן שֶׁבְּתוֹכָהּ. וְאִם לֹא נֶחְתְּכָה לְקַבָּלָה הֲרֵי הִיא כִּפְשׁוּטֵי כְּלֵי עֵץ. אֲבָל שְׁפוֹפֶרֶת שֶׁל פַּקּוּעוֹת וְכַיּוֹצֵא בָּהֶן אֵינָן כֵּלִים אֶלָּא כָּאֳכָלִין הֵן חֲשׁוּבִין:

ה. שְׁפוֹפֶרֶת שֶׁחֲתָכָהּ וְנָתַן בָּהּ אֶת הַמְּזוּזָה וְאַחַר כָּךְ נְתָנָהּ בַּכֹּתֶל אֲפִלּוּ נְתָנָהּ שֶׁלֹּא כְּדֶרֶךְ קַבָּלָתָהּ מְקַבֶּלֶת טֻמְאָה. קְבָעָהּ בַּכֹּתֶל אִם קְבָעָהּ כְּדֶרֶךְ קַבָּלָתָהּ הֲרֵי זוֹ מְקַבֶּלֶת טֻמְאָה. שֶׁלֹּא כְּדֶרֶךְ קַבָּלָתָהּ טְהוֹרָה. נָתַן הַשְּׁפוֹפֶרֶת בַּכֹּתֶל וְאַחַר כָּךְ נָתַן בָּהּ הַמְּזוּזָה אִם הָיְתָה כְּדֶרֶךְ קַבָּלָתָהּ הֲרֵי זוֹ מְקַבֶּלֶת טֻמְאָה. שֶׁלֹּא כְּדֶרֶךְ קַבָּלָתָהּ טְהוֹרָה. קְבָעָהּ בַּכֹּתֶל אֲפִלּוּ כְּדֶרֶךְ קַבָּלָתָהּ טְהוֹרָה:

ו. כְּלִי שֶׁאוֹרְגִין אוֹתוֹ מִן הַנְּסָרִים אוֹ מִן הַשַּׁעַם כְּדֵי שֶׁיִּשְׁטְחוּ עָלָיו הַבְּגָדִים וְהַמֻּגְמָר מִלְּמַטָּה כְּדֵי שֶׁיִּתְבַּסְּמוּ אִם הָיָה עָשׂוּי כְּכַוֶּרֶת שֶׁאֵין לוֹ קַרְקַע טָהוֹר וְאִם הָיָה בּוֹ בֵּית קַבָּלַת כְּסוּת הֲרֵי זֶה מְקַבֵּל טֻמְאָה:

ז. סַנְדָּל שֶׁל בְּהֵמָה שֶׁל מַתֶּכֶת טָמֵא וְשֶׁל שַׁעַם טָהוֹר שֶׁאֵין זֶה חָשׁוּב מִכְּלֵי הַקַּבָּלָה:

ח. הַצּוֹרֵר מַרְגָּלִית בָּעוֹר וְהוֹצִיאָהּ וְנִשְׁאַר מְקוֹמָהּ עָמֹק הֲרֵי זֶה מְקַבֵּל טֻמְאָה עַד שֶׁיִּפְשֹׁט. שֶׁכָּל כְּלֵי קִבּוּל מְקַבְּלִין בְּכָל שֶׁהֵן וַהֲרֵי מְקוֹמָן כְּמוֹ כִּיס קָטָן. אֲבָל צְרוֹר הַמָּעוֹת אֵינוֹ מְקַבֵּל טֻמְאָה שֶׁאֵין עָלָיו צוּרַת כְּלִי:

Perek 3

Wooden vessels.

Reminder

Pack on Impurity of Vessels

Pack on Impurity of *Zav, Zavah etc*

Wood and bone vessels are similar.

Mobility and size

Reminder

Pack on Weights and Measures

If vessel made to remain in one place, it is not susceptible to impurity.

Conversely any vessel made to be carried, even though it is very large, is susceptible to impurity.

If it is undefined, then it is also not susceptible to impurity if

- Its shape keeps it stable i.e. it has a base and
- Its size can hold **40 *seah*** of liquid or **2 *kor*** of dry food

Glass vessels (mostly) are susceptible to impurity, even though they are larger than **40** ***seah.***

This is an added stringency of glass over wooden vessels.

40 ***seah*** is represented by a size **1 × 1 × 3** ***amah.***

Removable drawers in these large wooden containers are not counted in the volume they contain. Nor is the drawer protected from impurity within the container. Drawer is regarded as individual (unless it cannot be removed).

פרק ג׳

א. כָּל כְּלִי עֵץ הֶעָשׂוּי לְנַחַת אֲפִלּוּ אֵינוֹ מְקַבֵּל אֶלָּא דָּבָר מוּעָט אֵינוֹ מְקַבֵּל טֻמְאָה לֹא מִן הַתּוֹרָה וְלֹא מִדִּבְרֵי סוֹפְרִים. וְכָל כְּלִי עֵץ הֶעָשׂוּי לְהִתְטַלְטֵל מָלֵא וְרֵיקָן כְּשַׂק אֲפִלּוּ הָיָה מַחֲזִיק מֵאָה סְאָה וְאַף עַל פִּי שֶׁיֵּשׁ לוֹ שׁוּלַיִם הוֹאִיל וְאֵינוֹ עָשׂוּי לְנַחַת הֲרֵי זֶה מְקַבֵּל טֻמְאָה דִּין תּוֹרָה כִּשְׁאָר כְּלֵי קִבּוּל. וְכָל כְּלִי עֵץ שֶׁהוּא סְתָם אִם הָיוּ לוֹ שׁוּלַיִם לֵישֵׁב עֲלֵיהֶם עַל הַקַּרְקַע כְּדֵי שֶׁלֹּא יְהֵא נוֹחַ לְהִתְגַּלְגֵּל וְהָיָה מַחֲזִיק אַרְבָּעִים סְאָה בְּלַח שֶׁהֵן כּוֹרַיִים בְּיָבֵשׁ אֵינוֹ מְקַבֵּל טֻמְאָה כְּלָל לֹא מִן הַתּוֹרָה וְלֹא מִדִּבְרֵי סוֹפְרִים מִפְּנֵי שֶׁחֶזְקָתוֹ שֶׁעָשׂוּי לְנַחַת. וּדְבָרִים אֵלּוּ דִּבְרֵי קַבָּלָה הֵן. מִפִּי הַשְּׁמוּעָה לָמְדוּ מָה שַּׂק שֶׁהוּא מִתְטַלְטֵל מָלֵא וְרֵיקָן אַף כְּלִי עֵץ לֹא יִטְמָא אֶלָּא אִם כֵּן הָיָה מִטַּלְטֵל מָלֵא וְרֵיקָן לְהוֹצִיא כְּלִי עֵץ הֶעָשׂוּי לְנַחַת:

ב. הַכֵּלִים שֶׁחֶזְקָתָן שֶׁהֵן עֲשׂוּיִין לְנַחַת כְּגוֹן שִׁדָּה תֵּבָה וּמִגְדָּל וְכַוֶּרֶת הַקַּשׁ וְכַוֶּרֶת הַקָּנִים וּבוֹר סְפִינָה גְּדוֹלָה וְכַיּוֹצֵא בָּאֵלּוּ. אִם הֵן מַחֲזִיקִין אַרְבָּעִים סְאָה אֵין מְקַבְּלִין טֻמְאָה. וְאֵלּוּ הֵן הַכֵּלִים שֶׁל עֵץ שֶׁהֵן עֲשׂוּיִין לְהִתְטַלְטֵל בִּמְלוֹאָן. דִּרְדּוּר שֶׁמַּנִּיחִין אוֹתוֹ עַל הָעֲגָלָה וְקוֹסְטוֹת הַמְּלָכִים וַעֲרֵבַת הַעַבְּדָן וּבוֹר סְפִינָה קְטַנָּה שֶׁאֵינָהּ יְכוֹלָה לְהַלֵּךְ בְּאֶמְצַע הַיָּם הַגָּדוֹל וְהָאָרוֹן. כָּל אֶחָד מֵחֲמֵשֶׁת כְּלֵי עֵץ אֵלּוּ אַף עַל פִּי שֶׁהֵן מְקַבְּלִין יוֹתֵר מֵאַרְבָּעִים סְאָה הֲרֵי אֵלּוּ מְקַבְּלִין טֻמְאָה שֶׁלֹּא נַעֲשׂוּ מִתְּחִלָּתָן אֶלָּא לְהִטַּלְטֵל מְלֵאִין. וּשְׁאָר כָּל כְּלֵי עֵץ אִם הָיוּ מְקַבְּלִין אַרְבָּעִים סְאָה וְיֵשׁ לָהֶם שׁוּלַיִם חֶזְקָתָן שֶׁאֵינָן עֲשׂוּיִין לְהִתְטַלְטֵל בִּמְלוֹאָן וּלְפִיכָךְ אֵין מְקַבְּלִין טֻמְאָה. וְכֵן כְּלֵי עֶצֶם וּכְלֵי הָעוֹר הַמְקַבְּלִין אַרְבָּעִים סְאָה בְּלַח אֵין מְקַבְּלִין טֻמְאָה אֶלָּא אִם כֵּן נַעֲשׂוּ מִתְּחִלָּתָן כְּשֶׁהֵן מְלֵאִין:

ג. הַשִּׁדָּה וְהַתֵּבָה וְהַמִּגְדָּל שֶׁל זְכוּכִית הַבָּאִים בְּמִדָּה טְהוֹרִין וּשְׁאָר כְּלֵי זְכוּכִית אַף עַל פִּי שֶׁמְּקַבְּלִין אַרְבָּעִים סְאָה הֲרֵי הֵן מְקַבְּלִין טֻמְאָה. וְזֶה חֹמֶר בִּכְלֵי זְכוּכִית מִבִּכְלֵי עֵץ:

ד. כָּל כְּלִי שֶׁיֵּשׁ בְּשִׁבּוּרוֹ אַמָּה עַל אַמָּה בְּרוּם שָׁלֹשׁ הֲרֵי הוּא מַחֲזִיק אַרְבָּעִים סְאָה בְּלַח. וּכְשֶׁמּוֹדְדִין אֶת הַכְּלִי מוֹדְדִין אוֹתוֹ מִבַּחוּץ אִם הָיָה בּוֹ אַמָּה עַל אַמָּה בְּרוּם שָׁלֹשׁ אַף עַל פִּי שֶׁאֵין תּוֹכוֹ אֶלָּא פָּחוֹת מִזֶּה הֲרֵי הוּא טָהוֹר שֶׁאֵין עֳבִי הַדְּפָנוֹת מְמַעֵט. אֲבָל עֳבִי הָרַגְלַיִם וָעֳבִי הַזֵּר אִם הָיָה לוֹ זֵר אֵין נִמְדָּדִין עִמּוֹ:

ה. הָיָה בְּתוֹךְ הַכְּלִי תֵּבָה קְטַנָּה כְּגוֹן מוּכְנִי שֶׁבְּתוֹךְ הַשִּׁדָּה בִּזְמַן שֶׁהִיא נִשְׁמֶטֶת אֵינָהּ נִמְדֶּדֶת עִמָּהּ וְאֵינָהּ חִבּוּר לָהּ וְאֵינָהּ מַצֶּלֶת עִמָּהּ בְּאֹהֶל הַמֵּת. וְאִם אֵינָהּ נִשְׁמֶטֶת נִמְדֶּדֶת עִמָּהּ וַהֲרֵי הֵן כִּכְלִי אֶחָד:

ו. הָיָה לַכְּלִי כִּסּוּי קָמוּר בִּזְמַן שֶׁהוּא קָבוּעַ נִמְדָּד עִמּוֹ. אֵינוֹ קָבוּעַ אֵינוֹ נִמְדָּד עִמּוֹ. הָיוּ בּוֹ מְגוּרוֹת מִבִּפְנִים נִמְדֶּדֶת עִמּוֹ. וְאִם הָיוּ מִבַּחוּץ אֵינָן נִמְדָּדוֹת עִמּוֹ:

ז. כְּלִי עֵץ שֶׁאֵינוֹ מְקַבֵּל אַרְבָּעִים סְאָה כְּדַרְכּוֹ אֶלָּא אִם כֵּן הִטָּהוּ עַל צִדּוֹ אוֹ סְמָכוֹ בְּדָבָר אַחֵר הוֹאִיל וּמְקַבֵּל אַרְבָּעִים סְאָה מִכָּל מָקוֹם טָהוֹר:

ח. הַשִּׁדָּה וְהַתֵּבָה שֶׁנִּטְּלָה אַחַת מֵרַגְלֵיהֶן אַף עַל פִּי שֶׁלֹּא נִקְבּוּ אֶלָּא הֲרֵי הֵן מְקַבְּלִין הֲרֵי אֵלּוּ טְהוֹרִין וַעֲדַיִן יֵשׁ לָהֶם שׁוּלַיִם וְחֶזְקָתָן שֶׁהֵן לְנַחַת כְּשֶׁהָיוּ:

Perek 4

Wooden vessels:

(Wood and bone vessels are similar.)

Regular wooden utensils are susceptible to impurity.

Normally flat wooden utensils are also susceptible to impurity.

Three types which are not:

- Serves man's use only. E.g. ladder – not susceptible to *tumah*
- Serves use of vessel and man. E.g. table (dishes can be laid on table for man) – susceptible
- Serves use of vessel only
  - Only when in use – e.g. candlestick holds candle – not susceptible
  - When not in use and when in use – e.g. sheath of sword – susceptible

If a utensil is made part of wood and part of metal and the wooden part serves the metal part, it is susceptible. If the metal part serves the wooden part, the whole vessel remains pure.

E.g. key of wood with teeth metal – susceptible i.e. metal is main part.

Key of metal with wooden teeth – non-susceptible i.e. wood is main part.

A flat wooden vessel is only susceptible to impurity *Derabanan,* whereas metal vessels, whether flat or with receptacle, are always susceptible. Therefore, it is important to know which is the main part of vessel.

Decorations are not useable and therefore not susceptible to impurity.

פרק ד׳

א. שָׁלֹשׁ מִדּוֹת בִּכְלֵי עֵץ שֶׁאֵינָן עֲשׂוּיִין לְקַבָּלָה. כָּל כְּלִי עֵץ הֶעָשׂוּי לְתַשְׁמִישׁ אָדָם בִּלְבַד כְּגוֹן הַסֻּלָּם טָהוֹר וְאֵינוֹ מְקַבֵּל טֻמְאָה כְּלָל וְלֹא רִבּוּהוּ חֲכָמִים לְטֻמְאָה. וְכָל כְּלִי עֵץ הֶעָשׂוּי לְתַשְׁמִישׁ הַכֵּלִים וְהָאָדָם כְּגוֹן הַשֻּׁלְחָן וְהַטַּבְלָא וְהַמִּטָּה וְכַיּוֹצֵא בָּהֶן מְקַבְּלִין טֻמְאָה. וּמִנַּיִן שֶׁהֵן לְתַשְׁמִישׁ אָדָם וְתַשְׁמִישׁ מְשַׁמְּשָׁיו שֶׁהֲרֵי מַנִּיחַ הַקְּעָרוֹת עַל הַשֻּׁלְחָן וְהַכּוֹסוֹת עַל הַטַּבְלָא וְהַמַּצָּעוֹת עַל הַמִּטָּה. וְכָל כְּלִי עֵץ הֶעָשׂוּי לְתַשְׁמִישׁ הַכֵּלִים בִּלְבַד שֶׁהֲרֵי הוּא מְשַׁמֵּשׁ מְשַׁמְּשֵׁי אָדָם אִם לֹא הָיָה מְשַׁמֵּשׁ אֶת הַכֵּלִים אֶלָּא בִּשְׁעַת מְלָאכָה בִּלְבַד הֲרֵי זֶה טָהוֹר מִכְּלוּם כְּגוֹן מְנוֹרָה שֶׁל עֵץ שֶׁמְּשַׁמֶּשֶׁת הַנֵּר בִּשְׁעַת הַדְלָקָה, וְכֵן וְהוּא כְּלִי שֶׁמַּנִּיחִין תַּחַת הַכֵּלִים בִּשְׁעַת מְלָאכָה, וְהַדְּפוּסִין כֻּלָּן. וְאִם הָיָה מְשַׁמֵּשׁ אֶת הַכֵּלִים בִּשְׁעַת מְלָאכָה וְשֶׁלֹּא בִּשְׁעַת מְלָאכָה הֲרֵי זֶה מְקַבֵּל טֻמְאָה כְּגוֹן כִּסּוּי הַקֻּפָּה וְכַיּוֹצֵא בּוֹ וְתִיק הַסַּיִף וְהַסַּכִּין וְהָרֹמַח וְהַמִּסְפָּרַיִם וְהַתַּעַר וְהַמִּכְחוֹל וְהַמִּכְתָּב וּבֵית הַכּוֹחַל וְתִיק טַבְלָא וּסְקוֹרְטְיָא וּבֵית הַחִצִּים וּבֵית הַפַּגּוּזוֹת וְתִיק חֲלָלִים כָּל אֵלּוּ וְכַיּוֹצֵא בָּהֶן אַף עַל פִּי שֶׁאֵינָן אֶלָּא מְשַׁמְּשֵׁי כֵּלִים מְקַבְּלִין טֻמְאָה שֶׁהֲרֵי הַכְּלִי צָרִיךְ לָהֶן בִּשְׁעַת מְלָאכָה וְשֶׁלֹּא בִּשְׁעַת מְלָאכָה. אֲבָל כִּסּוּי קַמַּטְרָא וְכִסּוּי תֵּבָה וְכִסּוּי טֶנִי וְהַמַּכְבֵּשׁ שֶׁל חָרָשׁ וְהַכִּסֵּא שֶׁתַּחַת הַתֵּבָה וְהַקָּמְתִין שֶׁלָּהּ וְהַקֶּלֶב שֶׁבּוֹנִין עָלָיו תִּיק הַסֵּפֶר וּבֵית הַנֶּגֶר וְהַמַּנְעוּל וְהַמְּזוּזָה וְתִיק נְבָלִים וְהַכִּנּוֹרוֹת וְהַקֶּלֶב שֶׁל גּוֹדְלֵי מִצְנֶפֶת וּדְפוּס שֶׁל תְּפִלִּין וְסוּס שֶׁל עֵץ שֶׁל זֶמֶר שֶׁמְּשַׂחֲקִין בּוֹ וּרְבִיעִית הַמְקוֹנֶנֶת וּגְנוֹנַת הֶעָנִי וְסָמוֹכוֹת הַמִּטָּה וְנַקְלִיטֵי הַמִּטָּה וַחֲמוֹר שֶׁתַּחַת הַמִּטָּה כָּל אֵלּוּ וְכַיּוֹצֵא בָּהֶן טְהוֹרִין מִפְּנֵי שֶׁהֵן מְשַׁמְּשֵׁי הַכֵּלִים בִּשְׁעַת מְלָאכָה בִּלְבַד:

ב. מַלְבֵּן הַמִּטָּה אִם הָיָה מְלֻבָּשׁ בְּפִיקוֹת וְיֵשׁ לוֹ רַגְלַיִם שֶׁמְּחֻבָּרָן עִם הַמִּטָּה הֲרֵי זֶה מִתְטַמֵּא עִם הַמִּטָּה שֶׁהֲרֵי נוֹתְנִין אוֹתוֹ בִּפְנֵי הַמִּטָּה וַהֲרֵי הוּא כְּאֶחָד מֵאֵיבָרֶיהָ. נְתָנוֹ עַל שְׁתֵּי לְשׁוֹנוֹת וַהֲרֵי הוּא גָּבוֹהַּ עַל הַמִּטָּה אַף עַל פִּי שֶׁמְּסֹרָג בַּחֲבָלִים הוֹאִיל וְאֵין לוֹ רַגְלַיִם טָהוֹר מִפְּנֵי שֶׁהוּא מִמְּשַׁמְּשֵׁי הַכֵּלִים בִּשְׁעַת מְלָאכָה בִּלְבַד כְּמַלְבְּנֵי בְּנֵי לֵוִי שֶׁתּוֹלִין בָּהֶם כִּנּוֹרוֹתֵיהֶן וּכְלֵי הַשִּׁיר שֶׁהֵן טְהוֹרִין:

ג. מַכְבֵּשׁ שֶׁל שְׁכַף שֶׁמּוֹתֵחַ עָלָיו אֶת הָעוֹר טָהוֹר מִפְּנֵי שֶׁמַּנִּיחַ עָלָיו אֶת הָאֶבֶן בַּמָּקוֹם הֶחָקוּק שֶׁיֵּשׁ בּוֹ וּמְשַׁמֵּשׁ עָלָיו וְנִמְצָא עָשׂוּי לְשַׁמֵּשׁ אֶת הַכֵּלִים בִּשְׁעַת מְלָאכָה וְאֵינוֹ מִתְטַמֵּא מִשּׁוּם קִבּוּל שֶׁהֲרֵי הֶחָקָק שֶׁבּוֹ עָשׂוּי לְהִתְמַלְּאוֹת בְּאֶבֶן:

ד. חִפּוּיֵי הַמִּטָּה טְהוֹרִין וְכֵן כָּל הַחִפּוּיִין בֵּין שֶׁהָיוּ שֶׁל עֵץ אוֹ שֶׁל עֶצֶם אוֹ שֶׁל עוֹר אוֹ שֶׁל מַתֶּכֶת טְהוֹרִין שֶׁנֶּאֱמַר (ויקרא יא לב) "אֲשֶׁר יֵעָשֶׂה מְלָאכָה בָּהֶן"??? פְּרָט לְחִפּוּיֵי הַכֵּלִים. וְכֵן כְּלֵי עֵץ אוֹ עֶצֶם שֶׁיֵּשׁ בָּהֶן בֵּית קִבּוּל שֶׁצִּפָּם בְּמַתֶּכֶת טְהוֹרִים וְאֵין מְקַבְּלִין טֻמְאָה מֵאַחַר שֶׁצִּפָּם בִּטְּלָן וְהַצִּפּוּי עַצְמוֹ טָהוֹר כְּמוֹ שֶׁבֵּאַרְנוּ:

ה. הָעוֹשֶׂה כְּלִי מִקְצָתוֹ מִן הָעֵץ וּמִקְצָתוֹ מִן הַמַּתֶּכֶת אִם הָיָה הָעֵץ מְשַׁמֵּשׁ הַמַּתֶּכֶת מְקַבֵּל טֻמְאָה וְאִם הָיְתָה הַמַּתֶּכֶת מְשַׁמֶּשֶׁת אֶת הָעֵץ הַכֹּל טָהוֹר. כֵּיצַד. מַפְתֵּחַ שֶׁל עֵץ וְשִׁנָּיו מִמַּתֶּכֶת אֲפִלּוּ שֵׁן אֶחָד הֲרֵי זֶה מְקַבֵּל טֻמְאָה. הָיְתָה הִיא מִמַּתֶּכֶת וְשִׁנַּיִם שֶׁלּוֹ מֵעֵץ הַכֹּל טָהוֹר:

ו. טַבַּעַת שֶׁל מַתֶּכֶת וְחוֹתָמָהּ שֶׁל אַלְמוֹג טְמֵאָה. הָיְתָה שֶׁל אַלְמוֹג וְחוֹתָמוֹ שֶׁל מַתֶּכֶת הֲרֵי זוֹ אֵינָהּ מְקַבֶּלֶת טֻמְאָה:

ז. הַשֵּׁן שֶׁל מַתֶּכֶת אוֹ הַחוֹתָם מְקַבֵּל טֻמְאָה בִּפְנֵי עַצְמוֹ אִם לֹא הָיָה מְחֻבָּר לָעֵץ. וְכֵן הַמְעַבֵּד וְהַמַּזְרֶה וְהַמָּגוֹב וְהַמַּסְרֵק שֶׁל רֹאשׁ שֶׁנִּטְּלָה אֶחָד מִשִּׁנֵּיהֶן וַעֲשָׂאָהּ שֶׁל מַתֶּכֶת הֲרֵי אֵלּוּ מְקַבְּלִין טֻמְאָה:

ח. מַקֵּל שֶׁעָשָׂה בְּרֹאשׁוֹ מַסְמֵר כְּמִין רִמּוֹן כְּדֵי שֶׁיִּהְיֶה אוֹחֵז בּוֹ אֵינוֹ מְקַבֵּל טֻמְאָה. עֲשָׂאָהוּ שֶׁלֹּא תִּהְיֶה הָאָרֶץ אוֹכֶלֶת אֶת הָעֵץ מְקַבֵּל טֻמְאָה:

ט. וְכֵן מַקֵּל שֶׁקָּבַע בּוֹ מַסְמְרִים כְּדֵי לְהַכּוֹת בּוֹ מְקַבֵּל טֻמְאָה שֶׁנִּמְצָא הָעֵץ מְשַׁמֵּשׁ אֶת הַמַּתֶּכֶת. עֲשָׂאָן לְנוֹי אֵינוֹ מְקַבֵּל טֻמְאָה שֶׁהֲרֵי הַמַּתֶּכֶת מְשַׁמֶּשֶׁת אֶת הָעֵץ:

י. וְכֵן מְנַקִּיּוֹת שֶׁל מַתֶּכֶת שֶׁקְּבָעָן בְּמַקֵּל אוֹ בְּדֶלֶת לְנוֹי טְהוֹרוֹת. וְכֵן כָּל כַּיּוֹצֵא בָּזֶה מִשְּׁאָר הַכֵּלִים:

Perek 5

Wooden vessels.

(Wood and bone vessels are similar.)

Vessel production – completion

No vessels are susceptible to impurity until the work involved in making them is complete.

Different vessels have different definitions of completion. These are discussed.

There is a general principle that a vessel that serves as a receptacle is susceptible to impurity, whereas one used for gathering together, is pure.

Another principle – something made to serve as a hanger to a vessel, stays pure e.g. a loop from which a utensil is hung on a hook.

Another principle

- Portable seat where legs not carried with it – pure
- Portable seat where legs accompany – susceptible to impurity

פרק ה׳

א. כָּל הַכֵּלִים אֵין מְקַבְּלִין טֻמְאָה עַד שֶׁתִּגָּמֵר מְלַאכְתָּן. וּכְלֵי עֵץ מֵאֵימָתַי מְקַבְּלִין טֻמְאָה. הַמִּטָּה וְהָעֲרִיסָה מִשֶּׁיְּשׁוּפֵם בְּעוֹר הַדָּג. גָּמַר שֶׁלֹּא לָשׁוּף מְקַבְּלִין טֻמְאָה. הַסַּלִּים שֶׁל עֵץ מִשֶּׁיַּחְסֹם שִׂפְתוֹתֵיהֶן וְיִכְרֹת עֻקְצֵי הַשָּׂרִיגִים וְהָעֵצִים הַקְּטַנִּים הַיּוֹצְאִים עַל גַּבֵּי הַסַּל. הָיוּ הַסַּלִּים שֶׁל תְּמָרָה אַף עַל פִּי שֶׁלֹּא כָּרַת הַהוּצִין מִבִּפְנִים מְקַבְּלִין טֻמְאָה שֶׁכָּךְ מְקַיְּמִין אוֹתָן. הַכַּלְכָּלָה מִשֶּׁיַּחְסֹם פִּיהָ וְיִכְרֹת הַהוּצִים וְיִגְמֹר אֶת הַתְּלוּיוֹת. בֵּית הַכּוֹסוֹת וְהַלָּגִינִין אַף עַל פִּי שֶׁלֹּא כָּרַת מִבִּפְנִים מְקַבְּלִין טֻמְאָה שֶׁכָּךְ מְקַיְּמִין אוֹתָם. הַקְּנוֹנִים הַקְּטַנִּים וְהַקְּלָתוֹת מִשֶּׁיַּחְסֹם שִׂפְתוֹתֵיהֶן וְיִכְרֹת הַהוּצִין הַיּוֹצְאִים. הַקְּנוֹנִים הַגְּדוֹלִים וְהַסִּיּוּגִים הַגְּדוֹלִים מִשֶּׁיַּעֲשֶׂה שְׁנֵי דּוּרִים לָרֹחַב שֶׁלָּהֶן. הַנָּפָה וְהַכְּבָרָה וְכַף מֹאזְנַיִם מִשֶּׁיַּעֲשֶׂה דּוּר אֶחָד לָרֹחַב שֶׁלָּהֶן. הַקֻּפָּה מִשֶּׁיַּעֲשֶׂה שְׁתֵּי צְפִירוֹת לָרֹחַב שֶׁלָּהּ. וְהָעֶרֶק מִשֶּׁיַּעֲשֶׂה בּוֹ צְפִירָה

אַחַת אַף עַל פִּי שֶׁלֹּא גָּמַר גַּבֵּיהֶן מְקַבְּלִין טֻמְאָה שֶׁהֲרֵי נִרְאוּ לְמַה שֶּׁנַּעֲשׂוּ וְצוּרַת הַכְּלִי עֲלֵיהֶן. הָא לְמָה זֶה דּוֹמֶה לְבֶגֶד שֶׁנֶּאֱרַג מִקְצָתוֹ. הַמַּחְצֶלֶת מִשֶּׁיְּכָרֵת הַהוּצִין וְזֶהוּ גְּמַר מְלָאכָה. וְכָל כְּלֵי הַנְּסָרִים אֵינָן מְקַבְּלִין טֻמְאָה עַד שֶׁיִּתְחַסְּמוּ שִׂפְתוֹתֵיהֶן. גָּלְמֵי כְּלֵי עֵץ מְקַבְּלִין טֻמְאָה מִשֶּׁנַּעֲשָׂה הַכְּלִי בְּצוּרָתוֹ. אַף עַל פִּי שֶׁעָתִיד לְתָאֲרוֹ בְּשֶׂרֶד אוֹ לְהַשְׁווֹתוֹ בְּמְחוּגָה אוֹ לְיַפּוֹתוֹ בְּמַעֲצָד וְכַיּוֹצֵא בְּמַעֲשִׂים אֵלּוּ וַעֲדַיִן הוּא גֹּלֶם הוֹאִיל וְאֵינוֹ מְחֻסַּר חֲקִיקָה וַהֲרֵי הִשְׁלִים חֲפִירָתוֹ הֲרֵי זֶה מְקַבֵּל טֻמְאָה. וְכָל גָּלְמֵי כְּלֵי עֵץ מְקַבְּלִין טֻמְאָה חוּץ מִשֶּׁל אֶשְׁכְּרוֹעַ שֶׁאֵין הַכְּלִי מִמֶּנּוּ חָשׁוּב כְּלִי עַד שֶׁיִּתְיַפֶּה. וְקָרוֹב בְּעֵינַי שֶׁכְּלֵי עֶצֶם כִּכְלֵי אֶשְׁכְּרוֹעַ וְאֵין גָּלְמֵיהֶן מְקַבְּלִין טֻמְאָה. כְּלִי עֵץ שֶׁאֵין עָלָיו צוּרַת כְּלִי אַף עַל פִּי שֶׁמִּשְׁתַּמְּשִׁין בּוֹ אֵינוֹ מְקַבֵּל טֻמְאָה. אֲרֻבּוֹת שֶׁל נַחְתּוֹמִין שֶׁסּוֹדְרִים עֲלֵיהֶן הַחַלּוֹת כְּשֶׁהֵן בָּצֵק מִתְטַמְּאוֹת שֶׁהֲרֵי צוּרַת הַכְּלִי עֲלֵיהֶן. וְשֶׁל בַּעֲלֵי בָּתִּים אֵינָן מְקַבְּלִין טֻמְאָה. וְאִם צְבָעָן בְּסִקְרָא אוֹ בְּכַרְכּוֹם וְכַיּוֹצֵא בָּהֶן מִתְטַמְּאוֹת שֶׁהֲרֵי נַעֲשֵׂית לָהֶן צוּרַת כְּלִי. סְרוֹד שֶׁל נַחְתּוֹמִין שֶׁנּוֹתְנִין בּוֹ הַמַּיִם שֶׁמְּקַטְּפִין בּוֹ טָמֵא וְשֶׁל בַּעֲלֵי בָּתִּים טָהוֹר. וְאִם גִּפְּפוֹ מֵאַרְבַּע רוּחוֹתָיו מִתְטַמֵּא. נִפְרַץ מֵרוּחַ אַחַת טָהוֹר. וְהַלּוּחַ שֶׁעוֹרְכִין עָלָיו מִתְטַמֵּא. כְּלִי עֵץ שֶׁהַסַּלָּתִים מְרַקְּדִין עָלָיו אֶת הַסֹּלֶת מִתְטַמֵּא. וְשֶׁל בַּעֲלֵי בָּתִּים טָהוֹר. רַחַת הַגָּרוֹסוֹת מִתְטַמְּאָה. שֶׁל אוֹצָרוֹת טְהוֹרָה שֶׁל גִּתּוֹת מִתְטַמְּאָה וְשֶׁל גְּרָנוֹת טְהוֹרָה. זֶה הַכְּלָל הֶעָשׂוּי לְקַבָּלָה מְקַבֵּל טֻמְאָה וְהֶעָשׂוּי לְכַנֵּס בּוֹ טָהוֹר:

ב. כָּל הַתְּלוּיִין טְהוֹרִין חוּץ מִתְּלוּיֵי נָפָה שֶׁל סַלָּתִין וּתְלוּי כְּבָרָה שֶׁל גְּרָנוֹת וּתְלוּי מַגַּל יָד וּתְלוּי מַקֵּל הַבַּלָּשִׁין מִפְּנֵי שֶׁהֵן מְסַיְּעִין בִּשְׁעַת מְלָאכָה. זֶה הַכְּלָל הֶעָשׂוּי לְסַיְּעוֹ בִּשְׁעַת מְלָאכָה מִתְטַמֵּא לִתְלוֹת בּוֹ הַכְּלִי בִּלְבַד טָהוֹר:

ג. נִבְלֵי הַמְשׁוֹרְרִים מִתְטַמְּאִין. נִבְלֵי בְּנֵי לֵוִי שֶׁמְּזַמְּרִין בָּהֶן בַּמִּקְדָּשׁ טְהוֹרִין. הַבִּטְנוֹן וְהַנִּקְטְמוֹן וְהָאִירוּס מִתְטַמְּאִין:

ד. מְצוּדַת הַחֻלְדָּה מִתְטַמֵּא וְשֶׁל עַכְבָּרִים טְהוֹרָה לְפִי שֶׁאֵין לָהּ בֵּית קִבּוּל וְאֵין עָלֶיהָ צוּרַת כְּלִי:

ה. קוֹצִין שֶׁאוֹרְגִין בָּהֶן כְּמוֹ כְּפִיפָה שֶׁמַּנִּיחִין בָּהּ הַתְּאֵנִים וְכַיּוֹצֵא בָּהֶן מִתְטַמְּאִין. וְשֶׁאוֹרְגִין בָּהֶן כְּתַבְנִית מְנוֹרָה גְּדוֹלָה שֶׁאוֹצְרִין בָּהֶן הַחִטִּין טְהוֹרָה שֶׁאֵין תּוֹרַת כְּלִי עָלֶיהָ:

ו. עֱלִין שֶׁמְּסָרְגִין אוֹתָן כְּמִין סִיָג סָבִיב לַפֵּרוֹת טָהוֹר. וְאִם עָשׂוּ סִיָג שֶׁל נְסָרִין מִתְטַמְּאִין:

ז. חֹתֶל שֶׁל הוּצִין שֶׁמַּנִּיחִין בּוֹ הָרֹטֶב וְכַיּוֹצֵא בּוֹ אִם הוּא נוֹתֵן לְתוֹכוֹ וְנוֹטֵל מִתּוֹכוֹ מִתְטַמֵּא וְאִם אֵינוֹ יָכוֹל לִטֹּל מַה שֶּׁבְּתוֹכוֹ עַד שֶׁיִּקְרָעֶנּוּ אוֹ יַתִּירֶנּוּ אוֹ שֶׁחָשַׁב לֶאֱכֹל מַה שֶּׁבְּתוֹכוֹ וּלְזָרְקוֹ טָהוֹר. וְכֵן הַקֶּרֶן שֶׁהוּא מִשְׁתַּמֵּשׁ בָּהּ וּמַשְׁלִיכָהּ אֵינָהּ מְקַבֶּלֶת טֻמְאָה. וְאִם חָשַׁב עָלֶיהָ מְקַבֶּלֶת טֻמְאָה:

ח. הַשּׁוֹפָר אֵינוֹ מְקַבֵּל טֻמְאָה. חֲתָכוֹ לִהְיוֹת קֶרֶן תַּשְׁמִישׁ מְקַבֵּל טֻמְאָה:

ט. קְעָרָה שֶׁקְּבָעָהּ בְּשִׁדָּה תֵּבָה וּמִגְדָּל אִם הִיא כְּדֶרֶךְ קַבָּלָתָהּ מְקַבֶּלֶת טֻמְאָה. וְאִם קְבָעָהּ בַּדֹּפֶן שֶׁהֲרֵי אֵינָהּ מְקַבֶּלֶת עַד שֶׁמַּטִּים שִׁדָּה עַל צִדָּהּ הֲרֵי זוֹ מִכְּלַל הַשִּׁדָּה וּטְהוֹרָה:

י. הָאַקּוֹן וְהָרָטוֹב וְהַכְּלוּב שֶׁל עֵץ טְהוֹרִין:

יא. הַמַּדָּף וְהַפַּלְצוּר וּמְצוּדַת סְכָרִים מִתְטַמְּאִין שֶׁהֲרֵי צוּרַת כְּלִי עֲלֵיהֶם:

יב. הַסַּפְסָלִין שֶׁבַּפֻּנְדְּקָאוֹת וְשֶׁל מְלַמְּדֵי תִּינוֹקוֹת אַף עַל פִּי שֶׁהֵן נְקוּבִין וּמַכְנִיסִין בָּהֶן אֶת הָרַגְלַיִם טְהוֹרִים. קָבְעוּ בָּהֶן רַגְלַיִם בְּמַסְמֵר מְקַבְּלִין טֻמְאָה. זֶה הַכְּלָל כָּל שֶׁנִּטָּל וְאֵין רַגְלָיו נִטָּלוֹת עִמּוֹ טָהוֹר. וְכָל שֶׁנִּטַּל וְרַגְלָיו נִטָּלוֹת עִמּוֹ טָמֵא. וְאִם הָיוּ כֻּלָּן שֶׁל עֵץ אוֹ עֶצֶם מְקַבֵּל טֻמְאָה. הָיְתָה אַחַת מֵרַגְלָיו שֶׁל אֶבֶן אֵינוֹ מְקַבֵּל טֻמְאָה:

Perek 6

Wooden vessels.

(Wood and bone vessels are similar.)

Broken vessels.

An impure vessel regains its purity by being broken.

Measure of breakage.

- Wood or bone vessel belonging to private person – If it has a hole big enough that a **medium sized pomegranate** could fall out.
- Smaller vessels e.g. ¼ *kav* – If it has holes the size of **a *kezayit*** i.e. if olives fall through.
- Bread-baskets – If a loaf will fall through etc.

Generally, if the vessel cannot contain what it is supposed to contain, then it becomes pure.

פרק ו'

א. כָּל כְּלִי שֶׁנִּטְמָא וְנִשְׁבַּר אַחַר שֶׁנִּטְמָא וְנִפְסְדָה צוּרָתוֹ וְתַשְׁמִישׁוֹ טָהוֹר בִּשְׁבִירָתוֹ. וְכֵן כֵּלִים שֶׁנִּשְׁבְּרוּ כְּשֶׁהֵן טְהוֹרִין שִׁבְרֵיהֶן אֵינָן מְקַבְּלִין טֻמְאָה:

ב. כַּמָּה שִׁעוּר הַשֶּׁבֶר שֶׁיִּשָּׁבֵר בִּכְלִי עֵץ אוֹ כְּלִי עֶצֶם וְיִהְיֶה טָהוֹר. כָּל כְּלֵי בַּעֲלֵי בָּתִּים שִׁעוּרָן בְּרִמּוֹנִים. כֵּיצַד. מִשֶּׁיִּנָּקֵב הַכְּלִי בְּמוֹצִיא רִמּוֹן טָהוֹר. וְהָרִמּוֹן שֶׁאָמְרוּ בֵּינוֹנִי לֹא גָּדוֹל וְלֹא קָטָן, לְפִי דַּעַת הָרוֹאֶה. וְיִהְיוּ בַּכְּלִי שְׁלֹשָׁה רִמּוֹנִים אֲחוּזִים זֶה בָּזֶה. נִקַּב הַכְּלִי בְּמוֹצִיא זַיִת וּסְתָמוֹ וְחָזַר וְנִקַּב בְּמוֹצִיא זַיִת וּסְתָמוֹ [עַד שֶׁהִשְׁלִימוֹ לְמוֹצִיא] רִמּוֹן אַף עַל פִּי שֶׁהוּא סָתוּם טָהוֹר שֶׁהֲרֵי נַעֲשׂוּ לוֹ פָּנִים חֲדָשׁוֹת:

ג. כֵּלִים שֶׁעֲשָׂאָן מִתְּחִלָּה נְקוּבִין בְּמוֹצִיא רִמּוֹן כְּגוֹן הַסַּל וְהַפְּחָלֶץ שֶׁל גְּמַלִּים וְהָאַפִּיפְיָרוֹת מְקַבְּלִין טֻמְאָה עַד שֶׁיִּקָּרַע רֻבָּן:

ד. אַפִּיפְיָרוֹת שֶׁעָשָׂה לָהֶן קָנִים לְמַעְלָה וּלְמַטָּה לְחַזֵּק טְהוֹרוֹת. עָשָׂה לָהֶן גַּפַּיִם כָּל שֶׁהֵן אַף עַל פִּי שֶׁכֻּלָּהּ נְקוּבָה כְּמוֹצִיא רִמּוֹן מְקַבֶּלֶת טֻמְאָה:

ה. כָּל הַכֵּלִים שֶׁאֵינָן יְכוֹלִין לְקַבֵּל רִמּוֹנִים כְּגוֹן הָרֹבַע וַחֲצִי רֹבַע וְהַקְּנוֹנִים הַקְּטַנִּים שִׁעוּרָן בְּמוֹצִיא זַיִת. נִגְמְמוּ שִׂפְתוֹתֵיהֶן אִם נִשְׁאַר בָּהֶן כְּדֵי לְקַבֵּל כָּל שֶׁהוּא טְמֵאִין:

ו. הַסַּלִּין שֶׁל פַּת שִׁעוּרָן כְּכִכָּרוֹת שֶׁל פַּת:

ז. קֻפַּת הַגַּנָּנִים מִשֶּׁתּוֹצִיא אֲגֻדּוֹת שֶׁל יָרָק טְהוֹרָה. וְשֶׁל בַּעֲלֵי בָּתִּים בְּמוֹצִיא תֶּבֶן. שֶׁל בַּלָּנִין בִּגְבָבָא:

ח. בֵּית קְעָרוֹת שֶׁאֵינוֹ מְקַבֵּל קְעָרוֹת הוֹאִיל וּמְקַבֵּל הַתַּמְחוּיִין הֲרֵי זֶה מְקַבֵּל טֻמְאָה. וְכֵן בֵּית הָרְעִי שֶׁאֵינוֹ מְקַבֵּל מַשְׁקִין הוֹאִיל וּמְקַבֵּל אֶת הָרְעִי הֲרֵי זֶה מְקַבֵּל טֻמְאָה:

ט. כָּל כְּלִי עֵץ שֶׁנֶּחְלַק לִשְׁנַיִם טָהוֹר וְאַף עַל פִּי שֶׁמְּקַבְּלִין עַל דָּפְנוֹתֵיהֶן בְּאִלְפָּסִין. חוּץ מִכֵּלִים שֶׁל עֵץ שֶׁחֶצְיָן אוֹ מִקְצָתָן כְּלִי בִּפְנֵי עַצְמוֹ מִתְּחִלַּת עֲשִׂיָּתָן כְּגוֹן הַשֻּׁלְחָן הַכָּפוּל שֶׁמִּתְּחִלָּה נַעֲשָׂה שְׁנֵי חֲלָקִים וַהֲרֵי הוּא נִכְפָּל וְנִפְשָׁט. וּכְגוֹן הַתַּמְחוּי הַמִּזְנוֹן שֶׁהוּא קְעָרוֹת קְעָרוֹת וַהֲרֵי בְּכָל חֵלֶק מֵחֲלָקָיו קְעָרוֹת שְׁלֵמוֹת. וּכְגוֹן הַכִּסֵּא הַכָּפוּל וְכָל כַּיּוֹצֵא בְּאֵלּוּ. וְכֵן בֵּית לָגִינִין וּבֵית הַכּוֹסוֹת שֶׁל עֵץ שֶׁנִּפְחַת אֶחָד מֵהֶן זֶה שֶׁנִּפְחַת טָהוֹר וְאֵינוֹ חִבּוּר לִשְׁאָר הַבָּתִּים. נִפְחַת הַשֵּׁנִי טָהוֹר וְאֵינוֹ חִבּוּר לוֹ. נִפְחֲתוּ שְׁלָשְׁתָּן כֻּלָּן טְהוֹרִין. וְכֵן כָּל כַּיּוֹצֵא בְּכֵלִים כָּאֵלּוּ:

י. מַשְׁפֶּלֶת שֶׁאֶמְצָעִיתָהּ גְּבוֹהָה וְזָוִיּוֹתֶיהָ יוֹרְדוֹת וְנִפְחֲתָה מִצַּד אֶחָד טְמֵאָה מִפְּנֵי שֶׁהִיא מְקַבֶּלֶת מִצַּד הַשֵּׁנִי. נִפְחֲתָה מִצַּד הַשֵּׁנִי טְהוֹרָה. הַשֻּׁלְחָן וְהַדֻּלְפְּקִי שֶׁנִּפְחֲתוּ מְקַבְּלִין טֻמְאָה עַד שֶׁיֵּחָלְקוּ וְיִבָּדֵל כָּל חֵלֶק מֵחֲבֵרוֹ. נִטְּלָה אַחַת מֵרַגְלֵיהֶן טְהוֹרָה. וְכֵן אִם נִטְּלָה הַשְּׁנִיָּה. נִטְּלָה הַשְּׁלִישִׁית אִם חִשֵּׁב עֲלֵיהֶם שֶׁיֹּאכַל עַל שֻׁלְחָן זֶה אוֹ עַל דֻּלְפְּקִי זוֹ כְּמוֹ אוֹכֵל בְּטַבְלָא מְקַבְּלִין טֻמְאָה וְאִם לָאו טְהוֹרִין:

יא. כְּלֵי נְסָרִים שֶׁנָּפְלוּ שִׂפְתוֹתֵיהֶן טְהוֹרִין. וְאִם נִשְׁאַר מַחְסוֹם שִׂפְתוֹתֵיהֶן כָּל שֶׁהוּא מְקַבְּלִין טֻמְאָה:

יב. טַבְלָא שֶׁמִּלְּאָהּ עֵצִים וּתְקָעָהּ טְהוֹרָה. חִפָּהּ בִּנְסָרִים מְקַבֶּלֶת טֻמְאָה:

יג. סַפְסָל שֶׁנִּתְפָּרֵק טָהוֹר. סִרְגְּלוֹ בִּמְשִׁיחוֹת אוֹ בַּחֲבָלִים מְקַבֵּל טֻמְאָה:

276 SEFER TAHARAH

יד. הַסַּלִּים שֶׁל גְּמַלִּים הַתִּירָן טְהוֹרִין חָזַר וּקְשָׁרָן מְקַבְּלִין טֻמְאָה. נִמְצְאוּ מִתְטַמְּאִין וּמִתְטַהֲרִין אֲפִלּוּ עֶשֶׂר פְּעָמִים בְּיוֹם:

טו. הַשֻּׁלְחָן אוֹ הַדֶּלְפְּקִי שֶׁחִפָּן בְּשַׁיִשׁ וְשִׁיֵּר בָּהֶם מְקוֹם הַנָּחַת הַכּוֹסוֹת מְקַבְּלִין טֻמְאָה וְאִם חִפָּה הַכֹּל טָהוֹר. בֵּין בְּצִפּוּי עוֹמֵד בֵּין בְּצִפּוּי שֶׁאֵינוֹ עוֹמֵד בֵּין שֶׁחִפָּה אֶת לְבַזְבְּזָיו בֵּין שֶׁלֹּא חִפָּן בֵּין שֶׁהָיוּ שֶׁל עֵצִים חֲשׁוּבִים כְּגוֹן אֶשְׁכְּרוֹעַ וְכַיּוֹצֵא בּוֹ בֵּין שֶׁהָיוּ שֶׁל שְׁאָר עֵצִים הוֹאִיל וְחִפָּן כֻּלָּן טְהוֹרִין כְּמוֹ שֶׁבֵּאַרְנוּ:

Perek 7

Leather vessels.

Reminder

Pack on Impurity of Vessels

Definition of when vessel is completed i.e. when they can contract impurity.

The form of the leather is important.

- A flat piece of leather is not regarded as a *keli* and is therefore pure.
- A belt say, already has the shape of a vessel and is therefore susceptible to impurity.

It also depends on function of leather.

- If it is shaped to protect person from say thorns it is susceptible to impurity.
- If it is shaped to protect article with which one is working, say from sweat, it stays pure.
- Measures of a breach which can render a leather vessel to be unusable – size of **ball of the warp**. (Warp threads run vertical, woof threads horizontal.)

Vessel also becomes pure if it no longer has its shape or function e.g. if a broken shoe no longer covers the majority of the foot.

פרק ז׳

א. כְּלֵי עוֹר מֵאֵימָתַי מְקַבְּלִין טֻמְאָה. הַתּוּרְמָל וְכַיּוֹצֵא בּוֹ מִשֶּׁיַּחְסֹם שִׂפְתוֹתָיו וְיִכְרֹת הַקּוּפִין הַקְּטַנִּים הַיּוֹצְאִין עַל גַּבֵּי הָעוֹר וְיַעֲשֶׂה קִיחוֹתָיו. סְקוּרְטְיָה מִשֶּׁיַּחְסֹם וְיִכְרֹת וְיַעֲשֶׂה צִיצָתָהּ. קַטְבוּלְיָה מִשֶּׁיַּחְסֹם וְיִכְרֹת. הַכַּר וְהַכֶּסֶת שֶׁל עוֹר מִשֶּׁיַּחְסֹם שִׂפְתוֹתֵיהֶן וְיִכְרֹת הַקּוּפִין הַיּוֹצְאִין. וְכֵן כָּל כַּיּוֹצֵא בָּהֶן. הַתְּפִלִּין מִשֶּׁיִּגְמֹר הַקְּצִיצָה אַף עַל פִּי שֶׁהוּא עָתִיד לָתֵת בָּהּ אֶת הָרְצוּעָה מְקַבֶּלֶת טֻמְאָה. עוֹר הָעֲרִיסָה שֶׁהוּא עָתִיד לַעֲשׂוֹת לוֹ טַבּוּר עַד שֶׁיַּעֲשֶׂנּוּ לוֹ. הַסַּנְדָּל מִשֶּׁיַּקְמִיעַ. הַמִּנְעָל מִשֶּׁיִּגּוֹב [עַל] הָאִמּוּם. וְאִם עָתִיד לְכָרְכָם וּלְשַׂרְטֵט עַד שֶׁיְּכָרְכֵם וִישַׂרְטֵט:

ב. עוֹר שֶׁאֵין עָלָיו צוּרַת כְּלִי אֵינוֹ מְקַבֵּל טֻמְאָה. לְפִיכָךְ כַּף שֶׁל עוֹר שֶׁקּוֹשְׁרִין לוֹקְטֵי קוֹצִים עַל כַּפּוֹתֵיהֶן כְּדֵי שֶׁלֹּא יַכֵּם קוֹץ אֵינוֹ מְקַבֵּל טֻמְאָה מִפְּנֵי שֶׁהוּא עוֹר פָּשׁוּט וְאֵין עָלָיו צוּרַת כְּלִי. וְכֵן הָעוֹר שֶׁמְּלַקְּטִין בּוֹ גְּלָלֵי הַבָּקָר וְעוֹר שֶׁחוֹסְמִין בּוֹ פִּי הַבְּהֵמָה וְעוֹר שֶׁמּוֹשִׁיבִין בּוֹ הַדְּבוֹרִים בְּשָׁעָה שֶׁלּוֹקְחִין הַדְּבַשׁ וְעוֹר שֶׁמְּנִיפִין בּוֹ אֶת הָרוּחַ מִפְּנֵי הַחֹם טְהוֹרִין וְאֵין מְקַבְּלִין טֻמְאָה:

ג. כָּל בֵּית הָאֶצְבָּעוֹת שֶׁל עוֹר טְהוֹרוֹת חוּץ מִשֶּׁל קַיָּצִין מִפְּנֵי שֶׁהִיא מְקַבֶּלֶת אֶת הָאוֹג טְמֵאָה. נִקְרְעָה אִם אֵינָהּ מְקַבֶּלֶת אֶת רֹב הָאוֹג טְהוֹרָה:

ד. הָאַבְנֵט שֶׁל עוֹרוֹת וְעוֹרוֹת שֶׁתּוֹפְרִין הַקִּטְעִים עַל אַרְכְּבוֹתֵיהֶן כְּדֵי שֶׁיִּתְגַּלְגְּלוּ בָּהֶן עַל הַקַּרְקַע מְקַבְּלִין טֻמְאָה שֶׁהֲרֵי צוּרַת כְּלִי עֲלֵיהֶן. וְכֵן הָעוֹרוֹת הָעֲשׂוּיוֹת כְּעֵין טַבָּעוֹת שֶׁמַּכְנִיסִין אוֹתָן הָאֻמָּנִין בִּזְרוֹעוֹתֵיהֶן כְּדֵי לְהַגְבִּיהַּ בִּגְדֵיהֶן מֵעֲלֵיהֶן בִּשְׁעַת מְלָאכָה מִתְטַמְּאִין כִּשְׁאָר כְּלֵי עוֹר הַפְּשׁוּטִים:

ה. עוֹר שֶׁתּוֹפְרִין מִמֶּנּוּ כִּסּוּי לְיָד וְלִזְרוֹעַ שֶׁל זוֹרְעֵי גִּנּוֹת וְשֶׁל הוֹלְכֵי דְּרָכִים וְשֶׁל עוֹשֵׂי פִּשְׁתָּן מְקַבְּלִין טֻמְאָה. וְאִם הָיָה שֶׁל צַבָּעִים וְשֶׁל נַפָּחִים אֵינוֹ מְקַבֵּל טֻמְאָה. זֶה הַכְּלָל כָּל הֶעָשׂוּי לְקַבָּלָה כְּדֵי שֶׁלֹּא יַכֵּהוּ קוֹץ וּכְדֵי שֶׁיֹּאחַז יָפֶה יָפֶה מְקַבֵּל טֻמְאָה. וְהֶעָשׂוּי מִפְּנֵי הַזֵּעָה כְּדֵי שֶׁלֹּא יִפָּסֵד הַדָּבָר שֶׁמִּתְעַסֵּק בּוֹ בְּזֵעַת יָדוֹ אֵינוֹ מְקַבֵּל טֻמְאָה:

ו. כַּמָּה שִׁעוּר הַנֶּקֶב שֶׁיִּנָּקֵב כְּלִי הָעוֹר וְיִטְהַר. הַחֵמֶת מִשֶּׁתִּנָּקֵב כְּמוֹצִיא פְּקָעִיּוֹת שֶׁל שְׁתִי. וְאִם אֵינָהּ יְכוֹלָה לְקַבֵּל שֶׁל שְׁתִי הוֹאִיל וּמְקַבֶּלֶת שֶׁל עֵרֶב מְקַבֶּלֶת טֻמְאָה עַד שֶׁתִּנָּקֵב רֻבָּהּ:

ז. הַתַּרְמִיל שֶׁנִּפְחַת הַכִּיס שֶׁבְּתוֹכוֹ עֲדַיִן הַתַּרְמִיל מְקַבֵּל טֻמְאָה וְאֵינוֹ חִבּוּר לוֹ:

ח. הַחֵמֶת שֶׁהַבֵּיצִים שֶׁלָּהּ מְקַבְּלוֹת עִמָּהּ וְנִפְחֲתוּ טְהוֹרוֹת שֶׁאֵינָן מְקַבְּלוֹת כְּדַרְכָּן:

ט. כְּלִי עוֹר שֶׁיֵּשׁ לוֹ לוּלָאוֹת וּשְׁנָצוֹת כְּגוֹן סַנְדָּל עִמְקִי וְכִיס שֶׁל שְׁנָצוֹת אַף עַל פִּי שֶׁכְּשֶׁהֵן מֻתָּרִין אֵין עֲלֵיהֶן צוּרַת כְּלִי הֲרֵי אֵלּוּ מְקַבְּלִין טֻמְאָה כְּשֶׁהֵן מֻתָּרִין הוֹאִיל וְהַהֶדְיוֹט יָכוֹל בִּמְהֵרָה לְהַכְנִיס הַשְּׁנָצוֹת בַּלּוּלָאוֹת וְיַחְזֹר כְּלִי קִבּוּל כְּשֶׁהָיָה. וְכֵן אִם נִטְמְאוּ וְהֵסִיר הַשְּׁנָצוֹת מֵהֶן וְנִפְסְדָה צוּרָתָן הֲרֵי הֵן טְהוֹרִין אַף עַל פִּי שֶׁאֶפְשָׁר לְהַחְזִירָן שֶׁלֹּא בְּאֻמָּן:

י. כִּיס שֶׁל שְׁנָצוֹת שֶׁנִּטְּלוּ שְׁנָצָיו עֲדַיִן הוּא מְקַבֵּל טֻמְאָה שֶׁהֲרֵי הוּא מְקַבֵּל. נִפְשַׁט וְחָזַר עוֹר פָּשׁוּט טָהוֹר. טָלָה עָלָיו אֶת הַמַּטְלֵית מִלְּמַטָּה מְקַבֶּלֶת טֻמְאָה אַף עַל פִּי שֶׁהוּא פָּשׁוּט שֶׁהֲרֵי יֵשׁ עָלָיו צוּרַת כְּלִי:

יא. עוֹר שֶׁכָּרַךְ בּוֹ אֶת הַקָּמֵעַ מְקַבֵּל טֻמְאָה. פְּשָׁטוֹ טָהוֹר. חָזַר וְכָרַךְ בּוֹ מְקַבֵּל טֻמְאָה. מִתְטַמֵּא וּמִתְטַהֵר אֲפִלּוּ עֶשֶׂר פְּעָמִים בְּיוֹם. וְעוֹר שֶׁכָּתַב עָלָיו אֶת הַקָּמֵעַ טָהוֹר. וְאִם כָּרַת מִמֶּנּוּ וְעָשָׂה חֻלְיָא לְתַכְשִׁיט מְקַבֵּל טֻמְאָה:

יב. הַתְּפִלָּה שֶׁל רֹאשׁ אַרְבָּעָה כֵּלִים הִיא. הֲרֵי שֶׁנִּטְמֵאת בְּמֵת וְהִתִּיר קְצִיצָה הָרִאשׁוֹנָה וְתִקְּנָהּ הֲרֵי הִיא אַב טֻמְאָה כְּשֶׁהָיְתָה. וְכֵן אִם הִתִּיר הַשְּׁנִיָּה וְתִקְּנָהּ. וְאִם הִתִּיר אַף הַשְּׁלִישִׁית וְתִקְּנָהּ וְהִתִּיר אַף הָרְבִיעִית וְתִקְּנָהּ נַעֲשֵׂית כֻּלָּהּ רִאשׁוֹן לְטֻמְאָה. שֶׁהֲרֵי הִתִּיר כָּל אַחַת וְאַחַת וְחָזַר וְתִקְּנָם כֻּלָּם וּכְאִלּוּ זוֹ תְּפִלִּין אַחֲרוֹנוֹת שֶׁנָּגְעוּ בָּרִאשׁוֹנוֹת. חָזַר וְהִתִּיר אֶת הָרִאשׁוֹנָה פַּעַם שְׁנִיָּה וְתִקְּנָהּ הֲרֵי הִיא רִאשׁוֹן כְּשֶׁהָיְתָה. וְכֵן אִם הִתִּיר אֶת הַשְּׁנִיָּה וְאֶת הַשְּׁלִישִׁית. חָזַר וְהִתִּיר אַף הָרְבִיעִית וְתִקְּנָהּ הֲרֵי כֻּלָּהּ טְהוֹרָה שֶׁאֵין הָרִאשׁוֹן מְטַמֵּא כֵּלִים מִפְּנֵי שֶׁהוּא וָלָד כְּמוֹ שֶׁבֵּאַרְנוּ. וְכֵן סַנְדָּל שֶׁהוּא טְמֵא מִדְרָס וְנִפְסְקָה אַחַת מֵאָזְנָיו וְתִקְּנָהּ טָמֵא מִדְרָס. נִפְסְקָה שְׁנִיָּה וְתִקְּנָהּ הֲרֵי הוּא טָהוֹר מִן הַמִּדְרָס שֶׁהֲרֵי נַעֲשׂוּ לוֹ אָזְנַיִם חֲדָשׁוֹת אֲבָל טְמֵא מַגַּע מִדְרָס. לֹא הִסְפִּיק לְתַקֵּן אֶת הָרִאשׁוֹנָה עַד שֶׁנִּפְסְקָה הַשְּׁנִיָּה אוֹ שֶׁנִּפְסַק עֲקֵבוֹ אוֹ נִטַּל חָטְמוֹ אוֹ נֶחְלַק לִשְׁנַיִם טָהוֹר:

יג. מִנְעָל שֶׁנִּפְחַת אִם אֵינוֹ מְקַבֵּל רֹב הָרֶגֶל טָהוֹר:

יד. תְּפִלָּה שֶׁנִּטְמֵאת מֵאֵימָתַי טָהֳרָתָהּ. שֶׁל יָד מִשֶּׁיַּתִּיר אוֹתָהּ מִשָּׁלֹשׁ רוּחוֹת. וְשֶׁל רֹאשׁ מִשֶּׁיַּתִּיר מִשָּׁלֹשׁ רוּחוֹת וּבֵין קְצִיצָה לַחֲבֶרְתָּהּ:

טו. הַכַּדּוּר וְהָאִמּוּם וְהַקָּמֵעַ וְהַתְּפִלִּין שֶׁנִּקְרְעוּ אַחַר שֶׁנִּטְמְאוּ הַנּוֹגֵעַ בָּהֶן טָמֵא וּבְמַה שֶּׁבְּתוֹכָן טָהוֹר. הָאֻכּוֹף שֶׁנִּקְרַע הַנּוֹגֵעַ בְּמַה שֶּׁבְּתוֹכוֹ טָמֵא מִפְּנֵי שֶׁהַתֶּפֶר מְחַבְּרוֹ וְנַעֲשָׂה כֻּלּוֹ כְּגוּף אֶחָד:

Perek 8

Metal vessels.

Reminder

Pack in Impurity of Vessels

Unfinished metal vessels are not at all susceptible to impurity. I.e. all tasks in their production must be totally completed.

E.g. a sword does not contract impurity until it is smoothed and polished. The intended use is also a factor.

E.g. a needle without its hole is complete if one's intention is that it was only needed for removing splinters i.e. not for sewing.

Regarding susceptibility to impurity, metal and wood are opposite to each other.

	Wood	Metal
Unfinished vessel	Can be impure	Pure
Flat vessels	Pure (Biblically)	Impure

Ornaments for human use are susceptible to impurity.

Ornaments for an animal or vessels are generally not susceptible.

Intention (thought) can make a vessel susceptible to impurity. (E.g. if one intended an animal ring to be used for a human, the ring now becomes susceptible to impurity.)

To reverse the process a deed would have to be performed. This could not be done by thought i.e. ring would need some physical adjustment to make it for animal use, to make it pure.

I.e. A deed negates the influence of a previous deed or thought. But thought does not negate a deed or even a previous thought.

The thoughts of a deaf-mute, a mentally or emotionally compromised individual and a minor are not significant but their deeds are, with regards to making susceptible to impurity.

פרק ח׳

א. כָּל כְּלֵי מַתָּכוֹת אֵינָן מְקַבְּלִין טֻמְאָה עַד שֶׁתִּגָּמֵר מְלַאכְתָּן כֻּלָּהּ וְלֹא יִהְיֶה הַכְּלִי מְחֻסַּר מַעֲשֶׂה כְּלָל. אֲבָל גָּלְמֵי כְּלֵי מַתָּכוֹת אֵינָן מְקַבְּלִין טֻמְאָה:

ב. וְאֵלּוּ הֵן גָּלְמֵי כְּלֵי מַתָּכוֹת כָּל שֶׁעָתִיד לָשׁוּף אוֹתוֹ אוֹ לְשַׁבֵּץ אוֹ לִגְרֹד אוֹ לְכַרְכֵּב אוֹ לְהַקִּישׁ בְּקֻרְנָס. אוֹ שֶׁהָיָה מְחֻסַּר אֹזֶן אוֹ אֹגֶן. הֲרֵי זֶה אֵינוֹ מְקַבֵּל טֻמְאָה עַד שֶׁיְּתַקְּנֶנּוּ וְיַיפֵּהוּ וְלֹא תִּשָּׁאֵר בּוֹ מְלָאכָה כְּלָל. כֵּיצַד. הַסַּיִף אֵינוֹ מְקַבֵּל טֻמְאָה עַד שֶׁיְּשׁוּפֶנּוּ. וְהַסַּכִּין עַד שֶׁיְּשַׁחִיזֶנָּה. וְכֵן כָּל כַּיּוֹצֵא בְּמַעֲשִׂים אֵלּוּ. לְפִיכָךְ הָעוֹשֶׂה כֵּלִים מִן הָעֶשֶׁת שֶׁל בַּרְזֶל אוֹ מִן הַחֲרָדָה שֶׁל מַתֶּכֶת וּמִן הַסּוֹבֵב שֶׁל גַּלְגַּל וּמִן הַטַּסִּין וּמִן הַצִּפּוּיִין וּמִכַּנֵּי הַכֵּלִים וּמֵאֹגְנֵי הַכֵּלִים וּמֵאָזְנֵי הַכֵּלִים וּמִן הַשְּׁחוּלָה וּמִן הַגְּרוֹדֶת הֲרֵי אֵלּוּ טְהוֹרִים מִפְּנֵי שֶׁכָּל אֵלּוּ שֶׁנַּעֲשׂוּ גָּלְמֵי כְּלֵי מַתָּכוֹת הֵן. אֲבָל הָעוֹשֶׂה כְּלִי מִשִּׁבְרֵי כְּלֵי מַתָּכוֹת וּמִן הַכֵּלִים שֶׁנִּשְׁחֲקוּ מֵרֹב הַזְּמַן וּמִן הַמַּסְמְרוֹת שֶׁיָּדוּעַ שֶׁנַּעֲשׂוּ מִן הַכֵּלִים הֲרֵי אֵלּוּ מְקַבְּלִין טֻמְאָה לְפִי שֶׁאֵינָם גּוֹלָמִים. אֲבָל מַסְמְרוֹת שֶׁאֵין יָדוּעַ אִם נַעֲשׂוּ מִן הַכֵּלִים אוֹ מִן הָעֶשֶׁת הֲרֵי הֵן טְהוֹרִין אֲפִלּוּ הִתְקִין אוֹתָם לִכְלִי אֵינָם מְקַבְּלִין טֻמְאָה:

ג. כְּלִי מַתָּכוֹת שֶׁאֵינוֹ מְחֻסָּר אֶלָּא כִּסּוּי מְקַבֵּל טֻמְאָה שֶׁאֵין הַכִּסּוּי חָשׁוּב מִגּוּף הַכְּלִי:

ד. מַחַט שֶׁלֹּא נִקְּבָה אֶלָּא שָׁפָהּ וְתִקְּנָהּ לְכָךְ מִתְּחִלָּתָהּ מְקַבֶּלֶת טֻמְאָה מִפְּנֵי שֶׁמּוֹצִיאִין בָּהּ אֶת הַקּוֹץ. אֲבָל אִם עָתִיד לְנָקְבָהּ הֲרֵי הִיא כִּשְׁאָר גָּלְמֵי כְּלֵי מַתָּכוֹת וְאֵינָהּ מְקַבֶּלֶת טֻמְאָה:

ה. מֵאַחַר שֶׁבֵּאַרְנוּ שֶׁגָּלְמֵי כְּלֵי מַתָּכוֹת טְהוֹרִים וְגָלְמֵי כְּלֵי עֵץ טְמֵאִים. וּפְשׁוּטֵי כְּלֵי מַתָּכוֹת טְמֵאִים וּפְשׁוּטֵי כְּלֵי עֵץ טְהוֹרִים דִּין תּוֹרָה. נִמְצָא הַטָּמֵא בִּכְלֵי עֵץ טָהוֹר בִּכְלֵי מַתָּכוֹת טָמֵא בִּכְלֵי מַתָּכוֹת טָהוֹר בִּכְלֵי עֵץ:

ו. כָּל כְּלֵי הַמִּלְחָמָה כְּגוֹן הַסַּיִף וְהָרֹמַח וְהַכּוֹבַע וְהַשִּׁרְיוֹן וְהַמַּגָּפַיִם וְכַיּוֹצֵא בָּהֶן מְקַבְּלִין טֻמְאָה. וְכָל תַּכְשִׁיטֵי הָאָדָם כְּגוֹן הַקַּטָּלָה וְהַנְּזָמִים וְהַטַּבָּעוֹת בֵּין שֶׁיֵּשׁ עֲלֵיהֶן חוֹתָם בֵּין שֶׁאֵין עֲלֵיהֶם חוֹתָם וְכַיּוֹצֵא בָּהֶן מְקַבְּלִין טֻמְאָה. אֲפִלּוּ דִּינָר שֶׁנִּפְסַל וְהִתְקִינוֹ לִתְלוֹתוֹ בְּצַוַּאר קְטַנָּה מְקַבֵּל טֻמְאָה. וְכֵן קָמֵעַ שֶׁל מַתֶּכֶת מִתְטַמֵּא כְּכָל תַּכְשִׁיט אָדָם:

ז. כָּל תַּכְשִׁיטֵי הַבְּהֵמָה וְהַכֵּלִים כְּגוֹן הַטַּבָּעוֹת שֶׁעוֹשִׂין לְצַוַּאר הַבְּהֵמָה וּלְאָזְנֵי הַכֵּלִים טְהוֹרִין וְאֵינָן מְקַבְּלִין טֻמְאָה בִּפְנֵי עַצְמָן. חוּץ מִזּוֹג שֶׁל בְּהֵמָה וְכֵלִים הַמַּשְׁמִיעַ קוֹל לָאָדָם. כֵּיצַד. הָעוֹשֶׂה זוֹגִין לְמַכְתֶּשֶׁת וְלַעֲרִיסָה לְמִטְפְּחוֹת סְפָרִים וְתִינוֹקוֹת טְהוֹרִים. עָשָׂה לָהֶן עִנְבּוֹלִין מְקַבְּלִים

טְמֵאָה הוֹאִיל וְנַעֲשׂוּ לְהַשְׁמִיעַ קוֹל לָאָדָם הֲרֵי הֵן כְּתַכְשִׁיטֵי אָדָם. וַאֲפִלּוּ נִטְּלוּ עִנְבּוֹלֵיהֶן מְקַבְּלִין טֻמְאָה שֶׁהֲרֵי הוּא רָאוּי לְהַקִּישׁוֹ עַל הַחֶרֶס:

ח. זוּג הֶעָשׂוּי לְאָדָם. אִם נַעֲשָׂה לְקָטָן אֵינוֹ מְקַבֵּל טֻמְאָה אֶלָּא בַּעִנְבּוֹל שֶׁלּוֹ שֶׁהֲרֵי לְקוֹל נַעֲשָׂה. נַעֲשָׂה לְגָדוֹל הֲרֵי זֶה תַּכְשִׁיט וּמְקַבֵּל טֻמְאָה אַף עַל פִּי שֶׁאֵין לוֹ עִנְבּוֹל:

ט. כָּל הַפַּרְצוּפוֹת מְקַבְּלוֹת טֻמְאָה. וְכָל הַחוֹתָמוֹת טְהוֹרִין. חוּץ מֵחוֹתָם שֶׁל מַתֶּכֶת שֶׁבּוֹ חוֹתְמִין בִּלְבַד. וְכָל הַטַּבָּעוֹת טְהוֹרוֹת חוּץ מִטַּבַּעַת אֶצְבַּע. אֲבָל טַבַּעַת שֶׁחוֹגֵר בּוֹ אֶת מָתְנָיו שֶׁקּוֹשְׁרָהּ בֵּין כְּתֵפָיו טְהוֹרָה. טַבַּעַת הַשֵּׁיר שֶׁל בְּהֵמָה הוֹאִיל וְהָאָדָם מוֹשֵׁךְ בָּהּ אֶת הַבְּהֵמָה מְקַבֶּלֶת טֻמְאָה. וְכֵן מַקֵּל שֶׁל בְּהֵמָה שֶׁל מַתֶּכֶת הוֹאִיל וְאָדָם רוֹדֶה אוֹתָהּ בּוֹ מְקַבֶּלֶת טֻמְאָה:

י. כָּל הַכֵּלִים יוֹרְדִים לְטֻמְאָה בְּמַחְשָׁבָה וְאֵין עוֹלִין מִידֵי טֻמְאָה אֶלָּא בְּשִׁנּוּי מַעֲשֶׂה. וְהַמַּעֲשֶׂה מְבַטֵּל מִיַּד הַמַּעֲשֶׂה וּמִיַּד הַמַּחְשָׁבָה. וְהַמַּחְשָׁבָה אֵינָהּ מְבַטֶּלֶת לֹא מִיַּד הַמַּעֲשֶׂה וְלֹא מִיַּד הַמַּחְשָׁבָה. כֵּיצַד. טַבַּעַת בְּהֵמָה אוֹ כֵלִים שֶׁחָשַׁב עָלֶיהָ לְהַחֲזִירָהּ טַבַּעַת אָדָם הֲרֵי זוֹ מְקַבֶּלֶת טֻמְאָה בְּמַחְשָׁבָה זוֹ וּכְאִלּוּ נַעֲשֵׂית לְאָדָם מִתְּחִלַּת עֲשִׂיָּתָהּ. חָזַר וְחִשֵּׁב עָלֶיהָ לְהַנִּיחָהּ טַבַּעַת בְּהֵמָה כְּשֶׁהָיְתָה אַף עַל פִּי שֶׁלֹּא נִתְקַשֵּׁט בָּהּ הָאָדָם הֲרֵי זוֹ מְקַבֶּלֶת טֻמְאָה שֶׁאֵין הַמַּחְשָׁבָה מְבַטֶּלֶת מִיַּד הַמַּחְשָׁבָה עַד שֶׁיַּעֲשֶׂה מַעֲשֶׂה בַּגּוּף כְּגוֹן שֶׁיָּשׁוּף אוֹתָהּ אוֹ יִתְקָעֶהָ בְּמַעֲשֶׂה שֶׁל בְּהֵמָה. הָיְתָה הַטַּבַּעַת לְאָדָם וְחִשֵּׁב עָלֶיהָ לִבְהֵמָה עֲדַיִן הִיא מְקַבֶּלֶת טֻמְאָה כְּשֶׁהָיְתָה שֶׁאֵין הַכֵּלִים עוֹלִין מִידֵי טֻמְאָתָן בְּמַחְשָׁבָה. עָשָׂה בָּהּ מַעֲשֶׂה וְשִׁנָּהּ לִבְהֵמָה אֵינָהּ מְקַבֶּלֶת טֻמְאָה שֶׁהַמַּעֲשֶׂה מְבַטֵּל מִיַּד הַמַּעֲשֶׂה:

יא. חֵרֵשׁ שׁוֹטֶה וְקָטָן יֵשׁ לָהֶן מַעֲשֶׂה וְאֵין לָהֶן מַחֲשָׁבָה כְּמוֹ שֶׁבֵּאַרְנוּ לְמַעְלָה בְּעִנְיַן הֶכְשֵׁר אֳכָלִין:

יב. זוּג שֶׁל דֶּלֶת שֶׁחִשֵּׁב עָלֶיהָ לִבְהֵמָה מְקַבֵּל טֻמְאָה. וְשֶׁל בְּהֵמָה שֶׁעֲשָׂאוּהוּ לַדֶּלֶת אֲפִלּוּ חִבְּרוֹ בַּקַּרְקַע וַאֲפִלּוּ קְבָעוֹ בְּמַסְמֵר מְקַבֵּל טֻמְאָה כְּשֶׁהָיָה עַד שֶׁיְּשַׁנֶּה בּוֹ מַעֲשֶׂה בְּגוּפוֹ:

יג. אֻמָּן שֶׁעוֹשֶׂה וּמַנִּיחַ זוּגִין לִבְהֵמָה וְלִדְלָתוֹת אִם רֹב הֶעָשׂוּי לְדָבָר שֶׁמְּקַבֵּל טֻמְאָה הֲרֵי הַכֹּל מְקַבֵּל טֻמְאָה עַד שֶׁיַּפְרִישׁ מִקְצָתָן לְדָבָר שֶׁאֵינוֹ מְקַבֵּל טֻמְאָה. וְאִם רֹב הֶעָשׂוּי לְדָבָר שֶׁאֵין מְקַבֵּל טֻמְאָה הֲרֵי הַכֹּל טָהוֹר עַד שֶׁיַּפְרִישׁ מִקְצָתָן לְדָבָר הַמְקַבֵּל טֻמְאָה:

יד. זוּגִין הַנִּמְצָאִין בְּכָל מָקוֹם מְקַבְּלִין טֻמְאָה חוּץ מֵהַנִּמְצָאִים בַּכְּרַכִּים מִפְּנֵי שֶׁרֻבָּן לִדְלָתוֹת:

טו. אָמַר לְאֻמָּן עֲשֵׂה לִי שְׁנֵי זוּגִים אֶחָד לְדֶלֶת וְאֶחָד לִבְהֵמָה. עֲשֵׂה לִי שְׁתֵּי מַחְצְלָאוֹת אַחַת לִשְׁכִיבָה וְאַחַת לְאֹהָלִים. עֲשֵׂה לִי שְׁנֵי סְדִינִים אֶחָד לְצוּרוֹת וְאֶחָד לְאֹהָלִים. שְׁנֵיהֶן מְקַבְּלִין טֻמְאָה עַד שֶׁיִּפָּרֵשׁ וְיֹאמַר זֶה לְכָךְ וְזֶה לְכָךְ:

Perek 9

Metal utensils continued.

Metal vessels with independent names.

All metal utensils having a name in its own right are susceptible.

If no name, or it has an auxiliary name, then it is not susceptible to impurity when detached.

However, even where an independent name is present e.g. a door or a lock, if they serve something attached to the earth or a vessel, they are unsusceptible because anything which serves the earth is not susceptible to impurity.

i.e. Door serves building attached to the earth.

There is a general principle that whenever a vessel is not susceptible to impurity, hooks or chains are not susceptible to impurity and vice versa.

פרק ט׳

א. כָּל כְּלֵי מַתָּכוֹת שֶׁיֵּשׁ לָהֶן שֵׁם בִּפְנֵי עַצְמָן מְקַבְּלִין טֻמְאָה חוּץ מִן הַדֶּלֶת וְהַנֶּגֶר וְהַמַּנְעוּל וְהַפּוֹתֶת שֶׁתַּחַת הַצִּיר וְהַצִּיר וְהַקּוֹרָה וְהַצִּנּוֹר מִפְּנֵי שֶׁאֵלּוּ עֲשׂוּיִין לַקַּרְקַע אוֹ לְשַׁמֵּשׁ אֶת הָעֵץ אֵינָן מְקַבְּלִין טֻמְאָה וַאֲפִלּוּ קֹדֶם שֶׁיִּקָּבְעוּ. וְכָל כְּלִי מַתָּכוֹת שֶׁיֵּשׁ לוֹ שֵׁם לְוַוי אֵינוֹ מִתְטַמֵּא בִּפְנֵי עַצְמוֹ מִפְּנֵי שֶׁהוּא כִּמְקֻצַּת כְּלִי. כֵּיצַד. עַקְרָב שֶׁל פְּרוּמְבְּיָא טָמֵא וּלְחָיַיִם שֶׁלָּהּ שֶׁעַל לְחָיֵי הַבְּהֵמָה מִכָּאן וּמִכָּאן טְהוֹרִין. וְאֵין מְקַבְּלִין טֻמְאָה בִּפְנֵי עַצְמָן מִפְּנֵי שֶׁאֵין לָהֶם שֵׁם בִּפְנֵי עַצְמָן. וּבִשְׁעַת חִבּוּרָן הַכֹּל מְקַבֵּל טֻמְאָה:

ב. טַסִּין שֶׁל בַּרְזֶל שֶׁמַּנִּיחִין עַל לְחָיֵי הָאָדָם בִּשְׁעַת מִלְחָמָה אֵינָן מְקַבְּלִין טֻמְאָה מִפְּנֵי שֶׁאֵין לָהֶם שֵׁם בִּפְנֵי עַצְמָן. וְאִם יֵשׁ בָּהֶן בֵּית קִבּוּל מַיִם מִתְטַמְּאִין כְּכָל כְּלִי קִבּוּל:

ג. נֶזֶם הֶעָשׂוּי כִּקְדֵרָה מִלְּמַטָּה וְכַעֲדָשָׁה מִלְּמַעְלָה וְנִפְסַק הַקְּדֵרָה שֶׁלּוֹ מְקַבֶּלֶת טֻמְאָה בִּפְנֵי עַצְמָהּ שֶׁהֲרֵי יֵשׁ לָהּ בֵּית קִבּוּל וְהָעֲדָשָׁה מְקַבֶּלֶת טֻמְאָה בִּפְנֵי עַצְמָהּ מִפְּנֵי שֶׁיֵּשׁ לָהּ שֵׁם בִּפְנֵי עַצְמָהּ. וְהַצִּנִּירָה שֶׁלָּהּ שֶׁהִיא נִכְנֶסֶת בָּאֹזֶן אוֹ בָּאַף אֵינָהּ מְקַבֶּלֶת טֻמְאָה בִּפְנֵי עַצְמָהּ. הָיָה הַנֶּזֶם עָשׂוּי כְּמִין אֶשְׁכּוֹל וְנִפְרַק טָהוֹר מִפְּנֵי שֶׁאֵין בּוֹ בֵּית קִבּוּל וְאֵין לְכָל גַּרְגִּיר מִמֶּנּוּ שֵׁם בִּפְנֵי עַצְמוֹ וַהֲרֵי אֵינוֹ רָאוּי לְתַכְשִׁיט מִשֶּׁנִּפְרַק:

ד. טַבַּעַת אַחַת שֶׁמַּנִּיחִין הַבָּנוֹת בְּרֶגֶל אַחַת הִיא הַנִּקְרֵאת בִּירִית וְאֵינָהּ מְקַבֶּלֶת טֻמְאָה מִפְּנֵי שֶׁאֵין עָלֶיהָ צוּרַת כְּלִי תַּכְשִׁיט אֶלָּא כְּמוֹ טַבַּעַת הַכֵּלִים אוֹ טַבַּעַת שֶׁקּוֹשֵׁר בָּהּ בֵּין כְּתֵפָיו. אֲבָל שְׁתֵּי טַבָּעוֹת שֶׁמְּשִׂימוֹת הַבָּנוֹת בְּרַגְלֵיהֶן וְשַׁלְשֶׁלֶת מֻטֶּלֶת בֵּינֵיהֶן מִזּוֹ לְזוֹ מְקַבְּלִין טֻמְאָה מִפְּנֵי שֶׁהֵן תַּכְשִׁיטֵי הַבָּנוֹת וְהֵן הַנִּקְרָאִין כְּבָלִים:

ה. קַטְלָא שֶׁל חֻלְיוֹת שֶׁל מַתֶּכֶת וְהֵם בְּחוּט שֶׁל צֶמֶר אוֹ שֶׁל פִּשְׁתָּן וְנִפְסַק הַחוּט. הַחֻלְיוֹת מְקַבְּלוֹת טֻמְאָה שֶׁכָּל אֶחָד וְאֶחָד כְּלִי בִּפְנֵי עַצְמוֹ. הָיָה הַחוּט שֶׁלָּהּ שֶׁל מַתֶּכֶת וְהַחֻלְיוֹת שֶׁל אֲבָנִים טוֹבוֹת וְשֶׁל מַרְגָּלִיּוֹת אוֹ שֶׁל זְכוּכִית וְנִשְׁבְּרוּ הַחֻלְיוֹת וְהַחוּט קַיָּם הֲרֵי זֶה מִתְטַמֵּא בִּפְנֵי עַצְמוֹ. שְׁיָרֵי קַטְלָא כִּמְלֹא צַוַּאר קְטַנָּה:

ו. כָּל הַכִּסּוּיִין שֶׁל מַתֶּכֶת טְהוֹרִין וְאֵין מְקַבְּלִין טֻמְאָה מִפְּנֵי שֶׁאֵין לָהֶם שֵׁם בִּפְנֵי עַצְמָן. חוּץ מִכִּסּוּי הַמֵּחַם וּמִכִּסּוּי טֶנִי שֶׁל רוֹפְאִין מִפְּנֵי שֶׁמַּנִּיחִין בּוֹ אֶת הָאִסְפְּלָנִית נַעֲשֶׂה כְּלִי קִבּוּל:

ז. כִּסּוּי שֶׁל מַתֶּכֶת שֶׁשָּׁפוֹ וְלִטְּשׁוֹ וַעֲשָׂהוּ מַרְאָה הֲרֵי זֶה מְקַבֵּל טֻמְאָה:

ח. כָּל הַמִּשְׁקוֹלוֹת שֶׁל מַתָּכוֹת מְקַבְּלוֹת טֻמְאָה וְהֵן הַנִּקְרָאִין אוּנְקִיאוֹת. קְנֵה מֹאזְנַיִם שֶׁל עֵץ שֶׁהָיוּ אוּנְקִיּוֹת שֶׁל בַּרְזֶל תְּלוּיוֹת בּוֹ מְקַבֶּלֶת טֻמְאָה מִפְּנֵי הָאוּנְקִיּוֹת הַתְּלוּיוֹת בּוֹ. בַּמֶּה דְּבָרִים אֲמוּרִים בְּמֹאזְנַיִם שֶׁל מוֹכְרֵי פִּשְׁתָּן וּמוֹכְרֵי צֶמֶר. אֲבָל שֶׁל בַּעֲלֵי בָּתִּים אֵינוֹ מְקַבֵּל טֻמְאָה עַד שֶׁיִּהְיוּ הָאוּנְקִיּוֹת קְבוּעוֹת בּוֹ:

ט. מִשְׁקָלוֹת שֶׁנִּשְׁתַּבְּרוּ אַף עַל פִּי שֶׁהֶחְזִירָן וְשׁוֹקֵל בָּהֶן אֵינָן מְקַבְּלִין טֻמְאָה. יְחֵד מֵהֶן חֲצָאֵי לִיטְרִין שְׁלִישֵׁי לִיטְרִין רְבִיעֵי לִיטְרִין הֲרֵי אֵלּוּ מְקַבְּלִין טֻמְאָה:

י. סֶלַע שֶׁנִּפְסְלָה וְהִתְקִינָהּ לִהְיוֹת שׁוֹקֵל בָּהּ מְקַבֶּלֶת טֻמְאָה:

יא. אַנְקְלִי שֶׁל כַּתָּפִים טְהוֹרָה וְשֶׁל רוֹכְלִים מִתְטַמְּאָה. אַנְקְלִי שֶׁל נַקְלִיטֵי הַמִּטָּה טְהוֹרָה וְשֶׁל דַּרְגִּישׁ מִתְטַמְּאָה. אַנְקְלִי שֶׁל כַּוֶּרֶת הַצַּיָּדִים שֶׁצָּדִין בָּהֶן הַדָּגִים טָהוֹר וְשֶׁל שִׂדָּה מִתְטַמְּאָה. אַנְקְלִי שֶׁל מְנוֹרוֹת הָעֵץ טָהוֹר וְשֶׁל שֻׁלְחָן מִתְטַמְּאָה. זֶה הַכְּלָל כָּל כְּלִי שֶׁמְּקַבֵּל טֻמְאָה בִּפְנֵי עַצְמוֹ מִן הַתּוֹרָה הֲרֵי הָאַנְקְלִי שֶׁל מַתֶּכֶת שֶׁלּוֹ וְשַׁלְשֶׁלֶת שֶׁלּוֹ מְקַבֶּלֶת טֻמְאָה. וּכְלִי שֶׁאֵינוֹ מְקַבֵּל טֻמְאָה כְּגוֹן פְּשׁוּטֵי כְּלֵי עֵץ וּכְלֵי עֵץ הַבָּאִים בְּמִדָּה וְכַיּוֹצֵא בָּהֶן אַנְקְלִי שֶׁל מַתֶּכֶת וְהַשַּׁלְשֶׁלֶת שֶׁלּוֹ אֵינָן מְקַבְּלִין טֻמְאָה וְכָל אַחַת וְאַחַת בִּפְנֵי עַצְמָהּ טְהוֹרָה שֶׁאֵין הָאַנְקְלִי אוֹ הַשַּׁלְשֶׁלֶת כְּלִי בִּפְנֵי עַצְמוֹ אֶלָּא הֲרֵי הֵן כִּמְקֻצַּת כְּלִי. וַאֲפִלּוּ אַנְקְלִי שֶׁבַּכְּתָלִים שֶׁתּוֹלִין בָּהּ הַכֵּלִים וְהַבְּגָדִים וְכַיּוֹצֵא בָּהֶן טְהוֹרָה:

יב. שַׁלְשֶׁלֶת שֶׁיֵּשׁ בָּהּ בֵּית נְעִילָה מִתְטַמְּאָה וְהָעֲשׂוּיָה לִכְפִיתָה טְהוֹרָה:

יג. שַׁלְשֶׁלֶת שֶׁל סִיטוֹנוֹת מִתְטַמְּאָה מִפְּנֵי שֶׁהֵן נוֹעֲלִין בָּהּ אֶת הַחֲנֻיּוֹת. וְשֶׁל בַּעֲלֵי בָּתִּים טְהוֹרָה שֶׁאֵינָהּ עֲשׂוּיָה אֶלָּא לְנוֹי:

יד. שַׁלְשֶׁלֶת שֶׁל מוֹשְׁחֵי קַרְקַע וִיתֵדוֹתֵיהֶן שֶׁתּוֹקְעִין בַּקַּרְקַע בְּשָׁעָה שֶׁמּוֹשְׁחִין מְקַבְּלִין טֻמְאָה. וְשֶׁל מְקוֹשְׁשֵׁי עֵצִים טְהוֹרָה לְפִי שֶׁהִיא מְשַׁמֶּשֶׁת אֶת הָעֵץ:

טו. שַׁלְשֶׁלֶת דְּלִי גָּדוֹל אַרְבָּעָה טְפָחִים מִמֶּנָּה סָמוּךְ לַדְּלִי מִתְטַמְּאָה עִם הַדְּלִי מִפְּנֵי שֶׁהִיא צֹרֶךְ הַדְּלִי וְהַשְּׁאָר טָהוֹר לְפִי שֶׁאֵין לוֹ שֵׁם בִּפְנֵי עַצְמוֹ. וְשַׁלְשֶׁלֶת דְּלִי קָטָן עֲשָׂרָה טְפָחִים:

טז. הַכַּדּוּר שֶׁל מַתֶּכֶת וְהַסַּדָּן. וְהַקַּנְטָר שֶׁל בַּנַּאי. וְהַדָּקָר שֶׁל חָרָשׁ. וַחֲמוֹר שֶׁל נַפָּח. וְהַמְטֻלְטֶלֶת. וְהַמִּשְׁקוֹלוֹת שֶׁל בַּנָּאִים. וְהַכִּירַיִם שֶׁל בַּרְזֶל שֶׁחוֹבְטִין בָּהֶם הַזֵּיתִים. וְהָאֲפַרְכֵּס שֶׁל מַתֶּכֶת. וְהָאוֹלָר שֶׁכּוֹרְתִין בּוֹ הַסּוֹפְרִים רֹאשׁ הַקֻּלְמוֹס שֶׁל קָנֶה. וְהַקֻּלְמוֹס שֶׁל מַתֶּכֶת. וְהַכַּן. וְהַכַּנָּא שֶׁמְּשַׂרְטְטִין בּוֹ הַסּוֹפְרִים. כָּל אֵלּוּ מְקַבְּלִין טֻמְאָה שֶׁכָּל אֶחָד מֵהֶן יֵשׁ לוֹ שֵׁם בִּפְנֵי עַצְמוֹ:

Perek 10

Metal utensils continued.

Further examples.

Certain implements are made up of parts. If parts themselves are independent, they are susceptible. Those which are not remain pure. When all the parts are put together the implement as a whole is susceptible. E.g. Wagon (metal parts)

- Pepper mill
- Trumpet etc

פרק י׳

א. מַסְמְרוֹת שֶׁמַּחֲזִיקִין בָּהֶן הַתִּקְרָה הָעֲשׂוּיִין לִתְקֹעַ אוֹתוֹ בְּעֵצִים אֵינָן מְקַבְּלִין טֻמְאָה. וְכֵן הַמַּסְמְרוֹת שֶׁתּוֹקְעִין אוֹתָן בַּכְּתָלִים לִתְלוֹת בָּהֶן. וְאִם הִתְקִינוֹ לִהְיוֹת כְּלִי בִּפְנֵי עַצְמוֹ מְקַבֵּל טֻמְאָה. כֵּיצַד. מַסְמֵר שֶׁהִתְקִינוֹ לִהְיוֹת פּוֹתֵחַ וְנוֹעֵל בָּהּ אוֹ לְהוֹצִיא אֶת הַפְּתִילָה אוֹ שֶׁנְּתָנוֹ בְּרֵחַיִם שֶׁל יָד אוֹ שֶׁל חֲמוֹר הֲרֵי זֶה מְקַבֵּל טֻמְאָה. הִתְקִינוֹ לִפְתֹּחַ בּוֹ אֶת הֶחָבִית טָהוֹר עַד שֶׁיְּצָרְפֶנּוּ:

ב. מַסְמֵר הֶעָשׂוּי כְּסִימָן לִשְׁמִירַת הַפֶּתַח אֵינוֹ מְקַבֵּל טֻמְאָה. וְכֵן מַסְמֵר שֶׁל שֻׁלְחָנִי שֶׁתּוֹלֶה בּוֹ הַמֹּאזְנַיִם וְהַכִּיס טָהוֹר. וְכֵן תְּלוּיֵי הַמִּגְרָדוֹת טְהוֹרוֹת. אַף עַל פִּי שֶׁמַּסְמְרִין אֵלּוּ מְשֻׁנִּין בְּצוּרָתָן מִשְּׁאָר מַסְמְרוֹת הַתְּקִיעָה:

ג. מַסְמֵר הַגָּרָע וְהוּא הַכְּלִי שֶׁמַּקִּיזִין מְקַבֵּל טֻמְאָה. וּמַסְמֵר שֶׁל אֶבֶן הַשָּׁעוֹת טָהוֹר:

ד. מַסְמֵר הַגַּרְדִּי וְהוּא הַמַּסְמֵר הָאָרֹךְ כְּעֵין שַׁפּוּד שֶׁמַּכְנִיס בּוֹ הָאוֹרֵג שְׁפוֹפֶרֶת הַקָּנֶה אוֹ הָעֵץ וְלוֹפֵף עָלֶיהָ חוּטִים מְקַבֵּל טֻמְאָה:

ה. אֵלּוּ כְּלֵי מַתָּכוֹת הַמִּתְטַמְּאוֹת בָּעֲגָלָה. הָעֹל שֶׁל מַתֶּכֶת. וְהַקַּטְרָב. וְהַכְּנָפַיִם הַמְקַבְּלוֹת אֶת הָרְצוּעוֹת. וּבַרְזֶל שֶׁתַּחַת צַוְּארֵי הַבְּהֵמָה. וְהַסּוֹמֵךְ. וְהַמַּחֲגֵר. וְהַתַּמְחִיּוֹת. וְהָעִנְבּוֹל. וְהַצִּנּוֹרָה. וּמַסְמֵר הַמְחַבֵּר אֶת כֻּלָּם. וְאֵלּוּ טְהוֹרִים בָּעֲגָלָה. הָעֹל שֶׁל עֵץ הַמְצֻפֶּה. וּכְנָפַיִם הָעֲשׂוּיִין לְנוֹי. וְהַשְּׁפוֹפָרוֹת הַמַּשְׁמִיעוֹת אֶת הַקּוֹל. וְהָאֲבָר שֶׁבְּצַד צַוְּארֵי בְּהֵמָה. וְהַסּוֹבֵב שֶׁל גַּלְגַּל. וְהַטַּסִּין וְהַצִּפּוּיִין. וּשְׁאָר כָּל הַמַּסְמְרוֹת שֶׁבָּהּ טְהוֹרִין:

ו. עַקְרָב בֵּית הַבַּד מְקַבֵּל טֻמְאָה. אָרוֹן שֶׁל גָּרוֹסוֹת אַף עַל פִּי שֶׁהוּא טָהוֹר אִם הָיְתָה תַּחְתָּיו עֲגָלָה שֶׁל מַתֶּכֶת הֲרֵי זוֹ מְקַבֶּלֶת טֻמְאָה:

ז. רֵחַיִם שֶׁל פִּלְפְּלִין מְקַבֶּלֶת טֻמְאָה מִשּׁוּם שְׁלֹשָׁה כֵּלִים מִשּׁוּם כְּלִי מַתָּכוֹת וּמִשּׁוּם כְּלִי קִבּוּל וּמִשּׁוּם כְּבָרָה:

ח. הַדֶּלֶת שֶׁל מַתֶּכֶת שֶׁבְּמִגְדָּל שֶׁל בַּעֲלֵי בָּתִּים אֵינָהּ מְקַבֶּלֶת טֻמְאָה. וְשֶׁל רוֹפְאִים מְקַבֶּלֶת טֻמְאָה מִפְּנֵי שֶׁמַּנִּיחִים בָּהּ אֶת הָאִסְפְּלָנִית וְתוֹלֶה בָּהּ אֶת הַמִּסְפָּרַיִם:

ט. טַסִּין שֶׁל מַתֶּכֶת שֶׁמְּנַעֲרִין בָּהֶן אֶת הַקְּדֵרָה מְקַבְּלִין טֻמְאָה. וְהַקְּבוּעִין בַּכִּירָה טְהוֹרִין:

י. הַמֶּלְקָחַיִם שֶׁמְּמָעֵךְ בָּהֶן אֶת הַפְּתִילָה מְקַבְּלִין טֻמְאָה. וְהַצִּנּוֹרוֹת שֶׁתּוֹפְסוֹת אֶת הָרֵחַיִם מִלְּמַעְלָה אֵינָן מְקַבְּלוֹת טֻמְאָה. מִפְּנֵי שֶׁאֵינָן עֲשׂוּיוֹת אֶלָּא לְחַזֵּק:

יא. קְלוּסְטְרָא שֶׁנּוֹעֲלִין בָּהּ הַדְּלָתוֹת אִם הָיְתָה שֶׁל מַתֶּכֶת מִתְטַמְּאָה. הָיְתָה שֶׁל עֵץ וּמְצֻפָּה מַתֶּכֶת טָהוֹר:

יב. הַפִּין וְהַפּוּרְנָא טְמֵאִים:

יג. פִּיקָה שֶׁל מַתֶּכֶת טְהוֹרָה לְפִי שֶׁהִיא מְשַׁמֶּשֶׁת אֶת הָעֵץ:

יד. הַכּוּשׁ וְהַפִּימָא וְהַמַּקֵּל וְסִמְפּוֹנְיָא וְחָלִיל שֶׁל מַתֶּכֶת מְקַבְּלִין טֻמְאָה. הָיוּ שֶׁל עֵץ וּמְצֻפִּין מַתֶּכֶת טָהוֹר. חוּץ מִן הַסִּמְפּוֹנְיָא שֶׁאִם הָיָה בָּהּ בֵּית קִבּוּל כְּנָפַיִם אַף עַל פִּי שֶׁהִיא מְצֻפָּה טְמֵאָה:

טו. הַחֲצוֹצֶרֶת שֶׁמְּפֻצֶּלֶת חֻלְיוֹת חֻלְיוֹת. אִם אֵין יוֹדֵעַ לְהַחֲזִירָהּ אֶלָּא אֻמָּן הֲרֵי זוֹ מְקַבֶּלֶת טֻמְאָה כְּשֶׁהִיא מְחֻבֶּרֶת. וְאִם יְכוֹלִין הַכֹּל לְפָרְקָהּ וּלְהַחֲזִירָהּ אֵינָהּ מְקַבֶּלֶת טֻמְאָה:

טז. הַקָּצֶה שֶׁמַּנִּיחִין הַפֶּה עָלָיו בִּשְׁעַת תְּקִיעָה מְקַבֵּל טֻמְאָה בִּפְנֵי עַצְמוֹ. וְהַקָּצֶה הָאַחֵר הָרָחָב אֵינוֹ מְקַבֵּל טֻמְאָה בִּפְנֵי עַצְמוֹ. וּבִשְׁעַת חִבּוּר הַכֹּל טָמֵא. כַּיּוֹצֵא בּוֹ קְנֵי מְנוֹרָה בִּפְנֵי עַצְמָן אֵינָן מְקַבְּלִין טֻמְאָה מִפְּנֵי שֶׁיֵּשׁ לָהֶן שֵׁם לְוַי. הַפֶּרַח שֶׁלָּהּ וְהַבָּסִיס מִתְטַמְּאִין בִּפְנֵי עַצְמָן וּבִשְׁעַת חִבּוּר הַכֹּל טָמֵא:

יז. קוֹרַת הַחִצִּים שֶׁהִיא הַמַּטָּרָה שֶׁיֵּשׁ בָּהּ לְשׁוֹנוֹת שֶׁל מַתֶּכֶת מְקַבֶּלֶת טֻמְאָה. וְשֶׁמַּנִּיחִים אוֹתָהּ בְּרַגְלֵי הָאֲסוּרִים טְהוֹרָה. וְהַקּוֹלָר מְקַבֵּל טֻמְאָה. מְגֵרָה שֶׁעָשָׂה שִׁנֶּיהָ לְחוֹר

הַדֶּלֶת אַף עַל פִּי שֶׁמִּשְׁתַּמֵּשׁ בָּהּ אֵינָהּ מְקַבֶּלֶת טֻמְאָה. וְאִם מִשֶּׁנִּטְמֵאת עֲשָׂאָהּ לַחוֹר הַדֶּלֶת הֲרֵי זוֹ בְּטֻמְאָתָהּ עַד שֶׁיִּקְבָּעֶנָּה בְּמַסְמֵר. הֲפָכָהּ בֵּין מִלְמַעְלָה בֵּין מִלְּמַטָּה בֵּין מִן הַצְּדָדִים טְהוֹרָה:

Perek 11

Metal utensils.

Measure of breach needed to make impure utensil pure.

As long as the vessel can be used in a way resembling its intended tasks, it is considered whole, and is therefore susceptible to impurity.

If not, then the damage causes vessel to become pure.

פרק י״א

א. כַּמָּה שִׁעוּר הַשֶּׁבֶר שֶׁיִּשָּׁבֵר כְּלִי מַתֶּכֶת וְלֹא יְקַבֵּל טֻמְאָה אוֹ יִטְהַר מִטֻּמְאָתוֹ. הַכֹּל לְפִי מַה שֶּׁהוּא:

ב. כָּל זְמַן שֶׁהַכְּלִי יָכוֹל לַעֲשׂוֹת מֵעֵין מְלַאכְתּוֹ עֲדַיִן הוּא כְּלִי וְחָשׁוּב כְּלִי שָׁלֵם. כֵּיצַד. כְּלִי שֶׁל מַתֶּכֶת שֶׁנִּשְׁבַּר וַהֲרֵי הוּא יָכוֹל לְמַלְּאוֹת בּוֹ הֲרֵי הוּא כְּלִי כְּשֶׁהָיָה. הַקֻּמְקוּם כְּדֵי לָחֹם בּוֹ חַמִּין. הַמֵּחַם כְּדֵי לְקַבֵּל סְלָעִים. הַלֶּפֶס כְּדֵי לְקַבֵּל קִיתוֹנוֹת שֶׁל מַתֶּכֶת. הַקִּיתוֹן כְּדֵי לְקַבֵּל פְּרוּטוֹת. מִדּוֹת הַיַּיִן כְּדֵי לָמֹד בָּהֶן הַיַּיִן. וְכֵן מִדּוֹת הַשֶּׁמֶן כְּדֵי לָמֹד בָּהֶן הַשֶּׁמֶן. מְסַנֶּנֶת שֶׁל חַרְדָּל שֶׁנִּפְרְצוּ בָּהּ שְׁלֹשָׁה נְקָבִים מִלְּמַטָּה זֶה לְתוֹךְ זֶה טְהוֹרָה לְפִי שֶׁאֵינָהּ מְשַׁמֶּשֶׁת מֵעֵין מְלַאכְתָּהּ. מַגְרֵפָה שֶׁנִּטְּלָה כַּפָּהּ אַף עַל פִּי שֶׁהִיא כְּקַרְנָס טְהוֹרָה שֶׁאֵינָהּ עוֹשָׂה מֵעֵין מְלַאכְתָּהּ אֶלָּא מֵעֵין הַקֻּרְנָס. וְהִיא לֹא נַעֲשֵׂית לִתְקֹעַ בָּהּ כְּקֻרְנָס. וְכֵן כָּל כַּיּוֹצֵא בָּזֶה:

ג. מַסְרֵק שֶׁל צֶמֶר שֶׁנִּטְּלוּ שִׁנָּיו אִם נִשְׁתַּיֵּר בּוֹ שְׁלֹשָׁה בְּמָקוֹם אֶחָד טָמֵא. הָיְתָה הַחִיצוֹנָה אַחַת מִן הַשְּׁלֹשָׁה טָהוֹר לְפִי שֶׁאֵינוֹ יָכוֹל לִסְרֹק בּוֹ פִּשְׁתָּן שֶׁהַחִיצוֹנָה אֵינָהּ מוֹעֶלֶת לִסְרֹק וְכָל שֶׁאֵינוֹ עוֹשֶׂה מֵעֵין מְלַאכְתּוֹ בִּכְלִי מַתֶּכֶת טָהוֹר. נָטְלוּ מִן הַמַּסְרֵק שְׁתַּיִם וַעֲשָׂאָן לְמַלְקֶטֶת טְמֵאוֹת. אַחַת וְהִתְקִינָהּ לְנֵר אוֹ לִלְפֹּף עָלֶיהָ הַחוּט לִרְקוֹם מְקַבֶּלֶת טֻמְאָה. וְאִם הָיְתָה הַשֵּׁן עָבָה וּגְדוֹלָה אַף עַל פִּי שֶׁלֹּא הִתְקִינָהּ הֲרֵי זוֹ מִתְטַמֵּאת בִּפְנֵי עַצְמָהּ:

ד. מַסְרֵק שֶׁל פִּשְׁתָּן שֶׁנִּטְּלוּ שִׁנָּיו וְנִשְׁתַּיֵּר בּוֹ שְׁתַּיִם טָמֵא. נִשְׁתַּיֵּר בּוֹ אַחַת טָהוֹר:

ה. הַכְּרוּמִים שֶׁנִּשְׁבְּרוּ וְאֻנְקְלִי שֶׁלָּהֶן קַיֶּמֶת טְמֵאִין שֶׁהֲרֵי אֶפְשָׁר לְהוֹצִיא בָּהֶן הַדְּלִי מִן הַבְּאֵר כְּשֶׁהָיוּ מִקֹּדֶם:

ו. מְגֵרָה שֶׁנִּטְּלָה שֵׁן אַחַת מִבֵּינְתַיִם טְהוֹרָה. נִשְׁתַּיֵּר בָּהּ מְלוֹא הַסִּיט בְּמָקוֹם אֶחָד טְמֵאָה שֶׁהֲרֵי אֶפְשָׁר לָגוֹר בַּנִּשְׁאָר:

ז. הַמַּעֲצָד וְהָאִזְמֵל וְהַמַּפְסֶלֶת וְהַמַּקְדֵּחַ שֶׁנִּפְגְּמוּ עֲדַיִן מְקַבְּלִין טֻמְאָה. נִטַּל חִסּוּמָן טְהוֹרִין. וְכֻלָּן שֶׁנֶּחְלְקוּ לִשְׁנַיִם טְמֵאִין חוּץ מִן הַמַּקְדֵּחַ שֶׁהֲרֵי אֵינוֹ יָכוֹל לִנְקֹב בּוֹ. וְהָרוֹנְקִי בִּפְנֵי עַצְמָהּ אֵינָהּ מְקַבֶּלֶת טֻמְאָה מִפְּנֵי שֶׁהִיא מִקְצָת כְּלִי:

ח. הַסַּיִף וְהַסַּכִּין וְהַסַּכִּין הֶעָקֹם כְּמוֹ מַגָּל וְהָרֹמַח וּמַגַּל יָד וּמַגַּל קָצִיר וְזוּג מִסְפָּרַיִם קְטַנִּים שֶׁל בַּעֲלֵי בָתִּים וְזוּג מִסְפָּרַיִם גְּדוֹלִים שֶׁל סַפָּרִים שֶׁנֶּחְלְקוּ כָּל חֵלֶק מֵהֶן מְקַבֵּל טֻמְאָה מִפְּנֵי שֶׁהוּא עוֹשֶׂה מֵעֵין מְלַאכְתּוֹ:

ט. מִסְפָּרַיִם שֶׁנֶּחְלְקָה לִשְׁנַיִם טְהוֹרָה לְפִי שֶׁאֵינָהּ מַעֲבֶרֶת אֶת הַשֵּׂעָר אֶלָּא בְּדֹחַק:

י. שִׁרְיוֹן שֶׁנֶּחֱלַק לְאָרְכּוֹ טָהוֹר. לְרָחְבּוֹ אִם מְשַׁמֵּשׁ מֵעֵין מְלַאכְתּוֹ רִאשׁוֹנָה טָמֵא. מֵאֵימָתַי טָהֳרָתוֹ מִשֶּׁיִּבְלֶה וְאֵינוֹ מְשַׁמֵּשׁ מֵעֵין מְלַאכְתּוֹ. בָּלָה וְנִשְׁתַּיֵּר בּוֹ רֻבּוֹ אִם מִלְּמַעְלָה טָמֵא וְאִם מִלְּמַטָּה טָהוֹר. קִצֵּץ מִמֶּנּוּ וְעָשָׂה חֻלְיָא לְתַכְשִׁיט הֲרֵי זוֹ מְקַבֶּלֶת טֻמְאָה:

יא. שְׁפוֹפֶרֶת שֶׁל זֶהָבִים וְשֶׁל זוֹגִין וְשֶׁל נַפָּחִים וְשֶׁל עוֹשֵׂי זְכוּכִית שֶׁנֶּחְלְקָה לְאָרְכָּהּ טְהוֹרָה. לְרָחְבָּהּ אִם מְשַׁמֶּשֶׁת מֵעֵין מְלַאכְתָּהּ רִאשׁוֹנָה טְמֵאָה וְאִם לָאו טְהוֹרָה:

יב. כַּלְבִּיָא שֶׁל סַפָּרִים וְשֶׁל רוֹפְאִים וְשֶׁל עוֹשֵׂי זְכוּכִית שֶׁנֶּחְלְקָה לִשְׁנַיִם טְהוֹרָה. וְשֶׁל נַפָּחִים טְמֵאָה מִפְּנֵי שֶׁהוּא בַּתְּחִלָּה [חוֹתֶה בָּהּ אֶת הַגֶּחָלִים] וְעַכְשָׁו חוֹתֶה בָּהּ אֶת הַגֶּחָלִים:

יג. מַרְאָה שֶׁל מַתֶּכֶת שֶׁנִּשְׁבְּרָה אוֹ שֶׁנִּטַּשְׁטְשָׁה אִם אֵינָהּ מַרְאָה רֹב הַפָּנִים טְהוֹרָה. הָיְתָה מַרְאָה רֹב הַפָּנִים עֲדַיִן הִיא כְּלִי כְּשֶׁהָיְתָה:

יד. מַחַט שֶׁנִּטַּל קְצָתָהּ הַנָּקוּב אוֹ עֻקְצָהּ טְהוֹרָה. וְאִם הִתְקִינָהּ לִלְפֹּף עָלֶיהָ הַחוּט לִרְקֹם בָּהּ טְמֵאָה. אֲבָל מַחַט שֶׁל שַׂקִּין שֶׁנִּטַּל קְצָתָהּ הַנָּקוּב טְמֵאָה מִפְּנֵי שֶׁהוּא רוֹשֵׁם בַּקָּצֶה הַשֵּׁנִי:

טו. הַמַּחַט שֶׁלּוֹפְפִין עָלֶיהָ הַשָּׁנִי אוֹ הַזָּהָב וְכַיּוֹצֵא בָּהֶן כְּדֶרֶךְ שֶׁעוֹשִׂין הָרוֹקְמִין בֵּין שֶׁנִּטַּל הַנָּקוּב שֶׁלָּהּ בֵּין שֶׁנִּטַּל עֻקְצָהּ טְמֵאָה שֶׁאֵין מְלַאכְתָּהּ הַתְּפִירָה:

טז. מַחַט שֶׁהֶעֶלְתָה חֲלוּדָה אִם מְעַכֶּבֶת הַתְּפִירָה טְהוֹרָה וְאִם לָאו טְמֵאָה:

יז. הַסַּיִף וְהַסַּכִּין שֶׁהֶעֱלוּ חֲלוּדָה טְהוֹרִין. שְׁפָאָן וְהִשְׁחִיזָן חָזְרוּ לְטֻמְאָתָן הַיְשָׁנָה. וְכֵן צִינוֹרָא שֶׁפְּשָׁטָהּ טְהוֹרָה. כְּפָפָהּ חָזְרָה לְטֻמְאָתָהּ הַיְשָׁנָה:

יח. מַפְתֵּחַ עָקֹם כְּמוֹ אַרְכֻּבָּה שֶׁנִּשְׁבַּר מִתּוֹךְ אַרְכֻּבּוֹתָיו טָהוֹר. וְכֵן מַפְתֵּחַ הֶעָשׂוּי כְּמִין גַּם שֶׁנִּשְׁבַּר מִתּוֹךְ גַּמּוֹ טָהוֹר שֶׁהֲרֵי אֵינוֹ יָכוֹל לִפְתֹּחַ בָּהֶן וַהֲרֵי אֵינָן מְשַׁמְּשִׁין מֵעֵין מְלַאכְתָּן. הָיוּ בָּהּ שִׁנַּיִם וּנְקָבִים טָמֵא שֶׁעֲדַיִן הוּא מַפְתֵּחַ. נִטְּלוּ הַשִּׁנַּיִם טָמֵא מִפְּנֵי הַנְּקָבִים. נִסְתְּמוּ הַנְּקָבִים טָמֵא מִפְּנֵי הַשִּׁנַּיִם. נִטְּלוּ הַשִּׁנַּיִם וְנִסְתְּמוּ הַנְּקָבִים אוֹ שֶׁנִּפְרְצוּ הַנְּקָבִים זֶה לְתוֹךְ זֶה טָהוֹר:

יט. כְּלִי שֶׁיֵּשׁ בְּרֹאשׁוֹ הָאֶחָד כַּף לְהָרִים בּוֹ הַדֶּשֶׁן וּבְרֹאשׁוֹ הַשֵּׁנִי מַזְלֵג לִצְלוֹת בּוֹ הַבָּשָׂר נִטְּלָה כַּפּוֹ טָמֵא מִפְּנֵי שִׁנָּיו נִטְּלוּ שִׁנָּיו טָמֵא מִפְּנֵי כַּפּוֹ. וְכֵן מִכְחוֹל שֶׁנִּטְּלָה כַּפּוֹ שֶׁגּוֹרְפִין בָּהּ הַכְּחוֹל טָמֵא מִפְּנֵי הַזָּכָר שֶׁכּוֹחֲלִים בּוֹ הָעַיִן נִטַּל הַזָּכָר טָמֵא מִפְּנֵי הַכַּף:

כ. כְּלִי שֶׁבְּרֹאשׁוֹ כַּף אֶחָד כִּסְבָכָה לִצְלוֹת עָלָיו וּבַקָּצֶה הַשֵּׁנִי שִׁנַּיִם לְהוֹצִיא מֵהֶן הַבָּשָׂר מִן הַקְּדֵרָה אוֹ מֵעַל הָאֵשׁ נִטְּלָה כַּפּוֹ טָמֵא מִפְּנֵי שִׁנָּיו נִטְּלוּ שִׁנָּיו טָמֵא מִפְּנֵי כַּפּוֹ. וְכֵן עֵט שֶׁל מַתֶּכֶת שֶׁכּוֹתְבִין בְּרֹאשׁוֹ הָאֶחָד וּבְרֹאשׁוֹ הַשֵּׁנִי מוֹחֲקִין נִטַּל הַכּוֹתֵב טָמֵא מִפְּנֵי הַמּוֹחֵק נִטַּל הַמּוֹחֵק טָמֵא מִפְּנֵי הַכּוֹתֵב. וְכֵן כַּיּוֹצֵא בְּאֵלּוּ. וְהוּא שֶׁיִּהְיֶה הַנִּשְׁאָר יָכוֹל לַעֲשׂוֹת מֵעֵין מְלַאכְתָּן. כֵּיצַד. עֵט שֶׁנִּטַּל הַמּוֹחֵק שֶׁלּוֹ וְנִשְׁאַר הַכּוֹתֵב אִם נִשְׁאַר מֵאָרְכּוֹ כְּדֵי שֶׁיַּגִּיעַ לְקִשְׁרֵי אֶצְבְּעוֹתָיו טָמֵא שֶׁהֲרֵי אֶפְשָׁר שֶׁיֹּאחַז בּוֹ וְיִכְתֹּב בּוֹ. נִטַּל הַכּוֹתֵב וְנִשְׁאַר הַמּוֹחֵק אִם נִשְׁאַר מֵאָרְכּוֹ מְלוֹא פַּס יָדוֹ טָמֵא שֶׁהֲרֵי אֶפְשָׁר לוֹ לִמְחֹק בּוֹ. נִשְׁאַר פָּחוֹת מִזֶּה טָהוֹר. וְכֵן כָּל כַּיּוֹצֵא בָּזֶה:

כא. קוֹרְדּוֹם שֶׁנִּטַּל עֻשְׁפּוֹ וְהוּא הַצַּד שֶׁהֶחָרָשׁ מְנַגֵּר בּוֹ טָמֵא מִפְּנֵי בֵּית בִּקּוּעוֹ. נִטַּל בֵּית בִּקּוּעוֹ טָמֵא מִפְּנֵי בֵּית עֻשְׁפּוֹ. נִשְׁבַּר מַקִּיפוֹ טָהוֹר:

כב. חַרְחוּר שֶׁנִּפְגַּם עֲדַיִן הוּא כְּלִי עַד שֶׁיִּנָּטֵל רֻבּוֹ. נִשְׁבַּר מַקִּיפוֹ טָהוֹר:

כג. הַמַּרְדֵּעַ הוּא הַמַּלְמָד וְהוּא עֵץ אָרֹךְ עָב וּכְמוֹ מַסְמֵר חַד תָּקוּעַ בִּקְצָתוֹ מִלְמַעְלָה וְזֶה הַבַּרְזֶל נִקְרָא דָּרְבָן וּבַקָּצֶה הַשֵּׁנִי מִלְמַטָּה מִמֶּנּוּ בַּרְזֶל כְּמוֹ רֹמַח וְהָעֵץ נִכְנָס וְזֶה הַבַּרְזֶל נִקְרָא חַרְחוּר:

כד. מְנִיקַת שֶׁל מַתֶּכֶת שֶׁהִיא כְּמוֹ שְׁפוֹפֶרֶת שֶׁנִּטְמְאָה מִשֶּׁיִּקְבָּעֶנָּה בַּמַּקֵּל אוֹ בַּדֶּלֶת וִיחַבְּרֶנָּה עִם הָעֵץ תִּטְהַר. לֹא נִטְמְאָה וּקְבָעָהּ בַּמַּקֵּל אוֹ בַּדֶּלֶת הֲרֵי זוֹ מְקַבֶּלֶת טֻמְאָה בִּמְקוֹמָהּ שֶׁכָּל כְּלֵי מַתָּכוֹת שֶׁקְּבָעָם בְּקוֹרָה אוֹ בַּכֹּתֶל מְקַבְּלִין טֻמְאָה כְּשֶׁהָיוּ עַד שֶׁיְּשַׁנֶּה אֶת מַעֲשֵׂיהֶם. לְפִיכָךְ דַּף שֶׁל נַחְתּוֹמִין שֶׁל מַתֶּכֶת שֶׁקְּבָעוֹ בַּכֹּתֶל טָמֵא. וְכֵן כָּל כַּיּוֹצֵא בָּזֶה מִשְּׁאָר כְּלֵי מַתָּכוֹת שֶׁנִּקְבְּעוּ בֵּין מְקַבְּלֵיהֶן בֵּין פְּשׁוּטֵיהֶן מְקַבְּלִים טֻמְאָה כְּשֶׁהָיוּ

Perek 12

Purifying vessels continued.

When metal impure vessels are melted down and reformed, they return to their original state of impurity *Derabanan.*

This *Derabanan* is to prevent confusion regarding immersing impure vessels in a *mikveh* and waiting for final purity after sunset. If metal vessels would become pure straight away it may cause people to think that immersion causes purity straight away. Therefore, *Rabanim* decided that reformed metal vessels be regarded as impure until they have been through process of *mikveh.*

Reminder
Pack on Purification

	Vessel broken	Made new vessel from broken pieces	Broken pieces melted and new vessel made	Needs immersion in mikveh to complete purification	Needs to wait till nightfall after mikveh
Impure wood, leather or bone vessels	Becomes purified	Pure and susceptible to impurity		(understood as yes)	(understood as yes)
Impure metal vessels	Becomes purified	Returns to previous state of impurity	Returns to previous state of impurity	Yes	Yes
Impure glass vessels	Becomes purified	Pure	Do not return to former impurity (because this impurity is originally *Derabanan*)	Cannot be purified in a *mikveh*	

Mixtures of pure and impure metals - Their status is determined either by the majority, or by which part of the implement is pure or impure i.e. the part with which work is performed is the more important and will determine the status of the implement.

Reminder
Hilchot Kelim, Chapter 1:5

Glass vessels are not impure according to Scripture.

Rabanan decreed that they should be susceptible to impurity since sand is present like earthenware. However, they also decreed that they should not contract impurity from their inner space – only when touched. They cannot be purified in a *mikveh.*

פרק י״ב

א. כְּלֵי עֵץ וּכְלֵי עוֹר וּכְלֵי עֶצֶם שֶׁנִּשְׁבְּרוּ טָהֲרוּ מִטֻּמְאָתָן. חָזַר וְעָשָׂה כְּלִי מִשִּׁבְרֵיהֶם אוֹ שֶׁקִּבֵּץ אֶת שִׁבְרֵיהֶן וְעָשָׂה מֵהֶן כֵּלִים אֲחֵרִים הֲרֵי אֵלּוּ כִּשְׁאָר הַכֵּלִים הַטְּהוֹרִים שֶׁלֹּא נִטְמְאוּ מִקֹּדֶם שֶׁהֵן מְקַבְּלִין טֻמְאָה מִכָּאן וּלְהַבָּא. וְכֵן כְּלֵי מַתָּכוֹת שֶׁנִּשְׁבְּרוּ אַחַר שֶׁנִּטְמְאוּ טָהֲרוּ. הִתִּיכָן וְחָזַר וְעָשָׂה מֵהֶן כֵּלִים אֲחֵרִים חָזְרוּ לְטֻמְאָה הַיְשָׁנָה. וְאֵין לִכְלֵי מַתָּכוֹת טָהֳרָה גְּמוּרָה עַד שֶׁיַּטְבִּילֵם בְּמִקְוֶה כְּשֶׁהֵם שְׁלֵמִים אוֹ יִשָּׁאֲרוּ שְׁבוּרִים:

ב. וַחֲזָרַת כְּלֵי מַתָּכוֹת לְטֻמְאָתָן הַיְשָׁנָה מִדִּבְרֵי סוֹפְרִים וּמִפְּנֵי מָה גָּזְרוּ עַל כְּלֵי מַתָּכוֹת שֶׁיַּחְזְרוּ לְטֻמְאָתָן הַיְשָׁנָה

גְּזֵרָה שֶׁמָּא יִטַּמֵּא לוֹ כְּלִי וְיַתִּיכֶנּוּ וְיַעֲשֶׂה מִמֶּנּוּ כְּלִי אַחֵר בּוֹ בַּיּוֹם אִם יֹאמַר שֶׁהוּא טָהוֹר כְּדִין תּוֹרָה יָבוֹא לוֹמַר הַשְּׁבִירָה מְטַהֶרֶת וְהַטְּבִילָה מְטַהֶרֶת כְּשֵׁם שֶׁאִם נִשְׁבַּר וְהִתִּיכוֹ וְעָשָׂה מִמֶּנּוּ כְּלִי כְּשֶׁהָיָה הֲרֵי הוּא טָהוֹר בּוֹ בַּיּוֹם כָּךְ אִם הִטְבִּילוֹ אַף עַל פִּי שֶׁהוּא כְּשֶׁהָיָה הֲרֵי הוּא טָהוֹר בּוֹ בַּיּוֹם וְיָבוֹאוּ לוֹמַר שֶׁאֵין הַכֵּלִים צְרִיכִין הַעֲרֵב שֶׁמֶשׁ מִפְּנֵי זֶה הַחֲשָׁשׁ גָּזְרוּ טֻמְאָה עֲלֵיהֶם:

ג. אֶחָד כְּלִי שֶׁנִּטְמָא בְּמֵת אוֹ בִּשְׁאָר הַטֻּמְאוֹת אִם הִתִּיכוֹ חָזַר לְטֻמְאָתוֹ הַיְשָׁנָה עַד שֶׁיַּטְבִּיל. נִטְמָא בְּמֵת וְהִזָּה עָלָיו בַּשְּׁלִישִׁי וְאַחַר כָּךְ הִתִּיכוֹ וַעֲשָׂאָהוּ כְּלִי אַחֵר וְהִזָּה עָלָיו בַּשְּׁבִיעִי וְהִטְבִּילוֹ הֲרֵי זֶה טָמֵא וְאֵין הַזָּיָה שֶׁקֹּדֶם הִתּוּךְ מִצְטָרֶפֶת לְהַזָּאָה שֶׁאַחַר הִתּוּךְ וְאֵין לוֹ טָהֳרָה עַד שֶׁיַּזֶּה עָלָיו שְׁלִישִׁי וּשְׁבִיעִי וְיַטְבִּיל כְּשֶׁהוּא כְּלִי קֹדֶם שְׁבִירָה אוֹ יַזֶּה עָלָיו שְׁלִישִׁי וּשְׁבִיעִי וְיַטְבִּיל אַחַר שֶׁיַּתִּיכֶנּוּ:

ד. בַּרְזֶל טָמֵא שֶׁבְּלָלוֹ עִם בַּרְזֶל טָהוֹר אִם רֹב מִן הַטָּמֵא טָמֵא וְאִם רֹב מִן הַטָּהוֹר טָהוֹר. מֶחֱצָה לְמֶחֱצָה טָמֵא. וְכֵן טִיט שֶׁבְּלָלוֹ בִּגְלָלִים וְשָׂרַף הַכֹּל בְּכִבְשָׁן וַעֲשָׂאָהוּ כְּלִי אִם רֹב מִן הַטִּיט הֲרֵי זֶה מְקַבֵּל טֻמְאָה מִפְּנֵי שֶׁהוּא כְּלִי חֶרֶס וְאִם רֹב מִן הַגְּלָלִים אֵינוֹ מְקַבֵּל טֻמְאָה:

ה. כְּלֵי מַתָּכוֹת הַטְּהוֹרִין שֶׁאֲנָכָן בַּאֲנָךְ טָמֵא טְמֵאִים. אֲבָל הָעוֹשֶׂה כֵּלִים מִן הָאֲנָךְ הַטָּמֵא הֲרֵי הֵן טְהוֹרִין:

ו. קוֹרְדוֹם שֶׁעֲשָׂאָהוּ מִן הַבַּרְזֶל הַטָּהוֹר וְעָשָׂה עָשְׁפּוֹ מִן הַטָּמֵא הֲרֵי זֶה טָמֵא. עָשָׂה עָשְׁפּוֹ מִן הַטָּהוֹר וְהַקּוֹרְדוֹם מִן הַטָּמֵא הֲרֵי זֶה טָהוֹר. שֶׁהַכֹּל הוֹלֵךְ אַחַר עוֹשֵׂה הַמְּלָאכָה:

ז. קוֹרְדוֹם טָהוֹר שֶׁחֲסָמוֹ בְּבַרְזֶל טָמֵא טָהוֹר:

ח. קִיתוֹן שֶׁעֲשָׂאָהוּ מִן הַטָּמֵא וְשׁוּלָיו מִן הַטָּהוֹר טָהוֹר. עֲשָׂאָהוּ מִן הַטָּהוֹר וְשׁוּלָיו מִן הַטָּמֵא טָמֵא. שֶׁהַכֹּל הוֹלֵךְ אַחַר הַמְקַבֵּל הָעוֹשֵׂה מְלָאכָה:

ט. כְּלֵי מַתָּכוֹת שֶׁנִּטְמָא בְּטֻמְאָה שֶׁהִיא מִדִּבְרֵי סוֹפְרִים כְּגוֹן שֶׁנִּטְמָא בַּעֲבוֹדָה זָרָה וְכַיּוֹצֵא בָּהּ וְנִשְׁבַּר וְהִתִּיכוֹ וְחָזַר וְעָשָׂה מִמֶּנּוּ כְּלִי אַחֵר הֲרֵי זֶה סָפֵק אִם חָזַר לְטֻמְאָתוֹ הַיְשָׁנָה אוֹ לֹא חָזַר:

י. כְּלֵי זְכוּכִית שֶׁנִּטְמְאוּ וְנִשְׁבְּרוּ טָהֲרוּ כְּכָל הַכֵּלִים וַאֲפִלּוּ הִתִּיכָן וְעָשָׂה מֵהֶן כֵּלִים אֲחֵרִים אֵינָם חוֹזְרִים לַטֻּמְאָה הַיְשָׁנָה לְפִי שֶׁעִקַּר טֻמְאָתָהּ מִדִּבְרֵי סוֹפְרִים כְּמוֹ שֶׁבֵּאַרְנוּ לֹא גָּזְרוּ עֲלֵיהֶן בְּטֻמְאָה יְשָׁנָה. וְכֵן כְּלֵי זְכוּכִית שֶׁנִּשְׁבְּרוּ אַף עַל פִּי שֶׁשִּׁבְרֵיהֶן כֵּלִים וּרְאוּיִין לְתַשְׁמִישׁ הוֹאִיל וְהֵם שִׁבְרֵי כֵּלִים אֵינָן מְקַבְּלִין טֻמְאָה לְפִי שֶׁאֵינָן דּוֹמִין לִכְלֵי חֶרֶס. כֵּיצַד. קְעָרָה שֶׁל זְכוּכִית שֶׁנִּשְׁבְּרָה וְהִתְקִין שׁוּלַיִם לְתַשְׁמִישׁ אֵין הַשּׁוּלַיִם מְקַבְּלִין טֻמְאָה אַף עַל פִּי שֶׁהֵן בַּקְּעָרָה. וְאִם קִרְסֵם אֶת מְקוֹם הַשֶּׁבֶר וְשָׁפוֹ בְּשׁוֹפִין הֲרֵי זוֹ מְקַבֶּלֶת טֻמְאָה:

יא. צְלוֹחִית קְטַנָּה הַנִּטֶּלֶת בְּיָד אַחַת שֶׁנִּטַּל פִּיהָ מְקַבֶּלֶת טֻמְאָה מִפְּנֵי שֶׁאֵין מַכְנִיסִין הַיָּד לְתוֹכָהּ אֶלָּא יוֹצֵק מִמֶּנָּה. אֲבָל גְּדוֹלָה הַנִּטֶּלֶת בִּשְׁתֵּי יָדַיִם שֶׁנִּטַּל פִּיהָ טְהוֹרָה מִפְּנֵי שֶׁהִיא חוֹבֶלֶת בַּיָּד בְּשָׁעָה שֶׁמַּכְנִיס יָדוֹ לְתוֹכָהּ. וְכֵן צְלוֹחִית שֶׁל פַּלְיָטוֹן אַף עַל פִּי שֶׁהִיא קְטַנָּה אִם נִטֶּלֶת פִּיהָ טְהוֹרָה מִפְּנֵי שֶׁחוֹבֶלֶת בְּאֶצְבָּעוֹ בְּשָׁעָה שֶׁמּוֹצִיא הַבֹּשֶׂם מִתּוֹכָהּ:

יב. לְגִינִים הַגְּדוֹלִין שֶׁנִּטַּל פִּיהֶן עֲדַיִן הֵן כֵּלִים מִפְּנֵי שֶׁמַּתְקִינָם הוּא לִכְבָשִׁים:

יג. כּוֹס שֶׁנִּפְגַּם רֻבּוֹ טָהוֹר. נִפְגַּם בּוֹ שְׁלִישׁ הֶקֵּפוֹ בְּרֹב גָּבְהוֹ טָהוֹר. נִקַּב וּסְתָמוֹ בֵּין בְּבַעַץ בֵּין בְּזֶפֶת טָהוֹר. וְהַכּוֹס וְהַצְּלוֹחִית שֶׁנִּקְּבוּ בֵּין מִלְמַעְלָה בֵּין מִלְּמַטָּה טְהוֹרִין:

יד. הַתַּמְחוּי וְהַקְּעָרָה שֶׁנִּקְּבוּ מִלְמַעְלָה טְמֵאִין מִלְּמַטָּה טְהוֹרִין. נִסְדְּקוּ אִם יְכוֹלִין לְקַבֵּל אֶת הַחַמִּין כְּצוֹנְנִין טְמֵאִין וְאִם לָאו טְהוֹרִין:

טו. הַכּוֹסוֹת הַחֲתוּכִין אַף עַל פִּי שֶׁשִּׂפְתוֹתֵיהֶם סוֹרְכִין אֶת הַפֶּה מְקַבְּלִים טֻמְאָה:

טז. הָאֲפַרְכֵּס שֶׁל זְכוּכִית טָהוֹר שֶׁהֲרֵי הוּא כְּמוֹ מַחַץ שֶׁאֵינוֹ מְקַבֵּל:

יז. זְכוּכִית שֶׁעוֹשִׂין אוֹתָהּ לְמַרְאָה טְהוֹרָה אַף עַל פִּי שֶׁהִיא מְקַבֶּלֶת לְפִי שֶׁלֹּא נַעֲשֵׂית לְקַבָּלָה. הַתַּרְוָד שֶׁל זְכוּכִית שֶׁהוּא מְקַבֵּל אַף עַל פִּי שֶׁכְּשֶׁמַּנִּיחוֹ עַל הַשֻּׁלְחָן נֶהְפָּךְ עַל צִדּוֹ וְאֵינוֹ מְקַבֵּל הֲרֵי זֶה מְקַבֵּל טֻמְאָה:

יח. תַּמְחוּי שֶׁל זְכוּכִית שֶׁעֲשָׂאוֹ מַרְאָה מְקַבֵּל טֻמְאָה. וְאִם מִתְּחִלָּה עֲשָׂאוּהוּ לְמַרְאָה כְּדֵי שֶׁיִּהְיוּ דְּבָרִים שֶׁמַּנִּיחִין בּוֹ נִרְאִין מֵאֲחוֹרָיו הֲרֵי זֶה טָהוֹר. וְכָל כְּלֵי זְכוּכִית אֵין מְקַבְּלִין טֻמְאָה עַד שֶׁתִּגָּמֵר מְלַאכְתָּן כְּכָל הַכֵּלִים:

Perek 13

Earthenware vessels.

See table

> **Reminder**
> Pack on Impurity of Vessels

Factors

- An earthenware container contracts impurity
  - In its inner space only
  - Movement by a *zav*

> **Reminder**
> Pack on Impurity of *Zav, Zavah* etc

However, if impure liquids touch the outside of an earthenware vessel, its outer surface does contract impurity.

- Other *kelim* contract impurity when touched or moved by a *zav*.
- Earthenware vessels impart impurity from its inner space.
- Other vessels only impart impurity by touch.
- If foods or liquids touch the outer surface of an impure earthenware vessel, they do contract impurity (as with other vessels).
- If the earthenware vessel does not have an inner space, impure liquids touching it on outside do not make the vessel impure.
- If another vessel comes into the space of an impure earthenware vessel, the smaller vessels do not contract impurity. However, if there was liquid in the smaller vessel, the liquid becomes impure, and makes the smaller vessel impure as well.

Contraction / Transmission of Impurities – Earthenware Vessels

		Earthenware	Other vessels
TOUCH (WHEN TOUCH IS MENTIONED REGARDING EARTHENWARE VESSELS, IT IS REFERRING TO IMPURITY TOUCHING THE INNER SURFACE)		Usually only contracts impurity from its inner space or when moved by *zav* (However outside could become impure if touched by impure liquids on outside)	These contract impurity when touched
	Contracts impurity	Touch by impure liquids only	✓

	Transmits impurity	To foods or liquids touching outer surface (as well as from inner space)	✓
CARRIAGE			
	Contracts impurity		
	Transmits impurity		
MOVEMENT (THERE CAN BE MOVEMENT WITHOUT CARRIAGE)	Contracts impurity	✓ movement by a *zav*	
	Transmits impurity		
MISHKAV AND *MOSHAV* (*ZAV, ZAVAH, NIDAH, YOLEDET*)			
COUCH / CHAIR (*MISHKAV, MOSHAV*)	Contracts impurity		
	Transmits impurity		
SADDLE (*MERKAV*)	Contracts impurity		
	Transmits impurity		
SPACE			
OHEL (UNIQUE TO HUMAN CORPSE)	Contracts impurity	Vessel turned upside down over *tumah*. If item within edge, vessel impure. If outside of edge then vessel remains pure	
	Transmits impurity		
SEALED VESSELS (SIMILAR TO *OHEL*)	Contracts impurity		✓ Do not seal as well as earthenware
	Transmits impurity	✗ Impure foods ✓ dead *sheretz* Depends on impurity and type of seal	✓ Do not seal as well as earthenware
METZORA PRESENCE IN BUILDING	Contracts impurity		
	Transmits impurity		
SPACE OF EARTHENWARE VESSELS	Contracts impurity	✓ Inner space only	✗

	Transmits impurity	✓ From inner space	×
If attached to ground and has contact with human corpse	Contracts impurity	✓	×
	Transmits impurity	×	✓ Becomes *av*
Earthenware vessel with no receptacle (or has receptacle but was made with no intention to be used as a container)	Susceptible to impurity	×	
	Transmits impurity	×	

פרק י״ג

א. כְּבָר בֵּאַרְנוּ בְּכַמָּה מְקוֹמוֹת שֶׁאֵין כְּלִי חֶרֶס מִתְטַמֵּא אֶלָּא מֵאֲוִירוֹ אוֹ בְּהֶסֵּט הַזָּב. וּשְׁאָר כָּל הַכֵּלִים שֶׁנָּגְעָה בָּהֶן הַטֻּמְאָה נִטְמְאוּ וְאִם נִכְנְסָה טֻמְאָה לַאֲוִירוֹ וְלֹא נָגְעָה בָּהֶן הֲרֵי הֵם טְהוֹרִין. נִמְצָא הַטָּמֵא בִּכְלִי חֶרֶס טָהוֹר בְּכָל הַכֵּלִים וְהַטָּמֵא בְּכָל הַכֵּלִים טָהוֹר בִּכְלִי חֶרֶס. וּמִנַּיִן שֶׁאֵין כְּלִי חֶרֶס מִתְטַמֵּא אֶלָּא מֵאֲוִירוֹ שֶׁנֶּאֱמַר (ויקרא יא לג) ״וּכְלִי חֶרֶשׂ אֲשֶׁר יִפֹּל מֵהֶם אֶל תּוֹכוֹ״ וְגוֹ׳ מִתּוֹכוֹ הוּא מִתְטַמֵּא לֹא מֵאֲחוֹרָיו:

ב. וּכְשֵׁם שֶׁמִּתְטַמֵּא מֵאֲוִירוֹ כָּךְ מְטַמֵּא אֳכָלִין וּמַשְׁקִין מֵאֲוִירוֹ. כֵּיצַד. כְּלִי חֶרֶס שֶׁנִּטְמָא וְנִכְנְסוּ אֳכָלִין וּמַשְׁקִין לַאֲוִירוֹ אַף עַל פִּי שֶׁלֹּא נָגְעוּ בּוֹ הֲרֵי אֵלּוּ טְמֵאִין שֶׁנֶּאֱמַר (ויקרא יא לג) ״כֹּל אֲשֶׁר בְּתוֹכוֹ יִטְמָא״. אֲבָל שְׁאָר הַכֵּלִים הַטְּמֵאִין אֵינָן מְטַמְּאִין אֳכָלִין וּמַשְׁקִין עַד שֶׁיִּגְּעוּ בָּהֶן:

ג. אֵין כְּלִי חֶרֶס מְטַמֵּא כֵּלִים מֵאֲוִירוֹ בֵּין כְּלֵי חֶרֶס בֵּין שְׁאָר כֵּלִים. כֵּיצַד. כְּלִי חֶרֶס גָּדוֹל שֶׁהָיוּ בְּתוֹכוֹ כֵּלִים וְנִכְנְסָה טֻמְאָה בַּאֲוִירוֹ הוּא טָמֵא וְכָל הַכֵּלִים שֶׁבְּתוֹכוֹ טְהוֹרִין. הָיוּ מַשְׁקִין בַּכֵּלִים שֶׁבְּתוֹכוֹ נִטְמְאוּ הַמַּשְׁקִין מֵאֲוִירוֹ וְחוֹזְרִין וּמְטַמְּאִין אֶת הַכֵּלִים. וַהֲרֵי זֶה אוֹמֵר מְטַמְּאֶיךָ לֹא טִמְּאוּנִי וְאַתָּה טִמֵּאתַנִי:

ד. כְּלִי חֶרֶס שֶׁנָּגְעוּ מַשְׁקִין טְמֵאִין בַּאֲחוֹרָיו בִּלְבַד נִטְמְאוּ אֲחוֹרָיו כִּשְׁאָר כָּל הַכֵּלִים. בַּמֶּה דְּבָרִים אֲמוּרִים בְּשֶׁהָיָה לוֹ תּוֹךְ. אֲבָל אִם אֵין לוֹ תּוֹךְ וְנָגְעוּ בּוֹ מַשְׁקִין טְמֵאִין הֲרֵי זֶה טָהוֹר. שֶׁכָּל שֶׁאֵין לוֹ תּוֹךְ בִּכְלִי חֶרֶס אֵין אֲחוֹרָיו מִתְטַמְּאִין בְּמַשְׁקִין. נָגְעוּ אֳכָלִין אוֹ מַשְׁקִין בַּאֲחוֹרֵי כְּלִי חֶרֶס הַטָּמֵא הֲרֵי אֵלּוּ טְמֵאִין. וְאֶחָד כְּלִי חֶרֶס וְאֶחָד שְׁאָר כָּל הַכֵּלִים בְּדָבָר זֶה שֶׁכָּל הַכֵּלִים הַטְּמֵאִין שֶׁנָּגְעוּ אֳכָלִין אוֹ מַשְׁקִין בָּהֶן בֵּין מִתּוֹכָן בֵּין מֵאֲחוֹרֵיהֶן נִטְמְאוּ:

ה. אֶחָד כְּלִי חֶרֶס שֶׁנִּכְנְסָה טֻמְאָה לַאֲוִירוֹ אוֹ שֶׁכְּפָאהוּ עַל הַטֻּמְאָה הַמֻּנַּחַת עַל הָאָרֶץ וְנַעֲשָׂה אֹהֶל עָלֶיהָ שֶׁהֲרֵי הַטֻּמְאָה בְּתוֹכוֹ. מִפִּי הַשְּׁמוּעָה לָמְדוּ שֶׁזֶּה שֶׁנֶּאֱמַר (ויקרא יא לג) ״אֶל תּוֹכוֹ״ לְרַבּוֹת אֶת הָאֳהָלִים:

ו. גּוּמָא שֶׁהָיָה הַשֶּׁרֶץ מֻנָּח בְּתוֹכָהּ וְכָפָה כְּלִי חֶרֶס עַל הַגּוּמָא לֹא נִטְמָא שֶׁנֶּאֱמַר (ויקרא יא לג) ״אֶל תּוֹכוֹ״ עַד שֶׁתִּכָּנֵס עַצְמָהּ שֶׁל טֻמְאָה בְּתוֹכוֹ. לְפִיכָךְ הַשֶּׁרֶץ שֶׁנִּמְצָא לְמַטָּה מִנְּחֻשְׁתּוֹ שֶׁל תַּנּוּר שֶׁהִיא קַרְקָעִית הַתַּנּוּר טָהוֹר שֶׁאֲנִי אוֹמֵר חַי נָפַל וְעַכְשָׁו מֵת בְּתוֹךְ גּוּמָא זוֹ. וְכֵן אִם נִמְצֵאת מַחַט אוֹ טַבַּעַת לְמַטָּה מִנְּחֻשְׁתּוֹ אַף עַל פִּי שֶׁכָּל הַכֵּלִים הַנִּמְצָאִים טְמֵאִים כְּמוֹ שֶׁבֵּאַרְנוּ הֲרֵי הַתַּנּוּר טָהוֹר שֶׁאֲנִי אוֹמֵר שָׁם הָיוּ עַד שֶׁלֹּא בָּא הַתַּנּוּר וְהַתַּנּוּר נִבְנָה עֲלֵיהֶן וְלֹא נָפְלוּ בְּתוֹכוֹ. נִמְצְאוּ בַּדֶּשֶׁן הֲרֵי הַתַּנּוּר טָמֵא שֶׁאֵין לוֹ בְּמָה יִתָּלֶה. נִמְצְאוּ בִּנְחֻשְׁתּוֹ שֶׁל תַּנּוּר נִרְאִין אֲבָל אֵינָן יוֹצְאִין לַאֲוִירוֹ. אִם אוֹפֶה אֶת הַבָּצֵק וְהוּא נוֹגֵעַ בָּהֶן נִטְמָא הַתַּנּוּר כְּאִלּוּ הָיוּ בְּתוֹךְ אֲוִירוֹ. וְאִם לָאו הַתַּנּוּר טָהוֹר כְּאִלּוּ הָיוּ לְמַטָּה מִנְּחֻשְׁתּוֹ. בְּאֵי זֶה בָּצֵק אָמְרוּ בְּבָצֵק הַבֵּינוֹנִי שֶׁאֵינוֹ רַךְ בְּיוֹתֵר וְלֹא קָשֶׁה:

ז. הַשֶּׁרֶץ שֶׁנִּמְצָא בְּעַיִן שֶׁל תַּנּוּר בְּעַיִן שֶׁל כִּירָה בְּעַיִן שֶׁל כֻּפַּח אִם נִמְצָא מִן הַשָּׂפָה הַפְּנִימִית וְלַחוּץ טָהוֹר. וְכֵן אִם נִמְצָא בַּאֲוִיר הָעַיִן טָהוֹר שֶׁהֲרֵי לֹא נִכְנַס לַאֲוִיר הַתַּנּוּר אוֹ הַכִּירָה אוֹ הַכֻּפַּח אֶלָּא תַּחַת עֳבִי דָּפְנוֹתֵיהֶן הוּא תָּלוּי. וַאֲפִלּוּ הָיָה שָׁם כְּזַיִת מִן הַמֵּת טְהוֹרִין אֶלָּא אִם כֵּן הָיָה בָּעֳבִי הָעַיִן פּוֹתֵחַ טֶפַח שֶׁהֲרֵי מֵבִיא אֶת הַטֻּמְאָה לַאֲוִיר הַתַּנּוּר כְּמוֹ שֶׁנִּתְבָּאֵר בְּעִנְיַן טֻמְאַת מֵת:

ח. נִמְצָא הַשֶּׁרֶץ בִּמְקוֹם הַנָּחַת הָעֵצִים מִן הַשָּׂפָה הַפְּנִימִית וְלַחוּץ טָהוֹר. נִמְצָא בִּמְקוֹם יְשִׁיבַת הַבַּלָּן בִּמְקוֹם יְשִׁיבַת הַצַּבָּע בִּמְקוֹם יְשִׁיבַת שׁוֹלְקֵי הַזֵּיתִים הַכֹּל טָהוֹר:

ט. אֵין הַתַּנּוּר וְלֹא הַכִּירָה וְלֹא שְׁאָר מְקוֹמוֹת הַיִּקוּד מִתְטַמְּאִין אֶלָּא אִם כֵּן נִמְצֵאת הַטֻּמְאָה מִן הַסְּתִימָה וּלְפָנִים:

י. כְּלִי חֶרֶס שֶׁשּׁוֹתִין בּוֹ בַּעֲלֵי בָּתִּים הַמַּיִם שֶׁבְּאֶמְצָעוֹ כְּמוֹ רֶשֶׁת שֶׁל חֶרֶס וּשְׂפָתוֹ שֶׁלְּמַעְלָה מִן הָרֶשֶׁת כְּמוֹ מְסָרֵק וְזֶהוּ הַנִּקְרָא צַרְצוּר אִם נִכְנְסָה הַטֻּמְאָה לַאֲוִיר הַמְסָרֵק לְמַעְלָה מִן הָרֶשֶׁת נִטְמָא כֻּלּוֹ שֶׁזֶּהוּ תּוֹכוֹ שֶׁל כְּלִי זֶה:

יא. כְּלִי חֶרֶס שֶׁהָיָה לוֹ שָׁלֹשׁ שְׂפִיּוֹת זוֹ לִפְנִים מִזּוֹ הָיְתָה הַפְּנִימִית עוֹדֶפֶת וְנִכְנְסָה טֻמְאָה לַאֲוִיר הַפְּנִימִית כָּל הָאֳכָלִין וְהַמַּשְׁקִין שֶׁבַּאֲוִיר שֶׁבֵּין הַשָּׂפָה הַפְּנִימִית וּבֵין הָאֶמְצָעִית וְהַחִיצוֹנָה טְהוֹרִין. הָיְתָה הָאֶמְצָעִית עוֹדֶפֶת וְנִטְמָא אֲוִירָהּ מִמֶּנָּה וְלִפְנִים טָמֵא מִמֶּנָּה וְלַחוּץ טָהוֹר. הָיְתָה הַחִיצוֹנָה עוֹדֶפֶת וְנִטְמָא אֲוִירָהּ הַכֹּל טָמֵא. הָיוּ שָׁווֹת כָּל שֶׁנִּטְמָא אֲוִירָהּ טְמֵאָה וְהַשְּׁאָר טָהוֹר:

יב. אִלְפָּסִים זוֹ בְּתוֹךְ זוֹ וְשִׂפְתוֹתֵיהֶן שָׁווֹת וְהַשֶּׁרֶץ בָּעֶלְיוֹנָה אוֹ בַּתַּחְתּוֹנָה זוֹ שֶׁיֵּשׁ בָּהּ הַשֶּׁרֶץ טְמֵאָה וּשְׁאָר הָאִלְפָּסִין טְהוֹרִין הֵן וְכָל הָאֳכָלִין שֶׁבָּהֶן. הָיָה כָּל אִלְפָּס מֵהֶן נְקוּבָה בְּכוֹנֵס מַשְׁקֶה וְהַשֶּׁרֶץ בָּעֶלְיוֹנָה כָּל הָאֳכָלִין וְהַמַּשְׁקִין שֶׁבְּכָל הָאִלְפָּסִים טְמֵאִים שֶׁהַטֻּמְאָה בַּאֲוִיר כֻּלָּן כְּמוֹ שֶׁיִּתְבָּאֵר. הָיָה הַשֶּׁרֶץ בַּתַּחְתּוֹנָה הִיא טְמֵאָה וְכֻלָּן טְהוֹרוֹת שֶׁהֲרֵי לֹא נִכְנַס שֶׁרֶץ לַאֲוִיר הָעֶלְיוֹנָה וְאֵין שְׂפַת הַתַּחְתּוֹנָה עוֹדֶפֶת כְּדֵי לְטַמֵּא כָּל הָאֳכָלִין וְהַמַּשְׁקִין שֶׁבְּתוֹכָהּ. הָיָה הַשֶּׁרֶץ בָּעֶלְיוֹנָה וְהָיְתָה שְׂפַת הַתַּחְתּוֹנָה עוֹדֶפֶת הָעֶלְיוֹנָה טְמֵאָה שֶׁהַשֶּׁרֶץ בְּתוֹכָהּ וְכֵן הַתַּחְתּוֹנָה מִפְּנֵי שֶׁשְּׂפָתָהּ עוֹדֶפֶת הֲרֵי הַשֶּׁרֶץ בַּאֲוִירָהּ וּשְׁאָר הָאִלְפָּסִין שֶׁבְּתוֹךְ הַתַּחְתּוֹנָה טְהוֹרִין שֶׁאֵין כְּלִי חֶרֶס מְטַמֵּא כֵּלִים שֶׁבְּתוֹכוֹ. וְאִם הָיָה בֵּינֵיהֶן מַשְׁקֶה טוֹפֵחַ כָּל שֶׁיֵּשׁ בָּהּ מַשְׁקֶה טוֹפֵחַ טְמֵאָה שֶׁהַמַּשְׁקֶה מִתְטַמֵּא מֵאֲוִיר הַתַּחְתּוֹנָה הָעוֹדֶפֶת וְחוֹזֵר וּמְטַמֵּא אֶת הָאִלְפָּס:

יג. טַבְלָא שֶׁל חֶרֶס שֶׁהָיוּ קְעָרוֹת דְּבוּקוֹת בָּהּ בִּתְחִלַּת מַעֲשֶׂיהָ וַהֲרֵי הַכֹּל כְּלִי אֶחָד וְנִטְמֵאת אַחַת מֵהֶן לֹא נִטְמְאוּ כֻּלָּן. וְאִם הָיָה לַטַּבְלָא דֹּפֶן עוֹדֵף שֶׁנִּמְצְאוּ כָּל הַקְּעָרוֹת בְּתוֹכוֹ וְנִטְמֵאת אַחַת מֵהֶן נִטְמְאוּ כֻּלָּן. וְכֵן הַדִּין בְּבֵית הַתַּבְלִין שֶׁל חֶרֶס וְקַלְמִירִין הַמִּתְאִימוֹת כַּיּוֹצֵא בּוֹ:

יד. בֵּית הַתַּבְלִין שֶׁל עֵץ שֶׁנִּטְמָא אֶחָד מִבָּתָּיו בְּמַשְׁקִין לֹא נִטְמְאוּ שְׁאָר הַבָּתִּים. וְאִם יֵשׁ לוֹ דֹּפֶן עוֹדֵף שֶׁנִּמְצְאוּ כָּל הַבָּתִּים בְּתוֹכוֹ וְנִטְמָא אֶחָד מִבָּתָּיו בְּמַשְׁקִין נִטְמְאוּ כֻּלָּן שֶׁהַכֹּל כִּכְלִי אֶחָד וּכְלִי שֶׁנִּטְמָא תּוֹכוֹ בְּמַשְׁקִין נִטְמָא כֻּלּוֹ. הָיוּ בָּתָּיו קְבוּעִין בְּמַסְמֵר הֲרֵי אֵלּוּ חִבּוּר זֶה לָזֶה לְטֻמְאָה וּלְהַזָּיָה. הָיוּ תְּקוּעִין בִּלְבַד הֲרֵי אֵלּוּ חִבּוּר לְטֻמְאָה וְלֹא לְהַזָּיָה. וְאִם הָיוּ בָּתָּיו נִטָּלִין וְנִתָּנִין אֵינָן חִבּוּר לֹא לְטֻמְאָה וְלֹא לְהַזָּיָה:

Perek 14

Earthenware vessels.

Sealed Vessels within earthenware vessels

Reminder
Pack on Impurity of Tent

Original ovens were made of earthenware i.e. earthenware vessels could be quite large.
More complex examples of items affecting inner space of earthenware vessels.
Different items affect the space of earthenware containers in different ways as follows:

Sealed container within earthenware vessel	Impart / Contract impurity to inner space of earthenware vessel
Sealed container containing foods inside impure earthenware	× (sealed container stays pure)
Sealed container containing dead *sheretz*	✓ Here sealed container transmits impurity to earthenware container

Impure object within a brick or piece of wood	✓ although hidden, it imparts impurity to earthenware container
Live animal having swallowed a dead *sheretz*	× Live animal prevents impurity from passing into earthenware container
Dead rooster (say) having swallowed a dead *sheretz* (The rooster itself does not transmit impurity)	✓ Dead animal does not prevent impure object transmitting its impurity
Impure entities in a person's mouth or body folds	✓
Sponge with impure liquids even though outside of the sponge is dry	✓ I.e. sponge within earthenware vessel would transmit its impurity
A container with impurity where the edge of the impure container extends outside the earthenware container	×
If lowered container was made for foods and has hole size big enough that an olive can fall out, or if it was made to contain liquids and it had a crack big enough to allow liquids to seep in when the container is placed in them.	✓ Now impurity can enter or leave, even if hole is subsequently sealed
Handkerchief (i.e. not a vessel) with an impurity on it, partly lowered into earthenware vessel)	✓ This does not offer protection because it does not have the shape of a vessel

פרק י״ד

א. כָּל הַמַּצִּיל בְּצָמִיד פָּתִיל בְּאֹהֶל הַמֵּת מַצִּיל בְּצָמִיד פְּתִיל בַּאֲוִיר כְּלִי חֶרֶס. אִם הִצִּיל בְּמֵת הֶחָמוּר דִּין הוּא שֶׁיַּצִּיל בִּכְלִי חֶרֶס הַקַּל. וְכָל שֶׁאֵינוֹ מַצִּיל בְּאֹהֶל הַמֵּת אֵינוֹ מַצִּיל בַּאֲוִיר כְּלִי חֶרֶס:

ב. וּכְשֵׁם שֶׁאֵין צָמִיד פָּתִיל לְטֻמְאָה בְּאֹהֶל הַמֵּת כָּךְ אֵין צָמִיד פָּתִיל לְטֻמְאָה בַּאֲוִיר כְּלִי חֶרֶס. כֵּיצַד. קְדֵרָה שֶׁהִיא מְלֵאָה אֳכָלִין וּמַשְׁקִין וּמֻקֶּפֶת צָמִיד פָּתִיל וּנְתוּנָה בְּתוֹךְ הַתַּנּוּר הַטָּמֵא הֲרֵי הַקְּדֵרָה וְכָל מַה שֶּׁבְּתוֹכָהּ טְהוֹרִין. הָיָה הַשֶּׁרֶץ אוֹ מַשְׁקִין טְמֵאִין בְּתוֹכָהּ וּמֻקֶּפֶת צָמִיד פָּתִיל וּנְתוּנָה בַּאֲוִיר הַתַּנּוּר נִטְמָא הַתַּנּוּר [וְכֵן כָּל כַּיּוֹצֵא בָּזֶה]:

ג. טַבַּעַת טְמֵאָה שֶׁמְּבֻלַּעַת בְּתוֹךְ הַלְּבֵנָה אוֹ מַחַט טְמֵאָה שֶׁמְּבֻלַּעַת בְּתוֹךְ הָעֵץ וְנָפְלוּ לַאֲוִיר כְּלִי חֶרֶס נִטְמָא. אַף עַל פִּי שֶׁאִם נָגַע כִּכַּר תְּרוּמָה בְּעֵץ זֶה אוֹ בִּלְבֵנָה זוֹ טָהוֹר הֲרֵי הֵן מְטַמְּאִין כְּלִי חֶרֶס מֵאֲוִירוֹ:

ד. תַּרְנְגוֹל שֶׁבָּלַע שֶׁרֶץ אוֹ בְּשַׂר מֵת וְנָפַל לַאֲוִיר הַתַּנּוּר הֲרֵי זֶה טָהוֹר. וְאִם מֵת שָׁם הַתַּרְנְגוֹל נִטְמָא הַתַּנּוּר. שֶׁהַבְּלוּעִין בְּחַי מַצִּילִין מִיַּד כְּלִי חֶרֶס כְּדֶרֶךְ שֶׁמַּצִּילִין בְּאֹהֶל הַמֵּת:

ה. דְּבָרִים שֶׁבְּתוֹךְ הַפֶּה אוֹ בְּתוֹךְ הַקְּמָטִין אֵינָן כִּבְלוּעִין. כֵּיצַד. אָדָם שֶׁהָיוּ מַשְׁקִין טְמֵאִין בְּתוֹךְ פִּיו וְקָפַץ פִּיו וְהִכְנִיס רֹאשׁוֹ לַאֲוִיר כְּלִי חֶרֶס טִמְּאָהוּ. וְכֵן טָהוֹר שֶׁהָיוּ אֳכָלִין וּמַשְׁקִין לְתוֹךְ פִּיו וְהִכְנִיס רֹאשׁוֹ לַאֲוִיר תַּנּוּר טָמֵא נִטְמְאוּ אֳכָלִים שֶׁבְּפִיו. הָיָה לוֹ בְּתוֹךְ קְמָטוֹ כַּעֲדָשָׁה מִן הַשֶּׁרֶץ וְהִכְנִיסוֹ לַאֲוִיר הַתַּנּוּר נִטְמָא הַתַּנּוּר אַף עַל פִּי שֶׁהַטֻּמְאָה בְּתוֹךְ הַקֶּמֶט:

ו. סְפוֹג שֶׁבָּלַע מַשְׁקִין טְמֵאִין אַף עַל פִּי שֶׁהוּא נָגוּב מִבַּחוּץ אִם נָפַל לַאֲוִיר כְּלִי חֶרֶס טִמְּאָהוּ שֶׁסּוֹף מַשְׁקֶה לָצֵאת. וְכֵן חֲתִיכָה שֶׁל לֶפֶת וְשֶׁל גֶּמִי. חֲרָסִים שֶׁנִּשְׁתַּמְּשׁוּ בָּהֶן מַשְׁקִין טְמֵאִין וְנִגְּבוּ וְנָפְלוּ לַאֲוִיר כְּלִי חֶרֶס לֹא טִמְּאוּהוּ. נָפְלוּ לְתַנּוּר וְהֻסַּק נִטְמָא שֶׁסּוֹף מַשְׁקֶה לָצֵאת. בַּמֶּה דְּבָרִים אֲמוּרִים בְּמַשְׁקִין קַלִּין. אֲבָל בַּחֲמוּרִין כְּגוֹן דַּם הַנִּדָּה וּמֵימֵי רַגְלֶיהָ אִם הָיוּ יְכוֹלִין לָצֵאת וְהִקְפִּיד עָלָיו שֶׁיֵּצֵא הֲרֵי זֶה

מְטַמֵּא הַתַּנּוּר אַף עַל פִּי שֶׁלֹּא הֶפְסֵק וְאִם אֵינוֹ מַקְפִּיד עָלָיו אֵינוֹ מְטַמֵּא עַד שֶׁיַּפְסִק וְיֵצֵא הַמַּשְׁקֶה. וְכֵן בְּגֶפֶת חֲדָשָׁה הַבָּאָה מִמַּשְׁקִין טְמֵאִין שֶׁהִפְסִיק בָּהּ הַתַּנּוּר נִטְמָא שֶׁסּוֹף מַשְׁקֶה לָצֵאת אֲבָל בִּישָׁנָה טָהוֹר. אֵיזוֹ הִיא יְשָׁנָה לְאַחַר שְׁנֵים עָשָׂר חֹדֶשׁ. וְאִם יָדוּעַ שֶׁיָּצָא מִמֶּנָּה מַשְׁקֶה בִּשְׁעַת הֶפְסֵק אֲפִלּוּ לְאַחַר שָׁלֹשׁ שָׁנִים נִטְמָא הַתַּנּוּר כְּשֶׁיַּפְסִק:

ז. כְּלִי חֶרֶס שֶׁחִלְּקוֹ בִּמְחִצָּה מִשְּׂפָתוֹ עַד קַרְקָעִיתוֹ וְנִכְנְסָה טֻמְאָה בַּאֲוִיר אֶחָד מִשְּׁנֵי הַחֲלָקִים נִטְמָא הַכְּלִי כֻּלּוֹ לְפִי שֶׁאֵין דֶּרֶךְ בְּנֵי אָדָם לְחַלֵּק כְּלֵי חֶרֶס כְּדֶרֶךְ שֶׁחוֹלְקִין הָאֹהָלִים. לְפִיכָךְ תַּנּוּר שֶׁחֲצָצוֹ בִּנְסָרִים אוֹ בִּירִיעוֹת וְנִמְצָא הַשֶּׁרֶץ בְּמָקוֹם אֶחָד הַכֹּל טָמֵא:

ח. כְּלִי שֶׁהָיְתָה הַטֻּמְאָה בְּתוֹכוֹ וְהִכְנִיס הַכְּלִי לַאֲוִיר כְּלִי חֶרֶס וּשְׂפַת הַכְּלִי הַטָּמֵא חוּץ לִכְלִי חֶרֶס אַף עַל פִּי שֶׁהַטֻּמְאָה מְכֻוֶּנֶת בְּתוֹךְ כְּלִי חֶרֶס הֲרֵי זֶה טָהוֹר שֶׁנֶּאֱמַר (ויקרא יא לג) "אֶל תּוֹכוֹ" לֹא אֶל תּוֹךְ תּוֹכוֹ:

ט. וְכֵן אִם הָיָה כְּלִי חֶרֶס טָמֵא וְהִכְנִיס לַאֲוִירוֹ כְּלִי אַחֵר שֶׁיֵּשׁ בּוֹ אֳכָלִים וּמַשְׁקִין וּשְׂפַת הַכְּלִי הָאַחֵר חוּץ לִכְלִי חֶרֶס אַף עַל פִּי שֶׁהָאֳכָלִין וְהַמַּשְׁקִין מְכֻוָּנִין בְּתוֹךְ כְּלִי חֶרֶס הַטָּמֵא הֲרֵי אֵלּוּ טְהוֹרִין שֶׁנֶּאֱמַר (ויקרא יא לג) "כֹּל אֲשֶׁר בְּתוֹכוֹ יִטְמָא" וְלֹא שֶׁבְּתוֹךְ תּוֹכוֹ. כֵּיצַד. כַּוֶּרֶת אוֹ קֻפָּה אוֹ קְדֵרָה אוֹ חֵמֶת וְכַיּוֹצֵא בָּהֶן שֶׁהָיָה הַשֶּׁרֶץ בְּתוֹכָהּ וְשִׁלְשֵׁל הַקֻּפָּה לַאֲוִיר הֶחָבִית אוֹ לַאֲוִיר הַתַּנּוּר אַף עַל פִּי שֶׁהַשֶּׁרֶץ מְכֻוָּן בְּתוֹךְ אֲוִיר הֶחָבִית הוֹאִיל וּשְׂפַת הַקֻּפָּה אוֹ הַחֵמֶת לְמַעְלָה מִשְּׂפַת הֶחָבִית אוֹ מִשְּׂפַת הַתַּנּוּר הֲרֵי אֵלּוּ טְהוֹרִין. וְאִם הָיָה בְּתוֹךְ הַחֵמֶת אוֹ בְּתוֹךְ הַקְּדֵרָה וְכַיּוֹצֵא בָּהֶן אֳכָלִין אוֹ מַשְׁקִין וְשִׁלְשְׁלָן לַאֲוִיר הַתַּנּוּר אוֹ לַאֲוִיר הֶחָבִית הַטְּמֵאִין הֲרֵי הֵן טְהוֹרִין. הָיְתָה הַכַּוֶּרֶת אוֹ הַקֻּפָּה אוֹ הַחֵמֶת וְכַיּוֹצֵא בָּהֶן נְקוּבִין אֵינָן מַצִּילִין אֶלָּא אִם הָיָה הַשֶּׁרֶץ לְתוֹכָן וְשִׁלְשְׁלָן לַאֲוִיר כְּלִי חֶרֶס הַטָּהוֹר נִטְמָא. וְאִם הָיוּ אֳכָלִין אוֹ מַשְׁקִין לְתוֹכָן וְשִׁלְשְׁלָן לַאֲוִיר כְּלִי חֶרֶס הַטָּמֵא נִטְמְאוּ. וְכַמָּה יִהְיֶה בַּנֶּקֶב אִם הָיָה בִּכְלִי שֶׁטֶף בְּמוֹצִיא זֵיתִים וְאִם הָיָה בִּכְלִי חֶרֶס הֶעָשׂוּי לָאֳכָלִין שִׁעוּרוֹ כְּזֵיתִים וְהֶעָשׂוּי לְמַשְׁקִין שִׁעוּרוֹ בְּכוֹנֵס מַשְׁקֶה. וְהֶעָשׂוּי לְכָךְ וּלְכָךְ מַטִּילִין אוֹתוֹ לְחֻמְרוֹ וּכְשֶׁיִּנָּקֵב כְּלִי חֶרֶס זֶה בְּכוֹנֵס מַשְׁקֶה אֵינוֹ מַצִּיל מִיַּד כְּלִי חֶרֶס:

י. סָתַם נֶקֶב כְּלִי חֶרֶס בְּזֶפֶת אִם הָיָה הַשֶּׁרֶץ בִּכְלִי זֶה וְשִׁלְשְׁלוֹ לַאֲוִיר הַתַּנּוּר הַטָּהוֹר נִטְמָא שֶׁאֵין הַצָּמִיד מַצִּיל עַל הַטֻּמְאָה מִלְּטַמֵּא כְּמוֹ שֶׁבֵּאַרְנוּ. אֲבָל אִם הָיָה בִּכְלִי זֶה אֳכָלִין אוֹ מַשְׁקִין וְשִׁלְשְׁלוֹ לַאֲוִיר הַתַּנּוּר הַטָּמֵא הֲרֵי הֵן טְהוֹרִין שֶׁהֲרֵי הַנֶּקֶב סָתוּם. וּשְׁאָר כָּל הַכֵּלִים שֶׁסְּתָמָן בְּזֶפֶת וְכַיּוֹצֵא בּוֹ אֵינוֹ מַצִּיל מִיַּד כְּלִי חֶרֶס:

יא. כַּוֶּרֶת פְּחוּתָה אַף עַל פִּי שֶׁסָּתַם הַפְּחָת בְּקַשׁ אֵינָהּ מַצֶּלֶת מִיַּד כְּלִי חֶרֶס שֶׁהֲרֵי אֵינָהּ כְּלִי:

יב. הַחֵמֶת וְהַכְּפִישָׁה שֶׁנִּפְחֲתוּ בְּמוֹצִיא רִמּוֹן אַף עַל פִּי שֶׁבִּטְּלוֹ מִתּוֹרַת כְּלִי הֲרֵי אֵלּוּ מַצִּילִין מִיַּד כְּלִי חֶרֶס. וְהוּא שֶׁיִּהְיֶה הַפְּחָת לְמַעְלָה מִשְּׂפַת כְּלִי חֶרֶס מִבַּחוּץ וְיִהְיֶה בֵּית קִבּוּל שֶׁלָּהֶן מְשֻׁלְשָׁל לְתוֹךְ כְּלִי חֶרֶס:

יג. עוֹר פָּשׁוּט וְכַיּוֹצֵא בּוֹ שֶׁהָיָה שָׁקוּעַ לַאֲוִיר כְּלִי חֶרֶס אוֹ לַאֲוִיר הַתַּנּוּר וְהַשֶּׁרֶץ בְּתוֹךְ הָעוֹר הֲרֵי הַתַּנּוּר טָמֵא. וְאִם הָיָה הַשֶּׁרֶץ בַּתַּנּוּר אֳכָלִין וּמַשְׁקִין שֶׁבְּתוֹךְ הָעוֹר טְמֵאִין שֶׁאֵין מַצִּיל מִיַּד כְּלִי חֶרֶס אֶלָּא כֵּלִים שֶׁיֵּשׁ לָהֶן תּוֹךְ כְּגוֹן הַסַּל וְהַקֻּפָּה וְהַחֵמֶת:

יד. כְּלִי חֶרֶס שֶׁהָיְתָה טֻמְאָה בְּתוֹכוֹ וְהָיָה כְּלִי חֶרֶס טָהוֹר כָּפוּי עַל פִּי הַכְּלִי הַטָּמֵא אוֹ שֶׁהָיָה הַכְּלִי שֶׁהַטֻּמְאָה דְּבוּקָה בְּתוֹכוֹ כָּפוּי עַל פִּי הַכְּלִי הַטָּהוֹר אַף עַל פִּי שֶׁאֲוִיר שְׁנֵיהֶן מְעֹרָב הַטָּמֵא בְּטֻמְאָתוֹ וְהַטָּהוֹר בְּטָהֳרָתוֹ שֶׁהֲרֵי לֹא נִכְנְסָה הַטֻּמְאָה עַצְמָהּ לַאֲוִיר כְּלִי חֶרֶס הַטָּהוֹר. לְפִיכָךְ חָבִית שֶׁהָיְתָה מְלֵאָה מַשְׁקִין טְהוֹרִין וּנְתוּנָה לְמַטָּה מִנְּחֻשְׁתּוֹ שֶׁל תַּנּוּר וְנָפַל שֶׁרֶץ לְתוֹךְ הַתַּנּוּר הֲרֵי הֶחָבִית וְהַמַּשְׁקִין טְהוֹרִין אַף עַל פִּי שֶׁאֲוִיר הַתַּנּוּר מְעֹרָב עִם אֲוִיר הֶחָבִית. וְכֵן אִם הָיְתָה הֶחָבִית כְּפוּיָה עַל פִּי הַתַּנּוּר וּפִיהָ לַאֲוִיר הַתַּנּוּר אֲפִלּוּ הַמַּשְׁקֶה שֶׁבְּשׁוּלֵי הֶחָבִית טָהוֹר:

Perek 15

Earthenware vessels Production.

Stage of completion

Reminder
Pack on Weights and Measures

At what stage do earthenware containers become susceptible to impurity:

- Earthenware container – when fired in *kiln*
- *Tanur* (oven) – When heated to bake doughnuts, for first time. Minimum size: **4** ***tefach*** for large oven and **1** ***tefach*** for small.
- *Kirah* (range with **2** openings) – When heated to fry egg. Minimum size **3** ***etzba***
- *Kupach* (range with **1** opening)
  - – made for baking same as *tanur*
  - – made for cooking same as *kirah*

Baking needs more heat than cooking. The oven (*tanur*) is used for baking, the *kirah* for cooking, and the *kupach* for both.

Even if an oven is heated by accident, and from the outside, it still becomes susceptible to impurity.

However, if used for something which requires very little heat e.g. whitening flax, it remains pure.

A stone oven is not susceptible, but if it is lined with clay on its inside and outside, it is considered as an earthenware vessel in all contexts.

A furnace, i.e. an oven made of bricks, is not susceptible to impurity.

A metal oven is also pure in relation to laws of earthenware ones, but the laws of a metal vessel in general, apply to it.

- i.e. They do not become impure from impurity in inner space.
- Do no become impure when attached to earth (whereas an earthenware one does).
- Becomes impure when touched by an impurity inside or outside.
- If touched by human corpse, they themselves become an *av hatumah.*
- Can regain purity by immersion in a *mikveh.*

פרק ט״ו

א. אֵין כְּלִי חֶרֶס מְקַבֵּל טֻמְאָה עַד שֶׁתִּגָּמֵר מְלַאכְתּוֹ. וּמֵאֵימָתַי הוּא גְּמַר מְלַאכְתּוֹ מִשֶּׁיִּצָּרְפוּ בְּכִבְשָׁן. הַתַּנּוּר מִשֶּׁיַּסִּיקֶנּוּ לֶאֱפוֹת סֻפְגָּנִין. הַכִּירָה מִשֶּׁיַּסִּיקֶנָּה כְּדֵי לְבַשֵּׁל עָלֶיהָ בֵּיצַת הַתַּרְנְגוֹלִין טְרוּפָה וּנְתוּנָה בְּאִלְפָּס. הַכֻּפָּח אִם עֲשָׂאָהוּ לַאֲפִיָּה שִׁעוּרוֹ כְּתַנּוּר עֲשָׂאָהוּ לְבִשּׁוּל שִׁעוּרוֹ כְּכִירָה:

ב. תַּנּוּר שֶׁהִתְחִיל לִבְנוֹתוֹ אִם הָיָה גָּדוֹל מִשֶּׁיַּתְחִיל בּוֹ אַרְבָּעָה טְפָחִים וְיַסִּיקֶנּוּ מְקַבֵּל טֻמְאָה. וְאִם הָיָה קָטָן מִשֶּׁיַּתְחִיל בּוֹ טֶפַח וְיַסִּיקֶנּוּ. הַכִּירָה מִשֶּׁיַּתְחִיל בָּהּ שָׁלֹשׁ אֶצְבָּעוֹת וְיַסִּיקֶנָּה. הַכֻּפָּח אִם עֲשָׂאָהוּ לַאֲפִיָּה הֲרֵי הוּא כְּתַנּוּר וְאִם לְבַשֵּׁל הֲרֵי הוּא כְּכִירָה:

ג. תַּנּוּר שֶׁהֻסַּק מֵאֲחוֹרָיו אוֹ שֶׁהֻסַּק מִבֵּית הָאֻמָּן אוֹ שֶׁהֻסַּק

שֶׁלֹּא לְדַעַת הוֹאִיל וְהִסִּיק מִכָּל מָקוֹם הֲרֵי זֶה מְקַבֵּל טֻמְאָה. מַעֲשֶׂה שֶׁנָּפְלָה דְּלֵקָה בְּתַנּוּר בִּכְפָר מִן הַכְּפָרִים וּבָא מַעֲשֶׂה לִפְנֵי בֵּית דִּין וְאָמְרוּ מְקַבֵּל טֻמְאָה:

ד. תַּנּוּר שֶׁהִסִּיקוֹ לִהְיוֹת צוֹלֶה בּוֹ הֲרֵי זֶה מְקַבֵּל טֻמְאָה. לְלַבֵּן בּוֹ אוּנִין שֶׁל פִּשְׁתָּן טָהוֹר שֶׁאֵין זֶה עוֹשֶׂה מְלָאכָה בְּגוּף הַתַּנּוּר:

ה. תַּנּוּר שֶׁחֲצָצוֹ לִשְׁנַיִם וְהִסִּיק אֶחָד מֵחֲלָקָיו וְנִטְמָא בְּמַשְׁקִין הוּא טָמֵא וַחֲבֵרוֹ טָהוֹר. נִטְמָא בְּשֶׁרֶץ וְכַיּוֹצֵא בּוֹ מִטֻּמְאוֹת שֶׁל תּוֹרָה הַכֹּל טָמֵא. וְעֹבִי שֶׁבֵּינֵיהֶן טָמֵא. הִסִּיקוּ שְׁנֵיהֶן וְנִטְמָא אֶחָד מֵהֶן בְּמַשְׁקִין בַּאֲוִיר חוֹלְקִין אֶת עָבְיוֹ הַמְשַׁמֵּשׁ לְטָמֵא טָמֵא לְטָהוֹר טָהוֹר. בַּמֶּה דְּבָרִים אֲמוּרִים בִּזְמַן שֶׁחֲצָצוֹ וְאַחַר כָּךְ הִסִּיקוֹ. אֲבָל הִסִּיקוֹ וְאַחַר כָּךְ חֲצָצוֹ וְנִטְמָא אֶחָד מֵהֶן אֲפִלּוּ בְּמַשְׁקִין נִטְמָא הַכֹּל:

ו. תַּנּוּר אוֹ כִּירָה שֶׁל אֶבֶן טְהוֹרִין לְעוֹלָם. וְשֶׁל מַתֶּכֶת טְהוֹרִין מִשּׁוּם תַּנּוּר וְכִירַיִם שֶׁנֶּאֱמַר (ויקרא יא לה) "יֻתָּץ" אֶת שֶׁיֵּשׁ לוֹ נְתִיצָה. וּמְטַמְּאִין מִשּׁוּם כְּלֵי מַתָּכוֹת. כֵּיצַד. אֵין מִתְטַמְּאִין מֵאֲוִירָן וְלֹא בִּמְחֻבָּר לַקַּרְקַע כְּתַנּוּר וְכִירַיִם וְאִם נָגְעָה בָּהֶן טֻמְאָה אֲפִלּוּ מֵאֲחוֹרֵיהֶן מִתְטַמְּאִין כִּשְׁאָר כְּלֵי מַתָּכוֹת וְאִם נִטְמְאוּ בְּמֵת נַעֲשִׂין אַב טֻמְאָה כִּשְׁאָר כְּלֵי מַתָּכוֹת וְיֵשׁ לָהֶן טָהֳרָה בְּמִקְוֶה:

ז. תַּנּוּר שֶׁל מַתֶּכֶת שֶׁנִּקַּב אוֹ נִפְגַּם אוֹ נִסְדַּק וּסְתָמוֹ בְּטִיט אוֹ שֶׁעָשָׂה לוֹ טְפֵלָה שֶׁל טִיט אוֹ מוּסָף שֶׁל טִיט הֲרֵי זֶה מִתְטַמֵּא מִשּׁוּם תַּנּוּר. וְכַמָּה יִהְיֶה בַּנֶּקֶב. כְּדֵי שֶׁיֵּצֵא בּוֹ הָאוּר. וְכֵן בְּכִירָה. וְאִם עָשָׂה לַכִּירָה פִּטְפּוּטִים שֶׁל טִיט מִתְטַמְּאָה מִשּׁוּם כִּירָה. מֵרְחָהּ בְּטִיט בֵּין מִבִּפְנִים בֵּין מִבַּחוּץ עֲדַיִן אֵינָהּ מְקַבֶּלֶת טֻמְאָה:

ח. תַּנּוּר שֶׁאֵינוֹ מְחֻבָּר בָּאָרֶץ אֲפִלּוּ תָּלוּי בְּצַוַּאר הַגָּמָל הֲרֵי זֶה טָמֵא מִשּׁוּם תַּנּוּר שֶׁנֶּאֱמַר (ויקרא יא לה) "טְמֵאִים הֵם" בְּכָל מָקוֹם:

ט. כּוּר שֶׁל צוֹרְפֵי מַתָּכוֹת שֶׁיֵּשׁ בּוֹ בֵּית שְׁפִיתָה מִתְטַמֵּא כְּכִירָה וְכֵן כִּירַת שֶׁל עוֹשֵׂי זְכוּכִית אִם יֵשׁ בּוֹ בֵּית שְׁפִיתָה מְקַבֶּלֶת טֻמְאָה:

י. כִּבְשָׁן שֶׁל סַיָּדִין וְשֶׁל זוֹגְגִין וְשֶׁל יוֹצְרִין טְהוֹרִין. הַפּוּרְנָה אִם יֵשׁ לָהּ דֹּפֶן מִתְטַמְּאָה:

יא. אֲבָנִים שֶׁחִבְּרָן זוֹ לָזוֹ וַעֲשָׂאָן תַּנּוּר אִם עָשָׂה לוֹ טְפֵלָה מִבִּפְנִים וּמִבַּחוּץ הֲרֵי זֶה כְּתַנּוּר לְכָל דָּבָר וּמִתְטַמֵּא מֵאֲוִירוֹ. וְאִם טְפָלוֹ מִבַּחוּץ בִּלְבַד מִתְטַמֵּא בְּמַגָּע וְלֹא בַּאֲוִיר. חִבֵּר אֲבָנִים לַתַּנּוּר וְלֹא חִבְּרָן זוֹ לָזוֹ מִתְטַמְּאוֹת עִם הַתַּנּוּר. חִבְּרָן זוֹ לָזוֹ וְלֹא חִבְּרָן לַתַּנּוּר הֲרֵי הֵן כְּטִירָה. חָפַר בָּאָרֶץ וְעָשָׂה טִירָה טָהוֹר. וְטִירַת הַכִּירָה טָהוֹר:

יב. שְׁתֵּי חָבִיּוֹת וּשְׁנֵי אִלְפָּסִין שֶׁעֲשָׂאָן כִּירָה מִתְטַמְּאִין בַּאֲוִיר וּבְמַגָּע. וְתוֹכָן שֶׁל חָבִיּוֹת טָהוֹר. וְעָבְיֵי הֶחָבִיּוֹת חוֹלְקִין אוֹתוֹ הַמְשַׁמֵּשׁ אֶת הַכִּירָה טָמֵא וְהַמְשַׁמֵּשׁ אֶת תּוֹךְ הֶחָבִית טָהוֹר:

יג. הָעוֹשֶׂה שְׁלֹשָׁה פִּטְפּוּטִין בָּאָרֶץ וְחִבְּרָן בְּטִיט לִהְיוֹת שׁוֹפֵת עֲלֵיהֶן אֶת הַקְּדֵרָה הֲרֵי זוֹ טְמֵאָה מִשּׁוּם כִּירָה. קָבַע שְׁלֹשָׁה מַסְמְרִין בָּאָרֶץ לִהְיוֹת שׁוֹפֵת עֲלֵיהֶן אֶת הַקְּדֵרָה אַף עַל פִּי שֶׁעָשָׂה בְּרֹאשָׁהּ מָקוֹם בְּטִיט שֶׁתֵּשֵׁב הַקְּדֵרָה הֲרֵי זוֹ טְהוֹרָה כְּכִירָה שֶׁל מַתֶּכֶת. וְכֵן אֲבָנִים שֶׁלֹּא מֵרְחָם בְּטִיט שֶׁהוּא שׁוֹפֵת עֲלֵיהֶן אֵינָן מְקַבְּלוֹת טֻמְאָה כְּאִלּוּ הִיא כִּירָה שֶׁל אֶבֶן:

יד. הָעוֹשֶׂה שְׁתֵּי אֲבָנִים כִּירָה וְחִבְּרָן בְּטִיט מִתְטַמְּאָה. חִבֵּר אֶת הָאַחַת בְּטִיט וְהַשְּׁנִיָּה לֹא חִבְּרָהּ אֵינָהּ מְקַבֶּלֶת טֻמְאָה:

טו. הָאֶבֶן שֶׁהוּא שׁוֹפֵת עָלֶיהָ וְעַל הַתַּנּוּר עָלֶיהָ וְעַל הַכִּירָה עָלֶיהָ וְעַל הַכֻּפָּח טְמֵאָה. עָלֶיהָ וְעַל הַכֹּתֶל עָלֶיהָ וְעַל הַסֶּלַע אֵינָהּ מְקַבֶּלֶת טֻמְאָה:

טז. כִּירַת הַטַּבָּחִים שֶׁהוּא נוֹתֵן אֶבֶן בְּצַד אֶבֶן וְכֻלָּן מְחֻבָּרוֹת בְּטִיט נִטְמֵאת אַחַת מֵהֶן לֹא נִטְמְאוּ כֻּלָּן:

יז. שָׁלֹשׁ אֲבָנִים שֶׁחִבְּרָן בְּטִיט וַעֲשָׂאָן שְׁתֵּי כִּירוֹת בֵּין שֶׁחִבְּרָן זוֹ לָזוֹ וְלֹא חִבְּרָן לַקַּרְקַע בֵּין שֶׁחִבְּרָן בַּקַּרְקַע וְלֹא חִבְּרָן זוֹ לָזוֹ אִם נִטְמֵאת אַחַת מִשְּׁתֵּי הַכִּירוֹת הָאֶבֶן הָאֶמְצָעִית הַמְשַׁמֵּשׁ מִמֶּנָּה לַכִּירָה הַטְּמֵאָה טָמֵא וְהַמְשַׁמֵּשׁ מִמֶּנָּה לַכִּירָה הַטְּהוֹרָה טָהוֹר. נִטְּלָה הָאֶבֶן הַחִיצוֹנָה שֶׁל כִּירָה הַטְּהוֹרָה הֻחְלְטָה הָאֶמְצָעִית כֻּלָּהּ לְטֻמְאָה. נִטְּלָה הַחִיצוֹנָה שֶׁל כִּירָה הַטְּמֵאָה טָהֳרָה הָאֶבֶן הָאֶמְצָעִית כֻּלָּהּ. נִטְמְאוּ שְׁתֵּי הַחִיצוֹנוֹת אִם הָיְתָה הָאֶבֶן הָאֶמְצָעִית גְּדוֹלָה נוֹתֵן מִמֶּנָּה לְכִירָה זוֹ כְּדֵי שְׁפִיתָה מִצִּדָּהּ וְלַכִּירָה הַשְּׁנִיָּה כְּדֵי שְׁפִיתָה מִכָּאן וְהַשְּׁאָר טָהוֹר. וְאִם הָיְתָה קְטַנָּה הַכֹּל טָמֵא. נִטְּלָה הָאֶמְצָעִית אִם יָכוֹל לִשְׁפּוֹת עַל שְׁתַּיִם חִיצוֹנוֹת יוֹרָה גְּדוֹלָה הֲרֵי הִיא טְמֵאָה. הָיוּ מְרֻחָקִין יֶתֶר מִזֶּה טְהוֹרָה. הֶחֱזִיר אֶת הָאֶמְצָעִית הֲרֵי הַכֹּל טָהוֹר כְּשֶׁהָיָה. מֵרְחָהּ בְּטִיט מְקַבֵּל טֻמְאָה מִכָּאן וּלְהַבָּא וְהוּא שֶׁיַּסִּיקֶנָּה לְכָל אַחַת מֵהֶן כְּדֵי לְבַשֵּׁל עָלֶיהָ אֶת הַבֵּיצָה:

יח. שְׁתֵּי אֲבָנִים שֶׁעֲשָׂאָן כִּירָה וְנִטְמֵאת וְסָמַךְ לְאֶבֶן זוֹ

מִמֶּנָּה אֶבֶן אַחַת מִכָּאן וְלָזוֹ אֶבֶן אַחַת מִכָּאן הֲרֵי חֲצִי כָּל אֶבֶן מִשְּׁתֵּי אַבְנֵי הַכִּירָה הָרִאשׁוֹנָה טָמֵא וַחֲצִי הָאֶבֶן טָהוֹר. נִטְּלוּ הַשְּׁתַּיִם הַטְּהוֹרוֹת שֶׁסָּמַךְ חָזְרוּ הַשְּׁתַּיִם שֶׁל כִּירָה לְטֻמְאָתָן:

יט. דּוּכָן שֶׁל חֶרֶס שֶׁיֵּשׁ לוֹ בֵּית קִבּוּל הַקְּדֵרוֹת וְהָרֶמֶץ נָתוּן בְּתוֹכוֹ טָהוֹר מִשּׁוּם כִּירָה וְטָמֵא מִשּׁוּם כְּלִי קִבּוּל. לְפִיכָךְ אִם הָיָה מְחֻבָּר בָּאָרֶץ טָהוֹר כִּשְׁאָר הַכֵּלִים וְאִם נִקַּב אֵינוֹ מְקַבֵּל טֻמְאָה כִּכְלִי קִבּוּל. מַה שֶּׁאֵין כֵּן בְּכִירָה. הַצְּדָדִין שֶׁלּוֹ הַנּוֹגֵעַ בָּהֶן אֵינוֹ טָמֵא מִשּׁוּם כִּירָה. הָרַחַב שֶׁלּוֹ שֶׁיּוֹשְׁבִין עָלָיו בִּשְׁעַת בִּשּׁוּל מִתְטַמֵּא אִם נִטְמָא הַדּוּכָן. וְכֵן הַכּוֹפֶה אֶת הַסַּל וּבָנָה כִּירָה עַל גַּבָּהּ הֲרֵי זוֹ טְמֵאָה מִשּׁוּם כְּלִי עֵץ לֹא מִשּׁוּם כִּירָה לְפִיכָךְ אֵינָהּ מְקַבֶּלֶת טֻמְאָה מֵאֲוִירָהּ כְּכִירָה:

Perek 16

Broken earthenware vessels.

Ovens, cookers etc

To make an oven pure by breaking, there cannot be the minimum size remaining i.e.

- Large *tanur* (oven) –must be less than **4 *tefach***
- Small *tanur* (oven) –must be less than its **larger portion**
- *Kirah* (cooker with 2 openings) – must be less than **3 *etzba***
- *Kupach* (cooker with 1 opening) – can be used for either cooking or baking. Measure would be according to its use as above.

Procedure to restore purity to an impure oven.

- Must be divided into **3** parts.
- Clay coating should be removed.
- Can also be divided horizontally, but height of each portion should be less than **4 *tefach.***

It is as if he made a new oven and it is susceptible to impurity if:

- Recoated
- Heated to measure, each according to its definition i.e. *tanur* to point that doughnuts could be baked.

If the 3 pieces were joined together and then placed with sand or stones between the pieces and the coating, the oven will always remain pure. This is because the oven is separate from the coating and it is considered as if it's different components are separate entities.

To patch cracks, if one uses materials that are not usual for an oven (e.g. dough) it remains pure. Clay etc would make the oven susceptible to impurity.

פרק ט״ז

א. תַּנּוּר גָּדוֹל שְׁיָרָיו אַרְבָּעָה טְפָחִים וְהַקָּטָן שְׁיָרָיו רֻבּוֹ. כֵּיצַד. אִם נִשְׁבַּר בַּגָּדוֹל אַרְבָּעָה וּבַקָּטָן רֻבּוֹ מְקַבֵּל טֻמְאָה פָּחוֹת מִכָּאן אֵינוֹ מְקַבֵּל טֻמְאָה. וְכֵן אִם נִטְמָא וְנִתְּצוֹ עַד שֶׁשִּׁיֵּר בּוֹ פָּחוֹת מֵאַרְבָּעָה בַּגָּדוֹל אוֹ בְּפָחוֹת מֵרֹב בַּקָּטָן טָהוֹר. נִשְׁאַר בּוֹ אַרְבָּעָה אוֹ רֹב בַּקָּטָן עֲדַיִן הוּא בְּטֻמְאָתוֹ. וְהַכִּירָה שְׁיָרֶיהָ שָׁלֹשׁ אֶצְבָּעוֹת. הַכֻּפָּח שֶׁעֲשָׂאָהוּ לַאֲפִיָּה שִׁעוּרוֹ כְּתַנּוּר. לְבִשּׁוּל שִׁעוּרוֹ כְּכִירָה:

ב. תַּנּוּר שֶׁנִּטְמָא וְלֹא רָצָה לְכַתְּתוֹ כֵּיצַד מְטַהֲרִין אוֹתוֹ. חוֹלְקוֹ לִשְׁלֹשָׁה חֲלָקִים וְגוֹרֵד אֶת הַטְּפֵלָה שֶׁעַל הַחֲרָסִים עַד שֶׁנִּמְצָא כָּל חֶרֶס מֵהֶן עוֹמֵד עַל הָאָרֶץ בְּלֹא טִיט עַל גַּבָּיו. חִלְּקוֹ לִשְׁנַיִם אֶחָד גָּדוֹל וְאֶחָד קָטָן הַגָּדוֹל טָמֵא וְהַקָּטָן טָהוֹר. חִלְּקוֹ לִשְׁנַיִם בְּשָׁוֶה כָּל אֶחָד מֵהֶן טָמֵא לְפִי שֶׁאִי אֶפְשָׁר לְכַוֵּן. אֲבָל טַבְלָא שֶׁל חֶרֶס שֶׁיֵּשׁ לָהּ דֹּפֶן שֶׁנֶּחְלְקָה לִשְׁנַיִם טְהוֹרָה. וְאִם הָיָה אֶחָד גָּדוֹל וְאֶחָד קָטָן הַגָּדוֹל טָמֵא:

ג. תַּנּוּר שֶׁחִלְּקוֹ לִשְׁלֹשָׁה וְאֶחָד גָּדוֹל כִּשְׁנַיִם הַגָּדוֹל טָמֵא וְהַשְּׁנַיִם הַקְּטַנִּים טְהוֹרִין. חֲתָכוֹ חֻלְיוֹת לְרָחְבּוֹ אִם הָיָה גֹּבַהּ כָּל חֻלְיָא וְחֻלְיָא פָּחוֹת מֵאַרְבָּעָה טְפָחִים טָהוֹר. חָזַר וְסִדֵּר הַחֻלְיוֹת זוֹ עַל גַּבֵּי זוֹ וְהִמְרִיחַ עֲלֵיהֶם בְּטִיט וְהֶחֱזִירוֹ תַּנּוּר כְּשֶׁהָיָה הֲרֵי זוֹ כְּמוֹ שֶׁעָשָׂה תַּנּוּר אַחֵר וְאֵינוֹ מְקַבֵּל טֻמְאָה אֶלָּא מִכָּאן וּלְהַבָּא וְהוּא שֶׁיַּסִּיקֶנּוּ כְּדֵי לֶאֱפוֹת בּוֹ סֻפְגָּנִין אַחַר שֶׁמֵּרְחוֹ. הִרְחִיק מִמֶּנּוּ אֶת הַטְּפֵלָה וְנָתַן חוֹל אוֹ צְרוֹרוֹת בֵּין הַחֻלְיוֹת וּבֵין הַטְּפֵלָה אֵינוֹ מְקַבֵּל טֻמְאָה לְעוֹלָם וְזֶהוּ שֶׁאָמְרוּ הַנִּדָּה וְהַטְּהוֹרָה אוֹפוֹת בּוֹ וְהוּא טָהוֹר. הָיְתָה בּוֹ חֻלְיָא אַחַת שֶׁיֵּשׁ בָּהּ אַרְבָּעָה טְפָחִים הִיא מִתְטַמְּאָה בְּמַגָּע וְלֹא מִתְטַמֵּאת בַּאֲוִיר וּשְׁאָר הַחֻלְיוֹת טְהוֹרוֹת:

ד. תַּנּוּר שֶׁבָּא מְחֻתָּךְ מִבֵּית הָאֻמָּן וְעָשָׂה לוֹ סְמוֹכִין שֶׁמְּקַבְּצִין אוֹתוֹ לִהְיוֹת כְּאֶחָד וְנִתָּנִם עָלָיו וְהוּא טָהוֹר וְנִטְמָא כְּשֶׁיָּסִיר אֶת הַסּוֹמְכִין אוֹתוֹ יִטְהַר וַאֲפִלּוּ הֶחֱזִירָן הֲרֵי הוּא טָהוֹר. מֵרְחוֹ בְּטִיט מְקַבֵּל טֻמְאָה לְהַבָּא וְאֵינוֹ צָרִיךְ לְהַסִּיקוֹ שֶׁכְּבָר הֻסַּק:

ה. תַּנּוּר שֶׁחֲתָכוֹ חֻלְיוֹת וְנָתַן חוֹל בֵּין חֻלְיָא לְחֻלְיָא וְטָח בְּטִיט עַל הַכֹּל מִבַּחוּץ הֲרֵי זֶה מְקַבֵּל טֻמְאָה:

ו. יוֹרַת הָעַרְבִיִּים שֶׁהוּא חוֹפֵר בָּאָרֶץ וְטָח בְּטִיט אִם יוּכַל הַטִּיט לַעֲמֹד בִּפְנֵי עַצְמוֹ מְקַבֶּלֶת טֻמְאָה וְאִם לָאו טָהוֹר:

ז. הַמֵּבִיא שִׁבְרֵי חֶרֶס וְדִבְּקָן זֶה בָּזֶה וַעֲשָׂאָן תַּנּוּר וְעָשָׂה לוֹ טְפֵלָה מִבַּיִת וּמִבַּחוּץ וְהִסִּיקוֹ הֲרֵי זֶה מְקַבֵּל טֻמְאָה אַף עַל פִּי שֶׁאֵין בְּכָל אֶחָד מֵהֶן כַּשִּׁעוּר:

ח. פִּטָּס שֶׁקִּרְזְלוֹ וַעֲשָׂאָהוּ תַּנּוּר וְעָשָׂה לוֹ טְפֵלָה מִחוּץ אַף עַל פִּי שֶׁמְּקַבֵּל עַל דָּפְנוֹתָיו כַּשִּׁעוּר הֲרֵי זֶה טָהוֹר שֶׁכְּלִי חֶרֶס שֶׁטָּהַר אֵין לוֹ טֻמְאָה לְעוֹלָם אֶלָּא אִם כֵּן עֲשָׂאָהוּ תַּנּוּר וְעָשָׂה לוֹ טְפֵלָה מִבַּיִת וּמִבַּחוּץ:

ט. תַּנּוּר שֶׁל סְדָקִין שֶׁעָשָׂה טְפֵלָה לְכָל אֶחָד וְאֶחָד וּמְקוֹם הַסְּדָקִין מְגֻלֶּה אֵינוֹ מְקַבֵּל טֻמְאָה. נָתַן טִיט אוֹ סִיד אוֹ גַּפְסִיס עַל גַּבֵּי הַסְּדָקִין הֲרֵי זֶה מִתְטַמֵּא. נָתַן עֲלֵיהֶן חַרְסִית אוֹ זֶפֶת וְגָפְרִית שַׁעֲוָה וּשְׁמָרִים בָּצֵק אוֹ גְּלָלִים טָהוֹר. זֶה הַכְּלָל דָּבָר שֶׁאֵין עוֹשִׂין מִמֶּנּוּ תַּנּוּר אֵינוֹ מְחַבֵּר אֶת הַסְּדָקִין:

י. סֶדֶק תַּנּוּר שֶׁנְּתָנוֹ כְּלַפֵּי זָוִית וּמֵרַח בְּטִיט מִן הַצְּדָדִין טָהוֹר:

יא. דַּף שֶׁל תַּנּוּר שֶׁנְּתָנוֹ בְּזָוִית לִהְיוֹת אוֹפֶה בּוֹ טָהוֹר. וְאִם יֵשׁ בּוֹ רֹב תַּנּוּר מְקַבֵּל טֻמְאָה:

יב. תַּנּוּר שֶׁנָּתַן בּוֹ עָפָר עַד חֶצְיוֹ אִם נִטְמָא מֵאֲוִירוֹ בִּלְבַד אֵינוֹ מִתְטַמֵּא אֶלָּא מֵעָפָר וּלְמַעְלָה וְאִם נִטְמָא בְּמַגָּע וְנָגְעָה טֻמְאָה בּוֹ מִתּוֹכוֹ נִטְמָא כֻּלּוֹ אַף מֵעָפָר וּלְמַטָּה:

יג. הַכִּירָה מְקוֹם שְׁפִיתַת שְׁתֵּי קְדֵרוֹת וְהַכֻּפָּח מְקוֹם שְׁפִיתַת קְדֵרָה אַחַת. לְפִיכָךְ כִּירָה שֶׁנֶּחְלְקָה לְאָרְכָּהּ טְהוֹרָה לְרָחְבָּהּ עֲדַיִן מְקַבֶּלֶת טֻמְאָה. הַכֻּפָּח שֶׁנֶּחְלַק בֵּין לְאָרְכּוֹ בֵּין לְרָחְבּוֹ טָהוֹר:

יד. הַקְּלָתוֹת שֶׁל בַּעֲלֵי בָתִּים שֶׁנִּפְחֲתָה קַרְקָעִיתָהּ אִם הָיָה עֹמֶק הַפַּחַת פָּחוֹת מִשְּׁלֹשָׁה טְפָחִים הֲרֵי זוֹ מְקַבֶּלֶת טֻמְאָה שֶׁאִם יַסִּיק בַּפַּחַת מִלְּמַטָּה תִּתְבַּשֵּׁל הַקְּדֵרָה מִלְּמַעְלָה. הָיָה הַפַּחַת עֹמֶק שְׁלֹשָׁה אוֹ יֶתֶר אֵינָהּ מְקַבֶּלֶת טֻמְאָה שֶׁהֲרֵי הָאֵשׁ רְחוֹקָה מִן הַקְּדֵרָה וְאֵינָהּ בְּשֵׁלָה. נָתַן אֶבֶן אוֹ צְרוֹר עַל פִּי הַפַּחַת עֲדַיִן הִיא בְּטָהֳרָתָהּ. מֵרְחוֹ בְּטִיט נַעֲשֵׂית הָאֶבֶן קַרְקַע הַכִּירָה וּמְקַבֶּלֶת טֻמְאָה מִכָּאן וּלְהַבָּא:

Perek 17

Earthenware vessels. *Yedot* (connections) to oven.

All accessories to vessels are considered as the vessel itself. It is only regarded as accessory if it is needed by vessel to fulfil its function.

If so, then when vessel becomes impure, the accessory also becomes impure and vice versa.

Examples of accessories and whether they are regarded as connected to vessel or not.

Earthenware vessels.

Another factor which determines whether the earthenware vessel and connective both become impure, is whether the impurity was caused by touch to the outer surface or just by entry into its space.

If the cause of impurity is by entry into its space, the connective does not always become impure. Because the connection is *Derabanan*.

פרק י״ז

א. כָּל יְדוֹת הַכֵּלִים הֲרֵי הֵן כְּכֵלִים וְאִם נִטְמָא הַכְּלִי נִטְמְאָה יָדוֹ הַצָּרִיךְ לָהּ בְּתַשְׁמִישׁוֹ וְשֶׁאֵין צָרִיךְ לָהּ טָהוֹר כְּמוֹ שֶׁיִּתְבָּאֵר. לְפִיכָךְ הָאֶבֶן הַיּוֹצֵאת מִן הַתַּנּוּר טֶפַח וּמִן הַכִּירָה שָׁלֹשׁ אֶצְבָּעוֹת חִבּוּר וְאִם נִטְמָא הַתַּנּוּר וְהַכִּירָה נִטְמְאוּ אֲבָנִים אֵלּוּ. וַאֲכָלִין וּמַשְׁקִין הַנּוֹגְעִין בַּאֲבָנִים אֵלּוּ נִטְמְאוּ. וְאִם נָגְעוּ בְּחוּץ לְטֶפַח שֶׁל תַּנּוּר אוֹ בְּחוּץ לְשָׁלֹשׁ אֶצְבָּעוֹת שֶׁל כִּירָה טְהוֹרִין:

ב. הַכֹּפָח עֲשָׂאָהוּ לַאֲפִיָּה שִׁעוּרוֹ כְּתַנּוּר. עֲשָׂאָהוּ לְבִשּׁוּל שִׁעוּרוֹ כְּכִירָה:

ג. מוּסַף הַתַּנּוּר שֶׁל בַּעֲלֵי בָּתִּים טָהוֹר וְשֶׁל נַחְתּוֹמִין טָמֵא בְּטֻמְאַת הַתַּנּוּר מִפְּנֵי שֶׁסּוֹמֵךְ עָלָיו אֶת הַשִּׁפּוּד. כַּיּוֹצֵא בּוֹ מוּסַף יוֹרָה שֶׁל שׁוֹלְקֵי זֵיתִים טָמֵא וְשֶׁל צַבָּעִים טָהוֹר:

ד. עֲטֶרֶת הַכִּירָה טְהוֹרָה. וְטִירַת הַתַּנּוּר וְהוּא הַמָּקוֹם הַבָּנוּי בְּצִדּוֹ שֶׁמַּנִּיחִין בּוֹ אֶת הַפַּת בְּעֵת רְדִיָּתָהּ בִּזְמַן שֶׁהִיא גְּבוֹהָה אַרְבָּעָה טְפָחִים טְמֵאָה בְּטֻמְאַת הַתַּנּוּר. פָּחוֹת מֵאַרְבָּעָה טְפָחִים טְהוֹרָה לְפִי שֶׁאֵינָהּ חִבּוּר לוֹ. וְאִם חִבְּרָהּ לַתַּנּוּר אֲפִלּוּ עַל שָׁלֹשׁ אֲבָנִים טְמֵאָה:

ה. בֵּית הַפָּךְ וּבֵית הַתַּבְלִין וּבֵית הַנֵּר שֶׁבַּכִּירָה אִם נִטְמֵאת הַכִּירָה בְּמַגָּע נִטְמְאוּ כֻּלָּן וְאִם נִטְמֵאת בַּאֲוִיר לֹא נִטְמְאוּ לְפִי שֶׁאֵינָן חִבּוּר לָהּ אֶלָּא מִדִּבְרֵי סוֹפְרִים. וּלְפִיכָךְ עָשׂוּ לָהּ הֶכֵּר כְּדֵי שֶׁלֹּא יִשָּׂרְפוּ עַל מַגָּעָן תְּרוּמָה וְקָדָשִׁים. וְכֵן כָּל שֶׁאָנוּ אוֹמְרִין בְּעִנְיָן זֶה שֶׁהוּא מִתְטַמֵּא בְּמַגָּע וְאֵינוֹ מִתְטַמֵּא בַּאֲוִיר אֵינוֹ חִבּוּר אֶלָּא מִדִּבְרֵיהֶם וְעָשׂוּ לוֹ הֶכֵּר זֶה כְּדֵי שֶׁלֹּא יִשָּׂרְפוּ עָלָיו קָדָשִׁים אֶלָּא תּוּלִין:

ו. חֲצַר הַכִּירָה בִּזְמַן שֶׁהִיא גְּבוֹהָה שָׁלֹשׁ אֶצְבָּעוֹת הֲרֵי זוֹ חִבּוּר וְאִם נִטְמֵאת הַכִּירָה אוֹ חֲצֵרָהּ בֵּין בַּאֲוִיר בֵּין בְּמַגָּע נִטְמֵאת הַשְּׁנִיָּה. הָיְתָה הֶחָצֵר פְּחוּתָה מִכָּאן וְנִטְמֵאת אַחַת מֵהֶן בְּמַגָּע נִטְמֵאת הַשְּׁנִיָּה. אֲבָל אִם נִטְמֵאת אַחַת מֵהֶן מֵאֲוִירָהּ בִּלְבַד אֵין חֲבֶרְתָּהּ טְמֵאָה לְפִי שֶׁאֵינָהּ חִבּוּר לָהּ אֶלָּא מִדִּבְרֵיהֶם. הָיְתָה חֲצַר הַכִּירָה מְפֶרֶשֶׁת מִמֶּנָּה בִּזְמַן שֶׁהִיא גְּבוֹהָה שָׁלֹשׁ אֶצְבָּעוֹת הֲרֵי זוֹ חִבּוּר לָהּ בֵּין לְטֻמְאַת מַגָּע בֵּין לְטֻמְאַת אֲוִיר. הָיְתָה פָּחוֹת מִכָּאן אוֹ שֶׁהָיְתָה הֶחָצֵר חֲלָקָה וְאֵין לָהּ שָׂפָה אֵין חִבּוּר לָהּ וְאִם נִטְמֵאת הַכִּירָה בֵּין מֵאֲוִירָהּ בֵּין בְּמַגָּע הֶחָצֵר טְהוֹרָה וְכֵן אִם נִטְמֵאת הֶחָצֵר הַכִּירָה טְהוֹרָה:

ז. פִּטְפּוּטֵי כִּירָה שְׁלֹשָׁה הָיָה גֹּבַהּ כָּל אֶחָד מֵהֶן שָׁלֹשׁ אֶצְבָּעוֹת אוֹ פָּחוֹת אִם נִטְמֵאת הַכִּירָה בֵּין בְּמַגָּע בֵּין בַּאֲוִיר נִטְמְאוּ שְׁלָשְׁתָּן. וְכֵן אִם הָיוּ אַרְבָּעָה. נִטַּל אֶחָד מֵהֶן אִם נִטְמֵאת הַכִּירָה בְּמַגָּע נִטְמְאוּ שְׁנֵי הַפִּטְפּוּטִים שֶׁנִּשְׁאֲרוּ וְאִם נִטְמֵאת בָּאֲוִיר לֹא נִטְמְאוּ עִמָּהּ. עָשָׂה לָהּ שְׁנֵי הַפִּטְפּוּטִים זֶה כְּנֶגֶד זֶה אִם נִטְמֵאת הַכִּירָה בְּמַגָּע נִטְמְאוּ. וְאִם נִטְמֵאת בָּאֲוִיר לֹא נִטְמְאוּ. הָיוּ הַפִּטְפּוּטִים גְּבוֹהִין מִשָּׁלֹשׁ אֶצְבָּעוֹת וּלְמַטָּה מִתְטַמְּאִין עִמָּהּ בֵּין שֶׁנִּטְמֵאת בְּמַגָּע בֵּין שֶׁנִּטְמֵאת בָּאֲוִיר. וּמִשָּׁלֹשׁ וּלְמַעְלָה מִתְטַמְּאִין עִמָּהּ אִם נִטְמֵאת בְּמַגָּע אֲבָל אִם נִטְמֵאת מֵאֲוִירָהּ בִּלְבַד אֵין מִתְטַמְּאִין עִמָּהּ. הָיוּ מְשׁוּכִין מִן הַשָּׂפָה בְּתוֹךְ שָׁלֹשׁ אֶצְבָּעוֹת מִתְטַמְּאִין עִמָּהּ בֵּין שֶׁנִּטְמֵאת בְּמַגָּע בֵּין שֶׁנִּטְמֵאת בָּאֲוִיר. הָיוּ חוּץ לְשָׁלֹשׁ אֶצְבָּעוֹת מִתְטַמְּאִין עִמָּהּ אִם נִטְמֵאת בְּמַגָּע וְאִם נִטְמֵאת בָּאֲוִיר בִּלְבַד אֵין מִתְטַמְּאִין עִמָּהּ. וְאֵין מְדַקְדְּקִין בְּכָל הַשִּׁעוּרִין הָאֵלּוּ שֶׁכֻּלָּן הֵן מִדִּבְרֵי סוֹפְרִים:

Perek 18

Earthenware vessels with no receptacle.

Factors of shape which determine susceptibly of earthenware vessel.

- If there is no receptacle it is insusceptible to impurity. E.g. earthenware chair or candelabra.
- There must be the intention for a receptacle when article is made.
- If there is receptacle, but this receptacle does not serve to contain, this again would be insusceptible e.g. an earthenware water pipe. – Even although it contains water, this was not the purpose of its production. It was made to transport water.

Similarly, an earthenware chair has no receptacle, and is therefore insusceptible to impurity.

Anything which serves an earthenware vessel while it is upside down, is insusceptible e.g. lid of a pot.

- Broken pieces of earthenware. Normally these are not susceptible, but certain fragments of a container may be susceptible depending on
  - Shape
  - Size.

Mipi Hashmuah broken pieces of vessels can only possibly be regarded as vessels themselves if they came from an earthenware vessel.

SHAPE

When piece can hold liquid and it has a base to stand stably without being supported, it can be susceptible to impurity.

SIZE

Reminder
Pack on Weights and Measures

For smaller vessels that contain **1** ***seah***, the shard should be able to hold **1** ***reviit*** and stand on its base.

For barrels which hold **1–2** ***seah*** **or more,** remaining shard should be able to contain ½ ***log.***

Larger vessels, the remaining shard should be able to contain **1** ***log.***

פרק י״ח

א. כְּלִי חֶרֶס אֵינוֹ מְקַבֵּל טֻמְאָה עַד שֶׁיִּהְיֶה מְקַבֵּל וְעָשׂוּי לְקַבָּלָה. אֲבָל אִם לֹא הָיָה לוֹ בֵּית קִבּוּל אוֹ שֶׁהָיָה מְקַבֵּל וְלֹא נַעֲשָׂה לְקַבָּלָה אֵינוֹ מְקַבֵּל טֻמְאָה כְּלָל לֹא מִן הַתּוֹרָה וְלֹא מִדִּבְרֵי סוֹפְרִים. לְפִיכָךְ הַכִּסֵּא וְהַמִּטָּה וְהַסַּפְסָל וְהַמְּנוֹרָה וְהַשֻּׁלְחָן שֶׁל חֶרֶס. וְכֵן כָּל כַּיּוֹצֵא בָּהֶן מִכֵּלִים שֶׁאֵין לָהֶם תּוֹךְ אֵינָן מְקַבְּלִין טֻמְאָה. וְכֵן הַסִּילוֹנוֹת שֶׁהַמַּיִם מְהַלְּכִין בָּהֶן אַף עַל פִּי שֶׁהֵן כְּפוּפִין וְאַף עַל פִּי שֶׁהֵן מְקַבְּלִין הֲרֵי הֵן טְהוֹרִין מִפְּנֵי שֶׁלֹּא נַעֲשׂוּ לְקַבָּלָה אֶלָּא כְּדֵי שֶׁיֵּצְאוּ מֵהֶן הַמַּיִם. וְכֵן חָבִית שֶׁל שַׁיָּטִים וְחָבִית הַדְּפוּנָה בְּשׁוּלֵי הַמַּחַץ הוֹאִיל וְנַעֲשֵׂית כְּמוֹ בֵּית יָד שֶׁנּוֹשְׂאִין בָּהּ הַמַּחַץ וְלֹא נַעֲשֵׂית לְקַבָּלָה אֵינָהּ מְקַבֶּלֶת טֻמְאָה:

ב. פָּנָס שֶׁהָיָה בּוֹ בֵּית קִבּוּל שֶׁמֶן מְקַבֵּל טֻמְאָה וְשֶׁאֵין בּוֹ טָהוֹר. וְכֵן מְגוּפַת הַיּוֹצְרִים שֶׁיֵּשׁ לָהּ תּוֹךְ טְמֵאָה:

ג. מַשְׁפֵּךְ שֶׁל בַּעֲלֵי בָּתִּים טָהוֹר. וְשֶׁל רוֹכְלִין מִתְטַמֵּא מִפְּנֵי שֶׁמַּטֵּהוּ עַל צִדּוֹ וּמֵרִיחַ בּוֹ לַלּוֹקֵחַ:

298 SEFER TAHARAH

ד. כִּסּוּי כַּדֵּי יַיִן וְכַדֵּי שֶׁמֶן וְהֶחָבִיּוֹת טְהוֹרוֹת שֶׁלֹּא נַעֲשׂוּ לְקַבָּלָה. וְאִם הִתְקִינָן לְתַשְׁמִישׁ מִתְטַמְּאִין:

ה. כִּסּוּי הָאִלְפָּס בִּזְמַן שֶׁהוּא נָקוּב וְיֵשׁ לוֹ חִדּוּד טָהוֹר. וְאִם אֵינוֹ נָקוּב וְאֵין לוֹ חִדּוּד מִתְטַמֵּא מִפְּנֵי שֶׁהָאִשָּׁה מְסַנֶּנֶת לְתוֹכוֹ אֶת הַיָּרָק. זֶה הַכְּלָל כָּל הַמְשַׁמֵּשׁ בִּכְלִי חֶרֶס כְּשֶׁהוּא כָּפוּי טָהוֹר:

ו. טִיטְרוֹס אַף עַל פִּי שֶׁהוּא נָקוּב וּמוֹצִיא פְּרוּטוֹת מִתְטַמֵּא שֶׁהֲרֵי הַמַּיִם מִתְכַּנְּסִין בִּצְדָדִין וְהֵן עֲשׂוּיִין לְקַבָּלָה:

ז. הַלַּפִּיד שֶׁל חֶרֶס שֶׁמַּנִּיחִין מַטְלִיּוֹת הַבְּגָדִים וְהַשֶּׁמֶן בְּתוֹכוֹ וְהוּא דּוֹלֵק מִתְטַמֵּא. וְכֵן כְּלִי שֶׁמַּנִּיחִין תַּחַת הַנֵּרוֹת לְקַבֵּל הַשֶּׁמֶן מִתְטַמֵּא:

ח. גִּסְטְרָא שֶׁמַּנִּיחִין תַּחַת הַכֵּלִים לְקַבֵּל מַשְׁקִין הַנּוֹזְלִין מִן הַכְּלִי מְקַבְּלִין טֻמְאָה:

ט. סְפִינָה שֶׁל חֶרֶס אַף עַל פִּי שֶׁהִיא מְקַבֶּלֶת אֵינָהּ מְקַבֶּלֶת טֻמְאָה שֶׁאֵין הַסְּפִינָה בִּכְלַל הַכֵּלִים הָאֲמוּרִין בַּתּוֹרָה בֵּין הִיא שֶׁל חֶרֶס בֵּין הִיא שֶׁל עֵץ בֵּין גְּדוֹלָה בֵּין קְטַנָּה:

י. כָּל הַכֵּלִים שֶׁנִּשְׁבְּרוּ וְנִפְסְדָה צוּרָתָן אֵין שִׁבְרֵיהֶן מְקַבְּלִין טֻמְאָה אַף עַל פִּי שֶׁאוֹתָן הַשְּׁבָרִים רְאוּיִין לְתַשְׁמִישׁ. חוּץ מִשִּׁבְרֵי כְּלֵי חֶרֶס שֶׁאִם הָיָה בָּהֶן חֶרֶס הָרָאוּי לְקַבֵּל הֲרֵי הוּא מְקַבֵּל טֻמְאָה שֶׁנֶּאֱמַר (ויקרא יא לג) "וְכָל כְּלִי חֶרֶס" מִפִּי הַשְּׁמוּעָה לָמְדוּ שֶׁזֶּה לֹא בָּא לְרַבּוֹת אֶלָּא שִׁבְרֵי כְּלֵי חֶרֶס. בַּמֶּה דְּבָרִים אֲמוּרִים כְּשֶׁהָיָה לְחֶרֶס זֶה תּוֹךְ לְקַבֵּל בּוֹ הַמַּשְׁקִין כְּשֶׁהָיָה הַחֶרֶס יוֹשֵׁב לֹא סָמוּךְ. אֲבָל אִם אֵינוֹ יָכוֹל לְקַבֵּל אֶלָּא אִם כֵּן סוֹמְכִין אוֹתוֹ אֵינוֹ מְקַבֵּל טֻמְאָה:

יא. הַחֶרֶס שֶׁאֵינוֹ יָכוֹל לֵישֵׁב כְּדֵי שֶׁיְּקַבֵּל מִפְּנֵי אָזְנוֹ אוֹ שֶׁהָיָה בּוֹ חִדּוּד וְהַחִדּוּד מַכְרִיעוֹ לְצַד אַחֵר הֲרֵי זֶה טָהוֹר אַף עַל פִּי שֶׁנִּטְּלָה הָאֹזֶן אוֹ נִשְׁבַּר הַחִדּוּד שֶׁכָּל כְּלִי חֶרֶס שֶׁטָּהַר שָׁעָה אַחַת אֵין לוֹ טֻמְאָה לְעוֹלָם:

יב. כְּלֵי חֶרֶס שֶׁשּׁוּלֵיהֶן חַדִּין כִּמְזָרְקוֹת שֶׁנִּשְׁבְּרוּ וְשׁוּלֵיהֶן מְקַבְּלִין אַף עַל פִּי שֶׁאֵינָן מְקַבְּלִין אֶלָּא אִם כֵּן נִסְמְכוּ כְּגוֹן שׁוּלֵי הַקְּרָפִיּוֹת וְהַכּוֹסוֹת הֲרֵי אֵלּוּ מְקַבְּלִין טֻמְאָה. שֶׁלְּכָךְ נַעֲשׂוּ מִתְּחִלָּתָן שֶׁיִּהְיוּ שׁוּלֵיהֶן מְקַבְּלִין בִּסְמִיכָה אוֹ בַּאֲחִיזָה:

יג. כַּמָּה יְקַבֵּל הַחֶרֶס וְיִהְיֶה מְקַבֵּל טֻמְאָה. אִם הָיָה הַכְּלִי כְּשֶׁהָיָה שָׁלֵם וּמֵכִיל כְּדֵי סִכַּת אָדָם קָטָן עַד חָבִיּוֹת שֶׁהֵן מְקַבְּלוֹת כִּסְאָה אוֹ קָרוֹב וְנִשְׁבְּרוּ וְנִשְׁאַר בַּחֲרָסִים בֵּין מִקַּרְקְעֵיהֶן בֵּין מִדָּפְנֵיהֶן חֶרֶס שֶׁהוּא מְקַבֵּל כְּשֶׁהוּא יוֹשֵׁב רְבִיעִית הֲרֵי זֶה מְקַבֵּל טֻמְאָה:

יד. הָיָה הַכְּלִי מֵחָבִית הַמְּכִילָה כִּסְאָה עַד חָבִית הַמְּכִילָה סָאתַיִם אוֹ יֶתֶר וְנִשְׁבְּרָה אִם הָיָה בַּחֶרֶס הַנִּשְׁאָר כְּדֵי לְקַבֵּל חֲצִי לוֹג הֲרֵי זֶה מְקַבֵּל טֻמְאָה. הָיָה הַכְּלִי מֵחָבִית הַמְּכִילָה סָאתַיִם עַד חֲצָבִים גְּדוֹלִים וְנִשְׁבְּרוּ אִם נִשְׁאַר מֵהֶן חֶרֶס הַמְקַבֵּל לוֹג הֲרֵי זֶה מְקַבֵּל טֻמְאָה. הָיוּ הַחֲרָסִים מְקַבְּלִין פָּחוֹת מִשִּׁעוּרִין אֵלּוּ אֵין מְקַבְּלִין טֻמְאָה:

טו. כְּלִי חֶרֶס קָטָן כְּגוֹן הַפַּךְ וְכַיּוֹצֵא בּוֹ שֶׁנִּשְׁבַּר וְנִשְׁאַר מִקַּרְקָעִיתוֹ חֶרֶס הַמְקַבֵּל כָּל שֶׁהוּא כְּשֶׁהוּא יוֹשֵׁב וְהָיָה חַד בְּיוֹתֵר שֶׁנִּמְצָא כִּכְלִי קָטָן הֲרֵי זֶה מְקַבֵּל טֻמְאָה. וְאִם נִשְׁאַר מִדָּפְנוֹתֵיהֶן חֶרֶס הַמְקַבֵּל אֵינוֹ מְקַבֵּל טֻמְאָה לְפִי שֶׁדָּפְנוֹת כֵּלִים אֵלּוּ וְכַיּוֹצֵא בָּהֶן כְּשָׁוִין הֵן וְאֵין לָהֶן תּוֹךְ הַנִּכָּר וְנִמְצְאוּ כִּפְשׁוּטֵי כְּלֵי חֶרֶס:

טז. חֶזְקַת חֲרָסִים הַנִּמְצָאִים בְּכָל מָקוֹם טְהוֹרִים חוּץ מֵהַנִּמְצָאִים בְּבֵית הַיּוֹצֵר מִפְּנֵי שֶׁרֻבָּן גִּסְטְרָיוֹת הֵן לַכֵּלִים וְהַגִּסְטְרָא מְקַבֶּלֶת טֻמְאָה אַף עַל פִּי שֶׁהִיא מִשִּׁבְרֵי כֵּלִים:

Perek 19

Broken earthenware vessels.

Measure needed for breakage to nullify impurity.

Size for container made for food – Hole through which an olive can fall out.

Size for container made for liquids – Hole which will allow liquids to seep in when placed on the liquid. (A hole which will allow liquids to seep out is smaller than one which allows liquids to seep in.)

5 grades of earthenware vessels.

- Hole big enough to let out liquid

- Hole big enough to let in liquid
- Hole big enough for a small root to emerge from it
- Hole big enough to let out olives
- Hole big enough to let out nuts e.g. a barrel

Patches of holes and cracks with tar depends on various circumstances.

- Tar sticks better to wood than to smooth surface of earthenware.
- If earthenware surface is rough it will stick better (and therefore re-established as a vessel).
- If vessel used for hot liquids, tar is not an effective sealer because it will melt (and therefore status not re-established as a vessel).

Examples

פרק י״ט

א. כַּמָּה שִׁעוּר הַשֶּׁבֶר שֶׁיִּשָּׁבֵר כְּלִי חֶרֶס וְיִטְהַר מִטֻּמְאָתוֹ אִם הָיָה טָמֵא. אוֹ לֹא יְקַבֵּל טֻמְאָה אִם הָיָה טָהוֹר. הֶעָשׂוּי לָאֳכָלִין מִשֶּׁיִּנָּקֵב בְּמוֹצִיא זֵיתִים. וְהֶעָשׂוּי לְמַשְׁקִין מִשֶּׁיִּנָּקֵב בְּמַכְנִיס מַשְׁקִין, כְּשֶׁמַּנִּיחִין אוֹתוֹ עַל הַמַּשְׁקֶה יִכָּנֵס הַמַּשְׁקֶה לַכְּלִי בַּנֶּקֶב. הֶעָשׂוּי לְכָךְ וּלְכָךְ מְטִילִין אוֹתוֹ לְחֻמְרוֹ וַהֲרֵי הוּא מְקַבֵּל טֻמְאָה עַד שֶׁיִּנָּקֵב בְּמוֹצִיא זַיִת. וְלֹא אָמְרוּ בְּמוֹצִיא מַשְׁקֶה אֶלָּא בִּגְסְטְרָא בִּלְבַד לְפִי שֶׁהִיא עֲשׂוּיָה לְקַבֵּל הַמַּשְׁקִין הַנּוֹזְלִים מִן הַכֵּלִים וְאִם הוֹצִיאָה מַשְׁקִין הֲרֵי זֶה בָּטֵל תַּשְׁמִישָׁהּ:

ב. חָמֵשׁ מִדּוֹת בִּכְלִי חֶרֶס. נֶקֶב בְּמוֹצִיא מַשְׁקֶה טָהוֹר מִלְּהִתְטַמֵּא מִשּׁוּם גִּסְטְרָא וַעֲדַיִן הוּא חָשׁוּב כְּלִי לְקַדֵּשׁ בּוֹ מֵי חַטָּאת. נֶקֶב בְּכוֹנֵס מַשְׁקֶה אֵינוֹ רָאוּי לְקַדֵּשׁ בּוֹ מֵי חַטָּאת וַעֲדַיִן כְּלִי הוּא חָשׁוּב לְהַכְשִׁיר הַזְּרָעִים בְּמַשְׁקִין הַתְּלוּשִׁין בּוֹ כְּמוֹ שֶׁבֵּאַרְנוּ. נֶקֶב כְּשֹׁרֶשׁ קָטָן אֵין הַמַּיִם שֶׁבְּתוֹכוֹ מַכְשִׁירִין אֶת הַזְּרָעִים וַהֲרֵי הֵן כְּמוֹ שֶׁאֵינָן בִּכְלִי וַעֲדַיִן כְּלִי הוּא חָשׁוּב לְקַבֵּל בּוֹ זֵיתִים וּמְקַבֵּל טֻמְאָה. נֶקֶב בְּמוֹצִיא זֵיתִים טָהוֹר וַהֲרֵי הוּא כִּכְלֵי גְּלָלִים וַאֲבָנִים שֶׁאֵין מְקַבְּלִין טֻמְאָה וַעֲדַיִן כְּלִי הוּא חָשׁוּב לְהַצִּיל בְּצָמִיד פָּתִיל עַד שֶׁיִּפָּחֵת רֻבּוֹ כְּמוֹ שֶׁבֵּאַרְנוּ בְּטֻמְאַת מֵת (בְּפֶרֶק שְׁנֵים עָשָׂר):

ג. הֶחָבִית שִׁעוּרָהּ כֶּאֱגוֹזִים. הָאִלְפָּס וְהַקְּדֵרָה שִׁעוּרָן כְּזֵיתִים. וְכֵן עֲרֵבָה שֶׁל חֶרֶס אֲפִלּוּ הָיְתָה גְּדוֹלָה וּמַחְזֶקֶת אַרְבָּעִים סְאָה בְּלַח וְנִפְחֲתָה בְּמוֹצִיא זֵיתִים אַף עַל פִּי שֶׁהוּא מַטָּה עַל צִדָּהּ וְלָשׁ בָּהּ טְהוֹרָה שֶׁמִּתְּחִלָּתָהּ לֹא נַעֲשֵׂית לְכָךְ:

ד. הַפַּךְ וְהַטֶּנִי שִׁעוּרָן בְּשֶׁמֶן. וְהַצַּרְצוּר שִׁעוּרוֹ בְּמַיִם:

ה. נֵר שֶׁנִּטַּל פִּיו טָהוֹר. וְשֶׁל אֲדָמָה שֶׁהֻסַּק פִּיו בִּפְתִילָה אֵינוֹ מְקַבֵּל טֻמְאָה וְאֵינוֹ בִּכְלַל כְּלֵי חֶרֶס עַד שֶׁיֻּסַּק כֻּלּוֹ בַּכִּבְשָׁן כִּכְלֵי חֶרֶס:

ו. חָבִית שֶׁנִּפְחֲתָה וּכְשֶׁמַּטִּין אוֹתָהּ עַל דָּפְנָהּ מְקַבֶּלֶת אוֹ שֶׁנֶּחְלְקָה כְּמִין שְׁתֵּי עֲרֵבוֹת עֲדַיִן הִיא מְקַבֶּלֶת טֻמְאָה. נִתְרַעְעָה וְאֵינָהּ יְכוֹלָה לְהִטַּלְטֵל בַּחֲצִי קַב גְּרוֹגָרוֹת טְהוֹרָה:

ז. חָבִית שֶׁנִּטְּלוּ אָזְנֶיהָ הֲרֵי הִיא כִּגְסְטְרָא אֲפִלּוּ אֹזֶן אַחַת. נִסְדְּקָה לְמַטָּה מֵאָזְנֶיהָ אַף עַל פִּי שֶׁאָזְנֶיהָ קַיָּמוֹת הֲרֵי זוֹ כִּגְסְטְרָא. וְאִם עֲשָׂאָהּ מִתְּחִלָּה שֶׁלֹּא בְּאָזְנַיִם נִדּוֹנֶת כְּחָבִית:

ח. חָבִית שֶׁנִּסְדְּקָה בַּכִּבְשָׁן וְנִמְצָא שֶׁהִיא כִּשְׁתֵּי גִּסְטְרָאוֹת. אִם מִשֶּׁנִּגְמְרָה מְלַאכְתָּהּ נִסְדְּקָה כָּל גִּסְטְרָא מֵהֶן מְקַבֶּלֶת טֻמְאָה. וְאִם נִסְדְּקָה קֹדֶם שֶׁתִּגָּמֵר מְלַאכְתָּהּ וְאַחַר כָּךְ נִשְׂרְפָה בַּכִּבְשָׁן טְהוֹרָה. וְהֵיאַךְ יִוָּדַע דָּבָר זֶה. אִם הָיוּ שְׁבָרֶיהָ שָׁוִין וְתוֹכָהּ מַאֲדִים עַד שֶׁלֹּא נִגְמְרָה מְלַאכְתָּהּ נִסְדְּקָה. אֵין שְׁבָרֶיהָ שָׁוִין וְאֵין תּוֹכָהּ מַאֲדִים בְּיָדוּעַ שֶׁאַחַר שֶׁנִּגְמְרָה מְלַאכְתָּהּ נִשְׁבְּרָה וּמְקַבֶּלֶת טֻמְאָה כִּשְׁאָר שִׁבְרֵי כְּלֵי חֶרֶס הָרְאוּיִין לְתַשְׁמִישׁ:

ט. גִּסְטְרָא שֶׁנִּתְרַעְעָה וְאֵינָהּ מְקַבֶּלֶת מַשְׁקִין אַף עַל פִּי שֶׁמְּקַבֶּלֶת אֳכָלִין הֲרֵי זוֹ טְהוֹרָה שֶׁאֵינָהּ עֲשׂוּיָה אֶלָּא לְקַבֵּל מַשְׁקִין הַדּוֹלְפִין כְּמוֹ שֶׁבֵּאַרְנוּ וְאִם הָיְתָה דּוֹלֶפֶת אֵין עוֹשִׂין גִּסְטְרָא לְגִסְטְרָא. וְכֵן גִּסְטְרָא שֶׁנִּפְחֲתָה אוֹ שֶׁנֶּחְלְקָה לִשְׁתַּיִם טְהוֹרָה שֶׁלֹּא אָמְרוּ שְׁיָרִים שֶׁל שְׁיָרִים מִתְטַמְּאִין אֶלָּא שְׁיָרֵי כְּלֵי חֶרֶס בִּלְבַד הֵן שֶׁמִּתְטַמְּאִין:

י. גִּסְטְרָא שֶׁחִדּוּדִין יוֹצְאִין מִמֶּנָּה בֵּין שֶׁהָיְתָה יוֹשֶׁבֶת בֵּין שֶׁהָיְתָה מֻטָּה עַל צִדָּהּ כָּל הַמְקַבֵּל מִן הַחִדּוּדִין זֵיתִים כְּשֶׁיִּתְמַלֵּא הַגִּסְטְרָא זֵיתִים מִטַּמֵּא בְּמַגָּע וּכְנֶגְדּוֹ מִתְטַמֵּא בָּאֲוִיר וְכָל שֶׁאֵין מְקַבֵּל עִמָּהּ בְּזֵיתִים מִתְטַמֵּא בְּמַגָּע וְאֵין כְּנֶגְדּוֹ מִתְטַמֵּא בָּאֲוִיר:

יא. כֵּיצַד מִתְטַמֵּא בְּמַגָּע וְאֵין כְּנֶגְדּוֹ מִתְטַמֵּא בָּאֲוִיר. שֶׁאִם נָגְעָה הַטֻּמְאָה בַּגִּסְטְרָא מִתּוֹכָהּ מִתְטַמֵּא הַחִדּוּד. נִכְנְסָה הַטֻּמְאָה בַּאֲוִיר הַגִּסְטְרָא אֲפִלּוּ הָיְתָה כְּנֶגֶד הַחִדּוּד לֹא נִטְמָא הַחִדּוּד:

יב. וְכֵיצַד כְּנֶגְדּוֹ מִתְטַמֵּא בָּאֲוִיר. שֶׁאִם הָיְתָה הַטֻּמְאָה בַּאֲוִיר הַגִּסְטְרָא כְּנֶגֶד הַחִדּוּד נִטְמָא הַחִדּוּד עִם הַגִּסְטְרָא. וְעַל דֶּרֶךְ זֶה הוּא בְּכָל מָקוֹם שֶׁנֶּאֱמַר (במדבר ה יז) "בִּכְלִי חֶרֶס" וּבְתַנּוּר וְכִירַיִם מִתְטַמֵּא בְּמַגָּע וּכְנֶגְדּוֹ בָּאֲוִיר אוֹ אֵין מִתְטַמֵּא כְּנֶגְדּוֹ בָּאֲוִיר. וְכֵן כָּל טֻמְאַת מַגָּע הָאֲמוּרָה בְּעִנְיַן כְּלִי חֶרֶס אוֹ תַּנּוּר וְכִירַיִם הוּא שֶׁתִּגַּע הַטֻּמְאָה בָּהֶן מִתּוֹכָן וְכָל טֻמְאַת אֲוִיר הוּא שֶׁלֹּא תִּגַּע הַטֻּמְאָה כְּלָל אֶלָּא תִּכָּנֵס לָאֲוִיר בִּלְבַד:

יג. חָבִית שֶׁנִּתְרַעְעָה וּטְפָלָהּ בִּגְלָלִים אַף עַל פִּי שֶׁהוּא נוֹטֵל אֶת הַגְּלָלִים וְהַחֲרָסִים נוֹפְלִים הֲרֵי זוֹ מְקַבֶּלֶת טֻמְאָה מִפְּנֵי שֶׁלֹּא בָּטַל שֵׁם כְּלִי מֵעָלֶיהָ. נִשְׁבְּרָה וְדִבֵּק חֲרָסֶיהָ אַחַר שֶׁפֵּרְשׁוּ אוֹ שֶׁהֵבִיא חֲרָסִים מִמָּקוֹם אַחֵר וּטְפָלָם בִּגְלָלִים אַף עַל פִּי שֶׁנּוֹטֵל אֶת הַגְּלָלִים וַחֲרָסֶיהָ עוֹמְדִין הֲרֵי זוֹ טְהוֹרָה מִפְּנֵי שֶׁבָּטַל מֵעָלֶיהָ שֵׁם כְּלִי. הָיָה בָּהֶן חֶרֶס מַחֲזִיק רְבִיעִית כְּנֶגֶד אוֹתוֹ הַחֶרֶס בִּלְבַד מִתְטַמֵּא בָּאֲוִיר מִפְּנֵי שֶׁהוּא כְּלִי בִּפְנֵי עַצְמוֹ. וּשְׁאָר הֶחָבִית אֵינוֹ מִתְטַמֵּא עַד שֶׁתִּגַּע בָּהּ הַטֻּמְאָה מִתּוֹכָהּ מִפְּנֵי שֶׁאֵינָהּ כְּלִי שָׁלֵם:

יד. חָבִית שֶׁנִּקְבָה וְסָתַם הַנֶּקֶב בְּזֶפֶת וְאַחַר כָּךְ נִשְׁבְּרָה אִם יֵשׁ בַּחֶרֶס הַסָּתוּם בְּזֶפֶת כְּדֵי לְהַחֲזִיק רְבִיעִית הֲרֵי זֶה מְקַבֵּל טֻמְאָה מִפְּנֵי שֶׁהוּא מִשִּׁבְרֵי הֶחָבִית וְלֹא בָּטַל שֵׁם כְּלִי מֵעָלֶיהָ. אֲבָל חֶרֶס שֶׁנִּקַּב אַחַר שֶׁפֵּרַשׁ מִן הַכְּלִי וְסָתַם הַנֶּקֶב בְּזֶפֶת אַף עַל פִּי שֶׁהוּא מַחֲזִיק רְבִיעִית טָהוֹר. שֶׁהַחֶרֶס שֶׁנִּקַּב בָּטַל שֵׁם כְּלִי מֵעָלָיו וְטָהַר וְכָל שֶׁטָּהַר בִּכְלִי חֶרֶס שָׁעָה אַחַת אֵין לוֹ טֻמְאָה לְעוֹלָם:

טו. קוּמְקוּמוֹס שֶׁנִּקַּב וַעֲשָׂאָהוּ בְּזֶפֶת טָהוֹר שֶׁאֵינוֹ יָכוֹל לְקַבֵּל הַחַמִּין כְּצוֹנֵן. וְכֵן כְּלֵי הַזֶּפֶת וְהַשַּׁעֲוָה וְכַיּוֹצֵא בָּהֶן טְהוֹרִין וְאֵינָן בִּכְלַל הַכֵּלִים:

טז. מַשְׁפֵּךְ שֶׁל חֶרֶס שֶׁפְּקָקוֹ בְּזֶפֶת אֵינוֹ מְקַבֵּל טֻמְאָה שֶׁאֵין הַזֶּפֶת מְשִׂימוֹ כְּלִי קִבּוּל. אֲבָל מַשְׁפֵּךְ שֶׁל עֵץ שֶׁסְּתָמוֹ הֲרֵי זֶה כִּכְלִי קִבּוּל וּמִתְטַמֵּא:

Perek 20

Yedot (Connectives) for all types of vessels and utensils.

If the *yad* (accessory) is needed by the implement, it is an integral part of the implement (and susceptible to impurity).

If not needed, then it is regarded as a separate item (and not susceptible). Examples of

- Coatings
- Repair materials
- Straps and tapes
- Actual handles –

Depending on the use of these implements there are different measures of how long they must be, to be considered as part of the implement i.e. hammers used in different trades are allowed different lengths of shafts etc.

- More complex implements
  - Loom
  - Wagon
  - Etc

The definition of connection of say a thread or rope to its implement is as follows.

The thread going through a needle is not connected to the needle even if it is tied at both ends. When thread has entered garment, it becomes part of the garment but the needle is still regarded as separate.

If thread unravels from garment, it is still regarded as connected to garment no matter how long it is.

פרק כ׳

א. כְּבָר בֵּאַרְנוּ שֶׁכָּל יַד הַכֵּלִים שֶׁהַכְּלִי צָרִיךְ לָהּ בִּשְׁעַת תַּשְׁמִישׁוֹ הֲרֵי הִיא חֲשׁוּבָה כְּגוּף הַכְּלִי לְהִתְטַמֵּא וּלְטַמֵּא. לְפִיכָךְ הַטּוֹפֵל כְּלִי חֶרֶס הַבָּרִיא אִם נִטְמָא הַכְּלִי הֲרֵי אוֹכְלִין וּמַשְׁקִין הַנּוֹגְעִין בַּטְּפֵלָה טְהוֹרִין שֶׁאֵין הַכְּלִי צָרִיךְ לִטְפֵלָה זוֹ. אֲבָל הַטּוֹפֵל אֶת כְּלִי חֶרֶס הָרָעוּעַ הֲרֵי הַטְּפֵלָה חֲשׁוּבָה כְּגוּף הַכְּלִי. וְכֵן הַמְהַדֵּק אֶת הַקְּרוּיָה שֶׁל חֶרֶס הַדּוֹלִין בָּהּ הַמַּיִם אִם חִפָּה אוֹתָהּ בְּעוֹר אוֹ בִּקְלָף וְכַיּוֹצֵא בָּהֶן אִם הָיְתָה רְעוּעָה הֲרֵי הֵן כְּגוּפָהּ:

ב. הַטּוֹפֵל כְּלִי חֶרֶס לִהְיוֹת מְבַשֵּׁל בּוֹ אֵינוֹ חִבּוּר. טָפַל כֵּלִים לִהְיוֹת זוֹפֵת בָּהֶן חִבּוּר:

ג. חָבִית שֶׁנִּקְּבָה וַעֲשָׂאָהּ בְּזֶפֶת בְּבַעַץ וְגָפְרִית בְּסִיד וּבִגְפָסִים אֵינָן חִבּוּר וּשְׁאָר כָּל הַדְּבָרִים חִבּוּר:

ד. דְּבָרִים הַלַּחִין הַמְשׁוּכִין שֶׁטּוֹפְלִין בָּהֶן הַפִּטָּסִין שֶׁל מַיִם כְּדֵי שֶׁלֹּא יִדְלֹף הַכְּלִי הֲרֵי הֵן כְּגוּפוֹ שֶׁל כְּלִי שֶׁאֲפִלּוּ נִטְמָא הַכְּלִי מֵאֲוִירוֹ אֳכָלִין וּמַשְׁקִין הַנּוֹגְעִין בַּטְּפֵלָה טְמֵאִין. וְכֵן טְפֵלוֹ שֶׁל תַּנּוּר הֲרֵי הוּא כְּחֶרֶס הַתַּנּוּר וְהוּא שֶׁיִּהְיֶה בָּעֳבִי הַטְּפֵלָה עַד טֶפַח שֶׁהוּא צָרְכּוֹ שֶׁל תַּנּוּר אֲבָל יֶתֶר עַל טֶפַח אֵינוֹ מִצֹּרֶךְ הַתַּנּוּר וְהַנּוֹגְעִין בְּיֶתֶר עַל טֶפַח מֵעָבְיוֹ טְהוֹרִים. טְפֵלַת הַכִּירָה עָבְיוֹ שָׁלֹשׁ אֶצְבָּעוֹת:

ה. חָבִית שֶׁנִּקְּבָה וּסְתָמָהּ בְּזֶפֶת יוֹתֵר מִצָּרְכָּהּ הַנּוֹגֵעַ בְּצָרְכָּהּ טָמֵא וּבְיֶתֶר מִצָּרְכָּהּ טָהוֹר. זֶפֶת שֶׁנָּטְפָה עַל חָבִית הַנּוֹגֵעַ בָּהּ טָהוֹר:

ו. מֵחַם שֶׁטְּפָלוֹ בְּחֵמָר וּבְחַרְסִית וְנִטְמָא הַנּוֹגֵעַ בְּחֵמָר טָמֵא וְהַנּוֹגֵעַ בְּחַרְסִית טָהוֹר שֶׁאֵין הַחַרְסִית מִתְחַבֵּר לַכְּלִי:

ז. מְגוּפַת הֶחָבִית שֶׁטָּפַל בְּטִיט עָלֶיהָ וְעַל הֶחָבִית אֵינָהּ חִבּוּר לָהּ וְאִם נָגְעוּ מַשְׁקִין טְמֵאִין בֶּחָבִית לֹא נִטְמֵאת הַמְגוּפָה וְאִם נָגְעוּ בַּמְגוּפָה לֹא נִטְמְאוּ אֲחוֹרֵי הֶחָבִית:

ח. כְּלֵי נְחֹשֶׁת שֶׁזְּפָתָן אֵין הַזֶּפֶת חִבּוּר וְאִם לְיַיִן הֲרֵי זֶה כְּגוּף הַכְּלִי:

ט. בָּצֵק שֶׁבְּסִדְקֵי הָעֲרֵבָה שֶׁנָּגַע בּוֹ שֶׁרֶץ אִם בְּפֶסַח הוֹאִיל וְאִסּוּרוֹ חָשׁוּב חוֹצֵץ וְלֹא נִטְמֵאת הָעֲרֵבָה. וְאִם בִּשְׁאָר יְמוֹת הַשָּׁנָה אִם הָיָה מַקְפִּיד עָלָיו הָעֲרֵבָה טְהוֹרָה וְאִם רוֹצֶה בְּקִיּוּמוֹ הֲרֵי הוּא כַּעֲרֵבָה וְנִטְמֵאת הָעֲרֵבָה:

י. הַמְשִׁיחוֹת וְהָרְצוּעוֹת שֶׁבִּמְטַפְּחוֹת הַסְּפָרִים וְשֶׁבִּמְטַפְּחוֹת הַתִּינוֹקוֹת תְּפוּרוֹת חִבּוּר וּקְשׁוּרוֹת אֵינָן חִבּוּר. וְכֵן רְצוּעוֹת שֶׁבַּמַּעְדֵּר וְשֶׁבַּשַּׂק וְשֶׁבַּקֻּפָּה אֲבָל שֶׁבְּאָזְנֵי כְּלֵי חֶרֶס אֲפִלּוּ תְּפוּרוֹת אֵינָן חִבּוּר שֶׁאֵין חִבּוּרִין לִכְלֵי חֶרֶס:

יא. יַד קוֹרְדּוֹם הַיּוֹצֵא מֵאַחֲרָיו שָׁלֹשׁ אֶצְבָּעוֹת חִבּוּר וְהַיֶּתֶר עַל שָׁלֹשׁ הַנּוֹגֵעַ בּוֹ טָהוֹר. יַד קוֹרְדּוֹם מִלְּפָנָיו טֶפַח הַסָּמוּךְ לַבַּרְזֶל חִבּוּר יֶתֶר עַל כֵּן הַנּוֹגֵעַ בּוֹ טָהוֹר:

יב. שְׁיָרֵי הַפַּרְגָּל טֶפַח. וְיַד מַקֶּבֶת שֶׁל מְפַתְּחֵי אֲבָנִים טֶפַח. יַד קָרְנָס שֶׁל זֶהָבִים טְפָחַיִם וְשֶׁל חָרָשִׁים שְׁלֹשָׁה. שְׁיָרֵי מַלְמַד הַבָּקָר אַרְבָּעָה טְפָחִים סָמוּךְ לַדָּרְבָן. יַד קוֹרְדּוֹם שֶׁחוֹפְרִין בּוֹ בְּדִידִין שֶׁל מַיִם אַרְבָּעָה טְפָחִים. וְיַד קוֹרְדּוֹם שֶׁל נִכּוּשׁ חֲמִשָּׁה. וְיַד בֶּן פַּטִּישׁ חֲמִשָּׁה. וְשֶׁל פַּטִּישׁ שִׁשָּׁה. וְכֵן יַד קוֹרְדּוֹם שֶׁל בִּקּוּעַ וְשֶׁל עָדִיר שִׁשָּׁה. יַד מַקֶּבֶת שֶׁל סַתָּתִין שִׁשָּׁה. שְׁיָרֵי הַמַּרְדֵּעַ הַסָּמוּךְ לְחַרְחוּר שֶׁל מַתֶּכֶת שֶׁבְּרֹאשׁ הַמַּרְדֵּעַ שִׁבְעָה טְפָחִים. יַד הַמַּגְרֵפָה שֶׁל בַּעֲלֵי בָתִּים שְׁמוֹנָה טְפָחִים. וְשֶׁל סַיָּדִין עֲשָׂרָה. וְכָל הַיֶּתֶר עַל זֶה אִם רָצָה לְקַיְּמוֹ טָמֵא. יַד כָּל מְשַׁמְּשֵׁי הָאוּר כְּגוֹן הַשִּׁפּוּדִין וְהָאַסְכְּלָאוֹת אֲפִלּוּ אֲרֻכִּין כָּל שֶׁהֵן טְמֵאִין:

יג. מַקֵּל שֶׁעֲשָׂאָהוּ יָד לְקוֹרְדּוֹם הֲרֵי הוּא חִבּוּר לַטֻּמְאָה בִּשְׁעַת מְלָאכָה וְאִם נָגְעָה טֻמְאָה בַּמַּקֵּל כְּשֶׁהוּא חוֹרֵשׁ אוֹ מְבַקֵּעַ בּוֹ נִטְמָא הַקּוֹרְדּוֹם וְאִם נָגְעָה בַּקּוֹרְדּוֹם נִטְמָא הַמַּקֵּל. וְכֵן הַדְּיוֹסְטָר שֶׁהֵן כִּשְׁנֵי כֵלִים וְהַמַּסְמֵר מְחַבְּרָן לִהְיוֹת מֵסֵךְ עֲלֵיהֶן הֲרֵי הֵן חִבּוּר בִּשְׁעַת מְלָאכָה. קְבָעוֹ בְּקוֹרָה הֲרֵי זֶה מְקַבֵּל טֻמְאָה וְאֵין הַקּוֹרָה חִבּוּר לוֹ. עָשָׂה קְצָת הַקּוֹרָה דְּיוֹסְטָר כָּל שֶׁהוּא מִן הַקּוֹרָה לְצֹרֶךְ הַדְּיוֹסְטָר חִבּוּר לַדְּיוֹסְטָר. וְהַנּוֹגֵעַ בִּשְׁאָר הַקּוֹרָה טָהוֹר שֶׁאֵין כָּל הַקּוֹרָה חִבּוּר:

יד. עֲגָלָה שֶׁנִּטְמֵאת הַנּוֹגֵעַ בָּעֹל וּבַקַּטְרָב וּבָעֵץ וּבֶעָבוֹת אֲפִלּוּ בִּשְׁעַת מְלָאכָה טָהוֹר. וְהַנּוֹגֵעַ בַּחֶרֶב וּבַבֹּרֶךְ וּבַיָּצוּל וּבַעַיִן שֶׁל מַתֶּכֶת וּבַלְּחָיַיִם וּבַעִירָאִין טָמֵא. וְכֵן מְגֵרָה שֶׁנִּטְמֵאת הַנּוֹגֵעַ בְּיָדָהּ מִכָּאן וּמִכָּאן טָמֵא. וְהַנּוֹגֵעַ בַּחוּט וּבַמְּשִׁיחָה וּבָאַמָּה וּבַסְּנִיפִין שֶׁלָּהּ טָהוֹר שֶׁאֵין אֵלּוּ חִבּוּר לָהּ. אֲבָל הַנּוֹגֵעַ בַּמַּלְבֵּן שֶׁל מַסָּר הַגָּדוֹל טָמֵא:

טו. מַכְבֵּשׁ שֶׁל חָרָשׁ שֶׁנִּטְמָא הָרֹמַח שֶׁבּוֹ הַנּוֹגֵעַ בַּמַּכְבֵּשׁ טָהוֹר. מְגֵרָה שֶׁנִּטְמָא הַנּוֹגֵעַ בַּקַּשְׁטָנִית שֶׁהִיא לְפוּפָה עָלָיו טָהוֹר שֶׁאֵינָהּ חִבּוּר. קֶשֶׁת שֶׁהָיְתָה מְתוּחָה וְהַחֵץ

מָשׁוּךְ עִמָּהּ וְנִטְמָא הַחֵץ הַנּוֹגֵעַ בַּיֶּתֶר וּבַקֶּשֶׁת טָהוֹר וַאֲפִלּוּ כְּשֶׁהִיא מְתוּחָה. וְכֵן מְצוּדַת הָאִישׁוּת שֶׁנִּטְמָא הַחֵץ שֶׁלָּהּ לֹא נִטְמֵאת הַמְצוּדָה אֲפִלּוּ כְּשֶׁהִיא מְתוּחָה. וְכֵן מַסֶּכֶת נְסוּכָה שֶׁנִּטְמֵאת בִּשְׁעַת הָאָרִיג הַנּוֹגֵעַ בַּכֹּבֶד הָעֶלְיוֹן וְהַתַּחְתּוֹן וּבַנִּירִים וּבַקֵּירוֹס וּבַחוּט שֶׁהֶעֱבִירוֹ עַל גַּבֵּי אַרְגָּמָן וּבָעִירָה שֶׁאֵינָהּ עָתִיד לְהַחֲזִירָהּ טָהוֹר שֶׁכָּל אֵלּוּ אֵינָן חִבּוּר לַבֶּגֶד. אֲבָל הַנּוֹגֵעַ בְּנֶפֶשׁ הַמַּסֶּכֶת וּבַשְּׁתִי הָעוֹמֵד וּבַכֶּפֶל שֶׁהֶעֱבִירוֹ עַל גַּבֵּי אַרְגָּמָן וּבָעִירָה שֶׁהוּא לְהַחֲזִירָהּ טָמֵא שֶׁכָּל אֵלּוּ חִבּוּרִין לַבֶּגֶד:

טז. הַנּוֹגֵעַ בַּצֶּמֶר שֶׁעַל הָאִימָה וּבָאַשְׁוָיָה טָהוֹר. הַנּוֹגֵעַ בַּפִּיקָה עַד שֶׁלֹּא פְּרָעָהּ טָמֵא מִשֶּׁפְּרָעָהּ טָהוֹר:

יז. הַחוּט שֶׁהִשִּׁילוֹ לְמַחַט אֲפִלּוּ קָשׁוּר מִשְּׁנֵי צְדָדִין אֵינוֹ חִבּוּר. הִכְנִיסוֹ לְבֶגֶד הַחוּט חִבּוּר לַבֶּגֶד וְאֵין הַמַּחַט חִבּוּר לַבֶּגֶד. וְאֵין הַחוּט כֻּלּוֹ חִבּוּר לַבֶּגֶד אֶלָּא כָּל שֶׁהוּא לְצֹרֶךְ הַתְּפִירָה חִבּוּר שֶׁאֵינוֹ לְצֹרֶךְ הַתְּפִירָה אֵינוֹ חִבּוּר. הַחוּט שֶׁפֵּרֵשׁ מִן הַבֶּגֶד אֲפִלּוּ מֵאָה אַמָּה כֻּלּוֹ חִבּוּר. חֶבֶל שֶׁקָּשׁוּר בְּחֶרֶס אֲפִלּוּ מֵאָה אַמָּה כֻּלּוֹ חִבּוּר. קָשַׁר בּוֹ חֶבֶל אֶחָד מִן הַקֶּשֶׁר וּלְפָנִים חִבּוּר מִן הַקֶּשֶׁר וְלַחוּץ אֵינוֹ חִבּוּר. הַחֶבֶל שֶׁהוּא קָשׁוּר בְּקֻפָּה אֵינוֹ חִבּוּר אֶלָּא אִם כֵּן תָּפַר:

Perek 21

Yedot continued.

Connectives to woven work. – cords and ropes.

Definition of lengths of strands, chains, ropes etc. which are needed for function. What is needed for function, transmits and is susceptible to impurity. Beyond these lengths stay pure.

Examples

- Fabrics (Some fabrics have its end with threads protruding out on purpose for aesthetics.) Up to a certain length, these threads are considered as part of the garments.
- Plumb lines
- Chains of scales
- Bed rope (*mizran*)

Reminder

Pack on Impurity of *Zav*, *Zavah* etc

פרק כ״א

א. הַחוּטִין הַיּוֹצְאִין מִן הָאָרִיג וְשֶׁבִּתְחִלַּת הַיְרִיעָה וְשֶׁבְּסוֹפָהּ וְהֵן הַנִּקְרָאִין נִימִין כַּמָּה שִׁעוּרָן. שֶׁל סָדִין וְשֶׁל סוּדָרִין וְשֶׁל צָעִיף וְשֶׁל פִּלְיוֹן שֶׁל רֹאשׁ שֵׁשׁ אֶצְבָּעוֹת. וְשֶׁל חָלוּק שֶׁהוּא קָרוּעַ מִתְּחִלָּתוֹ וְעַד סוֹפוֹ וְאַחַר שֶׁלּוֹבְשִׁין אוֹתוֹ מְקַבְּצִין אוֹתוֹ בְּלוּלָאוֹת שִׁעוּר חוּטָיו עֶשֶׂר אֶצְבָּעוֹת. הַסָּגִים וְהָרְדִיד וְהַטַּלִּית שָׁלֹשׁ אֶצְבָּעוֹת. וְכָל הַיֶּתֶר עַל הַשִּׁעוּרִין הָאֵלּוּ הַנּוֹגֵעַ בּוֹ טָהוֹר אַף עַל פִּי שֶׁהַבֶּגֶד טָמֵא בְּמִדְרָס אוֹ בִּשְׁאָר טֻמְאוֹת. וְאֵין צָרִיךְ לוֹמַר שֶׁאִם נָגְעָה טֻמְאָה בַּיֶּתֶר שֶׁהַבֶּגֶד טָהוֹר:

ב. נִימֵי הַכִּפָּה שֶׁל רֹאשׁ. וְהַמַּסְוֶה שֶׁמַּנִּיחִין הָעַרְבִיִּים עַל פְּנֵיהֶם. וְהַקִּלְקָלִין הַשְּׁזוּרִין מִן הַשֵּׂעָר. וְהַפֻּנְדָּא שֶׁלּוֹבֵשׁ הָאָדָם עַל בְּשָׂרוֹ. וְהַשִּׂמְלָה וְהַפַּרְגּוֹד שֶׁמַּנִּיחִין עַל הַפְּתָחִים כְּמוֹ פָּרֹכֶת. נִימֵיהֶן כָּל שֶׁהֵן:

ג. מִשְׁקֶלֶת שֶׁנִּטְמֵאת הֲרֵי שְׁנֵים עָשָׂר טֶפַח מִן הַחוּט שֶׁלָּהּ חִבּוּר לָהּ. וְכָל הַנּוֹגֵעַ בְּחוּץ לִשְׁנֵים עָשָׂר טֶפַח טָהוֹר. וּמִשְׁקֶלֶת שֶׁל חָרָשִׁים שְׁמוֹנָה עָשָׂר טֶפַח. וְשֶׁל בַּנָּאִין חֲמִשִּׁים אַמָּה. וְהַיֶּתֶר עַל מִדּוֹת אֵלּוּ אַף עַל פִּי שֶׁהוּא רוֹצֶה בְּקִיּוּמוֹ טָהוֹר:

ד. מִשְׁקוֹלוֹת שֶׁל סַיָּדִין וְשֶׁל צַיָּרִין אֲפִלּוּ אֲרֻכִּין כָּל שֶׁהֵן טְמֵאִין:

ה. חוּט מֹאזְנַיִם שֶׁל זֶהָבִים. שֶׁל פֶּלֶס. וְשֶׁל שׁוֹקְלֵי אַרְגָּמָן טוֹב שֶׁאוֹחֵז הַשּׁוֹקֵל בּוֹ וְתוֹלֶה הַמֹּאזְנַיִם מִיָּדוֹ שָׁלֹשׁ אֶצְבָּעוֹת. קָנֶה שֶׁלָּהּ וְחוּטֶיהָ כָּל שֶׁהֵן. חוּטֵי מֹאזְנַיִם שֶׁל מוֹכְרֵי עֲשָׁשִׁיּוֹת שֶׁל מַתָּכוֹת וְכַיּוֹצֵא בָּהֶן שְׁלֹשָׁה טְפָחִים. קָנֶה שֶׁלָּהּ וְחוּטֶיהָ שְׁנֵים עָשָׂר טְפָחִים. חוּט מֹאזְנַיִם שֶׁל חֶנְוָנִים וְשֶׁל בַּעֲלֵי בָּתִּים טֶפַח. קְנֵה הַמֹּאזְנַיִם וְחוּטֶיהָ שִׁשָּׁה טְפָחִים. חוּט מֹאזְנַיִם שֶׁל צַמָּרִים וְשֶׁל שׁוֹקְלֵי זְכוֹכִית טְפָחַיִם. קְנֵה מֹאזְנַיִם וְחוּטֶיהָ תִּשְׁעָה טְפָחִים. וְהַיֶּתֶר עַל הַשִּׁעוּרִין אֵלּוּ אֵינָן חִבּוּר:

ו. הַחֶבֶל שֶׁמְּסָרְגִין הַמִּטּוֹת מֵאֵימָתַי הוּא חִבּוּר לַטֻּמְאָה מִשֶּׁיְּסָרֵג בּוֹ שְׁלֹשָׁה בָּתִּים. וְהַנּוֹגֵעַ בַּחֶבֶל מִן הַקֶּשֶׁר וּלְפָנִים טָמֵא מִן הַקֶּשֶׁר וְלַחוּץ עַד שָׁלֹשׁ אֶצְבָּעוֹת טָמֵא מִפְּנֵי שֶׁהֵן צְרָכָיו שֶׁל קֶשֶׁר הֲרֵי הֵן מִכְּלַל הַמִּטָּה. וְחוּץ לְשָׁלֹשׁ אֶצְבָּעוֹת טָהוֹר שֶׁאֵינוֹ לְצֹרֶךְ הַכְּלִי שֶׁאֲפִלּוּ פְּסָקוֹ אֵין הַקֶּשֶׁר נִתָּר:

ז. חֶבֶל הַיּוֹצֵא מִן הַמִּטָּה שֶׁהִיא טְמֵאָה עַד סוֹף אַרְבָּעָה טְפָחִים הַנּוֹגֵעַ בּוֹ טָהוֹר שֶׁאֵינוֹ מִצָּרְכֵי הַמִּטָּה לְפִי שֶׁאֵינוֹ רָאוּי לִכְלוּם. מִתְּחִלַּת חֲמִשָּׁה וְעַד סוֹף עֲשָׂרָה טָמֵא מִפְּנֵי שֶׁתּוֹלִין בּוֹ אֶת הַמִּטּוֹת. מֵעֲשָׂרָה וְלַחוּץ טָהוֹר מִפְּנֵי שֶׁהוּא יֶתֶר עַל צֹרֶךְ הַמִּטָּה:

ח. אַבְנֵט שֶׁל אָרִיג שֶׁמַּקִּיפִין אוֹתוֹ עַל הַמִּטָּה כְּדֵי לְקַבֵּץ אֵיבָרֶיהָ וְהוּא הַנִּקְרָא מִזְרָן שֶׁמִּקְצָתוֹ יוֹצְאָה מִן הַמִּטָּה עַד עֲשָׂרָה טְפָחִים הֲרֵי הוּא מִצָּרְכֵי הַמִּטָּה. יֶתֶר עַל כֵּן אֵינוֹ מִצָּרְכֵי הַמִּטָּה. וּמִזְרָן שֶׁבָּלָה אִם נִשְׁאַר מִמֶּנּוּ שִׁבְעָה טְפָחִים כְּדֵי לַעֲשׂוֹת מִמֶּנּוּ חֶבֶק לַחֲמוֹר הֲרֵי זֶה מְקַבֵּל טֻמְאָה:

ט. מִטָּה שֶׁהָיְתָה טְמֵאָה מִדְרָס וּמִזְרָן יוֹצֵא מִמֶּנָּה עַד עֲשָׂרָה טְפָחִים הֲרֵי הוּא אַב טֻמְאָה כַּמִּטָּה עַצְמָהּ וְהַכֹּל מִדְרָס. מֵעֲשָׂרָה וְלַחוּץ הֲרֵי הוּא כְּמַגַּע מִדְרָס. דָּרַס הַזָּב עַל הַמִּזְרָן הַיּוֹצֵא מֵעֲשָׂרָה וּלְפָנִים הֲרֵי הַמִּטָּה כֻּלָּהּ מִדְרָס. מֵעֲשָׂרָה וְלַחוּץ טְהוֹרָה. בַּמֶּה דְּבָרִים אֲמוּרִים לְמִדְרָס. אֲבָל לִשְׁאָר טֻמְאוֹת אֲפִלּוּ מֵאָה אַמָּה כֻּלּוֹ חִבּוּר. כֵּיצַד. מִזְרָן שֶׁהוּא כָּרוּךְ עַל הַמִּטָּה וְהִכְנִיס קְצָתוֹ לְאֹהֶל הַמֵּת אוֹ שֶׁנָּגַע שֶׁרֶץ בִּקְצָתוֹ אוֹ שֶׁנָּפְלוּ מַשְׁקִין טְמֵאִין עַל מִקְצָתוֹ נִטְמֵאת הַמִּטָּה וַאֲפִלּוּ הָיָה הַקָּצֶה שֶׁנִּטְמָא יוֹצֵא מִן הַמִּטָּה מֵאָה אַמָּה:

י. מִטָּה הַטְּמֵאָה מִדְרָס וְכָרַךְ לָהּ מִזְרָן הַכֹּל טָמֵא מִדְרָס. הִפְרִישׁוֹ הַמִּטָּה מִדְרָס כְּשֶׁהָיְתָה וְהַמִּזְרָן מַגַּע מִדְרָס. הָיְתָה טְמֵאָה טֻמְאַת שִׁבְעָה וְכָרַךְ לָהּ מִזְרָן כֻּלָּהּ טְמֵאָה טֻמְאַת שִׁבְעָה. הִפְרִישׁוֹ הִיא טְמֵאָה כְּשֶׁהָיְתָה וְהַמִּזְרָן טָמֵא טֻמְאַת עֶרֶב. הָיְתָה טְמֵאָה טֻמְאַת עֶרֶב וְכָרַךְ לָהּ מִזְרָן הַכֹּל טָמֵא טֻמְאַת עֶרֶב. הִפְרִישׁוֹ הִיא טְמֵאָה טֻמְאַת עֶרֶב וְהַמִּזְרָן טָהוֹר:

יא. מִטָּה שֶׁכָּרַךְ עָלֶיהָ מִזְרָן וְנָגַע בָּהֶן הַמֵּת הַכֹּל טָמֵא טֻמְאַת שִׁבְעָה. פֵּרְשׁוּ טָמֵא טֻמְאַת שִׁבְעָה. נָגַע בָּהּ שֶׁרֶץ וְכַיּוֹצֵא בָּהֶן טְמֵאִין טֻמְאַת עֶרֶב. פֵּרְשׁוּ טְמֵאִין טֻמְאַת עֶרֶב:

יב. כֶּרַע שֶׁהָיְתָה טְמֵאָה מִדְרָס וְחִבְּרָהּ לְמִטָּה הַמִּטָּה כֻּלָּהּ מִדְרָס. פֵּרְשָׁה הַכֶּרַע טְמֵאָה מִדְרָס כְּשֶׁהָיְתָה וְהַמִּטָּה מַגַּע מִדְרָס. וְכֵן אִם הָיְתָה הַכֶּרַע טְמֵאָה טֻמְאַת שִׁבְעָה וְחִבְּרָהּ לְמִטָּה הַמִּטָּה כֻּלָּהּ טְמֵאָה שִׁבְעָה כְּאִלּוּ נָגַע הַמֵּת בְּכֶרַע שֶׁלָּהּ. וְאִם הִזָּה עַל הַמִּטָּה טָהֲרָה וְהַכֶּרַע בִּכְלָלָהּ. וְאִם פֵּרְשָׁה קֹדֶם הַזָּיָה הַכֶּרַע טְמֵאָה טֻמְאַת שִׁבְעָה כְּשֶׁהָיְתָה וְהַמִּטָּה טְמֵאָה טֻמְאַת עֶרֶב. הָיָה הַכֶּרַע טְמֵאָה טֻמְאַת עֶרֶב וְחִבְּרָהּ לַמִּטָּה הַכֹּל טָמֵא טֻמְאַת עֶרֶב. פֵּרְשָׁה הִיא טְמֵאָה טֻמְאַת עֶרֶב וְהַמִּטָּה טְהוֹרָה שֶׁאֵין הַטָּמֵא טֻמְאַת עֶרֶב מִן הַמֵּת מְטַמֵּא לֹא אָדָם וְלֹא כֵּלִים מִפְּנֵי שֶׁהוּא וָלָד כְּמוֹ שֶׁבֵּאַרְנוּ. וְכֵן הַדִּין בְּשֵׁן שֶׁל מַעְדֵּר שֶׁנִּטְמָא בְּמֵת וְאַחַר כָּךְ חִבְּרוֹ לַמַּעְדֵּר:

Perek 22

Beged (cloth)

Reminder

Pack on Impurity of Vessels

Pack on Impurity of Clothes

Measure, Production, Purification

MEASURE	**3 *tefachim* (handbreadth) square** for *midras tumah – zav*	Wool or flax
	3 *etzbaot* (fingerbreadth) square for corpse or other *tumah*	

Other fabrics must be

3 × 3 *tefachim* for both *midras* and other impurities – If a torn piece.

If one weaves a garment independently

Any size for all impurities, except *midras* **(which must serve as a support)**

	3 × 3 *etzba* needed	3 × 3 *tefach* needed
Wool or flax (linen), torn piece	✓ other impurities	✓ *zav*
Other fabrics, torn piece	×	✓
Fabrics, specially woven		✓ Only for a *zav*. Otherwise any size will be susceptible to impurity
Very thick or very thin cloths of wool or linen	×	✓
Woven nets	✓	✓
Fishing nets with large holes used as garment	Pure	Pure
Cloth to cover scrolls	Pure – because they do not serve humans	Pure
Bandage	Pure (because dirtied by medicaments) – and therefore would not be sat upon	Pure (because dirtied by medicaments)

Intention for use will also affect status of the cloth

Reminder
Pack on Impurity of *Zav, Zavah* etc

PRODUCTION

Cloth items become susceptible at a defined point in their production. I.e. work to produce them has been completed.

If just a sheet of fabric is being produced, then it becomes susceptible when it reaches size **3 × 3 *etzba*.**

Definitions given for

- Cloth including pockets and socks etc
- Needlework vessels
- Women head covering

- Cloak
- Belts

PURIFICATION

Definition of damage or wear which takes place to cloth so that pieces becomes purified in the process e.g. throwing a piece of cloth 3 × 3 *etzba,* which is impure, onto a dunghill, causes it to become pure if it cannot hold a fourth of a kav of coarse salt without tearing.

The cloth of a poor person has different definition because what may not be valuable to a normal person, will be regarded as valuable for a poor person. Therefore it is more susceptible to impurity.

פרק כ״ב

א. כַּמָּה שִׁעוּר הַבֶּגֶד לְהִתְטַמֵּא שְׁלֹשָׁה טְפָחִים עַל שְׁלֹשָׁה טְפָחִים לְמִדְרָס. וְשָׁלֹשׁ אֶצְבָּעוֹת עַל שָׁלֹשׁ אֶצְבָּעוֹת מְכֻוָּנוֹת עִם הַמֶּלֶל לְטֻמְאַת הַמֵּת אוֹ לִשְׁאָר טֻמְאוֹת. בַּמֶּה דְּבָרִים אֲמוּרִים בְּבִגְדֵי צֶמֶר וּפִשְׁתִּים. אֲבָל בְּגָדִים שֶׁל שְׁאָר מִינִין אֵין מְקַבְּלִין טֻמְאָה מִכָּל הַטֻּמְאוֹת אֶלָּא אִם כֵּן הָיָה בָּהֶן שְׁלֹשָׁה טְפָחִים עַל שְׁלֹשָׁה טְפָחִים אוֹ יֶתֶר. שֶׁנֶּאֱמַר (ויקרא יא לב) ״אוֹ בֶגֶד״ מִפִּי הַשְּׁמוּעָה לָמְדוּ שֶׁבָּא הַכָּתוּב לְרַבּוֹת שְׁלֹשָׁה טְפָחִים עַל שְׁלֹשָׁה טְפָחִים כִּשְׁאָר בְּגָדִים לַטֻּמְאָה. בַּמֶּה דְּבָרִים אֲמוּרִים בִּקְרָעִים מִן הַבְּגָדִים. אֲבָל הָאוֹרֵג בֶּגֶד בִּפְנֵי עַצְמוֹ כָּל שֶׁהוּא הֲרֵי זֶה מְקַבֵּל שְׁאָר טֻמְאוֹת חוּץ מִטֻּמְאַת מִדְרָס שֶׁאֵין מְקַבֵּל אוֹתָהּ אֶלָּא הָרָאוּי לְמִדְרָס:

ב. הַבְּגָדִים הָעָבִים בְּיוֹתֵר כְּגוֹן הַלְּבָדִין וְהַנִּמְטִין הַקָּשִׁין. אוֹ הַבְּגָדִים הָרַכִּין בְּיוֹתֵר כְּגוֹן בִּגְדֵי פִּשְׁתָּן שֶׁל מִצְרַיִם שֶׁהַבָּשָׂר נִרְאֶה מִתַּחְתָּן. אֵינָן מְקַבְּלִין טֻמְאָה עַד שֶׁיִּהְיֶה בַּקֶּרַע שְׁלֹשָׁה עַל שְׁלֹשָׁה טְפָחִים בֵּין לְמִדְרָס בֵּין לִשְׁאָר טֻמְאוֹת:

ג. כָּל הַקְּלִיעוֹת מְקַבְּלוֹת טֻמְאָה בִּבְגָדִים. אֶחָד הַקּוֹלֵעַ חוּטִים וַעֲשָׂאָן פִּיף אוֹ הָאוֹרְגָן וַעֲשָׂאָן אַבְנֵט וְכַיּוֹצֵא בּוֹ. חוּץ מִקְּלִיעָה שֶׁעוֹשִׂין הַצַּמָּרִים לִקְשֹׁר בָּהּ הַצֶּמֶר שֶׁהִיא טְהוֹרָה. הַקֶּלַע שֶׁבֵּית קִבּוּל אֶבֶן שֶׁבָּהּ אָרוּג אוֹ עוֹר מְקַבֶּלֶת טֻמְאָה. נִפְסַק בֵּית אֶצְבַּע שֶׁלָּהּ טְהוֹרָה. נִפְסַק [בֵּית] הַפָּקִיעַ שֶׁלָּהּ בִּלְבַד עֲדַיִן הִיא בְּטֻמְאָתָהּ. הַמִּכְמוֹרוֹת וְהָרְשָׁתוֹת מְקַבְּלִין טֻמְאָה. וְהַחֵרֶם מְקַבֵּל טֻמְאָה מִפְּנֵי זוּטוֹ. מִפְּנֵי שֶׁעֵינֵי אוֹתָהּ הַשְּׂבָכָה דַּקִּין בְּיוֹתֵר וַהֲרֵי הִיא כְּבֶגֶד. הָעוֹשֶׂה בֶּגֶד מִן הַחֵרֶם טָהוֹר. מִן זוּטוֹ מִתְטַמֵּא:

ד. עָשָׂה חָלוּק מִן הַמְּשַׁמֶּרֶת אִם יֵשׁ בּוֹ שְׁלֹשָׁה עַל שְׁלֹשָׁה מְקַבֵּל טֻמְאָה:

ה. מְשַׁמֶּרֶת שֶׁל יַיִן שֶׁבָּלְתָה אִם מְשַׁמֶּשֶׁת מֵעֵין מְלָאכָה רִאשׁוֹנָה טְמֵאָה. וְאִם לָאו טְהוֹרָה:

ו. מִטְפְּחוֹת סְפָרִים הַמְצֻיָּרוֹת אֵין מְקַבְּלִין טֻמְאָה מִפְּנֵי שֶׁאֵינָן מְשַׁמְּשִׁין אָדָם שֶׁהֲרֵי צִיּוּרָן מֵעִיד עֲלֵיהֶן שֶׁבִּשְׁבִיל סֵפֶר נַעֲשׂוּ. וְשֶׁאֵינָן מְצֻיָּרוֹת מִתְטַמְּאוֹת בִּשְׁאָר טֻמְאוֹת חוּץ מִטֻּמְאַת מִדְרָס מִפְּנֵי שֶׁאוֹמְרִין לוֹ עֲמֹד וְנַעֲשֶׂה מְלַאכְתֵּנוּ כְּמוֹ שֶׁבֵּאַרְנוּ בְּעִנְיַן מִשְׁכָּב וּמוֹשָׁב:

ז. כֶּסֶת הַסַּבָּלִים שֶׁמַּנִּיחִין עַל כִּתְפֵיהֶן מִפְּנֵי הַמּוֹט מִתְטַמְּאָה בְּמִדְרָס וּמְשַׁמֶּרֶת שֶׁל יַיִן אֵינָהּ מִתְטַמְּאָה בְּמִדְרָס:

ח. בֶּגֶד שֶׁחִשֵּׁב עָלָיו לְצוּרוֹת אֵינוֹ מְקַבֵּל טֻמְאָה. בִּטֵּל מַחֲשַׁבְתּוֹ מְקַבֵּל טֻמְאָה. בַּעַל הַבַּיִת שֶׁעָשָׂה מִטְפָּחוֹת לַחְפּוֹת בָּהֶן כְּתָלִים אוֹ עַמּוּדִים אֵינָם מְקַבְּלוֹת טֻמְאָה:

ט. חָלוּק הֶעָשׂוּי כִּסְבָכָה כְּדֵי לְשַׂחֵק בּוֹ שׁוֹתֵי שֵׁכָר אֵינוֹ מְקַבֵּל טֻמְאָה:

י. כִּפָּה שֶׁנְּתָנוֹ עַל הַסֵּפֶר טָהוֹר מִלְּקַבֵּל טֻמְאַת מִדְרָס. אֲבָל מִתְטַמֵּא בְּמֵת וּבִשְׁאָר טֻמְאוֹת:

יא. הָעוֹשֶׂה אִסְפְּלָנִית בֵּין עַל הָעוֹר בֵּין עַל הַבֶּגֶד אַף עַל פִּי שֶׁיֵּשׁ בָּהֶן שִׁעוּר טְהוֹרִין. עָשָׂה עֲלֵיהֶן מְלוּגְמָא עַל הַבֶּגֶד אֵינוֹ מְקַבֵּל טֻמְאָה שֶׁהֲרֵי נִתְלַכְלֵךְ וְאֵינוֹ רָאוּי. וְעַל הָעוֹר מְקַבֵּל טֻמְאָה מִפְּנֵי שֶׁהוּא מִתְקַנֵּחַ וְרָאוּי לְמִשְׁכָּב:

יב. מֵאֵימָתַי יְקַבֵּל הַבֶּגֶד טֻמְאָה מִשֶּׁיֵּאָרֵג בּוֹ שָׁלֹשׁ אֶצְבָּעוֹת עַל שָׁלֹשׁ אֶצְבָּעוֹת. וְכָל הַכֵּלִים הַנֶּאֱרָגִין בְּמַחַט כְּגוֹן הַכִּיס וְאַנְפִּלְיָא אֵין מְקַבְּלִין טֻמְאָה עַד שֶׁתִּגָּמֵר מְלַאכְתָּן:

יג. כָּל הַכֵּלִים הַנַּעֲשִׂין עַל גַּבֵּי מַחַט כְּגוֹן מְצוּדָה כֵּיוָן שֶׁנַּעֲשָׂה בָּהֶן בֵּית קִבּוּל מְלַאכְתָּן מְקַבְּלִין טֻמְאָה:

יד. סְבָכָה שֶׁמַּנִּיחוֹת הַבָּנוֹת בְּרָאשֵׁיהֶן אִם הִתְחִילוּ לַעֲשׂוֹת אוֹתָהּ מִפִּיהָ אֵינָהּ מְקַבֶּלֶת טֻמְאָה עַד שֶׁיִּגָּמֵר קַרְקָעִיתָהּ.

וְאִם הִתְחִילָה מִקַּרְקָעִיתָהּ אֵינָהּ מְקַבֶּלֶת טֻמְאָה עַד שֶׁיִּגְמֹר אֶת פִּיהָ. וּשְׁבִיסָה מְקַבֶּלֶת טֻמְאָה בִּפְנֵי עַצְמָהּ. וְחוּטֶיהָ חִבּוּר לָהּ לְטַמֵּא וּלְהִתְטַמֵּא:

טו. סְבָכָה שֶׁנִּקְרְעָה אִם אֵינָהּ מְקַבֶּלֶת רֹב שְׂעַר הָרֹאשׁ טְהוֹרָה:

טז. חָלוּק שֶׁל בֶּגֶד אוֹ שֶׁל לֶבֶד אוֹ שֶׁל נְיָר מֵאֵימָתַי הוּא גְּמַר מְלַאכְתּוֹ מִשֶּׁיִּפְתַּח אֶת פִּיו. הַגָּדוֹל לְפִי גָּדְלוֹ וְהַקָּטָן לְפִי קָטְנוֹ. וְאִם נִטְמָא הֶחָלוּק מֵאֵימָתַי הוּא טָהֳרָתוֹ מִשֶּׁיִּבָּלֶה וְאֵינוֹ מְשַׁמֵּשׁ מֵעֵין מְלַאכְתּוֹ רִאשׁוֹנָה. נִשְׁתַּיֵּר בּוֹ רֻבּוֹ מִלְּמַעְלָה עֲדַיִן הוּא בְּטֻמְאָתוֹ רֻבּוֹ מִלְּמַטָּה טָהוֹר. וְאִם נִקְרַע מִבֵּית פִּיו טָהוֹר:

יז. הָעוֹשֶׂה חֲגוֹר מִצַּוָּאר שֶׁל בֶּגֶד וּמִצִּדּוֹ שֶׁל סָדִין אֵינוֹ מְקַבֵּל טֻמְאָה עַד שֶׁיִּמְלֹל שִׂפְתוֹתָיו. עֲשָׂאָהוּ מֵאֶמְצַע הַבֶּגֶד וּמֵאֶמְצַע הַסָּדִין אֵינוֹ מְקַבֵּל טֻמְאָה עַד שֶׁיִּמְלֹל מִצַּד הַשֵּׁנִי:

יח. חֲגוֹר שֶׁבָּלוּ צְדָדָיו וְאֶמְצָעִיתוֹ קַיֶּמֶת טָמֵא:

יט. שָׂפָה שֶׁפֵּרְשָׁה מִן הַבֶּגֶד וְהִתְקִינָהּ לַחֲגֹר בָּהּ אֶת מָתְנָיו מְקַבֶּלֶת טֻמְאָה מִפְּנֵי שֶׁהִיא כְּאַבְנֵט:

כ. טַלִּית שֶׁל עָנִי שֶׁבָּלְתָה אִם הָיוּ רֹב שִׂפְתוֹתֶיהָ קַיָּמוֹת אַף עַל פִּי שֶׁאֵין בָּהּ שָׁלֹשׁ עַל שָׁלֹשׁ בָּרִיא הֲרֵי זוֹ מְקַבֶּלֶת טֻמְאָה. אֵין שִׂפְתוֹתֶיהָ קַיָּמוֹת אִם יֵשׁ בָּהּ שָׁלֹשׁ עַל שָׁלֹשׁ חָזָק וּבָרִיא מְקַבֶּלֶת טֻמְאָה וְאִם לָאו אֵינָהּ מְקַבֶּלֶת טֻמְאָה. וְכֵן שְׁאָר בִּגְדֵי עֲנִיִּים:

כא. מַטְלִיּוֹת שֶׁאֵין בָּהֶן שְׁלֹשָׁה עַל שְׁלֹשָׁה אֵינָן מְקַבְּלוֹת טֻמְאָה. וְאִם חִשֵּׁב עֲלֵיהֶן וְהֱכִינָן מְקַבְּלוֹת טֻמְאָה עַד שֶׁיִּהְיוּ פָּחוֹת מִשָּׁלֹשׁ עַל שָׁלֹשׁ. שֶׁכָּל פָּחוֹת מִשָּׁלֹשׁ עַל שָׁלֹשׁ אֵינוֹ מְקַבֵּל טֻמְאָה כְּלָל וְאַף עַל פִּי שֶׁהֱכִינוֹ:

כב. פָּחוֹת מִשְּׁלֹשָׁה עַל שְׁלֹשָׁה שֶׁהִתְקִינוֹ לִפְקֹק בּוֹ אֶת הַמֶּרְחָץ וּלְנַעֵר בּוֹ אֶת הַקְּדֵרָה וּלְקַנֵּחַ בּוֹ אֶת הָרֵחַיִם וְכַיּוֹצֵא בְּאֵלּוּ. אִם הִשְׁלִיכוֹ בָּאַשְׁפָּה אֵינוֹ מְקַבֵּל טֻמְאָה. תְּלָאוֹ בְּמָגוֹד אוֹ הִנִּיחוֹ אֲחוֹרֵי הַדֶּלֶת הֲרֵי זֶה כְּמִי שֶׁהִנִּיחוֹ בְּתוֹךְ בְּגָדָיו וַעֲדַיִן הוּא חָשׁוּב אֶצְלוֹ וּמְקַבֵּל שְׁאָר טֻמְאוֹת חוּץ מִטֻּמְאַת מִדְרָס. שֶׁהֲרֵי הוּא פָּחוֹת מִשְּׁלֹשָׁה טְפָחִים:

כג. שְׁלֹשָׁה עַל שְׁלֹשָׁה שֶׁהָיָה מֻשְׁלָךְ בָּאַשְׁפָּה אִם הָיָה בָּרִיא כְּדֵי לִצְרוֹר בּוֹ רֹבַע הַקַּב מֶלַח גַּס וְלֹא יִקָּרַע הֲרֵי זֶה מִתְטַמֵּא בְּמִדְרָס וְאִם לָאו אֵינוֹ מִתְטַמֵּא. אֲבָל אִם הָיָה בַּבַּיִת אִם הָיָה בָּרִיא אַף עַל פִּי שֶׁאֵינוֹ יָכוֹל לִצְרֹר בּוֹ מֶלַח אוֹ שֶׁהָיָה צוֹרֵר בּוֹ מֶלַח וְלֹא הָיָה בָּרִיא הֲרֵי זֶה טָמֵא מִדְרָס:

כד. שְׁלֹשָׁה עַל שְׁלֹשָׁה שֶׁנִּקְרַע וְלֹא הֻבְדְּלוּ הַקְּרָעִים אִם נוֹתְנוֹ עַל הַכִּסֵּא וּכְשֶׁיֵּשֵׁב עָלָיו יַגִּיעַ בְּשָׂרוֹ בַּכִּסֵּא הֲרֵי זֶה טָהוֹר וְאִם לָאו הֲרֵי זֶה מִתְטַמֵּא בְּמִדְרָס:

כה. שָׁלֹשׁ עַל שָׁלֹשׁ שֶׁנִּמְחָה מִמֶּנּוּ אֲפִלּוּ חוּט אֶחָד אוֹ שֶׁנִּמְצָא בָּהּ קֶשֶׁר אוֹ שְׁנֵי חוּטִין מַתְאִימִין הֲרֵי זוֹ טְהוֹרָה:

כו. שָׁלֹשׁ עַל שָׁלֹשׁ שֶׁהִשְׁלִיכָהּ בָּאַשְׁפָּה טְהוֹרָה. הֶחֱזִירָהּ מְקַבֶּלֶת טֻמְאָה. לְעוֹלָם הַשְׁלָכָתָהּ מְטַהַרְתָּהּ וְהַחְזָרָתָהּ מְטַמְּאָתָהּ חוּץ מִשֶּׁל אַרְגָּמָן וְשֶׁל זְהוֹרִית טוֹבָה שֶׁאֲפִלּוּ הָיְתָה עַל הָאַשְׁפָּה מְקַבֶּלֶת טֻמְאָה מִפְּנֵי שֶׁהִיא חֲשׁוּבָה:

כז. שָׁלֹשׁ עַל שָׁלֹשׁ שֶׁנְּתָנָהּ בְּכַדּוּר אוֹ שֶׁעֲשָׂאָהּ כַּדּוּר בִּפְנֵי עַצְמָהּ טְהוֹרָה. אֲבָל שְׁלֹשָׁה טְפָחִים עַל שְׁלֹשָׁה טְפָחִים שֶׁנְּתָנוֹ בְּכַדּוּר הֲרֵי הוּא כְּמוֹת שֶׁהָיָה וּמִתְטַמֵּא בְּמִדְרָס. עֲשָׂהוּ כַּדּוּר בִּפְנֵי עַצְמוֹ אֵינוֹ מִתְטַמֵּא בְּמִדְרָס שֶׁהֲרֵי הַתֶּפֶר מְמַעֲטוֹ מִשְּׁלֹשָׁה עַל שְׁלֹשָׁה:

Perek 23

Other forms of 'cloth'.

Sacking, Leather, Matting

Principle: Any entity that is susceptible to *midras* impurity (from *zav*), is also susceptible to other types of impurity.

The size of 'cloth' necessary to make it susceptible to impurity varies for different materials as follows:

Sizes.

- Cloth i.e. wool or linen 3 × 3 ***tefach*** for *zav* (or 3 × 3 ***etzba*** for general impurity)

- Sacking **4 *tefachim* square**
- Leather **5 *tefachim* square**
- Matting **6 *tefachim* square**

These measures apply when a piece of the fabric tore away (accidentally) from a larger piece. If, however one (intentionally) cuts the piece to use for sitting or lying on (and therefore be susceptible to *zav* impurity), even a piece **1 × 1 *tefach* or 3 × 3 *tefach* respectively** is susceptible.

Mixing different pieces of fabric together.

- I.e. Different sizes and combination of cloth, sack, leather and mat
- Weaving a piece of cloth **3 × 3 *tefach*,** it becomes impure, and then if one continues weaving the rest of the garment, then the whole garment becomes impure.
- An impure patch with *zav* impurity patching a basket.
- Impure patch attached to a garment.
- Cloak being made into a curtain (which a *zav* cannot now sit on) etc.

פרק כ״ג

א. הַמַּפָּץ הוּא הַמַּחְצֶלֶת שֶׁאוֹרְגִין אוֹתָהּ מִן הַחֲבָלִים וּמִן הַסּוּף וּמִן הַגֹּמֶא וְכַיּוֹצֵא בָּהֶן. וְאֵין הַמַּפָּץ בִּכְלַל כֵּלִים הָאֲמוּרִין בַּתּוֹרָה וְאַף עַל פִּי כֵן מִתְטַמֵּא הוּא בְּמִדְרָס דִּין תּוֹרָה שֶׁהֲרֵי רִבָּה הַכָּתוּב (ויקרא טו ד) "כָּל הַמִּשְׁכָּב" וְזֶה רָאוּי לְמִשְׁכָּב וְעָשׂוּי לוֹ. וְכֵן מִתְטַמֵּא בְּמֵת וּבִשְׁאָר טֻמְאוֹת מִדִּבְרֵיהֶן כְּכָל פְּשׁוּטֵי כְּלֵי עֵץ כְּמוֹ שֶׁבֵּאַרְנוּ. וְזֶה כְּלָל גָּדוֹל שֶׁכָּל הַמִּתְטַמֵּא בְּמִדְרָס מִתְטַמֵּא בִּשְׁאָר טֻמְאוֹת:

ב. כְּבָר בֵּאַרְנוּ שֶׁהַבֶּגֶד מִתְטַמֵּא בְּשָׁלֹשׁ עַל שָׁלֹשׁ כְּמוֹ שֶׁבֵּאַרְנוּ בִּשְׁאָר טֻמְאוֹת. וּבִשְׁלֹשָׁה טְפָחִים עַל שְׁלֹשָׁה טְפָחִים לְמִדְרָס:

ג. הַשַּׂק שִׁעוּרוֹ אַרְבָּעָה טְפָחִים עַל אַרְבָּעָה טְפָחִים. הָעוֹר חֲמִשָּׁה עַל חֲמִשָּׁה. הַמַּפָּץ שִׁשָּׁה עַל שִׁשָּׁה בֵּין לְמִדְרָס בֵּין לִשְׁאָר הַטֻּמְאוֹת. וּפָחוֹת מִן הַשִּׁעוּרִין הָאֵלּוּ טְהוֹרִין מִכְּלוּם. בַּמֶּה דְּבָרִים אֲמוּרִים בְּקֶרַע אֶחָד מֵהֶן שֶׁנִּקְרַע בְּלֹא כַּוָּנָה. אֲבָל הַקּוֹצֵץ בְּכַוָּנָה וְקִצֵּץ אֲפִלּוּ טֶפַח עַל טֶפַח לְמוֹשָׁב אוֹ שְׁלֹשָׁה טְפָחִים עַל שְׁלֹשָׁה טְפָחִים לְמִשְׁכָּב הֲרֵי זֶה מִתְטַמֵּא בְּמִדְרָס. בֵּין שֶׁהָיָה הַטֶּפַח עַל טֶפַח שֶׁקִּצֵּץ אוֹ הַשְּׁלֹשָׁה בֶּגֶד אוֹ שַׂק אוֹ עוֹר אוֹ מַפָּץ. וְכֵן הַמְקַצֵּעַ מֵאֶחָד מֵהֶן לַאֲחִיזָה כְּדֵי שֶׁיֹּאחַז בּוֹ בְּיָדוֹ כְּדֶרֶךְ שֶׁעוֹשִׂין קוֹצְצֵי תְּאֵנִים שֶׁלֹּא יְזוֹקוּ אֶצְבְּעוֹתֵיהֶן הֲרֵי זֶה טָמֵא בְּכָל שֶׁהוּא. וְהוּא שֶׁלֹּא יִהְיֶה פָּחוֹת מִשָּׁלֹשׁ עַל שָׁלֹשׁ שֶׁכָּל פָּחוֹת מִשָּׁלֹשׁ אֶצְבָּעוֹת טָהוֹר מִכְּלוּם:

ד. הַמְחַבֵּר שְׁנֵי טְפָחִים מִן הַבֶּגֶד וּמִן הַשַּׂק טֶפַח שְׁלֹשָׁה מִן הַשַּׂק וְאֶחָד מִן הָעוֹר אַרְבָּעָה מִן הָעוֹר וְאֶחָד מִן הַמַּפָּץ הֲרֵי זֶה טָהוֹר מִן הַמִּדְרָס. אֲבָל אִם חִבֵּר חֲמִשָּׁה טְפָחִים מִן הַמַּפָּץ וְאֶחָד מִן הָעוֹר אַרְבָּעָה מִן הָעוֹר וְאֶחָד מִן הַשַּׂק שְׁלֹשָׁה מִן הַשַּׂק וְאֶחָד מִן הַבֶּגֶד הֲרֵי זֶה טָמֵא מִדְרָס זֶה הַכְּלָל כָּל שֶׁהִשְׁלִים שִׁעוּרוֹ בְּחָמוּר מִמֶּנּוּ טָמֵא מִן הַקַּל טָהוֹר:

ה. בְּלוֹיֵי נָפָה וּכְבָרָה שֶׁהִתְקִינָן לִישִׁיבָה טְהוֹרִין וְאֵינָן מְקַבְּלִין טֻמְאָה עַד שֶׁיְּקַצְּצֵם וְאַחַר כָּךְ יִהְיוּ כְּמַפָּץ:

ו. חָלוּק שֶׁל קָטָן אֵינוֹ מִתְטַמֵּא בְּמִדְרָס עַד שֶׁיִּהְיֶה בּוֹ כְּשִׁעוּר שְׁלֹשָׁה טְפָחִים עַל שְׁלֹשָׁה טְפָחִים וְנִמְדָּד כָּפוּל כִּבְרִיָּתוֹ. וְאֵלּוּ נִמְדָּדִין כְּפוּלִין בְּגָדִים שֶׁמַּלְבִּישִׁין אוֹתָן עַל הָרַגְלַיִם וְעַל הַשּׁוֹקַיִם וְאֶת הָרֹאשׁ וְהַמִּכְנָסַיִם וְהַכּוֹבַע וְהַכִּיס שֶׁל פֻּנְדָּא וּמַטְלִית שֶׁתְּלָאָהּ עַל הַשָּׂפָה אִם פְּשׁוּטָה נִמְדֶּדֶת פְּשׁוּטָה וְאִם כְּפוּלָה נִמְדֶּדֶת כְּפוּלָה:

ז. הַבֶּגֶד שֶׁאָרַג שְׁלֹשָׁה עַל שְׁלֹשָׁה נִטְמָא בְּמִדְרָס וְאַחַר כָּךְ הִשְׁלִים אֶת כָּל הַבֶּגֶד כֻּלּוֹ מִדְרָס. נָטַל חוּט אֶחָד מִתְּחִלָּתוֹ טָהַר מִן הַמִּדְרָס אֲבָל טָמֵא מַגַּע מִדְרָס וַהֲרֵי הוּא רִאשׁוֹן כִּכְלִי שֶׁנָּגַע בְּמִדְרָס. נָטַל חוּט אֶחָד מִתְּחִלָּתוֹ וְאַחַר כָּךְ הִשְׁלִים אֶת כָּל הַבֶּגֶד כָּל הַבֶּגֶד טָמֵא מַגַּע מִדְרָס. וְכֵן בֶּגֶד שֶׁנֶּאֱרַג בּוֹ שָׁלֹשׁ אֶצְבָּעוֹת עַל שָׁלֹשׁ אֶצְבָּעוֹת וְנִטְמָא בְּמֵת וְאַחַר כָּךְ הִשְׁלִים עָלָיו אֶת כָּל הַבֶּגֶד הַבֶּגֶד כֻּלּוֹ טְמֵא מֵת. נָטַל חוּט אֶחָד מִתְּחִלָּתוֹ טָהַר מִטְּמֵא מֵת. אֲבָל טְמֵא מַגַּע טְמֵא מֵת. נָטַל חוּט אֶחָד מִתְּחִלָּתוֹ וְאַחַר כָּךְ הִשְׁלִים אֶת

כָּל הַבֶּגֶד הַכֹּל טָהוֹר. וְלָמָּה יִהְיֶה הַכֹּל טָהוֹר מִפְּנֵי שֶׁאָמְרוּ שָׁלֹשׁ עַל שָׁלֹשׁ שֶׁנִּתְמַעֲטָה טְהוֹרָה מִכְּלוּם אֲבָל שְׁלֹשָׁה עַל שְׁלֹשָׁה שֶׁנִּתְמַעֲטָה אַף עַל פִּי שֶׁטָּהֲרָה מִן הַמִּדְרָס הֲרֵי הִיא טְמֵאָה בְּכָל הַטֻּמְאוֹת:

ח. מַטְלִית שֶׁהִיא מִדְרָס וּתְלָאָהּ עַל הַקֻּפָּה אוֹ עַל הָעוֹר נַעֲשָׂה הַכֹּל רִאשׁוֹן לְטֻמְאָה. הִפְרִישׁ אֶת הַמַּטְלִית הֲרֵי הַקֻּפָּה אוֹ הָעוֹר רִאשׁוֹן מִפְּנֵי שֶׁנָּגְעוּ בַּמִּדְרָס וְהַמַּטְלִית טְהוֹרָה שֶׁכֵּיוָן שֶׁתְּלָאָהּ וְהִפְרִישָׁהּ בָּטְלָה. תְּלָאָהּ עַל הַבֶּגֶד אוֹ עַל הַשַּׂק נַעֲשָׂה הַכֹּל מִדְרָס וַהֲרֵי הַכֹּל אַב טֻמְאָה. הִפְרִישָׁהּ הֲרֵי הַבֶּגֶד אוֹ הַשַּׂק רִאשׁוֹן שֶׁהֲרֵי נָגַע בַּמִּדְרָס וְהַמַּטְלִית אַב טֻמְאָה כְּשֶׁהָיְתָה שֶׁאֵינָהּ בְּטֵלָה עַל הָאָרִיג. תָּפַר הַמַּטְלִית עַל הַבֶּגֶד כְּשֶׁתְּלָאָהּ מֵרוּחַ אַחַת אוֹ מִשְּׁתֵּי רוּחוֹת כְּמִין גַּאם אֵינוֹ חִבּוּר וְלֹא נַעֲשָׂה הַכֹּל אָב אֶלָּא מַגַּע מִדְרָס בִּלְבַד. תְּפָרָהּ מִשְּׁתֵּי רוּחוֹת זוֹ בְּצַד זוֹ הֲרֵי הִיא חִבּוּר וְנַעֲשָׂה הַכֹּל אָב:

ט. שְׁלֹשָׁה עַל שְׁלֹשָׁה שֶׁנִּטְמָא בְּמִדְרָס וְאַחַר כָּךְ נֶחֱלַק טָהַר מִן הַמִּדְרָס וְאֵין בִּקְרָעִים אֵלּוּ טֻמְאָה כְּלָל וְהִנָּם כְּשִׁבְרֵי כְּלִי שֶׁנִּטְמָא. אֲבָל בֶּגֶד שֶׁנִּטְמָא בְּמִדְרָס וְקָרַע מִמֶּנּוּ שָׁלֹשׁ אֶצְבָּעוֹת עַל שָׁלֹשׁ אֶצְבָּעוֹת אוֹתוֹ הַקֶּרַע טָהַר מִן הַמִּדְרָס אֲבָל טָמֵא מַגַּע מִדְרָס שֶׁבְּעֵת פְּרִישָׁתוֹ מִן הַבֶּגֶד הַגָּדוֹל נִטְמָא בְּמַגָּע:

י. סָדִין שֶׁנִּטְמָא בְּמִדְרָס וְאַחַר כָּךְ עֲשָׂאָהוּ פָּרֹכֶת טָהַר מִן הַמִּדְרָס. וּמֵאֵימָתַי הוּא טָהֳרָתוֹ מִן הַמִּדְרָס מִשֶּׁיְּקַשֵּׁר בּוֹ הַלּוּלָאוֹת שֶׁהוּא נִתְלֶה בָּהֶן כִּשְׁאָר הַפָּרוֹכוֹת:

יא. טַלִּית שֶׁהִיא מִדְרָס וְהִטְבִּילָהּ וְקֹדֶם שֶׁיַּעֲרִיב שִׁמְשָׁהּ הִתְחִיל לִקְרֹעַ מִמֶּנָּה קֶרַע כֵּיוָן שֶׁנִּקְרַע בָּהּ רֻבָּהּ שׁוּב אֵינָהּ חִבּוּר וְטָהֲרָה כֻּלָּהּ אַף עַל פִּי שֶׁעֲדַיִן נִשְׁתַּיֵּר בָּהּ כְּדֵי מַעֲפֹרֶת שֶׁלֹּא נִקְרַע שֶׁהֲרֵי הוּא קוֹרֵעַ וְהוֹלֵךְ. בַּמֶּה דְּבָרִים אֲמוּרִים בִּטְבוּלַת יוֹם שֶׁכֵּיוָן שֶׁלֹּא חָס עָלֶיהָ לְהַטְבִּילָהּ כָּךְ לֹא יָחוּס לִקְרֹעַ אֶת כֻּלָּהּ וּלְפִיכָךְ טָהֲרָה כֻּלָּהּ:

Perek 24

Hides.

Can be used flat or as a vessel or both.

As a flat piece, it is susceptible to being sat or lied upon and therefore *midras* impurity (*zav*). They must be the minimum size of **5 × 5 *tefach*.**

Reminder
Pack on Impurity of *Zav, Zavah etc*

As a vessel not used for lying on etc, they are not susceptible to *midras* but are susceptible to other impurities.

	Susceptible to *zav* impurity (*midras*)	Susceptible to other impurities	Pure from all impurities
Hides which one would sit or lie upon or ride upon	✓		
Hides which one is unlikely to use for sitting etc because of its delicate function	×		
Leather vessel e.g. drinking pouch	×	✓	

Leather cover of a vessel and is not an integral part of its function			✓
Leather article flat and impure changed to leather vessel or vice versa	Becomes pure because now new entity		
Changed from one flat article to another flat article	✓ Remains impure		

Use of leather hide can be made susceptible by one's thought or intention. But the production of the article must have been completed.

Midras impurity also depends on ownership i.e. it could not be made impure if person does not own it.

E.g. a thief (*ganav*) could make stolen article impure due to *midras* whereas a robber (*gazlan*) cannot. This is because a thief steals quietly at night and his identity is not known. Therefore the owner gives up hope of retrieving. A *gazlan* steals only in the day and his identity would therefore be known.

> **Reminder**
> Gneivah (Theft) Liability. Ref: *Sefer Nezikin, Hilchot Gnevah,* Chapter 2.
> Key Facts *Sefer Nezikin*
> Pack on Misbehaviour

Measures to be acceptable as both. (I.e. when hide can be used for both a vessel and sitting upon) i.e. is it possible for a person to sit upon it (or lie).

A waterskin should contain **7 *kav*.**

A wallet should contain **5 *kav*.**

A feeding nosebag (in which barley is hung from the head of an animal) should contain **4 *kav*.**

A leather sack with which water is poured should contain **1 *seah*.**

> **Reminder**
> Pack on Weights and Measures

Anything less than this is not sat upon.

פרק כ״ד

א. אֵלּוּ עוֹרוֹת מִתְטַמְּאִין בְּמִדְרָס. עוֹר שֶׁחָשַׁב עָלָיו לִשְׁטִיחָה. וְעוֹר שֶׁמַּנִּיחִין עַל הַמִּטּוֹת מִלְּמַעְלָה לִישֹׁן עָלָיו. וְעוֹר שֶׁמַּנִּיחִין עַל הַחֲמוֹר תַּחַת הַמַּשּׂאוֹי. וְעוֹר שֶׁמַּנִּיחִין בָּעֶרֶס תַּחַת הַקָּטָן. וְעוֹר הַכַּר. וְעוֹר הַכֶּסֶת. וְעוֹר שֶׁמַּנִּיחִין תַּחַת הַשֻּׁלְחָן בְּעֵת הָאֲכִילָה כְּדֵי שֶׁיִּפְּלוּ עָלָיו הַפֵּרוּרִין מִפְּנֵי שֶׁהוּא נִשְׁעָן עָלָיו בְּרַגְלוֹ. וְעוֹר שֶׁחוֹגֵר נוֹפֵץ הַפִּשְׁתָּן עָלָיו בְּעֵת שֶׁנּוֹפֵץ. וְעוֹר שֶׁחוֹגֵר הַחַמָּר עָלָיו. וְעוֹר שֶׁמַּנִּיחַ הַסַּבָּל עַל כְּתֵפוֹ בְּעֵת שֶׁסּוֹבֵל. וְעוֹר שֶׁמַּנִּיחַ הָרוֹפֵא עַל בִּרְכָּיו בְּעֵת שֶׁמֵּפִיס הַשְּׁחִינִין מִפְּנֵי שֶׁכָּל הָעוֹרוֹת הָאֵלּוּ יוֹשֵׁב עֲלֵיהֶן. וְעוֹר הַלֵּב שֶׁל קָטָן שֶׁרִירוֹ יוֹרֵד עָלָיו כְּדֵי שֶׁלֹּא יְפַסְּדוּ בְּגָדָיו. וְעוֹר שֶׁעֲשָׂאָהוּ לְנוֹתְנוֹ עַל לִבּוֹ בִּשְׁעַת הַקָּצִיר מִפְּנֵי הַשָּׁרָב. וְעוֹר שֶׁלּוֹפְפִין הַכְּסוּת בּוֹ. וְעוֹר הַתָּפוּר בְּתֵבָה שֶׁמַּנִּיחִין בּוֹ הַבְּגָדִים שֶׁכָּל אֵלּוּ מִתְהַפְּכִין עֲלֵיהֶן וְנִשְׁעָנִין עֲלֵיהֶן:

ב. כָּל הָעוֹרוֹת הַמִּתְטַמְּאוֹת בְּמִדְרָס אֵינָן מִתְטַמְּאִין עַד שֶׁיִּהְיֶה בָּהֶן כְּשִׁעוּר חֲמִשָּׁה טְפָחִים עַל חֲמִשָּׁה טְפָחִים. וְאֵלּוּ עוֹרוֹת שֶׁאֵין מִתְטַמְּאִין בְּמִדְרָס. עוֹר שֶׁחוֹגֵר סוֹרֵק הַצֶּמֶר בְּעֵת שֶׁסּוֹרֵק. וְעוֹר שֶׁלּוֹפֵף בּוֹ הַצֶּמֶר הַסָּרוּק. וְעוֹר שֶׁלּוֹפֵף בּוֹ הָאַרְגָּמָן. וְעוֹר הַתּוֹפֵר שֶׁמַּנִּיחִין בּוֹ הָאַרְגָּמָן. וְכֻלָּן מִתְטַמְּאִין בִּשְׁאָר טֻמְאוֹת:

ג. עוֹר שֶׁעֲשָׂאוֹ חִפּוּי לְכֵלִים טָהוֹר מִכְּלוּם. עֲשָׂאוֹ חִפּוּי לְמִשְׁקֹלֶת מְקַבֵּל שְׁאָר טֻמְאוֹת שֶׁהֲרֵי נַעֲשָׂה לְקַבָּלָה וְאֵינוֹ מִתְטַמֵּא בְּמִדְרָס:

ד. עוֹר שֶׁעֲשָׂאָהוּ לַעֲקֵבוֹ וּלְפַרְסָתוֹ אִם חוֹפֶה אֶת רֹב הָרֶגֶל מִתְטַמֵּא וְאִם לָאו טָהוֹר:

ה. מִנְעָל שֶׁעַל הָאִמּוּם אַף עַל פִּי שֶׁעֲדַיִן לֹא לְבָשׁוֹ אָדָם הֲרֵי זֶה מִתְטַמֵּא בְּמִדְרָס שֶׁכְּבָר נִגְמְרָה מְלַאכְתּוֹ:

ו. כָּל עוֹר הָרָאוּי לְהִתְטַמֵּא בְּמִדְרָס וְאֵינוֹ חָסֵר מְלָאכָה הַמַּחְשָׁבָה מְטַמְּאַתּוֹ וְאִם חִשֵּׁב עָלָיו לִהְיוֹת עוֹר שֻׁלְחָן וְכַיּוֹצֵא בּוֹ הֲרֵי זֶה מִתְטַמֵּא בְּמִדְרָס. וְאִם חָסֵר מְלָאכָה אֵין הַמַּחְשָׁבָה מוֹעֶלֶת בּוֹ עַד שֶׁתִּגָּמֵר מְלַאכְתּוֹ. חוּץ מִן הָעוֹר שֶׁמְּחַפִּין בּוֹ הַמֶּרְכָּב מִפְּנֵי הָאָבָק שֶׁהַמַּחְשָׁבָה מוֹעֶלֶת בּוֹ אַף עַל פִּי שֶׁלֹּא נִגְמְרָה מְלַאכְתּוֹ. בַּמֶּה דְּבָרִים אֲמוּרִים בְּעוֹרוֹת בַּעַל הַבַּיִת. אֲבָל עוֹרוֹת הָעַבְּדָן שֶׁסְּתָמָן לִמְכִירָה אֵין הַמַּחְשָׁבָה מְטַמְּאָתָן עַד שֶׁיַּעֲשֶׂה בָּהֶן מַעֲשֶׂה וִיכִינֵם לְמִדְרָס:

ז. אֵין אָדָם מְטַמֵּא בְּמִדְרָס מִשְׁכָּב אוֹ מֶרְכָּב שֶׁאֵינָן שֶׁלּוֹ שֶׁנֶּאֱמַר (ויקרא טו כא) "וְהַנּוֹגֵעַ בְּמִשְׁכָּבוֹ". גָּזַל מִשְׁכָּב וְדָרַס עָלָיו בְּלֹא נְגִיעָה טָהוֹר וְאִם נִתְיָאֲשׁוּ הַבְּעָלִים טָמֵא. גָּנַב מִשְׁכָּב וְיָשַׁב עָלָיו טָמֵא שֶׁחֶזְקָתוֹ שֶׁנִּתְיָאֲשׁוּ הַבְּעָלִים שֶׁאֵינָן יוֹדְעִים מִי גְּנָבוֹ וְאִם נוֹדַע שֶׁעֲדַיִן לֹא נִתְיָאֲשׁוּ הַבְּעָלִים טָהוֹר. לְפִיכָךְ גַּנָּב שֶׁגָּנַב עוֹר וְחִשֵּׁב עָלָיו לִשְׁכִיבָה מַחֲשָׁבָה מוֹעֶלֶת לוֹ וּמִתְטַמֵּא בְּמִדְרָס אֲבָל הַגַּזְלָן אֵין מַחְשַׁבְתּוֹ מוֹעֶלֶת אֶלָּא אִם כֵּן נִתְיָאֲשׁוּ הַבְּעָלִים:

ח. עוֹר שֶׁנִּטְמָא בְּמִדְרָס וְהִתְחִיל לְקָרְעוֹ רְצוּעוֹת הֲרֵי הוּא בְּטֻמְאָתוֹ עַד שֶׁיְּמַעֲטֶנּוּ פָּחוֹת מֵחֲמִשָּׁה טְפָחִים:

ט. כָּל כְּלִי עוֹר שֶׁנִּטְמָא בְּמִדְרַס הַזָּב וְשִׁנָּהוּ לִכְלִי אַחֵר אִם שִׁנָּהוּ מִפָּשׁוּט לְפָשׁוּט הֲרֵי הוּא בְּטֻמְאָתוֹ. שִׁנָּהוּ מִפָּשׁוּט לִמְקַבֵּל וּמִמְקַבֵּל לְפָשׁוּט טָהוֹר. וּבְבֶגֶד הַכֹּל טָמֵא. כֵּיצַד. חֵמֶת שֶׁעֲשָׂאָהּ שָׁטִיחַ וְשָׁטִיחַ שֶׁעֲשָׂאָהּ חֵמֶת טָהוֹר אֲבָל חֵמֶת שֶׁנִּטְמְאָה מִדְרָס וַעֲשָׂאָהּ תּוּרְמִיל אוֹ תּוּרְמִיל שֶׁעֲשָׂאָהוּ חֵמֶת הֲרֵי הֵן מִדְרָס כְּשֶׁהָיוּ:

י. כַּר שֶׁל בֶּגֶד שֶׁנִּטְמָא בְּמִדְרָס וַעֲשָׂאָהוּ סָדִין אוֹ סָדִין שֶׁעֲשָׂאָהוּ כַּר אוֹ כֶּסֶת. בֶּגֶד שֶׁעֲשָׂאָהוּ מִטְפַּחַת אוֹ מִטְפַּחַת שֶׁעֲשָׂאָהוּ כֶּסֶת הֲרֵי הֵן מִדְרָס כְּשֶׁהָיוּ:

יא. כֵּלִים שֶׁעִקַּר עֲשִׂיָּתָן לְקַבָּלָה וּלְמִשְׁכָּב כְּאֶחָד כְּגוֹן הַכָּרִים וְהַכְּסָתוֹת וְהַשַּׂקִּין וְהַמַּרְצוּפִין אִם נִפְחֲתוּ אַף עַל פִּי שֶׁטָּהֲרוּ מִלְּהִתְטַמֵּא בְּמֵת וּבִשְׁאָר טֻמְאוֹת מִפְּנֵי שֶׁאֵינָן יְכוֹלִין לְקַבֵּל הֲרֵי הֵן מִתְטַמְּאִין בְּמִדְרָס שֶׁעֲדַיִן הֵן רְאוּיִין לְמִדְרָס. אֲבָל כֵּלִים שֶׁעִקַּר עֲשִׂיָּתָן לְקַבָּלָה בִּלְבַד כְּגוֹן הַחֵמֶת וְהַתּוּרְמִיל אִם הָיוּ גְּדוֹלִים כְּדֵי שֶׁיִּהְיוּ רְאוּיִין לֵישֵׁב עֲלֵיהֶן הוֹאִיל וְיוֹשְׁבִין עֲלֵיהֶן מִפְּנֵי גָּדְלָן הֲרֵי הֵן מִתְטַמְּאִין בְּמִדְרָס כָּל זְמַן שֶׁהֵן שְׁלֵמִין נִפְחֲתוּ אַף עַל פִּי שֶׁאֶפְשָׁר עֲדַיִן לֵישֵׁב עֲלֵיהֶן אֵין מִתְטַמְּאִין בְּמִדְרָס שֶׁעִקַּר עֲשִׂיָּתָן לְקַבָּלָה בִּלְבַד הוֹאִיל וּבָטְלוּ מִלְּקַבֵּל טָהֲרוּ מִלְּהִתְטַמֵּא לֹא בְּמִדְרָס וְלֹא בִּשְׁאָר טֻמְאוֹת. וְכַמָּה הוּא שִׁעוּרָן וְיִהְיוּ רְאוּיִין לְמִדְרָס הַחֵמֶת שִׁבְעָה קַבִּין וְהַיַּלְקוּט חֲמִשָּׁה וְהַקְּלַסְתֵּר שֶׁתּוֹלִין בּוֹ הַשְּׂעוֹרִים בְּרֹאשׁ הַבְּהֵמָה אַרְבָּעָה וְהַכְּרִיתִית שֶׁמְּעָרִין בָּהּ הַמַּיִם סְאָה. פָּחוֹת מִשִּׁעוּרִין אֵלּוּ אֵינָן רְאוּיִין לְמִדְרָס וְאֵין דֶּרֶךְ הָעָם לֵישֵׁב עֲלֵיהֶן. נִפְחֲתוּ וְצָרַר מְקוֹם הַפְּחָת הֲרֵי הֵן טְהוֹרִין וּכְאִלּוּ לֹא קָשַׁר מְקוֹם הַפְּחָת. וְכָל הַחֲמָתוֹת שֶׁנִּפְחֲתוּ וּצְרָרָן טְהוֹרוֹת חוּץ מִשֶּׁל עַרְבִיִּים מִפְּנֵי שֶׁכָּךְ הוּא דַּרְכָּן תָּמִיד לְצָרְרָן. וְחֵמֶת חֲלִילִין אֵין מִתְטַמֵּא בְּמִדְרָס שֶׁהֲרֵי אֵינָהּ רְאוּיָה לְמִדְרָס:

Perek 25

Wooden vessels – Flat (which could contract *zav* impurity).

Reminder

Pack on Impurity of *Zav, Zavah etc*

e.g. Implements made to sit, lie or ride upon, i.e. bed or chair.

For the vessel to become susceptible, all the work necessary to make it functional, should be completed.

The differences between vessels can be quite fine. E.g. a walking stick is not susceptible to *midras* impurity because the person does not rest his body on the stick, whereas a prosthetic leg is.

פרק כ״ה

א. כָּל פְּשׁוּטֵי כְּלֵי עֵץ הָעֲשׂוּיִין לִישִׁיבָה אוֹ לִשְׁכִיבָה אוֹ לִרְכִיבָה מִתְטַמְּאִין בְּמִדְרָס כְּגוֹן הַמִּטָּה וְהַכִּסֵּא וְכַיּוֹצֵא בָּהֶן:

ב. הַמִּטָּה וְהַכַּר וְהַכֶּסֶת שֶׁל מֵת וְכִסֵּא שֶׁל כַּלָּה וּמַשְׁבֵּר שֶׁל חַיָּה וְכִסֵּא שֶׁל כּוֹבֵס שֶׁכּוֹבֵס עָלָיו אֶת הַכֵּלִים וְכִסֵּא שֶׁל קָטָן שֶׁיֵּשׁ לוֹ רַגְלַיִם אַף עַל פִּי שֶׁאֵין בּוֹ גֹּבַהּ טֶפַח כָּל אֵלּוּ מִתְטַמְּאִין בְּמִדְרָס:

ג. כִּסֵּא שֶׁל בַּרְזֶל שֶׁעוֹשִׂין בְּבֵית הַכִּסֵּא וְהָעוֹר נָתוּן עָלָיו הֲרֵי הוּא מִתְטַמֵּא בְּמִדְרָס וּבִשְׁאָר טֻמְאוֹת. הִפְרִישׁ עוֹר הַמְחֻפֶּה עַל הַבַּרְזֶל הָעוֹר מִתְטַמֵּא בְּמִדְרָס וְהַבַּרְזֶל מִתְטַמֵּא בִּשְׁאָר טֻמְאוֹת אֲבָל לֹא בְּמִדְרָס:

ד. טְרַסְקָל שֶׁל גֶּמִי וְכַיּוֹצֵא בּוֹ הַמְחֻפֶּה בְּעוֹר מִתְטַמֵּא בְּמִדְרָס וּבִשְׁאָר טֻמְאוֹת. הִפְרִישׁ הָעוֹר מֵעָלָיו הָעוֹר מִתְטַמֵּא בְּמִדְרָס אֲבָל הַטְּרַסְקָל טָהוֹר מִכְּלוּם שֶׁהֲרֵי נַעֲשָׂה כְּשִׁבְרֵי כֵּלִים:

ה. סַפְסָלִין שֶׁבַּמֶּרְחָץ שֶׁשְּׁתֵּי רַגְלָיו שֶׁל עֵץ מִתְטַמֵּא בְּמִדְרָס. הָיְתָה אַחַת שֶׁל עֵץ וְאַחַת שֶׁל שַׁיִשׁ אֵינוֹ מְקַבֵּל טֻמְאָה:

ו. נְסָרִים שֶׁבַּמֶּרְחָץ שֶׁשִּׁגְמָן אֵינָן מְקַבְּלִין טֻמְאָה שֶׁאֵינָן עֲשׂוּיִין לִישִׁיבָה אֶלָּא כְּדֵי שֶׁיְּהַלְּכוּ הַמַּיִם תַּחְתֵּיהֶן:

ז. הַכַּלְכָּלָה וְהַסַּל שֶׁמִּלְאָן תֶּבֶן אוֹ מוֹכִין אַף עַל פִּי שֶׁהִתְקִינָן לִישִׁיבָה אֵינָן מְקַבְּלִין טֻמְאַת מִדְרָס שֶׁאֵינָן רְאוּיִין לִישִׁיבָה. וְאִם סֵרְגָן בְּגֶמִי אוֹ בִּמְשִׁיחָה עַל פִּיהֶן מִתְטַמְּאִין בְּמִדְרָס:

ח. קוֹרַת בֵּית הַבַּד שֶׁעָשָׂה רֹאשָׁהּ הָאֶחָד כִּסֵּא אֵינוֹ מִתְטַמֵּא בְּמִדְרָס מִפְּנֵי שֶׁאוֹמְרִין לוֹ עֲמֹד וְנַעֲשֶׂה מְלַאכְתֵּנוּ. אֲבָל אִם קָבַע אֶת הַכִּסֵּא בְּקוֹרַת בֵּית הַבַּד הַכִּסֵּא מִתְטַמֵּא בְּמִדְרָס וְאִם דָּרַס הַזָּב עַל הַקּוֹרָה לֹא נִטְמָא הַכִּסֵּא. וְכֵן אִם קָבַע הַכִּסֵּא בְּקוֹרָה גְּדוֹלָה אוֹ עָשָׂה רֹאשׁ הַקּוֹרָה הַגְּדוֹלָה כִּסֵּא אֵין טָמֵא אֶלָּא מְקוֹם הַכִּסֵּא בִּלְבַד וּשְׁאָר הַקּוֹרָה טָהוֹר. וְכֵן הַדִּין בְּכִסֵּא שֶׁקְּבָעוֹ בַּעֲרֵבָה שֶׁהוּא טָהוֹר:

ט. קְצַת הַקּוֹרָה שֶׁמְּתֻקָּן הַמְסַתֵּת אֶת הָאֶבֶן לֵישֵׁב עָלָיו הֲרֵי מְקוֹם יְשִׁיבָתוֹ מִתְטַמֵּא בְּמִדְרָס. וּמְקוֹם יְשִׁיבָה שֶׁאֲחוֹרֵי הַקָּרוֹן טָהוֹר שֶׁאֵינָהּ אֶלָּא יְשִׁיבַת צַעַר:

י. רָאשֵׁי כְּלוֹנְסוֹת שֶׁיּוֹשְׁבִין עֲלֵיהֶן הָאֻמָּנִין וְשָׁפִין אֶת הָאֲבָנִים וְכַיּוֹצֵא בָּהֶן טְהוֹרִין. וְכֵן כִּפַּת שֶׁל תְּמָרָה שֶׁהוּא יוֹשֵׁב עָלָיו אֲפִלּוּ גָּבוֹהַּ טֶפַח טָהוֹר שֶׁאֵין זֶה כְּלִי. וְכֵן בּוּל שֶׁל עֵץ אַף עַל פִּי שֶׁסֵּרְקוֹ וְכִרְכְּמוֹ וַעֲשָׂאָהוּ פָּנִים לְשַׁעַר וְכַיּוֹצֵא בּוֹ אֵינוֹ כְּלִי וְלֹא מְקַבֵּל טֻמְאָה עַד שֶׁיָּחֹק בּוֹ:

יא. רָאשֵׁי כְּלוֹנְסוֹת הַחֲקוּקִין אִם חֲקָקָן לְדַעַת מְקַבְּלִין טֻמְאָה. מְצָאָן חֲקוּקִין אִם חִשֵּׁב עֲלֵיהֶן מְקַבְּלִין טֻמְאָה מִכָּאן וּלְהַבָּא וְאִם חִשֵּׁב עֲלֵיהֶן חֵרֵשׁ שׁוֹטֶה וְקָטָן אוֹ אָדָם שֶׁאֵינָן שֶׁלּוֹ טְהוֹרִין. וְכֵן כָּל כַּיּוֹצֵא בָּהֶן מִדְּבָרִים שֶׁאֵינָן מְקַבְּלִין טֻמְאָה אֶלָּא בְּמַחְשָׁבָה שֶׁאֵין לְךָ מַחֲשָׁבָה מוֹעֶלֶת אֶלָּא מַחֲשֶׁבֶת בְּעָלִים שֶׁהֵן בְּנֵי דֵעָה:

יב. הָעוֹשֶׂה כִּפָּה מִן הַשְּׂאוֹר וִיבְשָׁהּ וְיִחֲדָהּ לִישִׁיבָה הֲרֵי בְּטֵלָה מִתּוֹרַת אֹכֶל וּמִתְטַמְּאָה בְּמִדְרָס שֶׁהֲרֵי מְשַׁמֶּשֶׁת תַּשְׁמִישֵׁי הָעֵץ:

יג. מַחְצֶלֶת הַקַּשׁ מִתְטַמְּאָה בְּמִדְרָס וְשֶׁל קָנִים וְשֶׁל חֵלֶף טְהוֹרָה מִפְּנֵי שֶׁאֵינָהּ רְאוּיָה לְמִדְרָס. וּשְׁאָר הַמַּחְצָלָאוֹת אִם

עֲשָׂאָהּ לְשִׁכִיבָה מְקַבֶּלֶת טֻמְאָה עֲשָׂאָהּ לְסִכּוּךְ טְהוֹרָה. עֲשָׂאָהּ סְתָם גְּדוֹלָה סְתָמָהּ לְסִכּוּךְ קְטַנָּה סְתָמָהּ לְשִׁכִיבָה:

יד. מַחְצֶלֶת שֶׁעָשָׂה לָהּ קָנִים לְאָרְכָּהּ טְמֵאָה מִדְרָס שֶׁעֲדַיִן רְאוּיָה לְשִׁכִיבָה. עֲשָׂאָהּ כְּמִין כִּי טְהוֹרָה. עָשָׂה לָהּ קָנִים לְרָחְבָּהּ אִם אֵין בֵּין קָנֶה לַחֲבֵרוֹ אַרְבָּעָה טְפָחִים טְהוֹרָה. נֶחְלְקָה לְרָחְבָּהּ עֲדַיִן מְקַבֶּלֶת טֻמְאָה. לְאָרְכָּהּ נִשְׁתַּיְּרוּ בָּהּ שְׁלֹשָׁה מַעֲדַנִּים שֶׁל שִׁשָּׁה טְפָחִים עֲדַיִן הִיא רְאוּיָה לְמִדְרָס וּמִתְטַמְּאָה. פָּחוֹת מִכָּאן טְהוֹרָה. וְכֵן אִם הִתִּיר רָאשֵׁי מַעֲדַנִּים טְהוֹרָה. וְאַף טֻמְאַת מִדְרָס לֹא תְּקַבֵּל הַמַּחְצֶלֶת עַד שֶׁתִּגָּמֵר מְלַאכְתָּהּ וְתִתְנַקֵּב כְּמוֹ שֶׁבֵּאַרְנוּ:

טו. תֵּבָה שֶׁפְּתָחָהּ מִלְמַעְלָה טְהוֹרָה מִן הַמִּדְרָס שֶׁאֵינָהּ רְאוּיָה לֵישֵׁב עָלֶיהָ. וּמְקַבֶּלֶת שְׁאָר טֻמְאוֹת. פְּתָחָהּ מִצִּדָּהּ טְמֵאָה בְּמִדְרָס וּבִשְׁאָר טֻמְאוֹת:

טז. עֲגָלָה שֶׁל קָטָן מִתְטַמְּאָה בְּמִדְרָס שֶׁהֲרֵי נִשְׁעָן עָלֶיהָ:

יז. מַקֵּל שֶׁל זְקֵנִים טָהוֹר מִכְּלוּם שֶׁאֵינוֹ אֶלָּא לְסַיֵּעַ:

יח. סַנְדָּל שֶׁל סַיָּדִין וְהוּא סַנְדָּל שֶׁל עֵץ מִתְטַמֵּא בְּמִדְרָס מִפְּנֵי שֶׁהַסַּיָּד פְּעָמִים מְטַיֵּל בּוֹ עַד שֶׁמַּגִּיעַ לְבֵיתוֹ:

יט. קַב שֶׁל קִטֵּעַ שֶׁיֵּשׁ בּוֹ בֵּית קִבּוּל כְּתִיתִין מִתְטַמֵּא בִּשְׁאָר טֻמְאוֹת מִפְּנֵי בֵּית קִבּוּלוֹ. וּמִתְטַמֵּא בְּמִדְרָס שֶׁהֲרֵי נִשְׁעָן עָלָיו:

כ. וְאֵלּוּ טְמֵאִין מִשּׁוּם מֶרְכָּב. מִרְדַּעַת שֶׁל חֲמוֹר. וְטַפִּיטָן שֶׁל סוּס. וְכַר הַגָּמָל. וְאֻכָּף שֶׁל נָאקָה וְכָל כַּיּוֹצֵא בָּהֶן. הַלּוּחוֹת שֶׁמַּנִּיחִין עַל גַּבֵּי הַחֲמוֹר וְאַחַר כָּךְ נוֹתְנִין עָלָיו הַמַּשּׂאוֹי טְהוֹרוֹת וְאִם הָיְתָה רְאוּיָה לְמֶרְכָּב טְמֵאָה:

Perek 26

Flat Wooden vessels continued.

Examples

- Closet
- Chest of drawer
- Bed
- Mixing trough

If it is fit to sit or lie on these, and it is conceivable that this might be done, then it contracts *midras* impurity. If not, but it is a vessel, it can at least contract the other impurities.

If it is not a vessel and isn't fit to be sat or lied on, it is pure. E.g. if a bed is taken apart it is like a broken vessel.

פרק כ״ו

א. כְּלִי עֵץ הָרָאוּי לְמִדְרָס שֶׁקְּבָעוֹ בְּכֹתֶל בְּתוֹךְ הַבִּנְיָן. קְבָעוֹ בַּכֹּתֶל וְלֹא בָּנָה עַל גַּבָּיו אוֹ בָּנָה עַל גַּבָּיו וְלֹא קְבָעוֹ עֲדַיִן מִתְטַמֵּא בְּמִדְרָס כְּשֶׁהָיָה. קְבָעוֹ בְּמַסְמְרִים וּבָנָה עָלָיו טָהוֹר. וְכֵן מַפָּץ שֶׁנְּתָנוֹ עַל גַּבֵּי הַקּוֹרוֹת קְבָעוֹ וְלֹא נָתַן עָלָיו אֶת הַמַּעֲזִיבָה אוֹ שֶׁנָּתַן עָלָיו אֶת הַמַּעֲזִיבָה וְלֹא קְבָעוֹ מִתְטַמֵּא בְּמִדְרָס. קְבָעוֹ וְנָתַן עָלָיו אֶת הַמַּעֲזִיבָה טָהוֹר:

ב. סַפְסָל שֶׁנִּטַּל אֶחָד מֵרָאשָׁיו עֲדַיִן הוּא רָאוּי לְמִדְרָס. נִטַּל הַשֵּׁנִי טָהוֹר. וְאִם יֵשׁ בּוֹ גֹּבַהּ טֶפַח מִתְטַמֵּא בְּמִדְרָס:

ג. כִּסֵּא שֶׁל כַּלָּה שֶׁנִּטְּלוּ חִפּוּיָיו טָהוֹר וְאִם לֹא הָיוּ חִפּוּיָיו יוֹצְאִים וְנִטְּלוּ עֲדַיִן הוּא רָאוּי לְמִדְרָס שֶׁכֵּן דַּרְכּוֹ לִהְיוֹת מַטֵּהוּ עַל צִדּוֹ וְיוֹשֵׁב עָלָיו:

ד. כִּסֵּא שֶׁנִּטְּלוּ חִפּוּיָיו וַעֲדַיִן הוּא רָאוּי לִישִׁיבָה מִתְטַמֵּא. נִטְּלוּ שְׁנַיִם מֵחִפּוּיָיו זֶה בְּצַד זֶה טָהוֹר:

ה. שִׁדָּה שֶׁנִּטַּל הָעֶלְיוֹן שֶׁלָּהּ טְמֵאָה מִפְּנֵי הַתַּחְתּוֹן שֶׁהוּא רָאוּי לְמִדְרָס. נִטַּל הַתַּחְתּוֹן טְמֵאָה מִפְּנֵי הָעֶלְיוֹן. נִטְּלוּ שְׁתֵּיהֶן הֲרֵי הַדַּפִּין טְהוֹרִין:

ו. תֵּבָה שֶׁנִּפְחֲתָה מִצִּדָּהּ מִתְטַמְּאָה בְּמִדְרָס וּבִשְׁאָר טֻמְאוֹת מִפְּנֵי שֶׁרְאוּיָה אַף לִישִׁיבָה וְהַכֹּל יוֹשְׁבִין עָלֶיהָ. נִפְחֲתָה מִלְמַעְלָה טְהוֹרָה מִן הַמִּדְרָס שֶׁהֲרֵי אֵינָהּ רְאוּיָה לִישִׁיבָה וּמִתְטַמְּאָה בִּשְׁאָר טֻמְאוֹת שֶׁעֲדַיִן הִיא מְקַבֶּלֶת. נִפְחֲתָה מִלְּמַטָּה טְהוֹרָה מִכָּל טֻמְאוֹת אַף עַל פִּי שֶׁאֶפְשָׁר לֵישֵׁב עָלֶיהָ בְּכִסֵּא מִפְּנֵי שֶׁעִקַּר מַעֲשֶׂיהָ לְקַבָּלָה וּכְבָר

בָּטַל הָעִקָּר. וְהַמְּגוּרוֹת שֶׁלָּהּ מִתְטַמְּאוֹת וְאֵינָן חִבּוּר לָהּ. וְכֵן מַשְׁפֶּלֶת שֶׁנִּפְחֲתָה מִלְּקַבֵּל רִמּוֹנִים אַף עַל פִּי שֶׁרְאוּיָה לְמִדְרָס הֲרֵי הִיא טְהוֹרָה מִכְּלוּם מִפְּנֵי שֶׁעִקַּר מַעֲשֶׂיהָ לְקַבָּלָה וְהוֹאִיל וּבָטַל הָעִקָּר בָּטְלָה הַטְּפֵלָה:

ז. עֲרֵבָה שֶׁל עֵץ שֶׁמְּגַבְּלִין בָּהּ הַבְּנֵין אוֹ אֶת הַגְּפָסִים אַף עַל פִּי שֶׁמְּקַבֶּלֶת שְׁאָר טֻמְאוֹת אֵינָהּ מִתְטַמְּאָה בְּמִדְרָס. וְשֶׁלָּשִׁין בָּהּ אֶת הַבָּצֵק שֶׁמַּחֲזֶקֶת מִשְּׁנֵי לוּגִין וְעַד תִּשְׁעָה קַבִּין שֶׁנִּסְדְּקָה עַד שֶׁאֵינוֹ יָכוֹל לִרְחֹץ בָּהּ רַגְלוֹ אַחַת מִפְּנֵי הַסֶּדֶק הֲרֵי זוֹ מִתְטַמְּאָה בְּמִדְרָס שֶׁסְּתָמָהּ שֶׁכּוֹפְתָהּ וְיוֹשֵׁב עָלֶיהָ לְפִי גָּדְלָהּ וְסֶדֶק שֶׁלָּהּ. הִנִּיחָהּ בַּגְּשָׁמִים עַד שֶׁנִּתְפְּחָה וְנִסְתַּם הַסֶּדֶק אֵינָהּ מִתְטַמְּאָה בְּמִדְרָס שֶׁהֲרֵי הִיא רְאוּיָה לָלוּשׁ בָּהּ וּתְחִלַּת מַעֲשֶׂיהָ לָלוּשׁ בָּהּ וּמְקַבֶּלֶת שְׁאָר טֻמְאוֹת. חָזַר וְהִנִּיחָהּ בַּקַּדִּים וְנִפְתַּח הַסֶּדֶק חָזְרָה לְקַבֵּל טֻמְאַת מִדְרָס וּטְהוֹרָה מִשְּׁאָר טֻמְאוֹת:

ח. עֲרֵבָה גְּדוֹלָה שֶׁהִיא יֶתֶר עַל תִּשְׁעָה קַבִּין שֶׁנִּפְחֲתָה מִלְּקַבֵּל רִמּוֹנִים וֶהֱכִינָהּ לִישִׁיבָה הֲרֵי זוֹ טְהוֹרָה אַף מִטֻּמְאַת מִדְרָס עַד שֶׁיַּקְצִיעַ שֶׁאֵין הַמַּחְשָׁבָה מוֹעֶלֶת בַּעֲרֵבָה גְּדוֹלָה שֶׁנִּפְחֲתָה עַד שֶׁיַּעֲשֶׂה בָּהּ מַעֲשֶׂה. עֲשָׂאָהּ אֵבוּס לִבְהֵמָה אַף עַל פִּי שֶׁקְּבָעָהּ בַּכֹּתֶל טְמֵאָה בְּכָל הַטֻּמְאוֹת:

ט. מִטָּה שֶׁנִּטְּלוּ שְׁתֵּי אֲרֻכּוֹת שֶׁלָּהּ אַחַר שֶׁנִּטְמֵאת וְעָשָׂה לָהּ אֲרֻכּוֹת חֲדָשׁוֹת וְלֹא שִׁנָּה אֶת הַנְּקָבִים וְנִשְׁבְּרוּ הַחֲדָשׁוֹת עֲדַיִן הִיא בְּטֻמְאָתָהּ. נִשְׁתַּבְּרוּ הַיְשָׁנוֹת טְהוֹרָה שֶׁהַכֹּל הוֹלֵךְ אַחַר הַיְשָׁנוֹת:

י. מִטָּה שֶׁהָיְתָה טְמֵאָה מִדְרָס וְנִטְּלָה קְצָרָה וּשְׁתֵּי כְּרָעַיִם עֲדַיִן הִיא בְּטֻמְאָתָהּ שֶׁעֲדַיִן צוּרַת הַמִּטָּה עוֹמֶדֶת. נִטְּלָה אֲרֻכָּה וּשְׁתֵּי כְּרָעַיִם טְהוֹרָה:

יא. קִצֵּץ שְׁתֵּי לְשׁוֹנוֹת שֶׁל מִטָּה בַּאֲלַכְסוֹן אוֹ שֶׁקִּצֵּץ שְׁתֵּי כְּרָעַיִם טֶפַח עַל טֶפַח בַּאֲלַכְסוֹן אוֹ שֶׁמִּעֲטָן פָּחוֹת מִטֶּפַח הֲרֵי זוֹ נִשְׁבְּרָה וּטְהוֹרָה. נִשְׁבְּרָה אֲרֻכָּה וְתִקְּנָהּ עֲדַיִן הִיא אַב טֻמְאָה כְּשֶׁהָיְתָה. נִשְׁבְּרָה הָאֲרֻכָּה הַשְּׁנִיָּה וְתִקְּנָהּ טְהוֹרָה מִן הַמִּדְרָס אֲבָל טְמֵאָה מַגַּע מִדְרָס. לֹא הִסְפִּיק לְתַקֵּן אֶת הָרִאשׁוֹנָה עַד שֶׁנִּשְׁבְּרָה הַשְּׁנִיָּה טְהוֹרָה:

יב. מִטָּה שֶׁהָיְתָה טְמֵאָה מִדְרָס אוֹ בִּשְׁאָר טֻמְאוֹת וְנִגְנַב חֶצְיָהּ אוֹ אָבַד חֶצְיָהּ אוֹ שֶׁחִלְּקוּהָ אַחִין אוֹ שֻׁתָּפִין הֲרֵי זוֹ טְהוֹרָה שֶׁהֲרֵי זֶה כִּכְלִי שֶׁנִּשְׁבַּר. הֶחֱזִירוּהָ מְקַבֶּלֶת טֻמְאָה מִכָּאן וּלְהַבָּא. הֲרֵי זֶה דּוֹמֶה לְמִי שֶׁעָשָׂה כְּלִי אֶחָד מִשִּׁבְרֵי כֵּלִים שֶׁנִּטְמָא שֶׁהוּא טָהוֹר וּמְקַבֵּל טֻמְאָה לְהַבָּא:

יג. מִטָּה שֶׁנִּפְרְקוּ אֵיבָרֶיהָ אִם נִשְׁבְּרָה אֲרֻכָּה וּשְׁתֵּי כְּרָעַיִם אוֹ קְצָרָה וּשְׁתֵּי כְּרָעַיִם הֲרֵי אֵלּוּ מִתְטַמְּאִין מִפְּנֵי שֶׁרְאוּיִין לְסָמְכָן בַּכֹּתֶל וְלִישֹׁן עֲלֵיהֶן:

יד. מִטָּה שֶׁנִּטְמֵאת כֻּלָּהּ אִם הִטְבִּילָהּ אֵיבָרִים אֵיבָרִים טְהוֹרָה:

טו. הַמְפָרֵק אֶת הַמִּטָּה לְהַטְבִּילָהּ הַנּוֹגֵעַ בַּחֲבָלִים שֶׁלָּהּ טָהוֹר:

Perek 27

Vessels in general.

This chapter summarises most of the vessels discussed in previous chapter e.g. wagons, shields, beds, chests etc. (18 are discussed)

Each category of vessels reflects **3** types i.e.

1) One which one can lie or sit upon and therefore susceptible to *midras* impurity.

2) One which

- one cannot sit or lie upon.
- if one did sit upon, say working equipment where the operators would say 'stand up and let us perform our work', these are vessels and contract the other types of impurity, but not *midras.* (I.e. it wasn't made for sitting or lying on it.)

3) One which is not considered a vessel at all or it does not directly benefit man, and is therefore pure.

PRINCIPLE

Whenever an article is susceptible to *midras* impurity it is also susceptible to the corpse impurities. But not vice versa.

Whenever an article is susceptible to corpse impurity it is also susceptible to other types of impurity (whether of Scriptural origin or of Rabbinic origin), and they are susceptible to impurity from liquids.

פרק כ"ז

א. שָׁלֹשׁ תֵּבוֹת הֵן. תֵּבָה שֶׁנִּפְחֲתָה מִצִּדָּהּ טְמֵאָה מִדְרָס. מִלְּמַעְלָה טְמֵאָה טְמֵא מֵת. וְהַבָּאָה בְּמִדָּה טְהוֹרָה מִכְּלוּם:

ב. שָׁלֹשׁ עֲרֵבוֹת הֵן. עֲרֵבָה מִשְּׁנֵי לוֹגִין וְעַד תִּשְׁעָה קַבִּין שֶׁנִּסְדְּקָה טְמֵאָה מִדְרָס. שְׁלֵמָה טְמֵאָה טְמֵא מֵת. וְהַבָּאָה בְּמִדָּה טְהוֹרָה מִכְּלוּם:

ג. שָׁלֹשׁ עֲגָלוֹת הֵן. הָעֲשׂוּיָה כְּקָתֶדְרָה טְמֵאָה מִדְרָס. כְּמִטָּה טְמֵאָה טְמֵא מֵת. וְשֶׁל אֲבָנִים טְהוֹרָה מִכְּלוּם:

ד. שְׁלֹשָׁה תְּרִיסִין הֵן. תְּרִיס הַכָּפוּף טָמֵא מִדְרָס. וְשֶׁמְּשַׂחֲקִין בּוֹ בְּקֻמְפּוֹן טָמֵא טְמֵא מֵת. וְדִיצַת הָעַרְבִיִּים טְהוֹרָה מִכְּלוּם. לְפִי שֶׁהִיא עֲשׂוּיָה לְצוּרָה בִּלְבַד וְאֵינָהּ מִמִּשְׁתַּמְּשֵׁי אָדָם וְכָל כְּלִי שֶׁאֵינוֹ מִמִּשְׁתַּמְּשֵׁי אָדָם אֵינוֹ מְקַבֵּל טֻמְאָה כָּל עִקָּר:

ה. שְׁלֹשָׁה תַּרְבּוּסִין שֶׁל עוֹר הֵן. שֶׁל סְפָרִים טָמֵא מִדְרָס. וְשֶׁאוֹכְלִין עָלָיו טָמֵא טְמֵא מֵת. וְשֶׁשּׁוֹטְחִים עָלָיו אֶת הַזֵּיתִים טָהוֹר מִכְּלוּם לְפִי שֶׁאֵינוֹ מִמִּשְׁתַּמְּשֵׁי אָדָם:

ו. שְׁלֹשָׁה בְּסִיסָאוֹת הֵן. שֶׁלִּפְנֵי הַמִּטָּה וְשֶׁלִּפְנֵי הַסּוֹפְרִים טָמֵא מִדְרָס. שֶׁל שֻׁלְחָן טָמֵא טְמֵא מֵת. וְשֶׁל מִגְדָּל טָהוֹר מִכְּלוּם לְפִי שֶׁהוּא מִקְצָת מִגְדָּל וְצוּרָתוֹ מוֹכַחַת עָלָיו:

ז. שָׁלֹשׁ מִטּוֹת הֵן. הָעֲשׂוּיָה לִשְׁכִיבָה טְמֵאָה מִדְרָס. וְשֶׁל זַגָּגִים שֶׁנּוֹתְנִין בָּהּ כְּלֵי זְכוּכִית טְמֵאָה טֻמְאַת מֵת. וְשֶׁל סָרָגִין שֶׁמְּסָרְגִין עָלֶיהָ אֶת הַסְּבָכוֹת טְהוֹרָה מִכְּלוּם לְפִי שֶׁאֵינָהּ מִמִּשְׁתַּמְּשֵׁי אָדָם:

ח. שָׁלֹשׁ מִשְׁפָּלוֹת הֵן. שֶׁל זֶבֶל טְמֵאָה מִדְרָס. שֶׁל תֶּבֶן טְמֵאָה טְמֵא מֵת. וְהַפְּחֲלָץ שֶׁל גְּמַלִּים טָהוֹר מִכְּלוּם לְפִי שֶׁהַחֲבָלִים שֶׁלּוֹ קָשִׁים בְּיוֹתֵר וְעָבִים וְאֵינוֹ רָאוּי לְקַבֵּל תֶּבֶן וְכַיּוֹצֵא בּוֹ וְנִמְצָא שֶׁאֵין עָלָיו תּוֹרַת כְּלִי אֶלָּא חֲבָלִים בִּלְבַד:

ט. שְׁלֹשָׁה מַפָּצִין הֵן. הֶעָשׂוּי לִישִׁיבָה טָמֵא מִדְרָס. וְשֶׁל צַבָּעִים שֶׁמַּנִּיחִין בּוֹ אֶת הַכֵּלִים טָמֵא טְמֵא מֵת. וְשֶׁל גִּתּוֹת שֶׁנּוֹתְנִין עָלָיו עֲנָבִים וּמְחַפִּין בּוֹ טָהוֹר מִכְּלוּם לְפִי שֶׁאֵינוֹ מִמִּשְׁתַּמְּשֵׁי אָדָם:

י. שָׁלֹשׁ חֲמָתוֹת הֵן וּשְׁלֹשָׁה תּוּרְמָלִין הֵן. הַמְקַבְּלִין כְּשִׁעוּר טְמֵאִין מִדְרָס. וְכַמָּה שִׁעוּרָן הַחֵמֶת אַרְבָּעָה קַבִּין וְהַתּוּרְמִיל חֲמִשָּׁה. וְשֶׁאֵינָן מְקַבְּלִין כְּשִׁעוּר טְמֵאִים טְמֵא מֵת. וְשֶׁל עוֹרוֹת הַדָּג טָהוֹר מִכְּלוּם:

יא. שְׁלֹשָׁה עוֹרוֹת הֵן. הֶעָשׂוּי לְשָׁטִיחַ טְמֵא מִדְרָס. וְהֶעָשׂוּי לְתַכְרִיךְ כֵּלִים טָמֵא טְמֵא מֵת. וְשֶׁל רְצוּעוֹת וְשֶׁל סַנְדָּלִין טָהוֹר מִכְּלוּם לְפִי שֶׁאֵין עָלָיו צוּרַת כְּלִי:

יב. שְׁלֹשָׁה סְדִינִין הֵן. הֶעָשׂוּי לִשְׁכִיבָה טָמֵא מִדְרָס. וְהֶעָשׂוּי לְפָרֹכֶת טָמֵא טְמֵא מֵת. וְשֶׁל צוּרוֹת שֶׁעוֹשִׂין אוֹתוֹ כְּדֵי שֶׁיִּתְלַמֵּד מִמֶּנּוּ הָרוֹקֵם טָהוֹר מִכְּלוּם לְפִי שֶׁאֵינוֹ מִמִּשְׁתַּמְּשֵׁי אָדָם:

יג. שָׁלֹשׁ מִטְפָּחוֹת הֵן. שֶׁל יָדַיִם טְמֵאָה מִדְרָס. וְשֶׁל סְפָרִים טְמֵאָה טְמֵא מֵת. וְשֶׁל תַּכְרִיכֵי הַמֵּת וְשֶׁל נִבְלֵי בְּנֵי לֵוִי טְהוֹרָה מִכְּלוּם לְפִי שֶׁאֵינָן מִמִּשְׁתַּמְּשֵׁי אָדָם:

יד. עוֹר הֶעָשׂוּי כְּמוֹ יָד שֶׁמַּכְנִיסִין בּוֹ הַיָּד וְהָאֶצְבָּעוֹת מִפְּנֵי הַצִּנָּה וְכַיּוֹצֵא בָּהֶן הוּא הַנִּקְרָא פַּרְקְלִינִין. וּשְׁלֹשָׁה פַּרְקְלִינִין הֵן. שֶׁל צַיָּדֵי חַיָּה וָעוֹף טָמֵא מִדְרָס שֶׁהֲרֵי נִשְׁעָן עָלָיו. וְשֶׁל חֲגָבִים טָמֵא טְמֵא מֵת שֶׁנּוֹתְנִין בּוֹ הַחֲגָבִים. וְשֶׁל קַיָּיצִים שֶׁבּוֹ מְקַיְּצִין פֵּרוֹת טָהוֹר מִכְּלוּם לְפִי שֶׁאֵינוֹ מִמִּשְׁתַּמְּשֵׁי אָדָם:

טו. שָׁלֹשׁ סְבָכוֹת הֵן. שֶׁל יַלְדָּה טְמֵאָה מִדְרָס. וְשֶׁל זְקֵנָה טְמֵאָה טְמֵא מֵת. וְשֶׁעוֹשִׂין לְשַׂחֵק בָּהּ לְשׁוֹתֵי שֵׁכָר טְהוֹרָה מִכְּלוּם לְפִי שֶׁאֵינָהּ מִמִּשְׁתַּמְּשֵׁי אָדָם:

טז. שְׁלֹשָׁה סַנְדָּלִין הֵן. שֶׁל אָדָם טָמֵא מִדְרָס. שֶׁל מַתָּכוֹת שֶׁל בְּהֵמָה טָמֵא טְמֵא מֵת. שֶׁל שַׁעַם וְשֶׁל צְפִירָה טְהוֹרָה מִכְּלוּם. כְּלָלוֹ שֶׁל דָּבָר כָּל כְּלִי שֶׁאֵינוֹ רָאוּי לְמִשְׁכָּב אוֹ לְמֶרְכָּב אוֹ שֶׁהוּא רָאוּי וְלֹא נַעֲשָׂה [לְכָךְ] אֶלָּא לִמְלָאכָה

אַחֶרֶת הֲרֵי הוּא טָהוֹר מִן הַמִּדְרָס. נַעֲשָׂה לִמְלָאכָה אַחֶרֶת וּמְשַׁמֵּשׁ עִמָּהּ אֶת הַיְשִׁיבָה כְּגוֹן הַטַּלִּית וְהָרְדִיד מִתְטַמֵּא בְּמִדְרָס. וְכָל הַמִּתְטַמֵּא בְּמִדְרָס מִתְטַמֵּא בְּמֵת וְיֵשׁ מִתְטַמֵּא בְּמֵת וְאֵינוֹ מִתְטַמֵּא בְּמִדְרָס כְּמוֹ שֶׁבֵּאַרְנוּ. וְכָל הַמִּתְטַמֵּא בְּמֵת מִתְטַמֵּא בִּשְׁאָר אֲבוֹת הַטֻּמְאוֹת בֵּין אָבוֹת שֶׁל תּוֹרָה בֵּין שֶׁל דִּבְרֵיהֶם וּמִתְטַמְּאִין בְּמַשְׁקִין:

יז. שָׁלֹשׁ קֻפּוֹת הֵן. מְהוּהָה שֶׁטְּלָאָהּ עַל הַבְּרִיאָה הוֹלְכִין אַחַר הַבְּרִיאָה. קְטַנָּה עַל הַגְּדוֹלָה הוֹלְכִין אַחַר הַגְּדוֹלָה. הָיוּ שָׁווֹת הוֹלְכִין אַחַר הַפְּנִימִית. כֵּיצַד הוֹלְכִין אַחֲרֶיהָ. שֶׁאִם נִקְּבָה בְּמוֹצִיא רִמּוֹן שְׁתֵּיהֶן טְהוֹרוֹת:

יח. שְׁלֹשָׁה פִּנְקָסוֹת הֵן. הָאַפִּיפְיוֹרִין שֶׁמַּנִּיחִין עָלָיו הַסְּפָרִים טְמֵא מִדְרָס. וְשֶׁיֵּשׁ בּוֹ בֵּית קִבּוּל שַׁעֲוָה טָמֵא טְמֵא מֵת. חֲלָקָה טְהוֹרָה מִכְּלוּם לְפִי שֶׁאֵין עָלָיו צוּרַת כְּלִי וְאֵינוֹ רָאוּי לְמִדְרָס:

Perek 28

Vessels in general.

Vessels being rendered impure by liquids from inside or outside.

When vessels become impure on outside from liquids, their inner side does not contract impurity regarding *trumah*. (In addition, the necks and handles also do not become impure). If the inner portion of the vessel becomes impure from liquids, all the rest of the vessel becomes impure.

	Impure liquid on external surface	Impure liquid on inner surface
Sack vessels, leather vessels, baskets	Inner surface stays pure	
Flat vessels that are not susceptible to *midras* but can be *toiveled*	Inner surface stays pure	
Flat vessels susceptible to *midras* and can be *toiveled*	Inner surface become impure	Outer surface becomes impure
Measures for wine or oil	Inner surface becomes impure	Outer surface becomes impure
Garments	Inner surface becomes impure	Outer surface impure

Contraction / Transmission of Impurities

Flat wooden vessels on which one lies, sits or rides like bed or chair.

			In *Rambam* text	Understood
TOUCH				
		Contracts impurity		✓
		Transmits impurity		✓
CARRIAGE				
		Contracts impurity		✓

			Transmits impurity		✓
MOVEMENT (THERE CAN BE MOVEMENT WITHOUT CARRIAGE)					
			Contracts impurity		✓
			Transmits impurity		✓
MISHKAV, MOSHAV AND *MERKAV* (*ZAV*, *ZAVAH*, *NIDAH*, *YOLEDET*)					
		Couch/chair (*mishkav, moshav*)			
			Contracts impurity	✓	
			Transmits impurity	✓	
		Saddle (*merkav*)			
			Contracts impurity	✓	
			Transmits impurity	✓	
		Madaf			
			Contracts impurity		
			Transmits impurity		
SPACE					
		Ohel (unique to human corpse)			
			Contracts impurity		
			Transmits impurity		
		Sealed vessels (similar to *ohel*)			
			Contracts impurity		
			Transmits impurity		
		Metzora present in building			
			Contracts impurity		
			Transmits impurity		

	Space of earthenware vessels			
		Contracts impurity		
		Transmits impurity		

Contraction / Transmission of Impurities

Fabrics (wool and linen, sacking, leather, mat)

If larger than the minimum measure which allows sitting or lying down.

Principle. Entity that is susceptible to *zav* impurity is also susceptible to other impurities.

			In *Rambam* text	Understood
TOUCH		Contracts impurity		✓
		Transmits impurity		✓
CARRIAGE				
		Contracts impurity		✓
		Transmits impurity		✓
MOVEMENT (THERE CAN BE MOVEMENT WITHOUT CARRIAGE)				
		Contracts impurity		✓
		Transmits impurity		✓
MISHKAV, MOSHAV AND MERKAV (ZAV, ZAVAH, NIDAH, YOLEDET)				
	Couch/chair (*mishkav, moshav*)			
		Contracts impurity	✓	
		Transmits impurity	✓	
	Saddle (*merkav*)			
		Contracts impurity	✓	
		Transmits impurity	✓	
	Madaf			
		Contracts impurity		
		Transmits impurity		
SPACE				
	OHEL (UNIQUE TO HUMAN CORPSE)			

		Contracts impurity		
		Transmits impurity		
	Sealed vessels (similar to *ohel*)			
		Contracts impurity		
		Transmits impurity		
	Metzora present in building			
		Contracts impurity		
		Transmits impurity		
	Space of earthenware vessels			
		Contracts impurity		
		Transmits impurity		

פרק כ״ח

א. כָּל הַכֵּלִים שֶׁיֵּשׁ לָהֶן בֵּית קִבּוּל שֶׁנִּטְמְאוּ אֲחוֹרֵיהֶן בְּמַשְׁקִין לֹא נִטְמָא תּוֹכָן לִתְרוּמָה וְלֹא אָגְנֵיהֶן וְלֹא אָזְנֵיהֶן וְלֹא מְקוֹם אֶצְבַּע הַשּׁוֹקֵעַ בִּשְׂפַת הַכְּלִי. נִטְמָא תּוֹךְ הַכְּלִי נִטְמְאוּ כֻּלָּן. נָפְלוּ מַשְׁקִין טְמֵאִין עַל כַּנֵּי הַכֵּלִים אוֹ עַל אָגְנֵיהֶן אוֹ עַל אָזְנֵיהֶן אוֹ עַל יְדוֹת הַכֵּלִים הַמְקַבְּלִין הֲרֵי זֶה מְנַגְּבָן וְהֵן טְהוֹרִין וַאֲפִלּוּ אֲחוֹרֵי הַכְּלִי כֻּלּוֹ לֹא נִטְמְאוּ:

ב. אֶחָד כְּלֵי הַשַּׂק כְּגוֹן הַשַּׂקִּין וְהַמַּרְצוּפִין. אוֹ כְּלֵי הָעוֹר כְּגוֹן הַכָּרִים וְהַכְּסָתוֹת. וְאֶחָד כְּלֵי עֵץ אֲפִלּוּ קֻפּוֹת וּמִשְׁפָּלוֹת אִם נִטְמְאוּ אֲחוֹרֵיהֶן בְּמַשְׁקִין לֹא נִטְמָא תּוֹכָן:

ג. פְּשׁוּטֵי כְּלֵי שֶׁטֶף שֶׁאֵין רְאוּיִין לְמִדְרָס כְּגוֹן הַשֻּׁלְחָן וְטַבְלָא שֶׁאֵין לָהּ דֹּפֶן הוֹאִיל וְאֵין מְקַבְּלִין טֻמְאָה מִן הַתּוֹרָה אִם נִטְמְאוּ אֲחוֹרֵיהֶן בְּמַשְׁקִין לֹא נִטְמָא תּוֹכָן. אֲבָל פְּשׁוּטֵי כְּלֵי שֶׁטֶף הָרְאוּיִים לְמִדְרָס כְּגוֹן הַמִּטָּה וְהָעוֹר שֶׁיְּשֵׁנִים עָלָיו וְהַכִּסֵּא וְכַיּוֹצֵא בָּהֶן אֵין לָהֶם אֲחוֹרַיִם וְתוֹךְ אֶלָּא בֵּין שֶׁנָּגְעוּ מַשְׁקִין בָּהֶן מִתּוֹכָן אוֹ מֵאֲחוֹרֵיהֶן נִטְמָא הַכְּלִי כֻּלּוֹ. וְכֵן מִדּוֹת יַיִן וְשֶׁמֶן וְזוֹמָא לִיסְטְרוֹת וּמְסַנֶּנֶת שֶׁל חַרְדָּל וּמְשַׁמֶּרֶת שֶׁל יַיִן אֵין לָהֶן אֲחוֹרַיִם וְתוֹךְ אֶלָּא אִם נָפַל מַשְׁקִין עַל מִקְצָתָן נִטְמְאוּ כֻּלָּן כְּמוֹ הַבְּגָדִים:

ד. הַמַּרְדֵּעַ וְהַמַּלְמָד יֵשׁ לָהֶן אֲחוֹרַיִם וְתוֹךְ. כֵּיצַד. נָפְלוּ מַשְׁקִין עַל הַחַרְחוּר לֹא נִטְמָא מִן הָעֵץ הַסָּמוּךְ לַחַרְחוּר אֶלָּא שִׁבְעָה טְפָחִים בִּלְבַד וּשְׁאָר הָעֵץ טָהוֹר. וְכֵן אִם נָפְלוּ מַשְׁקִין עַל הַדָּרְבָן לֹא נִטְמָא אֶלָּא אַרְבָּעָה טְפָחִים הַסְּמוּכִין לַדָּרְבָן. נָפְלוּ חוּץ לְשִׁבְעָה וְחוּץ לְאַרְבָּעָה הֲרֵי זֶה כִּכְלִי קִבּוּל שֶׁנָּגְעוּ מַשְׁקִין בַּאֲחוֹרָיו וְלֹא נִטְמְאוּ אֶלָּא מִמְּקוֹם מַגָּעוֹ וְלַחוּץ:

ה. כִּיס שֶׁבְּתוֹךְ כִּיס שֶׁנִּטְמָא אֶחָד מֵהֶן בְּמַשְׁקִין לֹא נִטְמָא חֲבֵרוֹ. בַּמֶּה דְּבָרִים אֲמוּרִים כְּשֶׁהָיוּ שִׂפְתוֹתֵיהֶן שָׁוִין. אֲבָל אִם הָיָה הַחִיצוֹן עוֹדֵף וְנִטְמָא הַפְּנִימִי. נִטְמָא הַחִיצוֹן נִטְמָא הַחִיצוֹן לֹא נִטְמָא הַפְּנִימִי וּבְשֶׁרֶץ בֵּין כָּךְ וּבֵין כָּךְ אִם נִטְמָא אֶחָד מֵהֶם לֹא נִטְמָא חֲבֵרוֹ:

ו. הַחוֹקֵק רֹבַע וַחֲצִי רֹבַע בְּעֵץ אֶחָד וְנִטְמָא אֶחָד מֵהֶן בְּמַשְׁקִין לֹא נִטְמָא הַשֵּׁנִי אַף עַל פִּי שֶׁהֵן עֵץ אֶחָד. כֵּיצַד. נָגְעוּ מַשְׁקִין טְמֵאִין בְּתוֹךְ הָרֹבַע הָרֹבַע וַאֲחוֹרָיו טְמֵאִין וַחֲצִי הָרֹבַע וַאֲחוֹרָיו טְהוֹרִין. נָגְעוּ בַּחֲצִי הָרֹבַע מִתּוֹכוֹ חֲצִי הָרֹבַע וַאֲחוֹרָיו טְמֵאִים הָרֹבַע וַאֲחוֹרָיו טְהוֹרִין. וּכְשֶׁהוּא מַטְבִּיל מַטְבִּיל אֶת הַכֹּל. נִטְמְאוּ אֲחוֹרֵי הָרֹבַע אוֹ אֲחוֹרֵי חֲצִי הָרֹבַע בְּמַשְׁקִין הֲרֵי אֲחוֹרֵי הַכְּלִי טָמֵא שֶׁאֵין חוֹלְקִין אֶת הָאֲחוֹרַיִם:

ז. קוּמְקוּמוּס שֶׁהָיוּ אֲחוֹרָיו טְמֵאִין וְהָיָה מַרְתִּיחַ אֵין חוֹשְׁשִׁין שֶׁמָּא יָצְאוּ מַשְׁקִין מִתּוֹכוֹ וְנָגְעוּ בַּאֲחוֹרָיו וְחָזְרוּ לְתוֹכוֹ אֶלָּא הֲרֵי הַמַּשְׁקִין שֶׁבְּתוֹכוֹ טְהוֹרִין לִתְרוּמָה: בְּרִיךְ רַחֲמָנָא דְּסַיְּעָן:

הלכות מקואות
Hilchot Mikvaot
THE LAWS OF MIKVAOT

They consist of one positive commandment, that all those who are impure should immerse themselves in the waters of a mikveh to regain purity afterwards.

מצות עשה אחת. והיא שיטבול כל טמא במי מקוה ואחר כך יטהר.

> **Reminder**
> Pack on Purification

Perek 1
Introduction.

Whatever is *tamei* should be immersed in the water of a *mikveh* and thereafter will become pure.[1]

Mipi Hashmuah – All impure entities, whether humans or vessels, which are impure (both Scriptural or Rabbinic impurity), can only regain their purity by immersing in a pool of water in the ground. (I.e. immersion in a container is unacceptable.) A *mikveh* is a constructed pool for this purpose, made to the correct specifications needed to purify.

	Immersion gives purity	When immersion can take place
Most vessels	✓	Day/night
Earthenware vessels	✗ Becomes pure through breakage	
Glass vessels	✗ Purity through breakage 📖 Glass considered as earthenware	
Mapatz (reed mat)	✗ Purity through breakage (reed mat not mentioned in Torah)	
Zav	✓ Only in a stream	Day (need not wait until night)
Zavah	✓	Day (need not wait until night)
Yoledet	✓	Must wait until night
Nidah	✓	Must wait until night
Seminal emission	✓	Day (need not wait until night)
Other impurities	✓	

Entire body should be immersed, naked. If even a small part of the body is not immersed, purification does not take place.

Those who immerse should have the intention to purify themselves. If one did not have intent, the immersion is acceptable except for eating of *trumah* and *kadashim*.

Deoraita, chatzitzah (substances on body which prevent *mikveh* water from reaching those parts) does not intervene if they do not disturb the person, or does not cover majority of body. However, if they do disturb and they cover majority of body, then purification does not take place.

Derabanan – Any intervening substance which either covers majority of body or disturbs the person, invalidates the immersion.

פרק א'

א. כָּל הַטְּמֵאִין בֵּין אָדָם בֵּין כֵּלִים בֵּין שֶׁנִּטְמְאוּ טֻמְאָה חֲמוּרָה שֶׁל תּוֹרָה בֵּין שֶׁנִּטְמְאוּ בְּטֻמְאָה שֶׁל דִּבְרֵיהֶן אֵין לָהֶן טָהֳרָה אֶלָּא בִּטְבִילָה בְּמַיִם הַנִּקְוִין בְּקַרְקַע:

ב. כָּל מָקוֹם שֶׁנֶּאֱמַר בַּתּוֹרָה רְחִיצַת בָּשָׂר וְכִבּוּס בְּגָדִים מִן הַטֻּמְאָה אֵינוֹ אֶלָּא טְבִילַת כָּל הַגּוּף בְּמִקְוֶה. וְזֶה שֶׁנֶּאֱמַר בְּזָב (ויקרא טו יא) "וְיָדָיו לֹא שָׁטַף בַּמָּיִם" כְּלוֹמַר שֶׁיִּטְבֹּל כָּל גּוּפוֹ. וְהוּא הַדִּין לִשְׁאָר הַטְּמֵאִין שֶׁאִם טָבַל כֻּלּוֹ חוּץ מֵרֹאשׁ אֶצְבַּע הַקְּטַנָּה עֲדַיִן הוּא בְּטֻמְאָתוֹ. וְכָל הַדְּבָרִים הָאֵלֶּה אַף עַל פִּי שֶׁהֵן מִפִּי הַשְּׁמוּעָה הֲרֵי נֶאֱמַר (ויקרא יא לב) "בַּמַּיִם יוּבָא וְטָמֵא עַד הָעֶרֶב וְטָהֵר" בִּנְיַן אָב לְכָל הַטְּמֵאִים שֶׁיָּבוֹאוּ בַּמַּיִם:

ג. כָּל הַכֵּלִים שֶׁנִּטְמְאוּ יֵשׁ לָהֶן טָהֳרָה בְּמִקְוֶה חוּץ מִכְּלֵי חֶרֶס וּכְלֵי זְכוּכִית וְכֵן הַמַּפָּץ. כְּלִי חֶרֶס נֶאֱמַר בּוֹ (ויקרא יא לג) "וְאֹתוֹ תִשְׁבֹּרוּ" וְאֵין לוֹ טָהֳרָה אֶלָּא שְׁבִירָה. אֲפִלּוּ חִבְּרוֹ בְּקַרְקַע וַאֲפִלּוּ קְבָעוֹ בְּמַסְמֵר וַאֲפִלּוּ מִלְּאָהוּ סִיד אוֹ גְּפָסִים הֲרֵי הוּא כְּמוֹ שֶׁהָיָה עַד שֶׁיִּשָּׁבֵר. וּכְלֵי זְכוּכִית כִּכְלֵי חֶרֶס עֲשָׂאוּם בְּדָבָר זֶה:

ד. הַמַּפָּץ אֵינוֹ בִּכְלַל הַכֵּלִים הַמְקַבְּלִים שְׁאָר כָּל הַטֻּמְאוֹת לְפִי שֶׁאֵינוֹ כְּלִי קִבּוּל אֵינוֹ מִכְּלַל כְּלֵי עֵץ הָאֲמוּרִין בַּתּוֹרָה וְהוֹאִיל וְהוּא רָאוּי לְמִשְׁכָּב נִתְרַבָּה לְטֻמְאַת מִדְרָס בִּלְבַד דִּין תּוֹרָה. וְכֵיוָן שֶׁאֵין לוֹ טֻמְאָה וְטָהֳרָה בְּפֵרוּשׁ וְנִתְרַבָּה לְטֻמְאָה לֹא יִתְרַבֶּה לִטַהֵר בְּמִקְוֶה שֶׁאֵין מִתְטַהֵר בְּמִקְוֶה אֶלָּא הַכֵּלִים הָאֲמוּרִין בַּתּוֹרָה וְאֵין לַמַּפָּץ טָהֳרָה אֶלָּא קְרִיעָתוֹ עַד שֶׁיִּשָּׁאֵר פָּחוֹת מִשִּׁשָּׁה עַל שִׁשָּׁה טְפָחִים:

ה. הַזָּב אֵין לוֹ טָהֳרָה אֶלָּא בְּמַעְיָן שֶׁהֲרֵי נֶאֱמַר בּוֹ (ויקרא טו יג) "בְּמַיִם חַיִּים" אֲבָל הַזָּבָה וּשְׁאָר הַטְּמֵאִין בֵּין אָדָם בֵּין כֵּלִים טוֹבְלִין אַף בְּמִקְוֶה:

ו. כָּל חַיָּבֵי טְבִילוֹת טְבִילָתָן בַּיּוֹם חוּץ מִנִּדָּה וְיוֹלֶדֶת שֶׁטְּבִילָתָן בַּלַּיְלָה כְּמוֹ שֶׁבֵּאַרְנוּ בְּעִנְיַן נִדָּה. וּבַעַל קֶרִי טוֹבֵל וְהוֹלֵךְ כָּל הַיּוֹם כֻּלּוֹ מִתְּחִלַּת הַלַּיְלָה שֶׁנֶּאֱמַר (דברים כג יב) "וְהָיָה לִפְנוֹת עֶרֶב יִרְחַץ בַּמָּיִם" מְלַמֵּד שֶׁטּוֹבֵל וְהוֹלֵךְ מִתְּחִלַּת הַלַּיְלָה עַד הַעֲרֵב שֶׁמֶשׁ:

ז. כָּל הַטּוֹבֵל צָרִיךְ שֶׁיִּטְבֹּל כָּל גּוּפוֹ כְּשֶׁהוּא עָרוֹם בְּבַת אַחַת. וְאִם הָיָה בַּעַל שֵׂעָר יַטְבִּיל כָּל שְׂעַר רֹאשׁוֹ וַהֲרֵי הוּא כְּגוּפוֹ דִּין תּוֹרָה. וְכָל הַטְּמֵאִין שֶׁטָּבְלוּ בְּבִגְדֵיהֶן עָלְתָה לָהֶן טְבִילָה מִפְּנֵי שֶׁהַמַּיִם בָּאִין בָּהֶן וְאֵינָן חוֹצְצִין. וְכֵן הַנִּדָּה שֶׁטָּבְלָה בִּבְגָדֶיהָ מֻתֶּרֶת לְבַעֲלָהּ:

ח. כָּל הַטּוֹבֵל צָרִיךְ לְהִתְכַּוֵּן לִטְבִילָה וְאִם לֹא נִתְכַּוֵּן עָלְתָה לוֹ טְבִילָה לְחֻלִּין. אֲפִלּוּ נִדָּה שֶׁטָּבְלָה בְּלֹא כַּוָּנָה כְּגוֹן שֶׁנָּפְלָה לְתוֹךְ הַמַּיִם אוֹ יָרְדָה לְהָקֵר הֲרֵי זוֹ מֻתֶּרֶת לְבַעֲלָהּ. אֲבָל לִתְרוּמָה וּלְקָדָשִׁים אֵינָהּ טְהוֹרָה עַד שֶׁתִּטְבֹּל בְּכַוָּנָה:

ט. הַכּוֹפֵת יָדָיו וְרַגְלָיו וְיָשַׁב לוֹ בְּאַמַּת הַמַּיִם אִם נִכְנְסוּ מַיִם דֶּרֶךְ כֻּלּוֹ טָהוֹר. הַקּוֹפֵץ לְתוֹךְ הַמִּקְוֶה הֲרֵי זֶה מְגֻנֶּה. וְהַטּוֹבֵל פַּעֲמַיִם בַּמִּקְוֶה הֲרֵי זֶה מְגֻנֶּה. וְהָאוֹמֵר לַחֲבֵרוֹ כְּבֹשׁ יָדְךָ עָלַי בַּמִּקְוֶה הֲרֵי זֶה מְגֻנֶּה:

י. בֵּית הַסְּתָרִים וּבֵית הַקְּמָטִים אֵינָן צְרִיכִין שֶׁיָּבוֹאוּ בָּהֶן הַמַּיִם שֶׁנֶּאֱמַר (ויקרא טו יא) "וְיָדָיו לֹא שָׁטַף בַּמָּיִם" אֵיבָרִים הַנִּרְאִים בִּלְבַד. וְאַף עַל פִּי כֵן צְרִיכִין לִהְיוֹת רְאוּיִין שֶׁיָּבוֹאוּ בָּהֶן הַמַּיִם וְלֹא יִהְיֶה דָּבָר חוֹצֵץ לְפִיכָךְ אָמְרוּ חֲכָמִים לְעוֹלָם יְלַמֵּד אָדָם בְּתוֹךְ בֵּיתוֹ שֶׁתִּהְיֶה אִשָּׁה מְדִיחָה בֵּין קְמָטֶיהָ בַּמַּיִם וְאַחַר כָּךְ תִּטְבֹּל. וְהָאִשָּׁה טוֹבֶלֶת כְּדַרְכָּהּ גְּדִילָתָהּ כְּאוֹרֶגֶת וּכְמֵינִיקָה אֶת בְּנָהּ:

יא. אִשָּׁה אֵינָהּ טוֹבֶלֶת בַּנָּמֵל מִפְּנֵי שֶׁמִּתְבַּיֶּשֶׁת מִבְּנֵי הָעִיר וְאֵינָהּ טוֹבֶלֶת כַּהֹגֶן. וְאִם הִקִּיף לָהּ מַפָּץ וְכַיּוֹצֵא בּוֹ כְּדֵי לְהַצְנִיעָהּ טוֹבֶלֶת בַּנָּמֵל. וְלֹא תִטְבֹּל עַל גַּבֵּי כְּלִי חֶרֶס אוֹ סַל וְכַיּוֹצֵא בָּהֶן מִפְּנֵי שֶׁמְּפַחֶדֶת וְלֹא תַעֲלֶה לָהּ טְבִילָה:

יב. אֶחָד הָאָדָם אוֹ הַכֵּלִים לֹא יִהְיֶה דָּבָר חוֹצֵץ בֵּינָם וּבֵין הַמַּיִם. וְאִם הָיָה דָּבָר חוֹצֵץ בֵּינָם וּבֵין הַמַּיִם כְּגוֹן שֶׁהָיָה בָּצֵק אוֹ טִיט מְדֻבָּק עַל בְּשַׂר הָאָדָם אוֹ עַל גּוּף הַכְּלִי הֲרֵי זֶה טָמֵא כְּשֶׁהָיָה וְלֹא עָלְתָה לָהֶן טְבִילָה. דְּבַר תּוֹרָה אִם הָיָה דָּבָר הַחוֹצֵץ חוֹפֶה אֶת רֹב הָאָדָם אוֹ רֹב הַכְּלִי לֹא עָלְתָה לָהֶן טְבִילָה וְהוּא שֶׁיַּקְפִּיד עָלָיו וְרוֹצֶה לְהַעֲבִירוֹ. אֲבָל אִם אֵינוֹ מַקְפִּיד עָלָיו וְלֹא שָׂם אוֹתוֹ עַל לֵב בֵּין עָבַר בֵּין לֹא עָבַר אֵינוֹ חוֹצֵץ וְאַף עַל פִּי שֶׁחוֹפֶה אֶת רֻבּוֹ. וְכֵן אִם הָיָה חוֹפֶה מִעוּטוֹ אֵינוֹ חוֹצֵץ אַף עַל פִּי שֶׁהוּא מַקְפִּיד עָלָיו. מִדִּבְרֵי סוֹפְרִים שֶׁכָּל דָּבָר הַחוֹצֵץ אִם הָיָה מַקְפִּיד עָלָיו לֹא עָלְתָה לוֹ טְבִילָה אַף עַל פִּי שֶׁהוּא עַל מִעוּטוֹ גְּזֵרָה מִשּׁוּם רֻבּוֹ. וְכָל דָּבָר הַחוֹצֵץ אִם הָיָה חוֹפֶה אֶת רֻבּוֹ לֹא עָלְתָה לוֹ טְבִילָה אַף עַל פִּי שֶׁאֵינוֹ מַקְפִּיד עָלָיו גְּזֵרָה מִשּׁוּם רֻבּוֹ הַמַּקְפִּיד עָלָיו. נִמְצֵאתָ אוֹמֵר שֶׁאִם הָיָה עַל בְּשַׂר הָאָדָם אוֹ עַל גּוּף הַכְּלִי דָּבָר מִדְּבָרִים הַחוֹצְצִין כְּגוֹן בָּצֵק וְזֶפֶת וְכַיּוֹצֵא בָּהֶן אֲפִלּוּ טִפָּה כְּחַרְדָּל וְהוּא מַקְפִּיד עָלָיו לֹא עָלְתָה לוֹ טְבִילָה. וְאִם אֵינוֹ מַקְפִּיד עָלָיו עָלְתָה לוֹ טְבִילָה. אֶלָּא אִם כֵּן הָיָה חוֹפֶה רֹב הַכְּלִי אוֹ רֹב הָאָדָם כְּמוֹ שֶׁבֵּאַרְנוּ:

Perek 2

Chatzitzah (substances which intervene between person and *mikveh*).

The definition of whether these substances will intervene or not, depends on whether the water will have the possibility of entering, and whether the substance will dissolve in water.

Types of substances discussed are

- Secretions
- Hair
- Wounds
- External substances

Examples:

Hair should be combed out with hot water to prevent matting and allow the water of *mikveh* to penetrate.

If immersion took place within **3 days** of a bleeding wound, the place of the scratch is not considered a *chatzitzah*. If it took place after 3 days it is considered an intervention (scab has become hard).

The natural hidden folds of the body have the potential to receive the water and therefore are not a *chatzitzah,* even if the water does not reach these areas.

Where the stringencies of *chatzitzah* are *Derabanan* they apply only to purification for pure foods but not for purification of say a *nidah* preparing for intimacy.

פרק ב׳

א. אֵלּוּ חוֹצְצִין בָּאָדָם. לִפְלוּף שֶׁחוּץ לָעַיִן. וְגֶלֶד שֶׁחוּץ לַמַּכָּה. וְהַדָּם יָבֵשׁ שֶׁעַל גַּבֵּי הַמַּכָּה. וְהָרְטִיָּה שֶׁעָלֶיהָ. וְגִלְדֵי צוֹאָה שֶׁעַל בְּשָׂרוֹ. וּבָצֵק אוֹ טִיט שֶׁתַּחַת הַצִּפֹּרֶן. וְהַמִּלְמוּלִין שֶׁעַל הַגּוּף. וְטִיט הַיָּוֵן וְטִיט הַיּוֹצְרִים וְטִיט שֶׁל דְּרָכִים הַנִּמְצָא שָׁם תָּמִיד אֲפִלּוּ בִּימוֹת הַחַמָּה כָּל אֵלּוּ חוֹצְצִין. וּשְׁאָר כָּל הַטִּיט כְּשֶׁהוּא לַח אֵינוֹ חוֹצֵץ שֶׁהֲרֵי נִמְחֶה בַּמַּיִם וּכְשֶׁהוּא יָבֵשׁ חוֹצֵץ:

ב. הַדְּבַשׁ. וְהַדְּיוֹ. וְהֶחָלָב. וְהַדָּם. וּשְׂרַף הַתּוּת. וְהַתְּאֵנָה. וְהַשִּׁקְמָה. וְהֶחָרוּב. יְבֵשִׁין חוֹצְצִין לַחִין אֵינָן חוֹצְצִין. וּשְׁאָר

כָּל הַשְּׂרָפִין בֵּין לַחִין בֵּין יְבֵשִׁין חוֹצְצִין. וְדָם שֶׁנִּסְרַךְ בַּבָּשָׂר אֲפִלּוּ לַח חוֹצֵץ. הָאֵיבָר וְהַבָּשָׂר הַמְדֻלְדָּלִים חוֹצְצִין:

ג. בֵּית הַסְּתָרִים בְּאִשָּׁה חוֹצֵץ עַד שֶׁתָּדִיחַ תְּחִלָּה. שֶׁהַזֵּעָה שָׁם תָּמִיד וְהֶאָבָק מִתְקַבֵּץ וְחוֹצֵץ. בַּמֶּה דְּבָרִים אֲמוּרִים בִּנְשׂוּאָה. אֲבָל בִּפְנוּיָה הוֹאִיל וְאֵינָהּ מַקְפֶּדֶת אֵינוֹ חוֹצֵץ:

ד. הָאֶגֶד שֶׁעַל גַּבֵּי הַמַּכָּה. וְהַקַּשְׂקַשִּׂין שֶׁעַל גַּבֵּי הַשֶּׁבֶר. וְהַשֵּׁירִים וְהַנְּזָמִים וְהַקַּטְלָיוֹת וְהַטַּבָּעוֹת. בִּזְמַן שֶׁהֵן חֲזָקִים וּדְבוּקִים בַּבָּשָׂר חוֹצְצִים. רָפִים אֵינָם חוֹצְצִין:

ה. חוּטֵי צֶמֶר וְחוּטֵי פִּשְׁתָּן וְהָרְצוּעוֹת שֶׁקּוֹשְׁרוֹת הַנָּשִׁים בְּרָאשֵׁיהֶן לְנוֹי חוֹצְצִין מִפְּנֵי שֶׁמַּבְדִּילִין בֵּין הַגּוּף וּבֵין הַמַּיִם. אֲבָל חוּטֵי שֵׂעָר אֵין חוֹצְצִין מִפְּנֵי שֶׁהַמַּיִם בָּאִין בָּהֶן אַף עַל פִּי שֶׁאֵינָן רָפִין:

ו. חוּטִין שֶׁבַּצַּוָּאר אֵינָן חוֹצְצִין אֲפִלּוּ שֶׁל פִּשְׁתָּן לְפִי שֶׁאֵין אִשָּׁה חוֹנֶקֶת עַצְמָהּ בָּהֶן. אֲבָל חֲבָקִים שֶׁבַּצַּוָּאר כְּגוֹן קַטְלָיוֹת וַעֲנָקִים חוֹצְצִין לְפִי שֶׁהָאִשָּׁה חוֹנֶקֶת עַצְמָהּ בָּהֶן כְּדֵי שֶׁתֵּרָאֶה בַּעֲלַת בָּשָׂר:

ז. שֵׂעָר שֶׁעַל הַלֵּב שֶׁנִּתְקַשֵּׁר וְנַעֲשָׂה קִלְקְלֵי. וְכֵן קִלְקְלֵי הַזָּקָן חוֹצְצִין:

ח. חֵץ הַתָּחוּב בְּאָדָם בִּזְמַן שֶׁהוּא נִרְאֶה חוֹצֵץ. וּבִזְמַן שֶׁאֵינוֹ נִרְאֶה טוֹבֵל וְאוֹכֵל בִּתְרוּמָתוֹ לָעֶרֶב אַף עַל פִּי שֶׁהוּא חֵץ טָמֵא. וְכֵן מִי שֶׁבָּלַע טַבַּעַת טָמֵא וְטָבַל הֲרֵי זֶה טָהוֹר. וְאִם הֱקִיאָהּ אַחַר שֶׁטָּבַל נִטְמָא בְּמַגָּעָהּ שֶׁכְּבָר בֵּאַרְנוּ שֶׁכָּל הַבְּלוּעִים בְּגוּף הַחַי לֹא מְטַמְּאִין וְלֹא מִתְטַמְּאִין. נִכְנְסוּ צְרוֹרוֹת וְקֵיסָמִין בְּסִדְקֵי רַגְלָיו מִלְּמַטָּה חוֹצְצִין:

ט. אִסְפְּלָנִית מְלוּגְמָא וּרְטִיָּה שֶׁעַל בֵּית הַסְּתָרִים חוֹצְצִין. אַף עַל פִּי שֶׁאֵינוֹ צָרִיךְ שֶׁיִּכָּנְסוּ בָּהֶן הַמַּיִם צְרִיכִין שֶׁיִּהְיוּ רְאוּיִין וְלֹא יְהֵא בָּהֶן דָּבָר חוֹצֵץ כְּמוֹ שֶׁבֵּאַרְנוּ. הָיְתָה בּוֹ שְׂעָרָה אַחַת אוֹ שְׁתַּיִם חוּץ לַמַּכָּה וְרֹאשָׁהּ מְדֻבָּק לַמַּכָּה אוֹ שֶׁהָיוּ שְׁתֵּי שְׂעָרוֹת רָאשָׁם מְדֻבָּק בְּטִיט אוֹ בְּצוֹאָה אוֹ שֶׁהָיוּ שְׁתֵּי שְׂעָרוֹת בְּרִיסֵי עֵינָיו מִלְּמַטָּה וּנְקָבָן וְהוֹצִיאָן בְּרִיסֵי עֵינָיו מִלְּמַעְלָה הֲרֵי אֵלּוּ חוֹצְצִין:

י. לֹא יִטְבֹּל אָדָם בֶּעָפָר שֶׁעַל רַגְלָיו וְאִם טָבַל אֵינוֹ חוֹצֵץ:

יא. הָאוֹחֵז בְּאָדָם וּבְכֵלִים וְהִטְבִּילָן הֲרֵי הֵן בְּטֻמְאָתָן. וְאַף עַל פִּי שֶׁרִפָּה יָדָיו עַד שֶׁבָּאוּ בָּהֶן הַמַּיִם גְּזֵרָה שֶׁמָּא לֹא יְרַפֶּה. וְאִם הֵדִיחַ יָדָיו בַּמַּיִם עָלְתָה לָהֶן טְבִילָה:

יב. הַמַּפְשֶׁלֶת בְּנָהּ לַאֲחוֹרֶיהָ וְטָבְלָה לֹא עָלְתָה לָהּ טְבִילָה שֶׁמָּא הָיָה טִיט בְּרַגְלֵי הַתִּינוֹק אוֹ בְּיָדָיו וְנִדְבַּק בְּאִמּוֹ בִּשְׁעַת טְבִילָה וְחָצַץ וְאַחַר שֶׁעָלְתָה נָפַל:

יג. נִדָּה שֶׁנָּתְנָה שְׂעָרָהּ בְּפִיהָ אוֹ שֶׁקָּפְצָה יָדָהּ אוֹ שֶׁקָּרְצָה בִּשְׂפָתוֹתֶיהָ אוֹ שֶׁנִּמְצָא עֶצֶם בֵּין שִׁנֶּיהָ כְּאִלּוּ לֹא טָבְלָה. וְכֵן שְׁאָר כָּל הַטְּמֵאִים. נָתְנָה מָעוֹת בְּפִיהָ וְיָרְדָה וְטָבְלָה טְהוֹרָה מִטֻּמְאַת הַנִּדָּה וַהֲרֵי הִיא טְמֵאָה עַל גַּב רֻקָּהּ וְנִמְצֵאת רִאשׁוֹן לְטֻמְאָה כְּמִי שֶׁנָּגַע בְּרֹק הַנִּדָּה. וְכֵן הַדִּין בְּזָב:

יד. וְאֵלּוּ שֶׁאֵין חוֹצְצִין בְּאָדָם. קִלְקְלֵי הָרֹאשׁ וּבֵית הַשֶּׁחִי וּבֵית הַסְּתָרִים שֶׁבָּאִישׁ. וְלִפְלוּף שֶׁבָּעַיִן. וְגֶלֶד שֶׁהֶעֶלְתָה הַמַּכָּה. וְלִכְלוּכֵי צוֹאָה שֶׁעַל בְּשָׂרוֹ. וְצוֹאָה שֶׁתַּחַת הַצִּפֹּרֶן. וְצִפֹּרֶן הַמְדֻלְדֶּלֶת. וּכְשׁוּת הַקָּטָן וְהוּא הַשֵּׂעָר הַדַּק שֶׁעַל בְּשָׂרוֹ. כָּל אֵלּוּ אֵינָן חוֹצְצִין:

טו. שְׁתֵּי שְׂעָרוֹת אוֹ יֶתֶר שֶׁהָיוּ קְשׁוּרִין כְּאַחַת קֶשֶׁר אֶחָד אֵינָן חוֹצְצִין מִפְּנֵי שֶׁהַמַּיִם בָּאִין בָּהֶן. וּשְׂעָרָה אַחַת שֶׁנִּקְשְׁרָה חוֹצֶצֶת וְהוּא שֶׁיִּהְיֶה מַקְפִּיד עָלֶיהָ. אֲבָל אִם אֵינוֹ מַקְפִּיד עָלֶיהָ עָלְתָה לוֹ טְבִילָה עַד שֶׁתִּהְיֶה רֹב שְׂעָרוֹ קָשׁוּר נִימָא נִימָא בִּפְנֵי עַצְמוֹ כָּזֶה הוֹרוּ הַגְּאוֹנִים. וְיֵרָאֶה לִי שֶׁשְּׂעָרוֹ שֶׁל אָדָם כְּגוּפוֹ הוּא חָשׁוּב לְעִנְיַן טְבִילָה וְאֵינוֹ כְּגוּף בִּפְנֵי עַצְמוֹ כְּדֵי שֶׁנֹּאמַר רֹב הַשֵּׂעָר אֶלָּא אַף עַל פִּי שֶׁכָּל שְׂעַר רֹאשׁוֹ קָשׁוּר נִימָא נִימָא אִם אֵינוֹ מַקְפִּיד עָלָיו עָלְתָה לוֹ טְבִילָה אֶלָּא אִם כֵּן נִצְטָרֵף לְחוֹצֵץ אַחֵר עַל גּוּפוֹ וְנִמְצָא הַכֹּל רֹב גּוּפוֹ כְּמוֹ שֶׁבֵּאַרְנוּ. וְאֶחָד הַנִּדָּה וְאֶחָד שְׁאָר הַטְּמֵאִין שֶׁיֵּשׁ בְּרֹאשָׁן שֵׂעָר:

טז. תַּקָּנַת עֶזְרָא הִיא שֶׁתִּהְיֶה אִשָּׁה חוֹפֶפֶת אֶת שְׂעָרָהּ וְאַחַר כָּךְ תִּטְבֹּל. וְאִם אֶפְשָׁר לָהּ לָחֹף בַּלַּיְלָה וְלִטְבֹּל מִיָּד תֵּכֶף לַחֲפִיפָה הֲרֵי זֶה מְשֻׁבָּח. וּבִשְׁעַת הַדְּחָק אוֹ מִפְּנֵי הַחֹלִי חוֹפֶפֶת אֲפִלּוּ בְּעֶרֶב שַׁבָּת וְטוֹבֶלֶת לְמוֹצָאֵי שַׁבָּת:

יז. טָבְלָה וְעָלְתָה וְנִמְצָא עָלֶיהָ דָּבָר חוֹצֵץ אִם בְּאוֹתוֹ הַיּוֹם שֶׁחָפְפָה טָבְלָה אֵינָהּ צְרִיכָה לָחֹף פַּעַם שְׁנִיָּה אֶלָּא חוֹזֶרֶת וְטוֹבֶלֶת מִיָּד בִּלְבַד. וְאִם לָאו צְרִיכָה לָחֹף פַּעַם שְׁנִיָּה וְלִטְבֹּל:

יח. לֹא תָּחֹף אִשָּׁה בְּנֶתֶר מִפְּנֵי שֶׁמְּקַטֵּף אֶת הַשֵּׂעָר. וְלֹא בְּאֹהֶל מִפְּנֵי שֶׁמַּסְרִיךְ אֶת הַשֵּׂעָר. אֶלָּא בְּחַמִּין וַאֲפִלּוּ בְּחַמֵּי חַמָּה מִפְּנֵי שֶׁהַחַמִּין מְיַשְּׁרִין אֶת הַשֵּׂעָר וּמְסַלְסְלִין אוֹתוֹ. אֲבָל הַצּוֹנְנִין מְקַלְקְלִין וּמְקַבְּצִין אֶת הַשֵּׂעָר וּמִתְקַשֵּׁר:

יט. נִדָּה שֶׁנָּתְנָה תַּבְשִׁיל לִבְנָהּ וְטָבְלָה לֹא עָלְתָה לָהּ טְבִילָה מִפְּנֵי הַשַּׁמְנוּנִית שֶׁעַל יָדֶיהָ:

כ. שָׂרְטָה בִּבְשָׂרָהּ וְהוֹצִיא דָּם וְטָבְלָה. בְּתוֹךְ שְׁלֹשָׁה יָמִים אֵין מְקוֹם הַשְּׂרִיטוֹת חוֹצֵץ לְאַחַר שְׁלֹשָׁה יָמִים חוֹצֵץ מִפְּנֵי שֶׁהַדָּם נִקְפָּה שָׁם כְּגֶלֶד שֶׁעַל גַּבֵּי הַמַּכָּה. וְכֵן לִפְלוּף שֶׁבָּעַיִן אִם הָיָה יָבֵשׁ וְהוּא שֶׁהִתְחִיל לְהוֹרִיק חוֹצֵץ בְּנִדָּה:

כא. כֹּחַל שֶׁבָּעַיִן אֵינוֹ חוֹצֵץ. שֶׁעַל גַּב הָעַיִן חוֹצֵץ. וְאִם הָיוּ עֵינֶיהָ פּוֹרְחוֹת אַף עַל גַּבֵּי הָעַיִן אֵינוֹ חוֹצֵץ:

כב. פָּתְחָה עֵינֶיהָ בְּיוֹתֵר אוֹ עִצְּמָתָן בְּיוֹתֵר לֹא עָלְתָה לָהּ טְבִילָה. בַּמֶּה דְּבָרִים אֲמוּרִים לְעִנְיַן טָהֳרוֹת. אֲבָל לְהַתִּירָהּ לְבַעְלָהּ הֲרֵי זוֹ מֻתֶּרֶת. אַף עַל פִּי שֶׁנָּתְנָה תַּבְשִׁיל לִבְנָהּ אוֹ שֶׁהָיָה בָּהּ שֶׂרֶט יָשָׁן אוֹ שֶׁהָיָה עַל גַּב עֵינָהּ כֹּחַל. וּבֵין פָּתְחָה עֵינֶיהָ אוֹ עִצְּמָתָן הֲרֵי זוֹ מֻתֶּרֶת לְבַעְלָהּ שֶׁכָּל הַדְּבָרִים הָאֵלּוּ וְכַיּוֹצֵא בָּהֶן אֵינָן חוֹצְצִין אֶלָּא מִדִּבְרֵיהֶן וּלְעִנְיַן טָהֳרוֹת גָּזְרוּ לְעִנְיַן בִּיאָה לֹא גָּזְרוּ. וְכָל הַחוֹצֵץ בְּנִדָּה לְטָהֳרוֹת חוֹצֵץ בִּשְׁאָר הַטְּמֵאִין לְעִנְיַן טָהֳרוֹת. וְחוֹצֵץ בְּגֵר בִּשְׁעַת טְבִילָה:

כג. מִי שֶׁטָּבַל וְעָלָה וְנִמְצָא עָלָיו דָּבָר חוֹצֵץ אַף עַל פִּי שֶׁנִּתְעַסֵּק בְּאוֹתוֹ הַמִּין כָּל הַיּוֹם כֻּלּוֹ הֲרֵי הוּא בְּטֻמְאָתוֹ עַד שֶׁיֹּאמַר יוֹדֵעַ אֲנִי בְּוַדַּאי שֶׁלֹּא הָיָה זֶה עָלַי קֹדֶם הַטְּבִילָה הוֹאִיל וְהֻחְזַק טָמֵא הָעֲמֵד טָמֵא עַל טֻמְאָתוֹ עַד שֶׁתֵּדַע בְּוַדַּאי שֶׁטָּהַר:

Perek 3

Chatzitzah – Relating to vessels.

Substances which interpose between utensils and the *mikveh*.

Examples of these substances are

- *Zefet* – tar
- *Mor* – musk (secretion from an animal to be used as strong fragrance)
- *Komos* – black earth

If these substances are objectionable to the owner, it will be a *chatzitzah*. If not then not a *chatzitzah*.

E.g. Tar on the inside of a vessel will be objectionable because it will spoil taste of food. Therefore it is a *chatzitzah*. For a craftsman working with tar, he will not mind tar on the outside of a vessel, but a homeowner would object to tar on the outside of his vessel.

As with humans, if the *chatzitzah* covers more than half the vessel, it will intervene in purification.

To purify in a *mikveh*, the water must be able to penetrate.

Impure water inside a vessel will become pure at same time as vessel when placed in *mikveh*. But if the liquid is not same colour as water it will not be purified.

פרק ג׳

א. וְאֵלּוּ חוֹצְצִין בְּכֵלִים. הַזֶּפֶת וְהַחֵמָר וְכַיּוֹצֵא בָּהֶן. הַזֶּפֶת שֶׁבַּכּוֹס וְשֶׁבַּצְּלוֹחִית מִתּוֹכָן חוֹצְצִין מֵאֲחוֹרֵיהֶן אֵינָן חוֹצְצִין. בַּמֶּה דְּבָרִים אֲמוּרִים מִבֵּית הָאֻמָּן. אֲבָל מִבַּעַל הַבַּיִת בֵּין מִתּוֹכָן בֵּין מֵאֲחוֹרֵיהֶן חוֹצְצִין. הַזֶּפֶת שֶׁבַּתַּמְחוּי וְשֶׁבַּקְּעָרָה בֵּין מִתּוֹכָן בֵּין מֵאֲחוֹרֵיהֶן בֵּין מִבַּעַל הַבַּיִת בֵּין מִבֵּית הָאֻמָּן חוֹצְצִין:

ב. הַמּוֹר וְהַקּוֹמוֹס בֵּין בְּכוֹס בֵּין בִּצְלוֹחִית בֵּין בְּתַמְחוּי וּקְעָרָה בֵּין מִבַּעַל הַבַּיִת בֵּין מִבֵּית הָאֻמָּן בֵּין מִתּוֹכָן בֵּין מֵאֲחוֹרֵיהֶן חוֹצְצִין. הָיָה זֶפֶת אוֹ חֵמָר וְכַיּוֹצֵא בָּהֶן עַל הַטַּבְלָא וְעַל הַשֻּׁלְחָן וְעַל הַדַּרְגָּשׁ אִם הָיוּ נְקִיִּים חוֹצְצִין מִפְּנֵי שֶׁמַּקְפִּיד עֲלֵיהֶן. וְעַל הַבְּלוּסִין אֵינָן חוֹצְצִין מִפְּנֵי שֶׁאֵינוֹ מַקְפִּיד עֲלֵיהֶן:

ג. הָיוּ עַל מִטּוֹת בַּעַל הַבַּיִת חוֹצְצִין עַל מִטּוֹת שֶׁל עָנִי אֵינָן חוֹצְצִין. עַל אֻכַּף בַּעַל הַבַּיִת חוֹצֵץ וְעַל זַקָּקִין אֵינוֹ חוֹצֵץ. עַל הַמַּרְדַּעַת מִשְּׁנֵי צְדָדִין חוֹצֵץ:

ד. הָיוּ זֶפֶת אוֹ חֵמָר וְכַיּוֹצֵא בָּהֶן עַל בִּגְדֵי תַּלְמִידֵי חֲכָמִים אֲפִלּוּ מִצַּד אֶחָד חוֹצֵץ מִפְּנֵי שֶׁמַּקְפִּידִין עַל מַלְבּוּשָׁן לִהְיוֹת נָקִי. עַל בִּגְדֵי עַמֵּי הָאָרֶץ מִשְּׁנֵי צְדָדִין חוֹצֵץ מִצַּד אֶחָד אֵינוֹ חוֹצֵץ:

ה. הָיוּ עַל הַמִּטְפָּחוֹת שֶׁל זַפָּתִים וְשֶׁל יוֹצְרִים וְשֶׁל מְפַסְּלֵי אִילָנוֹת אֵינָן חוֹצְצִין:

ו. טַבָּח שֶׁהָיָה דָּם עַל בְּגָדָיו אֵינוֹ חוֹצֵץ מִפְּנֵי שֶׁאֵינוֹ מַקְפִּיד:

ז. מוֹכֵר רְבָב שֶׁהָיָה רְבָב עַל בִּגְדוֹ אֵינוֹ חוֹצֵץ. וְכֵן כָּל כַּיּוֹצֵא בָּזֶה. הָיָה הַטַּבָּח מוֹכֵר רְבָב וְהָיָה עַל בִּגְדוֹ דָּם וּרְבָב הֲרֵי זֶה סָפֵק אִם חוֹצֵץ מִפְּנֵי שֶׁהֵן שְׁנַיִם וּמַקְפִּיד אוֹ אֵינוֹ חוֹצֵץ שֶׁהֲרֵי מְלַאכְתּוֹ הִיא וְאֵינוֹ מַקְפִּיד:

ח. הָיָה הַזֶּפֶת אוֹ הַחֵמָר וְכַיּוֹצֵא בָּהֶן עַל הַסַּנְדָּל מִתּוֹכוֹ. מִלְּמַעְלָה חוֹצֵץ מִלְּמַטָּה אֵינוֹ חוֹצֵץ. עַל הַסַּפְסָל מִלְּמַעְלָה אוֹ מִן הַצְּדָדִין חוֹצֵץ מִלְּמַטָּה אֵינוֹ חוֹצֵץ:

ט. לִכְלוּכֵי צוֹאָה שֶׁבַּכִּסֵּא וְשֶׁבַּקַּתֶּדְרָה הַמְכֻבָּשִׁין בֵּין מִתּוֹכָן בֵּין מֵאֲחוֹרֵיהֶן בֵּין מִלְּמַטָּה בֵּין מִן הַצְּדָדִין אֵינָן חוֹצְצִין מִפְּנֵי שֶׁהַמַּיִם מַעֲבִירִין אוֹתָן. אֲבָל לִכְלוּכֵי שְׁמָרִים שֶׁבַּכּוֹס וְשֶׁבַּצְּלוֹחִית וְהַמּוֹךְ שֶׁבַּשִּׁיר וְשֶׁבַּזּוֹג. וְהַטִּיט וְהַבָּצֵק שֶׁעַל יַד הַקּוֹרְדּוֹם וְשֶׁעַל יַד הַמַּגְרֵפָה [אֵינָן חוֹצְצִין. הִגְלִידוּ] חוֹצְצִין:

י. דָּבָר בָּרוּר הוּא שֶׁכָּל מָקוֹם שֶׁאָמַרְנוּ בְּזֶפֶת וּבְחֵמָר וְכַיּוֹצֵא בָּהֶן שֶׁאֵינָן חוֹצְצִין בְּכֵלִים מִפְּנֵי שֶׁאֵינוֹ מַקְפִּיד הוּא לְפִיכָךְ אִם הָיָה רֹב הַכְּלִי חָפוּי בְּזֶפֶת אוֹ בְּחֵמָר וְכַיּוֹצֵא בָּהֶן לֹא עָלְתָה לוֹ טְבִילָה כְּמוֹ שֶׁבֵּאַרְנוּ אַף עַל פִּי שֶׁאֵינוֹ מַקְפִּיד. אֵין בְּדָבָר זֶה הֶפְרֵשׁ בִּכְלִי מִן הַכֵּלִים אֶלָּא כָּל הַכֵּלִים שָׁוִין בְּדָבָר זֶה:

יא. כָּל יְדוֹת הַכֵּלִים שֶׁהֵן חֲלוּלִין שֶׁהִכְנִיסָן שֶׁלֹּא כְּדַרְכָּן. אוֹ שֶׁהִכְנִיסָן כְּדַרְכָּן וְלֹא מֵרְקָן. אוֹ שֶׁהָיוּ שֶׁל מַתֶּכֶת וְנִשְׁבְּרוּ. לֹא עָלְתָה לָהֶן טְבִילָה:

יב. כְּלִי שֶׁהָפַךְ פִּיו לְמַטָּה וְהִטְבִּילוֹ כְּאִלּוּ לֹא טָבַל מִפְּנֵי שֶׁאֵין הַמַּיִם נִכְנָסִין בְּכֻלּוֹ. הָיָה בּוֹ מָקוֹם שֶׁאֵין הַמַּיִם נִכְנָסִין בּוֹ עַד שֶׁיַּטֶּנּוּ עַל צִדּוֹ לֹא עָלְתָה לוֹ טְבִילָה עַד שֶׁיַּטֶּנּוּ עַל צִדּוֹ:

יג. כְּלִי שֶׁהוּא צַר מִכָּאן וּמִכָּאן וְרָחָב בָּאֶמְצַע אֵינוֹ טָהוֹר עַד שֶׁיַּטֶּנּוּ עַל צִדּוֹ:

יד. צְלוֹחִית שֶׁפִּיהָ שׁוֹקֵעַ אֵינָהּ טְהוֹרָה עַד שֶׁיַּטֶּנָּה עַל צִדָּהּ:

טו. קַלְמָרִין אֵינָהּ טְהוֹרָה עַד שֶׁיִּקָּבֶנָּה מִצִּדָּהּ כְּדֵי שֶׁיִּכָּנְסוּ הַמַּיִם לָעַקְמוּמִיּוֹת שֶׁבָּהּ:

טז. בְּהֵמָה שֶׁהָיָה הַשֵּׁיר שֶׁעָלֶיהָ רָפוּי וְנִטְמָא מַטְבִּילִין אוֹתוֹ בִּמְקוֹמוֹ:

יז. לֹא יַטְבִּיל אָדָם אֶת הַקֻּמְקוּם בְּפֶחָמִין שֶׁבּוֹ אֶלָּא אִם כֵּן שִׁפְשֵׁף:

יח. כְּלִי שֶׁהוּא מָלֵא מַשְׁקִין וְהִטְבִּילוֹ כְּאִלּוּ לֹא טָבַל. הָיָה מָלֵא מַיִם וְהִטְבִּילוֹ הֲרֵי הַמַּיִם וְהַכְּלִי טְהוֹרִין כְּאַחַת מִפְּנֵי שֶׁהַמַּיִם יֵשׁ לָהֶן טָהֳרָה בְּמִקְוֶה כְּמוֹ שֶׁבֵּאַרְנוּ בְּטֻמְאַת אֳכָלִין וּמַשְׁקִין. הָיָה הַכְּלִי מָלֵא מֵי רַגְלַיִם רוֹאִין אוֹתוֹ כְּאִלּוּ הוּא מַיִם. הָיָה בּוֹ מֵי חַטָּאת אִם הָיָה רֹב הַכְּלִי פָּנוּי כְּדֵי שֶׁיִּרְבּוּ מֵי מִקְוֶה עַל מֵי חַטָּאת שֶׁבְּתוֹכוֹ הֲרֵי זֶה טָהוֹר. וְאִם לָאו עֲדַיִן הוּא בְּטֻמְאָתוֹ וּכְאִלּוּ הֵן שְׁאָר מַשְׁקִין שֶׁחוֹצְצִין בֵּין גּוּף הַכְּלִי וּבֵין מֵי הַמִּקְוֶה:

יט. כְּלִי שֶׁתּוֹכוֹ טָהוֹר וְגַבּוֹ טָמֵא וְהָיָה מָלֵא יַיִן לָבָן אוֹ חָלָב וְהִטְבִּילוֹ. הוֹלְכִין אַחַר הָרֹב אִם הָיָה רֹב הַכְּלִי פָּנוּי כְּדֵי שֶׁיִּרְבּוּ הַמַּיִם בְּתוֹכוֹ טָהוֹר מִפְּנֵי שֶׁטֻּמְאָתוֹ מִדִּבְרֵיהֶן. אֲבָל אִם הָיָה בּוֹ יַיִן אָדֹם אוֹ שְׁאָר מַשְׁקִין לֹא עָלְתָה לוֹ טְבִילָה:

כ. לָגִין שֶׁהוּא מָלֵא מַיִם טְמֵאִין וְהָיָה עַל פִּיו טִיט טוֹפֵחַ וְהָיָה הַטִּיט שׁוֹקֵעַ בַּמַּיִם וְהִטְבִּילוֹ טָהוֹר. וְאִם הָיָה טִיט הַיָּוֵן וְכַיּוֹצֵא בּוֹ כְּאִלּוּ לֹא טָבַל. וְכֵן טַבַּעַת שֶׁנְּתָנָהּ בִּלְבֵנָה שֶׁל טִיט טוֹפֵחַ וְהִטְבִּילָהּ טְהוֹרָה. וְאִם הָיָה טִיט יָוֵן כְּאִלּוּ לֹא טְבָלָהּ:

כא. אֵלּוּ שֶׁאֵין צְרִיכִין שֶׁיָּבוֹאוּ הַמַּיִם בָּהֶן. סְתָם קִשְׁרֵי בִּגְדֵי עֲנִיִּים, וְאִם הִקְפִּיד עֲלֵיהֶן חוֹצְצִין. וְקִשְׁרֵי בִּגְדֵי בַּעֲלֵי בָּתִּים סְתָמָן חוֹצְצִין, וְאִם אֵינוֹ מַקְפִּיד עֲלֵיהֶן אֵינָן חוֹצְצִין. וְקִשְׁרֵי נִימֵי הַבְּגָדִים שֶׁנִּקְשְׁרוּ מֵאֲלֵיהֶן. וְחֵבֶט הַסַּנְדָּל. וּתְפִלָּה שֶׁל רֹאשׁ בִּזְמַן שֶׁהַקְּצִיצָה דְּבוּקָה עִם הָרְצוּעָה שֶׁבָּהּ וַחֲזָקָה. וּתְפִלָּה שֶׁל זְרוֹעַ בִּזְמַן שֶׁאֵינָהּ עוֹלָה וְיוֹרֶדֶת. וְאָזְנֵי הַחֵמֶת וְהַתּוּרְמִיל. וְכָל כַּיּוֹצֵא בְּאֵלּוּ מִקְשָׁרִים וּתְפָרִים שֶׁאֵינוֹ עָתִיד לְהַתִּירָם:

כב. וְאֵלּוּ שֶׁצְּרִיכִין שֶׁיָּבוֹאוּ בָּהֶן הַמַּיִם. הַקְּשָׁרִים שֶׁבְּפִתְחֵי הֶחָלוּק שֶׁהֵן עֲשׂוּיִין לוּלָאוֹת. וְכֵן קִשְׁרֵי לוּלָאוֹת שֶׁבַּכָּתֵף. וְשָׂפָה שֶׁל סָדִין צָרִיךְ לְמַתֵּחַ. וּתְפִלָּה שֶׁל רֹאשׁ בִּזְמַן שֶׁאֵינָהּ קְבוּעָה בָּרְצוּעָה. וְשֶׁל זְרוֹעַ בִּזְמַן שֶׁהִיא עוֹלָה וְיוֹרֶדֶת. וּשְׁנָצִים שֶׁל סַנְדָּל. וְקִשְׁרֵי נִימֵי הַבְּגָדִים שֶׁקְּשָׁרָן. וְכֵן כָּל כַּיּוֹצֵא בְּאֵלּוּ הַמְּקוֹמוֹת שֶׁהוּא עָתִיד לְגַלּוֹתָן וּלְמָתְחָן. הַסַּלִּין שֶׁל גַּת וְשֶׁל בַּד אִם הָיוּ חֲזָקִים צָרִיךְ לְחַטֵּט וְאִם הָיוּ רָפִים צָרִיךְ לְנַעֵר. הַכַּר וְהַכֶּסֶת שֶׁל עוֹר צְרִיכִים שֶׁיָּבוֹאוּ בָּהֶן הַמַּיִם:

כג. כֶּסֶת עֲגֻלָּה. וְהַכַּדּוּר. וְהָאִמּוּם. וְהַקָּמֵעַ. וְהַתְּפִלָּה. אֵינָן צְרִיכִין שֶׁיָּבוֹאוּ הַמַּיִם לַחֲלָלָן. זֶה הַכְּלָל כָּל שֶׁאֵין דַּרְכּוֹ לְהוֹצִיא וּלְהַכְנִיס טוֹבֵל סָתוּם:

כד. הַמַּטְבִּיל בְּגָדִים הַמְכֻבָּסִין צְרִיכִין שֶׁיִּכָּנְסוּ בָּהֶן הַמַּיִם עַד שֶׁיְּבַעְבְּעוּ. הִטְבִּילָן נְגוּבִין עַד שֶׁיְּבַעְבְּעוּ וְיָנוּחוּ מִבִּעְבּוּעָן:

כה. כָּל יְדוֹת הַכֵּלִים שֶׁהֵן אֲרֻכִּים יוֹתֵר מִכְּדֵי צָרְכָּן וְעָתִיד

לְקָצְצָן מַטְבִּילָן עַד מְקוֹם הַמִּדָּה. כֵּיצַד. שַׁלְשֶׁלֶת דְּלִי גָּדוֹל אַרְבָּעָה טְפָחִים וְקָטָן עֲשָׂרָה. מַטְבִּיל מִן הַשַּׁלְשֶׁלֶת עַד מִדָּה זוֹ בִּלְבַד וְהַשְּׁאָר טָהוֹר:

כו. כְּלִי טָמֵא שֶׁנָּתַן בְּתוֹכוֹ כֵּלִים אֲחֵרִים וְהִטְבִּיל הַכֹּל עָלְתָה לָהֶן טְבִילָה אַף עַל פִּי שֶׁפִּי הַכְּלִי צַר בְּיוֹתֵר שֶׁהֲרֵי הַמַּיִם נִכְנָסִין לוֹ וּמִתּוֹךְ שֶׁעָלְתָה טְבִילָה לַכְּלִי הַגָּדוֹל עָלְתָה טְבִילָה לַכֵּלִים שֶׁבְּתוֹכוֹ. וְאִם הִטָּהוּ עַל צִדּוֹ וְהִטְבִּיל לֹא עָלְתָה לָהֶן טְבִילָה עַד שֶׁיִּהְיֶה פִּיו רָחָב כִּשְׁפוֹפֶרֶת הַנּוֹד. וְכֵן אִם הָיָה הַכְּלִי טָהוֹר וְנָתַן לְתוֹכוֹ כֵּלִים טְמֵאִים וְהִטְבִּילָן לֹא עָלְתָה לָהֶן טְבִילָה עַד שֶׁיִּהְיֶה פִּיו רָחָב כִּשְׁפוֹפֶרֶת הַנּוֹד. בַּמֶּה דְּבָרִים אֲמוּרִים לִתְרוּמָה. אֲבָל לְקֹדֶשׁ אֵין מַטְבִּילִין כֵּלִים לְתוֹךְ כֵּלִים טְהוֹרִין כְּלָל וַאֲפִלּוּ הָיוּ בְּסַל אוֹ בְקֻפָּה כְּמוֹ שֶׁבֵּאַרְנוּ לְמַעְלָה בִּמְקוֹמוֹ:

Perek 4

Definition of *mikveh.*

Reminder
Pack on Weights and Measures

According to Scriptural Law this is a gathering of water containing at least enough water to immerse the whole body. This water could be natural or drawn by man.

Rabanan measured this at a size **1 × 1 × 3 *amah*** which contains **40 *seah*** of water.

According to Rabbinic Law

- Water that is drawn by man for a *mikveh* is invalid.
- If there was a kosher *mikveh* of undrawn water and **3 *log*** of drawn water falls into the *mikveh* the whole *mikveh* becomes invalidated. This occurs when the 3 *log* make up the 40 *seah*. If there was already 40 *seah,* then the 3 *log* do not invalidate. Even rainwater, if it was purposely captured in a container, is regarded as drawn water. I.e. it is as if the person collected it by hand.

If rainwater collected unintentionally, and he did not lift the container to empty it, it can be used for a *mikveh.*

Situations where water in *mikveh* is mixed.

I.e. drawn water, flowing on ground or through a pipe, if it flows into a *mikveh* which has at least **20 *seah*. (i.e. half)** acceptable water, then the *mikveh* is acceptable.

פרק ד׳

א. דִּין תּוֹרָה שֶׁכָּל מַיִם מְכֻנָּסִין טוֹבְלִין בָּהֶן שֶׁנֶּאֱמַר (ויקרא יא לו) ״מִקְוֵה מַיִם״ מִכָּל מָקוֹם. וְהוּא שֶׁיִּהְיֶה בָּהֶן כְּדֵי לְהַעֲלוֹת בָּהֶן כְּדֵי טְבִילָה לְכָל גּוּף הָאָדָם בְּבַת אַחַת. שִׁעֲרוּ חֲכָמִים אַמָּה עַל אַמָּה בְּרוּם שָׁלֹשׁ אַמּוֹת. וְשִׁעוּר זֶה הוּא מַחֲזִיק אַרְבָּעִים סְאָה מַיִם בֵּין שְׁאוּבִין בֵּין שֶׁאֵינָן שְׁאוּבִין:

ב. מִדִּבְרֵי סוֹפְרִים שֶׁהַמַּיִם הַשְּׁאוּבִין פְּסוּלִין לִטְבִילָה. וְלֹא עוֹד אֶלָּא מִקְוֵה מַיִם שֶׁאֵינָן שְׁאוּבִין שֶׁנָּפַל לְתוֹכָן שְׁלֹשָׁה לוּגִין מַיִם שְׁאוּבִין פְּסָלוּ הַכֹּל. אַף עַל פִּי שֶׁפְּסוּל מַיִם שְׁאוּבִין מִדִּבְרֵי סוֹפְרִים לְמָדוּהוּ בְּהֶקֵּשׁ שֶׁהֲרֵי הוּא אוֹמֵר (ויקרא יא לו) ״אַךְ מַעְיָן וּבוֹר מִקְוֵה מַיִם יִהְיֶה טָהוֹר״, הַמַּעְיָן אֵין בּוֹ תְּפִיסַת יַד אָדָם כְּלָל וְהַבּוֹר כֻּלּוֹ בִּידֵי אָדָם שֶׁהֲרֵי כֻּלּוֹ מַיִם שְׁאוּבִין, אָמְרוּ חֲכָמִים הַמִּקְוֶה לֹא יִהְיֶה כֻּלּוֹ שָׁאוּב כְּבוֹר וְאֵין צָרִיךְ לִהְיוֹת כֻּלּוֹ בִּידֵי שָׁמַיִם כְּמַעְיָן אֶלָּא אִם יֵשׁ בּוֹ תְּפִיסַת יַד אָדָם כָּשֵׁר:

ג. כֵּיצַד. הַמַּנִּיחַ קַנְקַנִּים בְּרֹאשׁ הַגַּג לְנַגְּבָם וְיָרְדוּ לָהֶם גְּשָׁמִים וְנִתְמַלְּאוּ אַף עַל פִּי שֶׁהִיא עוֹנַת הַגְּשָׁמִים הֲרֵי זֶה

יִשְׁבֹּר אֶת הַקַּנְקַנִּים אוֹ יִכְפֵּם וְהַמַּיִם הַנִּקְוִים מֵהֶם כְּשֵׁרִים לִטְבֹּל וְאַף עַל פִּי שֶׁכָּל הַמַּיִם הָאֵלּוּ הָיוּ בְּכֵלִים שֶׁהֲרֵי לֹא מִלְּאָן בְּיָדוֹ. לְפִיכָךְ אִם הִגְבִּיהַּ אֶת הַקַּנְקַנִּים וְהֶעֱרָם הֲרֵי כָּל הַמַּיִם שֶׁבָּהֶם שְׁאוּבִין:

ד. הַמַּנִּיחַ כֵּלִים תַּחַת הַצִּנּוֹר תָּמִיד בְּכָל עֵת וּבְכָל זְמַן אֶחָד כֵּלִים קְטַנִּים וְאֶחָד כֵּלִים גְּדוֹלִים אֲפִלּוּ כְּלֵי אֲבָנִים וְכַיּוֹצֵא בָּהֶן מִכֵּלִים שֶׁאֵינָן מְקַבְּלִין טֻמְאָה וְנִתְמַלְּאוּ מֵי גְּשָׁמִים הֲרֵי אֵלּוּ פְּסוּלִין. וְאִם כְּפָאָן עַל פִּיהֶן אוֹ שְׁבָרָן הַמַּיִם הַנִּקְוִין מֵהֶן כִּשְׁאוּבִין לְכָל דָּבָר שֶׁהֲרֵי לְדַעְתּוֹ נִתְמַלְּאוּ שֶׁחֶזְקַת הַצִּנּוֹר לְקַלֵּחַ מַיִם. וַאֲפִלּוּ שָׁכַח הַכֵּלִים תַּחַת הַצִּנּוֹר פְּסוּלִין גָּזְרוּ עַל הַשּׁוֹכֵחַ מִפְּנֵי הַמַּנִּיחַ. וְכֵן הַמַּנִּיחַ אֶת הַכֵּלִים בֶּחָצֵר בְּעֵת קִשּׁוּר הֶעָבִים וְנִתְמַלְּאוּ הַמַּיִם שֶׁבָּהֶן פְּסוּלִין שֶׁהֲרֵי לְדַעְתּוֹ נִתְמַלְּאוּ. וְכֵן גָּזְרוּ עַל הַשּׁוֹכֵחַ בֶּחָצֵר בִּשְׁעַת קִשּׁוּר עָבִים מִשּׁוּם מַנִּיחַ. הִנִּיחָן בֶּחָצֵר בְּעֵת פִּזּוּר עָבִים וּבָאוּ עָבִים וְנִתְמַלְּאוּ הֲרֵי אֵלּוּ כְּשֵׁרִין כְּמוֹ שֶׁמַּנִּיחָן בְּרֹאשׁ הַגָּג לְנַגְּבָן. וְכֵן אִם הִנִּיחָן בְּעֵת קִשּׁוּר הֶעָבִים וְנִתְפַּזְּרוּ וְחָזְרוּ וְנִתְקַשְּׁרוּ וְנִתְמַלְּאוּ הֲרֵי אֵלּוּ כְּשֵׁרִין. וְאִם שְׁבָרָן אוֹ כְּפָאָן הַמַּיִם הַנִּקְוִין מֵהֶן כְּשֵׁרִין:

ה. הַסַּיָּד שֶׁשָּׁכַח עָצִיץ בַּמִּקְוֶה וְנִתְמַלְּאוּ מַיִם אַף עַל פִּי שֶׁלֹּא נִשְׁאַר בַּמִּקְוֶה אֶלָּא מְעַט וַהֲרֵי הֶעָצִיץ יֵשׁ בּוֹ רֹב הַמִּקְוֶה הֲרֵי זֶה יִשְׁבֹּר אֶת הֶעָצִיץ בִּמְקוֹמוֹ וְנִמְצָא הַמִּקְוֶה כֻּלּוֹ כָּשֵׁר. וְכֵן הַמְסַדֵּר אֶת הַקַּנְקַנִּים בְּתוֹךְ הַמִּקְוֶה כְּדֵי לְחַסְּמָן וְנִתְמַלְּאוּ מַיִם אַף עַל פִּי שֶׁבָּלַע הַמִּקְוֶה אֶת מֵימָיו וְלֹא נִשְׁאַר שָׁם מַיִם כְּלָל אֶלָּא מַיִם שֶׁבְּתוֹךְ הַקַּנְקַנִּים הֲרֵי זֶה יִשְׁבֹּר אֶת הַקַּנְקַנִּים וְהַמַּיִם הַנִּקְוִין מֵהֶן מִקְוֶה כָּשֵׁר:

ו. כֵּיצַד פּוֹסְלִין הַמַּיִם הַשְּׁאוּבִין אֶת הַמִּקְוֶה בִּשְׁלֹשָׁה לוֹגִין. שֶׁאִם הָיָה בַּמִּקְוֶה פָּחוֹת מֵאַרְבָּעִים סְאָה [וְנָפַל לְתוֹכָן שְׁלֹשָׁה לוֹגִין וְהִשְׁלִימוּם לְאַרְבָּעִים סְאָה] הַכֹּל פָּסוּל. אֲבָל מִקְוֶה שֶׁיֵּשׁ בּוֹ אַרְבָּעִים סְאָה מַיִם שֶׁאֵינָן שְׁאוּבִין וְשָׁאַב בְּכַד וְשָׁפַךְ לְתוֹכוֹ כָּל הַיּוֹם כֻּלּוֹ כָּשֵׁר. וְלֹא עוֹד אֶלָּא מִקְוֶה עֶלְיוֹן שֶׁיֵּשׁ בּוֹ אַרְבָּעִים סְאָה מַיִם כְּשֵׁרִין וְהָיָה מְמַלֵּא בִּכְלִי וְנוֹתֵן לְתוֹכוֹ עַד שֶׁיִּרְבּוּ הַמַּיִם וְיֵרְדוּ לַמִּקְוֶה הַתַּחְתּוֹן אַרְבָּעִים סְאָה הֲרֵי הַתַּחְתּוֹן כָּשֵׁר:

ז. מִקְוֶה שֶׁיֵּשׁ בּוֹ אַרְבָּעִים סְאָה מְכֻוָּנוֹת וְנָתַן לְתוֹכוֹ סְאָה מַיִם שְׁאוּבִין וְנָטַל אַחַר כָּךְ מִמֶּנּוּ סְאָה הֲרֵי זֶה כָּשֵׁר. וְכֵן נוֹתֵן סְאָה וְנוֹטֵל סְאָה וְהוּא כָּשֵׁר עַד רֻבּוֹ:

ח. אֵין הַמַּיִם הַשְּׁאוּבִין פּוֹסְלִין אֶת הַמִּקְוֶה בִּשְׁלֹשָׁה לוֹגִין עַד שֶׁיִּפְּלוּ לְתוֹךְ הַמִּקְוֶה מִן הַכְּלִי. אֲבָל אִם נִגְרְרוּ הַמַּיִם הַשְּׁאוּבִין חוּץ לַמִּקְוֶה וְנִמְשְׁכוּ וְיָרְדוּ לַמִּקְוֶה אֵינָן פּוֹסְלִין אֶת הַמִּקְוֶה עַד שֶׁיִּהְיוּ מֶחֱצָה לְמֶחֱצָה אֲבָל אִם הָיָה רֹב מִן הַכְּשֵׁרִים הֲרֵי הַמִּקְוֶה כָּשֵׁר. כֵּיצַד. מִקְוֶה שֶׁיֵּשׁ בּוֹ עֶשְׂרִים סְאָה וּמַשֶּׁהוּ מַיִם כְּשֵׁרִין וְהָיָה מְמַלֵּא וְשׁוֹאֵב חוּץ לַמִּקְוֶה וְהַמַּיִם נִמְשָׁכִין וְיוֹרְדִין לַמִּקְוֶה בֵּין שֶׁהָיוּ נִמְשָׁכִין עַל הַקַּרְקַע אוֹ בְּתוֹךְ הַסִּילוֹן וְכַיּוֹצֵא בּוֹ מִדְּבָרִים שֶׁאֵינָן פּוֹסְלִין אֶת הַמִּקְוֶה הֲרֵי הוּא כָּשֵׁר וַאֲפִלּוּ הִשְׁלִימוֹ לְאֶלֶף סְאָה. שֶׁהַשְּׁאִיבָה שֶׁהִמְשִׁיכוּהָ כְּשֵׁרָה אִם הָיָה שָׁם רֹב אַרְבָּעִים סְאָה מִן הַכָּשֵׁר. וְכֵן גַּג שֶׁהָיָה בְּרֹאשׁוֹ עֶשְׂרִים סְאָה וּמַשֶּׁהוּ מֵי גְּשָׁמִים וּמִלֵּא בִּכְתֵפוֹ וְנָתַן לְתוֹכוֹ פָּחוֹת מֵעֶשְׂרִים שֶׁנִּמְצָא הַכֹּל פָּסוּל וּפָתַח הַצִּנּוֹר וְנִמְשְׁכוּ הַכֹּל לְמָקוֹם אֶחָד הֲרֵי זֶה מִקְוֶה כָּשֵׁר. שֶׁהַשְּׁאוּבִים שֶׁהִמְשִׁיכוּהָ כֻּלָּהּ כְּשֵׁרָה הוֹאִיל וְהָיָה שָׁם רֹב מִן הַכָּשֵׁר:

ט. הוֹרוּ מִקְצָת חַכְמֵי מַעֲרָב וְאָמְרוּ הוֹאִיל וְאָמְרוּ חֲכָמִים שְׁאוּבָה שֶׁהִמְשִׁיכוּהָ כֻּלָּהּ טְהוֹרָה אֵין אָנוּ צְרִיכִין שֶׁיִּהְיוּ שָׁם רֹב מַיִם כְּשֵׁרִין. וְזֶה שֶׁהִצְרִיךְ רֹב וְהַמְשָׁכָה דִּבְרֵי יָחִיד הֵן וּכְבָר נִדְחוּ שֶׁהֲרֵי אָמְרוּ בַּסּוֹף שְׁאוּבָה שֶׁהִמְשִׁיכוּהָ כֻּלָּהּ טְהוֹרָה. לְפִי דִּבְרֵי זֶה אִם הָיָה מְמַלֵּא בִּכְלִי וְשׁוֹפֵךְ וְהַמַּיִם נִזְחָלִין וְהוֹלְכִין לְמָקוֹם אֶחָד הֲרֵי זֶה מִקְוֶה כָּשֵׁר. וְכֵן כָּל אַמְבְּטִי שֶׁבְּמֶרְחֲצָאוֹת שֶׁלָּנוּ מִקְוָאוֹת כְּשֵׁרִין. שֶׁהֲרֵי כָּל הַמַּיִם שֶׁבָּהֶן שָׁאוּב וְשֶׁנִּמְשַׁךְ הוּא. וּמֵעוֹלָם לֹא רָאִינוּ מִי שֶׁעָשָׂה מַעֲשֶׂה בְּעִנְיָן זֶה:

י. מֵי גְּשָׁמִים וּמַיִם שְׁאוּבִין שֶׁהָיוּ מִתְעָרְבִין בֶּחָצֵר וְנִמְשָׁכִין וְיוֹרְדִין לַעֲקָה שֶׁבֶּחָצֵר אוֹ שֶׁמִּתְעָרְבִין עַל מַעֲלוֹת הַמְּעָרָה וְיוֹרְדִין לַמְּעָרָה. אִם רֹב מִן הַכָּשֵׁר כָּשֵׁר וְאִם רֹב מִן הַפָּסוּל פָּסוּל. מֶחֱצָה לְמֶחֱצָה פָּסוּל. אֵימָתַי בִּזְמַן שֶׁמִּתְעָרְבִין עַד שֶׁלֹּא יַגִּיעוּ לַמִּקְוֶה וְנִמְשָׁכִין וְיוֹרְדִין אֲבָל אִם הָיוּ הַכְּשֵׁרִים וְהַפְּסוּלִים מְקַלְּחִין לְתוֹךְ הַמִּקְוֶה אִם יָדוּעַ שֶׁנָּפְלוּ לְתוֹכוֹ אַרְבָּעִים סְאָה מַיִם כְּשֵׁרִין עַד שֶׁלֹּא יָרְדוּ לְתוֹכוֹ שְׁלֹשָׁה לוֹגִין מַיִם שְׁאוּבִין כָּשֵׁר וְאִם לָאו פָּסוּל:

Perek 5

Invalidation of *mikveh* by **3** ***log*** of drawn water.

It depends if one intended to increase the amount of water in the *mikveh* with the drawn water.

UNINTENTIONAL

If **3** ***log*** of drawn water fell into a kosher *mikveh* to make up the **40** ***seah***, it becomes invalid.

If the **3** ***log*** were poured in stages, they do not add up to make up the measure (unless the second pouring starts before the first finishes etc).

INTENTIONAL

If drawn water is intentionally poured to make up the **40** ***seah*** they will all add up to the **3** ***log*** even if **1** ***kortov*** **(1** ***kortov*** **= 1⁄64** ***log*****)** is added per year.

פרק ה׳

א. מִקְוֶה שֶׁנָּפְלוּ אֵלָיו שְׁלֹשָׁה לוּגִין מַיִם שְׁאוּבִין מִכְּלִי אֶחָד אוֹ מִשְּׁנַיִם וּשְׁלֹשָׁה כֵּלִים מִצְטָרְפִין וְהוּא שֶׁיַּתְחִיל הַשֵּׁנִי עַד שֶׁלֹּא פָּסַק הָרִאשׁוֹן. מֵאַרְבָּעָה כֵּלִים אֵין מִצְטָרְפִין. בַּמֶּה דְּבָרִים אֲמוּרִים בִּזְמַן שֶׁלֹּא נִתְכַּוֵּן לְרַבּוֹת. אֲבָל אִם נִתְכַּוֵּן לְרַבּוֹת אֶת מֵי הַמִּקְוֶה אֲפִלּוּ נָפַל מִשְׁקַל דִּינָר בְּכָל שָׁנָה מִצְטָרֵף לִשְׁלֹשָׁה לוּגִין בֵּין שֶׁקָּדְמוּ הַשְּׁאוּבִים אֶת הַכְּשֵׁרִים בֵּין שֶׁקָּדְמוּ הַכְּשֵׁרִים אֶת הַשְּׁאוּבִים אוֹ שֶׁנָּפְלוּ שְׁתֵּיהֶן כְּאַחַת. כֵּיוָן שֶׁנָּפְלוּ שְׁלֹשָׁה לוּגִין שְׁאוּבִין לְתוֹךְ אַרְבָּעִים סְאָה [קֹדֶם שֶׁנָּפְלוּ בּוֹ אַרְבָּעִים סְאָה אוֹ לִפְחוּת מֵאַרְבָּעִים] נִפְסַל הַכֹּל וְנַעֲשָׂה שָׁאוּב:

ב. שְׁנַיִם שֶׁהֵטִילוּ זֶה לוֹג וּמֶחֱצָה וְזֶה לוֹג וּמֶחֱצָה. וְהַסּוֹחֵט כְּסוּתוֹ וְהִגְבִּיהָהּ וְהַמַּיִם שֶׁבָּהּ נוֹפְלִין מִמְּקוֹמוֹת הַרְבֵּה. וְכֵן הַמְעָרֶה מִן הַצַּרְצוּר שֶׁמֵּטִיל מִמְּקוֹמוֹת הַרְבֵּה הֲרֵי אֵלּוּ פּוֹסְלִין:

ג. הַמַּטְבִּיל כַּר אוֹ כֶּסֶת שֶׁל עוֹר בְּמִקְוֶה שֶׁיֵּשׁ בּוֹ אַרְבָּעִים סְאָה מְכֻוָּנוֹת כֵּיוָן שֶׁהִגְבִּיהַּ שִׂפְתוֹתֵיהֶן מִן הַמַּיִם נִמְצְאוּ הַמַּיִם שֶׁבְּתוֹכָן שְׁאוּבִין. כֵּיצַד יַעֲשֶׂה. מַטְבִּילָן וּמַעֲלָן דֶּרֶךְ שׁוּלֵיהֶן. אֲבָל הַקֻּפָּה וְהַשַּׂק מַטְבִּילָן וּמַעֲלָן כְּדַרְכָּן וְאֵינוֹ חוֹשֵׁשׁ:

ד. מִקְוֶה שֶׁיֵּשׁ בּוֹ שָׁלֹשׁ גּוּמוֹת מִמַּיִם שְׁאוּבִין לוֹג בְּכָל גּוּמָא וְנָפְלוּ לְתוֹכוֹ מַיִם כְּשֵׁרִים אִם יָדוּעַ שֶׁנָּפַל לְתוֹכוֹ אַרְבָּעִים סְאָה מַיִם כְּשֵׁרִים עַד שֶׁלֹּא יַגִּיעוּ לַגּוּמָא הַשְּׁלִישִׁית כָּשֵׁר וְאִם לָאו פָּסוּל:

ה. שְׁנֵי מִקְוָאוֹת אֵין בְּכָל אֶחָד מֵהֶן אַרְבָּעִים סְאָה וְנָפַל לָזֶה לוֹג וּמֶחֱצָה וְלָזֶה לוֹג וּמֶחֱצָה וְנִתְעָרְבוּ שְׁנֵי הַמִּקְוָאוֹת הֲרֵי אֵלּוּ כְּשֵׁרִין מִפְּנֵי שֶׁלֹּא נִקְרָא עַל אֶחָד מֵהֶן שֵׁם פָּסוּל. אֲבָל מִקְוֶה שֶׁאֵין בּוֹ אַרְבָּעִים סְאָה שֶׁנָּפַל לְתוֹכוֹ שְׁלֹשָׁה לוּגִין מַיִם שְׁאוּבִין וְאַחַר כָּךְ נֶחְלַק לִשְׁנַיִם וְרִבָּה מַיִם כְּשֵׁרִים עַל כָּל אֶחָד מֵהֶן הֲרֵי אֵלּוּ פְּסוּלִין שֶׁכָּל הַמִּקְוֶה כֻּלּוֹ שֶׁנִּפְסַל כְּמַיִם שְׁאוּבִין הוּא חָשׁוּב וּכְאִלּוּ כָּל מֵימָיו נִשְׁאֲבוּ בִּכְלִי:

ו. בּוֹר שֶׁהוּא מָלֵא מַיִם שְׁאוּבִים וְהָאַמָּה נִכְנֶסֶת לוֹ וְיוֹצֵאת מִמֶּנּוּ לְעוֹלָם הוּא בִּפְסוּלוֹ עַד שֶׁתְּחַשֵּׁב שֶׁלֹּא נִשְׁאֲרוּ מִן הַשְּׁאוּבִין שֶׁהָיוּ בַּבּוֹר שְׁלֹשָׁה לוּגִין. מִקְוֶה שֶׁנָּפַל לְתוֹכוֹ מַיִם שְׁאוּבִין וְנִפְסַל וְאַחַר כָּךְ רִבָּה עָלָיו מַיִם כְּשֵׁרִים עַד שֶׁנִּמְצְאוּ הַכְּשֵׁרִים אַרְבָּעִים סְאָה הֲרֵי הוּא בִּפְסוּלוֹ עַד שֶׁיֵּצְאוּ כָּל הַמַּיִם שֶׁהָיוּ בְּתוֹכוֹ וְיִפְחֲתוּ הַשְּׁאוּבִין מִשְּׁלֹשָׁה לוּגִין. כֵּיצַד. מִקְוֶה שֶׁיֵּשׁ בּוֹ עֶשְׂרִים סְאָה מֵי גְּשָׁמִים וְנָפַל לְתוֹכוֹ סְאָה מַיִם שְׁאוּבִים וְאַחַר כָּךְ הִרְבָּה עָלָיו מַיִם כְּשֵׁרִים. הֲרֵי זֶה בִּפְסוּלוֹ עַד שֶׁיֵּדַע שֶׁיָּצְאוּ מִמֶּנּוּ עֶשְׂרִים סְאָה שֶׁהָיוּ בּוֹ וַחֲמִשָּׁה קַבִּין וְיוֹתֵר מֵרְבִיעַ הַקַּב וְלֹא נִשְׁאַר מִן הַכֹּל שֶׁנִּפְסַל חוּץ מִפָּחוֹת מִשְּׁלֹשָׁה לוּגִין. וְכֵן אִם עָשָׂה מִקְוֶה שֶׁיֵּשׁ בּוֹ אַרְבָּעִים סְאָה מַיִם כְּשֵׁרִים וְעֵרְבוֹ עִם הַמִּקְוֶה הַזֶּה הַפָּסוּל טִהֲרוּ אֵלּוּ אֶת אֵלּוּ:

ז. הַמְסַלֵּק אֶת הַטִּיט לַצְּדָדִים וְנִמְשְׁכוּ מִמֶּנּוּ שְׁלֹשָׁה לוּגִים לַמִּקְוֶה הֲרֵי זֶה כָּשֵׁר. הָיָה תּוֹלֵשׁ הַטִּיט וּמַגְבִּיהוֹ בְּיָדוֹ וְהִבְדִּילוֹ מִן הַמִּקְוֶה לְצִדָּהּ וְנִמְשְׁכוּ מִמֶּנּוּ שְׁלֹשָׁה לוּגִין הֲרֵי אֵלּוּ פּוֹסְלִין:

ח. גַּיִס הָעוֹבֵר מִמָּקוֹם לְמָקוֹם וְכֵן בְּהֵמָה הָעוֹבֶרֶת מִמָּקוֹם לְמָקוֹם וְזָלְפוּ בִּידֵיהֶן וּבְרַגְלֵיהֶם שְׁלֹשָׁה לוּגִין לַמִּקְוֶה הֲרֵי זֶה כָּשֵׁר. וְלֹא עוֹד אֶלָּא אֲפִלּוּ עָשׂוּ מִקְוֶה בַּתְּחִלָּה הֲרֵי זֶה כָּשֵׁר:

ט. מִקְוֶה שֶׁאֵין בּוֹ אַרְבָּעִים סְאָה וְנָפַל לְתוֹכוֹ פָּחוֹת מִשְּׁלֹשָׁה לוּגִין מַיִם טְמֵאִין שְׁאוּבִין הֲרֵי זֶה כָּשֵׁר לְחַלָּה

328 SEFER TAHARAH

וְלִתְרוּמָה וְלִטֹּל מֵהֶן לַיָּדַיִם. וּפְסוּלִין לְהַקְווֹת עֲלֵיהֶן. יָרְדוּ עֲלֵיהֶן גְּשָׁמִים וְרַבּוּ עֲלֵיהֶן הֲרֵי אֵלּוּ כְּשֵׁרִים לְהַקְווֹת עֲלֵיהֶם. נָפַל לְתוֹכוֹ שְׁלֹשָׁה לוֹגִין מַיִם שְׁאוּבִין טְמֵאִים הֲרֵי זֶה פָּסוּל לְחַלָּה וְלִתְרוּמָה וְלִטֹּל מִמֶּנּוּ לַיָּדַיִם. וּפְסוּלִין לְהַקְווֹת עָלָיו. יָרְדוּ גְּשָׁמִים וְרַבּוּ עֲלֵיהֶן הֲרֵי הֵן כְּשֵׁרִין לְחַלָּה וְלִתְרוּמָה וְלִטֹּל מֵהֶן לַיָּדַיִם וּפְסוּלִין לְהַקְווֹת עֲלֵיהֶן עַד שֶׁיֵּצְאוּ כָּל הַמַּיִם הָרִאשׁוֹנִים שֶׁנַּעֲשׂוּ כֻּלָּן כִּשְׁאוּבִין וְלֹא יִשָּׁאֵר מֵהֶן אֶלָּא פָּחוֹת מִשְּׁלֹשָׁה לוֹגִין. וְכֵן מִקְוֶה שֶׁיֵּשׁ בּוֹ אַרְבָּעִים סְאָה חָסֵר דִּינָר וְנָפְלוּ לְתוֹכוֹ שְׁלֹשָׁה לוֹגִין מַיִם שְׁאוּבִין טְמֵאִין הֲרֵי זֶה פָּסוּל לְחַלָּה וְלִתְרוּמָה וְלִטֹּל מִמֶּנּוּ לַיָּדַיִם וּפְסוּלִין לְהַקְווֹת עֲלֵיהֶן. נָפַל לְתוֹכוֹ פָּחוֹת מִשְּׁלֹשָׁה לוֹגִין מַיִם אֲפִלּוּ כֻּלָּן טְמֵאִין וְאַחַר כָּךְ נָפְלוּ לְתוֹכוֹ מִשְׁקַל דִּינָר מֵי גְּשָׁמִים שֶׁהִשְׁלִימוּ כָּשֵׁר. כְּשֵׁם שֶׁטָּהוֹר לִטְבִילָה כָּךְ טָהוֹר לְכָל דָּבָר:

Perek 6

Drawn water continued.

Effect of vessels.

Whenever water passes over vessels or water falls into them through man's conscious efforts, it is considered as *mayim sheuvim* (drawn water). This applies even if container is stone and non-susceptible to impurity.

Reminder
Pack on Impurity of Vessels

If a vessel was made but without intent to be used as a receptacle, then it does not disqualify a *mikveh* e.g. large pipes through which water flows.

A vessel can be made into a *mikveh* only if it satisfies two conditions. I.e.

- It has a hole which nullifies it as a container.
- It is then fixed permanently into the earth.

If 3 ***log*** of drawn water is in a container and it falls into a *mikveh*, it does not invalidate.

Earthenware vessels have slightly different laws because they cannot be purified by a *mikveh* (only through breaking).

Joining together of bodies of water – drawn water will affect if it is in the centre of the kosher *mikveh*, but not if it is on its side.

פרק ו׳

א. כָּל הַכֵּלִים הַמְקַבְּלִין שֶׁהָלְכוּ הַמַּיִם עֲלֵיהֶן אוֹ שֶׁנָּפְלוּ מִתּוֹכָן הֲרֵי אֵלּוּ שְׁאוּבִין וּפוֹסְלִין אֶת הַמִּקְוֶה. וְהוּא שֶׁיֵּעָשׂוּ לְקַבָּלָה. אֲפִלּוּ הָיוּ כֵּלִים שֶׁאֵין מְקַבְּלִין טֻמְאָה כְּגוֹן כְּלֵי אֲבָנִים וּכְלֵי אֲדָמָה הֲרֵי אֵלּוּ פּוֹסְלִין:

ב. כָּל כְּלִי שֶׁלֹּא נַעֲשָׂה לְקַבָּלָה אַף עַל פִּי שֶׁהוּא מְקַבֵּל אֵינוֹ פּוֹסֵל אֶת הַמִּקְוֶה. כְּגוֹן הַסִּילוֹנוֹת שֶׁהַמַּיִם נִמְשָׁכִין מֵהֶן אַף עַל פִּי שֶׁהֵן רְחָבִים בְּאֶמְצַע וּמְקַבְּלִין אֵין פּוֹסְלִין אֶת הַמִּקְוֶה בֵּין שֶׁהָיוּ שֶׁל מַתֶּכֶת אוֹ שֶׁל חֶרֶס:

ג. הַשֹּׁקֶת שֶׁבַּסֶּלַע אֵינוֹ פּוֹסֵל אֶת הַמִּקְוֶה לְפִי שֶׁאֵינָהּ כְּלִי. אֲבָל כְּלִי שֶׁחִבְּרוֹ בַּסֶּלַע פּוֹסֵל אֶת הַמִּקְוֶה אַף עַל פִּי שֶׁחִבְּרוֹ בְּסִיד. נִקְּבָה מִלְּמַטָּה אוֹ מִן הַצַּד כִּשְׁפוֹפֶרֶת הַנּוֹד כְּשֵׁרָה וְאֵינָהּ פּוֹסֶלֶת אֶת הַמִּקְוֶה:

ד. הַלּוֹקֵחַ כְּלִי גָּדוֹל כְּגוֹן חָבִית גְּדוֹלָה אוֹ עֲרֵבָה גְּדוֹלָה וְנִקְּבוֹ נֶקֶב הַמְטַהֲרוֹ וּקְבָעוֹ בָּאָרֶץ וַעֲשָׂאָהוּ מִקְוֶה הֲרֵי זֶה כָּשֵׁר. וְכֵן אִם פָּקַק אֶת הַנֶּקֶב בְּסִיד וּבְבִנְיָן אֵינוֹ פּוֹסֵל וְהַמַּיִם הַנִּקְוִין בְּתוֹכוֹ מִקְוֶה כָּשֵׁר. סְתָמוֹ בְּסִיד אוֹ בְּגִפְּסִים

עֲדַיִן הוּא פּוֹסֵל אֶת הַמִּקְוֶה עַד שֶׁיִּקְבָּעֶנּוּ בָּאָרֶץ אוֹ יִבְנֶה. וְאִם הוֹלִיכוֹ עַל גַּב הָאָרֶץ וְעַל גַּב הַסִּיד וּמֵרֵחַ בְּטִיט מִן הַצְּדָדִין הֲרֵי זֶה כָּשֵׁר:

ה. הַמַּנִּיחַ טַבְלָא תַּחַת הַצִּנּוֹר וַהֲרֵי הַמַּיִם נִמְשָׁכִין עַל הַטַּבְלָא וְיוֹרְדִין לַמִּקְוֶה אִם הָיָה לַטַּבְלָא דֹּפֶן הֲרֵי זוֹ פּוֹסֶלֶת אֶת הַמִּקְוֶה וְאִם לָאו אֵינָהּ פּוֹסֶלֶת. זְקָפָהּ תַּחַת הַצִּנּוֹר כְּדֵי לַהֲדִיחָהּ אַף עַל פִּי שֶׁיֵּשׁ לָהּ דֹּפֶן אֵינָהּ פּוֹסֶלֶת שֶׁהֲרֵי לֹא עֲשָׂאָהּ לְקַבֵּל:

ו. הַחוֹטֵט בְּצִנּוֹר מָקוֹם לְקַבֵּל בּוֹ הַצְּרוֹרוֹת הַמִּתְגַּלְגְּלִין בַּמַּיִם כְּדֵי שֶׁלֹּא יֵרְדוּ עִם הַמַּיִם אִם הָיָה הַצִּנּוֹר שֶׁל עֵץ וְחָפַר בּוֹ כָּל שֶׁהוּא פּוֹסֵל שֶׁהֲרֵי כָּל הַמַּיִם שֶׁיּוֹרְדִין בָּאִין מִתּוֹךְ כְּלִי שֶׁנַּעֲשָׂה לְקַבָּלָה. וַאֲפִלּוּ שֶׁקְּבָעוֹ אַחַר שֶׁחָקַק בּוֹ הוֹאִיל וְהָיָה עָלָיו תּוֹרַת כְּלִי כְּשֶׁהָיָה תָּלוּשׁ. אֲבָל אִם קְבָעוֹ בַּקַּרְקַע וְאַחַר כָּךְ חָקַק בּוֹ בֵּית קִבּוּל אֵינוֹ פּוֹסֵל. וְאִם הָיָה צִנּוֹר שֶׁל חֶרֶס אֵינוֹ פּוֹסֵל עַד שֶׁיִּהְיֶה בַּחֲקָק כְּדֵי לְקַבֵּל רְבִיעִית. אַף עַל פִּי שֶׁנִּתְמַלֵּא הַמָּקוֹם הֶחָקוּק שֶׁבַּצִּנּוֹר צְרוֹרוֹת הַמִּתְחַלְחֲלִין בְּתוֹכוֹ הֲרֵי הוּא בִּפְסוּלוֹ וְאֵינוֹ כְּסָתוּם. יָרַד לְתוֹךְ הַמָּקוֹם שֶׁחָקַק עָפָר אוֹ צְרוֹרוֹת וּסְתָמוֹ וְנִכְבַּשׁ הֲרֵי זֶה כָּשֵׁר:

ז. הַסְּפוֹג וְהַדְּלִי שֶׁהָיוּ בָּהֶן שְׁלֹשֶׁת לוֹגִין מַיִם וְנָפְלוּ לַמִּקְוֶה לֹא פְּסָלוּהוּ שֶׁלֹּא אָמְרוּ אֶלָּא שְׁלֹשֶׁת לוֹגִין שֶׁנָּפְלוּ לֹא כְּלִי שֶׁנָּפְלוּ בּוֹ מַיִם שְׁאוּבִין:

ח. הַשִּׁדָּה וְהַתֵּבָה שֶׁבַּיָּם אֵין מַטְבִּילִין בָּהֶן אֶלָּא אִם כֵּן הָיוּ נְקוּבִים כִּשְׁפוֹפֶרֶת הַנּוֹד. וְאִם הָיוּ שַׂק אוֹ קֻפָּה מַטְבִּילִין בָּהֶן. וְכֵן הַמַּנִּיחַ שַׂק אוֹ קֻפָּה תַּחַת הַצִּנּוֹר אֵין הַמַּיִם הַנִּמְשָׁכִין מֵהֶן פּוֹסְלִין אֶת הַמִּקְוֶה:

ט. גִּסְטְרָא טְמֵאָה שֶׁהִיא בְּתוֹךְ הַמִּקְוֶה וּשְׂפָתָהּ לְמַעְלָה מִן הַמַּיִם וְהִטְבִּיל בָּהּ הַכֵּלִים טָהֲרוּ מִטֻּמְאָתָן. אֲבָל כְּשֶׁיַּגְבִּיהֵם מִן הַמַּיִם עַד שֶׁהֵן בַּאֲוִיר הַגִּסְטְרָא מִתְטַמֵּא הַמַּיִם שֶׁעַל גַּבָּן מֵאֲוִיר הַגִּסְטְרָא וְחוֹזֵר וּמְטַמֵּא אוֹתָן. וְכֵן מַעְיָן הַיּוֹצֵא מִתַּחַת הַתַּנּוּר הַטָּמֵא וְיָרַד וְטָבַל בְּתוֹכוֹ הוּא טָהוֹר וְיָדָיו טְמֵאוֹת מֵאֲוִיר הַתַּנּוּר אֶלָּא אִם כֵּן הָיוּ הַמַּיִם לְמַעְלָה מִן הַתַּנּוּר כְּרוּם יָדָיו שֶׁנִּמְצָא כְּשֶׁטָּבַל יָדָיו לְמַעְלָה מִן הַתַּנּוּר שֶׁאֵין כְּלֵי חֶרֶס מִתְטַהֲרִין בְּמִקְוֶה כְּמוֹ שֶׁבֵּאַרְנוּ:

י. חָבִית מְלֵאָה מַיִם שֶׁנָּפְלָה לַיָּם אֲפִלּוּ לַיָּם הַגָּדוֹל הַטּוֹבֵל שָׁם לֹא עָלְתָה לוֹ טְבִילָה. אִי אֶפְשָׁר לִשְׁלֹשָׁה לוֹגִין שֶׁלֹּא יִהְיוּ בְּמָקוֹם אֶחָד. וְכִכָּר שֶׁל תְּרוּמָה שֶׁנָּפַל לְשָׁם נִטְמָא בַּמַּיִם הַשְּׁאוּבִין שֶׁהֲרֵי הַמַּיִם עוֹמְדִין שָׁם. אֲבָל הַנְּהָרוֹת וְכַיּוֹצֵא בָּהֶן הוֹאִיל וְהֵם נִמְשָׁכִין הֲרֵי זֶה טוֹבֵל שָׁם:

יא. מַיִם שְׁאוּבִין שֶׁהָיוּ בְּצַד הַמִּקְוֶה אַף עַל פִּי שֶׁהַמַּיִם נוֹגְעִין בְּמֵי הַמִּקְוֶה לֹא פְּסָלוּהוּ מִפְּנֵי שֶׁהֵן כְּמִקְוֶה סָמוּךְ לְמִקְוֶה. הָיוּ הַשְּׁאוּבִין בָּאֶמְצַע פּוֹסְלִין אֶת הַמִּקְוֶה:

יב. שְׁתֵּי בְּרֵכוֹת זוֹ לְמַעְלָה מִזּוֹ וְכֹתֶל בֵּינֵיהֶן וְהָעֶלְיוֹנָה מְלֵאָה מַיִם כְּשֵׁרִים וְהַתַּחְתּוֹנָה מְלֵאָה מַיִם שְׁאוּבִין וְנֶקֶב בַּכֹּתֶל שֶׁבֵּין הָעֶלְיוֹנָה לַתַּחְתּוֹנָה. אִם יֵשׁ כְּנֶגֶד הַנֶּקֶב שְׁלֹשָׁה לוֹגִין מַיִם שְׁאוּבִין נִפְסְלָה הָעֶלְיוֹנָה מִפְּנֵי שֶׁהַנֶּקֶב כְּאִלּוּ הוּא בְּאֶמְצַע הָעֶלְיוֹנָה לֹא בְּצִדָּהּ:

יג. כַּמָּה יִהְיֶה בַּנֶּקֶב וְיִהְיֶה בּוֹ שְׁלֹשָׁה לוֹגִין הַכֹּל לְפִי הַבְּרֵכָה. אִם הָיְתָה הַבְּרֵכָה הַתַּחְתּוֹנָה אַרְבָּעִים סְאָה צָרִיךְ שֶׁיִּהְיֶה הַנֶּקֶב אֶחָד מִשְּׁלֹשׁ מֵאוֹת וְעֶשְׂרִים לַבְּרֵכָה. הָיְתָה עֶשְׂרִים סְאָה צָרִיךְ לִהְיוֹת הַנֶּקֶב אֶחָד מִמֵּאָה וְשִׁשִּׁים לַבְּרֵכָה. וְצֵא וַחֲשֹׁב לְפִי חֶשְׁבּוֹן זֶה. שֶׁהַסְּאָה שִׁשָּׁה קַבִּין וְהַקַּב אַרְבָּעָה לוֹגִין וְהַלּוֹג שֵׁשׁ בֵּיצִים:

יד. שְׁלֹשָׁה מִקְוָאוֹת זֶה בְּצַד זֶה בְּכָל אֶחָד מֵהֶן עֶשְׂרִים סְאָה מְכֻוָּנוֹת וְאֶחָד מֵהֶן שָׁאוּב מִן הַצַּד וְיָרְדוּ שְׁלֹשָׁה וְטָבְלוּ שְׁלָשְׁתָּן וְנֶעֶרְמוּ הַמַּיִם מִכֻּלָּן וְנִתְעָרְבוּ מִלְּמַעְלָה. הַמִּקְוָאוֹת כְּשֵׁרִים וְהַטּוֹבְלִים טְהוֹרִים שֶׁהֲרֵי נַעֲשָׂה הַכֹּל שִׁשִּׁים סְאָה מֵהֶן אַרְבָּעִים כְּשֵׁרִים זֶה בְּצַד זֶה וְאֵין הַמַּיִם הַשְּׁאוּבִים פּוֹסְלִין מִקְוֶה שֶׁיֵּשׁ בּוֹ אַרְבָּעִים סְאָה כְּמוֹ שֶׁבֵּאַרְנוּ. הָיָה הַשָּׁאוּב בְּאֶמְצַע וְיָרְדוּ וְטָבְלוּ בָּהֶן וְנֶעֶרְמוּ הַמַּיִם וְנִתְעָרְבוּ הַמִּקְוָאוֹת. הֲרֵי הַמִּקְוָאוֹת כְּשֶׁהָיוּ וְהַטּוֹבְלִין טְמֵאִין כְּשֶׁהָיוּ שֶׁהֲרֵי לֹא נִתְעָרְבוּ אַרְבָּעִים סְאָה הַכְּשֵׁרִין לְפִי שֶׁאֵינָן זֶה בְּצַד זֶה שֶׁהַשָּׁאוּב מַבְדִּיל בֵּינֵיהֶן:

Perek 7

Colour of *mikveh* water.

A *mikveh* can be disqualified if the colour of the water changes by adding liquid to it. If the colour of the water changes naturally this does not disqualify.

Also, substances that change the smell or taste of the *mikveh* water, do not disqualify it. Only those natural substances which change its colour.

Substances which do not add to make *mikveh* acceptable but do disqualify if they change colour of *mikveh.*

(if they do not change colour, they do not disqualify)

- e.g. wine
- milk
- blood
- fruit juices

Substance which add to a *mikveh* to make it acceptable and do not disqualify it. (I.e. they can make up a shortage to reach the required 40 *seah*, and also do not disqualify the whole *mikveh*).

- Snow
- Hail
- Ice
- Salt
- Thin (flowing) mud

Substances that never make *mikveh* acceptable and disqualify it:

- Drawn water
- Water used for pickling and cooking
- Water & grape dregs before they became vinegar
- Beer

Substances that neither add to make *mikveh* acceptable nor disqualify:

- Other liquids
- Fruit juice
- Fish brine
- Fish oil
- Water & grape dregs that became vinegar

(which do not change colour of water)

פרק ז׳

א. אֵין הַמִּקְוֶה נִפְסָל לֹא בְּשִׁנּוּי הַטַּעַם וְלֹא בְּשִׁנּוּי הָרֵיחַ אֶלָּא בְּשִׁנּוּי מַרְאֶה בִּלְבַד. וְכָל דָּבָר שֶׁאֵין עוֹשִׂין בּוֹ מִקְוֶה לְכַתְּחִלָּה פּוֹסֵל אֶת הַמִּקְוֶה בְּשִׁנּוּי מַרְאֶה. כֵּיצַד. הַיַּיִן אוֹ הֶחָלָב וְהַדָּם וְכַיּוֹצֵא בָּהֶן מִמֵּי כָּל הַפֵּרוֹת אֵינָן פּוֹסְלִין אֶת הַמִּקְוֶה בִּשְׁלֹשָׁה לוּגִּין שֶׁלֹּא אָמְרוּ אֶלָּא מַיִם שְׁאוּבִין. וּפוֹסְלִין בְּשִׁנּוּי מַרְאֶה אֲפִלּוּ מִקְוֶה שֶׁיֵּשׁ בּוֹ מֵאָה סְאָה וְנָפַל לוֹ לוֹג יַיִן אוֹ מֵי פֵּרוֹת וְשִׁנָּה אֶת מַרְאָיו פָּסוּל. וְכֵן מִקְוֶה שֶׁיֵּשׁ בּוֹ עֶשְׂרִים סְאָה מַיִם כְּשֵׁרִים אוֹ פָּחוֹת מִזֶּה וְנָפַל לְתוֹכוֹ סְאָה יַיִן אוֹ מֵי פֵּרוֹת וְלֹא שִׁנּוּ אֶת מַרְאָיו הֲרֵי אֵלּוּ כְּשֵׁרִים כְּשֶׁהָיוּ. וְאֵין הַסְּאָה שֶׁנָּפְלָה עוֹלָה לְמִדַּת הַמִּקְוֶה. וְאִם נוֹסַף עַל הָעֶשְׂרִים עֶשְׂרִים אֲחֵרִים מַיִם כְּשֵׁרִים הֲרֵי זֶה מִקְוֶה כָּשֵׁר:

ב. יֵשׁ מַעֲלִין אֶת הַמִּקְוֶה וְלֹא פּוֹסְלִין פּוֹסְלִין וְלֹא מַעֲלִין לֹא מַעֲלִין וְלֹא פּוֹסְלִין:

ג. וְאֵלּוּ מַעֲלִין וְלֹא פּוֹסְלִין. הַשֶּׁלֶג. וְהַבָּרָד. וְהַכְּפוֹר. וְהַגְּלִיד. וְהַמֶּלַח. וְטִיט הַנָּרוֹק. כֵּיצַד. מִקְוֶה שֶׁיֵּשׁ בּוֹ אַרְבָּעִים סְאָה חָסֵר אַחַת וְנָפַל לְתוֹכוֹ סְאָה מֵאֶחָד מֵאֵלּוּ הֲרֵי זֶה עוֹלֶה

לְמִדָּתוֹ וַהֲרֵי הַמִּקְוֶה כָּשֵׁר וְשָׁלֵם. נִמְצְאוּ מַעֲלִין וְלֹא פּוֹסְלִין. אֲפִלּוּ הֵבִיא אַרְבָּעִים סְאָה שֶׁלֶג בַּתְּחִלָּה וְהִנִּיחָן בַּעֵקָה וְרִסְּקוֹ שָׁם הֲרֵי זֶה מִקְוֶה שָׁלֵם וְכָשֵׁר:

ד. וְאֵלּוּ פּוֹסְלִין וְלֹא מַעֲלִין. מַיִם שְׁאוּבִין בֵּין טְהוֹרִין בֵּין טְמֵאִים. וּמֵי כְּבָשִׁים. וּמֵי שְׁלָקוֹת. וְהַתֶּמֶד עַד שֶׁלֹּא הֶחְמִיץ. וְהַשֵּׁכָר. כֵּיצַד. מִקְוֶה שֶׁיֵּשׁ בּוֹ אַרְבָּעִים סְאָה חָסֵר מִשְׁקַל דִּינָר וְנָפַל מֵאֶחָד מֵאֵלּוּ מִשְׁקַל דִּינָר לְתוֹכָן אֵינוֹ עוֹלֶה לְמִדַּת הַמִּקְוֶה וְלֹא הִשְׁלִימוֹ. וְאִם נָפַל מֵאֶחָד מֵהֶן שְׁלשָׁה לוֹגִין מֵהֶן פּוֹסְלִין אֶת הַמִּקְוֶה:

ה. וְאֵלּוּ לֹא פּוֹסְלִין וְלֹא מַעֲלִין. שְׁאָר הַמַּשְׁקִין. וּמֵי פֵּרוֹת. וְהַצִּיר. וְהַמֻּרְיָס. וְהַתֶּמֶד מִשֶּׁהֶחְמִיץ. כֵּיצַד. מִקְוֶה שֶׁיֵּשׁ בּוֹ אַרְבָּעִים סְאָה חָסֵר אֶחָד וְנָפַל מֵאֶחָד מֵאֵלּוּ סְאָה לְתוֹכָן לֹא הֶעֱלָהוּ וַהֲרֵי הַמַּיִם כְּשֵׁרִים כְּשֶׁהָיוּ שֶׁאֵין אֵלּוּ פּוֹסְלִין אֶלָּא בְּשִׁנּוּי מַרְאֶה כְּמוֹ שֶׁבֵּאַרְנוּ:

ו. וּפְעָמִים שֶׁאֵלּוּ מַעֲלִין אֶת הַמִּקְוֶה. כֵּיצַד. מִקְוֶה שֶׁיֵּשׁ בּוֹ אַרְבָּעִים סְאָה וְנָפַל לְתוֹכוֹ סְאָה מֵאֶחָד מֵאֵלּוּ וְחָזַר וְלָקַח סְאָה מִמֶּנָּה הֲרֵי הָאַרְבָּעִים שֶׁנִּשְׁאֲרוּ מִקְוֶה כָּשֵׁר:

ז. מִקְוֶה שֶׁהֵדִיחַ בּוֹ סַלֵּי זֵיתִים וַעֲנָבִים וְשִׁנּוּ אֶת מַרְאָיו כָּשֵׁר:

ח. מֵי הַצֶּבַע פּוֹסְלִין אֶת הַמִּקְוֶה בִּשְׁלשָׁה לוֹגִין. וְאֵין פּוֹסְלִין אוֹתוֹ בְּשִׁנּוּי מַרְאָיו:

ט. מִקְוֶה שֶׁנָּפַל יַיִן אוֹ מֹהַל אוֹ שְׁאָר מֵי פֵּרוֹת וְשִׁנּוּ אֶת מַרְאָיו וְנִפְסַל כֵּיצַד תַּקָּנָתוֹ. יַמְתִּין עַד שֶׁיֵּרְדוּ גְּשָׁמִים וְיַחְזְרוּ מַרְאָיו לְמַרְאֵה מַיִם. וְאִם הָיָה בַּמִּקְוֶה אַרְבָּעִים סְאָה מַיִם כְּשֵׁרִים מְמַלֵּא וְשׁוֹאֵב לְתוֹכָן עַד שֶׁיַּחְזְרוּ מַרְאָיו לְמַרְאֵה מַיִם. נָפַל לְתוֹכוֹ יַיִן אוֹ מֹהַל וְכַיּוֹצֵא בָּהּ וְנִשְׁתַּנָּה מַרְאֵה מִקְצָתוֹ. אִם אֵין בָּהּ מַרְאֵה מַיִם שֶׁלֹּא נִשְׁתַּנָּה כְּדֵי אַרְבָּעִים סְאָה הֲרֵי זֶה לֹא יִטְבֹּל בּוֹ. וְהַטּוֹבֵל בְּמָקוֹם שֶׁנִּשְׁתַּנָּה לֹא עָלְתָה לוֹ טְבִילָה. אֲפִלּוּ חָבִית שֶׁל יַיִן שֶׁנִּשְׁבְּרָה בַּיָּם הַגָּדוֹל וּמַרְאֵה אוֹתוֹ מָקוֹם כְּמַרְאֶה שֶׁל יַיִן הַטּוֹבֵל בְּאוֹתוֹ מָקוֹם לֹא עָלְתָה לוֹ טְבִילָה:

י. שְׁלשָׁה לוֹגִין מַיִם שְׁאוּבִין שֶׁנָּפַל לְתוֹכָן אֲפִלּוּ מִשְׁקַל דִּינָר יַיִן וְשִׁנָּה מַרְאֵיהֶן וַהֲרֵי מַרְאֵה הַכֹּל מַרְאֵה יַיִן וְנָפְלוּ לַמִּקְוֶה לֹא פְּסָלוּהוּ אֶלָּא אִם שִׁנּוּ אֶת מַרְאָיו:

יא. שְׁלשָׁה לוֹגִין חָסֵר דִּינָר מַיִם שְׁאוּבִין שֶׁנָּפַל לְתוֹכָן דִּינַר חָלָב אוֹ מֵי פֵּרוֹת וַהֲרֵי מַרְאֵה הַכֹּל מַיִם וְנָפְלוּ לַמִּקְוֶה לֹא פְּסָלוּהוּ עַד שֶׁיִּפְּלוּ שְׁלשָׁה לוֹגִין מַיִם שְׁאוּבִין שֶׁאֵין בָּהֶן תַּעֲרֹבֶת מַשְׁקֶה אַחֵר וְלֹא מֵי פֵּרוֹת:

יב. מִקְוֶה שֶׁנִּשְׁתַּנָּה מַרְאֵה מֵימָיו מֵחֲמַת עַצְמוֹ וְלֹא נָפַל לוֹ דָּבָר הֲרֵי זֶה כָּשֵׁר. לֹא אָמְרוּ אֶלָּא שֶׁנִּשְׁתַּנָּה מֵחֲמַת מַשְׁקֶה אַחֵר:

Perek 8

Joining *mikveh* to other bodies of water.

When linking *mikveh* to water outside of *mikveh*, the water outside becomes *pure* and can be used for immersion.

For this to happen, the size of hole linking the two should be ***kishfoferet hanod*** (like the spout of a waterskin).

Kishfoferet hanod (like a spout of waterskin) = **space the width of two fingers so that they can turn about therein.** (Not thumb but first two fingers of palm.)

Pipes are not considered as vessels and can therefore be used to link the bodies of water together.

Flowing rainwater is not acceptable for immersion.

A natural flowing river is acceptable and can link two bodies of water.

פרק ח׳

א. כָּל הַמְעֹרָב לַמִּקְוֶה הֲרֵי הוּא כְּמִקְוֶה וּמַטְבִּילִין בּוֹ. גּוּמוֹת הַסְּמוּכוֹת לְפִי הַמִּקְוֶה וּמְקוֹם רַגְלֵי פַּרְסוֹת בְּהֵמָה שֶׁהָיוּ בָּהֶן מַיִם מְעֹרָבִין עִם מֵי הַמִּקְוֶה כִּשְׁפוֹפֶרֶת הַנּוֹד מַטְבִּילִין בָּהֶן:

ב. חוֹרֵי הַמְּעָרָה וְסִדְקֵי הַמְּעָרָה מַטְבִּילִין בָּהֶן אַף עַל פִּי שֶׁאֵין הַמַּיִם שֶׁבָּהֶן מְעֹרָבִין עִם מֵי הַמִּקְוֶה אֶלָּא בְּכָל שֶׁהוּא:

ג. מַחַט שֶׁהָיְתָה נְתוּנָה עַל מַעֲלוֹת הַמִּקְוֶה וְהָיָה מוֹלִיךְ וּמֵבִיא בַּמַּיִם כֵּיוָן שֶׁעָבַר עָלֶיהָ הַגַּל טְהוֹרָה:

ד. עוּקָה שֶׁבְּתוֹךְ מִקְוֶה אִם הָיְתָה הַקַּרְקַע הַמַּבְדֶּלֶת בֵּין הָעוּקָה וְהַמִּקְוֶה בְּרִיאָה וִיכוֹלָה לְהַעֲמִיד אֶת עַצְמָהּ אֵין מַטְבִּילִין בַּמַּיִם שֶׁבָּעוּקָה עַד שֶׁיִּהְיוּ מְעֹרָבִין עִם הַמִּקְוֶה כִּשְׁפוֹפֶרֶת הַנּוֹד. וְאִם אֵינָהּ יְכוֹלָה לְהַעֲמִיד אֶת עַצְמָהּ אֲפִלּוּ אֵינָן מְעֹרָבִין אֶלָּא בְּכָל שֶׁהוּא מַטְבִּילִין בָּהֶן:

ה. כֹּתֶל שֶׁבֵּין שְׁנֵי מִקְוָאוֹת שֶׁנִּסְדַּק לִשְׁנַיִם מִצְטָרְפִין וְאִם הָיָה בִּשְׁנֵיהֶן אַרְבָּעִים סְאָה מַטְבִּילִין בְּכָל אֶחָד מֵהֶן. וְאִם נִסְדַּק לָעֵרֶב אֵין מִצְטָרְפִין עַד שֶׁיִּהְיֶה בְּמָקוֹם אֶחָד כִּשְׁפוֹפֶרֶת הַנּוֹד. נִפְרַץ הַכֹּתֶל מִלְמַעְלָה אִם נִתְעָרְבוּ הַמַּיִם לְמַעְלָה מִן הַכֹּתֶל כִּקְלִפַּת הַשּׁוּם עַל רֹחַב שְׁפוֹפֶרֶת הַנּוֹד מִצְטָרְפִין:

ו. כַּמָּה הוּא שִׁעוּר הַנֶּקֶב שֶׁהוּא כִּשְׁפוֹפֶרֶת הַנּוֹד. בְּרֹחַב שְׁתֵּי אֶצְבָּעוֹת בֵּינוֹנִיּוֹת שֶׁל כָּל אָדָם וְחוֹזְרוֹת בּוֹ. וְאֵינָן בְּגוּדָל אֶלָּא שְׁתֵּי אֶצְבָּעוֹת רִאשׁוֹנוֹת מִן הָאַרְבַּע שֶׁבְּפַס הַיָּד. כָּל שֶׁיַּעֲמֹד כִּשְׁפוֹפֶרֶת הַנּוֹד מְמַעֵט וַאֲפִלּוּ בִּדְבָרִים שֶׁהֵן מִבְּרִיָּתוֹ שֶׁל מַיִם. סָפֵק יֵשׁ בַּנֶּקֶב כִּשְׁפוֹפֶרֶת הַנּוֹד סָפֵק אֵין בּוֹ אֵין מִצְטָרְפִין מִפְּנֵי שֶׁעִקַּר הַטְּבִילָה מִן הַתּוֹרָה וְכָל שֶׁעִקָּרוֹ מִן הַתּוֹרָה אַף עַל פִּי שֶׁשִּׁעוּרוֹ הֲלָכָה סְפֵק שִׁעוּרוֹ לְהַחְמִיר:

ז. מְטַהֲרִין אֶת הַמִּקְוָאוֹת הָעֶלְיוֹן מִן הַתַּחְתּוֹן וְהָרָחוֹק מִן הַקָּרוֹב. כֵּיצַד. מְבִיאִין סִילוֹן שֶׁל חֶרֶס אוֹ שֶׁל אֲבָר וְכַיּוֹצֵא בָּהֶן שֶׁאֵין הַסִּילוֹנוֹת פּוֹסְלִין אֶת הַמִּקְוֶה וּמַנִּיחַ אֶת יָדָיו תַּחְתָּיו עַד שֶׁיִּתְמַלֵּא מַיִם וּמוֹשְׁכוֹ וּמַשִּׁיקוֹ עַד שֶׁיִּתְעָרֵב הַמַּיִם שֶׁבַּסִּילוֹן עִם מֵי הַמִּקְוֶה כְּאֶחָד אֲפִלּוּ כִּשְׂעָרָה דַּיּוֹ וַהֲרֵי שְׁנֵי הַמִּקְוָאוֹת שֶׁהַסִּילוֹן בֵּינֵיהֶן כְּמִקְוֶה אֶחָד:

ח. שָׁלֹשׁ גְּמוֹת שֶׁבַּנַּחַל הַתַּחְתּוֹנָה וְהָעֶלְיוֹנָה שֶׁל עֶשְׂרִים סְאָה וְהָאֶמְצָעִית שֶׁל אַרְבָּעִים וְשֶׁטֶף שֶׁל גְּשָׁמִים עוֹבֵר בְּתוֹךְ הַנַּחַל אַף עַל פִּי שֶׁהוּא נִכְנָס לְתוֹכָן וְיוֹצֵא מִתּוֹכָן אֵין זֶה עֵרוּב. וְאֵין מַטְבִּילִין אֶלָּא בָּאֶמְצָעִית שֶׁאֵין הַמַּיִם הַנִּזְחָלִין מְעָרְבִין אֶלָּא אִם כֵּן עָמְדוּ:

ט. טִיט רַךְ שֶׁהַפָּרָה שׁוֹחָה וְשׁוֹתָה מִמֶּנּוּ הֲרֵי זֶה נִמְדָּד עִם הַמִּקְוֶה. הָיָה עָבֶה עַד שֶׁאֵין הַפָּרָה שׁוֹחָה וְשׁוֹתָה אֵינוֹ נִמְדָּד עִמּוֹ:

י. מִקְוֶה שֶׁיֵּשׁ בּוֹ אַרְבָּעִים סְאָה מַיִם וְטִיט מַטְבִּילִין בַּטִּיט וּבַמַּיִם. בְּאֵי זֶה טִיט מַטְבִּילִין בַּטִּיט הָרַךְ שֶׁהַמַּיִם צָפִין עַל גַּבָּיו. הָיוּ הַמַּיִם מִצַּד אֶחָד וְהַטִּיט הָרַךְ מִצַּד אַחֵר מַטְבִּילִין בַּמַּיִם וְלֹא בַּטִּיט:

יא. כָּל שֶׁתְּחִלַּת בְּרִיָּתוֹ מִן הַמַּיִם כְּגוֹן יַבְחוּשִׁין אֲדֻמִּין מַטְבִּילִין בּוֹ. וּמַטְבִּילִין בְּעֵינוֹ שֶׁל דָּג:

יב. מִקְוֶה שֶׁיֵּשׁ בּוֹ אַרְבָּעִים סְאָה מְכֻוָּנוֹת וְיָרְדוּ שְׁנַיִם וְטָבְלוּ זֶה אַחַר זֶה אַף עַל פִּי שֶׁרַגְלָיו שֶׁל רִאשׁוֹן נוֹגְעוֹת בַּמַּיִם הָרִאשׁוֹן טָהוֹר וְהַשֵּׁנִי בְּטֻמְאָתוֹ שֶׁהֲרֵי חָסְרוּ הַמַּיִם מֵאַרְבָּעִים סְאָה. הִטְבִּיל בּוֹ תְּחִלָּה סָגוֹס עָבֶה וְכַיּוֹצֵא בּוֹ וְהִגְבִּיהוֹ אִם הָיְתָה מִקְצָת הַסָּגוֹס נוֹגַעַת בַּמַּיִם הֲרֵי הַטּוֹבֵל בָּאַחֲרוֹנָה טָהוֹר שֶׁהֲרֵי הַמַּיִם כֻּלָּן מְעֹרָבִין. הִטְבִּיל בּוֹ אֶת הַמִּטָּה וְכַיּוֹצֵא בָּהּ אַף עַל פִּי שֶׁדָּחַק רַגְלֵי הַמִּטָּה בְּטִיט עָבֶה שֶׁבְּקַרְקַע הַמִּקְוֶה עַד שֶׁצָּפוּ הַמַּיִם עָלֶיהָ לְמַעְלָה הֲרֵי זוֹ טְהוֹרָה שֶׁהֲרֵי לֹא נִטְבְּעוּ בַּטִּיט עַד שֶׁטָּבְלוּ בַּמַּיִם תְּחִלָּה. הִטְבִּיל בּוֹ יוֹרָה גְּדוֹלָה הֲרֵי זוֹ טְמֵאָה כְּשֶׁהָיְתָה מִפְּנֵי שֶׁהַמַּיִם נִתָּזִין וְיוֹצְאִין חוּץ לַמִּקְוֶה וְנִמְצָא חָסֵר מֵאַרְבָּעִים. כֵּיצַד יַעֲשֶׂה. מוֹרִידָהּ דֶּרֶךְ פִּיהָ וְהוֹפְכָהּ בַּמִּקְוֶה וּמַטְבִּילָהּ וּמַעֲלֶה אוֹתָהּ דֶּרֶךְ שׁוּלֶיהָ כְּדֵי שֶׁלֹּא יִהְיוּ הַמַּיִם שֶׁבְּתוֹכָהּ שְׁאוּבִים וְיַחְזְרוּ לַמִּקְוֶה וְיִפְסְלוּהוּ:

יג. מִקְוֶה שֶׁמֵּימָיו מְרֻדָּדִין כּוֹבֵשׁ אֲפִלּוּ חֲבִילֵי קַשׁ וַחֲבִילֵי קָנִים בְּתוֹךְ הַמַּיִם וּמִן הַצְּדָדִין עַד שֶׁיֵּעָרְמוּ הַמַּיִם לְמַעְלָה וְיוֹרֵד וְטוֹבֵל לְתוֹכָן:

Perek 9

Categories of *mikvaot.*

6 grades of *mikveh* (from inferior to superior)

1) Water in ponds, cisterns, or pits in ground etc with less than **40 *seah*** water. Fit for:

- Making dough from which *challah* is taken
- Washing hands with vessel

2a) *Mei Tamtzit* (Water in rain ponds which is still flowing) and do not contain 40 *seah.* Fit for

- *Trumah*
- Washing of hands with vessel
- Immersing impure water to purify it

(If water stopped flowing into this pond it then reverts to level 1 above.)

2b) *Mei tamtzit shelo pasku* (Water in hole besides *sea*, a river or a swamp) where supply has not ceased. Less than 40 *seah*. Waters not considered as 'living'.

3) *Mikveh* which has 40 *seah* of undrawn water. Fit for

- Every impure person except a male *zav*
- All impure vessels (not earthenware)
- Immersion of hands

4) *Maayan* (spring) whose water is little and quantity has been increased by drawn water. It has aspects of level 3 and level 5.

5) Spring with no drawn water, whose water is *mukah* (smitten) i.e. bitter. Even the smallest amount of water imparts purity when flowing.

6) Spring whose water is running. ('living waters'). Fit for

- All people and vessels
- Male *zavim*
- Sprinkling water needed to purify *tzaraat*
- Sprinkling water needed for ashes of *Parah Adumah*

Water in a hole besides a *maayan* (spring) – *kemei maayan*. Less than 40 *seah*. Flow can interrupt and continue but if it stops completely it goes to level 1.

Seas. Imparts purity despite the facts that their water is flowing, but are invalid for purification of *zavim, tzaraat* and water of *Parah Adumah*.

	Maayan **(natural spring)**	***Mikveh***
Must have 40 *seah*	× Even smallest amount imparts purity	✓
Imparts purity when flowing	✓ The flow is considered as an extension of the spring	×
Effective for *zav*	✓	×

פרק ט׳

א. שֵׁשׁ מַעֲלוֹת בְּמִקְוָאוֹת זוֹ לְמַעְלָה מִזּוֹ. הָרִאשׁוֹן מֵי גְּבָאִים. וּמֵי בּוֹרוֹת שִׁיחִין וּמְעָרוֹת. וְכַיּוֹצֵא בָּהֶן מִמַּיִם הַמְכֻנָּסִין בַּקַּרְקַע אַף עַל פִּי שֶׁהֵן שְׁאוּבִין וְאַף עַל פִּי שֶׁאֵין בָּהֶן אַרְבָּעִים סְאָה הוֹאִיל וְאֵינָן מִתְטַמְּאִין אֶלָּא לְרָצוֹן כְּמוֹ שֶׁבֵּאַרְנוּ הֲרֵי הֵן בְּחֶזְקַת טְהוֹרִין וּכְשֵׁרִין לַעֲשׂוֹת מֵהֶן עִסָּה הַטְּבוּלָה לְחַלָּה וְלִטֹּל מֵהֶן לַיָּדַיִם וְהוּא שֶׁיִּטֹּל מֵהֶן בִּכְלִי כְּמוֹ שֶׁבֵּאַרְנוּ:

ב. לְמַעְלָה מֵהֶן מֵי תַּמְצִית שֶׁלֹּא פָּסְקוּ אֶלָּא עֲדַיִן הַגְּשָׁמִים יוֹרְדִין וְהֶהָרִים בּוֹצְצִין וְהֵן נִמְשָׁכִין וְנִקְוִין וְאֵינָן שְׁאוּבִין אֲבָל אֵין בָּהֶן אַרְבָּעִים סְאָה הֲרֵי הֵן כְּשֵׁרִין לִתְרוּמָה וְלִטֹּל מֵהֶן

לַיָּדַיִם וּמַטְבִּיל בָּהֶן אֶת הַמַּיִם שֶׁנִּטְמְאוּ. פָּסְקוּ הַגְּשָׁמִים וְלֹא פָּסְקוּ הֶהָרִים מִלְּהַזְחִיל עֲדַיִן הֵן מֵי תַּמְצִית. פָּסְקוּ הֶהָרִים וְאֵינָן בּוֹצְצִין הֲרֵי אֵלּוּ כְּמֵי גְּבָאִין:

ג. הַחוֹפֵר בְּצַד הַיָּם וּבְצַד הַנָּהָר וּבִמְקוֹם הַבִּצִּין הֲרֵי הֵן כְּמֵי תַּמְצִית שֶׁלֹּא פָּסְקוּ:

ד. הַחוֹפֵר בְּצַד הַמַּעְיָן כָּל זְמַן שֶׁהָיוּ בָּאִין מֵחֲמַת הַמַּעְיָן אַף עַל פִּי שֶׁפּוֹסְקִין וְחוֹזְרִין וּמוֹשְׁכִין הֲרֵי הֵן כְּמֵי מַעְיָן. פָּסְקוּ מִלִּהְיוֹת מוֹשְׁכִין הֲרֵי הֵן כְּמֵי גְּבָאִין:

ה. לְמַעְלָה מֵהֶן מִקְוֶה שֶׁיֵּשׁ בּוֹ אַרְבָּעִים סְאָה מַיִם שֶׁאֵינָם שְׁאוּבִין שֶׁבּוֹ טוֹבֵל כָּל אָדָם טָמֵא חוּץ מִן הַזָּב הַזָּכָר וּבוֹ מַטְבִּילִין אֶת כָּל הַכֵּלִים הַטְּמֵאִים וְאֶת הַיָּדַיִם שֶׁמַּטְבִּילִין לְקֹדֶשׁ כְּמוֹ שֶׁבֵּאַרְנוּ:

ו. לְמַעְלָה מִזֶּה הַמַּעְיָן שֶׁמֵּימָיו מוּעָטִין וְהִרְבּוּ עָלָיו מַיִם שְׁאוּבִין שָׁוֶה לְמִקְוֶה שֶׁאֵין מְטַהֲרִין בְּמַיִם הַנִּמְשָׁכִין מִמֶּנּוּ אֶלָּא בְּמַיִם הַנִּקְוִין וְעוֹמְדִין בְּאֶשְׁבּוֹרֶן וְשָׁוֶה לַמַּעְיָן שֶׁהוּא מְטַהֵר בְּכָל שֶׁהוּא שֶׁהַמַּעְיָן אֵין לְמֵימָיו שִׁעוּר אֲפִלּוּ כָּל שֶׁהֵן מְטַהֲרִין:

ז. לְמַעְלָה מִזֶּה הַמַּעְיָן שֶׁלֹּא נִתְעָרֵב בּוֹ מַיִם שְׁאוּבִין אֲבָל מֵימָיו מֻכִּים כְּגוֹן שֶׁהָיוּ מֵימָיו מָרִים אוֹ מְלוּחִים שֶׁהֲרֵי הוּא מְטַהֵר בְּזוֹחֲלִים וְהֵן הַמַּיִם הַנִּגְרָרִים וְנִמְשָׁכִין מִן הַמַּעְיָן:

ח. לְמַעְלָה מִזֶּה הַמַּעְיָן שֶׁמֵּימָיו מַיִם חַיִּים שֶׁבָּהֶן בִּלְבַד טוֹבְלִים בּוֹ הַזָּבִים הַזְּכָרִים וְלוֹקְחִין מֵהֶן לְטָהֳרַת הַמְּצֹרָע וּלְקַדֵּשׁ מֵי חַטָּאת. מַה בֵּין מַעְיָן לְמִקְוֶה הַמִּקְוֶה אֵינוֹ מְטַהֵר אֶלָּא בְּאַרְבָּעִים סְאָה וְהַמַּעְיָן מְטַהֵר בְּכָל שֶׁהוּא. הַמִּקְוֶה אֵינוֹ מְטַהֵר אֶלָּא בְּאֶשְׁבּוֹרֶן וְהַמַּיִם הַנִּזְחָלִים מִמֶּנּוּ אֵינָן מְטַהֲרִין וְהַמַּעְיָן מְטַהֵר בְּזוֹחֲלִים. הַמִּקְוֶה לֹא תַּעֲלֶה בּוֹ טְבִילָה לְזָבִים וְהַמַּעְיָן אִם הָיוּ מֵימָיו מַיִם חַיִּים הַזָּב טוֹבֵל בָּהֶן:

ט. מַעְיָן שֶׁמֵּימָיו יוֹצְאִין וְנִמְשָׁכִין לְתוֹךְ הַשֹּׁקֶת וְאַחַר כָּךְ יוֹצְאִין מִן הַשֹּׁקֶת וְנִזְחָלִין הֲרֵי כָּל הַמַּיִם שֶׁבַּשֹּׁקֶת וְשֶׁחוּץ לוֹ פְּסוּלִין. הָיוּ מִקְצָתָן נִמְשָׁכִין עַל שְׂפַת הַשֹּׁקֶת אֲפִלּוּ כָּל שֶׁהוּא הֲרֵי הַמַּיִם שֶׁחוּץ לַשֹּׁקֶת כְּשֵׁרִים שֶׁהַמַּעְיָן מְטַהֵר בְּכָל שֶׁהוּא. הָיוּ מֵימָיו נִמְשָׁכִין לְתוֹךְ בְּרֵכָה שֶׁהִיא מַיִם וְנִקְוִין שָׁם הֲרֵי אוֹתָהּ הַבְּרֵכָה כְּמִקְוֶה. הָיָה יוֹצֵא חוּץ לַבְּרֵכָה הֲרֵי זֶה פָּסוּל לְזָבִים וְלִמְצֹרָעִים וּלְקַדֵּשׁ מֵי חַטָּאת עַד שֶׁיֵּדַע שֶׁיָּצְאוּ כָּל מֵי הַמִּקְוֶה שֶׁהָיוּ בְּתוֹךְ הַבְּרֵכָה:

י. מַעְיָן שֶׁמֵּימָיו נִמְשָׁכִין עַל גַּבֵּי כֵּלִים שֶׁאֵין לָהֶן בֵּית קִבּוּל כְּגוֹן שֻׁלְחָן וְסַפְסָל וְכַיּוֹצֵא בָּהֶן הֲרֵי זֶה כְּמִקְוֶה וּבִלְבַד שֶׁלֹּא יַטְבִּיל עַל גַּבֵּי הַכֵּלִים:

יא. מַעְיָן שֶׁהָיוּ אַמּוֹת קְטַנּוֹת נִמְשָׁכוֹת מִמֶּנּוּ וְרִבָּה עָלָיו מַיִם שְׁאוּבִין לְתוֹךְ הַמַּעְיָן עַד שֶׁגָּבְרוּ הַמַּיִם שֶׁבָּאַמּוֹת וְשָׁטְפוּ הֲרֵי הֵן כְּמַעְיָן לְכָל דָּבָר. הָיוּ מֵימֵי הַמַּעְיָן עוֹמְדִים וְאֵינָן נִמְשָׁכִין וְרִבָּה עָלָיו מַיִם עַד שֶׁמָּשְׁכוּ מִמֶּנּוּ אַמּוֹת הַמַּיִם הֲרֵי הַמַּיִם שֶׁמְּשׁוּכִין שָׁוִין לַמִּקְוֶה לְטַהֵר בָּאֶשְׁבּוֹרֶן בִּלְבַד וְשָׁוִין לַמַּעְיָן לְטַהֵר בְּכָל שֶׁהוּא:

יב. כָּל הַיַּמִּים מְטַהֲרִין בְּזוֹחֲלִין וּפְסוּלִין לְזָבִים וְלִמְצֹרָעִים וּלְקַדֵּשׁ בָּהֶן מֵי חַטָּאת:

יג. הַמַּיִם הַזּוֹחֲלִין מִן הַמַּעְיָן הֲרֵי הֵם כְּמַעְיָן לְכָל דָּבָר. וְהַמְנַטְּפִין מִן הַמַּעְיָן אַף עַל פִּי שֶׁהֵן טוֹרְדִין הֲרֵי הֵם כְּמִקְוֶה וְאֵין מְטַהֲרִין אֶלָּא בְּאַרְבָּעִים סְאָה עוֹמְדִין. וּפְסוּלִין לְזָבִים וְלִמְצֹרָעִים וּלְקַדֵּשׁ בָּהֶן מֵי חַטָּאת. הָיוּ הַזּוֹחֲלִין מִן הַמַּעְיָן מִתְעָרְבִין עִם הַנּוֹטְפִין [מִמֶּנּוּ אִם רַבּוּ הַזּוֹחֲלִין עַל הַנּוֹטְפִין] הֲרֵי הַכֹּל כְּמַעְיָן לְכָל דָּבָר. וְאִם רַבּוּ הַנּוֹטְפִים עַל הַזּוֹחֲלִין וְכֵן אִם רַבּוּ מֵי גְּשָׁמִים עַל מֵי הַנָּהָר אֵינָן מְטַהֲרִין בְּזוֹחֲלִין אֶלָּא בְּאֶשְׁבּוֹרֶן. לְפִיכָךְ צָרִיךְ לְהַקִּיף מַפָּץ וְכַיּוֹצֵא בּוֹ בְּאוֹתוֹ הַנָּהָר הַמְעֹרָב עַד שֶׁיִּקָּווּ הַמַּיִם וְיִטְבֹּל בָּהֶן:

יד. נוֹטְפִין שֶׁעֲשָׂאָן זוֹחֲלִין כְּגוֹן שֶׁסָּמַךְ לְמִקְוֶה הַמְנַטֵּף טַבְלָא שֶׁל חֶרֶס חֲלָקָה וַהֲרֵי הַמַּיִם נִזְחָלִין וְיוֹרְדִין עָלֶיהָ הֲרֵי הֵן כְּשֵׁרִין. וְכָל דָּבָר שֶׁמְּקַבֵּל טֻמְאָה וַאֲפִלּוּ מִדִּבְרֵי סוֹפְרִים אֵין מַזְחִילִין בּוֹ:

טו. זוֹחֲלִין שֶׁקִּלְּחָן בַּעֲלֵי אֱגוֹז כְּשֵׁרִים כְּשֶׁהָיוּ שֶׁאֵין עֲלֵי הָאֱגוֹז הַלַּח שֶׁהוּא צוֹבֵעַ חָשׁוּב כְּכֵלִים:

טז. מֵי גְּשָׁמִים הַבָּאִין מִן הַמִּדְרוֹן וְהִנָּם נִזְחָלִין וְיוֹרְדִין אַף עַל פִּי שֶׁהָיוּ מִתְּחִלָּתָן וְעַד סוֹפָן אַרְבָּעִים סְאָה אֵין מַטְבִּילִין בָּהֶן כְּשֶׁהֵן נִזְחָלִין עַד שֶׁיִּקָּווּ וְיָנוּחוּ בְּאֶשְׁבּוֹרֶן אַרְבָּעִים סְאָה. הֲרֵי שֶׁהִקִּיף כֵּלִים וְעָשָׂה מֵהֶן מְחִצּוֹת עַד שֶׁנִּתְקַבֵּץ בֵּינֵיהֶן אַרְבָּעִים סְאָה מִמַּיִם הַנִּזְחָלִין מִן הַגְּשָׁמִים הֲרֵי זֶה טוֹבֵל בָּהֶן. וְכֵלִים שֶׁעָשָׂה מֵהֶן הַגָּדֵר לֹא עָלְתָה לָהֶן טְבִילָה:

יז. גַּל שֶׁנִּתְלַשׁ מִן הַיָּם וְנָפַל עַל הָאָדָם אוֹ עַל הַכֵּלִים אִם יֵשׁ בּוֹ אַרְבָּעִים סְאָה הֲרֵי אֵלּוּ טְהוֹרִין לְחֻלִּין שֶׁאֵין הַטּוֹבֵל לְחֻלִּין צָרִיךְ כַּוָּנָה כְּמוֹ שֶׁבֵּאַרְנוּ בְּהִלְכוֹת שְׁאָר אֲבוֹת הַטֻּמְאוֹת. וְאִם נִתְכַּוֵּן וְהָיָה יוֹשֵׁב וּמְצַפֶּה עַד שֶׁיִּפֹּל עָלָיו הַגַּל עָלְתָה לוֹ טְבִילָה לְדָבָר שֶׁנִּתְכַּוֵּן לוֹ:

יח. אֵין מַטְבִּילִין בְּגַל כְּשֶׁהוּא בָּאֲוִיר קֹדֶם שֶׁיִּפֹּל עַל הָאָרֶץ וְאַף עַל פִּי שֶׁיֵּשׁ בּוֹ אַרְבָּעִים סְאָה. לְפִי שֶׁאֵין מַטְבִּילִין בְּזוֹחֲלִים קַל וָחֹמֶר בָּאֲוִיר. הָיוּ שְׁנֵי רָאשֵׁי הַגַּל נוֹגְעִין בָּאָרֶץ מַטְבִּילִין בּוֹ וְאֵין מַטְבִּילִין בְּכִפָּה שֶׁלּוֹ מִפְּנֵי שֶׁהוּא אֲוִיר:

Perek 10

Doubt regarding drawn water.

According to *Rambam*, drawn water is a Rabbinic decree. When there is doubt regarding a Rabbinic decree, we rule leniently.

Therefore, if there is doubt

- That drawn water fell in a *mikveh.*
- That **3** ***log*** of drawn water fell in *mikveh.*
- That the *mikveh* into which **3** ***log*** of drawn water fell into, had contained less than **40** ***seah.***

In all these cases, it is ruled that the *mikveh* is acceptable. If there is doubt whether an impure person immersed himself properly, it is ruled that he is still impure. This is because it is known that he is impure and his status cannot be changed until he definitely immerses properly.

פרק י'

א. סָפֵק מַיִם שְׁאוּבִין שֶׁטִּהֲרוּ חֲכָמִים כֵּיצַד. מִקְוֶה שֶׁנִּסְתַּפֵּק לוֹ אִם נָפְלוּ לְתוֹכוֹ מַיִם שְׁאוּבִים אוֹ לֹא. וַאֲפִלּוּ יָדַע בְּוַדַּאי שֶׁנָּפְלוּ סָפֵק יֵשׁ בָּהֶן שְׁלֹשֶׁת לוּגִין סָפֵק אֵין בָּהֶן. וַאֲפִלּוּ יָדַע בְּוַדַּאי שֶׁיֵּשׁ בָּהֶן שְׁלֹשֶׁת לוּגִין סָפֵק שֶׁהָיָה בַּמִּקְוֶה שֶׁנָּפְלוּ בּוֹ אַרְבָּעִים סְאָה סָפֵק לֹא הָיָה הֲרֵי זֶה כָּשֵׁר:

ב. שְׁנֵי מִקְוָאוֹת אֶחָד יֵשׁ בּוֹ אַרְבָּעִים סְאָה וְאֶחָד אֵין בּוֹ. נָפְלוּ שְׁלֹשֶׁת לוּגִין מַיִם שְׁאוּבִין לְאֶחָד מֵהֶן וְאֵין יָדוּעַ לְאֵיזֶה מֵהֶן נָפְלוּ סְפֵקוֹ טָהוֹר מִפְּנֵי שֶׁיֵּשׁ לוֹ בַּמָּה יִתְלֶה. הָיוּ שְׁנֵיהֶן פְּחוּתִין מֵאַרְבָּעִים סְאָה וְנָפְלוּ לְאֶחָד מֵהֶן וְאֵין יָדוּעַ לְאֵיזֶה מֵהֶן כָּל אֶחָד מִשְּׁנֵיהֶן פָּסוּל שֶׁאֵין לוֹ בַּמָּה יִתְלֶה אִם לָזֶה נָפְלוּ נִפְסַל וְאִם לָזֶה נָפְלוּ נִפְסַל:

ג. מִקְוֶה שֶׁהִנִּיחוֹ רֵיקָן וּבָא וּמְצָאוֹ מָלֵא כָּשֵׁר מִפְּנֵי שֶׁזֶּה סְפֵק מַיִם שְׁאוּבִין לְמִקְוֶה זֶה:

ד. צִנּוֹר שֶׁמְּקַלֵּחַ לַמִּקְוֶה וְהַמַּכְתֶּשֶׁת נְתוּנָה בְּצִדּוֹ סָפֵק מִן הַצִּנּוֹר לַמִּקְוֶה סָפֵק מִן הַמַּכְתֶּשֶׁת לַמִּקְוֶה הֲרֵי זֶה פָּסוּל מִפְּנֵי שֶׁהַפְּסוּל מוּכָח. וְאִם יֵשׁ בַּמִּקְוֶה רֹב מַיִם כְּשֵׁרִים הֲרֵי זֶה כָּשֵׁר שֶׁזֶּה סְפֵק מַיִם שְׁאוּבִים הוּא שֶׁהֲרֵי יֵשׁ שָׁם מִקְוֶה כָּשֵׁר קָבוּעַ:

ה. כָּל הַמִּקְוָאוֹת הַנִּמְצָאִים בְּאֶרֶץ הָעַמִּים פְּסוּלִין שֶׁחֶזְקָתָן שְׁאוּבִין. וְכָל הַמִּקְוָאוֹת הַנִּמְצָאִים בְּאֶרֶץ יִשְׂרָאֵל בַּמְּדִינוֹת לִפְנִים מִן הַמַּפְתֵּחַ בְּחֶזְקַת פְּסוּלִין שֶׁאַנְשֵׁי הַמְּדִינָה מְכַבְּסִים בָּהֶן וּמַטִּילִין לְתוֹכָן מַיִם שְׁאוּבִים תָּמִיד. וְכָל הַמִּקְוָאוֹת הַנִּמְצָאִים בְּאֶרֶץ יִשְׂרָאֵל חוּץ לַמַּפְתֵּחַ בְּחֶזְקַת טָהֳרָה שֶׁחֶזְקָתָן מִן הַגְּשָׁמִים:

ו. הַטָּמֵא שֶׁיָּרַד לִטְבֹּל סָפֵק טָבַל סָפֵק לֹא טָבַל וַאֲפִלּוּ טָבַל סָפֵק יֵשׁ בּוֹ אַרְבָּעִים סְאָה סָפֵק אֵין בּוֹ. שְׁנֵי מִקְוָאוֹת אֶחָד יֵשׁ בּוֹ אַרְבָּעִים סְאָה וְאֶחָד אֵין בּוֹ וְטָבַל בְּאֶחָד מֵהֶן וְאֵין יָדוּעַ בְּאֵיזֶה מֵהֶן טָבַל סְפֵקוֹ טָמֵא לְפִי שֶׁהַטָּמֵא בְּחֶזְקָתוֹ עַד שֶׁיִּוָּדַע שֶׁטָּבַל כָּרָאוּי. וְכֵן מִקְוֶה שֶׁנִּמְדַּד וְנִמְצָא חָסֵר בֵּין שֶׁהָיָה הַמִּקְוֶה בִּרְשׁוּת הָרַבִּים בֵּין שֶׁהָיָה בִּרְשׁוּת הַיָּחִיד כָּל הַטָּהֳרוֹת שֶׁנַּעֲשׂוּ עַל גַּבָּיו לְמַפְרֵעַ טְמֵאוֹת עַד שֶׁיִּוָּדַע זְמַן שֶׁנִּמְדַּד בּוֹ וְהָיָה שָׁלֵם. בַּמֶּה דְּבָרִים אֲמוּרִים כְּשֶׁהָיְתָה הַטְּבִילָה מִטֻּמְאָה חֲמוּרָה. אֲבָל אִם טָבַל מִטֻּמְאָה קַלָּה כְּגוֹן שֶׁאָכַל אֳכָלִין טְמֵאִין אוֹ שָׁתָה מַשְׁקִין טְמֵאִין אוֹ בָּא רֹאשׁוֹ וְרֻבּוֹ בְּמַיִם שְׁאוּבִין אוֹ שֶׁנָּפְלוּ עַל רֹאשׁוֹ וְעַל רֻבּוֹ שְׁלֹשֶׁת לוּגִין מַיִם שְׁאוּבִין. הוֹאִיל וְעִקַּר דְּבָרִים אֵלּוּ מִדִּבְרֵיהֶן הֲרֵי סְפֵקוֹ טָהוֹר כְּמוֹ שֶׁבֵּאַרְנוּ. וְאַף עַל פִּי שֶׁנִּסְתַּפֵּק לוֹ אִם טָבַל אוֹ לֹא טָבַל אוֹ שֶׁנִּמְצָא הַמִּקְוֶה חָסֵר לְאַחַר זְמַן וְכַיּוֹצֵא בִּסְפֵקוֹת אֵלּוּ הֲרֵי זֶה טָהוֹר:

ז. שְׁנֵי מִקְוָאוֹת אֶחָד כָּשֵׁר וְאֶחָד פָּסוּל וְטָבַל בְּאֶחָד מֵהֶן מִטֻּמְאָה חֲמוּרָה וְעָשָׂה טָהֳרוֹת הֲרֵי אֵלּוּ תְּלוּיוֹת. טָבַל בַּשֵּׁנִי וְעָשָׂה טָהֳרוֹת הָרִאשׁוֹנוֹת תְּלוּיוֹת כְּשֶׁהָיוּ וְהַשְּׁנִיּוֹת טְהוֹרוֹת. וְאִם נָגְעוּ אֵלּוּ בְּאֵלּוּ רִאשׁוֹנוֹת תְּלוּיוֹת וּשְׁנִיּוֹת יִשָּׂרְפוּ. וְכֵן אִם נִטְמָא בְּאֶמְצַע טֻמְאָה קַלָּה שֶׁבֵּאַרְנוּ וְטָבַל בַּשֵּׁנִי וְעָשָׂה טָהֳרוֹת. אֲבָל אִם טָבַל בְּאֶחָד מֵהֶן מִטֻּמְאָה

קַלָּה וְעָשָׂה טָהֳרוֹת וְנִטְמָא טֻמְאָה חֲמוּרָה וְטָבַל בַּשֵּׁנִי וְעָשָׂה טָהֳרוֹת הָרִאשׁוֹנוֹת טְהוֹרוֹת וְהַשְּׁנִיּוֹת תְּלוּיוֹת. וְאִם נָגְעוּ אֵלּוּ בְּאֵלּוּ רִאשׁוֹנוֹת יִשָּׂרְפוּ וְהַשְּׁנִיּוֹת תְּלוּיוֹת כְּשֶׁהָיוּ. הָיָה בְּאֶחָד מֵהֶן אַרְבָּעִים סְאָה וְאֶחָד כֻּלּוֹ שָׁאוּב וְטָבְלוּ בָּהֶן שְׁנַיִם אֶחָד מִטֻּמְאָה חֲמוּרָה וְאֶחָד מִטֻּמְאָה קַלָּה וְעָשׂוּ טָהֳרוֹת הַטּוֹבֵל מִטֻּמְאָה חֲמוּרָה טָהֳרוֹתָיו תְּלוּיוֹת וְהַטּוֹבֵל מִטֻּמְאָה קַלָּה טָהֳרוֹתָיו טְהוֹרוֹת. הָיָה אֶחָד טָמֵא וְיָרַד לִטְבֹּל וְהַשֵּׁנִי יָרֵד לְהָקֵר זֶה שֶׁיָּרַד לִטְבֹּל בְּאֶחָד מֵהֶן טָהֳרוֹתָיו תְּלוּיוֹת כְּמוֹ שֶׁבֵּאַרְנוּ. וְזֶה שֶׁיָּרַד לְהָקֵר טָהוֹר כְּשֶׁהָיָה. שֶׁזֶּה סְפֵק מַיִם שְׁאוּבִין הוּא שֶׁמָּא בַּשָּׁאוּב טָבַל כְּשֶׁהֵקֵר וְנִטְמָא:

ח. שְׁנֵי מִקְוָאוֹת שֶׁל עֶשְׂרִים עֶשְׂרִים סְאָה אֶחָד שָׁאוּב וְאֶחָד כָּשֵׁר. הֵקֵר בְּאֶחָד מֵהֶן וְעָשָׂה טָהֳרוֹת הֲרֵי אֵלּוּ טְהוֹרוֹת. הֵקֵר בַּשֵּׁנִי וְעָשָׂה טָהֳרוֹת הֲרֵי אֵלּוּ יִשָּׂרְפוּ. שֶׁהֲרֵי וַדַּאי בָּא רֹאשׁוֹ וְרֻבּוֹ בְּמַיִם שְׁאוּבִין כְּמוֹ שֶׁבֵּאַרְנוּ:

Perek 11

Hands.

Netilah (washing) and *Tevilah* (immersing). *Derabanan*

Washing hands for ordinary food only need to be done once.

For *trumah* a second washing is needed.

It is our custom to wash even for ordinary food two or three times.

Reminder

Hand-washing (*Brachot*). Ref: *Sefer, Ahavah, Hilchot Brachot*, Chapter 6

Pack on Purification

	Washing hands to purify	Washing hands to purify for *trumah* eating i.e. double washing	Immersing hands in *mikveh* of 40 *seah*
Eating of *trumah*	×	✓	✓
Other hand impurities	✓	✓	✓
Container need to be used	✓	✓	×
Human effort needs to be used	✓	✓	×
Intervening substance on skin	×	×	×
1 *reviit* minimum measure	✓	Less than *reviit* can be used for second wash	
Acceptable vessel for first washing	✓	✓	
Acceptable water for first washing	✓	✓	
Doubt about washing	✓	✓	

Hands contract impurity up to the wrist.

The double washing of hands for *trumah* is needed to wash off the first water. This is because the first waters become impure from the hands.

Minimum measure of water for washing is **1** ***reviit***.

Purity and impurity are Scriptural decrees and are beyond our understanding (i.e. in category of *chukim*).

Similarly, immersion in a *mikveh* to purify is beyond understanding. Without focussing the intention of the heart to purify oneself, the *mikveh* will not purify.

Similarly, one can purify one's soul of bad thoughts and bad character traits by resolving within one's heart to distance oneself from these, and immersing one's soul in the 'Waters of Knowledge'.

פרק י״א

א. כְּבָר בֵּאַרְנוּ שֶׁנְּטִילַת יָדַיִם וּטְבִילָתָן מִדִּבְרֵי סוֹפְרִים. וְיָדַיִם שֶׁצְּרִיכוֹת טְבִילָה אֵין מַטְבִּילִין אוֹתָן אֶלָּא בְּמִקְוֶה כָּשֵׁר שֶׁיֵּשׁ בּוֹ אַרְבָּעִים סְאָה. שֶׁבְּמָקוֹם שֶׁהָאָדָם טוֹבֵל בּוֹ כֵּלִים יָדַיִם טוֹבְלִין. אֲבָל יָדַיִם שֶׁאֵין צְרִיכוֹת אֶלָּא נְטִילָה בִּלְבַד אִם הִטְבִּילָן בְּמֵי מִקְוֶה טְהוֹרִין. וְאִם הִטְבִּילָן בְּמַיִם שְׁאוּבִין בֵּין בְּכֵלִים בֵּין בְּקַרְקָעוֹת לֹא טָהֲרוּ יָדָיו עַד שֶׁיִּפְּלוּ הַמַּיִם הַשְּׁאוּבִים מִן הַכְּלִי עַל יָדָיו. שֶׁאֵין נוֹטְלִין לַיָּדַיִם אֶלָּא מִן הַכֵּלִים וּמִכֹּחַ נוֹתֵן כְּמוֹ שֶׁבֵּאַרְנוּ בְּהִלְכוֹת בְּרָכוֹת:

ב. כָּל הַחוֹצֵץ בִּטְבִילָה חוֹצֵץ בַּיָּדַיִם בֵּין בִּטְבִילָתָן בֵּין בִּנְטִילָתָן. וְכָל הָעוֹלֶה לְמִדַּת הַמִּקְוֶה כְּטִיט הַנָּרוֹק עוֹלֶה לְשִׁעוּר הָרְבִיעִית שֶׁנּוֹטְלִין בָּהֶן הַיָּדַיִם. וְכָל הַנּוֹטֵל יָדָיו צָרִיךְ לְשַׁפְשֵׁף:

ג. הַנּוֹטֵל שְׁתֵּי יָדָיו לִתְרוּמָה צָרִיךְ לַחֲזֹר וְלִטֹּל פַּעַם שְׁנִיָּה בְּמַיִם שְׁנִיִּים כְּדֵי לְהָסִיר הַמַּיִם שֶׁעַל גַּב יָדָיו שֶׁהֲרֵי הַמַּיִם שֶׁנָּטַל בָּהֶן תְּחִלָּה וְהֵן הַנִּקְרָאִין מַיִם רִאשׁוֹנִים נִטְמְאוּ בְּיָדָיו. לְפִיכָךְ אִם נָפַל כִּכָּר שֶׁל תְּרוּמָה לְתוֹךְ הַמַּיִם שֶׁנָּטַל בָּהֶן יָדָיו תְּחִלָּה נִטְמָא וְאִם נָפַל לְתוֹךְ הַמַּיִם הַשְּׁנִיִּים לֹא נִטְמָא. וְאִם נָטַל רִאשׁוֹנִים וּשְׁנִיִּים לְמָקוֹם אֶחָד וְנָפַל שָׁם כִּכָּר שֶׁל תְּרוּמָה נִטְמָא. נָטַל אֶת הָרִאשׁוֹנִים וְנִמְצָא עַל יָדָיו דָּבָר חוֹצֵץ וֶהֱסִירוֹ וְנָטַל אֶת הַשְּׁנִיִּים הֲרֵי יָדָיו טְמֵאוֹת כְּשֶׁהָיוּ שֶׁאֵין הַמַּיִם הַשְּׁנִיִּים מְטַהֲרִין אֶלָּא הַנִּשְׁאָר מִן הַמַּיִם הָרִאשׁוֹנִים עַל גַּבֵּי יָדָיו:

ד. הַיָּדַיִם מִתְטַמְּאוֹת וּמִתְטַהֲרוֹת עַד הַפֶּרֶק. כֵּיצַד. נָטַל אֶת הָרִאשׁוֹנִים עַד הַפֶּרֶק וְנָטַל הַמַּיִם הַשְּׁנִיִּים חוּץ לַפֶּרֶק וְחָזְרוּ מִחוּץ לַפֶּרֶק לְיָדָיו הֲרֵי יָדָיו טְהוֹרוֹת שֶׁהַמַּיִם הַשְּׁנִיִּים טְהוֹרִין הֵן. נָטַל אֶת הָרִאשׁוֹנִים וְהַשְּׁנִיִּים חוּץ לַפֶּרֶק וְחָזְרוּ לְיָדוֹ נִטְמֵאת יָדוֹ שֶׁהַמַּיִם הָרִאשׁוֹנִים שֶׁחוּץ לַפֶּרֶק נִטְמְאוּ מֵחֲמַת יָדָיו וְאֵין הַמַּיִם הַשְּׁנִיִּים מְטַהֲרִים בְּמַיִם שֶׁחוּץ לַפֶּרֶק. וּלְפִי שֶׁחָזְרוּ הַמַּיִם שֶׁחוּץ לַפֶּרֶק לְיָדוֹ טִמְּאוּהָ:

ה. נָטַל אֶת הָרִאשׁוֹנִים לְיָדוֹ אַחַת וְנִמְלַךְ וְנָטַל אֶת הַשְּׁנִיִּים לִשְׁתֵּי יָדָיו טְמֵאוֹת שֶׁהַשְּׁנִיִּים מִתְטַמְּאִין מֵחֲמַת הַיָּד שֶׁלֹּא נִטְּלָה בְּמַיִם רִאשׁוֹנִים וְחוֹזְרִין וּמְטַמְּאִין אֶת הַיָּד הַשְּׁנִיָּה. נָטַל אֶת הָרִאשׁוֹנִים לִשְׁתֵּי יָדָיו וְנָטַל אֶת הַשְּׁנִיִּים לְיָדוֹ אַחַת הָאַחַת טְהוֹרָה. נָטַל יָדוֹ אַחַת וְשִׁפְשְׁפָהּ בַּחֲבֶרְתָּהּ נִטְמְאוּ הַמַּיִם שֶׁעָלֶיהָ מֵחֲמַת חֲבֶרְתָּהּ שֶׁלֹּא נִטְּלָה וְחוֹזְרִין וּמְטַמְּאִין אֶת הַיָּד שֶׁנִּטְּלָה. שִׁפְשְׁפָהּ בְּרֹאשׁוֹ אוֹ בַּכֹּתֶל הֲרֵי זוֹ טְהוֹרָה:

ו. נָטַל שְׁתֵּי יָדָיו מִשְּׁטִיפָה אַחַת הֲרֵי אֵלּוּ טְהוֹרִין וְאֵין אוֹמְרִין הֲרֵי זֶה כְּנוֹטֵל יָדוֹ אַחַת בְּמַיִם שֶׁיָּרְדוּ מֵעַל יָדוֹ הַשְּׁנִיָּה. אֲפִלּוּ אַרְבָּעָה אוֹ חֲמִשָּׁה זֶה בְּצַד זֶה אוֹ זֶה עַל גַּב זֶה. וּבִלְבַד שֶׁיַּרְפּוּ שֶׁיָּבוֹאוּ בָּהֶן הַמַּיִם:

ז. נָטַל מִקְצָת יָדוֹ וְחָזַר וְהוֹסִיף וְנָטַל הַנִּשְׁאָר מִן יָדוֹ הֲרֵי יָדוֹ טְמֵאָה כְּשֶׁהָיְתָה. וְאִם עֲדַיִן יֵשׁ עַל מִקְצָת שֶׁנָּטַל בַּתְּחִלָּה טוֹפֵחַ עַל מְנָת לְהַטְפִּיחַ הֲרֵי זוֹ טְהוֹרָה. בַּמֶּה דְּבָרִים אֲמוּרִים בְּמַיִם רִאשׁוֹנִים. אֲבָל בִּשְׁנִיִּים נוֹטֵל מִקְצָת יָדָיו וְחוֹזֵר וּמוֹסִיף עַל מִקְצָתָן:

ח. שִׁעוּר הַמַּיִם שֶׁנּוֹטְלִין בָּהֶן תְּחִלָּה רְבִיעִית לְכָל אָדָם וְאָדָם לִשְׁתֵּי הַיָּדַיִם אֵין פָּחוֹת מִשִּׁעוּר זֶה כְּמוֹ שֶׁבֵּאַרְנוּ בִּנְטִילַת יָדַיִם לְפַת. אֲבָל מַיִם שְׁנִיִּים יֵשׁ לִשְׁנַיִם לִטֹּל יְדֵיהֶן מֵרְבִיעִית. וּמֵחֲצִי לוֹג נוֹתְנִין לִשְׁלֹשָׁה וּלְאַרְבָּעָה. וּמִלּוֹג נוֹתְנִין אֲפִלּוּ לְמֵאָה שֶׁאֵין הַמַּיִם הַשְּׁנִיִּים לְטַהֵר אֶלָּא לְהַעֲבִיר הַמַּיִם הָרִאשׁוֹנִים:

ט. כְּלִי שֶׁהָיָה בּוֹ רְבִיעִית מַיִם כְּשֵׁרִים לִנְטִילַת יָדַיִם וְנָתַן לְתוֹכוֹ מְעַט מַיִם פְּסוּלִין לִנְטִילַת יָדַיִם הֲרֵי אֵלּוּ כְּשֵׁרִין. נָטַל מִן הַכְּלִי כַּשִּׁעוּר שֶׁנָּתַן וְנִשְׁאֲרָה רְבִיעִית בִּלְבַד כְּשֶׁהָיְתָה הֲרֵי זוֹ פְּסוּלָה מִפְּנֵי שֶׁהַמַּיִם הַפְּסוּלִין הִשְׁלִימוּ שִׁעוּר הָרְבִיעִית:

י. כָּל הַמַּיִם הַפְּסוּלִין לִנְטִילָה בְּמַיִם רִאשׁוֹנִים כָּךְ הֵן פְּסוּלִין בְּמַיִם שְׁנִיִּים. וְכָל כְּלִי שֶׁאֵין נוֹטְלִין מִמֶּנּוּ בְּמַיִם רִאשׁוֹנִים כָּךְ אֵין נוֹטְלִין מִמֶּנּוּ מַיִם שְׁנִיִּים. וּכְשֵׁם שֶׁצָּרִיךְ לִהְיוֹת הַמַּיִם הָרִאשׁוֹנִים מִכֹּחַ אָדָם כָּךְ הַמַּיִם הַשְּׁנִיִּים:

יא. כְּבָר בֵּאַרְנוּ בְּפֶרֶק שִׁשִּׁי מֵהִלְכוֹת בְּרָכוֹת כָּל מִינֵי הַמַּיִם הַפְּסוּלִין לִנְטִילַת יָדַיִם וְהֶכְשֵׁרָן. וְכָל הַכֵּלִים שֶׁנּוֹטְלִין בָּהֶן לַיָּדַיִם וְשֶׁאֵין נוֹטְלִין. וְאֵי זוֹ נְתִינָה הִיא מִכֹּחַ נוֹתֵן וּכְשֵׁרָה וְאֵי זוֹ נְתִינָה אֵינָהּ מִכֹּחַ נוֹתֵן וּפְסוּלָה. וְכָל אוֹתָן הַדְּבָרִים שֶׁבֵּאַרְנוּ שָׁם בִּנְטִילַת יָדַיִם לְפַת חֻלִּין כָּךְ הֵן לִתְרוּמָה. וּכְשֵׁם שֶׁכָּל סְפֵק יָדַיִם טְהוֹרוֹת לְחֻלִּין כְּמוֹ שֶׁבֵּאַרְנוּ שָׁם. כָּךְ הֵן לִתְרוּמָה כָּל סְפֵק יָדַיִם טָהוֹר:

יב. דָּבָר בָּרוּר וְגָלוּי שֶׁהַטֻּמְאוֹת וְהַטָּהֳרוֹת גְּזֵרוֹת הַכָּתוּב הֵן. וְאֵינָן מִדְּבָרִים שֶׁדַּעְתּוֹ שֶׁל אָדָם מַכְרַעְתּוֹ. וַהֲרֵי הֵן מִכְּלַל הַחֻקִּים. וְכֵן הַטְּבִילָה מִן הַטֻּמְאוֹת מִכְּלַל הַחֻקִּים הוּא שֶׁאֵין הַטֻּמְאָה טִיט אוֹ צוֹאָה שֶׁתַּעֲבֹר בְּמַיִם אֶלָּא גְּזֵרַת הַכָּתוּב הִיא וְהַדָּבָר תָּלוּי בְּכַוָּנַת הַלֵּב. וּלְפִיכָךְ אָמְרוּ חֲכָמִים טָבַל וְלֹא הֻחְזַק כְּאִלּוּ לֹא טָבַל. וְאַף עַל פִּי כֵן רֶמֶז יֵשׁ בַּדָּבָר כְּשֵׁם שֶׁהַמְכַוֵּן לִבּוֹ לְטַהֵר כֵּיוָן שֶׁטָּבַל טָהוֹר וְאַף עַל פִּי שֶׁלֹּא נִתְחַדֵּשׁ בְּגוּפוֹ דָּבָר כָּךְ הַמְכַוֵּן לִבּוֹ לְטַהֵר נַפְשׁוֹ מִטֻּמְאוֹת הַנְּפָשׁוֹת שֶׁהֵן מַחְשְׁבוֹת הָאָוֶן וְדֵעוֹת הָרָעוֹת. כֵּיוָן שֶׁהִסְכִּים בְּלִבּוֹ לִפְרשׁ מֵאוֹתָן הָעֵצוֹת וְהֵבִיא נַפְשׁוֹ בְּמֵי הַדַּעַת טָהוֹר. הֲרֵי הוּא אוֹמֵר (יחזקאל לו כה) "וְזָרַקְתִּי עֲלֵיכֶם מַיִם טְהוֹרִים וּטְהַרְתֶּם מִכֹּל טֻמְאוֹתֵיכֶם וּמִכָּל גִּלּוּלֵיכֶם אֲטַהֵר אֶתְכֶם". הַשֵּׁם בְּרַחֲמָיו הָרַבִּים מִכָּל חֵטְא עָוֹן וְאַשְׁמָה יְטַהֲרֵנוּ אָמֵן:

נמצאו כל המצות הנכללות בספר זה כ׳ י״ח מצות עשה. וב׳ מצות לא תעשה.

Thus, this book contains a total of 20 *mitzvot*: 18 positive commandments and two negative commandments.

CPSIA information can be obtained
at www.ICGtesting.com
Printed in the USA
BVHW010904190819
556011BV00022B/87/P